U0556196

正说历朝八十臣

乔继堂 主编

正說歷史人物

上

中国书籍出版社
China Book Press

图书在版编目（CIP）数据

正说历朝八十臣 / 乔继堂主编 . — 北京：中国书籍出版社，2019.1
ISBN 978-7-5068-7144-0

Ⅰ.①正… Ⅱ.①乔… Ⅲ.①政治人物—生平事迹—
中国—古代 Ⅳ.① K827=2

中国版本图书馆 CIP 数据核字 (2018) 第 274795 号

正说历朝八十臣

乔继堂　主编

图书策划	成晓春　崔付建
责任编辑	成晓春
责任印制	孙马飞　马　芝
出版发行	中国书籍出版社
地　　址	北京市丰台区三路居路 97 号（邮编：100073）
电　　话	（010）52257143（总编室）（010）52257140（发行部）
电子邮箱	eo@chinabp.com.cn
经　　销	全国新华书店
印　　刷	三河市华东印刷有限公司
开　　本	710 毫米 × 1000 毫米　1/16
字　　数	1010 千字
印　　张	63
版　　次	2019 年 5 月第 1 版　　2019 年 5 月第 1 次印刷
书　　号	ISBN 978-7-5068-7144-0
定　　价	148.00 元（全三册）

版权所有　翻印必究

·目录·

【先秦】

姜太公

姜太公（生卒不详，相传约前1156—约前1017），亦作姜尚，又叫吕尚，字子牙。周初文王时任太师，武王时被尊为师尚父，俗称姜太公。东海（泛指江苏、山东一带沿海）边人。姜太公是一个具有雄才大略的人，他协助文王修行德政，辅助武王完成灭商大业，为推翻腐朽的商朝、建立周朝从而平定天下建立了不朽的功勋。

姜太公

——从原故宫南熏殿旧藏《历代先贤名人像》

一、垂钓渭水　归依周国

姜太公的祖先曾在尧、舜时为官，曾因辅佐夏禹治水立过功，后来被封于吕（今河南南阳西），所以以其封地为姓氏，姜尚又叫吕尚。

姜太公才气过人，从小就十分好学，长大后更是博览群书、足智多谋。传说他曾经在商纣王的手下做过官。但纣王和夏桀一样，是一个暴虐多侈的君王。他好酒淫逸，擅权专制，排除异己，因而贵族内部的矛盾日趋尖锐。姜太公便毅然离开了纣王去周游各个诸侯国。

当时，周国的西伯（后来史称文王）礼贤下士、勤政爱民，因此有许多有识之士纷纷去投靠他。姜太公也听说西伯宽厚仁爱，有得天下的希望，于是就天天到渭水的岸边去钓鱼，希望有机会与西伯相遇。

有一次，西伯出外打猎，临行前算了一卦，卦辞说："猎到的不是龙不是虎，而是霸主的辅臣。"西伯很高兴，于是便启程打猎去了。后来，西伯果然在渭水的岸边遇到姜太公。他和姜太公交谈，发现姜太公是一个很有谋略的人，大为高

《磻溪垂钓》（选自《马骀画宝》）

兴。西伯说："我的爷爷太公曾经对我说，'一定有圣人要到周国来，周国将因他而兴旺起来。'您大概就是圣人吧，我们太公想望你很久了。"所以称姜太公为"太公望"，后人简称其为姜太公。西伯请姜太公一起坐车回去，尊为太师。[1]

传说，姜太公用钩子直钓鱼且不用饵，其意完全不在鱼，而在于等待贤王的到来。他就是要看一看西伯是不是如传说的那样，能够慧眼识贤才。后代民间流传的"姜太公钓鱼，愿者上钩"，就是指此事。

由于西伯任人为贤、尊长爱幼、为政仁义，因而周的实力不断强大起来，许多有才能的人像太颠、闳夭、散宜生、鬻子、辛甲大夫等都纷纷投靠了西伯。看到这种情况，纣王的大臣崇侯虎对纣王说："西伯积累善行、善德，诸侯都归附于他，这对大王您是很不利的呀！"纣王听了崇侯虎的谗言，便把西伯囚禁在羑里（今河南汤阴一带）。

西伯被囚，周的群臣万分着急，他们为了救出西伯，便广搜美女、聚集财宝，献给荒淫贪婪的商纣王。纣王面对着周所献的礼物很高兴，于是便释放了西伯。

西伯由羑里释放回国后，便以熟悉商朝内部情况的贤士姜太公为谋臣，以协助自己更加积极地做推翻商朝的准备工作。

---

[1] 事及语见《史记·齐太公世家》："西伯将出猎，卜之，曰：'所获非龙非彲，非虎非罴；所获霸王之辅。'于是周西伯猎，果遇太公于渭之阳，与语大说，曰：'自吾先君太公曰"当有圣人适周，周以兴。"子真是邪？吾太公望子久矣。'故号之曰'太公望'，载与俱归，立为师。"

二、韬光养晦　翦除商翼

姜太公当时所处的时代，商朝的势力还很强大，而周与之相比还处于劣势，因而面对商强周弱的形势，姜太公认为要想推翻商朝，必须先顺从它，以免引起对方的警惕。然后待羽翼已成，把握有利的时机，再行征伐。他对西伯说："鸷鸟将要搏击之时，必先弯曲着身子，收敛了翅膀；猛兽将要搏斗之时，必先垂下耳朵，趴在地上；圣上将要行动之时，必先装出一副愚笨的样子。"姜太公用形象化的比喻建议西伯要推翻殷纣，必须在开始行动之前，装作无所作为的样子，以麻痹敌人。

西伯采纳了姜太公的建议，表面上对纣王采取恭顺的态度，率领叛商的诸侯朝觐纣王，以此来使纣王相信自己并没有要与纣王争夺天下之意。与此同时，西伯又在国都建玉门、筑灵台、列侍女、撞钟击鼓，做出一副享乐腐化、贪图安逸的样子，以此进一步麻痹商纣王。姜太公的麻痹战术果然灵验，纣王对西伯完全放松了警惕。

在韬光养晦、积极备战的同时，在姜太公的辅佐下，西伯又采取了争取更多的参与国、翦除商朝的羽翼、进逼商朝的国都朝歌（今河南淇县）的战略。姜太公和西伯对内施行仁政，大力开展政治攻势，扩大自己的影响，分化瓦解商朝的附庸，争取了众多的参与国。许多小国纷纷前来归附。诸侯把西伯看作是足以取代商王纣的"受命之君"。当时，有两个小国——虞（今山西平陆北）、芮（今陕西大荔朝邑城南）因边界发生了争执，始终决断不下，于是便到周国来，想请西伯来裁决。他们一进入周国，发现周国的种田人在田界的问题上都能互相谦让，而且也有晚辈谦让长辈的习俗。这样一来，虞、芮两国的人还未见到西伯就都感到很羞愧，自己便回去了。[1]此后，他们便归附了周国，这是西伯在姜太公的辅佐下施行仁政的结果。"虞、芮"纠纷之后，西伯便"承受天命"称王，是为周文王。

此后，在姜太公的谋划下，周国对与周敌对的势力发动了一系列的战争。首先向西北和西南用兵，征犬戎（今陕西西北部）、伐密须（今甘肃灵台西南），消灭周的敌对方使沿途通畅，以消除后顾之忧。接着，组织军事力量，东渡黄河，

---

[1]事见《史记·周本纪》："于是虞、芮之人有狱不能决，乃如周。入界，耕者皆让畔，民俗皆让长。虞、芮之人未见西伯，皆惭……遂还……"

进入河东、河西地区。不久，周军又进攻纣王经常去狩猎的邘（今江苏扬州东北），翦除商之右翼，以构成对商都朝歌的直接威胁。当周攻邘获胜后，西伯与姜太公又亲自率军进攻商王朝的心腹大国——崇（今河南崇县东北）。崇国的国君当时正是崇侯虎。正是他当年向商纣王进谗言关押西伯的，周文王对他深恶痛绝。经过激战，周军一举攻克了崇城，除去了周军东进的一个重要障碍，打开了进攻商都——朝歌的通道。攻克了崇城后，周国营建了丰京（今陕西长安西南沣河以西），然后从岐（今陕西岐山东北）迁都到丰京。

三、激战牧野　封于齐国

　　正当周文王雄心勃勃地大举灭商之时，他却病逝了。他死后，他的儿子继位，这就是历史上的周武王，而周朝的历史正始于周文王的儿子周武王。

　　周文王已经奠定了周朝事业的基础，周武王继位后，便继续积极准备推翻商纣，他尊姜太公为"师尚父"。因此姜太公又继续辅佐周武王成就大业。

　　经过 8 年的积极备战，周武王和姜太公准备讨伐商纣王。为了检验诸侯是否能够云集响应、一致讨伐商纣王，武王九年，周武王和姜太公进行了一次军事演习活动。在军队出发之前，姜太公左手紧握着黄钺，右手高擎着白旄发出誓师号令："苍兕，苍兕（一种生活在水里的猛兽），统领好你们兵士，把持好船桨，迟到者立斩！"号令一下，周朝的军队纪律严明，行动迅速，很快便抵达了盟津（即孟津，今河南孟津东北、孟县西南）。结果诸侯不召便主动而来的有 800 之多。[1]各诸侯都说："现在可以讨伐商纣王了。"武王却说："现在还不可以。"他认为当时时机还不太成熟，想等到民心彻底背离商纣的时候，才去一举击垮它。于是，周军

周文王
——从明弘治十一年（1498）《历代古人像赞》

[1] 事及语见《史记·齐太公世家》："师行，师尚父左杖黄钺，右把白旄以誓，曰：'苍兕苍兕，总尔众庶，与尔舟楫，后至者斩！'遂至盟津。诸侯不期而会者八百诸侯。"

班师而还。

过了两年，商纣王更加昏乱暴虐，他杀死了忠臣比干，关押了箕子，大臣们纷纷向国外逃跑。此时，武王觉得时机已经成熟。就向诸侯们宣告："纣王已经犯下了重罪，现在可以去讨伐他了。"周军临行之前，武王占卜了一卦，占卜的龟兆显示此次出征不吉利。不一会儿，风雨交加，群臣一下子都恐慌起来。只有姜太公力劝武王出兵。[1] 姜太公激昂地说："今天纣王剖开比干的心，囚禁了箕子，我们讨伐他有什么不可以？只要举事而顺应天时，那么，不看时日，事情也将顺利，不借占

周武王
——从明弘治十一年（1498）《历代古人像赞》

卜，事情也将吉利，那些枯草、朽骨，怎能测出吉凶？"姜太公说着便把占卜用的龟焚烧掉，援枹而鼓，率众首先渡过了河。武王于是不再犹豫，率领 300 辆兵车、3000 名勇士、45000 名身穿铠甲的武士，向东伐纣。途中，许多诸侯也带兵来与周军会合。在行军的途中，武王向将士们公布了纣王令人发指的罪行，宣告要替天行道。全军将士群情振奋、士气高昂。

两个多月后，武王的部队到达商朝国都郊外的牧野（今河南淇县西南），举行了誓师大会，再次宣告纣王荒淫无道，伐纣是应天命、顺人心的。誓师完毕，诸侯军队集结了几万人、4000 辆战车，陈兵于牧野，要和纣王决一死战。

纣王听到武王起兵攻打自己，慌忙调集大军前去应战。武王派姜太公率先带领多名勇士前往商朝的大军前挑战，然后率领战车、勇士冲向敌阵。

纣王的这些兵士都是临时凑集起来的，由于平时纣王作恶多端，奴隶们早已恨之入骨，因而纣王命令他们冲锋，他们就是不前进，相反却一个个倒戈，对准纣王的部队射箭。就这样，纣王的几十万大军瞬间土崩瓦解了。纣王自己逃出了重围。

---

[1] 事见《史记·齐太公世家》："武王将伐纣，卜，龟兆不吉，风雨暴至。群公尽惧，唯太公强之劝武王……"

丹书受戒
——从《养正图解》

纣王逃回到城内，登上鹿台（今河南汤阴朝歌镇南），穿上锦绣之衣，将鹿台的财宝聚集起来，长叹一声，命令手下架上干柴，一把大火把他连同从人民那里搜刮来的无数财宝一起送上了天。[1] 至此，商朝覆亡。

在武王伐纣的战役中姜太公立下了大功。后来武王将姜太公封在了齐国。姜太公在去自己的封地上任的途中，一路上走得很慢。一天，姜太公在一家旅店里住下来。旅店的主人说："我常听人说：机会难以得到而容易失去。这位客人寝食特别安稳，恐怕不是去封国就任的吧！"这番话提醒了姜太公，让他意识到现在的形势还很严峻，于是就穿上衣服连夜赶路，天亮时就到了齐国。[2]

姜太公到了齐国之后，开始整顿吏治，使政治清明；又顺应当地的礼仪风俗，制定各项规章制度；他还重视工商业的发展，大力发展渔业和盐业。周围的人民都来归附齐国，齐国成了

《周史纪》：武王召师尚父而问曰："恶有藏之约，行之行，万世可以为子孙常者乎？"师尚父曰："在《丹书》。王欲闻之，则斋矣。"三日，王端冕，下堂南面而立。师尚父曰："先王之道不北面。"王遂东面立，师尚父西面道书之言，曰："敬胜怠者，昌；怠胜敬者，亡；义胜欲，从；欲胜义者，凶。藏之约，行之行，可以为子孙常者，此言之谓也。"

一个富裕的国家。后来，周王又特意恩准齐国有权征讨任何一个不服从于周朝的

---

[1] 事见《史记·周本纪》："纣走，反入登于鹿台之上，蒙衣其殊玉，自燔于火而死。"
[2] 事见《史记·齐太公世家》："（太公）东就国，道宿行迟。逆旅之人曰：'吾闻时难得而易失。客寝甚安，殆非就国者也。'太公闻之，夜衣而行，犁明至国。"

姜太公衣冠冢

　　姜太公衣冠冢位于山东临淄。因辅助周武王伐纣灭商有功，封于齐。太公至齐后，修国政，因其俗，简其礼，通商工之业，兴渔盐之利，人民多归齐。年百余岁卒，葬于周。齐人思其德，葬衣冠于此。

诸侯。齐国从此得到征伐大权，成为政治上的大国，定都营丘（今山东淄博临淄北）。

名家评说

　　天下三分，其二归周者，太公之谋计居多。

——汉·司马迁《史记》

管　仲

管　仲

——从明万历三十七年（1609）原刊本
《三才图会》

管仲（？～前645），名夷吾，字仲，春秋时齐国齐桓公时任国相。颍上（今安徽颍上）人。管仲早年经营商业，后从事政治活动。他辅佐齐桓公，对内从政治、经济、军事上施行一系列改革；对外采用"尊王攘夷"的方针，最终使齐桓公成就了霸业。

一、管鲍相知　齐国为相

管仲从小家境贫寒，但志向远大。他刻苦攻读，博通文史。管仲年轻时，常和鲍叔牙交往，日久成为知己。鲍叔牙很赏识管仲的才干，在一些事情上，对管仲非常包容。最初，管仲和鲍叔牙合伙做过生意。分取利润时，管仲往往多拿一些。鲍叔牙对此并不计较，依旧对他很好，也没有什么怨言。[1]鲍叔牙宽厚地认为，管仲不是贪图小财，而是因为家中贫困。

管仲和鲍叔牙都有远大的政治抱负。那时，齐襄公有两个弟弟，大的称为公子纠，小的称为公子小白。于是，管仲和鲍叔牙决定弃商从政，分别辅佐公子纠和公子小白。

由于齐襄公荒淫无耻、滥杀无辜，国内怨声载道。管鲍二人担心二公子受到迫害，于是决定和二公子出奔到其他国家避难。公子纠因母亲是鲁国人，于是便

---

[1] 事见《史记·管晏列传》："管仲贫困，常欺鲍叔，鲍叔终善遇之，不以为言。"

和管仲还有召忽前往鲁国。公子小白便和鲍叔牙逃向离齐国很近的莒国。不久，齐国就发生内乱。齐襄公的堂弟公孙无知联合大夫连称和管至父，杀死襄公自立为君。不久，被民众杀死。于是齐国出现了国无君主的局面。

齐国大夫高傒平素与公子小白关系密切，就派人前往莒国迎小白回国为君。鲁庄公则想立公子纠为齐君，他得到消息后，立即派管仲率领一部分兵马去拦截公子小白，以消灭公子纠的竞争对手。

管仲带着30辆兵车，日夜兼程，赶到了莒国通往齐国的必经之路即墨（今山东平度东南），在那里埋伏守候。当公子小白

鲍叔牙

的车队一出现，管仲立即拦住他们进行袭击。在战斗过程中，管仲对准小白射了一箭，正好射中了小白的铜衣带钩。机智的小白一见出现了袭击的队伍，知道情况不妙，他便假装被射死了。

管仲见公子小白已被射死，便赶快派人报告鲁庄公小白已死。这一来，护送公子纠的队伍放了心，也就放慢了行路的速度，一直走了6天才到达齐国。这时候，公子小白早已赶到了齐国，被高傒等主要大臣立为国君，是为齐桓公。原来小白以假死来迷惑管仲，同时自己藏在密闭的温车中，以最快的速度奔回齐国国都临淄（今山东淄博东北旧临淄）。[1]

齐桓公于是发兵阻挡护送公子纠的鲁军。鲁庄公不肯善罢甘休，两军在乾时（今山东省淄博西面）混战了一场，鲁军大败，回鲁国的后路也被齐军截断，鲁庄公只得弃车逃跑。于是，齐桓公写信派人送给鲁国说："公子纠是我的兄弟，我不忍动手杀他，请鲁国将他杀掉。管仲、召忽是我的仇人，我非要抓到他们剁

[1]事见《史记·齐太公世家》："（管仲）射中小白带钩。小白详死，管仲使人驰报鲁。鲁送纠者行益迟，六日至齐，则小白已入，高傒立之，是为桓公。桓公之中钩，详死以误管仲，已而载温车中驰行，亦有高、国内应，故得先入立……"

成肉酱不可。如你们不照此办理，我将对鲁国采取军事行动。"[1]

鲁国谋士施伯见管仲不自杀，便劝告鲁庄公说："管仲很有才能，齐国要得到管仲，看来并不是要杀他，而是要重用他。管仲一旦被齐重用，齐必国富兵强，成为鲁国祸患，不如杀了他，把尸首交给齐国。"[2]鲁庄公怕得罪齐国，于是杀死公子纠，逼召忽自杀，让人把管仲押在囚车里带回齐国。

齐桓公的这封信里，有真话，也有假话。要求鲁国杀掉公子纠是真话，说要把管仲和召忽剁成肉酱则是假话。其真正的目的是希望鲁国把管仲活着送到齐国，以便任他为政。其实当初齐桓公即位之时派兵攻打鲁国，本来是想杀死管仲以报一箭之仇的。后来鲍叔牙诚恳地对齐桓公说："我非常荣幸能做您的臣子，今后我无法帮助您再提高尊贵的地位了。您要治理齐国，有高傒和我就够了；但您如果想称霸天下，却非得有管仲不可。管仲在哪个国家，哪个国家就会强大起来，所以您不能失去这个人才。"[3]齐桓公听从了鲍子牙的意见，这才给鲁国写了信。而管仲心里也明白鲍叔牙肯定会推荐自己，所以他才没有像召忽那样自杀。

管仲到达齐国后，鲍叔牙到城外去迎接他，解除了他的镣铐，让他洗了个澡，换上干净的衣服去谒见齐桓公。齐桓公对管仲厚礼相待，任命他为相，位在鲍叔牙之上。

齐桓公（选自《东周列国志》绣像本）

---

[1] 语见《史记·齐太公世家》："子纠兄弟，弗忍诛，请鲁自杀之。召忽、管仲雠也，请得而甘心醢之。不然，将围鲁。"

[2] 语见《史记·鲁周公世家》："齐欲得管仲，非杀之也，将用之，用之则为鲁患。不如杀，以其尸与之。"

[3] 语见《史记·齐太公世家》："臣幸得从君，君竟以立。君之尊，臣无以增君。君将治齐，即高傒与叔牙足也。君且欲霸王，非管夷吾不可。夷吾所居国国重，不可失也。"

二、辅佐桓公　实施改革

管仲在齐国为相后，尽心竭力辅佐齐桓公。不过，桓公对管仲也并不是一开始就言听计从的。当桓公得知鲁国加紧练兵造戈，准备攻打齐国时，便想先发制人进攻鲁国，管仲劝阻说："国家尚未安定，不能发兵攻鲁。"桓公不听，结果被鲁国的曹刿在长勺打得大败。齐桓公从此更恨鲁国，又派人去宋国借兵。宋闵公派了南宫万长率兵助齐攻鲁。不料齐军再次大败，南宫做了鲁国的俘虏。军事上的连续失利，使桓公认识到管仲预见的高明，从此增强了对管仲的信赖，每遇到重大问题时都虚心向管仲请教。

管仲针对齐国国情进行了一系列改革。经济上，管仲打破了井田制的限制，实行按土地好坏分等征税的实物税制，减轻了百姓的负担，提高了生产者的积极性，促进了齐国农业的发展。管仲又利用齐国靠海盛产渔盐的有利地理条件，积极发展渔盐业，并鼓励人民进行贸易活动。还实行国家铸造货币调济物价贵贱。根据丰歉年份和各地物产的不同设立"轻重九府"，加强对货物的调控。管仲所采取的这些措施既适应了各地的需要，也大大增加了国库的收入。

在军事上，管仲实行"作内政以寄军令"的方针，实行兵民合一、劳武结合，把行政组织和军事编制统一起来，做到平时是民政组织，战时是战斗单位。全国每3万户人家出3万人组成三军。齐桓公亲率一军，国氏和高氏两个大臣各领一军。这样既扩大了兵源，同时让同住一村的人编在一起，他们互相了解，关系密切，患难与共，军队的战斗力也得到提高。

为了加强国君的权力，管仲建议齐桓公掌握住生、杀、富、贵、贫、贱这"六柄"（六大权力），实行"劝之以赏赐，纠之以刑罚"（即赏功罚罪）的政策。

通过这些改革，齐国很快成为诸侯中经济最发达、国力最强盛的国家之一，为齐桓公的争霸创立了雄厚的物质基础。

公元前679年春，齐桓公仗着雄厚的实力，邀鲁、

战国时期齐国货币

宋、卫、陈、蔡、郑在卫国的鄄城（今山东鄄城北）会盟，自己主盟为诸侯长，这也是他称霸的开始。

三、"尊王攘夷" 桓公称霸

在对外政策上，管仲积极促使齐桓公采取"尊王攘夷"的方针。而齐桓公的称霸也一直是以"尊王攘夷"为旗号。因为在当时如公开夺取天子的权力，会招致诸侯们的联合反对，而"尊王（周天子）"则可从道义上得到诸侯国的支持；"攘夷"，一方面是致力抵御严重威胁中原各国安全的北方少数部族山戎和狄人，另一方面暗中遏止从江汉极力向北扩张的楚国（楚国非西周初年分封之国，当时被视为蛮夷之邦），这是中原诸国的共同心愿。

在管仲的辅佐下，齐桓公曾多次发兵"攘夷"，主要是帮助小国打退戎、狄的入侵。如公元前664年（周惠王十三年）帮助燕国击退山戎入侵，一直打到孤竹（今河北卢龙南）才回兵；公元前661～660年组织诸侯几次救助被戎、狄侵扰的邢国和卫国，并帮助两国修建新都；公元前656年，齐桓公率领齐、宋、陈、卫、郑、许、曹、鲁等8国军队打败靠近楚国的蔡国；接着以楚国不向周天子进贡祭祀的包茅和周昭王被淹死于汉水为理由，进军楚国。最后迫使楚国在召陵（今

《春秋公羊传》书影

"尊王攘夷"一词出自《春秋公羊传》，本意为"尊勤君王，攘斥外夷"，因周天子地位日趋衰微，但名义上仍然是诸侯共主。齐晋等大国为了争取诸侯的领导权，在其主持会盟期间，都以"尊王室""攘夷狄"相号召，挟天子以伐不服者。

会葵邱（丘）义戴周天子（选自《东周列国志》绣像本）

河南郾城东）与之结盟修好，挡住了楚国北进的势头，楚国接着也派使臣向周王进贡包茅，表示尊王。

齐桓公北阻戎、狄，南遏楚国获得成功后，得悉周惠王想废太子郑，另立太子，便出面力保太子郑的地位，反对周惠王废长立幼。他在从召陵回来的第二年（前655），又以拜见太子为名，邀集诸侯在首止（今河南睢县东南）集会，周惠王只好让太子郑去首止同诸侯见面，等于公开肯定太子郑的地位。公元前652年（周惠王二十五年），周惠王死，齐桓公在洮（今山东鄄城西南）召集8国诸侯相会，拥立太子郑为王，这就是周襄王。襄王感激桓公，准备派人送给祭肉、弓箭和车子。齐桓公乘机以招待周王使者为名，在公元前651年，于葵丘（今河南兰考）会盟诸侯。周襄王便派宰孔为代表参加，并特许齐桓公不要下拜谢恩。齐桓公本想答应，但管仲说："不可。"齐桓公这才下拜接受周襄王的赐物。[1]管仲之所以这样，就是想让齐桓公给人以处处维护周天子的印象。

"葵丘之盟"进一步确立了齐桓公的霸主地位。就这样齐桓公在管仲的辅佐下，打着"尊王攘夷"的旗号，成为春秋初期不可一世的中原霸主。

齐桓公四十一年（前645），管仲病重，他看到已届古稀之年的桓公骄横专断，好色，喜欢阿谀奉承，6个儿子都想继位，一批佞人受到宠信，很担心国家将发生大乱。为此，他劝齐桓公务必确立公子昭为太子，并疏远奸佞小人。当齐桓公向他问起易牙、竖刀、开方等人可否为相时，管仲指出竖刀自宫来伺侯国君、易牙杀了自己的儿子煮给国君吃、开方背弃喜爱自己的父亲来讨好国君，都是不合人情的，他们决不会爱别人，不会忠于齐桓公，对这些人决不能任用。[2]但齐桓公听不进管仲的这些逆耳忠言。管仲去世后，桓公就重用这3人，至此齐国政局也就更趋混乱了。

---

[1] 事见《史记·齐太公世家》："三十五年夏，会诸侯于葵丘。周襄王使宰孔赐桓公文武胙、彤弓矢、大路，命无拜。桓公欲许之，管仲曰：'不可'，乃下拜受赐。"

[2] 语见《史记·齐太公世家》："公曰：'易牙如何？'对曰：'杀子以适君，非人情，不可。'公曰：'开方如何？'对曰：'倍亲以适君，非人情，难近。'公曰：'竖刀如何？'对曰：'自宫以适君，非人情，难亲。'"

名家评说

　　管仲，世所谓贤臣，然孔子小之。岂以为周道衰微，桓公既贤，而不勉之至王，乃称霸哉? 语曰:"将顺其美，匡救其恶，故上下能相亲也。"岂管仲之谓乎?

——汉·司马迁《史记》

　　桓公九合诸侯，不以兵车，管仲之力也。

——《论语·宪问》

伍子胥

伍子胥（？～前484），名员，字子胥，春秋时期吴国吴王阖闾时为行人（掌朝觐聘问的使者）。楚国人。其父伍奢，楚国太傅。楚平王七年（前522）伍子胥父兄被杀，他为报杀父杀兄之仇，忍辱负重，落难江湖，难苦卓绝。后投奔吴国，帮助阖闾刺杀吴王僚，夺取王位，整军经武，国势日盛。不久攻破楚国，终于报仇雪耻。吴王夫差时，劝吴王拒绝越国求和并停止伐齐，渐被疏远。后吴王赐剑命他自杀。伍子胥的一生可谓艰难、壮烈、悲勇。

一、历尽艰险　逃难吴国

伍子胥的父亲伍奢在楚国做太子建的太傅，当时与他同时辅佐太子建的费无忌对太子建并不忠心。费无忌为了向楚平王献媚，把本来要给太子建迎娶的秦国美女转而献给了楚平王。后来，费无忌担心太子建日后继位报复自己，于是便向楚平王诬告太子建谋反。伍奢是一个刚直谏诤的人，他劝楚平王不要听信谗言。费无忌却从中挑拨，他对楚平王说："现在必须对太子建和伍奢加以制止，否则一旦他们的阴谋得逞，大王您就会被他们抓捕起来。"楚平王听了大怒，便把伍奢关进了监牢。

费无忌又对楚平王说："伍奢有两个儿子，都很有本事，如果不把他们杀掉，将会祸患无穷。大王可以拿他们的父亲作人质，召他们回来。"楚平王便派人去召伍子胥和他的哥哥伍尚，说只要他们回去就放了伍奢。

伍子胥
——从明万历三十七年（1609）原刊本《三才图会》

伍尚得知父亲被囚，立即就要回去。伍子胥说："楚王叫我们回去，并不是真的让父亲活命，只不过是怕我们逃跑了，以后留下祸患，因此用父亲作人质骗我们回去。如果我们俩一到都城，父子三人就会一起被杀。这对父亲又有什么好处呢？只能使我们连个报仇的机会都没有。我们不如一起投奔到别的国家，借助他们的力量为父亲报仇。现在回去被杀，就什么都干不成了。"[1] 伍尚说："我也知道回去救不了父亲，但我怕今天父亲叫我回去而我没有回去，以后也没能为父亲报仇，那会被天下人耻笑的。"他对伍子胥说："你赶快逃走吧，日后为父亲报仇。我准备和父亲一起死。"随后就束手就擒了。

当使臣前来逮捕伍子胥时，伍子胥张弓搭剑对准使者，使者一看这阵势吓得不敢上前，伍子胥便乘机逃跑了。[2] 他听说太子建在宋国，便逃奔到了宋国。伍子胥的父亲伍奢听说自己的儿子子胥已逃离了楚国，便感慨地说："楚国的君臣要吃战火之苦了！"[3] 楚平王七年（前522）楚王便把伍奢和伍尚杀害了。

伍子胥逃到宋国，正赶上宋国发生动乱，他又和太子建逃到了郑国。太子建受晋顷公指使欲在郑国举事，因事情泄露，太子建被郑国杀死了。伍子胥非常担心事情会牵连到自己的身上，因而又逃奔吴国。

伍子胥逃奔吴国时，中途经过楚、吴交界的昭关，守卫昭关的将领想逮捕他，伍子胥只好徒步逃跑，差一点被抓住。伍子胥逃到一条大江旁边，再也无路可走。这时江面上驶来一只小渔船，船夫知道站在江边的是伍子胥，就把他渡过江去。伍子胥感激不尽，解下身上的宝剑递给渔夫说："这把宝剑能值100两黄金，送给您，报答您的救命之恩。"渔夫不肯接受伍子胥的宝剑，说："楚国一直悬赏捉拿你，谁能抓到伍子胥，赏给他5万石粮食，还封他为爵，何止100两黄金？我救你只因为同情你。"[4] 伍子胥还没有走到吴国都城就病倒了，只好在半路

---

[1] 语见《史记·伍子胥列传》："楚之召我兄弟，非欲以生我父也，恐有脱者后生患，故以父为质，诈召二子。二子到，则父子俱死。何益父之死？往而令仇不得报耳。不如奔他国，借力以雪父之耻，俱灭，无为也。"

[2] 事见《史记·伍子胥列传》："……使者捕伍胥。伍胥贯弓执矢向使者，使者不敢进，伍胥遂亡。"

[3] 语见《史记·伍子胥列传》："楚国君臣且苦兵矣。"

[4] 事及语见《史记·伍子胥列传》："至江，江上有一渔父乘船，知伍胥之急，乃渡伍胥。伍胥既渡，解其剑曰：'此剑直百金，以与父。'父曰：'楚国之法，得伍胥者赐粟五万石，爵执珪，岂徒百金剑邪！'不受。"

上停下来，靠乞讨为生。历尽各种苦难，伍子胥终于到达了吴国都城，通过将军公子光见到了吴王僚。

二、佐吴争霸　入郢复仇

吴国和楚国发生了边界纠纷。吴王命令公子光率领军队攻打楚国。攻克了两座县城后，公子光收兵回国。伍子胥对吴王说："楚国是可以打败的，希望您派公子光继续进攻楚国。"公子光却对吴王僚说："伍子胥的父亲、哥哥都被楚王杀了，他劝大王攻打楚国，只不过是想为自己报仇而已。现在进攻楚国是不能把它一举攻破的。"伍子胥知道了公子光有个人企图，他是想杀掉吴王僚而自己称王，在这种情况下不能再劝吴王对外用兵，要想早日使吴伐楚，须使吴公子光早就王位，于是乃荐勇士专诸给公子光，助公子光刺杀吴王僚夺取王位。事成，公子光即位，是为吴王阖闾。

吴王阖闾举伍子胥为行人，要他参与国家政事。伍子胥帮助吴王修明政治，发展生产，振军经武，加强国力，并向阖闾推荐精通兵法的孙武为将。他与孙武统观全局，为阖闾制定"西破强楚，北威齐晋，南服越人"的争霸方略。

鉴于楚强吴弱的客观形势，在阖闾征求伐吴应取的策略和战术时，伍子胥提出了一个疲惫楚军的谋略，说："楚国执政的人多而相互不和，没有人敢承担责任。如果分吴军为三部，

《剑赠渔父》（选自《马骀画宝》）

专诸刺王僚（选自《东周列国志》绣像本）

孙 武
——从原故宫南熏殿旧藏《历代先贤名
人像》

轮番袭扰楚军，一支部队到那里，他们必然都要出而应战。他们出来，我们就回来；他们回去，我们就出动。这样一来楚军必然疲于奔命。"[1] 吴王按照伍子胥这个计谋实行，果然很有效。《左传》记载：昭公三十一年（前511）秋，吴国人侵楚国，攻打夷地，侵袭潜地（今安徽霍山南）、六地（今安徽六安北）。楚国将领沈尹戍率军前往潜地救援，楚军一到，吴军便迅速退回。楚军把潜地人迁移到南冈（今安徽霍山北）之后就全军撤退了。紧接着，吴军又包围了楚邑弦地（今河南潢州西北），楚军左司马沈尹戍、右司马稽

又率军前往救援，到达了豫章。待楚军一到，吴军又迅速撤军。由于吴军采取了伍子胥的计谋，此后，楚军就陷于困顿疲惫的处境了。

伍子胥还与孙武共进联合唐、蔡之策，说："楚将囊瓦（子常）贪婪，因此唐、蔡都怨恨他。大王如果想大举伐楚，一定要先得到唐、蔡的帮助才行。"阖闾听从这个建议，争取与唐、蔡联合以孤立楚国。

公元前506年（吴王阖闾九年），伍子胥与孙武等佐阖闾率大军攻楚，乘楚国北部边防松懈，远道迂回奇袭，并调动楚军主力在柏举（今湖北麻城东北，一说在今湖北汉川北）展开决战，大败楚军。吴军乘胜穷追，楚军奔至雍澨（今湖北京山西南），正待饭熟要吃时，吴兵追至，乃舍饭逃跑，吴军食其饭而追之。经过5次战斗，最终攻破楚国郢都（今湖北江陵西北纪南城）。楚昭王逃走，楚军溃散，伍子胥挖掘了楚平王的坟墓，把楚平王的尸体拖出来，鞭笞了300下才住手。[2]

伐楚大捷，伍子胥因功封于申，故又称申胥。

---

[1]语见《左传·昭公·三十年》："楚执政众而乖，莫适任患。若为三师以肆焉，一师至，彼必皆出。彼出则归，彼归则出，楚必道敝……"

[2]事见《史记·伍子胥列传》："乃掘楚平王墓，出其尸，鞭之三百，然后已。"

三、力谏夫差　悬目国门

　　制服西方强敌之后，吴国东方的近邻越国兴盛起来。越曾在公元前505年（吴王阖闾十年）乘吴攻楚，国内空虚，袭击吴都姑苏。前496年（吴王阖闾十九年），吴伐越，越王勾践迎击，在檇李（今浙江嘉兴西南）打败吴军，斩伤阖闾的大脚指。阖闾病创将死，嘱太子夫差勿忘越杀父之仇。两年后（前494年），吴王夫差起倾国之兵伐越，败越于夫椒（今江苏苏州、吴县西南），遂入越。越王勾践乃以余兵5000人退保会稽山（今浙江绍兴、嵊县、诸暨、东阳间），派大夫文种卑辞厚礼请和，请求允许越作为吴的属国。伍子胥以战略家的犀利眼光，看出越国乃吴国的心腹之患，也清醒地看到越国卑辞厚礼背后包藏着灭吴的野心，因而力劝夫差拒绝越国的请求。伍子胥说："越王勾践为人能忍受，肯吃苦。现在您不消灭他，以后一定要后悔的。"[1]但夫差因胜而骄，认为越已屈服，不需顾虑，一心急于北上同齐争霸，故而允许议和，率军回国。伍子胥悲愤地说："今后越国用10年的时间修养生息、聚敛财物，再用10年的时间对它的臣民进行教化并加以训练，这样20年之后，吴国的宫室恐怕将会被越军破坏而变为池沼了！"

　　此后越王勾践卧薪尝胆，表面上极力讨好夫差，暗地里却不断发展力量。而吴王夫差却以为已经降服了越国人，一心想向北攻占齐国。伍子胥多次劝吴王说勾践才是吴国最危险的敌人，尽快解决这个心腹大患，才是当务之急。吴王夫差却执意伐齐。公元前484年，吴王听说齐景公死了，而大臣们却相互争权夺利，便兴师伐齐。最后在艾陵（今山东莱芜东北，一说是在今山东泰安东南）打败齐国的军队。此后，吴王夫差更加

夫　差

（选自《东周列国志》绣像本）

[1]语见《史记·伍子胥列传》："越王为人能辛苦。今王不灭，后必悔之。"

骄傲自负，也更加不理会伍子胥了。

此后四年，吴王准备攻打齐国。越王勾践采用子贡之谋率领军队援助吴国，并用贵重的宝物贿赂太宰嚭。太宰嚭便极力在吴王面前替越王说好话。伍子胥规劝吴王夫差不要被越国的行为所蒙蔽，应该放弃齐国，去攻打越国，但是吴王夫差却听不进伍子胥的忠言。

宰相伯嚭与伍子胥的矛盾越来越深，他在吴王面前说伍子胥的坏话："伍子胥生性凶狠，没有人性，好猜疑，爱嫉妒，他长期以来怨恨大王，我们必须提防他造反作乱。上次大王准备攻打齐国，伍子胥极力阻拦，诋毁诽谤大王，希望吴国打败仗来说明他有先见之明；如今大王亲自率领大军，出动了全国军队讨伐齐，而伍子胥因为您没听他的话，便假装生病推辞不去。大王您不能不防备他，恐怕他很快就要造反了。另外我派人暗中观察伍子胥，发现他趁出使齐国的时候，把儿子托付给齐国人鲍牧。作为一个臣子，在国内稍微有点不痛快就勾结外国，自己仗着是先王的老臣，因为一时没有被重用就心怀不满，这样的人大王应该尽早采取措施啊！"

吴王夫差说："就是你不说这些话，我也早就怀疑他了。"于是，吴王派人给伍子胥送去一把剑，说："你就用这把剑自杀吧！"

伍子胥接过宝剑，仰天长叹道："唉！本来是奸臣的伯嚭作乱误国，大王却反而要杀我。我曾经辅助你的父亲成为诸侯中的霸主；当你还没被立为太子的时候，许多公子都争抢当太子，是我在先王面前冒死保举你，你才勉强继承王位。你当了吴王之后，要把吴国分一部分给我，我都没有要。没想到今天你听信了奸臣的挑拨，反而来杀我。"[1]

越王勾践剑，现藏湖北博物馆

[1] 语见《史记·伍子胥列传》："嗟呼！谗臣嚭为乱矣，王乃反诛我。我令若父霸。自若未立时，诸公子争立，我以死争之于先王，几不得立。若既得立，欲分吴国予我，我顾不敢望也。然今若听谗臣言以杀长者。"

伍子胥回头告诉他的手下人说："我死了之后，你们要在我的墓上种上梓树，长大了可以给他们作棺材；把我的眼珠挖下来挂在吴国国都的东门上，我要亲眼看到越国灭掉吴国。"[1] 说完挥剑自杀了。伍子胥死后，吴国人非常同情伍子胥的遭遇，为其立祠于江上，命名叫胥山。

其后，果不出伍子胥所料，夫差争霸心切，于公元前 482 年（吴王夫差十五年）率全国精锐部队北上黄池（今河南封丘西南）与诸侯会盟。越王勾践伺机调集 49000 大军分两路，一路断吴归路，一路直捣吴都。又经笠泽（水名，在今苏州南，自太湖东至海，南与吴淞江平行）之战和对姑苏的长期围困，遂置吴国于死地。夫差请和，越国不允许，夫差终于自杀。自杀前，以袂掩面，说："吾无面目以见子胥也！"

名 家 评 说

怨毒之于人甚矣哉！王者尚不能行之于臣下，况同列乎！向令伍子胥从奢俱死，何异蝼蚁。弃小义，雪大耻，名垂于后世，悲夫！方子胥窘于江上，道乞食，志岂尝须臾忘郢邪？故隐忍就功名，非烈丈夫孰能致此哉？

——汉·司马迁《史记》

---

[1] 语见《史记·伍子胥列传》："必树吾墓上以梓，令可以为器；而抉吾眼县吴东门之上，以观越寇之入灭吴也。"

苏 秦

苏秦（？～前317），战国时著名的纵横家，战国七雄中除秦之外的六国宰相，东周洛阳（今河南洛阳东）人。在公元前4世纪的历史舞台上，他有着极其重要的地位。他一生为了合纵抗秦进行频繁的外交活动，大大影响了当时各诸侯国的政治决策，为安定诸侯做出了不懈努力。他取法诸子百家的学说加以融汇，游说诸侯国君，讲究机谋权变，被推为当时纵横家的代表人物。

一、游秦不遇　苦读兵书

苏秦曾往东到齐国去拜师求学，他与庞涓、孙膑、张仪，一同做过鬼谷子的学生，学习过兵法。

苏秦家以务农为生，家里很穷，有父母、兄嫂、妻子、两个弟弟。苏秦学习归来后想在周朝谋求官职，就去谒见周显王，当时有名无权的周天子就住在洛阳城。周显王见苏秦为人机警，口才很好，倒是有点想任用他为官，可周显王左右的官员们嫌苏秦出身贫贱，都瞧不起他，谁也不肯替他说好话，周显王也不信任他，苏秦无奈地离开了。

苏秦又去了秦国，他想：秦孝公曾张榜求贤，秦国一定是个重人才的地方。然而，秦孝公已经死了，即位不久的秦惠王刚刚杀了商鞅，对外来的说客都存有怨憎之心。苏秦对秦惠王说，他愿意献计献策，为大王称霸天下效劳。秦惠王却回答说："感谢苏先生不远千里登门

苏　秦（选自《东周列国志》绣像本）

指教，只是秦国力量还不雄厚，还得准备几年。就像一只鸟的羽毛还没有完全长成，绝不可以高飞一样。等寡人准备好了，再请教先生吧。"苏秦没有就此作罢，在客栈长期住下来，两年内向秦王连上了 10 次奏章，秦王也不予采纳。

就这样，苏秦在外游历了多年，遇到重重困难，身上带的钱也花光了，只好回到家里。一路上他穿着草鞋，打着绑腿，挑着行李，晓行夜宿，忍饥挨饿。等到了家，他又黑又瘦，面容憔悴，如同乞丐。他惭愧地低着头站在门口。

看见苏秦这样狼狈而归，父母背过脸去不和他说话；妻子正在织布，不停地推着梭子，根本不肯下机来迎接他，嫂子也不给他做饭。遭到家人的冷遇，苏秦很伤心，他唉声叹气地说："妻子不把我当做丈夫，嫂嫂不把我当做小叔，父母不把我当做儿子，这都怪我没本事啊！"

家人和邻居都嘲笑苏秦，说："周人风俗，大家安分经营产业，致力从事工商，或务农为生。现在你不去经商赚钱、养家糊口，反而以搬弄口舌为职业，遭穷受苦，那是活该！"[1]苏秦听了这些话，心里很惭愧，暗自悲伤。他决心闭门不出，发愤学习。他翻箱倒柜，把他所有的书籍都拿了出来，还特地找出了姜子牙的兵书《阴符》，从此埋头苦读。[2]

苏秦常常挑灯夜读，瞌睡了就用冷水浇浇头，再读。到后来，冷水浇头也不管用了，他就拿把锥子放在身边，一打瞌睡，就用锥子猛刺自己的大腿，痛得清醒了，就继续研读兵书。苏秦凭着这种刺股苦读的刻苦学习精神，一年多的时间就把他所有的书研读了一遍，《阴符》一书更是背得滚瓜烂熟。他从中揣摩出许多道理，还记熟了各国的政治、经济、军事、地形、物产等情况。

二、北上燕国　东游于赵

经过苦读后，苏秦认为有了游说各国君王的本钱了，就对他的弟弟苏代和苏厉说："我研究兵法已经成功，天下的富贵我只要一伸手就有人送来。二位如能凑点盘缠给我，让我去游说列国，等我大功告成，一定十倍、百倍地奉还。"两个弟弟被他说服了，凑了些钱给他。苏秦又上路了。

---

[1] 语见《史记·苏秦列传》："周人之俗，治产业，力工商，逐什二以为务。今子释本而事口舌，困，不亦宜乎！"

[2] 事见《史记·苏秦列传》："苏秦闻之而惭，自伤，乃闭室不出，出其书遍观之。……于是得周书《阴符》，伏而读之。"

公元前 333 年，苏秦首先向东到了赵国。当时赵国的国君是赵肃侯，相国是赵肃侯的弟弟奉阳君。奉阳君很不喜欢苏秦，苏秦只好离开赵国。

苏秦又北上来到燕国。他在燕国等了一年多，都没能见到燕文公。苏秦十分焦急，一天，趁燕文公出宫游玩，苏秦跪在路上，拦车求见。燕文公听说他是苏秦，非常高兴，就用车把苏秦载回宫中，对他说："听说先生过去给秦王献策，称霸天下的道理讲得头头是道。今天务必请先生多多指教。"

苏秦对燕文公说："燕国地理条件优越，人民富足，可谓天府之国。这些年来，燕国的人民安居乐业，没有受到战争的骚扰，大王您也没有损兵折将的忧愁。这一点，哪个国家也比不上您，大王明白是什么缘故吗？"

燕文公疑惑地说："不知道。"

苏秦说："燕国之所以没有受到秦国的侵犯，是因为燕国南边有赵国在起屏障作用。秦国与赵国已打过 5 次仗，二胜三负。秦、赵两国互相杀戮，双方筋疲力尽，燕国才能平安无事。所以燕国不必害怕秦国。秦国如果出兵攻打燕国，必须经过赵国，而且战线过长，即使攻下了城池，也不能长期占领。但赵国如果攻打燕国，10 天就能打到燕国都城，所以说秦国攻打燕国是千里之外的事，赵国打燕国是百里之内的事。大王如果不担心百里以内的祸患，而去关注千里之外的战事，策略上就犯了大错误。所以我建议燕国和赵国合纵亲善，那么燕国就再没有什么可担忧的了。"[1]

燕文公听了说："感谢先生指教，寡人愿意让燕国同赵国结为友好，一切听从先生的安排。"

燕文公供给苏秦许多车马、金银布帛，让他去赵国活动合纵之事。

苏秦第二次到赵国时奉阳君已去世，由赵肃侯当政。苏秦对赵肃侯说："现在，赵国是山东一带最强大的国家，秦国视赵国为劲敌。但为什么秦国不敢发兵

---

[1] 语见《史记·苏秦列传》："……夫燕之所以不犯寇被甲兵者，以赵之为蔽其南也。秦赵五战，秦再胜而赵三胜。秦赵相毙，而王以全燕制其后，此燕之所以不犯寇也。且夫秦之攻燕也，逾云中、九原，过代、上谷，弥地数千里，虽得燕城，秦计固不能守也。秦之不能害燕亦明矣。今赵之攻燕也，发号出令，不至十日而数十万之军军于东垣矣。渡嘑沱、涉易水，不至四五日而距国都矣。故曰秦之攻燕也，战于千里之外；赵之攻燕也，战于百里之内。夫不忧百里之患而重千里之外，计无过于此者。是故愿大王与赵从亲，天下为一，则燕国必无患矣。"

战国车马图

攻打赵国呢？原因是害怕韩国、魏国在后面暗算他。韩、魏两国可以说是赵国南方的屏障。因此，要想保全赵国，首先必须保证韩、魏两国不向秦国屈服称臣。各诸侯国家的土地合在一起5倍于秦国，军队合在一起，更是10倍于秦国。如果六个国家结为一个整体，合力向西攻打秦国，秦国必定大败。现在大王您却迫于强秦的压力，向秦国割地称臣，这实在是失策的。"

赵肃侯听了，不由沮丧地低下了头。苏秦继续说："天下人交相称赞大王的品德，都称大王是能抛弃谗言、决断疑难的贤明君主，所以小民敢于向您进谏忠言。我私下为您谋划，不如让韩、魏、齐、楚、燕、赵六国合纵亲善，共同反抗秦国。由赵国发起，邀请各国君臣在洹水（今河南水名）边举行盟会，交换人质，宰杀白马，宣读盟誓：不论秦国出兵攻打哪一个国家，其他五国都要出兵援

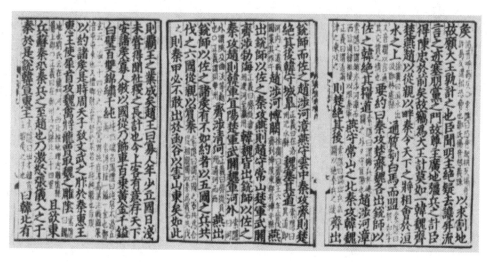

《史记·苏秦列传》中记载的苏秦合纵战略

救。盟国中如有一个国家不按盟约办事，其余五国可派军队共同讨伐。这样一来，秦国的军队一定不敢走出函谷关，大王成就霸业就指日可待了。大王，您认为呢？"

赵肃侯猛然站起身来，激动地在大殿上踱起了步子，然后恭恭敬敬地对苏秦说："寡人年轻，继位时间短，从未听到过这样使赵国长治久安的谋略。您一心一意保全我们赵国，安定诸侯各国。我乐于听从您的安排。"

赵王赐给了苏秦100辆车、1000镒黄金、白璧100双、锦绣1000匹，让他去游说各国诸侯缔约合纵。

三、游说六国　合纵成功

苏秦来到韩国。韩国有土地900余里，四周要塞险要坚固，天下的强弓、劲弩大多出自韩国。韩国拥兵20万，军队装备精良，兵士个个强悍，但韩国君主、将帅用兵不善，每战必败，屡次向秦国割地求和。

苏秦拜见了韩宣王，他首先对韩宣王分析了韩国军队的强悍，接着又指责韩宣王拱手把土地献给秦国，让天下人耻笑。然后他说："大王您如果侍奉秦国，那么秦国就一定会向您索取宜阳（今河南西部、洛阳中游）、成皋（今河南荥阳汜水镇）两地。今年把土地奉献给秦国，明年秦国又会要求割地给他。把土地割让给秦国，可韩国已没有土地可割让；不把土地割让给秦国，韩国以前割让土地给秦国就会前功尽弃，而且会遭致祸患。况且秦国今天要割这块地，明天要割那块地，韩国的土地是有限的，而秦国的贪欲却没有止境。拿有限的土地去填塞无限的贪欲，这就叫作以钱买怨而积祸，不必打仗，而大王的土地早已被侵

战国时期楚国虎座鸟架悬鼓

占去了。俗话说：'宁为鸡的嘴，不为牛的粪门'，大王西面拱手臣服秦国，这跟做牛的粪门有什么不同呢？就凭着大王您的贤明，又兼有强悍的韩国军队，却要蒙受'为牛后'这种丑恶之名，我私下在替大王羞愧。"[1]

韩宣王听了这话，勃然大怒，他圆睁双眼，振臂按剑，仰面长叹，说："寡人尽管没出息，但决不再向秦国屈服！今天先生来指教，我愿意合纵抗秦，听从先生的安排。"[2]

韩宣王赠给苏秦黄金百镒，欢送他到魏国去游说。

苏秦又去游说魏襄王说："魏国居民稠密，人口众多，车马成群，络绎不绝。小民私下估量魏国的力量不会比楚国小。然而，那些为连横游说的家伙却胁迫您伙同虎狼般的秦国来侵略天下。一旦秦国加害魏国，他们却不肯为您分担祸患。大王如能同意六国合纵相亲，就再不会遭受强秦的侵略。所以赵国国君派我来向您奉献这种不成熟的计谋，要缔结盟约，还得仰仗大王去号召大家。"

魏襄王权衡利弊，同意合纵抗秦。他赠给苏秦金帛一车，送他去东方的齐国游说。

苏秦拜见了齐威王，对他说："齐国南边有泰山，东边有琅琊，西边有清河，北边有渤海，可谓四方都有天险的国家。齐国人口众多，光都城临淄就有七万户人家。每户不少于3个男子，三七二十一万，仅临淄城就能征集21万兵士。临淄街头车毂相撞，人肩相摩，举起衣袖，能连成一大块幕布，众人挥汗，便如同下雨一般。大王如此贤明，齐国如此强大，天下谁还能成为您的对手？大王又何必畏惧秦国呢？今天秦国不能东进，不就是因为韩、魏在西边阻挡秦国的缘故吗？如果大王听从我的劝告，参加洹水之盟，六国合纵就不用再怕秦国。"

齐威王被说服了，也表示愿意参加合纵抗秦。

苏秦又前往西南方的楚国，他对楚王说："秦国最大的祸患莫过于楚国。楚

---

[1] 语见《史记·苏秦列传》："大王事秦，秦必求宜阳、成皋。今兹效之，明年又复求割地。与则无地以给之，不与则弃前功而受后祸。且大王之地有尽而秦之求无已，以有尽之地而逆无已之求，此所谓市怨结祸者也，不战而地已削矣。臣闻鄙谚曰：'宁为鸡口，无为牛后。'今西面交臂而臣事秦，何异于牛后乎？夫以大王之贤，挟强韩之兵，而有牛后之名，臣窃为大王羞之。"

[2] 事及语见《史记·苏秦列传》："于是韩王勃然作色，攘臂瞋目，按剑仰天太息曰：'寡人虽不肖，必不能事秦。今主君诏以赵王之教，敬奉社稷以从。'"

国强大，秦国就弱小；秦国强大，楚国就弱小。我给您出个主意，不如参加合纵抗秦。您如果采用我的计谋，我定会号召山东各诸侯国向您进贡四时的礼品，叫他们朝奉您的宗庙，接受您的指示，训练军队听从您的命令。这样，各国的艳丽女人一定会充塞您的后宫，燕国代地所产的骆驼和良马一定会填满您的外厩。总之，合纵成功，大王您成为霸主；连横得逞，秦王他称帝。大王您权衡一下得失吧。"

楚王一听大喜，忙说："秦国早就怀有攻下巴蜀、吞并汉中的野心，但楚国对抗秦国，不能取胜。寡人是卧不安席、食不甘味，一天到晚提心吊胆。寡人愿意参加合纵抗秦，以保全楚国。"苏秦终于游说六国成功。

六国君臣在洹水聚会，共推苏秦为"纵约长"，让他成为了六国的宰相，总管六国军民。

四、衣锦还乡　收复燕地

苏秦在合纵成功后衣锦还乡，经过洛阳时，车骑辎重众多，各国都派了侍卫随从，前呼后拥，如同帝王出行。周显王知道后十分惊恐，忙派人修治清扫道路，到郊外亲迎，进行慰问。苏秦的兄弟、妻子、嫂嫂都俯伏在地上，嫂嫂侍候他用饭，不敢抬头正视。苏秦笑着问嫂嫂说："你以前对我那么傲慢，现在为什么如此恭顺呢？"嫂嫂吓得像蛇一样弯曲着身子，匍匐在地，连连赔罪说："如今小叔做了大官，有钱有势，谁敢不恭顺啊！"

苏秦深有感慨地说："同样是我这个人，富贵了，亲戚们都敬畏我；贫贱时，又那么轻视鄙薄我，更何况对其他境况悬殊的人呢？假如当初我在洛阳有两顷良田，难道现在我能佩上这六国相印吗？"[1] 于是苏秦散发了千金，赐给他的亲戚朋友，数倍报答了以前对他有恩的人。

在跟随他的众人之中，惟独一人没有得到苏秦的赏赐。那人就自己主动向苏秦说明，苏秦说："我并非忘了你。以前你跟随我一起去燕国，在易水的边上，

---

[1] 事及语见《史记·苏秦列传》："北报赵王，乃行过洛阳，车骑辎重，诸侯各发使送之甚众，疑于王者。周显王闻之恐惧，除道，使人郊劳。苏秦之昆弟妻嫂侧目不敢仰视，俯伏侍取食。苏秦笑谓其嫂曰：'何前倨而后恭也？'嫂委虵蒲服，以面掩地而谢曰：'见季子位高金多也。'苏秦喟然叹曰：'此一人之身，富贵则亲戚畏惧之，贫贱则轻易之，况众人乎！且使我有洛阳负郭田二顷，吾岂能佩六国相印乎！'"

好几次想要离我而去。当时，我非常穷困，所以我曾深深地怨恨你，所以把你放在最后。你现在可以得到赏赐了。"

苏秦离开洛阳，又回到赵国。赵肃侯封他为武安君。于是，他将六国合纵的盟约送给秦国。从此以后，长达15年之久，秦国不敢窥视函谷关以外的国家。

后来，秦国派大臣欺诈齐、魏，并和他们联合攻打赵国，想要破坏合纵的盟约。齐、魏攻打赵国，赵王责备苏秦。苏秦很害怕，请求出使燕国，并发誓一定向齐国报复。苏秦离开赵国之后，合纵的盟约便解散了。

秦惠王将女儿嫁给燕太子为妻。这一年，燕文侯去世，太子继承王位，这就是燕易王。易王刚继位，齐宣王趁着燕国办丧事，发兵进攻燕国，夺取了10座城池。易王对苏秦说："以前先生您到燕国来，先王资助您去见赵王，终于使六国合纵订立盟约。现在齐国先攻打赵国，接着又攻打燕国。燕国因为先生的缘故，而贻笑天下。先生您现在能为燕国收复被侵夺的土地吗？"苏秦听了，惭愧地说："请让我为大王收复失地。"

苏秦见了齐王，拜了两拜。低下头时，向齐王表示称贺；抬起头时，却又向齐王表示哀悼。齐王奇怪地问："为什么刚表示称贺，接着又立即表示哀悼呢？"苏秦回答说："我听说饥饿的人宁愿忍住饥饿，也不吃乌头这种有毒的东西，就因为它虽然能暂时填饱肚子，但却与饿死一样有害。现在，燕国虽然弱小，但燕

六国封相衣锦荣归

战国时期的编钟

王却是秦王的女婿。大王虽然得到 10 座城池的利益，却要与强秦为敌。这样，将会招致天下最精锐的军队攻击您。这就是和吃乌头止饥一样的事啊！" [1] 齐王听了，脸色大变，忧虑地说："既然这样，那么又该怎么办呢？"苏秦说："大王若真能听我的计策，就立即将十座城池归还燕国。燕王无故又得回 10 座城池，必然很高兴。秦王若知道因为他的关系，而使齐国归还燕国 10 座城池，也必然很高兴。这样，就使燕国、秦国都来亲近齐国。那么，大王您的号令，天下没有谁敢不服从的。这等于大王您表面上假装说是顺从秦国，实际上却以 10 座城池的代价而取得天下，这真是霸主的事业啊！"齐王说："很好。"于是，便将那 10 座城池归还了燕国。

五、燕王尊宠　在齐被刺

苏秦出使齐国期间，有人毁谤苏秦说："苏秦这个人，出卖国家，是个反复无常的臣子，必定会引起乱事。"苏秦恐怕获罪，赶紧回到燕国。但燕王却不让他担任官职。

苏秦求见燕王，说："以前我本是东周粗鄙的平民，没有半点的功劳，但大王亲自在宗庙上、宫廷中接见我，并以礼相待。现在，我替大王您说退了齐兵，而取回了 10 座城池，照理应该对我更加亲近。如今，我回来，而大王却不给我官位，必然是有人以不诚实的罪名在您面前中伤我。我可以说是正因为忠诚信实

---

[1] 事及语见《史记·苏秦列传》："苏秦见齐王，再拜，俯而庆，仰而吊。齐王曰：'是何庆吊相随之速也？'苏秦曰：'臣闻饥人所以饥而不食乌喙者，为其愈充腹而与饿死同患也。今燕虽弱小，即秦王之少婿也。大王利其十城而长与强秦为仇。今使弱燕为雁行而强秦敝其后，以招天下之精兵，是食乌喙之类也。'"

而得罪在上位的人啊！"燕王说："你本来就不忠信，怎么会因不以忠信而获罪呢？"苏秦说："话不能这么说。我听说过，有人到很远的地方作官，而他的妻子却和别人私通。她的丈夫将要回来，和她私通的奸夫很忧虑。妻子说：'你不要忧虑，我已作好毒药酒等着他了。'过了3天，她的丈夫果然回来了，妻子派侍妾捧着药酒送给他喝。侍妾想要说酒中有毒药，却恐怕女主人会将她赶出去。想不说出来，却恐怕她害死了男主人。于是，她装作跌倒而毁弃了药酒。男主人大发雷霆，将她鞭打了50下。所以，侍妾跌倒泼掉药酒，从上来说保全了男主人，从下来说保全了女主人，然而，却免不了受到鞭打。怎么能说坚守忠信就没有罪呢？说起来，我的罪过，很不幸地就和这故事正好相类似啊！"[1]燕王说："先生您还是恢复原来的官位吧。"燕王对待他更加地优厚。

易王的母亲即燕文侯的夫人，在燕文侯死后，与苏秦私通。燕王知道了这事，却更优待他。苏秦恐怕被杀，便对燕王说："我在燕国，不能使燕国受到诸侯敬重。假如到齐国去，就必定可使燕国受到敬重了。"燕王说："随便先生怎么去做都行。"于是，苏秦假装在燕国犯了罪，而逃奔到齐国去。齐宣王便任用他为客卿。

齐宣王去世后，湣王继位。苏秦劝湣王隆重备办宣王的葬礼，以显示自己的

燕下都遗址

[1]语见《史记·苏秦列传》："不然。臣闻客有远为吏而其妻私于人者，其夫将来，其私者忧之，妻曰：'勿忧，吾已作药酒待之矣。'居三日，其夫果至，妻使妾举药酒进之。妾欲言酒之有药，则恐其逐主母也；欲勿言乎，则恐其杀主父也。于是乎详僵而弃酒。主父大怒，笞之五十，故妾一僵而覆酒，上存主父，下存主母，然而不免于笞，恶在乎忠信之无罪也夫？臣之过，不幸而类是乎！"

孝道，并高筑宫室，扩大苑囿，以显示国威。苏秦这样做是为了使齐国破落而有利于燕国。

此后，齐国有与苏秦争宠的大夫，派人去暗杀苏秦。苏秦受了重创，还没有完全断气时，刺客便惊慌地逃走了。苏秦将死的时候，便对齐王说："我快要死了，大王将我车裂而宣告说：'苏秦替燕国作间谍，到齐国来谋乱。'这样，杀害我的凶手就必定可以捉到。"齐王照办了，刺杀苏秦的凶手果然自动露面。齐王就将他处死了。燕王听到这消息，说："齐国这样为苏先生报仇，真是太残忍了。"

苏秦死后，苏秦的弟弟苏代和苏厉相继学习纵横之术，显名于诸侯国之间。

名 家 评 说

　　苏秦兄弟三人，皆游说诸侯以显名，其术长于权变。而苏秦被反间以死，天下共笑之，讳学其术。然世言苏秦多异，异时事有类之者皆附之苏秦。夫苏秦起闾阎，连六国从亲，此其智有过人者。吾固列其行事，次其时序，毋令独蒙恶声焉。

——汉·司马迁《史记》

（苏秦）内不足使一民，外不足使拒难……巧敏佞说，善取宠乎上。

——战国·荀况《荀子》

张 仪

张仪（？～前310），战国时期著名的纵横家。秦惠文君十年（前328）于秦国任国相。魏国人。更元三年，张仪相于魏，更元八年又相于秦。更元十二年，张仪相于楚，后又归秦。武王元年（前310）张仪离秦去魏。张仪具有权变之术、雄辩之才，为了实现"连横"的策略，他意志坚定，置个人安危于度外。在战国诸侯争霸、群雄割据的历史舞台上，张仪始终以一个采用"连横"策略的外交家角色游说各国。

一、相于秦国　游说魏国

张仪出身贫穷，但才华出众，曾师从于鬼谷子先生门下，学习纵横之术。曾求见魏惠王、楚威王，但都没有被任用。只好投在楚国令尹昭阳门下做个客卿。一次，张仪与门客们陪楚相喝酒，席间，楚相随身带着的一块玉璧不见了。

张　仪（选自《东周列国志》绣像本）

大家把怀疑的目光投向了张仪，认为张仪贫穷，品行不端，一定是他偷走了玉璧。于是，大家把张仪拘捕起来进行拷打，但张仪始终不承认。事后大家只好把他释放了。张仪回到家中，他的妻子看着伤痕累累的张仪说道："唉，你要是不读书游说，怎能受到这般屈辱呢？"张仪对他的妻子说："你看看我的舌头是否

战国安邑下宫钟
（魏国量器，后落入秦人之手）

还在？"他的妻子笑着说："舌头还在呢。"张仪回答说："这就足够了。"[1]

后来张仪不得已投奔到秦国。秦惠文君因赏识他的才华，任他为客卿。惠文君十年（前328），派遣张仪和公子华攻打魏国的蒲阳，最终降服了魏国。张仪请求秦惠文君把蒲阳归还给魏国，又建议秦国派遣公子繇到魏国作人质。与此同时，又劝说魏王："秦国如此宽厚地对待魏国，魏国理应予以回报。"于是，魏国把上郡、少梁割让给秦国。这样一来，既拉拢了魏国，又削弱了魏国。就这样，张仪凭借着自己的才华和政绩被秦国拜为国相。他是秦国置相后的第一任相国。从此，张仪开始实施"连横"的策略，以成就秦国的霸业。

惠文君十三年（前325），张仪正式拥戴惠文君为王。并改次年为更元元年。更元二年，惠文王派张仪和齐、楚国相会于啮桑（今江苏沛县西南），随即被免相。为了以"连横"的策略游说魏国依附秦国，他去了魏国任相。

张仪到了魏国，劝说魏王投靠秦国，但是魏王并没有听从他的劝告。于是秦国立刻出兵攻打魏国，并占据了魏国的曲沃、平周。为了"连横"的策略得以在魏国实施，此后张仪继续留在魏国，长达4年之久。魏襄侯去世，魏哀王继位，张仪又劝说哀王依附秦国，但是哀王也不接受他的建议。于是张仪暗告秦王发兵攻魏。最后魏国被秦国打败了。第二年，魏国又在观津被齐国打败。在这种形势下，张仪抓住时机，又耐心规劝魏哀王。他从几方面加以分析，处处晓之以理。

张仪先分析魏国当时所处的地理形势。他认为魏国是一个与多国接壤的国

---

[1]语见《史记·张仪列传》："其妻曰：'嘻！子毋读书游说，安得此辱乎？'张仪谓其妻曰：'视吾舌尚在不？'其妻笑曰：'舌也在。'仪曰：'足矣。'"

家，其南北东西分别与楚国、赵国、齐国、韩国相邻。而且魏国地势平坦，没有高山大川与之隔绝，这样一来，魏国就极易被别国攻破。可以说这是一个四分五裂的地理形势。

张仪又从魏国不依附秦国之弊端以及依附秦国之益处加以分析。如果魏国依附了秦国，那么楚国、韩国就一定不敢攻打魏国，如果魏国不依附秦国，那么秦国一旦攻打到别的国家，其结果便是，一方面，魏国与他国的合纵联盟的道路便会断绝；另一方面，被秦国攻打的国家因惧怕，便与秦联合，这样，也便加速了魏国的灭亡。张仪还以形象化的比喻对魏王阐述了合纵抗秦盟约的易于被瓦解。他向魏王指出：即使同一父母所生的亲兄弟，也会有争夺家产的，更何况六国各有谋略，因此极不可靠。

在张仪采取了又拉又打的计策之下，魏王终于被说动了，决定事奉秦国，这样，张仪的连横策略首先在魏国得以推行。

二、以计相施　楚国就范

张仪从魏国又返归秦国，重新出任国相。

公元前313年，秦惠王准备进攻齐国，担心齐国与楚国结成联盟共同抵抗秦国军队，就派张仪出使楚国，设法破坏齐、楚两国的联盟。

张仪拜见楚怀王，对楚怀王说："大王如果听从臣的建议，与齐国断绝来往，臣可以请求秦国献给您商於之地（今陕西商州、河南西峡两地之间的广大区域）600里，并且送来秦国的女子做大王的侍妾，秦、楚两国之间从此互相娶妇嫁女，长期成为兄弟一样关系亲密的友好国家。"楚怀王被张仪的话语说动，答应与齐国断绝交往，与秦国结盟。

群臣纷纷向楚怀王表示祝贺，只有陈轸一个人认为这是祸事，不是喜事。楚怀王问他："我们不出动军队就得到了600里的土地，为什么是祸事呢？"陈轸回答说："在臣下看来，消息传出去以后，商於之地还没有到手时，齐国就会主动与秦国结盟。齐、秦联合之后，必然进攻楚国，我们的祸患很快就会来到了。"楚怀王不同意他的看法。陈轸又对楚王说，秦国之所以讨好楚国，是因为楚国与齐国结盟，相互团结，一致抵抗秦国。如果与齐国断绝来往，楚国就会自己孤立自己，在各国之间的影响直线下降，而且秦国绝对不会再把土地送给楚国。张仪返回秦国以后，必定不肯兑现自己的诺言。齐、秦两国的军队，很快就会前来进攻楚国。大王如果希望得到土地，不如派人跟随张仪同时返回秦国。秦国人交付土地之后，再与齐国断绝关系也不迟。楚怀王很不高兴地说："希望陈先生闭上嘴巴，不要再议论这件事，等待着我得到土地吧。"楚怀王还把相印授给了张仪，并重赏了张仪。[1]

随后楚怀王传令关闭边境口岸，与齐国断绝来往。然后，派一名将军跟随张仪返回秦国。回国以后，张仪假装不小心从车上摔了下来，3个月不去上朝。[2]楚怀王听说后，还以为张仪认为楚国还没有和齐国彻底断绝关系，便派人前去大骂齐王，与齐国彻底断交。齐王极为愤怒，立即派人前去秦国，卑辞厚礼请求结盟，秦国答应齐国的请求，两国便订立了盟约，共同对付楚国。张仪得到消息，马上入朝向秦惠王报告出使情况，并在朝廷之上，对楚国使者说："您可以接受我们赠送贵国的土地，从某地至某地，共有6里的面积。"楚国使者受到侮辱，极为愤怒，立即驾车返回楚国。

楚怀王受到戏弄，气恼不已，立即传令，出动军队，攻打秦国。陈轸劝他暂时忍耐，楚怀王不肯听从。齐、楚联军对付楚

《人物御龙帛画》，战国，现藏湖南博物馆

---

[1]语及事见《史记·张仪列传》："楚王曰：'愿陈子闭口毋复言，以待寡人得地。'乃以相印授张仪，厚赂之。"

[2]事见《史记·张仪列传》："张仪至秦，详失绥堕车，不朝三月。"

国，结果楚国军队被彻底击败，士兵被杀死8万人，70多名将领被俘虏，汉中郡被秦国军队占领。楚怀王不甘心失败，又集中楚国全部军队进攻秦国，秦国也调集大军参加战斗。秦、楚两国军队在蓝田进行殊死搏斗，结果楚国军队又被秦军打得大败。

秦仍不满足，于是又派使臣到楚国，要求重新和好，并答应把"商、於600里地，换取大王的黔中地"。楚怀王一听"商、於之地"，气愤地说："不愿得地，只要得到张仪，就把黔中之地奉献给秦国。"[1]

秦王为了得黔中，想派张仪出使楚国，但又不好开口，张仪得知后，就向秦王说："以我一人，而能让秦国得到黔中之地，是值得的。"于是他就到楚国去了。

楚怀王立即把他囚禁起来，并要杀了他。但张仪事先已贿赂了楚国宠臣靳尚。靳尚对楚王夫人郑袖说："大王要杀张仪了！可我听说秦王很器重张仪，所以打算把他解救出去，如今要用6个县的土地来贿赂楚王，还想把秦国美女嫁给怀王，并且挑选宫中最擅歌舞的女人当陪嫁。这么一来，怀王必然要轻贱夫人甚而贬斥您了！不如替张仪讲情，放了张仪。"[2]于是郑袖就不断在楚王面前说："杀了张仪必然会得罪秦国，如果那样的话，我就请求母子一同迁往江南，以免被秦军杀害。"楚怀王便放了张仪，又厚待如初。

屈　原
——从明万历三十七年（1609）原刊本
《三才图会》

张仪被放出后，没离开楚国。开始以连横术游说楚怀王。他对怀王说："秦国土地是天下的一半，兵敌四国，又有黄河和四周要塞为屏障；将卒百万，战车千辆，粮食如山，法令严明，因此士卒愿为秦国

[1]语见《史记·张仪列传》："不愿易地，愿得张仪而献黔中地。"

[2]语见《史记·张仪列传》："秦王甚爱张仪而不欲出之，今将以上庸之地六县赂楚，以美人聘楚，以宫中善歌讴者为媵。楚王重地尊秦，秦女必贵而夫人斥矣。不若为言而出之。"

奋战，这必然折服天下。天下人如果晚些归服，必然灭之。'合纵'之人如同以羊群攻猛虎。君王不亲猛虎而亲群羊是策略错误。"吓完了楚怀王，又捧他："天下强国，只有楚、秦。"再一拉一打，说："大王不与秦联合，秦派甲兵取魏、韩之地，秦国攻伐楚国西部，韩、魏攻伐楚国北部，那楚国就危险了。"张仪又进一步说："秦、楚相接壤，本来就是相依的国家。我请秦王派太子到楚国来做人质，楚太子也到秦为人质。"然后又引诱道："秦王把女儿许给大王做妾，把有一万户居民的都邑进献给大王，长久地结成兄弟之国。"

楚国三闾大夫屈原规劝楚王不要听信张仪的话，但是楚怀王不听忠谏，答应了张仪的要求，与秦国和好。张仪"连横"的策略在楚王那里又顺利打通了关节。

三、游说诸国　卒于魏国

张仪离开了楚国，又借机去了韩国。他对韩王游说道："韩国地势险恶，人们都居住在山区，一年四季，收成不好，人们食不果腹。军队士兵羸弱，势力不

战国赵国钱币

强。而秦国强大，拥有精兵良将，它的军队势力强盛，远在六国之上。如果秦国攻打弱小的国家，无异于以千钧的重量压在鸟卵上。现在对于秦国来说，心腹之敌是楚国，如果韩国凭借自己有利的地势帮助秦国攻打楚国，这样，韩国既能在土地上得到利益，又能转移自己的祸患而使秦国高兴。还请韩王三思。"韩王最终听信了张仪的策略。

张仪从韩国回到秦国后，秦王因他游说有功，便封赏了他5个都邑，封号为武信君。后来，秦王又派张仪出使齐国。[1]

张仪来到齐国，面见齐湣王。他以齐国和鲁国、秦国和赵国的几次交战为例游说齐王。张仪认为齐国和鲁国交战3次，鲁国战胜

---

[1]事见《史记·张仪列传》："张仪归报，秦惠王封仪五邑，号曰武信君。"

了3次，但鲁国最终却灭亡了。其原因就在于齐国强大，而鲁国弱小。赵国和秦国在漳河上交战两次，两次打败了秦国，但赵国的士兵阵亡了几十万，国家因之残破不堪。其原因也在于秦国强大，而赵国弱小。如今如果齐国不事奉秦国而与之交战，其结果齐国也会遭到鲁、赵两国那样的重创。接着张仪又给齐王分析了当时的韩国所面临的形势。他对齐王说："如今秦、楚两国嫁女娶妇，已结成兄弟盟国。韩国、魏国、赵国也已割让土地事奉秦国。这些国家又都与齐国接壤，如果齐王不事奉秦国，那么秦国必定会驱使他们攻击齐国，到那时，即使齐国要依附秦国，也不可能了。"听了张仪的一席话，齐王俯首称是，于是就接受了张仪的建议。

张仪离开了齐国之后，又向西游说赵国，向北游说了燕国。就这样，张仪的连横策略为秦国叩开了一个又一个国家的大门，使秦国声威大振。

张仪回到秦国，这时秦惠王已去世，武王继位。武王做太子时就不喜欢张仪，登基后，很多大臣又向武王说了张仪的许多坏话。而各诸侯国听说张仪和武王不合，于是纷纷背叛了连横策略。

就在秦国的大臣日夜不停地诋毁张仪之时，齐国又派人来秦国责备张仪，在这重重的压力下，张仪担心自己会被武王杀掉，便乘机对武王说："齐国非常憎恨我，只要我逃到哪个国家，齐国便会攻打哪个国家。因此，武王现在就把我派到魏国，这样，齐必攻魏，到那时，大王可乘机攻打韩国，打进三川，直逼周郡，这样，大王便可以挟持天子，成就帝业。"秦武王认为张仪说得很有道理，便送张仪到了魏国。齐国果然出兵攻打魏国，魏王很害怕。张仪说："大王不必担忧，我让齐国罢兵。"于是派自己的门客冯喜到楚国借用其使臣去齐国。楚国使臣到齐国之后对齐王说："齐王攻打魏国正好让张仪重新得到秦国的信任。"于是便把张仪对秦武王说的话都讲给齐王听。齐王听后，幡然醒悟，于是从魏国收了兵。

张仪于公元前310年在魏国逝世。

名 家 评 说

三晋多权变之士，夫言从衡强秦者大抵皆三晋之人也。夫张仪之行事甚于苏秦，然世恶苏秦者，以其先死，而仪振暴其短以扶其说，成其衡道。要之，此两人真倾危之士哉！

——汉·司马迁《史记》

公孙衍、张仪岂不诚大丈夫哉！一怒而诸侯惧，安居而天下熄。

——《孟子·滕文公》

【秦】

吕不韦

吕不韦（？～前235），战国末秦王政时被尊为相国。卫国濮阳（今河南濮阳县西南）人。秦庄襄王子楚元年（前249）任丞相，封为文信侯。吕不韦虽是一商人，却颇负心计，野心勃勃，投机政治。最终从一个商人变成掌握国家大权的丞相。他玩弄秦国君主于股掌之中，真可谓乱世奸雄。在开创秦的帝业中，吕不韦起过重要作用。

一、奇货可居　谋立嫡嗣

吕不韦早年是个商人，很有商人的头脑，很会做买卖。他往来各地，收买价格便宜的货物，然后以较贵的价格卖出，后来成为当地的著名巨商。他的家产累积有千金之多。吕不韦更有政治家的眼光和手段，他发现了秦公子异人（后改名子楚），并用谋略使异人成了当时秦国太子安国君的嫡嗣。

秦昭王四十年（前267），太子死了，四十二年（前265），昭王立其次子安国君公子柱为太子。安国君有20多个儿子，排行在中间的，有一个叫异人的，是夏姬所生，不受宠爱，被送在赵国作人质。由于秦国屡次攻打赵国，赵国人对异人很冷淡，根本不加礼遇。安国君的宠妃华阳夫人，虽为正夫人，但没有子嗣。

一个偶然的机缘，正在赵国都城

吕不韦（选自《东周列国志》绣像本）

《吕不韦巧计归异人》（选自《东周列国志》绣像本）

做生意的吕不韦见到了异人。当时，异人落魄失意，穷愁潦倒，车辆破败，财物匮乏。面对异人，他用商人的眼光审视着异人，不禁惊叹："这真是一件可以囤积的奇货！[1]"

后来，吕不韦亲自上门拜访异人。见到异人，他便开门见山地向异人保证："我，吕不韦，能使你的门庭光大！"异人对此颇感怀疑，笑道："算了，你该先去光大自己的门庭，再来光大我的！"吕不韦说："你有所不知，我的门庭需要等你的门庭光大之后，才有可能光大。"[2]

异人有点领会了，便跟吕不韦推心置腹地长谈起来，二人谈得很投机。

吕不韦首先向异人分析当时的形势："如今秦王年事已高，你的父亲安国君正为太子。安国君非常宠爱华阳夫人，而华阳夫人却没有儿子。你们兄弟共20多人，你排在中间，不受宠爱，而且长期滞留赵国为人质，将来国君去世，安国君继位，你仍不会有机会作太子。因为你没法跟你的嫡长兄以及其他天天在你父亲安国君身边的兄弟们相比。"[3]"你说得对！"异人同意吕不韦的分析，并且请教方略："可是，我该怎么办呢？"

吕不韦毫不保留，倾囊相授："能够在立继嗣的问题上影响安国君起大作用的人，只有华阳夫人。如今你穷困不堪，作客在外，没有财力周旋亲友、结交宾客。我虽然并不富裕，但愿意拿出千金给你当资本，并且替你到秦国去游说，使你得以亲近华阳夫人，争取立你为继嗣，将来也好入承大统。"异人当然称善："如果你的计策成功，我愿意和你共有秦国。"

吕不韦说了就做。他果然拿出千金，一半赠给异人，让他结交宾客，广延声誉；一半用以购买珍奇玩好之物，由自己携带，西行入秦，为异人去活动，去做那投机事业。

吕不韦进入秦都，先设法拜见华阳夫人的姐姐，买通关节，然后便把所携的珍宝全都献给了华阳夫人。他在华阳夫人面前先把异人大大夸赞了一番。又说异

[1]语见《史记·吕不韦列传》："此奇货可居。"

[2]语见《史记·吕不韦列传》："子不知也，吾门待子门而大。"

[3]语见《史记·吕不韦列传》："秦老老矣，安国君得为太子。窃闻安国君爱幸华阳夫人，华阳夫人无子，能立适嗣者，独华阳夫人耳。今子兄弟二十余人，子又居中，不甚见幸，久质诸侯。即大王薨，安国君立为王，则子毋几得与长子及诸子旦暮在前者争为太子矣。"

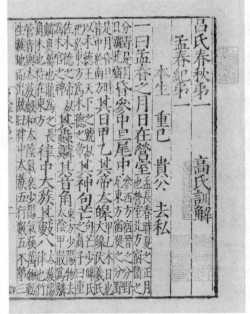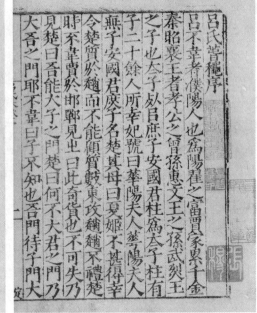

《吕氏春秋》书影

人把华阳夫人看得很重，他因想念安国君和华阳夫人而日夜哭泣。华阳夫人听了吕布韦的一席话，非常高兴。

后来吕不韦又乘机让华阳夫人的姐姐劝说华阳夫人："世上所有用美色来侍奉人的，色衰自然爱弛。现在夫人您侍奉太子，虽然甚得宠爱，可惜没有儿子。将来身后无人继承，终归冷落。为今之计，不如早一点在众子中过继一位有才能而又孝顺的，把他立为嫡嗣。这样一来，丈夫在时，受到尊重，丈夫死后，所养的儿子继立为王，也不至于失去权势。这是所谓一言而能得到万世之利的事儿，何乐而不为呢？眼下异人就是个合适的人选。他有才能，但他生母和他本人都不被宠爱，依次序绝不可能被立为嫡嗣。如今，他愿意依附您，如果您这时提拔他，他定会终身感念您的恩德！"

这一席话，点醒了华阳夫人。于是，当太子闲暇时，华阳夫人曲意侍奉，并非常巧妙地夸赞在赵国作人质的异人，最后，华阳夫人流着眼泪请求道："贱妾忝列后宫，不幸无子，希望能以异人为嫡嗣，也好使我安然有托。"安国君经华阳夫人一说，当下应允。于是便刻符立约，以异人为嫡嗣。他们还托吕不韦送了好多东西给异人，并且命吕不韦辅助他。从此，异人声名鹊起。

二、为相秦国　大展宏图

一次，吕不韦在邯郸城中遇见了一位甚有姿色、极善舞蹈的女子，他一见倾心，便与她同居了。后来，这女子有了身孕。有一天，异人到吕不韦家中饮酒，发现了这女子。异人特别喜欢，竟然站起来给吕不韦敬酒，请吕不韦割爱，将此女让给自己。吕不韦很生气，但转而一想，为了能通过这"奇货"钓到大鱼，已经花费了不少财力与精力，如今不应因小失大，便慨然同意。

此女到异人处后，隐瞒了自己已有身孕的事。过了几个月，生下了一个儿子，起名叫政，这便是后来的秦始皇。异人便立此女为夫人。

秦昭王五十年（前257），秦国出兵进攻赵国邯郸。形势紧急，赵国欲杀异人以泄愤。异人在吕不韦的帮助下，给守城的官吏送了600斤黄金，这才得以逃到秦国军营，然后回到秦国。[1] 异人逃跑后，赵国人便想杀害仍留在赵国的异人的夫人和儿子，幸亏异人夫人的母家颇有权势，这才得以保全性命。

公元前251年，秦昭王在位56年后去世。安国君即位，立华阳夫人为王后，立异人为太子。此时赵国也不想与秦国为敌，便把异人的夫人及儿子嬴政送回秦国。安国君在位一年就去世了，太子异人（子楚）便继承王位，这就是庄襄王。庄襄王尊嫡母华阳夫人为华阳太后，尊生母夏姬为夏太后。

庄襄王元年（前249），异人为了报答吕不韦的恩惠，为了实现自己的诺言，任命吕不韦为丞相，封他为文信侯，食邑河南洛阳10万户。吕不韦终于凭着子楚这"奇货"实现了自己的政治野心。

公元前247年，庄襄王逝世。太子嬴政即位。尊奉吕不韦为相国，称为"仲父"。当时，秦王政只有13岁。吕不韦当政后，充分施展了他的政治抱负和才能。对内，他起用老臣宿将，广泛搜罗人才，举登高位，使他们为国出力；对外，他派人征战杀伐，开扩疆土。

当时，魏国的信陵君、楚国的春申君、赵国的平原君、齐国的孟尝君，礼贤下士，结交宾客，他们你争我夺，互相攀比。吕不韦感到很愧怍，因为秦国如此强大，自己却不如这4个人。于是，他便大力招徕文人学士，给他们优厚的待遇，一时门下食客达到3000多人。

---

[1] 事见《史记·吕不韦列传》："秦昭王五十年，使王齮围邯郸，急，赵欲杀子楚。子楚与吕不韦谋，行金六百斤予守者吏，得脱，亡赴秦军，遂以得归。"

吕不韦
——从明陈洪绶《博古叶子》

那时，诸侯中有好多有才辩的人物，像荀卿等。他们著书立说，广为传播，耸动天下。当时秦国虽然在国力上很强盛，但在文化方面却不如其他6国，吕不韦以此为耻，他便发动门下宾客各人写出自己的见闻，集成20多万字的煌煌巨著，内分8览、6论、12纪。此书宗主道教，兼采儒、墨、法、兵诸家之长，囊括政治、经济、哲学、军事、道德等内容。吕不韦认为此书已经把天地万物古今之事搜罗完备，所以把它命名为《吕氏春秋》。

吕不韦对《吕氏春秋》颇为自负。书成后，公布于咸阳的城门上，在上面悬挂了1000两黄金，请各诸侯国的游士宾客指瑕摘弊，声称若有能增加或减少书中一字者，赏赐千金。[1]其实吕不韦这样做，只不过是故作姿态，以此来显示秦国对文化的重视罢了。

三、祸乱宫闱 饮鸩而死

吕不韦势焰逼人，权倾一时，家僮有1万多人，且时时与太后（秦王政之母）私通。秦王政年岁越来越大，太后的淫行仍然不止。吕不韦担心奸情败露，灾祸临身，便想出替代之计。他让自己的舍人嫪毐虚受腐刑，去除须眉，假充宦官，混入宫中，并把他推荐给太后。太后与嫪毐私通，喜爱异常，竟与他生了两

---

[1]事见《史记·吕不韦列传》："布咸阳市门，悬千金其上，延诸侯游士宾客有能增损一字者予千金。"

个儿子。

嫪毐总是在太后左右随侍，车马、衣服、打猎等事事都听凭嫪毐的决定。他在宫中的权力逐渐大了起来，后来被封为长信侯，还赐给他山阳的土地，又把河西太原郡封给他。一时间嫪毐家中奴仆满院、门客盈门。

秦王政九年（前238），有人告发嫪毐根本不是宦官，常与太后淫乱，败坏宫闱。秦王政决定严肃处置。嫪毐害怕，发动了叛乱。嫪毐暗地里盗取了秦王的大印和太后的印玺，他把京城军队以及侍卫、官骑、舍人等都组织发动起来进行叛乱，秦王立即命令相国昌平君、昌文君发兵镇压叛乱。在作战中，嫪毐的叛军被杀死数百人，叛乱很快被平定，嫪毐的党羽全被抓获。嫪毐被车裂，灭了三族。他和太后所生的两个儿子也被杀死。他的党羽，罪重的被斩首，轻的则被罚劳役3年，夺爵迁蜀者4000余家。

这场政变当然也牵连到了吕不韦。秦王政本想诛杀他，但因为他奉先王立有大功，加上很多人为他说情，这才免他一死。

秦王政十年（前237）十月，吕不韦被罢免相国之职，令他出居洛阳。

吕不韦在洛阳，诸侯、宾客、使者仍然络绎不绝，他们前来表示问候，秦王政怕他滋生叛乱，便写信给他，信上说："你对秦有何功劳，居然封于河南，食邑10万户？你与秦有何因缘，居然号称'仲父'？马上带领全家迁徙到蜀地去，不得迟延。"[1]

吕不韦收到信后，觉得自己已经是穷途末路了，他心中的恐惧与忧愁无以排解，不久，便饮毒酒自杀了。这年是秦王政十二年（前235）。

吕不韦这个商人与政客的混合体，就这样，一杯毒酒便结束了自己的一生。

名 家 评 说

不韦及嫪毐贵，封号文信侯。人之告嫪毐，毐闻之。秦王验左右，未发。上之雍郊，毐恐祸起，乃与党谋，矫太后玺发卒以反蕲年宫。发吏攻

---

[1]事及语见《史记·吕不韦列传》："岁余，诸侯宾客使者相望于道，请文信侯。秦王恐其为变，乃赐文信侯书曰：'君何功于秦？秦封君河南，食十万户。君何亲于秦？号称仲父。其与家属徙处蜀！'"

嫪毐，毐败亡走，追斩之好畤，遂灭其宗。而吕不韦由此绌矣。孔子之所谓"闻"者，其吕子乎？

——汉·司马迁《史记》

夫始皇为吕不韦所生，不韦欲愚人而卒致自愚，始皇亦欲愚民而终亦自愚，有是父即有是子，是毋乃所谓父作子述耶？

——蔡东藩《前汉演义》

李　斯

李斯（？～前208），秦朝秦始皇时任丞相。战国时楚国上蔡（今河南上蔡县西南）人。李斯先于吕不韦手下任郎官，后秦王任他为长史、客卿，后升为廷尉。李斯是个历史上功过、毁誉各半的人物。秦始皇即依靠他不论国别、任人唯贤的谋略而统一了全国。作为一个有能力的政治家，他在秦统一的过程中，起到了不可低估的作用。但他又与赵高合谋篡改诏书，贪图富贵，助纣为虐，因而最终又葬送了秦王朝。

李　斯

一、效仓中鼠　行帝王术

李斯本是布衣出身，起初只做了个郡中的小吏。不过，他胸有大志，根本不愿在这芝麻大的职位上老死终身。有一次，他看见官舍厕所中的老鼠偷食污秽之物，每逢有人和狗过来，立刻惊恐万状，仓皇逃窜；又见粮仓中的大老鼠肆无忌惮地啮食积粟，居住在大房子里，坦然自若。于是触景生情，感慨万端：“一个人才能的有无、本事的大小，就像老鼠一样，全看自己处在什么样的环境了。”[1]他决心改变环境，像粮仓中的大老鼠一样，谋求更高、更好的地位。

于是，李斯辞去小吏职务，来到了齐国兰陵（今山东苍山兰陵镇），拜荀况为师，同韩非一齐学习“帝王之术”。荀况是当时的儒学大家，其学术发展了孔

---

[1]事及语见《史记·李斯列传》：“（李斯）见吏舍厕中鼠食不絜，近人犬，数惊恐之。斯入仓，观仓中鼠，食积粟，居大庑之下，不见人犬之忧。于是李斯乃叹曰：‘人之贤不尚譬如鼠矣，在所自处耳！’”

荀 况
——从原故宫南熏殿旧藏《历代先贤名人像》

孟思想，倾向于法家的某些理论。而他的学生李斯和韩非，后来成了法家的理论大家和实践者。李斯学成之后，分析形势，准备寻觅施展才华、攫取荣华富贵的广阔天地。他纵观七国，认为楚王胸无大志，不足为谋，六国日渐衰弱，无从建立号令天下之奇功；只有秦国已经奠定了雄踞于七国之首的政治、军事、经济基础，可望替代已名存实亡的周室而一统天下，于是，他决定西入强秦。

临行之际，李斯向老师荀况告辞说："我听说，时机不等人，应及时把握。当今各诸侯倾力相争，游说者参与政事，而秦王想吞并诸侯，一统天下，成就帝王大业，这正是贫贱之人、智谋之士奔去效力、建功成名的大好时机。处于卑贱地位而不思有所作为、改变自己的境遇，这与只知咀嚼送到嘴边食物的禽兽有何不同？人的耻辱没有比卑贱更大的，人的悲哀没有比穷困更大的，永久地处于卑贱的地位、困苦的境地，却还表示愤世疾俗，自诩为与世无争、不计利禄，不过是掩饰自己的无能而已，决不是士人的真实思想。所以，我将西行入秦，去为秦王出谋划策，建功立业。"[1]

公元前247年五月，李斯来到秦国都城咸阳。当时正巧秦庄襄王去世，13岁的嬴政继位。嬴政年幼，政事皆由丞相吕不韦统揽。吕不韦被秦王称为"仲父"，权势显赫，群臣风附。初入秦国的李斯权衡轻重，也投到了吕不韦的门下。很快，李斯以他的才华和心力，受到了吕不韦的青睐，被任为郎官，开始参与政事。

后来，吕不韦把李斯推荐给了秦王。李斯见了秦王，便对秦王分析天下大事，认为秦国已对六国形成了压倒之势，他对秦王说："一个成就大事业的人，必须在有机可乘的时候当机立断，过去为什么以秦穆公那样的霸主地位却始终

[1]语见《史记·李斯列传》："斯闻得时无怠，今万乘方争时，游者主事。今秦王欲吞天下，称帝而治，此布衣驰骛之时而游说者之秋也。处卑贱之位而计不为者，此禽鹿视肉，人面而能强行者耳。故诟莫大于卑贱，而悲莫甚于穷困。久处卑贱之位，困苦之地，非世而恶利，自托于无为，此非士之情也。故斯将西说秦王矣。"

不能兼并六国呢？因为那时诸侯国还很多，周王朝还未衰败，因此，只能是五霸迭兴，始终以周室为尊。自从孝公以来，周室卑微，诸侯相互兼并，函谷关以东形成六国，秦以自己的胜利役使诸侯已经六代了。现在，诸侯好像郡县那样臣服于秦。以秦国之强大，秦王之贤明，蕲灭诸侯，成就帝业，一统天下，犹如扫除灶下的灰尘那样容易，这真是万载逢一的好时机啊！现在如果稍有怠慢而不急速果断行动，待到诸侯恢复元气强大起来而且相互联合之时，纵使再贤能，也无法吞并他们了。"

秦始皇

秦王嬴政早有并吞六国、一统天下的大志，李斯的上书深得其心。于是，他立即提升李斯为长史，对其言听计从。

在李斯的策划下，秦王便派遣口舌如簧、巧于谋略的官员，携金银珠宝游说诸侯。对各诸侯国贪财的权贵行贿收买，加意结交；对不为金钱名位所动者，则派遣刺客暗杀。在离间别国功臣的同时，又派遣精兵良将大兵压境，软硬兼施，文武交用。在秦国迅速发展的过程中，秦王又拜李斯为客卿，使其名位不断提升。

二、书谏逐客 力驳分封

就在李斯仕途通顺、飞黄腾达之时，却发生了一件始料不及的事情，差点儿让他的美梦破灭。

原来，公元前238年嬴政22岁的时候，按规定在雍城举行了加冕礼。接着，他消灭了吕不韦和嫪毐两个势力集团。素有雄图大志的秦王，为图霸业，决心大力发展生产，于是命令蜀郡太守李冰父子修筑都江堰。当时，韩国为减轻秦国的军事压力，派遣著名水工郑国来充当奸细，入秦帮助建设水利工程，以消耗秦国国力。秦王政听说郑国来帮助兴修水利，十分高兴，派人随郑国到全国考察。在此基础上，郑国设计了一条引水渠，渠长300多里，渠修成后，可灌溉400万亩土地，但此项工程极为浩大，耗时长，所费财物人力巨大。工程进行到一半时，秦王查明郑国是韩国派来的奸细，一时舆议哗然，秦王也非常生气。秦国那些一向守旧、排他的宗室大臣乘机向秦王进言说："所有外国客卿恐怕大都是为其主充当说客、奸细的，应一律逐出！"[1] 秦王想到了吕不韦和郑国的教训，对此也有同感，一怒之下颁布了"逐客令"，规定把凡在秦国的客卿一律驱逐出境，李斯也在被驱逐之列。

李斯本欲在秦国大展宏图，不料遇此变故，他不甘心半途而废，决心求见秦王，陈明利害，但秦王却不肯接见。李斯步行离开咸阳，但仍不死心，在途中写就一篇《谏逐客书》，转呈秦王，文中说："听说大家议定驱逐客卿，臣以为错了。昔时秦穆公渴求天下贤士，从不问国籍，从西方犬戎之地得到由余，从东方楚国买来百里奚，从宋国迎来蹇叔，从晋国得到丕豹、公孙支，这5人都不是秦国人，而穆公重用他们，吞并了20国，从此称霸于西戎。秦孝公重用商鞅实行变法，移风易俗，人民得以殷实富足，国家得以繁荣昌盛，老百姓愿为国家效力，诸侯甘心对秦亲善服从，因此秦国战胜了楚、魏之军，扩地千里，致使秦国日益强大。惠王用张仪的计谋，攻取三川之地，西并巴蜀，北收上郡，南取汉中，吞并了九夷，控制了鄢（今河南鄢陵西北）、郢（今湖北江陵西北），东据成

杜虎符为战国时期至秦朝的文物，1975年出土陕西省西安市南郊。长9.5厘米，高4.4厘米，厚0.7厘米，现收藏于陕西历史博物馆。虎符是古代朝廷用于传达命令、调动军队的一种特殊凭证。

---

[1] 语见《史记·李斯列传》："诸侯人来事秦者，大抵为其主游间于秦耳，请一切逐客。"

皋之险，割据了肥沃的土地，破坏了六国合纵，使他们都西向事秦，功效一直延续至今。昭王得到范雎，废除穰侯，驱逐华阳君，强公室，杜私门，使秦国成就了帝业。这4位君王都是任用客卿使国家得到很大功益的。由此观之，客卿有什么对不起秦国之处呢？

"物品不产于秦，可珍贵的却很多；贤士不生于秦，而愿意尽忠者却大有人在。现在逐客以资敌国，损民以益仇怨，致使国内空虚，国外结仇怨于诸侯，如此一来要想求得国家没有危险，是不可能的啊！"

读过李斯的《谏逐客书》，秦王政幡然悔悟，立即下诏收回逐客令，并派人追至骊山，召回李斯，官复原职。不久，秦王政又调李斯任廷尉，廷尉是朝廷最高执法官员。

公元前221年，秦国扫灭六国，统一了天下。

秦刚刚统一，如何管理疆土，是重要的问题。丞相王绾等主张承袭周制，分封诸子为王。他们说："燕、齐、楚地地理位置偏远，如果不设立诸侯王，就没办法镇抚管理。"廷尉李斯力排众议，坚决反对。他说："周朝开国，分封了好多同姓子弟。结果却后嗣疏远，互相攻击，有如仇敌一般。周天子无法控制局面，导致天下纷纷。如今天下一统，应该设立郡县，部署官员。诸子功臣，可以用公家赋税和重赏厚赐来供养。这样一来，天下无异心，自可长治久安。倘若分封诸侯，实在是有害无益。"[1]

秦始皇权衡利弊，毅然同意了李斯的主张，把全国分为36郡（后又增设南海、桂林、象郡、九原，共40郡），郡中设守、尉、监等官员。郡下设县，县设令、长（万户以上为令，万户以下为长），主管一县政务。郡县官吏由皇帝直接任免，领取俸禄，不得世袭。

李斯书谏逐客、力驳分封在秦国乃至中国历史发展过程中，起了重要的作用，产生了巨大的影响。

三、颁法定制　焚书坑儒

秦始皇和李斯有一个共识：历代祸乱不息，均由当权者不明法或执法不严而

[1] 语见《史记·秦始皇本记》："周文武所封子弟同姓甚众，然后属疏远，相攻击如仇雠，诸侯更相诛伐，周天子弗能禁止。今海内赖陛下神灵一统，皆为郡县，诸子功臣以公赋税重赏赐之，甚足易制。天下无异意，则安宁之术也。置诸侯不便。"

起，于是，李斯辅佐秦王议定了一系列诏命和法令。一是严令天下百姓，不得私藏武器，并收缴天下武器，聚集于咸阳，全部熔毁，铸造为乐器、铜人，以防止百姓反叛；二是把六国的豪门大户共12万多户迁移到咸阳，以防止他们滋事反叛；三是拆毁全国各险要地方的城堡、关塞、堤防等设施，使各地无险可据，无塞可依，以防止六国旧部死灰复燃，危及社稷。此外，李斯还协助秦始皇统一文字，统一货币，统一度量衡，修驰道，定车轨。这些措施，在当时，功效显著；对后世，影响深远。

这期间，李斯升任丞相，秦始皇对他宠幸有加，李斯自己也感到春风得意。

秦始皇三十四年（前213），始皇在咸阳宫大宴群臣，以庆祝伐匈奴、征南越的胜利。宴会上，博士仆射周青臣阿谀始皇，歌颂郡县制颇为肉麻。秦始皇听得很舒服。然而，博士淳于越却不识进退，唱起了反调，他提出："殷代、周代的国郡，王位继承1000多年，他们都封赠子弟功臣，使他们据有领地，因此，形成了多方面的辅翼。现在秦王拥有四海，但秦国的宗族子弟却没有爵位领地，只是平民的身份。这样一来，王室便失去了屏藩，一旦有事，恐怕无法自救。"

并且还说："事不师古而能长久者，非所闻也！"

对于淳于越的观点，秦王让李斯做决断。李斯表示坚决反对。他认为：一般人们都喜欢以古贬今，往往引用一些不切实际、虚浮的文辞来批驳当今的现实。人们又都以为自己所属的学派学术思想是正确的，因此便以之来否定皇帝所施行的政策、法令。现在秦王已经统一了天下，就应该使人们都来尊崇皇帝一人，如果任凭诸子百家各个学派各执己见，那么皇帝至高无上的权力威望就要受到影响。因此，他建议，除《秦记》以外列国史书，皆焚毁；除博士官署所掌管的之外，私藏《诗》《书》、百家语的人，限期送郡守、尉处烧毁；谁敢私下议论《诗》《书》，便在闹市

1986年在河南古城村出土的《秦始皇二十六年诏书铁权》

坑儒焚书
——从明万历元年（1573）纯忠堂刊本《帝鉴图说》

秦史纪：始皇三十四年，用李斯之言，烧《诗》《书》、百家语。有敢偶语《诗》《书》者弃市，以古非今者族，吏见知不举者与同罪。所不去者，惟医药、卜筮、种树之书。侯生、卢生相与讥议始皇。因亡去。始皇闻之大怒曰：诸生为妖言，以乱黔首。使御史案问，诸生转相告引，犯禁者四百六十余人，皆坑之。

中处以死刑；以古非今者满门抄斩；官吏如果知道实情但不举报，治以同罪；如果禁令下达30日还不烧书，便处以脸上刺字、涂墨的刑罚，罚4年筑城劳役；唯医药、卜筮、种树之书不烧。如果想学法令的人可以以官吏为师。[1]

秦始皇批准了李斯的意见，下令遵照执行。诸子百家的著述就这样被付之一炬了。

焚书的第二年，又有了坑儒的惨剧。

---

[1] 语见《史记·秦始皇本记》："……臣请史官非秦记皆烧之。非博士官所职，天下敢有藏《诗》《书》、百家语者，悉诣守、尉杂烧之。有敢偶语《诗》《书》者弃市。以古非今者族。吏见知不举者与同罪。令下三十日不烧，黥为城旦。所不去者，医药卜筮种树之书。若欲有学法令，以吏为师。"

事情的经过是这样的：方士侯生、卢生，一向怂恿秦始皇求长生不老的仙药。但后来，他们求药不得，便诡称有恶鬼作怪，劝始皇微行以避恶鬼。接着又私下讥议秦始皇，说他刚愎自用，贪于权势，专任狱吏，而博士不被任用，因此，他们决定不能为秦始皇寻找仙药，然后便逃之夭夭。

秦始皇大怒，认为诸生妖言耸听，扰乱民心，便派御史严加追查。儒生们在审讯之下，为开脱自己，互相告发，总共牵连到 460 多人，始皇下令，将他们在咸阳城全都活埋。

"坑儒"之事，表面上与李斯无关，但实际上，李斯未可逃其咎，因为这是焚书事件的继续。

四、保位谋身　附逆沙丘

李斯的为官目的，重要的一条便是功利富贵，因此，一旦位高权重，保位谋身以便长久富贵荣显，便成了他为人处世的原则。但是在官场中，处处充满坎坷艰险，李斯于此深有体会，充满戒惧。

扶　苏

公元前 212 年，秦始皇由甬道游幸咸阳郊外的梁山宫，远远望见一支车队从附近经过，非常有气派。经打听，方知是李斯的车驾，始皇脸上顿时露出不快的神情。事后，有人向李斯提及此事，李斯马上裁减了自己的车队仪仗。后来，秦始皇感觉到这一变化，他说："这一定是内侍中有人把我的话泄露给了李斯。"然后，秦始皇把那次随侍的人抓起来进行审问，但再三追问，无人招承，于是始皇便把那次随侍的人员全部诛杀了。[1] 这说明，李斯作为秦始皇的重臣，所受的信任是有限度的。李斯在朝廷，也需处

[1] 事见《史记·秦始皇本记》："始皇帝幸梁山宫，从山上见丞相车骑众，弗善也。中人或告丞相，丞相后损车骑。始皇怒曰：'此中人泄吾语。'案问莫服。当是时，诏捕诸时在旁者，皆杀之。"

处在意，着意揣摩，尽量迎合上意，才能立足。

李斯官位显赫后，他的几个儿子都同秦国的公主结了婚，几个女儿也都嫁给了皇族子弟。他的长子李由任三川郡郡守。一次，李由请假回家，李斯设宴为他接风。文武百官纷纷赶来，几千车马来往于李斯家门，称得上车水马龙，络绎不绝。李斯大发感慨："我听荀卿说凡事不能过了头，李斯本来只是上蔡的一介平民、街巷的普通百姓。皇帝不了解我才能平平，擢拔我为丞相，文武百官的地位没有超过我的，可以说，作为人臣，我已经富贵至极了。物极必反，我真不知将来在何处归宿呀！"[1]

为了显扬皇帝的威严功业，加强对全国的控制，秦始皇多次出巡。始皇三十七年（前210），秦始皇第五次出行。右丞相冯去疾留守，左丞相李斯与掌符玺及颁发诏令的宦官首领赵高随从。十八子胡亥，年龄最小，请求随侍左右，始皇同意了。

这年七月，秦始皇来到沙丘（今河北平乡东北），生了病，病得很重。于是，他便命赵高写遗诏给公子扶苏，诏书中说："把兵权交给蒙恬，赶快来参与丧事，到咸阳会齐，然后再行丧礼。"遗诏还未送出，始皇就去世了。遗诏和玺印都在赵高那儿，只有胡亥、李斯等少数人知道皇帝已死。李斯认为，始皇之死，会引起

李斯《琅琊台刻石》拓本

[1] 语见《史记·李斯列传》："嗟乎！吾闻之荀卿曰：'物禁大盛。'夫斯乃上蔡布衣，闾巷之黔首，上不知其驽下，遂擢至此。当今人臣之位无居臣上者，可谓富贵极矣。物极则衰，吾未知所税驾也！"

举国慌乱，何况又是死在巡游途中，生前又未确立太子。他唯恐诸子争位，天下生变，于是决计秘不发丧。他命令将始皇的尸身放入辒辌车（一种通风而又隐蔽的供人卧息的车）中，仍用旧日的驭手驾车，照常进奉饮食，百官也照常奏事，而令躲在车内的亲信宦官代为应答。

赵高扣留了赐给扶苏的玺印与遗诏，就去说服胡亥，请胡亥伪造诏书，假托始皇之命，诛杀扶苏，改立胡亥为太子。胡亥有顾虑，赵高劝他打消了顾虑。并且说，这事要和丞相李斯商议才成。胡亥同意赵高的观点。赵高便去找李斯。赵高先从保全李斯的官位这一点说服李斯。他说："我不过是一个内官，是一个供人驱使的隶役罢了。侥幸的是我略知刀笔，所以入事秦宫20多年。我从未见到秦朝封赏的功臣有传两代的。将相的后代，更往往被诛杀夷灭。始皇有20多个儿子，这是您所知道的。长子扶苏刚毅武勇，肯信任人，又善于鼓动别人，让他们为自己出力。如果他继承了皇位，一定会起用蒙恬为丞相，这样一来，您想保全官位、保全首领、荣归故里，可能吗？我曾奉诏书教过胡亥，我让他学习法令已经好几年了，没见过他有什么过失，胡亥称得上慈仁笃厚，轻财爱士，口才虽平平，心地却澄明。秦国的诸位公子，没有谁能赶得上他，应该扶立他为国君，这样才好。"

李斯对赵高说："请您不要多说。我蒙主上眷顾，自应按诏书行事。其间成败利钝得失荣辱，我也无暇顾及了。"

赵高又规劝李斯，一个聪明人应该能够在这安危之际把握自己的命运才是。李斯念及始皇对自己的恩惠，不肯辜负皇恩，因此他一再对赵高推辞。接着赵高便对李斯采取了恐吓、威胁的手段，他说："在上位的（胡亥）和在下位的（李斯）如果同心协力，就可保有长久的富贵；宫里的人（赵高）和宫外的大臣（李斯）如能携起手来，事情也就好办了！您如果肯听我的建议，就可长为通侯，代代相传。寿如乔松（王子乔、赤松子），智比孔墨（孔子、墨子）。如果您不听我的话，恐怕不但不能保身，而且会祸及子孙。请您自己好好想想吧！"

听了赵高的一番话，李斯说："我生逢乱世，既不能一死以殉主上，那么，怎么安排我自己呵！"说罢，仰天长叹，流下了几行眼泪。[1]

---

[1]语见《史记·李斯列传》："斯乃仰天而叹，垂泪太息曰：'嗟乎！独遭乱世，既以不能死，安托命哉！'"

李斯被逼无奈最终同意与胡亥、赵高合谋，共立胡亥为太子，假传始皇诏命，赐扶苏死，蒙恬死。然后，马不停蹄，秘密运送始皇的尸体入京。当时天气尚热，秦皇尸气熏蒸，冲出一种臭味。赵高又假托圣命，命各辆车都装鲍鱼一石。这样一来，各车上都臭气熏天，人们怎能分出是鲍鱼之臭，还是始皇之臭呢！[1] 如此伪装，直到咸阳，始皇之死，竟无外人知道。

　　这时，派去赐扶苏、蒙恬死的使者也已赶回，报告经过。原来诏书到的那天，扶苏就自杀了，蒙恬不肯自杀，则被囚禁于阳周县。胡亥、李斯、赵高3人一闻此讯，大喜过望。这才公布秦始皇的死耗，即日发丧，并立太子胡亥为二世皇帝，胡亥也投桃报李，升任赵高为郎中令，格外宠信。

五、屈意奉承　腰斩咸阳

　　胡亥靠着一起偶发事件当上了秦国的二世皇帝，但却无法靠偶然来统治宇内，驾驭臣下。于是采用了赵高的建议，软硬两手兼施，一方面用严苛的刑法来收拾那些心怀怨望、难以驾驭统治的皇族亲戚与功臣宿将，一方面则用高官厚禄收买那些原本地位低下、容易被操纵的人。

　　据史书记载，秦二世先后戮杀大臣蒙毅、蒙恬等，诛杀12个公子，把10个公主在杜县断裂肢解。他还不顾民怨沸腾，横征暴敛，大兴土木。搞得朝政混乱，上下尊卑，都心怀不满。

胡　亥

　　对于二世的所作所为，李斯有时随声附和，有时退让默许，有时竟公然赞助，完全丧失了一位政治家应有的谋略与胆识，成了一个保位苟全的庸人。

　　秦二世元年七月，陈胜、吴广揭竿而起，关东豪杰纷起响应。李斯这才意识

---

[1] 事见《史记·秦始皇本记》：“会暑，上辒车臭，乃诏从官令车载一石鲍鱼，以乱其臭。”

到了问题的严重性，他想挽大厦于既倒，可惜心有余而力不足。这是因为：第一，秦王朝的统治已经濒于土崩瓦解之关头；第二，赵高、胡亥羽翼已丰，秦王朝积弊未除，又添新弊，实在不可药救了。

李斯的儿子李由当时任三川郡郡守，他主管的范围内起义军势力很大，秦二世为此意欲追究李斯的责任。李斯害怕了，便上书给皇帝，在书中，他建议皇帝"独断于上"，对臣下"行督责之术"，"灭仁义之途"，"绝谏说之辩"。他说，君主如能用严刑峻法对臣属百姓进行督责，臣民就不敢不全心全意地为君主服务。不行督责之术的君主，如尧舜那些人，一生辛辛苦苦，活得比百姓还艰难，那是行尸走肉。这观点，正好与二世的想法一致。二世早就认为，君主享有天下，只要全天下的人都顺适他一个人的意愿就够了，根本不必去管别人的死活。

胡亥得到李斯的奏章，大喜，马上实行"督责"之术。政治措施、刑法律令，比以前更加苛刻。官吏越能横征暴敛，便愈贤明。不长时间举国上下刑者相伴于路，死者日积于市；杀人愈多者愈得任用。二世皇帝见到如此"治绩"，沾沾自喜。

李斯劝二世行督责术，不过是为讨二世欢心，起因则是贪恋禄位，保命谋身。然而，赵高却早已为他设下了陷阱。

秦二世每天不上朝，把朝政全交给赵高处理，自己在后宫享

《阿房宫图》
——清袁耀绘，今藏南京博物院

乐。李斯对此很不满。赵高大权在握，便乘机暗自谋划陷害李斯。于是，他找到李斯，对他说："函谷关东盗贼蜂起，皇帝却征派百姓修建阿房宫，并且广为搜求名狗骏马等无用的东西。我想劝阻皇帝，但是，我的地位太低，人微言轻。这正是您该管的，您怎么不进谏呢？"

李斯本想劝谏皇帝，苦于没有机会，如今听了赵高的话，便说："我早就想提点意见了。可是，皇帝不坐朝廷，常居深宫，我想说话也没有机会啊！"

赵高对李斯应允："您如果想进谏，我替您注意着，待一有机会，就通知您。"赵高于是便乘二世胡亥与宫女闲居娱乐时派人通知丞相："皇帝现在有闲空儿，正可趁机入奏。"

李斯听说，马上进宫，请求面见皇帝，惹得二世很不愉快。像这种情况，连续出现了两三次。二世胡亥非常恼火，以为李斯是有意与自己过不去，说："我平时有闲空时，不见李斯前来奏事，但当我一有点事儿，一想清闲娱乐一番，他便来见我，分明是有意找我的麻烦。"

赵高见时机可乘，便向皇帝进谗言。他说李斯是心存怨气："沙丘废立之谋，李斯参与了，现在，您已经被立为皇帝，丞相却未能有更大的收获。我想，他是要您封他为王，才会满足的。"并且说李斯的儿子李由与陈胜有往来。胡亥信以为真，便派人追查此事。

李斯知道事情原委之后，想面见皇帝，但皇帝正在甘泉宫观赏角力与杂技表演。李斯不得入宫，便上书极力诋毁赵高，言词尖锐犀利。皇帝正深信赵高，生怕李斯杀掉他，便将此事全都告诉了赵高。赵高却说："丞相图谋不轨，所忧虑顾忌的就剩我赵高一人了。等我一死，丞相就会肆无忌惮地篡夺天下大权了！"

胡亥受了赵高怂恿，先将李斯免相，降为郎中令，接着以谋反的罪名逮捕了李斯，交由赵高审理。赵高对李斯严刑拷打，李斯受不过，只好屈招。但李斯不肯自杀，他认为自己有大功于国，而又确实未曾有过谋反的心意，总希望有一天能上书陈述自己的冤情，说不定二世皇帝会幡然省悟，赦免自己的罪过呢！于是李斯上书给皇帝，历数自己的功劳，企求能够得致赦免。这封信呈递上去，赵高命官吏将它丢弃，不准上奏。赵高说："当囚犯的还要上书吗？"

赵高逼李斯屈招罪过之后，怕他更改口供，于是，派他的死党假扮成御史、谒者、侍中等官员，对李斯轮番进行审讯。只要李斯一改口供，马上便严刑拷打。

后来，二世皇帝派人调查李斯的事，核对李斯的口供。李斯认为又与前几次一样，只要一说真话就受刑，所以，没敢再更改口供，用书面形式，承认自己犯罪属实。这正中了赵高的奸计。赵高把判决书给皇帝看，皇帝说："这回要是没有赵高，丞相就把我给出卖了。"[1]

二世皇帝二年七月，李斯被判刑，腰斩于咸阳。父母、兄弟、妻子三族也被夷灭。

行刑当天，李斯和他的次子被绑着走出狱门，李斯回头对他的儿子说："我多想像你小时候那样，父子俩牵着黄狗一起到上蔡城东门外去打兔子啊，可是再也办不到了。"说完，父子二人相对哭泣。[2]这句话，说出了李斯政治上飞黄腾达之后，却只能在夹缝中求生存，失去了好多人生乐趣的实情。

名 家 评 说

李斯以闾阎历诸侯，入事秦，因以瑕衅，以辅始皇，卒成帝业，斯为三公，可谓尊用矣。斯知《六艺》之归，不务明政以补主上之缺，持爵禄之重，阿顺苟合，严威酷刑，听高邪说，废嫡立庶。诸侯已畔，斯乃欲谏争，不亦末乎！人皆以斯极忠而被五刑死，察其本，乃与俗议之异。不然，斯之功且与周、召列矣。

——汉·司马迁《史记》

李斯之对二世曰："明主灭仁义之涂，绝谏争之辩，荦然行恣睢之心。"尽古今概贤不肖，无有忍言此者，而昌言之不忌。呜呼！亦何至此哉！斯亦尝学于荀卿氏矣，亦尝与始皇谋天下而天下并矣。岂其飞廉、恶来之所不忍言者而言之不忌，斯之心其固以为然乎？苟非二世之愚，即始皇之骄悖，能受此言而不谴乎？斯抑谓天下后世之不以己为戎首而无所恤乎？无他，畏死患失之心迫而有所不避耳。

——清·王夫之《读通鉴论》

……李斯身为丞相，位至通侯，受始皇之顾命，乃甘心从逆，与谋不

---

[1]语见《史记·李斯列传》："微赵君，几为丞相所卖。"
[2]语及事见《史记·李斯列传》："斯出狱，与其中子俱执，顾谓其中子曰：'吾欲与若复牵黄犬俱出上蔡东门逐狡兔，岂可得乎！'遂父子相哭……"

轨，是岂大臣之所为乎？虽暴秦之罪，上通于天，不如是不足以致亡，但斯为秦相，应具相术，平时既不能匡主，临变又不思除奸，徒营营于利禄之私，同预废立之计，例以《春秋》书法，斯为首恶⋯⋯

——蔡东藩《前汉演义》

赵 高

赵高（？～前207），秦朝秦二世时继李斯为相。秦始皇时任他为中车府令，后秦二世又升他为郎中令。赵高以一介宦官，不文不武，全凭阴险狡诈、用心险恶扶立昏庸无能的秦二世，窃据权柄，欺上瞒下，胡作非为，陷害忠良，最终导致秦王朝的覆灭。

赵 高
——从1935年会文堂新记书局
蔡东藩《前汉通俗演义》

一、沙丘政变 扶立二世

赵高父母皆为罪人，赵高和他的几个兄弟一出生便被阉割送进宫里。赵高生性刁滑，善伺人主颜色行事。由于在宫中时间较长，接触了一些秦代的律令，又能用心强记，所以比较精通狱法。

秦始皇得知他干练有才，渐加宠信，提拔他做了中车府令，并且让他教导少子胡亥学习刑法狱讼之事。胡亥虽是个只知行乐的花花公子，但对赵高讲述的断案治狱的事例却很感兴趣，因而，一直把赵高当成老师和亲信，特加宠幸。

赵高曾经触犯刑律，秦王派大臣蒙毅对他治罪。大臣蒙毅依照秦律，判他死罪，剥夺官籍，始皇念他前时做事勤恳，便赦免了他。[1]

秦始皇三十七年（前210），赵高陪侍秦始皇巡游。同行者有始皇少子胡亥和左丞相李斯。秦始皇走到平原津地方，染上了疾病。归途中，到

---

[1] 事见《史记·蒙恬列传》："高有大罪，秦王令蒙毅法治之。毅不敢阿法，当高罪死，除其宦籍。帝以高之敦于事也，赦之，复其官爵。"

沙丘（今河北平乡东北），始皇病重，自知不起，于是给正在上郡蒙恬军中监军的长子扶苏写了一封诏书，内容是让他速回咸阳主持葬礼。诏书写完封好，放在赵高那里，尚未来得及命使者送出，秦始皇便病逝了。

当时始皇病逝，知道其事的只有几个人：李斯、赵高、胡亥和平素秦始皇所宠幸的几个宦官。李斯担心皇帝驾崩的消息引起天下恐慌，也怕诸位皇子争位，所以决定严密封锁消息，不准走漏风声。他们把秦始皇的尸身安放在既保暖又通风的车中，百官们不知底里，照常到车前奏事，侍者也照常向车内进呈食物。亲信宦官假托始皇，在车内批准百官所奏之事。

赵高见此情景，觉得眼下正是一个千载难逢的可以谋事的大好时机，他便扣押了皇帝给扶苏的遗诏，决心用胡亥为本钱去进行孤注一掷的政治赌博。于是，他便先去说服了胡亥，让胡亥支持自己，和自己一起除掉扶苏争夺帝位。他说："皇上去世，没有遗命封立诸子为王，而只是赐给了扶苏一通遗诏。这样，待到扶苏一回朝廷，马上就会被拥立为皇帝。你连一小块土地都封不到，岂不可惜！"

胡亥无可奈何。他说："知臣莫如君，知子莫如父。我父亲当然该知道哪个儿子应该嗣位，哪个儿子不能受封。现在，父亲既然已经有意立扶苏为继承人，既然没有下令封赠诸子，也就只好如此了！"

赵高说："话不可这样说。其实天下的大权、人们的生死，如今都在您、我和丞相李斯手中。您可以想一想，臣服于人与君临天下，控制别人与受人控制，难道能够同日而语吗？"[1]

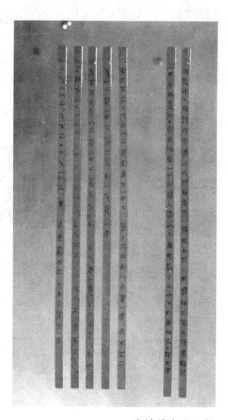

秦法律文书竹简

[1] 语见《史记·李斯列传》："不然。方今天下之权，存亡在子与高及丞相耳，愿子图之。且夫臣人与见臣于人，制人与见制于人，岂可同日道哉！"

听了赵高的这番话，胡亥仍然不为之所动，他对赵高说："这些我也不是没有想过。不过，废弃长兄，而拥立幼弟，不合道义；不遵父皇遗诏，怕死谋篡，不合孝道；能力低下而勉强靠别人的力量做事，不算有能力。这3个方面，都是违德背礼的，我这样做，天下人会不服的，而且我真怕闹到国亡宗灭，断绝祖宗的基业呢！"

赵高继续力劝胡亥，他说："昔年商汤和周武王都杀了他们的君主，成就了大业，天下人都认为他们的行为合于道义，不算不忠；卫君杀了他的父亲，卫国人称扬他的德望，孔子也记载了此事，不算不孝；做大事的人往往不拘小节，德行隆盛的人也决不过分瞻前顾后，辞让谦逊。凡事都要根据具体问题做出决断，只顾细枝末节而遗忘大体，遇事不能决断而狐疑犹豫，必定会招来祸患，也必定会遗憾终身。勇敢果断、敢作敢为的人，连鬼神都会畏惧逃避，自然会取得成功。希望您不要迟疑，照我的意见办！"

胡亥最终被赵高说得动了心，只是担心李斯。他说："如今皇帝去世，尚未发丧，用这种事（指谋夺帝位）去打扰丞相，怕不合适吧？"

秦始皇陵铜车马

赵高趁热打铁，大加怂恿："时间啊，时间，太短暂、太急迫了，已经来不及容我们细致地筹划了。这事就如同携带干粮骑快马赶路一般，略一迟缓，时机就错过了。"[1]

胡亥终于同意了赵高的意见。赵高便去说服李斯。李斯虽然加以责难，但最终还是受了赵高的胁迫，同意篡改遗诏，害死扶苏，拥立胡亥。

这样一来，赵高便伙同李斯，扶起胡亥做了秦王朝的二世皇帝。二世皇帝自然感恩戴德，把赵高由中车府令提拔为郎中令。从此，赵高经常在宫中侍奉皇帝，因而大权在握。

二、实施峻法　谋害李斯

赵高专权，大行诛戮刑罚。

有一次，秦二世胡亥闲居无事，召来赵高，对他说："人活在世上，犹如白驹过隙，非常快，转眼就是百年。我现在已经君临天下，只想享尽人间的一切声色之乐，只想恣情任性，为所欲为。但我又想让百姓安居，国家安定，使我能永久享有天下，直到我命终为止。您说，这能做到吗？"

秦双兽纹瓦当

赵高说："贤明的君主可以这样做，昏聩的君主不能这样做。为今之计，臣请求您实施严苛的刑法，自有效验。"

至于为何要用严苛的刑法，赵高对秦二世作了一番阐释：当年沙丘废立，知道内情的虽然只有几个人，但秦国诸位公子（指始皇之子）与大臣们，都对此事有所怀疑。而这些公子都是您的兄长，这些大臣又都是先帝任命的重臣。您现在即位，他们心中都不服气，都有怨怼之情，我担心他们谋反，危

秦鹿纹瓦当

---

[1]语见《史记·李斯列传》："时乎时乎，间不及谋！嬴粮跃马，唯恐后时！"

害国家。况且如今将领在外也不都可靠。我每天对此胆战心惊，因此您想安乐无事，是难以实现的，除非实施严刑峻法。

赵高进一步为二世谋划道："应该让触犯刑律的人，互相牵连而受诛罚，甚至可以收诛其全家；应该诛灭当朝大臣，疏远皇族之人；应该让贫困者富贵起来，地位低贱者尊贵起来；应该把先皇时的旧臣完全除掉，而任用您所亲近的人。这些被提拔之人暗中感念您的恩情，自然会归附于您。这样一来，对您有害的被除掉，不利于您的奸谋被阻塞，群臣都蒙您的恩泽德惠，您就可以高枕无忧，可以放心大胆地去享受、去娱乐了。"[1]

秦二世听了赵高的话，改变了原先的法令。此后，群臣或诸公子只要稍有罪过，都交由赵高处理。赵高穷究罪状，结果诛杀了不少大臣。12个公子在咸阳被杀，陈尸示众，10个公主在杜县被杀，也被陈尸示众。此外，受牵连被治罪的，数也数不清。由于法令诛罚日益苛刻、严酷，群臣人人自危，好多人心怀反意。后来，陈胜、吴广等起义，天下纷纷。秦二世又实施了李斯提出的督责之术，结果民不聊生、怨声载道。

赵高与李斯，在有共同利益时，互相利用，暂时结合在一起，到了拥有权柄时，便成了利益的争夺者。因此，赵高大权在握后，便开始设计谋害李斯。

赵高为郎中令，为报私怨，杀了不少人，可谓睚眦必报。他怕大臣们入朝面君时揭露攻击他，便巧鼓舌簧，欺骗胡亥说："天子尊贵，一大部分原因是群臣见不到他的面而只能听到他的声音。正因如此，天子才自称为'朕'。您还年轻，未必什么事都懂，倘若每天坐在朝廷上接见大臣，惩罚奖赏，难免有不妥当之处，大臣见了，会瞧不起您的。莫如您深居宫中，等大臣把公事呈奏上来，由您和我以及几个精通法令的人进行权衡考虑，然后再批示办理。这样一来，那些大臣们就不敢再上奏那些惑乱视听、混淆黑白的事情了，天下人也就都会认为您是圣明的主子了！"听了赵高的话，秦二世果然照办。

李斯对皇帝不接见大臣这一举动不满。赵高便设下圈套，多次诱使李斯在胡亥正与后宫妃嫔作乐的当口去求见。结果触怒了皇帝。赵高趁机进谗言，他说：

---

[1]语见《史记·李斯列传》："严法而刻刑，令有罪者相坐诛，至收族，灭大臣而远骨肉；贫者富之，贱者贵之。尽除去先帝之故臣，更置陛下之所亲信者近之。此则阴德归陛下，害除而奸谋塞，群臣莫不被润泽，蒙厚德，陛下则高枕肆志宠乐矣。计莫出于此。"

"情形很危险。丞相李斯曾参与沙丘废立之阴谋。现在您已经当了皇帝，丞相的地位却没有提高，显然，丞相是想让您封他为王。如果不是您问起，臣也不敢说。楚地的盗寇陈胜等都是丞相邻县的居民，丞相纵容他们造反。丞相的长子李由担任三川郡郡守，他们经过三川郡时，李由只是守城，不肯出击。我还风闻李由同这些盗寇私下有公文往还。不过，现在我还没有调查清楚，所以不敢向您报告。这段日子，丞相的权势声威日益增大，怕要超过您呢！"秦二世认为赵高的话有道理，便派人调查李由和"盗寇"暗中勾结的具体情形。

李斯觉察到了赵高的阴谋，想进见秦二世，陈诉原委。秦二世在甘泉宫中观赏角力与杂技表演，不肯出来接见。李斯迫不得已，与赵高决裂，"上书言赵高之短"。但为时已晚，事情已经无可挽回。秦二世竟然将李斯交付赵高，由赵高审问处理。赵高用计，再三拷问，把李斯定为谋反罪，按照刑律的规定，处以腰斩之刑，夷灭三族。

三、指鹿为马　玩火自焚

李斯死后，秦二世专宠赵高，任命他为中丞相，国家大事，无论大小，都由他决定。赵高位尊权重，但贪欲之心不能满足，他想篡位谋反，但恐怕其他大臣反对，就心生一计，先测验他们一下，便亲自导演了"指鹿为马"的闹剧，来观察人心的归附情况。

一天，赵高向秦二世献上一只鹿，并故意说这是一匹马。秦二世一看明明是鹿，便说："丞相搞错了吧？这是鹿，怎么说是马呢？"赵高坚持说是马。秦二世不信，于是问左右官吏，官吏们有的默不作声，有的说是鹿，有的为了阿附赵高之意，竟然颠倒黑白，说是马。赵高设下圈套，把说真话的人都牵连在狱讼之中，严加惩处。此后，群臣畏惮，没有人再敢反对赵高。[1]

由于秦的暴政，天下大乱，燕、齐、楚、赵等亡国贵族纷纷自立；刘邦、项羽两路兵马东西并进，赵高瞒住秦二世，不让他知道真相。刘邦攻克武关，派人与赵高联络，赵高害怕秦二世问罪便诈称有病，不肯上朝。

---

[1]事见《史记·秦始皇本记》："八月己亥，赵高欲为乱，恐群臣不听，乃先设验，持鹿献于二世，曰：'马也。'二世笑曰：'丞相误邪？谓鹿为马。'问左右，左右或默，或言马以阿顺赵高。或言鹿（者），高因阴中诸言鹿者以法。后群臣皆畏高。"

秦宫殿遗址

秦二世心神恍惚，夜间梦见有一只白虎咬死了他的左骖马。心情不好，召来占梦者问其缘故。占梦者说是泾水为祟。秦二世信以为真，遂到泾水岸边的望夷宫亲祭水神，并且派使者责斥赵高，命他赶紧调兵，除灭盗贼。

赵高靠阴险刁诈而踞高位，握大权，说到调兵平乱，他是毫无办法。于是，他便召来了咸阳令阎乐和弟弟郎中令赵成，对他们说："主上平日不听劝谏，不知平乱安邦，如今国事危迫，却逼我平乱灭贼，分明是要让我们当替罪羊。我们不能束手待毙。不如先行下手，改立公子婴为帝。公子婴一向仁爱俭约，人民都拥护爱戴他。立他之后，事情也许可以转危为安。"赵成与阎乐唯唯听命。赵高担心阎乐变心，又劫来阎乐的母亲作为人质，阎乐只好死心塌地按照赵高的计策行事。

阎乐率领吏卒1000多人，直抵望夷宫，不由分说，把守门的卫令仆射一绳捆住，并叱责说："宫中进来了乱贼，你为什么不阻止？"卫令仆射说："宫殿四周都有卫队，警卫甚严，哪有人入宫？"

阎乐不听辩解，命令斩杀了卫令仆射。然后率领兵卒闯进宫去。士卒们一面走，一面射箭。宫中侍卫郎官与宦官仆役，惊惶逃窜。有敢于向前阻挡格斗的，都被杀死，共杀了几十个人。

郎中令赵成为内应，与阎乐一起进入内殿，放箭示威，射入二世的坐帐。秦二世大怒，召左右御敌护驾。左右仆役早已魂惊魄动，无人敢上前抵挡。秦二世跑入卧室，旁边有一个宦官跟随。二世问他："你怎么不预先告诉我赵成有不轨之心呢？现在搞成了这个样子。"那宦官说："我不敢说话，所以才能偷生至今。否则，早被杀死了！"

这时，阎乐已经闯入。他面对二世，斥责道："你骄奢淫逸，滥杀无辜，天下人都离心离德，请你速速自行了断！"二世此时，尚存偷生之幻想，于是说："我能见丞相一面吗？"阎乐一口回绝道："不能"！二世又问："我情愿退位，只做一个郡的王，行不行？"阎乐回答："不行！"二世说："既不许我为王，就让我当个万户侯吧！"阎乐摇头。二世只好说："我情愿与妻子一起做一个平民百姓，希望能放我们一条生路。"阎乐厉声说："我奉丞相的命令，为天下苍生来诛杀你。你不要多说，多说也没有用！"一面说，一面指挥吏卒进逼。二世料知不能免死，只好自杀。

赵高听说二世已死，便召集各位朝臣和宗室公子，向他们通报了诛杀二世的情况，并且说："秦本来是一王国，始皇统驭天下，故建帝号。如今海内分袭，六国复立，秦的地盘小了，不应该虚称帝号，还是照以前那样称王罢了！"于是，扶立二世兄长的儿子子婴为秦王。让子婴先行斋戒，准备择日

秦兵马俑

秦长城遗址

再往宗庙祭拜祖先，举行受玺仪式。

子婴斋戒了5天之后，跟他的两个儿子商议，说："赵高杀死了二世皇帝，害怕群臣诛杀他，假意立我为王，不过是缓兵之计。我听人说，赵高与楚军定约，要灭除秦朝宗室，在关中称王。如今他让我斋戒并祭拜宗庙，分明是要在宗庙中置我于死地。我如果装病，不去宗庙，赵高定会自己来促请。到时他一来，我们就可乘机除掉他！"

事情果然不出所料，赵高先后派人去请子婴，子婴都静坐不动，无奈赵高便亲自去请。他对子婴说："如此重大的关乎国家之事，王为什么不行动呢？"子婴乘机在斋宫中把赵高杀了，并夷灭了赵高的三族，在咸阳示众。[1]

---

[1]事见《史记·秦始皇本记》："高使人请子婴数辈，子婴不行，高果自往，曰：'宗庙重事，王奈何不行？'子婴遂刺杀高于斋宫，三族高家以徇咸阳。"

名 家 评 说

　　彼赵高穷凶极恶，玩二世于股掌之上，至于敌军入境，不惜卖二世以保身家，逆谋弑主，横尸宫中，此为有史以来，宦官逞凶之首例。

——蔡东藩《前汉演义》

【汉】

韩 信

韩信（？～前196），汉高祖刘邦时著名将领，军事家。先后封齐王、楚王、淮阴侯。淮阴（今江苏省淮阴西南）人。他出身平民，但胸怀大志。他先投项羽，又投刘邦，皆不为重用。是萧何等慧眼识英，劝说刘邦重用，遂使韩信大展其才。为汉朝的建立立下了汗马功劳。终因功高震主又不自检束，最终被吕后害死。他曾与张良一道整理兵家著述，著有兵法三篇，已佚。

一、寄食漂母　受辱胯下

韩信出身平民，家境贫寒。他很早就一个人生活了，品行也不怎么好。大概正是这些原因吧，人们也不推举他出来做个小官。韩信又没有经商谋生之道，常常依靠别人糊口度日，所以许多人都讨厌他。他曾经在下乡南昌亭长家寄食，吃了几个月闲饭后，引起亭长妻子的不满，便想赶他走。有一天，亭长妻子一大早就烧好饭，在床上就把饭吃了。等到了吃饭时间，韩信去了，亭长妻子当然不会再准备饭食。韩信看出了他们的用意，一怒之下同亭长绝了交。

韩信
——从原故宫南熏殿旧藏《历代先贤名人像》

韩信虽然有些游手好闲、不务正业，但却有着很大的志向、抱负。他的母亲死了，穷得没钱办丧事，然而他却寻找又高又宽敞的坟地，要让那坟地四周可安顿得下1万户人家。由此可以看出，韩信相信自己总有出头的日子。

在韩信出道的早期生涯中，有两段著名

的史事，颇能反映出韩信的成长经历。

一次，韩信在城下钓鱼，有许多老大娘在河里冲洗丝絮。其中一位见韩信饿得可怜，就给他饭吃，一连几十天都是这样。对于这位老大娘的善待，韩信又是高兴，又是感激，他表示自己以后一定会重重报答她的。听了韩信的话，这位老人很生气地斥责说："大丈夫不能自食其力，我只是可怜你才给你吃食，难道是希图报答吗？"[1]

淮阴屠户中有个年轻人想侮辱韩信，说："你虽然高大魁梧，好带刀剑，可内心却是胆怯的。"他当众对韩信挑衅说："你不怕死，就用剑来捅了我；怕死，就从我胯裆下爬过去。"韩信听了这话，怒气冲天，恨不得杀了这个恶

《胯下之辱》（歌川国芳绘）

徒，但转念想了想，忍了下来。他注视了对方好久，慢慢低下身来，从他的胯裆下爬了出去。街上的人见了，都耻笑韩信，认为他是个怯懦之人。[2]谁知韩信甘受胯下之辱，是为了不影响实现他的远大抱负；等到韩信衣锦还乡的时候，人们才明白了这一点。

二、登坛拜将　纵论天下

其实，四处寄食的韩信并非无所事事，他在兵法谋略方面颇下了一番功夫。楚霸王项羽的叔父项梁渡过淮河北上时，韩信带着宝剑投奔了项梁，但初到之

---

[1] 事见《史记·淮阴侯列传》："信钓于城下，诸母漂，有一母见信饥，饭信，竟漂数十日。信喜，谓漂母曰：'吾必有以重报母。'母怒曰：'大丈夫不能自食，吾哀王孙而进食，岂望报乎！'"

[2] 事见《史记·淮阴侯列传》："淮阴屠中少年有侮信者，曰：'若虽长大，好带刀剑，中情怯耳。'众辱之曰：'信能死，刺我；不能死，出我袴下。'于是信孰视之，俯出袴下，蒲伏。一市人皆笑信，以为怯。"

时，默默无闻。项梁败死后，又归属项羽，项羽让他做郎中。韩信曾多次给项羽献计，项羽不予采纳。就这样待了一段时间，韩信感到再在项家的部队待下去不会受到重用，就萌生了离开之念。

刘邦入蜀，韩信离楚归汉。但初到之时，刘邦的手下只让韩信做了个管理仓库的小官，依然不被人所知。后来韩信犯法当斩，同案的 13 人都已处斩，就要轮到韩信了，韩信举目仰视，看到了滕公夏侯婴，说："汉王不是想得天下吗？为什么斩杀壮士？"夏侯婴觉得此人话语不同凡响，又见他相貌威武，就放了他。两下交谈，夏侯婴发现韩信是个人才，就推荐给了刘邦。不过，刘邦此时还没有发现韩信的与众不同之处，给他封了一个管理粮饷的官职——治粟都尉。韩信虽然仍未得到用武之地，但官阶不算低，能接触到上层了。也正因此，他得到了刘邦谋士萧何的了解和赏识。

刘邦被项羽封为汉王（实为排挤到汉中），从长安（今西安西北）到达南郑（今陕西省西南部），就有数十位将领逃亡。韩信估计萧何等人多次在刘邦面前举荐过自己而汉王不用，怕是难受重用，也逃走了。萧何听说韩信逃走，来不及向汉王报告便去追赶韩信。军中有人向汉王报告丞相萧何逃走了，汉王刘邦非常生气。过了一两天，萧何前来进见，刘邦怒斥萧何为何逃亡。萧何说他不敢逃跑，他只是去追逃亡的韩信。刘邦说："诸将领中逃亡的数十人你不去追，却偏偏去追一个无名小卒韩信，是在欺骗我吧？"萧何说："那些将领容易求得，至于韩信，他是人中英杰，普天下不会找到第二个了。您如果只想长期在汉中称王，那您可以不用韩信；如果想夺取天下，只有韩信是与您共商大计的人。

刘 邦
——从清乾隆时期刊本《晚笑堂竹庄画传》（作者上官周）

这就看您的主意了。"[1]汉王表示自己也想向东发展，绝非甘居汉中，定要夺取天下。萧何说："如果大王决意东进而夺取天下，能够任用韩信，韩信就会留下；不能用，韩信终归会逃去。"

汉王刘邦看在萧何的情面上，答应任韩信为将。萧何坚持要再加以重用，汉王表示可以让他做大将。于是刘邦想把韩信召来任命了事。萧何说："您一向对人傲慢，现在拜大将如同招呼小孩，这就是韩信离去的原因。如果您想真心任用韩信，就应选择吉日，沐浴斋戒，设立坛场，举行拜将仪式，这样才行。"汉王同意了萧何的要求。众将听说汉王要拜将，都很高兴，觉得有机会被选拜为大将了。等到拜大将时，拜的竟是韩信，全军上下没有人不感到惊讶的。[2]

登坛拜将（选自《马骀画宝》）

韩信拜将以后，汉王刘邦想了解一下韩信的真才实学，而自己当时也确实需要高明的人出谋划策，于是就对他说："萧丞相多次称赞你的才能，请问将军有什么定国安邦的良策？"韩信问："同您东向而争天下的不是项羽吗？那大王自己估计一下，论兵力的英勇、强悍、精良，同项羽比，谁高谁下？"刘邦沉默良久，不得不承认自己不如项羽。韩信认为这正是展示才华、实现抱负的机会，于是就滔滔不绝地说出一番宏论来。

韩信说："不仅大王，就连我也觉得您不如项王。可是我曾经事奉过项王，

---

[1]语见《史记·淮阴侯列传》："诸将易得耳。至如信者，国士无双。王必欲长王汉中，无所事信；必欲争天下，非信无所与计事者。顾王策安所决耳。"

[2]事及语见《史记·淮阴侯列传》："何曰：'王素慢无礼，今拜大将如呼小儿耳，此乃信所以去也。王必欲拜之，择良日，斋戒，设坛场，具礼，乃可耳。'王许之。诸将皆喜，人人各自以为得大将。至拜大将，乃韩信也，一军皆惊。"

请让我谈谈项王的为人。项王一声怒喝，千把人会吓得胆战腿软；可是他不能放手任用贤将，这只算匹夫之勇。项王待人恭敬慈爱，语言温和，人有疾病，同情落泪，把自己的饮食分给他们；可是等到部下有功应当封爵时，他把官印的棱角都磨光滑了也舍不得给人家，这是妇道人家之仁。项王虽然独霸天下而使诸侯称臣，可是却不居关中而定都彭城（治所在今江苏徐州），又违背了当初与义帝的约定，把自己亲信和偏爱的人封为王，诸侯对此忿忿不平。诸侯见项王在江南驱逐义帝，也都回去驱逐他们原来的君王而自立为王了。凡是项羽军队经过的地方，无不遭蹂躏残害，所以天下人怨恨他，百姓只是在他的淫威下勉强屈服。项王名义上虽然是天下的领袖，实质上已经失去民心，所以他的强大会很快变成衰弱的。"韩信分析了汉王刘邦的主要对手之后，又给刘邦出谋划策，他说："现在大王如能反其道而行之，任用天下武勇之人，何愁敌人不被诛灭！把天下的土地分封给功臣，何愁他们不臣服！率领英勇的一心想打回老家去的士兵，何愁敌人不被打散！况且三秦的封王章邯、董翳、司马欣本来是秦将，率领秦国弟子已有数年，战死和逃亡的人不计其数，又欺骗他们的部下和将领投降了项羽，到了新安，项羽用欺诈的手段坑杀秦降卒20余万人，唯独章邯、董翳、司马欣没被坑杀，秦人对这3人恨之入骨。现在项羽以武力强封这3人为王，秦国百姓都不拥戴他们。您入武关时秋毫不犯，废除秦苛酷刑法，与秦民约法三章，秦国百姓无

拜将台

不想拥戴你在关中为王。根据当初诸侯的约定，大王理当在关中称王，关中的百姓都知道。可大王失掉应有的封爵而被安排在汉中做王，秦地百姓无不怨恨项王。现在大王起兵东向，攻取三秦的属地，只要号令一声即可收服。"[1]

汉王刘邦听了韩信的一席话非常高兴，认为得到韩信太迟了。韩信的这番议论，实际上为刘邦制定了东征以夺取天下的方略。

三、还定三秦　出奇破魏

秦王朝覆灭以后，经过连年混战，各种势力逐渐为汉、楚两家收服或歼灭，楚汉之争成为当时最突出的战事。汉王刘邦得到韩信之后，就依其谋划开始了与楚王的决战。汉元年（前206）八月，汉王刘邦举兵东出，用韩信的计谋，明修栈道、暗渡陈仓，平定三秦之地。汉二年（前205）出关，收服魏王豹、河南王申阳、韩王郑昌，殷王司马卬降汉。韩信又联合齐王田荣、赵王歇共同攻打楚国。四月到了彭城（治所在今江苏徐州），汉军兵败而还。韩信收复溃败之军，与汉王刘邦在荥阳会师，阻击楚国追兵，大败楚军于京、索之间，使汉军得以重振旗鼓。

当时，楚汉两家可以说势均力敌，所以小股势力朝三暮四，摇摆不定。汉王刘邦兵败彭城的时候，塞王司马欣、翟王董翳叛汉降楚，齐王田荣和赵王歇也反叛并与楚媾和。六月，魏王豹以探母病为由回到封国后，就封锁了河关，切断汉

项　羽

——从清乾隆时期刊本《晚笑堂竹庄画传》（作者上官周）

[1] 语见《史记·淮阴侯列传》。

军退路，叛汉与楚约和。汉王派郦生说服魏王豹不成，八月任命韩信为左丞相率兵击魏。魏王把重兵布守在蒲坂，封锁河关（黄河渡口临晋关，后改名蒲津关）。韩信故意多设疑兵，陈列船只，假意要渡河关，而伏兵却从夏阳（治所在今陕西韩城南）以木盆、木桶代船渡河，袭击魏都安邑（治所在今山西夏县西北）。魏王豹大惊，率兵迎击韩信，韩信大胜，俘虏了魏王豹，平定了魏国，改魏为河东郡。汉王刘邦派张耳与韩信一起引兵向东，攻击赵王歇，向北攻击代国，活捉代国丞相夏说，攻破了代国。

就这样，韩信在东征中一步一步地建立起了自己的功勋，刘邦自然欣喜有余了。

四、背水设阵　勇破赵军

韩信、张耳统兵数万，想翻过太行山井陉口，进攻赵国。赵王与成安君陈余陈兵20万，在井陉口抗击汉军。广武君李左车对成安君说："韩信渡西河、掳魏

背水列阵诱斩陈余
——从1935年会文堂新记书局蔡东藩《前汉通俗演义》

王、擒夏说、血洗阏与。现又有张耳加盟，想乘胜攻下赵国，军队锐不可当。可是我听说：'千里运粮，士卒就有挨饿的危险；到吃饭时才去打柴做饭，军队就不会餐餐吃饱。这井陉口，车不可并行，骑兵不可列队，行军数百里，其粮草必落在后面。希望您暂时拨给我3万奇兵，我从小路截断汉军辎重粮草；您深挖护营壕沟，加高兵营围墙严阵以待。这样，汉军前不得战、退不得回，我的部队断绝汉军后路，荒野无食可掠，不出10日，韩信、张耳的头颅就可以悬在您的旗下了。希望您考虑采纳我的计谋，否则肯定会被他俩擒获。"

成安君陈余是一个书生，认为正义之师不用奇谋诡计，所以很不赞同广武君的做法，他说："兵法上讲，十倍于敌人的兵力就包围它，一倍于敌人的兵力就与之交战。韩信虽然号称数万人，其实不过数千人，千里迢迢来奔袭我们，士兵早已疲惫之极，我们却避而不击，如果更强大的敌人前来，我们又将如何对付？诸侯一定会认为我们胆怯，会轻易地攻打我们的。"成安君最终还是没有听从广武君的计策。

韩信派人暗中探听，得知广武君的计策没被采纳，非常高兴。他大胆引兵前进，离井陉口30里驻扎下来。这天半夜，韩信选了2000名轻骑兵，让他们人持一面红旗，从小路来到山坡上伪装隐蔽起来，窥视赵军。韩信告诫将士说："赵军见我军出击，一定倾巢而出，你们就乘机迅速冲入赵军营地，拔掉赵国旗帜，插上汉军红旗。"同时命令副将传令大家："今天打败赵军之后会餐。"将士们谁都不相信，只好假意称是。[1] 韩信又召开将领会议，分析军情。韩信认为，赵军已先占据了有利的地势，他们在未见到汉军大将的旗鼓之前，一定会担心我们遇到阻险而退兵，是不肯轻易发兵攻打我们的。于是韩信派1万人为先头部队，背靠河水摆开阵势。赵军见汉军摆出不留退路的绝阵，都大笑不已。

第二天天刚亮，韩信打起了大将军的旗号和仪仗鼓吹，击鼓进军井陉口。赵军果出营迎击，大战良久，韩信、张耳抛弃鼓旗，佯装战败，退到河边的军阵之中。赵军见状，果然倾巢而出，追逐韩信、张耳，争夺汉丢下的旗鼓。韩信、张耳退入河边阵地，水上军迎战赵军，个个拼死作战，赵军根本无法取胜。正在此

[1] 事及语见《史记·淮阴侯列传》："……诫曰：'赵见我走，必空壁逐我，若疾入赵壁，拔赵帜，立汉赤帜。'令其裨将传飨，曰：'今日破赵会食！'诸将皆莫信，详应曰：'诺。'"

时，韩信所派的2000名轻骑兵冲入赵军营垒，拔掉赵军旗帜，竖起2000面汉军的红旗。赵军久战不胜，想退回营垒，却见营中插遍了汉军红旗，大惊失色，认为汉军已经把赵王及其将领全部俘虏了，于是阵势大乱，四散逃跑。赵将虽然斩杀了数人，竭力阻止，却不见成效。这时汉军两面夹击，大破赵军，在泜水（今河北魏河）斩了成安君陈余，活捉了赵王歇。

韩信大获全胜，诸将前来祝贺，有人乘机问道："兵法上说，布阵应是'右背山陵，前左水泽'，如今将军却背水为阵，还说打败赵军之后会餐，当时我们不服。现在取胜了，我们想知道将军用的是什么战术？"韩信说："这在兵法上也是有的，只是诸将没有注意到罢了。兵法不是说：'陷之死地而后生，置之亡地而后存'吗？况且带领没有经过我训练而听我指挥的将士，这就是所谓'驱赶街市平民去作战'，因此只有把他们放在绝境，使他们都为自己的生存作战，才会取胜，否则他们都会逃走，我还能用他们作战制敌吗？"诸将听了都自叹不如，更加佩服韩信的用兵之术了。[1]

韩信置之死地使人自为战的决策，是"知己"而用兵的典范。而这一战，充分体现了韩信作为军事统帅的天才。

五、兵不血刃　以威降燕

破赵之战虽然取得了胜利，但韩信深知，如果成安君陈余采纳了广武君李左车的建议，汉军并无十分的胜算。因此，破赵之后，韩信下令不准杀害广武君李左车，能生擒者赏千金。不久，广武君被擒获，韩信亲自上前松绑，请广武君面东而坐，自己执弟子之礼，请教攻燕（燕王臧荼，都蓟，今北京）、伐齐之事。广武君推辞说："我听说，败军之将不可言勇，亡国之臣不敢语政。现在我是败军之将，亡国的俘虏，哪里有资格同你谈论国家大事？"韩信说："我听说百里奚在虞国时虞国灭亡，在秦国而秦国称霸，这不是因为他在虞国时愚蠢，在秦国时聪敏，而是在于国君是否重用他，是否采纳他的意见。假使成安君陈余听了你的计策，那我韩信现在已成了阶下囚了。我是诚心向你求教，请你不要推辞。"

[1] 语见《史记·淮阴侯列传》："此在兵法，顾诸君不察耳。兵法不曰'陷之死地而生，置之亡地而后存'？且信非得素拊循士大夫也，此所谓'驱市人而战之'，其势非置之死地使人人自为战；今予之生地皆走，宁尚可得而用之乎！"诸将皆服曰：'善。非臣所及也。'

广武君确信韩信是虚心求教，因此把自己的观点和盘托出。他说："成安君虽有百战百胜之计，可一招失算，军败鄗下，身死泜水。现在将军涉西河，虏魏王豹，擒夏说于阏与，一举攻下井陉口，在不到一上午的时间就打垮赵20万大军，诛杀成安君，名闻海内，威震天下。使敌国百姓放下农具，停止工作，吃好的、穿好的，专心倾听您下令进军的消息，这些是将军的长处。然而将士疲惫，实际情形是难以用兵。现在将军要率领疲惫劳苦的士卒，停顿在燕国坚守着的城池之下，想战又恐怕拖得太久，力量耗尽而不能攻克，实情暴露，而弱燕不肯降服，齐国也必然固守边境以图自强。燕、齐相持不下，那么刘邦和项羽的胜负也就分不出来。这是将军的短处。"在分析了韩信的长处和短处之后，广武君进一步说："我认为'北攻燕、东伐齐'的计策是失策。善于用兵的人常用己之长击他人之短。将

韩　信

——从清乾隆时期刊本《晚笑堂竹庄画传》
（作者上官周）

军不如按兵不动，休整士卒，安定赵地，抚恤遗孤，日日牛酒犒赏将士，摆出攻打燕国的态势。而后遣辩士去游说燕国，把自己的优势充分显示在燕国而前，燕一定不敢不听从您。燕降服后再派辩士以燕已降汉说齐，齐必从风而服。用兵之道，本来就有先声夺人，再动实际的策略。"

广武君的分析十分透彻，韩信深为赞成。他依从广武君的计策，派使者去燕。燕君听到消息，立即投降了。韩信在战争实践中锤炼自己，又虚心向高明者求教，不断积累着经验教训。

六、潍水之战　雍水破敌

楚国多次派兵渡黄河击赵，赵王、张耳和韩信往来救援，行军中安定了许多赵国城池，并发兵支援汉王。当时楚国正在荥阳围困汉王，汉王逃跑到宛、叶间，收服英布同入成皋，楚又急忙围攻成皋。汉三年六月，汉王出成皋向东渡过

黄河，单独与夏侯婴跑到了修武的张耳军中，一大早自称汉使入赵军营。张耳、韩信还没起床，刘邦径直进其卧室，夺取了他们的印信兵符，召集诸侯，调动了诸侯的位置。等张耳、韩信起床后才得知汉王来过，不禁大惊失色。汉王夺了两人的军队，命令张耳备守赵地，任命韩信为赵相国。收集没有调到荥阳的赵兵去攻打齐国。

按照广武君的谋划，韩信说服燕国之后，又进一步说服齐国。不料，汉王刘邦私下里派了说客郦食其，说服了齐国归汉。

此时，韩信正按刘邦的命令进出齐国，还未到平原渡口。得知郦食其已说齐归汉的消息，韩信想停下来。范阳辩士蒯通劝韩信说："将军奉诏攻打齐国，而汉王只不过派密使说服齐国归顺，难道有诏令叫您停止进攻吗？况且郦生不过是个说客，凭三寸之舌就降服齐国70多个城邑，将军统帅几万人马，一年多时间才攻占赵国50多个城邑，一个将军反倒不如一个儒生的功劳吗？"韩信听从蒯通的说法，率兵渡河击齐。这时齐国已决计降汉，对汉军戒备松懈，韩信乘机袭击了齐驻守历下（今山东济南西）的军队，一直打到临淄（今山东淄博东北的临淄）。齐王惊慌之下，逃到了高密（今山东高密一带），派人向楚求救。

当韩信袭破临淄时，项羽闻讯遣龙且率20万兵马，与齐王田广合力抗汉。有人前来向龙且献计：汉军远征作战，所向披靡，而齐、楚本土作战，兵易涣散，不如深沟高垒，以守为攻。招抚已沦陷城邑，让他们知道齐王尚在、楚国来援，这必定使汉军无法得到粮食，会不战自败。龙且轻视韩信，又急求战功，不用此计，率兵与韩信的军队隔潍水东西（今山东境内的潍河）摆开阵势。韩信连夜派人做了1万多条袋子，盛满沙土，壅塞潍河上流，率一半军队涉水进击龙且之阵。龙且出兵迎击，韩信佯装败退，龙且以为韩信怯弱，率军渡江进击。这时韩信命人决开壅塞潍河的沙袋，河水奔流而至，龙且的军队大半没有渡

西汉骑兵俑

过去。韩信挥军猛烈截杀，杀死了龙且。[1]东岸齐、楚联军见西岸军被歼，四处逃散。韩信率军渡河紧追，追至城阳，楚兵都被俘虏。齐王田广逃走不久被人杀死。

就这样，在降服燕国之后，汉四年（前203）齐地全部平定。

七、请王招忌　被夺兵权

韩信一连灭魏、徇赵、胁燕、定齐，齐国平定之后，他派人向汉王刘邦上书说："齐国狡诈多变，是个反复无常的国家，南边又与楚国相邻，如不设立一个临时的代理王（假王）来统治，局势将不会安定。我希望做代理齐王，这样对形势有利。"

当时，楚王正把汉王紧紧围困在荥阳，情势危急。看了韩信上书内容，汉王十分恼怒，大骂韩信不救荥阳之急，竟想自立为王。张良、陈平暗中踩汉王的脚，凑近他的耳朵悄悄说："汉军处境不利，怎么能禁止韩信称王呢？不如就此机会立他为王，好好善待他，使他自守一方，否则可能发生变乱。"汉王经提醒也明白了过来，改口骂道："大丈夫平定了诸侯，就做真王罢了，干什么做代理王！"于是派张良前去立韩信为齐王，征调他的部队攻打楚军。

齐国失利，龙且战死，使楚霸王项羽非常恐慌。他派盱眙人武涉前去游说韩信反汉联楚，三分天下，称王齐地。韩信谢绝说："我奉事项王多年，官不过是个郎中，位不过执戟之士。

韩　信
——从明万历三十七年（1609）原刊本《三才图会》

---

[1]事见《史记·淮阴侯列传》："韩信乃夜令人为万余囊，满盛沙，壅水上流，引军半渡，击龙且。详不胜，还走。龙且果喜曰：'固知信怯也。'遂追信渡水。信使人决壅囊，水大至。龙且军大半不得渡，即急击，杀龙且。"

我的话没人听，我的计谋没人用，所以才离楚归汉。汉王刘邦授我上将军印，让我率数万之众，脱衣给我穿，分饮食给我吃，而且对我言听计从，所以我才有今天的成就。汉王如此亲近、信任我，我背叛他不会有好结果的。我至死不会叛汉。请替我辞谢项王的美意。"

武涉的游说失败后，齐人蒯通知道天下大局举足轻重的关键在韩信手中，于是用相人术劝说韩信，认为他虽居臣子之位，却有震主之功，名高天下，所以很危险。韩信认为蒯通的看法不差，但他犹犹豫豫，不忍背叛汉王；又自以为功劳大，汉王不会来夺取自己的齐国，于是没听蒯通的计谋。

汉王五年（前202），汉王刘邦在固陵（今河南太康南）兵败，用张良的计谋，把陈以东至傅海（靠近大海）之地割给韩信，睢阳以北至穀城之地封给彭越，征召韩信、彭越率兵会师垓下，与项羽决战。韩信指挥这场会战，统帅30万大军独当正面，孔将军居右翼，曹将军居左翼。汉王领兵随后，绛侯周勃、将军刘武跟在汉王后面。韩信首先交锋，不利，向后退却，孔将军、曹将军纵兵夹击，楚军招架不住，韩信乘势反攻，楚军大败，10万军队都被聚歼，项羽逃至东城自刭。刘邦还至定陶，驰入韩信军中，收夺了他的兵权。后来改封韩信为楚王，都下邳（今江苏邳县东）。

八、兔死狗烹　惨遭诛戮

韩信到了楚国，召见当年给他饭吃的漂母，赏赐她千金。轮到下乡南昌亭长时，只赏他100钱，并说："你是个小人，做好事有始无终。"又召见曾经侮辱自己、让他从胯裆下爬过去的少年，封他为中尉，并且告诉诸将说："这是位壮士，当他侮辱我时，我难道不能杀了他吗？杀了他也不会扬名，所以就忍了下来，这才有了今天的成就。"[1]

项羽兵败后，他的逃亡将领钟离昧因素来与韩信关系很好，就投奔了韩信。汉王刘邦记恨钟离昧，听说他在楚国，就下令楚王韩信逮捕他。那时韩信初到楚国，到各县乡邑巡察进出都派军队戒严。汉六年（前201）有人告韩信谋反。刘邦用陈平的计策，说天子要出外巡视会见诸侯，通知诸侯到陈地相会；其实是想要袭击韩信，韩信却不知道。刘邦将到楚国时，韩信打算起兵谋反，但又认为自

---

[1]语见《史记·淮阴侯列传》："此壮士也。方辱我时，我宁不能杀之邪？杀之无名，故忍而就于此。"

讨乱贼陈豨败走
——从1935年会文堂新记书局蔡东藩《前汉通俗演义》

己无罪；想去谒见刘邦，又怕被擒。这时有人向韩信建议："杀了钟离眜去谒见汉高祖，高祖必定高兴，也就不用担心祸患了。"于是韩信把此事与钟离眜商议，钟离眜说："汉王之所以不攻打楚国，是因为我在你这里，如果想逮捕我去讨好汉王，我今天死，随后亡的定是你韩信。看来你也不是位德行高尚的人。"结果钟离眜自杀而亡。

韩信拿着钟离眜首级去陈地谒见汉高祖刘邦。刘邦令武士把韩信捆绑起来，放在随从皇帝后面的副车上。这时，韩信深有感慨地说："果然如人们所说，'狡猾的兔子死了，出色的猎狗也该烹杀了；高飞的鸟射完了，那张良弓也该收起了；敌人被消灭了，谋臣也就要灭亡。'现在天下已经平定了，我当然该被烹杀！"[1] 刘邦说："有人告你谋反。"这样，又给韩信戴上了械具。不过，回到洛阳以后，

[1]语见《史记·淮阴侯列传》："果若人言：'狡兔死，良狗亨；高鸟尽，良弓藏；敌国破，谋臣亡。'天下已定，我固当亨！"

刘邦还是赦免了韩信的罪过，改封他为淮阴侯。

韩信被贬为淮阴侯之后，深知高祖刘邦嫉妒他的才能，所以常常装病不参加朝见或跟随出行。这期间，韩信日益怨恨，在家中闷闷不乐。韩信对于和绛侯周勃、颍阳侯灌婴等处在同等地位，感到羞耻。一次，韩信去拜访樊哙，樊哙行跪拜礼恭迎恭送，并说："大王竟肯光临臣下家门，真是臣下的光耀。"韩信出门后，笑道："我这辈子居然同樊哙等人同列！"言下之意，大以为不然。

汉高祖刘邦高兴时常同韩信闲谈将领们才能的高下。一次，刘邦问："像我能带多少兵？"韩信说："您最多能率10万大军！"刘邦问："如果是你，又怎么样？"韩信说："我是越多越好哇。"刘邦笑着说："既然是越多越好，为何被我抓住呢？"韩信说："您不擅于带兵，但却擅于驾御将领，这是我为什么被您抓住的原因。况且您的这种才能是上天授予的，不是人力可以做到的。"

韩信部将陈豨被封为巨鹿郡郡守，前来向韩信辞行。韩信辞去左右，拉着陈豨的手仰天长叹道："你可以同我说知心话吗？我有话想同你讲。"陈豨不知所以，只好表示一切听从将军的命令。韩信说："你所管辖的地方，是屯聚天下精兵的地方，而你又是陛下亲信宠爱的臣子，如果有人说你谋反，陛下一定不相信；如果再有人告你谋反，陛下就会产生怀疑；如果第三次有人告你谋反，陛下定会大怒而亲率军队征讨。我为你在京城做内应，就可图谋天下了。"陈豨平素就了解韩信的才能，相信他的计谋，说："一切听从您的指示。"

汉十年（前197），陈豨果然谋反。汉高祖刘邦亲自率兵前去征讨，韩信称病不随高祖出征，暗地里派人到陈豨处联络，要陈豨只管起兵，自己一定从京城策应。韩信与家臣谋划在夜里假传诏旨，赦放那些在官府中的囚徒和官奴，然后率领他们去袭击吕后和太子。部署已定，只等陈豨方面的消息。

这时，韩信的一位门客得罪了韩信，韩信囚禁了他，而且准备杀掉。那位门客的弟弟向吕后密告了韩信要谋反的情况。吕后打算把韩信召来，又恐怕韩信的党羽不肯就范，于是与相国萧何商议，假装有人从皇上那里来，说陈豨已被杀死，诸侯群臣都前来进宫朝贺。萧何欺骗韩信道："虽然您有病，还是要勉强朝贺一下。"

吕后印鉴

韩信入朝进贺，吕后派武士把韩信捆缚起来，随后在长乐宫中的钟室里杀了。韩信临斩时说："我后悔当初没有用蒯通之计，如今反而被妇人、小子所欺骗，这岂不是天意吗？"[1]韩信被杀之后，他的家族也被吕后灭了门。

　　韩信被拘、被杀之时，汉高祖刘邦不在国都。等他回来，韩信已经被吕后杀了。对于韩信的死，汉高祖刘邦又高兴、又悲伤。这说明，刘邦也巴不得早些杀掉韩信；但韩信毕竟是为汉王朝打天下立过汗马功劳的，不容抹杀。

名 家 评 说

　　吾如淮阴，淮阴人为舍言，韩信虽为布衣时，其志与众异。其母死，贫无以葬，然乃行营高敞地，令其旁可置万家。余视其母冢，良然。假令韩信学道谦让，不伐己功，不矜其能，则庶几哉，于汉家勋可以比周、召、太子之徒，后世血食矣。不务出此，而天下已集，乃谋叛逆，夷灭宗族，不亦宜乎！

——汉·司马迁《史记》

　　韩信数项羽之失曰："有功当封爵者，印刓敝，忍不能予。"由斯言也，信之所以徒任为将而不与闻天下之略，且以不保其终者，胥在是矣。封爵者，因乎天下所予而隆之，非人主之所以市天下也。……信之为此音矣，欲以胁高帝而市之也。故齐地甫定，即请王齐，信之怀来见矣。挟市心以市主，主且窥见其心，贷已仇而有余怨。云梦之俘，未央之斩，伏于请王齐之日，而几动于登坛之数语。刀械发于志欲之妄动，未有爽焉者也。信之言曰："以天下城邑封功臣，何所不服。"为人主者可有是心，而臣子且不可有是语。

——清·王夫之《读通鉴论》

　　若夫陈豨之谋反，启于韩信，而卒致无成，例以"春秋"大义，则豨实有不忠之罪，正不得徒咎淮阴也，豨若效忠，岂淮阴一言所能转移乎？纲目不书信反，而独书豨反，有以夫！

——蔡东藩《前汉演义》

---

[1]语见《史记·淮阴侯列传》："吾悔不用蒯通之计，乃为儿女子所诈，岂非天哉！"

萧 何

萧何（？～前193），汉高祖刘邦谋士、辅臣，封相国，与韩信、张良一起被誉为"汉初三杰"，谥号"文终侯"。秦末泗水沛（今属江苏）人。从起家时即追随刘邦，在楚汉相争中坚守后方，为前方提供兵员粮草，被刘邦认为功劳第一。楚汉相争时，任汉相，高帝十一年（前196），定计助吕后诛淮阴侯韩信。晚年为保身免死，做了一些违心的事。

一、慧眼识人　深谋断事

萧何为人，通达文理，谨慎而有计谋，曾任沛县的主吏椽（县令手下的属官）。

汉高祖刘邦还是平民时，萧何慧眼识人，多次利用职权袒护他。后来，刘邦当了亭长，萧何又经常帮助他。秦二世元年（前209）九月，刘邦因事去咸阳，临行时，诸吏都出钱为刘邦送行。别人都资送三百，只有萧何送的是五百。刘邦深深感念萧何对他的情谊。

秦朝有一个御史，奉命来监督郡政。萧何被长官派遣前去协助他。无论什么事，萧何都办得有理有据，有条不紊，充分显示了自己办事的能力。由此，这位御史便迁升萧何为泗水郡官吏，主管文书等方面的工作。在考核时，萧何的考绩名列第一。秦御史便想在朝廷提议征召萧何，加以重用，萧何一再推辞，这才得以免行。

就在这时，陈胜、吴广在大泽乡首揭义旗，起兵反秦。沛县县令与之遥相呼应。于

萧　何
——从明万历三十七年（1609）原刊本《三才图会》

是，萧何、曹参建议召来已经起兵的刘邦。然而事情总有意外，等到刘邦来了，沛县县令却不守诺言，背弃前约，闭门不纳，并且要诛杀萧何、曹参。萧、曹二人惶然无措，急忙逃出。刘邦大怒，用箭把信射入城内，告谕城中父老，陈说事情利害。城中吏民便共杀沛令，开门迎接刘邦。刘邦依仗萧、曹，收聚沛县子弟3000人，响应陈胜、吴广。等到刘邦作了沛公，萧何便作了县丞，督办诸种事务。从此，萧何便跟定了刘邦，为之出谋划策，用自己的远见卓识辅弼刘邦建功立业。

沛公刘邦军势日益浩盛，终于攻占了秦朝的都城咸阳。一入城，将领们都忙着赶往秦朝府库，分掠金银宝物，纷纷乱乱。而在这混乱之际，萧何却直入官府，收聚搜罗秦朝丞相、御史的法律、图画、书籍，并认真加以收藏保管。刘邦后来能够熟知天下的险关要隘、郡县的户口多寡以及民生疾苦、社会状况，在争夺天下的过程中顺时应变，都得力于萧何所收藏保护的图书典籍。

秦帝国灭亡，项羽听信谋臣之言，违背"先入定关中者王之"的前约，不肯封刘邦为王，还摆设鸿门宴欲杀刘邦。后来，还是刘邦转手项伯说情，项羽才封刘邦为汉王，令其建都南郑；又将关中之地分为3份，封给秦的3位降将，命他们驻此，以阻挡刘邦东归。刘邦非常生气，打算率军与项羽硬拼，搞个鱼死网破。萧何与张良等人认真分析了当时两军实力，认为不能与项羽发生正面冲突，因为敌势太大。应该先保存实力，以俟时机，再与项羽争雄。他们提出应该据汉中，招贤人，养百姓，收巴蜀，攻占三秦，然后统一天下。事实证明，萧何等人的见解是可行的，也真的成了刘邦夺取天下的总方针。

刘邦当了汉王，即请萧何为丞相。

二、追韩月下　转漕关中

萧何慧眼识人，前面已经提到。最能代表其爱才荐贤品格的，莫如月下追韩信的故事。

韩信投奔刘邦之初，寸功未建，刘邦给他连敖（管理仓库）之职，官卑职小，无用武之地。这时，夏侯婴与萧何发现了他，知他有大志，是奇才，堪重用。后来韩信有过，刘邦欲斩之，萧何救了他。萧何先后3次向刘邦推荐韩信，说他确有才能，应当委以重任。刘邦听了，未予重视，只给了他一个治粟都尉（主管粮饷）的官职。

当时，汉军生活艰苦，加之前途未卜，军心动荡，多有逃亡者。韩信虽经萧何推荐，官职有所上升，但仍未获重用，于是也乘夜出逃。萧何听说韩信逃走，大惊，来不及禀告刘邦，便自己去追赶挽留韩信。有人不知实情，仓促中竟然向刘邦报告，说丞相萧何也逃跑了，刘邦大怒不已。

其实，萧何那日快马加鞭，趁着朦胧的月色猛追韩信。一直追到褒河畔，才得赶上。韩信对萧何说："本想在汉军中干一番事业，辅佐汉王统一天下，可汉王不肯用我，视我有如草芥一般。丞相几次秉公推荐，汉王只是不听，反疑丞相有私。我韩信既读诗书，又习武艺，却徒怀壮志，报国无门，所以决心离汉，从此弃甲归田，永不从戎。"萧何说："伍子胥当年七荐孙武，孙武方被重用。我推荐您，不过才3次罢了！请您不必犹疑，可随我速回军营。倘大王这次仍不能重用您，我陪同您一起弃甲归田！"萧何说服了韩信，二人便乘马归营。

此时，刘邦正在焦虑之中。他一向倚重萧何、张良为左右手。张良归家探母，尚未返回，如今萧何居然又不辞而别。这真令他如坐针毡，难于举措。正当刘邦焦虑不安之际，萧何归来。刘邦且怒且喜，便追问萧何为何弃汉叛逃。萧何说："实未叛逃，不过是月下追韩信罢了！"刘邦说道："这些日子，将领们逃跑者已不下数十人，也没见你追过哪一个，你说是追韩信，是在骗我！"萧何凛然正色，

"萧何月下追韩信"梅瓶，南京市博物馆藏，1959年南京江宁县殷巷将军山沐英墓出土。

说："一般将领，便逃离一些，也无足轻重。唯独这韩信，国士无双，一代英雄，岂可让他离去！"说到这里，萧何加重了语气："如果我们能重用韩信，韩信就留下来，如果不能重用韩信，韩信还会逃走的！"

刘邦见萧何言辞恳切，便说："本王可以任用韩信为将。"萧何说："只封为将，韩信不会留下来的！"到了这份儿上，刘邦只好同意任韩信为大将，并让萧何去召来韩信，当面封之。萧何说："汉王你素来有一缺点，就是不能礼贤下士，对人往往轻慢无理。如今你要任命大将军了，却如同呼唤役使小儿一般，这正是韩信离你而去的原因之一。您如果真想重用韩信，就该选择好日子，沐浴斋戒，修筑拜将坛，然后用隆重的礼节来任

命他。"

刘邦采纳了萧何的建议，筑坛拜将，一军皆惊，传为千古美谈。萧何力荐韩信，表现了与众不同的卓越见识与气度，与备位充数的庸相，自不可同日而语。

韩信即被封为大将军，不久便明修栈道、暗渡陈仓，给三秦守军来了个猝不及防。汉军很快便占据了关中之地。此时，萧何留守关中。留守期间，萧何竭诚尽智，克勤克俭，把关中建成了稳固的后方和人力物力的供应基地。他默默地做着后勤工作，不断通过水路漕运，为前方输送士卒粮饷。他身居关中、心系天下，为治理关中，辅佐刘邦创建帝业，劳心伤神，日夜操劳。

西汉跪式甲俑

为保证三军将士的粮草供应，萧何从基本建设抓起：在长安的未央宫设立武库以藏兵器，建造太仓以储军粮；采取缓和政策，几次颁布有利于经济生产的法令。另外，为保证兵员供应，他有计划地征发兵员。汉王几次战败弃军逃跑，都是萧何征发关中兵，补充兵员，才得以东山再起的。

总之，萧何发挥了最大的能量，在尽可能的范围内全面支援了刘邦、张良、韩信等人在前方的战争，为汉王逐鹿中原，立下了不朽之功勋。

但君王对臣下总是怀有戒心，不论你何等忠诚。汉三年，荥阳之战，汉军与楚军在京索之间对峙。战局之危，千钧一发。萧何独掌关中，稍有二心，便可置刘邦于死地。刘邦此时屡次派人慰劳萧何，其实慰劳是假，窥伺探看是真。萧何的门客鲍生献策说："大王亲临战阵，赴汤蹈火，还不断派人来慰劳您。这是对您不放心啊！为今之计，莫如把您的子侄辈都送上前线，随大王征战，这样，大王的疑虑自然会消除的！"萧何依议而行，动员了萧平等子孙昆弟十余人上了前线。果然，刘邦大为高兴，[1]对萧何也更加信任，更加钦佩了。其实，萧何此举

[1] 事及语见《史记·萧相国世家》："汉三年，汉王与项羽相距京索之间，上数使使劳苦丞相。鲍生谓丞相曰：'王暴衣露盖，数使使劳苦君者，有疑君心也。为君计，莫若遣君子孙昆弟能胜兵者悉诣军所，上必益信君。'於是何从其计，汉王大悦。"《汉书·萧何曹参列传》亦有基本相同的记载。

不但消除了汉王的疑心，同时也安定、鼓舞了全军的士气。

三、论功最巨　序位第一

刘邦挫败了项羽，平定了天下，于是便论功行赏。大臣们此刻争爵夺位，气氛紧张，实不下于战阵风云。讨论了一年多，一直讨论不出一致的意见来。

汉高祖刘邦自有主见。他认为尽管萧何并未到战场上冲锋陷阵，当然也就没有攻城野战之功，但他居守关中，功劳最大，于是先封萧何为酂侯，食邑8000户。手下将领大哗，他们认为自己征战沙场，攻城略地，而萧何只不过动动嘴皮子、耍耍笔杆子，怎么能功居前茅呢。刘邦此刻不慌不忙，讲出了一番道理。他说："拿打猎来说吧。在打猎过程中，追杀野兽的是狗，而发现踪迹、指示野兽所在的是人。现在，你们不过是多捕得几只野兽，有如立功之狗；至于萧何，指挥如意，则是立功之人。况且，你们都是孤身随从我南征北战，最多三两个亲人一起。而萧何全宗族几十人跟随我冒矢石、洒热血，此功不可忘记啊！"[1]群臣面面相觑，无言以对。

等到所有侯爵赐封完毕，要排定名次时，大家都说："平阳侯曹参作战勇敢，身受70余处创伤，攻城略地，功劳最多，应该列为第一。"汉高祖已经说服了功臣，多封萧何土地，现在虽想把萧何排在第一位，但不好再以己意强制诸臣。

这时，关内侯鄂千秋侦知圣意，进言说："群臣的议论是有偏颇的。曹参虽然攻城略地，但那只是一时的事情，而您与楚国对抗5年，常常损兵折将，弃军逃跑。萧何能不断从关中地方派遣军队到皇上所在之地，补充皇帝的军备，不用皇帝下诏催促，多次聚兵支援前方。汉军与楚军在荥阳对峙多年，军队缺乏粮饷，萧何在关中征收民粮，利用水路辗转运到前线，保证了汉军的粮食不匮乏。陛下您几次丢城弃地，屡次无法在山东立足，萧何却始终保全关中，作为您的根据地，这些都是不朽的大功，群臣无法与之相比。应当以萧何居功臣第一位，曹参应占第二位。"汉高祖正中下怀。于是仍命萧何位在诸功臣之前，并且特许他带剑着履上殿，进入朝廷时，也准许他不必奔趋。

---

[1]语见《史记·萧相国世家》："夫猎，追杀兽兔者狗也，而发踪指示兽处者人也。今诸君徒能得走兽耳，功狗也。至如萧何，发踪指示，功人也。且诸君独以身随我，多者两三人。今萧何举宗数十人皆随我，功不可忘也。"

汉高祖因为鄂千秋的推荐合于己意，便又对大臣们解释说："推荐贤才之人，理应得到高的奖赏。萧何的功劳虽高，没有鄂千秋，也不能如此显扬。鄂千秋当受上赏。"于是在鄂千秋原来的关内侯食邑的基础上，封他为安平侯。这一天，汉高祖对萧何的父母兄弟都予封赏，都给了封邑，一共十几个人。另外，高祖又特别加封萧何食邑2000户，说："姑且用来报答您当年送我时，比别人多给的那200钱吧！"

四、厘定律令　整顿秩序

萧何为汉王朝制定了一系列律令制度，这些对于汉王朝走向强盛，有着重要的推动作用。

刘邦入关，曾与关中父老约法三章，但三章内容过于疏简。于是，萧何便在此基础上制订新法，收到了很好的效果。

楚汉之争结束，刘邦称帝，经济破败，民生凋敝，人们盼望有清明廉洁的政治与宽仁有序的律令。基于此，从刘邦称帝咸阳开始，萧何制定了一系列措施，请皇帝诏令发布。主要有以下几种措施：

其一，组织军队复员。萧何提议，组织军队官兵复员为民，根据他们的功绩大小，按照军功爵位的高低，赐给数量不等的土地；同时还规定，这些复员的官兵愿留在关中者，免除12年的徭役，回归原籍的，免除6年徭役。这就使不少人热心从事农业生产，对汉代经济的复苏与发展大有助益。

其二，赐军吏卒以爵位。萧何所制定的法律规定，凡军吏卒爵在大夫以下或无爵者，皆赐爵为大夫；位在大夫以上者，晋爵一级；爵在七大夫以下者，免除全家赋役；七大夫以上者，分给食邑，是为高爵，其地位与县公、丞相等，应先给予田宅。这就提高了政权的凝聚力，稳定了政权的阶级基础。

其三，招抚流亡。令战争期间流亡山泽、不著户籍的人口，各归原籍，"复故爵田宅"。这在某种程度上，安定了人民生活，恢复、发展了农业生产。

其四，释放奴婢。诏令规定：因饥饿而自卖为人奴婢者，皆免为平民。

这些措施是萧何根据当时的特殊情况，为了使地主阶级适应农民战争后阶级关系发生的变化而采取的。这些措施的实施，客观上缓和了阶级矛盾，安定了当时的社会秩序，对生产的恢复也有较大作用。

总之，萧何总结秦亡之教训，积极革除秦弊，改统更张，采取与民休息的政

约法三章

——从明万历元年（1573）纯忠堂刊本《帝鉴图说》

《史记·高祖本纪》："与父老约，法三章耳；杀人者死，伤人及盗抵罪。"

策，实行"黄老无为"之政治，以民为本，轻刑薄敛，大得人民拥护。直到他去世，还有人在积极推行其措施法令。所谓"萧规曹随"，说的就是这一点。

五、陪侍君王 身不由己

萧何身为丞相，是国家股肱重臣。但高祖刘邦多疑善妒，喜怒无常，实在不好侍奉。萧何陪侍君王，做事往往身不由己，处于难以举措的地步。

汉高祖十一年（前196），陈豨反叛朝廷，高祖亲率部队征讨。但一波未平、一波又起，韩信府中的舍人密报吕后，说淮阴侯韩信也有反叛的企图。于是，吕后便订下计谋，谎称刘邦已消灭陈豨，令朝臣前来祝贺，并让萧何去请韩信前来。萧何明知内里有诈，但一来不愿因自己再加深吕后与淮阴侯之间的猜忌；二来谅吕后也不敢违背高祖的约言（当年，韩信立下十大功劳，刘邦亲口许诺韩信三不死：见天不死，见地不死，见兵器不死），便遵令去请韩信。谁知吕后早有预谋，竟然把韩信关入铺着地毯的钟室中，不见天日，不踏地面，用菜刀砍死。

韩信被杀，汉高祖封丞相萧何为相国，加封地5000户，使役士兵500人，并且专派一名都尉负责保护相国之安全。看起来，礼遇优隆，其实，内藏不测。大家都向萧何道贺，唯独召平却来致吊。召平对萧何说："您将从此遭祸了。陛下连年征战，餐风宿露，您却安居都中，不被兵革。如今又被加封食邑，又被人服侍保护，表面上是尊您崇您，实际上是猜您疑您呢！"萧何原不曾想到这一层，至此愤然。他意识到韩信被诛之后，自己功高压主，已成了皇帝疑忌的首要对象了，非常惶恐，不能自解。召平建议，不要接受封地，倾家中之财移作军需，自可免祸。萧何依言而行，高祖甚为欢喜，暂时消除了对萧何的疑忌。[1]

萧何画像

---

[1] 事及语见《史记·萧相国世家》："召平谓相国曰：'祸自此始矣。上暴露於外而君守於中，非被矢石之事而益君封置卫者，以今者淮阴侯新反於中，疑君心矣。夫置卫卫君，非以宠君也。愿君让封勿受，悉以家私财佐军，则上心说。'相国从其计，高帝乃大喜。"

汉高祖十二年（前195），黥布被逼反汉，高祖亲自率兵征讨。但他身在前方，仍心系宫阙，生怕萧何有异常举动，因此屡屡派人打听了解萧何的所作所为。此时萧何一如既往，因为皇上出征，他便教化百姓，勉励耕作，并把自家钱粮运到前方军队中。刘邦了解到这些，竟又猜疑起来。

还好，有人及时警告萧何："照这样下去，您马上就要面临灭族之祸了，您现在的地位、功劳，已经是位极人臣，无以复加了！自您到关中以来，老百姓便十分拥护您，到现在也10余年了。现在您做的这些，又是在提高自己的声望，争取百姓的拥戴。您这样下去，怎么得了？主上屡次询问您的所作所为，怕的就是您久居关中，深得民心，倘若乘虚号召，岂不危及社稷？皇上怎会不疑忌您呢？"萧何惶恐，请教办法。那人说："您何不多买田地，且胁迫百姓，以贱价出售，在百姓中留些坏的声名，来使主上放心呢？"萧何为保性命，只好采用了这"自污"的办法。[1]

汉高祖灭了黥布，班师回朝。不少老百姓拦路喊冤，上书给高祖，说萧相国用低贱的价钱强行购买百姓的田地住宅达数千万之多。高祖见此，放下心来。当萧何来拜见时，高祖便把老百姓的奏章发给他，笑着说："你这相国，向称利民，原来你就是这样利民的啊！现在你自己去向百姓请罪吧！"萧何勤于民事，但为求自保，只好自污，这真是莫大的悲剧。

刘邦对大臣的猜忌，内在而深刻，一遇机会，便会显出其本来面目。当时，皇家的上林苑中有好多空地，而长安城中居民日益增多，耕地却越来越少。于是萧何为民请命："长安的土地狭窄，上林苑中却有好多空地，白白地在那儿，没有有效利用。希望能准许百姓进入上林苑耕种，让老百姓收获庄稼，把蒿草留在苑中给禽兽吃。"萧何的这条建议上下赞同，但高祖却怀疑他讨好百姓，勃然大怒："你自己收受商人们的财物，却来算计我的上林苑！"当即下令把萧何交付廷尉，把他戴上刑具关押起来。

萧何被关押好几天了，有一个姓王的卫尉陪侍高祖，乘空问皇上："萧相国究竟犯了什么大罪，您为什么突然把他加上刑具关押起来呢？"高祖回答说：

---

[1] 事及语见《史记·萧相国世家》："客有说相国曰：'君灭族不久矣。夫君位为相国，功第一，可复加哉？然君初入关中，得百姓心，十余年矣，皆附君，常复孳孳得民和。上所为数问君者，畏君倾动关中。今君胡不多买田地，贱贳贷以自污？上心乃安。'於是相国从其计，上乃大悦。"

"李斯当年作秦始皇的丞相，有了好事，归功于君主，有了坏事，归咎于自身。现在可好，我们的萧大相国自己接受商人的财物贿赂，却想用我的上林苑收买人心！"王卫尉说："如果职分内的事，对老百姓有好处，就不避嫌疑为民请命，这是好宰相该做的事！您怎么怀疑他收受贿赂呢？您想，当年楚汉对抗，陈豨造反，黥布叛乱，您都远在前线，而萧相国独守关中。当时，萧相国若有异图，只要稍一动作，这函谷关西便不是您的天下了。萧相国那时尚且不顾自身利益，使子弟从军，出家财助饷，难道现在会贪图商人所送的区区财物吗？况且，您用李斯来打比方，也不恰当。秦灭亡正是因为皇帝不知自己的过错。李斯分担君主过失，不足效法。陛下，您不该把萧相国想得那么浅薄啊！"刘邦听后，心中不快，但又觉得王卫尉的话有道理，踌躇了半天，派使者持符节释放了萧何。

当时萧何已经上了年纪，平日又恭敬谨慎，释放后，光着脚入朝向皇帝谢罪。高祖说："算了吧，萧相国。你替人民请开放上林苑，我没有答应，我不过是个夏桀、商纣一样的昏君，您却是一位贤相啊！我是故意关押您的！我不过是想让百姓知道我的过失罢了！"[1]刘邦的话，酸溜溜的。

后来，汉高祖驾崩，萧何以老迈衰残之身扶立太子刘盈即位，是为汉惠帝。

惠帝二年（前193），萧何卧病在床。病危之际，惠帝亲往探视，并趁机咨询国事："您百年之后，哪一个可代替您的职位呢？"萧何回答："了解我的没有超过君主的。"惠帝又问："曹参这个人怎样？"萧何挣扎着叩头下拜说："陛下所见甚是，曹参继任相国，我便死而无憾了！"[2]

其实，萧何平日不太佩服曹参的能力，

"汉并天下"瓦当

---

[1]语见《史记·萧相国世家》："相国休矣！相国为民请苑，吾不许，我不过为桀纣主，而相国为贤相。吾故系相国，欲令百姓闻吾过也。"

[2]事及语见《史记·萧相国世家》："及何病，孝惠自临视相国病，因问曰：'君即百岁后，谁可代君者？'对曰：'知臣莫如主。'孝惠曰：'曹参何如？'何顿首曰：'帝得之矣，臣死不恨矣！'"

两个人还有一些隔阂。[1]但此时，萧何推荐曹参，且声言死无遗恨，正可见出萧何胸襟之广阔，也可见出他以国事为重的品格。

萧何治家，素以节俭出名。平时置田宅，必选偏僻之地，家里也从不修建高大的围墙。他说："我这样做，后世子孙如贤慧，可以从这里学习我节俭的德行；如果不贤慧，也不会被豪家夺走。"

惠帝二年，萧何去世，谥号为"文终侯"。

名 家 评 说

萧相国何於秦时为刀笔吏，录录未有奇节。及汉兴，依日月之末光，何谨守管籥，因民之疾（奉）［秦］法，顺流与之更始。淮阴、黥布等皆以诛灭，而何之勋烂焉。位冠群臣，声施后世，与闳夭、散宜生等争烈矣。

——汉·司马迁《史记》

萧何、曹参皆起秦刀笔吏，当时录录未有奇节。汉兴，依日月之末光，何以信谨守管籥，参与韩信俱征伐。天下既定，因民之疾秦法，顺流与之更始，二人同心，遂安海内。淮阴、黥布等已灭，唯何、参擅功名，位冠群后，声施后世，为一代之宗臣，庆流苗裔，盛矣哉！

——汉·班固《汉书》

---

[1]《史记·萧相国世家》谓："何素不与曹参相能（和睦）。"《汉书》无此语。

曹 参

曹参（？～前190），汉高祖刘邦辅臣，汉初丞相。封平阳侯，谥"懿侯"。秦末泗水沛（今属江苏）人。他早年与萧何一起追随刘邦，后长期担任属国丞相。汉惠帝二年（前193）继萧何之后为相。继为相后，他遵循萧何制订的各项法律制度，不随意修订改变，使国家统治政策有了持续性，从而维持了汉初的繁荣稳定。被后世誉为"萧规曹随"。曹参出将入相，在汉初是难得的人才。

一、攻城野战　其功甚巨

曹参在秦朝时，任沛县的狱掾，执掌刑狱事；而当时，萧何任沛县主吏。两人都是沛县吏员中颇有影响的人物。

秦二世元年（前209），曹参与萧何一起帮助刘邦起兵反秦。等到刘邦为沛公时，曹参以中涓的身份跟随。此后，曹参转战于今天的山东滕县、泗水、东河、定陶及江苏丰县、沛县、安徽砀山、河南濮阳一带。

第二年闰九月，刘邦举兵西进伐秦，曹参依然跟随。先后攻打开封、洛阳，但未能攻克，于是便移兵南下至宛（今河南南阳），再向西挺进，经紫荆关、武关，历时14个月，攻入咸阳，破秦兵，灭秦国。

这样，在萧何、曹参等人的帮助下，刘邦率先进入了关中，按他和项羽的约定，应该做关中王。可是项羽到了以后，违背约言，不肯封刘邦为王。最后刘邦转

曹 参
——从明万历三十七年（1609）原刊本
《三才图会》

托项伯，才被封了个汉王。汉王刘邦论功行赏，册封曹参为建成侯。

之后，曹参随汉王入汉中，升任将军。接着，追随汉王，平定三秦。先是攻下辩、故道、雍等地，在好畤（治今陕西乾县）城南攻章平部队，围好畤，取壤乡。在壤乡东和高栎一带攻击三秦部队，大败敌军。又围困章平部队，章平从好畤城逃走，于是顺势攻打赵贲和内史保的部队，把他们击溃。向东攻取咸阳，更其名叫新城。

曹参率军守护景陵，前后20天。三秦使章平等率部攻打曹参。曹参迎击，大获全胜。汉王即将宁秦赐给曹参为封地。

此后，曹参以将军身份领兵把章邯围困在废丘，以中尉身份随汉王出临晋关。后转战河内，攻修武，渡围津。又挥师东向，在定陶打败龙且、项他，接着攻占砀、萧、彭城。后来直接与项羽部队对阵，项羽部兵强，汉军大败逃窜。但曹参以中尉身份包围雍丘，并攻占了，独尝胜果。

本来，楚、汉两国的力量对比，就是楚强汉弱，现在汉军被楚军打得大败，自然有些人要背汉投楚了。曹参与萧何一样，都是刘邦坚定的追随者，不仅忠心不二，而且为平叛做了不少工作。当时，王武在外黄反叛，程处在燕地反叛，曹参率部讨伐，尽破王、程叛军。柱天侯在衍氏地造反，也被曹参所平息。曹参还从昆阳攻击羽婴，一直追赶到叶地。随即挥师攻武强，随势进驻荥阳。

刘邦祭孔图

曹参自从在汉中当了将军、中尉，跟从汉王刘邦攻打诸侯，直到回转荥阳，历时两年左右。高祖二年（前205），曹参被任命为假左丞相，驻守关中。过了一个月，魏王豹造反，曹参又与韩信一起平定齐地，攻占52城，汉王赐平阳为曹参的食邑。

此后，曹参又跟随韩信在邬县（今属山西太原辖境）之东攻击代相国夏说的部队，斩杀夏说，大获全胜。韩信和张耳领兵到井陉，攻成安君陈余，命曹参回军在邬城包围赵国别将戚公。戚公出走，曹参俘获戚公，并把他杀了。

这以后的一段时间里，曹参和齐国关系密切，一直担任齐国的官吏。起初是担任韩信的部属攻打齐国。齐地平定，韩信被封齐王，曹参任齐丞相。曹参留在齐地收服那些没有归顺的人。汉王刘邦登上皇帝宝座后，韩信转封楚王，曹参也归还了丞相的印绶。高祖任命长子刘肥为齐王，任命曹参为齐相国，后改称齐丞相。

高祖六年（前201），高祖与诸侯剖符。赐曹参为列侯，食邑平阳10630户。从此，曹参进入了列侯的行列。

此后，曹参又以齐相的身份攻打陈豨的将领张春，大破其军。黥布造反，曹参跟着悼惠王率领车骑12万，与高祖会击黥布军。往南一直到蕲，回师平定了竹邑、相、萧、留等地。在作战中，曹参总是身先士卒，亲冒矢石，果敢威猛，因而屡建大功。

汉高祖刘邦排定功臣位次时，大家都说曹参屡经战阵，身受70余创，攻城略地，所向披靡，立功最多，应该排在第一位。[1] 但是刘邦认为萧何功在万世，而曹参"虽有野战略地之功，此特一时之事耳"。把萧何排在第一位，而把曹参放在第二位，曹参对此颇有不满。

累计曹参之功，一共攻下两国，122县；擒获2王、3相、6将军；此外还擒获大莫嚣、郡守、司马、侯、御史各一人。

二、清静无为　萧规曹随

曹参任齐相前后共达9年。他初任齐相时，齐国有70城，天下刚刚安定，

[1] 事及语见《史记·萧相国世家》和《汉书·萧何曹参列传》："列侯毕已受封，奏位次，皆曰：'平阳侯曹参身被七十创，攻城略地，功最高，宜第一。'"

悼惠王年纪很大。曹参把齐国的长老诸生全部召集来，向他们征求安定、聚集百姓的办法。当时，齐国故旧的儒者有数百人，各持己见，莫衷一是，曹参一时也无法定夺。后来，他得知胶西有一个叫盖公的，精通黄老之言，便派人去请盖公。盖公向他讲了好多道理，诸如治道清静而民自定之类，讲得周详细致，头头是道。曹参为了表示对盖公的尊敬，自己便搬出正堂，让盖公住在正堂之内。总括看来，曹参用于治齐者就是黄老的清静无为、与民休息的办法。由于这些办法符合当时社会实际和人民的心理愿望，所以齐地大治，社会安定，经济繁荣。大家都夸曹参是贤相。[1]

汉惠帝

惠帝二年（前 193），萧何逝世。曹参闻知消息，吩咐家人赶快整治行装。他对家人说："我马上就该入朝为相国了！"过了不久，朝廷果然派使者来召曹参。[2] 曹参临别，嘱咐接任齐国丞相的人说："我走之后，请你留意狱市，慎勿轻扰为要。"接任者问道："一国政治，难道除此之外，再无重要之事了吗？"曹参说："这也并不如此。不过，狱市，容人不少。若一定要一一查究，好人无所容身，定会滋生事端。这就是我谆谆告托的原因所在。"

曹参当年微贱时，与萧何同为沛吏出身，交情很好。后因曹参战功卓著，而封赏却每次都在萧何之后，所以两人之间产生了隔阂。然而，萧何将死，向皇上荐贤代己时，却只举了曹参。这一方面是萧何以国事为重，一方面也见出他的胸襟开阔。

曹参继萧何为相国之后，为政全遵萧何旧制，凡事无所变更。他择选郡国官吏中年龄较大、不善言辞、谨厚老实的人，任命为丞相史，而斥去那些说话行文

---

[1]事见《汉书·萧何曹参列传》："闻胶西有盖公，善治黄老言，使人厚币请之。既见盖公，盖公为言治道贵清静而民自定，推此类具言之。参于是避正堂，舍盖公焉。其治要用黄老术，故相齐九年，齐国安集，大称贤相。"

[2]事见《史记》《汉书》本传："萧何薨，参闻之，告舍人趣治行，'吾且入相。'居无何，使者果召参。"

苛刻深求、一意追求虚名的官吏。然后便整天饮酒，不理政务。卿大夫以下的官吏和一般宾客，见曹参日在醉乡，不理丞相政务，都来求见他，并想有所劝谏。但一有客来，曹参便请他同饮美酒。一杯未了，又复一杯，使来者根本没有机会说话。来时清清醒醒，去时昏昏沉沉。便有千句言词，也无济于事了。后来渐渐成了习惯，大家都以为常事了。[1]

上有行者，下必效尤。相国喜饮贪杯，属吏也乐得仿效。这些属吏们居住在相府后园附近的寓所中，常常聚坐快饮，谈天说地。饮到半酣，脱略形迹，鼓噪歌呼，声达户外，连相府中也能听得清清楚楚。曹参的从吏对此很不满，但也无可奈何。于是便请曹参到后园游览，希望他听到属吏的歌呼叫嚣后，能出面禁止。谁知曹参听了之后，不仅没有追究禁止，反倒唤人取来酒菜，在园中择地坐下，且饮且歌，与属吏之声迭相应和。

曹参为人宽缓能容。见人有小过失，便替他掩饰遮盖。相府中，上下相亲，安然无事。

惠帝见曹参如此情形，疑心他是看自己年轻，才如此疏放。便对曹参的儿子中大夫曹窋说："你回去，悄悄问问你的父亲，就说：'高帝刚刚去世，皇帝继位不久，全仗相国维持，现在相国却但知饮酒，无所事事，怎能挂虑天下安危呢？'不过，你要记住，千万不要说是我让你问的！"曹窋趁洗沐休假之日回家，找了个闲空，如

位于陕西咸阳市秦都区的汉平阳侯曹参墓

[1] 事见《汉书·萧何曹参列传》："参代何为相国，举事无所变更，壹遵何之约束。择郡国吏长大，讷于文辞，谨厚长者，即召除为丞相史。吏言文刻深，欲务声名，辄斥去之。日夜饮酒。卿大夫以下吏及宾客见参不事事，来者皆欲有言。至者，参辄饮以醇酒，度之欲有言，复饮酒，醉而后去，终莫得开说，以为常。"

惠帝所教，进问曹参。曹参闻言大怒，打了曹窋200余下，说："赶快回宫去尽你的职分吧！天下大事，也是你可以乱说的吗？"

后来上朝时，惠帝责备曹参："曹窋为什么挨打？他说的话，都是我的意思，是我让他去劝谏你的！"曹参谢罪之后问："陛下自思，您的才德能不能比得上高帝？"惠帝回答："我怎敢与高帝相比！"曹参又问："您看我的才能能比得上萧相国吗？"惠帝摇头："我看你比不上。"曹参揭出主题："陛下所见甚明。从前高帝与萧何平定天下，明订法律，备具规模。如今只要您垂拱在朝，臣等守职奉法，遵循勿失，便算是能继先人了。难道还想胜过一筹吗？"惠帝听后，对这看法颇为赞同。[1]

曹参为相3年，谨守萧何之法度，推动了社会生产的进一步发展，也使汉政权得到了进一步巩固。

当时人用"萧何为法，讲若画一；曹参代之，守而勿失。载其清静，民以宁壹"的赞词歌颂萧曹的政治。后人把这称为"萧规曹随"。

惠帝五年（前190），曹参病死，谥号是"懿侯"。

名 家 评 说

曹相国参攻城野战之功所以能多若此者，以与淮阴侯俱。及信已灭，而列侯成功，唯独参擅其名。参为汉相国，清静极言合道。然百姓离秦之酷后，参与休息无为，故天下俱称其美矣。

——汉·司马迁《史记》

---

[1] 事及语同见《史记》《汉书》本传，文字大体相同。《汉书》云："参子窋为中大夫。惠帝怪相国不治事，以为'岂少朕与？'乃谓窋曰：'女归，试私从容问乃父曰：高帝新弃群臣，帝富于春秋，君为相国，日饮无所请事，何以忧天下？然无言吾告女也。'窋既洗沐归，时间，自从其所谏参。参怒而笞之二百，曰：'趣入侍，天下事非乃所当言也。'至朝时，帝让参曰：'与窋胡治乎？乃者我使谏君也。'参免冠谢曰：'陛下自察圣武孰与高皇帝？'上曰：'朕乃安敢望先帝！'参曰：'陛下观参孰与萧何贤？'上曰：'君似不及也。'参曰：'陛下言之是也。且高皇帝与萧何定天下，法令既明具，陛下垂拱，参等守职，遵而勿失，不亦可乎？'惠帝曰：'善，君休矣！'"

张　良

张良（？～前 186），字子房，秦末汉初军事谋略家，刘邦的首席谋士。封留侯，谥"文成侯"。其祖先是韩国人，祖、父均为韩国相。张良认定刘邦是可以追随的人，就倾其所学辅佐刘邦，无论军事智谋还是政治智慧，他为汉家王朝贡献颇多。功成之后，他又善于自处，得以善终。他与萧何、韩信被称为汉初三杰。

张　良
——从明万历三十七年（1609）原刊本《三才图会》

一、狙击秦帝　纳履圯桥

张良由于祖先是韩国人，祖父、父亲是韩五代侯王的国相，所以韩国被秦灭亡之后，放着全部家财不要，弟弟死了也顾不得好好埋葬，把整个家产拿出用来收买刺客，为韩报仇。

张良曾经在淮阳（今河南淮阳）学习礼制，到东方会见了当时的一位贤者仓海君。随后，张良寻找到了一位大力士，给他特意制造了一个重 120 斤的大铁锤。秦始皇二十九年（前 218），始皇巡游东方，张良和这个大力士暗中埋伏，在博浪沙（古地名，在今河南原阳东南）袭击秦始皇，可惜误中了随行车辆，没能报仇。秦始皇大为震怒，命令全国各地大举搜捕，捉拿刺客，全国闹得沸沸扬扬。因为出了这件事，张良于是改名换姓，逃亡到下邳（今江苏睢宁西北）躲藏起来。[1]

---

[1] 事见《史记·留侯世家》及《汉书·张良陈平王陵周勃列传》，后者记云："良尝学礼淮阳，东见仓海君，得力士，为铁椎重百二十斤。秦皇帝东游，至博狼沙中，良与客狙击秦始皇帝，误中副车。秦皇帝大怒，大索天下，求贼急甚。良乃更名姓，亡匿下邳。"

从这件事情看，张良本是一位富于豪侠气质的人物，是一位意气激昂如燕太子丹一流的贵公子。这与他后来作为刘邦的谋士，"运筹帷幄之中，决胜千里之外"的谋士形象和沉练淡泊性格，简直判若两人。

张良隐藏于下邳时，曾经到下邳的桥上随意散步，遇到一个穿粗布短衣的老者，走到张良面前，故意让鞋子掉到桥下，对张良说："小子，下去把鞋给我拾起来！"张良听了，很是惊讶，想揍他一顿，因为见他年老，勉强忍住气，把鞋子拾了起来。老者又说："替我穿上！"张良更气愤了，但想到既已给他拾了起来，穿上又何妨，便跪下给老者穿鞋。老者大大方方伸出脚让张良给穿上，便笑着扬长而去。张良感到纳闷，便随着老者的去向注视他。老者离开约莫1里路光景，又返回来，对张良说道："你这小子可以教导。5天后拂晓，跟我在这里相会。"张良很感奇怪，跪下怔怔地答应了个"是"。

5天后天刚亮，张良就去了。不想老者已经先在那里，他生气地说："跟老年人约会，反而后到，为什么？"说着就要离去，并嘱咐张良"5天以后再早来。"过了5天，鸡刚刚叫，张良就去了，老者又先在那里了。老者生气地问他为什么后到，离开时嘱他"过5天再早来。"过了5天，张良不到半夜就去了。过了一会老者也来了，高兴地说："应当这样。"随即拿出一编书，说道："读了这编书，就能做帝王的老师了，10年后会发迹的。13年后你可以在济北会见我，谷城山下的一堆黄石就是我了。"老者说完就走了，此后张良再也没见到这位老人。天亮后看那编书，是《太公兵法》，张良因为觉得它不寻常，经常温习、诵读它。[1]

圯上老人命张良取履纳履，是销挫他的刚锐之气，培养他"大勇能忍"性格的一种象征性描写；遇圯上老人，是张良性格转变的一个契机。

---

[1] 事见《史记》《汉书》。《史记·留侯世家》云："良尝间从容步游下邳圯上，有一老父，衣褐，至良所，直堕其履圯下，顾谓良曰：'孺子，下取履！'良鄂然，欲殴之。为其老，强忍，下取履。父曰：'履我！'良业为取履，因长跪履之。父以足受，笑而去。良殊大惊，随目之。父去里所，复还，曰：'孺子可教矣。后五日平明，与我会此。'良因怪之，跪曰：'诺。'五日平明，良往。父已先在，怒曰：'与老人期，后，何也？'去，曰：'后五日早会。'五日鸡鸣，良往。父又先在，复怒曰：'后，何也？'去，曰：'后五日复早来。'五日，良夜未半往。有顷，父亦来，喜曰：'当如是。'出一编书，曰：'读此则为王者师矣。后十年兴。十三年孺子见我济北，谷城山下黄石即我矣。'遂去，无他言，不复见。旦日视其书，乃《太公兵法》也。良因异之，常习诵读之。"

二、破敌献谋　忠心进谏

当陈胜、吴广举起反秦义旗时，张良也聚集百余青年起事，在下邳西面与已被推为沛公的刘邦起义军相遇，便归附了他。张良多次用《太公兵法》的道理向沛公献策，沛公很赏识，常采用他的计策，而张良对别人讲《太公兵法》，别人都不能领悟，张良说："沛公大概是天赐的聪明。"[1] 由此，张良看到了刘邦的不凡，决定追随他。

沛公在薛邑（今山东滕县南）与项梁会见时，项梁拥立楚怀王，张良趁机劝说项梁立韩国公子横阳君韩成为韩王，张良作韩国司徒，随韩王率领1000多人游击于颍川地区。

刘邦、项羽奉楚怀王之命分兵南北两路，进军关中。刘邦想用两万兵力进击秦峣关（今陕西省商县西北）下的军队，张良献计说："秦军还强大，不可轻视。我听说那里的守将是屠户的儿子，这种市侩之人，很容易用钱财打动他。希望您暂且留下坚守营垒，派人先行一步，给5万人准备粮食，并在各个山头上多多张挂旗帜，作为疑兵，同时派郦食其携带贵重财宝收买秦将。"秦将果然背叛秦朝，

张良捡鞋（北京颐和园长廊）

[1]语见《史记》《汉书》本传："沛公殆天授。"

愿意跟沛公联合，一道进击咸阳。沛公打算听从秦将的要求。张良又说："现在只是秦将想要反叛罢了，恐怕士兵不一定服从，士卒不服从必然给我们带来危害，不如乘着敌人麻痹时袭击他们。"沛公于是率军进击秦军，大败敌人，追击直到蓝田，再次交战，秦军终于崩溃，沛公进入咸阳，秦王子婴投降沛公。

刘邦到咸阳，进入秦的宫廷，看到宫室里帷帐、狗马以及贵重宝物应有尽有，美色宫女数以千计，他"好酒及色"的老毛病又犯了，想留下住在那里美美享受一番。樊哙看出了其中的危险，立刻找到刘邦，劈头便问他："沛公欲有天下邪，将欲为富家翁邪？"开始刘邦听了很不入耳，回答说我自然是想有天下，这还用问。樊哙又一针见血地指出，像这样的奢靡享乐，"此皆秦所以亡天下也"。强烈反对刘邦"止宫休舍"，力促他"还军霸上"。可刘邦还是不听。

这时，张良站出来支持樊哙，并且从道理上讲明樊哙谏言的正确，说："秦朝因为暴虐无道，所以沛公您才得以来到这里。替天下人铲除凶残逆乱，应以崇尚俭朴为政治资本。现在才进入秦朝国都，就要沉迷于享乐，这就是人们所说的'助桀为虐'。况且'忠言逆耳利于行，良药苦口利于病'，希望沛公听樊哙的话。"沛公这才领着军队回到霸上，避免了部队的变质。

三、赖友脱脸　荐贤强汉

刘邦顺利入关的时候，项羽正与秦将章邯的军队在钜鹿（治所在今河北平乡西南）鏖战。等到项羽消灭秦军主力要入关时，刘邦已经派人据守函谷关。项羽闻之大怒，即派黥布等攻打关口，很快破关进至戏西（今陕西临潼东），又听刘邦叛将曹无伤报告说："沛公欲王关中，使子婴为相，珍宝尽有之。"项羽大为震怒，决定第二天一早就犒赏士卒，奋全力击破沛公军。

这时，张良的好友、项羽的叔父、楚左尹项伯，为报张良在他杀人后曾仗义掩护他的大恩，连夜奔往沛公军营，私下会见张良，想把张良拉走，说："别跟刘邦一起死。"张良心向刘邦，认为现在事有急难，自己就这样偷偷逃走是不义气的，[1] 于是便把项伯的话仔仔细细告诉了沛公。沛公听后大惊，问张良："这该怎么办？"张良问："您果真想背叛项羽吗？"沛公说："是有人教我把守函谷关不让诸侯军进来，说这样可以在关中称王，所以我听从了他的意见。"张良问：

---

[1]语见《史记》《汉书》本传："今事有急，亡去不义。"

"您自己估量能有力量抵挡项羽吗？"沛公沉默了好一会，说道："本来就不能够，如今该怎么办？"张良知道这时项羽有兵40万，而刘邦不过10万，力量对比悬殊，就出主意让他采取以屈求伸的策略，说："让我去告诉项伯，说沛公是不敢背叛项王的。"

于是张良坚决邀请项伯会见沛公，沛公把项伯当兄长接待，举酒向项伯祝福，又攀结婚姻，让项伯在项羽面前详细地说明沛公不敢背叛他，所以派兵把守函谷关，是为了防备其他强盗。项伯嘱沛公："明天早些来，亲自对项王道歉。"等到沛公到鸿门会见项羽，婉言卑辞对项羽表示臣服，表示忠心，项羽设宴招待，范增授意项庄舞剑，想趁机杀掉刘邦，也赖项伯"以身翼蔽"脱险。

汉王元年（前206），项王项羽主持分封，沛公被封为汉王，领属巴、蜀、汉中地区。在汉王要到封国去的时候，张良送到褒中，汉王让张良返回韩国。张良劝告汉王说："大王您为什么不烧掉所经过的栈道呢？这样可以向天下表示您没有东返的意图，用以稳住项王，免去他的疑心。"汉王乃依计而行，一边行进，

鸿门宴张樊保驾
——从1935年会文堂新记书局蔡东藩《前汉通俗演义》

一边就把所经过的栈道统统烧掉了。[1]

韩王成因为张良跟随汉王的缘故，项王不派他到封国去，让他跟自己一道东归。张良告诉项王："汉王烧绝了栈道，已经没有东归的心意了。"张良又把齐王田荣反叛的文告报告给项王，项王由此而不再担心西边的汉王，起兵北上攻击齐国。也正因如此，刘邦才得以乘隙回夺三秦（即关中地区，因项羽三分秦故地给章邯、司马欣、董翳，故名）。项王终竟不肯派韩王成到封国去，改封成为侯，又把他杀死在彭城。张良逃走，抄小路投奔汉王，汉王这时已经回军平定三秦了。

张良回到汉王身边以后，汉王封张良为成信侯，让他跟随自己东进攻打楚国。到了彭城，被项羽打得大败而回，行至下邑（今安徽砀山），汉王下马靠着马鞍问道："我愿意舍弃函谷关以东的地方作为封赏，看谁可以与我共建功业？"张良进言说："九江王黥布是楚国的猛将，同项王有隔阂；彭越与齐王正在梁地反楚。这两人可以使用。汉王您手下的将领只有韩信可以托付大事，独当一面。如果要送，就送给这3个人，那么楚国就可以打败了。"汉王于是派随何游说黥布，派另外的人去联合彭越。等到魏王豹反汉，汉王便派韩信带兵去攻打魏王，乘势攻占了燕、代、齐、赵之地。这样，张良实际上就为汉王制定了取天下的基本方略。而汉最后打败楚，正

烧栈道张良定计
——从1935年会文堂新记书局蔡东藩《前汉通俗演义》

---

[1] 事见《史记·留侯世家》："汉王之国，良送至褒中，遣良归韩。良因说汉王曰：'王何不烧绝所过栈道，示天下无还心，以固项王意。'乃使良还。行，烧绝栈道。"《汉书》本传所记略同。

任用三杰
——从明万历元年（1573）纯忠堂刊本《帝鉴图说》

是靠了黥布、彭越、韩信这3个人的力量。[1]

四、借箸销印　蹑足就封

汉王三年（前204），项羽紧紧地把汉王刘邦包围在荥阳（今河南荥阳），汉王恐慌忧愁，和郦食其一起谋画削弱楚国力量的办法。郦食其献计说："从前商汤讨伐夏桀，封夏朝的子孙于杞国；周武王伐商纣，封商朝的子孙于宋国。如今秦丧失德性，抛弃道义，侵伐诸侯各国，灭掉六国之后，使他们的后代没有立锥之地。陛下如果能够重新立起六国后代，使他们都接受陛下的印信，各国的君臣

---

[1]事及语见《史记》《汉书》本传，《史记》云："汉王下马踞鞍而问曰：'吾欲捐关以东等弃之，谁可与共功者？'良进曰：'九江王黥布，楚枭将，与项王有郤；彭越与齐王田荣反梁地：此两人可急使。而汉王之将独韩信可属大事，当一面。即欲捐之，捐之此三人，则楚可破也。'汉王乃遣随何说九江王布，而使人连彭越。及魏王豹反，使韩信将兵击之，因举燕、代、齐、赵。然卒破楚者，此三人力也。"

百姓一定会感戴陛下的恩德，钦慕陛下的德义，而甘愿做陛下的臣民。随着德义的施行，陛下就可以南面而称霸天下，楚王也会毕恭毕敬地前来朝拜的。"汉王听了很高兴，说："好极了，赶快去刻印，先生就可以带着它们出发了。"

郦食其还没起程，恰好张良从外面回来拜见汉王，汉王正在吃饭，招呼说："子房！你靠前边点来。有个客人为我出了个削弱楚国力量的主意。"接着把郦食其的话全告诉了张良，然后问："子房，你看怎样？"张良说："谁替您筹画这个计策的？您的大事完了！"汉王问："为什么？"张良说："我请借您面前的筷子，替您筹算这件事。"

于是，张良一条一条比画着说明："当年商汤伐夏桀，所以封夏朝的子孙于杞国，那是估量自己能置夏桀于死地，现在您能置项羽于死地吗？武王伐纣封商朝子孙于宋国等等，也是这种情况。况且天下游士所以离开父母妻子，跟随您奔走，只是日夜想得到一点封地。如今复立六国后代，天下游士各自回去服事他们的君主，返回他们的故乡，还有谁来帮您夺取天下呢？"这样一条一条共说出八条不可的理由。汉王饭也不吃了，吐出嘴里的食物，骂道："这个书呆子，几乎坏了老子的大事！"立即销毁那些刻好的印信。[1]张良这一计策，使刘邦避免了授人以柄、踏入复辟老路的危险。

汉四年（前203），韩信降服和平定了整个齐国，派人向汉王上书说："齐国狡诈多变，是个反复无常的国家，南边又靠近楚国，如果不设立一个代理国王来治理它，那局势就不会稳定，我希望代理齐王，这会对形势有利。"当时，楚军正把汉王重重包围在荥阳，韩信的使节来了，汉王打开书信，大发雷霆，骂道："我被围困在这里，日夜盼望你来辅助我，你竟想自立为王！"

当时张良、陈平都在场，他们听汉王如此痛骂韩信，连忙暗中踩汉王的脚，凑近他的耳朵说："汉军正处在不利的形势，怎么能够禁止韩信称王呢？不如趁机立他为王，好好对待他，让他自己镇守齐国。不这样，就可能发生变乱。"汉王也醒悟过来，转口骂道："大丈夫平定了诸侯，就做真王罢了，干什么做代理国王！"于是派张良前去齐国，带着齐王的印信，就地封韩信为齐王，征调他的部队前去攻打楚军。由此，战胜项羽，取得天下的大局得以稳定下来。

---

[1]事及语详见《史记》《汉书》本传。刘邦最后一句话很见性格，语云："竖儒，几败乃公事。"

五、筹谋立功　终得天下

楚汉以鸿沟为界、中分天下之后，项羽引兵东归，以为可以太太平平当他的霸王了。汉王也想西行回国，张良、陈平建议说："汉国已经有了大半个天下，诸侯又都归附。楚军兵疲粮尽，这是上天灭亡楚国的绝好时机，千万不能错过，应当趁此机会径直夺取楚地。如今放走项羽不攻，这就叫'养虎自遗患'！"汉王听从了他们的建议。

汉五年（前202），汉王追击项王到达阳夏（今河南太康），把军队驻扎下来，和韩信、彭越约期合击楚军。到达固陵（今河南太康南），而韩信、彭越的军队没来会合。汉王对张良说："诸侯不遵守约言，怎么办呢？"张良回答说："楚军将被粉碎，而韩信、彭越没有确定的领地，他们不来是当然的。君王如果能够与他们共分天下，现在立即可以把他们招来。如果不能，事态就难以预料了。君王如果能够把陈县以东直到海滨的地区全给韩信，把从睢阳以北到穀城的地区给彭越，让他们各为自己的利益而战，那楚国就容易打败了。"汉王依计而行，韩信、彭越等诸侯兵都痛快地会师垓下（今安徽灵璧南），经过垓下决战，全歼楚军，结束了楚汉之争，取得了争天下的最终胜利。

汉统一天下之后，张良还有过一些重要谋略，虽然不再是军事方面，然而却对汉朝天下的长治久安关系重大，影响深远。这些谋略是：

第一，劝封雍齿，销变未形。汉六年（前201）正月，汉高祖刘邦大封功臣，已经封过20多位大功臣之后，其余日夜争功不决。许多将领常三三两两坐

商山四皓画像砖

在沙地议论。因为依军吏计算，整个天下的地盘也不够全部封赏，因而他们担心皇帝不能给每一个有功的人都封赏。高祖刘邦问张良该怎么办，张良建议刘邦把他平生所憎恨、群臣也都知道的雍齿先行封为什方侯。这一来担心的人们高兴了，说："雍齿尚且封侯，我们这些人不必担忧了。"[1]

第二，劝都关中，垂安后世。天下统一了，国都应该建在哪里？有个有见识的戍卒娄敬，建议高祖建都在关中；而跟随高祖的左右大臣都是中原地区的人，多数劝皇上建都洛阳。高祖犹豫不决。张良力陈："关中左有殽函，右有陇蜀，沃野千里……三面都有险阻，利于防守，只一面东制诸侯"，"所谓金城千里，天府之国也"，认为娄敬的建议有道理，应该采纳。[2] 于是高祖当天动身，往西定都关中（长安）。

张 良
——从清乾隆时期刊本《晚笑堂竹庄画传》（作者上官周）

第三，劝迎四皓，卒定太子。高祖刘邦一直觉得吕后所生太子刘盈（即后来的惠帝）生性懦弱，不像自己，而喜爱戚姬所生的赵王如意，因此屡次想废掉太子刘盈而立如意为太子。在封建社会，太子的废立往往关系政权的稳定，所以当时的大臣叔孙通、周昌等都犯颜强谏，但都没得到高祖的肯定。吕后很恐惶，想尽一切办法都不见效，最后逼张良给出主意。张良认为，这不是以口舌争所能解决的问题，建议让太子刘盈"卑辞安车"，去迎请高祖很想招致但总也没请到的四位很有名望的贤人，须发皆白的四位老者——四皓，让他们跟随太子入朝，使高祖见到，表明太子刘盈得到民众拥护。这一着果然见效，高祖见到四皓跟随太

---

[1]事见《史记》《汉书》本传。

[2]语见《史记》《汉书》本传。《史记》云："夫关中左崤函，右陇蜀，沃野千里，南有巴蜀之饶，北有胡苑之利，阻三面而守，独以一面东制诸侯。诸侯安定，河渭漕挽天下，西给京师；诸侯有变，顺流而下，足以委输。此所谓金城千里，天府之国也，刘敬说是也。"

张良庙

最早的张良庙是由张良的10世玄孙汉中王张鲁所建，原址已无从考察。现建筑为明清所建。

子，看到人心所向，大势所趋，就放弃了废立的主意。[1]

六、辟谷学道　虔心祀石

张良功成名就之后，感到非常满足。不过，他不像韩信那样贪恋富贵，而是声称要抛下人世间的事情，跟随仙人赤松子去遨游。[2]之后，他就开始辟谷学道。

[1] 事见《史记》《汉书》本传，记载均颇详尽。其中有云："四人从太子，年皆八十有余，须眉皓白，衣冠甚伟。上怪之，问曰：'彼何为者？'四人面对，各言名姓，曰东园公，角里先生，绮里季，夏黄公。上乃大惊，曰：'吾求公数岁，公辟逃我，今公何自从吾儿游乎？'四人皆曰：'陛下轻士善骂，臣等义不受辱，故恐而亡匿。窃闻太子为人仁孝，恭敬爱士，天下莫不延颈欲为太子死者，故臣等来耳。'上曰：'烦公幸卒调护太子。'四人为寿已毕，趋去。上目送之，召戚夫人指示四人者曰：'我欲易之，彼四人辅之，羽翼已成，难动矣。'"

[2] 语见《史记》《汉书》本传："愿弃人间事，欲从赤松子游耳。"

在保住刘盈太子之位、进而即皇位一事上，张良出了不少力，所以吕后很是感激。她见张良如此"糟践"自己，便说："人生一世，就像白驹过隙一样，匆匆而过，何苦要这样受苦呢！"[1]她力劝张良进食，没办法，张良只好勉强进食。

就这样，8 年之后，张良去世，定谥号为"文成侯"。

当初，圮下老人说他日张良遇见黄石，那就是他。果然，那之后的第 13 年，张良跟随汉高祖刘邦到济北，在谷城山下见到了一块黄石，张良把黄石带回家，奉若至宝，日夕致祭。他死后，家人也把黄石埋葬了，祭奠张良的时候，也同样祭祀黄石。

名 家 评 说

学者多言无鬼神，然言有物。至如留侯所见老父予书，亦可怪矣。高祖离困者数矣，而留侯常有功力焉，岂可谓非天乎？上曰："夫运筹策帷帐之中，决胜千里外，吾不如子房。"余以为其人计魁梧奇伟，至见其图，状貌如妇人好女。盖孔子曰："以貌取人，失之子羽。"留侯亦云。

——汉·司马迁《史记》

留侯（张良）欲从赤松子游，司马温公曰："明哲保身，子房有焉。"未足以尽子房也。子房之言曰："家世相韩，为韩报仇。"身方事汉而暴白其始终为韩之心，无疑于高帝之妒。其忘身以申志也，光明磊落，坦然直剖胸臆于雄猜天子之前。且曰："愿弃人间事，从赤松子游。"视汉之爵禄如鸿毛，而非所志。忠臣孝子青天皎日之心，不知有荣辱，不知有利害……而高帝固已喻其志之贞而心之洁矣，是以举太子以托之，而始终不忮。

——清·王夫之《读通鉴论》

---

[1]语见《史记》《汉书》本传："人生一世间，如白驹过隙，何至自苦如此。"

陈 平

陈平（？～前178），汉文帝时丞相。初封户
牖侯，改封曲逆侯，谥"献侯"。秦末阳武（今
河南原阳东南）人。汉惠帝时，历任左、右丞
相。文帝时，以右丞相位让周勃，任左丞相。周
勃罢相后，专任丞相。陈平既具谋国才华，又有
谋身之术，功勋卓著，位高权重，为汉初一代
名相。

一、违俗成婚　愿宰天下

陈平家在阳武户牖乡。少时家贫，但好读
书，有大志，精研黄帝、老子的治术，颇费
苦心。

陈平与兄长陈伯在一起生活。他们家中有薄
田30亩，地里的活儿都是陈伯一个人干，而不
让陈平为家事分心，而是让他游学在外，结交俊
彦。陈平的嫂子心中气不过，但又不敢违背丈夫
的意愿。

陈　平

陈平身材高大，姿容秀美，风度翩翩。有人问陈平："你家里贫穷，你吃什
么，长得这样丰美？"陈平的嫂子平日就对陈平不劳而食气愤不过，这时便回答
说："也不过吃糠咽菜罢了！这样的小叔，有不如无！"陈伯听到妻子如此说话，
便将她逐出了家门。[1]

[1] 事及语见《史记·陈丞相世家》："平为人长〔大〕美色。人或谓陈平曰：'贫何食而
肥若是？'其嫂嫉平之不视家生产，曰：'亦食糠核耳。有叔如此，不如无有。'伯闻之，
逐其妇而弃之。"

陈平到了该成婚的年龄，高不成、低不就。富有的人家，谁愿把姑娘嫁给陈平这样的穷小子？贫家的女儿，陈平又不愿娶。因此一直耽搁着。户牖地方有一富翁，名叫张负。张负有个孙女，姿色美艳。这姑娘曾经出嫁5次，但每次刚嫁过去，丈夫就莫名其妙地去世了，所以还守在娘家，没有人敢娶她为妻。陈平看中了这位张家的姑娘，想娶她为妻。

当时，乡里有大丧事，陈平前去帮忙。陈平家贫，所能做的，不过是早来晚走，格外尽心尽力罢了。正巧张负也到丧家吊唁，发现陈平丰采出众，心知是个人才，非久居人下者。于是，待陈平回家时，张负就随到陈家看视。但见陈家地处鄙陋，房屋也颇破旧，但门外却有好多贵人长者的车辙印。张负回到家中，对他的儿子张仲说："我想把孙女嫁给陈平。"张仲闻言，愕然不解："陈平家境贫寒，不事生产，满县中人都笑他寒酸，为什么偏要把我的女儿嫁给这样一个穷汉呢？"张负笑道："世上难道有像陈平这样内外兼美的人却会长久贫贱的吗？"[1]

张负知道陈平家贫，无力备办婚事，就悄悄给了陈平一笔钱，让他当聘礼，备喜筵。陈平成婚时，张负训诫孙女，说："不要因为陈家贫困，就待人不恭敬。你嫁到陈家，侍奉长兄陈伯应该像侍奉父亲，侍奉嫂嫂应待像侍奉母亲，千万不要倚富压贫，贻羞门户！"陈平娶妻之后，资财方面宽裕多了，与朋友交游来往，也更为频繁广泛。

现在的陈平，今非昔比，乡里人都另眼相看了。适逢社祭，乡民公推陈平为社宰。陈平认真从事，分肉时特别公平均匀。父老们赞叹说："好一个陈平！当社宰如此称职！"陈平喟然叹息："当个社宰算什么？给我个机会，让我主宰天下，也如割此肉一般，公正无私呢！"[2]

二、漂流魏楚　终择良主

秦二世元年（前209），陈涉（胜）起义，并在河南陈州称王。陈涉命周市

---

[1] 事及语见《史记·陈丞相世家》："张负既见之丧所，独视伟平，平亦以故后去。负随平至其家，家乃负郭穷巷，以敝席为门，然门外多有长者车辙。张负归，谓其子仲曰：'吾欲以女孙予陈平。'张仲曰：'平贫不事事，一县中尽笑其所为，独奈何予女乎？'负曰：'人固有好美如陈平而长贫贱者乎？'"

[2] 语见《史记·陈丞相世家》《汉书·张良陈平王陵周勃列传》："嗟乎，使平得宰天下，亦如是肉矣！"

攻取魏地，并立魏咎为魏王，在河南临济与秦军会战。陈平辞别兄长陈伯，与一伙青年同到临济投效魏王咎。魏王咎见他有能力，任命他当了太仆。陈平便想将胸中韬略和自己所揣摩的天下大计，全部献给魏王。无奈魏王不用陈平之计，陈平只好另谋高就。过了一段时间，项羽攻城略地到了河上郡，陈平前往归附，并且追随项羽入关灭秦，而获赏赐爵邑。

高帝元年（前206），项羽违"先入关中者王之"之约，分封诸将，自封为西楚霸王，定都于彭城，而封刘邦为汉王。不久，汉王在汉中起兵，先平定关中，然后向东进军。此时，殷王叛楚，项羽封陈平为信武军，前去征讨。陈平用计降服了殷王，凯旋归来，项羽便拜陈平为都尉，赐金20镒。不料陈平刚平定殷地不久，刘邦便攻下了殷地，俘虏了殷王。项羽闻讯大怒，他恼恨殷王，以致迁怒于陈平等灭殷的将领。

陈平料知项羽定会迁怒于己，且知项羽刚愎自用，难成大业，便封还项王所赠黄金与印绶，持剑遁逃，准备去投奔刘邦。陈平逃到黄河边，呼船渡河。船夫见陈平衣冠楚楚、丰仪魁伟，又是孤身一人，便怀疑他是逃亡的将领，有珠玉在身，于是就想杀害他，以谋财货。陈平看出苗头，灵机一动，解脱衣服，帮船夫撑船。船夫发现陈平一无所有，才没有杀他。[1] 从这件小事也可见出，陈平智算的确大过常人。

陈平终于逃到河南修武，并凭着魏无知的关系而进见汉王刘邦。当时，与陈平一起进见的有7个人。汉王赐给他们酒饭，饭后说："吃完饭了，且去休息！"陈平说："我为要事而来，要说的话很重要，不能拖到明天。"刘邦便与他交谈，很是投机，在很多事情上，两

西汉时期的马俑，现藏香港艺术馆

---

[1] 事见《史记》《汉书》本传："渡河，船人见其美丈夫独行，疑其亡将，要中当有金玉宝器，目之，欲杀平。平恐，乃解衣裸而佐刺船。船人知其无有，乃止。"

下河南陈平走谒

——从1935年会文堂新记书局蔡东藩《前汉通俗演义》

人的见解不谋而合。于是刘邦问陈平："你在楚营任何官职？"陈平回答："做都尉。"汉王说："我现在马上就任命你为都尉，而且再让你为参乘，典护军。"

命令一出，诸将哗然，都说刘邦不公："大王偶然得到一个楚国的逃兵，也不知道他到底有何德能，就与他坐一辆车，而且让他监护军中的资深将领。真是咄咄怪事！"古人乘车，御车人居中，尊者居左，另一人居右，谓之参乘。这参乘是最亲近者方能获得的美差。陈平刚刚降汉，便得汉王如此礼遇，也难怪将吏们心怀不满。但刘邦不管别人如何议论，仍然重用陈平。[1]

后来，刘邦领陈平一起东伐项羽，至彭城，被项羽击败，退驻荥阳。刘邦又任命陈平为亚将，隶属于韩王信，驻军于河南广武。绛侯周勃与中大夫令灌婴心不能平，便向刘邦进言，劝刘邦不要盲目宠信陈平。他们说："陈平虽然俊美

[1] 事见《史记》《汉书》本传："诸将尽谨，曰：'大王一日得楚之亡卒，未知其高下，而即与同载，反使监护军长者！'汉王闻之，愈益幸平。"

伟丽，超凡脱俗，但那只是长相，内心未必有真才实学，可能只是个绣花枕头罢了！人们都说，陈平在家时，与嫂子私通；投魏，不为魏所容。后逃归于楚，又不合己意。最后，才跑到我们这里来。您现在给他高官，命他典护军。可他却接受诸将贿赂，送黄金多的，便给一个好位置，送黄金少的，就给一个不好的位置。陈平实在是一个反复无常的乱臣，请大王详察。"

刘邦纵然相信陈平，听了这些话也有了三分疑惑。于是便召问陈平的推荐人魏无知。魏无知说："我推荐的是他的才能，陛下您所问的却是他的品行。这两者是不同的。现在正是用人之际，一个像尾生那样光会讲信义的君子与一个像孝己那样光会讲孝道的孝子，对我们争夺天下是没有什么大用处的。试问，君子、孝子能帮您打败项羽吗？我推荐陈平，是因为他有奇谋，如果好好驱遣运用，一定会有利于国家。至于他跟他的嫂子关系如何，受了别人多少金子，实在不必深究。"[1]

刘邦听了，觉得有道理，但转而一想，还是把陈平唤了进来："你原来在魏王手下，后来又跑到霸王手下，如今又追随我。你说说，你是怎么想的，难道不怕人们说你反复无常吗？"陈平回答："我离开魏王，是因为他不能采纳我的建议；我离开项羽，是因为他不相信别人，除了项家的人和他妻子的兄弟外，即使是超群的奇才，他也不肯重用；我投奔您，是听说您能任用贤者。我逃离楚军，身无分文，不接受黄金，便无以维生。如果我的计划谋略确实可用，请您放心地任用我；倘若我的才能不足任用，我所受的黄金还在，我愿意把这些交还，并请大王允许我归老林泉。"[2]刘邦听了这番话，疑虑顿消。重赏了陈平，任命他为护军中尉，监护所有的将军。诸将也就无话可说了。

陈平两次出逃，一逃魏奔楚，一逃楚奔汉。三次择主，一择魏咎，二择楚霸王，三择汉王。这反映了陈平的大智慧与坚定的用世精神，其实，这里面也包含

[1]语见《史记》本传："臣所言者，能也；陛下所问者，行也。今有尾生、孝己之行而无益处于胜负之数，陛下何暇用之乎？楚汉相距，臣进奇谋之士，顾其计诚以利国家不耳。且盗嫂受金又何足疑乎？"

[2]语见《史记·陈丞相世家》："臣事魏王，魏王不能用臣说，故去事项王。项王不能信人，其所任爱，非诸项即妻之昆弟，虽有奇士不能用，平乃去楚。闻汉王之能用人，故归大王。臣裸身来，不受金无以为资。诚臣计画有可采者，（顾）[愿]大王用之；使无可用者，金具在，请封输官，得请骸骨。"

有对自身能力、自我价值的高扬与肯定。

三、能为国谋　六出奇计

刘邦信任陈平，给了他重要的位置和很大的权力。陈平发扬才气，运筹帷幄，奇计迭出，为汉王朝立下了震古铄今的殊勋。

人们说到陈平，都喜欢说他"六出奇计"。[1]"六出奇计"，指的是：（一）请捐金行反间；（二）以恶草具进楚使；（三）出女子解荥阳围；（四）蹑足封齐王信；（五）请伪游云梦；（六）解白登之围。

（一）请捐金行反间

高帝三年（前204），汉军被围于荥阳，楚军断汉军粮道，汉军既无粮草，又无救兵，处境十分艰难。刘邦请求割让荥阳以西的地盘与楚求和，项羽不肯答应。刘邦问计于陈平。陈平说："项羽手下正直有节之臣，不过亚父、钟离眜、龙且、周殷等几个人而已。大王你如果肯拿出黄金来，施行反间计，一定有效果。因为项羽为人猜忌，易信谣言，听到谣言，一定会自相诛戮。这样一来，我们乘楚国内乱，举兵攻打，定会消灭楚国。"刘邦同意了陈平的计划，拨出4万金交付陈平，由他自由支配，不加过问。

陈平派兵卒怀金出城，混入楚营，贿赂将士，散布流言。一时楚营流言四

汉代封泥

起，无非说钟离眜等将领为项王带兵多年，出生入死，功劳至巨，如今却不能裂土封王，所以心存怨望，要联汉灭楚等等。项羽本无谋略，又无主见，加上平素性好猜忌，竟将流言信以为真，把钟离眜等人视作贰臣，无形中削弱了自己的势力。项羽部队的领导核心受到了影响。

（二）以恶草具进楚使

这条计策，与反间计是连在一起的。项王听了流言，怀疑范增等人心存贰志，于是

---

[1]《史记》《汉书》对此"六计"都有记载，惟又总括一句："凡六出奇计，辄益邑，凡六益封。奇计或颇秘，世莫能闻也。"

便派使者到汉军探听虚实。不料,又落入陈平的圈套之中。

听说楚使要来,陈平命人准备了最丰盛的酒席(太牢具)。听到楚使一到,马上摆好。但陈平一见楚使,又故作吃惊,自语说:"搞错了!我还以为是亚父范增的使者呢,原来是项王的使者。"接着,命人撤掉丰盛的酒宴,另以粗劣的馔食(恶草具)招待楚使。

楚使回营,向项王报告,项王果然开始猜忌亚父范增。亚父提出要加紧攻势,攻下荥阳城,项王不听他的意见。亚父知道项王怀疑他,便说:"天下大局已定,您好自为之吧!希望您能让我带这把老骨头归老田园。"亚父范增离开项王,心中忧愤,还未走到彭城,背部毒疮发作而死。[1]死时年75岁。范增死后,项羽才知中计,但悔之晚矣。

(三)出女子解荥阳围

范增虽死,项羽攻城兵势未减,韩信援兵迟迟不到,荥阳朝不保夕。陈平决定,先救刘邦出荥阳城,入关收集兵众,留别的将领死守荥阳,然后徐图发展。于是,陈平又出奇计。他组织两千多女子,乘夜从荥阳东门出城。楚军以为汉军出战,便从四面包抄过来。陈平乘乱,保护汉王从西门冲了出去。

(四)蹑足封齐王信

高祖四年,刘邦处于特别困难的境地。而韩信却攻破齐地,取得了重大胜利。韩信自恃功大,自立为代理齐王,并且派人通知刘邦。刘邦当时困守广武,见了使者,破口便骂:"吾困于此,日夜盼你来帮助我,你却要自立为王!"

陈平知韩信是举足轻重的人,他倾斜到哪一边,哪一边就会取得胜利。于是他急忙踩

西汉彩绘陶瓷瓶

[1]事见《史记·陈丞相世家》:"项王既疑之,使使至汉。汉王为太牢具,举进。见楚使,即详惊曰:'吾以为亚父使,乃项王使!'复持去,更以恶草具进楚使。楚使归,具以报项王。项王果大疑亚父。亚父欲急攻下荥阳城,项王不信,不肯听。亚父闻项王疑之,乃怒曰:'天下事大定矣,君王自为之!愿请骸骨归!'归未至彭城,疽发背而死。"

了刘邦的脚一下，对他附耳低语："我们现在正处于逆境，怎能阻止韩信自立为王呢？不如顺水推舟，好好礼遇他，使他自为守备。否则，我怕祸害马上就来呢！"刘邦马上反应过来，改口骂道："大丈夫能平定诸侯，就该当个真王，要假王干什么？"说罢，命厚待来使，派张良赴齐，立韩信为齐王，并命韩信攻打楚军。[1]

当时，韩信确实举足轻重。刘邦用陈平之计，封韩信为齐王，并且厚待他，这为楚汉之争在自己方面加上了一个重要的砝码。为了表彰陈平之功，刘邦把户牖乡封给陈平。

在韩信的打击之下，项羽不能支持，于是跟刘邦相约，以鸿沟为界，中分天下，东属楚，西属汉。项羽把原来俘虏而软禁于军中的刘邦的家属还给刘邦，引兵东归。刘邦也打算引兵西归，但陈平力主追击。他说："汉有天下大半，而诸侯皆附。楚国兵士疲劳，粮食匮乏。这正是灭亡楚国之时，急追勿失！"刘邦依其计，终于与韩信合力围困项羽于垓下，逼项羽自杀，灭掉了楚国。

（五）请伪游云梦

项羽死后，刘邦为帝，史称汉高祖。高祖封赏功臣，封韩信为楚王。但高祖总觉得韩信尾大不掉。韩信有几件事也确实处理不当，引起高祖心中不快。一是收留楚将钟离昧，一是为母亲迁坟墓，大兴土木。

收留钟离昧，高祖本已颇不满。而为母迁坟，偏偏又被人告发，说他是有意向皇上示威。高祖征求诸将的意见，大家都说："赶紧发兵，活埋了这个忘恩负义的家伙！"高祖转问陈平，陈平一再推辞。待到高祖说出诸将的意见后，陈平才说出自己的看法：不能出兵讨伐。陈平先问高祖："有人告韩信造反的事，

刘　邦
——从明弘治十一年（1498）《历代古人像赞》

[1]此事《史记》《汉书》的张良、陈平、韩信本传中都有记载，其中以韩信本传记载最为详尽。

别人知道吗？"高祖说："不知道。""韩信自己知道吗？""也不知道。"陈平又问高祖："您现在的精兵和楚国的部队相比如何？"高祖回答："不如楚国。""陛下的将领中，有能超过韩信的人吗？""没有。"陈平接着说："您现在兵不如韩信的精，将不如韩信的勇。如果发兵攻韩信，等于是自取其败。"

高祖露出无可奈何的样子："那么，这事怎么办呢？"陈平又出奇计："古时候，天子常常巡行天下，会合诸侯。南方有一云梦泽，您可以装成出游云梦泽的样子，而通知在陈州会合诸侯。韩信听说您不过是正常出游，而且陈州又在楚国境内，一定会放松警惕，出郊欢迎，并且谒见您。您可乘机拘捕他。这只要有一个力士就行了。"[1]

高祖依计而行，韩信果然中计被擒。韩信大叫："天下平定，不用我了，我就该杀了吗？"高祖说："你反象已明，不要喊了，喊也没有用！"不过，高祖并没有杀韩信，而是把他降了封爵，改封为淮阴侯。不过，韩信失去凭借，再也难以有所作为了。

（六）解白登之围

陈平已受封为户牖侯，第二年，随高祖征讨在代地反叛的韩王信，最后到了平城，被匈奴冒顿单于围困在平城东南的白登，7日7夜，没食物可吃，军心惶恐。陈平献秘计，居然解开了白登之围。《史记》中说陈平这次"计谋很为神秘，世人很少听说过的"。[2]据桓谭《新论》记载，原来是陈平让画工画了一个极美的女子，派人送给冒顿单于的妻子阏氏，说："汉朝有一女子，长得一如图画。如今我们皇上被围，愿献此女，以求解围。"并且用厚礼贿赂阏氏。阏氏既贪汉之厚礼，又怕自己失宠，便极力怂恿冒顿单于网开一面。单于宠爱阏氏，依言解围，汉高祖君臣得以脱险。

陈平六出奇计，天下知名，至今传颂。

---

[1] 语见《史记·陈丞相世家》："古者天子巡狩，会诸侯。南方有云梦，陛下弟出伪游云梦，会诸侯于陈。陈，楚之西界，信闻天子以好出游，其势必无事而郊迎谒。谒，而陛下因禽之，此特一力士之事耳。"

[2]《史记·陈丞相世家》云："高帝用陈平奇计，使单于阏氏，围以得开。高帝既出，其计秘，世莫得闻。"《汉书》的记载只有两字之差，一是少了一"陈"字，一是阏氏下多了一"解"字。

四、谋身有术　平步青云

陈平不但善谋国事，也善谋身。他会做人，心思细密，因而始终未受大的挫折。

陈平出计擒获韩信后，被封为户牖侯。他推辞说："这不是我的功劳。"高祖说："我用先生您的计谋，克敌制胜，这不是功劳是什么？"陈平说："倘若没有魏无知，我怎么能有今天呢？"高祖称赞他，说："您这样的人，可以说是不忘本的人了！"于是，厚赏魏无知。

陈平出计解白登之围后，高祖南过河北曲逆，登城见城中房屋建筑高大，赞叹说："好壮观的县城啊！我走遍天下，发现只有洛阳和这曲逆而已！"于是便问御史："曲逆共有多少户口？"御史回答："秦始皇时有3万户。后来由于战乱，许多人都逃亡在外，现存5000余户。"高祖马上命御史改封陈平为曲逆侯，享用封邑的全部赋税。汉初县侯尽食一县赋税的，只有陈平一人。

求脱围赂遗番后
——从1935年会文堂新记书局蔡东藩《前汉通俗演义》

而最能表现陈平谋身之术的，则是以下几件事。

一是关于樊哙的事。

高祖十三年（前195），刘邦病危。有人说舞阳侯樊哙结党于吕氏，欲诛杀赵王如意。刘邦大怒。当时樊哙正率兵讨伐燕王卢绾，刘邦下令："陈平快用驿传马车载周勃到前线代替樊哙将兵，陈平一去，马上斩下樊哙的头！"

陈平、周勃二人在途中计议说："樊哙是皇帝故人，建有大功。另外，他还是吕后的妹妹吕媭的丈夫，有亲且贵。皇上要杀他，不过是一时发火，万一皇上后悔起来，怎么办？不如我们把他装入囚车送给皇上，让皇上自己去斩吧！"于是便将樊哙擒获，押往长安。还没等陈平他们到京师，汉高祖刘邦就去世了。陈平害怕吕后和吕媭生自己的气，就驾车先行回朝，路上遇到使者命令陈平与灌婴屯驻于荥阳。陈平接受诏令，但立即又快速驰入宫中，在高祖灵前哭泣，十分动情，并乘机在灵前奏事，说明情况。吕太后悲伤地说："您很辛苦，还是先回去休息吧！"陈平却坚持宿卫宫中，他担心的是自己一离开，马上会有人说坏话。太后见陈平一片真诚，便任命他为郎中令，还让他辅佐教导汉惠帝刘盈。从此之后，吕媭再也没有机会和心思进谗言了。樊哙也被赦免，并且恢复了爵邑。

二是关于诸吕封王与交结周勃、诛吕安刘的事。

孝惠帝六年（前189），因相国曹参已去世，朝廷分置左右丞相，以安国侯王陵为右丞相，陈平为左丞相。当时以右为上。等到孝惠帝死，吕后专权，欲封诸吕为王。右丞相王陵坚决反对，而陈平则表示同意。因为陈平审时度势，发现不能以硬碰硬。王陵对陈平不满，责备陈平。陈平说："您不要发火。说实话，面折廷争，我确实比不上您；但说到保全社稷，安汉扶刘，您恐怕就比不上我了。"[1]王陵悻悻自去。吕后不满王陵所为，于是，用调任官职的做法夺去了王陵右丞相之位，升任

樊哙（清人绘）

---

[1]语见《史记》《汉书》本传。

陈平为右丞相。

陈平既为右丞相，而审食其为左丞相。审食其得宠于吕后，倚势弄权。陈平便不治事，整天沉迷于酒色之中，以掩吕氏耳目。吕嬃对陈平谋执樊哙一事，始终不满，多次对吕后说："陈平任右丞相，根本不称职，只会饮醇酒，戏妇人。"陈平听到这说法后，更甚于前。吕后得知陈平的所作所为，暗暗欢喜不尽，竟把吕嬃与陈平都叫来，当面说："俗话说，'儿妇人口不可用（小孩和女子的话不能听）'，不过要看您对我如何罢了。您不要怕吕嬃的谗言。"[1]

陈平表面上应付吕后，言听计从，实际上在心中常暗思诛吕安刘之计。太中大夫陆贾对他说："天下安，得意相；天下危，得意将。"劝他结交周勃。陈平依从陆贾之计，先是以500金为周勃祝贺寿诞，后又备办酒肴，与周勃共饮，输心相交。周勃也如此回报。

等到吕后死，诸吕欲为乱，陈平便与太尉周勃合谋，终于诛杀诸吕，迎立代王刘恒即位，代王是刘邦第五子，就是后来与民休息的汉文帝。[2]

三是关于相位的予夺。

西汉时期酒器

汉文帝即位，陈平请求病免，其实是想让位与周勃。他对文帝说："高祖时，周勃的功劳不如我；这次诛灭诸吕，复安社稷，我的功劳就远不如周勃了。我请求把右丞相之位让给周勃。"[3]当时，审食其已经免相。文帝便听陈平之言，令周勃为右丞相，而令陈平为左丞相，居第二位。

过了不久，汉文帝在朝会时问右丞相周勃："天下一年判决的讼案有多少件？"周勃谢罪说："臣实不知。"又问："天下一年金钱与谷物的收支各有多少？"周勃又谢罪说不知道，紧张惭愧，使得他汗流浃背。

---

[1]语见《史记》《汉书》本传。

[2]此事《史记》《汉书》多有记载，较详尽者见周勃本传。

[3]语见《史记》《汉书》本传："高祖时，勃功不如臣平。及诛诸吕，臣功亦不如勃。愿以右丞相让勃。"

汉文帝用同样的问题问陈平，陈平回答说："这些事都有主管的官吏。"汉文帝问："主管官吏是谁？"陈平说："诉讼决狱的事，有廷尉；钱粮收支的事，有治粟内史。"汉文帝又问："各种事都有主管，那么，你主管什么？"陈平回答："臣主管官吏。陛下重用我为丞相。丞相对上辅佐天子，顺四时，理阴阳；对下则化育万物，使各得其宜；对外镇抚四夷，统辖诸侯；对内则应使百姓归附，使卿大夫各司其职，各尽其责。"

汉文帝听后，连连称善。周勃愈加惭愧。散朝后便责备陈平，怪他不早教自己。陈平笑着说："您任丞相，难道还不知自己的职责吗？如果皇上问您长安城中共有多少个盗贼，您也想勉强回答吗？"[1]周勃知道自己的才能远不如陈平，于是请求病免。文帝答应了他的请求。从此，陈平便得专任丞相之职。

汉文帝前元二年（前178），陈平病逝。谥号"献侯"。

名家评说

陈丞相平少时，本好黄帝、老子之术。方其割肉俎上之时，其意固已远矣。倾侧扰攘楚魏之间，卒归高帝。常出奇计，救纷纠之难，振国家之患。及吕后时，事多故矣，然平竟自脱，定宗庙，以荣名终，称贤相，岂不善始善终哉！非知谋孰能当此者乎？

——汉·司马迁《史记》

---

[1]事及语见《史记》《汉书》本传，《史记》云："孝文皇帝既益明习国家事，朝而问右丞相勃曰：'天下一岁决狱几何？'勃谢曰：'不知。'问：'天下一岁钱谷出入几何？'勃又谢不知，汗出沾背，愧不能对。于是上亦问左丞相平。平曰：'有主者。'上曰：'主者谓谁？'平曰：'陛下即问决狱，责廷尉；问钱谷，责治粟内史。'上曰：'苟各有主者，而君所主者何事也？'平谢曰：'主臣！陛下不知其驽下，使待罪宰相。宰相者，上佐天子理阴阳，顺四时，下育万物之宜，外镇抚四夷诸侯，内亲附百姓，使卿大夫各得任其职焉。'孝文帝乃称善。右丞相大惭，出而让陈平曰：'君独不素教我对！'陈平笑曰：'君居其位，不知其任邪？且陛下即问长安中盗贼数，君欲强对邪？'"

周 勃

周勃（？～前169），汉初名臣，出将入相。封绛侯，谥号"武侯"。秦末泗水沛（今属江苏）人。他几度为相，历尽沧桑变化。为人为政，笃厚持重。他跟随刘邦一起发动反秦起义立有多次大功。特别是刘邦死后，为保持刘氏江山而诛灭诸吕，更是功不可没。

一、南征北战　重厚少文

周勃祖上，原是河南省卷县（今河南原阳旧原武西北）人，后来才迁移到沛县居住。周勃早年，曾以编织制作养蚕器具为业谋生。乡里有了丧事，周勃又去吹箫管奏挽歌，协助人办理丧事。后来，周勃还曾担任过能引强弓的武卒。

周　勃
——从清道光十年（1830）《古圣贤像传略》（顾沅辑录，孔莲卿绘像）

沛公刘邦起兵反秦，周勃担任中涓（侍从的臣子），随刘邦南征北战，在反秦斗争和楚汉战争中功勋卓著，先后为五大夫、虎贲令、威武侯、将军、绛侯。后又随汉高祖刘邦平定韩王信、陈豨和卢绾的叛乱，历任太尉、相国。总计周勃随刘邦征战以来，虏获敌人的相国1人、将军与二千石各3人，破敌两军，占领了3座城，平定了5个郡、79个县，获丞相、大将各1人。可谓屡立殊勋，战功卓著。

周勃为人，笃实厚道，质朴刚毅。汉高祖刘邦很了解他，说他是可以委托重大事务的人选。但周勃不喜文学，不重儒者，自己也缺乏文采。他从不肯用宾主之礼来对待儒生。每当召见儒生说客，他都大模大样地坐在尊位，并且明明白白地告诉他们："有话快说，直截了当，不必咬文，不必引经据典。"他的质朴无文于此可见一斑。[1]

高祖攻打黥布时，被箭射伤，在道路间病重。吕后问他："您一旦去世，萧相国也死了，谁可以代为相国呢？"高祖说："可用曹参。""曹参之后呢？"吕后又问。"王陵可以代任。但王陵有点过于粗直，陈平可以帮助他。陈平智谋有余，但难以独任。周勃持重笃厚而少文采，然而，将来能安刘氏天下的人，一定是周勃。"[2]

二、周陈合力　诛吕安刘

惠帝七年（前188），汉惠皇帝死，吕后临朝称制，吕氏专权。陈平深患诸吕危害社稷，但自己力量微薄，无法控制。陆贾劝陈平结交周勃。于是陈平、周勃二人深相结纳。

西汉彩绘骑马俑

[1]事及语见《史记·绛侯周勃世家》《汉书·张良陈平王陵周勃列传》。《史记》云："勃为人木强敦厚，高帝以为可属大事。勃不好文学，每召诸生说士，东乡坐而责之：'趣为我语。'其椎少文如此。"

[2]语见《史记·高祖本纪》："已而吕后问：'陛下百岁后，萧相国即死，令谁代之？'上曰：'曹参可。'问其次，上曰：'王陵可。然陵少戆，陈平可以助之。陈平智有余，然难以独任。周勃重厚少文，然安刘氏者必勃也，可令为太尉。'"

高后八年（前180）七月，吕后死，遗诏以吕产为相国，吕禄女儿为少帝皇后，审食其为太傅，吕禄为上将军。诸吕把持朝廷，谋夺刘氏天下。此时，周勃虽然位居太尉，却不能进入汉军的大门；陈平虽然是汉朝的丞相，也不能担任国家的大事。

八月，齐王刘襄发兵讨伐诸吕。吕产派灌婴率兵击刘襄。灌婴留军不发，屯驻荥阳，与齐王联合，欲待吕氏变而共同诛伐之。周勃与陈平见齐王发难，有机可乘，便互相谋画，想为内应。他们知道郦商之子郦寄与吕禄素有交谊，情好亲密，于是借故邀请郦商过来作为抵押。然后再召来郦寄，嘱他诱劝吕禄，令其交出兵权，归其封国。

郦寄无可奈何，只好去骗吕禄说："高祖与吕后共定天下，刘氏立九王，吕氏立三王，都经大臣商议决定，且布告诸侯。现在太后已崩逝，皇帝还年轻。您既已受封为赵王，就该归国守藩。您如今仍统兵京中，为上将军，当然会增加别

夺禁军捕诛诸吕
——从1935年会文堂新记书局蔡东藩《前汉通俗演义》

人的疑窦。如今齐王起事，各国也都伺机而动，倘若引起响应，祸患不小。您何不让还将印，归兵权于太尉，归国守藩。这样，齐兵自然退去。您据地千里，南面而王，岂不快哉！"吕禄认为郦寄之言有理，便想归还将印，把兵权交与太尉。但当他派人把这情况通报诸吕时，吕氏父老有人说可行，有人说不可行。吕禄犹豫不决。

八月庚申日一早，御史大夫平阳侯曹窋（曹参之子）正在和吕产商议事情，郎中令贾寿的使者从齐国来，指责吕产说："你不早归国守藩，现在就是想回去，还能吗？"接着，把灌婴与齐楚联合要除诸吕的事全部告诉吕产，要他赶快入宫，寻一妥善处理办法。这话都被曹窋听了个一清二楚。曹窋将这情况迅速地报告了丞相陈平与太尉周勃。周勃想入北军，却无法进入。

当时，襄平侯纪通主符节之事，就令他拿着符节，矫称圣命，使周勃将北军。周勃又让郦寄和典客刘揭去说服吕禄，迫令速就国，并且说："否则，祸在目前。"吕禄以为郦商不会欺骗自己，于是解下印绶交付典客，把兵权交给周勃。周勃进入北军，立即下令："拥护吕氏的右袒，拥护刘氏者左袒。"军士们都左袒，以示拥护刘氏。太尉周勃遂统帅了北军。

但是，还有南军。陈平便召来朱虚侯辅助周勃。周勃令朱虚侯监守营门，又令卫尉不准放吕产进入宫门。吕产此时还不知吕禄已被解除北军的兵权，想进入未央宫作乱，但却无法进入殿门。周勃得知此事后，命朱虚侯带兵1000人入宫保护皇帝，其实是对付吕产。后来，朱虚侯终于在郎中府吏厕所中把吕产杀死了。

此后，太尉周勃便命令分别追捕吕氏男女，不分老少，全部斩杀。辛酉之日，捕杀吕禄，鞭杀吕媭。又派人杀死燕王吕通，废掉鲁王吕偃。

诸吕既已诛灭，太尉便和大臣一起拥立新皇，这就是著名的汉文帝。

三、沉浮宦海 "狱吏为尊"

汉文帝即位后，表彰功臣。右丞相陈平请求退位，他说："在高祖时，周勃功不及我；平定诸吕，我的功劳不及周勃，愿把右丞相让给周勃。"于是，文帝就任命周勃为右丞相，赐千金，食邑万户。陈平改任左丞相，位次在周勃之后。

不长时间，有人劝告周勃说："您平息了诸吕的祸乱，拥立代王为帝，威武显扬于天下。现在又居功不谦，受最高的赏赐，处尊贵的位置。我担心祸患就要降临了。"周勃听了这番话，自己也确实感到了处境的危险，于是向皇帝辞谢，归还了相印。左丞相陈平专为丞相，时在汉文帝元年（前179）八月。

汉文帝二年十月，丞相陈平死。十一月，周勃复任丞相。这时，朝廷下了诏书，命诸侯都回自己的封国，那些有职事的和特许留下的，可先遣太子归国。过了一段时日，到汉文帝三年十一月，皇帝免除了周勃丞相之职，让他到封国去。诏书中说："前一段时间我下诏命令列侯各回封地，有些人百计拖延，不肯成行。您一向是我敬重的人，应该先回封国去，给其他人做个榜样。"

周勃免相就国之后，约有1年多，每遇河东守尉巡视各县，往往心不自安，披甲相见，而且两旁护着家丁，各持兵械，以防不测。[1] 有人上书告发，说周勃有谋反之迹。文帝早就对周勃有所嫌猜，如今见了告变密书，立即命令廷尉处理，廷尉把此事交托长安狱官处理。狱官逮捕了周勃，究治他的罪过。周勃心中害怕，回答狱官讯问时，竟不知所措，结舌张口。狱吏渐渐对他无理，他无可奈何，便拿出千金，贿赂狱吏。狱吏既受人钱财，便与人消灾，悄悄在文牍后面写了几个字，提示周勃。周勃仔细观看，写的是"以公主为证"，这才恍然大悟。

汉文帝
——从明万历三十七年（1609）原刊本《三才图会》

原来，周勃的长子娶文帝女儿为妻，狱吏提醒他以公主为证据。公主果然入宫向薄太后求情。而薄太后之弟薄昭，因感念周勃让与封邑之恩，也进宫向太后关说，为周勃诉冤。薄太后听了公主的申说，再加薄昭的面诉，便召文帝入见。文帝进谒，太后非常生气，拿起头上覆巾，劈面向文帝掷去，一面掷一面骂："绛侯当年平息诸吕叛乱时，手握皇帝印玺，统帅北军，没有造反；难道他现在管理一个小小的绛县反而要造反吗？你听了谁的谗言，如此冤枉忠良！"文帝慌忙谢罪，并且说经审判，周勃确是无罪，马上

---

[1] 事见《史记》《汉书》："岁余，每河东守尉行县至绛，绛侯勃自畏恐诛，常被甲，令家人持兵以见之。"

就释放他。太后之怒稍解。文帝便派使者赦免了周勃，恢复了他的爵位和食邑。

绛侯周勃在战场上所向无敌，威风八面，此次却受了狱吏很多闲气。他深有感慨地说："我曾统兵百万，但怎么也想不到狱吏竟如此尊贵！"[1]

绛侯出狱之后，凡事愈加谨慎小心。孝文帝十一年（前169）去世。谥号是"武侯"。

名 家 评 说

绛侯周勃始为布衣时，鄙朴人也，才能不过凡庸。及从高祖定天下，在将相位，诸吕欲作乱，勃匡国家难，复之乎正。虽伊尹、周公，何以加哉！

——汉·司马迁《史记》

……且当吕后病危之日，又不能乘隙除奸，以号称智勇之平勃，且受制于垂死之妇人，智何足道！勇何足言！

——蔡东藩《前汉演义》

---

[1]语见《史记》《汉书》："吾尝将百万军，然安知狱之贵乎？"

周亚夫

　　周亚夫（？～前143），汉代名将，曾任宰相。西汉沛（今属江苏）人。绛侯周勃的次子。周亚夫治军严明，深有谋略，屡建奇功。后来，因朝廷后继乏人，他在汉景帝七年（前150）继陶青为丞相，中元三年（前147），因病被免职。周亚夫才能卓越，一生出将入相，在中国历史上负有盛名。

一、许负看相　细柳成名

周亚夫
——从清道光十年（1830）《古圣贤像传略》（顾沅辑录，孔莲卿绘像）

　　周亚夫初为河内郡守。当时有一老妪叫许负，素称善相。周亚夫曾将她邀入署中，让他为自己看相。许负认真端详了半天，对周亚夫说："您的命非常尊贵，过3年当受侯封。封侯8年后，出将入相，手握国柄，地位贵显，人臣中没谁能比得上你。可惜再过9年，您将被饿死。"[1]周亚夫听后，颇感意外："第一，我不可能被封侯。我大哥已经继承了父亲的侯爵，万一大哥故去，还有他的儿子呢！第二，我不可能被饿死。我既已如你所说，富贵显达，无与伦比，又怎么可能受饿而死呢？此理令人难解，还求指示明白。"许负回答说："我这不过是据相而言。"于是，他指着周亚夫的嘴说："您的嘴边有直竖的纹理入于口中，这就是饿死之相了。"

---

[1]语见《史记·绛侯周勃世家》《汉书·张良陈平王陵周勃列传》（有关周亚夫的记载都是附在周勃之后的）："君后三岁而侯，侯八岁为将相，持国秉，贵重矣，于人臣无两。其后九岁而君饿死。"

周亚夫又惊又疑，半天说不出话来。

说也凑巧，过了3年，周亚夫的哥哥周胜之，就是袭封绛侯的那位，因为犯了杀人罪，被剥夺了封爵。汉文帝考虑到周勃曾有大功于汉王朝，不愿让他的世脉泽斩。于是，下令选择周勃的儿子中之最贤明者，以便承袭爵位。大家都推荐周亚夫。这样一来，周亚夫竟得了条侯（县在渤海）的爵位。

文帝后元六年（前158）冬月，匈奴大举入犯边境。因为好些年不动兵戈，现今突然有虏骑南来，防边将士惊惶不安。汉文帝闻到边报之后，急忙调遣三路军马往镇三边，一路由中大夫（郎中令属官，秩比二千石）令勉统领出屯飞狐，一路由前楚相苏意统领出屯句

细柳式车（选自《马骀画宝》）

德，一路则由郎中令张武统领出屯北地。此外，为防意外疏虞而惊动京师，又令河内太守周亚夫驻兵细柳，宗正刘礼驻兵霸上，祝兹侯徐厉驻兵棘门。

一天，汉文帝刘恒御驾亲出劳军。先到了霸上，次到棘门，均不须通报，一路奔驰，直入营中。刘礼、徐厉两员主将，深居帐内，直至警跸（汉代皇帝出入时的治安措施。出称警，入言跸）入营，才率部将迎接文帝，且都为了事先不曾等候迎接御驾而显露出惶恐不安之色。等到文帝起驾，两将又都是率全营将士送出营门，拜辞御驾。

不久，文帝又到细柳营劳军。可这一次情形就不同了。先是前驱部队被阻在营外。兵士们说，天子就要来劳军了，请开营门。军门都尉正色相拒："我们周

男耕女织

将军有令，军中只闻将军令，不闻天子诏！"过了一会儿，文帝御驾到来，又被营兵阻住，不准入内。只见营门内外甲士森列，持刀竖戟，张弓挟矢，仿若临敌。文帝只好派使者持天子符节入营通报。周亚夫接见来使，这才传令开门。营兵打开营门，正色告知天子车马："将军有约，军中不得驰驱！"文帝也只能按辔徐行。进入营内，周亚夫披甲佩剑，向文帝拱手行礼，口称："甲胄之士不拜，臣冒昧请以军礼相见。"天子不禁动容，将身微俯，凭轼致敬，并派人宣谕军中："皇帝敬劳将军。"完成了劳军礼节，然后肃然离去。等皇帝一出营门，群臣都为周亚夫捏了一把汗。汉文帝却说："难得啊！这才是真将军呢！至于霸上、棘门的部队，散漫无威，形同儿戏。假如敌人突然来袭，恐怕连主将也难免被擒之辱。周亚夫这样的部队，哪会给敌人以可乘之隙呢？"一直过了好久，汉文帝仍对周亚夫的治军赞不绝口。[1]

一个多月后，边疆通报说敌军已经出塞，文帝乃将各路人马依次撤回，遂任命周亚夫为中尉，掌京城兵权。此时亚夫几乎可以入预朝政了。

过了年余，汉文帝得病不治。弥留之际，太子刘启入侍。文帝谆谆嘱咐太子说："周亚夫缓急可恃。设若有变，真可使将兵！"[2]汉文帝崩逝之后，汉景帝刘

---

[1] 事及语见《史记》《汉书》本传。《汉书》云："已而之细柳军，军士吏被甲，锐兵刃，彀弓弩，持满。天子先驱至，不得入。先驱曰：'天子且至！'军门都尉曰：'军中闻将军之令，不闻天子之诏。'有顷，上至，又不得入。于是上使使持节诏将军曰：'吾欲劳军。'亚夫乃传言开壁门。壁门士请车骑曰：'将军约，军中不得驱驰。'于是天子乃按辔徐行。至中营，将军亚夫揖，曰：'介胄之士不拜，请以军礼见。'天子为动，改容式车。使人称谢：'皇帝敬劳将军。'成礼而去。既出军门，群臣皆惊。文帝曰：'嗟乎，此真将军矣！乡者霸上、棘门如儿戏耳，其将固可袭而虏也。至于亚夫，可得而犯邪！'称善者久之。"

[2] 语见《史记》《汉书》："即有缓急，周亚夫真可任将兵。"

启即位，拜周亚夫为车骑将军。

二、将取姑与 平息叛乱

汉景帝三年（前 154），久已蓄谋作乱的吴王刘濞联络楚王刘戊、胶西王刘卬、胶东王刘雄渠、菑川王刘贤、济南王刘辟光、赵王刘遂，以诛晁错、清君侧为名，公开发动武装叛乱。景帝当用兵之际，想起了文帝的遗言。于是晋升周亚夫为太尉，掌管全国大军，东击吴楚。

当时，吴楚军正进攻梁国。周亚夫审时度势，向皇上建策："楚军剽健强悍，行动迅捷，正面争锋，实难取胜。现在他们正在进攻梁国。如果我们采取将取姑与之策，暂时放弃梁地，由他们去占领，然后断其粮道，这样，就可以制服吴楚了。"汉景帝同意了他的意见。

于是，周亚夫绕军进发。军行至霸上，有士人赵涉拦住周亚夫的车骑，对他说："将军要东进，诛灭吴楚之乱，此行确实关系重大。胜利了，宗庙安宁，天下安宁；如不胜，则宗庙危殆，天下纷纷。不知将军能否听听我的看法呢？"周亚夫下车，表示愿闻高论。赵涉说道："吴王素富，久已蓄养死士。此次知道将

汉代壁画

军东行，必会令死士埋伏于殽渑之间，邀击将军。将军不可不预为防备。况且兵事最重神速秘密，将军何不迁道右行，走蓝田、出武关，进抵洛阳。这样，虽然迟一二日，但直入武库，掩敌不备，鸣鼓而击之，使诸侯闻风振动，以为将军乃从天降下，那时不战而威，自会收到好的战果。"周亚夫听从了赵涉的计谋[1]，星夜兼程，安安稳稳地抵达洛阳。当下即派将士搜索殽渑要隘，果然捉获了吴国的伏兵。于是，奏请赵涉为护军。更访得洛阳侠客剧孟，与之结交，然后，在荥阳会同各路人马。

当时，吴攻梁越来越急。梁王刘武请求救援，周亚夫却带领部队向东北走入昌邑城，深沟高垒，坚守不出。梁王又派使者请周亚夫相救，但周亚夫抱定主旨，不肯出兵。梁王久待救兵不至，情急之中上书给景帝。景帝诏命周亚夫出兵。周亚夫不从诏命，仍坚守壁垒，表面上不为所动，暗地里却派弓高侯等轻骑兵潜入敌后，截断吴楚军的粮道。吴楚军粮多被劫走，运输线又全然不通，军中乏粮，将士忍饥，因萌退志。于是打定主意，先击走亚夫军，然后北行。但多次挑战，周亚夫终不肯出来迎战。时日一长，不要说吴楚军沉不住气，就连汉军中都有点人心不稳了。一天晚上，周亚

吴王刘濞
——从明《博古叶子》（明陈洪绶绘）

[1] 事见《汉书》本传（《史记》不载）："亚夫既发，至霸上，赵涉遮说亚夫曰：'将军东诛吴楚，胜则宗庙安，不胜则天下危，能用臣之言乎？'亚夫下车，礼而问之。涉曰：'吴王素富，怀辑死士久矣。此知将军且行，必置间人于殽黾阨狭之间。且兵事上神密，将军何不从此右去，走蓝田，出武关，抵洛阳，间不过差一二日，直入武库，击鸣鼓。诸侯闻之，以为将军从天而下也。'太尉如其计。"

144

平叛军太尉建功
——从1935年会文堂新记书局蔡东藩《前汉通俗演义》

夫营中忽然自相惊扰，声音直达中军帐下，一军皆惊，只有周亚夫依然高卧不起。不久，自然归于平静。[1]过了几天，吴兵向亚夫军营东南面鼓噪进攻，声势甚大。亚夫料定是声东击西，派人在西北方严阵以待。不出所料，敌兵果然以精锐来袭西北，但因亚夫有备，未能得逞其计。

吴楚兵缺粮，将士吃不饱，乃引兵退去。周亚夫派精兵追击，大败吴军。吴王刘濞抛下部队，跟着数千壮士，逃到江南丹徒，建筑工事，以求自保。汉兵乘胜作战，吴国的军队大都成了俘虏。周亚夫悬赏千金，购吴王之头。过了一个月左右，越国果然有人斩下吴王之头来领赏。

这次作战，有攻有守，正好持续了3个月，最后以吴楚被消灭、叛乱被平息结束。人们都认为周亚夫计划正确，措施得当；只有梁王刘武因周亚夫未曾及时

---

[1]事见《史记》《汉书》本传："夜，军中惊，内相攻击扰乱，至于帐下。亚夫坚卧不起。顷之，复定。"

出兵相救，与之有了矛盾。

三、食不置箸　毁弃黄钟

　　汉景帝五年（前152），丞相陶青因病解职，周亚夫任丞相。景帝本来非常信任、重用周亚夫。后来，景帝要废掉栗太子刘荣（因系栗姬所生，故称栗太子），周亚夫与魏其侯窦婴等极力反对争辩，景帝不肯改变既定的看法。于是，景帝对周亚夫渐渐疏远，大不同于过去。加上梁王刘武每每入朝，常常在太后面前说周亚夫的坏话，这些，使周亚夫在朝中处于孤危的地步。

　　还有两件事，直接导致了周亚夫的悲剧结局。一是关于皇后的哥哥王信封侯的事儿，一是关于唯许卢等5人封侯的事儿。

　　一天，窦太后对景帝说："皇后的哥哥王信该封为侯爵了吧？"景帝借口推辞："你的侄儿南皮侯窦彭祖、弟弟章武侯窦广国，先帝（指汉文帝）在日都未得侯封，还是我嗣位后封的呢！现在，我怎么能刚继位就封皇后的哥哥为侯呢？王信不能封！"窦太后说："人生各以时行，富贵当及己身。当年，我哥哥窦长君在世时，竟然未得封侯，尽管后来他的儿子彭祖被封为侯，但我仍然

汉景帝
——从明弘治十一年（1498）《历代古人像赞》

窦氏所使用的长信宫灯

感到十分遗憾。我看，你还是尽快封王信为侯吧！"景帝说："请让我跟丞相商量一下，再决定此事。"于是，景帝就此事征询周亚夫的意见。周说："高帝曾有约言，非刘氏不得王，非有功不得侯，不如约，天下共击之。王信虽是皇后的兄

长，但没有什么功劳，倘若封他为侯，怕与高帝誓约相悖吧！"[1]景帝听完，无话可说，只好作罢。

后来，匈奴王唯许卢等 5 个人归降汉朝，汉景帝兴高彩烈地要封他们为侯爵，以奖掖后来之人。没想到周亚夫却兜头泼了一瓢冷水，他说："这些人背叛国主归降陛下，倘若加以封赠，此后，我们还怎样责备那些不守节的人臣呢？"景帝因阻王信封侯，本已不悦亚夫，今闻此言，越发恼火，变色说道："丞相不合时宜，此论腐不可用！"径直把唯许卢等一律封为列侯。周亚夫讨了一场没趣，怅然而归。接着便称病辞官。景帝批准免去他丞相职务，以列侯身份归其府第。时在景帝中元三年（前 147）。

过了一段时日，汉景帝想看看周亚夫现在的行谊到底如何，便在禁院中召见他，请他吃饭。周亚夫入席，见所陈肴馔只是一大块肉，又没有置箸（准备筷子）。周亚夫认为皇上这是有意轻侮戏弄自己，心中颇为愤愤。于是，便向主持酒席的尚席要筷子。景帝看着周亚夫，笑着说："难道这还不能满足你的心意吗？"周亚夫心中恨愧交加，但也只好向皇上免冠谢罪。景帝才说了一个"起"字，周竟立起身来，不待后命，掉头径去。景帝见他走出，口中喟然叹息："这个人总是难以满足，不宜做年轻君主的臣子啊！"[2]

周亚夫画像

周亚夫回归府第，郁愤不平。祸不单行，不久，忽然朝廷又派人来，让他

---

[1] 语见《史记》《汉书》本传："高帝约：'非刘氏不得王，非有功不得侯。不如约，天下共击之。'今信虽皇后兄，无功，侯之，非约也。"

[2] 事及语见《史记》《汉书》本传。《汉书》云："顷之，上居禁中，召亚夫赐食。独置大胾，无切肉，又不置箸。亚夫心不平，顾谓尚席取箸。上视而笑曰：'此非不足君所乎？'亚夫免冠谢上。上曰：'起。'亚夫因趋出。上目送之，曰：'此鞅鞅，非少主臣也！'"

入廷对簿。原来，周亚夫的儿子见父亲年迈，为防不虞，特向专门给天子制作禁器物色的尚方工官购买甲盾500具，想作为周亚夫死时的护丧仪器。尚方所置器物，一向有例禁，周亚夫的儿子属于秘密托办。他给佣工的期限很急迫，又不肯及时付给佣金。佣工心中有气，竟上书控告亚夫子私买国家禁器，图谋不轨。景帝正深忌亚夫，一得此信，立即派员审问。问官便命亚夫前来对簿。

周亚夫到后，问官手持文簿，逐条一一责问。周亚夫并不知情，自然无从答起。问官认为他负气倔强，便将情况报告给景帝。景帝大怒："我根本用不着你回答！"遂命将亚夫移交廷尉究治。廷尉问亚夫："君侯为何谋反呢？"亚夫此时已知案情大略，回答说："我儿所买，不过是丧葬用品，怎说我要造反呢？"问官讥讽他："您即使活着时不想造反，恐怕死后也要造反吧！"问官等对周亚夫千方百计地进行侮辱欺凌。周亚夫生性高傲，豪气不减当年，本来差吏召他入朝时，就曾要自杀，夫人阻止，才没有死。现在在廷尉狱中，受此揶揄侵迫，抑塞难平，不肯吃饭，五日，遂致呕血而死。[1]

一代名将周亚夫刚勇正直，却果然如相者许负所预言的那样，无端饿死了。黄钟委弃，瓦釜雷鸣。

名 家 评 说

亚夫之用兵，持威重，执坚忍，穰苴曷有加焉！是已而不学，守节不逊，终以穷困。悲夫！

——汉·司马迁《史记》

周亚夫请以梁委吴，绝其食道，景帝许之。梁求救而亚夫不听，上诏亚夫救梁，而亚夫不奉诏。于是而亚夫之情可见，景帝之情亦可见矣。委梁于吴以敝吴，而即以敝梁。梁之存亡，于汉无大损益；而今日之梁为他日

---

[1] 事见《史记》《汉书》本传。《史记》云："书既闻上，上下吏。吏薄责条侯，条侯不对。景帝骂之曰：'吾不用也。'召诣廷尉。廷尉责曰：'君侯欲反邪？'亚夫曰：'臣所买器，乃葬器也，何谓反邪？'吏曰：'君侯纵不反地上，即欲反地下耳。'吏侵之益急。初，吏捕条侯，条侯欲自杀，夫人止之，以故不得死，遂入廷尉。因不食五日，呕血而死。"

之吴、楚，则敝梁于吴而恃以永安。亚夫以是获景帝之心，不奉诏而不疑。景帝之使救也，亦聊以谢梁而缓太后之责也，故可弗奉诏而不疑也。

——清·王夫之《读通鉴论》

若周亚夫之忠直，远出袁盎诸人之上，盎之示直，伪也，周亚夫之主直，诚也，盎以口舌见幸，而亚夫以功业成名……

——蔡东藩《前汉演义》

马 援

马援（前14～49），字文渊。光武帝时任伏波将军，封新息侯。谥号"忠成侯"。东汉初扶风茂陵（今陕西兴平东北）人。新莽末，为新城大尹（汉中太守）。后依附割据陇西的隗嚣。继归刘秀，参加攻灭隗嚣的战争。建武十一年（35）任陇西太守，率军击破先零羌。建武十七年（41）任伏波将军。后在进击武陵"五溪蛮"时，病死军中。曾在西北养马，得专家传授，发展了相马法，著有《铜马相法》。他一生南征北战，为东汉政权的巩固立下了汗马功劳，他忠心为国、马革裹尸的精神令人敬佩。

一、名将之后 田牧北地

马援的祖先是战国时赵国名将赵奢。赵奢曾大败秦军，功勋卓著，被赵惠文王赐号为"马服君"，自此，赵奢的后代便以马为姓。汉武帝时，马家从邯郸移居茂陵。

马援的曾祖父马通，汉武帝时，因功被封为重合侯，但因为他的兄长马何罗谋反，马通受到牵累，被杀，所以马援的祖父、父亲这两代家境式微，地位不显。马援12岁时，父亲就去世了。

马援有三个哥哥，他们是马况、马余、马员，都很有才能，王莽时又都做到了二千石的高官。马援人虽小，然而志向却很远大，他的几个哥哥都深以为奇，认定他能成大器。

马援曾跟人学习《齐诗》，但他的心思根本不在文辞章句上，学不下去。于是，他

马 援
——从明万历三十七年（1609）原刊本《三才图会》

向长兄马况告辞，要到边郡去种田放牧。马况很开明，同意他的意向，嘱咐他说："你有大才，应当是大器晚成。不过，一个好的工匠是不能老把简朴的原料拿给别人看的，所以你去做你想做的事吧！"[1]

没等马援起身，马况就去世了，马援只好留在家中，为哥哥守孝一年。一年中，他没有离开过哥哥的墓地，对守寡的嫂嫂非常敬重，不整肃衣冠，从来不踏进家门。

后来，马援当了郡中的督邮。一次，他奉命押送囚犯到司命府去。那囚犯身有重罪，马援可怜他，私自将他放掉了，自己则逃往北地郡（治今甘肃庆阳西北）。过了一段时间，天下大赦，马援就在当地畜养起牛羊来。时日一久，不断有人从四方赶来依附他，于是他手下就有了几百户人家，供他指挥役使，他带着这些人游牧于陇汉之间（今甘肃、宁夏、陕西一带）。

汉王莽时期货币全匮直万

马援过的虽是转徙不定的游牧生活，但胸中之志并未稍减。他常常对宾客们说："大丈夫立志，穷且益坚，老当益壮。"马援种田放牧，能够因地制宜，多有良法，因而收获颇丰。当时，共有马、牛、羊几千头，谷物数万斛。对着这田牧所得，马援慨然长叹，说："致富积财之人，贵在能够赈济困穷。否则，岂不成了守财奴了吗？"于是，把所有的财产都分给兄弟朋友，自己则只穿着羊裘皮裤，过着清苦的生活。[2]

二、遨游两君　终择明主

王莽末年，兵燹四起。王莽的堂弟王林任卫将军，广招天下豪杰。他选拔马援和同县人原涉为掾，并把他们推荐给王莽。王莽任命原涉为镇戎大尹（新莽始建国元年，改太守为大尹）、马援为新城（今陕西安康）大尹。

---

[1]语见《后汉书·马援列传》："汝大才，当晚成。良工不示人以朴，且从所好。"

[2]事及语见《后汉书·马援列传》："转游陇汉间，常谓宾客曰：'丈夫为志，穷当益坚，老当益壮'因处田牧，至有牛马羊数千头，谷数万斛。既而叹曰：'凡殖货财产，贵其能施赈也，否则守钱虏耳。'乃尽散以班昆弟故旧，身衣羊裘皮绔。"

王莽失败，马援的哥哥马员正任增山连率（连率，新莽时郡一级地方长官，职如太守），他和马援一起离开了各自的任所，跑到凉州（今属甘肃）避难。

刘秀即位，马员到洛阳投奔他，刘秀复其原职，让他仍到郡里去。马援则羁留西州。当时，隗嚣占据天水，自称西州大将军，对马援非常器重，任命他为绥德将军，让他参与军事机密，跟自己一起发谋决策，议定大事。

公孙述那时据有蜀地，自称皇帝。隗嚣为决定去从，派马援去探听虚实。马援与公孙述本为老乡，而且过去有很好的交情。马援以为这次老朋友见面，一定会高高兴兴地握手言欢，没想到公孙述却摆起皇帝架子来。他先多多安排卫士，然后才请马援进见；待刚见过礼，又马上让马援出宫，住进宾馆；接着命人给马援制作下级官吏的服饰；然后才在宗庙中聚集百官，设宴招待他。席间，公孙述表示要封马援为侯爵，并授予他大将军的官位。

马援的随从宾客挺高兴，以为受到了礼遇，都愿意留下来。马援给他们讲道理，说："如今天下纷纷，谁胜谁负，大局未定。公孙述不能像周公那样吐哺握发迎接国士，跟他们一起共图大业，反而修饰边幅，装腔作势，像个木偶人似的。这样下去，哪能长久留住真正的人才呢？"马援告辞公孙述，回到隗嚣那里，对他说："公孙述不过是井底之蛙，妄自尊大，难成大器。我们还是关注东方局势，准备归附刘秀吧！"[1]

刘　秀
——从明弘治十一年（1498）《历代古人像赞》

建武四年（28）冬天，隗嚣让马援带信到洛阳去见光武帝刘秀，刘秀在宣德殿接见了他。刘秀笑着对马援说："您在两个皇帝间转来转去，今天见到您，真是惭愧！"马援行礼后，接着刘秀的话题说："如今这时代，不但君主选择臣

---

[1] 事见《后汉书·马援列传》："宾客皆乐留，援晓之曰：'天下雄雌未定，公孙不吐哺走迎国士，与图成败，反修饰边幅，如偶人形。此子何足久稽天下士乎？'因辞归，谓嚣曰：'子阳井底蛙耳，而妄自尊大，不如专意东方。'"

子，臣子也在选择君主，我跟公孙述是一个县的人，年轻时还是好朋友。可上次我到他那里，他盛陈卫士，警跸森严，然后才见我。如今我远道而来，您怎敢肯定我不是刺客奸人，就如此简单随便地接见我呢？"光武帝听了，笑道："你不是刺客，倒像个说客。"马援说："天下翻覆无常，盗名欺世者数不胜数。如今我见到了您，发现您恢弘大度，跟当年高祖一样，这才知道世上自有真的帝王啊！"光武帝壮其胆识，认为他与众不同。[1]

不久，光武帝刘秀南巡，让马援随行，先到黎丘，后转到东海。南巡归来，又任命马援为待诏，日备顾问。马援要回西州，光武帝派太中大夫来歙持节送他。

马援回来后，隗嚣跟他同卧同起，向马援询问东方的传言和京师的得失利弊。马援对他说："这次我到朝中，皇帝见了我好多次，一闲谈起来，往往从晚上直到天明。他的才气、圣明、勇武、谋略，绝非常人可以企及。而且他为人坦率诚实，无所掩饰，心胸开阔，注重大局，不拘小节。这些，都跟高祖相同。他还精通经术，博览群书，无论政事还是文采，前人都无法与之相比。"隗嚣又问："那么，你说他跟高祖相比如何？"马援回答："比不上。高祖处事，无可无不可。现在的皇帝则喜欢吏治，行动都要有节制法度，而且又不喜欢饮酒。"隗嚣心里不高兴，说："照你这么说，倒胜过高祖了？"

话虽如此说，隗嚣到底还是相信马援的。他同意归汉，派长子隗恂到洛阳去做人质，马援也就带领家属一起到了洛阳。

马援到洛阳后，一连几个月，没有什么职务。他发现三辅地区土地肥沃，原野宽广，而自己带来的宾客又不少，于是便上书给光武帝，请求率领宾客到上林苑去屯田。光武帝答应了他的请求。

三、聚米为山　一战破敌

这时，隗嚣听信了部将王元的挑拨，想占据陇西，称王称霸，因而对东汉

---

[1] 事及语见《后汉书·马援列传》："建武四年冬，嚣使奉书洛阳。援至，引见于宣德殿。世祖迎笑谓援曰：'卿遨游二帝间，今见卿，使人大惭。'援顿首辞谢，因曰：'当今之世，非独君择臣也，臣亦择君矣。臣与公孙述同县，少相善。臣前至蜀，述陛戟而后进臣。臣今远来，陛下何知非刺客奸人，而简易若是？'帝复笑曰：'卿非刺客，顾说客耳。'援曰：'天下反覆，盗名字者不可胜数。今见陛下，恢廓大度，同符高祖，乃知帝王自有真也。'帝甚壮之。"

聚米为山（选自《马骀画宝》）

存有贰心，处事狐疑。马援见状，多次写信，好意地开导他、责备他。隗嚣怨恨马援，认为他背离自己，发展到后来，竟然起兵抗拒汉朝。

马援上书给光武帝刘秀，表明自己的心迹，信里说："我归身圣朝，奉事陛下，没有经人推荐，没人为我表功。所以，有些话，我不说，您就听不到了。我和隗嚣，本来是互相信赖的朋友。当年隗嚣派我东来，对我说：'本想归附汉室，你先去看看，你认为行，我们就专心归附汉室。'等我返回西川，真诚地向他通报了情况，实在是想引导他向善，不敢有一点欺骗他的地方。想不到他心怀叵测，怨憎主人，致使怨毒之情尽归于我。我如果不说，您就听不到了。"信中还表示愿意面见皇帝，献计献策，消灭隗嚣。[1]

光武帝览信后，当即召见马援。马援详细地说出了自己设计的对付隗嚣的办

[1] 文见《后汉书·马援列传》："臣援自念归身圣朝，奉事陛下，本无公辅一言之荐，左右为容之助。臣不自陈，陛下何因闻之。夫居前不能令人轻，居后不能令人轩，与人怨不能为人患，臣所耻也。故敢触冒罪忌，昧死陈诚。臣与隗嚣，本实交友。初，嚣遣臣东，谓臣曰：'本欲为汉，愿足下往观之。于汝意可，即专心矣。'及臣还反，报以赤心，实欲导之于善，非敢谲以非义。而嚣自挟奸心，盗憎主人，怨毒之情遂归于臣。臣欲不言，则无以上闻。愿听诣行在所，极陈灭嚣之术，得空匈腹，申愚策，退就陇亩，死无所恨。"

法。光武帝便派马援率领 5000 突骑来往于陇陕之间，游说羌族的豪长和隗嚣手下的将领高峻、任禹等人，向他们陈说祸福利害，做分化工作。

马援还写信给隗嚣之将杨广，向他表明心迹，陈说利害，希望他能归附汉朝，并希望他能劝谏隗嚣，悬崖勒马。信写得言词恳切，合情入理。然而杨广却没有回音，隗嚣仍然执迷不悟。

建武八年（32），光武帝刘秀自统大军讨伐隗嚣。军队到了漆县（今陕西彬县），不少将领认为前途情况不明，胜负难卜，不宜深入险阻，光武帝也犹豫不定，难下决心。正好马援奉命赶来，光武帝大喜，连夜接见，并将将领们的意见原原本本地告诉马援，征询他的意见。马援和盘说出了自己的看法，他认为：隗嚣的将领已有分崩离析之势，如果乘机进攻，定获全胜。说着，他命人取些米来，当下在光武帝面前用米堆成山谷沟壑等地形地物，然后指点山川形势，标示各路部队进退往来的道路，其中曲折深隐无不毕现，对战局的分析也透彻明白。光武帝一见，特别高兴，说："这下敌人全在我眼底了。"[1] 遂决意进军。

第二天，光武帝挥军直进，抵达高平第一城（今宁夏固原）。隗嚣部大败，部众溃散。

四、恩威并施　平定陇西

建武九年（33），朝廷任命马援为太中大夫，做来歙的副手，统领诸军驻守长安。

自从王莽末年开始，塞外羌族不断侵扰边境，不少羌族更趁中原混乱之际入居塞内，金城（治所在今甘肃兰州西北）一带属县多为羌人所占据。来歙就此事上书，说陇西屡有侵扰祸害，恐怕除马援外，谁也平息不了。建武十一年（35）夏天，光武帝任命马援为陇西郡郡守。

马援一上任，便整顿兵马，派 3000 人出征。出师后，势如破竹，一帆风顺，先在临洮击败先零羌，斩首数百人，获马牛羊 1 万多头。守塞羌人 8000 多，望风归降。

[1] 事及语见《后汉书·马援列传》："援因说隗嚣将帅有土崩之执势，兵进有必破之状。又于帝前聚米为山谷，指画形势，开示众军所从道径往来，分析曲折，昭然可晓。帝曰：'虏在吾目中矣。'"

汉代玉门关遗址

当时，羌族各个部落还有几万人在浩亹占据要隘进行抵抗，马援和扬武将军马成率兵进击，羌人把他们的家小和粮草辎重聚集起来，在允吾谷阻挡汉军。马援率部暗中抄小路袭击羌人营地。羌人见汉军突如其来，非常惊惶，远远地逃入唐翼谷中。马援挥师追击，羌人率领精兵聚集北山坚守。马援一面对着山摆开阵势，吸引敌人；一面分派几百名骑兵绕到羌人背后，乘着夜间放起火来，而且击鼓呐喊，虚张声势。羌人不知有多少汉军袭来，惶急万分，纷纷奔逃，溃不成军。马援大胜，但因为兵少，没敢穷追敌人，只是把羌人的粮谷和牲畜等财物收为汉军所有。这次战斗，马援身先士卒，亲冒矢石，飞箭射中他的腿部，把腿肚子都射穿了。光武帝得知消息，立即派人前往慰问，并赐给他几千只牛羊。马援像往常一样，又把这些都分给了部下。[1]

金城破羌（今青海乐都东）以西，离汉廷道途遥远，又经常发生变乱，不好治理。朝廷大臣商议，要把该地区舍弃。马援持不同意见，他提出了三条理由：第一，破羌以西的城堡都还完整牢固，适于固守；第二，那地方土地肥沃，灌溉便利；第三，假如舍弃不管，任羌人占据湟中，那么以后将有无穷的祸患。光武帝觉得他言之有理，依从了他的意见，下诏命令武威太守把从金城迁来的客民全都放回。放回的客民一共有 3000 多，他们各自都返回了原籍。马援又奏明朝廷，

[1] 事见《后汉书·马援列传》："羌引精兵聚北山上，援陈军向山，而分遣数百骑绕袭其后，乘夜放火，击鼓叫噪，虏遂大溃，凡斩首千余级。援以兵少，不得穷追，收其谷粮畜产而还。援中矢贯胫，帝以玺书劳之，赐牛羊数千头，援尽班诸宾客。"

为他们安排官吏，修治城郭，开导水利，鼓励人们发展农牧业生产，郡中百姓从此安居乐业。

马援还派羌族豪强杨封说服塞外羌人，让他们与塞内羌族结好，共同开发边疆。另外，对武都地方背叛公孙述前来归附的氐人，马援以礼相待，奏明朝廷，恢复他们的侯王君长之位，赐给他们印绶。

建武十三年（37），武都地方参狼羌（羌族的一个分支）与塞外各部联合，杀死官吏，发动叛乱。马援率4000人前去征剿。部队行至狄道县境，发现羌人占据了山头。马援命令部队选择适宜地方驻扎，断绝了羌人的水源，控制了草地，以逸待劳，不许出战。羌人水草乏绝，陷入困境，首领们带领几十万户逃往塞外，剩下的1万多人全部投降。从此，陇右清静安宁。

东汉木板画羌人图

马援在陇西太守任上一共6年。由于他恩威并施，使得陇西兵戈渐稀，人们也逐渐过上了和平安定的生活。马援治郡，注重恩信，宽以待下。他要求官吏务尽职守，自己从不过多干预，只是总其大体而已。手下的官吏来汇报具体事务，如果不是非管不可，他就说："这些事，自有主管的官吏在，何必要来麻烦我呢？你们还是可怜可怜我这老头子，让我清闲一会儿吧！倘若有豪民大姓侵害欺凌下民，羌人又要兴兵作乱，那才是我该管的呢！"[1]

有一次，在靠近狄道县城的地方，乡民们结伙械斗仇杀。人们误认为羌人要造反，惊慌失措，争先恐后涌入城里来。狄道县令闻变，赶到马援府门，请示关闭城门，整兵戒备。马援当时正与宾客饮酒，得此消息，大笑道："羌人哪里还敢造反！告诉狄道县令，回去好好看住自己的房舍就行了。要是有人害怕得厉

---

[1]语见《后汉书·马援列传》："此丞、掾之任，何足相烦。颇哀老子，使得遨游。若大姓侵小民，黠羌欲旅距，此乃太守事耳。"

害，就让他躲到床下去。"不久，城中安定下来，才知是虚惊一场，大家愈发佩服马援。[1]

五、忠勤国事　南征交趾

马援关心国事，遇到该说的话，从不隐饰回避。他在陇西发现币制混乱、使用不便，就上书给朝廷，提出应该像过去一样铸造五铢钱。朝廷把他的建议提交三府（汉制，三公皆可开府，因称三公为三府）审议。三府奏明皇帝，说马援的建议不可行，于是这一建议就被搁置起来了。

马援认为币制关系重大，始终记挂此事。后来，他从陇西调入朝廷任虎贲中郎将，回朝后，马上就去找回了自己的奏章。见奏章上批有十几条非难意见，便依据情理加以驳正解释，重新写成表章上奏。光武帝见他言之有理，采纳了他的意见，天下从此得益很多。

马援回到朝廷后，屡次被接见。他须发明丽，眉目如画，善于应对，尤其善于叙述前代故事。在他口中，三辅长安、闾里少年，均有可观可听之处。皇太子、诸王听马援讲故事，从不感到厌倦。

马援还善言军事。光武帝刘秀常常对人说："伏波论兵，与我意合。"因此，凡是马援提的建议，皇帝都予采纳。有一次，马援在寻阳（今湖北广济东北）平定山林乱者，曾上表给皇帝，其中有这样的话："破贼须灭巢，除掉山林竹木，

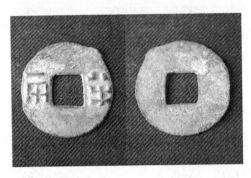

汉光武时期的货币

敌人就没有藏身之地了。好比小孩头上生了虮虱，剃一个光头，虮虱也就无所依附了。"据说，光武帝览书后，觉得马援这办法、这比喻，都堪称绝妙，赞叹之余，来了个当场运用，下令把宫中小黄门头上有虱子的，一律剃成了光头。

从前，卷地人维汜自称神仙，收

---

[1] 事及语见《后汉书·马援列传》："傍县尝有报仇者，吏民惊言羌反，百姓奔入城郭。晓狄道长诣门，请闭城发兵。援时与宾客饮，大笑曰：'烧虏何敢复犯我。晓狄道长归守寺舍，良怖急者，可床下伏。'后稍定，郡中服之。"

罗了弟子数百人，兴妖惑众，因此被诛杀。维氾有个叫李广的弟子，宣扬维氾神灵未灭，以此诳惑百姓。建武十七年（41），李广聚会徒党，攻陷皖城，杀死了皖侯刘闵，自称是"南岳大师"。朝廷派张宗率兵前去征讨，被李广打败。朝廷便派马援带1万兵马出征。马援打败了李广，诛杀了为首的人。

交趾（今广东、广西大部和越南的北部、中部）地区的女子征侧、征贰因与太守苏定不和，起兵反汉。因为她们是交趾贵族中颇有影响的人物，所以兵势很大，不久就占据了交趾、九真的大部分地区，而九真、日南、合浦地区也起兵响应，征贰自立为王。

光武帝任命马援为伏波将军，以扶乐侯刘隆为副将，率领楼船将军段志等南击交趾。部队走到合浦地方，段志去世，皇帝下诏书命马援兼领其军。于是，马援统军沿海开进，随山开路，长驱直入1000余里。

建武十八年（42）春，马援率军到达浪泊，与敌大战，攻破其军，斩首几千人，击降1万多人。马援乘胜进击，在禁溪一带数败征侧，敌众四散奔逃。第二年正月，诛杀了征侧、征贰姐妹，传首洛阳。朝廷封马援为新息侯，食邑3000户。

马援封侯，没有自己庆贺，而是杀牛摆酒，犒赏三军将士。饮酒中间，他从容地对手下说了一段感慨深长的话："当年我立下大志，可我的堂弟却不以为然。他说：'一个人生在世上，只要能有饭吃、有衣穿，坐下泽车（泽车：一种适宜在沼泽地上行走的短毂轻便车），骑款段马（款段：马行迟缓的样子），在郡中当个小官，不离开先人的坟墓，乡里人说你是个好人，也就行了。此外，如果再有更高的企求，那是自讨苦吃。'那时，我并没有把这话放在心上。可当我在浪泊、西里之间奔波，敌人尚未灭掉之时，下有积水，上笼云雾，瘴气熏蒸，山水险恶，我仰视空中飞鸟落于水中，心里回味着堂弟话语中的境界，颇为向往，可惜无法实现。如今，靠

这是矗立在海南的伏波将军铜像

大家的力量，我们才取得了胜利，而我却一个人腰金衣紫，封侯受赏，真是既高兴、又惭愧啊！"[1]将吏们听了马援这番推心置腹的话，敬佩不已。

接着，马援又率大小楼船两千多艘、战士2万多人，进击征侧余党都羊等，从无功一直打到巨风，斩杀、俘虏敌人5000多，平定了峤南。

马援见西于县辖地辽阔，有32000多户，边远地方离治所1000多里，管理不便，就上书给皇帝，请求将西于分成封溪、望海二县。

马援每到一处，都组织人力为郡县修治城郭，并开渠引水灌溉田地，便利百姓。马援还参照汉代法律，对越律进行了整理，修正了越律与汉律相互矛盾的地方，并向当地人申明，以便约束。从此之后，当地始终遵行马援所申法律，所谓"奉行马将军故事"。

建武二十年（44）秋天，马援率部凯旋回京。将士中，十之四五死于瘴疫。光武帝赐给马援一辆兵车，让他上朝与九卿同列。

马援喜欢骑马，也善于鉴别名马。他在交趾时，获得了骆越地方的铜鼓，便把它铸成骏马的模型，回朝后献给皇帝。他在表章中说，"要说行天没有比得上龙的，行地没有比得上马的"，认为马是军队的根本，对国家有很大作用，建议国家以他根据古经法和自己经验铸成的马为范本，以识别、网罗骏马。[2]光武帝刘秀为此下诏，命将此马放在宣德殿下，以作为名马的标准。

---

[1] 语见《后汉书·马援列传》："吾从弟少游常哀吾慷慨多大志，曰：'士生一世，但取衣食裁足，乘下泽车，御款段马，为郡掾史，守坟墓，乡里称善人，斯可矣。致求盈余，但自苦耳。'当吾在浪泊、西里间，虏未灭之时，下潦上雾，毒气熏蒸，仰视飞鸢跕跕堕水中，卧念少游平生时语，何可得也！今赖士大夫之力，被蒙大恩，猥先诸君纡佩金紫，且喜且惭。"

[2] 文见《后汉书·马援列传》："夫行天莫如龙，行地莫若马。马者甲兵之本，国之大用。安宁则以别尊卑之序，有变则以济远近之难。昔有骐骥，一日千里，伯乐见之，昭然不惑。近世有西河子舆，亦明相法。子舆传西河仪长孺，长孺传茂陵丁君都，君都传成纪杨子阿，臣援尝师事子阿，受相马骨法。考之于事，辄有验效。臣愚以为传闻不如亲见，视景不如察形。今欲形之于生马，则骨法难备具，又不可传之于后。孝武皇帝时，善相马者东门京铸作铜马法献之，有诏立马于鲁班门外，则更名鲁班门曰金马门。臣谨依仪氏𩎟，中帛氏口齿，谢氏唇鬐，丁氏身中，备此数家骨相以为法。"

六、诚为烈士　马革裹尸

马援并不汲汲于功名利禄，他担心的只是自己无功受禄，才德不能称位，因而总想尽可能多地为国家出力。

马援的部队从交趾回军，还没到京师，好多老朋友都去迎接他、慰问他。平陵人孟冀也在其中。孟冀以多智著称，他在席间向马援祝贺。马援对他说："我还盼望您说点有用的话呢，您反倒和别人一样。过去的伏波将军路博德开辟了七郡疆土，才被分封了几百户，如今我才建了这么点小功，就被封了3000户。功薄赏厚，怎能长久呢？您应该有话教我。"孟冀回答："我是下愚之人，没有这样的智慧。"马援又诚恳地说："目前，匈奴和乌桓尚在北部滋事扰边。我想向皇帝请缨，前往平复。男子汉死也要死在边野，用马革裹尸还葬，哪能躺在床上，死在儿女手中呢？"[1]孟冀点头说："真正的烈士，就该像您说的那样。"

马援回到京城一个多月，正赶上匈奴、乌桓进犯扶风，马援见三辅地区受到侵掠、皇家陵园不能保全，就自愿请求率兵出征。朝廷同意了。十二月，马援带兵出屯襄国（河北邢台）。第二年秋天，他率领3000骑兵出高柳，先后巡行雁门（今山西右玉南）、代郡（治所在今河北蔚县西南）、上谷（今河北怀来东南）等地。乌桓哨兵发现汉军到来，部众纷纷散去，马援无所得而还。

建武二十四年（48），南方武陵武溪蛮暴动，武威将军刘尚前去征剿，冒进深入，全军覆没。62岁的马援，当朝廷用人之际，请命南征。光武帝考虑他年事已高，没有答应他的请求。马援当面向皇帝请战，说："我虽年老，但还能披甲上马，驰骋疆场。"光武帝让他试试，马援披甲持兵，飞身上马，手扶马鞍，四方顾盼，一时须发飘飘，神采飞扬，真可谓烈士暮年，老当益壮。光武帝见马援豪气仍在、雄心未已，很受感动，笑道："真精神，真硬朗，好老汉！"于是派马援率领中郎将马武、耿舒、刘匡、孙永等人，率4万人远征武陵。

出发前，亲友来给马援送行。马援对老友杜愔说："我已桑榆晚景，时日无多。平日受国重恩，无法报答。今天能上战场，得偿所愿，就是死了，也甘心瞑目。不过，我萦绕心头难以忘怀的是一些权贵的子弟，他们有的在我身边，有的

---

[1]语见《后汉书·马援列传》："方今匈奴、乌桓尚扰北边，欲自请击之。男儿要当死于边野，以马革裹尸还葬耳，何能卧床上在儿女子手中邪？"

汉代边塞遗址

参与南征之事，很难管理调度，倘若他们处处掣肘，事情就不好办了。"[1] 事情不幸被马援料中。

建武二十五年（49）春天，马援率部开到下隽（治今湖北通城）时，有两条路可走，一是经壶头山，一是经充县。经壶头山，路近，但山高水险；经充县，路远，粮运不便，但道途平坦。究竟该从哪儿进发，光武帝一开始也拿不定主意。耿舒，就是马援在出发时说的那些权贵子弟中的一个，想从充县出发；而马援则认为，进军充县，耗日费粮，不如直进壶头，扼其咽喉，充县的蛮兵定会不攻自破。两个人意见不一致，便上表说明情况，请皇上裁决，光武帝同意马援的意见。之后，马援率部到达临乡（今湖南常德古城山），蛮兵来攻，马援迎击，大败蛮兵，斩首、俘虏2000多人。蛮兵纷纷逃散，进入竹林之中。

三月，马援统军进发，驻扎在壶头。蛮兵据高凭险，紧守关隘。水势湍急，汉军船只难以前进。加上天气酷热难当，好多士兵得了暑疫等传染病死去。马援也身患重病，一时，部队陷入困境。马援命令靠河岸山边凿成窟室，以避炎热的暑气。虽然困难重重，但马援意气自如，壮心不减。每当敌人登上高山、鼓噪示威，马援都拖着重病之躯出来观察敌情。手下将士深为其精神所感动，不少人热泪横流。

然而，耿舒却在此时写信给他哥哥好畤侯耿弇，告了马援一状："先前我上表章，提议应该先攻充县，因为攻充县粮运虽有不便，但兵马有用武之地，将士也都能奋勇争先。如今到了壶头，受阻于此，无法进军。将士们都快郁闷死了，

---

[1] 语见《后汉书·马援列传》："吾受厚恩，年迫余日索，常恐不得死国事。今获所愿，甘心瞑目，但畏长者家儿或在左右，或与从事，殊难得调，介介独恶是耳。"

实在令人痛惜。另外，当初我军到临乡时，敌人无力自顾。如果我们趁夜间袭击，完全可以全歼。但结果，马援只是把敌人打散了。伏波将军（马援）带兵，倒像个西域商人，到一地，停一停，这才导致我军失利。现在大军陷入困境，遇到疫疾，完全跟我预见的一样。"[1] 耿弇收到此信，当即奏知皇帝。光武帝就派虎贲中郎将梁松去责备马援，并命他代监马援的部队。梁松到达，马援病死军中。

马援为国尽忠，殒命疆场，实现了马革裹尸、不死床箦的志愿。

七、戒人之祸　自罹谗隙

马援进身朝廷，没有一个人推举荐拔，全靠自己公忠为国。后来居于高位，也不结势树党。他生前受到权贵的排挤压抑，死后又遭到了严重的诬陷迫害。诬陷迫害他的主角就是代监其军的梁松。梁松对马援素有怨恨，原因比较复杂。

一是马援写信告诫晚辈，梁松曾受到牵累。

马援当年南征交趾，在前线听说侄儿马严、马敦到处乱发议论，讥刺别人，而且跟一些轻狂不羁的人物结交往来，便立即写信劝诫他们。信中说："我希望你们听到别人的过失，应该像听到父母的名字一般，耳朵可以听，嘴里万不可乱说。议论长短，拨弄是非，这是我平生最讨厌的！我宁可死了，也不愿听人说我的晚辈沾染了此种恶习。既然你们早知道我痛恨这一点，我为何还要重提此事呢？说来也不过'施衿结褵'，尽长辈的教训之责，让你们永志不忘罢了！龙伯高敦厚谨慎，

汉代壁画

---

[1] 语见《后汉书·马援列传》："前书上书当先击充，粮虽难运而兵马得用，军人数万争欲先奋。今壶头竟不得进，大众怫郁行死，诚可痛惜。前到临乡，贼无故自致，若夜击之，即可殄灭。伏波类西域贾胡，到一处辄止，以是失利。今果疾疫，皆如舒言。"

口无择言，谦约节俭，廉公有威，我钦佩他、爱戴他，希望你们向他学习，谦虚谨慎，敦厚廉洁；杜季良为人豪侠，讲究义气，忧人之忧，乐人之乐，清浊不失，是非分明，他父亲死时，远近几个郡的客人都来吊唁，我爱戴他、钦佩他，却不愿你们去仿效。因为学龙伯高，学不好，还不失为一个恭谨之人，就像刻琢天鹅，没刻好，总还像只野鸭吧；可是学杜季良，学不好，就会变成一个轻薄之人，那岂不是画虎画不成，反倒画成一只狗了吗？现在，杜季良怎么样，还不可知呢！郡将一到就切齿痛恨，州郡也都说他不好。我常常替他寒心，所以不愿让子孙仿效他。"[1]

杜季良当时正任越骑司马，他的仇人以马援此信为据，上奏章控告他，说他："为行浮薄乱群惑众，伏波将军在万里外，尚且写信给侄儿，告诫他们不要受杜季良的影响。"奏章中，连带到了梁松和窦固，说他们结交杜季良，助长轻浮放任虚伪的习气，败乱华夏风俗。光武帝览此奏章，把窦固、梁松召来严加责备，并且把奏章和马援的信给他们看。二人叩头流血，才免去罪过。结果杜季良被罢官，龙伯高则被升任零陵太守。梁松因此迁怒于马援。

二是马援曾折辱、讽谕过梁松。

梁松是光武帝的女婿，一向骄横自大，自命不凡。马援对此很看不惯。有一次，马援生病，梁松去看望，在床边向马援行礼，马援没有回礼。梁松走后，马援的儿子说："梁松是皇帝的女婿，贵甲朝廷。公卿以下官员无不怕他，都让他三分。您为什么不回礼呢？"马援说："我是他父亲的朋友，他再尊贵，也不能失了人伦之序吧？"

建武二十年（44）十二月，马援出屯襄国，光武帝因他劬劳国事，刚刚征南回来，又要离京，命令百官都去送行，以示荣宠。梁松、窦固等权贵子弟也来

---

[1] 文见《后汉书·马援列传》："吾欲汝曹闻人过失，如闻父母之名，耳可得闻，口不可得言也。好论议人长短，妄是非正法，此吾所大恶也，宁死不愿闻子孙有此行也。汝曹知吾恶之甚矣，所以复言者，施衿结褵，申父母之戒，欲使汝曹不忘之耳。龙伯高敦厚周慎，口无择言，谦约节俭，廉公有威，吾爱之重之，愿汝曹效之。杜秀良豪侠好义，忧人之忧，乐人之乐，清浊无所失，父丧致客，数郡毕至，吾爱之重之，不愿汝曹效也。效伯高不得，独为谨敕之士，所谓刻鹄不成尚类鹜者也。效季良不得，陷为天下轻薄子，所谓画虎不成反类狗者也。讫今季良尚未可知，郡将下车辄切齿，州郡以为言，吾常为寒心，是以不愿子孙效也。"

了。马援直言不讳地教训他们："一个人居于高贵的地位，还要能过卑贱的生活才行。像你们这样不想再居于卑贱地位，而要永保富贵，就该想想我的话了！"[1] 其实马援说这些的目的，一方面固然是要煞煞这些纨袴子弟的骄横之气，另一方面，也确实是替他们着想，出于戒人之祸的良好心愿。但梁松却因此怀恨在心。

由于如上的积怨，梁松早想寻机报复。这次天假其便，皇帝让他去代监马援的部队。但他到达时，马援已死。梁松旧恨难消，便上书朝廷，诬陷马援，说他不仅指挥无方，导致军无进展，而且贪于财货，

汉明帝刘庄
——从明万历三十七年（1609）原刊本
《三才图会》

上次南征交趾，他就曾搜刮了一车珍珠和有文彩的犀角运回。马武、侯昱等人也上表章，说马援确曾运回过一车珍稀之物。光武帝信以为真，大发雷霆，没收了马援的新息侯印绶。

马援的家人不知皇帝为何如此震怒，不知马援究竟身犯何罪，惶惧不安。马援的尸体运回，不敢埋入原来的坟地，只买了城西几亩地，草草埋葬在那里。马援的宾朋故旧也不敢到马家去吊唁，景况十分凄凉。葬完马援，马援的侄儿马严和马援的妻子儿女们草索相连，到朝廷请罪。[2] 光武帝拿出梁松的奏章给他们看，马援的家人这才知道蒙受了天大的冤枉。

原来事情是这样的：马援在交趾时，常吃一种叫薏苡的植物果实。这薏苡能治疗筋骨风湿，避除邪风瘴气。由于当地的薏苡果实硕大，马援班师回京时，就拉了满满一车，准备用来做种子。当时的人们见马援拉了一车东西，以为肯定是南方出产的珍贵稀有之物。于是权贵们都希望能分一点，分不到便纷纷议论，说马援的坏话。但马援那时正受光武帝宠信，所以没人敢跟皇帝说。

---

[1] 语见《后汉书·马援列传》："凡人为贵，当使可贱，如卿等欲不可复贱，居高坚自持，勉思鄙言。"

[2] 事见《后汉书·马援列传》："援妻孥惶惧，不敢以丧还旧茔，裁买城西数亩地槁葬而已。宾客故人莫敢吊会。严与援妻子草索相连，诣阙请罪。"

马援病殁壶头山
——从1935年会文堂新记书局蔡东藩《后汉通俗演义》

马援夫人知道事情原委后，先后六次向皇帝上书，申诉冤情，言辞凄切。光武帝这才命令安葬马援。

马援素有知人见事之明，能由一些苗头中较正确地推断出事情的发展态势或结果。他劝诫侄儿、告诫梁松，均属此类。这里还有一个明显的例证。

马援的侄婿王磐是王莽堂兄王仁之子。王莽事败，王磐仍住在原地，拥有巨额资财。他为人任侠尚气，爱士好施，在江淮间大有声望。后来，又游历京都，与卫尉阴兴、大司空朱浮、齐王刘章结为朋友，日与往来。马援对外甥曹训说："王家刚刚被废黜，王磐本当闭门自保，以求远祸。如今却游历京师，结交长者，意气用事，多所陵折，早晚要惹祸上身。"不出所料，过了一年多，王磐果然受司隶校尉苏邺、丁鸿一案的牵连，死在洛阳狱中。

王磐的儿子王肃不知检束，又出入北宫和王侯府第。马援对吕种说："建武之元，名为天下重开，从今以后，海内自当安定。我只是担心王子们都大了，好多相应的礼法规矩、防范措施却没有建立。如果王子们多交宾客，必将惹起大狱，你们这些人应该小心谨慎才是！"后来，郭皇后去世，有人上书，认为王肃等人出于被废黜的人家，恐怕借事生乱，引起像贯高、任章那样的变故。皇帝大怒，下诏命令郡县收捕各位王子的宾客，互相牵引，诛死千人以上。吕种也在处死之列。临死，他叹息说："马将军真是神人啊！"[1]

永平初年，马援的女儿被立为皇后。显宗在云台图画建武年间的名臣列将，为了避椒房之嫌，单单没画马援。东平王刘苍观看图像，对皇帝发问："为何不画伏波将军马援的像呢？"皇帝笑而未答。

建初三年（78），肃宗派五官中郎将持节追封马援，谥号"忠成侯"。

刘庄皇后马氏

名 家 评 说

马援腾声三辅，遨游二帝，及定节立谋，以干时主，将怀负鼎之愿，盖为千载之遇焉。然其戒人之祸，智矣，而不能自免于谗隙。岂功名之际，理固然乎？夫利不在身，以之谋事则

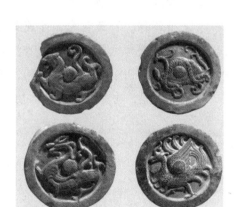

汉代瓦当

---

[1] 事及语见《后汉书·马援列传》："而磐子肃复出入北宫及王侯邸第。援谓司马吕种曰：'建武之元，名为天下重开。自今以往，海内日当安耳。但忧国家诸子并壮，而旧防未立，若多通宾客，是大狱起矣。卿曹戒慎之！'及郭后薨，有上书者，以为肃等受诛之家，客因事生乱，虑致贯高、任章之变。帝怒，乃下郡县收捕诸王宾客，更相牵引，死者以千数。吕种亦豫其祸，临命叹曰：'马将军诚神人也！'"

智；虑不私己，以之断义必厉。诚能回观物之智而为反身之察，若施之于人则能恕，自鉴其情亦明矣。

——晋·司马彪《后汉书》

光武之于功臣，恩至渥也，位以崇，身以安，名以不损，而独于马援寡恩焉，抑援自取之乎！……"功成名遂身退"。盖亦察于阴阳屈伸之数以善进退之言也。平陇下蜀，北御匈奴，南定交阯，援未可以已乎？武溪之乱，帝愍其而不听其请往，援固请而行。天下已定，功名已著，全体肤以报亲，安禄位以戴君，奚必焉马革裹尸而后愉快哉！光武于是知其不自贵也；不自贵者，明主之所厌者。夫亦曰：苟非贪俘获之利，何为老于戎马而不知戒乎？明珠之谤，有自来矣。老而无厌，役人之甲兵以逞其志，诚足厌也。故身死名辱，家世几为不保，违四时衰王之数，拂寒暑进退之经，好战乐杀而忘其正命，是谓"逆天之道"。

——清·王夫之《读通鉴论》

光武帝优待功臣，独于伏波将军马援，轻信梁松之谗，立收印绶，不使归葬，后人多讥光武之寡恩，为盛德累，固矣！夫马援之进军壶头，尝上书奏闻，明邀俞允，即使失策，光武亦不能辞责，况不过兵士劳顿，并无败军覆师之罪，光武何嫌？乃以梁松一言，暴怒至此。意者其由松为帝婿，有舞阴公主之媒孽其间，乃激成此举欤？援既知蜚言之可惧，而不先引身乞退，自蹈祸机，殆亦明于料人，昧于责己耳！

——蔡东藩《后汉演义》

邓 禹

邓禹（2～58），字仲华，光武帝时大司徒，封赞侯、高密侯，谥号"元侯"。东汉初南阳新野（今河南新野南）人。初从刘秀镇压河北的铜马等部农民起义军。后为前将军，率军入河东，镇压绿林军王匡、成丹等部。光武帝刘秀即位后，他任大司徒。又渡河入关，所部号称"百万"，不久为赤眉起义军所败。他戎马一生，为东汉政权的建立和巩固做出了巨大贡献，堪称东汉时期的一位名相。

邓 禹

——从明万历三十七年（1609）原刊本《三才图会》

一、识势知人 大器早成

邓禹 13 岁即能背诵《诗经》。他在长安（今陕西西安）从师学习，当时刘秀也在长安游学。邓禹虽然年纪很轻，可一见到刘秀，就认为不是一般的人。于是邓禹经常与刘秀接触。几年以后他又回归家乡。[1]

更始元年（23）二月，刘玄登上帝位，众豪杰都推荐邓禹，邓禹不肯追随。当他听说刘秀已在河北安定下来，立刻北渡黄河，携带着干粮徒步前进，终于冒着天下的纷乱行至邺县（今河北临漳西）。

刘秀见到邓禹十分高兴，对他说："我有封官拜职的专权，您远道而来，难道希望封官吗？"邓禹说："不愿。"刘秀说："既然如此，您想做什么呢？"邓禹

---

[1] 事见《后汉书·邓禹寇恂列传》："年十三，能诵诗，受业长安。时光武亦游学京师，禹年虽幼，而见光武知非常人，遂相亲附。数年归家。"

东汉持戟骑士俑

回答道："只希望您的威望和恩德普施于天下，我愿贡献我的微薄之力，能在史册上留下功名。"刘秀听后笑了，于是就把邓禹留下，同他私下进行长谈。[1]

邓禹针对当时的形势，向刘秀提出了非常重要的建议。他说："刘玄虽然在关西建都，但山东地区还未安定。赤眉军、青犊军的部队，数以万计，三辅地区，自立名号的人，也往往成群结队地聚在一起。刘玄对他们还没有加以挫伤，而又不能听取意见，作出决定。他那些将领，不过是庸人崛起，用心在于获取钱币财物，争相使用各自的力量，图一时快乐而已。他们之中，并没有忠良明智、深谋远虑、想辅佐皇帝安定百姓的人。天下分崩离析的形势已经可以看到了。您虽然对刘玄已有辅卫的功劳，但恐怕还不能自立。现在的计策，不如招纳英雄，致力使民心欢悦，建立高祖那样的事业，挽救百姓的命运。让您来谋划天下，天下还不够您平定呢。"刘秀大喜，立即命令身边的人称邓禹叫邓将军。让邓禹经常住宿在中军，参与计议重大事件。此时邓禹刚20出头，他认定了刘秀，刘秀也重用了他，24岁起就官至大司徒。

二、身经百战　名震天下

刘秀从蓟县（治今北京西南）到达信都（治今河北冀县），派邓禹征集骁勇的兵士，得数千人马。刘秀让邓禹亲自带领这批勇士，另行攻打乐阳（今河北平

---

[1]事及语见《后汉书·邓禹寇恂列传》："光武见之甚欢，谓曰：'我得专封拜，生远来，宁欲仕乎？'禹曰：'不愿也。'光武曰：'即如是，何欲为？'禹曰：'但愿明公威德加于四海，禹得效其尺寸，垂功名于竹帛耳！'光武笑，因留宿闲语。"

山东北）。邓禹随从刘秀到广河，刘秀住在县城楼上，打开地图，指着地图对邓禹说："天下郡县这样多，现在才得到一处。您以前说让我来谋计天下，天下不够我平定，有什么根据？"邓禹说："现在海内混乱，百姓希望圣明的皇帝，像婴儿思念慈母。古代能成就事业的，在于恩德的多少，不是凭藉地方的大小。"[1]刘秀听了十分喜悦。在任命和调整将领等事宜时，大多都征询邓禹的意见。邓禹也常常推荐人才，并做到才尽其职。刘秀十分赏识邓禹识才、举才和用才的贤德。

邓禹出战制胜，越来越得到刘秀的重用。继乐阳之战后，刘秀又派邓禹率骑兵与盖延等人在清阳（今河北清河东）攻打铜马军。盖延等人先到，战斗不利，回军保守清阳县城，被铜马军围困。邓禹军赶来参战，大败铜马，俘虏铜马军大将。紧接着又随刘秀乘胜追击，直至莆阳，大获全胜，由此基本上平定了北州。

当赤眉军向西进入函谷关，更始帝刘玄派定国上公王匡、襄邑王成丹、抗威将军刘均等将领抵抗赤眉。赤眉军赶来，王匡抵挡不住。刘秀料定赤眉军一定能攻下长安，想乘机收取关中，而自己刚开始在山东地区从事攻战，他一时不知道并取关中的大事应当托付给谁。因邓禹深有谋略，度量大方，所以委以他西征之重任，即封他为前将军执持节符，率精兵2万西入函谷关，并让他自己挑选征西的偏将和上将以下将佐。于是邓禹任命韩歆为军师，李文、李春、程虑为祭酒，冯愔为积弩将军，樊崇为骁骑将军，宗歆为车骑将军，邓寻

《后汉书》书影

---

[1]语见《后汉书·邓禹寇恂列传》："方今海内淆乱，人思明君犹赤子之慕慈母。古之兴者，在德薄厚，不以大小。"

为建成将军，耿䜣为赤眉将军，左于为军师将军，率兵西进。

建武元年（25）正月，邓禹从箕关进入河东，遭到河东都尉的阻止。邓禹攻打了10天，攻下箕关，缴获装载军用物资的车1000余辆。进而围困安邑（治今山西夏县西北），数月未能攻下。更始帝大将军樊参率领数万人，越过大阳县（治今山西平陆西南）境进攻邓禹。邓禹派遣将领们迎战，在解南（今山西运城西南）大败樊军，斩了樊参。接着，王匡、成丹、刘均等人汇合10余万人，共同攻打邓禹。邓军失利，樊崇战死。此时天色已晚，战事结束。军师韩歆和将领们见兵势已败，力劝邓禹乘夜撤退，邓禹不肯。次日，王匡未出兵，给邓禹一个重整队伍的机会。当王匡全军出动攻打邓禹时，邓禹指挥若定，大败王匡军。王匡等人弃军逃跑。邓禹率轻装骑兵加紧追击，生擒刘均及河东太守杨宝，杀死持节中郎将弭强，缴获节杖六支，印绶500，兵器不可胜数。于是河东平定了。[1]邓禹秉承刘秀旨意任命李文为河东郡太守，更换了所属各县的全部县令，以便安定这些地方。

三、首任司徒　定国安邦

公元25年，刘秀在鄗县（今河北柏乡北）登基称帝，派使者持节封邓禹为大司徒。命令说："制诏前将军邓禹，极有忠孝之心，与我谋划营帐之中，而能决定千里之外的胜负。孔子说：'自从我有了颜回，弟子们对我日益亲近了。'临阵杀将，攻破敌军，平定山西，功效万分显著。百姓不亲爱，五常不和顺，你作为司徒，要慎重地施行五常之教，而五常之教的实行又在于宽待。如今派遣奉车都尉授予印绶，封你为酂侯，食邑万户，谨慎其事。"此时，邓禹24岁。

虽说邓禹已任大司徒，但他也感受到责任重大。本来作为司徒的邓禹应该

---

[1]事见《后汉书·邓禹寇恂列传》："建武元年正月，禹自箕关将入河东，河东都尉守关不开，禹攻十日，破之，获辎重千余乘。进围安邑，数月未能下。更始大将军樊参将数万人，度大阳欲攻禹，禹遣诸将逆击于解南，大破之，斩参首。于是王匡、成丹、刘均等合军十余万，复共击禹，禹军不利，樊崇战死。会日暮，战罢，军师韩歆及诸将见兵势已摧，皆劝禹夜去，禹不听。明日癸亥，匡等以六甲穷日不出，禹因得更理兵勒众。明旦，匡悉军出攻禹，禹令军中无得妄动。既至营下，因传发诸将鼓而并进，大破之。匡等皆弃军亡走，禹率轻骑急追，获刘均及河东太守杨宝、持节中郎将弭强，皆斩之，收得节六，印绶五百，兵器不可胜数，遂定河东。"

总理朝政，可是面对时局，只好先定国安邦。

邓禹上任伊始，率兵渡过汾阴河，进入夏阳（今陕西省韩城南）县境，打败更始帝的10万兵将。百姓听说邓禹连战连胜，治军有方，全都扶老携幼前来欢迎，归降的人日以千计，众人号称邓禹军队为"百万"。邓禹的军队所到之处，均受百姓欢迎，因为邓禹的军队纪律严明，对百姓秋毫无犯。邓禹本人走到哪里，都要停车驻马，劝勉百姓。男女老幼欢天喜地聚集在邓禹的车下，向他倾诉，请他明示。就这样，邓禹的定国安民之举，赢得了百姓的拥戴。邓禹的名声传遍整个关西。对此光武帝十分赞许，多次写信赞誉他。[1]

面对京都长安，邓禹的将领们和杰出之士都劝说他直接进攻。邓禹却另有考虑，他说："不能这样。现在虽然我们的

《云台二十八将》之邓禹

兵力多，但能作战的少。前方没有可依靠的粮草，后方没有运转的物资供应。赤眉军刚刚攻取长安，财富充实，锋锐不可抵挡。但是，盗贼聚在一块，没有善终的计策；钱财和谷物虽然很多，而事故万端；他们难道能够坚守吗？上郡、北地、安定三郡土地宽广，人口稀少，谷物丰富，牲畜很多，我暂且在北方休整兵马，就那里的粮食供应士兵，以观察赤眉军的漏洞，这样，长安可以图谋。"[2]邓禹率

[1] 事见《后汉书·邓禹寇恂列传》："闻禹乘胜独克而师行有纪，皆望风相携负以迎军，降者日以千数，众号百万。禹所止辄停车住节，以劳来之，父老童稚，垂发戴白，满其车下，莫不感悦，于是名震关西。帝嘉之，数赐书褒美。"

[2] 语见《后汉书·邓禹寇恂列传》："不然。今吾众虽多，能战者少。前无可仰之积，后无转馈之资。赤眉新拔长安，财富充实，锋锐未可当也。夫盗贼群居，无终日之计，财谷虽多，变故万端，宁能坚守者也？上郡、北地、安定三郡，土广人稀，饶谷多畜，吾且休兵北道，就粮养士，以观其弊，乃可图也。"

领军队向北到栒邑（今陕西旬邑）。邓禹所到之地，郡邑都打开城门归顺。西河太守宗育也派遣其子捧着文书来投降，邓禹让他前往京城归籍。

光武帝看到关中没有平定，而邓禹又久不进兵，下令道："司徒，您是尧，赤眉是桀，长安的官吏和老百姓恐惧不安，毫无依靠。应当及时进讨，平定、抚慰西京（即长安），收拢老百姓的心。"尽管如此，邓禹仍然坚持原来的想法，分派将军另攻上郡各县，又征集兵员，储备粮食，回到大要（今甘肃宁县）。派冯愔、宗歆坚守栒邑。可是，冯宗二人为了争权，互相厮杀，最后冯愔杀了宗歆，乘势回军袭击邓禹。邓禹派人将此事报告光武帝。光武帝问使者："冯愔的亲信是何人？"使者回答说："护军黄防。"光武帝认为冯愔和黄防不会久和，势必相互反目，便回答邓禹说："捉拿冯愔的人，一定是黄防。"便派尚书宗广拿着节符去招降他。一个月后，黄防果然捉拿了冯愔，率领他的部下前来认罪。冯愔到洛阳，被赦罪未杀。

建武二年（26）春，光武帝派使者又封邓禹为梁侯，食四县的赋税。

赤眉军西行，被隗嚣军队战败，只好返长安。途中他们发掘了汉朝陵寝，劫取了许多陪葬品，并污辱了吕后及后妃的尸骨。[1]

当时，邓禹已抵达长安，驻军昆明池（故址在今西安西南）。大摆宴席，犒劳三军。然后，率领将领们斋戒，选择良辰吉日，准备厚礼到高庙拜祭，收集11个帝王的神位，派使者敬奉到洛阳。同时巡查帝王墓地，设官吏士卒守护。

邓禹又率兵在蓝田（今陕西蓝田）与延岑交战。这次战役没有取得胜利，他又回到有粮食屯积的云阳（今陕西淳化西北）。汉中王刘嘉到邓禹处投降。刘嘉的丞相傲慢无礼，邓禹将他杀掉。李宝的弟弟收集李宝部下的军队袭击邓禹，杀了耿诉将军。

自冯愔反叛以后，邓禹的威望略有降低，又加上缺乏粮食，最初归顺的人又离开了邓禹。赤眉军又再次进入长安，与邓禹交战。邓禹战败，逃至高陵，士兵饥饿，以枣子和蔬菜为食。光武帝召邓禹还朝。诏令说："赤眉军没有粮食，自然要东还，我用折断的马鞭就可以抽打他，这不是将领们忧虑的事。不要再随便

---

[1]事见《后汉书·刘盆子传》："至阳城，番须中，逢大雪，坑谷皆满，士多冻死，乃复还，发掘诸陵，取其宝货，遂污辱吕后尸。凡贼所发，有玉匣殓者率皆如生，故赤眉得多行淫秽。"

进兵。"

邓禹因西征没有成功感到惭愧，多次率饥饿的士兵请战，多次交战都十分不利。建武三年（27）春天，邓禹与车骑将军邓弘攻打赤眉军，被赤眉军打败，士卒或是战死，或是逃去。邓禹、邓弘邀请冯异共同攻打赤眉军。邓禹又不听冯异的劝阻和建议，一意与赤眉军连续作战，结果被赤眉军打得大败，死伤3000多人，邓禹和手下24人骑马逃到宜阳。邓禹对于自己西征的失败感到十分痛楚，认为愧对君国。于是他辞去了大司徒之职和梁侯的封号，上交了印绶。[1]

《云台二十八将》之冯异

四、天下平安　再任司徒

建武四年（28）春，延岑与秦丰合兵再次侵扰顺阳一带。光武帝下诏令归还邓禹梁侯印绶，又任命他为右将军。派他总领复汉将军邓晔、辅汉将军于匡在邓县（今河南邓州）击败延岑，追至武当，再次打败延岑。延岑逃奔汉中，余部全部投降。

因战事已毕，光武帝罢免了邓禹的后将军、左将军和右将军的职务，让他用特进的身份行朝拜之礼。邓禹淡泊名利，待人敦厚，极有孝心，精心侍奉母亲。天下已定，他常想远离名誉和权势。[2]

邓禹的家教颇受人们的赞赏。他有13个儿子，修整家庭伦理，教养子孙。他并不指使儿子去争权夺利，而是让他们各自掌握一种技艺。他的生活费用取于食邑，不置产业。

---

[1] 事见《后汉书·邓禹寇恂列传》："禹惭于受任而功不遂，数以饥卒徼战，辄不利。三年春，与车骑将军邓弘击赤眉，遂为所败，众皆死散。独与二十四骑还诣宜阳，谢上大司徒、梁侯印绶。"

[2] 事见《后汉书·邓禹寇恂列传》："其后左右将军官罢，以特进奉朝请。禹内文明，笃行淳备，事母至孝。天下既定，常欲远名势。"

邓禹的功勋和美德颇受光武帝的重视。建武十三年（37），天下平安。光武帝扩大功臣们的食邑。改封邓禹为高密侯，以高密、昌安、夷安、淳于四县作为他的食邑。

中元元年（56），邓禹再次出任司徒职务。随光武帝到东方巡视，参与祭泰山的仪式。

显宗登上皇位，邓禹作为光武帝的第一功臣被封为太常，进见皇帝时可以坐西向东，皇帝对他十分尊敬和爱护。

公元57年，邓禹卧病。明帝多次上门慰问，还任命他的两个儿子为侍从官。

永平元年（58），邓禹病逝，终年57岁，谥号为"元侯"。

邓禹作为东汉的首任司徒，戎马一生，为东汉刘秀政权的建立和巩固做出了巨大贡献。他的功绩更多地体现在军事上。

由于刘秀"退功臣、进文吏"的政策，使得邓禹在宰相之位，不谋宰相之职。刘秀虽置三公，事归台阁，尽管司徒是由丞相改称的，管民政，但权力比丞相小得多，真可谓"徒有虚名"。

邓禹是东汉初期著名的政治家和军事家，他及他的后代在东汉的历史上产生过重大影响。

名 家 评 说

夫变通之世，君臣相择，斯最作事谋始之几也。邓公赢粮徒步，触纷乱而赴光武，可谓识所从会矣。于是中分麾下之军，以临山西之隙，至使关河响动，怀赴如归。功虽不遂，而道亦弘矣！及其威损栒邑，兵散宜阳，褫龙章于终朝，就侯服以卒岁，荣悴交而下无二色，进退用而上无猜情，使君臣之美，后世莫窥其间，不亦君子之致为乎！

——晋·司马彪《后汉书》

赤眉之弃长安，西走安定，非邓禹之力能驱之也，食尽而旁掠，固不以安定为终焉之计，而必返乎长安。邓禹不乘其有可溃之势，蹑其后以蹙之，而入长安晏坐以待其归，河决雍溃，容可御乎？于是退之云阳，士气已馁，而还攻之于坚城之下，其败宜矣。故善用兵者，知时而已。赤眉食尽，引兵东归，时异乎昔，则唯扼之于险而可制其死命。禹乃违光武之令，就关内而与争，何昔之怯而今之忿也！

——清·王夫之《读通鉴论》

邓禹已入长安，不能捍卫陵寝，咎实难辞，乃复以饥疲之卒，贪功邀战，屡致失利，甚且累及冯异，同致覆师。

——蔡东藩《后汉演义》

梁　冀

梁冀（？～159），字伯卓，顺帝和桓帝时大将军，东汉安定乌氏（今甘肃平凉西北）人。父梁商，官至大将军。梁冀初为黄门侍郎，后转侍中。虎贲中郎将、步兵校尉、执金吾，官至大将军。汉质帝称他为"跋扈将军"。梁冀在东汉历史上是以聚敛财物、骄横贪暴、草菅人命的外戚著称，是东汉政治黑暗的一个活标本。

一、梁冀初封　凶暴恣肆

汉顺帝当初即帝位，除宦官孙程为谋首而外，顺帝乳母宋娥也参与其谋，由是顺帝感恩戴德，封宋娥为山阳君。同时封执金吾梁商之子梁冀为襄邑侯。此时梁冀是无功封侯。尚书令左雄上书，说："高帝有过约定，不是刘姓不封王，没有立功不封侯。孝安皇帝破例封江京、王圣等，就导致出现了地震之异常现象。现今把握世界规律的明智之士，都将灾难发生的原因归咎于封爵。如今青州发生

梁　翼

饥荒，兵马空虚，盗贼未息，实在不宜追录小恩，有损于社稷大典。"

但顺帝仍然诏封二人。左雄再谏，他认为，顺帝报乳母的恩，可以赐钱而不可以封邑。他说："按汉尚书所写旧事，没有乳母爵邑之制，只有先帝（指成帝）时阿母王圣，被封为野王君，所以才导致了废立之祸，所以王圣活着时为天下所骂，死了海内皆称快。梁冀之封，应该等过了灾异之后，然后再议可否。"

梁冀之父梁商为政谦柔，虚己进贤，此时也让还梁冀所封，书十余次上奏，顺帝才

答应不封。但梁冀为人，与其父不同。此时，梁冀妹已立为顺帝皇后，梁冀之姑亦是顺帝的贵人。[1]故顺帝对梁氏外戚之宠，有增无减。顺帝宠商，梁商尚能推荐汉阳人巨览、上党人陈龟为掾属，推举李固、周举为从事中郎，因为这些人均对朝廷尽忠尽责，在百姓中很有威望，于是，称梁商为良辅。但顺帝后来宠用梁冀，则无异于引狼入室，终为朝廷留下了后患。

李　固
——从清道光十年（1830）《古圣贤像传略》（顾沅辑录，孔莲卿绘像）

顺帝阳嘉二年（127）六月，洛阳宣德亭地裂，长85丈。顺帝又命令公卿等对策。李固谈到："《老子》曰'其进锐者其退速也'；如今梁氏戚为椒房（指后宫）之亲，《礼》认为不应以妻子的父母为臣子，如今尊以高爵，尚属常理；而子弟群从，荣誉、官职兼加，即使永平（指汉明帝时）、建初（指汉章帝时）旧事，也没有先例。应该命令步兵校尉梁冀及诸侍中，还居黄门之官，暂且远离外戚，政归国家，岂不安祥！"李固还策对了宋娥封国事、宦官用权等等政治大事。顺帝览众人对策，以李固为第一，立即命阿母还舍。诸常侍皆叩头谢罪，于是朝廷肃然。

顺帝即以李固为议郎；但是宦官、阿母皆嫉恨他，经常伪作匿名信，构陷其罪。李固心中感慨，于是弃官，返回老家汉中。

左雄、李固等对梁冀任用的谏阻，顺帝并未听从。永和元年（136），梁冀已由最初的黄门侍郎转侍中、虎贲中郎将、步兵校尉、执金吾，又于该年升为河南尹。梁冀身居河南尹之职时，已经开始暴虐恣肆，多行非法。梁商有位所亲门客，是当时身任洛阳令的吕放，吕放耳闻目睹梁冀所行许多非法之事，屡与梁商

---

[1] 事见《后汉书·梁统列传》："三年，顺帝选商女及妹入掖庭，迁侍中、屯骑校尉。阳嘉元年，女立为皇后，妹为贵人，加商位特进，更增国土，赐安车驷马，其岁拜执金吾。二年，封子冀为襄邑侯，商让不受。"

绿釉陶六博俑，六博游戏是汉代盛行的一种棋类活动

言及梁冀之短。梁商因此责备梁冀。梁冀不思改过，反而记恨吕放，即遣人刺杀吕放。吕放被杀之后，梁冀又恐为父梁商知道，便嫁罪于吕放的仇怨之家，自己任河南尹，请求以吕放弟吕禹继任洛阳令。然后令吕禹捕吕放仇家，尽灭其宗、亲、宾客百余人。[1]

顺帝有感于梁商为政之忠，为了奖赏梁商，于永和三年（138）二月，又任用梁商次子、虎贲中郎将梁不疑为步兵校尉。梁商上书固辞："梁不疑尚是童孺，不宜处成人之位。"顺帝仍以梁不疑为侍中，奉车都尉。梁商通经明理，但却未能将自己较好的品德传授给其子梁冀。

梁冀少年时代就游手好闲，恣意妄为。性嗜酒，善于射箭、弹棋、踢球、猜钱，又喜好肩驾老鹰，牵狗打猎，驰马斗鸡。梁商去世后，梁冀越发有恃无恐，凶暴更为加剧。梁商病逝不久，顺帝即任命河南尹、乘氏侯梁冀为大将军，梁冀弟梁不疑为河南尹。

永和七年（141），荆州"盗贼"蜂起，连年不能平息。因此朝廷以大将军从事中郎李固为荆州刺史。李固到了荆州，遣派下级官吏慰劳、询问境内情况，赦免"寇盗"以前所犯罪过，给他们以改过自新的机会。李固平息民怨的政策，感化了"寇盗"。于是"贼"帅夏密等率其同党600余人，自缚归首，李固全部赦免这些人的罪行，并予遣归家乡。归还家乡的群"贼"自相召集，现身说法，感谢朝廷之恩惠，半年之间，剩余的"盗贼"也都投降了。荆州境内清静平安。李固又上书奏南阳太守高赐等收受赃物，行为不法，高赐的行为甚至到达污秽淫乱

---

[1] 事见《后汉书·梁统列传》："永和元年，拜河南尹。冀居职暴恣，多非法，父商所亲客洛阳令吕放，顾与商言及冀之短，商以让冀，冀即遣人于道刺杀放。而恐商知之，乃推疑于放之怨仇，请以放弟禹为洛阳令，使捕之，尽灭其宗亲、宾客百余人。"

东汉《斗牛画像史》

的地步。高赐等人得知后就用重贿收买大将军梁冀。梁冀将救助移文命令一日行千里。但是李固手持高赐等人的罪状，却更加急于上奏顺帝。梁冀遂徙李固，将李固降职迁任为泰山太守。[1]

二、泄愤张纲　记恨杜乔

顺帝汉安元年（142）秋八月，顺帝派遣"八使"前去州郡，考察政绩，表扬贤良，举荐忠勤；贪污有罪的，凡是刺史、二千石等官品的，驿马飞速奏闻京师；凡县令、长以下，由八使就便收捕、入狱，举劾其罪。

这八使有侍中杜乔、周举，守光禄大夫周栩、冯羡、栾巴、张纲、郭遵、刘班。

张纲遂上书劾奏："大将军梁冀、河南尹梁不疑，以外戚的身份蒙受重恩，居二栋梁之职，但却专肆贪得无厌，骄纵恣横无忌。梁冀多任用谄谀之人为官，以害忠良。梁冀所行确实为天威所不赦，应该用重法惩治。臣谨列其无君之心十五件事，全部是臣子所切齿的。"书进于皇帝，京师震惊。时梁冀妹为皇后，内宠方盛，诸梁姻族满朝，顺帝虽知张纲直言事实，最终不忍用其谏。

[1] 事见《后汉书·李固列传》："永和中，荆州盗贼起，弥年不定，乃以固为荆州刺史。固到，遣吏劳问境内，赦寇盗前衅，与之更始。于是贼帅夏密等敛其魁党六百余人，自缚归首。固皆原之，遣还，使自相招集，开示威法。半岁间，余类悉降，州内清平。上奏南阳太守高赐等臧秽。赐等惧罪，遂共重赂大将军梁冀，冀为千里移檄，而固持之愈急。冀遂令徙固为太山太守。"

杜乔来到兖州，表奏泰山太守李固政绩为天下第一，顺帝即征李固为将作大匠。八使所劾奏，多为梁冀及宦者亲党，他们互相包庇、勾结、串连一气，或是上面批奏下面不执行，或是下情不使上达，欺上瞒下，营私舞弊。即使是八使所上奏章，也常被他们隔断，致使上下不能联系。侍御史河南人种暠痛恨上述行为，再次弹劾举奏。廷尉吴雄、将作大匠李固也上言："八使所追究之案，应当尽快诛罚。"顺帝这才批准八使所上奏章，下诏命令他们考察审问所举劾的官吏之罪。这次巡行州郡、考察政绩的"八使"，全部是耆儒名士，多官居显位，只有张纲年纪最轻，官职最低。梁冀不敢妄动别人，只是痛恨张纲，寻思加以中伤，以报复他的上书直言。

　　当时，广陵有张婴等"贼"众数万人，杀死刺史、二千石官，袭击和骚扰于扬、徐二州之间，历时10余年，朝廷讨伐，始终不能平息。梁冀觉得这是件能够整人的好差事，就暗示尚书，让张纲担任广陵太守。如果他平"贼"无方，正好拿他办罪，以泄胸中私愤。以前派遣的郡守，大部分都要求多率兵马，以便对付这数万"贼"众。唯独张纲仅用单车，前去就职。张纲刚到广陵，就径直到张婴营垒的门口，张婴大惊，急忙逃开，关闭营驿之门。张纲就在门外遣散自己的随从官员等人，独留和自己关系亲密的10余人，用书信晓喻张婴，表明自己所来的目的。张纲并请求和张婴见面。张婴见张纲至诚，和以前讨伐自己的郡守

东汉《四骑吏榮戟画像砖》

有很大不同，就出来拜谒这位新太守。张纲请张婴坐在上座，说服张婴："在此前后就任的二千石官，多专肆贪暴，所以导致公等怀愤相聚；二千石官所作所为自然是有罪的，但你们这样做也属不义。现在的皇帝仁义圣明，想用恩德服叛，所以派遣我到这里来。皇帝想以爵禄相荣，不愿以刑罚相加，这样的做法，确实为君转祸

立冲人母后摄政
——从1935年会文堂新记书局蔡东藩《后汉通俗演义》

为福之时。假若你们闻义不服，天子赫然震怒，将荆州、扬州、兖州、豫州大兵会合，那你们就将身首横分，血嗣俱绝。二者利害，请公等深思筹计！"[1]

张婴闻言，潸然涕下。第二天，张婴率领了1万余人，自缚归降。

张纲于是单车入张婴营垒，大会群民，置酒助兴，散遣部众，任从所之。并

---

[1] 事及语见《后汉书·张皓列传》："时广陵贼引婴等众数万人，杀刺史、二千石，寇乱扬、徐间，积十余年，朝廷不能讨。冀乃讽尚书，以纲为广陵太守，因欲以事中之。前遣郡守，率多求兵马，纲独请单车之职。既到，乃将吏卒十余人，径造婴垒，以慰安之，求得与长老相见，申示国恩。婴初大惊，既见纲诚信，乃出拜谒。纲延置上坐，问所疾苦。乃譬之曰：'前后二千石多肆贪暴，故致公等怀愤相聚。二千石信有罪矣，然为之者又非义也。今主上仁圣，欲以文德服叛，故遣太守，思以爵禄相荣，不愿以刑罚相加，今诚转祸为福之时也。若闻义不服，天子赫然震怒，荆、扬、兖、豫大兵云合，岂不危乎？若不料强弱，非明也；弃善取恶，非智也；去顺效逆，非忠也；身绝血嗣，非孝也；背正从邪，非直也；见义不为，非勇也。六者成败之几，利害所从，公其深计之。'"

且亲自为这些归降的人安排田宅；子孙想为官的人，全部引召就职，于是人人愉悦安服。朝廷论功，应当加封张纲，爵位却被梁冀阻止。天子嘉美，想提拔使用张纲，张婴等上书乞留，顺帝才准许了。

公元144年，汉顺帝崩。太子刘炳即皇帝位，是为冲帝，年仅两岁。梁太后临朝，以大司农李固为太尉，参录尚书事。九月，葬孝顺皇帝于宪陵。当日，京师及太原、雁门地震。朝廷于是诏举贤良方正之士，问以对策。在皇甫规的对策中，言"殆以奸臣权重所致"，"其常侍尤无状者，直极黜遣"，"大将军梁冀、河南尹梁不疑，亦宜增修谦节，辅以儒术，省去游娱不急之务，割减庐第无益之饰"等等。梁冀看了心中愤怒，于是拜他为郎中，想伺机陷害。皇甫规借口有病，免官，归于故乡。皇甫规所在的州郡秉承梁冀旨意，几次要置皇甫规于死地。皇甫规只得沉废在家，无所事事，达14年。

不到一年，冲帝崩。梁冀等不顾李固谏阻，选立年仅8岁的刘缵即帝位，即汉质帝。梁太后委政宰辅，当时李固所言，梁太后多会听从。李固将宦官为非作歹之人，一概责罚遣返，于是天下有望治平。但李固被梁冀深深嫉恨。一是李固为政，与梁冀根本不同；二是由于梁太后授权于李固，使梁冀不能大权独揽。就在此时，被奏免的100余人和梁冀联合起来，写匿名信诬陷李固。诬言说"李固行冲帝大丧礼时，以胡粉（出自龟兹国的一种化妆粉）饰貌，搔首弄姿"等。此言诬陷李固犯了重罪，论法当诛。梁冀将奏书内容告诉太后，梁太后不信不听。

同年，永昌太守刘君世用黄金铸成一条全身布满花纹的金蛇，想把它作为礼品献给大将军梁冀。益州刺史种暠检举揭发此事，并将刘君世逮捕，将此案驰马传报朝廷，梁冀因此恨种暠。不久有个名叫服直的巴郡人，聚集党众数百人，自称"天王"。种暠与太守应承共同讨伐服直，不能制胜；在征讨的过程中吏民多有被服直伤害的。梁冀乘此机会诬诮种暠，传种

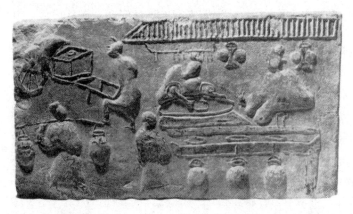

东汉酿酒图画像砖

曷、应承到京师，然后将其逮捕。这时李固上疏，为种曷释罪。

梁大后看了奏章后，赦免了种曷、应承之罪，仅仅免官而已。原永昌太守想献给大将军梁冀的金蛇，已经送入掌管钱谷金帛的司农杜乔那里。梁冀想通过大司农杜乔借过来看一看，杜乔不肯借，梁冀甚为不满，后来梁冀的小女儿死了，梁冀命令公卿全部来奔丧，杜乔也不去，因此，梁冀在心中更加记恨杜乔。[1]

三、毒杀质帝　诛灭李杜

汉质帝刘缵虽然为梁冀所立，但梁冀拥立刘缵无非是因为他年纪小，比清河王刘蒜易受摆布。而刘缵即位一年左右，梁冀和刘缵就有了矛盾。原来，刘缵虽然年纪小，但是很聪慧。公元146年六月，刘缵在一次朝会上，当着百官的面，目视梁冀说："这是一位专横强梁的将军！"梁冀就因为这句话，心中恨死了刘缵，他很怕以后刘缵大了，将不受控制，而成为自己的祸患。因此在同年六月闰月，梁冀唆使左右的人，在汉质帝所食的煮饼中放了毒药。[2]质帝吃了饭以后，疼痛难忍，就派人赶紧召太尉李固来。李固入宫到质帝跟前，问质帝患疾的原因，这时质帝还能说话，说："吃了煮饼，如今在肚腹中间，喝水尚可以活命。"当时梁冀也在旁边。

梁冀心怀鬼胎，他一定要达到他的目的。他不想让质帝喝水，就说："恐怕喝水会吐，不可以饮水。"梁冀的话音尚未落地，质帝就死了。于是李固劾举侍医侍候质帝不尽责任，追究原因。梁冀担心自己所做的大逆不道之事泄露，对于李固的行为，十分痛恨。但是李固对梁冀恶行虽有所谏阻，却未能利用职权坚决有力地将梁冀按其重罪绳之以法，最终使梁冀逃过一场大难。不久，李固、杜乔与司徒胡广、司空赵成在立帝即位问题上，再次和大将军梁冀发生冲突，梁冀要立蠡吾侯刘志，李杜等人仍然拥戴清河王刘蒜。双方争论很激烈，一时未能定夺。

中常侍曹腾以前曾拜谒过清河王刘蒜，当时刘蒜并没有用相应的礼节来接待

[1] 事见《后汉书·杜乔列传》："益州刺史种曷举劾永昌太守刘君世以金蛇遗梁冀，事发觉，以蛇输司农。冀从乔借观之，乔不肯与，冀始为恨。累迁大鸿胪。时冀小女死，令公卿会丧，乔独不往，冀又衔之。"

[2] 事及语见《后汉书·梁统列传》："帝少而聪慧，知冀骄横，尝朝群臣，目冀曰：'此跋扈将军也。'冀闻，深恶之，遂令左右进鸩加煮饼，帝即日崩。"

这位官居显位、干预政务的宦官。曹腾很扫兴，也就对刘蒜心存不满。等到朝廷在拥立刘蒜还是刘志的问题上发生冲突时，曹腾就在夜间前往游说梁冀："将军累世有后宫椒房之亲，秉摄万世，宾客纵横，多有过失。清河王严明，如果真的拥立为帝，那么您不久就要遭受祸端了！不如立蠡吾侯，富贵可以长保。"梁冀认为曹腾说的很有道理。第二天，重会公卿讨论拥立帝位时，梁冀气势汹汹，言辞激切。自胡广、赵成以下诸人没有不害怕的，都说："听从大将军命令！"

虽然李固、杜乔坚守本议，拥立清河王刘蒜。最后还是立了刘志，是为汉桓帝。不久，梁冀劝说梁太后，先策免了李固，以司徒胡广为太尉。大将军掾朱穆奏记，劝诫梁冀"割除私欲，广求贤能"，又推荐种暠、栾巴等人，梁冀不用。

公元147年，杜乔由原来的大司农升为大鸿胪、光禄勋，本年六月为太尉。自李固被废后，群臣更是惊惧得在梁冀面前侧足而立。唯有杜乔敢于正色和梁冀相对，为人为政没有邪曲。所以朝野之中全部希望杜乔能够力挽狂澜。这样，梁冀又把打击陷害目标指向了杜乔。

八月，桓帝立皇后梁氏。桓帝梁皇后是顺帝梁太后与梁冀之妹。因此，梁冀欲以厚礼迎之，太尉杜乔则据执旧典不肯。梁冀又嘱咐杜乔举氾宫为尚书，杜乔因为氾宫犯过贪污罪，不用。杜乔因此日渐忤逆梁冀之意。[1]九月，京师地震，杜乔因这次灾异免官。十月，任命司徒赵成为太尉。宦官唐衡、左悺共同弹劾杜乔，对桓帝说："陛下前当即位，杜乔与李固抗议，认为不配奉汉宗祀。"因此，桓帝也怨恨二人。

十一月，清河人刘文与南郡刘鲔交通，妄言"清河王当统天下"，欲共立刘蒜。由于二人劫杀了清河相谢暠，于是清河王刘蒜将刘文与刘鲔处死。但有司却劾奏刘蒜，刘蒜反坐贬爵为尉氏（县）侯，他在徙至桂阳时自杀。梁冀于是乘机诬陷李固、杜乔。说他们与刘文、刘鲔有所勾结，请有司逮捕治罪。梁太后平素知道杜乔是忠臣，没有准许此奏。梁冀就收捕李固下狱。

后来李固死于狱中。临死之前，李固给胡广、赵成写了一封信。胡广、赵成得书后悲痛惭愧，都长叹流涕。

梁冀非常愤怒，又派人威胁杜乔，说："你趁早自尽，妻子和孩子还可以保

---

[1]事见《后汉书·杜乔列传》："桓帝将纳梁冀妹，冀欲令以厚礼迎之，乔据执旧典，不听。又冀属乔举氾宫为尚书，乔以宫臧罪明著，遂不肯用，因此日忤于冀。"

全。"杜乔不肯。第二天，梁冀派骑士到杜乔府门前窥视，听不到悲悲切切的哭丧之声；于是重新向梁太后陈述，收捕杜乔，杜乔也死在狱中。[1]

四、夫妻荒淫　横行霸道

公元 150 年，梁太后归政于桓帝。二月，梁太后驾崩。三月，桓帝增封大将军梁冀食邑一万户，加上以前所封共为 3 万户；桓帝又封梁冀妻孙寿为襄城君，食兼阳翟县租，每年收入为 5000 万，仪仗同于长公主，这样孙寿即与诸王仪服相同。梁冀妻孙寿得封，是因为善于逢迎拍马的弘农人宰宣上书。宰宣素性邪佞，想乘机取媚讨好梁冀，乃上书言大将军周公之功，今既已封爵其诸子，则其妻宜为邑君。孙寿长得美丽鲜艳，善做妖娆之态来迷惑梁冀的心，梁冀对孙寿又是宠爱，又是畏惧。

梁冀生活糜烂。当年，梁冀之父梁商，献给顺帝一位名叫友通期的美女。友通期犯了一点小小的过失，顺帝就把友通期归还给梁商。梁商不敢留下，将友通期嫁了出去。梁冀却派人将友通期又盗了回来。恰逢梁商去世、梁冀服孝期间，就在城西和她暗中同居。一天，孙寿得知梁冀外出，就借此机会带领许多苍头（家奴），将友通期抢回家中，截其发，刮其脸，鞭笞抽打，还想上书朝廷告发此事，梁冀非常恐慌，向孙寿的母亲求救，孙寿这才作罢。可是梁冀仍然和友通期私通，并生了个儿子，取名伯玉。梁冀偷偷地把他藏匿。但是，这事孙寿不久就知道了，孙寿就派自己的儿子梁胤把友氏一家统统杀掉。梁冀唯恐孙寿害死伯玉，常将伯玉放在复壁中。梁冀私爱的一名监奴（奴仆总管）秦宫，官至太仓令，被允许可以随

东汉时期铜镜

---

[1] 事及语见《后汉书·杜乔列传》："冀愈怒，使人肋乔曰：'早从宜，妻子可得全。'乔不肯。明日冀遣骑至其门，不闻哭者，遂白执系之，死狱中。"

刑徒墓砖

便出入孙寿的住所。孙寿见到秦宫，立即屏斥御者，谎称有事相商，乘机和他通奸。秦宫在外得到梁冀承爱，在内得到孙寿承欢，由是威权大震，刺史、二千石都前去拜谒、辞行。[1]这些官员也都不在乎秦宫在梁冀和孙寿面前是以什么得宠。梁冀还采纳孙寿的意见，多斥夺梁氏在位者的官职，外表上是梁氏谦让，实际上是要尊崇孙氏宗亲。孙氏冒名担任侍中、卿、校尉、郡守和长吏的，有10余人。这些孙氏为官者皆为贪得无厌、凶暴荒淫之徒。

这些梁氏和孙氏族人各遣门客，将所辖境内富户登记造册，然后给这些富户诬以罪名，关进监狱，拷打笞掠，逼其家出钱自赎，礼物少的竟至于被论罪处死或充军徒边。有位扶风人名叫士孙奋，字景卿，少为郡五官掾起家，得钱资财等至17000万，富闻京师。于是梁氏一族就对士孙奋家打起主意。梁冀送给他一车一马，向他借钱5000万；士孙奋给了他3000万，梁冀大怒，就告诉了郡县，诬陷士孙奋的母亲为梁家看守仓库的奴婢，盗了梁氏白珠十斛、紫金1000斤后叛逃；有司于是将士孙奋兄弟收捕、拷问，兄弟二人皆死于狱中。梁冀便将他们家的资产全部没收。

梁冀的骄横跋扈，已达极点。那时从四方调拨的物品，以及各地岁时进贡的东西，都先将第一等物品输入梁府，出门乘舆的皇家位在其次。官吏和百姓带着礼物

[1] 事见《后汉书·梁统列传》："初，父商献美人友通期于顺帝，通期有微过，帝以归商，商不敢留而出嫁之，冀即遣客盗还通期。会商薨，冀行服，于城西私与之居。寿伺冀出，多从仓头，篡取通期归，截发刮面，笞掠之，欲上书告其事。冀大恐，顿首请于寿母，寿亦不得已而止。冀犹复与私通，生子伯玉，匿不敢出。寿寻知之，使子胤诛灭友氏。冀虑寿害伯玉，常置复壁中。冀爱监奴秦宫，官至太仓令，得出入寿所。寿见宫，辄屏御者，托以言事，因与私焉。宫内外兼宠，威权大震，刺史、二千石皆谒辞之。"

到梁家求官请罪的，道路相望。梁冀又常常派遣门客出塞，交通外国，广求稀奇之物。这些门客就乘机向沿路各地索取歌女奴仆，唆使随从凭借着梁氏的权势，横行霸道，奸污、掳夺他人妻女，殴打地方官员和役卒，所到之处，人人怨恨。[1]

　　梁氏的权势越来越大了，皇帝的宠信还是有增无减。梁冀于是大造房第屋舍，孙寿也当街兴修自己的住宅。双方都竭尽全力使用各种上好的土木建筑材料，相互夸耀和竞争。两人房屋的建筑，不论客堂和卧室，都有阴阳两面，凉暖两用，房连户通。柱、壁雕镂，漆以铜黄色。窗、牖皆有镂空的连环花纹，漆以青色；图饰是云彩、仙灵。楼台、观阁互相周通，更相临望；飞梁石磴，凌跨水道。金玉珠玑，异方珍怪，充积仓库。还有远至西域大宛寻求到的"汗血"名马。梁冀又开扩了一座园囿，采土筑山，十里九坡，仿拟河南东、西崤山的山势。其中深林绝涧，有若自然，珍禽驯兽，飞跑其间。梁冀、孙寿共同乘坐着用人力推拉的辇车，车子以金银装饰；梁冀和孙寿在园林内游览，身后有随从和许多歌女、舞伎，沿路鸣钟吹管，尽情歌唱。有时两人日以继夜，纵情娱乐。

　　梁冀又在多处开辟林苑，规模之盛如同皇帝家的禁苑一样。

　　梁冀又起兔苑于河南（县名，治所在今河南洛阳西郊涧水东岸）城西，连亘数十里。调拨附近属县的士兵和贬徒之人，修建楼台亭阁。此兔苑数年乃成。梁冀又调发活兔，放入苑中。如有人冒犯了兔子，罪重至死刑。曾有一位西域商贾胡人，不知苑中禁忌，误杀一兔，由是前后左右转相告发，由一兔株连致死者十余人。梁冀的二弟，一次曾私下派人在此苑中的上党地区打猎，梁冀听说后，就将此次出猎的宾客抓起来，一时之间杀了30余人，竟没有一个生还。[2]

　　梁冀又于洛阳城西营建别墅，专门收容为非作歹的亡命徒。有时将抓捕到的良民，全部作为奴婢，多至数千人，名曰"自卖人"。天下百姓人人怨恨梁冀，吏民个个心酸，道路之上都能听到百姓的叹嗟声。

----

[1] 事见《后汉书·梁统列传》："其四方调发，岁时贡献，皆先输上第于冀，乘舆乃其次焉。吏人赍货求官请罪者，道路相望。冀又遣客出塞，交通外国，广求异物。因行道路，发取妓女御者，而使人复乘势横暴，妻略妇女，殴击吏卒，所在怨毒。"

[2] 事见《后汉书·梁统列传》："又起兔苑于河南城西，经亘数十里，发属县卒徒，缮修楼观，数年乃成。移檄所在，调发生兔，刻其毛以为识，人有犯者，罪至刑死。尝有西域贾胡，不知禁忌，误杀一兔，转相告言，坐死者十余人。冀二弟尝私遣人出猎上党，冀闻而捕其宾客，一时杀三十余人，无生还者。"

五、威势赫赫 盛权极顶

东汉时期官印

梁冀二弟梁不疑好读经书，喜欢招待士人。对自己的弟弟，梁冀也心怀嫉恨。梁冀转任梁不疑为光禄勋，任命自己的儿子梁胤为河南尹。梁胤任河南尹时年仅16岁，容貌十分丑陋，言谈举止也不端庄，不能胜任为官就职。官衣官帽附着在这个流里流气的16岁少年身上，使得道路所见之人，莫不嗤笑。梁不疑自耻于兄弟间有间隙，于是让还官位，与三弟梁蒙闭门自守。即使这样，梁冀还是不放心，不想让弟弟们和宾客有往来，暗地里派人换上便衣在门口监视和两个弟弟来往的人，登记来者姓名。南郡太守马融（东汉著名经学家）、江夏太守田明，刚接受任命就去拜见梁不疑；梁冀就暗示州郡，以罪名诬陷二人，皆处以髡刑，鞭笞后徙朔方（治所即今内蒙古杭锦旗西北）。马融自刺未死，田明死于迁徙途中。[1] 梁冀对两个弟弟的嫉恨、怨毒如此之深，据说也是因为两个弟弟的言行比自己端正些，在人们的口碑中，名声也比自己好一些。

元嘉元年（151），桓帝微服出访，临幸至河南尹梁胤的府舍。那一日，大风拔树，白天昏暗。尚书杨秉上疏，有"臣闻天不言语，以灾异谴告。王者至尊，出入有常，警跸（戒严，清道路）而行，静室而止"等语，桓帝没有采纳。同年闰十一月，桓帝因梁冀有拥立之功，想对梁冀予以褒崇殊典，于是会集公卿，共议其受崇之礼。特进胡广、太常羊溥、司隶校尉祝恬、太中大夫边韶等都称梁冀之功勋应该比于周公，应当赐给山川、土田、附庸。黄琼独自发言，说："如今

---

[1] 事见《后汉书·梁统列传》："不疑好经书，善待士，冀阴疾之，因中常侍白帝，转为光禄勋。又讽众人共荐其子胤为河南尹。胤一名胡狗，时年十六，容貌甚陋，不胜冠带，道路见者，莫有不蚩笑焉。不疑自耻兄弟有隙，遂让位归第，与弟蒙闭门自守。冀不欲令与宾客交通，阴使人变服至门，记往来者。南郡太守马融、江夏太守田明，初除，过谒不疑，冀讽州郡以它事陷之，皆髡笞徙朔方。融自刺不殊，明遂死于路。"

诸侯以户邑为制，不以里数为限，梁冀功劳可比邓禹，应该食四县。"朝廷听从此议。于是有司奏："梁冀入朝不必快步而行，可以持剑着履上殿（汉律，臣朝天子不得带剑、穿靴），朝见天子，由赞礼郎在旁唱礼，不直呼梁冀之名，此礼仪可比于萧何；悉以定陶（今属山东）、成阳（今山东范县东南）两县的户数合并原封乘民县（在今山东巨野）、后又加封的襄邑县（今河南睢县），一共增封四县，此封赏可比照东汉初年名将邓禹的封邑一样。"有司尚奏："对梁冀要赏赐金钱、奴婢、彩帛、车马、衣服、甲第，赏赐可如霍光。以此显示梁冀功勋之殊。梁冀每次朝

汉桓帝刘志

会，与三公绝席另设专席（独席示尊）。10入朝，参议尚书事务。由朝廷向天下宣布此项殊荣，梁冀为万世典范。"但梁冀仍然认为所奏殊礼殊典太薄，心中不悦。[1]

　　桓帝永寿二年（156），封梁不疑之子梁马为颖阴侯，梁胤子梁桃为城父侯。梁氏一门已有七侯。延熹元年（158）夏五月，出现了日食。太史令陈授通过小黄门徐横向桓帝陈述灾异之事，说："日食之变咎在大将军梁冀。"梁冀听说此事，暗示洛阳令收捕、拷问陈授，使陈授死于狱中。桓帝有些发怒了，因此而恨梁冀擅横专断。

　　同年，大将军梁冀因与度辽将军陈龟一向有隙，梁冀就在桓帝面前进谗，诬陷陈龟泯灭国威，挑取功誉，镇守边疆，不被胡虏所畏惧。于是陈龟被征还京师。朝廷让种暠继任度辽将军之职。陈龟遂向朝廷请求退归田里。不久，陈龟又被朝廷征为尚书。当时梁冀暴虐日甚，陈龟就向桓帝上疏，陈述梁冀所犯的罪

[1] 事见《后汉书·梁统列传》："元嘉元年，帝以冀有援立之功，欲崇殊典，乃大会公卿，共议其礼。于是有司奏冀入朝不趋，剑履上殿，谒赞不名，礼仪比萧何；悉以定陶、阳成余户增封为四县，比邓禹；赏赐金钱、奴婢、采帛、车马、衣服、甲第，比霍光，以殊元勋。每朝会，与三公绝席。十日一入，平尚书事。宣布天下，为万世法。冀犹以所奏礼薄，意不悦。"

状，请天子诛此恶贼。桓帝没有审理此疏。陈龟自知请诛梁冀，必为梁冀所害，于是绝食七日而死。

梁皇后梁娃仗恃姐姐顺烈皇后的威势和兄长梁冀绝席三公之尊权，放纵恣意，奢靡极度，更甚于历代皇后。她在桓帝面前专宠妒忌，六宫不得进见桓帝。自从梁太后在公元150年去世后，桓帝身前身后少了一股强劲的威慑力，于是对梁皇后的恩宠顿衰。梁皇后本人没有生育，每有宫女孕育，梁皇后则千方百计去除，所以桓帝后宫之中有孕的宫女，很少有能得保全之人。桓帝虽然惧怕梁冀，屈从于大将军威势，有怨也不敢谴怒，但是对梁皇后的进见和御幸渐渐稀少。梁皇后心中忧愤。公元159年七月，皇后梁氏崩。桓帝赐谥号"懿献皇后"。梁皇后一死，梁冀一族在宫中的内线就断了。

梁冀一门，前后七侯：乘氏侯梁雍（梁冀祖父）、乘氏侯梁商、襄邑侯梁胤、颍阳侯梁不疑、西平侯梁蒙、颍阴侯梁马、城父侯梁桃。三皇后：恭怀皇后（和帝母）、顺烈、懿献皇后。六贵人，二大将军，女食邑称君者（即封爵者，女者为侯称君）七人，梁氏男子娶公主的三人。梁氏其余官至卿、将、尹、校五十七人。[1]梁氏一族握有重权，在当时已经达到了登峰造极的地步。故梁冀专擅威柄，恣意妄为，日积月累，政事大小，皆由梁冀一锤定音。连朝廷宫卫近侍，并树梁氏所亲。桓帝宫中禁省起居，梁氏纤微必知。就连百官迁职、任命，都必须先到梁冀府门前拜谒，然后才敢到尚书那里报到。即使百官如此顶礼膜拜梁冀，梁冀仍不满足。

六、恶贯满盈　狂诛异己

下邳人吴树被任命为宛令，吴树赴任前拜谒梁冀。当时梁冀有不少宾客分布宛县境内，其中多有不法之徒，梁冀拜托吴树就职后照顾他们。吴树听了梁冀的拜托之后说："小人奸邪，犹如蠹虫。从房屋的大局安危来看，就应诛灭他们。英明的将军您凭借后宫椒房之重，身处上将之位，应该崇贤举善，补益朝中缺陷之处。宛县为国家的大都，贤良之士，在此居住的比比皆是。自从我入将军府门侍坐赐教以来，将军为之说情之人，没有一个可称为长者。这些由将军托照之

---

[1]事见《后汉书·梁统列传》："冀一门前后七封侯，三皇后，六贵人，二大将军，夫人、女食邑称君者七人，尚公主者三人，其余卿、将、尹、校五十七人。"

人，都不是贤良之人。吴树实在不敢听命！"[1]梁冀听后十分不悦。

吴树到宛县任职后，从朝廷大局着眼，诛杀了包括梁冀宾客在内的为害百姓首恶者数十人。梁冀因此深深怨恨吴树。后来吴树升为荆州刺史，吴树临行前又去梁冀府辞行，梁冀为他设酒钱行，乘机用毒酒杀他，吴树出梁府后，就死在乘坐的车上。

辽东太守侯猛，接受任职令后没有去拜谒梁冀，而是直接前去就职。梁冀后来就以"莫须有"的罪名将侯猛腰斩。原太学生、时任郎中的汝南人袁著，年仅19岁，见梁冀凶横贪暴，无比愤怒，就到皇宫门口，向桓帝上书，弹劾梁冀。袁著的上书，桓帝审阅了。

梁冀听说此事，秘密派人迅速逮捕袁著。袁著于是改名换姓，但仍不能脱逃，后又托病装死，结蒲草为人，买棺让家人殡葬。梁冀派人监视，经过察问知其诈死。于是，梁冀所派之人偷偷地跟踪并逮捕了袁著，将袁著鞭笞杀害，又命人隐蔽此事，不得泄露。太学生、桂阳人刘常，是当世名儒，素与袁著相善。梁冀召刘常补任令史，以小吏之卑职来侮辱刘常。

当时太原人郝絜、胡武，都喜欢高谈阔论，他们与袁著友善。起初，胡武、郝絜等人曾连名奏记三府，推荐海内高士；但却没有通过大将军府奏记。梁冀追记这前仇，非常恼怒，又怀疑郝、胡为袁著一党，于是命令中都官发出公文，逮捕以前这几位联名奏记三公府的人。梁冀派人抄了胡武的家，杀死胡武一家60余人。郝絜起初逃亡在外，知梁冀不能免己之"罪"，就自己用车载了棺材，前往梁冀府门，亲自上书请罪。书被梁冀收入，郝絜即饮毒药而死。[2]

汉安帝的嫡母（安帝父清河王刘庆正妻，然非安帝生身之母）耿贵人的侄儿耿承，有一批少见的珍玩，梁冀派人前去向耿承处求取，没有得到，梁冀于是诛杀耿承家十余人。涿郡人崔琦一向因文章写得漂亮，平日能为梁冀所善待。崔琦

---

[1] 语见《后汉书·梁统列传》："小人奸蠹，比屋可诛。明将军以椒房之重，处上将之位，宜崇贤善，以补朝阙。宛为大都，士之渊薮，自侍坐以来，未闻称一长者，而多托非人，诚非敢闻！"

[2] 事见《后汉书·梁统列传》："时太原郝絜、胡武，皆危言高论，与著友善。先是，絜等连名奏记三府，荐海内高士，而不诣冀，冀追怒之，又疑为著党，敕中都官移檄捕前奏记者并杀之，遂诛武家，死者六十余人。絜初逃亡，知不得免，因与榇奏书冀门。书入，仰药而死。"

定计谋族诛梁氏
——从1935年会文堂新记书局蔡东藩《后汉通俗演义》

曾作《外戚箴》《白鹤赋》讽刺梁冀所为。《外戚箴》开头一句即是："赫赫外戚，华宠煌煌……"梁冀大怒。崔琦对梁冀说："昔日管仲在齐为相，喜欢听讥谏之言；萧何辅佐汉室，设置书过之吏。如今将军多次为台辅，职位同于伊周，却没听说有何德政，仅使黎民涂炭；不能结纳贤良以救祸败，反要钳塞士口，杜绝遮蔽君主的视听，将军打算使玄黄改色（玄黄之色，指天地之色）、鹿马易形吗（指颠倒天地，指鹿为马）！"梁冀无话可答。梁冀乘机遣送崔琦归还故乡。崔琦忧惧，逃跑藏匿起来，梁冀派人抓到崔琦，杀了他。梁冀诸多残忍屠杀之罪行，都如此类。

七、梁冀被诛　百姓称庆

梁冀秉政 20 年，横行朝廷内外，天子拱手，政事难以亲自过问。但桓帝刘志此时已非当年即位时不谙世情的少年，他已称帝近 10 年，早已成年知事。因此，他对梁冀的擅权专断渐有不满之意。加上眼见其近臣陈授惨遭梁冀杀害，后来又发现梁冀出于把持宫廷大权和杀人灭口掩盖自己罪行的需要，竟还准备谋杀其宠妃梁猛的母亲，于是为了维护自己的皇权，桓帝终于下决心要清除这位由他自己捧至顶峰而无恶不作的大将军了。

公元159年，桓帝下了清除梁冀的决心后，即呼小黄门史唐衡，问："左右与外舍不相通好的人都有谁？"唐衡回答，有中常侍单超，小黄门史左悺、中常侍徐璜、黄门令具瑗。桓帝便命这四人入室，告诉他们："奸臣胁国，应当使其伏罪。"五人商定了对付梁冀的措施。

单 超

梁冀怀疑单超等人，八月的一天，他派中黄门张恽入省值宿，以防有变。因为张恽进入禁中，并不奉有皇帝旨令，于是具瑗命令属吏收捕张恽，以"辄从外入，欲图不轨"之名逮捕。接着桓帝召诸位尚书入内，向他们公布了将要采取的措施。派尚书令尹持节，强制尚书丞、尚书郎以下的官员皆操兵器守护禁省的宫廷楼阁，又收回下面的符节，以便统一指挥调度时使用，也防止有假传天子令之事发生。又命令具瑗率领左右厩（即左骏厩、未央厩，主管乘舆和厩中诸马）的骑士、虎贲、羽林、都侯（禁中设左右都侯各一人，秩六百石，主管剑戟士、担任巡查收捕拷问等宫中司法事务，并听命于天子，属卫尉管辖）剑戟士，总计1000余人，与司隶校尉张彪共同包围了梁冀的宅第。桓帝就派光禄勋袁盱持节收回梁冀大将军的印绶，传令梁冀徙封为比景都乡侯。桓帝虽然当时并未赐死梁冀，却并不意味着一定要被贬徙者活命。许多被贬徙者，不是被逼死于路途中，就是被逼死于所徙之地。徙比景是皇帝常用的缓兵杀人之计。于是，熟知官场人情世故的梁冀与其妻孙寿当日即自杀。[1] 这个恶贯满盈的外戚终于自食恶果，落

[1] 事见《后汉书·梁统列传》："冀心疑超等，乃使中黄门张恽入省宿，以防其变。具瑗敕吏收恽，以辄从外入，欲图不轨。帝因是御前殿，召诸尚书入，发其事，使尚书令尹勋持节勒丞郎以下皆操兵守省阁，敛诸符节送省中。使黄门令具瑗将左右厩骑、虎贲、羽林，都侯剑戟士，合千余人，与司隶校尉张彪共围冀第。使光禄勋袁盱持节收冀大将军印绶、徙封比景都乡侯。冀及妻寿即日皆自杀。"

十侍乱政
——从明万历元年（1573）纯忠堂刊本《帝鉴图说》

得了可耻的下场。

当时梁不疑、梁蒙在此之前已经病死。桓帝又派人抓捕梁氏、孙氏在宫廷之中或朝廷以外的宗亲，将这些人全部送往监狱，不论老少全部弃市。其中主要有河南尹梁胤（子）、骑校尉梁让（叔）、卫尉梁淑、越骑校尉梁忠、长水校尉梁戟等梁氏宗亲。其他连及的公卿、列校、刺史、二千石，死者数十人。太尉胡广、司空孙郎皆坐阿附梁冀、不卫宫、擅自居住在长寿亭，减罪一等，免为庶人。梁冀的故吏、宾客免官罢黜者有300多人，因此，朝廷为空。当时整个朝廷中只剩有尚书令尹勋、光禄勋袁盱和廷尉邯郸义还就任在职。梁冀执政时是那么不可一世，权势炙手可热，如今突然被剿灭，百姓全部拍手称庆。

与此同时，朝廷没收了梁冀家的财货，由朝廷变卖，合计30余万，以充国库，仅仅因为此项收入，朝廷就命令减收天下租税之半。又拆散梁冀所修苑囿，让穷苦的百姓在其中经营。同时派人记录诛讨梁冀有功的人，以备封功赏爵。同年七月，桓帝立梁贵人梁猛为皇后。由于桓帝心恶梁氏，易改今皇后姓为薄氏，因为当年文帝薄皇后家谨良。时间长了，桓帝始知梁猛为邓香之女，乃使梁猛复姓为邓氏。

接着，桓帝诏赏诛除梁冀的功臣，封单超、徐璜、具瑗、左悺、唐衡具为县侯，单超食邑二万户，徐璜等各一万余户。世称之为"五侯"。又封尚书令尹勋等7人为亭侯。以大司农黄琼为太尉，光禄大夫中山人祝恬为司徒，大鸿胪梁国人盛允为司空。当时，新诛杀了梁冀，天下人皆想望清平之政，黄琼首居公位，于是举奏州郡素来横暴贪污之人，将其处死、贬徙者10余人，天下无不称赞。

第二年（16）正月，桓帝大赦天下，诏求李固后嗣，以加官赐爵。

史书所载梁冀外貌，"为人鸢肩，豺目，洞鼻，眄，口吟舌言"，"裁能书计"。意即梁冀长得两肩似鹰，两眼似豺，眼自上翻，眼睛深陷，梁冀看人看东西时眼神无光，茫然直视，嘴一说话，舌头就僵硬，口齿含糊不清。他的才能止于写写算算。梁冀无德无才，却秉政20年，可见东汉之黑暗。

名 家 评 说

顺帝之世，梁商称为贤辅，岂以其地居亢满，而能以愿谨自终者乎？夫宰相运动枢极，感会天人，中于道则易以兴政，乖于务则难乎御物。商协回天之势，属雕弱之期，而匡朝恤患，未闻上术，憔悴之音，载谣人口。虽兴粟盈门，何救阻饥之厄；永言终制，未解尸官之尤。况乃倾侧孽臣，传宠凶嗣，以至破家伤国，而岂徒然哉！

——晋·司马彪《后汉书》

夫冀仰不知有天，上不知有君，旁不知有四海之人，内不知有己，弑君专杀，鸢肩虎视而亡赖，是可箴也，是虎可持之无哑、蛇可禁之无螫也。琦果有忠愤之心，暴扬于庭，而与之俱碎，汉廷犹有人焉。而以责备贤者之微词，施之狂狡，何为者也！冀之为冀，如此而已矣。藉其为王莽与，则延琦而进之，与温言而诱使忠己，琦且为扬雄、刘歆，身全而陷恶益深矣。故若冀辈者，弗能诛之，望望然而去之可而。以身殉言，而无益于救，且不足以为忠直也，则谓之至愚也奚辞？

——清·王夫之《读通鉴论》

梁冀凶悍无比，而独受制于艳妻，先贤所谓身不行道，不行于妻子，有明征焉。且冀私诱友通期，而冀妻即私通秦宫，我淫人妻，人亦淫我妻，报应之速，如影随行。冀至此犹不知悟，反穷极奢侈，愈逞凶威，是殆所谓天夺之魄，而益其疾者，朱穆一谏，亦宁能挽回乎？

——蔡东藩《后汉演义》

梁冀之恶，比窦宪为尤甚，而其受祸也亦最烈。窦宪伏法，未及全家，阎显受诛，尚存太后；若梁冀一门骈戮，即妻族亦无一孑遗，甚至三公连坐，朝右一空，设非平时稔恶，何由致此？天道喜谦而恶盈，福善而祸淫，观诸梁冀夫妇，而为恶者当知所猛省矣！

——蔡东藩《后汉演义》

董　卓

董卓（132～192），字仲颍，献帝时任太尉，封郿侯，东汉末陇西临洮（今甘肃岷县）人。父董君雅，官至县尉；其母封池阳君。董卓起家陇西，历任州兵马掾、郎中、校尉、刺史、太守、中郎将、破虏将军、少府、太尉。董卓又自封为相国和太师。后被司徒王允设计杀掉。董卓作为一代奸雄，曾经一度专断朝政，玩弄皇帝于股掌之中。世人称董卓为窃国戕民的混世魔王。

一、起家陇西　乱中得势

董卓的家乡是东汉王朝的边陲重镇，与羌人毗邻，山高水险，民族多受羌胡（匈奴）习俗的影响，人人习惯于骑马射箭，剽悍勇武。董卓的父亲董君雅曾任过统领县兵以维持地方治安的县尉，故而董卓的家庭出身应为武官家庭。

董　卓
——从明刻本《绣像全本三国演义》

董卓年轻时，生得虎背熊腰，膂力过人，骑马可以携带两箭，左右驰射。他经常跑到羌人居住的地方游历，广泛与羌人豪杰交结。他性情粗野，雄略非凡，又由于他喜爱行侠仗义，颇有侠士之风，被当地的羌胡人视为英雄好汉，渐渐地名望高起来了，赢得很多羌胡人的拥护和爱戴。以后董卓组建的凉州兵集团就是以豪帅大户率领的羌胡人为基干。他们凶悍无比，战斗力极强。

董卓一度在乡务农。羌人诸帅有前来投奔他的，他杀掉耕牛，与他们一起欢宴。羌人诸帅皆感其厚意，回去后聚敛了千余头杂畜耕牛，馈赠给董卓，此事使董卓以侠义闻名四方。[1]随着董卓声望的提高，汉朝的地方官员们也注意到了他。凉州刺史就把董卓请去，授以兵马掾之职，让他带兵巡守边塞。

董卓武艺高强，又有谋略，加之熟悉羌胡情况，所以在与羌胡的战争中多次立功受奖，颇受上司青睐。延熹五年（162），并州刺史段颎推荐董卓到京师洛阳去作皇家羽林郎。永康元年（167），他出任中郎将张奂的军司马，随从张奂攻打西羌。他在战斗中屡立战功，步步高升，历任郎中、广武令、蜀郡北部都尉，最后升迁到了西域戊己校尉的高官。至此，董卓已成为二千石的高级武官。

董卓的得势借助于东汉王朝与羌胡之间的斗争与战乱。东汉时，最严重的边患是西羌人的长期侵扰。西羌人居住在青海高原，虽与汉朝有着密切的经济联系，也向汉称臣纳贡，但时服时叛；居住在凉州（今甘肃境内）的东羌归服了东汉。但是，东汉王朝的腐朽统治激起了东羌人的不满，他们也发动了反汉斗争，而且联合西羌，共同侵扰东汉边境，东汉不得不派兵遣将前往对付。董卓就是在这种尖锐的民族矛盾和激烈的军事冲突的背景下应时而起的。

中平元年（184），汉灵帝任命董卓为东中郎将、持节，代替卢植前往曲阳镇

压黄巾农民起义。董卓与黄巾军领袖张角对阵打了败仗，被免去官职。次年，凉州边章、韩遂乘黄巾起义之机割据金城（今甘肃兰州），并率数万官兵以诛杀宦官为名向三辅（汉代长安划分为京兆尹、左冯翊、右扶风三个行政区，称为三辅）发动进攻，威胁园陵。这为董卓的东山再起创造了良机。

朝廷下诏以董卓为中郎将，作为左车骑将军皇甫嵩的副手进兵征讨边章、韩遂。不久皇甫嵩因无功被免官回朝。朝廷又任命司空张温为车骑将军、假节，执金吾袁

汉灵帝

---

[1] 事见《后汉书·董卓列传》："后归耕于野，诸豪帅有来从之者，卓为杀耕牛，与共宴乐，豪帅感其意，归相敛得杂畜牛千余头以遗之，由是以健侠知名。"

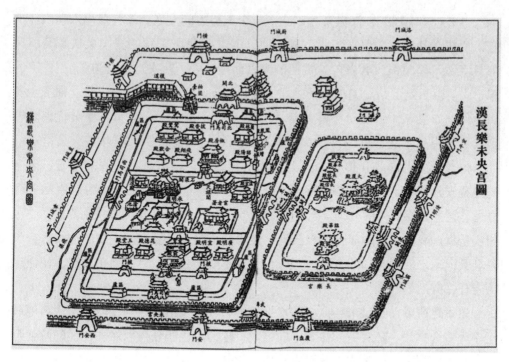

汉代长安未央宫图

清朝毕沅绘，载于《关中胜迹图志》卷四

滂为其副手。由于董卓及其部下皆为凉州人，于是起用董卓为破虏将军，随张温西征凉州。张温等人率领的汉军都被边章、韩遂的凉州羌汉军队击败，只有董卓以凉州兵对付边、韩的凉州兵取得一些战果，因而被提升为前将军。

十一月的有一天夜晚，有颗流星如火，光长十多丈，照在边章、韩遂军营之中，驴马全部惊恐鸣叫。边、韩认为不吉利，准备回返金城。董卓听后大喜，第二天，便与右扶风鲍鸿等人合兵一起进击，大破边军。边、章兵败逃至榆中。[1]

中平五年（188），韩遂又与凉州司马扶风（今陕西兴平西南）马腾联合，再次进攻三辅，董卓和左中郎将皇甫嵩联兵进讨，击退韩、马。此时，董卓的凉州兵集团更加强大。本来董卓应受皇甫嵩节制，但因他势力远远超过皇甫氏，所以他开始骄纵抗命，不听指挥。皇甫嵩无可奈何，只得启奏皇帝。

[1]事见《后汉书·董卓列传》："十一月，夜有流星如火，光长十余丈，照章、遂营中，驴马尽鸣。贼以为不祥，欲归金城。卓闻之喜，明日，乃与右扶风鲍鸿等并兵俱攻，大破之，斩首数千级。章、遂败走榆中。"

中平六年（189），汉灵帝为阻止董卓个人势力的发展，征召董卓入朝出任少府，意在夺其兵权。董卓不肯就职，他上书道："我所率领的湟中义从及秦胡兵都对臣说：'军粮钱没有发放，赏赐的廪食断绝，妻子儿女饥寒交迫。'拉住臣的车子，使臣不能上路。羌胡心肠凶恶，性情如狗，臣下不能禁止，将立即抚顺安慰他们。如果有什么变动将再上奏。"朝廷对此不能制止，对董卓十分忧虑。等到汉灵帝患病不起，以诏书任命董卓为并州牧，命他将手下军队转交皇甫嵩统率。董卓又上书说："臣既没有深远周密的谋略，又没有辉煌可观的事迹，皇上的恩赐误加于臣，执掌兵事 10 年。手下大小士卒与臣亲近已久，眷恋臣的养育之恩，愿意为臣效一时死力。乞请率他们同去北州，效力边陲。"[1]灵帝费尽心机想将董卓调离关中，脱离他的根据地，董卓却不愿意轻易交出手中的凉州兵。于是驻兵河东，静观时局的变化。灵帝也不得不就地委任董卓为河东太守，使他成为专任一方的朝廷大吏。

董卓之所以在东汉末年众多的割据势力中成为权臣，控制朝政，是因为他敢于率先恃众抗命。随着他的势力不断强大，他的出色胆略得以运用，他的政治野心也在不断膨胀，最终成为东汉末年的一代奸雄。

二、一代奸雄　总理朝政

东汉朝政的一个显著特点是外戚与宦官的斗争异常激烈，年号不断更叠。正是这种腐败的政治和混乱的政局为董卓提供了机会，创造了条件，使他成为东汉末年的风云人物。

公元 189 年，汉灵帝刘宏驾崩，年仅 17 岁的少帝刘辩即位，朝廷大权旁落在少帝舅父外戚何进手中。何进身居大将军之职，与司隶校尉袁绍谋划诛杀宦官，但是太后不允许。何进便私自召董卓率兵来京相助，以便胁迫太后。这时的董卓早已蓄有异志，何进的召唤无异于引狼入室。董卓接到命令以后，立即上路

---

[1] 事及文见《后汉书·董卓列传》："六年，征卓为少府，不肯就，上书言：'所将湟中义从及秦胡兵皆诣臣曰：'牢直不毕，禀赐断绝，妻子饥冻。'率挽臣车，使不得行。羌胡敝肠狗态，臣不能禁止，辄将顺安慰。增异复上。'朝廷不能制，颇以为虑。及灵帝寝疾，玺书拜卓为并州牧，令以兵属皇甫嵩。卓复上书言曰：'臣既无老谋，又无壮事，天恩误加，掌戎十年。士卒大小相狎弥久，恋臣畜养之恩，为臣奋一旦之命。乞将之北州，效力边垂。'"

进京，率兵3000人，马不停蹄地赶赴京城。同时上书说："中常侍张让等人凭借皇帝宠幸，扰乱海内。臣听说扬起开水使它停止沸腾，不如撤掉下边的柴禾；穿破痈疮虽然疼痛，但强于向内腐蚀肌肉。从前赵鞅召集晋阳的

东汉陶坐俑和东汉吹笙俑

甲兵，用来驱除君主身边的恶人。现在臣将立刻鸣鼓敲钟进入洛阳，请逮捕张让等人，以消除奸秽。" [1]

历经几十年行伍生涯、身经百战又久负盛名的董卓，充分把握和利用了这个千载难逢的机会，施展出平生尽有的雄韬武略和强人手腕，在历史舞台上导演了一个又一个喜怒哀乐的闹剧。

董卓率兵还未到京师，城内已发生事变，何进已被宦官张让、段珪（《后汉书》作圭）杀死，袁绍、袁术兄弟又起兵杀尽宦官，段珪等人劫持汉少帝和陈留王乘夜逃至小平津。董卓远远望见洛阳火起，率兵急进，天不亮就赶到城西。听说少帝在北芒山，董卓便前去奉迎。少帝见董卓率兵突然而至，害怕得哭泣落泪。董卓与少帝交谈，少帝不能应付；董卓又和陈留王交谈，讨论朝中祸乱之事，陈留王意气自如，对答敏捷。董卓认为陈留王比少帝贤明，而且又是董太后所抚养，又自认为他与董太后同族，于是有废少帝改立陈留王的心思。[2]

本来董卓不该再向洛阳开进了，少帝刘辩也派使臣前去阻止董卓入京。但董卓觊觎之心已起，怎么肯轻易地被拒之门外呢？因此，董卓施加兵威，强行入城。此时，董卓的步骑将士不过3000人，洛阳城内官军很多。袁绍拥有西园八

---

[1] 语见《后汉书·董卓列传》："中常侍张让等窃幸承宠，浊乱海内。臣闻扬汤止沸，莫若去薪；溃痈虽痛，胜于内食。昔赵鞅兴晋阳之甲，以逐君侧之恶人。今臣辄鸣钟鼓如洛阳，请收让等，以清奸秽。"

[2] 事见《后汉书·董卓列传》："卓远见火起，引兵急进，未明到城西，闻少帝在北芒，因往奉迎。帝见卓将兵卒至，恐怖涕泣。卓与言，不能辞对；与陈留王语，遂及祸乱之事。卓以王为贤，且为董太后所养，卓自以与太后同族，有废立意。"

校尉禁军指挥权，袁术控制着原来何进的部曲旧属，执金吾丁原有骁将吕布，官军总数超过 3 万，十倍于董卓，董卓自感势单力薄，不能使远近畏服，于是大摆迷惑阵。他每隔四五天就在深夜悄悄将部队拉出军营，待天明后又大张旗鼓而归，造成援军不断进入洛阳的假象，迷惑和镇住了袁绍、曹操等一代雄杰。不久，何进的弟弟何苗所率的将士都归入董卓手中。他又离间丁原部下，收买吕布为义子，并命他杀死丁原。于是，董卓的势力大大增强。董卓便暗示朝廷策免司空刘弘而自己代任其职。

随后，董卓策划商议废立之事。百官聚在一起议事，董卓高高地抬起头说："最大的是天地，其次便是君臣，所以上下治国为政。皇帝愚昧懦弱，不能够尊奉宗庙，做天下之主。现在我想依照伊尹、霍光的旧例去做，改立陈留王为帝，诸位以为如何？"公卿百官都不敢回答。董卓又大声说："过去霍光确定大计，田延年按剑而助，有胆敢阻挠大计的，都以军法治罪。"在座的人都很震惊，只

逞奸谋擅权易主
——从1935年会文堂新记书局蔡东藩《后汉通俗演义》

有尚书卢植说："过去太甲被立为王以后不贤明，昌邑王有罪过千余条，所以才有废立之事。当今皇上年纪很轻，行为又没有失德之处，不能和以前的事相比。"董卓大怒，离座而去。[1]

董卓废立之心已定。他为了树立自己的绝对权威，决意作一件被封建史家视为大逆不道的废立大事。他在崇德前殿召集百官，胁迫太后下诏书废掉少帝。诏书曰："皇帝在服丧期间，没有孝子之心，举止仪表不像人君之态，现在废皇帝为弘农王。"于是，立年仅9岁的陈留王刘协为帝，这便是汉献帝。

董卓废帝之后，升任太尉，兼任前将军的职事，加符节、斧钺、虎贲，改封郿侯。自己一手操纵国家大权，献帝不过是他手中可以任意摆布的傀儡。

董卓为了巩固自己的权位，彻底消灭外戚何氏之势力，拔掉朝官和名士所凭借的旗帜，以便牢牢控制国家大权，他与司徒黄琬、司空杨彪一起身载行刑用的铁锯入朝上书，请求为冤死的陈蕃、窦武及诸党人理冤平反，以顺从天下人的期望。陈蕃等人的爵位全部恢复，抉用他们的子孙为官。对于朝中大臣，董卓施行强人手腕，迫使他们就范。他任命周珌、伍琼为尚书，又任命周珌、伍琼推荐的韩馥为冀州牧、张邈为陈留太守、张咨为南阳太守。

董卓从中央到地方安插亲信，拉拢名士、党人及朝中大臣。身为太尉，牢牢控制军权，不容他人染指。出于安抚人心，董卓任命汉末名将朱俊为自己的副手，却又不让他掌握一兵一卒。

不久，董卓又让朝廷升任自己为相国，并可以不遵守臣子的礼节，入朝不趋，剑履上殿。又封其母为池阳君，仿照公主设家臣令、丞等官。[2]

董卓的专权逼跑袁绍、曹操，董卓杀了袁绍留在京都的家人、亲信。董卓迫使皇甫嵩屈服于己，任以御史中丞的闲职。朱俊和皇甫嵩是当时朝廷倚为柱石的两位重臣，都屈服于权臣董卓的淫威，其他朝臣更不可名状。董卓名虽为相，实

---

[1] 事及语见《后汉书·董卓列传》："因集议废立。百僚大会，卓乃奋首而言曰：'大者天地，其次君臣，所以为政。皇帝暗弱，不可以奉宗庙，为天下主。今欲依伊尹、霍光故事，更立陈留王，何如？'公卿以下莫敢对。卓又抗言曰：'昔霍光定策，延年案剑。有敢沮大议，皆以军法从之。'坐者震动。尚书卢植独曰：'昔太甲既立不明，昌邑罪过千余，故有废立之事。今上富于春秋，行无失德，非前事之比也。'卓大怒，罢坐。"

[2] 事见《后汉书·董卓列传》："寻进卓为相国，入朝不趋，剑履上殿。封母为池阳君，置丞令。"

董　卓

——明陈洪绶《博古叶子》

则是皇帝，把持朝纲，总理朝政，使得摇摇欲坠的东汉不得安宁。

三、贪财好货 残暴荒淫

董卓专断朝政之后，施行残酷暴权，欺凌百姓，肆意屠杀，强取豪夺，军阀混战，民不聊生。

董卓及其部下的恶行，可谓方法和手段奇特，凶残无比。他进入洛阳城控制政权后，看到城中贵戚的府第住宅相望，金帛财物，家家殷实。董卓放纵兵士，闯入这些人的住宅，大肆抢夺，淫掠妇女，把这一举动叫做"搜牢"，洛阳人紧张恐惧，人人朝不保夕。在京师洛阳东南的阳城（今河南登封东南）犯下屠杀平民百姓的滔天罪行。初平元年（190）二月，正值社祭之时，董卓派遣军队到阳城，将聚会在那里的人们全部杀死，驾着他们的运车，装载着他们的妻女，将男子的人头系在车辕上，声称是"攻贼大获"，一路高呼"万岁"，回到洛阳，焚烧掉人头，将掳掠妇女尽赐甲兵充作婢妾。董卓杀死何太后，将何太后合葬汉灵帝文陵，乘机强行掠取陵中随葬珍宝。西迁长安时，董卓又发掘东汉诸帝陵及公卿墓冢，将陵墓中随葬珍品偷掠一空。董卓在京城奸淫公主、抢掠宫人为妻；滥施严刑峻法，人有瞪眼怒视一类的小事也必定会被处死，使国家的法律被践踏无余，内外群臣百官无人能够自保。[1]

董卓来到关中，通过敲剥黎民，大肆搜刮百姓财物，然后筑坞于郿县，高 7 丈，与长安城等同，称为"万岁坞"。在郿坞中，董卓贮积搜刮来的民脂民膏共计有可供吃 30 年的粮食，黄金两三万斤，白银八九万斤，还有堆积如山、不可胜数的珠玉锦绮、奇玩杂物。董卓看着如此众多的奇珍异宝，按捺不住内心的喜悦，自称："大事成功，可以据有天下；不成，守此坞堡也足以养老。"[2]

他为了满足自己无止境的贪欲，毁坏了秦朝铸造的铜人、铜钟，又毁掉原来流通的五铢钱，将这些铜料铸成小钱流通使用。这种做法造成了物价上涨，以至

---

[1] 事见《后汉书·董卓列传》："是时洛中贵戚室第相望，金帛财产，家家殷积。卓纵放兵士，突其庐舍，淫略妇女，剽虏资物，谓之'搜牢'。人情崩恐，不保朝夕。及何后葬，开文陵，卓悉取藏中珍物。又奸乱公主，妻略宫人，虐刑滥罚，睚眦必死，群僚内外莫能自固。"

[2] 事及语见《后汉书·董卓列传》："乃结垒于长安城东以自居。又筑坞于郿，高厚七丈，号曰：'万岁坞'。积谷为三十年储。自云：'事成，雄据天下；不成，守此足以毕老。'"

于一斗谷数十万钱，严重破坏了钱制，破坏了物价的稳定，使人民进一步陷入水深火热之中。

董卓暗示朝廷封自己为太师，位在诸侯王之上。于是率兵回长安，朝中百官沿路跪拜迎接。董卓非分地使用皇帝车服，乘坐金华青盖车，爪形车盖，两个车厢上绘有文采。时人称其车为"竿摩车"，意思是说其服饰和天子所用相近。又让其弟董旻为左将军，封鄠侯，其侄儿董璜为侍中、中军校尉，全部掌管兵权。董氏宗族内外众人都担任各种官职，其子孙即使尚在童年，男的也皆封为侯，女的封为邑君。

董卓多次与百官安排酒席欢宴，纵欲淫乐。董卓有一次去郿坞巡视，公卿以下百官在长安城横门外为其饯行。董卓悬挂帐幔安置酒宴，将诱降的北地反叛数百人，在座位之间杀死。他先割断这些人的舌头，然后施以不同的酷刑。有的砍去手足，有的挖去双眼，有的投入滚烫的开水中煮死。那些没有即刻死去的人因疼痛或在宴席间穿来撞去，或仆伏在地翻滚不已，惨状令人悚目惊心。陪宴官员个个吓得面无人色，汗流浃背，惟有董卓依然饮食自若。其凶恶残暴由此可见一斑。[1]

另外，被董卓诬杀的人和反对他的官吏也有成千上万。有一次，太史望气，说将要有大臣被杀死。董卓便命人诬告卫尉张温与袁术勾结，于是在市中笞杀张温，以应对天象的变异。张温曾与董卓有隙，董卓心怀忌恨，因而遭此劫难。

越骑校尉汝南人伍孚，愤恨董卓凶残狠毒，立志亲手杀死他，便身穿朝服、内藏佩刀去见董卓，伍孚与董卓说完话告辞离去，董卓起身送至阁门，用手拍着伍孚的后背，伍孚乘机抽刀刺向董卓，没有击中。董卓自己挣脱幸免，急忙呼叫手下抓住伍孚。伍孚大叫道："我恨不能把你这奸贼磔裂在街市上，以谢天地。"话没说完，就被杀死了。[2]

---

[1] 事见《后汉书·董卓列传》："尝至郿行坞，公卿已下祖道于横门外。卓施帐幔饮设，诱降北地反者数百人，于坐中杀之。先断其舌，次斩手足，次凿其眼目，以镬煮之。未及得死，偃转杯案间，会者战栗，亡失匕箸，而卓饮食自若。"

[2] 事及语见《后汉书·董卓列传》："越骑校尉汝南伍孚忿卓凶毒，志手刃之，乃朝服怀佩刀以见卓。孚语毕辞去，卓起送至阁，以手抚其背，孚因出刀刺之，不中。卓自奋得免，急呼左右执杀之，而大诟曰：'虏欲反耶！'孚大言曰：'恨不得磔裂奸贼于都市，以谢天地！'言未毕而毙。"

四、祸国殃民　死于非命

董卓的专横引起了袁绍、曹操等地方军阀的讨伐。袁绍、孙坚、曹操等人起兵讨董，正式拉开了东汉末年军阀混战的帷幕，使黎民百姓受尽战乱之苦。

董卓得知东方讨卓军起兵，十分害怕，所以毒杀弘农王，准备迁徙到长安，召集公卿百官商议。太尉黄琬、司徒杨彪当朝劝谏董卓没有结果，曾被他重用的伍琼、周珌又坚决劝谏。董卓大怒道："我刚刚入朝时，您二位劝我任用善士，所以我才听从，但诸位到职后，却起兵来谋算我，这是二位出卖我董卓，我有什么对不起你们的呢！"于是杀掉伍琼、周珌。杨彪、黄

吕　布

琬都很害怕，向董卓道歉说："小人眷恋旧地，不是想阻挠国事，请以考虑不治我们的罪。"董卓杀掉伍琼、周珌后也立刻后悔了，因而表奏杨彪、黄琬为光禄大夫。他挟持汉献帝离开洛阳，西迁长安，以图"挟天子以令诸侯"。

董卓的迁都造成了极大的破坏，给社会、百姓带来了深重的灾难。撤离洛阳前，董卓将洛阳及周围200里内的数百万百姓强行迁入关中。人们不愿离开家园，董卓就派出步兵和骑兵威逼他们，用强行驱逐的方式将人们一群一群地赶着向西移徙。途中，董卓军队对人民实行野蛮的践踏和随意的掠夺，造成很大的伤亡，再加上缺乏粮食，很多人因饥饿而死。在洛阳至长安的移徙一线，死亡不计其数，横尸遍野。董卓为防止人们留念家园再逃回去，将洛阳及周围200里内所有房屋、物资一律烧光，鸡犬杀尽，不复遗留。[1]他还派部将李傕、郭汜、张济等人率兵在陈留（今河南陈留）、颍川（今河南禹县）等地，到处杀人，抢劫财

[1]事见《后汉书·董卓列传》："于是尽徙洛阳人数百万口于长安，步骑驱蹙，更相蹈藉，饥饿寇掠，积尸盈路。卓自屯留毕圭苑中，悉烧宫朝官府居家，二百里内无复孑遗。"

汉朝瓷砖雕画上的生肖纪时，其左鼠人（子）为23时至一时刻，右兔人（卯）为五时至七时刻，现藏于爱丁堡苏格兰博物馆。

物，造成"数百里中无烟火"的凄惨景况。洛阳是东汉建都以来200年政治、经济、文化的中心，董卓的残暴行径把洛阳变成了一片瓦砾场。昔日繁华富丽的巍巍帝京，历经这场劫难后一片荒颓，残破凋零。正如曹操在《蒿里行》中所言："白骨露于野，千里无鸡鸣。"

董卓的政策实在不得人心。除了民间怨声载道，朝廷官员也是十分不满。司徒王允与吕布及尚书仆射士孙瑞开始谋划杀掉董卓。有人将"吕"字写在布上，背着在市中行走，唱着歌说："布呸！"有人将此事报告了董卓，董卓迷惑不解。初平三年四月，皇帝患病初愈，在未央殿大会群臣。董卓身穿朝服登车。不一会儿，马突然受惊，董卓掉入泥中。随后他入室更衣，他的小妾劝他不要去了。董卓不听，起身入朝。

董卓在沿途两侧排列将士，从他居住的地方直至未央宫门。左边步兵，右边骑兵，环绕防卫，命令吕布等人护卫前后。王允与士孙瑞向皇帝密奏诛杀董卓的计划，让士孙瑞亲自拟写诏书交与吕布，命令骑都尉李肃和与吕布同心的勇士十多人，穿着卫士的服装冒充卫士在北掖门内等待董卓。董卓快要到达宫门时，马惊恐万状。董卓既奇怪又害怕，准备回马。吕布劝董卓进宫，董卓听从了劝告进入宫门。李肃用戟刺向董卓，董卓内穿铠甲未能刺入，手臂受伤掉下马车。他回头大叫道："吕布在哪儿？"吕布说："有诏书命令讨伐贼臣。"董卓大骂说："庸狗敢这样做吗？"吕布应声举矛直刺董卓，催促士兵杀死董卓。主簿田仪和董卓的奴仆扑向董卓的尸体，吕布将其二人杀死。

接着，吕布命人携带赦免的诏书，骑马宣示宫殿内外。士卒都欢呼万岁，百姓在街上载歌载舞以示庆祝。长安城内卖掉珠玉衣服，沽买酒肉来相互庆祝的士人妇女，填街塞巷，真有大快人心之感。

王允命令皇甫嵩去郿坞攻打董卓之弟董珪，杀了董卓之母以及妻子，将董卓家族全部杀掉，并把董卓尸体丢弃街市上。由于天气炎热，加上董卓素来肥胖，脂肪流了一地。看守尸体的官吏点火炬放在董卓的肚脐上，光明达旦，一连点了几天。[1] 各个袁氏的门生弟子又积聚董氏一族的尸首放在一起焚烧，将骨灰扬洒在道路上。就这样，一代奸雄弄权一世，最终死于非命。

名 家 评 说

　　董卓初以虓阚为情，因遭崩剥之执，故得蹈藉彝伦，毁裂畿服。夫以刳肝斫趾之性，则群生不足以厌其快，然犹折意缙绅，迟疑陵夺，尚有盗窃之道焉。及残寇乘之，倒山倾海，昆冈之火，自兹而焚，版荡之篇，于焉而极。呜呼，人之生也难矣！天地之不仁甚矣！

——晋·司马彪《后汉书》

　　董卓狼戾残忍，暴虐不仁，自《书》《契》已来，殆未有之矣。

——晋·陈寿《三国志》

　　有诡谲执悍之才，在下位而速颜非望者，其灭亡必速。故王莽、董卓、李密、朱泚俱不旋踵而殄。又其下者，则为张角、黄巢、方腊之妄，以自残而已矣。其得大位，虽夺虽僭，而犹可以为数十年人民之君长，传之子孙，无道而后亡；则必其始起也，未尝有窥窃神器之心，而奋志戮力以天下之祸乱为己任；至于功立威震，上无驾驭之主，然后萌不轨之心，以不终其臣节而猎大宝，得天下而不可以一日居，未有或爽者也。

——清·王夫之《读通鉴论》

　　山东兵起，董卓遣将出御，未闻败衄，而忽议西迁，意者其即由贼胆

---

[1] 事见《后汉书·董卓列传》："使皇甫嵩攻卓弟旻于郿坞，杀其母妻男女，尽灭其族。乃尸卓于市。天时始热，卓素充肥，脂流于地。守尸吏然火置卓脐中，光明达曙，如是积日。"

心虚，有以慑其魄而夺其气欤？然于伍孚行刺，则杀之；于周珌伍琼之进谏，则亦杀之；于袁隗袁基之有关绍术，则又杀之；穷凶极恶，何其残忍乃尔？且屠戮富人，焚毁宫室，二百里内，不留鸡犬，虽如秦政项羽之暴虐，亦未有过于是者。

——蔡东藩《后汉演义》

曹　操

曹操（155～220），字孟德，又名吉利，小名阿瞒，献帝时任丞相，封魏王，谥号"武王"。东汉末沛国谯（今安徽亳州）人。父曹嵩，官至太尉。曹操在东汉末年历任洛阳北部都尉、顿丘令、议郎、骑都尉、东郡太守等职。先后被封费亭侯、武平侯、录尚书事。又拜丞相、任司空，行车骑将军事，统领文武百官。建安二十一年（216）进爵魏王。曹操文韬武略，才干非凡。他曾参与讨伐董卓，镇压黄巾起义，消除各种割据势力，统一中国北方，实行屯田、兴修水利，唯才是举、抑制豪强，加强中央集权，积极推行法治。曹操是一位著名的政治家、军事家和

曹　操
——从明万历三十七年（1609）原刊本
《三才图会》

文学家，对东汉时期社会经济发展、政治变革和文化繁荣起到了积极的作用，对中国的社会历史发展起到了一定的进步作用。

一、精通兵法　击败黄巾

曹操之父曹嵩，本姓夏侯，因被宦官曹腾收为养子而改姓。曹嵩虽官至太尉，袭封侯爵，但因系太监养子，在社会上仍属受人歧视的"寒族"。

曹操从小很机警，有谋略权术。他酷爱读书，对经史典籍无不涉猎，尤爱研究军事著作。早在出仕之前，就广泛收集、整理了东汉以前各家兵书，把重要内容摘录下来编成一本《兵法摘要》，后著有《孙子略解》等军事著作。正是由于他从小博览群书、钻研兵法，为他后来戎马一生、叱咤风云创造了条件，奠定了基础。

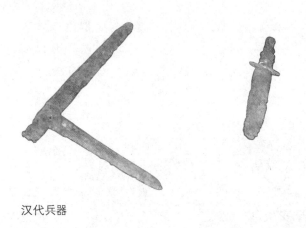

汉代兵器

由于曹操年小时放荡不羁，不修养品行，不专心致志从事学业，所以社会上的人没有特别重视他，只有梁国的桥玄和南阳郡的何颙对他另眼相看，认为他与众不同。桥玄对曹操说："天下将乱，不是著名于世的杰出人物是不能拯救的，能够安定天下的人恐怕就是你了！"[1]

公元 174 年，刚满 20 岁的曹操被郡人举为孝廉作郎官，不久即担任了负责地方治安的洛阳北部都尉，开始步入仕途。

曹操的军事生涯始于中平元年（184）。这一年，声势浩大的黄巾起义席卷全国，东汉统治集团惊慌失措，几乎调集了全部武装力量进行镇压。曹操被任命为都骑尉，带兵镇压颍川（今河南禹县）的黄巾军。他乘机扩充实力，用招募兵勇和收编黄巾军的办法组建了一支 30 多万人的武装力量。其官衔也从小小的骑都尉晋升为镇东将军、兖州（今属山东）牧，他占据了今山东南部、河南北部的大片地盘。

灵帝死后，太子刘辩即位，太后临朝。奸雄董卓率兵进京，废少帝立献帝，京都大乱。曹操到陈留，用自己的家财聚结义兵准备铲除董卓。公元 189 年十二月，曹操开始在己吾起兵。

初平元年（190）春，后将军袁术、冀州牧韩馥、豫州刺史孔伷、兖州刺史刘岱、河内太守王匡、陈留太守张邈、东郡太守桥瑁、山阳太守袁遗、济北相鲍信、勃海太守袁绍同时起兵，各拥兵数万，推袁绍为盟主，曹操担任奋武将军。

面对董卓的强大兵势，袁绍等人不敢率兵首先进攻。曹操说："举义兵是为了平定暴乱，如今已经集合，诸位还有什么疑虑？假使董卓听到山东起兵，倚恃王室之重，占据东西二周之险，而向东出兵以君临天下，虽然无道，却足以为

---

[1] 事及语见《三国志·魏书·武帝纪第一》："太祖少机警，有权数，而任侠放荡，不治行业。故世人未之奇世，唯梁国桥玄、南阳何颙异焉。玄谓太祖曰：'天下将乱，非命世之才，不能济也。能安之者，其在君乎！'"

患。现在董卓焚烧宫室，劫持天子西迁，海内震动，不知所措，这正是天意要他灭亡的时候，一仗就可以安定天下，这种良机不可失去。"[1] 于是引兵西进，占据成皋。张邈派遣将领卫兹分兵跟随曹操。到荥阳汴水（今河南荥阳西南的索河），遭遇到董卓将领徐荣，交战不利，士卒死伤很多，曹操被流箭射中，所乘之马也受了伤。堂弟曹洪把自己的坐骑换给了他，才得以趁天黑逃走。

曹操到了酸枣（今河南延津北），见各路兵马十多万人，天天饮酒欢会，不图进取。曹操责备他们，并谋划说："诸位听听我的计划，让袁绍引河内大军进逼孟津，酸枣的各位将领防守成皋，占据敖仓，封锁太谷关口，全面控制险要之地，让袁术将军率领南阳的大军进驻丹水（今河南淅川西）和析县（今河南西峡），开进武关（今陕西商南西北），以震动三辅。各军都高筑壁垒，不与敌军交战，多布疑兵，展示天下的强大形势，以正义讨伐逆贼，可以很快平定。现在我们的军队为了正义而行动，却抱着犹疑的态度而不敢前进，使天下的人失望，我私下为你们感到羞耻。"[2] 曹操的一席话说服了一些人。张邈等人不肯接受他的建议。曹操兵力不多，和夏侯惇等到扬州（今安徽寿县）募兵，刺史陈温、丹阳太守周昕给他兵力4000多人，曹操回到龙亢（今安徽怀远西），士兵大多叛逃。到了铚（今安徽宿县西南）县、建平（今河南永城县），重新收集散兵1000余人，进驻河内。

初平二年（191），曹操率兵进入东郡，攻击白饶于濮阳，打败了他。袁绍表荐曹操为东郡太守。

初平三年（192）春，曹操驻军顿丘（今河南浚县），于毒等人攻打东武阳（今山东莘县南）。曹操率兵向西部山区进发，攻打于毒的大本营。于毒听后弃武阳而归。曹操阻击睦固，又袭击匈奴人于失罗于内黄（今河南内黄），大破敌军。

---

[1] 语见《三国志·魏书·武帝纪第一》："举义兵以诛暴乱，大众已合，诸君何疑？向使董卓闻山东兵起，倚王室之重，据二周之险，东向以临天下，虽以无道行之，犹足为患。今焚烧宫室，劫迁天子，海内震动，不知所归，此天亡之时也。一战而天下定矣，不可失也。"

[2] 语见《三国志·魏书·武帝纪第一》："诸君听吾计，使勃海引河内之众临孟津，酸枣诸将守成皋，据敖仓，塞轩辕、太谷，全制其险，使袁将军率南阳之军军丹、析，入武关，以震三辅；皆高垒深壁，勿与战，益为疑兵，示天下形势，以顺诛和，可立定也。今兵以义动，持疑而不进，失天下之望，窃为诸君耻之！"

年画《战宛城》

青州黄巾军百万人开进兖州，杀了任城国相郑遂，转入东平。兖州太守刘岱要袭击黄巾，鲍信劝阻："现在贼军达百万之众，百姓震惊恐惧，士兵没有斗志，不能去抵挡，我看贼军有不少人的亲属成群相随，军队没有粮草物资供应，只靠抢夺的东西。现在不如积蓄军中力量，固守城池。敌人求战不得，欲攻不能，势必离散，然后我们挑选精兵占据要塞，一旦进攻就可以打败他们。"刘岱不听，与黄巾军交战，果然被杀。鲍信与州吏万潜等人到东郡迎接曹操来当兖州牧。曹操进兵在寿张东（今山东东平西南）进击黄巾军。鲍信奋战而死，才勉强击败了黄巾军。曹操悬赏寻找鲍信的尸体，但未能找到，大家就用木头刻成鲍信的样子，哭着祭奠他。[1]曹操追击黄巾军直到济北，黄巾军求降，曹操接受降兵30多万，男女100多万口，收编了其中精锐的兵士，号称"青州兵"。

二、大败张绣　击垮袁绍

初平四年（193）春，曹操驻守鄄城。曹操攻打刘详，击败援兵袁术。夏天，曹操回军定陶。秋季，曹操征讨陶谦，攻下十多座城邑，陶谦守城不敢出战。

---

[1] 事见《三国志·魏书·武帝纪第一》："信乃与州吏万潜等至东郡，迎太祖。领兖州牧，遂进兵击黄巾于寿张东。信力战，斗死。仅而破之。购求信丧不得，众乃刻木如信形状，祭而哭焉。"

汉献帝兴平元年（194）春，曹操从徐州回来，因听传闻父亲曹嵩被陶谦所杀，所以曹操东伐，志在复仇。夏天，曹操派荀彧、程昱驻守鄄城，自己再次征讨陶谦，攻克五座城邑，占领的地方一直到东海（今山东郯城北）一带。在回军经郯县时，受陶谦部将曹豹和刘备拦截，曹操打败了他们。秋天，曹操又与吕布交战，丢失兖州。冬天，曹操到了东阿（今属山东）县。

兴平二年（195）春，曹操袭击定陶，又与吕布交战。曹操虽然兵少，但出奇兵袭击，大败吕布，分兵平定各县。八月，曹操转攻雍丘（今河南杞县）。十月，献帝任命曹操为兖州牧。这年长安大乱，献帝向东迁徙，护卫军在曹阳战败，献帝渡过黄河逃至安邑（今山西夏县）。

献帝建安元年（196）正月，曹操领兵到达武平（今河南鹿邑西北），准备迎接献帝。将领中有人疑虑，荀彧、程昱鼓励他。他派曹洪率军西去迎接皇帝。二月，献帝任命曹操为建德将军，六月，又提升为镇东将军、封费亭侯。秋天，曹操到达洛阳，皇帝授予曹操符节、黄钺、总领尚书事，卫戍京都。洛阳残破不堪，董昭等人劝说曹操迁都许县（今河南许昌东）。九月，献帝自关东来到许都。任命曹操为大将军，封武平侯。十月，献帝任命袁绍为太尉，袁绍耻于官位在曹操之下，不肯接受。曹操就坚决辞去自己的职位，把大将军的官职让给袁绍。献帝任命曹操为司空兼车骑将军。[1]

建安二年（197）正月，曹操到达宛城（今属河南），曹操与反悔的降军张绣交战，大败。曹操被流箭射中，曹操的大儿子曹昂、侄子曹安民遇难。曹操带兵回舞阳（今河南中部偏南），张绣领兵前来侵挠，被曹操打败。交战后，曹操对将领们说："我降服了张绣等人，错在没有立即取得他们的人质，以至造成这种局面。我明白了失败的原因。诸位看吧，从今以后不再失败了。"于是回到了许都。九月，袁术进犯陈县（今河南淮阳），曹操东征袁术。十月，曹操又亲自南征到达宛县，攻破湖阳（治所在今河南唐河西南湖阳镇），活捉邓济，攻占舞阳。

建安三年（198）正月，曹操在穰县（治今河南邓县）包围了张绣，刘表援张，曹操前后受敌。对此，曹操乘夜在险要的地方开凿地道，运走全部军用物资，设置奇兵。此时正好天亮，敌军以为曹操逃跑了，全军来追。曹操便出动奇

---

[1]事见《三国志·魏书·武帝纪第一》："于是以袁绍为太尉。绍耻班在公下，不肯受。公乃固辞，以大将军让绍。天子拜公司空，行车骑将军。"

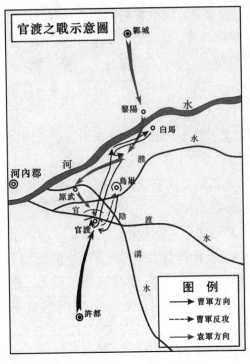

官渡之戰示意圖

《官渡之战》形势图

兵，步兵和骑兵夹攻，大败张绣。荀彧问曹操："您先前料定敌人可以打败，是为什么呢？"曹操说："敌人阻拦我军归路，与我们这样被置于死地的军队作战，所以我知道是会取得胜利的。"[1] 九月，曹操东征吕布，吕布亲自带领骑兵迎战，曹操大败吕布。一个多月后，曹操活捉吕布、陈宫，随后把他们都杀了。

建安四年（199）四月，曹操进军到达黄河边。派遣史涣、曹仁渡河攻打眭固。曹操渡过黄河，包围射犬。这时袁绍拥兵 10 万，准备进军攻打许都。许多将领认为袁军不可抵挡，曹操说："我了解袁绍的为人，志向大而才智小，外表严厉而内心怯懦，嫉妒刻薄而缺乏威信，兵力虽多而指挥不当，将领骄横而政令不统一，土地虽广，粮食虽多，却正好成为对我的奉献。"[2] 十二月，曹军驻扎在官渡。袁绍也向官渡进军。

建安五年（200）正月，曹操准备亲自东征刘备。诸将都说："与公争天下的是袁绍。现在袁绍刚到，却不顾他而东征，袁绍从背后攻击怎么办？"曹操说："刘备是人中豪杰啊，现在不打垮他，必然成为后患。袁绍虽有远大志向，而遇事反应迟钝，一定不会动兵的。"[3] 曹操往东攻打刘备，打败了刘备，刘备逃奔袁

[1] 事及语见《三国志·魏书·武帝纪第一》："荀彧问公：'前以策贼必破，何也？'公曰：'虏遏吾归师，而与吾死地战，吾是以知胜矣。'"

[2] 语见《三国志·魏书·武帝纪第一》："吾知绍之为人，志大而智小，色厉而胆薄，忌克而少威，兵多而分画不明，将骄而政令不一，土地虽广，粮食虽丰，适足以为吾奉也。"

[3] 事及语见《三国志·魏书·武帝纪第一》："公将自东征备，诸将皆曰：'与公争天下者，袁绍也。今绍方来而弃之东，绍乘人后，若何？'公曰：'夫刘备，人杰也，今不击，必为后患。袁绍虽有大志，而见事迟，必不动也。'"

绍，曹操又去攻打下邳，关羽投降。曹操回到官渡，袁绍终于没有出兵。二月，袁绍派兵攻打东郡太守刘延。四月，曹操往北救援刘延。曹操带领军队日夜兼程直奔白马，派张辽、关羽作先锋打败了敌军，斩了颜良，就此解了白马之围。

曹操与袁绍两次交战，先后杀了袁绍手下的两员名将颜良、文丑，袁绍大为震惊。八月，袁军营垒连结起来步步向前推进。曹操也分营与对方相当，交战不利。这时曹操的兵力不足 1 万人，受伤的士兵又占十分之二三。袁军又逼近官渡，筑土山挖地道。曹操也在自己的营内筑土山开地道，与之对抗。面对强大的袁军攻势，曹操军粮不足，他给荀彧写信，商量打算撤回许都。荀彧认为："袁绍把所有的兵力聚集于官渡，想与您决一胜负，您以最弱的兵力去抵抗强大的敌军，如果不能制服它，必然会被敌军乘机进攻。这正是确定天下的重要时机。况且袁绍这个人是

袁　绍

一般的英雄，他只能聚集人才而不会使用他们。凭着您的英明勇武，加上辅佐天子讨伐叛乱的正当名义，为什么不能成功！"曹操采纳了荀彧的建议，并采用荀攸的计谋，派徐晃、史涣截击袁绍的粮草，打败袁军，把运粮车全部烧毁。经过几番较量，曹操终以不足两万的兵力出奇制胜，一举打垮了袁绍的 10 万精兵，创造了我国历史上以少胜多的著名战役——官渡之战。曹操打败袁绍，天下再没有人可以与曹操相敌了。

随后，曹操陆续剿灭了袁绍之子袁谭、袁尚，平定了北方。

三、封侯拜相　实施屯田

建安十二年（207）二月初五，曹操下令说："我发动义兵消除暴乱，到现在已有 19 年。有所征战，必定胜利，哪里是我的功劳，都是贤士大夫的力量。现在，天下虽没有全部平定，我应当与贤能的士大夫们一起来平定。我独得功劳，

荀 彧

荀彧（163~212），字文若，颍川郡颍阴县（今河南许昌）人，东汉末年曹操帐下谋臣，被曹操称赞"吾之子房"。因其任尚书令，居中持重达十数年，被敬称为"荀令君"；官至汉侍中，守尚书令，追赠为太尉，谥曰"敬侯"。

怎能安心？现在要促成定功行赏之事。"[1] 于是大封功臣 20 多人，都为列侯，其余依次受封。对于死臣遗孤也有不同赏赐。

建安十三年（208）正月，曹操回到邺城，开凿玄武池训练水军。汉朝廷撤除三公的官职，设置丞相、御史大夫。六月，曹操担任丞相之职。七月，曹操南征刘表。十二月曹操从江陵出征刘备。在赤壁，与刘备和孙权的联军交战，赤壁之战失利，加上发生疾病，吏卒多有死亡。

建安十六年（211）七月，曹操西征，驻潼关，渡渭水，过黄河，进长安，一路西征，连战连胜。建安十七年（212）正月，曹操返回邺城。献帝命令特准曹操朝拜时唱礼者不直呼他的姓名，入朝时不用小步快走，准许佩剑穿鞋上殿，按照像对待萧何那样的旧例。十月，曹操出征讨伐孙权。[2]

建安十八年（213）正月，曹军进军濡须口，攻破孙权在长江西岸的军营，俘获孙权的都督公孙阳。四月曹操回邺城。五月初十日，汉献帝派御史大夫郗虑手持符书策书封曹操为魏公。建安十九年（214）三月，献帝把魏公曹操的地位升到诸侯王之上，改授他金质玺印、红色绶带、远游冠。

建安二十年春正月，献帝立曹操的二女儿为皇后。三月，曹操西征张鲁，到

---

[1] 语见《三国志·魏书·武帝纪第一》："吾起义兵诛暴乱，于今十九年，所征必克，岂吾功哉？乃贤士大夫之力也。天下虽未悉定，吾当要与贤士大夫共定之，而专飨其劳，吾何以安焉！其促定功行封。"

[2] 事见《三国志·魏书·武帝纪第一》："十七年，春，正月，公还邺，天子命公赞拜不名，入朝不趋，剑履上殿，如萧何故事。"

汉铜兵马俑

达陈仓。五月，曹操攻破血洗了河池。九月，献帝命令曹操可以秉承皇上旨意封立诸侯、任命太守、国相。建安二十一年（216）五月，天子晋封曹操为魏王。天子还封魏王的女儿为公主，并赐给她汤沐邑。

建安二十二年（217）正月，曹操进军驻居巢。二月进军驻江西郝溪。先后打退孙权，抵挡刘备。

建安二十四年（219），曹军与刘备在阳平关交战。五月，曹操率军回长安。八月，曹操七军遭水淹，于禁全军覆没。十月，曹操回军洛阳。

纵观曹操的一生，东挡西杀，南征北战。在一系列战斗中，曹操均自任统帅，亲临前线，身先士卒。曹操始终坚持钻研兵法，并结合自己率兵作战的实践，首次为我国古代最著名的军事专著《孙子》作注，写出了《孙子略解》一书。据说他自己还写了一本题为《孟德新书》的军事专著，可惜未能传世。

曹操作为一代名相，也是一位著名的军事家，另外，曹操在恢复经济，发展农业方面也有重要贡献。

东汉末年，朝政败坏，民不聊生，军阀混战，百姓流离失所，大片土地荒芜，生产力受到极大破坏，全国发生严重的灾荒。曹操在征战中，深感粮食不足所带来的灾难。据有关史料记载，曹操所处的时代还发生过人相食的事。[1]

---

[1] 事见《三国志·魏书·武帝纪第一》："冬，十月，太祖至东阿，是岁，谷一斛五十余万钱，人相食，乃罢吏兵新募者。"

面对这种残酷的现实，曹操力图恢复经济。曹操于定都许县的当年，采纳了枣祗、韩浩关于屯田的建议，立即着手在许都附近实行屯田。曹操在镇压黄巾农民起义的过程中，又获得了大批的劳动力和耕牛、农具，这为他实施大规模屯田创造了条件，屯田区见于记载的就有 20 多处。其中比较集中的是在河南和淮河两岸。

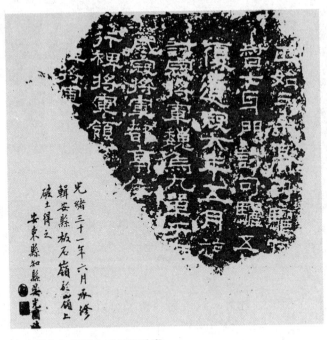

曹魏伐高句丽纪念碑拓印片段

曹操屯田分为军屯和民屯两种。军屯按原来建制，由军官直接督领，大司农派官协助。民屯设长官管理，郡设典农中农将或典农校尉，与县令平行。下设各种属官，负责具体事务。主要农官大都由吏部奏上任免。有关屯田重大事项，多由最高决策者决定，具体事务则由大司农派官协助承办。同军屯一样，民屯也实行军事编制，以屯为单位，每屯 50 人，由屯司马督领。在屯田过程中，大量招募流亡的农民，把一些无主的土地贷给他们耕种，所得谷物官民按比例分成。为加强对屯田的管理，曹操专门颁布命令，不断改善管理措施，吸引了越来越多的流民。实行屯田一年就得谷 100 万斛，既安定了百姓生活，也解决了严重的军粮问题。[1]

曹操把士兵既作为战斗的基本力量，又作为农业生产的重要承担者。曹操的

---

[1] 事及语见《三国志·魏书·武帝纪第一》："自遭荒乱，率乏粮谷，诸军并起，无终岁之计，饥则寇略，饱则弃余，瓦解流离，无敌自破者不可胜数。袁绍之在河北，军人仰食桑椹。袁术在江、淮，取给蒲蠃。民人相食，州里萧条。公曰：'夫定国之术，在于强兵足食。秦人以急农兼天下，孝武以屯田定西域，此先代之良式也。'是岁，乃慕民屯田许下，得谷百万斛。于是州郡例置田官，所在积谷，征伐四方，无运粮之劳，遂兼灭群贼，克平天下。"

屯田是采用军事强制的形式，把农民和士兵束缚在封建土地国有制下的一种剥削制度。这种制度虽然严重地限制农民和士兵的人身自由，但在当时战乱的条件下，它起着保护生产力的作用，使他们通过生产自救免于流离死亡。屯田制度的实施，对恢复北方经济和减轻人民的负担都起到了积极作用。

曹操为了军事和经济的需要，督促农民垦辟荒地，兴修水利，发展生产。先后开凿或整修了许多沟渠。在今天津的南、北开凿了平虏渠、泉州渠和新河，在中原地区和黄河流域开通或整修了利曹渠、九龙渠、成国梁、睢阳渠、讨虏渠等。所修陂塘也很多。这些水利工程对于农业和商业的发展都有积极作用。随着农业生产的发展，手工业和商业也有很大的起色。

四、富国强兵　用人唯贤

曹操作为中国历史上杰出的政治家，对东汉以来只重门第、德行，不重真才实学的选举制度的危害深有认识。他大胆地变革官制，加强法制，唯才是举。

首先，曹操对东汉的官制进行了改革，建立了以丞相为首的外戚台阁制，消除了中央权移宦官、外戚，地方权移州牧的弊端。建安十三年（208），曹操任丞相，当时协助丞相办事的人极少。丞相之下有东曹、西曹（后省）、法曹等，东曹掌选官。丞相之下各曹的设置，是列曹尚书由内廷转到外朝，由少府属下转为丞相属下的开端。这是中央官制的重要改革。中央的军事权也归丞相掌握，曹操设置了两种军职，以掌握内外诸军。一种是中领军和中护军，掌禁兵，都是丞相府的属官。他们分掌禁兵，有效地防止了东汉内廷事变的重演；另一种是四征将军即征东、征西、征南、征北，皆掌征伐。曹操提高了偏裨杂号将军的地位，分掌四个方面的征伐大权，直属于丞相。从此，大将军之号虽在，但名同虚设。另外，曹操对地方的官制也进行了一系列改革。

在用人方面，曹操彻底打破了世俗的门第观念，坚持唯才是举、唯贤是用的方针。他曾三次下令求贤，明确表示：只要有治理国家、指挥军队的才能，不论出身高低、名声好坏，一概利用。建安十五年（210）春，曹操下令说："自古以来受天命的开国君

曹操书法

主和中兴之王，哪个不是得到贤人君子与他一起治理天下的呢？等到他们得到了贤人，都是没有走出过闾巷的，这难道是侥幸相遇吗？是因为当政的人不去寻求他们罢了。现在天下还没有平定，这正是急需寻求贤人的时候。'孟公绰做赵氏魏氏的家臣是合适的，却不可以做滕国、薛国的大夫'。假如一定要清白高洁之士才可以任用，那么齐桓公又怎么能够称霸当世呢！现在天下难道没有身穿粗布衣、胸怀谋略而在渭水边垂钓之人吗？难道没有像陈平那样被认为私通嫂子、接受贿赂至今还没有遇到魏无知推荐的人吗？你们要帮助我发现引荐那些出身卑微的贤人。只要有才能的就可以推荐，以便我能够任用他们。"[1]建安十九年（214），曹操又下令说："有德行的人未必能进取，能进取的人未必有德行。陈平难道有纯厚的德行，苏秦难道能恪守信义？可是陈平奠定了汉朝的基业，苏秦挽救了弱小的燕国。由此说来，一个人即使有短处，难道可以废弃不用！有关官员应该好好思索这个道理。这样就能使人才无所遗漏，官员不致废弃政事。"

在实际行动上，曹操用人也是这样做的。他手下的几位重要谋士，如荀彧、郭嘉、满宠等尽皆出身寒门，有的仅当过郡县小吏，曹操破格提拔他们担任要职，参与军国大事。他手下的几位能征惯战的名将，于禁、乐进拔自行伍，张辽、张郃、徐晃、庞德四人取自败亡之敌方。原属董卓系统的军阀张绣，曾和曹操多次交战，在一次战斗中还杀死了曹操的长子曹昂，最后他降曹。曹操知他具有指挥作战的才干，便不念旧恶，任命他为扬武将军，仍让其指挥军队。官渡之役，张绣立有战功，曹操又封他为列侯。就连那位替袁绍作讨曹檄文曾骂过他祖宗三代的陈琳，曹操亦爱惜其才，将其俘获后不但不杀，还留在身边，掌管文书，充分体现了一位政治家的宽宏大度。曹操从出身低微的阶层中提拔州牧太守，不可胜数。他唯才是举的政策削弱了世家大族的政治势力，并且从中、小地主阶层中选出了一批有才干的人。曹操对地方官吏的管理比较严格，若不遵守法令的，一律免官。

曹操十分重视法治。他认为："刑法，关系到百姓的性命，而我们军中掌管

---

[1]语见《三国志·魏书·武帝纪第一》："自古受命及中兴之君，曷尝不得贤人君子与之共治天下者乎！及其得贤也，曾不出闾巷，岂幸相遇哉？上之人不求之耳。今天下尚未定，此特求贤之急时也。'孟公绰为赵、魏老则优，不可以为滕、薛大夫'。若必廉士而后可用，则齐桓其何以霸世！今天下得无有被褐怀玉而钓于渭滨者乎？又得无盗嫂受金而未遇无知者乎？二三子其佐我明扬仄陋，唯才是举，吾得而用之。"

刑狱的人有的不称职，把三军死生的大事委任给他们，我非常担心。应该选拔通晓法令事理之人，让他们掌管刑法。"于是设置管理刑狱的理曹掾属。

东汉时期农耕画像砖

贾逵为豫州刺史，二千石以下官吏犯法者，全被他奏免。曹操把这种事情公布，要各地遵照执行。

曹操在处理与少数民族关系的问题上，也有其独特之处。建安十九年，安定太守毋丘兴将要赴任。曹操告诫他："羌人、胡人想要和内地交往，应当让他们派人来，切记不要派人去。善良的人难以找到，不好的人势必会教唆羌、胡人提出不合理的要求，以便从中自己谋利；我们不答应就会使异族失望，答应了就会对我们不利。"[1]毋丘兴到达安定郡后，派校尉范陵到羌人那里，范陵果然教唆羌人，叫他们请求让自己当属国都尉。曹操说："我早已料到会是这样的。我不是圣人，只是我经历的事多点罢了。"建安二十一年（216）秋七月，南匈奴单于呼厨泉率领他的各王前来朝贺，曹操以客礼接待，于是留在魏国，使右贤王去卑监管匈奴的国政。

由于曹操采取了一系列富国强兵和用人唯贤的政策，其事业不断壮大，他本人亦出将入相，位极人臣。虽然他生前未能实现统一中国的抱负，但是他的实力却远远超过同时称雄的孙权和刘备，为后来的西晋统一奠定了基础。

五、擅杀后妃　诛除异己

曹操自从迎接献帝入许都，南征北战，功高盖世，大权在握，遂专横朝政。他诬陷太尉杨彪私通袁术，关押狱中。议郎赵彦，恨曹操专横，上书弹劾，被曹

---

[1]语见《三国志·魏书·武帝纪第一》："羌、胡欲与中国通，自当遣人来，慎勿遣人往。善人难得，必将教羌、胡妄有所请求，因欲以自利；不从，便为失异俗意，从之，则无益事。"

操杀害。

车骑将军董承，见曹操专横日甚，暗地使人致书刘备，使刘备作外援，自己为内应，一面与吴子兰、王子服等，暗地安排，日夜筹备；谁知事机不密，竟为曹操所探知，立即遣派兵吏，把董承等一齐拿下，拘押狱中。曹操带剑入宫，竟向献帝索交董贵人，献帝正与伏后闲坐，谈及曹操弄权，互相叹息，蓦然见曹操突然闯入，满面怒容，不由得大惊失色。曹操开口说："董承大逆不道，竟敢谋反，请陛下即日治罪。"献帝嗫嚅道："董承是朝廷勋戚，如何也至于谋反呢？"曹操又说："老臣迎驾至此，并未尝有负陛下，董承自恃国戚，竟想害死老臣，

国贼行凶杀贵妃
——从明刻本《全图绣像三国演义》

臣若被害，陛下恐怕也要连及，岂不是谋反么？"献帝本有密诏谕董承，只好说是："董承有罪，应当依法惩治。"曹操厉声道："尚有董承的女儿，在宫伴驾，应该连坐。"说着，即喝令卫士拿住董贵人向献帝道："此女应当立即处死。"献帝呜咽道："董女正怀孕数月，待分娩后，治罪不迟。"曹操悍然道："不要说董女尚未生育，就使已生子嗣，也应当全部杀死，怎能留下种子，为母报仇？"曹操于是掉头不顾，走出宫外，命令将董贵人勒死！再至朝堂，命令刑官，将董承、吴子兰、王子服、种辑等，一并斩首，并诛灭三族。

董贵人遇害后，伏皇后心内不安，曾给其父伏完写信，历数曹操罪恶，希望他伺隙密图。伏完虽授职辅国将军，却是性甘恬退，不愿与曹操争权，所以接得伏后书信，始终未发。曹操封为魏公时，伏完已死了三四年了。不料伏后的书信，竟被伏家怨仆偷献给曹操，曹操不禁大怒，立刻入宫中，胁迫献帝，废去伏后。献帝踌躇未忍，曹操不待献帝许可，便使尚书令华歆代草诏书，逼迫献帝盖印。

诏书送中宫，伏皇后由于事出意外，又惊又惧，不敢不将后玺缴出，正想迁居别馆，忽然听见外面人声嘈杂，好像来捕大盗一般，吓得伏后三脚两步，急至复壁间躲避。谁知助操为虐的华歆，引兵入宫，四觅不见，竟由破壁得后，挥兵动手，兵士尚有难色，歆竟然亲自揪住伏后的头发，拖到外殿。献帝正与郗虑坐谈，见伏后头发散乱，光着双脚，看起来十分凄惨，不禁泪下。伏后哭着说道："陛下竟然不能救我活命么？"献帝呜咽道："我也不知能活到何时！"又对郗虑道："郗公！天下真的有这种事吗？"华歆不由分说，竟然拉着伏后与伏后所生二皇子，一齐鸩杀。又诛死伏氏家族达数百人。[1]

曹操妻丁氏没有生育，姜刘氏生子曹昂，战死宛城。曹操再娶娼家之女卞氏，生了四子：曹丕、曹彰、曹植、曹熊，遂得专宠。曹操竟然以妾为妻，废黜丁氏，让卞氏作为继室。曹植生性机警，才思敏捷，曾经作《铜雀台赋》，援笔立就，文采可观，曹操独加宠爱，准备立曹植为嗣子。丁仪、杨修等，又相继赞誉曹植之才，劝曹操立其为嗣，曹操不禁动疑，以密书问及百官，尚书崔琰作答道："春秋大义，立子以长，五官将（曹丕）仁孝聪明，应该承续正统，崔琰愿意誓死守道，不敢有违。"曹操得书后，不免叹息。曹植为崔琰侄婿，崔琰却不偏私亲戚，曹操对其更加推重。

崔琰曾荐举钜鹿人杨训为丞相属掾；等曹操自汉中归朝，群吏再议封曹操为王，杨训更是发表称颂，语言备极阿谀。崔琰览表十分不悦，即写信责备杨训道："看了你所写之表，可见你很善于侍奉之道，真是合于时势啊！不久应当有变！"曹操竟令左右入奏献帝，取得诏命，晋爵自己为魏王。又探知崔琰书信之

[1] 事及语见《曹瞒传》："公遣华歆勒兵，入宫收后。后闭户匿壁中。歆坏户发壁，牵后出。帝时与御史大夫郗虑坐，后被发徒跣，过执帝手曰：'不能复相活邪？'帝曰：'我亦不自知命在何时也。'帝谓虑曰：'郗公，天下宁有是乎！'遂将后杀之，完及宗族死者数百人。"

颐和园长廊中曹操的形象（赋诗）

语，说是不久应当有变，于是诬为怨谤，收捕崔琰下狱，罚充徒隶。[1]

　　一日，曹操登铜雀台玩赏，望见曹植之妻乘车出游，满身衣绣，装束得非常艳丽，心下不禁愤恨，竟然不再玩赏而归家，逼令曹植之妻自尽。因为曹植之妻为崔琰哥哥的女儿，曹操又迁怒于崔琰，也将崔琰赐死。东曹掾毛玠，有感于崔琰无辜被杀，作文哀吊，也被逮捕下狱，幸亏同僚为其申诉，才得释放，毛玠被曹操免官，遣归故里。

六、文学领袖　毁誉各半

　　曹操除了是第一流的政治家和军事家，又是第一流的文学家和诗人。史书上说他"登高必赋，及造新诗，被之管弦，皆成乐章"。他曾于戎马倥偬中写下了大量诗篇，是建安文学的领袖人物。建安文学以诗歌的成就最为显著。

　　从现在保留下来的曹操的少数诗篇可以看出，他的诗苍凉雄建，才气纵横。五言诗中著名的有《蒿里行》，是描述东汉末年军阀混战、连年兵甲不解、生灵涂炭的情况。有诗句曰："铠甲生虮虱，万姓以死亡；白骨露于野，千里无鸡鸣；

---

[1]事及语见《三国志·崔毛徐何邢鲍司马传第一二》："琰尝荐巨鹿杨训，虽才好不足，而清贞守道，太祖即礼辟之。后太祖为魏王，训发表称赞功伐，褒述盛德。时人或笑训希世浮伪，谓琰为失所举。琰从训取表草视之，与训书曰：'省表，事佳耳！时乎时乎，会当有变时。'琰本意讥论者好谴呵而不寻情理也。有白琰此书傲世怨谤者，太祖怒曰：'谚言"生女耳"，"耳"非佳语。"会当有变时"，意指不逊。'于是罚琰为徒隶。"

生民百遗一，念之断人肠。"四言诗中著名的有《步出夏门行》，是建安十二年北击乌桓，路过碣石山（今河北昌黎）时之作。第一篇是"艳"，下分四章。第四章《龟虽寿》有诗句曰："老骥伏枥，志在千里；烈士暮年，壮心不已。"《短歌行》也很有名，有诗句曰："月明星稀，乌鹊南飞，绕树三匝，何枝可依？山不厌高，海不厌深；周公吐哺，天下归心。"

曹操的诗多以乐府旧题，抒发自己的政治情怀，气魄雄伟，慷慨悲凉，为传世之作。曹操之子曹丕、曹植和他的幕僚王粲等人均受其影响，成为建安文学的代表人物。

曹操可以说是最杰出的中国宰相。正因为他的一生轰轰烈烈，所以世人对他评说纷纭，褒贬不一。有人说他是英雄。有人说他是一个挟天子以令诸侯的国贼、奸雄。

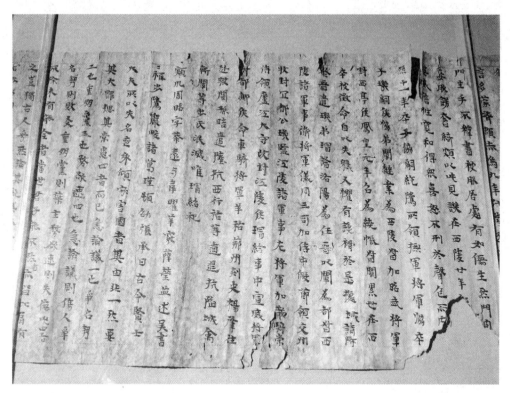

《三国志》残卷书影

《三国志·步骘传》残卷，东晋隶书抄本，高24.2厘米，宽42厘米，现存25行，440字，保存了传记的后半部和评语的前半部，藏经洞出土，敦煌研究院藏。

提起奸雄，确有其说。据考证，出自晋人孙盛的《异国杂语》。据说曹操年少时便有治国安民的伟大抱负。他出仕做官之前，听说汝南有个善于评论人物的名士许劭，便通过朋友的介绍，亲自登门拜访，要许劭给他下个评语。许劭先是不表态，经曹操再三求问，才回答说："子治世之能臣，乱世之奸雄。"曹操闻听大喜。许劭的确有先见之明。

元末明初的著名作家罗贯中在《三国演义》中，是极力尊刘（备）贬曹（操）的，不仅对曹操的一些污点劣迹大肆渲染，就是曹操的一些正当谋略也被说成阴谋诡计，把曹操描绘成一个阴险、狡诈、令人发指的白脸奸臣。但这些毕竟都是小说家言，且受到时代的限制，不足为凭。

在一般人的心目中，曹操的挟天子以令诸侯，既是他的英雄气概，又是他的霸道行为。曹操在迎接献帝时，曾一时拿不定主意，于是征求幕僚的意见，毛玠极力主张把献帝控制在手中，以便"奉天子以令不臣"，曹操深以为然，才立即带兵前往。当他赶到洛阳之日，流亡朝廷的处境狼狈不堪：宫室尽毁，街市荒芜。宫院中只有颓墙败壁，帝后住在临时盖起的小屋里，百官朝驾皆立于荆棘之中。曹操见洛阳实在无法立足，才奏请皇帝移驾许都。虽然献帝自此成了曹操手中的傀儡，却也相对地过了 25 年太平日子。他尽管毫无实权，但名义上仍是大汉皇帝。不仅物质上极其优裕，礼仪上亦保持着天子的尊严，曹操对汉献帝始终恪守君臣之礼。尽管曹操和献帝间也出现过危机，并教训过献帝，但是，当许多幕僚都劝他借机废帝自立时，曹操却严词拒绝，并把自己的女儿配与献帝，立为皇后。就在他病逝前几个月，孙权也曾上书，劝他自立为帝，曹操仍一笑置之。他曾多次向群臣表示："我事汉多年，虽有功德于民，然而位至于王，名爵已至极点，怎么还敢更有他望？"建安二十五年（220）正月，曹操戴着汉丞相的头衔在洛阳病逝，享年 66 岁，谥号"武王"。虽然汉献帝最终被曹操之子废掉，但他毕竟是在曹操的庇护下当了 20 多年的皇帝，正如曹操本人所言："如果国家没有我这个人，还不知会有多少人称帝，多少人称王！"

总之，曹操作为汉朝的最后一位丞相，他在历史上的地位和作用是不可低估的，而他煊赫一生的功过是非，世人自有公正评说。

名 家 评 说

汉末天下大乱，雄豪并起，而袁绍虎视四州，强盛莫敌。太祖（曹操）运筹演谋，鞭挞宇内，览申、商之法术，该韩、白之奇策，官方授材，各因其器，矫情任算，不念旧恶，终能总御皇机，克成洪业者，惟其明略最优也。抑可谓非常之人，超世之杰矣。

——晋·陈寿《三国志》

曹操曰："任天下之智力，以道御之，无所不可。"在山而用山之智力，在泽而用泽之智力，己无固恃，人亦且无恃心，而无不可恃，此争天下者之善术，而操犹未能也。西至于赤壁，东至于濡须，临长江之浩荡而气夺矣。则犹山陆之材，而非无不可者也。何也？操之所以任天下之智力，术也，非道也。术者，有所可，有所不可；可者契合，而不可者弗能纳，则天下之智力，其不为所用者多矣。其终强而夺汉者，居四战之地，恃智恃力，而无河山之可恃以生其骄怠也。

——清·王夫之《读通鉴论》

迎驾入许，为汉魏兴衰之一大关键；魏因此而兴，汉即因此而亡。然观于当日之时势，微曹操迎驾之举，则建安正朔，尚不能延至二十余年。杨奉韩暹等，但知劫驾，不知佐治，若令其长此秉政，其亡汉也益速！袁绍资望独优，不能上法桓文，尊王定霸；术且有异图，妄思代汉。刘备本为汉胄，而兵少势孤，不足有为，余子碌碌，均非英杰，所差强人意者，惟一曹操。操之迎驾入许，彼时尚第欲为五霸，固未尝有心篡汉也。立宗庙，定社稷，光复汉室，诚能守此不变，操亦何愧为汉室功臣乎？

——蔡东藩《后汉演义》

曹操是一个很有本事的人，至少是一个英雄。

——鲁迅《魏晋风度及文章与药及酒之关系》

【三 国】

司马懿

司马懿（179～251），字仲达，三国魏国明帝时任太尉、齐王时任太傅，封舞阳侯，谥号"宣文"，三国河内温县（今河南温县西）人，出身士族。父司马防，官至京兆尹。初为曹操主簿，多谋略，善权变。后任太子中庶子，为曹丕所信重。魏明帝时，任大将军，多次率军对抗诸葛亮，为魏重臣，曹芳即位，他和皇族曹爽受遗诏辅政。嘉平元年（249），杀曹爽，专国政。死后，其子师、昭相继专权。在世家大族的拥护下，其孙炎代魏称帝，建立晋朝，追尊懿为"宣帝"。他军事才能非凡，政治抱负远大，为曹魏政权的巩固立下了大功。他为人外宽而内忌，性格有残忍的一面。

司马懿
——从明弘治十一年（1498）《历代古人像赞》

一、再征始就　每出奇谋

司马懿是司马防的第二个儿子。他少有奇节，聪朗英发，志略远大，且博学洽闻，信守儒教。汉末大乱，他身在其中，慨然有忧天下之心。

南阳太守杨俊素以善能知人著称，司马懿20岁前，杨俊曾见过他，说他绝非寻常之器；尚书崔琰与司马懿的兄长司马朗交好，曾对司马朗说："您的弟弟聪亮明允，刚毅果敢，特立杰出，您是绝对比不上的！"[1]

---

[1] 事及语见《晋书·帝纪第一》："南阳太守同郡杨俊，名知人，见帝，未弱冠，以为非常之器。尚书清河崔琰，与帝兄朗善，亦谓朗曰：'君弟聪亮明允，刚断英特，非子所及也。'"

建安六年（201），郡中察举他为上计声后，派人召他到府中任职。

司马懿见汉朝国运已经式微，不想落在曹操手下，便借口自己有风痹病，身体不能起动。曹操不信，派人夜间去刺探消息，他躺在那里，一动不动，像真染上风痹一般。

曹操当了丞相，号令天下，又要召他任文学掾。曹操对使者说："司马懿如果再借故推拖，你就把他拘捕起来。"

司马懿被逼无奈，起而就职。曹操让他与太子往来游处，历任黄门侍郎、议郎、丞相东曹属、丞相主簿等职。

司马懿一出，就以谋略见长。建安二十年（215），曹操征讨张鲁，司马懿随军。

魏文帝曹丕
——唐阎立本《历代帝王图》，现美国波士顿美术博物馆藏

他对曹操说："刘备用欺诈手段夺取了刘璋的地盘，蜀人尚未归心。刘备此刻不安抚蜀中，却远争江陵，这是难得的机会，不能错过。如今我们攻克汉中，益州全境震动。倘若趁机进军攻蜀，势必土崩瓦解。圣人不能违背天时行事，但也不该失掉时机！"曹操说："人似乎不知满足，既然已得陇右，又想得到蜀地！"没有采纳他的建议。[1]

曹操进封魏王，司马懿升任太子中庶子。与陈群、吴质、朱铄并称四友。此后，他更是常常与谋国事，多出奇策。

他任军司马时，曾对曹操建议，命令部队边耕边守。曹操采纳了他的建议，从事务农积谷，使国用丰赡。他还曾指出荆州刺史胡修粗暴，南乡太守傅方骄

[1] 事及语见《晋书·帝纪第一》："从讨张鲁，言于魏武曰：'刘备以诈力虏刘璋，蜀人未附。而远争江陵，此机不可失也。今若曜威汉中，益州震动，进兵临之，势必瓦解。因此之势，易为功力。圣人不能违时，亦不失时矣。'魏武曰：'人若无足。既得陇右，复欲得蜀！'言竟不从。"

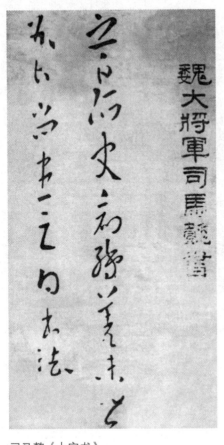

司马懿《十字书》

奢，都不应驻守边防，曹操未予重视，后来，关羽水淹七军，二人果然降蜀。

关羽势大，曹操想移汉帝到河北。司马懿劝阻，说于禁之败，不曾有损国计；迁都是向敌人示弱，大不可取，并且易失民心；并指出孙权、刘备，外亲内疏，可联合孙权，使击关羽，定可获胜。后来，果如其所预料。

曹操嫌恶荆州及附近百姓，想把他们都迁走。司马懿认为，这样一来，既伤善者之意，又使藏亡流窜观望者不敢复还，实不足取。曹操依议，没有移民。藏亡流窜者果然都复还就业。

孙权派使者上表称臣，并称说天命，劝曹操代汉。曹操说："孙权这小子是想把我放在火炉上！"司马懿说："汉朝国运将终，您十分天下，已有其九，却还恪守臣节。孙权称臣，正是天人之意。虞、夏、殷、周都不曾谦让，都是畏天知命啊。"[1]

曹操去世后，朝野人人危惧，司马懿管理丧葬诸事，整肃严明。

二、留镇后方　击斩孟达

曹丕即魏王位，司马懿受封河津亭侯，转丞相长史。

当时孙权率军向西。朝臣认为樊城、襄阳缺乏粮谷，不能抵御敌兵，请召守将曹仁回驻宛城。司马懿认为不该放弃二城，他说："孙权刚刚打败关羽，正想与魏国联合，肯定不敢入侵；襄阳当水陆之冲，是御寇的要害，关系重大，不可

---

[1] 事及语见《晋书·帝纪第一》："……军还，权遣使乞降，上表称臣，陈说天命。魏武帝曰：'此儿欲踞吾著炉炭上邪！'答曰：'汉运垂终，殿下十分天下而有其九，以服事之。权之称臣，天人之意也。虞、夏、殷、周不以谦让者，畏天知命也。'"

放弃。"[1] 朝廷未依其言，曹仁放火烧毁二城。后来孙权果然没有入侵，曹丕悔之不及。

曹丕登皇帝位，任命司马懿为尚书。不久，转督军、御史中丞，封安国乡侯。

黄初二年（221），免去督军官职，升任侍中、尚书右仆射。

黄初五年（224），曹丕南巡，到吴国疆界观其兵势。司马懿留镇许昌，改封向乡侯，转任抚军、假节，领兵五千，加给事中、录尚书事。司马懿辞让，曹丕说："我忙于事务，夜以继日，没有一刻安宁。这职务不是为了使你荣显，只是为我分忧罢了！"

黄初六年（225），曹丕又大兴水军攻吴，仍命司马懿留守，内镇百姓，外供军资。临行，下诏书给司马懿说："我很关心后方事务，所以把这重任交托给你。曹参虽立有大功，但萧何却是最重要的。你让我不要有西顾之忧就行了！"后来，曹丕由广陵回到洛阳，又下诏对司马懿说："我在东方，您就主持西方事务；我在西方，您就主持东方事务。"于是司马懿留镇许昌（今属河南）。[2]

黄初七年（226）五月，曹丕病重，召司马懿、曹真、陈群等，托以后事，命他们顾命辅政。曹丕还对太子说："此后如有人说这三位坏话，千万不要听。"

明帝即位，改封司马懿为舞阳侯。

不久，孙权包围江夏（今属湖北），派诸葛瑾、张霸攻襄阳。司马懿率军还击，大败吴军，杀死了张霸，升任骠骑将军。

太和元年（227）六月，明帝命司马懿驻扎宛城，兼督荆、豫二州诸军事。

蜀将孟达投降魏国时，司马懿认为他举止轻佻，不可信任，但皇帝不听，任命孟达为新城太守。后来，孟达果然与吴蜀交接，图谋叛魏。蜀相诸葛亮担心他言行反覆无常，想促他速叛，知魏兴太守申仪和他有矛盾，便派郭模到申仪处诈降，有意泄露其事。孟达听说事情泄露，准备马上起兵。司马懿怕他突然发难，

---

[1] 语见《晋书·帝纪第一》："孙权新破关羽，此其欲自结之时也，必不敢为患。襄阳水陆之冲，御寇要害，不可弃也。"

[2] 事见《晋书·帝纪第一》："六年，天子复大兴舟师征吴，复命帝居守，内镇百姓，外供军资。临行，诏曰：'吾深以后事为念，故以委卿。曹参虽有战功，而萧何为重。使吾无西顾之忧，不亦可乎！'天子自广陵还洛阳，诏帝曰：'吾东，抚军当总西事；吾西，抚军当总东事。'于是帝留镇许昌。"

司马懿

——从明刻本《全图绣像三国演义》

给他去信，详为慰解，信中说："魏国对孟达一片真诚，委以疆场之任，托以图蜀之事；蜀人无论智愚，都恨孟达入骨；诸葛亮早想算计孟达，只是没有机会；郭模所言，并非小事，诸葛亮泄露出来，其心可想而知。"[1] 孟达得信，犹豫不决。

司马懿手下将领见孟达与吴蜀交接，都劝司马懿先观望成败，然后再说。司马懿却坚持要乘孟达疑虑、犹豫之机击败他。于是调遣精兵，昼夜兼程，8天就到了孟达所在的上庸（今湖北竹山西南）城下。

此前，诸葛亮曾告诫孟达加紧防范，不要上当，孟达则认为："司马懿所在的宛城离魏都洛阳800里，离上庸1200里，司马懿得知我举事，必须表奏魏主，往返至少一个多月，到那时，我的城守已备，将士也做好了准备。我所处之地，幽深险阻，司马懿一定不会自己来。别的将领来，我不怕！"如今，司马懿大军陈于城下，孟达又写信给诸葛亮，惊叹："我起事才8天，魏兵便到了城下，何其神速也！"

这时，吴、蜀两国派兵前来救援孟达，司马懿分兵抵拒，而自率主力攻上庸。

上庸三面环水，孟达在城外树立木栅，加固城防。司马懿挥师渡水，毁其木栅，直逼城下。兵分9路，一起攻城。攻了16天，孟达的外甥邓贤、部将李辅开城投降。魏军入城，擒斩孟达，传首京师，俘获万余人。司马懿回军，仍驻宛城，奖励鼓舞人民从事农业生产，禁止浪费。南方吏民心悦诚服。

---

[1] 语见《晋书·帝纪第一》："将军昔弃刘备，托身国家，国家委将军以疆场之任，任将军以图蜀之事，可谓心贯白日。蜀人愚智，莫不切齿于将军。诸葛亮欲相破，惟苦无路耳。模之所言，非小事也，亮岂轻之而令宣露，此殆易知耳。"

魏将申仪久在魏兴郡，专威弄权，擅自借皇帝名义刻制印信，私相授予。孟达被杀之后，申仪自生疑虑，心不能安。当时各郡郡守见司马懿克敌制胜，纷纷奉礼祝贺。司马懿听之任之，并让人向申仪暗示。申仪只好前来祝贺。司马懿乘机将他收捕，送往京师治罪。

当时边疆新附，户口不实。明帝想加以核实，请司马懿进京，征询他的意见。司马懿认为，以前的统治者设置法规的密网约束下民，所以下民离心离德。现在如能宽疏待下，百姓自然安乐。明帝还问他："吴蜀都该讨伐，应该先从何处着手？"司马懿说："吴人认为我军不习水战，所以才敢散居东关（今安徽含山西南）。与敌作战，关键在于扼其喉而击其心。夏口（在今湖北武汉黄鹄山上）、东关，就是敌兵的心喉所在。如果一面派陆军进攻皖城，吸引孙权东下，一面派水军挺进夏口，乘虚击敌，等于是神兵天降，必破敌军。"明帝同意他的看法，命他仍旧驻扎宛城。[1]

太和四年（230），司马懿升任大将军、加大都督、假黄钺，和曹真一起伐蜀。司马懿从西城开拓道路，水陆并进，沿着沔水（今湖北境内）逆流而上，直达朐䏰，攻克新丰县（今陕西临潼东北），驻军丹江口，后遇雨班师。

三、破敌上邽　拒蜀渭南

太和五年（231），诸葛亮进攻天水（今属甘肃），在祁山包围了贾嗣、魏平。魏明帝对司马懿说："西线有战事，除您之外，再无人能够托以重任了！"派他西驻长安，都督雍（辖今陕西中部、甘肃东南部、宁夏南部、青海黄河以南）、凉二州诸军事，统兵迎敌。

张郃劝司马懿分兵驻扎雍、郿（今陕西眉县）两地，以作大军后镇。司马懿不同意，他说："如果前军足以抵挡敌人，您的意见就有道理；可如果不能抵挡，把部队分成前锋后镇，则是取败之道。当年楚国有军，为黥布所擒，正因为这一点。"于是挺进隃麋（治今陕西千阳东）。

---

[1] 事及语见《晋书·帝纪第一》："时边郡新附，多无户名，魏朝欲加隐实。属帝朝于京师，天子访之于帝。帝对曰：'贼以密网束下，故下弃之。宜弘以大纲，则自然安乐。'又问二虏宜讨，何者为先？对曰：'吴以中国不习水战，故敢散居东关。凡攻敌，必扼其喉而椿其心。夏口、东关，贼之心喉。若为陆军以向皖城，引权东下，为水战军向夏口，乘其虚而击之，此神兵从天而坠，破之必矣。'天子并然之，复命屯于宛。"

诸葛亮

——从清乾隆时期刊本《晚笑堂竹庄画传》（作者上官周）

诸葛亮听说大军将至，便亲率将士抢收上邽（在今甘肃天水）的麦子。司马懿见部下有担忧之色，就说："诸葛亮考虑问题周详，但优柔寡断，肯定要扎好营寨之后，才去抢收，而我们倍道兼行，有两天就可赶到。"当即命部队昼夜兼行，直逼上邽。诸葛亮望尘逃遁。司马懿又说："我军日夜行军，疲劳不堪，熟悉兵法的人，不会放过这一机会。如今诸葛亮却不敢占据渭水，这就好办了！"于是进驻汉阳（治今贵州威宁、水城一带），与诸葛亮相遇，刚一接战，蜀军便退走。司马懿追到祁山。蜀兵屯驻卤城，据山阻水为营。司马懿纵兵击破蜀军，并乘胜追击，俘敌1万多人，大获全胜。[1]

军师杜袭、督军薛悌估计诸葛亮明年麦熟时还会入侵，建议趁冬天调运粮草，解决陇右粮少问题。司马懿认为诸葛亮两出祁山，一攻陈仓，都遇挫而返，就算再来，恐怕也是只求野战，不再攻城，战场必在陇东。他还料定诸葛亮军粮缺乏，3年之内不可能出兵。

青龙元年（233），司马懿派人开凿成国渠，修筑临晋陂，使数千顷良田得水灌溉。

青龙二年（234），诸葛亮又统兵10万出斜谷（在今陕西岐山南），到达郿县，集结于渭水南岸。魏国将领们想在渭北与诸葛亮隔水相持，司马懿则因百姓

---

[1]事及语见《晋书·帝纪第一》："亮闻大军且至，乃自帅众将芟上邽之麦。诸将皆惧，帝曰：'亮虑多决少，必安营自固，然后芟麦。吾得二日兼行足矣。'于是卷甲晨夜赴之。亮望尘而遁。帝曰：'吾倍道疲劳，此晓兵者之所贪也。亮不敢据渭水，此易与耳。'进次汉阳，与亮相遇，帝列阵以待之。使将牛金轻骑饵之，兵才接而亮退，追至祁山。亮屯卤城，据南北二山，断水为重围。帝攻拔其围，亮宵遁。追击破之，俘斩万计。"

积谷均在渭南，渡渭背水扎营。

司马懿分析形势，对诸将说："诸葛亮如真是勇者，就该从武功（今属陕西）出发，依托山陵向我进攻，如果他西上五丈原（在今陕西岐山南斜谷口西侧），我军就没有危险了！"诸葛亮果然上了五丈原。魏诸将皆喜，唯独郭淮深以为忧，他说："诸葛亮如果跨过渭水，登上北原，与五丈原连成一气，隔绝陇道，将成

魏陶犀

为国家的大患。"司马懿这才意识到北原的重要性，命郭淮等率兵移屯北原。诸葛亮东进的道路受阻于司马懿，从渭水前进，又有郭淮阻挡，于是诸葛亮移军攻取散关、陇城等地，然后回师进攻司马懿。

诸葛亮与司马懿相持4个多月，诸葛亮数次挑战，司马懿均坚守不出。诸葛亮便派人给司马懿送来妇女的服装，司马懿终于被激怒，上表明帝，请求决战。明帝派骨鲠之臣辛毗杖节来做司马懿的军师，以节制他的行动。[1]以后，诸葛亮一来挑战，司马懿要带兵出击，辛毗就杖节立于军门，司马懿便不出兵。辛毗一到，蜀将姜维就对诸葛亮说："辛毗一来，司马懿不会再出战了！"诸葛亮说："司马懿本来就没想和我们作战。他之所以一再向魏君请战，不过是在将士面前装样子罢了。将在外，君命有所不受。如果能战胜我们，还用得着到千里之外去请示吗？他认为我们长途远征，粮运困难，利在速战速决，所以按兵不动，想拖垮我们，然后乘机进攻。因此，就算辛毗来逼他出战，他也绝不会从命，何况是来阻止他呢？"

司马懿的弟弟司马孚来信，问起前线情况，司马懿回信说："诸葛亮志大，但不能见机；多谋，但不能决断；好用兵，但不能权变。他虽有雄兵10万，已

---

[1]事见《晋书·帝纪第一》："亮数挑战，帝不出，因遗帝巾帼妇人之饰。帝怒，表请决战，天子不许，乃遣骨鲠臣卫尉辛毗杖节为军师以制之。"

落入我的谋画之中。"[1]

不久，诸葛亮又遣使求战，司马懿不谈军事，只询问诸葛亮饮食睡眠等琐细小事。使者回答："我们丞相夜以继日地处理事务，处罚20军棍以上的案情，都要亲自审理，每天吃饭，不过数升。"司马懿叹息说："吃得少，事务多，什么都要自己做，哪能活多长时间呢？"

过了一段时间，诸葛亮果然病倒，死于军中。蜀将秘不发丧，整军后退。当地百姓见蜀军撤走，向司马懿报告，司马懿出兵追击。蜀将杨仪返旗鸣鼓，做出回击的样子，司马懿以为中计，急忙收军退回。

第二天，司马懿到诸葛亮营垒巡视，见安营下寨之处，前后左右，整饬有法，同时，也获得了不少图书粮谷。司马懿据此断定诸葛亮已死，并赞叹他是天下奇才。辛毗认为诸葛亮死否尚不可知，司马懿说："用兵之人，最重视军书密计、兵马粮谷，把这些看成人的五脏。蜀军连这些都已不顾，说明诸葛亮一定死了。"于是，率兵急追。关中地多蒺藜，司马懿派2000士兵脚穿软材料做成的平底木屐，在大军前行走，蒺藜都刺在木屐上，然后大军马步并进。一直追到赤岸，这才得到诸葛亮的确切死讯。当时人有谚语说："死诸葛走生仲达"，司马懿听了，笑着说："我能料其生，不能料其死！"[2]

蜀将杨仪、魏延争权，杨仪杀死魏延。司马懿想乘机进击，明帝没批准，作罢。

青龙三年（235），司马懿升任太尉。

四、运筹灭燕　执手托孤

景初元年（237），辽东太守公孙渊背叛魏国，自立为燕王，定都襄平（今辽宁辽阳）。景初二年（238）春，魏明帝召司马懿，命他率兵讨伐。明帝说："这

---

[1] 语见《晋书·帝纪第一》："亮志大而不见机，多谋而少决，好兵而无权，虽提卒十万，已堕吾画中，破之必矣。"

[2] 事见《晋书·帝纪第一》："经日，乃行其营垒，观其遗事，获其图书、粮谷甚众。帝审其必死，曰：'天下奇才也。'辛毗以为尚未可知。帝曰：'军家所重，军书密计、兵马粮谷，今皆弃之，岂有人捐其五藏而可以生乎？宜急追之。'关中多蒺藜，帝使军士二千人著软材平底木屐前行，蒺藜悉著屐，然后马步俱进。追到赤岸，乃知亮死。审问，时百姓为之谚曰：'死诸葛走生仲达。'帝闻而笑曰：'吾便料生，不便料死故也。'"

承遗诏司马秉权
——从1935年会文堂新记书局蔡东藩《唐史汉通俗演义》

点小事，本来不值得动用你，但我想稳操胜券，这才请你出兵，你估计公孙渊能有哪些策略对付你呢？"司马懿说："上策是弃城退走，中策是依托辽河抵拒，下策是固守襄平，坐以待毙。"明帝又问："这三策中，他可能选择哪一种呢？"司马懿回答："只有特别有见识的人才能知彼知己，才能预先有所舍弃，这一点，他做不到。他见我孤军远征，定会认为不能持久，于是将采取中、下之策，先在辽河据险抵抗，然后，退守襄平。"明帝问需要多少时间可以完成此役，司马懿说："去时 100 天，作战 100 天，回来 100 天，休整 60 天，有 1 年时间足够了。"

三月，司马懿率兵 4 万，从京师出发，经孤竹，越碣石，直指辽河。公孙渊果然派兵屯驻辽河沿岸，阻挡魏军。司马懿采用声东击西之法，先在南线多张旗帜，吸引敌军主力，然后率大军在北线偷渡辽河，逼进敌营。接着，不攻敌营，却挥师指向襄平。

部将们不解其意。司马懿解释说："敌人凭借坚营高垒，企图拖垮我军。如果进攻敌营，则正中其计。古人云：'敌虽高垒，不得不与我战者，攻其所必救也。'敌人主力在此，巢穴一定空虚，我直指襄平，他们一定恐惧求战，这样一来，必能破之。"公孙渊果然中计，率兵回援。司马懿抓住良机，率军迎击，三战三捷，公孙渊只好退守襄平。

此时，正逢连日大雨，平地水深数尺。将士们想向高处移营。司马懿严令军中："有敢言移营者斩。"都督令史张静违令被斩，军中这才安定下来。敌人依恃水大，打柴牧马，安然自若。司马懿部将屡次要去攻取，都未获准。陈珪问司马懿："当年进攻上庸，8部并进，昼夜不息，所以迅速攻克敌城，擒获孟达。如今我们劳师远来，怎么反倒不紧不慢起来？"司马懿说："孟达兵少而粮食够吃1年，我们将士是孟达的四倍而粮食仅够1个月。以1月对1年，以4比1，哪能不速战速决呢？如今敌众我寡，敌饥我饱，我们是不怕敌攻，就怕敌跑。如今敌人粮食快光了，我们的包围尚未形成。倘若贪图小利，掠其牛马，抢其柴草，这等于把敌人赶跑。敌人一跑，我们就无法全歼他们了。"[1]

接着，司马懿还将计就计，故意示弱。朝廷听说雨大敌强，不少人请求召还司马懿。明帝却说："司马公临危制度，敌人计日可擒。"

不久，雨停水退，魏军包围襄平，调动各种手段，昼夜攻城。

襄平城中，一日数惊，加上偶有流星自城西南向东北划过，坠落在梁水附近，城中愈发震恐。公孙渊也很惊惧，派他的相国王建、御史大夫柳甫请求解围，然后面缚（两手反绑于背而面朝前）归降。司马懿斩杀使者，发布檄文严责。公孙渊又派侍中卫演来请求定日期送人质。司马懿对卫演说："军旅之事，大要有五，能战当战，不能战当守，不能守当走，剩下的，就是降和死了。公孙渊既然不肯亲自面缚，这是一心要死，不用送人质了！"公孙渊从城南突围，司马懿纵兵击破其军，公孙渊战死在梁水边的星落之地。

司马懿入城，屠戮15岁以上男子7000多人，收集尸体，筑造京观。京观是

---

[1]语见《晋书·帝纪第一》："孟达众少而食支一年，吾将士四倍于达而粮不淹月，以一月图一年，安可不速？以四击一，正令半解，犹当为之。是以不计死伤，与粮竞也。今贼众我寡，贼饥我饱，水雨乃尔，功力不设，虽当促之，亦何所为。自发京师，不忧贼攻，但恐贼走。今贼粮垂尽，而围落未合，掠其牛马，抄其樵采，此故驱之走也。夫兵者诡道，善因事变。贼凭众恃雨，故虽饥困，未肯束手，当示无能以安之。取小利以惊之，非计也。"

古代战争中胜者为了炫耀武功，收集敌人尸体，封土而成的高冢。把公孙渊所任公卿以下一律斩首，杀死将军毕盛等2000多人。[1]

当时司马懿军中有的士兵衣单寒冷，向他乞要襦衣，司马懿不给。有人说："库中那么多旧襦，可以赐给士兵。"司马懿说："那些旧襦是官家之物，我们没有权力私自动用。"于是上奏朝廷，把1000多名60岁以上的士兵解除兵役，遣送回乡。然后，在原定1年的期限内，胜利班师。

本来朝廷让他便道往镇关中。但当到达白屋时，有诏书召他火速回京，3日之内，下了诏书5次。明帝手书说："如今非常急切不安地盼望你回来，一回来马上入宫，来视我面。"据说，司马懿在襄平时，曾梦见明帝枕在他膝上，说："看我的脸。"他俯视，见明帝面有异色。如今一见诏书此语，大惊，乘追风车昼夜兼行，从白屋到京城，400多里，一夜而至。到了之后直接进入嘉福殿内御床旁边，满眼流泪，询问疾病。明帝拉着他的手，目视太子齐王，说："我郑重以后事相托，死居然也可忍住。我忍着死等你回来，今得相见，死而无憾了！"[2]司马懿乃与大将军曹爽一起接受遗诏辅佐少主。

齐王即位，司马懿任侍中、持节、都督中外诸军、录尚书事，和曹爽各统精兵3000人，共执朝政。曹爽想让尚书奏事先通过自己，以便专权，向天子进言，改任司马懿为大司马。朝臣们认为以前的大司马，有好多都死在任上，不吉利，于是任命司马懿为太傅，像汉代萧何那样，入殿不需小跪，赞拜不称呼其名，可带剑履上殿。

五、料敌胜吴　诈病诛爽

正始二年（241）夏五月，吴将全琮入侵芍陂（今安徽寿县南），朱然、孙伦围攻樊城（今属湖北），诸葛瑾、步骘侵掠柤中（在今湖北沮水上游），司马懿自请出兵往讨。朝臣认为，敌兵远来攻坚，应当等待其自破，司马懿则说边城受敌，臣子不能安坐庙堂。六月，督率诸军出征。司马懿知南方暑热低湿，大军不

---

[1] 事见《晋书·帝纪第一》："既入城，立两标以别新旧焉。男子年十五已上七千余人皆杀之，以为京观。伪公卿已下皆伏诛，戮其将军毕盛等二千余人。"

[2] 事见《晋书·帝纪第一》："帝大遽，乃乘追锋车昼夜兼行，自白屋四百余里，一宿而至。引入嘉福殿卧内，升御床。帝流涕问疾，天子执帝手，目齐王曰：'以后事相托。死乃复可忍，吾忍死待君，得相见，无所复恨矣。'"

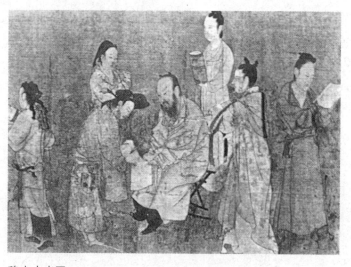
魏士大夫图

宜长久在此，先派轻骑挑战，不敢贸然行动。于是，便休养士卒。检选精锐，招募勇士，发布号令，摆出攻城的架势。吴军大为惊惧，乘夜遁逃。司马懿追到三州口，斩获万人，收其舟船军资而还。

此前，吴国派诸葛恪屯驻宛城，边人深以为苦。司马懿要率兵攻之，议者认为诸葛恪占据坚城，粮谷众多，司马懿孤军远攻，吴国救兵必至，那时进退失据，将会很不利。司马懿说："吴人所擅长的是水战。我们攻他城池，以观其变。如果他用其所长，弃城奔走，这自然是妙胜；如果他敢于固守，那么湖水在冬季自然变浅，吴船不能行走，势必弃水就陆，这样，我们仍占有利地位。"[1] 于是，司马懿在正始四年（243）九月，率军出征。军队到达舒城，诸葛恪果然焚烧积聚，弃城而逃。

在司马懿料敌决胜之时，曹爽也出于私心，屡有活动。正始五年（244），曹爽听信邓飏、李胜之言，想出兵伐蜀，建立功名，司马懿劝阻不住，结果劳师耗费，无功而还；六年（245）秋八月，曹爽废置中垒、中坚营，把两营兵众统交他的弟弟曹羲率领，司马懿援引先帝旧例制止，曹爽不听；七年（246）正月，吴兵入侵柤中，有万余家百姓为避吴兵，北渡沔水。司马懿认为沔南离敌太近，倘若百姓奔还，还会引来吴兵，应该让他们暂留北方，曹爽不同意，驱令还南。吴兵果然击破柤中，所失百姓，数以万计；八年（247），曹爽用何晏、邓飏、丁谧之计，把太后迁到永宁宫，自己则专擅朝政。一时，曹爽兄弟共掌禁兵，多结

[1]语见《晋书·帝纪第一》："贼之所长者，水也。今攻其城，以观其变。若用其所长，弃城奔走，此为庙胜也。若敢固守，湖水冬浅，船不得行，势必弃水相救，由其所短，亦吾利也。"

亲党，呼朋引类，屡改制度，司马懿不能禁止，从此与曹爽的矛盾渐深。

这年五月，司马懿称病，不参与政事。当时童谣说："何、邓、丁，乱京城。"

曹爽等人加紧了篡权的步伐。九年（248）三月，黄门张当私自把内庭才人石英等11人送给曹爽，曹爽、何晏乘机与张当勾结，谋危社稷。司马懿也悄悄地做着反击准备。

曹爽及其同党怀疑司马懿。这年冬天，河南尹李胜要到荆州（今属湖北）任刺史，临行前去拜望他。司马懿假装病重，让两个侍婢扶持自己，要拿衣服，拿不稳，掉在地上，还指着嘴说渴。侍婢献上粥来，他用口去接，汤流满襟。李胜说："大家以为您不过是偶染微恙，没想到您老病到如此模样。"司马懿故意上气不接下气地说："年老卧病，死在旦夕。你要到并州（治所在今山西太原西南，辖陕西北部与河套地区）去，并州靠近胡地，要好好防备。此日一别，怕不能见面了，希望您以后能多关照我的儿子司马师、司马昭兄弟。"李胜说："我要回本州（李胜是荆州人），不是并州。"司马懿故意装糊涂，错乱其辞："您要到并州？"李胜又大声说："我要回荆州任职！"司马懿说："我年老意荒，不解君言。你回本州去，好自保重，以建功勋。"[1]

李胜回来对曹爽说："司马公已如行尸，唯存余气，形神已离，不足为虑。"过几天，他又说："太傅不能再有作为了，令人怆然而悲。"曹爽等便不再防备司马懿。

嘉平元年（249）春正月，魏帝谒高平陵，大将军曹爽、中领军曹羲、武卫将军曹训均从行。司马懿乘机上奏永宁太后，请废曹爽兄弟。当时，司马师为中护军，率兵屯司马门。司马懿列阵，经过曹爽门前，曹爽部将严世登楼，引弩欲射，孙谦拉着他的胳膊阻止他说："事情尚未可知！"一连阻止了3次。大司农桓范用计出城去投曹爽，蒋济对司马懿说："智囊跑了。"司马懿说："曹爽是驽马

---

[1] 事及语见《晋书·帝纪第一》："会河南尹李胜将莅荆州，来候帝。帝诈疾笃，使两婢侍，持衣衣落，指口言渴，婢进粥，帝不持杯饮，粥皆流出霑胸。胜曰：'众情谓明公旧风发动，何意尊体乃尔！'帝使声气才属，说'年老枕疾，死在旦夕'。君当屈并州，并州近胡，善为之备。恐不复相见，以子师、昭兄弟为托。'胜曰：'当还忝本州，非并州。'帝乃错乱其辞曰：'君方到并州。'胜复曰：'当忝荆州。'帝曰：'年老意荒，不解君言。今还为本州，盛德壮烈，好建功勋！'"

恋栈豆，贪恋富贵，一定不会用他之计。"

司马懿召司徒高柔持节负责大将军事，管领曹爽军营，对他说："你就是周勃。"召太仆王观负责中领军事，统摄曹羲军营。司马懿自己率太尉蒋济等勒兵出迎天子，驻扎在洛水浮桥。派人上奏章给皇帝，说曹爽背弃顾命，败乱国典，内则僭拟，外专威权。交结奸宦，窥伺神器，群臣都认为他有无君之心。故已奏明太后，罢曹爽、曹羲、曹训兵权，各以本官侯归其府第，如敢扣留皇帝车驾，则以军法从事。并说自己已屯兵洛水浮桥，防备非常之变。

曹爽扣住奏章，不使皇帝知道，把皇帝留在伊水之南，砍伐树木建成鹿角，征发数千屯兵自守。桓范劝曹爽挟持皇帝到许昌去，发文书征调天下兵马勤王。曹爽果然疑惑，不从其计。夜遣侍中许允、尚书陈泰去见司马懿，探听动静。司马懿数说曹爽的过失，说他该早自归来服罪。接着又派曹爽的亲信殿中校尉尹大目去对他说，朝廷只是免他的官职罢了，并以洛水为誓。

曹爽欲信其言，桓范等人援引古今，百般劝谏，从晚上一直劝到第二天黎明。桓范说："皇帝在我们手里，可以挟之以令天下；你的别营就在阙南，征调方便；许昌离此，不过两天路程；大司农的印绶在我身上，谷食无忧。"劝到最后，曹爽投刀于地，说："司马懿不过想夺我的权力罢了！吾能以侯爵归府，照样能当富家翁！"桓范痛哭道："没想到因为你们，害得我遭灭族之祸！"[1]

曹爽把司马懿的奏章给皇帝看，请皇帝下诏免去自己官职，随皇帝进入京城。曹爽兄弟一回府，即被司马懿派兵包围，失去了自由。司马懿在曹爽府宅四角修造高楼，让人在楼上密切监视。一次，曹爽刚拿着弹弓到后园中，楼上人就喊："故大将军往东南去了！"曹爽愁闷，不知所措。

不久，有司劾奏黄门张当，引发曹爽、何晏造反情事，朝廷收捕曹爽兄弟及其党羽，全部诛死，并灭三族。

六、外宽内忌　晋明掩面

司马懿诛死曹爽等人，威权愈立，盛极一时。当年二月，皇帝任命他为丞相，增其封邑，特许奏事不名。司马懿固辞丞相之职不受。十二月，诏命加九锡

---

[1] 事及语见《晋书·帝纪第一》："桓范等援引古今，谏说万端，终不能从。乃曰：'司马公正当欲夺吾权耳。吾得以侯还第，不失为富家翁。'范拊膺曰：'坐卿，灭吾族矣！'"

之礼，朝会不拜，又固辞九锡。

嘉平二年（250）春，魏帝命司马懿在洛阳立庙。司马懿久病，不任朝请，每遇大事，天子亲自到他府中去征询意见。

兖州刺史令狐愚和太尉王凌（驻在寿春）见皇帝孱弱，强臣专权，谋立楚王曹彪。还没等举事，令狐愚就死了。

嘉平三年（251）正月，王凌借口吴人堵塞涂水，请求出兵征讨。司马懿知道了他们的阴谋，不令兴兵，并于四月亲率中军讨

三国时期铜镜

王凌。他先下赦书赦免凌罪，又写信安慰他，但不久大军突至百尺。王凌自知势穷，便独自乘船迎接，派属官王彧请罪，送上印绶、节钺。

司马懿军到丘头，王凌在水边面缚等待，司马懿命主簿前去解其束缚。王凌既已被赦免，又依恃平日与司马懿有旧交，不再自疑，乘小船来见司马懿，司马懿派人迎面阻止他，让他住船。距司马懿船10余丈远。王凌这才知道司马懿并无宽宥之心，便远远地对他说："您用一札半简召我，我也不敢不去，何必兴师动众，引军自来呢！"司马懿回答："恐怕一札半简请您不到吧！"[1]王凌说："你对不起我！"司马懿说："我宁可对不起你，也决不会对不起国家。"说罢，命将领率600人马想把王凌解送洛阳。王凌向司马懿要棺材上的钉子，想试探一下，看司马懿想不想杀自己，司马懿命手下人找来送给他。后来，王凌途经贾逵庙，曾大呼："贾梁道，王凌是大魏之忠臣，只有你有神灵知道。"五月，王凌到项城，陷于绝望，服毒自杀。

司马懿进军寿春，参与王凌之谋的人都出来自首。司马懿推知其事，凡牵连

---

[1]事见《晋书·帝纪第一》："三年春正月，王凌诈言吴人塞涂水，请发兵以讨之。帝潜知其计，不听。夏四月，帝自帅中军，泛舟沿流，九日而到甘城。凌计无所出，乃迎于武丘，面缚水次，曰：'凌若有罪，公当折简召凌，何苦自来邪！'帝曰：'以君非折简之客故耳。'"

在内的一律诛灭三族。他还派人挖开王凌、令狐愚的坟墓，在附近的市上，剖棺暴尸3天，然后，烧掉他们的印绶、官服，把他们裸埋土中。

司马懿把楚王曹彪也杀了，并且把魏之王公全部拘捕，放置邺城，命有司监察，不准他们互相交结往来。

魏帝策命司马懿为相国，封安平郡公，前后食邑五万户，前后封侯者19人。司马懿固辞相国、郡公之位不受。

六月，司马懿病倒，可能是心理作用，他夜间常常梦见贾逵、王凌为祟。八月去世，享年72岁。

当年九月，司马懿被葬在河阴，谥号是"文"，后改为"宣文"。晋武帝受魏禅，给司马懿上尊号为"宣皇帝"，称其陵墓为"高原"，庙号为"高祖"。

司马懿为人，外表宽仁谦恭。这可以从以下几件事中看出来：一是魏明帝景初年间，大修宫室，军旅迭兴，百姓饥寒困迫。司马懿劝谏皇帝说："自黄河以北，百姓困穷，外内有役，势不能并兴，应该杜绝内务，以专力救时急。"待到明帝去世，齐王即位，司马懿尽罢宫室之役、雕玩之物；二是晚年勋德日甚，却愈益谦恭。皇帝每次给他加爵升职，他都有所辞让。他的同乡常林任太常，年龄较大，他每次见面都下拜致敬。他常劝诫子弟说："道家最忌盛满。四时尚有推移变化，我辈哪能永保不衰。所以为人要在得意时自我贬损，才可免除后患。"三是死前留有遗言，在首阳山为土藏（挖坑埋葬叫土藏），不坟（坟指墓之封土隆起者）不树（不种树以标其处），用普通的衣服殡殓，不用随葬物品，后死者不得合葬。与大肆张扬者不同。

但司马懿为人，还有其残忍的一面：平定公孙渊，他大行杀戮，炫耀武力，筑造京观；诛杀曹爽及其党羽，一律夷灭三族，不分男女老少，连已出嫁的姑、姊、妹都牵连在内，无一幸免；收系王凌及其余党，夷平三族外，对死者还掘墓暴尸；魏诸王公，尽被他收捕，安置邺城，不得交结。

对司马懿的雄豪之态，曹操心里清楚。一次，曹操听说他有狼顾（身不动而回头看）之相，把他召来，先让他朝前走，然后让他回头看。司马懿居然能脸转朝后而身仍不动；又一次曹操梦见三马同食一槽，醒后很不高兴，对曹丕说："司马懿定非久居人下者，将来恐怕会参与你的家事呢！"于是便想予以处置，亏得曹丕跟司马懿关系好，常常保护他，才得免罪。[1]

晋明帝时，王导侍坐，晋明帝问起晋前世得天下的具体情形，王导不加隐饰地叙述了司马懿创业时的业绩和种种残忍手段，又说起司马昭在高贵乡公时的所作所为，晋明帝大惭，把脸埋覆在床上说："如果像您所说，晋朝国运又怎能长久！"[2]

名 家 评 说

夫天地之大，黎元为本。邦国之贵，元首为先。治乱无常，兴亡有运。是故五帝之上，居万乘以为忧；三王已来，处其忧而为乐。竞智力，争利害，大小相吞，强弱相袭。逮乎魏室，三方鼎峙，干戈不息，氛雾交飞。宣皇以天挺之姿，应期佐命，文以缵治，武以棱威。用人如在己，求贤若不及；情深阻而莫测，性宽绰而能容，和光同尘，与时舒卷，戢鳞潜翼，思属风云。饰忠于已诈之心，延安于将危之命。观其雄略内断，英猷外决，殄公孙于百日，擒孟达于盈旬，自以兵动若神，谋无再计矣。既而拥众西举，与诸葛相持。抑其甲兵，本无斗志，遗其巾帼，方发愤心。杖节当门，雄图顿屈，请战千里，诈欲示威。且秦蜀之人，勇懦非敌，夷险之路，劳逸不同，以此争功，其利可见。而返闭军固垒，莫敢争锋，生怯实，而未前，死疑虚而犹遁，良将之道，失在斯乎！

文帝之世，辅翼权重，许昌同萧何之委，崇华甚霍光之寄。当谓竭诚尽节，伊、傅可齐。及明帝将终，栋梁是属，受遗二主，佐命三朝，既承忍死之托，曾无殉生之报。天子在外，内起甲兵，陵土未乾，遽相诛戮，贞臣之体，宁若此乎！尽善之方，以斯为惑。夫征讨之策，岂东智而西愚？辅佐之心，何前忠而后乱？故晋明掩面，耻欺伪以成功；石勒肆言，笑

---

[1]事及语见《晋书·帝纪第一》："魏武察帝有雄豪志，闻有狼顾相。欲验之。乃召使前行，令反顾，面正向后而身不动。又尝梦三马同食一槽，甚恶焉。因谓太子丕曰：'司马懿非人臣也，必预汝家事。'太子素与帝善，每相全佑，故免。"

[2]事见《晋书·帝纪第一》："明帝时，王导侍坐。帝问前世所以得天下，导乃陈帝创业之始，用文帝末高贵乡公事。明帝以面覆床曰：'若如公言，晋祚复安得长远！'"

奸回以定业。古人有云:"积善三年,知之者少,为恶一日,闻于天下。"可不谓然乎!虽自隐过当年,而终见嗤后代。亦犹窃钟掩耳,以众人为不闻;锐意盗金,谓市中为莫睹。故知贪于近者则遗远,溺于利者则伤名;若不损己以益人,则当祸人而福己。顺理而举,易为力,背时而动,难为功。况以未成之晋基,逼有余之魏祚?虽复道格区宇,德被苍生,而天未启时,宝位犹阻,非可以智竞,不可以力争,虽则庆流后昆,而身终于北面矣。

——唐·房玄龄《晋书》所载李世民语

司马懿之于魏,掾佐而已;拒诸葛于秦川,仅以不败,未尝有尺寸之功于天下也;受魏主叡登牀之托,横翦曹爽,遂制屏君、众群臣,猎相国九锡之命,终使其子孙继世而登天位,成一统之业。其兴也不可遏,而抑必有道焉,非天下之可妄求而得也。曹氏之欧兆民、延人而授之也久矣。

——清·王夫之《读通鉴论》

司马懿为莽操流亚,功不显,位不高,乌得擅权窃国?公孙死而司马益崇,魏之不亡亦仅矣。谁谓荒淫之主,能贻厥子孙哉?

——蔡东藩《后汉演义》

司马昭

司马昭（211～265），字子上，魏后废帝时任大将军、元帝时任相国，封晋王，谥号"文王"，河内温县（今河南温县西）人。父司马懿，官至太傅。魏后废帝高贵乡公曹髦正元二年（255），继兄司马师为大将军、侍中、督中外诸军、录尚书事。元帝景元四年（263），司马昭发兵灭蜀，进位相国，元帝咸熙二年（265）去世。死后数月，其子司马炎代魏建立西晋，追尊司马昭为"文皇帝"，庙号"太祖"。他颇有才干，治军有方，赏罚分明。率兵灭蜀，为西晋统一中国奠定了基础。但他弑君专权，留下千古骂名。

司马昭

一、出身权贵　名成功就

司马昭出身于权贵家庭，其父司马懿是三国时期曹魏的重臣。司马昭三兄司马师先后任轻骑常侍、中护军、卫将军、大将军等职，继司马懿之后专断朝政。在曹魏的中后期，司马父子不可一世，都先后成为权臣。

魏明帝曹睿景初二年（238）司马昭受封新城乡侯。废帝曹芳正始初年（240），司马昭任洛阳典农中郎将，当时由于明帝穷奢极欲，大兴土木、营造宫室，使得天下民不聊生。司马昭作为主管农业的官员，大胆地免除百姓的苛捐杂役，根据不同的季节及时耕作，鼓励百姓重视农业生产，赢得了老百姓的信赖和拥戴，真正做到了"为官一任，造福一方"。很快，他转升为散骑常侍，又开始步入军界。

魏大将军曹爽伐蜀时，司马昭任征蜀将军，作为夏侯玄的副手，率军出骆

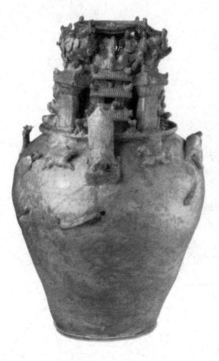

青瓷堆塑谷仓罐

谷，驻宿兴势。蜀将王林夜袭司马昭营地，司马昭神色自若，假装睡觉不动声色，显出一副指挥若定、运筹帷幄的样子。王林退兵以后，司马昭对夏侯玄说："费祎据险拒守，进不能与他交战，攻也未必能够攻下，应该赶快回师，以后再行图谋。"曹爽等人率军回归，费祎果然调兵火速赶往三岭，想截断魏军的归路。在这紧要关头，魏军争得险要之地，军队方得通过。回师后，司马昭功加一等，官拜为议郎。在诛杀大将军曹爽的过程中，司马昭又率领将士保卫二宫。司马昭再立新功，增邑一千户。[1]

蜀汉将领姜维进占陇右时，朝廷派遣征西将军郭淮从长安出发抵御蜀军，任命司马昭为安西将军、持节，驻守关中，节度诸军。郭淮与姜维别将句安交战，久而不能取胜。司马昭进据长城，向南直追骆谷作为疑兵，采用声东击西、调虎离山之兵法。果然姜维惊恐，退军保护南郑。句安成了后援断绝的孤军，只好率兵投降。司马昭又立战功，转安东将军、持节，镇守许昌。

魏军讨伐王凌，司马昭总督淮北诸军事，率各路兵马会合于项，由于他屡建战功，又被增邑三百户，假金印紫绶。不久，他又进号都督，统帅征东将军胡遵、镇东将军诸葛诞伐吴，在东关交战，两军都打了败仗，司马昭因而被免去新城乡侯。这并没有挫伤他的积极性，却更加激发了司马昭的斗志。

蜀将姜维再次进占陇右，扬言要攻狄道。以司马昭为行征西将军，驻守长安。雍州刺史陈泰想在敌军到来之前抢占狄道。司马昭分析说："姜维进攻羌人，

[1] 事及语见《晋书·帝纪第二》："大将军曹爽之伐蜀也，以帝为征蜀将军，副夏侯玄出骆谷，次于兴势。蜀将王林夜袭帝营，帝坚卧不动。林退，帝谓玄曰：'费祎以据险距守，进不获战，攻之不可，宜亟旋军，以为后图。'爽等引旋，祎果驰兵趣三岭，争险乃得过。遂还，拜议郎。及诛曹爽，帅众卫二宫，以功增邑千户。"

收服羌人之心，聚集粮食，筑成粮仓。现在又转军到此，正是要了结塞外诸羌的事宜，为以后获取粮食提供方便。假如确实要攻狄道，怎么会喧嚷而让外人知道呢？现在他们传说要攻占狄道，其实要回去了。"司马昭的判断果然准确，姜维很快烧营而去。[1]恰巧新平羌胡反叛，被司马昭击败，就在灵州（今宁夏灵武北）炫扬军威，致使北边的少数民族震惊，背叛者又都归降。司马昭又因功复封新城乡侯。

司马昭凭他的才干很快功成名就，三国鼎立的格局，也为司马昭提供了政治舞台。

二、掌握兵权　巧攻寿春

公元254年，高贵乡公曹髦即帝位，司马昭因参与决策有功，进封高都侯，增封二千户，毋丘俭、文钦之乱，魏军东征，司马昭兼中领军留镇洛阳。等到司马师在许昌病重，司马昭从洛阳到许昌探视自己的兄长，拜卫将军。司马师死后，后废帝曹髦命司马昭镇守许昌，尚书傅嘏率领六军回洛阳。司马昭采纳了傅嘏和钟会的计谋，亲自率军回洛阳。到洛阳以后，后废帝将司马昭进位大将军，加侍中，都督中外诸军，录尚书事、辅政，可以佩带宝剑穿着鞋子上朝见皇帝，司马昭固辞不受。[2]

甘露元年（256）正月，司马昭加封大都督，奏事不称名。夏六月，进封高都公，封地700里，加九锡，假斧钺，进号大都督，可以穿鞋带剑上殿，他又固辞不受。八月庚中，加假黄钺，增封三县。

甘露二年（257）五月辛未，镇东大将军诸葛诞杀扬州刺使乐綝，以淮南为基地而叛乱，派遣其子诸葛靓为人质到吴国，请求救援。朝廷议论此事，大都建议急速征伐。司马昭却认为："诸葛诞认为毋丘俭之军势单力薄，定会失败，他一定要外连吴寇。这次兵变虽然规模大而来势缓慢，我们应当与四面八方同心合

---

[1] 事及语见《晋书·帝纪第二》："蜀将姜维又寇陇右，扬声欲攻狄道。以帝行征西将军，次长安。雍州刺史陈泰欲先贼据狄道，帝曰：'姜维攻羌，收其质任，聚谷作邸阁讫，而复转行至此，正欲了塞外诸羌，为后年之资耳。若实向狄道，安肯宣露，令外人知？今扬声言出，此欲归也。'维果烧营而去。"

[2] 事见《晋书·帝纪第二》："至洛阳，进位大将军，加侍中，都督中外诸军、录尚书事，辅政，剑履上殿。帝固辞不受。"

司马昭
——从《绣像全图三国演义》

力，以一举全胜。"他上表说："从前黥布造反，汉高祖亲征；隗嚣背叛，光武西伐；烈祖明皇帝乘车频繁出游，都是为了鼓励士气，威慑敌人，扬我军威，陛下应该暂临军阵，使将士得以凭借天威。现在诸军有50万，以多击少，没有不克敌制胜的。"[1]七月，司马昭率军进驻项，假廷尉何桢节到淮南，宣慰将士，申明什么是叛逆，什么是忠顺，表示杀叛逆、赏忠顺的决心。甲戌，司马昭进军丘头。吴国派文钦、唐咨、全瑞、全怿等3万人来救助诸葛诞。魏将迎头拦击，未能阻住，而使其得以入城会合。将军李广临敌不进，泰山太守常时称病不出，都斩首示众，可见司马昭治军有方，赏罚严明。

八月，吴将朱异率兵1万多人，留辎重在都陆，轻装到黎浆。魏国监军石苞、兖州刺史州泰前往抵御，迫使朱异退兵。泰山太守胡烈用奇兵袭击都陆，烧了朱异的粮草。石苞和州泰又进击朱异，朱异大败。余兵饥饿不堪，吃葛叶而逃遁。吴人杀了朱异。对此事司马昭认为："朱异到不了寿春，不是他的罪，而吴人却杀了他，这坚定了诸葛诞吴人定会救援之心。如果不是这样，诸葛诞应该突围杀出，拼命求活。或者他认为我军不能持久，减省吃粮，等待其他变故。估计敌情不外乎这三个方面，现在应该以各种方法扰乱他们，防止他们逃走，这是上策。"根据司马昭对作战双方的分析，他下令各路部队合围，同时分派身体衰弱和病残的兵卒到淮北去就食，给军士每人3升大豆。文钦听到这个消息后果然心

---

[1]语见《晋书·帝纪第二》："昔黥布叛逆，汉祖亲征；隗嚣违戾，光武西伐；烈祖明皇帝乘舆仍出，皆所以奋扬赫斯，震耀威武也。陛下宜暂临戎，使将士得凭天威。今诸军可五十万，以众击寡，蔑不克矣。"

喜。司马昭命令军队更加显示出衰弱的形势，大量派遣反间士兵，扬言吴国的救兵即将到来。诸葛诞等人更加宽心，放松了对军队伙食的节制，很快城中缺粮。就在这个时候，王苞、王基都请求出兵进攻，司马昭却说："诸葛诞的逆谋，不是一朝一夕的事，他聚粮而守，外结吴人，自以为有占据淮南的足够力量，文钦既然同恶相济，他也一定不会走，现在如果进攻紧急，损伤游兵力量太大。假如外寇突然来到，我们就腹背受敌，这是危险的办法。现在三个叛逆相聚孤城之中，是将他们一起消灭的好机会，我们应该以持久之计拖住敌人，一定要三面坚守。假如敌人

曹髦

从陆路上来，军粮必定不多，我们以游兵轻骑断绝他们的运粮之路，这样可以不战而败外来之敌。外援的敌人失败，那么文钦必然能被我们擒获。"[1]

在这次战斗中，司马昭又采用了钟会提出的反间之计。全怿的母亲是孙权的女儿，因得罪了吴国，全端的侄儿全祎、全仪带着祖母直接投奔了魏国。全仪的哥哥全静在寿春城中，司马昭让人伪造全祎、全仪的书信欺骗全静。全静兄弟5人率领吴兵开城门投降，寿春城中一片惊慌。

甘露三年（258）正月，诸葛诞、文钦突围，魏军迎头攻击，他们不得不又退回城中。本来文钦和诸葛诞在许多事情上有分歧，内部不协调，等到穷急窘迫之时，两人更加互相猜疑。恰巧文钦冒犯了诸葛诞，诸葛诞一气之下亲手杀了文钦。文钦之子文鸯想替父报仇，率兵攻打诸葛诞，未能取胜而越城投降司马昭。司马昭于是任文鸯为将军，封侯，派他巡城喊话。司马昭看见城上士兵引弓而不发箭，对各位将领说："可以攻击了。"二月乙酉，司马昭率兵攻下寿春城，斩诸

---

[1]语见《晋书·帝纪第二》："诞之逆谋，非一朝一夕也，聚粮完守，外结吴人，自谓足据淮南。钦既同恶相济，必不便走。今若急攻之，损游军之力。外寇卒至，表里受敌，此危道也。今三叛相聚于孤城之中，天其或者将使同戮。吾当以长策縻之，但坚守三面。若贼陆道而来，军粮必少，吾以游兵轻骑绝其转输，可不战而破外贼。外贼破，钦等必成擒矣。"

竭忠贞王经死节
——从1935年会文堂新记书局蔡东藩《唐史汉通俗演义》

葛诞，诛夷三族。吴将唐咨、孙曼、孙弥、徐韶等都率部投降，上表给他们加爵，分发粮食给饥饿的士兵。此时，有人提出吴兵不能再用，应该坑杀他们。司马昭说："就让他们逃回去，正好显示我们的宽宏大量。"于是，把这些降兵迁徙到三河。[1]

三、辞让相国　操纵弑君

甘露三年（258）四月，司马昭从寿春回到洛阳。后废帝为了表扬司马昭的武功，命令把虎头改为虎丘。五月，后废帝以并州的太原、上党、西河、乐平、新

---

[1] 事见《晋书·帝纪第二》："初，诞、钦内不相协，及至穷蹙，转相疑贰。会钦计事与诞忤，诞手刃杀钦。钦子鸯攻诞，不克，逾城降。以为将军，封侯，使鸯巡城而呼。帝见城上持弓者不发，谓诸将曰：'可攻矣！'二月乙酉，攻而拔之，斩诞，夷三族。吴将唐咨、孙曼、孙弥、徐韶等帅其属皆降，表加爵位，廪其馁疾。或言吴兵必不为用，请坑之。帝曰：'就令亡还，适见中国之弘耳。'于是徙之三河。"

兴、雁门以及司州的河东、平阳共计8郡，方圆700里，封司马昭为晋公，加九锡，进位相国，晋国置官司，司马昭让了九次才作罢。于是增邑一万户，食3县，诸子没有爵位的都封列侯。七月，司马昭上奏录取先世名臣元勋子孙，随才叙官。

甘露四年（259）六月，司马昭把荆州一分为二，设置二都督，王基镇新野，州泰镇襄阳，石苞都督扬州，陈骞都督豫州，钟毓都督徐州，宋均监青州诸军事。

公元260年，后废帝命司马昭爵秩如同以前，司马昭又辞让不受。后废帝认为司马昭三世为宰辅，政不由己出，不能自安。后废帝曹髦已认识到自己皇位的危机，尽管司马昭多次辞让不受相位，但是司马昭已经独揽大权，操纵朝政，曹髦认为自己作为一国之君却不能做主，司马昭已经和皇帝平起平坐。加之曹髦年少气壮，他对司马昭越来越不满，甚至愤恨，他向众臣公开言明"司马昭之心，路人皆知"。曹髦唯恐受到被废的屈辱，所以他想亲御平台，召集百官，放黜司马昭。五月戊子夜，使冗从仆射李昭等发兵于陵云台，召侍中王沈、散骑常侍王业、尚书王经，从怀中取出黄素诏给他们看，并戒严等到天明。

事实上，后废帝曹髦的精心准备已枉费心机，此时司马昭的权势已不可一世，朝廷上下到处都是司马昭的耳目和亲信。王沈、王业从陵云台回来后把详情及时汇报了司马昭。司马昭虽然内心十分恼火，表面显得很平静。他召护军贾充等作准备，君臣之战迫在眉睫。

后废帝曹髦知道事情已经泄漏，于是他不顾左右大臣的劝阻，率领左右兵丁攻击相府，声称要讨伐司马昭，敢有动手的全部灭族。此时相府兵将停住不敢交战，贾充指责诸将说："司马公豢养你们这些人，正是为了今天！"太子舍人成济抽出武器，逼近后废帝的车乘，将曹髦刺穿，刀刃从背后露出来，皇帝当场死于车内。[1]

皇帝被弑，满朝上下震惊，但司马昭的权势威慑，群臣敢怒不敢言。司马昭召集百官商议此事，仆射陈泰没有来，司马昭派遣他的舅舅荀颙用轿子把他抬来，请到密室，对他说："玄伯，天下将如何看我？"陈泰说："只有腰斩贾充，

---

[1] 事及语见《晋书·帝纪第二》："天子知事泄，帅左右攻相府，称有所讨，敢有动者族诛。相府兵将止不敢战，贾充叱诸将曰：'公畜养汝辈，正为今日耳！'太子舍人成济抽戈犯跸，刺之，刃出于背，天子崩于车中。"

魏三辟邪灯座

才能对天下谢罪。"司马昭说:"你能不能再考虑一个办法?"陈泰犹豫片刻说:"只见这个办法为上策,不见有其他的办法。"司马昭经过再三权衡,只得把罪名归于成济,斩杀了成济。[1]因此,效忠司马昭的成济瞬间成了替罪羊。紧接着,太后下令说:"从前汉昌邑王以罪废为庶人,这个孩子也应以庶人之礼安葬,使内外都知道他的行为。"

尚书王经一直死保后废帝,他对皇上忠心耿耿,对司马昭的专断愤愤不平,也正因如此,司马昭又杀了王经。

为了安抚群臣,司马昭曾爬在死去的后废帝身上号啕大哭。并启奏说:"死去的高贵乡公,率领从驾兵丁,拔刀鸣鼓向我住所围攻,我惧怕刀兵相接,所以命令将士不得对皇上有所伤害,违令者以军法从事。骑督成倅弟太子舍人成济冲入兵阵,杀伤高贵乡公而将他置于死地。我听说人臣三节,宁死不能有二心,事上死难,不能逃避。目前变故突然而至,祸事如同发箭之速,真想委身守死,惟命运裁决。然而高贵乡公的本谋是要上危皇太后,倾覆宗庙。我当元辅,职在安定国家,所以不断下令,不得逼近舆辇。而成济狂妄,进入兵阵,造成大变,悲哀痛恨,心肺摧裂。成济干犯国法,将他处死还不能抵他的罪恶,即收成济家属交付给廷尉。"[2]太后听从了司马昭的奏言,诛灭成济三族。

---

[1] 事及语见《晋书·帝纪第二》:"帝召百僚谋其故,仆射陈泰不至。帝遣其舅荀颙舆致之,延于曲室,谓曰:'玄伯,天下其如我何?'泰曰:'惟腰斩贾充,微以谢天下。'帝曰:'卿更思其次。'泰曰:'但见其上,不见其次。'于是归罪成济而斩之。"

[2] 语见《晋书·帝纪第二》:"故高贵乡公帅从驾人兵,拔刃鸣鼓向臣所,臣惧兵刃相接,即敕将士不得有所伤害,违令者以军法从事。骑督成倅弟太子舍人济入兵阵,伤公至陨。臣闻人臣之节,有死无贰,事上之义,不敢逃难。前者变故卒至,祸同发机,诚欲委身守死,惟命所裁。然惟本谋,乃欲上危皇太后,倾覆宗庙。臣忝当元辅,义在安国,即骆驿申敕,不得迫近舆辇。而济妄入阵间,以致大变,哀怛痛恨,五内摧裂。济干国乱纪,罪不容诛,辄收济家属,付廷尉。"

四、出任相国　总理朝政

后废帝曹髦被杀以后，司马昭和众公卿一起商议，决定立燕王的儿子常道乡公曹璜为帝，后因避讳，曹璜改名曹奂。

公元 260 年六月改元，为魏元帝曹奂景元元年。丙辰，元帝进司马昭为相国，封晋公，增十郡加九锡如初，各个子弟没有封侯的全封亭侯，赐钱千万，帛万匹。司马昭坚决辞让，于是作罢。十一月，吴国吉阳督萧慎写书信给镇东将军石苞，假意投降，请求接就。司马昭知道他欺诈之意，令石苞表面上表示欢迎，而内部要严加防范。

景元二年（261）八月，元帝让太尉高柔授司马昭相国印绶，司空郑冲致晋公茅土九锡，司马昭坚持辞让。

景元三年（262）四月，萧慎向魏元帝献楛矢、石炮、弓甲、貂皮等。元帝命令将这些贡品归于大将军司马昭府。

景元四年（263）二月，元帝复命司马昭封爵如前，司马昭又辞让。三月，皇帝下诏大将军府增置司马 1 人，从事中郎 2 人，舍人 10 人。夏天，司马昭伐蜀，出征前召集众人进行商议。司马昭说："自从平定寿春以来，至今已经休养生息 6 年，操练兵马，修缮武器，准备攻打吴国和蜀国。大约计算，如果攻取吴国，作战船，通水道，应该需要用上千万劳工，必须动用 10 万人、用时 100

魏晋墓砖牧马图

多天。加上南方气候湿润，必定要得疾病，现在应该先攻取蜀国。3年之后，依靠巴蜀顺流之势，水陆并进，这是灭虞定虢，吞韩并魏之势啊。计算蜀有战士9万，居守成都和防备他郡不下4万，余下战士不过5万。现在姜维被羁绊在沓中（今甘肃舟曲以西、山民县以南），使他不能东顾，然后直进骆谷，突然出现在他防御的空虚之地，以袭击汉中（治今陕西南郑）。他如果绕城守险，兵力必然分散，首尾不能呼应。用重兵屠城，用精锐野战，剑阁（今属四川）不能守险，关头不能自存。以刘禅的昏庸无能，边城被攻破，境内百姓惊慌，蜀国灭亡是可想而知了。"[1]对此，征西将军邓艾认为没有事端不可挑衅，屡次陈述不同意见。司马昭对此非常厌烦，让主簿师纂当邓艾的司马，去劝说他，邓艾才奉命。

于是，魏征四方兵马18万，令邓艾从狄道攻姜维于沓中；雍州刺史诸葛绪则从祁山进发，进军武街，断绝姜维归路，镇西将军钟会率前将李辅、征蜀护军胡烈等从骆谷袭击汉中。

八月，大军从洛阳出发，赏赐将士，誓师伐蜀，将军邓敦认为蜀国不可以讨伐，司马昭将邓敦立即斩首，以示惩罚。

九月，司马昭命令天水太守王颀攻打姜维驻地、陇西太守牵弘在阵前挑战、金城太守杨欣催赶甘松。钟会分为两队，从斜谷进入，让李辅在乐城围攻王含、部将易恺在汉城攻打蒋斌。钟会直指阳安，护军胡烈攻陷关城。姜维得知后，急忙退兵，被王颀追击，在强川战败。姜维和张翼、廖化合军坚守剑阁，钟会又率军进攻。

冬十月，元帝因为各路诸侯捷报频传，再次重申前诏，再次重封司马昭为相国和晋公。公卿将校也都到司马昭府第传元帝旨意。司马昭仍然以礼辞让。司空郑冲率众官劝进，司马昭只好接受命诏，即接受相国印绶及晋公封号。

十一月，邓艾率领万余人从阴平（今甘肃文县西北）越绝险至江由（今属

[1]语见《晋书·帝纪第二》："自定寿春已来，息役六年，治兵缮甲，以拟二虏。略计取吴，作战船，通水道，当用千余万功，此十万人百数十日事也。又南土下湿，必生疾疫。今宜先取蜀，三年之后，在巴蜀顺流之势，水陆并进，此灭虞定虢，吞韩并魏之势也。计蜀战士九万，居守成都及备他郡不下四万，然则余众不过五万。今绊姜维于沓中，使不得东顾，直指骆谷，出其空虚之地，以袭汉中。彼若婴城守险，兵势必散，首尾离绝。举大众以屠城，散锐卒以略野，剑阁不暇守险，关头不能自存。以刘禅之暗，而边城外破，士女内震，其亡可知也。"

四川），击败蜀将诸葛瞻，在绵竹斩诸葛瞻，将其头颅送往洛阳。然后进军雒县（治今四川广汉北），蜀后主刘禅投降。元帝命晋公司马昭以相国身份总理朝政，上节传，去掉侍中、大都督、录尚书之号。表奏邓艾为太尉，钟会为司徒。

元帝咸熙元年（264）春正月，囚车征邓艾到京。乙丑，晋公司马昭奉元帝西征，驻扎在长安。这时，魏诸王侯都在邺城，命从事中郎山涛行军司事，镇守邺城，派遣护军贾充持节，督诸军据守汉中。钟会在蜀反叛，右将军胡烈攻钟会，将其斩杀。

当初，钟会伐蜀，西曹属邵悌对晋公说："钟会不可相信，不能让他率军出行。"晋公司马昭笑着说："攻取蜀国极为容易，而众人都说不可，只有钟会的意见和我相同。灭蜀之后，中原将士人人思归，蜀国遗留的百姓惊恐未定，纵然钟会有异志，他也无能为力。"事情果然如司马昭所料。[1]

丙辰日，晋公司马昭从长安到洛阳。三月己卯日，元帝进晋公爵为晋王，增封并前共 20 个郡。五月癸未，元帝追加舞阳宣文侯司马懿为晋宣王，舞阳忠武侯司马师为晋景王。

七月，晋王司马昭上奏皇帝：委托司空荀颉制定礼仪，中护军贾充修正法律，尚书仆射裴秀议定官制，太保郑冲总裁各事。开始建立五等爵位。[2]

十月丁亥，晋王司马昭派吴人相国徐劭、散骑常侍水曹属孙彧出使吴国，告诉孙皓蜀国已灭的事情，赠给他马、锦等物，以示威恩。丙午，元帝命中抚军新昌乡侯司马炎为晋世子。

咸熙二年（265）二月，朐䏍县献的灵龟归于司马昭的相府。四月，孙皓派纪陟来聘问并献方物。五月，元帝命晋王冕十二旒，建天子旌旗，出警入跸，乘金根车，驾六马，备五时副车，置旄头云罕，乐舞八佾，设钟鼎宫悬，位在燕王之上。进晋王妃为王后，世子为太子，王女王孙爵命之号皆如帝王之仪。

各种繁琐苛刻的禁令和不便于时的法式，司马昭都奏请去除。晋国设置御史大夫、侍中、常侍、尚书、中领军、卫将军等官。

---

[1]事及语见《晋书·帝纪第二》："初，会之伐蜀也，西曹属邵悌言于帝曰：'钟会难信，不可令行。'帝笑曰：'取蜀如指掌，而众人皆言不可，唯会与吾意同。灭蜀之后，中国将士，人自思归，蜀之遗黎，犹怀震恐，纵有异志，无能为也。'卒如所量。"

[2]事见《晋书·帝纪第二》："秋七月，帝奏司空荀颉定礼仪，中护军贾充正法律，尚书仆射裴秀议官制，太保郑冲总而裁焉。始建五等爵。"

咸熙二年（265）八月辛卯，司马昭在露寝离世，终年55岁。九月葬崇阳陵，谥"文王"。其子司马炎受禅即帝位后，追封司马昭为"文皇帝"，庙号"太祖"。

司马昭在中国历史上也属名相，他几乎操纵了曹魏的后期政权，虽说他多次辞让相位，但实质上权力已达至君臣不分的地步。他率兵灭蜀，为西晋统一中国打下了基础，他对曹魏各项制度的变革，也为后来的西晋政权提供了经验。对他一生的功过是非，后人也是众说纷纭。

名 家 评 说

世宗（司马师）以睿略创基，太祖（司马昭）以雄才成务。事殷之迹空存，翦商之志弥远，三分天下，功业在焉。及逾剑销氛，浮淮静乱，桐宫胥怨，或所不堪。若乃体以名臣，格之端揆，周公流连于此岁，魏武得意于兹日。轩悬之乐，大启南阳，师挚之图，于焉北面。壮矣哉，包举天人者也！为帝之主，不亦难乎。

——唐·房玄龄《晋书》

诸葛诞之起兵讨司马昭也，疑贤于王凌、毋丘俭，而实未见其愈也。俭与诞，皆以夏侯玄之死不自安，而徼幸以争权，使其克捷，其不为刘裕之诛桓玄，不能保也。且诞之讨昭，何为也哉？无抑不欲魏社之移于司马氏矣乎？魏而亡，亡于司马，亡于吴，无以异也，吴岂为魏惜君臣之义，诛权奸以安其宗社者哉？诞遣其子靓称臣于吴以起兵，则昭未篡而已先叛；以叛临篡，篡者未形而叛者已著；其志悖，其名逆，授司马昭以讨叛之名，而恶得不败邪？使其成也，司马昭之族甫糜，曹氏之社早屋矣。悲夫！

——清·王夫之《读通鉴论》

昭父兄累建功勋，为人畏服；昭之智不让父兄，倾动内外，朝臣俱受彼牢笼。

——蔡东藩《后汉演义》

若夫司马氏之篡魏，实为天道之循环，不有曹操父子之作俑于前，何有司马昭之效尤于后？故篡魏者晋，实则魏自诒之也。

——蔡东藩《后汉演义》

诸葛亮

诸葛亮（181～234），字孔明，三国蜀先主、后主时任丞相，谥号"忠武侯"。琅琊阳都（今山东沂南南）人。父诸葛珪，官至郡丞；母章氏。公元207年，诸葛亮被刘备三顾茅庐请出隆中，此后27年的政治生涯中，他出将入相辅佐刘备、刘禅父子，开国创业。为兴复汉室，成就大业，他立法施度，选贤任能，务农植谷，发展生产，联吴抗魏，南征和夷，五伐中原，六出祁山，直到54岁病逝于伐魏的前线五丈原。他一生鞠躬尽瘁，死而后已。他运筹帷幄的风采，淡泊明志的气度，谦虚务实的作风，矢志不移的献身精神和不折不挠的顽强意志，均成为后人的典范和楷模。

诸葛亮
——从明万历三十七年（1609）原刊本《三才图会》

一、隐居襄阳　胸怀大志

东汉末年，社会矛盾日益激化，各地豪杰并起，拥地称雄，彼此连年征战不已。军阀割据，社会动荡不堪，诸葛亮就是在这动荡年代出生，也是在这动荡的时代了解社会，认识社会，走上政治舞台的。

光和四年（181）七月二十三日，在徐州琅琊郡阳都的一个门第不高的家庭里，第二个男孩出世了，他就是闻名于世的诸葛亮。诸葛亮祖上原本姓葛，是秦末跟从陈涉起义的将军葛婴的后代，汉文帝时追录其功，封他的子孙为诸县（属琅琊郡）侯。后来其家族由诸县迁至阳都。因阳都先有葛姓，人们便称其为"诸葛"以示区别，久而久之也就习用复姓了。

诸葛亮的远祖诸葛丰在西汉元帝时任过司隶校尉，为官清正，在当时名声很高。诸葛亮的父亲诸葛珪做过泰山郡郡丞。在诸葛亮幼小时，生母章氏不幸病故，上有比他大五岁的哥哥诸葛瑾和两个姐姐，下面有一个弟弟诸葛均。大约诸葛亮8岁时，父亲也去世了，一家人的生活全靠叔父诸葛玄来安排料理。诸葛亮14岁时，叔父诸葛玄就任豫章（今江西南昌）太守，诸葛亮和弟弟一同前往。诸葛玄丢官后，带诸葛亮到荆州投靠刘表。

诸葛亮到荆州后，在襄阳住下。他听说徐州附近兵荒马乱，深为留在家乡的兄长和继母的安全担心。从亲身经历和耳闻目睹中，诸葛亮深深地感到国家分裂给人民带来的苦难，连贵为天子的汉献帝也不能幸免。诸葛亮开始从书本上汲取知识，来思考国家兴亡和社会变化的大事。

隆　中

荆州首府襄阳，地控南北，水陆交通极为便利，当时的荆州地区还算较安全的区域。诸葛亮来到襄阳生活，他的思想发生了很大变化，他的心境不再平静。由于他自幼爱动脑筋，加上襄阳南来北往的人也很多，所以他对社会更有进一步的认识。

诸葛亮居住襄阳期间，因叔父关系先后结识了许多当地及外地流寓而来的知名人士。其中有名士庞德公，号称"水镜先生"的司马徽，名士黄承彦，青年俊士庞统。诸葛亮常与汝南人孟公威、颍川的徐庶（字元直）、石广元等一起游学，三个人读书务必要精通熟诵，而诸葛亮则记其大概。每天早晨和夜晚诸葛亮常抱膝长啸。诸葛亮常常和他们一起读书吟诗，谈古论今，评论天下事，抒发自己的政治抱负。有一天，诸葛亮对朋友们讲："如果你们去作官，凭你们的才能是可以当上刺史和郡守的。"当朋友们问他时，他却避而不答。[1]其实他有更大的政治抱负，他常常把自己和春秋战国时期的管仲、乐毅相比。

公元197年，诸葛亮的叔父去世，诸葛亮原本准备带着弟弟回老家，后来由于朋友挽留，经过一番深思熟虑，他决定留下来。于是，他带弟弟搬迁到襄阳城西20里的隆中村，在那里盖起了几间草房定居下来。自此，诸葛亮开始了长达10年的"躬耕于南阳，苟全性命于乱世，不求闻达于诸侯"的隐居生活。

隆中是一个依山傍水、风景秀丽的小山村。诸葛亮除了平日到田间耕作外，大多是在草堂内掩门攻读，有时也应学友相邀外出游历，或独自寻师访友。他每天清晨读书之后，常纵情开怀于山岗之上；而夜间读书之余，则盘足抚琴于草庐之中。他从小喜欢《梁父吟》古曲，时常弹起它，这不仅勾起他对故乡的思恋，更激发起他对国家命运的关注。

汉献帝建安五年（200），诸葛亮已居隆中4个年头。北方战云密布，曹操、袁绍屯兵相持于官渡，眼看逐鹿中原的大战一触即发。诸葛亮与黄承彦老先生论及时事，又与同他齐名的"凤雏"庞统论及北方战事。在谈论中间，庞统突然把话停住，用目光审视一下诸葛亮，然后低声对他说："从家叔、水镜先生和黄老先生处得知，你这几年发奋攻读，学识倍增，将来必定大有一番作为。不过，拨乱反正，谈何容易。曹操虽是一个治世的能臣，但又是一个乱世的奸雄，汝南许邵对他早有定论，愿你我共勉之。"

诸葛亮听了庞统的一席话后，一连几天心潮起伏，思绪万千，总在草堂内踱来踱去。每当想到国家战乱不休、群雄割据的现状时，他深深感到内疚和苦闷。为了实现自己的政治抱负，他只有潜心阅读大量书籍，用心研究历史上各个时期的政治、经济情况以及各家学派的思想观点和政治主张，他读书有方，观其大

---

[1] 事见《三国志·魏略》："亮在荆州，以建安禄与颍川石广元、徐元直、汝南孟公威等俱游学，三人务于精熟，而亮独观其大略。每晨夜从容，常抱膝长啸，而谓三人曰：'卿三人仕进可至刺史郡守也。'三人问其所至，亮但笑而不言。"

略，抓其要点，从中汲取有益的精华。这在他写的《论诸子》一文中可见一斑。文中讲："老子长于养性，不可以临危难。商鞅长于理法，不可以从教化。苏、张长于驰辞，不可以结盟誓。尾生长于守信，不可以应变。王嘉长于遇明君，不可以事暗王。许子将长于明藏否，不可以养人物。此任长之术也。"诸葛亮准确指出这些人的长短，并以此作为他后来治国、治军及治家、治身的借鉴。

诸葛亮很注意研究先秦法家的著作，特别是管仲、申不害和韩非等人的著作，这与他所处的乱世和政治地位以及自己的抱负密切相关。正是经过自己的努力，他的政治见解越来越敏锐，在荆州的名流中树立了威信，成为当时一名很有影响的人物。

诸葛亮为了学习韬略智谋，经司马徽引荐，拜居住在汝南灵山的隐士郦玖为师，专习兵法阵图和治国安邦之道，长达一年之久。最后学有所成，他得到郦玖的赞许和勉励后回到隆中。前去拜谢司马徽，聚谈之后，司马徽改容称道："真是第一流也。"过了不久，庞德公也深感诸葛亮学识不凡，把他看成是隐藏在隆中山村里的一条龙。这条龙一旦腾飞，必将响震宇内，干出一番惊天动地的事业。因此，庞德公美称诸葛亮为"卧龙。"

随着诸葛亮的名气愈来愈大，年龄也年复一年地增加。由于他把全部精力都放在学业上，从未考虑个人的婚姻问题。当时的人们都认为：凭诸葛亮的年轻英俊，才学不凡，必定要选择一位人才出众的绝色女子。对这种郎才女貌的世俗观念，诸葛亮一笑置之。经过一段时间考查，诸葛亮选择了黄承彦先生的女儿阿丑为妻，这大出人们的意料。因阿丑虽自小天性聪慧，才学为一般名士所不及，但却长得矮小，肤色又黑，加之一头黄发，实在是不好看。岂知诸葛亮得贤内助，不仅在当时对他的学业很

庞　统

有补益，而且对他一生的事业也有相当大的帮助，据说后来诸葛亮在北伐中用的木牛流马，就是从妻子那里讨教而"变其制"做成的，诸葛亮对自己的这桩婚事相当满意。

诸葛亮在宁静的隆中固志成学，被司马徽称为"识时务之俊杰"。诸葛亮后来在《诫子书》中说"学须静也，才须学也，非学无以广才，非志无以成学"，即是他本人身处隆中时立志向学、固志成学的经验之谈。

二、三顾茅庐 隆中对答

出身西汉宗室的刘备想干一番事业，他到处寻求人才。当徐庶到新野投奔刘备时，受到刘备的极大器重。于是徐庶决心向刘备推荐诸葛亮。刘备听后喜不自禁："卧龙大名如雷贯耳，早就听水镜先生讲过，那就请先生快快把他请来吧！"徐庶看到刘备求贤若渴的样子，心里十分高兴，仍不动声色地说："诸葛孔明这个人，将军您还不太了解吧？他常常自比管仲、乐毅，依我看，他的才学不在管仲、乐毅之下！恕我直言，像他这样一位身藏大器的人，愿不愿意出来还得看您的诚意如何。所以我建议，最好还是将军您亲自屈尊去请，或许他亲身感受到您的一片诚意，还说不定会乐意出山。"公元207年，刘备亲自带着关羽、张飞，冒着隆冬严寒，接连三次前往隆中拜访诸葛亮。[1]

在此期间，诸葛亮正出外游历，访友磋学，他对刘备来访耳有所闻，也为此心怀犹豫，出与不出，举棋不定。后来，他听说刘备等第二次来隆中，诸葛亮感到刘备之诚心，出山帮助刘备成就霸业的想法占了上风，于是决定回家。在一个雪霁初晴、碧空万里的日子，刘备带着关羽、张飞第三次来到隆中，两位怀着同样统一志向的政治家终于在隆中草屋里相见了，这就是久传不衰的"三顾茅庐"。

刘备见诸葛亮身高8尺，头戴素巾，身穿布袍，风度潇洒，举止不俗，飘飘然有神仙之气，忙上前施礼，口称："刘备久闻先生大名，如雷贯耳，两次到此空返，今日得睹尊颜，幸甚！幸甚！"诸葛亮深深还礼，并应声说："南阳山村闲散之人，何劳将军一再下顾！"刘备慨然道："大丈夫抱经世奇才，岂可空老

---

[1] 事见《三国志·蜀书·诸葛亮传第五》："时先主屯新野。徐庶见先主，先主器之，谓先主曰：'诸葛孔明者，卧龙也，将军岂愿见之乎？'先主曰：'君与俱来。'庶曰：'此人可就见，不可屈致也。将军宜枉驾顾之。'由是先主遂诣亮，凡三往，乃见。"

三顾茅庐
　　——从明刻本《全图绣像三国演义》

于林泉之下？愿先生以天下苍生为念，启发我的愚鲁，给我以明教。"诸葛亮笑着问："我愿意听听将军之志。"

刘备看四周无人，极其诚恳而又坦率地向诸葛亮倾诉了自己的志向和抱负。诸葛亮被刘备虚心求教、以诚相待的精神所感动，于是从容不迫地把心中的话全部说出：

"自从董卓造逆以来，天下豪杰并起。曹操势力不及袁绍，而竟能打败袁绍，不仅仅靠天时，也是人谋的结果。如今曹操已拥有百万之众，挟持天子以命令诸侯，这确实不可与其争锋。孙权占据江东，已历经三世，国势险要，百姓乐于附属，贤能汇集帐下，因此孙权可用为援军而不可图谋攻取。荆州北据汉、沔，利尽南海，东连吴会，西通巴、蜀，这是用武之地，但是非杰出之人不能守；大概是上天要资助将军，将军对此有意吗？益州（治所在今四川成都）险塞，沃野千里，天府之国，高祖依靠它而成帝业；如今刘璋暗弱，民殷国富，而不知存恤，贤能之士，全部思得明君。将军是帝室之胄，信义著于四海，汇集英雄，思贤如渴，如果能跨有荆、益，保其岩阻，西和诸戎，南抚彝、越，外结孙权，内修政理；等待天下一旦有变，则命令一上将带领荆州之兵以攻取宛、洛，将军亲自率领益州之众以出秦川，百姓会有不箪食壶浆以迎将军的人吗？如果能确实做到这些，那么大业可成，汉室可兴。"[1]

诸葛亮看刘备不住地微微点头，一副心领神会的样子，心中甚慰，于是叫书童取出一幅地图挂到中堂上，指着图说："这是西川54州的地图。将军想要成就霸业，北边有曹操占着天时，南边有孙权占着地利，将军可以占的是人和。首先

---

[1] 语见《三国志·蜀书·诸葛亮传第五》："自董卓以来，豪杰并起，跨州连郡者不可胜数。曹操比于袁绍则名微而众寡，然操遂能克绍，以弱为强者，非惟天时，抑亦谋人也。今操已拥百万之众，挟天子以令诸侯，此诚不可与争锋。孙权据有江东，已历三世，国险而民附，贤能为之用，引可以为援而不可图也。荆州北据汉、沔，利尽南海，东连吴会，西通巴、蜀，此用武之国，而其主不能守；此殆天所以资将军，将军岂有意乎？益州险塞，沃野千里，天府之土，高祖因之以成帝业；刘璋暗弱，民殷国富，而不知存恤，智能之士，思得明君。将军既帝室之胄，信义著于四海，总揽英雄，思贤如渴，若跨有荆、益，保其岩阻，西和诸戎，南抚彝、越，外结好孙权，内修政理；天下有变，则命一上将将荆州之兵以向宛、洛，将军身率益州之众出于秦川，百姓孰敢不箪食壶浆以迎将军者乎？诚如是，则霸业可成，汉室可兴矣。"

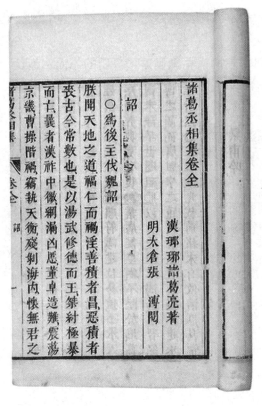

《诸葛丞相集》书影

取占荆州作为基础，然后进取西川建立根据地，与曹操、孙权以成鼎足之势，再后就可以进图中原了。"刘备听了诸葛亮对天下形势分析得如此精辟，不但连声叫绝，而且从内心深处对这位年仅27岁的青年由衷地产生了敬意，诸葛孔明正是他梦寐以求的良辅。他非常恭敬地拱手说："先生所言，使我如拨开云雾而重见青天，茅塞顿开。愿先生以天下苍生为念，以复兴汉室为务，大展宏才以建稀世之功，刘备至诚相邀，万请先生能出山助我。"

这就是著名的《隆中对》，诸葛亮的一席弘阔之论，涉及政治、军事、经济、地理、外交诸方面，总括了汉末的天下形势，预示出政局的发展前景，是一篇绝世之作。它体现了诸葛亮的远见卓识和超凡的政治韬略，对刘备以后所进行的统一事业产生了深远的影响和作用。

诸葛亮离别了生活10多年的隆中草屋，跟随刘备去闯天下。刘备把诸葛亮当作良师益友，朝夕相处，关系日渐密切。关羽、张飞很不高兴，认为刘备对比他小20岁的这位青年人过于敬重了，何况还不知道他是否有真才实学？刘备坦率而又严肃地对他们说："我得孔明，如鱼得水，请以后不要再说长道短了。"关羽、张飞这才作罢。[1]

刘备在诸葛亮的辅助下，很快成为一支不可忽视的政治力量，就连曹操的谋士荀彧都劝谏说："刘备当世英雄，现在更有诸葛亮为军师，实不可轻敌。"曹操

---

[1] 事及语见《三国志·蜀书·诸葛亮传第五》："于是与亮情好日密。关羽、张飞等不悦，先主解之曰：'孤之有孔明，犹鱼之有水也。愿诸君勿复言！'羽、飞乃止。"

问徐庶:"诸葛亮是何许人?"徐庶回答说:"诸葛亮字孔明,道号卧龙先生,有经天纬地之才,出鬼入神之计,是当今真正的奇才。"曹操又问:"同先生相比怎么样?"徐庶这样答道:"我怎么敢和诸葛亮相比,我好像萤火一样的微光,诸葛亮如同那皓洁的明月一样明亮。"果然,时隔不久,在诸葛亮的运筹和指挥下火烧曹军,获得赤壁大胜,这是诸葛初出茅庐第一功。

三、联吴抗曹　决胜赤壁

公元208年七月,曹操听说刘表病重,唯恐荆州在刘表死后落入孙权之手。曹操发兵50万,兵分5路,取道宛城(今河南南阳)、叶县,企图一举消灭刘表、刘备和孙权的势力,席卷南方,统一全国。刘备起初未听诸葛亮趁机占领荆州之言,不忍心占取荆州,只得率兵带民10余万人撤往江陵。曹操听到此消息后,心中不安,唯恐刘备占据江陵这个战略要地,便立即亲自率领5000精兵,一日一夜行300里急追刘备,终于在当阳县(今属湖北)东边的长坂坡追上了刘备。

刘备猝不及防,大部分军队被曹军杀散,军民死伤残重,刘备连妻子也顾不上,急忙和诸葛亮等率领随从数十骑向侧面汉水奔走。当阳一战,刘备的两个女儿被虏,刘备的甘夫人和1岁的弱子阿斗全靠赵云死战保护才得救于乱军之中。刘备的军队仅剩关羽的1万多水军和刘琦的1万多步兵,力量大为削弱,真是危难存亡之时。

诸葛亮冷静分析形势后,果断提出向东吴孙权求救。诸葛亮亲自为使节,过江赴柴桑(治今江西九江西南)与孙权商议结盟拒曹事宜,这正是20年后他在《出师表》中所言:"受任于败军之际,奉命于危难之间。"

诸葛亮随鲁肃乘船来到柴桑时,东吴内部围绕如何对待曹操进攻问题正进行激烈的争论,以张昭、秦松为代表的一些儒生被曹军吓倒,主张归降曹操,以周瑜和鲁肃为代表的主战派认为曹操

刘 备
——从明弘治十一年(1498)《历代古人像赞》

诸葛亮
——从原故宫南熏殿旧藏《历代先贤名人像》

可以被打败，坚决主张出兵抗曹。面对东吴统治集团上层的一片投降声，诸葛亮力排众议，舌战群儒，对答如流。此时，孙权传见诸葛亮。诸葛亮见孙权碧眼紫髯，堂堂仪表，便用言语相激，终使孙权下了联刘抗曹的决心。

孙权虽然决心已下，但对战争的前途顾虑重重，特别是对刘备兵败之后，是否有能力和自己一起抵抗曹操的进攻感到担心。诸葛亮根据形势进行了透彻分析，[1]说得孙权心悦诚服，欣然答应了诸葛亮的结盟要求。

公元208年十月，孙权命大将周瑜为都督，统率精兵3万，溯江西上，会同刘备的军队在赤壁（今湖北蒲圻西北，长江南岸）与曹军相遇，双方隔江对峙，拉开了赤壁大战的序幕。

正如诸葛亮所料，江南气候阴冷，长江两岸潮湿，曹军多是北方人，初到南方，水土不服，到赤壁不久，就疫病流行，又不习水性，受不住江上风浪颠簸，为了解决这个问题，曹操采纳了连结战船的方法，用长长的铁链将巨大战船拴在一起，以减少船身摇晃。可是，曹操万万没想到，这却给他的军队带来灭顶之灾。

在赤壁之战中，尽管孙、刘结盟，但是吴国大将周瑜对智谋超群的诸葛亮不能容忍，认为日后必定是江东之患，于是屡屡设计害之。但诸葛亮以大局为重，克服种种困难，以真诚来打动周瑜，与此同时，诸葛亮的各种破敌的锦囊妙计也令周瑜不得不暗自佩服。

---

[1] 语见《三国志·蜀书·诸葛亮传第五》："曹操之众，远来疲弊，闻追豫州，轻骑一日一夜行三百余里，此所谓'强弩之末，势不能穿鲁缟'者也。故兵法忌之，曰'必蹶上将军'。且北方之人，不习水战。又荆州之民附操者，逼兵势耳，非心服也。今将军诚能命猛将统兵数万，与豫州协规同力，破操军必矣。操军破，必北还。如此，则荆、吴之势强，鼎足之形成矣。成败之机，在于今日。"

一天，周瑜立在山顶观望了很长时间，忽然向后倒下，口吐鲜血，不省人事。左右急忙救回帐中，求医调治。诸将都来探问，很是担忧。鲁肃对诸葛亮言及此事，诸葛亮笑着说："周瑜的病，我能治。"即请同去看病，问得病情，周瑜说："人有旦夕祸福，岂能自保？"诸葛亮笑道："天有不测风云，人又怎么能料到呢？"周瑜听后大惊失色，故意呻吟不已，乃以言挑之："愿先生赐教。"诸葛亮要来纸笔，让左右退下，密写了16字："欲破曹公，宜用火攻；万事俱备，只欠东风。"周瑜见了大惊，暗暗想道："孔明真神人也！早已知我心事。"于是请教医治之法。诸葛亮说："我虽不才，但曾经遇见高人，传授过奇门遁甲天书，可以呼风唤雨，都督若要东南风时，可在南屏山建一座高9尺的'七星坛'，我在上作法，借三日三夜东南大风，助都督用兵，怎么样？"诸葛亮精通天文，对于秋末冬初有东南风这一现象早有观察，因有此说，并非真能呼风唤雨。周瑜听了大喜，猛然而起，全无病意，即传令派500精兵壮士，前往南屏山筑坛。

　　果然，三天后东南风起，当夜吴蜀联军火烧曹军战船，火借风势，曹军陷入一片混乱，孙、刘联军乘势从四面杀来，曹军大败，人马死伤不计其数。

破曹军赤壁鏖兵
——从1935年会文堂新记书局蔡东藩《后汉通俗演义》

赤壁之战的胜利充分显示了诸葛亮"运筹帷幄之中，决策千里之外"的非凡智谋，三国鼎立的局面由此基本形成。

公元 209 年到 221 年的 12 年间，在诸葛亮的全力协助筹谋下，刘备的势力得到迅速发展。

公元 209 年，诸葛亮协助刘备乘胜占领了荆州所属的江南四郡——武陵、长沙、桂阳、零陵（均在今湖南境内）。诸葛亮被刘备拜为军师中郎将，总督零陵、桂阳、长沙 3 郡，诸葛亮发展生产，广纳贤才，勤勉治事，荆州很快被治理得井井有条，初具繁荣景象。[1]

不久，东吴设计以招亲为名，赚刘备到东吴软禁之，当东吴使者言说以孙权之妹许配刘备，请刘备前往东吴招亲，刘备心存疑虑，诸葛亮却胸有成竹，派赵云一同前往，令他相机行事。刘备一行不仅顺利成亲，而且大败吴兵。

周瑜一直想讨还荆州，使了一计又一计，均未得逞，最后运用"假途灭虢"之计也被诸葛亮识破。

四、进取益州　孔明治蜀

刘备在荆州的统治得到巩固后，按照诸葛亮、庞统的建议，积极准备谋取益州。

建安十六年（211），正当诸葛亮、庞统和刘备商议进收益州的时候，益州牧刘璋派遣法正到荆州来迎接刘备入蜀。法正见刘备后，力陈"益州可取之策"。经过商议，刘备决定留下诸葛亮、关羽镇守荆州，自己亲率庞统、黄忠和魏延等谋臣武将及数万军队向益州进发。

益州文武大多坚决反对刘备入川，刘璋一概不听，亲率步骑 3 万余人赶往距成都 360 里的涪城（今四川绵阳东）与刘备相会。刘璋和刘备在涪城住了 3 个多月，期间，刘璋给刘备增加大量兵众和财物，请他向北讨伐张鲁，刘璋自回成都去了。刘备听说孙权派人把孙夫人接回东吴，他感到事情复杂，决心尽快解决益州。刘璋对刘备占取益州的意图已有所觉察。很快，刘璋下令各处关隘严加防范，同刘备断绝往来。刘备以此为借口夺了白水关。自此，双方正式摊牌，刘

---

[1] 事见《三国志·蜀书·诸葛亮传第五》："先主遂收江南，以亮为军师中郎将，使督零陵、桂阳、长沙三郡，调整其赋税，以充军实。"

备拉开了收川战争的序幕。雒城（今属四川）之战是刘备兵定益州的一次关键性战役，刘备久围不下，深感形势危急，写信叫关平速去荆州请诸葛亮前来。诸葛亮把大印交给了关羽，然后亲自点兵入川，先选精兵1万由张飞统领，赵云为先锋，诸葛亮随后引简雍、蒋琬等率大军起行。

于是，诸葛亮调兵遣将，很快攻占了雒城。刘备、诸葛亮乘胜进军，一面亲率主力直逼成都，一面分兵去攻占成都周围诸郡，进而合围成都。刘璋见大势已去，开城投降。刘备进入成都，大摆庆功筵宴，犒劳三军，论功行赏，刘备以荆州牧又兼领益州拜诸葛亮为军师将军，将后方政务一概交给他料理。从此，诸葛亮开始全力以赴地协助刘备治理巴蜀。

诸葛亮治蜀期间，重视修明政治，任人唯贤，唯才是举，严明法治，发展生产，严格治军，以确保蜀汉政权的稳固和前线的军需和兵源。[1]

初治巴蜀，诸葛亮很注意解决主客籍集团的关系。在以自己原来的荆州集团作为政权的骨干外，特别注意吸收刘璋集团和益州地方集团的人士参加政权。对原有的官吏，凡是拥护新政权的都给予信任和重用。从而大大缓和了各集团之间的矛盾，也进一步巩固了自己的政权。

诸葛亮治国的首要措施是选贤任能。他强调"治实而不治名"的原则，认为"为人择官者乱，为官择人者治"。他用人不限其方，广揽人才。他任人唯贤，不拘出身门第，不论资历，很注意在下层普通人员中发现挖掘人才。正因如此，蜀汉上下都对诸葛亮以德才选士深表钦佩。诸葛亮在用人上，唯贤是举，破格提拔了一批忠于职守、廉洁奉公又卓有才能、富于实干精神的基层官吏。比如，姜维本是曹魏降蜀的下级军官，因为他"忠勤时事"、"甚敏于军事"，不久就被诸葛亮拜为征西将军，后来成为西蜀后期举足轻重的人物。蒋琬本是荆州一个默默无闻的小吏，但他"为政以安民为本，不以修饰为先"，又"常足食足兵，以相供给"前线，确实是个很有才能的人，因此，诸葛亮临终时便毫不犹豫地推荐他做了继承人，当了蜀国丞相。[2]

---

[1] 事见《三国志·蜀书·诸葛亮传第五》："成都平，以亮为军师将军，署左将军府事。先主外出，亮常镇守成都，足食足兵。"

[2] 事及语见《三国志·蜀书·蒋琬费祎姜维传第一回》："亮数外出，琬常足食足兵以相供给。亮每言：'公琰托志忠雅，当与吾共赞王业者也。'密表后主曰：'臣若不幸，后事宜以付琬。'"

姜 维
——从明刻本《全图绣像三国演义》

诸葛亮把严明法治、整顿吏治放在重要地位。他主持制定了一部比较完善的法典《蜀科》，作为蜀汉政权实行法治的基础。同时，他还制定出"训励臣子"的科条八条、七戒、六恐、五惧。诸葛亮严执于法，不避亲疏，十分强调以身作则，带头遵守一切法令，如后来他北伐时因用人不当失守街亭，即主动上书请降三级，以示惩罚。诸葛亮立法施度，能做到开诚布公。《三国志》作者陈寿，其父因犯法被诸葛亮处以重刑，尽管有辱父之仇，陈寿依然称颂诸葛亮严明的法治精神。中都护署府事李严和长水校尉廖立，因违法乱纪被罢官，流放到边远地区务农，后来他们听到诸葛亮去世的噩耗，都禁不住痛哭流涕。

经过诸葛孔明的大力整治，蜀汉朝廷法威大振，政令严明，官吏不敢作恶，百姓人人向善。从而提高了各级官吏的积极性和国家机构的工作效率。

诸葛亮恢复和发展农业生产的方针主要是"务农殖谷，闭关息民"。他积极推行奖励耕战的政策，即使在前线的兵士也必须从事农业生产；还曾经招 5000 名青壮年到汉中屯田，并命令汉中太守兼任督农，把农业产量作为衡量政绩的标准。诸葛亮重视兴修水利，创设堰官，专门管理都江堰。组织 1000 多名青壮年疏通河道，使都江堰水利工程的自流灌溉作用得到充分发挥，保障了西蜀农业的发展。

诸葛亮把直接关系人民生活和国家收入的盐铁开采经营权收归官府所有，专门设置了盐府校尉和司金中郎等官职，管理盐业和铁器的生产。他还用卖川锦的办法聚集增加财政收入，补充空虚的国库。

诸葛亮的卓越军事才干表现在他治军的一整套方法上。他从西蜀国弱人少的实际情况出发，十分注重苦练精兵，建立纪律严明的军队。他曾说："有制之兵，无能之将，不可以败；无制之兵，有能之将，不可以胜。"他坚持"法令明，赏罚信"。他还注重对将领的考察和提拔。他精于巧思，研制了木牛流马，至今都难以仿制。他研究兵法并结合实战发展了孙子兵法，设计出有名的"八阵图"。[1] 经过诸葛亮的严格治军，蜀军的战斗力大大提高。

五、托孤受命　征抚夷越

公元 215～217 年，刘备率大军北进汉中，与曹操攻战达两年之久。诸葛亮坐镇成都，提供兵饷粮草，不失萧何之功，终以刘备据有汉中而结束战争。

公元 219 年七月，关羽按刘备部署，发动了襄樊战役，关羽一举夺下襄阳，把曹仁围困在樊城（今属湖北）。关羽用计水淹七军，一时威震华夏。曹操坐镇洛阳，深感许昌受到关羽的威胁。正当关羽和曹军打得难解难分之时，早有意荆州的孙权偷袭江陵，占领关羽后方。关羽闻讯大惊，不顾诸葛亮当年的嘱托，挥军南返，回救途中被东吴军队俘虏杀害。消息传到成都，刘备悲痛欲绝，即要提兵讨伐东吴。诸葛亮及众官再三劝阻，刘备方才作罢。

公元 220 年，曹操病故，其长子曹丕继位，废掉汉献帝，自立为帝，建立魏国。221 年，诸葛亮劝说刘备继承汉统，建立蜀汉国，刘备在成都称帝，以诸葛亮为丞相，置百官，立宗庙。

公元 221 年七月，刘备为给关羽报仇，夺回荆州要地，命令丞相诸葛亮辅佐太子守护成都。这时，张飞因急于为关羽报仇，鞭挞士卒，被部将杀死，刘备把张飞被害的账也算在孙权身上，决意出兵伐吴。

公元 222 年五月，刘备的军队在猇亭（今湖北宜都北）一带因疲劳轻敌，扎营密林，被吴将陆逊指挥的军队用火攻破，火烧连营数百里，号称 70 万的蜀军伤亡惨重，军事物资几乎全部损失。刘备率军退回白帝城，在羞愧痛心中一病不起。[2]

---

[1] 事见《三国志·蜀书·诸葛亮传第五》："亮性长于巧思，损益连弩，木牛流马，皆出其意；推演兵法，作八阵图，咸得其要云。"

[2] 事及语见《三国志·吴书·陆逊传第一三》："乃敕各持一把茅，以火攻拔之。一尔势成，通率诸军，同时俱攻。斩张南、冯习及胡王沙摩柯等首，破其四十余营。备将杜路、刘宁等，穷逼请降。备升马鞍山，陈兵自绕。逊督促诸军，四面蹙之，土崩瓦解，死者万数。备因夜遁，驿人自担烧铙铠断后，仅得入白帝城。其舟船器械，水步军资，一时略尽。尸骸漂流，塞江而下。备大惭恚，曰：'吾乃为逊所折辱，岂非天邪！'"

水淹七军（选自《马骀画宝》）

荆州之失和猇亭之败，不仅使蜀汉大伤元气，损失惨重，而且使诸葛亮两路北伐的战略计划也无法实行了。它标志着蜀汉不断强大的终止和三国鼎立之势的最终形成。

章武三年（223）三月，刘备在白帝城病危，火速派人来到成都，召诸葛亮前往

刘备托孤之地——白帝城

白帝城，将统一大业和幼子相托付。四月下旬，刘备的病势日益加重。临终前，托丞相诸葛亮辅佐刘禅，完成统一大业。遗诏刘禅要多读一些法家的书，多向诸葛亮请教。并对诸葛亮深情地说："你的才能胜过曹丕十倍，必能安邦定国，成就大业。如果刘禅可辅佐，则辅之，如果其不才，你可取而代之。"诸葛亮一听，赶忙跪下，泪流满面地说："臣一定竭尽全力，效忠贞之节，就是死也报答不了陛下对臣的知遇之恩。"刘备也流着眼泪，一面命内侍扶起孔明，一面请李严前来，嘱咐他协助诸葛亮共辅太子。然后把两个小皇子叫过来，命他们跪在诸葛亮前，告诫说："我死之后，你们兄弟3人要把丞相当作父亲一样对待，同心共事，不可违命。"[1] 不久，刘备病逝。在历史上像刘备这样托孤的帝王是绝无仅有的。

刘禅继位后，封诸葛亮为武乡侯，开府治事，又兼任益州牧，刘禅对诸葛亮视之如父，委以诸事。诸葛亮义不容辞，全面担负起蜀汉的军政重任。

刘备死后，蜀汉政权面临极大的危机，强曹在北，仇吴在东，国力大大削弱，内部也不稳定，南中叛乱不断。诸葛亮正是在此时受命总理蜀汉军政事

---

[1] 事及语见《三国志·蜀书·诸葛亮传》："章武三年春，先主于永安病笃，召亮于成都，属以后事，谓亮曰：'君才十倍曹丕，必能安国，终定大事。若嗣子可辅，辅之；如其不才，君可自取。'亮涕泣曰：'臣敢竭股肱之力，效忠贞之节，继之以死！'先主又为诏敕后主曰：'汝与丞相从事，事之如父。'"

务的。

蜀汉管理的南中地区（今云南、贵州和四川西南部）古称夷越之地。由于上层分子雍闿、孟获等的造谣和煽动宣传，叛乱几乎席卷整个南中，公元225年三月，经过近两年的"闭关息民"，在把内政外交各方面安排好后，诸葛亮感到出兵镇压南中叛乱的时机已经成熟，于是亲率大军南下平叛。

诸葛亮在平定南中之乱时采用了"攻心为上，攻城为下，心战为上，兵战为下"的策略。诸葛亮七擒首领孟获，不杀不辱，反而加以款待，[1]很快平叛南夷。诸葛亮采用了"以夷制夷"的政策，任用当地少数民族首领来管理，不再留用汉人官吏和军队。同时，他还选拔少数民族中威望较高的首领到蜀汉朝廷中任职，增进了民族团结。至今云南一些少数民族地区还亲切地把诸葛亮称为"孔明老爹"。

六、北伐中原　鞠躬尽瘁

北伐曹魏，统一全国，复兴汉室，这是诸葛亮早在《隆中对》中就已定下的奋斗目标。他的一系列活动，都是同实现这一目标分不开的。同东吴重修盟好，使北伐无后顾之忧；征服南夷，使北伐既有安定的后方，又增强了国力；经过对内部的大力治理，作到内部安定，国富民强。经过这样一番精心准备，诸葛亮开始北伐了。

公元226年，魏文帝曹丕病逝。诸葛亮抓住这个大好时机，把蜀中诸事安排妥当，次年便率大军开往汉中一带，伺机北伐。临行，他向后主刘禅上了一道表章，也就是后世千载流传的《出师表》。表章凝聚着诸葛亮公忠体国、励精图治的精神品格，展现了他北定中原、谋求统一的坚定信念，言出肺腑，情真意切，发人深省，感人至深。

公元228年春，诸葛亮开始北伐，出师顺利，又在冀城一带收降了后来成为西蜀名将的姜维。可是，正当战事朝着有利于蜀军方面迅速发展时，蜀军先锋马谡在街亭一带（今甘肃秦安西北）与魏军作战中，违背诸葛亮调动，一意

---

[1] 事及语见《汉晋春秋》："闻孟获者，为夷、汉所服，募生致之。既得，使观于营阵之间，问曰：'此军何如？'获对曰：'向者不知虚实，故败。今蒙赐观看营阵，若只如此，即定易胜耳。'亮笑，纵使更战，七纵七擒，而亮犹遣获。"

孤行，致使街亭失守，造成初战祁山的失利。回到汉中，诸葛亮挥泪斩马谡，然后上表后主，请求自贬丞相之职，贬秩三等为右将军，以明国法。[1]

公元228年冬，诸葛亮又亲率大军杀出散关（今陕西宝鸡西南），包围陈仓。陈仓地势险要，易守难入，是古来兵家必争之地。由于久攻不下，加之蜀军粮草用尽，魏军救援，诸葛亮只得下令退兵。

公元229年春，诸葛亮开始第三次北伐，鉴于前两次远攻失利，这次采取近取固本的方法，他派兵攻取武都（今甘肃成县）、阴平（今甘肃文县）二郡，很快攻下，留兵驻守。从此武都、阴平二郡

祁山伐魏（选自《马骀画宝》）

正式归入蜀国版图。诸葛亮回汉中。不久，后主降诏恢复了他丞相的职务。

公元231年春天，诸葛亮在处理好蜀汉内部事务后，再次出兵祁山，开始第四次北伐。魏主得知祁山被围，即派司马懿大军火速往救。诸葛亮闻讯，亲自率蜀军主力迎战。诸葛亮用装神之计和疑兵吓得司马懿3天不敢出城，趁势命3万

[1] 事及语见《三国志·蜀书·诸葛亮传》："亮拔西县千余家，还于汉中，戮谡以谢众。上疏曰：'臣以弱才，叨窃非据，亲秉旄钺以厉三军，不能训章明法，临事而惧，至有街亭违命之阙，箕谷不戒之失，咎皆在臣授任无方。臣明不知人，恤事多暗，《春秋》责帅，臣职是当。请自贬三等，以督厥咎。'"

精兵把陇上小麦割完，运到卤城打晒去了。司马懿后来知道原故长叹道："孔明有神出鬼没之机！"这次北伐，连战告捷，几番重创魏军，照此发展下去，能给魏军更大的打击，造成兵进中原之势。可就在此时，由于后方负责给养的李严（后改名李平）严重失职，致使粮草供应不上，诸葛亮只好忍痛再一次放弃了进攻中原的大好时机，带兵撤回汉中。

诸葛亮回到成都，严肃查办了李严。上表后主，把这位不顾大局、出尔反尔、只知安身求名、邀功取利的李严削职为民，流放边郡。同时分明是非，不搞株连，把很有才干的李严之子李丰提升为中郎将，并写信勉励他好好干，无怪后来李严听到诸葛亮去世的消息，泪流不止，感念至深，发病而死。[1]

公元 234 年二月，诸葛亮经过三年准备，率领 10 万大军杀出斜谷口（今陕西周至），第五次北伐曹魏的战争开始了。

蜀魏两军在渭水南岸的五丈原筑营对阵。曹魏兵多势重，粮草充足，而且主帅司马懿足智多谋；蜀军远道而来，粮草运输困难。诸葛亮意识到这场战争实质上是一场旷日持久的艰苦战争。因此，他一面伺机打击魏军，一面分兵屯田，准备同魏军长期作战。但是，诸葛亮几次派人向司马懿挑战，司马懿命令魏军坚守不出，企图以逸待劳，拖垮蜀军，使其粮尽自退。

不论诸葛亮如何挑战，司马懿仍不动声色。而对诸葛亮来讲，长期艰苦的军旅生活，繁重纷杂的军机事务，夜以继日的忙碌和操劳，加上统一事业不能实现的重重忧虑，摧残了他的健康。特别是出兵几个月以来，一直找不到与魏军决战的机会，英雄无用武之地，使得他心情烦闷，寝食不安，健康状况日益恶化。

诸葛亮病重的消息传到成都，后主刘禅急命尚书李福星夜到军中探望，并询问今后的国家大计。诸葛亮流着泪对李福说："我不幸中途离世，虚废了国家大

---

[1]事及表文见《三国志·蜀书·刘彭廖李刘魏杨传第一〇》："……于是亮表平曰：'自先帝崩后，平所在治家，尚为小惠，安身求名，无忧国之事。臣当北出，欲得平兵以镇汉中，平穷难纵横，无有来意，而求以五郡为巴州刺史。去年臣欲西征，欲令平主督汉中，平说司马懿等开府辟召。臣知平鄙情，欲因行之际逼臣取利也，是以表平子丰督主江州，隆崇其遇，以取一时之务。平至之日，都委诸事，群臣上下皆怪臣待平之厚也。正以大事未定，汉室倾危，伐平之短，莫若褒之。然谓平情在于荣利而已，不愿平心颠倒乃尔。若事稽留，将致祸败，是臣不敏，言多增咎。'乃废平为民，徙梓潼郡。十二年，平闻亮卒，发病死。"

事，是得罪天下。我死后，你们一定要竭忠辅佐后主。国家旧制，不可改变；我所用之人，也不可能轻易废用。我的兵法都传授给姜维，他自然能继承我的遗志，为国家出力。我命在旦夕之间，现有遗表上奏天子。"

李福在与诸葛亮密谈后，带了表文，便匆匆离去了。诸葛亮支撑着病体，让人扶上小车，出塞遍观各营，自觉秋风拂面，彻骨生寒，仰天长叹说："悠悠苍天，我再不能临阵讨贼了。"叹息了很久，回到帐中，病情越发沉重。诸葛亮深感将不久于人世，不仅对国家大事做了明确安排，还对蜀军撤退作了周密部署，并把根据自己平生所学而写成的兵书24篇传给姜维，叮嘱说："蜀中各条通道，都不必太多忧虑，只有阴平（今甘肃文县西北），切须仔细。这地方虽然险峻，但时间长了必有所失。"阴平后来果然成了魏军攻占蜀国的突破口。这位仅活54

剑门关

三国时，蜀汉丞相诸葛亮以汉德县（治今汉阳镇）有"大剑至小剑隘束之路三十里，连山绝险"，于此地"凿石架空为飞梁阁道，以通行旅"，又于大剑山峭壁中断两崖相峙处，倚崖砌石为门，置阁尉，设戍守，谓之"剑阁"，成为军事要隘。

武侯祠

岁的三国时代杰出的政治家和军事家，就在他最后出师敌境、誓不回首之秋，怀着对没有完成统一事业的无限惋惜，病逝在北伐前线五丈原，他的一生给后世留下了宝贵的精神财富。他的精神被世人所敬仰。就连他的阵前对手司马懿都曾情不自禁地赞叹道："诸葛亮真是天下奇才！"

当后主刘禅在成都见到诸葛亮的遗表，很是伤感。诸葛亮在表中表达了他对北伐没有成功的无穷遗恨，对不能报先帝知遇之恩的无尽憾意；对国家大事做了详细安排，还对自己家中事有所交待，称："臣在成都家中有桑树800多株，薄田15顷，子弟衣食，自给有余。臣死之日，不可使家中有多余的帛丝、外面有赢余的钱财，以至辜负了陛下。"[1]等等。如此严格要求自己和家人，这是一般人很难做到的。

诸葛亮灵柩运到成都，后主刘禅引文武百官，全都挂孝，出城20里迎接。

---

[1]事见《三国志·蜀书·诸葛亮传》："成都有桑八百株，薄田十五顷，子弟衣食，自有余饶。至于臣在外任，无别调整度，随身衣食，悉仰于官，不别治生，以长尺寸。若臣死之日，不使内有余帛，外有赢财，以负陛下。"

后主放声大哭，上至公卿大夫，下及山林百姓，男女老幼，无不失声痛哭，哀声震地。后主命扶枢入城，停放在丞相府中，其子诸葛瞻守孝居长，后依诸葛亮遗愿，后主亲自护送灵枢到北伐前沿的汉中定军山安葬，不用墙垣砖石，也不用一切祭物。后主降诏致祭，[1]谥号"忠武侯"；下令建庙于沔阳（治所在今陕西沔县东），四时享祭。

在中国古代，没有哪一位政治家或军事家能够像诸葛亮那样，得到了当时以及后世那么多的褒扬和赞誉。从晋代开始，历代都在给诸葛亮升官晋爵，赐庙加号。晋朝封武兴王；唐朝封武灵王，并赐庙；宋赐"英惠庙"，加号"仁济"；元代则追封为"威烈忠武显灵仁济王"；明代朱元璋钦定"帝王庙"，选从祀名臣37人，"忠武侯与拥焉"；清代不但把许多纪念诸葛亮的胜迹古祠加以整修建新，供人瞻拜，而且每年春秋祭孔庙时还以诸葛亮从祀。直到今天，人们依然对诸葛亮推崇备至。尤其对他的忠于信念、矢志不移、谦虚谨慎、克己奉公、鞠躬尽瘁的精神品格永远追缅和学习。诸葛亮作为杰出的政治家、军事家和外交家将永垂后世。

名 家 评 说

诸葛亮之为相国也，抚百姓，示仪轨，约官职，从权制，开诚心，布公道。尽忠益时者虽仇必赏；犯法怠慢者虽亲必罚；服罪输情者，虽重必释；游辞巧饰者，虽轻必戮。善无微而不赏，恶无纤而不贬。庶事精练，物理其本，循名责实，虚伪不齿。终于邦域之内，咸畏而爱之，刑政虽峻而无怨者，以其有心平而劝戒明也。可谓识治之良才，管、萧之亚匹矣。然连年动众，未能成功，盖应变将略，非其所长欤！

——晋·陈寿《三国志》

[1] 事及文见《三国志·蜀书·诸葛亮传》："亮遗命葬汉中定军山，因山为坟，冢足容棺，敛以时服，不须器物。诏策曰：'惟君体资文武，明睿笃诚；受遗托孤，匡辅朕躬；继绝兴微，志存靖乱；爰整六师，无岁不征；神武赫然，威镇八荒；将建殊功于季汉，参伊、周之臣勋。如何不吊？事临垂克，遘疾陨丧！朕用伤悼，肝心若裂。夫崇德序功，纪行命谥，所以光昭将来，刊载不朽。今使使持节左中郎杜琼，赠君丞相武乡侯印绶……'"

谈君臣之交者，竞曰先主之于诸葛。伐吴之举，诸葛公曰："孝直若在，必能制主上东行。"公之志能尽行于先主乎？悲哉！公之大节苦心，不见谅于当时，而徒以志决身歼遗恨终古，宗泽咏杜甫之诗而悲愧以死，有以也夫！公之心，必欲存汉者也，必欲灭曹者也。不交吴，则内制于吴而北伐不振。此心也，独子敬知之耳。孙权尚可相谅，而先主之志异也。夫先主亦始欲自强，终欲自王，雄心不戢，与关羽相得耳。故其信公也，不如信羽，而且不如孙权之信子瑜也。疑公交吴之深，而并疑其与子瑜之合；使公果与子瑜合而有裨于汉之社稷，固可勿疑也，而况其用吴之深心，勿容妄揣也哉！先主不死，吴祸不息，祁山之军不得而出也。迨猇亭败矣，先主殂矣，国之精锐尽于夷陵，老将如赵云与公志合者亡矣；公收疲敝之余民，承愚暗之冲主，以向北方，而事无可为矣。公故曰："鞠躬尽瘁，死而后已。"唯忘身以遂志，而成败固不能自必也。

——清·王夫之《读通鉴论》

或谓诸葛公坐守成都，既不能出救关公，又不能出救先主，陈寿谓其将略非所长，并非刻论；是说也，余亦疑之。

——蔡东藩《后汉演义》

然必如罗氏《演义》之荒诞成文，几似诸葛公之具有神术，毋乃惑人？中国小说，往往谈仙说怪，酿成近世义和团之乱；救国不足，病国有余，罗氏其流亚也！《前出师表》一篇，内外兼顾，备极殷勤，录此可见诸葛公之仗义，阅此益知诸葛公之效忠。

——蔡东藩《后汉演义》

鲁　肃

鲁肃（172～217），字子敬，三国时期吴大帝时任奋武校尉，封为横江将军。临淮东城（今安徽定远东南）人，他不但治军有方，名闻遐迩，而且虑深思远，见解超人。他是吴国的重要谋士，兼有将帅与政治家之风度。

一、少有壮节　择主而适

鲁肃自幼丧父，和母亲、祖母共同生活。家中财货丰饶，珠宝珍奇，应有尽有，但他并不满足于做一个富豪。他形貌魁伟奇特，从小便有雄心壮志，且颇富谋略。他不但不治家事，不求田问舍，还大量施舍钱财，出卖土地，以周济困穷，结交贤者。为此，深受乡民拥戴。

天下已乱，鲁肃很想有所作为，他便认真学习击剑。他常常招聚年轻人，供给他们衣食用度，带他们到南山中射猎，暗地约束

鲁　肃
——从明刻本《全图绣像三国演义》

训练他们，和他们讲习武艺，习练军事。乡邻父老们都说："鲁家世世代代皆弱，没想到会生此狂妄之儿！"

周瑜任居巢（治今安徽桐城南）长，闻鲁肃之名，带数百人来拜访，请他资助一些粮食。当时，鲁肃家里有两个圆形大粮仓，每仓装有3000斛米。周瑜刚说出借粮之意，鲁肃毫不犹豫，立即手指其中一仓，赠给了他。经此一事，周瑜确信鲁肃是与众不同的人物，主动与他相交，两人建立了如同春秋时公孙侨和季

三国时期吴国钱币

札那样牢不可破的朋友关系。[1]

袁术听说鲁肃贤能，请他出任东城长。但鲁肃发现袁术部下法度废弛，估计难成大事，率众南迁到居巢投奔周瑜。南迁时，他让老弱之人在前，自率敏捷强悍的青年在后。州中骑兵，听说鲁肃南迁，急速赶来阻拦。鲁肃排开精壮人等，张弓搭箭，对追兵说："你们都是男子汉，应该明白大势。如今天下纷纷离乱，有功之人，得不到赏赐；无功之人，也受不到责罚，为何要逼迫我呢？"说着，命人将盾牌立在地上，远远开弓射去，箭把盾牌都射穿了。追兵一方面觉得鲁肃的话有道理，一方面估计凭自己的力量也奈何不得他，只好退回。鲁肃顺利到达居巢。

不久，周瑜东渡长江，投奔孙策，鲁肃与他同行，见到了孙策，孙策很赏识鲁肃，鲁肃定居曲阿（治今江苏丹阳）。后来，鲁肃的祖母去世，他回东城去办理丧事。

刘子扬是鲁肃的好友，写信给他，信中说："如今天下豪杰并起，正是大展鸿图的好时机。快回来接你的老母亲，不要在东城浪费时间。"他还给鲁肃指了一条出路："有一个叫郑宝的，聚众万余，占据巢湖，庐江一带百姓纷纷拥戴他。看形势，他还要招纳人才，机不可失，你应该快点前去。"[2]

鲁肃同意了刘子扬的意见，安葬完祖母，返回曲阿，当即整顿行装，要去投奔郑宝。正巧周瑜已经把鲁肃的母亲接到了吴郡（治今江苏苏州），鲁肃就去见周瑜，把刘子扬的建议和自己的打算都对他说了。当时，孙策已经去世，孙

---

[1] 事见《三国志·吴书·周瑜鲁肃吕蒙传第九》："周瑜为居巢长，将数百人故过候肃，并求资粮。肃家有两囷米，各三千斛，肃乃指一囷与周瑜，瑜益知其奇也，遂相亲结，定侨札之分。"

[2] 事及语见《三国志·吴书·周瑜鲁肃吕蒙传第九》："刘子扬与肃友善，遗肃书曰：'方今天下豪杰并起，吾子姿才，尤宜今日。急还迎老母，无事滞于东城。近郑宝者，今在巢湖，拥众万余。处地肥饶，庐江间人多依就之，况吾徒乎？观其形势，又可博集，时不可失，足下速之。'"

权仍住在吴郡。周瑜劝鲁肃留下来，他说："当年马援回答光武帝，曾说过这样的话：当今之世，不仅人主可以选择臣子，臣子也要选择人主。现在我的主上（孙权）亲贤贵士，纳奇录异，实为难得。而我早就听前辈们私下议论，说仰承天命取代刘氏的人将要兴起于东南。这正是有志之士攀龙附凤、纵横天下的好时机。我们应该审时度势，上应天意，拥戴明主，建国开基。我看你还是留下来，不要把刘子扬的话放在心上。"[1]

鲁肃依言留了下来。周瑜马上向孙权推荐鲁肃，说他有才干，可为辅佐之臣。并且建议孙权应该多方搜罗鲁肃这样的人才，以成就大业，不能让他们流散外地。

孙权
——唐阎立本《历代帝王图》，现美国波士顿美术博物馆藏

孙权立即约见鲁肃，跟他谈了一会儿，觉得很投机，等在场宾客起身退出时，鲁肃也告辞而出。但不一会儿，鲁肃又被孙权悄悄领了回来。两人共坐一席，欢饮畅谈。孙权对鲁肃说："汉家天下，倾危不安，纷纷攘攘。我继承父兄基业，很想像齐桓公、晋文公那样有所作为。您既已屈尊光临，该怎样帮助我呢？"

鲁肃胸有成竹："当年汉高祖诚诚恳恳地想尊奉义帝，却无法如愿，原因是

---

[1]语见《三国志·吴书·周瑜鲁肃吕蒙传第九》："昔马援答光武云：'当今之世，非但君择臣，臣亦择君'。今主人亲贤贵士，纳奇录异。且吾闻先哲秘论，承运代刘氏者，必兴于东南。推步事势，当其历数，终构帝基，以协天符，是烈士攀龙附凤驰骛之秋。吾方达此，足下不须以子扬之言介意也。"

有项羽从中作梗。曹操犹如昔日的项羽，有他在，您怎么能建成齐桓、晋文之业呢？依我看，汉室已经不可复兴，曹操也不能一下子除掉，为将军计，正该立足江东，以观天下之变。您现在拥有这样的规模，也不必过于小看自己的实力。曹操在北方的麻烦事很多，一时无暇南顾。我们可以趁这机会剿除黄祖，进攻刘表，把全部长江流域据为己有，然后，建尊号，称帝王，争夺天下，如同汉高祖创立基业一般。"[1]

孙权听了这番话，正中下怀，但嘴上又不好说出来。只是说："现在我尽力经营江东一方之地，只是希望能辅佐汉室，有所作为而已。您刚才说的，我还不敢奢望呐！"

张昭认为鲁肃不够谦虚，多次非议诋毁他，说他年少才疏，不可重用。孙权却对鲁肃另眼相看，非常器重。他厚赐鲁肃，使鲁家的富有达到了往日的水平。[2]

二、发谋定策　联刘拒曹

鲁肃尽力辅佐孙权，每遇大事，他都参赞谋划，且思深虑远，有过人之明。

建安十三年（208），孙权命甘宁西攻江夏（治今湖北云梦），斩太守黄祖，然后准备夺取荆州。

曹操本无暇南顾，如今见孙权攻取江夏，唯恐其攻取荆州，养成羽翼。于是在七月份开始南征，集结大军于南阳。

这年八月，刘表病死。鲁肃向孙权进言："荆楚之地与我国相邻，江水顺流北下，外有长江汉水之险，内有山陵险峻之地，城池坚固，沃野万里，百姓富足。如果占据此地，就可以争雄天下，成就帝业。现在，刘表新近去世，他的两

---

[1] 语见《三国志·吴书·周瑜鲁肃吕蒙传第九》："昔高帝区区欲尊事义帝，而不获者，以项羽为害也。今之曹操，犹昔项羽，将军何由得为桓文乎？肃窃料之，汉室不可复兴，曹操不可卒除。为将军计，惟有鼎足江东，以观天下之衅。规模如此，亦自无嫌。何者？北方诚多务也。因其多务，剿除黄祖，进伐刘表，竟长江所极，据而有之。然后建号帝王，以图天下，此高帝之业也。"

[2] 事见《三国志·吴书·周瑜鲁肃吕蒙传第九》："张昭非肃，谦下不足，颇訾毁之，云肃年少粗疏，未可用。权不以介意，益贵重之，赐肃母衣服帏帐，居处杂物，富拟其旧。"

个儿子一向不和睦，军中诸将也不团结。刘备是天下枭雄，与曹操有矛盾，投奔刘表，刘表生前嫉贤妒能，未加重用。对他们，应有相应的策略。如果刘备与荆州之主同心协力，上下一致，我们就该与他们订盟结好，共拒曹操；如果他们离心离德，我们就应设法占据荆楚之地，以成大业。我想代表孙权去荆州吊丧，安抚刘表的两个儿子，劝说刘备笼络刘表部下，同心同意，共同对付曹操。刘备必然欣喜答应。如果这样，天下则可安定了。现

吴国顶罐女俑

在如果不速往，恐怕被曹操占了先。"[1]孙权批准了他的请求。

　　鲁肃立即动身，赶赴荆州。他刚到夏口（在今湖北武汉），就听说曹操已向荆州进兵；等他到了南郡江陵北，又听说刘表的儿子刘琮已经献出荆州，投降了曹操，刘备正在向南撤退，准备渡江。鲁肃当机立断，决定去找刘备。

　　在当阳长阪（今属湖北），鲁肃与刘备相遇。鲁肃说明了孙权派自己来的使命，然后和刘备共论天下形势，并问刘备准备到哪里去。刘备说想去投奔苍梧太守吴巨。鲁肃说吴巨是个没有作为的庸人，劝刘备不要去依靠他。接着，详细述说孙权的情况和江东的实力，劝刘备与孙权联合，共拒曹操。

　　刘备听了鲁肃的分析，觉得中肯、实际，于是决定并力抗曹。刘备率部进驻

---

[1]语见《三国志·吴书·周瑜鲁肃吕蒙传第九》："夫荆楚与国邻接，水流顺北，外带江汉，内阻山陵，有金城之固。沃野万里，士民殷富，若据而有之，此帝王之资也。今表新亡，二子素不辑睦，军中诸将，各有彼此。加刘备天下枭雄，与操有隙，寄寓于表，表恶其能，而不能用也。若备与彼协心，上下齐同，则宜抚安，与结盟好；如有离违，宜别图之，以济大事。肃请得奉命，吊表二子，并慰劳其军中用事者。及说备使抚表众，同心一意，共治曹操，备必喜而从命。如其克谐，天下可定也。今不速往，恐为操所先。"

关云长单刀赴会
——从明末安徽新安黄氏刻本《遗香堂绘像三国志》

夏口，诸葛亮随鲁肃去见孙权。

孙权得知曹操准备渡江东侵，召集众位将领商议，将领们大都劝孙权降曹。只有鲁肃不发一言。孙权起身入厕，鲁肃跟到屋檐之下。孙权知道他要单独表述意见，就拉着他的手说："您有什么话要说吗？"鲁肃说："众人之议，贻误国家，万不可听。说实话，我鲁肃可以迎降曹操，至于您，却万万不可！我迎降曹操，他会把我送回乡里，并且会按照我的名声地位，给我一个小官作，我还能乘坐牛车，携带随从，往来山水，交游士林，日居月储，累级上升，当个州郡级官员应该没大问题。您迎降曹操，会有什么下场呢？希望您早定抗敌大计，不要听他们议论了。"孙权听完，颇有感触，叹息道："刚才那些人的主张，使我大失所望。只有您的话，跟我的想法相同。"

当时周瑜正在外地，鲁肃劝孙权将他召回。周瑜归来，更坚定了孙权的抗曹决心。孙权授权周瑜，让他主持战事，任命鲁肃为赞军校尉，帮助周瑜运谋画策，终于在赤壁大败曹兵。

战斗结束，鲁肃先行归来。孙权聚集众将，大张旗鼓地迎接他。鲁肃进殿拜见孙权，孙权起身向他示敬，并对他说："子敬！我亲自扶鞍拉马迎接你，足以显示你的尊贵了吧？"鲁肃趋前几步，摇头说："还不够！"旁边的人听了，感到很惊诧。鲁肃就座后，才徐徐举起马鞭说："等到您威德加于四海，统一九州，建成帝业，那时以迎接贤者的安车蒲轮征召我鲁肃，我才真够得上尊贵显赫呢！"孙权听后，开怀大笑。[1]此后愈加倚重鲁肃，把他称作自己的邓禹。

赤壁战后，刘备谒见孙权，请求借荆州。吕范等将领劝孙权扣留刘备，周瑜在外地，也上疏陈说此意。只有鲁肃从全局考虑，劝孙权把荆州借给刘备，以便联合起来，共同抵抗曹操。

鲁肃说："您（孙权）固然神武盖世，但曹操的势力太大了。我们刚刚占有荆州，恩德信义尚未广行于民众。如果把荆州借给刘备，让他去安抚百姓，实是上策。因为这样一来，曹操多了一个敌人，我们多了一个朋友。"孙权同意了鲁肃的主张。

---

[1] 事及语见《三国志·吴书·周瑜鲁肃吕蒙传第九》："权大请诸将迎肃，肃将入阁拜，权起礼之，因谓曰：'子敬，孤持鞍下马相迎，足以显卿未？'肃趋进曰：'未也。'众人闻之，无不愕然。就坐，徐举鞭言曰：'愿至尊威德加乎四海，总括九州，克成帝业，更以安车软轮征肃，始当显耳。'权抚掌欢笑。"

据说，曹操听到孙权借荆州给刘备的消息时，正在写信，震惊之下，笔都掉在了地上！[1]

后来，周瑜病危，写信给孙权，推荐鲁肃代替自己。信中说："天下多故，战乱不息，我日夜为此担忧。希望您未雨绸缪，防患未然。然后再图康乐。我们现在既已与曹操为敌，刘备又近在公安，边境与我相连，百姓也还没有完全归附，所以，应该寻求良将镇守安抚才是。鲁肃素怀忠烈，临事不苟，智慧才略，足当此任，请您让他接替我的职务。我垂死之日，别无所求，牵挂于心的，只有此事而已。"

孙权采纳了周瑜的建议，当即任命鲁肃为奋武校尉，接替周瑜统领部队。周瑜私属部队4000多人，以及原来的奉邑四县，全都转归鲁肃所有。

鲁肃开始时驻守江陵，后来又移兵下驻陆口（今湖北嘉鱼西南）。威望恩义，大行于众，部属增加1万多人，被任命为汉昌太守、偏将军。建安十九年（214），随孙权攻破皖城（治今安徽潜山），改任横江将军。

在此之前，益州牧刘璋法度纲纪颓败废弛，周瑜、甘宁等人曾劝孙权借机攻取蜀地。孙权就此事征询刘备的意见，刘备心中有自己的打算，假意对孙权说："我和刘璋同有汉家宗室的名分。本想凭着祖先的威灵辅助汉王朝。现在刘璋得罪于您，我极为惶恐。攻蜀之事，恕我不能参与。只是希望您对刘璋稍加宽恕。如果你不肯，我只好散发辞官，归隐山林。"孙权答应了刘备的请求。然而，后来刘备却向西进军，图谋吞并刘璋，留关羽镇守荆州。孙权明白刘备的意图后，勃然大怒，骂道："狡诈的刘备，居然敢和我耍花招！"[2]对刘备深为不满。

鲁肃与关羽邻界统兵，疆土犬牙交错，多次发生磨擦。鲁肃顾全大局，总是以友好的姿态安抚双方。

刘备平定益州，孙权请刘备归还荆州中的长沙、零陵、桂阳（均在湖南）三郡。刘备不肯。孙权派吕蒙率军进取，长沙、桂阳二郡望风归附，唯有零陵太守

---

[1] 事见《三国志·吴书·周瑜鲁肃吕蒙传第九》："曹公闻权以土地业备，方作书，落笔于地。"

[2] 事及语见《三国志·吴书·周瑜鲁肃吕蒙传第九》："先是，益州牧刘璋纲维颓弛，周瑜、甘宁并劝权取蜀，权以咨备。备内欲自规，乃伪报曰：'备与璋托为宗室，冀凭英灵，以匡汉朝。今璋得罪左右，备独竦惧，非所敢闻，愿加宽贷。若不获请，备当放发，归于山林。'后备西图璋，留关羽守。权曰：'猾虏乃敢挟诈！'"

郝普坚守不降。刘备得知，亲自引兵 5 万从成都赶回公安坐镇，派关羽率军 3 万争夺三郡。孙权也从秣陵进驻陆口，派鲁肃率领 1 万人屯守益阳，和关羽对抗。

鲁肃为了大局，邀请关羽相见，提出各自将兵马布置在 100 步以外，只有将军们各带单刀赴会。鲁肃做出决定后，他部下将领怕出变故，劝鲁肃不要轻蹈险地。鲁肃毫无畏惧，他说："事到

鲁肃墓

今日，应该把话说清。刘备辜负国家，是非尚未论定。关羽又能怎么样呢？"毅然赴会。

在会上，鲁肃数落指责关羽："我们主上之所以借土地给你们，是看你们远道而来，又打了败仗，无处安身，无法发展，对你们可谓一片真诚。现在，你们已经得到了益州，有了立身之所，却全无奉还荆州之意。我们仅要求收回三郡，你们又不同意，这真是没道理了！"鲁肃话音未落，荆州方面的一个将领说："土地当归有德之人，哪能由谁长期拥有呢？有什么借不借，还不还的！"鲁肃当即大声喝叱，辞色严厉。关羽此时也操刀而起，对那人说道："军国大事，你懂什么！"用眼光示意那人离去。[1]

单刀会没有结果，双方僵持不下，战争一触即发。凑巧曹操进攻汉中，刘备害怕失去益州，派人跟孙权讲和。双方议定，以湘水为界，平分荆州。江夏、长沙、桂阳三郡属孙权，南郡、武陵、零陵三郡属刘备。孙、刘休兵罢战。

建安二十二年（217），鲁肃病逝，享年 46 岁。孙权亲为举办丧事，并参加

[1] 事及语见《三国志·吴书·周瑜鲁肃吕蒙传第九》："肃因责数羽曰：'国家区区本以土地借卿家者，卿家军败远来，无以为资故也。今已得益州，既无奉还之意，但求三郡，又不从命。'语未究竟，坐有一人曰：'夫土地者，惟德所在耳，何常之有？'肃厉声呵之，辞色甚切。羽操刀起，谓曰：'此自国家事，是人何知？'目使之去。"

了他的葬礼。诸葛亮也为他举哀。

孙权始终不忘鲁肃在东吴政权创立过程中所起的重要作用。在孙权称帝登坛祭天时，他对公卿们说："当年鲁子敬曾说我能建成帝业。他真是个难得的人物，居然能准确地预见形势的发展变化！"[1]

分析当时形势，我们可以说，没有鲁肃的军事政治策略，就没有孙氏政权的建立、巩固和发展。

名 家 评 说

鲁肃为人方严，寡于玩饰，内外节俭，不务俗好。治军严整，禁令必行。虽在军阵，手不释卷。又善言论，能属文辞，思度弘远，有过人之明，周瑜之后，肃为之冠。

——南朝宋·裴松之《三国志注》引《吴书》

吴、蜀之好不终，关羽以死，荆州以失，曹操以乘二国之离，无忌无急于篡，关羽安能逃其责哉？羽守江陵，数与鲁肃生疑贰，于是而诸葛之志不宣，而肃亦苦矣。肃以欢好抚羽，岂私羽而畏昭烈乎？其欲并力以抗操，匪舌是出，而羽不谅，故以知肃心之独苦也。羽争三郡，贪忿之兵也，肃犹与相见，而秉义以正告之，羽无辞以答，而悻悻不忘，岂尽不知肃之志气与其苦心乎？昭烈之败于长坂，羽军独全，曹操临江，不能以一矢相加遗。而诸葛公东使，鲁肃西结，遂定两国之交，资孙氏以破曹，羽不能有功，而功出于亮。刘锜曰："朝廷养兵三十年，而大功出一儒生。"羽于是以忌诸葛者忌肃，因之忌吴；而葛、鲁之成谋，遂为之灭烈而不可复收。

——清·王夫之《读通鉴论》

云长之拒索荆州，非真强词夺理，而鲁肃以联刘为本旨，始终不变，盖诚有见乎大者。鲁肃殁而孙刘之好破；孙刘失好，而曹氏篡汉之局成；故鲁肃之存亡，不第关系吴蜀已也。

——蔡东藩《后汉演义》

---

[1]事见《三国志·吴书·周瑜鲁肃吕蒙传第九》："权称尊号，临坛，顾谓公卿曰：'昔鲁子敬尝道此，可谓明于事势矣。'"

周 瑜

周瑜（175～210），字公瑾，三国吴大帝时任前部大都督，庐江舒县（今安徽舒城）人。父周异，官至洛阳令。周瑜年少时即与孙策为友。后归孙策，为建威中郎将，助孙策在江东创立孙吴政权。孙策死，与张昭同辅孙权，任前部大都督。建安十三年（208），曹操率军南下，他和鲁肃坚决主战，并亲率吴军大破曹兵于赤壁。后病死。精通音乐，当时有"曲有误，周郎顾"之语。他才干非凡，颇有进取精神，富有远见卓识，为东吴政权的巩固立下了大功。

周 瑜
——从明万历三十七年（1609）原刊本
《三才图会》

一、孙策至友　小乔佳婿

周瑜出身士族。他的堂祖父周景、堂叔周忠，官至太尉。他的父亲周异，曾任洛阳令。周瑜健壮潇洒，风度资质，绝类离伦。周瑜志向远大，自幼刻苦读书，尤喜兵法。他生逢乱世，时局不靖，烽火连延，战端四起，于是总想廓清天下。周瑜是孙策的好朋友。

当年，孙坚起义兵讨伐董卓，将家小移居舒县。其子孙策和周瑜同岁，两人交好日密。周瑜让出路南的大宅院供孙家居住，且登堂拜见孙策的母亲，两家有无与共，建立了通家之好。周瑜和孙策，广交江南名士，在吴越一带，很有声誉。孙坚去世，孙策继承父志，统率部卒。周瑜的叔叔周尚为丹阳太守，周瑜去看望他。正好孙策入居历阳，将要东渡，写信给周瑜。周瑜率兵马与孙策呼应，给他以大力支持。孙策十分喜悦，说："得到您的辅助，大事必能成功！"[1]

于是，孙策、周瑜协同作战，先是攻克横江、当利，接着挥师渡江，进攻秣陵（今属湖北），打败了笮融、薛礼，转而攻占湖孰、江乘，进入曲阿（治今江苏丹阳），逼走山东豪强刘繇。当时，真称得上所向披靡，战无不胜。

很快，孙策的部众就发展到几万人。他对周瑜说："有我手下的人马，攻取吴郡、会稽郡，平定山越，已足够用了。你可以先回去镇守丹阳。"于是，周瑜率部回到丹阳。

不久，袁术派他的堂弟袁胤取代周尚任丹阳太守，周瑜随周尚到了寿春（治今安徽寿县）。袁术发现周瑜有才，能成大器，便想收罗周瑜为自己的部将。周瑜看出袁术最终不会有什么成就，所以只请求做居巢（治今安徽桐城南）县长，想借机回江东，袁术同意了周瑜的请求。

孙策

——从清乾隆时期刊本　《晚笑堂竹庄画传》（作者上官周）

建安三年（198），周瑜经居巢回到吴郡。孙策听说周瑜归来，亲自出迎，授予他建威中郎将的职位，调拨给他士兵 2000 人，战骑 50 匹。此外，孙策还赐给周瑜鼓吹乐队，替周瑜修建住所，赏赐之厚，无人能与比并。孙策还在发布的命令中说："周公瑾雄姿英发，才能绝伦，和我有总角之好，骨肉之情。在丹阳时，他率领兵众，调发船粮相助于我，使我能成就大事，论功酬德，今天的赏赐还远不能回报他在关键时刻给我的支持呢！"[2]

---

[1]事及语见《三国志·吴书·周瑜鲁肃吕蒙传第九》："初，孙坚兴义兵讨董卓，徙家于舒。坚子策与瑜同年，独相友善，瑜推道南大宅以舍策，升堂拜母，有无通共。瑜从父尚，为丹杨太守，瑜往省之。会策将东渡，到历阳，驰书报瑜，瑜将兵迎策。策大喜曰：'吾得卿，谐也。'"

[2]事及语见《江表传》："策又给瑜鼓吹，为治馆舍，赠赐莫与为比。策令曰：'周公瑾英俊异才，与孤有总角之好，骨肉之分。如前在丹杨，发众及船粮以济大事，论德酬功，此未足以报者也。'"

周瑜当时24岁，吴郡人都称他为周郎。

因为庐江一带，士民素服周瑜的恩德信义，于是孙策命他出守牛渚，后来又兼任春谷长。不久，孙策要攻取荆州，拜周瑜为中护军，兼任江夏太守，随军征讨。

周瑜、孙策攻破皖城（治今安徽潜山），得到乔公两个女儿，姿色倾城倾国。孙策自娶大乔，周瑜娶了小乔。[1] 孙策对周瑜说："乔公之女，虽经战乱流离之苦，但得我们二人作女婿，也足可庆幸了。"

大乔和小乔

——从《百美新咏图传》（清颜希源编、王翙绘）

接着进攻寻阳，打败刘勋，然后，讨伐江夏（治今湖北云梦），又回兵平定豫章（治今江西南昌）、庐陵（治今江西吉水东北）。周瑜留下来镇守巴丘（今湖南岳阳）。

二、拥戴孙权　忠贞不二

建安五年（200），孙策遇刺，临终把军国大事托付给孙权。

当时，孙权只据有会稽、吴郡、丹阳、豫章、庐陵数郡，而这些郡的一些偏远险要的地方也还没有完全归附。天下英雄豪杰散在各个州郡，他们只注意个人安危去就，并未和孙权建立起君臣之间相互依赖的关系。在关键时刻，首先出面支持孙权的是张昭、周瑜、吕范、程普等人。周瑜从外地带兵前来奔丧，留在吴郡孙权身边任中护军。他握有重兵，用君臣之礼对待孙权，同长史张昭共同掌管军政大事，其他人自然不敢有异议异动。

曹操打败了袁绍，兵威日盛，志得意满，以为天下可运于掌。于是，在建安七年，下书责令孙权，让他把儿子送到自己这里来做人质。孙权是人中之杰，当然不愿如此受制于人，便召集群臣会商。臣下众说纷纭，张昭、秦松等重臣，犹豫再三，不能决断。

---

[1] 事见《三国志·吴书·周瑜鲁肃吕蒙传第九》："时，得乔公两女，皆国色也。策自纳大乔，瑜纳小乔。"

孙 权
——从明弘治十一年（1498）《历代古
人像赞》

孙权本意虽不想送人质，但由于没有得到强有力的支持，也有点举棋不定。于是，他只带周瑜一人到母亲面前议定此事。周瑜立场坚定，坚决反对送人质，他给孙权分析利害说："当年楚君刚被封到荆山之侧时，地方不够百里。他的后辈既贤且能，扩张土地，开拓疆宇，在郢都建立根基，占据荆扬之地，直到南海。子孙代代相传，延续900多年。现在将军您继承父兄的余威旧业，统御六郡，兵精粮足，战士们士气旺盛。而且，铸山为铜，煮海为盐，人心安定，士风强劲，可以说所向无敌，为什么要送质于人呢？人质一到曹操手下，我们就不得不与曹操相呼应，也就必然受制于曹氏。那时，我们所能得到的最大的利益，也不过就是一方侯印、十数仆从、几辆车、几匹马罢了，哪能跟我们自己创建功业称孤道寡相提并论呢？为今之计，最好是不送人质，先静观曹操的动向和变化。如果曹操能遵行道义，整饬天下，那时我们再归附他也不晚；如果曹操骄纵，图谋生乱，那么玩兵如玩火，玩火必自焚，将军您只要静待天命即可，为何要送质于人呢？"[1]

周瑜这番话，说到了孙权心里。孙权的母亲也认为该这样做，她对孙权说："公瑾的话有道理，他比你哥哥只小一个月，我一向把他当儿子对待，你该把他当成兄长才是。"孙权因此没给曹操送人质。

周瑜越来越得孙权的信赖，而他也越发竭诚尽智，为孙氏集团的崛起奔波劳

[1] 语见《江表传》："昔楚国初封于荆山之侧，不满百里之地，继嗣贤能，广土开境，立基于郢。遂据荆、扬，至于南海，传业延祚，九百余年。今将军承父兄余资，六郡之众，兵精粮多，将士用命，铸山为铜，煮海为盐，境内富饶，人不思乱。泛舟举帆，朝发夕到，士风劲勇，所向无敌，有何逼迫，而欲送质？质一入，不是不与曹氏相首尾。与相首尾，则命召，不得不往，便见制于人也。极不过一侯印，仆从十余人，车数乘，马数匹，岂与南面称孤同哉？不如勿遣，徐观其变。若曹氏能率义以正天下，将军事之未晚。若图为暴乱，兵犹火也，不戢将自焚。将军韬勇抗威，以待天命，何送质之有！"

碌，不辞辛劳，可谓忠贞不二。

曹操曾派人去游说，想使周瑜为自己所用，所派的人是九江人蒋干。蒋干仪容过人，很有才气，善于辩说，江淮人士，无人能比。这次受命后，他头戴葛巾，身着布衣，装作闲游，去见周瑜。周瑜猜出了他的来意，出来迎接，劈头便问："子翼真是用心良苦，居然远涉江湖，替曹操来做说客！"蒋干被周瑜开口便道破机关，颇为尴尬，勉强自解："我和您本是州里乡亲，这次来，不过是来拜访您，顺便看看您的部队罢了。您却说我是说客，岂不过分？"周瑜笑道："我虽不及夔与师旷，称不上知音，但闻韶赏乐，足知雅曲。"言下之意，你的心理，我是清清楚楚。于是请蒋干进入营帐，摆设酒宴，盛情款待，酒罢，对他说："我有军机密事，您先到外面客馆住下，等事办完，我去请您。"三天之后，周瑜又把蒋干请入营中。这次，先领着他遍观军营，检视仓库和军资器仗，然后，仍然置酒高会。席间，周瑜向蒋干展示了自己的侍从、

周 瑜
——从明刻本《全图绣像三国演义》

服饰珍宝，并对他说："大丈夫为人处世，得遇知己之主，对我外托忠臣之义，内结骨肉之亲，言听计从，祸福与共。即使苏秦、张仪再世，郦叟复出，我依然抚其背而折其辞，岂是足下所能动摇的吗！"周瑜既已表示得十分坚决，蒋干也就无话可说，只好微笑。[1]

---

[1] 事见《江表传》："初，曹公闻瑜年少，有美才，谓可游说动也。乃密下扬州，遣九江蒋干往见瑜。干有仪容，以才辩见称，独步江、淮之间，莫与为对。乃布衣葛巾，自托私行诣瑜。瑜出迎之，立谓干曰：'子翼良苦，远涉江湖，为曹氏作说客邪？'干曰：'吾与足下州里，中间别隔，遥闻芳烈，故来叙阔，并观雅规。而云说客，无乃逆诈乎？'瑜曰：'吾虽不及夔、旷，闻弦赏音，足知雅曲也。'因延干入，为设酒食。毕，遣之曰：'适吾有密事，且出就馆。事了，别自相请。'后三日，瑜请干与周观营中，行视仓库军资器仗。讫还，饮宴示之侍者服饰珍玩之物，因谓干曰：'丈夫处世，遇知己之主，外托君臣之义，内结骨肉之恩，言行计从，祸福共之，假使苏、张更生，郦叟复出，犹抚其背而折其辞，岂足下幼生所能移乎？'干但笑，终无所言。"

蒋干回见曹操，对曹操说，周瑜器量端雅，趣致高卓，言词说他不动。天下之士，因此愈加佩服周瑜。

三、力主抗敌　赤壁纵火

曹操基本统一北方后，想进而统一全国，第一个战略目标便是荆州。

当时，刘备中原逐鹿失败，正寄居在荆州刘表那里。

孙权也早看中了荆州之地。建安十三年（208）开始进攻江夏，打败了盘踞在那里的黄祖。

曹操怕孙权占了先手，在当年九月，大举挥师南下。刘表病死，刘琮不战而降。刘备势单力薄，无法与曹操争衡，率众南逃。

赤壁纵火（选自《马骀画宝》）

曹操顺利占领荆州，收降刘琮的 8 万人马，拥有大军数十万，实力陡增，骄横益甚。扬言要顺流而下，席卷江东。行前，曹操写信给孙权，信中说："我奉旨南征，刘琮束手就擒。如今我训练了大军 80 万，准备与您会猎江东。"

在这严重的局势面前，东吴的谋臣将士十分惊恐。孙权召集他们商讨对策，以张昭为首的大部分人都认为应该"迎曹"。他们说："不错，曹操确如豺虎一般。但他托名汉相，挟天子以令诸侯，抗拒他，于情理不顺。况且，我们抵拒敌人，主要依靠长江天险。如今曹操已夺得荆州，拥有了刘表的水军，我们在这方面已经没有优势。再者说，曹操兵多，我们兵少，无法相提并论，最好还是投降。"鲁肃等少数人力主"抗曹",然而不足以扭转局势。鲁肃建议孙权把周瑜从外地召回。

周瑜一归来,便力挽狂澜。他针对"迎曹"派的观点向孙权指出:"曹操名为汉相,实为汉贼。将军您凭着雄才大略和神明威武,加上父兄的赫赫威名,已经割据江东,占地数千里,兵精粮足。您早就该为汉朝除去曹操这类残暴邪秽的人了。如今曹操自己来送死,难道我们倒要放弃灭敌之机,束手投降吗?请让我为将军分析形势。第一,即使曹操已经完全平定了北方,没有任何后顾之忧,有时间跟我们打持久战,争雄疆场,他也未必有能力和我们在水面上赌胜负(曹军水战没有优势);第二,何况他在北方并未完全平定,而马超、韩遂还在潼关以西,对他构成严重威胁;第三,舍弃熟习的骑乘,依靠生疏的舟船,和吴越人较量,本来不是中原士兵的专长;第四,如今天气奇寒,马无草料,曹兵长途跋涉来到江南,不服水土,必然会生病。以上这四点,均是兵家之忌,而曹操占全了。这正是我们擒获曹操的大好时机。我请求带领精兵3万人,进驻夏口,保证大破曹兵。"[1]

孙权闻言大喜,对周瑜说:"曹操老贼早就想篡汉自立,所以迟迟未行其谋,不过是怕二袁、吕布、刘表和我几个人反对罢了!如今二袁、吕布、刘表等数雄都已夷灭,只有我还在。我跟老贼,势不两立。你主张抗曹,跟我的想法完全一致。这是老天派你来帮助我!"说着,拔出刀来,砍掉面前桌案的一角,发誓说:"胆敢再说迎降曹操者,有如此案!"

当天夜里,周瑜为了坚定孙权的信心,消除他的疑虑,又单独进谒。他对孙权说:"大臣们一见曹操的战书上写有水步兵80万,心中恐惧,也不认真推测一下虚实,就提出了降敌的见解,这是没道理的。现在,我们可以认真地估算一下,曹操所带的中原士兵,最多十五六万,而且是经过长途跋涉、疲惫不堪;收

[1]语见《三国志·周瑜鲁肃吕蒙传第九》:"操虽托名汉相,其实汉贼也。将军以神武雄才,兼仗父兄之烈,割据江东,地方数千里,兵精足用,英雄乐尚当横行天下,为汉家除残去秽。况操自送死,而可迎之邪?请为将军筹之,今使北土已安,操无内忧,能旷日持久,来争疆场,又能与我校胜负于船楫可乎?今北土既未平安,加马超、韩遂尚在关西,为操后患。且舍鞍马,仗舟楫,与吴越争衡,本非中国所长。又今盛寒,马无稿草。驱中国士众,远涉江湖之间,不习水土,必生疾病。此数四者,用兵之患也,而操皆冒行。将军擒操,宜在今日。瑜请得精兵三万人,进往夏口,保为将军破之。"

降刘表的人马，最多不过七八万，而且这部分人尚心怀观望、怀疑，并未一心一德。曹操统御着这些疲惫病弱、狐疑观望的士兵，人数虽多，何足畏惧？我们只要有精兵5万就完全可以战胜他。请您不要迟疑，不要有所顾忌。"

孙权听了，大受感动，拍着周瑜的背说："公瑾之言，大合我心！张昭等人，顾惜家人妻小，只为小我考虑，真令人失望。只有你与鲁肃的看法跟我一致，这是老天让你们二人来辅助我的！5万人，一时难以凑全。但我已选好3万人马，船只粮草和各种战具也已准备妥当，你和鲁肃、程普马上就可以带兵出发。我会继续调发人众、粮草，做你的后援。你能一战破曹，当然好，假如遇到挫折，就回来找我，我将与曹操决一死战！"

于是，孙权与刘备结成联盟，决意共同抗曹。

孙权任命周瑜为左督，统领3万大军；程普为右督，鲁肃为赞军校尉，协助周瑜。

周瑜和刘备带领的部队会师，沿江而上，与曹操大军在赤壁相遇。

曹军新到江南，不服水土，疾病流行，士气低落，所以刚一接战，立即败

赤壁古战场

退，只好驻扎在江北，想等冬天过后，第二年春天再战；周瑜所部，初战获胜，士气振奋，驻扎在南岸。

曹营将士，好多人不习水性，为了克服这一弱点，曹操下令把战船用铁索锁在一起，上面铺上木板，连接成水上营寨，以便利行走。他自以为得计，称这些船为连环船。

看到这种情况，周瑜部下老将黄盖献计："敌众我寡，不宜长久相持，应该速战速决。曹军把战船首尾连接起来，我们如用火攻，定获全胜。"周瑜认为黄盖说得有道理。于是，便选择几十艘战船，里面装满柴草，浇上油脂，外面用帐幕包裹，插上牙旗，做好火攻的准备。[1]

黄盖派人送信给曹操，信中说："我世受孙氏厚恩，地位待遇本不低卑，但是，为人当识时务。孙氏要用江东六郡山越之人与中原百万之众对抗，众寡悬殊，胜负已定。江东士吏，不分贤愚，均知此理。只有周瑜、鲁肃执意如此。"他还在信中表示："交锋之日，盖为前部，当因事变化，效命在近。"

周瑜选择了一个刮东南风的夜晚，命令黄盖带领数十艘战船（每一战船后拖一只小船，以备放火人员后退时使用），乘风向曹营进发。曹军以为黄盖真来投降，毫不防备，只是指点观看。船队行到距离曹军水寨一里左右，黄盖下令各船同时点火。火势汹汹，风声猎猎，船像箭一般冲入曹军水寨。顷刻之间，烈焰冲天，曹军连环船无法解开，顿时变成一片火海。火借风势，很快烧到岸上曹营，转眼工夫，营中烟火弥漫，人马烧死、淹死不计其数。曹操败退，回兵保守南郡。[2]刘备和周瑜又并力追击。曹操留下曹仁守江陵，自己返回北方。

周瑜又与程普进军南郡，和曹仁隔江相持。两军尚未交锋，周瑜先派甘宁前去占据夷陵（今湖北宜昌东南）。曹仁分出一部分兵马包围了甘宁，甘宁向周瑜告急。周瑜采用了吕蒙的计谋，留下凌统守卫后方，亲带吕蒙去救甘宁。解除了甘宁之围，周瑜率兵屯驻北岸，约定日期大战曹仁。周瑜亲自骑马督战，被飞箭

---

[1] 事及语见《三国志·周瑜鲁肃吕蒙传第九》："瑜部将黄盖曰：'今寇众我寡，难与持久。然观操军船舰，首尾相接，可烧而走也。'乃取蒙冲斗舰数十艘，实以薪草，膏油灌其中，裹以帷幕，上建牙旗。"

[2] 事见《三国志·周瑜鲁肃吕蒙传第九》："曹公军吏士，皆延颈观望，指言盖降。盖放诸船，同时发火。时风盛猛，悉延烧岸上营落。顷之，烟炎张天，人马烧溺，死者甚众，军遂败退，还保南郡。"

射中右胁，伤势严重，退兵回营。曹仁听说周瑜卧病在床，亲自督帅士兵上阵攻击吴兵。周瑜奋身而起，巡视各营，激励将士，用命杀敌，曹仁只好退走。[1]

孙权任命周瑜为偏将军，兼任南郡太守，并把下隽、汉昌、浏阳（今属湖南）、州陵作为他的奉邑，让他屯兵于江陵（今属湖北）。

赤壁一战，使中国统一过程暂告中断，三足鼎立局面已露端倪，而这场战役的指挥者周瑜则声威大震，名扬天下。

四、欲展鸿图　折翅青冥

赤壁战后，周瑜雄心勃勃，准备大展鸿图。而一代枭雄刘备也不甘寂寞，正努力为自己的事业而奋斗。这时，刘备已乘机攻占了武陵、长沙、零陵、桂阳四郡，自己驻在公安（今湖北公安）。

刘表旧日的好多部属纷纷归附刘备。刘备为了进一步扩大地盘，到京口去见孙权，以江南四郡地少，不能安民为理由，请求孙权把南郡借给他，使他得以控制荆州地区的局面。

周瑜上疏给孙权，疏中说："刘备有枭雄之资，且手下又有关羽、张飞这样的猛将，肯定不会满足于久居人下、受人驱使的处境，将来定会成为东吴的大患。为今之计，我认为，一是把刘备迁到吴郡安置下来，为他大兴土木，修筑宫室，多送给他美女及珍奇玩好之物，使他赏心悦目，耽于享乐；二是把他与关羽、张飞分开，让他们天各一方，由我这样的将领跟他们一起征战杀伐。这样一来，大事可定。如果我们分割土地资助他们，让他们三人长期并肩争雄于疆场，我真担心他们有如蛟龙得云雨之助，不再是池中之物了！"[2]

---

[1]事见《三国志·周瑜鲁肃吕蒙传第九》："瑜与程普又进南郡。与仁相对，各隔大江，兵未交锋。瑜即遣甘宁前据夷陵，仁分兵骑别攻围宁。宁告急于瑜，瑜用吕蒙计，留凌统以守其后，身与蒙上救宁。宁围既解，乃渡屯北岸，克期大战。瑜亲跨马抚陈，会流矢中右胁，疮甚，便还。后仁闻瑜卧未起，勒兵就阵。瑜乃自兴，案行军营，激扬吏士，仁由是遂退。"

[2]语见《三国志·周瑜鲁肃吕蒙传第九》："刘备以枭雄之姿，而有关羽、张飞熊虎之将，必非久屈为人用者。愚谓大计，宜徙备置吴，盛为筑宫室，多其美女玩好，以娱其耳目。分此二人，各置一方，使如瑜者，得挟与攻战，大事可定也。今猥割土地，以资业之，聚此三人，俱在疆场，恐蛟龙得云雨，终非池中物也。"

关　羽

　　但是，孙权却与周瑜看法不同。他认为，一来曹操在北方势力太大，应该广泛招揽英雄人物才能与之抗衡；二来刘备又绝非可以轻易制服之人，所以，没有采纳周瑜的建策。

　　周瑜扼制刘备的计谋未被采用，很不甘心，于是又向孙权献上另一计策。

　　当时，刘璋任益州牧，张鲁不断生事滋扰。周瑜面见孙权，借机陈辞："曹操刚刚受到挫折，忧在腹心，无法与我兴兵抗衡。这正是我们扩张势力的大好时机。我请求和奋威将军孙瑜一起进攻蜀地。一旦攻克蜀地，消灭张鲁，就留下孙瑜在那里固守，与马超为犄角之势。我则回来跟您一起占据襄阳，进迫曹操，北取中原。"[1]

　　[1]语见《三国志·周瑜鲁肃吕蒙传第九》："今曹操新折衄，方忧在腹心，未能与将军连兵相事也。乞与奋威俱进取蜀。得蜀而并张鲁，因留奋威固守其地，好与马超结援。瑜还，与将军据襄阳以蹙操，北方可图也。"

周瑜这一计划，非常有战略眼光。孙权当即表示同意。

周瑜想赶回江陵，做出征的准备工作。但却半途染病，死于巴丘，死时年仅36岁。

周瑜一死，孙权感到痛折股肱。于是，亲自穿上丧服为他举哀。周瑜的灵柩运回吴郡，孙权到芜湖亲迎，各项丧葬费用，全由国家支付。

周瑜一生征战，有强烈的进取精神和横行天下的抱负；周瑜少年得志，风度可人，议论英发，有口皆碑；周瑜文采超群，精于音乐，即使是酒后，仍能听出乐人演奏的音乐中的很细微的疏失，每当这时，他总要转头看一看。所以当时有谣谚说："曲有误，周郎顾。"

周瑜待人谦恭有礼。当时孙权只是将军，诸将及宾客对他礼仪并不全备，比较草率。只有周瑜对孙权敬慎服事，完全按君臣之礼来对待。

周瑜心胸开阔，以德服人，跟后世小说家虚构的那位截然不同。应该说，这才是周瑜的真性格。程普曾一度和周瑜关系不好。程普认为自己年龄比周瑜大，多次欺辱周瑜。周瑜却始终折节容下，从不跟他一般计较。程普后来特别佩服周瑜，曾对人说："与周公瑾交往，如同啜饮美酒，不知不觉就醉了！"[1] 至于后人说周瑜气量狭小，忌贤妒能，被人气死，则纯是小说家言，不足征信。

对周瑜的才干，刘备、曹操、孙权都非常清楚。刘备曾私下挑拨周瑜和孙权的关系。一次，孙权、张昭等人为刘备送行，张昭等人先离开了，孙权和刘备谈话。刘备叹息说："公瑾文武筹略，万人之英。只是他器量太大，恐非久居人下者！"曹操则有意贬低周瑜在赤壁鏖兵中的作用。他写信给孙权说："赤壁之战，正赶上我的将士们染病，于是，我自己烧船退却，没想到，这下倒使周瑜成了名。"不过，不论别人怎样评论，孙权心中有数。周瑜去世，他痛哭流涕，说："公瑾有王佐之才，如今短命而死，叫我以后依赖谁呢？"他称帝后，仍念念不忘周瑜，曾对公卿们说："没有周公瑾，我哪能称

---

[1] 事及语见《江表传》："普颇以年长，数陵侮瑜。瑜折节容下，终不与较。普后自敬服而亲重之，乃告人曰：'与周公瑾交，若饮醇醪，不觉自醉。'"

尊称帝呢？"[1]

名 家 评 说

曹公乘汉相之资，挟天子而扫群桀。新荡荆城，仗威东夏，于时议者莫不疑贰。周瑜、鲁肃建独断之明，出众人之表，实奇才也。

——晋·陈寿《三国志》

赤壁之战，操之必败，瑜之必胜，非一端也。舍骑而舟，既弃长而争短矣。操之兵众，众则骄；瑜之兵寡，寡则奋；故韩信以能多将自诧，而谓汉高之不己若也，此其一也。操乘破袁绍之势以下荆、吴，操之破绍，非战而胜也，固守以老绍之师而乘其敝也，以此施之于吴则左矣；吴凭江而守，矢石不及，举全吴以馈一军，而粮运于无虑之地。愈守则兵愈增、粮愈足，而人气愈壮，欲老吴而先自老，又其一也。北来之军二十万，刘表新降之众几半之，而恃之以为水军之用，新附之志不坚，而怀士思散以各归其故地者近而易，表之众又素未有远征之志者也，重以戴先主之德，怀刘琦之恩，故黄草之火一爇而人皆骇散，荆土思归之士先之矣，此又其一也。积此数败，而瑜之明足以见之；即微火攻，持之数月，而操亦为官渡之绍矣。知此，而兵之所忌与敌之足畏与否也，皆可预料而定也。

——清·王夫之《读通鉴论》

孙权以妹妻刘备，详阅史传，并非计出周瑜，而罗氏《演义》，谓瑜使用美人计，弄假成真，说得周瑜如何刁狡，诸葛亮如何神奇，褒之太过，毁之亦太甚。虽系小说，究不应如是雌黄，得是书以矫正之，则足以存史

---

[1] 事及语见《江表传》："刘备之自京还也，权乘飞云大船，与张昭、秦松、鲁肃等十余人共追送之，大宴会叙别。昭、肃等先出，权独与备留语，因言次，叹瑜曰：'公瑾文武筹略，万人之英，顾其器量广大，恐不久为人臣耳。'瑜之破魏军也，曹公曰：'孤不羞走。'后书与权曰：'赤壁之役，值有疾病，孤烧自退，横使周瑜虚获此名。'瑜威声远著，故曹公、刘备咸欲疑谱之。及卒，权流涕曰：'公瑾有王佐之资，今忽短命，孤何赖哉！'后权称尊号，谓公卿曰：'孤非周公瑾，不帝矣。'"

之真，而不至为野乘所误耳。周瑜年第逾壮，方可有为，乃以意气之未除，遽致短命，不无可惜。至若三气周瑜之说，亦属无稽，尽信书不如无书，况燕谈郢说乎？

——蔡东藩《后汉演义》

正说历朝八十臣

乔继堂　主编

中

中国书籍出版社
China Book Press

【两 晋】

王 濬

王濬（206～285），字士治，西晋将领。武帝时任抚骑大将军，封襄阳县侯，谥号"武"。弘农（今河南灵宝西南）人。他历任河东从事、车骑从事中郎、巴郡太守、益州刺史、龙骧将军、平东将军、辅国将军等，他在灭吴战役中功勋卓著，千古驰名。但他恃功自傲，致使争起朝堂，可谓白璧有瑕。

一、受知羊祜　造船益州

王濬出身于世代二千石的官吏之家。他博通典籍，姿容修美，但由于不求名望，不谨细行，因而不为乡里所称道。后来，他改变了原来的性格，变得开通明达起来。

王濬素有大志。他曾修造宅院，把门前的路开得有几十步宽。人们奇怪，问他为何要修如此宽的道路，他说："我要让这道路容得下长戟幡旗。"众人都笑他自不量力。王濬慨叹："陈胜有句话，'燕雀安知鸿鹄之志！'"

不久，王濬被征召为河东从事。因他为人严正清峻，听说他到任，好多不廉洁的郡守、县令都望风退职而去。刺史徐邈有个女儿，贤淑有才，尚未许配与人，正在择夫。徐邈会集僚佐属吏，让女儿在内室察选。女儿相中了王濬，徐邈便依从女儿之意，

王　濬

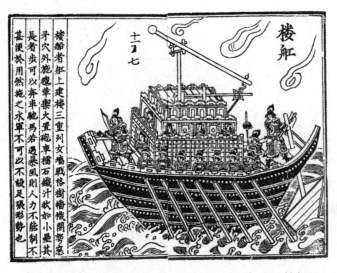

孙吴、西晋兴建大量的楼船，图为《武经总要》中的楼船图

把她嫁给了王濬。[1]

后来，王濬参与征南军事，羊祜见他举止不凡，非常赏识他。羊祜的侄儿羊暨说："王濬为人志量过大，生活也奢侈不节，不能专任大事，应该对他加以节制裁夺。"羊祜却不这样认为，他说："王濬有大才，如果满足他的要求，定可为国建立大功！"于是转任王濬为车骑从事中郎。有识之人都认为羊祜能知人，善荐人。[2] 接着，王濬任巴郡（治今重庆）太守。巴郡邻近吴国，士兵苦于征役，所以生下男孩都不愿意抚养。王濬到任后，整肃有关法律条文，宽缓徭役租税，对产育之人都给予休息恢复之便，因而保全了几千婴儿。后又转任广汉太守，垂布德惠，百姓都很依赖他。

据说，有一次，王濬夜间梦见有三把刀悬挂在屋梁之上，不一会，"又益（增）一刀"。王濬惊醒，以为不祥，主簿李毅附会梦境，向他拜贺，说："三刀，字形如'州'，又益一刀，恐怕兆示着您要做益州（治今四川成都）长官呢！"说来也巧，不久益州刺史皇甫晏被张弘所杀，朝廷果然升任王濬为益州刺史。[3]

---

[1] 事见《晋书·王浑王濬唐彬列传》："州郡辟河东从事。守令有不廉洁者，皆望风自引而去。刺史燕国徐邈有女才淑，择夫未嫁。邈乃大会佐吏，令女于内观之。女指濬告母，邈遂妻之。"

[2] 事及语见《晋书·王浑王濬唐彬列传》："后参征南军事，羊祜深知待之。祜兄子暨白祜：'濬为人志大，奢侈不节，不可专任，宜有以裁之。'祜曰：'濬有大才，将欲济其所欲，必可用也。'转车骑从事中郎，识者谓祜可谓能举善焉。"

[3] 事及语见《晋书·王浑王濬唐彬列传》："濬夜梦悬三刀于其卧屋梁上，须臾又益一刀，濬惊觉，意甚恶之。主簿李毅再拜贺曰：'三刀为州字，又益一者，明府其临益州乎？'及贼张弘杀益州刺史皇甫晏，果迁濬为益州史。"

王濬一到益州，便设谋定计，把张弘等作乱之人全部诛灭。因为此功，王濬被封为关内侯。王濬在任益州刺史时，广行仁义和恩惠，树威立信，当地各族百姓都情愿归附。

鉴于王濬业绩突出，朝廷命他入朝任右卫将军、大司农之职。羊祜当时正在筹划平吴，知道王濬奇略过人，才可大用，秘上表章，请仍留他于益州刺史任上，参与平吴大计。于是，朝廷重新任命王濬为益州刺史，专治水军。

王濬承受诏命，修造战船。他把船造得十分高大，并把几条船联成大船，大到120步见方，能乘坐2000多人。船上用木料建成围墙，上面建起望楼，望楼四面开门，都能骑马出入。王濬还命人在船头画上鹢鸟怪兽，来震慑江神。他造的舟船之大、数量之多，前所未有。王濬在蜀地造船，削下的木片木皮顺江而下。吴国建平太守吾彦把漂来的木片木皮拿给孙皓看，并说："晋国一定是要大举进攻了，应该增加建平的兵力；守住建平，晋兵就不敢渡江了。"孙皓却刚愎自用，不听从其计。[1]

不久，因吴地童谣（见《羊祜传》）的关系，朝廷升任王濬为龙骧将军，监梁、益诸军事。

二、顺流而下　铁锁沉江

王濬造船，一造就是7年。到咸宁五年（279）四月，王濬请求速伐东吴。他提出了三条理由，一是孙皓荒淫凶逆，吴人怨声载道，倘若不速加征伐，一旦吴国更立贤主，则成强敌；二是自己造船7年，日有朽败；三是自己年已70，倘有不虞，岂不贻误军机？他还郑重指出，这三条中，如果有一条出了问题，则吴国难图，大计难成。[2]

晋武帝认为王濬说得有理，但贾充、荀勖等重臣却认为此议不可行，只有张

---

[1] 事及语见《晋书·王浑王濬唐彬列传》："濬造船于蜀，其木柹蔽江而下。吴建平太守吾彦取流柹以呈孙皓曰：'晋必有攻吴之计，宜增建平兵。建平不下，终不敢渡。'皓不从。"

[2] 语见《晋书·王浑王濬唐彬列传》："臣数参访吴楚同异，孙皓荒淫凶逆，荆扬贤愚无不嗟怨。且观时运，宜速征伐。若今不伐，天变难预。令皓卒死，更立贤主，文武各得其所，则强敌也。臣作船七年，日有朽败，又臣年已七十，死亡无日。三者一乖，则难图也，诚愿陛下无失事机。"

铁锁沉江（选自《马骀画宝》）

华大力支持。后来，杜预也上表陈请伐吴，晋武帝这才发布诏令，六路伐吴。

王濬将要统兵攻吴，当年他在巴郡保全养育的那些婴儿，如今都到了可以从军的年龄，父母鼓励他们说："是王府君（王濬）保全了你们，所以，你们要勉力作战，不要怕死惜命，要以此报答王府君的厚恩。"

太康元年（280）正月，王濬自益州东下，率巴东监军、广武将军唐彬进攻丹杨（又作丹阳，今属江苏），擒获吴丹杨监盛纪。吴国人在长江险滩要害之处，都拉上铁锁链，横断江面。另外，吴人还打造了许多一丈多的铁锥，暗藏江中，用来阻挡行船。此前，羊祜擒获吴国间谍，详细了解了吴国的这些江防措施，即通告王濬。王濬造了几十张大筏，并联成百步见方，筏上绑着草人，草人身着铠甲，手执棍棒。船队行进时，先令善于游泳者推着筏子走在前面，筏子遇到水下铁锥，铁锥就扎在筏上被拔掉了。王濬还制作大火炬，有十多丈长、几十围粗，中间灌上麻油，安放在大船船头。遇到铁锁链时，就点燃火炬去烧，用不了多长时间，铁链就被融化烧断。楼船行进，再无障碍。[1]于是晋军顺流直下，两个月的时间，

---

[1] 事见《晋书·王浑王濬唐彬列传》："吴人于江险碛要害之处，并以铁锁横截之，又作铁锥长丈余，暗置江中，以逆拒船。先是，羊祜获吴间谍，具知情状。濬乃作大筏数十，亦方百余步，缚草为人，被甲持杖，令善水者以筏先行，筏遇铁锥，锥辄著筏去。又作火炬，长十余丈，大数十围，灌以麻油，在船前，遇锁，然炬烧之，须臾，融液断绝，于是船无所碍。"

相继攻克西陵、荆门、夷道、乐乡诸城，擒获将领多人。朝廷下诏，提升王濬为平东将军、假节、都督益、梁诸军事。

王濬从蜀地出发以来，兵不血刃，攻无坚城，夏口、武昌无力相抗。于是，顺流鼓棹，直捣三山（今江苏南京西南长江东岸）。吴主孙皓派游击将军张象率领水军万人抵御。王濬水军涌来，楼船上旌旗遮天蔽日，张象望风归降。孙皓君臣听说王濬水军，声势浩大，无不胆裂魂惊。于是，采纳光禄勋薛莹、中书令胡冲的建议，向王濬送信请降。三月，王濬进入建业，孙皓备齐亡国之礼，素车白马，肉袒反缚，衔璧牵羊，大夫等官员都身穿麻服，士兵抬着棺材，率领太子孙瑾等21人，到王濬营门。王濬亲自为孙皓松绑，然后接受宝璧，焚烧棺材，派人将孙皓送到晋都。同时，查收吴国图籍，封存吴国府库。晋武帝派使者犒赏了王濬的部队。

灭吴之战，王濬共攻克4州、43郡，俘获人口52.3万，兵员23万，自此，天下一统。

三、受抑王浑　交恶有司

伐吴之初，武帝下诏命令王濬进军建平，接受杜预指挥，到秣陵（治今南京）后，转受王浑指挥。杜预到江陵，对将帅们说："如果王濬攻下建平，那么顺流长驱直下，他的威名已立，不应让他再听我节度制约；如果不能攻克建平，我也没机会对他进行指挥。"王濬到西陵，杜预写信给他，信中说："您已经摧毁了吴国西部的屏障，应该径直进攻秣陵，征讨吴寇，解放吴人。"王濬得信大喜，把杜预的信表呈武帝。[1]

当王濬将到秣陵时，王浑派使者请王濬暂停舟师，上岸商讨军机。王濬借口"风大，船停不住"，不肯上岸，挥师直进，乘胜纳降。

王浑早就击败了孙皓的中军，斩杀了张悌等人，停兵在秣陵，没有立即进击。如今王濬一鼓克敌，告成大功，王浑一则以怒，一则以耻，于是上表朝廷，

[1] 事及语见《晋书·王浑王濬唐彬列传》："初，诏书使濬下建平，受杜预节度，至秣陵，受王浑节度。预至江陵，谓诸将帅曰：'若濬得下建平，则顺流长驱，威名已著，不宜令受制于我。若不能克，则无缘得施节度。'濬至西陵，预与之书曰：'足下既摧其西藩，便当径取秣陵，讨累世之逋寇，释吴人于涂炭。自江入淮，逾于泗汴，溯河而上，振旅还都，亦旷世一事也。'濬大悦，表呈预书。"

杜　预
——从明刻本《古先君臣图鉴》

说王濬违诏，不听调遣，并罗织罪状予以诬告。主管部门准备用槛车把王濬押回京师处理，武帝不许，只是下诏责备他，诏书中说："伐吴事大，应该统一指挥。上次诏书命将军受王浑指挥调遣，王浑思谋深重，按兵不动，专待将军。为什么将军却径去攻敌，不听王浑调度呢？将军您的功劳，我都记得清清楚楚，但如今恃功肆意，让朕用什么号令天下！"

王濬上书自辩。书中说："以前接到诏书，让我直攻秣陵，又让我受太尉贾充节度。我十五日到三山，令我受王浑节度的诏书十六日才从洛阳发出。当时，我见王浑部队在北岸，他送信来请我议事，而我部水军正值大风，直进敌城，没有机会回船与见。我认为，臣下事君，只要有利于社稷，就应该在面对死生时，决不回避。倘若遇事顾忌迟疑，以避罪责，则是对国不忠。"

王浑又把扬州刺史周浚的信上呈武帝。信中说王濬的部下掠得孙皓宝物，火烧孙皓宫殿。王濬再次上表申辩，并说："伪吴君臣，如今全都活着，可以审问验证，以明虚实。"

王濬回到京都，有司劾奏他违诏不受王浑节度，应坐大不敬罪，交付廷尉。武帝说，王濬先受诏书直进秣陵，后来朝廷才下诏让他接受王浑节度。但诏书稽留迟延，未能及时送达，因此，不能说他违诏。王濬有征伐之劳，即使有些许可责之处，也不该因为小的过错而掩盖了大的德行。有司又上奏，说王濬被赦免后烧毁敌船135艘，应该交付廷尉察办，武帝又下诏不许。[1]

王浑与王濬争功，廷尉刘颂偏袒王浑，认为王浑为首功，王濬之功为次。武

----

[1] 事及语见《晋书·王浑王濬唐彬列传》："濬至京都，有司奏，濬表既不列前后所被七诏月日，又赦后违诏不受浑节度，大不敬，付廷尉科罪。诏曰：'濬前受诏径造秣陵，后乃下受浑节度。诏书稽留，所下不至，便令与不受诏同责，未为经通。濬不即表上被浑宣诏，此可责也。濬有征伐之劳，不足以一眚掩之。'有司又奏，濬赦后烧贼船百三十五艘，辄敕付廷尉禁推。诏曰'勿推'。"

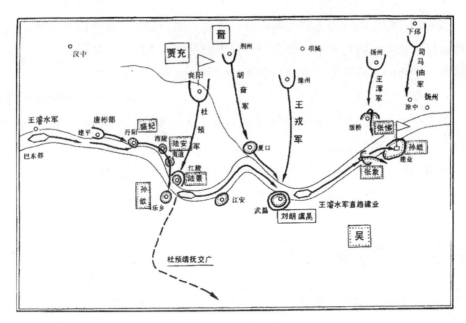

帝不便专制，只好加以通融，让王浑进爵为公，任命王濬为辅国大将军，领步兵校尉。有司上奏说，按规定辅国大将军不是达官，应该不置司马，不给官骑。武帝下诏，按照旧有的规制，给予王濬500辆大车，增兵500人为辅国营，给予亲骑100人、官骑10人，置司马。并加封为襄阳县侯，食邑万户，加以厚赐。

王濬认为自己建有大功，但却被王浑父子和其他豪强压抑，并且屡屡遭有司弹劾，心中颇为不平。于是，每次进见皇帝，谈起攻伐之劳和受压抑之状，就无比怨愤，有时还会说出过激的话来。武帝知道他的心意，常常宽宥原谅他。

益州护军范通是王濬的外亲，曾对王濬说："您立有大功，但却不善于居功。"王濬问他为何这样说，他解释："您凯旋时，应该换上常服，头戴角巾，归于私宅，嘴里也不必提平吴之事。如果有人问，你就说'圣主之德，群帅之力，老夫有何能耐'！这正是蔺相如折服廉颇之法。王浑见您如此，能不惭愧吗？"王濬说："开始时，我只怕像邓艾一样，立有战功而获罪，所以不能不说；再者，我心中的郁闷不平也实在难以排遣。这恐怕是我性情过于褊狭了吧！"[1]

---

[1] 事及语见《晋书·王浑王濬唐彬列传》："濬自以功大，而为浑父子及豪强所抑，屡为有司所奏，每进见，陈其攻伐之劳，及见枉之状，或不胜忿愤，径出不辞。帝每容恕之。益州护军范通，濬之外亲也，谓濬曰：'卿功则美矣，然恨所以居美者，未尽善也。'濬曰：'何谓也？'通曰：'卿旋旆之日，角巾私第，口不言平吴之事，若有问者，（接下页）

当时的许多人均认为王濬功高赏薄。于是，博士秦秀、太子洗马孟康、前温令李密都上表为王濬鸣不平。武帝便升任王濬为镇军大将军，加散骑常侍，领后军将军。王浑到王濬那里，王濬总要严加防备，然后才与其相见。[1]

自平吴之后，王濬一改其生活方式，锦衣玉食，极其奢侈。他所推荐任用的，大多是蜀人。后来，朝廷又转任他为抚军大将军、开府仪同三司，加特进、散骑常侍、后军将军如故。

太康六年（285）十二月，王濬去世，享年80岁。朝廷赐谥曰"武"。

王濬葬在柏谷山，坟墓阔大，围墙周长45里，松柏茂盛。

名 家 评 说

　　案故抚军王濬，历职内外，任兼文武，料敌制胜，明勇独断，义存社稷之利，不顾专辄之罪。荷戈长骛，席卷万里，僭号之吴，面缚象魏。……濬建元勋于当年，著嘉庆于身后，灵基托根于南垂，皇祚中兴于江左，旧物克彰，神器重耀，岂不由伊人之功力也哉！

——晋·桓温语，载《晋书》

　　二王属当戎旅，受律遄征，浑既献捷横江，濬亦克清建邺。于时讨吴之劳，将帅虽多，定吴之劳，此焉为最。向使弘范父之不伐，慕阳夏之推功，上禀庙堂，下凭将士。岂非懋勋懋德，善始善终者欤！此而不存，彼焉是务。或矜功负气，或恃势骄陵，竞构南箕，成兹贝锦。遂乃喧黩宸扆，致乱彝伦，既为戒于功臣，亦致讥于清论，岂不惜哉！

——唐·房玄龄《晋书》

　　武帝非不明察，卒因朝臣右袒王浑，独封浑为公，而濬以下不过封侯，

（接上页）辄曰："圣主之德，群帅之力，老夫何力之有焉！"如斯，颜老之不伐，龚遂之雅对，将何以过之。蔺生所以屈廉颇，王浑能无愧乎！'濬曰：'吾始惧邓艾之事，畏祸及，不得无言，亦不能遣诸胸中，是吾祸也。'"

[1]事见《晋书·王浑王濬唐彬列传》："时人咸以濬功重报轻，博士秦秀、太子洗马孟康、前温令李密等并表讼濬之屈。帝乃迁濬镇军大将军，加散骑常侍，领后军将军。王浑诣濬，濬严设备卫，然后见之。"

无怪濬之愤悒不平也。然功成者退，知足不辱，濬乃为小丈夫之悻悻，始终未释，其后来之得全首领者，尚其幸耳。韩彭菹醢，晁错受戮，非炎盛开国时耶？史家谓浑既害善，濬亦矜功，诚足为一时定评云。

——蔡东藩《两晋演义》

羊 祜

羊祜（221～278），字叔子，西晋名将。泰山南城（今山东费县西南）人。
父羊衜，曾官上党太守。武帝时任征南大将军，封郡公，追赠侍中、太傅，谥号
"成"。羊祜历任中军将军、尚书右仆射、卫将军、车骑将军、平南将军等。他为
人谦退礼让，一生清廉俭仆，仁德之名流传后世。他上疏建议伐吴，并在江汉积
极做准备工作，为西晋灭吴和统一全国奠定了基础。

羊 祜
——从清乾隆时期刊本《晚笑堂竹庄画
传》（作者上官周）

一、累召不就　居上能谦

羊祜家世代都任二千石的高官，并且
都以清廉有德著称。到羊祜，已历9代。
羊祜的祖父羊续，在汉朝任南阳太守，父
亲羊衜，曾任上党太守。羊祜是东汉蔡邕
的外孙，晋景献皇后的同母弟。

羊祜12岁丧父，孝行哀思超过常礼。
他奉事叔父羊耽也十分恭谨。羊祜曾在汶
水边上游玩，遇见一位老人，说他"面相
好，不到60岁，就能为国家建立大功"。
老人说完就走了，不知去向。[1]

羊祜长大后，博览群书，善做文章，
善发议论，每每中肯切要。而且他身长七
尺三寸，风度潇洒，须眉秀美。郡将夏侯
威认为他不同常人，把兄长夏侯霸的女儿

---

[1] 事及语见《晋书·羊祜杜预列传》："尝游汶水之滨，遇父老谓之曰：'孺子有好相，
年未六十，必建大功于天下。'既而去，莫知所在。"

嫁给了他。

羊祜被荐举为上计吏，州官四次征辟他为从事、秀才，五府（古代五种官署的合称，所指不一）也纷纷任命他，他都不肯接受。太原人郭奕见到他后说："这位就是当今的颜回啊！"后来，羊祜跟王沉一起都被曹爽征辟，王沉劝羊祜应命就职，羊祜说："委身事人，谈何容易。"王沉独自应召。等到曹爽事败，王沉因为是他的故吏而被罢免，于是对羊祜说："早该记住您以前的话。"羊祜却安慰他说："这不是预先可以料到的！"羊祜就是这样，既有先见之明，又不肯显示夸耀。[1]

晋武帝司马炎
——唐阎立本《历代帝王图》，现美国波士顿美术博物馆藏

夏侯霸投降蜀国后，姻亲怕受连累，大都与他家断绝了关系，只有羊祜安慰他的家属，体恤他的亲人，亲近恩礼更甚于常日。不久，羊祜的母亲和长兄羊发相继去世。羊祜服丧守礼十多年。这期间，他以素食为主，笃重朴实，如同儒者。

司马昭任大将军，征辟羊祜，羊祜没有应命。于是，朝廷公车征拜羊祜为中书侍郎，不久升其为给事中、黄门郎。魏帝高贵乡公曹髦爱好文学，当时在朝为官者禀承上意，多献诗赋。羊祜在朝廷，虽然身处于士大夫之间，但持身正直，从不亲贵疏贱，因此，有识之士对他特别尊崇。

陈留王曹奂即帝位后，羊祜被封为关内侯，食邑100户。因为羊祜心中对天子不以为然，所以不愿再做侍从之臣，请求出外。后来改官秘书监。等到建立五等爵制，羊祜受封为钜平子，食邑600户。当时，钟会颇得天子宠爱，而又心性

---

[1] 事及语见《晋书·羊祜杜预列传》："与王沉俱被曹爽辟。沉劝就征，祜曰：'委质事人，复何容易。'及爽败，沉以故吏免，因谓祜曰：'常识卿前语。'祜曰：'此非始虑所及。'其先识不伐如此。"

忌刻，羊祜有些畏惧他，对他敬而远之。钟会被诛之后，羊祜任相国从事中郎，与荀勖共掌朝廷机密。接着，迁任中领军，负责统率全部宿卫将士，在皇宫当值，把持着军队的核心，兼管内外政事。

司马炎代魏称帝（晋武帝），因为羊祜有扶立之功，命他进号中军将军，加散骑常侍，改封为郡公。羊祜一再辞让，于是，由本爵钜平子进封为侯，设置郎中令，备设九官之职，并授给他的夫人印绶。

泰始初年（265），晋武帝特下诏书，任命羊祜为尚书右仆射、卫将军，给以本营兵。当时，王佑、贾充、裴秀等人均为前朝名高望重之臣，羊祜对他们都心存谦让。

二、经营江汉 贬官平南

晋武帝有志吞吴。任命羊祜为都督荆州（今属湖北）诸军事、假节，并保留他散骑常侍、卫将军原官不变，派他治理江汉。

于是，羊祜率兵出镇南方。到任后，他做了几件事，颇有成绩：一是开设学校，兴办教育，安抚百姓，施行仁德而招附远方之人。二是与吴国人开诚相待，凡投降之人，去留可由自己决定。三是禁止拆毁旧官署。当时风俗，官长如果死在官署之中，后继者便说居地不吉，往往拆毁旧府，另行修建。羊祜认为，死生有命，不在居室，命令下属一律禁止。四是用计使吴国撤掉石城之守。吴国石城守备离襄阳700多里，常常侵扰边境。羊祜深以为患，于是巧运机谋，使吴国撤销了守备，从此，戍守、巡逻边境的士兵减少了一半，分出来开垦土地800多顷，大获收益。羊祜刚来时，军队连100天的粮食都没有，到后来，粮食积蓄可用10年。[1]皇帝下诏撤销江北都督，设置南中郎将，把在汉东、江夏的各军都归羊祜统领。

羊祜在军中，经常穿着轻暖的皮裘，系着宽缓的衣带，不穿铠甲。他的帐下，应命侍卫的士卒也不过十几个人。羊祜喜欢打猎钓鱼，常常因此荒废公务。

---

[1]事见《晋书·羊祜杜预列传》："祜率营兵出镇南夏，开设庠序，绥怀远近，甚得江汉之心。与吴人开布大信，降者欲去皆听之。时长吏丧官，后人恶之，多毁坏旧府，祜以死生有命，非由居室，书下征镇，普加禁断。吴石城守去襄阳七百余里，每为边害，祜患之，竟以诡计令吴罢守。于是戍逻减半，分以垦田八百余顷，大获其利。祜之始至也，军无百日之粮，及至季年，有十年之积。"

有一天夜晚，他想出营，军司马徐胤持戟挡住营门，说："您都督万里，职责重大，怎可轻易离营外出！您的安危，也就是国家的安危。除非我死了，否则，此门不开！"羊祜正色改容，连连道歉。从此以后，很少外出。[1]

后来，朝廷加封羊祜为车骑将军，开府如三司之仪。羊祜上表固辞，朝廷没有同意。羊祜返回边镇，吴国西陵督步阐举城来降。吴将陆抗猛攻步阐，朝廷下诏命羊祜接应。羊祜率兵5万从江陵进发，而派荆州刺史杨肇进击陆抗。结果没能成功，步阐竟为陆抗所擒。有关官员上奏："羊祜统兵8万，吴兵不过3万。羊祜自率大军停在江陵，使敌人有时间加强防备，却派遣杨肇孤军入险。

轻裘缓带（选自《马骀画宝》）

杨肇兵少粮缺，受挫致败。羊祜背违诏命，有失大臣之体。应予免官，保留侯爵回家。"结果，羊祜被贬为平南将军，杨肇则被免官，成了平民。

三、开建五城　增修德信

鉴于历史上孟献子经营武牢而郑人畏惧，晏弱筑城东阳而莱子降服的经验，

---

[1] 事及语见《晋书·羊祜杜预列传》："祜在军常轻裘缓带，身不被甲，铃阁之下，侍卫者不过十数人，而颇以畋渔废政。尝欲夜出，军司徐胤执棨当营门曰：'将军都督万里，安可轻脱！将军之安危，亦国家之安危也。胤今日若死，此门乃开耳。'祜改容谢之，此后稀出矣。"

羊祜挥兵挺进,在险要地区建造了5座城邑,并以此为依托,占据肥沃土地,夺取吴人资财。于是,石城以西地方,均被晋国占有,吴人来降的源源不绝。羊祜便实施怀柔、攻心之术,讲究恩德信用,安抚归降之人,以达成并吞吴国的目的。

羊祜每次和吴人交战,总要预定日期,然后开战,不搞突然袭击,不搞阴谋诡计。如有将领建议采用诡诈之计,羊祜便请他喝酒,使他无法再说;有人抓获吴地的两位少年,羊祜立即把他们遣送回家。后来,吴将夏祥、邵颙等前来归降,那两位少年的父亲也率其部属一起来降。吴将陈尚、潘景进犯,羊祜追杀了他们,然后嘉赏他们死节而厚加殡殓。两家子弟前来迎丧,羊祜以礼送还。吴将邓香进犯夏口,羊祜悬赏将他活捉,然后又把他放回。邓香感恩,率其部属归降。羊祜的部队进入吴国境内,收割田里稻谷以充军粮,但每次都要根据收割数量用绢偿还。羊祜常会集部队在江沔一带游猎,但范围往往只限于西晋境内。如果有禽兽先被吴国人所伤而后被晋兵获得,羊祜命令一律送还。

由于羊祜广用"务修德信"之术,所以吴人对他非常敬佩,都尊称他为"羊公",而不称呼他的名字。

羊祜与陆抗对垒,双方常有使者往还。陆抗称赞羊祜的德行度量,说乐毅和孔明也不能与他相比。陆抗有病,羊祜赠给他药品,陆抗举手即服,从不疑心。好多人劝陆抗不要服用,陆抗说:"羊祜哪是下毒之人!"当时人都说,这可能是春秋时华元、子反重现了。陆抗常常告诫部下:"如果晋人专讲德行,我们却专施暴力,这等于不战而败。以后但求分界自保,不要贪求小利!"吴主孙皓听说两境修好,责问陆抗,陆抗回答说:"一邑一乡,尚且不可没有信义,何况大国!我如果不这样做,结果

陆 抗

陆抗(226~274),字幼节,吴郡吴县(今江苏苏州)人,三国时期吴国名将陆逊次子。袭父爵为江陵侯,为建武校尉,后迁立节中郎将、镇军将军等。孙皓为帝,任镇军大将军,屡立战功,被誉为吴国最后的名将。

只会显扬晋国的德行，对羊祜又能有何伤害呢？"[1]

羊祜在边境，德名素著，可在朝中，却每遭诋毁。他正直忠贞，嫉恶如仇，毫无私念，因而颇受荀勖、冯纨等人忌恨。王衍是羊祜的堂甥，曾来见他陈说事情，言辞华丽，雄辩滔滔。羊祜很不以为然，王衍拂袖而去。羊祜对宾客说："王夷甫（王衍的字）凭借大名处在高位，但将来败俗伤化，定是此人！"步阐之战，羊祜曾要按军法处斩王戎。所以，王戎、王衍都怨恨他，言谈中常常攻击他。当时的人们说："二王处在国中，羊公便是无德之人。"[2]

四、伐吴积极　为人谨慎

咸宁初年（275），羊祜被任命为征南大将军，开府仪同三司，可以自行辟召僚佐。

羊祜一向认为，要想伐吴，必须凭借长江上游的有利地势。当时吴国有童谣说："阿童复阿童，衔刀浮渡江，不畏岸上兽，但畏水中龙。"羊祜听后，说："这分明是指伐吴之功，水军为最。现在的关键是寻找那个名字与此有联系的人。"此时，正逢益州刺史王濬被征召任职为大司农。羊祜发现王濬的才能可当此重任，而王濬的小字又是"阿童"，正应了童谣之言。于是上表请留王濬监益州（治今四川成都）诸军事，加龙骧将军；命他秘密修造战船，

晋武士俑

---

[1] 事及语见《晋书·羊祜杜预列传》："祜与陆抗相对，使命交通，抗称祜之德量，虽乐毅、诸葛孔明不能过也。抗尝病，祜馈之药，抗服之无疑心。人多谏抗，抗曰：'羊祜岂鸩人者！'时谈以为华元、子反复见于今日。抗每告其戍曰：'彼专为德，我专为暴，是不战而自服也。各保分界而已，无求细利。'孙皓闻二境交和，以诘抗。抗曰：'一邑一乡，不可以无信义，况大国乎！臣不如此，正是彰其德，于祜无伤也。'"

[2] 事及语见《晋书·羊祜杜预列传》："从甥王衍尝诣祜陈事，辞甚俊辩，祜不然之，衍拂衣而起。祜顾谓宾客曰：'王夷甫方以盛名处大位，然败俗伤化，必此人也。'步阐之役，祜以军法将斩王戎，故戎、衍并憾之，每言论多毁祜。时人为之语（接下页）

为顺流伐吴作准备。[1]羊祜本人也命令部将缮甲训卒，广为戒备。

咸宁二年（276），羊祜觉得时机成熟，于是上疏请求伐吴。这篇奏疏，是一篇重要的文献，至今仍有史料价值。在奏疏中，羊祜首先将吴、蜀两国对比，提出了伐吴的可行性。他说："如今江淮的难渡，比不过剑阁；山川之险，比不过岷汉；孙皓的残暴，比刘禅更甚；吴人的困苦，比巴蜀更厉害。而大晋兵众，比前世要多；物资、储备、器械，比以往充裕。"接着，他设计了具体的出兵计划："率领梁、益两州之兵，水陆俱下；率领荆楚之众，进攻江陵；从平南、益州出发，直到夏口；命徐、扬、青、兖之兵，全部会集于秣陵。"这个计划，与后来西晋六路平吴，非常接近。此外，他还料定吴国军吏百姓，最终不能齐心协力作一死战，兵临城下之际，必定有投降作内应的人。最后，他指出，吴人的长处是水战，但只要我军一进入其境，那么长江就不再是他们的屏障；然后再进行攻城略地，去其长，用其短，吴军不是我军的对手。而且我国官军深入敌军，人人有致死之志；吴人顾内而忧，各有离散之心。因此，羊祜断定大军不用花费太多时间，就可以取得胜利。[2]

奏疏既上，晋武帝深以为然，而大臣们却议论纷纷，只有杜预、张华赞同。

刚好晋兵在秦州、凉州屡有败绩，羊祜于是再次上表，说："吴国一旦平定，胡人叛乱自然会停止，我们现在应该速建大功！"议者仍然多持反对意见。羊祜见此事难成，仰天长叹道："天下不如意的事，常常是十居七八，所以才有当断不断的情况。上天给与的却不去取，哪能不让后世有识之士叹惋痛惜呢！"[3]

后来，武帝下诏以泰山的南武阳、牟（今属山东东莱）、南城、梁父（今山东新泰）、平阳5县为南城郡（治所在今山东费县），封羊祜为南城侯，设置相的

（接上页）曰：'二王当国，羊公无德。'"

[1] 事及语见《晋书·羊祜杜预列传》："初，祜以伐吴必藉上流之势。又时吴有童谣曰：'阿童复阿童，衔刀浮渡江。不畏岸上兽，但畏水中龙。'祜闻之曰：'此必水军有功，但当思应其名者耳。'会益州刺史王濬征为大司农，祜知其可任，濬又小字阿童，因表留濬监益州诸军事，加龙骧将军，密令修舟楫，为顺流之计。"

[2] 疏文见《晋书·羊祜杜预列传》。

[3] 事及语见《晋书·羊祜杜预列传》："会秦凉屡败，祜复表曰：'吴平则胡自定，但当速济大功耳。'而议者多不同，祜叹曰：'天下不如意，恒十居七八，故有当断不断。天与不取，岂非更事者恨于后时哉！'"

官职，与郡公同级。羊祜坚辞不受，武帝只
好同意。羊祜每次晋升，都十分诚恳地退让，
因此名德远播，朝野尊仰，士大夫们都说他
应该居于宰辅之位。晋武帝当时正有兼并之
志，要依仗羊祜来主持东南的局面，所以搁
置了请他入相之议。

羊祜（清人绘）

　　羊祜曾在两朝任职，掌握着机要之权，
朝廷政事的斟酌损益，都要征询他的意见。
羊祜从不因此而谋求权势利禄，他的好多嘉
谋良议，草稿都被他自己焚毁了，因而外人
不得而知。他所推举荐拔的人，连本人都不
知是谁荐举的。有人批评羊祜过于慎重缜
密。羊祜说："这是什么话！古人入朝则与皇
帝促膝谈心，出朝则缄口不言，佯装不知。我只怕做不到这一点。况且立身在
朝，举贤授能，职分所在，我们决不能助长'拜爵于朝廷，谢恩于私门'的不良
风气！"[1]

　　羊祜的女婿曾劝他安排亲信在朝为官，认为这样一来，就有人称赞拥戴他
了。羊祜默然不答。回来后他对自己的儿子们说："可以说，这种话就是所谓的
'只知其一，不知其二'。作为人臣，树立私恩，必然背弃公义，绝不可行。你们
要记住我的话。"羊祜还曾给堂弟羊琇写信，信中说："等到办完边疆事务，我就
脱掉朝服换上角巾，回归故里，找一块小小的墓地，终老此身。我以一介寒士居
于高位，怎能不因为太盛太满而受人责难呢？汉朝的疏广就是我的老师啊！"[2]

[1] 事及语见《晋书·羊祜杜预列传》："祜历职二朝，任典枢要，政事损益，皆咨访焉，
势利之求，无所关与。其嘉谋谠议，皆焚其草，故世莫闻。凡所进达，人皆不知所由。
或谓祜慎密太过者，祜曰：'是何言欤！夫入则造膝，出则诡辞，君臣不密之诫，吾惟惧
其不及。不能举贤取异，岂得不愧知人之难哉！且拜爵公朝，谢恩私门，吾所不取。'"

[2] 事及语见《晋书·羊祜杜预列传》："祜女夫尝劝祜：'有所营置，令有归戴者，可不
美乎？'祜默然不应，退告诸子曰：'此可谓知其一，不知其二。人臣树私则背公，是大
惑也。汝宜识吾此意。'尝与从弟琇书曰：'既定边事，当角巾东路，归故里，为容棺之
墟。以白士而居重位，何能不以盛满受责乎！疏广是吾师也。'"

朝廷准许羊祜开府（古代高级官员成立府署，选置僚属）多年，但羊祜心存谦让，不肯征召、举用僚属。

羊祜生性喜爱山水，每逢风景佳丽之日，一定要登上岘山（今湖北襄阳西南），置酒观赏，吟咏品玩，终日不倦。有一次，他面对山中美景，慨然叹息，对从事中郎邹湛等人说："自从有宇宙以来，便有此山存在。古来贤达胜士，像你我这样登此远望的，恐怕已数不胜数，可惜都湮灭无闻，使人悲伤叹惋。百岁之后，倘若有知，我的魂魄仍要登临！"邹湛说："您德冠四海，道嗣前哲，声名威望，定能与此山一起传留后世。像我们这样的人，才会如您所说的那样湮灭无闻呢！"

五、心系平吴　清名百代

吴国人进攻弋阳（治今河南潢川西）、江夏（治今湖北云梦），掳掠人口。晋武帝派侍臣下诏书给羊祜，责备他为何不予追剿，并且提出想把州治迁回旧址。羊祜说："江夏离襄阳800多里，等听到敌军入侵的消息，敌人已经离开一天多了。这时再派步兵赶去，哪能救急呢？如果为了免于朝廷诘责，让部队空跑一趟，恐怕不是正直的人所为之事吧！至于移徙州治之事，也要慎重考虑。当年魏武帝设置都督，一般都和州治相近，因为从军事上说，部队最好集中，忌讳分散。疆场之间，一彼一此，只要谨慎防守罢了！如果一有风吹草动就移徙州治，那么，贼军出没无常，今天这里，明天那里，州治就不知移到何处为宜了！"[1]使臣无言可答。

羊祜卧病，请求入朝，朝廷批准后，他回到洛阳，正碰上景献羊皇后去世，羊祜十分悲痛。武帝下诏，命他抱病入见，并让他乘坐辇车上殿，不必跪拜，备受优礼。见到皇帝后，羊祜侍坐，面陈伐吴大计，井井有序。

武帝因羊祜有病，入宫劳碌不便，专门派中书令张华前去咨询方略。羊祜说："我主有禅代魏室之美，但尚未立显著功德。如今吴主孙皓暴虐无道，民不聊生，几乎可以不战而胜。我们如果能够乘机灭吴，统一天下，振兴文德教化，

---

[1] 语见《晋书·羊祜杜预列传》："江夏去襄阳八百里，比知贼问，贼去亦已经日矣。步军方往，安能救之哉！劳师以免责，恐非事宜也。昔魏武帝置都督，类皆与州相近，以兵势好合恶离。疆场之间，一彼一此，慎守而已，古之善教也。若辄徙州，贼出无常，亦未知州之所宜据也。"

那么，主上可与尧、舜并列，臣下可与稷、契等同，自能建成百代少有的盛世。倘若放弃攻吴之计，一旦孙皓死去，吴人另立贤主，那时纵有百万雄师，也未必能渡过长江。恐怕还会给后世留下祸患呢！"张华赞成羊祜的看法。羊祜对张华说："能实现我的志向的，就是你呀！"

武帝想让羊祜带病统率诸将，羊祜推辞说："攻取吴国，不一定非我去不可。但平吴之后，可就要劳烦圣上您费心了。功名之事，我不敢沾边。如果战事结束，要任官授职，希望您能慎选其人。"[1]

羊祜的病越来越重，于是便推荐杜预代替自己。不久，羊祜病逝，享年 58 岁。时在咸宁四年（278）十一月。

羊祜死后，普天皆哀。晋武帝亲着丧服痛哭，天气寒冷，武帝的泪水流到鬓角、胡须上，都结了冰；荆州百姓正逢集市之日，闻知羊祜死讯，罢市痛哭，街巷悲啼之声相闻，连绵不断；吴国守边将士也为羊祜流下了眼泪。[2]羊祜的仁德，可谓感天动地。

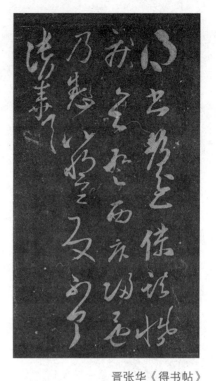

晋张华《得书帖》

张华（232~300），字茂先，范阳方城（今河北固安南）人。历任侍中、中书监、司空。后被赵王（司马伦）、孙秀所杀。学问博洽，词藻华丽。原有集，已散佚，后人辑有《张司空集》。

朝廷下诏，褒奖羊祜功绩德望，追赠他为侍中、太傅，持节如故，并赐与东园秘器，朝服一套，丧钱 30 万，布 100 匹。

羊祜一生清廉俭朴，衣被都用素布，所得俸禄都用来周济族人、赏赐将士，因而家无余财。临终遗言，不许把南阳侯印放入棺内。堂弟羊琇等秉承羊祜的凤

[1]语见《晋书·羊祜杜预列传》："取吴不必须臣自行，但既平之后，当劳圣虑耳。功名之际，臣所不敢居。若事了，当有所付授，愿审择其人。"

[2]事见《晋书·羊祜杜预列传》："帝素服哭之，甚哀。是日大寒，帝涕泪沾须鬓，皆为冰焉。南州人征市日闻祜丧，莫不号恸，罢市，巷哭者声相接。吴守边将士亦为之泣。"

羊祜墓志拓片

愿，请求把他葬在祖先的墓地。武帝不同意，特赐离京城 10 里外靠近皇陵的葬地一顷，并赐谥号曰"成"。羊祜送葬队伍出发时，武帝亲为送行。

羊祜的外甥司马攸上表，陈说羊祜的妻子不愿按侯爵级别殓葬之情。武帝下诏，允许羊祜恢复原来的封爵，以表彰其谦退之节、礼让之德。

羊祜虽然死了，他的仁德之名仍留于后世。襄阳百姓在岘山上羊祜平素游览休息的地方立碑建庙，岁时祭祀。看到碑的人没有不流泪的，杜预因此称之为"堕泪碑"。荆州人为了避羊祜的名讳，把房屋的"户"都改叫"门"，把户曹也改为辞曹。

羊祜所撰写的文章以及《老子传》也都流传于世。

晋武帝没有忘却羊祜。羊祜死后两年，晋灭吴国。群臣祝贺，武帝说："这是羊太傅的功劳！"接着，将平定吴国之功写成策文，祭告于羊祜庙，并按汉代萧何旧例，加封羊祜夫人夏侯氏为万岁乡君，食邑五千户，并赐帛万匹，谷万斛。

名 家 评 说

祜执德清劲，忠亮纯茂，经纬文武，睿睿正直，虽处腹心之任，而不总枢机之重，非垂拱无为委任责成之意也。

——晋武帝语，载《晋书》

故太傅、钜平侯羊祜，明德通贤，国之宗主，勋参佐命，功成平吴，而后嗣阙然，烝尝莫寄。汉以萧何元功，故绝世辄继，愚谓钜平封宜同鄭国。

——东晋·荀伯之语，载《晋书》

泰始之际，人祇呈贶，羊公起平吴之策，其见天地之心焉。昔齐有黔夫，燕人祭北门之鬼；赵有李牧，秦王罢东并之势。桑枝不竞，瓜润空惭。垂大信于南服，倾吴人于汉渚，江衢如砥，襁袂同归。而在乎成功弗居，幅巾穷巷，落落焉其有风飚者也。

——唐·房玄龄《晋书》

陶　侃

陶侃（259～332），字士行，明帝时任龙骧将军、成帝时任江州刺史，追赠大司马，谥号"桓"。本是东晋鄱阳郡（今江西鄱阳东北）人，后来全家迁往庐江浔阳（今江西九江）。父陶丹，官至扬武将军。陶侃是东晋名将，历任东乡侯、江夏太守、龙骧将军、江州刺史等。他生性聪敏，忠顺勤劳，明悟善断，深受后人推重。

一、以谦待人　渐入仕途

陶侃少年时候就成了孤儿，家境清贫，他最初是一个县吏。有一次，鄱阳孝廉范逵去陶侃家里作客，当时他家里一贫如洗，没有什么拿出来招待贵宾，于是他的母亲就剪断头发到街上换回一些酒菜，让客人喝得特别高兴，即使是跟随范逵而来的奴仆也觉得大过所望。[1]等到范逵离开的时候，陶侃追送他直到100余里地之外。范逵特别感动，他临别时问陶侃："您想到郡里做官吗？"陶侃赶忙回答："当然非常想去，只是没有门路啊！"范逵告诉他自己会尽力帮助他的。

陶　侃

范逵回去后，便去拜访庐江太守张夔，大力称赞陶侃的美德，劝张夔重用陶侃，于是不久之后，张夔便召见陶侃，任他为督邮，领枞阳令。他到任后工作认真，小有名气，不久被任为主簿。这时恰逢州部从事来到郡里，想借视察之名勒索贿赂，陶侃便让手下诸吏安心办公，自己出面对从事说："如果我的郡里有违反规定的地方，请您当面指

---

[1] 事见《晋书·刘弘陶侃列传》："鄱阳孝廉范逵尝过侃，时仓卒无以待宾，其母乃截发得双髲，以易酒肴，乐饮极欢，虽仆从亦过所望。"

出，我自当承担责任。如果您对我不以礼相待，我是有办法对付你的。"从事听了便退了出去。[1]

有一次，张夔的妻子患了重病，陶侃便从数百里地之外请来名医。当时正值冬天，天降大雪，众人无不惊叹，名医却说："我向来对待君子像对待父亲一般有礼节，现在君子之妻患病，就如同自己母亲患病一样，哪有不尽心之理呢？"[2]

还有一次，长沙太守万嗣路过庐江，见到陶侃对他特别虚心谦恭，使得太守大为惊讶，临别时对陶侃说："君最终将成就大事。"令其子和陶侃结交朋友，而后才离去。

张夔举陶侃为孝廉，到了洛阳，多次去拜访张华。最初张华因为他是远来之人，不怎么理睬他，而陶侃每次去都特别谦恭，和言悦色，没有丝毫不满神情。于是张华渐渐和他多说些话，结果大吃一惊，认为他不同常人，很快陶侃就作了郎中。

伏波将军孙秀后来把陶侃召为舍人，这时预章国郎中令杨晫在当时声望较高，陶侃便去求见他，杨晫说："《易经》上说'贞固足以干事'，陶士行便是这样的人。"于是让陶侃和自己乘坐同一辆车去见中书郎顾荣，顾荣见了陶侃，认为他不同凡人。吏部郎温雅对杨晫说："你怎么和这种贫贱之人坐一辆车子呢？"杨晫说："此人非凡人。"

尚书乐广想要召集荆、扬一带的士人，武库令黄庆向乐广进荐陶侃，有人认为这样不妥，黄庆则说："此人最终必成大器，又有什么怀疑呢？"黄庆后来作了吏部令史，举荐陶侃补武冈令。但陶侃和太守吕岳有隔阂，所以辞职回去，作了郡小中正。

恰好这时刘弘为荆州刺史，任命陶侃作了南蛮长史，派他先出发去襄阳讨伐贼军张昌，陶侃一战大捷，大破敌军。刘弘到来后，对陶侃说："我以前曾是羊公的参军，现在看来，你必将继承我的业绩啦！"后来又以军功封他为东乡侯，食邑一千户。[3]

[1] 事及语见《晋书·刘弘陶侃列传》："会州部从事之郡，欲有所按，侃闭门部勒诸吏，谓从事曰：'若鄙郡有违，自当明宪直绳，不宜相逼。若不以礼，吾能御之。'从事即退。"

[2] 事及语见《晋书·刘弘陶侃列传》："夔妻有疾，将迎医于数百里。时正寒雪，诸纲纪皆难之，侃独曰：'资于事父以事君。小君，犹母也，安有父母之疾而不尽心乎！'"

[3] 事及语见《晋书·刘弘陶侃列传》："会刘弘为荆州刺史，将之官，辟侃为南蛮长史，遣先向襄阳讨贼张昌，破之。弘既至，谓侃曰：'吾昔为羊公参军，谓吾其后当居身处。今相观察，必继老夫矣。'后以军功封东乡侯，邑千户。"

二、屡立战功　为吏清正

后来陈敏作乱，刘弘任陶侃作江夏（治今湖北云梦）太守，另封鹰扬将军。陶侃备设仪仗，把母亲迎入官舍，乡里人都认为他很光荣。陈敏派他的弟弟陈恢来侵犯武昌，陶侃派兵抵拒。随郡内史扈瑰到刘弘处挑拨他和陶侃的关系，他对刘弘说："陶侃和陈敏本是同乡故人，居住在大郡，统领着强兵，如果他变了心，则荆州的东门可就没有了。"刘弘说："陶侃的忠诚我早就了解，哪会发生这种事情呢？"陶侃暗中闻知此事后，立即派他的儿子陶洪和他哥哥的儿子陶臻去见刘弘，陈说情况，以消除刘弘的疑心。刘弘便任他们为参军，给了他们许多赏赐把他们打发回去。然后又加陶侃为都护，让他和诸军并力抵拒陈恢。

陶侃便用运船当作战舰，人们都说这样做不妥，陶侃说："用官物击官贼，只要不是本末倒置就行。"于是去攻打陈恢，所向必破。陶侃军纪严明，凡是缴获的东西，全都分给士卒，自己不私自占有分毫。

后来陶侃因母亲去世而离职，据说有两位素不相识的客人来吊丧，不哭而退，化为双鹤，冲天而去，当时人们对此都感到惊奇。[1]

陶侃服丧期满，江州刺史华轶（字彦夏）表陶侃为扬武将军，让他屯兵于夏口，又让陶臻做参军。陶臻推说自己有病，对陶侃说："华彦夏有忧天下之志，而才能不足，并且与琅琊王（即晋元帝司马睿）不和，恐怕事难办成。"陶侃大怒，打发陶臻回到了华轶那里去。

不久，陶侃调任龙骧将军、武昌太守。当时天下饥荒，山中贼众常常在江上打劫。陶侃令手下众将领装扮成商船行在江上来引诱劫贼，果然山贼来到，被抓获十几人。回来后经过审问，才知道这些人原来是西阳王司马漾的左右部下，陶侃十分不满，即刻派人去到司马漾处，逼他把以前的劫贼都交出来，陶侃在钓台整阵作后继。司马漾只得捆送帐下20人，陶侃把他们全部斩杀。从此以后，水陆肃清，流亡的人都纷纷归投他，陶侃把自己当时所有资财全部分发给他们。又在郡东设立夷市，大收其利。

明帝下令让陶侃去攻打杜弢，令振威将军周访、广武将军赵诱受陶侃节度。陶侃令二将作前锋，去攻打敌军，二将所带军众英勇作战，大破敌军。这时候周

---

[1] 事见《晋书·刘弘陶侃列传》："后以母忧去职。尝有二客来吊，不哭而退，化为双鹤，冲天而去，时人异之。"

颙为荆州刺史，先镇守浔水城，贼众劫掠其属地良口。陶侃派部下将领朱伺救援他，贼众退保泠口。

陶侃对诸将说："这伙贼人接着必定要去武昌，我们应当还城，昼夜3天可以赶回去。卿等谁能忍饥作战呢？"部将吴寄说："要想挨饿10天，白天应当攻打敌人，夜里则去捕鱼，足以相济。"陶侃说："卿真是一位健将啊！"贼众果然增兵来攻，陶侃让朱伺等人迎敌而击，大破贼众，俘获了许多辎重，杀伤士卒许多。

陶侃派参军王贡去到王敦处报捷，王敦说："如果没有陶侯，荆州就失掉啦！伯仁刚入境，便为贼所破，不知哪里能找到一位得力刺史？"王贡回答说："鄙州方有事难，非陶龙骧不行。"王敦认为他说得有理，即表陶侃为使持节、宁远将军、南蛮校尉、荆州刺史，管辖西阳（今湖北黄冈东）、江夏、武昌，镇于沌口（今湖北阳东南），又移入沔江。[1]

陶侃派朱伺讨江夏贼，大获全胜，贼王冲自称荆州刺史，占据江陵。王贡回来后，假作陶侃命令，以杜曾为前锋大督护，进军斩杀了王冲，把他的手下众人全部俘虏。陶侃召见杜曾不到，王贡害怕自己假造命令被陶侃降罪，于是和杜曾举兵反叛，在沌阳大败陶侃的督护郑攀，又在沔口大败朱伺。

陶侃想退入涢中，部将张奕想要反叛陶侃，于是对陶侃说："贼来就动，兵士必定心中不安啊！"陶侃于是犹豫不决，没有前进。不久之后，敌军到来，果然陶侃军队战败。贼军钩住陶侃所乘的战船，陶侃惊慌失策，只好逃进小船，朱伺拼力战敌，这才使他得以幸免。张奕也趁机投降敌军。经过这件事以后，陶侃被降罪免职，王敦上表让陶侃白衣领职。

陶侃再整军队带周访等进军入湘，派都尉杨举作前驱，打败了杜弢，屯兵于城西。因此战有功，陶侃被恢复官职。

杜弢的将领王贡带3000精兵劫断官运，直向武昌。陶侃派伏波将军陶延连夜赶往巴陵，攻其不备，大败敌军，斩杀千余人，俘虏万余人。王贡逃还湘城，重整军队再来挑战，陶侃远远地对他说："杜弢身为益州（治今四川成都）刺史，盗用库钱，父死都不奔丧。你本是正人君子，怎么能跟随这种人呢？天下有白头

[1] 事见《晋书·刘弘陶侃列传》："遣参军王贡告捷于王敦，敦曰：'若无陶侯，便失荆州矣。伯仁方入境，便为贼所破，不知那得刺史？'贡对曰：'鄙州方有事难，非陶龙骧莫可。'敦然之，即表拜侃为使持节、宁远将军、南蛮校尉、荆州刺史，领西阳、江夏、武昌，镇于沌口，又移入沔江。"

晋陶侃合兵破乱贼
——从1935年会文堂新记书局蔡东藩《两晋通俗演义》

发的贼吗？"王贡听了，面显惭色，陶侃心里明白他心有所动，于是继续写信劝降，还剪断自己的头发作为信物，王贡经过一番思想斗争，终于投降陶侃。[1] 杜弢只好逃走，陶侃于是攻克长沙，俘虏了他手下将领毛宝、高宝、梁堪等，全胜而还。

　　王敦此时对陶侃屡立战功感到特别不安，于是产生了强烈的嫉妒之心。陶侃打算回江陵，去向王敦道别，王敦不允许，让他做了广州刺史，平越中郎将，令王贡来管理荆州，陶侃手下将领十分气愤，他们拒绝去南方。王敦大怒，披甲执矛，想要杀掉陶侃，他出来进去如此往返三四次，陶侃正色说道："使君雄略善断，当裁天下，怎么如此犹豫不决呢？"随后起身去厕所。咨议参军梅陶、长史

---

[1] 事及语见《晋书·刘弘陶侃列传》："王贡复挑战，侃遥谓之曰：'杜弢为益州吏，盗用库钱，父死不奔丧。卿本佳人，何为随之也？天下宁有白头贼乎！'贡初横脚马上，侃言讫，贡敛容下脚，辞色甚顺。侃知其可动，复令谕之，截发为信，贡遂来降。"

陈颁对王敦说："周访和陶侃有姻亲，如同左右手一般亲密，哪有断人左手而右手没有反应的呢？"王敦这才放弃自己的主张，设盛宴为陶侃饯行。陶侃当夜就出发，到豫章（治今江西南昌）后去见周访，他流着泪说："如果没有你的外援，我就难逃性命了。"

这时杜弢攻广州，陶侃径直赶往广州，大败敌军，诸将都请求乘胜攻打温邵，陶侃笑着说："我威名已著，何必派兵，只要一张信纸就足够了。"于是下书劝说温邵。温邵害怕，赶忙逃跑，被陶侃军在始兴抓获。

王　敦

陶侃在广州无事，便早晨起来把100块砖从斋里搬运到院中，晚上再把这些砖一块块地搬回屋里。人们见此都觉惊异，问他这是干什么，陶侃认真地说："我正致力中原，唯恐自己过惯了优闲生活，以后就难以负担重任了。"人们都十分佩服，他勤力励志竟达到如此程度。[1]

陶侃生性聪敏，勤于吏职，谦恭守礼。终日正襟危坐，无论遇到什么事，他都处理得滴水不漏，各种文件，全用手答，接待来访之客，从不停滞。他常对人讲："大禹是圣人，他都十分珍惜时间，我们凡人，应当更加珍惜时间，哪能逸游荒醉，生无益于时，死无益于后，这是自暴自弃的作法。"[2]

平时他如发现手下人有玩赌博游戏的，便当即把赌具扔到江中，还加以斥责甚至鞭答。平时有赠送东西的，他必定要问明来源，如是力作所得，则欢喜地收下，还要加倍回赠；如是贪污官家所得，则立即退还，而且还要当面批评。

有一次陶侃外出游玩，看见有一个人拿着一把未熟的稻子，陶侃问他："用这个干什么呢？"那人回答说："我行路时扯来的。"他大怒，说："你自己不种田，而随便偷人家的粮食，这哪能行呢！"让手下人抓住他打了一顿鞭子。他就这样鼓励人们勤于耕作，丰衣足食。

[1] 事及语见《晋书·刘弘陶侃列传》："侃在州无事，辄朝运百甓于斋外，暮运于斋内。人问其故，答曰：'吾方致力中原，过尔优逸，恐不堪事。'其励志勤力，皆此类也。"

[2] 语见《晋书·刘弘陶侃列传》："大禹圣者，乃惜寸阴，至于众人，皆惜分阴，岂可逸游荒醉，生无益于时，死无闻于后，是自弃也。"

官斋运甓（选自《马骀画宝》）

当时陶侃的军队建造了许多战船，他下令把木屑和竹头都收藏起来，大家都不明白这是干什么。后来天降大雪，晴天后办公的厅堂前余雪化水，泥泞难行，这时他令人把木屑取出来铺在雪地上，方便了大家进出。等到桓温讨伐蜀地时，他又令人取出竹头用来钉船。他平时总是这样综理微密，细心谨慎，时刻不忘为公事着想，受到人们的一致称赞。

三、居功不傲　忠诚不渝

苏峻作逆为乱，陶侃之子陶瞻为苏峻杀害，京都没有良将，平南将军温峤邀请陶侃回朝廷。当初，明帝驾崩，成帝继位，陶侃未被列于顾命之列，所以他对此深感不满，于是他回答温峤说："我是疆场外将，不敢僭越。"温峤坚持请求他回都，重又写信给他，用他的儿子被杀一事来激怒他，他的妻子龚氏也劝他去，于是陶侃换上军装登上舟船，昼夜兼程向前进发。

五月，陶侃在石头城（在今南京）和温峤相会，诸军都想要立即决战，而陶侃认为当前贼军势力较强，不可硬拼，应以智计擒捉苏峻。多次攻战无功，诸将请求在查浦（今南京清凉山南）筑垒。监军部将李根建议，请求在白石垒驻军筑垒，陶侃不听从他的建议，他说："如果建垒不成，你就负责任。"李根说："查浦地势低下，又在水南，只有白石峻险坚固，可以容纳几千人，贼军来攻极为不便，这是灭贼的好地方啊！"陶侃笑着说："卿是一位良将啊！"于是听从了李根的建议，天黑时开始修筑，早晨时已经修成。敌军早上一看，大吃一惊，于是进攻大业垒，陶侃想派兵去援求，长史殷羡说："如果现在派兵去解救大业，步战必不如苏峻力量强，那样的话可就大势去了！现在只需急攻石头城，苏峻一定要来解救，所以大业之围自解。"陶侃听从了他的意见，果然大败苏军。[1]

当初，庾亮少有高名，因为他是明穆皇后之兄而受到重用，苏峻反叛，庾亮有一定责任，石头城平定后，他害怕陶侃来讨伐自己，便听从温峤的主意，来陶侃处拜谢。陶侃连忙阻止他，对他说："庾之规怎能拜谢陶士行呢！"王导入石

---

[1] 事及语见《晋书·刘弘陶侃列传》："监军部将李根建议，请立白石垒。侃不从，曰：'若垒不成，卿当坐之。'根曰：'查浦地下，又在水南，唯白石峻极险固，可容数千人，贼来攻不便，灭贼之术也。'侃笑曰：'卿良将也。'乃从根谋，夜修晓讫。贼见垒大惊。贼攻大业垒，侃将救之，长史殷羡曰：'若遣救大业，步战不如峻，则大事去矣。但当急攻石头，峻必救之，而大业自解。'侃又从羡言。峻果弃大业而救石头。"

王 导
——从明万历三十七年（1609）原刊本《三才图会》

王导（276~339），字茂弘，琅琊临沂（今山东省临沂）人，东晋中兴名臣。出身于魏晋名门"琅琊王氏"，东晋建立后，先拜骠骑大将军、仪同三司，封武冈侯，又进位侍中、司空、假节、录尚书事，领中书监。

头城，令取故节，陶侃笑道："苏武之节好像不是这样的吧！"王导听了十分惭愧，从此以后躲避着陶侃，不肯与他相见。

属后将军郭默假造命令袭击平南将军刘胤，辄领江州（治今江西南昌），陶侃闻知此事说："这其中必定有诈。"于是派遣将军朱夏、陈修带兵据守湓口（今江西九江），陶侃带领大军跟随而进。郭默探知消息立即派人给他送来艺妓、奴婢和丝绢100匹，并写诏呈现给陶侃，参佐多谏他说："郭默如果没有接到诏令，哪敢这么干呢？如果进军，也应该等到命令传达下来才是啊！"陶侃厉声说道："刘胤一向被朝廷重用，即使他真的不胜任自己的职务，朝廷也不致于讨伐他啊。郭默这个人虽然骁勇，但暴掠成性。他定是想趁着大乱刚刚息定，国家刑纪宽松，便想成就自己的野心罢了。"[1] 于是派人上表征讨郭默。

陶侃给王导写信，信中说："郭默杀方州，就用为方州；害宰相，便用作宰相吗？"王导回信说："郭默居上流之势，加上有船舰成资，所以暂时隐忍，使其有地。等到你的大军一到，就可以意气风发地相赴。这难道不是遵养时晦以定大事吗！"陶侃看了回信大笑说道："这才是遵养成贼呢！"陶侃发兵去攻郭默，郭默的将领宗侯便捆绑郭默父子5人及郭默最得力的大将张丑来到陶侃军前投降，陶侃大喜，当即斩杀了郭默等人。郭默在中原，曾多次和石勒等作战，屡战屡胜，所以他们特别畏惧郭默的英勇，现在听说陶侃讨伐郭默，兵不血刃而擒之，于是更加害怕陶侃，认为此人必是更加骁勇神奇。

[1]语见《晋书·刘弘陶侃列传》："国家年小，不出胸怀。且刘胤为朝廷所礼，虽方任非才，何缘猥加极刑！郭默虓勇，所在暴掠，以大难新除，威网宽简，欲因隙会骋其从横耳。"

苏峻的手下将领冯铁杀害了陶侃的儿子，然后投奔了石勒，石勒收留下他，让他作了戍将。陶侃闻知后，立即派人报知了事情原委，石勒便立即派人把苏峻召回，把他斩杀然后将人头送回陶侃处。不久，陶侃奉命都督江州，领刺史，继而又移镇武昌。

陶侃派其子陶斌与南中郎将桓宣西伐樊城，赶走了石勒的大将郭敬。然后又派其兄长之子陶臻等共破新野，于是又平定襄阳。战后，陶侃被任命为大将军，可以剑履上殿，入朝不趋拜不称名。陶侃坚持推辞不受，他上表说："臣并非贪荣于往日而虚让于今日。事情应当合于时宜，臣岂敢与陛下有违；道理应该有益于圣世，臣岂敢与朝廷作异。臣常常想排除各种虚浮之名而实实在在地为朝廷作点贡献。如果我想依仗威名而增强自己的势力，这些又怎么能让我觉得满足呢？"[1] 朝廷坚持给他这些特权。咸和七年（332）六月，陶侃病重，他再一次上表请求退位，得到朝廷批准，以后事托付右司马王愆期，加封督护，统领文武。

东晋时期武士俑

陶侃乘车到临津坐船，第二天，便在樊谿病逝，时年 76 岁。

成帝闻知陶侃病逝的消息，十分悲痛，下诏追赠他为大司马，又策谥曰"桓"，又下令祠以太牢。陶侃生前嘱托后人把他安葬于武昌城南 20 里处，故吏刊石立碑画像于武昌西。

陶侃在军中生活 41 年，雄毅有权，明悟善断。从南陵起直到白帝城这数千里地段中，路不拾遗。在苏峻之战中庾亮轻进失利，庾亮的司马殷融求见陶侃谢罪时说："将军这样作，并不是我殷融等人决定的。"而将军王章来到后，却说："这是

---

[1] 语见《晋书·刘弘陶侃列传》："臣非贪荣于畴昔，而虚让于今日。事有合于时宜，臣岂敢与陛下有违；理有益于圣世，臣岂与朝廷作异。臣常欲除诸浮长之事，遣诸虚假之用，非独臣身而已。若臣杖国威灵，枭雄斩勒，则又何以加！"

我王章擅自作的主张，将军并不知道。"陶侃听了这两人的话，感叹道："以前殷融为君子，王章为小人；现在却反过来了，殷融成了小人，王章成了君子了。"[1]

陶侃生性细致好问，很像赵广汉。有一回，他下令让诸营种植柳树，都尉夏施有一天偷偷地把一些树苗拿回家中，栽到门前。过了几天，陶侃办事路过夏施家门，见到新栽的树，便停下车子，把夏施叫来，问他说："这是武昌西门前的柳，你怎么偷来种到这里呢？"夏施听了又怕又羞，连连叩头谢罪，保证以后再也不敢假公济私，四周的人都伸出大拇指称赞陶侃。

当时，武昌以多士人而出名，殷浩、庾翼等都是佐吏，陶侃每次饮酒都有定限，常常限量已到时而酒兴未尽，殷浩等便劝说他再多喝一点儿，陶侃坚决不从，人们一再请他喝，他思量了好久，才说："我年轻时曾经因为喝酒过量而做了错事，所以再也不敢多喝。"[2]

当时人们都议论说武昌北岸有邾城，应该分派一支军队去镇守，每次人们提出这一建议时，陶侃都不吱声，而人们不断地提到此事，他对将佐说："我所以设险而御寇，正因为长江啊！邾城隔在江北，内无依仗，外接群夷。夷中利深，晋人贪利，夷人必引寇虏，这是制造灾祸的开始。而且吴国时这座城有3万兵把守，现在即使派兵把守，也对江南没有什么帮助。"后来庾亮去镇守，果然不久大败而还，人们都觉得他所言有理。

陶侃到了晚年，不想再参与朝事，请求逊位，后来病重，想回长沙，军资器杖牛马舟船皆有定簿，封印仓库，亲自掌握门钥匙，直到亲手把这些交给王愆期，才登船出发，朝野众人无不以为美谈。在即将离开府门的时候，他回过头来对王愆期说："我们这些人已经老了，你们年轻人正是干事业的时候，不要辜负朝廷的重望啊！"

尚书梅陶有一次在给亲人曹识的信中说："陶公明鉴如同魏武帝曹操，忠顺勤劳仿佛孔明，陆抗等人是无法和他相比的。"谢安每当说起陶侃就说："陶公虽

---

[1] 事及语见《晋书·刘弘陶侃列传》："苏峻之役，庾亮轻进失利。亮司马殷融诣侃谢曰：'将军为此，非融等所裁。'将军王章至，曰：'章自为之，将军不知也。'侃曰：'昔殷融为君子，王章为小人；今王章为君子，殷融为小人。'"

[2] 事及语见《晋书·刘弘陶侃列传》："时武昌号为多士，殷浩、庾翼等皆为佐吏。侃每饮酒有定限，常欢有余而限已竭，浩等劝更少进，侃凄怀良久曰：'年少曾有酒失，亡亲见约，故不敢逾。'"

然用法，而常常得法外意。"陶侃当时受世人推崇到如此地步。

当时有关陶侃的传说也有好多。据说陶侃小时候在雷泽打鱼，网上来一只织梭，他很喜欢，便带回家挂在床边墙壁上。不一会儿，天空乌云聚集，下起大雨来，在他正向窗外观望的时候，那只织梭忽然发出一道亮光，化为一条长龙，腾空而去。陶侃有一次做梦，梦见自己突然长出8只翅膀，他便扇动翅膀飞升上天，看到九重天门，他逐一登取，只剩下最后一门怎么也登不上去。忽见看门人操起铁杖对他猛抽，于是坠落在地，折断了左翅，在他惊醒的时候，还觉得左腋隐隐作痛。又有一次，陶侃去厕所，见到一个穿红衣的长者，对陶侃说："你以后定当为公，位至八州都督，我特来向你报知。"当天晚上又遇见当时非常有名的一位相面老者师圭，他对陶侃说："君左手中指有竖向纹理，必当为公。"陶侃便用针刺破手指，让血滴在墙上，结果血流成一个"公"字，他又用纸包裹手指，纸上也显示出一个鲜明的"公"字。后来这些预兆果然都成为事实。等到陶侃都督八州，占据上流，手握强兵，便暗中有窥测晋室之志，每当想起折翼之兆，便抑制住谋反之心。[1]

名 家 评 说

士行望非世族，俗异诸华，拔萃陬落之间，比肩髦俊之列，超居外相，宏总上流。布泽怀边，则严城静柝；释位匡主，则沦鼎再宁。元规以戚里之崇，挹其膺而下拜；茂弘以保衡之贵，服其言而动色。望隆分陕，理则宜然。至于时属雷屯，富逾天府，潜有包藏之志，顾思折翼之祥，悖矣！夫子曰"人无求备"，斯言之信，于是有征。

——唐·房玄龄《晋书》

[1] 事及语见《晋书·刘弘陶侃列传》："侃少时渔于雷泽，网得一织梭，以挂于壁。有顷雷雨，自化为龙而去。又梦生八翼，飞而上天，见天门九重，已登其八，唯一门不得入。阍者以杖击之，因坠地，折其左翼。及寤，左腋犹痛。又尝如厕，见一人朱衣介帻，敛板曰：'以君长者，故来相报。君后当为公，位至八州都督。'有善相者师圭谓侃曰：'君左手中指有竖理，当为公。若彻于上，贵不可言。'侃以针决之见血，洒壁而为'公'字，以纸裹手，'公'字愈明。及都督八州，据上流，握强兵，潜有窥窬之志，每思折翼之祥，自抑而止。"

陶侃登天之梦，天下疑焉。祖约之悖，苏峻之奸，尤其不可揖盗以入室者也。以是为侃所怨，以激约、峻之速逆。特其识量不充，未足以乘高塘而解群悖耳。如必委曲以延不轨之奸于冲人之侧，则祸迟而大。

——清·王夫之《读通鉴论》

陶侃为晋室重臣，拥兵上游，理应为国图存，与同休戚，乃以一时之私怨，置国家于不顾，宁非大误？温峤一再贻书，推为盟主，而侃犹不从，甚至龚登已遣，尚欲召还，何私憾之深，一至于此耶？及闻陶瞻战死，舐犊生哀，乃登舟东指，与峤相会，然犹讥嘲庾亮，情见乎词。亮固有误国之罪，而侃亦不得为保国，若非温峤之推诚相与，则侃必不肯赴难，其去亮果几何也。厥后屯兵江上，旷日持久，虽峻兵尚盛，未易撄锋，然其徘徊瞻顾之状，犹可想见。桓彝之死，安知非侃之敛兵不动，有以致之？以视温峤之志在勤王，毛宝之志在戮力，盖不能无惭德矣。虞母孙氏尚知大义，奈何以堂堂之须眉，反出巾帼下？吾不禁为陶士行叹息云。

——蔡东藩《两晋演义》

桓 温

桓温（312～373），字元子，穆帝时任征西大将军，封南郡公；海西公、简文帝时任大司马；孝武帝追赠丞相，东晋龙亢（今安徽怀远）人。父桓彝，官至宣城太守；母孔氏，赠临贺太夫人。桓温是东晋名将，历任驸马都尉、徐州刺史、都督、大将军、太宰等职，他文武全才，雄豪有威，战功累累，但其心怀异志，有意废立，贻讥后世。

一、少有雄略　立志北伐

当桓温出生不到一岁的时候，太原温峤见到他说："这个小孩有奇骨，可以试着让他哭一下。"等听到他的哭声，说："真是英雄人物呀！"桓彝因温峤欣赏，于是取名为温。温峤笑着说："这样的话，以后改成我的姓吧。"

桓彝被韩晃和江播所害，当时桓温15岁，枕戈泣血，志在复仇。到18岁时，正赶上江播去世，他的三个儿子居丧，桓温诈称吊丧之宾，拿刀进入屋里杀死江播的三个儿子，当时人们都称赞他。[1]

桓温豪爽有风概，姿貌甚佳，面有七星，他娶了明帝的女儿南康长公主，官拜驸马都尉，袭爵万宁男，出任琅琊太守，累迁徐州刺史。

桓温与庾翼关系很好，经常在一起探讨国家大事，庾翼向晋明帝推荐桓温说："桓温年少而有雄略，希望陛下不要以平常人对待他、以平常的

桓 温

[1] 事见《晋书·王敦桓温列传》："彝为韩晃所害，泾令江播豫焉。温时年十五，枕戈泣血，志在复仇。至年十八，会播已终，子彪兄弟三人居丧，置刃杖中，以为温备。温诡称吊宾，得进，刃彪于庐中，并追二弟杀之，时人称焉。"

庚冀书法

眼光看他，应该委以重任，以让他成就弘济艰难之勋。"[1]庾翼去世以后，桓温担任都督荆梁四州诸军事、安西将军、荆州刺史、领护南蛮校尉、假节。

当时，李势的势力微弱，桓温有志于在西蜀立下功勋。穆帝永和二年（346），他率兵西伐，正是由康献太后临朝的时候。当桓温准备出发，上疏而行时，朝廷认为西蜀险要偏远，而桓温兵力不多，进入敌方，甚为担忧。当初诸葛亮在鱼复平沙上造八阵图，垒石为八行，每行相隔两丈。桓温见到后说："这是常山蛇势。"文武官员都未能认出。当部队到彭模时，他命令参军周楚、孙盛守卫辎重，自去率领兵步直接奔赴成都。李势派他的叔父李福及兄李权等攻打彭模，周楚等进行防御，李福退却，桓温又进攻李权等，三战三捷，对方兵散，从小路逃跑归往成都。桓温军队越战越猛，乘胜追击，大获全胜。桓温在西蜀停留一个月，举贤旌善，百姓无不称赞。桓温因功进升征西大将军、开府，封临贺郡公。

石季龙死后，桓温想率兵北征。他先上书请求朝廷讨论水陆哪种方式适宜，时间很久没有音讯。朝廷依靠殷浩等人来抗衡桓温，桓温相当忿怒，然而他很了解殷浩，并不怕他。桓温声言北伐，拜表便行，顺流而下，行至武昌，兵力有四五万。殷浩害怕被桓温废掉。既想躲避他，又想用驺虞挡住桓温的军队，人人震骇。简文帝司马昱当时是抚军，给桓温写信言明社稷大计。桓温回军还镇，上疏朝廷言明他的报效国家之志。[2]他被进位太尉，自己固让不拜。

[1]事及语见《晋书·王敦桓温列传》："温与庾翼友善，恒相期以宁济之事。翼尝荐温于明帝曰：'桓温少有雄略，愿陛下勿以常人遇之，常婿畜之，宜委以方、召之任，托其弘济艰难之勋。'"

[2]疏文见《晋书·王敦桓温列传》："臣近亲率所统，欲北埽赵、魏，军次武昌，获抚军大将军、会稽王昱书，说风尘纷纭，妄生疑惑，辞旨危急，忧及社稷。省之惋愕，不解所由，形影相顾，陨越无地。臣以暗蔽，忝荷重任，虽才非其人，职在静乱。（接下页）

后来，殷浩到洛阳修复园陵，历经数年，屡战屡败，器械全部用光。桓温进督司州，因朝野怨言叠起，于是他启奏免除殷浩，从此内外大权归属桓温一人。他马上统率步骑兵4万奔赴江陵，水军从襄阳进入均口，到南乡，步兵从淅川（今河南淅川均水）进征关中。所到之处居民都不受侵扰，能够安宁地生活。一路上拿酒宰牛迎接桓温的有十之八九。穆帝也派侍中黄门到襄阳慰劳桓温。

桓温起初以为自己的雄姿不凡，风神俱佳，类似于汉宣帝和晋名将刘琨。有人将桓温比作王敦，桓温心中甚为不平。等到北伐征还时，桓温在北方偶然得到一位善于巧作的老婢，询问她的身世，原来是刘琨的歌妓。老婢一看桓温，就潸然泪下。桓温询问原因，老婢回答说："公非常像刘司空（刘琨）。"桓温一听大喜，连忙出去整理了衣冠，又把老婢唤来询问。老婢说："脸面很相似，只恨有点薄；眼睛很相似，只恨有点小；胡须很相似，只恨有点赤；身形很相似，只恨有点矮；声音很相似，只恨有点像女人。"桓温一听，大失所望，于是他扔了帽子，解开衣带，昏昏睡去，一连几天都不高兴。[1]

二、数次北伐　劳而无功

桓温的母亲孔氏去世，桓温上疏解职，准备送葬宛陵。穆帝下诏不批准，追

（接上页）寇仇不灭，国耻未雪，幸因开泰之期，遇可乘之会，匹夫有志，犹怀愤慨，臣亦何心，坐观其弊！故荷戈驱弛，不遑宁处，前后表陈，于今历年矣。丹诚坦然，公私所察，有何纤介，容此嫌忌？岂丑正之徒心怀怵惕，操弄虚说，以惑朝听？昔乐毅竭诚，垂涕流奔，霍光尽忠，上官告变。谗说殄行，奸邪乱德，乃历代之常患，存亡之所由也。今主上富于阳秋，陛下以圣淑临朝，恭已委任，责成群下，方寄会通于群才，布德信于遐荒。况臣世蒙殊恩，服事三朝，身非羁旅之宾，迹无韩、彭之衅，而反间起于胸心，交乱过于四国，此古贤所以叹息于既往，而臣亦大惧于当年也。今寇贼冰消，大事垂定，晋之遗黎鹤立南望，赴义之众慷慨即路，元凶之命悬在漏，而横议妄生，成此贝锦，使垂灭之贼复获苏息，所以痛心绝气，悲慨弥深。臣虽所存者公，所务者国；然外难未弭，而内弊交兴，则臣本心陈力之志也。"

[1] 事及语见《晋书·王敦桓温列传》："初，温自以雄姿风气是宣帝、刘琨之俦，有以其比王敦者，意甚不平，及是征还，于北方得一巧作老婢，访之，乃琨伎女也，一见温，便潸然而泣。温问其故，答曰：'公甚似刘司空。'温大悦，出外整理衣冠，又呼婢问。婢云：'面甚似，恨薄；眼甚似，恨小；须甚似，恨赤；形甚似，恨短；声甚似，恨雌。'温于是褫冠解带，昏然而睡，不怡者数日。"

射敌帅桓温得胜
——从1935年会文堂新记书局蔡东藩《两晋通俗演义》

赠孔氏以临贺太夫人印绶，谥曰"敬"，并派侍中前往吊祭，谒者监护丧事，10天之内，使者来往8次，官家车马相望于道。[1]桓温办理完丧事后回到官署。他打算修复园陵，迁都洛阳，表疏上奏 10 多次，朝廷不准。桓温担任征讨大都督、督司冀二州诸军事，委以专门征伐的任务。

桓温开始再次北伐，从江陵（治今湖北云梦）出发，行经金城（今江苏句容，属琅玡郡）时，看见早年为琅玡太守时所栽种的柳树都已经长得粗大约有10围，感慨万分地说："树已经长成这么大，人是怎么忍受的！"桓温折了柳枝，手拿柳条，不禁泫然流涕。[2]桓温流的不止是他壮志难伸的个人泪，也是刘琨、

_____

[1] 事见《晋书·王敦桓温列传》："母孔氏卒，上疏解职，欲送葬宛陵，诏不许。赠临贺太夫人印绶，谥曰敬，遣侍中吊祭，谒者监护丧事，旬月之中，使者八至，轺轩相望于道。"

[2] 事及语见《晋书·王敦桓温列传》："温自江陵北伐，行经金城，见少为琅琊时所种柳皆已十围，慨然曰：'木犹如此，人何以堪！'攀枝执条，泫然流涕。"

桓温北伐图

祖逖等人志在光复中原的英雄泪。当时，晋室南渡已经到了第五代皇帝，中原沦落已 50 年，故老都已死去，极少有人主张北伐。

桓温经过淮、泗二水，踏入北方境内，与众位僚属登上平乘楼，眺望中原大地，不禁慨然说："造成神州陆沉，百年基业成为丘墟，王夷甫（王衍）等人不可推脱罪责！"袁宏说："国运有盛衰，难道一定是这些人之过！"桓温作色，对着四座僚属说："常听说刘景升（刘表）有千斤重的大牛，吃豆谷 10 倍于普通牛，但大牛负重远行，还不如一匹病弱的母牛，魏武帝曹操攻入荆州，杀掉了它，以犒军士。"其意在以大牛比喻袁宏，座中众人都大惊失色。[1]

桓温一路拼杀击败羌族贵族姚襄来到平阳，他屯兵在老太极殿前，徒步进入金墉城，拜谒先帝诸陵，命令全部修缮被毁的陵寝，并设置陵令。然后回师京都。升平中（359），桓温改封南郡公，封其次子桓济为临驾郡公。

桓温返回江南，洛阳和其他已收复的土地又相继失陷。太和四年（369），桓

---

[1] 事及语见《晋书·王敦桓温列传》："于是过淮泗，践北境，与诸僚属登平乘楼，眺瞩中原，慨然曰：'遂使神州陆沉，百年丘墟，王夷甫诸人不得不任其责！'袁宏曰：'运有兴废，岂必诸人之过！'温作色谓四座曰：'颇闻刘景升有千斤大牛，啖刍豆十倍于常牛，负重致远，曾不若一羸牸，魏武入荆州，以享军士。'意以况宏，座中皆失色。"

温开始第三次北伐。他率领步骑 5 万人大破前燕军,进抵枋头(今河南浚县)。离燕都邺城只有 200 里路,但他顿兵枋头,不敢直趋邺城。这时,晋军的形势已很不妙,水运不通,粮草不继,退军已经是必然的了。此后,桓温几次与燕军交战都未取胜,又听说前秦军将至,就命令烧掉船只,弃掉辎重从陆路退军。晋军为怕燕军在上流放毒,一路上凿井而饮。慕容垂亲率骑兵 8000 跟踪于后,又使慕容德率精骑 4000 埋伏于襄邑(今河南睢县西)东涧中。桓温见燕军未来追赶,十分放心,命令晋军兼程而进。慕容垂命令部下急速追赶,在襄邑追上晋军。慕容垂与慕容德前后夹击,大败桓温,晋军被杀者达 3 万人之多。此后,前秦救兵苟池又于半路阻击桓温,晋军又死伤 1 万余人。十月,桓温收拾散卒,驻军于山阳(今山东金乡西北)。桓温的第三次北伐遂以惨败告终。

桓温三次北伐,除第二次有些成果外,皆无功而返,而第三次更以惨败告终。这有主客观两方面的原因。

从桓温主观上来说,其北伐不是真正想收复中原,而是志在立威,欲以功名镇慑江东,伺机取晋室而代之。因此,桓温在作战中务求持重,在大好形势下常常观望不进,贻误战机。另外,桓温不是一个出类拔萃的军事家,用兵贵在多谋善断,相机而动,桓温于此却略逊一筹,他用兵不善于捕捉战机,缺乏灵活性。从客观上来说,东晋君臣无意恢复失地,志在割江自保,又见桓温权势日增,朝廷对其深怀戒心,因此其北伐得不到真正的支持。

尽管如此,桓温的三次北伐还是有一定的积极意义。它支持了北方各族人民反抗剥削压迫的斗争,打击了少数族统治者的残暴统治,这是符合当时中原人民愿望的。

桓温在北伐的过程中,多次在朝廷进行周旋。当时,朝廷下诏书给桓温,[1] 不准他北伐,改授他并、司、冀三州,罢免他的都督。桓温上表不受,又加他侍中、大司马、都督中外诸军事、假黄钺。

桓温既然总督内外,就不宜再次远征。他又上疏陈述应该做的七件事:其一,朋党雷同,私议沸腾,应该抑制这种倾向,不宜扩展;其二,人口减少,不应该仍旧按汉时规模设郡,应该并官省职,让他们稳定地尽其职责;其三,国家机关

---

[1] 诏书见《晋书·王敦桓温列传》:"在昔丧乱,忽涉五纪,戎狄肆暴,继袭凶迹,眷言西顾,慨叹盈怀!知欲躬率三军,荡涤氛秽,廓清中畿,光复旧京,非夫外身殉国,孰能若此者哉!诸所处分,委之高算。但河洛丘墟,所营者广,经始之勤,致劳怀也。"

工作不能停废，平时的行文档案应该限定日期；其四，应该提倡长幼之礼，奖赏忠公的官吏；其五，褒贬赏罚，应该实事求是；其六，应该述遵前典，敦明学业；其七，应该选建史官，编写晋史。不久，桓温加羽葆鼓吹，设置左右长史、司马、从事中郎四人。他只接受鼓吹，其余的全部辞让。他又率船进军合肥，兼扬州牧、录尚书事，朝廷又把他召回。

三、擅自废立　久怀异志

桓温素有野心，他曾躺在床上对亲信说："为人寂然无所作为，将会被汉文帝、汉景帝所笑"，接着又按着枕头坐起来说："男子汉既然不能流芳百世，也应当遗臭万年！"其部下见桓温出此不臣之言，没有人敢答对。桓温对于叛逆王敦甚为倾慕，有一次经过王敦墓，连声说："可人，可人"，称赞王敦能行非常之举。桓温叛乱之心如此。据说当时桓温家中来了一位比丘尼，由于这位比丘尼言谈举止很不一般，桓温十分敬待她。但这位尼姑每次洗浴都要花费很长时间，桓温非常奇怪，偷偷前往窥视。只见比丘尼赤身裸体，用刀子划破肚子，接着砍断两只脚，桓温惊骇奔走。等到比丘尼洗完澡走出浴室，桓温见她身形完好无损。桓温十分奇怪，探问其中缘故，比丘尼回答说："你要是作天子，也应当是这样的下场。"[1]尽管如此，桓温并不死心。

桓温虽官居大司马之职，还想夺取皇帝宝座。直接篡位吧，他还没有那么大的势力，并且会遭到朝野的强烈反对。于是他先走出了第一步。参军郗超建议他废帝以重立威权，他觉得此计可行。考虑到当时的皇帝海西公司马奕平素谨慎小心，没有什么过错，而利用床笫之事则容易对他进行诬陷，两人便在太后面前诬陷晋帝阳萎，3个儿子不是亲生，将混乱司马氏血统。

晋废帝太和六年（372），桓温逼褚太后下诏废掉皇帝司马奕，并把他事先起草好的诏令交给太后。太后没办法，只好提笔加了一句话："我不幸遭受了这样的种种忧患，想到死去的和活着的，心如刀绞！"桓温召集百官于朝堂，宣读太

---

[1] 事及语见《晋书·王敦桓温列传》："然以雄武专朝，窥觊非望，或卧对亲僚曰：'为尔寂寂，将为文景所笑。'众莫敢对。既而抚枕起曰：'既不能流芳后世，不足后遗臭万载邪！'常行经王敦墓，望之曰：'可人，可人！'其心迹若是。时有远方比丘尼，名有道术，于别室浴，温窃窥之。尼保身先以刀自破腹，次断两足。浴竟出，温问吉凶，尼云：'公若作天子，亦当如是。'"

后诏令，废皇帝为东海王，立会稽王司马昱为新皇帝。接着，他叫人收缴了司马奕的皇帝玺绶。废帝身穿白袷单衣，步下西堂，乘坐一辆犊车，垂头丧气地出了神虎门，由100人的卫队护送到东海王府第。随后，桓温又率领百官到会稽王府去迎接司马昱。司马昱"东向流涕，拜受玺绶"，即皇帝位，是为简文帝。桓温导演的一出废立戏便这样收场了。

桓温的脚有毛病，简文帝诏令可以让他乘车进入殿堂。桓温事先准备好辞章，想陈述他黜废司马奕的本意，简文帝引见，一见他便流下了眼泪，桓温见此，有些战战兢兢，始终没能说出一句话。

桓温改立新帝后，开始陷害一些政见与他不合的皇族和大臣，将殷、庾两大强族的势力削除殆尽。

广州刺史庾蕴，是庾希的弟弟，一直和桓温有隔阂。桓温厌恨殷涓、庾蕴宗族的强大，想要灭掉他们。桓温派他的弟弟桓秘逼迫新蔡王司马晃到西堂去叩头自述，称与司马综、著作郎殷涓、太宰长史庾倩、掾曹秀、舍人刘强、散骑常侍庾柔等阴谋反叛。简文帝面对他流下了眼泪，桓温把他们全都抓起来送交廷尉。庾倩、庾柔，都是庾蕴的弟弟。

桓温杀掉了东海王司马奕的3个儿子和他们的母亲。御史中丞谯王司马恬禀承桓温的旨意，请求依据法律。简文帝下达诏令说："悲痛惋惜，惊恐不安，不忍心耳闻，何况是诉说呢！再仔细商议吧！"桓温再次进上表章，坚持请求杀掉司马恬，言词非常激烈恳切。简文帝于是就亲手写下诏令赐予桓温说："如果晋王朝的神灵悠长，你就不必请示，尊奉执行以前的诏令；如果晋王朝的大运已去，我就请求避让贤人晋升之路。"桓温看了以后，惊慌失色，汗流满面，于是就奏请黜废司马恬及他的3个儿子，将其家人全都迁徙到新安郡。黜免新蔡王司马晃为庶人，将他迁徙到衡阳，殷涓、庾倩、曹秀、刘强、庾柔全都被满门诛杀，庾蕴服毒而死。庾蕴的哥哥东阳太守庾

东晋兽纹瓦当

东晋顾恺之《女史箴图》（唐摹本）

友的儿媳，是桓豁的女儿，所以桓温特别赦免了她。庾希听说了这桩灾难，与弟弟会稽参军庾邈及儿子庾攸之逃到了海陵的湖泽中。

桓温诛杀了殷、庾等人以后，威势显赫至极，侍中谢安看见桓温，在很远的地方就开始叩拜。桓温吃惊地说："谢安，你为什么要这样呢？"谢安说："没有君主叩拜于前，臣下拱手还礼于后的。"

前秦王苻坚听说了桓温废立皇帝的事情，对群臣们说："桓温先在灞上失败，后又在枋头失败，不能反思过错自我贬责以向百姓谢罪，反而还废黜君主以自我解说，60岁的老叟，举动如此，将怎样自容于天下呢！"[1]

四、意欲篡晋　未遂而死

桓温威振朝廷内外，简文帝虽然身处帝王的至尊地位，但慑于桓温权势，常惧被废，实际上也仅仅是拱手沉默而已。此前，火星居于太微、南蕃之间，过了一个月，司马奕就被废黜。后来，火星又逆行进入太微星垣，简文帝对此很

[1] 语见《晋书·苻坚载记》："温前败灞上，后败枋头，十五年间，再倾国师。六十岁公举动如此，不能思愆免退，以谢百姓，方废君以自悦，将如四海何！"

讨厌。中书侍郎郗超在宫中当班，简文帝对郗超说："命运长短，本来就并不计较，所以应该不再出现前不久废黜皇帝那样的事情了吧？"郗超说："大司马桓温，正在对内稳定国家，对外开拓江山，我愿用百余家口来保他，不会发生那种不正常的事变。"等到郗超急于要请假回去看望他父亲时，简文帝说："告诉尊父，宗族国家之事，最终到了这种地步，是因为我不能用道德去匡正守卫的缘故，惭愧慨叹之深，怎么能用语言来表达！"接着便吟诵了庾阐的诗，道："志士为朝廷危险而痛心，忠臣为君主受辱而悲哀。"吟诵得潸然泪下，打湿了衣襟。

简文帝在位不到二年，便忧愤而病。简文帝命其子司马曜继位，是为孝武帝，他又紧急征召大司马桓温入朝辅政，一天一夜接连发出 4 道诏令，桓温推辞不来。简文帝下达遗诏："大司马桓温依据周公的旧例，代理皇帝摄政。"又说："对年轻的儿子，可以辅佐就辅佐，如果不能辅佐，君则自己取而代之。"侍中王坦之自己手持诏书进入宫中，在简文帝面前把诏书撕掉了。简文帝说："天下，来自于意外的命运，你有什么不满意的！"王坦之说："天下，是宣帝、元帝的天下，陛下怎么能独断专行！"于是简文帝就让王坦之修改了诏书，说："宗族国家之事，一概听命于大司马桓温，就像诸葛亮、王导辅政时的做法一样。"这一天，简文帝驾崩。

桓温希望简文帝临终前将皇位禅让给自己，不这样的话，也应当让他摄政。这个愿望没能实现，他非常愤怒，给弟弟桓冲写信说："简文帝遗诏让我按诸葛亮、王导的旧例辅政。王坦之、谢安处理朝廷大事期间，我每天都愤愤不平。"[1]朝廷诏令谢安前去征召桓温入朝辅政，桓温又推辞了。

宁康元年（373）二月，大司马桓温来建康（今南京）晋见孝武帝，屯重兵于新亭（今南京南）。孝武帝诏令吏部尚书谢安、侍中王坦之到新亭迎接。这时，都城里人心浮动，有人说桓温要杀掉王坦之、谢安，接着晋王室的天下就要转落他人之手。王坦之非常害怕，谢安则神色不变。桓温抵达朝廷以后，百官夹道叩拜。桓温部署重兵守卫，接待会见朝廷百官，有地位名望的人全都

---

[1] 事及语见《晋书·王敦桓温列传》："温初望简文临终禅位于己，不尔便为周公居摄。事既不副所望，故甚愤怒，与弟冲书曰：'遗诏使吾依武侯、王公故事耳。王、谢处大事之际，日愤愤少怀。'"

谒崇陵桓温见鬼
——从1935年会文堂新记书局蔡东藩《两晋通俗演义》

惊慌失色。谢安和王坦之去见桓温，桓温与谢安笑谈良久。郗超经常作为桓温的主谋，桓温让郗超藏在帐子中听他们谈话。风吹开了帐子，谢安笑着说："郗超可谓入帐之宾。"由于谢安应付自如，桓温才没有发难。最终使晋王室得以安稳。

　　三月，寓居建康的桓温去拜谒高平陵，他登上车，左右见他凭轼起敬，全部暗暗称奇。途中语道："先帝究竟有灵，你们可得见否？"左右听着，不知他说何鬼话。到了陵前，桓温下车叩拜，边拜边说："臣不敢！臣不敢！"左右俱莫名其妙。复问左右道："殷涓身形如何？"左右答称涓身肥矮，桓温不觉失色道："刚才看见他也曾在先帝左侧呢。"当初，殷浩为桓温所废而死的时候，桓温派人送信吊唁他。殷浩的儿子殷涓没有答复，也没有到桓温那里去，而是与武陵王司马晞游玩。桓温后来害死了殷涓，竟然不认识他。[1]疑心生暗鬼，回来后，桓温就身染重病，于是桓温退兵，回姑孰养病，在建康只呆了14天。

桓温回至姑孰，病渐沉重，但其野心未已，桓温病重的时候，暗示朝廷给他以加九锡的礼遇，多次派人去催促。谢安、王坦之故意拖延此事，让袁宏草拟诏令。袁宏草拟完以后让王彪之审阅，王彪之赞叹他文辞的优美，接着说："你本来是杰出的人才，怎么能写这样的文章让别人看呢！"谢安见到了袁宏写的草稿，就对其加以修改，因此前后10多天也没有最后定稿。袁宏暗地里和王彪之商量，王彪之说："听说桓温的病情日益严重，应该不会再支持多久了，自然可以再稍微晚一点回复。"

宁康元年七月，桓温病重身死，年62岁。终于没能实现他先加九锡，再渐移晋室的野心。孝武帝下诏，安葬桓温依据汉代霍光及安平献王的旧例。皇太后与孝武帝亲临朝堂三日，下诏赐九命君王的礼服，又加朝服一具，衣一袭，东园秘器，钱200万，布2000匹，腊肉500斤，以供丧事。丧葬规模一如太宰安平献王、汉朝大将军霍光，赐九旒銮辂，黄屋左纛，辒辌车，挽歌两部。羽葆鼓吹，武贲班剑100人，优册即前南郡公增7500户，寝地方园300里，赐钱5000万，绢2万匹，布10万匹，追赠丞相。

名 家 评 说

桓温挺雄豪之逸气，韫文武之奇才，见赏通人，夙标令誉。时既豺狼孔炽，疆场多虞，受寄干城，用恢威略，乃逾越险阻，裁定岷峨，独克之功，有可称矣。及观兵洛汭，修复五陵，引秦郊，威怀三辅，虽未能枭除凶逆，亦足以宣畅王灵。既而总戎马之权，居形胜之地，自谓英猷不世，勋绩冠时。挟震主之威，蓄无君之志，企景、文而慨息，想处仲而思齐，睥睨汉廷，窥觎周鼎。后欲立奇功于赵魏，允归望于天下；然后步骤前王，

---

[1]事及语见《晋书·王敦桓温列传》："于是拜高平陵，左右觉其有异，既登车，谓从者曰：'先帝向遂灵见。'既不述帝所言，故众莫之知，但见将拜时频言'臣不敢'而已。又问左右殷涓形状，答者言肥短，温云：'向亦见在帝侧。'初，殷浩既为温所废死，涓颇有气尚，遂不诣温，而与武陵王晞游，故温疑而害之，竟不识也。"

宪章虞夏。逮乎石门路阻，襄邑兵摧，对谋略之乖违，耻师徒之挠败，迁怒于偏裨，废主以立威，杀人以逞欲，曾弗知宝命不可以永得，神器不可以力征。岂不悖哉！岂不悖哉！斯卖斧钺之所宜加，人神之所同弃。然犹存极光宠，没享哀荣，是知朝政之无章，主威之不立也。

——唐·房玄龄《晋书》

帝奕未有失德，温诬其过而废之，于斯时也，简文既不能折之以卫奕，则以死拒温而必不立，奉名义之正，涕泣以矢之，温亦岂能遽杀己者？如其不择而推刃于己，则温之逆，受众恶而不足以容，即令己杀而温篡，亦可无咎于天下。乃虽觍然南面，而旋阅天年，位与寿皆朝露耳。等死也，为晋恭、齐顺之饮酖，何如誓死不立，以颈血报宗社哉！温，贼也；简文相其君而篡之，亦贼也；贼与贼以智力为胜负，而不敌者受吞，必然之势也。

——清·王夫之《读通鉴论》

桓温败绩枋头，仅得寿春之捷，何足盖愆，乃反欲仿行伊霍，入朝废主，真咄咄怪事！从前如操懿辈，皆当功名震主之时，内遭主忌，因敢有此废立之举，不意世变愈奇，人心益险，竟有如晋之桓温者也。况帝奕在位五年，未闻失德，乃诬以暧昧，迫使出宫，温不足责，郗超之罪，可胜数乎？会稽王昱，不思讨贼，居然受迎称帝，徒作涕泣之容，反长凶残之焰，朝危主辱，嗟何及乎？

——蔡东藩《两晋演义》

桓温入朝，都下恟惧，而一无拳无勇之谢安，犹能以谈笑折强臣之焰，此由温犹知好名，阴自戒惧，故未敢倒行逆施，非真为安所屈也。且当其谒陵时，满口谵言，虽天夺其魄，与鬼为邻，而未始不由疚心所致。及还镇以后，复求九锡，理欲交战于胸中，不死不止，幸有弟如冲，能修温阙，桓氏宗族，不致遽覆，揆厥由来，犹食桓彝忠贞之报，至桓玄而祖泽乃斩矣。

——蔡东藩《两晋演义》

谢 安

谢安（320～385），字安石，简文帝时任礼部尚书、孝武帝时任太保，封建昌县公，谥号"文靖"，追封庐陵郡公。陈郡阳夏（今河南太康）人，西晋末年南迁寓居会稽。父谢裒，官至太常。谢安历任尚书仆射、领吏部、加后将军、中书监、录尚书事。后又加侍中、都督扬、豫、徐、兖、青五州及幽州燕国诸军事、假节、开府仪同三司。后又进封太保。谢安既是东晋一名杰出的政治家和军事家，也是一位东晋名士。他志趣高雅，深谋远虑，有运筹帷幄、决胜千里的才能。

谢 安
——从原故宫南熏殿旧藏《历代先贤名人像》

一、纵情山水　征召不赴

谢安出生在官宦家庭，他的父亲谢裒曾任太常。谢安4岁时就表露出将相气。谯郡的名士桓彝见到谢安后曾经赞叹说："此儿风神秀彻，将来不会比王导差。"

谢安步入童年，充分显示了他的天才和智慧。在幼小的童年就见识超群，沉静聪明，气宇不凡，擅长行书。到了少年，他更加与众不同，当他去见王蒙时，与王蒙谈论很久，言谈话语，无不显出他的才气与睿智。他走以后，王蒙之子王修问："刚才的客人怎么样？"王蒙赞许道："此客议论不倦，谈锋逼人。"他的天资聪颖，赢得各地名士的欣赏和赞许。王导也很器重他。他从小就穿梭于名士行列，因此早有名声。[1]

---

[1] 事及语见《晋书·谢尚谢安列传》："及总角，神识沉敏，风宇条畅，善行书。弱冠，诣王蒙，清言良久，既去，蒙子修曰：'向客何如大人？'蒙曰：'此客亹亹，为来逼人。'王导亦深器之。由是少有重名。"

谢安迷恋山水之间，对于仕途不感兴趣，志趣高雅，淡泊名利。最初他辟司徒府，任佐著作郎，可他以有病为借口推辞掉了任命。当他寓居在会稽时，常和名士王羲之及高阳许询、僧支遁交游，出外游山玩水，在家谈天说地，议论古今，咏诗作文，没有任何参与世务的意思。

谢安的名气越来越大，扬州刺史庾冰也很敬慕他，决心要请谢安出来做官。屡次要求郡县去敦促谢安。谢安实在没有办法，只得赴召，但一个多月后，他又告假而归。

后来，谢安被征召为尚书郎和琅琊王的学友，他都不去就任。吏部尚书范汪荐举谢安为吏部郎，谢安还是写信谢绝。有关衙门奏谢安被征召历年不到任，请求处以"禁锢终身"，取消他入仕的资格。谢安并不因此感到苦恼，相反，谢安更加尽情地游览大好河山。

谢安曾经到过临安山中，静坐在石屋内，面临深谷，实为惬意，悠然叹道："这样才距离伯夷不远了！"他曾和孙绰等泛舟海上，正巧风起浪涌，众人都很恐惧，谢安仍然吟唱不已，镇定自若。船夫以为谢安喜欢如此，就前进不止。风愈来愈急，谢安慢慢地说："这种情况将怎么回去呀？"船夫听到这话，才立即转舵返回。谢安的气度宽宏，众人都很佩服。谢安虽然纵情山水之间，但每次游赏，必定以歌妓相从。[1]他前半世生活得十分潇洒，光阴似箭，转眼间到了不惑之年。

二、四十入仕　身居要职

谢安累次征召不赴，更加引起人们的注意。简文帝司马昱为相时，对谢安有一种新的认识。用他的话说："安石既能与人同乐，必不能不与人同忧，召他一定会来。"

谢安的弟弟谢万是西中郎将，总管边臣的要员。谢安虽然隐居自乐，名声反而比弟弟谢万还大。他天生有公卿宰辅的德望，在家常以礼仪规范训诫子弟。谢安的妻子是名士刘惔的妹妹，看见家门富贵，而谢安独自安于淡泊，不求进取，

---

[1] 事及语见《晋书·谢尚谢安列传》："尝往临安山中，坐石室，临浚谷，悠然叹曰：'此亦伯夷何远！'尝与孙绰等泛晦，风起浪涌，诸人并惧，安吟啸自若。舟人以安为悦，犹去不止。风转急，安徐曰：如'此将何归邪？'舟人承言即回。众咸服其雅量。安虽放情丘壑，然每游赏，必以妓女从。"

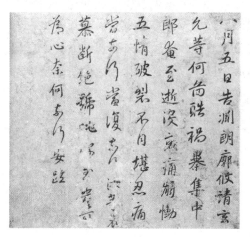

《兰亭修禊图》

明文徵明绘，现藏北京故宫博物院。东晋永和九年（353）三月三日，王羲之和谢安、孙绰等42位文人学士，在山阴兰亭作"修禊"之会。各人分坐于曲水之旁，借着宛转的溪水，以觞盛酒，置于水上。

谢安《八月五日帖》

于是对谢安说："丈夫不能像兄弟谢万那样么？"谢安有些痛苦地说："恐不免如此。"[1] 待谢万被废黜，谢安才有仕进之意，此时他已经40岁的人了。

最初，征西大将军桓温主请谢安当司马，谢安将从新亭（今南京南）出发，朝士都来送行，中丞高崧和谢安开玩笑说："你屡次不遵朝旨，高卧东山，大家常常说，安石不肯出山，将和百姓一样么！百姓今天也将和你一样么！"谢安很有愧色。谢安很快就报到了，桓温见到谢安由衷地高兴，两人谈论平生抱负，终日欢笑。等谢安出去后，桓温问左右说："你们能常见我有这样的客人吗？"看来桓温对谢安十分满意。有一次，桓温去看望谢安，正巧他在梳理头发。谢安生性迟缓，很久才完毕，叫仆人取头

---

[1] 事及语见《晋书·谢尚谢安列传》："时安弟万为西中郎将，总藩任之重。安虽处衡门，其名犹出万之右，自然有公辅之望，处家常以仪范训子弟。安妻，刘惔妹也，既见家门富贵，而安独静退，乃谓曰：'丈夫不如此也？'安掩鼻曰：'恐不免耳。'"

巾。桓温看见后，制止仆人说："令谢司马戴帽进来。"可见对他如此尊重。

桓温准备北伐，正赶上谢万病死，谢安写信请求回家。不久，谢安被任命为吴兴太守。他为官时虽然没有什么称誉，离任后却为人所思念。不久，他征拜侍中，进礼部尚书、中护军等职。

简文帝司马昱病重，桓温上疏推荐谢安应当受顾命之托。简文帝死后，桓温借口奔丧率兵入京，屯扎新亭，陈兵以待，准备颠覆晋室。桓温请谢安和王坦之去，准备在会见时杀了他们。王坦之胆小畏惧，向谢安讨教。谢安不动声色地说："晋室的存亡，在此一行。"于是，他们去见桓温。王坦之汗流浃背，倒拿手板。谢安从容就席，坐定后，对桓温说："我听到诸侯有道，守在四邻，明公何必在壁后置人呢？"桓温笑着说："正因为不能不这样。"他们一起谈笑很久。王坦之和谢安本来同样有名声，这次方知王坦之比不上谢安。桓温曾以谢安所作的简文帝奏议给在坐的宾客看，说："这是谢安石的碎金。"[1]

孝武帝司马曜即位时已有十几岁，但政不由己，桓温威震朝野，群臣议论纷纷，意见不一。谢安和王坦之尽忠辅翼皇帝，终于稳定下来，桓温病危，讽喻朝廷加自己九锡，使袁宏拟草。谢安看见后就加以删改，因此十多天没有写成。恰

---

[1]事及语见《晋书·谢尚谢安列列传》："简文帝疾笃，温上疏荐安宜受顾命。及帝崩，温入赴山陵，止新亭，大陈兵卫，将移晋室，呼安及王坦之，欲于坐害之。坦之甚惧，问计于安。安神色不变，曰：'晋祚存亡，在此一行。'既见温，坦之流汗沾衣，倒执手版。安从容就席，坐定，谓温曰：'安闻诸侯有道，守在四邻，明公何须壁后置人邪？'温笑曰：'正自不能不尔耳。'遂笑语移日。坦之与安初齐名，至是方知坦之之劣。温尝以安所作简文帝谥议以示坐宾，曰：'此谢安石碎金也。'"

谢玄

谢玄（343~388），字幼度。陈郡阳夏（今河南太康）人，东晋时期军事家。有经国才略，善于治军。太元八年（383），在淝水之战中，任前锋都督。卒后追赠车骑将军，谥号"献武"。

巧桓温去世，锡命之事便就此停止。

谢安不久任尚书仆射，领吏部，加后将军。等到中书令王坦之出任徐州刺史，诏命谢安总管中书事。这时外来侵扰接连不断，边书不断传来，梁州（治今陕西南郑）和益州（治今四川成都）失守，樊城（今属湖北）、邓县（治今湖北襄樊北）陷没，谢安常以和平安静之态来坐镇朝廷，以长远谋划为治理之计。推行德政，文武百官都尽力，不以细故察人，而弘大朝纲，威望著于外，众人都以王导相比，认为文雅有过之而无不及。谢安曾和王羲之登冶城，悠然畅想，有超然世外之志。王羲之曾对他说："夏朝大禹勤于王事，手足摩成老茧，周文王往往过时而食，整日没有闲暇的时间。现在四郊都是营垒，应该考虑怎样见到成效，虚谈浮文，荒废而妨碍要务，恐怕不是当今所宜。"谢安说："秦委政于商鞅，仅过二世而亡，难道是清谈造成的后患吗？"[1]

面对宫室惨遭毁坏，谢安想进行修缮。尚书令王彪之等以外寇未除为谏，谢安不听从，竟独自做出决定。宫室建成，上仿玄象为模式，符合星辰两极的体制，役使百姓而没有劳怨。[2]朝廷又命谢安领扬州刺史，以武装仪仗百人入殿。这时孝武帝开始亲理政机，进谢安为中书监，骠骑将军，录尚书事。谢安坚决推辞。当时，天气反常，连年大旱，谢安奏请兴灭继绝，寻求晋初佐命功臣的后代进行封赏。不久，谢安加司徒，后将军府中文武属官都加配司徒府职衔，谢安又推让不

[1] 事及语见《晋书·谢尚谢安列传》："尝与王羲之登冶城，悠然遐想，有高世之志。羲之谓曰：'夏禹勤王，手足胼胝；文王旰食，日不暇给。今四郊多垒，宜思自效，而虚谈废务，浮文妨要，恐非当今所宜。'安曰：'秦任商鞅，二世而亡，岂清言致患邪？'"

[2] 事见《晋书·谢尚谢安列传》："是时宫室毁坏，安欲缮之。尚书令王彪之等以外寇为谏，安不从，竟独决之。宫室用成，皆仰模玄象，合体辰极，而役无劳怨。"

拜。又加侍中、都督扬、豫、徐、兖、青五州和幽州的燕国诸军事、假节。

谢安的仕途可谓非同一般，他不为官则已，一旦步入仕途，便青云直上，当然这与他个人的才干不可分割。

三、淝水之战　以少胜多

公元 382 年，由氐人建立的前秦统一了北方，对东晋的威胁日益严重。前秦皇帝苻坚日益强盛，东晋在苻坚的眼里是微不足道的。苻坚在统一北方的次年，就决定调士卒 90 余万人，由苻坚的弟弟苻融率领，很快攻下寿阳（今安徽寿县）。东晋的疆场多有失误，诸将相继败退。

在此之前，谢安为了组织一支归中央直接指挥的得力军队，就让其侄——广陵（今江苏扬州）相谢玄招幕来自徐州、兖州二州的侨人或其子孙，组成军队，并进行长期严格的训练，号为"北府兵"。北府兵的将卒都深受匈奴和羯人的仇杀之苦，因此有抵御苻秦、保卫江南的决心。

面对强敌压境，东晋以谢安之弟谢石为征讨大都督，以谢安侄子谢玄为前锋都督。率北府兵 8 万人迎击秦军。将军刘牢之以精兵 5000 人袭击梁城垒（今安徽怀远），歼秦军 15000 人，掳获大批粮草器械，取得首战胜利。在谢安的统帅下，晋军所到之处都打胜仗。谢安拜卫将军、开府仪同三司，封建昌县公。

苻坚率领号称"百万"之师驻扎在淮淝之间，京城建康（今南京）上下震动。加谢安征讨大都督，谢玄去向谢安问计，谢安坦然毫无惧色，回答说："已经另外有旨。"然后沉默不语，谢玄不敢再说，于是要张玄再去请示。谢安就命令驾车去山野田庐，亲朋都来聚集，才和谢玄下围棋，以别墅赌胜负。谢安的棋艺平时劣于谢玄，这天谢玄心中忧惧，便旗鼓相当而胜不了谢安。谢安对他的外甥羊昙说："我把这别墅给你。"谢安就在山野到处游览，至天黑才回府，指派将帅，所任都合适。[1]

谢玄奉谢安之命进军淝水（在安徽西北部，为淮河支流）东岸，与西岸的苻融军相对峙。当时，苻坚派投降的晋朝梁州刺史朱序至晋营，劝说谢玄投降。谢

---

[1] 事及语见《晋书·谢尚谢安列传》："坚后率众，号百万，次于淮肥，京师震恐。加安征讨大都督。玄入问计，安夷然无惧色，答曰：'已别有旨。'既而寂然。玄不敢复言，乃令张玄重请。安遂命驾出山墅，亲朋毕集，方与玄围棋赌别墅。安常棋劣于玄，是日玄惧，便为敌手而又不胜。安顾谓其甥羊昙曰：'以墅乞汝。'安遂游陟，至夜乃还，指授将帅，各当其任。"

玄乘机派遣使者和苻融相约，建议秦军自淝水西岸小退，晋军愿到淝水西岸决战。苻融企图乘晋军半渡之时，加以邀击，全歼晋军于淝水中，便命令士兵稍退。可是秦军内部复杂，又不愿作战，特别是汉人心向南方。因此，一旦退却，不可复止，以为前方被击败，于是奔逃溃散，自相践踏，死伤遍野。晋军乘势猛攻，秦军大败。

当谢玄军打败苻坚后，驿书送到谢安手中时，谢安正与客人下围棋，看完信后，随手放在坐床上，也没有露出喜色，照旧下棋。客人问他淝水之战的消息，他慢慢地回答说："小儿辈已经打败贼寇了。"棋局结束，谢安回到内室，由于内心太高兴了，跨过门槛时竟连屐齿折断都不知道，后世传为佳话。最后，他以总统帅的功绩，进拜太保。[1]

淝水之战，以少胜多，这在军事发展史上留下了重要一笔。这次战争的胜利，进一步稳定了东晋在南方的统治，但东晋已无力收复中原，于是南北对峙的局面一直延续到隋朝的统一。

四、深谋远虑　激流勇退

谢安一直想统一南北，所以上疏请求亲自北征，于是进都督扬、江、荆、司、豫、徐、兖、青、冀、幽、并、宁、益、雍、梁15州军事，加黄钺，本官都依旧，设置从事中郎二人。谢安上疏辞让太保及爵位，皇帝没有允许。

北伐的名将桓冲已死，荆、江二州都缺刺史，众人议论，以谢玄的功勋和名望，应该以荆、江二州授谢玄。谢安因为父子叔侄以大功著名，恐怕朝廷疑忌，又担心桓氏失去世职，桓石虔又有克复沔阳的功勋，考虑他骁勇凶猛，在形势险要之地，最

谢　安
——从清乾隆时期刊本《晚笑堂竹庄画传》（作者上官周）

---

[1] 事及语见《晋书·谢尚谢安列传》："玄等既破坚，有驿书至，安方对客围棋，看书既竟，便摄放床上，了无喜色，棋如故。客问之，徐答云：'小儿辈遂已破贼。'既罢，还内，过户限，心喜，甚不觉屐齿之折，其矫情镇物如此。以总统功，进拜太保。"

终难以控制。于是，谢安以桓石民
为荆州，改桓伊于中流，桓石虔为
豫州。这样，既以三桓占据三州，
彼此不再有怨心，各得其所。谢安
身为朝廷重臣，他经略远瞻，让官
员和功臣们互不相争，平衡各种政
治势力，以保朝廷的稳定。

谢安墓

　　谢安生性爱好音乐，自从他弟
弟谢万死后，他 10 年没有听音乐。
登台辅之位后，他整年丝竹不断。
王坦之写信劝喻他，他不听从，上
层社会就仿效他而成为风尚。他又在土山上营造别墅，楼馆竹林很茂盛，他常携
内外子侄往来游集，菜肴屡次耗费的价值达到百金，当世因此讥笑他，而谢安本
人并不介意。谢安经常怀疑刘牢之不可独负重任，又预知王味之不应该专任一城
之长。最终，刘牢之果真以叛乱而告终，王味之也因为贪污受贿而身败名裂，因
此有识之士都佩服谢安的深谋远虑和先见之明。[1]

　　后来，会稽王司马道子专政，朝政紊乱，许多奸佞谄媚之辈煽动造谣的本领
得到了充分的发挥。此时谢安虽然受到朝廷的重托，但归隐之志始终没有改变，
常常形于言色。他镇守新城时，全家都搬去，造作航行江海的装备。待经略稍有
面目，便从长江东返，可是他的志愿没有实现，就得了重病。他上疏朝廷请求在
适宜的时候准许回军，并召儿子征虏将军谢琰解除军务，命令龙骧将军朱序据据
洛阳，前锋都督谢玄镇守彭、沛，委任他总督军事，对付苻丕和慕容冲。

　　公元 385 年，谢安去世，时年 66 岁。孝武帝三日临于朝堂，赐东园秘器、
朝服一具、衣一袭、钱 100 万、布 1000 匹、腊肉 500 斤，赠大傅，谥号"文靖"。
又因为淝水之战的功勋，更封谢安为庐陵郡公。

---

[1] 事见《晋书·谢尚谢安列传》："性好音乐，自弟万丧，十年不听音乐。及登台辅，
期丧不废乐。王坦之书喻之，不从，衣冠效之，遂以成俗。又于土山营墅，（接下页）

名 家 评 说

谢安神识沉敏，风宇条畅，临危不乱，经远无竞。

——晋·房玄龄《晋书》

虽然，安岂遂无道虑此以保身而靖国乎？安秉国政于此十年矣，太后归政而已录尚书八年矣。夫岂晋廷之士举无可大受之人材，使及早而造就之以储为国之柱石者？冲死之后，内不私之于子弟，外不复假于诸桓，君无可疑，相无可谤，而桓氏亦无所倚以争权。安之识早弗及此也，则临事周章，亦其必然之势矣。量不弘而虑不周，有靖国之忠，而惘于大臣之道，安不能免于责矣。

——清·王夫之《读通鉴论》

谢安放情山水，无心仕进，及弟万被黜，即应温召，可见当时之屡征不起，无非矫情，而益叹富贵误人，非真高尚者，固不能摆脱名缰也。高崧戏言，可抵《北山移文》一篇，幸谢安聪敏过人，借温干进，旋即辞温告归，不致连污逆名耳。

——蔡东藩《两晋演义》

秦苻坚大举伐晋，而谢安围棋别墅，一若行所无事，誉安者称其镇定，毁安者讥其轻弛，此皆属一偏之见，未足垂为定评。典午东迁，积弱已久，欲以八万士卒，敌秦兵百万之众，虽有孙吴，亦难为谋，安非全无心肝，宁不知军情重大，成败难料。不过因万全无策，只可委心气运，与其张皇自扰，益乱人意，不若勉示镇静，稍定众心，此乃为安之苦衷，不足与外人道也。幸而，朱序通谋，苻融失利，谢石谢玄等得一战而胜，奏功淝水，天不亡晋，幸有此捷，何怪安之喜出望外，屐齿为折乎？故誉安者非，毁安者更非。诸葛空城，得退司马，乃其生平之第一幸事，安亦犹是耳。

——蔡东藩《两晋演义》

（接上页）楼馆林竹甚盛，每携中外子侄往来游集，肴馔亦屡费百金，世颇以此讥焉，而安殊不以屑意。常疑刘牢之既不可独任，又知王味之不宜专城。牢之既以乱终，而味之亦以贪败，由是识者服其知人。"

【南北朝】

刘义恭

刘义恭（413～465），宋文帝时任大将军，孝武帝时任太傅，前废帝时任录尚书，明帝追赠丞相、中书监，谥号"文献"。彭城（今江苏徐州）人。他是宋武帝刘裕的第五个儿子，被封为江夏王。元嘉十七年（440），为侍中、司徒、录尚书事。虽有权位，但只是奉行文书而已，二十七年（450），出镇彭城。他历经三代君王，位至宰辅。他颇具文才，处事谨慎，善于奉承，但生活奢侈，骄横恣肆，下场尤为可悲。

一、皇帝宠儿　少年得志

刘义恭在幼年时很聪明，长得清秀剔透，姿颜端丽。父亲南朝宋武帝刘裕对他百般疼爱，视作心肝宝贝。武帝生性俭朴，对儿子们的要求也很严格，比如规定儿子们饮食不能超过5盏盘。但刘义恭却可以例外，他求取果食是没有数量限制的，因此，刘义恭往往求取很多果食，然后送给其他兄弟。其他王子则从不敢多取果食，即使求取也不会得到。[1]

文帝刘义隆元嘉六年（429），刘义恭年仅16岁，就被任命为都督、荆州刺史。刘义恭颇具文才，广为涉猎文史，但却生性骄奢挥霍，不加节制。赴任之前，文帝下书告诫他说："礼贤下士是圣人的垂训，

刘义恭

[1] 事见《宋书·武三王列传》："高祖为性俭约，诸子食不过五盏盘，而义恭爱宠异常，求须果食，日中无算，得未尝啖，悉以乞与傍人。庐陵诸王未尝敢求，求亦不得。"

宋文帝

宋文帝刘义隆（407～453），南北朝时期宋武帝刘裕第三子。在位期间实行劝学、兴农、招贤等一系列措施，使百姓得以休养生息，社会生产有所发展，经济文化日趋繁荣，史称"元嘉之治"。军事上，继承刘裕北伐的政策，均无功而返，并造成国力损耗。后被太子刘劭杀害。

骄傲奢侈为先哲所远离。豁达大度，是汉高祖的优良品德；猜忌偏急，却给魏武帝带来了麻烦。《汉书》称赞卫青是'遇士大夫有礼，与小人有恩'。你治理治事，应吸取前人的教训，引为鉴戒。你每月的日常花费不能超过 30 万钱，若能节省一些更好。西楚之地富饶广阔，你应每日早起，多接待些宾客朋友，多交流思想。那儿的园池堂观已很壮观，无须再重加改建，保持它现有的风格即可。凡审理狱案时，必须提前一两日，仔细阅览公簿，并要与刘湛等人粗略商议。你要明察秋毫，一定要谨慎，千万不要将自己一人的喜怒强加于人。如你能够始终秉公办事，必定会受到民众的赞美。千万不可独断专行，以夸耀自己有独立决断的能力，这样只会弄巧成拙。刑事案件不能长时间地滞留积压，一月内可多次审讯。切记，凡事都应慎重，

处事要严谨。国家名器要加倍爱护，不能随便送人。声乐游戏，不宜过分。应经常引见属下佐吏，并非佐吏自应与主人相见。如果不多接触些周围人士，那么你就无法与他人亲近；不亲密，就没办法明察人情世故；人情不被察明，那么又如何能了解人们的想法呢？"[1]

元嘉九年（432），刘义恭为南兖州刺史，加都督，镇守广陵（今扬州）。元嘉十六年（439），进位为司空。刘义恭上任司空的第二年，彭城王刘义康因罪被撤职，朝廷征拜义恭为侍中，都督扬、南徐、南兖三州，及司徒、录尚书事，领太子太傅。文帝赏给他仪仗班剑 20 人，可置佐吏领兵。元嘉二十年（444），刘义恭又被提为太尉，领司徒。刘义恭在任职时行事小心谨慎，把刘义康因过失获罪引以为戒，因此，他虽然有总录权位，却只是奉行文书而已。文帝对他十分放

[1] 文见《宋书·武三王列传》。

心，每年赐给相府的钱达 2000 万之多，另外还有许多赏赐。可是刘义恭性好奢侈，仍然感到不满足。文帝又每年特别地照顾他，给他拨钱千万。当时有人曾向文帝献能日行 500 里的马，文帝也慷慨地将其赐给了刘义恭。[1]

元嘉二十七年（450），文帝准备攻打北朝，用兵于黄河、洛水。文帝任命刘义恭为总帅，出镇彭城。后来北魏的军队进逼到瓜步（今江苏六合东南），刘义恭与刘骏闭城自守。起初北魏军深入南朝攻掠，文帝担心刘义恭难以固守彭城，再三嘱咐他谨慎为好，刘义恭当时回答说："臣虽未能临瀚海，涉居延泽，但也能免除刘仲逃跑之类的耻辱。"文帝听后略感放心。可是当魏军真正攻来时，刘义恭却准备逃跑，后来还是经众人再三劝告才作罢。[2]为此，他被朝廷降为骠骑将军、开府仪同三司。

二、刘劭夺权　义恭逃叛

元嘉二十九年冬（452），刘义恭被召还朝廷，文帝亲自到所乘的御用"苍鹰船"上欢迎他。后遭逢皇太妃之丧，刘义恭被改授为大将军，南徐州刺史，还镇东府。文帝之子刘劭为了谋篡王位，早就在勾结一些反对朝廷的臣子们预谋夺权。当年，刘劭杀害了文帝，自立为帝。夺权那日，刘劭要求紧急召见刘义恭。以前，皇帝每次召见太子及诸王，都是由固定的人来传诏。这次，为了防止有诈妄谋害的事发生，刘义恭要求会见那位熟悉的传诏者，刘劭就将传诏者派来请刘义恭。这样，刘义恭才入宫去见刘劭。见到刘劭后，刘义恭请求撤掉卫兵，凡是府中的兵仗，一并送还宫中，让他们为皇帝尽忠。对此，刘劭大喜，将刘义恭进位为太保。

刘劭篡权心切，残酷地杀死了文帝刘义隆，激起了许多人的不满，刘骏为此兴兵讨伐刘劭。刘劭怀疑刘义恭对自己不忠，因而命令他住到尚书下省，并将他的儿子们分别派到神兽门外侍中下省居住。刘骏的军队到新亭（今南京南）时，

---

[1] 事见《宋书·武三王列传》："义恭既小心恭慎，且戒义康之失，虽为总录，奉行文书而已，故太祖安之。相府年给钱二千万，它物倍此，而义恭性奢，用常不足，太祖又别给钱年千万。二十六年，领国子祭酒。时有献五百里马者，以赐义恭。"

[2] 事及语见《宋书·武三王列传》："初，虏深入，上虑义恭不能固彭城，备加诫敕。义恭答曰：'臣未能临瀚海，济居延，庶免刘仲奔逃之耻。'及虏至，义恭果走，赖众议得停。"

刘劭挟持刘义恭出战，因而使刘义恭陷于谋反之罪难以自拔。后来，刘劭的卫队被刘骏打得落花流水，狼狈不堪。刘义恭则独自骑马向南逃奔，刘劭大怒，派遣始兴王刘浚杀害了他的 12 个儿子。

刘义恭走投无路，投奔了刘骏。在刘骏面前，刘义恭大骂刘劭，并上表让刘骏争帝。后在刘义恭的扶持下，刘骏登上了皇帝的宝座，称为孝武帝。孝武帝很快就授刘义恭为太尉、录尚书事、假黄钺。逆乱平定后，刘义恭又进位为太傅，领大司马、增班剑为 30 人。孝武帝还把做藩王时所佩戴的玉环大绶赐给了刘义恭。等到孝武帝立了太子，对刘义恭更加重视，指示太子东宫的文案，必须先经过刘义恭过目。可见，刘义恭是宫中实权人物。

由于对孝武帝政权的不满，南郡王刘义宣、臧质等人起兵造反，孝武帝又给刘义恭加了黄钺，并赐百人与其防守不测，叛乱平息后，孝武帝下令将原臧质的 700 里骠马赐给刘义恭，以示奖励。孝武帝认为，刘义宣作逆谋叛，主要是势力太强盛，为了减少王侯将相对自己权力的威胁，只有削弱他们的势力才行。刘义恭明白孝武帝的意图，立即上表请求免去自己尚书的职务，孝武帝同意了他的请求。[1]

刘义恭又与骠骑大将军竟陵王刘诞奏陈崇俭戒奢的建议共 9 条，孝武帝下令朝廷内外官员对这 9 条加以详细讨论，使之更加完善。于是有关部门便奏言说 9 条意见过于简单，还有许多应该补充说明的问题，应另外加以附奏。讨论结果集中为 24 条。这 24 条经孝武帝审核后，降诏表示同意采纳。

孝武帝称帝的第二年（455），刘义恭被任命为扬州刺史，准许他入朝不用低头，不用传报，可直接佩剑上殿拜见皇帝。但刘义恭表示决不接受这样特殊的待遇。刘义恭撰写有《要记》五卷，从前汉写起到晋太元年间的事情。他将此书献给孝武帝，武帝大喜，下令将此书置于宫廷秘阁收藏。当时酉阳王刘子尚正受孝

---

[1] 事及表文见《宋书·武三王列传》："世祖以义宣乱逆，由于强盛，至是欲削弱王侯。义恭希旨，乃上表省录尚书，曰：'臣闻天地设位，三极同序，皇王化则，九官咸事。时亮之绩，昭于《虞典》；论道之风，宣于周载。台辅之设，坐调阴阳，元、凯之置，起厘百揆。所以栾针矢言，侵官是诫；陈平抗辞，匪职闒答。汉承秦后，庶僚稍改。爵因时变，任与世移，总录之制，本非旧体，列代相沿，兹仍未革。今皇家中造，事遵前文，宜宪章先代，证文古则，停省条录，以依昔典。使物竞思存，人怀勤壹，则名实靡忿，庸节必纪。臣谬典国重，虚荷崇位，兴替宜知，敢不输尽。'上从其议。"

武帝的宠爱，刘义恭请求辞去扬州刺史之职，以便避免其猜测和忌妒。于是刘义恭进位太宰，领司徒。

刘义恭是个处事谨慎的人，他常常担心自己会被孝武帝怀疑。到了海陵王刘休茂在襄阳作乱的时候，刘义恭上表说："诸王都是很尊贵的，不应居守边境，有州则不须再置府了。"那时孝武帝严酷暴虐，刘义恭害怕自己不被重视，便对其百般献媚，卑辞附会，曲意奉承。每当地方上出现祥瑞的事情，他便给孝武帝献上有关赋颂，歌功颂德。大明元年（457），在石头城（今南京清凉山）西岸生出一支三

刘劲

脊茅，为此刘义恭劝孝武帝封禅，声称这是吉祥之兆，孝武帝非常高兴。[1] 后来孝武帝去世，留下遗言说："义恭免去尚书令之职，加升为中书监。柳元景任尚书令，并入住城内。朝廷中的日常事情，都由二位处理。朝中大事，则与沈庆之商量决定，如有军事举动，沈庆之可以作为总统帅。尚书中事委托给颜师伯，外监所统委托给王玄谟。"[2]

孝武帝去世后，前废帝刘子业即位，刘义恭又被任命为录尚书，和以前官职相同；又增加班剑40人以及其他特殊待遇，但刘义恭坚决表示辞谢。

三、骄横一世　悲惨丧生

刘义恭是位喜怒无常、性格极其不稳定的人，他的嗜好总是随时发生改变。他从不在一个地方住太久，屡次搬迁住宅；与人交往，虽然较为热情，可总是不

---

[1] 事见《宋书·武三王列传》："时世祖严暴，义恭虑不见容，乃卑辞曲意，尽礼祗奉，且便辩善附会，俯仰承接，皆有容仪。每有符瑞，辄献上赋颂，陈咏美德。大明元年，有三脊茅生石头西岸，累表劝封禅，上大悦。"

[2] 语见《宋书·武三王列传》："义恭解尚书令，加中书监；柳元景领尚书令，入住城内。事无巨细，悉关二公；大事与沈庆之参决，若有军旅，可为总统。尚书中事委颜师伯。外监所统委王玄谟。"

宋废帝刘子业

刘子业（449～466），宋孝武帝刘骏长子，南北朝时期南朝宋第六位皇帝。其在位时，荒淫无度，凶残暴虐，滥杀大臣。

会长久；他生活奢侈无度，挥金如土。他周围的亲戚或亲信们随时可以请赏，刘义恭高兴时便大肆赏赐，有时一天的赏赐，可达一二百万之巨；但如果这些人对他略有得罪，他便要追索对他们的赏赐。孝武帝大明年间，朝廷对刘义恭的供给非常丰厚，而刘义恭仍然觉得经济紧张不太够用，因此便常去赊买百姓的物品，无钱可还；当百姓送信请求还钱时，他就在信的末尾写一"原"字，置之不理。刘义恭生性骄奢不节，他在任南兖州刺史加都督时，曾大修楼宇馆所，华丽无比，能与王城相比美。[1]刘义恭喜欢骑马、欣赏音乐，爱好旅游。外出旅游时，常到二三百里以外去。孝武帝一向宽待刘义恭，让他恣意游玩，不加干涉。刘义恭颇有文才，大明年间，他撰写国史，孝武帝亲自为他写了传记。

前废帝刘子业是个狂悖无道的帝王，刘义恭和柳元景便暗中商议废立皇帝的事。不料事情败露，废帝大怒，亲自率领羽林兵到刘义恭府中将他杀死，并杀死了他的4个儿子。废帝觉得仍不解恨，又肢解了刘义恭的尸体，剖裂腹胃，挑出义恭的眼珠用蜂蜜浸渍，作为一种下酒小菜，称为"鬼目粽"。[2]

明帝刘彧起兵诛灭暴君后，即位为帝（465），下诏令表彰刘义恭，诏书中写道："追崇侍中、都督中外诸军、丞相、领太尉、中书监、录尚书事、王如故。给九旒銮辂，虎贲班剑百人，前后部羽葆、鼓吹、辒辌车。"泰始三年（467）。

---

[1] 事见《宋书·武三王列传》："义恭性嗜不恒，日时移变，自始至终，屡迁第宅。与人游款，意好亦多不终。而奢侈无度，不爱财宝，左右亲幸者，一日乞与，或至一二百万；小有忤意，辄追夺之。大明时，资供丰厚，而用常不足，赊市百姓物，无钱可还，民有通辞求钱者，辄题后作'原'字。"

[2] 事见《宋书·武三王列传》："前废帝狂悖无道，义恭、元景等谋欲废立。永光元年八月，废帝率羽林兵于第害之，并四子，时年五十三。断析义恭肢体，分裂肠胃，挑取眼精，以蜜渍之，以为鬼目粽。"

明帝又诏令将刘义恭的灵位陪祭先皇庙庭。刘义恭死后谥号为"文献"。

名 家 评 说

　　故中书监、太宰、领太尉、录尚书事江夏王，道性渊深，睿鉴通远，树声列藩，宣风铉德，位隆姬辅，任属负图，勤劳国家，方熙托付之重，尽心毗导，永融雍穆之化。而凶丑忌威，奄加冤害，夷戮有暴，殡殓无闻，愤达幽明，痛贯朝野。朕蒙险在难，含哀莫申，幸赖宗祏之灵，克纂祈天之祚，仰惟勋戚，震恸于厥心。昔梁王征庸，警跸备礼；东平好善，黄屋在廷。况公德猷弘懋，彝典未殊者哉！

——南朝·宋太宗诏书，载于《宋书》

　　戒惧乎其所不睹，恐畏乎其所不闻，在于慎所忽也。江夏王，高祖宠子，位居上相，大明之世，亲典冠朝。屈体降情，槃辟于轩槛之上，明其为卑约亦已至矣。得使虐朝暴主，顾无猜色，历载逾十，以尊戚自保。

——梁·沈约《宋书》

和士开

和士开

和士开（524～571），字彦通，北齐武成帝时任右仆射、后主高纬时封淮阳王，追赠左丞相、太宰。南北朝时清都临漳（今河北磁县南）人。父和安，官至刺史；母刘氏。和士开生性聪明乖巧，能很精彩地玩一种名叫"握槊"的古博戏。他能说会道，善于溜须拍马，深受皇帝的信任和宠幸。和士开也是位浪荡不羁的人物，他与胡太后私通，秽乱宫闱，但仍能继续作为齐后主高纬的宠臣恣意所为，操纵朝政。当亲王大臣们合谋惩治他时，他巧妙地施用诡计，贿赂大臣娄定远，分化敌手，并借助后主高纬和胡太后的宠信，最终化险为夷。不但没受丝毫损失，反而被加官进爵，大肆奖赏。于是和士开仗势欺人，威权更盛。但后来，他还是被琅琊王高俨等人巧设禁锢，将其秘密斩杀，死后仍受到后主高纬的万分哀悼和追赠。

一、生性乖巧　皇帝恩宠

和士开的先祖是西域少数民族经商者，本姓素和氏。和士开的父亲名叫和安，是位恭敬机敏、善与人交往、喜攀交上层人物的人，任中书舍人之职。东魏孝静帝曾经在夜晚召见朝臣讲集，命令和安观察北斗、斗柄所指天象，和安答到："小臣我不识北斗。"当时北齐王高祖后被追谥为神武帝的高欢在场，他认为和安是位老实淳直的人，对他很是赞赏。和安还当过仪州刺史。

和士开从小便聪明伶俐，学习很有悟性，才思敏捷，被选拔为国子监学生，深受同学们的敬佩和老师的偏爱。天保初年（550），高湛被封为长广王，破例招和士开为王府参军。[1] 和士开有许多业余爱好，其中最为拿手的是玩一种名叫"握槊"（双陆一类）的博戏，长广王高湛爱好此博戏，因此提拔了和士开。另外，由于和士开为人乖巧灵便，善察人意，又能弹一手好琵琶，因此和高湛日渐亲密，自然大受宠幸。和士开非常会说话，他曾谀赞长广王高湛说："殿下您不是天人，而是天帝啊！"高湛听后大喜，也回赞了一句说："爱卿你不是世人，而是世神啊！"

高　湛

从这就能看出他们间的关系密切的程度了。[2] 显祖文宣帝高洋知道和士开是个轻浮浅薄的人，曾命令长广王不要与这种小人相亲善，责备高湛与和士开戏狎过度，并将和士开驱逐出京城，戍守长城。后经过长广王高湛的帮助，和士开又回京做了京畿士曹参军。

　　高湛即位后，将和士开任命为侍中，加升府仪同三司。和士开的母亲刘氏去世时，和士开在家丁忧，武成帝高湛同样悲悼惋惜不已。高湛特派武卫将军吕芬专程到和府，昼夜守护在和士开身边，一直等到他守丧期满后才回朝。满丧归朝那日，高湛专门派遣牛车迎接和士开进宫。两人见面后，高湛紧紧握住和士开的手，伤感怆恻得流泪，劝慰了好久，这才分手。[3]

　　和士开日益被高湛看重，又被加封为右仆射，并将和士开的四位弟兄一起官复原职，大加赏赐，由此可见武成帝对和家的恩宠已经很重了。高湛喜欢饮酒，

[1] 事见《北齐书·恩倖列传》："天保初，世祖封长广王，辟士开府行参军。世祖性好握槊，士开善于此戏，由是遂有斯举。"

[2] 事及语见《北齐书·恩倖列传》："尝谓王曰：'殿下非天人也，是天帝也。'王曰：'卿非世人也，是世神也。'其深相爱如此。"

[3] 事见《北齐书·恩倖列传》："世祖践祚，累除侍中，加开府，遭母刘氏忧，帝闻而悲怨，遣武卫将军吕芬诣宅，昼夜扶侍，成服后方还。其日，帝又遣以犊车迎士开入内，帝见，亲自握手，怆恻下泣，晓喻良久，然后遣还。"

但又患有气疾的老毛病，只要一饮酒便发作起来，和士开为此多次劝谏，可高湛都不听。有一次和士开又遇到高湛病发，却又要饮酒，便独自欷歔落泪不语，高湛被和士开这番情意所感动。他说："爱卿这是不言之谏。"于是便不再饮酒了。

高湛与和士开的关系可以说是亲密无间了，二人平时的言谈举止，极为随便，鄙贱猥亵，两人通宵地玩乐，根本不顾君臣间应有的礼节。和士开竟大胆地劝高湛说："自古以来，帝王无数，尽为灰烬。贤德的尧、舜、与暴虐的桀、纣，结局又有什么不同？，所以陛下您应趁少壮之年，恣意行乐，纵横分享，放任情怀，这就是一日快活胜过千年啊！你将国政杂事吩咐大臣们去办，您尽可放心玩乐，不要有忧虑，更不要为自己找苦吃了！"[1]

武成帝听后非常高兴，对和士开也更重视了，同年十二月份，高湛病重卧于乾寿殿内，和士开接到命令入宫待奉，负责治疗等事。高湛说和士开有商朝伊尹、汉朝霍光的辅佐治政的非凡才干，因此迫切地把后事托付给他。高湛临终前，握着和士开的手说："不要辜负我啊！"直到咽了气，手还没有松开。[2]

二、秽乱宫闱　操纵朝政

高湛去世后，由高纬继承父位。北齐后主高纬念及父皇对和士开的信任重视及临终的托付，也对和士开非常信赖。和士开又与胡太后亲密，得到了她的宠爱，此时更加肆无忌惮。赵郡王高睿与大臣娄定远等人筹谋驱逐和士开，常聚集朝中亲贵们同商计策。正好有一次胡太后在前殿摆酒招待众亲贵王侯，高睿乘机当面陈词，列举和士开的罪过，他说："和士开是先皇帝的一个弄臣，城狐社鼠之辈。他大肆行贿受贿，秽乱宫掖，臣等不能袖手旁观、视而不见而任其为非作歹，因而冒死以谏。"胡太后厉声说到："和士开是先皇帝看重的。先皇帝在世时，你们为何不早说，现在再说，是想欺负我们孤儿寡母吗？你们现在只管饮酒，不要再说什么了。"高睿听后继续陈说，言词更加严厉，有人喊到："不逐走和士开，朝廷不得安宁！"高睿等人有的将官帽扔到地上，有的拂衣而起，大呼

[1] 事及语见《北齐书·恩幸列传》："言辞容止，极诸鄙亵，以夜继昼，无复君臣之礼。至说世祖云：'自古帝王，尽为灰烬，尧、舜、桀、纣，竟复何异。陛下宜及少壮，恣意作乐，纵横行之，即是一日快活敌千年。国事分付大臣，何虑不办，无为自勤苦也。'"
[2] 事及语见《北齐书·恩幸列传》："世祖谓士开有伊、霍之才，殷勤属以后事，临崩。握士开之手曰：'勿负我也。'仍绝于士开之手。"

小喊，疾言厉色，无所不至。[1]

第二天，高睿等人又邀约一起到云龙门前，派文遥入宫奏说驱逐和士开之事，胡太后不予理睬。段韶让胡长粲再次传奏，太后看出形势逼人，只好托辞说："先帝樟棺还未殡葬，如此大事，仓促处置，恐怕不妥。希望王爷们细加思量为好。"赵郡王高睿等人软了下来，一并拜谢离去，再不好说什么了。

胡太后与后主高纬急忙召见和士开，和士开说："群臣之中，先皇帝对我最信任。陛下您刚开始居丧，大臣们都有觊觎之心。倘若将我逐出朝廷，正是替别人剪除了陛下的羽翼。最佳办法是您对赵郡王爷等人回复说：'诏令士开去做州官，等安葬完先帝以后再行发遣。'他们以为真的将我驱逐，必定心喜不已。"太后和高纬认为和士开的计策很好，就照士开所说的去办，声称将和士开贬为兖州（今属山东）刺史。

先帝高湛安葬完毕，赵王高睿等人催促和士开离京赴任。这时，和士开有了新招，他用车装载着美女、珠帘及各种宝玩，来到娄定远家感谢道："朝中王公贵人都想杀掉我，蒙您为我说情，赐我一条性命、不让我去做地方长官，真是恩重如山。而今我要走了，谨献上美女二人、珠帘一幅聊表心意。"娄定远十分高兴，对和士开说："还想回朝吗？"和士开委婉地回答："在朝中太久了，惶惶地并不安宁；而今得以出京为官，着实符

北朝文士、武士俑

[1]事及语见《北齐书·恩倖列传》："属太后觞朝贵于前殿，睿面陈士开罪失，云：'士开先帝弄臣，城狐社鼠，受纳货贿，秽乱宫掖，臣等义无杜口，冒死以陈。'（接下页）

合我的心意，我不想再回来了。只是请王爷您为我多加维护，使我能长久做个大州的刺史。今日远别而去，很想向陛下和太后作最后的辞行，不知您能否帮这个忙。"娄定远吃人嘴短，在重礼面前只好应允了。[1]

在娄定远的关照下，和士开再次见到太后和后主。和士开动情地说："先皇帝溘然驾崩，为臣我自愧没能跟从而死。我揣度朝臣权贵们的意图，他们是打算让陛下您做第二个即位不久即被废掉的乾明皇帝啊！我出京之后，朝中必有大变。我有什么脸面去九泉之下见先皇帝呢？"随即痛哭起来。他这一招果真打动了后主和太后，他们也跟着哭泣，并询问有什么计策。和士开一看火候到了，立即说："为臣我已进到宫中，没有什么可顾虑的，只须立即颁行诏书即可。"后主采纳了和士开的建议，立即下诏：贬黜娄定远为青州（今属山东）刺史；谴责赵郡王高睿破坏君臣之礼，心怀不轨，召入宫中将其斩杀；恢复和士开侍中、右仆射之职。娄定远看大势不妙，只好将和士开馈赠的重礼全部吐了出来，并归还原主，还另外用许多珍宝贿赂和士开。

武平元年（570），和士开受封为淮阳王，除尚书公，录尚书事，官复原职。可见，和士开不是一般的朝臣。政治手腕极端严酷，在自身临危之时，反戈一击，将政敌致于死地，而自己重掌大权，操纵朝政。

早在世祖高湛在世时，常常让和士开与胡太后玩"握槊"游戏。和士开出入内宫十分随便，没有什么时间限制，因此为与太后私通提供了方便条件。[2]世祖高湛驾崩以后，和士开毫无顾忌，更加放肆。和士开虽庸鄙，不学无术，谈吐议论总是谄媚自诩，但他的花言巧语却深得太后的喜欢。他真是在朝中一手抱着太后，一手操纵权柄，应有尽有，呼风唤雨，兴盛一时。但在这风光的背后却往往

（接上页）太后曰：'先帝在时，王等何不道，今日欲欺孤寡耶！但饮酒，勿多言。'睿词色愈厉。或曰：'不出士开，朝野不定。'睿等或投冠于地，或拂衣而起，言词咆勃，无所不至。"

[1] 事及语见《北齐书·恩倖列传》："士开戴美女珠廉及条诸宝玩以诣定远，谢曰：'诸贵欲杀士开，蒙王特赐性命，用作方伯。今欲奉别，谨具上二女子、一珠帘。'定远喜，谓士开曰：'欲得还入不？'士开曰：'在内久，常不自安，今得出，实称本意，不顾更入，但乞王保护，长作大州刺史。今日远出，愿得一辞觐二宫。'定远许之。"

[2] 事见《北齐书·恩倖列传》："世祖时，恒令士开与太后握槊，又出入卧内无复期限，遂与太后为乱。"

藏有杀机。

三、贪财好色　招祸杀身

武成帝河清（562～564）、后主高纬天统年（565～569）以后，和士开的威权日盛一日，国中的客商大贾朝夕盈门拜见他；一些不知廉耻的朝士也竞相前来依附，有的还请求做他的干儿子，与那些市民小人称兄道弟。有一位士人，曾到和府参拜，正巧碰到和士开生病，医生说："王爷害的是严重的伤寒病，吃药无效，应服用黄龙汤即粪水。"和士开面有难色，不想喝。这个士人便进前说："这服药甚为有效，王爷您不必疑惑。请让我替您先尝一尝吧。"他拿起来一饮而尽。和士开为之感动，勉强喝下了黄龙汤，出了一身汗，病就好了。[1]

和士开势倾朝廷。已经到了无法无天的地步。一些人投机钻营向和士开献媚。和士开不问贤愚一律加以提拔任用；而有些人坚持正理，不符合和士开的心意，和士开记在心里，伺机追杀。和士开见到有人因罪将被处死，常常加以营救。犯人免死后，和士开立即让人传喻，责令所救之人拿出珍宝酬谢，称之为"赎命物"。虽说这是救人一命的善事，却非正道，并不光彩。

和士开一生大权在握，除了收受贿赂，生性好色。他竟然能勾引上皇后，和太后明目张胆地私通，路人皆知，琅琊王高俨对此非常憎恨，逐与

北齐娄睿墓仪卫出行图

[1] 事及语见《北齐书·恩倖列传》："又有一人曾参士开，值疾。医人云：'王伤寒极重，进药无效，应服黄龙汤。'士开有难色。是人云：'此物甚易与，王不须疑惑，请为王先尝之。'一举便尽。士开深感此心，为之强服，遂得汗病愈。"

领军库狄伏连、侍中冯子琮、御史王子宜、武卫高舍洛等朝臣武将谋划，以图诛杀和士开。库狄伏连征调京畿部队军士，命令他们守卫在皇宫神武门和千秋门外，暗令他们不要放和士开进殿。

571年农历七月二十五日早晨，和士开依照惯例进宫早朝。库狄伏连在门外拉住和士开的手说："现在有一件大好事情等着您去做。"王子宜乘机送上一函"诏令"说："是圣上令您去御史台视事。"随即派兵士护送，将和士开禁锢在治书侍御厅事。高俨派都督冯永洛将和士开在禁锢处斩杀。和士开时年48岁。随着，又将和士开全家查抄收监。[1]

后来，高俨等人也被诛杀。后主高纬对和士开之死十分哀痛，为此数日不理朝政，追悼忆念不已。为表恩遇，高纬下诏提拔和士开的儿子和道盛担任常侍，又特意任命和士开的弟弟和士休入内省参典机密大事。追赠和士开假黄钺、十州诸军事、左丞相、太宰如故。看来，和士开死后依然很风光。

名 家 评 说

士开幼而聪慧，选为国子学生，解悟捷疾……士开禀性庸鄙，不阅书传，发言吐论，惟以谄媚自资。

——唐·李百药《北齐书》

赵郡王叡，与琅琊王俨，俱为和士开一人而死，叡之死，比俨更冤。俨得杀士开，尚足泄一时之愤，而叡第知强谏，竟死牝后淫人之手，设九泉之下，叔侄重逢，（叡为俨从叔。）叡毋乃自笑弗如乎！然叡与俨之所为，俱以忿率致亡。叡误于太愚，俨误于太莽，不能顾全大局，徒与一幸臣拚命，击之不中，徒自伤躯，击之幸中，亦不过除得一奸，盈廷皆妇女小人，徒除一蠹，果有何益！

——蔡东藩《南北史演义》

---

[1] 事及语见《北齐书·恩倖列传》："其年七月二十五日旦，士开依式早参，伏连前把士开手曰：'今有一大好事。'王子宜便授函，云：'有敕令王向台。'遣兵士防送，禁于治事厅事，俨遣部督冯永洛就台斩之，时年四十八，簿录其家口。"

【隋】

杨 素

杨素（544～606），字处道，隋文帝时司徒。封越国公。弘农华阴（今陕西华阴）人。他的祖父杨暄，曾做过北魏辅国将军、谏议大夫。父亲杨敷，做过北周的刺史。大业二年（606）升为司徒。杨坚做了北周丞相，杨素主动向杨坚靠拢，杨坚也很器重他。后杨坚废北周，自称为帝，杨素受到重用，为隋统一全国，立下了汗马功劳。

一、机动灵活　陈朝兵败

杨素小的时候就胸怀大志，不拘小节，大家都没看出来，只有一个亲戚感到杨素与众不同，每次对子孙提起总是说："处道出类拔萃，不是你们能比得上的。"[1]年轻时，杨素喜欢钻研学问，涉猎很广，擅长书法，写得一手好文章。他相貌堂堂，须髯飘逸，有英杰之表。一次，他替父上诉申理，北周武帝不许，杨素反复再三，激怒圣上，圣上命左右斩之，杨素临危不惧，大声说道："臣事奉无道天子，死是分内的事。"武帝认为他很有胆识，破格封为车骑大将军。并命他写诏书，挥笔而就，词美意深。武帝大加赞赏，对杨素说："好好勉励自己，不要担心不能富贵。"没想到杨素应声答道："我只担心富贵来逼我，因我无心图谋富贵。"[2]

杨　素

[1]语见《隋书·杨素列传》："处道当逸群绝伦，非常之器，非汝曹所逮也。"

[2]事及语见《隋书·杨素列传》："（素）善属文，工草隶，颇留意于风角。美须髯，有英杰之表。周大冢宰宇文护引为中外记室，后转礼曹，加大都督。武帝亲总万机，素以其父守节陷齐，未蒙朝命，上表申理。帝不许，至于再三。帝大怒，命左右斩之。（接下页）

隋文帝称帝后二年，曾兴兵南攻陈朝，但因条件不成熟而不得不退兵。为了消灭江南的陈朝，进而统一全国，隋文帝进行了长期的准备工作。这期间杨素也多次进谏攻取陈朝的办法。不久他又奉命到永安（今四川奉节）督造战船，训练水兵，造出了名曰"五牙"的大战船，船上起楼五层，高百余尺，左右前后各有6根拍竿，便于接舷水战时用以拍击敌船。船上可容纳水兵800人，还可插上旗帜。另外还造出了名叫"黄龙"的战船，可容纳水兵百余人，以及几千艘称为"平乘"、"舴艋"的小战船。[1]

作战准备停当，开皇八年（588）十月，隋文帝出动大军51.8万人，兵分8路，同时从长江上中下游进攻陈朝。这三路人马分别为：秦王杨俊率水陆军由襄阳沿汉水进屯汉口；清河公杨素从永安率水军东下；荆州刺史刘仁恩出江陵接应杨素。三路人马的目标是进击武昌以西的陈军江防部队，阻止陈军向下游机动，保障下游隋军夺取陈朝首都建康（今江苏南京）。

杨素为行军元帅，率水师过三峡，部队到了流头滩（今湖北宜昌西约100里处，又名虎头滩）。流头滩以东有一险滩，名为狼尾滩，从狼尾滩再往东二里处还有险滩一处，名叫人滩，两滩附近，怪石嶙峋，夏没冬出，易守难攻，地势十分险峻。陈朝将领戚欣，率领"青龙"战船百余艘，屯兵数千人守卫狼尾滩，妄图阻遏杨素的军路。因见这一带地势险峭，诸将都很担忧。杨素却说："胜负在此一举。如果白天进攻，敌人容易发现我军，加上滩流迅急，对我军的攻势极为不利。"[2]于是隋军便以夜色为掩护，杨素亲自指挥"黄龙"战船近千艘，顺流而下，又派部将王长袭率领步兵从南岸攻击戚欣的水营栅栏，并令刘仁恩率领骑兵

（接上页）素乃大言曰：'臣事无道天子，死其分也。'帝壮其言，由是赠敫为大将军，谥曰忠壮。拜素为车骑大将军、仪同三司，渐见礼遇。帝命素为诏书，下笔立成，词义兼美。帝嘉之，顾谓素曰：'善自勉之，勿忧不富贵。'素应声答曰：'臣但恐富贵来逼臣，臣无心图富贵。'"

[1]事见《隋书·杨素列传》："上方图江表，先是，素数进取陈之计，未几，拜信州总管，赐钱百万、锦千段、马二百匹而遣之。素居永安，造大舰，名曰五牙，上起楼五层，高百余尺，左右前后置六拍竿，并高五十尺，容战士八百人，旗帜加于上。次曰黄龙，置兵百人。自余平乘、舴艋等各有差。"

[2]语见《隋书·杨素列传》："胜负大计，在此一举。若昼日下船，彼则见我，滩流迅激，制不由人，则吾失其便。"

岐亭攻栅（选自《马骀画宝》）

从江北兼程西上，三路人马突然袭击，戚欣措手不及，仓惶逃窜。战斗结束后，杨素将陈军俘虏遣散回家，秋毫不犯，令陈国百姓感激不尽。

杨素指挥水师继续东下，战船劈波斩浪，旌旗盔甲在阳光下熠熠闪光，杨素乘着平底大船，容貌雄伟，陈人见了惊叹不已，都说："清河公真乃江神也。"[1]杨素到达岐亭（今湖北宜昌西北西陵峡口）时，遇到了一股劲敌。陈朝将领吕忠肃已在峡口设防以待，不但扎下了坚固的水陆营寨，而且在两岸岩石中凿眼下桩，横江西设置了三根铁锁链，企图拦住隋军战船，为了固守峡口，吕忠肃把自己的私产全部捐献出来充军，所以，他的部队斗志昂扬，防御也很严密。杨素经过多次分析决定强攻，他与刘仁恩部（陆军）双管齐下，杨素亲自指挥水师进攻吕忠肃的水寨。开始，隋军损失很大，5000多士兵被杀，但杨素毫不气馁，连续发动攻势，于此同时采取攻心战术，对俘虏的陈军将士，以礼相待，无条件释放，再次捉住，再次释放，有的将士甚至三捉三放，极大地动摇了吕忠肃的忠心。经过几十次大小战斗，陈军士气日渐低落，无法招架，被迫放弃岐亭，吕忠肃只好率领残兵退守荆门的延州（今湖北宜都西北）。隋军随后占领了岐亭，拆毁了江中三根铁链。吕忠肃负隅顽抗，杨素派巴兵1000人，乘五牙战船四艘，交战中，隋军用拍竿击翻了陈军青龙战船十几艘，陈军大败，被俘的甲士有2000多人。这时，防守公安的陈慧纪以及镇守安蜀城的顾觉，见大势已去，烧毁物资，率3000兵和千艘战船向东撤退。此后，巴陵（今湖南岳阳）以东的守军，不敢再与杨素交战，湘州刺史，岳阳王陈叔慎派使臣向杨素投降。第二年春天，杨素进达汉口，胜利完成了从翼侧方向进攻陈朝的作战任务。战后，杨素因战功被封为荆州总管和郢国公，不久又改封越国公。[2]

二、一鼓作气　平叛江南

隋朝灭陈后，江南士族地主土豪，由于对隋的制度、法律不满，纷纷起兵作乱，有的自称大都督，有的自称皇帝，多的拥兵数万，少的也有几千士兵，互相影响，大肆杀害地方官吏。为了镇压地方豪强势力，巩固统一的局面，隋文帝任

[1]语见《隋书·杨素列传》："清河公即江神也。"

[2]事见《隋书·杨素列传》："及还，（素）拜荆州总管，进爵郢国公，邑三千户，真食长寿县千户……素言于上曰：'里名胜母，曾子不入，逆人王谊，前封于郢，臣不愿与之同。'于是改封越国公。"

命杨素为行军总管，率领军队南下征讨。

开皇十年（590）杨素率领水军从杨子津（今江苏仪征南），沿长江东下，攻下占据京口（今江苏镇江）的朱莫问。之后顾世兴自称太守，与他的都督鲍迁等再次拒战，杨素迎头痛击，大败叛军，俘虏敌军3000多人。随后乘胜追击无锡贼帅叶略，并迅速平叛。这时忽闻敌帅沈玄憎、沈杰等围攻苏州城，刺史皇甫绩屡战屡败，形势很危急。杨素得知，立即率兵支持，沈玄憎兵败，仓惶投奔贼帅陆孟孙。杨素善于用兵，把握战机，略施小计便击败陆孟孙部，生擒陆孟孙和沈玄憎。[1]

隋文帝杨坚
——从明弘治十一年（1498）《历代古人像赞》

江南叛乱势力中最大的一股，是占据越州（今浙江浦阳江、曹娥江流域及余姚县地区）自称天子的高智慧。他有战船千艘，屯据要害，兵力强大。高智慧听说杨素率军前来，便亲自统率几万人马在浙江东岸立下营垒，水军沿江扎了水寨，方圆100余里内，旌旗蔽空，营帐林立，声势浩大。为了迅速消灭高智慧，杨素召集将领们商讨进攻方案。副将来护儿建议说："高智慧以逸待劳，锐气正盛，船只众多，利于水战，如果正面进攻，高军必然拼死作战，不易取得胜利。不如以主力严阵以待，让我率领几千名精锐部队偷渡过江，出其不意地摧毁其营寨，大军乘机出动，使高智慧欲进不能，欲退无路。这是韩信背水设阵，两路夹攻，大破赵军的计策呀！"杨素采纳了这一方案。

当晚，来护儿率领几千精兵，乘几百艘轻便战船，悄悄渡过浙江，登上东岸，黎明之前突然攻入高军营中，到处放火。高军将士从睡梦中惊醒，忽见烟火弥漫，惊恐万状。杨素乘机指挥大军猛攻高营，高智慧组织部队仓惶迎战，战斗从清晨持续到下午，异常激烈，高军损失惨重，溃不成军。高智慧率余部乘战

---

[1] 事见《隋书·杨素列传》："素率舟师入自杨子津，进击破之。晋陵顾世兴自称太守，与其都督鲍迁等复来拒战。素逆击破之，执迁，虏三千余人。进击无锡贼帅叶略，又平之。吴郡沈玄憎、沈杰等以兵围苏州，刺史皇甫绩频战不利。素率众援之，玄憎势迫，走投南沙贼帅陆孟孙。素击孟孙于松江，大破之，生擒孟孙、玄憎。"

隋代敦煌壁画——倚乐天

船逃入海中，取海道向南逃窜。于是，杨素兵分两路，一路由部将史万岁率领2000人马，自东阳（今浙江金华）进入山区，扫荡小股叛乱势力；一路由杨素亲自率领，取捷径，走余姚追截高智慧。杨素追到永嘉（今浙江温州）时，截住了高智慧，迫其交战，又大败高军，擒获了几千人。高智慧率领余部继续南逃，最后投奔了泉州（今福州地区）叛乱的王国庆。进入山区的一路部队，在史万岁的指挥下，翻山涉水，转战山区1000多里，前后经过700余战，历时3个多月，消灭了沿途的叛乱力量，但是没成想却和杨素失去了联系。后来，史万岁将报捷书信装在竹筒中，浮之于水，顺流而下，才和杨素取得了联系。

　　隋文帝考虑到杨素军旅辛苦，长期在外，就下诏令他回朝受赏，并给他的儿子玄感加官，但杨素认为，叛军还没有最后消灭，如果不一鼓作气扫平贼寇，恐后患无穷，因此他请求暂缓返京，继续剿匪。隋文帝很赏识杨素这种锲而不舍的精神，立即下诏："江南的叛匪，兴风作乱，虽经多方剿杀，仍有部分贼首凶魁，逃到深山洞穴之中，如果不乘胜追击，恐怕他们重新集结，重扰百姓。内史令、上柱国、越国公杨素识古通今，谋略长远，应该委以重任，统率三军，振武扬威，平定叛乱，慰劳黎庶，无论军民事务，一律由他处理。[1]"

杨素到了会稽，这时，泉州当地的豪族王国庆派人刺杀了刺史刘弘，占据泉州为非作乱，各路叛军纷纷归附于他，气焰非常嚣张。但他自以为海路险阻，杨素所率的北方部队不习惯航海，于是麻痹大意，不设防务。杨素利用敌人轻敌，历尽艰险，率水师从海道以迅雷不及掩耳之势袭击泉州，王国庆做梦也没想到隋军从天而至，仓惶迎战，旋即弃州而走，他的手下部将见主帅已败，纷纷散匿于各海岛，杨素不容敌人有喘息之机，分遣诸将，水陆并进追剿叛军。同时，派人秘密联络王国庆，告诉他："你犯的罪不小，只有交出高智慧，方可免于治罪。"[2]王国庆自忖良久，最后不得不交出高智慧，在泉州问斩。不久王国庆手下的各路叛将纷纷向杨素投诚，江南从此太平。皇上派左领军将军独孤陀迎接犒劳杨素的军队，封杨素的儿子玄奖为仪同，赐黄金40斤，马200匹，羊2000头，公田100顷。[3]

连年征战，民不聊生。隋朝统一全国，是民心所向。江南陈朝余孽割据一方，发动叛乱，是逆历史潮流而动，所以杨素肩负历史使命，平定叛乱，维护统一是值得肯定的。战斗中他指挥若定，乘胜追击，速战速决，转战江南几千里，历经大小战斗1000次，用兵时间不到一年，其速度之快令人吃惊。尤其当隋文帝令他回京受赏时，他没有为求封赏而停止进兵，得到隋文帝的支持，最后一鼓作气平定江南叛乱，确是位不可多得的帅才。

三、巧用骑阵　战胜突厥

开皇十九年（599），东突厥的都蓝可汗与达头可汗结盟，合兵进攻突利可汗，双方大战于长城附近，结果突利可汗兵败降隋。根据既定的远交近攻、离强

---

[1] 文见《隋书·杨素列传》："江外狂狡，妄构妖逆，虽经殄除，民未安堵。犹有贼首凶魁，逃亡山洞，恐其聚结，重扰苍生。内史令、上柱国、越国公素，识达古今，经谋长远，比曾推毂，旧著威名，宜任以大兵，总为元帅。宣布朝风，振扬威武，擒剪叛亡，慰劳黎庶，军民事务，一以委之。"

[2] 语见《隋书·杨素列传》："尔之罪状，计不容诛。唯有斩送智慧，可以塞责。"

[3] 事见《隋书·杨素列传》："上遣左领军将军独孤陀至浚仪迎劳。比到京师，问者日至。拜素子玄奖为仪同，赐黄金四十斤，加银瓶，实以金钱，缣三千段，马二百匹，羊二千口，公田百顷，宅一区。"

隋朝时期釉面勇士俑

扶弱、伺机用兵的战略方针，隋文帝一面封突利可汗为启民可汗，用以牵制突厥中的反隋力量，一面派高颎、杨素率兵出塞，进击都蓝可汗和达头可汗。

不久，突厥达头可汗犯隋边境，隋文帝派杨素为云州道行军总管，出塞讨伐，赐黄金百斤。以往，隋军将领与突厥作战，一般都布成方阵。因为突厥军队都是精锐的骑兵，非常凶悍，冲杀起来，锐不可挡。采用方阵，可以阻遏突厥骑兵的凶猛攻势。所谓方阵，即用兵车和其他障碍物结成四面防御的屏障，步兵持长兵器在兵车上下迎战，骑兵置于方阵中央。隋军曾多次用方阵进攻达头可汗，都打成平手。此次出征杨素认为："方阵是防御的办法，不是取胜之道。"于是摒弃旧法，令部队采用骑阵。为此，杨素亲自演练部队。达头可汗听说隋军不用方阵，非常高兴，说："这真是老天有眼，赐我良机呀！"为此，他还特地下马仰天大拜，之后率精骑十多万浩浩荡荡进攻杨素。开战之后，杨素先派部将率领一部分精锐部队出列迎战，战斗进行了一会儿，杨素抓住战机指挥骑兵主力部队向突厥可汗突然猛攻，敌人措手不及被杀得落花流水，抱头鼠窜。达头可汗也身负重伤，领兵远逃，敌军哭爹喊娘，狼狈不堪。[1]与此同时，都蓝可汗也被高颎一军战败，不久为部将所杀，此后，东突厥逐渐被启民可汗所控制。

杨素作战之前，凡有触犯军令的，立即处斩决不宽贷，每次迎战，故意寻找士兵的过失，借口杀戮，最多时能杀百余人，少的时候也有十几个人。两军对阵，杨素往往派一二百人做先锋，如不胜而回就全部杀掉；再派二三百人打前锋，

---

[1] 事及语见《隋书·杨素列传》："先是，诸将与虏战，每虑胡骑奔突，皆以戎车步骑相参，舆鹿角为方阵，骑在其内。素谓人曰：'此乃自固之道，非取胜之方也。'于是悉除旧法，令诸军为骑阵。达头闻之大喜，曰：'此天赐我也。'因下马仰天而拜，率精骑十余万而至。素奋击，大破之，达头被重创而遁，杀伤不可胜计，群虏号哭而去。"

不胜照杀不误。所以杨素的将士对他极其敬畏，作战英勇，战无不胜，攻无不克，同时杨素对待跟随他南征北战的将士，也有功必录，因此尽管杨素为人严厉凶狠，大家还是愿意跟着他。[1]

开皇二十年，隋文帝任命杨素为行军元帅，再次出征剿杀突厥，连连得胜，突厥兵招架不住，狼狈逃窜。杨素率骑追击，当晚即将追上突厥兵，再次进攻，杨素又怕敌军逃得更快，如果此次不能痛击敌人，隋军士气就会大大受损。深思熟虑之后，杨素决

隋代骆驼陶像

定让他的骑兵稍后，放慢速度，自己亲自带领两名骑兵和两名俘虏悄悄跟在突厥的大队人马后面。不久，突厥兵准备安营扎寨，放松了警戒，杨素见时机已到，乘着夜色，突然发出进攻的命令，隋军将士个个争先，英勇无比，疲惫不堪的突厥兵顷刻间被杀得阵脚大乱，尸横遍野。从这以后，突厥兵再也不敢擅自侵扰隋境。杨素因为破敌有功，阴荫子孙，子玄感受封柱国，玄纵官至淮南郡公。

过了不久，汉王谅造反，派茹茹天保攻占了蒲州（今山西永济、河津、临猗、闻喜及运城西南），又派王聃子率几万叛军与茹茹天保合力据守。杨素奉命平叛，他指挥轻骑5000兵突袭蒲州，茹茹天保兵败逃亡，王聃子慌忙投诚成了阶下囚。杨素回蒲州的时间和他出征时计算的日期不差分毫。隋文帝接着委任杨素为并州道行车总管、河北安抚大使，率领数万隋军征讨汉军。汉王谅派部将赵

---

[1]事见《隋书·杨素列传》："素多权略，乘机赴敌，应变无方，然大抵驭戎严整，有犯军令者，立斩之，无所宽贷。每将临寇，辄求人过失而斩之，多者百余人，少不下十数。流血盈前，言笑自若。及其对阵，先令一二百人赴敌，陷阵则已，如不能陷阵而还者，无问多少，悉斩之，又令三二百人，复进，还如向法。将士股栗，有必死之心，由是战无不胜，称为名将。素时贵倖，言无不从，其从素征伐者，微功必录，至于他将，虽有大功，多为文吏所谴却。故素虽严忍，士亦以此愿从焉。"

子开统兵 10 余万，布阵 50 里。杨素根据敌情，派诸将引兵迎敌，亲自带领精兵，从崖谷攀缘而上，绕到敌军营寨，一仗就大破敌军，杀死、杀伤数万敌人。汉王乘机潜逃，杨素率兵紧追不舍，追到介休城（今山西介休城），汉王的部将梁修罗屯兵于此，听说威名远扬的杨素来了，还没开仗，就害怕得弃城而走。杨素继续追击，距离并州（今山西阳曲以南、文水以北的汾水中游）30 里，汉王谅带领他的部将王世宗、赵子开、萧摩诃等和 10 万人马来迎战。杨素沉着指挥，引兵顷刻间便击败叛军，萧摩诃被迫退保并州，杨素毫不松懈将并州团团围住，汉王谅最后山穷水尽，出城请降。汉王谅的其他余党的叛乱也前后平息。[1]

杨素作为统率，指挥出色，能够依据不同的敌情采取不同的进攻措施：或出其不意，突袭敌军；或一鼓作气连续作战；或身先士卒，巧妙迂回。其战术灵活，战绩卓著，显示出了卓越的军事指挥才能。

公元 606 年，杨素病死，享年 62 岁，谥号"景武"。

名 家 评 说

　　杨素少而轻侠，倜傥不羁，兼文武之资，包英奇之略，志怀远大，以功名自许。高祖龙飞，将清六合，许以腹心之寄，每当推毂之重。扫妖氛于牛斗，江海无波，摧骁骑于龙庭，匈奴远遁。孝其夷凶静乱，功臣莫居其右，览其奇策高文，足为一时之杰。然专以智诈自立，不由仁义之道，阿谀时主，高下其心，营构离宫，陷君于奢侈，谋废冢嫡，致国于倾危。终使宗庙丘墟，市朝霜露，究其祸败之源，实乃素之由也。幸而得死，子

[1] 事见《隋书·杨素列传》："汉王谅反，遣茹茹天保来据蒲州，烧断河桥。又遣王聃子率数万人并力拒守。素将轻骑五千袭之，潜于渭口宵济，迟明击之，天保败走，聃子惧而以城降。有诏征还。初，素将行也，计日破贼，皆如所量。帝于是以素为并州道行军总管、河北安抚大使，率众数万讨谅。时晋、绛、吕三州并为谅城守，素各以二千人縻之而去。谅遣赵子开拥众十余万，策绝径路，屯据高壁，布阵五十里。素令诸将以兵临之，自强奇兵潜入霍山，缘崖谷而进，直指其营，一战破之，杀伤数万。谅所置介州刺史梁修罗屯介休，闻素至，惧，弃城而走。进至清原，去并州三十里，谅率其将王世宗、赵子开、萧摩诃等，众且十万，来拒战。又击破之，擒萧摩诃。谅退保并州，素进兵围之，谅穷蹙而降，余党悉平。"

为乱阶，坟土未干，合门俎戮，丘陇发掘，宗族诛夷。则知积恶余殃，信非徒语。多行无礼必自及。其斯之谓欤！约外示温柔，内怀狡算，为蛇画足，终倾国本，俾无遗育，宜哉！

——唐·魏征等《隋书》

处道少而轻侠，俶傥不羁；兼文武之资，包英奇之略，志怀远大，以功名自许。属隋文帝将清六合，委以腹心之寄。扫妖氛于牛斗，江海恬波；摧骁猛于龙庭，匈奴远遁。若其夷凶静乱，功臣莫居其右；览其奇策高文，足为一时之杰。然以智诈自立，不由仁义之道，阿谀时主，高下其心。营构离宫，陷君于奢侈；谋废冢嫡，致国于倾危。终使宗庙丘墟，市朝霜露，究其祸败之源，实乃素之由也。

——唐·李延寿《北史》

宇文化及

宇文化及（？～619），隋末叛军首领，曾为隋炀帝太仆少卿、右屯卫将军。代郡武川（今内蒙古武川西）人。其父是隋左翊卫大将军宇文述。隋末，宇文化及见隋炀帝昏聩，隋亡必然，竟起兵谋反，另谋建立新朝。虽被剿灭，但加速了隋亡进程。

一、年少不羁　图谋不轨

宇文化及年少时性情凶险，不守法度，喜欢乘快马在道中驰骋，于是长安人都称他是"轻薄公子"。隋炀帝做太子时，经常领禁军，出入卧内，很受宠信。后因屡次接受贿赂，再三被免官，因为太子袒护，不久就又官复原职。不久，宇文化及的弟弟士及娶南阳公主为妻，宇文化及就更加骄横，和公卿相处，常常目中无人，出言不逊。看到别人的狗马珍玩，一定要想办法弄到手才肯罢休。隋炀帝即位后，授他为太仆少卿。[1]一次宇文化及和其弟宇文智及违反规定与突厥交市，隋炀帝杨广得知，大怒，将二人囚于大牢，一关数月，终因公主之故，方免一死。宇文述临终前，乞

宇文化及

[1] 事见《隋书·宇文化及列传》："（宇文化及）性凶险，不循法度，好乘肥挟弹，驰骛道中，由是长安谓之轻薄公子。炀帝为太子时，常领千牛，出入卧内。累迁至太子仆。数以受纳货赂，再三免官。太子嬖昵之，俄而复职。又以其弟士及尚南阳公主。化及由此益骄，处公卿间，言辞不逊，多所陵轹。见人子女狗马珍玩，必请托求之。常与屠贩者游，以规其利。"

游幸江都

——从明万历元年（1573）纯忠堂刊本《帝鉴图说》

求炀帝看在旧情看顾其子，炀帝追忆往昔，于是授宇文化及为右屯卫将军。[1]

大业年间，李密占据洛口（今陕西洋县），隋炀帝非常害怕，躲在江都（今江苏扬州）不敢回京城，而称为"骁果"的随从禁卫大多数是关中人，羁旅劳顿，客居他乡，想念故土，看见炀帝没有西归之意，暗中准备谋反。当时，统领"骁果"的正是武贲郎将司马德戡，屯兵东城，听说兵士欲叛，就派校尉元武达暗地里打探情况，当得知情况属实，非常高兴。这时恰逢武贲郎将元礼、直阁裴虔通互相煽惑："听说陛下打算建丹阳官，看情况没有返京的意思。而'骁果'将士都思念家乡，听说已经暗中商量集体逃亡。我本想将此事告之陛下，但陛下一向最忌讳这类事，知道官兵有逃跑之意，就怕他们性命难保。如果知情不投，东窗事发，我一家老小又难逃族灭。进退两难，我该如何是好？[2]"裴虔通听了

[1] 事见《隋书·宇文化及列传》："述薨后，炀帝追忆之，遂起化及为左右屯卫将军，智及为将作少监。"

[2] 语见《隋书·宇文化及列传》："今闻陛下欲筑宫丹杨，势不还矣。所部骁果莫不思归，人人耦语，并谋逃去。我欲言之，陛下性忌，恶闻兵走，即恐先事见诛。今知而不言，其后事发，又当族灭我矣，进退为戮，将如之何？"

元礼的话说道："我直替你担心。"司马德戡于是就对二人说："我听说关中陷落，李孝常因据守华阴发动叛乱，陛下就将他两个弟弟都杀了，我们的家属都在西边，安能没有类似的麻烦呢！"裴虔通就说："我的子弟都已长大，所以我不能仅仅保全自己，这几天正害怕早晚要遭殃，正不知道该如何是好。"司马德戡于是说："我们的忧虑相同，应当共同想办法，如果'骁果'要逃亡，我们应当和他们一起走。"裴虔通等连忙答曰："诚如公言，乃求生之计，一言为定。"接着又笼络了内史舍人元敏、鹰扬郎将孟秉、直长许弘仁、薛良、城门郎唐奉义、医正张恺等人，日夜聚博，相约为生死之交，同时商议叛乱之事，达成一致。经人引见，宇文智及也被拉拢入伙，此人平时性狂悖，对这类事非常热衷，司马德戡约定三月十五日举兵同反，抢劫禁卫军马和城中居民的财物结伙西归。宇文智及认为不好，他说："如今老天要灭隋，普天之下英雄并起，造反起义的有几万人，应当趁机举大事，创立帝王大业。[1]"司马德戡听后，觉得有道理。正巧，薛良、行枢等将领请求立宇文化及为主，与宇文智及的想法不谋而合，于是相约既定，这才告诉宇文化及。宇文化及初闻此事，非常害怕，脸色大变，冷汗直冒，过了好久才恢复常态，表示同意。[2]

二、率将反叛　自取灭亡

大业十四年（618）三月一日，司马德戡正欲将决定宣言告众，又怕人心不齐，就想了个办法蛊惑"骁果"，于是他对张恺等人说："你是良医，很有威望，出言惑众，大家一定会深信不疑。你可以假传陛下听说骁果欲叛，要你多准备毒酒，设宴毒死他们。"张恺等人照计行事，"骁果"得知互相转告，谋叛的决心更加坚定了。司马德戡知计已行，就于十日将旧友召集到一块儿，把所作所为全部告诉了他们。大家都说："唯将军令是从！"当夜，负责关闭城门的奉义和裴虔通相约，皇城各门都不下锁。三更时分，司马德戡在东城集结数万军队，举起火把和城外叛军遥相呼应。炀帝杨广听到外面有响动，便问何事。裴虔通骗他说："草坊被烧，外面人正在救火，所以嘈杂喧闹。"炀帝信以为真。到了五更，司马

---

[1] 语见《隋书·宇文化及列传》："不然。当今天实丧隋，英雄并起，同心叛者已数万人，因行大事，此帝王业也。"

[2] 事见《隋书·宇文化及列传》："化及性本驽怯，初闻大惧，色动流汗，久之乃定。"

德戡将皇城各门换上自己的卫兵，裴虔通打开城门，亲率几百骑兵，到了成象殿，杀死了将军独孤盛。在武贲郎将元礼的带领下进入内宫，此刻，守卫内宫的士兵早已了无踪影。裴虔通指挥骑兵驰入永巷，大声问道："陛下在哪？"一名面如死灰的美女哆哆嗦嗦地指着西阁说："在那儿。"裴虔通快马加鞭强行闯入西阁，已明真相的炀帝指着裴虔通大声呵斥："你难道不是我的部将吗？我与你有何仇怨，为何造反？"裴虔通答道："臣实在无奈，不敢不反，因为关中将士思念故土，所以用此法奉陛下还京师罢了。"炀帝听后只好说："我和你一起回去。"裴虔通于是派兵看守炀帝。[1]

隋炀帝杨广
——唐阎立本《历代帝王图》，现美国波士顿美术博物馆藏

天亮之后，孟秉派精骑迎来宇文化及。宇文化及还不知道事情结果如何，胆战心惊说不出一句话，凡有人来拜谒他时，宇文化及总是低着头双手按着马鞍回答道："罪过。"当时宇文士及住在公主府，还不知所发生的变故。宇文智及就派家僮桃树去刺杀他，桃树有些不忍，把他绑到智及面前，智及犹豫再三，念手足之情还是把他放了。宇文化及到了城门口，司马德戡上前迎拜，把他引入朝堂，拜为丞相。又命人将炀帝带出江都门以示叛军，之后又将他带回宫中。派令狐行达杀掉杨广，朝中的外戚和忠隋的大臣几十人无论长少一同遇害，只留下秦孝王的儿子浩，做了皇帝。[2]

---

[1] 事及语见《隋书·宇文化及列传》："虔通进兵，排左阁，驰入永巷，问：'陛下安在？'有美人出，方指云：'在西阁。'从往执帝。帝谓虔通曰：'卿非我故人乎！何恨而反？'虔通曰：'臣不敢反，但将士思归，奉陛下还京师耳。'帝曰：'与汝归。'虔通因勒兵守之。"

[2] 事及语见《隋书·宇文化及列传》："至旦，孟秉以甲骑迎化及。化及未知事果，战栗不能言，人有来谒之者，但低头据鞍，答云：'罪过。'时士及在公主第，弗（接下页）

10多天后，叛军人马夺江都（今江苏扬州）人舟船，从水道西归。到了显福宫，宿公麦孟才、折冲郎将沈光等密谋袭击宇文化及，不成想反受其害。宇文化及于是入据六宫，一切奉养如同隋炀帝。每次坐在帐中面南背北，有人向他陈述事情时，他常常默然不对。只在下朝时，才收取状纸，让奉义、方裕等人商议决定。船到徐州，水路不通，逗留期间，宇文化及派人掠夺百姓牛车2000辆，装满宫人珍宝。而部队的戈甲武器等辎重却令士兵背着，道路漫长，士兵个个筋疲力尽，三军将士怨声载道，司马德戡听说对宇文化及非常失望，私下对部将行枢说："当今天下大乱，拨乱反正，必须依靠英明的贤主，宇文化及昏庸糊涂，身边又有不少小人，靠他事将必败，该怎么办呢？"行枢对他讲："干脆，我们废了他算了！"于是和李本、尹正卿等合谋，准备率后军万余名袭杀宇文化及，推司马德戡为主。但不幸消息泄露，宇文化及派兵逮捕司马德戡及10余名党徒，统统杀掉。

隋代武士壁画

这时东都群臣奉越王侗继帝位于洛阳，招瓦岗军领袖李密为太尉，命其讨伐化及。双方战于黎阳（今河南浚县北），化及屡败，北走魏县（今河北大名西南），将士很多叛归李密。化及自知必败，叹息道："人生固当死，岂不一日为帝乎！"于是毒杀杨浩，即帝位于魏县，国号许，改元天寿。[1]武德二年（619），唐遣李神通进攻宇文化及，化及东走聊城（今山东聊城东北）。当时窦建德已立夏国，就以讨逆为名，进攻聊城。同年闰二月，建德攻陷聊城，生擒宇文化及，用囚车送往襄国（今河北邢台），宇文化及与他的两个儿子同时处斩，

（接上页）之知也。智及遣家僮庄桃树就第杀之，桃树不忍，执诣智及，久之乃见释。化及至城门，德戡迎谒，引入朝堂，号为丞相。令将帝出江都门以示群贼，因复将入。遣令狐行达弑帝于宫中，又执朝臣不同己者数十人及诸外戚，无少长害之，唯留秦孝王子浩，立以为帝。"

[1] 事及语见《隋书·宇文化及列传》："化及叹曰：'人生故当死，岂不一日为帝乎？'于是鸩杀浩，僭皇帝位于魏县，国号许，建元为天寿，署置百官。"

许于是灭亡。[1]

宇文化及受恩不报，反思谋反，另立新朝。他虽然没有什么才能，却干尽坏事，为隋朝灭亡推波助澜，在历史上遗臭万年。

名 家 评 说

化及以此下才，负恩累叶。时逢崩拆，不能竭命，乃因利乘便，先图干纪，率群不逞，职为乱阶，拔本塞源，裂冠毁冕。衅深指鹿，事切食蹯，天地所不容，人神所共愤。

——唐·李延寿《北史》

化及庸懦下才，负恩累叶，王充斗筲小器，遭逢时幸，俱蒙奖擢，礼越旧臣。既属崩剥之期，不能致身竭命，乃因利乘便，先图干纪，率群不逞，职不乱阶，拔本塞源，裂冠毁冕。或躬为戎首，或亲行鸩毒，衅深指鹿，事切食蹯，天地所不容，人神所同愤。故枭獍凶魁，相寻菹戮，蛇豕丑类，继踵诛夷，快忠义于当年，垂炯戒于来叶，呜呼，为人臣者可不殷鉴哉！可不殷鉴哉！

——唐·魏征等《隋书》

[1]事见《隋书·宇文化及列传》："至是，薄引建德入城。生擒化及，悉虏其众。先执智及、元武达、孟秉、杨士览、许弘仁，皆斩之。乃以辒车载化及之河间，数以杀君之罪，并二子承基、承趾皆斩之。"

【唐】

裴寂

　　裴寂（570～632），字玄真，唐高祖时尚书左仆射、司空。蒲州桑泉（今山西临猗县东南）人。父裴瑜，曾任绛州刺史。隋末，裴寂任晋阳宫副监，以晋阳宫所藏米粮、铠甲、彩帛等支持李渊称帝。李渊称帝后，掌握大权，曾参与制定《唐律》。贞观三年（629），因才智平庸，被唐太宗免官，放归故里。后流放静州（今广西昭平）而死。

一、少年为孤　乱中入仕

　　裴寂出生在蒲州桑泉，父亲裴瑜曾任绛州刺史。裴寂从小聪明好学，深得家里人喜爱。后因父亲病故，不幸成为孤儿，由几位兄长苦心抚养。14岁时，恰逢缺州主簿一位，裴寂前去补上，至此步入仕途。裴寂长大后，英俊威武，眉清目秀。由于家贫，无以营生，他常常徒步去京城。[1]

裴　寂

　　隋朝末年，天下大乱，农民起义遍布全国各地，隋朝统治政权摇摇欲坠。而就在此时，驻守太原的隋朝名将李渊的次子李世民正秘密准备举兵反隋，只因担心李渊不同意，迟迟没有起兵。这时，晋阳令刘文静引见裴寂与李世民。刘文静和裴寂是非常要好的朋友，他深知裴寂与李渊关系甚好，所进之言李渊必听，便希望李世民通过裴寂说服李渊反隋。

　　刘文静曾对裴寂说："李世民不是一般人，他像汉高祖刘邦一样豁达，像魏祖曹操一样

---

[1] 事见《新唐书·裴寂列传》："（寂）幼孤，兄鞫之。年十四，补郡主簿。及长，伟容貌，涉知书传。隋开皇中，调左亲卫。家贫，徒步走京师。"

神武。虽然年轻，却是旷世之才。"[1] 裴寂与李世民见面后，觉得刘文静说的一点不错，就决定投向李世民。随后，李世民以博弈的方式，相继输私钱数百万给裴寂。裴寂得了那么多钱，心中自然畅快，每天都和李世民闲游在一起。一天，李世民乘裴寂正玩在兴头上，就将准备举兵反隋一事告诉了裴寂，裴寂当即许诺支持反隋。根据李世民的旨意，裴寂私自以宫女侍奉李渊。在宫中，凡是与宫女发生关系的人（除皇帝外），一旦发现都将处以死罪。裴寂趁机对李渊说："二公子私养兵马，妄图起兵，谋建大业。正因

唐高祖李渊
——从明弘治十一年（1498）《历代古人像赞》

为我用宫女伺奉过你，一旦事情暴露，会祸及自身，才想出这条应急之计。"李渊听了裴寂的话，生怕这事被发现后丢了脑袋，就同意举兵。

裴寂又对李渊说："如果顾及小节，迟早必死；如果举兵起事，必得天下。[2]" 李渊说："我儿真有此计，已经很不错了，可以听从他的。"于是，大将军府立即建立，李渊为大将军，裴寂为大将军长史，准备配合李世民一举反隋。裴寂还特意进宫女 500 人，并上米 99 万斛，杂彩 5 万段，铠甲 40 万领，以供军用。

李渊想先取京师，又恐隋右武侯大将军屈突通袭其后，一时拿不定主意，犹豫不决。裴寂建议，先破屈突通，再定京师。李世民则想早渡黄河，威震关中。李世民认为，关中群盗未有定主，易于招纳，可趁此扩充数万军力。屈突通自顾不暇，不足为虑。李渊同意了李世民的建议。随后，李渊一边留兵围攻屈突通，一边让李世民率军入关。李氏大军一路势如破竹，最终攻占了长安。平定长安后，裴寂迁任大丞相府长史，进封魏国公，食邑三百，良田千顷。[3]

---

[1] 语见《新唐书·刘文静列传》："唐公子，非常人也，豁达神武，汉高帝、魏太祖之徒欤！殆天启之也。"

[2] 语见《新唐书·裴寂列传》："今盗遍天下，城阃外即战场，虽徇小节，犹不脱死。若举义师，不特免祸，且就大功。"

[3] 事见《新唐书·裴寂列传》："长安平，赐寂田千顷、甲第一区，物四万段，迁大丞相府长史，进魏国公，邑三百户。"

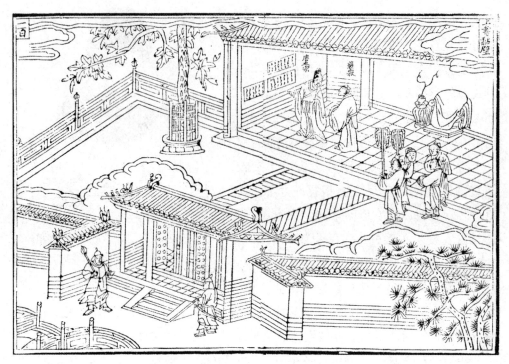

上书粘壁

——从明万历元年（1573）纯忠堂刊本《帝鉴图说》

义宁二年（618）五月，隋恭帝禅位，李渊推辞不受。裴寂一面极力劝说李渊，一面督促太常商议，择吉日即位。李渊只得受禅，并对裴寂说："我能有今天，全靠你呀！"[1]

二、皇帝心腹　恩宠有加

唐高祖李渊即位后，裴寂为尚书右仆射，成了开国宰相。李渊对裴寂可谓宠爱有加，待之特厚。当朝文武百官，皇亲国戚，亲礼无与伦比。据史书记载，李渊赏赐裴寂珍宝无数，每天赐御膳，裴寂上朝，李渊必引他与自己同坐，进后宫必延至卧室内。对裴寂的话一概听从。[2]

武德二年（619）六月，割据势力刘武周派遣其部将黄子英、宋金刚频频进

[1]语见《新唐书·裴寂列传》："使我至此者，公也。"

[2]事见《新唐书·裴寂列传》："赐服玩不赀，诏尚食日给御膳，视朝必引与同坐，入阁则延卧内，言无不从，呼为裴监不名也，贵震当世。"

犯太原，唐军屡战屡败，即位刚逾一年的唐高祖李渊不禁忧心如焚。裴寂主动请行，遂为晋州道行军总管，率军抵卸刘武周的军队。行军到介休，扎营于度索原，因水源被切断，便移营有水的地方。宋金刚趁机纵军来攻，裴寂溃败，几乎全军覆没。裴寂经过一天一夜的疾行，逃至晋州（今山西临汾）。晋州以东的城镇已陷落。宋金刚继续进逼绛州。裴寂上表谢罪，唐高祖李渊慰勉他，让他镇守河东之地（今属山西）。裴寂生性胆小，又无将帅之才，就驱赶虞、泰二州居民进入城堡守城，并焚其积蓄，断其生路。百姓惶恐不安，人心思乱。十月，夏县（今属山西）人吕崇茂聚众自称魏王，并寻求宋金刚支援，举兵反唐。裴寂率兵前往攻打，被吕崇茂击败而归。唐高祖把裴寂召入朝，责备道："你的兵力足可以破敌，却一败涂地，不有愧于我吗？"即便如此，唐高祖依然像当年一样宠爱裴寂，每次巡游，都让裴寂留守。

一次，后麟州刺史韦云起奏告裴寂谋反。唐高祖亲自对裴寂说："我的天下本来就是你帮助取得的，你哪能有二心呢？不过，既然有人告你，就得分清才是，因此不得不追究这件事。"裴寂听了唐高祖的话，没有争辩，只是请求唐高祖查证后再作定论。经过查证，果然是对裴寂的诬告。唐高祖心中有愧，遂命贵妃三人携珍馔、宝器到裴寂府第赔罪，宴乐尽兴后，天明离去。

武德六年（623）四月，裴寂迁任尚书左仆射。唐高祖非常高兴，赐宴于金章殿。裴寂叩头谢道："臣跟陛下从太原发迹至今，全仰皇上恩惠。现在四海平定，惟愿赐我还乡一死吧。"唐高祖听后泪下沾襟，道："我与你要一起变老。你为台司（宰相），我为太上皇，逍遥快乐，岂不美哉！"[1]从此以后，唐高祖每日都要差遣一位尚书员外郎，在裴寂府中值班，尊贵之极。

三、免官流放　卒死他乡

贞观三年（629）正月，有一个沙门法雅，开始时受恩宠出入两宫，后来禁止入内，因而心怀不满，并口出妖言。兵部尚书杜如晦把法雅叫来审问，法雅称裴寂知道说的是什么。于是，裴寂被免去官职，遣回乡里。裴寂请求留在京师，

---

[1]事及语见《新唐书·裴寂列传》："帝置酒含章殿，欢甚，寂顿首曰：'始陛下发太原，约天下已定，许上印绶。今四海安定，愿赐骸骨归田里。'帝泣下曰：'未也，要当相与老尔。公为宗臣，我为太上皇，逍遥晚岁，不亦善乎！'"

唐太宗责备道："你的功德平庸，得到的恩惠却冠群臣。武德年间朝纲紊乱，贿赂成风，都是你引起的，但因你过去的功劳，不忍处置。让你回去守护祖墓，已经够宽恕的了。"[1] 裴寂随即返归蒲州故里。

一天，汾阳（今山西万荣）一名叫信行的男子，言多妖妄，常对着裴寂的家僮说："裴公有天相之命。"裴寂监奴恭命把这事告诉了裴寂。裴寂惶惧不敢奏，暗令恭命杀了信行。但恭命不仅没杀信行，反而同信行一起逃到别处藏匿了起来。裴寂得知后勃然大怒，派人四处搜捕，欲杀掉二人。恭命害怕被杀，就把裴寂奏告到唐太宗那里。唐太宗听后大怒，对群臣说："裴寂有四条死罪：第一，作为朝中命臣，却与妖人交往；第二，他作为被罢免了的大臣，却在外面妄称国家的建立都是他的主意；第三，对妖人的惑言不上奏；第四，杀人灭口。我杀他决不是没有理由。"群臣听后议论纷纷，很多人请求唐太宗从宽处理，唐太宗便同意不杀裴寂，流放静州（今广西昭平）。[2]

裴寂刚到静州，恰好碰上当地羌人聚众造反，并扬言要把裴寂劫来立为其主。唐太宗得知此事后一点也不相信。没过多久，得知裴寂率家僮镇压了羌人叛乱，遂命裴寂还朝。裴寂正为赴京作准备，却突然死亡，时年 60 岁。

裴寂是对建立李唐王朝有功的少数几个宰相之一。他参与了晋阳起兵的策划，后来成为唐高祖李渊的心腹，受尽了唐高祖的百般恩宠，成为武德年间的宰相之一。

名 家 评 说

应龙之翔，云雾霮溔然而从，震风薄怒，万空不约而号，物有自然相动耳。观二子非有踔越之姿，当高祖受命，赫然利见于世，故能或翼或从，尸天之功云。文静数履军陷阵，以才自进，而寂专用串昵显。外者易乘，

---

[1] 语见《新唐书·裴寂列传》："公勋不称位，徙以恩泽居第一。武德之政，间或弛紊，职公为之。今归扫坟墓，尚何辞？"

[2] 语及事见《新唐书·裴寂列传》："寂遂归。未几，汾阴狂男子谓寂奴曰：'公有天分。'监奴白寂，寂惶惧不敢闻，遣监奴杀所言者。奴盗寂封邑钱百万，寂捕急，遂上变。帝怒曰：'寂有死罪四：为三公，与妖人游，一也；既免官，乃恚称国家之兴皆其所谋，二也；匿妖人言不奏，三也；专杀以灭口，四也。我戮之非无辞。'"

迩者难疏，故文静先被躁望诛，寂后坐訧言斥，诚异夫萧何、曹参矣！

——宋·欧阳修、宋祁《新唐书》

　　裴寂历任仕隋，官至为宫监，总子女玉帛之务，据仓廪兵甲之饶，喜博戏之利苟多，启举义之谋为首。谒岳神以徼福，始彰不逞之心；留贵妃以经宿，终昧为臣之道。居第一之位，乏在三之规。恃高祖之旧恩，致文静之极法。终归四罪，尚保再生，幸也。

——后晋·刘昫等《旧唐书》

李　靖

李靖（570～649），原名药师，唐太宗时官至尚书左仆射。先后封代国公、卫国公，谥号"景武"。雍州三原（今陕西三原县东北）人。隋朝末年，李靖出任马邑郡丞。李渊父子起兵反隋，李靖被俘，行将诛杀，李世民力救得释，召入幕府。后立下战功，被授为开府。李世民即太宗位后，李靖历任刑部、兵部尚书，检校中书令。后平定北方立下了战功。李靖是唐初军事家，用兵善于料敌，临机果断。著有《六军镜》三卷，已佚。

一、因祸得福　时遇名主

李　靖
——从原故宫南熏殿旧藏《历代先贤名人像》

李靖是唐朝开国名将。少时有文武才略。其父李诠是隋赵郡郡守。李靖身材魁梧、俊貌清秀，青少年时就受到良好的教育，精通史书，勤练武艺。他曾对与之亲近的人说："男子汉大丈夫，应当以功名取富贵，不必去做咬文嚼字的书生。"[1] 隋朝名将韩擒虎是李靖的舅父，常与李靖谈论兵法武艺。韩擒虎常在别人面前对李靖赞不绝口："可与我讨论孙、吴兵法的人，只有李靖一人了。"[2] 并悉心传授他武艺。李靖也非常勤奋，除了研习兵法，还刻苦演练弓马之术。

一天，韩擒虎看李靖练完36路枪法后摇了摇头。沉思了片刻，韩擒虎对李靖说："给你三个月时间，三个月后我要考你。到时我站在校场

---

[1] 语见《新唐书·李靖列传》："丈夫遭遇，要当以功名取富贵，何至作章句儒！"
[2] 语见《新唐书·李靖列传》："可与语孙、吴者，非斯人尚谁哉！"

韩擒虎
——从明万历三十七年（1609）原刊本《三才
图会》

韩擒虎（538～592），字子通，河南东垣（今
河南新安县东）人，隋朝名将。开皇元年（581），
任庐州总管，镇江北要地庐江。开皇八年（588）
冬，领军为先锋攻陈，因功进位上柱国、大将军。
后封寿光县公，旋任凉州总管。

上，两耳各挂一个小铁环，头上再放一枚铜
钱。你必须快马从我身边跑过，两枪就把两
个铁环挑下来，接着再来一个回马枪，把我
头上的铜钱戳下。你要知道，如果枪法不准，我就会死在你的枪下。"韩擒虎说
完转身离开了校场。李靖静下心来犯了一阵嘀咕后，立即操枪纵马练了起来。三
个月时间很快就过去了，考试这天终于来临。功夫不负有心人，李靖待舅父准备
就绪后，操枪跃马，马起枪落，两个铁环眨眼工夫被挑飞，接着一个回马枪又戳
落铜钱。后又轮番几次，次次稳当挑戳。特意为这次考试剃了个光头的韩擒虎高
兴之极，满意地奖赏了李靖。

　　20岁左右，李靖从军，后步入仕途，任了地位很低的长安县功曹。30岁时，
任兵部驾部员外郎。这期间，李靖的才略得到了史部尚书牛弘、宰相杨素的赏
识。牛弘曾怀着赞赏的心情对他说："李靖有王佐之才啊！"[1] 杨素有一次也指着
自己的座位对李靖说："阁下终将坐在这个位子上啊。"[2] 隋炀帝末年，李靖任马邑
（今山西朔县）郡丞。617年，留守太原的李渊父子正密划起兵。李靖察觉到李
渊正密谋起兵，立即前往江都，准备把这事密告正在那里巡视的隋炀帝。抵达长
安时，道路堵塞，未能到达。这时，李渊父子已举兵太原，迅速攻占了长安，李
靖被俘。后来，李渊决定处李靖以死刑。临刑前，李靖大声说道："你李渊起兵，
本为天下除暴乱，以成大业，何以私怨斩壮士？"[3] 李渊听了，很佩服李靖的胆
识，加之李世民屡次说情，李靖得以免死获释，归于李世民幕府，从此与李渊父
子东征西讨，可谓因祸得福，遇主逢时。不久，李渊在长安建唐登基，改元武

[1]语见《新唐书·李靖列传》："（靖）王佐才也！"

[2]语见《新唐书·李靖列传》："卿终当坐此！"

[3]语见《新唐书·李靖列传》："公起兵为天下除暴乱，欲就大事，以私怨杀谊士乎？"

德，是为高祖。李靖因跟随李世民征讨王世充立下大功，唐高祖李渊封赏他开置府署，设置官属。

二、平叛萧铣　安定岭南

　　武德二年（619），唐高祖命李靖率军南下，准备征讨正带领数万人马进攻夔州的开州（今四川开县）少数民族首领冉肇则，不巧路上遭遇萧铣。萧铣是南朝梁皇室的后裔，隋末混乱之际，趁机占据了江陵，拥兵40万，控制了整个长江中游地区。由于萧铣的阻挡，李靖无法开往夔州，驻守夔州的赵郡王李孝恭迎战失利。唐高祖大怒，密令陕州都督许绍斩了李靖，许绍认为李靖是个有才之人，请求唐高祖赦免，李靖才得以活命。没过多久，李靖率800士卒偷袭冉肇则大营，继而设伏兵于险要，身先士卒，一马当先，枪挑冉肇则，俘敌5000余人。唐高祖闻讯后高兴地对大臣们说："李靖800击败敌酋所率万余众，堪当奇才。使功不如使过，他果然立了大功。"并写一首敕令给李靖，说："既往不咎，以前的事，我早就忘了。"[1] 从此，唐高祖对李靖另眼相看，更加重用李靖。

李孝恭
——从清光绪十年（1881）上海同文书局石印本《凌烟阁功臣图》（清刘源绘）

　　李孝恭（591～640），唐高祖李渊的堂侄。武德二年（619），任信州总管，次年献计并率军攻打南方的萧铣，立下战功，升任荆州大总管；武德六年（623），率军攻打辅公祏，并平定江南，因功拜扬州大都督。太宗李世民即位后升任礼部尚书，改封河间郡王。卒后，谥"元"，配享高祖庙庭。列为凌烟阁二十四功臣之一。

---

[1] 事及语见《新唐书·李靖列传》："萧铣据江陵，诏靖安辑，从数童骑道金州，会蛮贼邓世洛兵数万屯山谷间，卢江王瑗讨不胜，靖为瑗谋，击却之。进至峡州，阻铣兵不得前。帝谓逗留，诏都督许绍斩靖，绍为请而免。开州蛮冉肇则寇夔州，赵郡王孝恭战未利，靖率兵八百破其屯，要险设伏，斩肇则，俘禽五千。帝谓左右曰：'使功不如使过，靖果然。'因手敕劳曰：'既往不咎，向事吾久已忘之。'"

武德四年（621）正月，李靖经过一番深思后，向唐高祖献上十条计策以攻取萧铣，唐高祖对他的战略极为赞赏，于是任命李孝恭为夔州总管，李靖为行军总管，兼李孝恭长史，负责军队的指挥。李靖立即召来巴蜀酋长子弟，按才授职，跟随之左右，看上去是提拔重用，实则为人质，以稳定巴蜀局势，这一招果然见效。九月，李靖兵分四路自夔州而下。正值江水猛涨，诸将建议水势减缓后再行军，李靖说："兵贵神速，现在我们的军队开始集结，而萧铣还未觉察，如果乘江水暴涨，突然直抵其城下，出其不意而进，擒获萧铣在此一举，机不可失也！[1]"李孝恭听取了李靖的意见，遂乘2000余艘战舰顺江而下。十月，抵达夷陵。萧铣部将文士弘率精兵数万屯驻于清江，李孝恭建议打清江。李靖认为文士弘是名将，不可硬战，待其气衰，再奋力进击。李孝恭不听，命李靖驻守大营，亲自率军出战，结果大败。文士弘的军队小胜后趁机抢掠，阵势混乱。李靖立即指挥将士出击，一举击溃文士弘，获战舰300余艘，杀敌近万人。

击败文士弘后，李靖乘胜而下，率5000精兵围攻江陵，萧铣恐惧而降。这时，诸将建议没收萧铣将士以及战死者财产，以犒赏将士。李靖不赞成这些建议，他说："王者之师，宣扬的是忠义，为萧铣战死的人，死为其主，应是忠臣。而归降的人，更不应惩罚，因为萧铣控制的地区还有许多尚未归附，我们可宽大为怀，以收人心。"[2]于是李靖严令，要对江陵秋毫不犯，犯者必斩。因此，江陵城中，人心安定。江汉地区州县获知后，纷纷归降。

萧铣平定后，唐高祖论功封赏，授李靖上柱国，封永康县令。十一月，又封李靖为岭南抚慰大使，并授予"承制拜封"的特权，代表朝廷任命地方官员。李靖所到之处，招抚诸州，共得96州，60余万户，岭南之地尽为唐朝所有。紧接着，唐高祖又任命李靖为检校桂州（今广西桂林）总管，镇守岭南。[3]可谓声名

[1] 语见《新唐书·李靖列传》："兵机事，以速为神。今士始集，铣不及知，若乘水傅垒，是震霆不及塞耳，有能仓卒召兵，无以御我，此必禽也。"

[2] 语见《新唐书·李靖列传》："王者之兵，吊人而取有罪，彼其胁驱以来，藉以拒师，本非所情，不容以叛逆比之。今新定荆、郢，宜示宽大，以慰其心，若降而籍之，恐自荆而南，坚城剧屯，驱之死守，非计之善也。"

[3] 事见《新唐书·李靖列传》："以功封永康县公，检校荆州刺史。乃度岭至桂州，分道招慰。酋领冯盎等皆以子弟来谒，南方悉定。裁量款效，承制补官。得郡凡九十六，户六十余万。诏书劳勉，授岭南抚慰大使、检校桂州总管。"

显赫，功盖江南。

三、收复江淮　迎击北犯

　　武德六年（623）八月，江淮农民起义军领袖辅公祏，在归顺唐朝后不久又重新反唐。辅公祏在江南自封皇帝，并举兵向海州、寿阳进发。唐高祖闻讯后，立即命李孝恭为元帅，李靖为副元帅，率军由西、南、北三面包围江淮军。次年三月，唐军抵达舒州，辅公祏部将冯慧亮、陈正通屯兵博望山和青林山，坚守不战，两军形成对峙局面。李孝恭召集诸将商议进攻之策。大多数将领认为，冯慧亮有强兵把守，又占有水陆险要，如强攻，一时难以取胜，建议绕道取丹阳（今江苏南京），丹阳一败，冯慧亮等将不战自降。李靖不同意这一战略，他说："今博望诸塞尚不能攻破，公祏保据又石头城（指南京），哪能轻易攻取得了？如进攻丹阳，一举拿下尚好，若久攻不下，慧亮威胁我们后部，使我们腹背受敌，那

李大使乘胜下丹阳
　　——从1935年会文堂新记书局蔡东藩《唐史汉通俗演义》

更危险。"他接着说，冯慧亮不是不想战，而是受辅公祏之托必须持重，据险固守，借此拖延时间，待我帅老兵衰，再攻打我们。我们现在以衰老士卒攻打它，正是时候。李孝恭采纳了李靖的意见，以老弱士卒攻打冯慧亮。冯慧亮不知是计，率军出城追之，被伏于途中的李靖大队人马打个措手不及，遂遭惨败。随后，李靖率水陆大军直逼丹阳，辅公祏得知前方军败，弃城而逃，在浙江武康镇被俘。江淮军被彻底镇压，唐朝基本统一全国。

平定江淮后，唐高祖在丹阳设立东南道行台，任李靖为行台兵部尚书。没过多久，又改设扬州大都督府，李孝恭任扬州都督，李靖任扬州都督府长史，协助都督李孝恭治理江南。[1]

李　靖

——从清光绪十年（1881）上海同文书局石印本《凌烟阁功臣图》（清刘源绘）

武德八年（265）八月，突厥又进犯太原，刚刚在扬州大都督府长史上任一年的李靖奉命北上，投身于反击东突厥的战争。李靖为行军总管，率军万人屯守太谷，在这次抗击中，其他部队都兵败，唯有李靖获胜而归。次年四月，突厥又进犯灵州，李靖又奉命率军抗击，在青铜峡附近与突厥展开了激战，击败突厥。不久，唐高祖设立灵州大都督府，命李靖任灵州大都督，料理北方防务。不久，唐高祖让位给李世民，即唐太宗，改元贞观。任命李靖为刑部尚书，后又任命他为代理中书令，当了宰相。[2]

四、再建勋功　一代楷模

唐太宗不是一般的皇帝，为了让周边疆界不再受东突厥的不断袭扰，决定对东突厥进行大规模的打击。贞观三年（629），唐太宗任命兵部尚书李靖为行军总管，代州都督张公瑾为总管，率十几万大军分兵四路大规模征讨东突厥。

[1] 事见《新唐书·李靖列传》："置东南道行台，以为行台兵部尚书。赐物千段、奴婢百口、马百匹。行台废，检校扬州大都督府长史。"

[2] 事见《新唐书·李靖列传》："太宗践祚，授刑部尚书，录功，赐实封四百户，兼检校中书令。"

《李靖碑》拓本

全称《大唐故尚书右仆射特进开府仪同三司上柱国赠司徒并州都督卫景武公之碑并序》，亦称《卫景武公碑》。许敬宗撰，王知敬正书。此碑为昭陵陪葬碑之一。

一天深夜，李靖以其大智大勇率精骑3000人，从马邑直取恶阳岭，夜袭颉利可汗牙帐。颉利可汗以为唐朝倾全国之兵来攻，慌忙带着手下兵将逃往碛口（今内蒙古二连浩特西南）。李靖不战而下，迅速攻下定襄。唐太宗听到捷报后赞扬李靖说："汉代李陵以步卒5000抵御匈奴，最终却归降于匈奴，尚青史留名。今李靖以轻骑3000攻占定襄，威震北方，古今未有。足可以报往年渭水之盟的耻辱！"[1]

颉利可汗逃到阴山（今内蒙古阴山）后，为了取得喘息机会，以图反扑，便派人到长安假装向唐太宗求和。身在前线的李靖知其有诈，立即果断决定率先头军乘雾再袭突厥。深夜，李靖亲率1万精骑悄悄尾随在出使突厥的唐使后面，随后突袭了颉利可汗牙帐，消灭突厥兵1万多人，俘虏突厥男女18万，获牲畜数10万头。颉利可汗率残部北逃，李靖率军穷追不舍。贞观四年（630）三月，颉利可汗被俘。至此，强大的东突厥汗国被灭亡。捷报飞传长安，举国上下一片欢腾。不久，东突厥、薛延陀等部的郡长都到长安朝见唐太宗，并尊称唐太宗为"天可汗"。唐太宗为此大赦天下，并进封李靖为代国公。

在剿灭东突厥的战争中，李靖立下赫赫战功，凯旋而归。但御史大夫萧瑀却上奏唐太宗，妄称李靖在攻打颉利时，没约束好军队，把突厥的珍宝一抢而空，要求弹劾李靖。唐太宗下敕书免予弹劾。李靖入宫进见，唐太宗严加斥责。李靖没有辩解，顿首叩谢。不久，唐太宗知道上了小人谗言之当，对李靖说："以

---

[1]语见《新唐书·李靖列传》："李陵以步卒五千绝漠，然卒降匈奴，其功尚得书竹帛。靖以骑三千，蹀血虏庭，遂取定襄，古未有辈，足澡吾渭水之耻矣！"

前有人在我面前说你的坏话，现在我知道自己上了当，请你不要把这件事放在心上。"[1]贞观四年（630）八月，唐太宗任命李靖为尚书右仆射，再次做了宰相。

李靖做了宰相后，虽然身居富贵，却为人厚实，态度恭谦，从不盛气凌人，被唐太宗誉为"一代楷模"。贞观八年（634）正月，唐太宗命李靖等13人分行天下，巡察各地。李靖为畿内道大使。十一月，因足有疾，李靖奏请辞去宰相职位。唐太宗准奏，并给他特殊礼遇，只要病情好转，每两三日可去政事堂参加宰相会议。贞观十一年（637），唐太宗改封李靖为卫国公。

此后不久，占据青海的吐谷浑进犯边关，唐太宗决定大举讨伐吐谷浑。因满朝

凌烟阁功臣图。清刘源绘，光绪十年（1884）上海同文书局石印本

武将无人敢担此重任，唐太宗便对侍从说："李靖能再次出任将帅吗？"已经64岁的李靖得知后，主动请求出征讨敌，他对唐太宗说："臣虽年老，尚可出征打仗。"[2]唐太宗遂任命他为西海道行军大总管，率大军数万分5路直逼吐谷浑。吐谷浑部听说唐朝大军来到，慌忙尽燃草原向西逃去。李靖采纳侯君集的建议，分兵两路，不顾粮水短缺，紧追不舍，终于击溃吐谷浑王伏允。伏允逃入大漠后，在走投无路的绝境中自缢而死。伏允的王子慕容顺在与李靖交战中，被李靖一枪挑于马下，遂举国投降，李靖大获全胜，凯旋返朝。

在征讨吐谷浑的战争中，盐泽道总管高甑生延误军期，被李靖以军法论处。凯旋归朝后，为报私仇，高甑生诬告李靖谋反。后来唐太宗以诬告罪将高甑生流放边疆。此事在李靖的心中留下了一些阴影，此后，李靖闭门不出，杜绝宾客。贞观二十三年（649）初，李靖病情加重，唐太宗曾亲自前往探望。五月，李靖

---

[1]语见《新唐书·李靖列传》："向人谮短公，朕今悟矣。"

[2]语见《新唐书·李靖列传》："吾虽老，尚堪一行。"

病死于家中，时年79岁。为表彰他击灭东突厥、征服吐谷浑的辉煌战功，唐太宗特命将他陪葬昭陵，并赐谥号"景武"，把他的画像悬挂于凌烟阁。[1]

李靖不仅是一位能征善战的名将，还是一位对武功很有研究的武术家，并以"李家枪"闻名于天下。李靖还著有《六军镜》等兵书多部，但大多已散佚，后人辑有《唐太宗李卫公问对》《卫公兵法》等兵书。《唐太宗李卫公问对》在北宋时被定为《武经七书》之一，是中国古代兵学宝典。

名 家 评 说

靖阃门称疾，畏远权逼，功大而主不疑，虽古哲人，何以尚兹？……世言靖精风角、鸟占、云祲、孤虚之术，为善用兵。是不然，特以临机果，料敌明，根于忠智而已。

——宋·欧阳修、宋祁《新唐书》

卫公将家子，绰有渭阳之风。临戎出师，凛然威断。位重能避，功成益谦。铭之鼎钟，何惭耿、邓。美哉！

——后晋·刘昫等《旧唐书》

唐代名将，推李靖为第一人。靖入东突厥，颉利受擒，及征吐谷浑，伏允走死，战功卓著，彪炳旗常，虽未始无将佐之赞襄，而调度有方，终归统帅，卫公固人杰矣哉！

——蔡东藩《唐史演义》

---

[1]事见《新唐书·李靖列传》："二十三年，病甚，帝幸其第……薨，年七十九，赠司徒、并州都督，给班剑、羽葆、鼓吹，陪葬昭陵，谥景武。"

房玄龄

　　房玄龄（579～648），字乔，唐太宗时任尚书左仆射。封梁国公，谥号"文昭"。齐州临淄（今山东淄博东北）人。父亲房彦谦，是当时著名学者。玄龄博览经史，工书善文，18岁本州举进士，授羽骑尉，隋末大乱，他投奔李世民受重用。是有唐以来任相最长的一位，也是中国历史上最为著名的贤相之一。他与杜如晦、魏徵一道辅佐唐太宗，创造了历史上著名的盛世"贞观之治"。

一、书香门第　仗策谒主

　　房玄龄出生于诗书世家。他的曾祖和祖父都曾任北魏、北齐官职，父亲房彦谦是当时著名学者，在隋时做过司隶刺史，文采极好。隋朝大文学家薛道衡与他父亲关系很好，每次因公事途径临淄，都要在房家盘桓数日，而后"屑泪而别"。房彦谦的政治目光十分睿炯，他对魏、齐、周、隋之间的争斗极其厌倦，曾产生过"优游乡曲"的念头。他关心人民疾苦，隋朝的统治建立后，他曾谏言宰相高颎，对官吏要严于管理，不要再修筑那些"穷极侈丽"的建筑。他曾对朋友说："隋炀帝不汲取教训，不采纳大臣的劝谏，却拼命推行苛政。别看现在天下貌似安定，不久定会出现动乱。"

　　房玄龄深受家传熏染，秉承家父衣钵。他自小爱好文学，广闻博览，又习得一手漂亮书法，才思敏捷，文章异彩纷呈，在当时很有名气。[1]

房玄龄
——从原故宫南熏殿旧藏《历代先贤名人像》

---

[1]事见《新唐书·房玄龄列传》："玄龄幼警敏，贯综坟籍，善属文，书兼草隶。"

唐太宗李世民

开皇十六年（596），房玄龄举进士，授羽骑尉。时年正好18岁。此时，隋朝仍是一派"兴旺发达"的景象，社会积弊并未显现，人们都以为国家长治久安，然而，房玄龄却看出隋朝"天下太平"的表面下隐藏着巨大的政治危机。他对父亲说，隋朝并没有什么功德，只不过靠着愚弄百姓过日子，现在各位皇子又在皇位问题上相互倾轧、争夺，权贵们奢侈靡烂，这样的王朝又怎么会持续长久呢？看到儿子年纪虽小，却有如此远见，房彦谦非常惊奇。房玄龄事亲至孝，父亲病了，他尽心服侍，长达100多天，衣服都不脱；对至亲如此，对继母也是"恭谨过人"。后继母病死，他悲伤得食不下咽，以至于骨瘦如柴。无怪乎当时隋吏部待郎高孝基对其评价甚高，大加称颂。[1]

隋炀帝大业十三年（617），李渊起兵于太原，攻打隋朝。渡过黄河之后，李世民率军占领了渭北，准备进攻隋朝的都城——长安。此时，隋朝的统治土崩瓦解，新王朝势必要替代旧王朝。李氏父子起兵反隋顺应潮流，所到军令严格，秋毫无犯，很得民心，归顺的人很多。据《史书》记载，当时的官民及将士都来归顺，扶老携幼，日以千计。李世民广纳贤士，以备后用，声望远近闻名，闻者纷纷投奔而来。时任隋隰城尉的房玄龄，凭自己的直觉，认为隋朝大势已去，已是穷途末路，毅然决定投奔李世民。李世民当时驻军于渭北，而房玄龄在隰城，两个地方相隔有七八百里，房玄龄是徒步前往的，一路上的辛苦可想而知。当时著

---

[1] 事及语见《新唐书·房玄龄列传》："开皇中，天下混壹，皆谓隋祚方永，玄龄密白父曰：'上无功德，徒以周近亲，妄诛杀，攘神器有之，不为子孙立长久计，清置嫡庶，竞多僭，相倾阋，终当内相诛夷。视今虽平，其亡，跂可须也。'彦谦惊曰：'无妄言！'年十八，举进士。授羽骑尉，校雠秘书省。吏部侍郎高孝基名知人，谓裴矩曰：'仆观人多矣，未有如此郎者，当为国器，但恨不见其弄辇昂霄云。'"

名文学家温彦博也投奔了李世民，对房玄龄的才能早有耳闻，认为他是不可多得的人才，于是就向李世民推荐。求才若渴的李世民对房玄龄一见如故，深为他的才能所折服，委以重任，官拜渭北道行台记室参军。大业十四年（618）五月，李渊称帝，封李世民为秦王，李世民就拜房玄龄为秦王府记室，封临淄侯。[1] 接着，唐王朝就开始了削平群雄、统一全国并抵御农民起义军进攻的战争。大业十三年（617）十二月，李渊派李世民率兵迎击，大破薛仁杲于扶风，唐高祖武德三年（620），李世民大破刘武周；唐高祖武德四年（621）五月李世民俘获窦建德，王世充投降；唐高祖武德五年（622）三月，李世民破刘黑闼，房玄龄跟随李世民，立下了汗马功劳。他很有政治眼光，善于深谋远虑，打了胜仗，攻陷了城池，很多将领的注意力都放到了黄金珍宝上面，唯有房玄龄不为这些东西所动，他所关心的是那些有才干的人，去发现他们，收罗到李世民的麾下，使之"各致死力"。由此李世民的政治势力在征战的过程中得以不断壮大。以"杜断"而闻名的杜如晦，就是被房玄龄发现并向李世民推荐的。房玄龄对李世民的忠心由此可见一斑。李世民感叹说，光武帝得到了邓禹，房玄龄正如邓禹一样。[2] 房玄龄不仅重视人才，还注重对前代图籍文书的保护。他担任秦王府记室后，秦王府的诸多事务，都由他亲自打理。他做事认真，效率又高，特别是撰写了很多军书、表奏，都是不打草稿，即时完成的，但文采优美，一气呵成，得到唐高祖李渊的赏识。史称他："在秦王府 10 年间，掌管文书，每有军书表奏，立地成章，文字简约，条理清楚。"房玄龄才华横溢、才思敏捷由此可见。

二、玄武之变　功在其中

"玄武门之变"是历史上很著名的一次宫廷政变，李世民由此决定性地成为唐王朝王位的继承人，开创"贞观之治"。在此次政变中，房玄龄起了很重要的推动作用，功不可没。

唐王朝建立后，一系列消除地方割据势力、统一全国的战争，进行得很顺利，捷报连连。此时，经过长期的战乱，国家初定，民心思安，阶级矛盾比较缓

---

[1] 事见《新唐书·房玄龄列传》："太宗以敦煌公徇渭北，杖策上谒军门，一见如旧，署渭北道行军记室参军。公为秦王，即授府记室，封临淄侯。"

[2] 语见《新唐书·房玄龄列传》："汉光武得邓禹，门人益亲。今我有玄龄，犹禹也。"

和。随着时间的推移，太子李建成与李世民的矛盾突显出来，两人为争夺皇位而进行的斗争愈演愈烈。

李世民虽是唐高祖李渊的次子，但他在创建王朝的过程中，南征北战，东征西讨，战功显赫，无人能及，宋司马光都认为李渊之所以得天下，依靠的都是唐太宗李世民的功劳。李世民不仅能征善战，在文采上也毫不逊色，多才多艺，可谓文武兼备的一代明君。唐高祖李渊对次子李世民也是极为看重的。太原起兵的时候，李渊曾向李世民承诺过，事成之后就立他为太子。唐朝建立后，唐高祖封他为秦王，又赐他"天策上将"的称号，地位远在王公之上。同时，李世民在"天策府"享有官吏任免权，天策府成为他在军事上的顾问决策机构。此时的李世民不但掌握着大量军队，还有一大批效忠他的将领，他利用各方面的优势搜罗人才，聚集到他的帐下，政治势力急剧扩大。太子李建成很明白这一点，他看到李世民政治势力日渐膨胀，不禁忧心忡忡，但他也不甘心坐以待毙。在创立唐王朝的过程中，李建成也有一定的战功，他又与其弟李元吉联合起来同李世民抗衡，政治势力不容小觑。双方随着势力的扩大，矛盾也日益激化。有一次，李世民去太子府赴宴，回来后"吐血数升"。原来是李建成命人在酒食里下了毒，幸亏李世民酒量不大，饮之不多，才逃过此劫。这件事更使得双方的正面冲突一触即发。

尉迟恭
——从原故宫南熏殿旧藏《历代先贤名人像》

尉迟恭（585～658），字敬德，官至右武候大将军，封鄂国公，是凌烟阁二十四功臣之一。尉迟恭一生戎马倥偬，征战南北，驰骋疆场，屡立战功。玄武门之变时助李世民夺取帝位。卒后，谥号"忠武"，陪葬昭陵。在中国传统文化中，尉迟恭与秦叔宝是"门神"的原型。

房玄龄在这场争斗中起了重要的作用，他的有勇有谋和当机立断的性格在这个过程中得到了充分的体现。早在武德四年（621），一位名叫王远知的道士就称李世民有天子相，此事房玄龄一直谨记于心。中毒之事发生后，他立即拜见李世民的妻兄长孙无忌，一起商量对策。他已十分清楚，此时的局势必须先发制人，才能掌握主动权，赢得胜利。他说："如今兄弟间矛盾已突现，一旦发生内讧，不仅家族危险，国家也堪忧。"[1] 他认为应当劝李世民"学习周公的做法，以平定家乱。在生死存亡时刻，要当机立断，马上行动"。长孙无忌同意他的看法，并将他的这些话转告李世民。李世民也认为只有立即除掉李建成及其党羽，才能避免一场大规模的战争，以维持唐王朝的安定统治，使人民免遭生灵涂炭的悲惨命运。于是，李世民与房玄龄商量，打算发动宫廷政变。杜如晦、高士廉、侯君集、尉迟敬德也坚定地支持李世民，加入到发动政变的核心力量当中。太子李建成对这件事也掌握了一些情况，他主动出击，打算先从李世民身边的人下手。为削弱李世民的势力，李建成使用了很多手

《唐五学士图》

宋刘松林绘，现藏台北故宫博物院。此画描绘唐学士陆元朗、孔颖达、李玄道、房玄龄、苏勖燕居文会情景。

段，软硬兼施。他先是对李世民帐下的重要谋士尽力拉拢、贿赂。在遭到失败后，他仍不死心，一计不成，再施一计，在唐高祖那里恶意中伤房玄龄和杜如晦，唐高祖李渊听信谗言，不辨是非，将二人赶出了秦王府。武德九年（626），李建成借突厥兵骚扰边疆之机，同李世民争夺兵权，并预谋杀死世民，史料记载："秦王李世民与太子李建成、齐王李元吉恰遇突厥入侵边塞，元吉督诸军北

---

[1]语见《旧唐书·房玄龄列传》："今嫌隙已成，祸机将发，天下汹汹，人怀异志。变端一作，大乱必兴，非直祸及府朝，正恐倾危社稷。"

征，并请秦王府中勇将同行。建成阴谋利用为元吉钱行之机杀死李世民。世民得信，就向皇上秘报建成、元吉在后宫淫乱的事情。"在这种情况下，斗争已发展到白热化的状态，不是你死，便是我亡。李世民得到此消息，立即召集长孙无忌、高士廉、尉迟敬德、侯君集等四人。诸人都劝说李世民立即作出决定，不然就会贻误时机。李世民终于下定决心大义灭亲，准备发动宫廷政变。政变前夕，房玄龄、杜如晦化装成道士潜回秦王府，对政变事宜进行了细致策划。房玄龄对李世民说："大王功高盖世，理应继承大业。如今正在危机时刻，是天相助的良机，望大王赶紧行动，不再迟疑。"坚定了李世民发动政变的信心。经过谋划，李世民于武德九年（626）六月四日发动政变，即"玄武门之变"，除掉了李建成和李元吉。八月，唐高祖李渊传帝位于李世民，改元贞观，李世民即后来著名的唐太宗。

三、忠心辅主　名垂千古

李世民做了皇帝后，对有功之臣大加封赏。房玄龄等功居首位。这时候，淮安王李神通（李世民的叔父）站出来表示不服。他认为房玄龄没什么功劳，只不过是个"刀笔之吏"罢了，唐太宗叙说李神通屡战屡败，并将房玄龄的功劳一一列举，称他运筹帷幄，坐安社稷，论功行赏，理应如此。李神通张口结舌无言以对。[1]

贞观三年（629），房玄龄任左仆射。贞观年间因避讳，尚书一职是无人出任的，因此尚书左右仆射就是尚书省最高长官，即宰相。

房玄龄任宰相后，兢兢业业，鞠躬尽瘁，做了很多的实事，对唐王朝的兴盛作出了很大贡献。唐太宗认为"官在得人，不在员多"，应该"得其善者"。根据唐太宗的旨意，房玄龄对中央机关大刀阔斧地进行改革，裁汰冗员，任人唯贤，最终核定文武官员共646员，减少了国家的财政支出，也减轻人民的负担。

唐太宗十分重视人才，他说："执政的要害，在于赢得人才。用人不当，必定难以治理国家。"为使房玄龄能访贤求能，他将房玄龄的一些职责由其他官员

---

[1] 事及语见《新唐书·房玄龄列传》："淮安王神通曰：'义师起，臣兵最先至，今玄龄等以刀笔吏居第一，臣所未喻。'帝曰：'叔父兵诚先至，然未尝躬行阵劳，故建德之南，军败不振，讨黑闼反动，望风辄奔。今玄龄等有决胜帷幄定社稷功，此萧何所以先诸将也。叔父以亲，宜无爱者，顾不可缘私与功臣竞先后尔。'"

承担，使之能尽心尽力选拔人才。房玄龄的用人政策很灵活，在官员的任用方面，他知人善任，杜如晦是由房玄龄举荐给唐太宗并得到重用的。杜如晦在秦府里做事，原为李世民的兵曹参军（训练士兵的军事参谋），他的才能没有为李世民发现，因而没有得到重用。随着越来越多的人才被调离秦府，连杜如晦也在其中，李世民并没有在意，但房玄龄深知杜如晦的才能，劝李世民留下他，说失去别人都不可惜，杜如晦是个安天下的大人才，要想取得天下，就得有此人的辅佐。李世民听后大为震动，说："你如果不向我介绍他，就会失去这一人才啊。"当即决定重用杜如晦，并把他当成是自己的心腹。他深知杜如晦的长处，说："非如晦不能筹画大事。"事实也证明了这一点。杜如晦与房玄龄同朝为相，其功勋与房玄龄旗鼓相当。往往在房玄龄与唐太宗谋划之后，杜如晦进行剖断，这就是所谓的"房谋杜断"，两人相当默契，配合得很好，成为唐太宗的左膀右臂。房玄龄在选用人才的标准上，既注重才干又注重品德，注意发现德才兼备之人，

认为这些人掌握着百姓的安乐。房玄龄对人才不求全责备，利用各自的优势，发挥其所具有的长处。薛收文才很好，也是经由房玄龄推荐给唐太宗的，讨伐的檄文、捷报大多由薛收来写，唐太宗也非常常识他，可惜英年早逝，让唐太宗悲叹不已。

在官员的任用上，房玄龄虽然求贤若渴，但坚持"宁缺毋滥"。一时没有合适的人才，他宁愿此位空缺，也不愿让不称职的人担当。对那些关系到国计民生的职务他更不愿让那些贪婪之人担当，以致于祸国殃民。在这种情况下，他就自己来承担该职务，增大自己的工作量，宁愿世人误解讥讽他"吝权"。唐太宗对房玄龄信任有加，不仅授予用

房玄龄
——从清光绪十年（1881）上海同文书局石印本《凌烟阁功臣图》（清刘源绘）

人大权，就连自己在任用人才时，也征求房玄龄的意见。房玄龄在用人方面谨遵唐太宗所提出的"量才授职"、"任官惟贤"的原则，尽心尽力选拔人才，使唐太宗身边聚集了当时最杰出的人才。贞观年间吏治清明，他的功劳不容忽视。

房玄龄对自己很严格，做事公正严明。他认为："治理国家的正道，就是处理事物要公平正直。"身为宰相，在处理君臣关系时，房玄龄不是奴颜婢膝，他常当面指陈唐太宗的过失。

在民族关系方面，房玄龄不主张用武力解决问题。贞观十六年（624），东突厥薛延陀部自恃强盛，反复无常。唐太宗带兵治予其致命的打击。真珠可汗放弃武力对抗，请求联姻结好，唐太宗反复权衡，拿不定主意。房玄龄认为国家疲敝，不宜再干戈，主张和好。唐太宗采纳了他的意见，真珠可汗归顺唐朝。后来事情虽未成功，但房玄龄的主张是相当明智的。

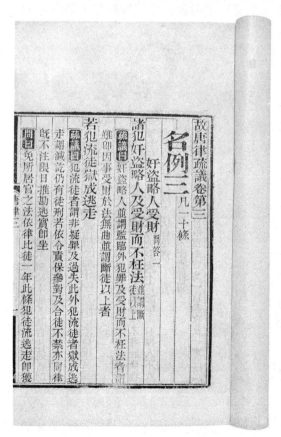

《唐律疏议》书影

贞观十六年高丽发生内乱，唐太宗打算武力干预。房玄龄不同意唐朝以强凌弱，大动干戈。他以历史上数次征讨高丽的战争均告失败为据，他说："从前汉武帝多次讨伐匈奴，隋文帝三征辽东，致使国败民穷，都是因战争引起的，望陛下详察。"由此功止了唐太宗。贞观二十二年（630），唐太宗一意孤行，御驾亲征前去讨伐高丽，这次战争不但最后以失败告终，还大大激化了社会矛盾，劳民伤财，引起了人民的反抗，据史料记载，四川僚人反抗，唐太宗调动了两万大军才镇压下去。然而，唐太宗没有汲取教训，决定再次东征，此时的唐太宗已不像贞观初年那样虚怀若谷，善于纳谏了，他骄傲自满，追求奢侈，且猜忌之心日重。自魏徵死后，直言的大臣越来越少，逢迎之人日增。此时的房玄龄已身患重病，他躺在病榻上仍忧心忡忡，关心天下安危。

房玄龄根据唐太宗的旨意，以前代的法律为基础，修订《贞观律》，包括律、令、格、式四个部分，该律承前启后，对社会生产的各个方面——大到国家制度和社会经济生活，小至民间的婚丧嫁娶等都加以规定。据史料记载，《贞观律》去掉了死刑92条，减流为徒者71条，还有很多减轻刑罚的条款。与前代相比，《贞观律》在定罪量刑上要轻，条文简约可见，该律遵照唐太宗的意旨，以"宽"、"简"为指导思想。《贞观律》在中国法制史上有一定的影响，后来中国封建时代最具代表性的法典——《唐律疏议》，即是以该律为蓝本制定的。

房玄龄不仅在政治方面大有作为，在史学方面也有很大的贡献。早在李世民攻下洛阳时，房玄龄就注意保护隋朝留下的图籍，以作为治国的参照。唐太宗也非常重视总结历史经验，任命房玄龄为史书的总监修，主持编撰前朝史书，包括两晋、北齐、北周和梁、陈、隋六朝史的编纂。令孤棻和岑文本合修《周书》，李百药修《北齐书》，姚思廉编撰《梁书》和《陈书》，魏徵编《隋书》，房玄龄还担任《晋书》的监修，他还在唐太宗的提议下，编纂本朝历史，这是前代从未有过的。在编纂本朝国史时，房玄龄实事求是，不加以美化，不隐瞒其恶行，如实记录。高祖、太宗实录于贞观十七年（643）修成。

贞观二十二年（648），房玄龄病重，唐太宗亲自前去探望，君臣两人相对流泪不止，可见感情之深。[1]七月，房玄龄辞世，时年70岁。

名 家 评 说

太宗以上圣之才，取孤隋，攘群盗，天下已平，用玄龄、如晦辅政。兴大乱之余，纪纲雕弛，而能兴仆植僵，使号令典刑粲然罔不完，虽数百年犹蒙其功，可谓名宰相。然求所以致之之迹，逮不可见，何哉？唐柳芳有言："帝定祸乱，而房、杜不言功；王、魏善谏，而房、杜让其直；英、卫善兵，而房、杜济以文。持众美效之君。是后，新进更用事，玄龄身处要

---

[1]事见《新唐书·房玄龄列传》："（玄龄）晚节多病，时帝幸玉华宫，诏玄龄居守，听卧治事。稍棘，召许肩舆入殿，帝视流涕，玄龄亦感咽不自胜。"

地，不吝权，善始以终，此其成令名者。"谅其然乎！如晦虽任事日浅，观玄龄许与及帝所亲款，则谟谋果有大过人者。方君臣明良，志叶议从，相资以成，固千载之遇，萧、曹之勋，不足进焉。虽然，宰相所以代天者也，辅赞弥缝而藏诸用，使斯人由而不知，非明哲曷臻是哉？彼扬己取名，了然使户晓者，盖房、杜之细邪！

——宋·欧阳修、宋祁《新唐书》

房玄龄，贤相也，内外交谏，不能抑太宗之雄心，甚矣哉太宗之好大喜功也。

——蔡东藩《唐史演义》

魏　徵

魏徵（580～643），字玄成，是唐太宗时颇负盛名的宰相，封郑国公。谥号"文贞"。祖籍曲阳（今河北晋县），后迁相川内黄（今河南内黄县）。其父魏长贤，曾任隋地方官。魏徵任相期间，恪尽职守，刚直不阿，知无不言，敢于直谏，对于唐太宗统治的维护和巩固以及唐代社会的安定、政治的开明、经济的繁荣，功不可没。魏徵不但是政治家，也是文学家、史学家，在文化事业上颇有贡献。

一、少小勤学　加盟瓦岗

魏徵虽生于北周静帝大象二年（580），但生后第二年隋朝便取代了北周，所以他便在隋朝度过了青少年时期。父亲魏长贤曾做过隋朝地方官，为政清廉、秉性刚直，而且博学多才，治学严谨，这使魏徵从小受到良好的熏陶，对于他以后的为政与治学大有裨益。由于父亲英年早逝，致使家道衰落，生活贫困。但是魏徵并没有因此而意志消沉、沦落颓废，反而更加胸怀大志、勤学苦读。他每天广学博览、挑灯夜读、伏案疾书，在浩瀚的古籍书海中，汲取滋养，陶冶情操，积蓄才志。[1]

魏　征
——从原故宫南熏殿旧藏《历代先贤名人像》

隋朝末年，由于隋炀帝的残暴统治，农民起义军纷纷揭竿而起，隋王朝处于风雨飘摇之中。生逢乱世，魏徵深感无法施展自己

---

[1]事见《新唐书·魏徵列传》："（徵）少孤，落魄，弃赀产不营，有大志，通贯书术。"

魏征书法

的才华，远大志向也无以寄托，既然入世无望，便出家当了道士。[1]

在隋末起义大军中，有一支隋武阳郡（今河北大名县东）郡丞元宝藏领导的队伍。元宝藏和魏徵平时交往甚密，以朋友相称。元宝藏深知魏徵的才华，起兵反隋后，就动员魏徵出山，辅佐自己。于是，魏徵便在元宝藏的旗下，做起了郡府的书记官，掌管军中的文书。

当时，李密领导的农民起义军——瓦岗军，声势浩大。起义军攻占官仓，开仓放粮，救济百姓，深得民心。李密出身贵族，隋大业初，为左亲卫府大都督，因不满朝政，投奔瓦岗军。在瓦岗军中，李密长于谋略，战功卓著，逐渐成为瓦岗军后期领袖。看到瓦岗军势如破竹的形势，元宝藏意欲投奔李密，便多次给李密写信，表明意愿。李密阅读了信件，深感措辞贴切，文彩飞扬。经过一番打探，才得知信件出自魏徵之手。李密非常赏识魏徵的才华，统辖元宝藏军后，就力邀魏徵在瓦岗军中任元帅府文学参军，专掌文学卷宗。[2]

瓦岗军屡败隋军，据有洛口、黎阳、回洛三大粮仓，队伍不断壮大，声势日盛。李密便渐渐滋长了骄傲自满的情绪。魏徵根据瓦岗军当时所处的形势，向李密呈上十条建议，但李密弃之一边，并不予以重视。

隋朝末年，洛阳仍由隋军固守。李密与洛阳隋军长期对峙。双方在战斗中互有胜负。当时掌握洛阳大权的是隋朝大将王世充。王世充企图乘李密人马疲惫之际，一举歼灭瓦岗军，李密与将领们积极筹划，准备应战。魏徵认为这次战斗成败事关瓦岗军的前途命运，于是，就主动找李密的长史郑颋说："魏公李密虽然取得速胜，然而精锐将士多战死，士气又低落，恐怕难以御敌。况且王世充军

---

[1] 事见《新唐书·魏徵列传》："隋乱，诡为道士。"

[2] 事见《新唐书·魏徵列传》："武阳郡丞元宝藏举兵应李密，以徵典书檄。密得宝藏书，辄称善，既闻徵所为，促召之。"

粮不足，将士志在死战，在士气和斗志上难以与其相比。不如挖深沟、垒高墙拒敌，以防守为主。过了不多久，王世充粮草殆尽，必将自行退兵。追而击之，必定获胜。"[1] 郑颋根本没把这一个文学参军放在眼里，对魏徵的建议置若罔闻。李密的将领们也都主张与隋军速战，结果，李密大败，从此，轰轰烈烈的农民起义大军瓦岗军便销声匿迹了。

二、归降唐朝　辅弼太子

李密兵败后，率领 2 万多人的残余部下直奔长安，归降了当时李渊建立的唐朝。李渊本是隋朝的太原留守，被封为唐国公后起兵太原，占据了长安，建立了唐朝。虽然在瓦岗军中魏徵的建议不被李密所采纳，但是魏徵却一直对李密忠诚、信赖，所以当瓦岗军失利后，魏徵依然跟随李密归附李唐。

李密归唐后不久，又举兵谋反，最终兵败，引来杀身之祸。魏徵是李密的同党，自然也就不会受到李渊的重用。因长期无用武之地，魏徵便主动请缨，招抚太行山以东地区，因为这一带仍有李密的余党在活动。于是魏徵先来到黎阳（今河南浚县东北）给据守在那里的徐世勣写了一封措辞恳切、语重心长的信函。信中魏徵规劝徐世勣认清当前形势、顺应历史潮流，只有归附唐朝，才能成就一番事业。徐世勣被此信深深打动了，不久便归降了唐朝。魏徵这一举动不可轻视，徐世勣后来成为唐朝一代名将，应该说这是魏徵为唐朝所做出的一大贡献。后来，魏徵又直奔魏州，那里有他的老朋友元宝藏。在魏徵的一番申明大义的劝说下，元宝藏也归附了唐朝。

武德二年（619）十月，一支由窦建德领导的农民起义军起兵南下，直攻黎阳。此时，魏徵刚好从魏州返回黎阳。黎阳失守，魏徵被俘。窦建德对魏徵的才学早有耳闻，便任魏徵为起居舍人。

武德四年（621），李世民亲率大军东征洛阳。此时，洛阳仍由隋将王世充占据。唐军兵临城下，王世军深感形势严峻，火速与窦建德联络，请求援助。窦建德权衡利弊后，率领大军前往增援，李世民兵分两路，一路继续围攻洛阳，一路

---

[1] 语见《新唐书·魏徵列传》："魏公虽骤腾，而骁将锐士死伤略尽；又府无见财，战胜不赏。此二者不可以战。若浚池峭垒，旷日持久，贼粮尽且去，我追击之，取胜之道也。"

敬贤怀要

——从明万历元年（1573）纯忠堂刊本《帝鉴图说》

唐史纪：太宗尝得佳鹞，自臂之，望见魏征来，匿怀中。征奏事故久不已，鹞竟死怀中。

阻击窦建德。结果，两路大军均获全胜，一举击溃王世充与窦建德。魏徵又得以回归唐朝。魏徵一生两次身入义军，他亲眼目睹了广大农民的生活疾苦，亲身经历了农民起义军声势浩大的反抗义举，这对他日后政治思想的形成起着至关重要的作用，使他最终成为刚直不阿，直言进谏的一代名臣。

魏徵重回长安，仍然不被朝廷所重用，而太子李建成对他的学识颇为赏识，便招为洗马。[1] 为报太子的知遇之恩，魏徵尽心辅佐太子，积极为他出谋划策。李建成此时虽然已被立为太子，但获得皇位的根基并不牢固。其弟李世民在统一唐朝的过程中，南征北战，驰骋疆场，威震四方，对于唐朝的统一，可谓战功卓著，其功业远远超过太子李建成。但李世民身为次子，不能继承皇位，他不甘为人之下，于是就与太子李建成展开了争夺皇位的殊死斗争。魏徵对此为太子深感忧虑。

---

[1] 事见《新唐书·魏徵列传》："（徵）隐太子引为洗马。"

武德四年（621），窦建德旧党刘黑闼，再一次起兵，接连攻克漳南、幽州等地，大肆杀戮唐朝官吏，半年之内，义军占领了河北大邱，收复窦建德旧地。魏徵认为这对太子来说是一个壮大势力、提高威望的绝好时机，于是便对太子进言道："现在刘黑闼的士卒伤亡、逃散的颇多，剩余的不满万人，而且粮草物资匮乏。如以我大军攻击他们，势如破竹。殿下应马上发兵进攻，以取功名。"李建成听从了魏徵的建议，便上奏。李渊奏准后，魏徵便协同太子率军征讨刘黑闼。在作战中，他鞍前马后，积极为太子献计献策。他主张对刘黑闼不宜采取强攻之策，否则部队人力、物力、财力耗费颇大，应该采取瓦解军心、涣散士气的策略，这样事半功倍、速战速决，这场战斗便能取得决定性的胜利。李建成采纳了魏徵的军事策略，便向敌军发出信息：只擒刘黑闼一人，其余部下只要投降，一律不予追究。结果，敌军纷纷放下武器，溃不成军，很快便不战自败了，河北的大批失地也尽归唐朝。

在魏徵的辅弼下，通过这次战役，李建成不但获得了战功，而且也结纳了山东豪杰，壮大了自己的势力。此后，李建成与李世民之间为了争夺皇位，互相倾轧，愈演愈烈。李建成的弟弟李元吉站到其兄李建成一边，也加入到这场争夺皇位的斗争。在这种严峻的形势下，魏徵为太子忧心如焚，他深谋远虑，劝说李建成杀掉李世民，先下手为强，否则夜长梦多，形势多变。[1]但太子顾虑重重，并没有很快接受魏徵的建议。

武德九年（626）六月四日，李世民发动了"玄武门之变"，一举杀死了李建成与李元吉，逼迫李渊退位。同年八月，李世民登基，史称唐太宗，成为唐王朝的第二代皇帝。次年正月，改年号为贞观。

三、据理力谏　刚直不阿

李世民坐稳皇位之后，对太子东宫官属不计前嫌，甚至从中甄选了一批人员，委以重任。这时，有人向唐太宗告发魏徵曾规劝太子谋杀唐太宗。唐太宗便把魏徵召至宫中，面带威严，厉声质问："你为何要挑拨离间我和太子？"魏徵坦然无惧、不慌不忙地回答说："太子如若早依我计行事，那么今天的局面就不是这个样子了。"听了魏徵的话，当时左右大臣的心都为之悬了起来。唐太宗却

---

[1]事见《新唐书·魏徵列传》："徵见秦王功高，阴劝太子早为计。"

主明臣直

——从明万历元年（1573）纯忠堂刊本《帝鉴图说》

反而气消颜开，因为他觉得魏徵秉性刚直，有胆有识，所以不但没有怪罪于他，反而提拔魏徵为谏议大夫。[1]

唐太宗是唐朝历史上的一代明君，他求贤纳才、知人善用，特别注意虚怀纳谏。有一次唐太宗问魏徵："何谓明君？何谓暗君？"魏徵答道："兼听则明，偏听则暗。"在魏徵看来，皇帝必须虚心、诚恳而广泛地听取臣子的建议，因为皇帝深居宫中，不可能全面地了解国家大事，只有虚怀纳谏，才能避免独断专行，国家也才能得以长治久安。唐太宗对此深表赞同，此后，魏徵"兼听则明，偏听则暗"的告诫便成为唐太宗虚怀纳谏的重要指导思想。[2]

[1] 事及语见《新唐书·魏徵列传》："太子败，王责谓曰：'尔阋吾兄弟，奈何？'答曰：'太子早从徵言，不死今日之祸。'王器其直，无恨意。即位，拜谏议大夫，封巨鹿县男。"

[2] 事及语见《新唐书·魏徵列传》："（帝）因问：'为君者何道而明，何失而暗？'徵曰：'君所以明，兼听也；所以暗，偏信也。尧、舜氏辟四门，明四目，达四聪。（接下页）

魏徵认为隋代灭亡，唐朝兴起，历朝历代的更迭有一条教训值得记取："静之则安，动之则乱。"因此，魏徵经常劝诫唐太宗轻徭薄赋与民休养生息。贞观四年（630），唐太宗准备在洛阳修建宫室，县丞皇甫德参上书极力反对。唐太宗非常气愤。魏徵上书皇帝说："皇甫德参的意见是正确的。皇帝修建宫室，只图个人享受，滥用人力物力，于国于民无裨。皇甫德参虽措辞激烈，但也是为了警策皇帝呀。"唐太宗思虑再三，最终接受了魏徵的意见，不但没有治罪于皇甫德参，而且还对他加封官职。后来唐太宗又要在洛阳修建飞山宫，当时正值陕西、河南一带大雨连降，许多百姓房屋坍塌，无家可归。魏徵又上书唐太宗："隋炀帝恃其富强，不虑后患，穷奢极欲，使百姓困穷，以至于身死人手，社稷为墟。陛下拨乱反正，宜思隋之所以失，我之所以得，撤其峻宇，安于卑宫，若因基而增广，袭旧而加饰，则以乱易乱，殃咎必至，难得易失，可不念哉。"[1] 魏徵以隋为鉴，据理力谏，终于说服了唐太宗，停止修建飞山宫。后来，唐太宗还下令将建宫的材料送至受灾地区，以资流离失所的灾民重建家园。[2]

贞观六年（632），在众臣的请求下，唐太宗准备前往泰山封禅，而魏徵却极力反对。唐太宗百思不得其解，便向魏徵询问原由。魏徵回答说："眼下国家刚刚安定，百业待兴，国库尚为空虚。在这种情况下，陛下如若封禅，兴师动众，必须劳民伤财，与'抚民以静'的国策相悖。"唐太宗听了这番道理后，便取消了登山封禅的计划。

在治国方针上，魏徵不但认为对内应"静之而安"，在对外关系的处理上，也认为不轻易动武。因此他向唐太宗提出"偃革兴文，布德施惠，中国既安，四夷即服"的治国策略。在魏徵看来，首先应立足于国家的强盛，不急于扩张领土，只要国家安定强大了，与周边的关系便能处理妥善，因此也便能臣服于中国。唐太宗也非常赞同魏徵的观点。贞观初期，唐太宗一方面加强国家经济的恢复和发展；另一方面，实行了开明的民族政策，改善民族之间的关系。不管是对被征服还是主动归附的少数民族部落，都不强行改变他们原来的生活方式和风俗

（接上页）虽有共、鲧，不能塞也，靖言庸违，不能惑也。秦二世隐藏其身，以信赵高，天下溃叛而不得闻；梁武帝信朱异，侯景向关而不得闻；隋炀帝信虞世基，贼遍天下而不得闻。故曰，君能兼听，则奸人不得壅蔽，而下情通矣。'"

[1] 文见《旧唐书·魏征列传》。

[2] 事见《新唐书·魏徵列传》："帝手诏嘉答。于是，废明德宫玄圃院赐遭水者。"

习惯，并且任命原来的首领担任高级官职。同时还送给他们农具、耕牛等物品，帮助他们发展农牧生产。此外还通过和亲政策，加强少数民族同唐朝的联系和团结。这样大大促进了各族人民的交往和经济文化的交流。与此同时，唐朝和世界其他国家的政治、经济和文化交往也越来越频繁，京都长安不仅是国内各民族的大都会，也成了世界性的大都会。

在依法治国方面，魏徵特别强调，作为一国之君对待臣子应赏罚分明、不循私情、一视同仁。贞观初，濮州的庞刺史搜刮百姓、贪污腐化。有人因此而向朝廷告发了他，结果受到追缴赃款，解除职务的处罚。庞刺史原来是唐太宗为秦王时的部下，因而就向唐太宗求情，请求从轻发落。唐太宗念及旧情很快作出批示：官复原职，不予处罚。非但如此，还赐与庞刺史 100 匹绢。唐太宗认为庞刺史之所以贪财，是因为他家里的生活可能较为贫困，赐与他 100 匹绢，这样他今后也就不再贪赃枉法了。朝廷众臣对唐太宗此事的处理议论纷纷，大家都敢怒而不敢言。魏徵便进谏说："依法治国，切忌亲疏有别，赏赐之时，一定要想到与皇帝疏远之人；惩罚之时，千万不要忘记与皇帝亲近之人。这样，赏罚分明，秉公执法，百姓群臣才能心服口服，国家也因之而得以安定。如今庞刺史执法犯法，理应予以严惩，只因与陛下有私交，陛下就予以袒护，如此行事的后果必是法不服人，国将不国。"唐太宗听了魏徵的一番话语，觉得很有道理，于是收回了自己的批示，依法惩处了庞刺史。正是由于魏徵刚直不阿，勇于进谏，唐太宗虚怀纳谏，以身作则，执法如山，在中央和地方政府中起到了积极的影响和作用，因此才使贞观初期逐渐形成了执法严肃、令行天下的好风气。

由于魏徵秉性刚直，大公无私，对唐太

魏　征
——从清光绪十年（1881）上海同文书局石印本《凌烟阁功臣图》（清刘源绘）

宗的言行敢于面折廷争，因而唐太宗对魏徵有时不免也产生了敬畏之心。有一次唐太宗准备去山中打猎，一切安排就绪，却又犹豫不决，迟迟不肯动身，最终此次出猎没有成行。魏徵得知后向唐太宗问及此事，唐太宗笑而答曰："我虽然计划要进山打猎，但当时你不在京城，没有征求你的意见，所以考虑再三，还是打消了这个念头。"可见魏徵的犯颜直谏对唐太宗影响至深。

魏徵从贞观初年到十七年（643）去世，其间所奏之事有史籍可考的共200余事，涉猎了政治、经济、文化以及对外关系等各个方面，大部分都保留在《魏郑公谏录》和《贞观政要》两书中。贞观十一年（637）所上的《论时政疏》《十渐疏》是他一生奏疏中最为重要而有名的，所谏内容主要有：居安思危，施行仁义，轻徭薄赋，举贤任能，坚持法制，虚怀纳谏，偃武修文，少动干戈，善始令终，力防蜕变等。

四、编纂史著　青史留芳

从唐朝建立始，魏徵的治国思想就是注重对前朝历史的借鉴。他博鉴古籍，精通史学，因而他的谏言善于剖析历史，以史为鉴，以古喻今，所以他不但是中国历史上有名的政治家，也是一位史学家。唐太宗即位后，贞观三年下诏修撰

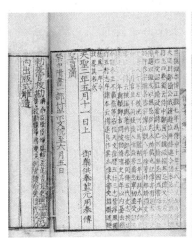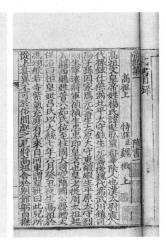

《隋书》书影

贞观三年（629），唐太宗令重修五朝史，由魏征"总知其务"，并主编《隋书》。参加《隋书》编修的还有颜师古、孔颖达、许敬宗等人。这些人都是饱学之士，令《隋书》成为《二十五史》中水平较高的史籍之一。

《隋书》《周书》《北齐书》《陈书》《梁书》(时称五代史)，魏徵奉命总领其事。其中《隋书》中的序论，《北齐书》《梁书》《陈书》中的总论部分皆由魏徵亲自撰写。这些文论深刻地剖析了历代王朝特别是隋朝衰亡的政治和经济原因，集中反映了魏徵进步的历史观，是颇有历史价值的。贞观十年（636）五部史书修撰完毕，唐太宗加封魏徵为光禄大夫，进爵郑国公。[1]

贞观十七年（643）正月，魏徵身染重病。由于魏徵一生清廉，家无正厅，唐太宗便下令用当时正在修建的一处便殿的建筑材料给魏徵建造正厅。唐太宗还派人到家守护，并且亲临魏徵家中探望。

魏徵病逝后，唐太宗亲自上门吊唁，恸哭失声。为此唐太宗向文武大臣宣布停止上朝五天，全部去魏徵家中进行吊唁，自己还亲自为魏徵写了碑文。[2]

魏徵的去世对唐太宗是一个沉重的打击，他对大臣们无限感慨地说："用铜作镜子，可以正衣冠；用历史做镜子，可以知道国家兴亡的原因；用人做镜子，可以看到自己的过错。现在魏徵逝世，使我失去了一面镜子。"[3] 可以说，唐太宗的一番肺腑之言，是对魏徵一生极为正确而公允的评价。

名 家 评 说

君臣之际，顾不难哉！以徵之忠，而太宗之睿，身殁未几，猜谮遽行。始，徵之谏，累数十余万言，至君子小人，未尝不反复为帝言之，以佞邪之乱忠也。久犹不免。故曰："皎皎者易污，峣峣者难全"，自古所叹云。唐柳芳称"徵死，知不知莫不恨惜，以为三代遗直"。谅哉！谟之论议挺挺，

---

[1] 事见《旧唐书·魏徵列传》："初，有诏遣令狐德棻、岑文本撰《周史》，孔颖达、许敬宗撰《隋史》，姚思廉撰《梁》《陈史》，李百药撰《齐史》。徵受诏总加撰定，多所损益，务存简正。《隋史》序论，皆徵所作，《梁》《陈》《齐》各为总论，时称良史。史成，加左光禄大夫，进封郑国公，赐物二千段。"

[2] 事见《新唐书·魏徵列传》："帝临哭，为之恸，罢朝五日。太子举哀西华堂。诏内外百官朝集使皆赴丧……帝登苑西楼，望哭尽哀。晋王奉诏致祭。帝作文于碑，遂书之。"

[3] 语见《旧唐书·魏徵列传》："夫以铜为镜，可以正衣冠；以古为镜，可以知兴替；以人为镜，可以明得失。朕常保此三镜，以防己过。今魏征徂逝，遂亡一镜矣！"

有祖风烈,《诗》所谓"是以似之"者欤!

——宋·欧阳修、宋祁《新唐书》

贞观以前,从我平定天下,周旋艰险,玄龄之功,无所与让。贞观之后,尽心于我,献纳忠说,安国利民,犯颜正谏,匡朕之违者,唯魏徵而已。古之名臣,何以加也。

——唐太宗,引自后晋·刘昫等《旧唐书》

臣尝阅《魏公故事》,与文皇讨论政术,往复应对,凡数十万言。其匡过弼违,能近取譬,博约连类,皆前代诤臣之不至者。其实根于道义,发为律度,身正而心劲,上不负时主,下不阿权幸,中不侈亲族,外不为朋党,不以逢时改节,不以图位卖忠。所载章疏四篇,可为万代王者法。虽汉之刘向、魏之徐邈、晋之山涛、宋之谢朓,才则才矣,比文贞之雅道,不有遗行乎!前代诤臣,一人而已。

——后晋·刘昫等《旧唐书》

杜如晦

杜如晦（585～630），字克明，唐太宗时宰相，封蔡国公。谥号"成"。京兆杜陵（今陕西西安）人。其父杜吒，曾为隋昌州长史。他参与了"玄武门兵变"，协助李世民登上皇位，并与房玄龄一起共掌朝政。两人配合默契，理政建制，奠定了贞观之治的基础，史谓："房玄龄善谋，杜如晦善断。"后世论唐代良相，首推"房、杜"。贞观四年（630）三月英年早逝，时年46岁。他的去世被视为李氏王朝的一大损失。

杜如晦
——从原故宫南熏殿旧藏《历代先贤名人像》

一、善观时局　投身秦王

杜如晦出身于官宦之家。其祖父杜徽曾是隋朝时怀州刺史，父亲杜吒为隋昌州长史。杜如晦从小聪颖好学，喜谈文史。他英俊洒脱，气质非凡，以风流自命。隋大业期间，杜如晦参加吏部人才选拔，时任吏部侍郎的高孝基认为他有应变之才，当为栋梁之用，非常器重，叫他暂时屈就卑职，补滏阳县尉之缺。杜如晦就任没多久，就辞掉滏阳县尉之职，不愿意为已显衰退之势的朝廷服务。[1]此时，因为隋炀帝的残暴统治，四方百姓怨声四起，纷纷揭竿而反，拉开了隋末农民起义的序幕。首先是山东邹平王薄领导农民起义军攻占了山东不少州县，杀富济贫。此后，

---

[1] 事见《新唐书·杜如晦列传》："如晦少英爽，喜书，以风流自命，内负大节。临机辄断。隋大业中，预吏部选，侍郎高孝基异之，曰：'君当为栋梁用，愿保令德。'因补滏阳尉，弃官去。"

起义队伍日渐增多，到隋大业十二年（616），农民起义队伍已增至130多支，人数达三四百万之众。随后，起义军在全国汇成了三支强大的队伍：河南李密的瓦岗军、河北窦建德、江淮杜伏威的起义军。杜如晦虽然早已辞掉朝廷任命的县尉职务，但他的家庭背景、成长经历

《唐人宫乐图》

和所受的教育，使他无法与农民起义军走在一起。在这天下大乱之际，他悉心观注着时局的变化。按目前摇摆不定的局势，他也不知道自己该归向何方。

随着时间的推进，农民起义的队伍和阵势都在不断扩大。隋炀帝的统治集团内部也开始出现分裂。隋朝统治阶级已明显摇摇欲坠，有分崩离析之势。终于，隋大业十三年（617），留守太原的李渊父子在晋阳举兵反隋。李渊率领李建成、李世民等一路向南进发，由于李渊父子深得民心，策略得当，加之李世民英勇有谋，以至一路势如破竹，进军神速，同年十一月就攻占了隋朝都城长安。观战已久的杜如晦见大势已定，且深知李世民是个英勇有谋之人，善于广纳天下贤士豪杰，便投奔于李世民门下。

李渊攻占长安后，立即采取了一系列强硬措施。他废除隋炀帝的各种重苛严刑，与民众约法12条；处死拒不投降的阴世师等10余人；按起兵时预定的，立年仅13岁的杨侑为天子，奉逃到江都的隋炀帝为太上皇。没过多久，隋炀帝残部驻扎的江都发生内乱，隋炀帝被其部下所杀。李渊得知后，迫使杨侑下退位诏书，禅让于自己。李渊遂即帝于太极殿，改隋为唐，改元武德，是为高祖。李渊的三个儿子则分别立为：皇太子李建成、秦王李世民、齐王李元吉。并任时年19岁的李世民为尚书令。杜如晦投奔李世民门下后，被李世民拜任为秦王府兵曹参军，执掌秦王府簿书、考课、仪卫等事务。[1]

---

[1]事见《新唐书·杜如晦列传》："高祖平京师，秦王引为府兵曹参军，徙陕州总管府长史。"

时隔不久，杜如晦被改任陕州总管府长史。总管府是设立在边塞统率军队的机构，长史职位仅次于总管。这期间，秦王府的很多勇将谋士都被唐高祖调到外地任职，李世民为这事一直忧虑重重，十分担心。记室房玄龄对他说："府僚虽然大都走了，但不足惜。有个杜如晦，聪明，见识广博，有王佐之才。大王如果想经营四方，独揽天下，非此人帮助不可。[1]"房玄龄的话使李世民大惊，他慨叹道："你如果不说出来，我就会失掉这个人啊。[2]"后来，李世民奏请唐高祖留下杜如晦，使杜如晦依旧为秦王府幕官。从此以后，李世民把杜如晦视作自己的心腹，常常和他在一起商议国家大事。渐渐地，杜如晦很快成了秦王府幕僚中的重要成员，李世民每有心事，必与他商议。

二、随军征讨　剖断如流

唐朝初期，除了关中、山西和巴蜀等一些地区被唐朝控制外，周围地区都还处于割据状态之中。唐王朝要真正统一天下，必须铲除这些割据势力。最后，李氏父子经过认真商议后决定：巩固关中，以此为根据地出兵西北，然后攻占关东，拿下江南，尽早统一全国。唐高祖李渊遂命李世民为右元帅，率军征讨盘踞各地的割据势力。杜如晦也随同李世民一起，东征西讨，转战于各割据之地。

武德元年（618），李世民采取各个击破的战略战术，最先击败了薛仁果在陇西的割据势力，紧接着又消灭了在凉州自封皇帝的李轨。这一系列胜利，加强和巩固了唐王朝在长安以西的政权统治。武德三年（620），李世民军队又平定了盘踞晋北的刘武周。刘武周见唐军来势勇猛，逃到突厥，被突厥所杀。至此，关中周围的割据势力全被铲除。随后，李世民举兵关东，向李唐王朝在关外的最大威胁和对手、盘踞洛阳的王世充逼进。王世充曾任隋王朝礼部尚书，是隋炀帝比较信任的心腹。他利用手中的权力和阴谋手段夺取了实权，并自己当了皇帝，立国号为郑。在李世民与刘武周作战的时候，他趁机扩张势力和地盘，占据了唐朝的很多地方。然而，在李世民势不可挡的攻击下，王世充的手下名将罗士信、秦叔宝、程志节等都归降了李世民。由于李世民对归降的官兵士吏都以礼相待，王世

---

[1] 语见《新唐书·杜如晦列传》："去者虽多，不足吝，如晦王佐之才也。大王若终守藩，无所事；必欲经营四方，舍如晦无共功者。"

[2] 事见《新唐书·杜如晦列传》："非公言，我几失之！"

充的统治集团马上崩溃，许多州县的官吏都想脱离王世充的统治。浯、邓、荥、汴、豫、显等州也相继归降，以至出现了"河南郡县相继来降"的热闹场面。王世充失去各州县官吏的支持和拥护，加之李世民军队的强烈攻势，节节败退，最后被围困于洛阳。这时，王世充想起了窦建德领导的农民起义军，便匆忙向窦建德求援。窦建德在农民起义军中很有名望，他担心王世充被李世民铲除后，自己也会步王世充后尘，遭受攻击，就立即亲自率军前往洛阳增援王世充。李世民闻讯后，与杜如晦等人作了缜密的分析，最后决定先灭掉窦建德，再铲除王世充。于是，李世民率军把守武牢的各处险要，伺机进攻，窦建德的军队因长途跋涉，日夜行军，个个饥肠辘辘，疲倦不堪。李世民觉得正是进攻的好时机，便率小股精骑领先，大军继后，一阵猛冲猛杀，窦建德军队还没弄清是怎么回事，就已溃不成军，随即大败，窦建德也受伤被俘。

击败窦建德后，李世民立即集中兵力分多路围攻洛阳。武德四年（621），王

讨乱酋击走刘武周
——从1935年会文堂新记书局蔡东藩《唐史通俗演义》

王世充

世充见后援已断，深知大势已去，再硬拼下去无异于鸡蛋碰石头，便在李世民逼到城下时，率众臣出城投降，武牢之役不战而胜。这是唐朝统一中国的一个决定性战役。它的胜利，向整个中原地区的统一和安定迈出了关键性的一步。在这次战役中，杜如晦也起了很大作用，他对战事运筹帷幄，剖断如流，深为同僚所佩服。加之李世民大胆而果断的指挥，以至取得了一石二鸟的战果，彻底铲除了这两个对唐朝统治有着很大威胁的强劲对手。

武德五年（622），刘黑闼在河北漳南筑台告祭窦建德，并自封大将军，公开反唐。不久，刘黑闼攻占了大片土地，定都洺州，自封东汉王。李世民又奉命率军攻打刘黑闼，经过艰苦作战，最后大败刘黑闼。

在征讨割据势力的统一战争中，李世民和李建成两兄弟各有战功，但相比之下，明显是李世民的战功最大，可以说，这也得益于杜如晦的军事谋略。在李世民整个的东征西讨中，杜如晦对军国大事运筹帷幄，判断准确，为李世民提供了有效的战略计策。杜如晦也因此受到了幕僚同属们的赞赏。战争结束后，杜如晦屡获升迁。李世民任陕东道大行台尚书令时，杜如晦任大行台司勋郎中，封爵建平县南，食邑三百户。随后以本馆兼文学馆学士。[1] 文学馆是李世民专门用来接纳天下治学贤士而设置的。在被接纳的十八学士中，杜如晦居首位。李世民还命人画下十八学士的图像，藏于书府。李世民为其像题词道："建平文雅，体有烈光。怀忠履义，身立名扬。"李世民为天策上将后，开府设官属，又拜任杜如晦天策府从事中郎，成为天策府参军。[2]

三、"玄武"谋变　功勋卓著

唐朝完成全国的统一后，其统治集团内部已开始发生分裂，最主要的矛盾是

---

[1]事见《新唐书·杜如晦列传》："进陕东道大行台司勋郎中，封建平县男，兼文学馆学士。"

[2]事见《旧唐书·杜如晦列传》："天策主健，为中郎。"

太子李建成和秦王李世民之间争夺皇位继承权的斗争。在讨伐割据势力，统一全国的战争中，李世民战功显赫，使得他的威望与日俱增，权力也明显在逐渐扩大，还拥有了显赫的政治地位和军事地位。他手中控制着大量军队，并位居宰相之职，担任尚书令的职务。另外，从太原起兵时起，直到统一全国的战争结束，这期间，他广纳人才，礼贤下士，团结了一大批谋士强将，早已形成一个以他为核心的政治集团，这不仅使他产生了觊觎皇位的野心，也引起了太子李建成的忌妒和不安。为争夺皇位，两兄弟变成了仇敌。李建成位居东宫，一直辅助唐高祖李渊料理政务。虽然在平定天下，征讨割据势力时没有多大战功，但他在唐王朝的创建过程中，也起过重要的作用。李建成也在自己的周围团结了一批幕僚谋臣，形成了自己的政治集团。

当李建成对李世民威望与日俱增而感到威胁后，便开始谋划着对李世民下毒手。武德七年（624），唐高祖带领三位皇子出猎，命三位皇子驰射角胜，李建成

玄武门同胞受刃
——从1935年会文堂新记书局蔡东藩《唐史通俗演义》

趁机为李世民配置了一匹烈马。李世民不知是诈，骑上了这匹马追赶野鹿。烈性大发的马突尥蹶子，差点把李世民摔倒在地。武德九年，李建成约李世民共饮，并暗中下毒，李世民饮后吐血不止，险些死去。在这次争位斗争中，齐王李元吉一直站在李建成一边，密切配合李建成的夺位计划，他重金收买李世民部将尉迟敬德等人，但均遭拒绝。李世民看出了李建成的心迹，忧虑重重，他问僚属们："危急的苗头已经显现，怎么办好？"房玄龄、杜如晦、长孙无忌同劝李世民先发制人，只有这样才能转危为安。此时，李元吉正和李建成经常在后宫诋毁李世民。唐高祖素来就偏袒太子，信以为真，幸亏陈叔达进谏，要加罪于李世民的唐高祖才赦免其罪。后来，李元吉又密告李世民谋反，要求唐高祖速斩李世民。唐高祖觉得李世民平定天下有功，又没有足够的证据证明他谋反，不肯斩首李世民。

接着，李建成对李元吉说："秦王府内的智谋人士中，只有房玄龄、杜如晦最可怕。"于是，在唐高祖面前谗毁二人，遂将之逐出秦王府。[1]这样，李世民府中最为心腹之人只有长孙无忌。武德九年（626），突厥南下犯边。按惯例，应由李世民督军抵御，但李建成认为这是削弱李世民军势力量的好机会，便奏请唐高祖，由李元吉代李世民率军北征。并调秦王府强将尉迟敬德等同行。这个目的很明显，他们想抽空李世民的精兵猛将，让李世民无还手之力。李建成甚至早已计划好，在为李元吉钱行时就杀掉李世民。李世民得知后，立即与长孙无忌商议，又派长孙无忌秘密召回房玄龄、杜如晦，密商计策，并与高士廉、尉迟敬德等人商量对策。经过精心密划，李世民最终于六月四日发动了玄武门兵变，亲自率领长孙无忌等9人，在玄武门伏杀了李建成和李元吉，为自己夺取皇位铲除了障碍。随后，李渊立李世民为皇太子，将军政大权全交给了李世民，李世民则拜任杜如晦为左庶子，协助料理政务。不久，又调杜如晦任吏部尚书。[2]

四、功高位重　一代名相

武德九年（626）八月，唐高祖李渊让位李世民，李世民在东宫显德殿即位，

---

[1] 事及语见《旧唐书·杜如晦列传》："隐太子深忌之，谓齐王元吉曰：'秦王府中所可惮者，唯杜如晦与房玄龄耳。'因谮之于高祖，乃与玄龄同被斥逐。"

[2] 事见《新唐书·杜如晦列传》："王为皇太子，授左庶子，迁兵部尚书。"

是为太宗，改元贞观，尊李渊为太上皇。李世民即位后，论功行赏，群臣中房玄龄、杜如晦等 5 人居功第一。杜如晦被进封为蔡国公，食邑 1300 户。[1]贞观二年（628），杜如晦被晋升为检校侍中，兼吏部尚书。检校侍中是门下省的长官，相当于宰相。贞观三年（629），唐太宗又授杜如晦为右仆射。[2]他在诏书中说："杜如晦见识过人，神采奕奕，德高望重，声播远近。"从此以后，杜如晦和房玄龄同为唐朝宰相，两人配合默契，同心协力，开始了唐朝政治制度的建立工作。

杜如晦身为宰相，又是吏部尚书，执掌着任用官职的权力。在为宰相不到两年的时间里，他引贤荐才，罢除贪官污吏；纳士用人，注重实效。杜如晦用官员史吏，主张先由州郡举荐，再由他考核录用。在当时，选官纳士只注重言词口笔，

杜如晦
——从清光绪十年（1881）上海同文书局石印本《凌烟阁功臣图》（清刘源绘）

不注重品质德行。杜如晦上任后，把品质德行作为选官任吏的一个必需条件。在杜如晦临终时，他还强力推荐刚正不阿的戴胄做吏部尚书。为此，监察御史陈师合不满，上书《拔士论》，说一人不能身兼数职，矛头直指房玄龄和杜如晦。唐太宗说："玄龄、如晦二臣的才能是可以治理天下的，陈师合难道想离间我们君臣之间的关系吗？"遂贬陈师合于岭南。[3]

杜如晦善于治国理政。隋末农民大起义后，纲纪紊乱，百废待兴。杜如晦和

---

[1] 事见《新唐书·杜如晦列传》："进封蔡国公，食三千户，别食益州千三百户。"

[2] 事见《新唐书·杜如晦列传》："俄检校侍中，摄吏部尚书，总监东宫兵，进位尚书右仆射，仍领选。"

[3] 事及语见《新唐书·杜如晦列传》："监察御史陈师合上《拔士论》，谓一人不可总数职，阴剀讽如晦等。帝曰：'玄龄、如晦不以勋旧进，特其才可与治天下者，师合欲以此离间吾君臣邪？'斥岭表。"

《步辇图》

唐阎立本绘，北京故宫博物院馆藏。绢本，设色，纵38.5厘米，横129.6厘米。《步辇图》是以贞观十五年（641）吐蕃首领松赞干布与文成公主联姻的历史事件为题材，描绘唐太宗接见来迎娶文成公主的吐蕃使臣禄东赞的情景。

同朝宰相房玄龄拨乱反正，唐朝的典章制度，台阁规模，都是二人所定。两人的通力合作和努力，使唐朝初期的政治制度和社会秩序走上了正轨，从而奠定了贞观之治的基础。杜如晦为宰相时，君臣之间的关系如同鱼水，同僚之间通力配合，互相学习。唐太宗每次同房玄龄商议大事，房玄龄必说："非如晦不能决断。"待唐太宗把杜如晦召来，杜如晦必说："最终须用玄龄的策略。"房玄龄善谋，杜如晦善断，两人齐心辅政，取长补短，充分发挥各自的才干，共掌朝政。所以，后世论说唐代名相，必推"房、杜"，"二人同心协力，共治朝纲"。[1]

在杜如晦做宰相时，他非常敬重敢于进谏之臣。他说："天下有直言敢谏的人臣，即使国君无道也不至于失天下。"将诤臣看作是挽国家于危难的栋梁。他十分鄙视隋朝内史侍郎虞世基，说他身居要职，处得言之地，却对隋炀帝的荒淫残暴闭口不说，无一句谏言，只会使国家走向灭亡，用这样的人是国之不幸。作为宰相，杜如晦严格要求自己，却宽容大度，以礼待人，并能正确地发现别人的

---

[1] 事见《新唐书·杜如晦列传》："方为相时，天下新定，台阁制度，宪物容典，率二人讨裁。每议事帝所，玄龄必曰：'非如晦莫筹之。'及如晦至，卒用玄龄策也。盖如晦长于断，而玄龄善谋，两人深相知，故能同心济谋，以佐佑帝，当世语良相，必曰房、杜云。"

长处，使之充分发挥出来。然而，身为一代名相，史书记述他的功绩却并不多，这是为什么呢？《资治通鉴》上写道："太宗平定天下，而房、杜二人从不表明自己为此立下的功劳。王珪、魏徵敢于直言，而房玄龄、杜如晦善于让贤。英国公李勣和卫国公李靖善用兵，而房玄龄、杜如晦则善于把功劳归于皇上。"

贞观三年（629）十二月，杜如晦因病辞去宰相职务。随后病情加重，唐太宗多次遣使探望，并找名医诊治。次年二月，病危，唐太宗命太子前去探询。接着，唐太宗亲临杜如晦家中，抚之流涕。不久，杜如晦病逝，时年46岁。唐太宗闻知恸哭不已，废朝三日，并赐谥曰成。[1] 杜如晦的英年早逝，无疑是唐王朝的一大损失。一天，唐太宗吃瓜，其瓜味美，忽然又想起杜如晦，遂遣使把瓜放于杜如晦灵前以示哀悼，并对房玄龄说："今日惟独见公。"说罢潸然泪下。[2] 可见其对杜如晦的感情之深。

名 家 评 说

房、杜二公，皆以命世之才，遭逢明主，谋猷允协，以致升平。议者以比汉之萧、曹，信矣。然莱成之见用，文昭之所举也。世传太宗尝与文昭图事，则曰"非如晦莫能筹之"。及如晦至焉，竟从玄龄之策也。盖房知杜之能断大事，杜如房之善建嘉谋，裨谌草创，东里润色，相须而成，俾无悔事，贤达用心，良有以也。若以往哲方之，房则管仲、子产，杜则鲍叔、罕虎矣。

——后晋·刘昫等《旧唐书》

---

[1] 事见《新唐书·杜如晦列传》："久之，以疾辞职，诏给常俸就第，医候之使道相属。会病力，诏皇太子就问，帝亲至其家，抚之梗塞。及未乱，擢其子左千牛构兼尚舍奉御。薨，年四十六，帝哭恸，赠开府仪同三司。及葬，加司空，谥曰成。"
[2] 事见《旧唐书·杜如晦列传》："太宗后因食瓜而美，怆然悼之，遂辍食之半，遣使奠于灵座。又尝赐房玄龄黄银带，顾谓玄龄曰：'昔如晦与公同心辅朕，今日所赐，唯独见公。'因泫然流涕。"

长孙无忌

长孙无忌（？～659），字辅机，唐太宗和唐高宗时宰相。河南洛阳人。其祖为鲜卑拓跋部贵族。父长孙晟，隋时名将。妹为太宗皇后。李世民发动"玄武门之变"，他是策划和组织者之一。李世民即位太宗后，他与房玄龄同为宰相。唐高宗李治即位后，他又与褚遂良同为宰相。永徽六年（655），他和褚遂良反对立武昭仪（武则天）为皇后，未果。显庆四年（659），许敬宗迎合武后意旨，诬告他谋反，遂被流放黔州（今四川彭水），被迫自缢而死。贞观中，他和房玄龄主修《唐律》和《律疏》。永徽四年，《律疏》30卷成，即现存的《唐律疏议》，为著名的封建法典。

一、善于谋略 "玄武"建功

长孙无忌
——从明万历三十七年（1609）原刊本《三才图会》

长孙无忌的先祖，是北魏皇族拓跋氏，因立有勋功，改姓长孙氏。长孙无忌的父亲长孙晟，隋时为右骁卫将军。虽然出身于军事贵族家庭，但长孙无忌并不善于统兵打仗，只是在军事方面稍有一些谋略，[1]正如唐太宗所说："他聪明机断，悟性好。虽然有些军事谋略，但带兵打仗，并不他的长处。"不过，长孙无忌虽疏于军事，但他聪颖好学，博览文史，善于谋略。因父亲较早去世，长孙无忌就与妹妹一起，在舅父高士廉家中长大。高士廉本人很有才华和名望。在如此一个有着高文化素养的家庭，长孙氏兄

---

[1] 事见《旧唐书·杜如晦列传》："无忌贵戚好学，该博文史，性通悟，有筹略。"

高士廉

高士廉（575~647），名俭，字士廉，以字行，渤海蓚县（今河北景县）人，唐太宗文德皇后舅父。早年曾任隋朝治礼郎，后归唐，被任命为雍州治中；积极协助李世民发动"玄武门之变"，升任侍中，封义兴郡公。贞观五年（631），任吏部尚书，进封许国公。后任太子太傅，辅佐皇太子监国。卒后，谥号"文献"，陪葬昭陵。

妹受到了很好的文化教育。妹妹也从小好读书，举止遵循礼则。高士廉是个慧眼之人，很能识人。他早在李渊父子太原举兵之前，就看出李世民是个非常之才，便把长孙无忌的妹妹聘与李世民。李世民做了皇帝后，封长孙氏为皇后。长孙无忌与李世民年龄相仿，从小就是至交好友，一起长大，妹妹嫁给李世民后，两人的关系更加紧密。

李渊起兵太原，至朝邑（今陕西大荔），长孙无忌被授渭北道行军典签。随后一直随李世民东征西讨。李渊建立唐朝后，长孙无忌官至比部郎中，封上党县公。此时，李世民的才能、威望和显赫军功，引起了太子李建成的忌妒和惶恐，李世民本人也开始对皇位有了野心。于是，为了争夺皇位继承权，唐高祖李渊集团内部开始发生了分裂，其主要矛盾就是太子李建成和秦王李世民的皇位之争。唐武德九年（626），太子李建成联合齐王李元吉谋害李世民，没有成功。李世民问长孙无忌："危机的苗头已经显现，怎么办？"长孙无忌便召来房玄龄、杜如晦商议。房玄龄说："现在矛盾已出现，一旦发生祸端，不仅朝庭危亡，整个国家也堪忧。不如劝秦王学当年的周公，以便稳定国家。事情迫在眉睫，成败在此一举。"长孙无忌说："我是有此意，只是未敢说出。现在你的一席话，正合我意。我立刻面告李世民。"于是，长孙无忌劝李世民先发制人，夺取皇位。

与此同时，太子李建成与齐王李元吉也在暗自活动。他们想方设法用重金收买李世民的部将尉迟敬德、侯君集等，但均遭拒绝。后又行刺李世民，仍未得逞。李建成意识到房玄龄、杜如晦是他获取皇位的两个障碍，便在李渊面前诋

《簪花仕女图》

　　唐周昉绘，纵46厘米，横180厘米。藏辽宁省博物馆。

毁二人，直至逐出秦王府。这样，李世民就只剩下长孙无忌这一心腹之人留在府中。长孙无忌与舅父高士廉一起，联合秦王部将尉迟敬德、侯君集等人，日夜劝李世民赶紧动手，诛杀太子与齐王，李世民仍犹豫不决。这时，突厥南下进犯，按惯例，应由秦王李世民率军抵御，但因李建成从中作梗，唐高祖命李元吉替代李世民督军讨伐，并调秦王李世民的部将尉迟敬德等一起前往。这明显是想趁机抽空秦王府的精兵强将，让李世民无还手之力。李建成早已有所计划，在为李元吉饯行时就杀掉李世民。得知秦王府部将被调走，李世民就深感此事不妙。在和长孙无忌商量后，李世民立即派长孙无忌秘密召回房玄龄、杜如晦，终于谋划了玄武门兵变。六月四日，李世民亲自率领长孙无忌、尉迟敬德、侯君集等九人，在玄武门伏杀了李建成和李无吉。李世民遂成为皇太子，长孙无忌被任命为太子左庶子。

　　在玄武门兵变中，长孙无忌无疑是首功之人。从酝酿之日起，他就态度坚定，屡次劝谏，日夜奔波，内外联络，并亲至玄武门参与伏杀。这也是为什么唐太宗至死不忘其佐命之功的原因。唐太宗在临死时还念念不忘长孙无忌，对大臣们说："我有天下，多仗他的出力啊。"[1]

二、谨慎行事　力避亲嫌

　　玄武门兵变后不久，李渊让位给李世民，长孙无忌迁左武侯大将军。贞观元年（627），转任吏部尚书，以功第一晋封齐国公，赐封1300户。唐太宗与长孙无忌乃布衣之交，又是佐命元勋，又是亲戚，多次要任命长孙无忌为宰相，都被

---

[1]语见《新唐书·长孙无忌列传》："我有天下，无忌力也。"

长孙无忌辞拒。长孙皇后也多次对唐太宗说："我蒙皇恩，在紫禁宫里为后，全家也尊贵无比。但我不愿自家兄弟执管国家政治。"她还提醒唐太宗要吸取汉朝吕氏、霍氏等的教训。唐太宗坚决不听，仍拜长孙无忌为尚书右仆射。对于宰相之职，长孙无忌不是不喜欢，只是他为人谨慎，行事小心，很注意避嫌。与历史上许多倚恃儿女或姐妹争权夺势的人相比，他确实是个盈满为戒之人。贞观二年（628）正月，有密奏称："长孙无忌的权力太重，宠恩太多。"唐太宗对长孙无忌说："我与你没有什么猜疑的，如果听到什么消息而不彼此相告，那么你我君臣之间就没法沟通了。"[1]后对群臣说："我的儿子尚幼，便把无忌看待我的儿子，任何人别想离间我的关系。"[2]随后，长孙无忌以盈满为戒，恳求唐太宗同意他辞去宰相之职。加之长孙皇后的再三请求，唐太宗没有办法，只好同意长孙无忌辞去尚书右仆付，拜为开府仪同三司。

贞观五年（631），唐太宗为长孙无忌、房玄龄、杜如晦、尉迟敬德四人，以元勋之功封每人一子为郡公。贞观七年（633）十一月，唐太宗任命长孙无忌为司空，长孙无忌坚决推辞不受。他对唐太宗说："我有幸成为你的外戚，担当此任，只怕天下人说你有私心。"[3]唐太宗说："我选择官吏，惟才是举。如果那人无才，就是亲戚我也不会用的。今日任命你为司空，并不是出于私心。"[4]长孙无忌依然推辞。唐太宗不允许，并作《威凤赋》赐长孙无忌，追叹创帝业之艰难，以及长孙无忌的佐命之功。[5]

长孙无忌不仅在玄武门兵变中表现出了不凡的才能与胆识，在唐太宗即位后，在一些重大事务上也发挥了重要作用。比如贞观元年（627），突厥因天灾人

[1] 语见《新唐书·长孙无忌列传》："我与公君臣间无少疑，使各怀所闻不言，斯则蔽矣。"

[2] 语见《新唐书·长孙无忌列传》："朕子幼，无忌于我有大功，视之犹子也。疏间亲、新间旧之谓不顺，朕无取焉。"

[3] 语见《新唐书·长孙无忌列传》："以外戚位三公，嫌议者谓天子以私后家。"

[4] 语见《新唐书·长孙无忌列传》："朕任官必以才，不者，虽亲若襄邑王神符，不妄授；若才，虽仇如魏徵，不弃也。夫缘后兄爱昵，厚以子女玉帛，岂不得？以其兼文武两器，朕故相之。"

[5] 事见《新唐书·长孙无忌列传》："帝又思所与共艰难，赖无忌以免，作《威凤赋》以赐，且况其功。"

祸，内部叛乱，实力大衰，许多大臣建议唐太宗趁机出兵攻打突厥。因为唐与突厥刚立有盟约，唐太宗犹豫不决。长孙无忌说："现在国家正在养兵，待敌寇入侵，才可以发兵消灭他们。如今他们已经衰弱了，肯定不会来犯了，我们还期望什么呢？应该信守监约为好。"[1]唐太宗最终放弃了出兵突厥的打算。贞观十一年（637），唐太宗又因仰慕周代的分封制，欲立功臣世袭刺史，诏令长孙无忌等14人为世袭州刺史。许多大臣进谏，认为这非长治久安之道，唐太宗听不进去，依然固我。后来，还是以长孙无忌为首的被封功臣呈交了抗封书，加之长孙无忌又通过自己的儿媳长乐公主再三向唐太宗请求，唐太宗才不得不停止了封世袭刺史这一错误措施。十七年（643）二月，唐太宗将24位有卓越功勋的大臣图画于凌烟阁，以彰其功，长孙无忌被排在首位。

长孙无忌
——从清光绪十年（1881）上海同文书局
石印本《凌烟阁功臣图》（清刘源绘）

三、权衡利弊　拥立晋王

贞观十七年（643）四月，太子李承乾谋反被废。接下来最有资格被立为太子的，是长孙皇后的另外两个儿子：魏王李泰和晋王李治。依自身条件而论，最优越的是李泰，一方面，他是次子，比李治大9岁；另一方面，唐太宗对他宠爱有加。唐太宗还令其在王府中设立文学馆，广纳贤士学人，并在闲谈中暗示过要立李泰为太子。而李治是长孙皇后的三子，又是唐太宗的第九子，无论从年龄上还是从父子感情上，均处于劣势。但身为舅父的长孙无忌却在唐太宗面前大力举荐李治，唐太宗因此犹豫不决。遂来到两仪殿，令群臣尽出，独留下长孙无忌和房玄龄、李勣、褚遂良，然后说："我三个

---

[1]语见《新唐书·长孙无忌列传》："今我务戢兵，待夷狄至，乃可击。使遂弱，且不能来，我又何求？臣谓按甲存信便。"

儿子一个弟弟，不知立哪一位。"说完自己倒在床上，长孙无忌等人赶紧争抢着把他扶抱起。他又抽出刀想自刺，长孙无忌等夺下了他手中的佩刀，并问他想立谁为太子。唐太宗说："我想立晋王李治。"长孙无忌说："我们奉诏执行，有异议者，我请求立即斩杀！"唐太宗后来对晋王李治说："你的舅舅答应你了，还不拜谢。"于是，立太子一事遂定，长孙无忌为太子太师。没过多久，唐太宗又想改立吴王李恪（唐太宗第三子，母亲为隋炀帝女），长孙无忌私底下和唐太宗争论了一番，这事才终止。[1]

长孙无忌拥立晋王李治为太子，有他自己的想法。唐太宗统治后期，长孙无忌在朝廷中权重无比，为了能在唐太宗之后继续维持这一局面，他希望将来的皇帝是仁孝之人充当，只有这样自己才会得到尊重，权势才会得到加强。李治生性懦弱，是最佳人选。魏王李泰则不同，他从小聪明绝伦，长大后喜好经籍、舆地之学，自置文学馆后广纳贤士，文武官员也纷纷投其门下，早已形成一股政治势力。而且李泰恃才不恭，连上品官员都不放在眼里，甚至连他的舅父长孙无忌都不愿意去赢得支持。如让他做皇帝，他依靠并重用的必定是他招纳的党羽，而不会是舅父长孙无忌。两子争立，这也是最让唐太宗心烦的事情。一个是才华出众的李泰，一个是懦弱少能的李治。按理，立李泰为太子是顺理成章的事，可唐太宗心里也不是很放心。李泰门下都是些功臣子弟，他们因祖上资荫，身处高官，奢侈放纵，均盼着李泰当皇帝后，驱逐元老，自己掌权。而李治这边则是以长孙无忌为首的元老重臣，如李勣、褚遂良等。长孙无忌既是唐朝的开国元勋，又是唐太宗的佐命大臣，是贞观之治的忠实执行者。唐太宗当然希望在自己死后，贞观政治依然存在，但这又必须依靠长孙无忌等的辅佐。为此，他不得不立李治为太子。

贞观二十三年（649），唐太宗病危，引长孙无忌和中书令褚遂良二人辅政。唐太宗对太子李治说："有无忌、遂良二位大臣在，你不用担心天下。"又对褚遂

---

[1] 事见《新唐书·长孙无忌列传》："太子承乾废，帝欲立晋王，未决，坐两仪殿，群臣已罢，独留无忌、玄龄、勣言东宫事，因曰：'我三子一弟，未知所立，吾心亡聊。'即投床，取佩刀自向，无忌等惊，争抱持，夺刀授晋王，而请帝所欲立。帝曰：'我欲立晋王。'无忌曰：'谨奉诏，异议者斩！'帝顾王曰：'舅许汝矣，宜即谢。'王乃拜……于是遂定。以无忌为太子太师、同中书门下三品，'同三品'自此始。帝又欲立吴王恪，无忌密争止之。"

良说："无忌非常忠于我，我有天下，多仗其力。我死之后，不要听信小人的话加害他。[1]"最后嘱托长孙无忌和褚遂良二人："望二位大臣尽心辅佐国家，以天下安危为己任。"紧接着，太子即位，是为高宗，长孙无忌迁为太尉，兼检校中书令，执掌门下省事。唐高宗对长孙无忌和褚遂良二人也格外敬重和信赖。长孙无忌更以帝舅身份数进谋议，唐高宗无不采纳。

四、祸起昭仪　遭贬缢亡

长孙无忌及其家族命运的彻底改变，源自永徽五年（654）十月的废立皇后之争。唐高宗欲立昭仪（即后来的武则天）为皇后，长孙无忌屡次谏言，都遭拒绝。唐高宗还秘密遣人赐送长孙无忌金银宝器各1车，绫绢锦缎10车，并亲自登门，继而武氏母杨氏前来说这事，长孙无忌始终不允许。礼部尚书许敬宗也多次劝说，长孙无忌同样厉声拒绝。永徽六年（655）九月，唐高宗召长孙无忌、褚遂良、李勣、左仆射于志宁到内殿，说："皇后没有生儿子，武昭仪生了儿子，我今天想立昭仪为后，大家说怎么样？"长孙无忌说："先帝托付遂良辅政，请陛下问遂良可否。"褚遂良立即表示不可以。唐高宗不听，遂立武昭仪为皇后。[2]过后，武氏为长孙无忌曾阻止唐高宗立己为皇后，一直耿耿于怀，命许敬宗寻找机会加以陷害。

显庆四年（659）四月，有人状告太子洗马韦季方、监察御史李巢密划谋反。因许敬宗追查过急，使季方自杀，未成功。许敬宗趁机借此上奏诬蔑韦季方想与长孙无忌陷害忠臣，近戚伺机谋反，并奏言其谋反有原因："无忌和先帝共同谋取了天下，天下人都信服他的智谋。他做宰相30年，百姓都敬畏他的威严。真可谓威能服物，智能服兵，我恐怕无忌知道他的谋反一事败露，狗急跳墙，联合

---

[1] 语见《新唐书·长孙无忌列传》："我有天下，无忌力也。尔辅政，勿令谗毁者害之。"

[2] 事及语见《新唐书·长孙无忌列传》："帝欲立武昭仪为后，无忌固言不可。帝密以宝器锦帛十余车赐之，又幸其第，擢三子皆朝散大夫，昭仪母复诣其家申请。许敬宗数劝之，无忌厉声折拒。帝后召无忌、遂良及于志宁言后无息，昭仪有子，必欲立之者。无忌已数谏，即曰：'先帝付托遂良，愿陛下访之。'遂良极道不可，帝不听。"

许敬宗

许敬宗（592~672），字延族，杭州新城人。隋大
业年间中秀才，后被秦王李世民召为秦府学士，后任
著作郎、监修国史。高宗李治时任礼部尚书。龙朔二
年（662）拜右相，加光禄大夫头衔；次年又任太子
少师、加同东西台三品。卒后，谥"缪"。著有文集
八十卷，今编诗二十七首。

同党造反，必为国家之忧啊。"[1] 随后，许敬
宗要唐高宗速来决断。唐高宗竟然不亲自向
长孙无忌证实一下事件真假，就听信了许敬
宗。但他泣不忍杀。许敬宗便用汉文帝杀其舅薄昭的故事对唐高宗说："当断不
断，反受其乱。安危之机，间不容发。"

最后，唐高宗没有斩杀长孙无忌，但免去了长孙无忌的官爵，流放到黔州
（今四川彭水），但准许按一品供给生活费用，算是对娘舅的照顾，也是对当年为
其争取帝位的报答。至于长孙无忌的儿子和宗族，则全被株连，有的被流放，有
的被杀。数月后，唐高宗又命许敬宗等人复核此案，许敬宗派中书舍人袁公瑜到
黔州，逼迫长孙无忌自杀。长孙无忌遂自缢而死。[2]

名家评说

　　无忌戚里右族，英冠人杰，定立储闱，力安社稷，勋庸茂著，终始不
渝。及黜废中宫，竟不阿旨，报先帝之顾托，为敬宗之诬构。嗟乎！忠信

---

[1] 语见《旧唐书·长孙无忌列传》："且无忌与先朝谋取天下，众人服其智，作宰相
三十年，百姓畏其威，可谓威能服物，智能动众。臣恐无忌知事露，即为急计，攘袂一
呼，啸命同恶，必为宗庙深忧。"

[2] 事见《旧唐书·长孙无忌列传》："帝竟不亲问无忌谋反所由，惟听敬宗诬构之说，
遂去其官爵，流黔州，仍遣使发次州府兵援送至流所。其子秘书监、驸马都尉冲等并除
名，流于岭外。敬宗寻与吏部尚书李义府遣大理正袁公瑜就黔州重鞫无忌反状，公瑜逼
令自缢而死，籍没其家。"

获罪，今古不免，无名受戮，族灭何辜。主暗臣奸，足贻后代。

——后晋·刘昫《旧唐书》

　　长孙无忌，高宗之母舅也，而构陷之者，始自武氏，成于许敬宗。武氏之欲杀无忌也，因无忌谏阻易后，致有此嫌。敬宗与无忌何雠？与褚遂良、韩瑗等又何怨？其所以必加陷害者，无非受武氏之嘱托耳。夫唐廷以上，臣僚甚众，宁必为武氏爪牙，方得居官食禄，况无忌等未尝有罪，而乃任意扳诬，恶同虺蝎，吾不意忠良之后，而竟生此奸贼也。

——蔡东藩《唐史演义》

狄仁杰

狄仁杰（630～700），字怀英，唐朝武则天时宰相。谥号"文惠"。并州太原（今山西太原）人。祖父狄孝绪，唐太宗时做过尚书左丞，封临颖男。父亲狄知逊，做过夔州长史。仪凤元年（676）狄仁杰升为大理丞。随后因遭诬陷仕途多次受贬，直至神功元年（697）第二次出任宰相。他辅佐武则天矫正时弊，安抚民生，举贤任能，严肃法纪，匡复唐室，政绩卓著。其前半生比较平淡。作为政治家，他的后半生才逐渐具有重大意义，是历史上著名的清官。

一、少有美名 仗义执法

狄仁杰生于普通官僚地主家庭。幼年开始刻苦攻读，专心致学。一次，因门人被害，县吏来调查案情，周围的人都争辩说与己无关，唯有狄仁杰不予理睬，依旧伏案读自己的书。县吏非常不满，气愤地质问狄仁杰为何对该案置之不理。狄仁杰毫不犹豫地答道："我正在书本中与圣贤对话，哪有时间与一个小小官吏说话？"[1]气得县吏哑口无言。后来，狄仁杰以明经中举，授汴州参军，从此步入仕途。

任汴州参军不久，狄仁杰遭人诬告。河南道黜陟使阎立本时任工部尚书，由他负责调查此事。在调查过程中，阎立本发现狄仁杰是个有才能的人，便对他说："孔子说观过知仁，你不愧是海角之明珠，东南之遗

狄仁杰

——从明万历三十七年（1609）原刊本《三才图会》

---

[1]语见《新唐书·狄仁杰列传》："黄卷中方与圣贤对，何暇偶俗吏语耶？"

唐高宗李治

宝啊。"[1] 于是举荐狄仁杰为并州法曹。来到并州，同府法曹郑崇质即将受命出使西域，而其母年老多病，狄仁杰便对郑崇质说："老夫人有重病在身，你都要远行，怎能忧亲人于万里之外呢？"遂代郑崇质前行。从此，狄仁杰以孝闻名于四野，很受人们的敬重，有语说："狄公之贤，北斗以南，一人而已。"

仪凤元年（676），狄仁杰升为大理丞，掌管刑狱。狄仁杰断案公正，轻重合理，一年断案涉及17000人，没有一人觉得冤枉再上诉，人们因此称他公平。一次，左威卫大将军权善才和右监门中郎范怀义误砍了唐太宗昭陵上的一棵柏树，狄仁杰判两人免官后上奏唐高宗，但唐高宗非要定两人死罪。狄仁杰认为不应该判以死罪，唐高宗怒道："他们让我背上不孝的罪名，我一定要杀。"狄仁杰说："今天因为误伐一棵柏树而杀死两个大臣，那么你让后人该如何看待你呢？"[2] 唐高宗觉得狄仁杰说得有理，遂同意免去权善才、范怀义的死罪，流放岭南。

因为这件事，唐高宗发觉狄仁杰是个有胆识之才，不久就提升他为侍御史，主管监察，监督各级官吏。侍御史官阶不高，从六品下，但由于常在朝堂值宿，有很多接近皇帝的机会，所以地位比大理丞重要。侍御史任上，狄仁杰忠于职守，不畏权贵。凡违法者，不论权高位低，皆不宽容。调露元年（679），唐高宗嫌乾陵玄宫过于狭小，容纳不下自己临终时的陪葬器具，便令司农卿韦弘执扩建。韦弘执不仅扩建了乾陵玄宫，还执意在洛阳为唐高宗建造宿羽、高山、上阳等豪华宫殿。在这些宫殿中，数上阳宫最豪华气派，该宫濒临洛水，长达一里的画廊，颇具皇家气派。宫殿完工后，唐高宗即移居东都洛阳。不久，狄仁杰上疏奏劾韦弘执，说他建造华丽宫殿引诱皇帝追求奢侈豪华。唐高宗此时才突然醒悟

---

[1] 语见《旧唐书·狄仁杰列传》："仲尼云：'观过知仁矣。'足下可谓海曲之明珠，东南之遗宝。"

[2] 语见《新唐书·狄仁杰列传》："陛下之法在象魏，固有差等。犯不至死而致之死，何哉？今误伐一柏，杀二臣，后世谓陛下为何如主？"

过来，遂免去韦弘执官职。[1]

左司郎中王本立，依仗皇帝的恩宠，一直在朝廷里目中无人，心无王法，横行霸道，朝中大臣没一个敢招惹他，都不敢和他争辩什么。狄仁杰利用监察身份，列举了王本立的种种罪行，上奏弹劾王本立，但唐高宗却赦免了他。狄仁杰继续上奏说："国家虽然缺少有才能的人，但像本立之类的人又何曾缺乏？陛下为何要珍惜一个犯了罪的人而使王法受到损失？陛下若非要赦免王本立，就请将我抛弃一边吧，让忠贞之士引以为鉴。"[2]唐高宗为狄仁杰的话折服，遂免去王本立的官职，并定了罪。满朝文武为狄仁杰的胆识肃然起敬。

值得一提的是，狄仁杰对老百姓十分关心。一次，唐高宗去汾阳宫（今山西宁武县西，隋炀帝修建），狄仁杰随行。将经并州，并州长史李冲玄认为华服艳装过妒女祠会遭风雷之灾，便驱使数万百姓民工改修驰道，让皇帝通行。狄仁杰闻知此事后非常气愤，他说："天子经过，千骑万马随行，一路上有风伯清扫尘埃，有雨师冲洗马道，何惧妒女之害？[3]"立即制止这件事。唐高宗为此称赞狄仁杰道："真大丈夫也。"

二、转任州郡　清正依旧

弘道元年（683），唐高宗病逝，其子李显即位，是为中宗。但真正执政的是以太后身份临朝的武则天。次年，武则天废中宗为庐陵王，立幼子李旦为帝，是为睿宗，武则天依然临朝执政。垂拱三年（686），狄仁杰转任宁州（今甘肃宁县）刺史。宁州是个汉民族和少数民族杂居的地方，一直矛盾重重，经常相互冲突。狄仁杰上任后，施政有方，妥善处理少数民族和汉族之间的关系，采取一视同仁的态度，使境内居民很快就和睦相处。狄仁杰的公正做法，深受当地人民赞同，人们因此称他为狄使君，并给他树立了德政碑。随后不久，右台监察使郭

---

[1]事见《旧唐书·狄仁杰列传》："时司农卿韦机兼领将作、少府二司，高宗以恭陵玄宫狭小，不容送终之具，遣机续成其功，机于埏之左右为便房四所，又造宿羽、高山、上阳等宫，莫不壮丽。仁杰奏其太过，机竟坐免官。"

[2]语见《旧唐书·狄仁杰列传》："国家虽乏英才，岂少本立之类，陛下何惜罪人而亏王法？必欲曲赦本立，请弃臣于无人之境，为忠贞将来之诫。"

[3]语见《旧唐书·狄仁杰列传》："天子之行，千乘万骑，风伯清尘，雨师洒道，何妒女之害耶？"

狄仁杰祠堂碑

狄仁杰祠堂碑位于今河北大名县。出任魏州刺史时，魏州人民感其恩德，于神功年间为狄公修建了生祠。原立碑额题为"大周狄梁公祠堂之碑"，由李邕撰文，张庭珪书丹，碑文字体工整，笔法俊秀有力，后祠堂及碑因战乱而毁。唐宪宗元和七年（812）魏博节度使田弘正为悼念狄公盛德，在原址重修祠堂时重立之石碑，碑名也改为"大唐狄梁公祠堂之碑"。

翰巡视陇右各地，一路上弹劾了不少贪官污吏。但他刚进入宁州，就感觉气氛和景象和其他州不一样，一路上听到百姓纷纷称赞狄仁杰的德政。这一切让郭翰大为折服，于是公开宣布不在宁州久留，意思是此地已通过考核。回到朝廷后，郭翰大力推荐狄仁杰，说他是个很有才能的人，请求重用。没过多久，狄仁杰被提升为冬官侍郎，充任江南巡抚使，掌管工程建设。

一次，狄仁杰出巡江南，看到吴楚一带修建了很多祠庙，立即下令关闭和拆毁大小祠庙1700多所，只保留了夏禹、吴太伯、季札、伍员等四祠。[1] 在拆毁项羽祠时，狄仁杰还写了一篇《檄告西楚霸王文》，大意是：名声不可假借误传来取得，正如天下的帝王不能以武力去争夺，顺应天命者才会享有百姓拥戴的美名，违背时代者就不是明察物变的明君。

武则天执政之后，贬杀了唐宗室的许多皇戚，以及长孙无忌、褚遂良等元老重臣，并幽禁自己的亲生儿子，重用武氏家族武承嗣、武三思等，这引起了李唐宗室的强烈不满。嗣圣元年（684），柳州司马徐敬业在扬州起兵反对武则天，拥立庐陵王，兵力曾发展到10余万，最后兵败被杀。垂拱四年（688），琅琊王李冲、越王李贞又分别在博州和豫州起兵反武则天，武则天派宰相张光辅率军30万前往镇压，叛军终因力量悬殊大败。为了早日平定战乱之后的豫州，同年，武则天任狄仁杰为豫州刺史。此时，武则天为了彻底铲除李贞余党，定罪李贞党羽

---

[1] 事见《新唐书·狄仁杰列传》："吴、楚俗多淫祠，仁杰一禁止，凡毁千七百房，止留夏禹、吴太伯、季札、伍员四祠而已。"

六七百家，籍没者5000余人，并催促行刑。狄仁杰为此密奏武
则天，免去这些人死罪。他认为这些人并不是真心要作乱，
仅只是受了牵累。武则天遂赦免了这些人死罪，将他们流放
到丰州（今内蒙古五原）。这些获赦免之人深感狄仁杰的救命
之恩，在路过宁州时，跪拜在狄仁杰的德政碑前，设斋三日
而后行。到了丰州后，也为狄仁杰立了德
政碑。[1]

当时，宰相张光辅的军队自恃
平定李贞有功，在豫州大肆勒索钱
财，滥杀无辜。狄仁杰愤怒地对张光
辅说："以往乱豫州的只是一个李贞。现
在，死了一个李贞，却招来了几万个李
贞。我恨不得用尚方宝剑，割下你
的首级。"[2]遂强行制止了张光辅官兵
的不法行为。张光辅因此耿耿于怀，
回到朝廷后，他上奏武则天，说狄

武则天

——从清康熙三十三年（1694）刊本《无双
谱》（金古良编绘，朱圭刻）

仁杰出言不逊，蔑视唐军。狄仁杰因此被贬为夏州（今湖北天门县）刺史，后来
又降为洛州司马，这是他人生的一次重大挫折。

三、被诬蒙冤　命系一线

天授元年（690）年，武则天废皇帝李旦，自己登上皇位，改唐为周，成为
中国历史上第一个女皇帝，改元天授。武则天是一位唯才是举、善用贤能的政治
家。天授二年（691），她把狄仁杰从洛州司马任上召回，提升为地官侍郎，同凤
阁鸾台平章事，成为宰相。其实，武则天当时下贬狄仁杰，只不过是敷衍一下张

[1]事见《新唐书·狄仁杰列传》："转文昌右丞，出豫州刺史。时越王兵败，支党余
二千人论死。仁杰释其械，密疏曰：'臣欲有所陈，似为逆人申理；不言，且累陛下钦恤
意。表成复毁，自不能定。然此皆非本恶，诖误至此。'有诏悉谪戍边。因出宁州，父老
迎劳曰：'狄使君活汝耶！'因相与哭碑下。因斋三日乃去。至流所，亦为立碑。"
[2]语见《旧唐书·狄仁杰列传》："乱河南者，一越王贞耳。今一贞死而万贞生。如得
尚方斩马剑加于君颈，虽死如归。"

光辅而已，而事实上，正是狄仁杰在豫州的行为，使武则天更加看好他。

一天，武则天问狄仁杰："你在豫州有善政，可也有人说你的坏话，你是否想知道？"狄仁杰答道："陛下，臣不愿知道。陛下以臣为过，臣愿改正。知臣无过，臣之幸也。"武则天听了大为赞赏，不禁叹道："狄仁杰真有长者风度啊！"[1]

担任宰相后，狄仁杰经常陪伴在武则天左右，因此发现武则天经常处理一些小事，连太学生告假回乡这事她也要亲自处理。狄仁杰觉得她这样做会分散处理国家大事的精力，便上疏说，君王应该把心思和精力放在赦免和诛杀之类的大事上，其他的一些事应由主管部门去处理。狄仁杰劝谏武则天要独揽大权，强化皇帝的专制统治。武则天采纳了狄仁杰的建议。[2]

但是，正因为武则天信任狄仁杰，才招致他人的忌恨。长寿元年（692）一月，武承嗣收买著名酷吏来俊臣诬告狄仁杰谋反。武承嗣是武则天的侄儿，一心想做武则天的太子，武则天也很宠信他，如果他达到目的，武则天死后，他就可以做皇帝。于是，他计划先除掉一批大臣以立威严，狄仁杰就是他欲谋杀对象之一。才做了四个月宰相的狄仁杰，还没有来得及施展自己的政治才能，就被罢相入狱了。设置酷吏是武则天用来巩固政权的一种统治手段，专门用来查办所谓的谋反大案，并制造出很多刑具，对被告严刑逼供。来俊臣对狄仁杰说："只要你承认谋反，就可免去死罪。"狄仁杰觉得就这样冤死在狱中，实在不值得，应该等待机会出去才是最好的出路，于是承认谋反。他对来俊臣说："大周革了唐室的命，万物重生，我们是唐朝的旧臣，谋反确是实情。"来俊臣听狄仁杰认了罪，心里暗自高兴，就没有对他动用酷刑，只是将他收监。不久，判官王德寿受来俊臣指使，威逼狄仁杰招供宰相杨执柔与他是同谋，狄仁杰非常愤怒，他大声喊道："天哪，难道是你让我做这等事吗？"说罢用头碰撞柱子，血流满地。王德

[1] 事及语见《新唐书·狄仁杰列传》："武后谓曰：'卿在汝南有善政，然有谮卿者，欲知之乎？'谢曰：'陛下以为过，臣当改之；以为无过，臣之幸也。谮者乃不愿知。'后叹其长者。"

[2] 事及语见《新唐书·狄仁杰列传》："时太学生谒急，后亦报可。仁杰曰：'人君惟生杀柄不以假人，至簿书期会，宜责有司。尚书省决事，左、右丞不句杖，左、右丞相不判徒，况天子乎？学徒取告，丞、簿职耳，若为报可，则胄子数千，凡几诏耶？为定令示之而已。'后纳其言。"

寿不敢再逼问，赶紧劝阻狄仁杰。[1]

狄仁杰承认谋反后，酷吏放松了对他的看守。一天，他从狱吏那里借来笔砚，偷偷撕下一块被子，写了一份冤状，然后把冤状缝在棉衣里，以天气太热要换件单薄衣服为由，请狱吏将棉衣送到家

《武则天巡行图》

里。狄仁杰的儿子狄光远收到棉衣后，知道其中有因，遂拆开棉絮，便发现了冤状，急忙把它奏呈给武则天。[2]

武则天见到狄仁杰的冤状，立即召来俊臣询问。来俊臣说："狄仁杰在狱中很好，我一直在好好照顾他，让他照常穿着朝衣朝服，吃好睡好。他也确实犯有谋反罪，否则他怎么会承认呢！"武则天对来俊臣的话半信半疑，遂派通事舍人周琳前往牢狱调查。周琳来到之前，来俊臣早已让人脱下狄仁杰身上的囚服，换上了朝服朝冠，站在院子西边。周琳也是个趋炎附势的小人，他担心会得罪武承嗣和来俊臣，所以进到院子后，根本不敢往西看，只是匆匆看了一眼东边，就草草回去复命。来俊臣还早早地伪造了一份狄仁杰请求赐死的《谢罪表》，让周琳带回去交给武则天。正在这关键时刻，凤阁侍郎乐思晦刚满10岁的儿子被武则天召见。他已经知道狄仁杰被诬告的事，便在武则天面前控告来俊臣滥用酷刑。说来俊臣判决的所有谋反罪，都是酷刑逼出来的。任何一个大臣，来俊臣都可以

---

[1] 事见《新唐书·狄仁杰列传》："俊臣引仁杰置对，答曰：'有周革命，我乃唐臣，反固实。'俊臣乃挺系。其属王德寿以情谓曰：'我意求少迁，公为我引杨执柔为党，公且免死。'仁杰叹曰：'皇天后土，使仁杰为此乎！'即以首触柱，血流沫面。德寿惧而谢。"

[2] 事见《新唐书·狄仁杰列传》："守者寖弛，即丐笔书帛，置褚衣中，好谓吏曰：'方暑，请付家彻絮。'仁杰子光远得书上变，后遣使案视。"

逼他承认谋反。他还直言，自己的父亲也是来俊臣谋害的。

狄仁杰
——从清康熙三十三年（1694）刊本《无双谱》（金古良编绘，朱圭刻）

武则天听了这个小孩的话，若有所悟，遂召来狄仁杰，问他为什么要承认谋反。狄仁杰说，如果不承认，早就死在酷刑下了，哪还有机会向陛下说明真相。武则天又问他，为什么要写《谢罪表》。狄仁杰说并无此事。武则天这才明白了是怎么一回事，遂释放了狄仁杰等7名同案人。武承嗣对武则天的决定非常失望，于是又多次谏言，让武则天把狄仁杰杀掉。武则天说："我的旨意已经下达，就不能再更改。"[1]

狄仁杰等人被洗了冤罪，但并没有复原官职，有的人被流放到岭南等地。狄仁杰则被贬为彭泽县令，一待就是4年多。

四、文治安民　武功保国

彭泽县是个荒凉之地，百姓生活疾苦。狄仁杰到任后，亲眼看到了百姓的困苦生活，心里酸楚倍至。他立即向武则天上疏，陈述彭泽县百姓困苦，要求免租税。他在疏中说："全年就是获得了收成，除了交纳官府，只够吃半年。如今全年颗粒无收，百姓如何活命？"

万岁通天元年（696），北方契丹孙万荣率军攻取冀州，杀死冀州刺史陆宝积，屠杀官兵数千。后又乘胜进攻瀛州，河北顿时人心惶惶。武则天立即提升狄仁杰为魏州（今河北魏县、大名一带）刺史，让他前去平息战乱。在这之前，前任刺史因担心契丹突袭，便修补城墙，巩固城防，然后把老百姓全部迁入城里。

[1] 事见《新唐书·狄仁杰列传》："俊臣命仁杰冠带见使者，私令德寿作谢死表，附使以闻。后乃召见仁杰，谓曰：'臣反保耶？'对曰：'不臣反，死笞掠矣。'示其表，曰：'无之'。后知代署，因免死。武承嗣屡请诛之，后曰：'命已行，不可返。'"

龟兹古镇遗址

狄仁杰上任后，与之相反，他敞开城门，让老百姓出城耕作。他对老百姓说，敌人离这里很远，如果敌军来了，他有退敌制胜之策，不会烦扰百姓。契丹听说狄仁杰镇魏州，不敢来犯，不战自退。魏州官民为此敬佩狄仁杰，遂为他立了德政碑，以示感恩。不久，狄仁杰改任幽州（今北京）都督，武则天赐给他紫袍、龟带，并自制金字 12 个缀于紫袍，以表彰狄仁杰的功绩以及对她的忠心。[1]

神功元年（697），狄仁杰被武则天提升为鸾台侍郎、同凤阁鸾台平章事，第二次做了宰相。当时，正值王孝杰率军大破吐蕃军队，夺回龟兹、疏勒、于阗、碎叶等四郡。因这四郡是唐朝的西域要地，武则天要求派军驻防。狄仁杰认为这样做不是长久之计，便上疏武则天说："得到那里的人口，都增加不了税收；得到那里的土地却不能耕种，可谓无利可得，无利可图。如果在那里驻军，必然会耗费国家大量钱财。不但做不到爱惜民力，反而失去天下之心。"狄仁杰建议，仿贞观年间唐太宗册封阿史思摩为可汗镇守四镇的旧例，封阴山贵族阿史那斛瑟罗为可汗，委坐四郡，既省了大笔开支，又能达到安边的目的。虽然武则天未能采

---

[1] 事见《新唐书·狄仁杰列传》："万岁通天中，契丹陷冀州，河北震动，擢仁杰为魏州刺史。前刺史惧贼至，驱民保城，修守具。仁杰至，曰：'贼在远，何自疲民？万一虏来，吾自办之，何预若辈？'悉纵就田。虏闻，亦引去，民爱仰之，复为立祠。俄转幽州都督，赐紫袍、龟带，后自制金字十二于袍，以旌其忠。"

纳狄仁杰的建议，但狄仁杰一心为民着想的心愿却明晰可鉴。

圣历元年（698）八月，狄仁杰被武则天拜为纳言，成了最高监察长官，并兼肃政御史大夫。不久，北方东突厥进犯河北，并先后攻占定州（今河北定州）、赵州（今河北赵县），官兵被杀无数。武则天立即命太子为河北道元帅，狄仁杰为河北道行军副元帅，征讨东突厥。武则天还亲自送军队出征。狄仁杰率10万大军猛打猛追，东突厥很快就败逃回漠北。当地的百姓因为曾受突厥驱使，生怕被官兵杀害，此刻已于惶恐中纷纷逃匿。狄仁杰受命任河北道安抚大使，处理这件事情。狄仁杰遂上疏武则天，请求免百姓之罪，他说："百姓们在草林上露宿，在山泽上潜行，得到赦免他们才都能出来，得不到赦免，他们就会发狂啊。"并提醒武则天，边远有事，还不足虑；如内地不安，就是大事了。武则天采纳了狄仁杰的建议，对被突厥驱使过的百姓一律不问罪，逃匿的百姓又纷纷回来。狄仁杰发放粮食，济困救穷。狄仁杰还下令，侵扰百姓，违反军令的官兵，立斩不赦。河北道很快就安定了下来。狄仁杰回朝后，因战功被武则天授予内史。

五、巧续唐宗　为国举贤

武则天废唐立周为帝后，一直在思考着将来由谁继承自己的皇位。唐睿宗虽是她的亲生儿子，又赐了武姓，但他毕竟是李唐王朝的后代。将她的侄子武承嗣或武三思立为太子，又恐二人不具备品德和才能，无法成为贤明的君主。武则天为此犹豫不决，拿不定主意。狄仁杰趁机对武则天说："太宗皇帝不避风霜，亲冒枪林箭雨，九死一生平定天下，创立大唐基业传给后世子孙。先帝驾崩时，把两位皇子托付陛下，陛下现在想把天下转交别人，恐怕有违天意。况且，姑妈与侄儿，亲娘与儿子，到底谁最亲？立儿子为太子，皇位由儿子继承，陛下百年后牌位送到皇家祖庙，可以陪伴皇帝，代代相传。如皇位由侄儿继承，我可没听说过有侄儿当了皇帝后把姑妈牌位送到皇家祖庙的。"

狄仁杰的一席话说到了武则天的心坎上，使武则天无话可说，便道："这是我的家务事，你不要管。"狄仁杰并没有因此不语，反而说得更为明白："王者以四海为家，何者不为陛下家事！君为元首，臣为股肱，义同一体。况臣位居宰相，岂得不预知乎！依臣看，天意和百姓都没有厌弃唐朝。匈奴犯边，梁王武三思公开募勇士，一个多月还没有招足1000人，随后庐陵王出面招募，不足10天，报名者就达5万。由此可见，继承皇位非庐陵王莫属。"不久，鸾台侍郎王方庆、内史王及善等也建议立庐陵王为太子，武则天开始有些心动。紧接着，狄仁杰又说服武则天养着的男宠张易之、张昌宗兄弟，让他们劝武则天立庐陵王为太子。武则天终于将庐陵王接回，立为太子。

狄仁杰善于举贤任能，先后举荐桓彦范、敬晖、窦怀贞、姚崇等数十人，其中有些后来当了宰相。如姚崇就因为能独当重任，明于吏治而成为唐玄宗时的名相。

一天，武则天让狄仁杰推荐人才，狄仁杰说："如果求一人文吏，则李峤、苏味道可以胜任。如果寻求一具有领导者才能的，荆州长史张柬之可胜任宰相。"[1]武则天遂提张柬之为洛州司马。几天后，武则天又问狄仁杰谁能担当宰相之职。狄仁杰说，我已推荐了张柬之啊。武则天说张柬之已被提任了。狄仁杰说，我是推荐张柬

姚　崇

姚崇（651~721），字元之，陕州硖石（今河南陕县）人。姚崇历仕则天、中宗、睿宗三朝，两次拜为宰相，并兼任兵部尚书。玄宗亲政后，被任命兵部尚书、同平章事，进拜中书令，封梁国公。他提出十事要说，实行新政，辅佐玄宗开创"开元盛世"。

之做宰相，不是推荐他做司马。武则天遂迁张柬之为秋官侍郎。后来，因为时任宰相的姚崇也推荐张柬之为相，武则天才最终任命张柬之为宰相。

狄仁杰还知人善任，用其所长。契丹部将李楷固、骆务整降唐后，许多大臣要求处以极刑，诛灭九族。狄仁杰不但要求赦免，还要求重用。武则天采纳了他的建议，任命李楷固为左玉钤卫将军、骆务整为右武威卫将军，派他们率军攻打契丹残部。二人大胜归朝，武则天甚为满意。在庆功宴上，武则天当着文武百官的面对狄仁杰说："这都是你的功劳啊！"

当然，狄仁杰举人乃以德才为重，真正做到了内举不避亲，外举不避仇。有一次，武则天要每位宰相各举荐尚书郎一名，狄仁杰推荐了其子狄光嗣，后拜为

[1]语见《旧唐书·狄仁杰列传》："臣料陛下若求文章资历，则今之宰臣李峤、苏味道亦足为文吏矣。岂非文士龌龊，思得奇才用之，以成天下之务者乎？荆州长史张柬之，其人虽老，其宰相才也。且久不遇，若用之，必尽节于国家矣。"

洛阳白马寺内的狄仁杰墓

地官员外郎，非常称职。武则天因此说他有祁奚举亲的遗风。[1]当时的人都赞誉他说："天下桃李，都在狄公门啊。"狄仁杰则说："我为国荐贤，不图私利啊。"

久视元年（700）九月，狄仁杰病逝，时年71岁，谥号"文惠"。

名家评说

武后乘唐中衰，操杀生柄，劫制天下而攘神器。仁杰蒙耻奋忠，以权大谋，引张柬之等，卒复唐室，功盖一时，人不及知。

——宋·欧阳修、宋祁《新唐书》

唐祚中兴，诤由狄公，一人以蔽。或曰：许之太甚。答曰：当革命之时，朋邪甚众，非推诚竭力，致身忘家者，孰能与于此乎！仁杰流死不避，骨鲠有彰，虽逢好杀无辜，能使终畏大义。竟存天下，岂不然乎！

——后晋·刘昫等《旧唐书》

---

[1] 事见《旧唐书·狄仁杰列传》："长子光嗣，圣历初为司府丞，则天令宰相各举尚书郎一人，仁杰乃荐光嗣。拜地官员外郎，莅事称职，则天喜而言曰：'祁奚内举，果得其人。'"

郭子仪

郭子仪（697～781），唐中期著名大将。华州郑县（今陕西华县）人。父亲郭敬之，历任五州刺史。子仪身长6尺有余，体貌秀杰，少年时即因武举成绩优异，补左卫长史。一生经历了武则天、唐中宗、唐睿宗、唐玄宗、唐肃宗、唐代宗、唐德宗7朝。度过了60多年的军旅生涯，其中以一身而系天下安危达20余年。他多次担任过军事要职，参与指挥了历次重大的平叛战争，具有杰出的军事才能。

一、善抓战机　敌疲我打

天宝十四年（755）十一月，范阳节度使安禄山起兵反唐。15万叛军从范阳（今北京城西南）大举南下，一月之间，攻占了河北各郡和河南荥阳、洛阳。第二年正月，安禄山在洛阳称大燕皇帝，唐朝处于危亡之际。在这紧急时刻，唐玄宗李隆基任命郭子仪为朔方（今宁夏灵武西南）节度使，率兵东讨叛军。[1]四月，郭子仪收复云中（今山西大同）、马邑（今山西朔县东北）两郡之后，兵出井陉，会合河东节度使李光弼的部队，一举攻占了史思明坚守40多天的九门（今河北藁城县西北）、藁城两县。至此，常山郡9县全为唐军收复。安、史叛军的后路受到了严重威胁。

安禄山的后方基地在平卢（今辽宁朝阳

郭子仪

——从原故宫南熏殿旧藏《历代先贤名人像》

---

[1]事见《新唐书·郭子仪列传》："十四载，安禄山反，诏子仪为卫尉卿、灵武郡太守，充朔方节度使，率本军东讨。"

李光弼

——从原故宫南熏殿旧藏《历代先贤名人像》

李光弼（708~764），营州柳城（今辽宁省朝阳）人。初任左卫亲府左郎将，袭封蓟郡公。天宝十五载（756），经郭子仪推荐为河东节度副使，参与平定安史之乱。乾元二年（759），任天下兵马副元帅，后封临淮郡王。卒后，谥号"武穆"。

和范阳两镇。他占领洛阳后之所以不急于西进，一则为谋称帝，二则为保后路。河北各郡是洛阳至范阳的必经之地，既是后路，也是他的退路。如果河北失守，安禄山就将陷入后路断绝的困境。因此，他一得知颜杲卿、颜真卿起兵反抗的消息，立即派主将史思明率几万人马回救河北。在这种情况下，李光弼和郭子仪出兵井陉，攻其后路，这一战略决策是非常正确的。

郭子仪、李光弼两军攻占九门、藁城两县后，率兵退往常山（今河北正定）。史思明立即收整人马，跟踪而进。郭子仪见史思明"我行亦行，我止亦止"，于是将计就计，派出 500 精锐骑兵，牵着史思明疾速北进。史思明不知是计，一连追了三天三夜，追到行唐县（今河北省中部）时，已经人困马乏了。当他发现前面只是 500 骑兵时，才知上了当。于是东退沙河（今河北行唐和新乐两县之间）休整。郭子仪乘其疲劳之机发起进攻，大获胜利。[1] 安禄山得知史思明出战不利，就增派蔡希德从洛阳率步、骑兵 2 万北上，令牛廷玠从范阳率兵 1 万南下增援史思明。这就使河北地区的叛军增加到 5 万多人。

郭子仪所率兵力总数虽多于叛军，但他没有急于与敌交战，仍旧实行疲敌计策。他率唐军从沙河、行唐继续北走，引诱叛军追击。史思明因兵力大增，不再顾虑，放心追赶。郭子仪到达恒阳（今河北曲阳）后，加固城池，采取"贼来则守，贼去则追"的战术，使四五万叛军处于欲战不可、欲退不得、欲歇不能的疲劳状态之中。六月底，郭子仪见史思明的几万人马已被拖得疲惫不堪，决定大规

---

[1] 事见《新唐书·郭子仪列传》："会李光弼攻贼常山，拔之，子仪引军下井陉，与光弼合，破贼史思明众数万，平藁城。南攻赵郡，禽贼四千，纵之，斩伪守郭献璆，还常山。思明以众数万尾军，及行唐，子仪选骑五百更出挑之。三日，贼引去，乘之，又破于沙河，遂趋常阳以守。"

失潼关哥舒翰丧师
——从1935年会文堂新记书局蔡东藩《唐史通俗演义》

模出击。他联合李光弼的部队共10万余人，在嘉山（今河北定西）与5万叛军展开了一场大战。结果杀死叛军4万多人，俘虏1000多人。叛军首领史思明被打得从马背上掉了下来，丢盔卸甲，拖着半截枪杆，狼狈逃回营中，急率残部退守博陵（今河北定州）。郭子仪、李光弼乘胜率军进围博陵。

嘉山一战，唐军声威大振，河北10多个郡纷纷杀死叛军守将，归降唐朝。安禄山的后路被彻底切断，往来通信使者都被唐军捕获。洛阳的叛军，家属都在范阳、平卢，听说退路已绝，都惶惶不安，军心动摇。加上唐将哥舒翰坚守潼关，致使安禄山陷入西进不得、北退不能的被动地位。他非常恐慌，招来他的狗头军师高尚、叛军将领严庄骂道："你们教我造反，说是万无一失。现在过去了好几个月，我只剩下汴、郑几个州，唐军两面夹攻，到哪儿找万无一失。"于是叛军商议放弃洛阳，兵退范阳。

这一大好局面是郭子仪与李光弼联合作战的结果。尤其值得称道的是郭子仪采取的疲敌战术。本来，郭、李两军10万余人，迎战5万叛军已是优势。但是，

《望贤迎驾图》

现藏上海博物馆。该图描述的是唐安史之乱后，唐肃宗在陕西咸阳望贤驿，迎接由蜀归来的太上皇李隆基的故事。

郭子仪在战术上采取谨慎态度，用走、扰等多种办法使敌军一疲再疲，因而在嘉山打了唐军出战以来第一个最大的歼灭战，切断了敌军退路，改变了整个战争形势。这时，唐朝廷如果采取郭子仪和李光弼提出的坚守潼关、北攻范阳的方案，那么消灭安、史叛军于黄河南北已不需要多长时间。但是，极端骄傲又极端昏庸的唐玄宗，听不进这些正确的意见，强迫哥舒翰率领缺乏训练的潼关守军展开战略反攻，致使哥舒翰所率唐军全军覆没。叛军随即西出潼关，攻入长安，唐玄宗仓惶逃往成都。唐王朝的东、西两京均被叛军占领，战局急剧恶化。

二、借兵回纥　灭敌主力

天宝末年（756）七月，太子李亨在灵武登基，年号至德，李亨即唐肃宗。郭子仪奉命率朔方军5万人前往保驾。经过近一年的准备，唐军集结于朔方的军队有所增强；叛军方面，出现了分裂，安禄山被儿子安庆绪杀死，史思明驻军范阳后，不听安庆绪的调动。在这种情况下，唐肃宗决定展开战略反攻，首先收复两京。至德二年（757）四月，唐肃宗任命自己的儿子李保为天下兵马元帅，而以郭子仪为副元帅，授以收复洛阳、长安的任务。李保并无军事才能，实际指挥重任全在郭子仪的身上。

五月，郭子仪率军从凤翔东进，准备进取长安。在城西清渠与安守忠、李归仁的军队遭遇。两军相持7天之后，安守忠、李归仁假装退却，郭子仪没有识破敌计，挥军追赶。安守忠、李归仁随即以9000骑兵摆了一个长蛇阵，郭子仪又错误地攻击对方中部。叛军即收首尾两翼，和步兵一道夹击唐军，结果唐军大败，郭子仪只得收集溃军，退保武功。

　　清渠之战所以失利，不仅由于郭子仪指挥不当，缺乏对付精锐骑兵的经验；同时，也证明反攻长安的时机还不成熟。九月十二日，唐军经过三四个月的兵力补充之后，唐肃宗又命令李保和郭子仪率领15万大军再次反攻长安。二十七日，唐军进军到长安城西面，与安守忠、李归仁和张通儒率领的10万叛军对阵。

　　郭子仪接受清渠之战中遭到叛军骑兵冲击而迅即溃败的教训，加强了纵深部署。他自己率领中军，以李嗣业为前军，王恩礼为后军，同时也加强了侧翼的保护。交战开始以后，叛军李归仁部首先向唐军挑战。李嗣业即率前军出击，将李归仁击退。但是叛军迅速调整部署，集中兵力迎战李嗣业，很快击溃了唐军。李嗣业乘叛军抢夺唐军丢弃的物资之机，整顿队伍，调整队形，再次发起猛攻。由于李嗣业身先士卒，带头冲锋，战场形势很快好转。

　　叛军见正面进攻没有进展，就出动骑兵向唐军阵东迂回，企图袭击唐军右侧。郭子仪发现这一情况，立即令出身于回纥铁勒部落的将领仆固怀恩，率4000回纥骑兵迎击。这支回纥骑兵，是郭子仪为了对付叛军骑兵，特地建议唐肃宗向回纥怀仁可汗借来的。人数虽然不多，但战斗力很强。一下子就将叛军骑兵消灭了一大半。然后，郭子仪又命令他们迂回到叛军阵后发动袭击，同时指挥前军和中军发动猛攻，在唐军的两面夹击之下，叛军逐渐败溃。经过半天激战，唐军歼敌6万余人。叛军残部逃往长安城内。这时，唐军本应乘胜追击并截断叛军东逃之路，但是元帅李保以疲劳为由而收兵，郭子仪也没有主张追击。结果，安守忠、李归仁、张通儒当夜放弃长安，率军东撤。

　　三天以后，郭子仪率兵继续东进。唐军的迟缓行动，使叛军得以重新部署。为了确保洛阳，安庆绪令严庄率领防守洛阳的主力部队西上，会合从长安东退之军，合力阻击唐军。这时，叛军的总兵力仍有15万人。

　　十月十五日，郭子仪在新店（今河南陕县西）与叛军主力遭遇。叛军依山列阵。郭子仪首先从正面进攻，并令回纥骑兵从侧后袭击。当正面进攻失利之际，仆固怀恩率领的回纥骑兵赶到南山（位于新店之南），对叛军侧翼发起了猛烈的冲击。叛军畏惧回纥骑兵，一见射来的箭是回纥骑兵之箭，立即惊恐溃乱。郭子仪乘机指挥大军发起猛攻，形成两面夹攻，又大败叛军。严庄等叛军将领率残部东逃。十月十六日夜晚，安庆绪听说主力战败，万分惊慌，仅率 300 骑兵和 1000 多步兵从洛阳逃往邺城（今河南安阳）。十八日，唐军胜利收复东京洛阳。[1] 郭子仪因收复两京有功，晋封代国公。唐肃宗也发出了由衷赞叹："我的国家有今天，全仗你的力量啊。"[2] 郭子仪由此而名声大震。

其实，郭子仪对收复两京的作战指挥并不是十全十美的，他针对叛军骑兵精悍的特点，采取梯次配置两面夹攻的战术，充分发挥回纥骑兵勇猛善战的特长，使之迎战敌骑、袭敌侧翼，都是正确的。然而，他不依靠自己的力量，开借兵助剿之先例，则并非上策。昏庸的唐肃宗甚至主动提出了："克城之日，土地、士庶归唐，金帛、子女皆归回纥"的无耻条件，造成了无穷的后患。在进军长安和洛阳的作战中，唐军十几万兵力集中于一个方向，没有多路配合，从而未能全歼叛军的有生力量。

三、军无统帅　兵败邺城

乾元元年（758）九月，郭子仪奉诏与李光弼同率九路节度使，统兵 20 万，征讨安庆绪。唐肃宗认为郭子仪与李光弼都是元勋，无法相互统率，所以这次出征没有设元帅，仅以宦官鱼朝恩为观军容宣慰处置使，实为军中的最高军职。

郭子仪带兵从杏园（今河南汲县东南）渡河，围攻卫州（今河南汲县）。安庆绪统兵 7 万分三路，向卫州增援。郭子仪严阵以待，他布置 3000 名弓弩手藏于土垒之后，对他们说："敌兵到后，我佯装后撤，敌兵必然追赶，到那时你们一起跃出射杀。"到交战的时候，郭子仪率兵后退，叛军果然追了上来，追到土垒边上时，埋伏的士兵一起放箭，登时箭如雨下，射死敌兵大半。[3] 郭子仪率兵

---

[1] 事见《新唐书·郭子仪列传》："师至新店，贼已阵，出轻骑，子仪遣二队逐之，又至，倍以往，皆不及贼营辄反。最后，贼以二百骑掩军，未战走，子仪悉军追，横贯其营。贼张两翼包之，官军却。嗣业率回纥从后击，尘且坌，飞矢射贼，贼惊曰：'回纥至矣！'遂大败，僵尸相属于道。严庄等走洛阳，挟庆绪度河保相州，遂收东都。"

[2] 语见《新唐书·郭子仪列传》："国家再造，卿之力也。"

[3] 事及语见《新唐书·郭子仪列传》："子仪自杏园济河，围卫州。庆绪分其众为三军。将战，子仪选善射三千士伏壁内，诫曰：'须吾却，贼必乘垒，若等噪而射。'既战，伪遁，贼薄营，伏发，注射如雨。"

《职贡图卷》
唐朝阎立本的绘，现藏于台北故宫博物院。

返身杀回，安庆绪急忙退回邺城（今河南安阳），并派人向史思明求救，史思明从范阳发兵30万来救，但观望不敢前，只先派遣了1万人马到达滏阳（今河北磁县），遥造声势。

乾元二年二月，唐军重重包围邺城，挖通城墙，堵截漳河的水灌城。城中水流四溢。从冬天一直到第二年春天，安庆绪坚守城门不出。邺城城内，粮食吃尽，人们挖野菜、削树皮充饥，一只老鼠竟值钱4000。人们都以为城陷只在朝夕，叛军中有想出来投降的，由于水太深而无法出去。而唐军因为没有一个统一的首领，宦官鱼朝恩不懂军事，所以进退无人调遣，围城日久却没有成效。史思明趁机引兵进逼邺城，他把各路兵马重新部署，以离邺城50里为限，四面扎营，每个军营配鼓300面，遥相呼应。并让每个营选五百精骑，每天袭击唐军，唐军出击，他们又都返回本营。连续多日，唐军日有损失。史思明又派人抢劫唐军的运粮车，致使唐军粮食奇缺，由此唐军军心动摇。

三月，唐军屯兵60万于安阳河北，史思明亲自率领5万精兵前来挑战。唐军以为是小股游兵，没有在意。史思明趁机率军直前奋击，两军交战，正赶上狂风骤起，飞沙走石，天昏地暗，咫尺不能相辨。敌我双方均大乱，唐军向南溃逃，叛军向北奔徙。唐军损失惨重。各路兵马都惊慌撤回本镇。

宦官鱼朝恩平日里就忌恨郭子仪的功劳，他借邺城的失利，乘机上书皇帝诬谄郭子仪。七月，唐肃宗召郭子仪回朝，由李光弼率领众兵。[1] 众将士听说后，

---

[1] 事见《新唐书·郭子仪列传》："鱼朝恩素疾其功，因是媒谮之，故帝召子仪还，更以赵王为天下兵马元帅，李光弼副之，代子仪领朔方兵。"

都站于道旁哭着挽留郭子仪，郭子仪无奈地看了看众将士，策马而去。

上元二年（761），李光弼失守河阳之后，郭子仪被重新起用，出兵河东，刚打了几个胜仗，因受新即位的唐代宗李豫所疑，第二次被解除兵权，闲职在家；宝应二年（763），吐蕃起兵20万攻入长安，唐代宗东逃陕州，他被再次起用，任关内副元帅。他指挥刚收集到的四千多散兵游勇，用疑兵之计，虚张声势，吓退了吐蕃，收复了长安。从此，他才受到唐代宗的重用。

四、七十挂帅　单骑退敌

广德二年（764），郭子仪先前的部下大将仆固怀恩率领朔方军在河东与唐王朝分庭抗礼。年近七旬的郭子仪以朔方节度使奉诏出征。朔方兵都是郭子仪的老部下，听说郭子仪来了，自动离开仆固怀恩，欢迎郭子仪。仆固怀恩率300名亲信逃到灵武（今宁夏灵武），招引了回纥、吐蕃两部共10万人马，绕过邠州（今陕西邠县），进逼奉天（今陕西乾县）。唐代宗派郭子仪率兵抵御，回纥、吐蕃因畏惧郭子仪，不战而退。[1]

永泰元年（765）九月，仆固怀恩又引回纥、吐蕃、吐谷浑、党项等族共计30多万人马攻唐。唐朝国都长安再次受到威胁。郭子仪立即建议唐代宗调兵遣将，扼守要冲。自己则率兵1万人，坚守泾阳，保卫长安。[2]

十月，郭子仪刚到泾阳，就被吐蕃、回纥联军10万余人团团围住，形势非常危急。面对十倍于己的强敌，郭子仪镇定自若，毫不惊慌。他一面令众将严密设防，坚守不战，一面密切监视敌军的动向。

不久，郭子仪发现敌军之间出现了间隙。原来，挑动吐蕃和回纥出兵的唐

---

[1] 事见《新唐书·郭子仪列传》："仆固怀恩纵兵掠并、汾属县，帝患之，以子仪兼河东副元帅、河中节度使，镇河中。怀恩子瑒屯榆次，为帐下张惟岳所杀，传首京师，持其众归子仪。怀恩惧，委其母走灵州。……怀恩诱吐蕃、回纥、党项数十万入寇，朝廷大恐，诏子仪屯奉天。"

[2] 事见《新唐书·郭子仪列传》："永泰元年，诏都统河南道节度行营，复镇河中。怀恩尽说吐蕃、回纥、党项、羌、浑、奴刺等三十万，掠泾、邠，躏凤翔，入醴泉、奉天，京师大震。于是帝命李忠臣屯渭桥，李光进屯云阳，马璘、郝廷玉屯便桥，骆奉先、李日越屯厔盩厔，李抱玉屯凤翔，周智光屯同州，杜冕屯坊州，天子自将屯苑中。急召子仪屯泾阳，军才万人。"

朝叛将仆固怀恩突然于九月在鸣沙（今宁夏中卫东）暴病身死，吐蕃便想乘机统辖回纥人马。率领回纥军队的主将是怀仁可汗的弟弟药葛罗，他为了防备吐蕃乘机吞并，将其兵营从城北移屯城西。郭子仪认为：在平定"安史之乱"，收复两京的战争中，自己曾与回纥军并肩作战，在回纥将士中有较高的威望，有可能说退甚至争取回纥军反戈一击。因此，他派亲兵将领李光瓒先出城试探。

郭子仪
——从清乾隆时期刊本《晚笑堂竹庄画传》（作者上官周）

李光瓒见到回纥主将药葛罗后，转达了郭子仪对他的问候。劝他不要与郭子仪为敌。药葛罗狐疑满腹地问："郭令公（郭子仪曾任中书令官职，时人尊称其令公）确实在这儿吗？你在欺骗我们吧？仆固怀恩早就告诉我们，说郭令公已经死了。如果确实在此，你请他亲自来和我们谈。"

李光瓒回城向郭子仪汇报了情况。郭子仪立即召集众将商议对策。郭子仪说："现在敌军多我10倍，死力硬拼，是不可能取胜的。过去，我和回纥将士有过比较亲密的关系，我亲自去见他们，和他们谈一谈，有可能不战而退回纥之兵。"大部分将领同意郭子仪的意见，但是请他带上500名精锐骑兵随行护卫，以保证安全。郭子仪反对说："这不需要，人去多了，增加对方的怀疑，反而会坏大事。"

会后，郭子仪带了几名随从，跨上战马，正要出发。他的三儿子郭晞飞奔而来，一把抓住郭子仪的马缰，跪在地上哭劝道："回纥军队，是像虎狼一样的敌人，父亲大人是堂堂唐朝的元帅，为什么偏要自成俘虏，上门送死呢？"郭子仪回答说："现在敌强我弱，形势危急，如果交战，不但我们父子俱死，而且会使国家遭到灭亡。我现在只身前往，以诚相待，若是谈判成功，岂不是四海黎民的洪福！只要国家、社稷能够保全，我就是死了，又有什么关系呢？"郭晞不听，仍然苦苦劝阻。郭子仪大怒道："滚开！"说着手起一鞭，打掉了郭晞紧攥缰绳的手，扬鞭跃马，驰出西门。

出城之后，郭子仪放慢速度，令几名随从边走边大声喊道："郭令公来啦，

免胄见酋（选自《马骀画宝》）

郭令公来啦……"药葛罗闻讯，不知是真是假，生怕唐军有诈，立即摆开阵势，弯弓搭箭，严阵以待。郭子仪一见这个情景，明白回纥对他仍有疑虑。于是，他毅然摘下头盔，脱去铠甲，放下刀枪，策马提缰，向回纥阵前缓缓行去。

药葛罗及其主要酋长，见唐将只带了几名随从，还免胄空手而行，终于放下心来。大家仔细辨认，发现果真是郭子仪。当郭子仪到达回纥军阵之前时，回纥的大小酋长们，在药葛罗的率领下，一齐下马，拜倒在地，表示欢迎。郭子仪立即翻身下马，跨步向前，一把搀扶起药葛罗，并向各位酋长们拱手问候。

寒暄过后，郭子仪紧紧地握住药葛罗的手，婉转地责备说："你们回纥军队于唐朝江山是有大功的，朝廷对待你们也很不错，你们为什么要违背旧约、出动大军攻到唐朝京都附近来呢？像仆固怀恩这样背叛朝廷、把自己的母亲也遗弃不管的人，在你们回纥中是从没有过的。你们跟着他，抛弃前功而新结怨仇，背离唐主而帮助叛臣，这是多么愚蠢的行动啊！我今天挺身前来，就是为了说明这些道理。你们可以把我绑起来杀掉，但是，我的将士会与你们决一死战的。"药葛罗听了，既惭愧，又害怕，他对郭子仪说："请郭令公恕罪，我们是上当受骗了。仆固怀恩说天可汗已驾崩，令公已去世，中原已经无主，我们才兴兵前来的。现在天可汗仍在长安，令公又统兵在此，仆固怀恩已被上天所杀，我们哪能再跟老将军为敌呢！"

郭子仪见药葛罗同意了不再攻唐，十分高兴，便趁机说："吐蕃背信弃义，乘中原内乱，不顾与朝廷的甥舅之亲，屡次兴兵侵犯边境，深入内地，到处烧杀抢掠，夺走的牛羊马匹、金银珠宝不计其数。现在吐蕃又想乘机吞并你们，你们何不乘机反戈一击呢？果真如此，你们既可以击败吐蕃获其财物，又可以与唐朝继续友好下去，一举两得，两全其美。这乃是上天赐给你们的良机呀！"[1]药葛罗听后，立即表示同意说："我们被仆固怀恩骗到这里，已对令公有罪，我们愿意为令公出力，攻打吐蕃，将功赎罪。"

郭子仪的谈判成功，双方订好了合击吐蕃的计划。然后，郭子仪和药葛罗以酒洒地，共同发誓说："大唐天子万岁！回纥可汗万岁！两国将相万岁！唐、回两军，合击吐蕃，有违约者，死于战阵，家灭九族！"

吐蕃得知回纥转与唐军结盟，感到大势不妙，连夜撤兵西走。郭子仪即派朔方兵马使白云光率精骑会合药葛罗跟踪追击，自己亦统大军继后。联军追至灵台西原赤山岭（今甘肃灵台县西），大败吐蕃军，斩杀5万余人，俘虏上万人，夺回了被吐蕃抢走的工匠、妇女4000多人，缴获牛羊驼马数以万计，吐蕃残军狼狈逃走，其他各路攻唐人马也都闻风而退。[2]这一战郭子仪更是名震朝野。单骑退兵，传为千古佳话。

大历年间（767），吐蕃仍连年内侵，郭子仪以副元帅久驻河中（今山西永济西）、邠州，承担备御任务。大历十四年（779）五月，唐德宗李适继位，召郭子仪还朝，任为山陵使，主管代宗安葬事宜，赐号尚父，进位太尉、中书令，免去副元帅及所兼节度使等职。

建元二年（781）郭子仪去世，享年85岁。

郭子仪戎马一生。先平安史之乱，继而抵御吐蕃、回纥叛军，确保京师，战功卓著，威震四方，敌人听说郭子仪出战，常闻风而逃。他治军宽厚，深得人

---

[1]语见《新唐书·郭子仪列传》："吐蕃本吾舅甥国，无负而来，弃亲也。马牛被数百里，公等若倒戈乘之，若俯取一芥，是谓天赐，不可失。且逐戎得利，与我继好，不两善乎？"

[2]事见《新唐书·郭子仪列传》："吐蕃疑之，夜引去。子仪遣将白元光合回纥众追蹑，大军继之，破吐蕃十万于灵台西原，斩级五万，俘万人，尽得所掠士女牛羊马橐它不胜计。"

明仇英《郭子仪祝寿图》

心，将士把他看作如父母一般，都愿为他拼死效力。他还培养出大批人才，有数十人后来位至将相。

郭子仪一心向着朝廷，忠心不二。安史之乱后，许多节度使手握兵权，不听从朝廷的命令，为非作歹。而郭子仪功高却不骄傲，掌握重兵但从无异心，奖罚惩处，毫无怨言。

大历二年（767）十二月，郭子仪父亲的坟冢被人盗窃，人们都认为是宦官鱼朝恩干的，朝廷非常害怕郭子仪会一怒而反叛。等郭子仪入朝时，代宗向他谈起这件事，郭子仪说："我引兵征战多年，手下将士大多横尸野外。我家的事，是上天要谴责我，不是人为的。"朝廷因而也安下心来。[1]

在家里，郭子仪对子女的要求也十分严格。郭子仪的六儿子郭暖有一次与妻子升平公主争吵，郭暖说："不要看你的父亲是当今皇上，你就这样厉害，我父亲并不惧怕你父亲。"升平公主听后非常气愤，跑回去告诉了自己的父亲。郭子仪回家听说后，顿时大怒，将儿子郭暖关了起来，并亲自入朝向代宗皇帝谢罪。代宗对他说："你没听说过这样一句俗语吗？'不痴不聋，不作家翁。'儿女们自己的事，我们何必要认真呢？"郭子仪回来后，还是把郭暖打了40杖。

可见，郭子仪既有文韬武略，也有宽广的胸怀，不愧是一代名将。

---

[1] 事及语见《新唐书·郭子仪列传》："破吐蕃灵州，而朝恩使人发其父墓，盗未得。子仪自泾阳来朝，中外惧有变，及入见，帝唁之，即号泣曰：'臣久主兵，不能禁士残人之墓，人今发先臣墓，此天谴，非人患也。'"

名 家 评 说

　　子仪自朔方提孤军，转战逐北，谊不还顾。当是时，天子西走，唐胙若赘斿，而能辅太子，再造王室。及大难略平，遭谗甚，诡夺兵柄，然朝闻命，夕引道，无纤介自嫌。及被围泾阳，单骑见虏，壓以至诚，猜忍沮谋。虽唐命方永，亦由忠贯日月，神明扶持者哉！及光弼等畏逼不终，而子仪完名高节，烂然独著，福禄永终，虽齐桓、晋文比之为徧。

——宋·欧阳修、宋祁《新唐书》

　　天宝之季，盗起幽陵，万乘播迁，两都覆汉。天祚土德，实生汾阳。自河朔班师，关西殄寇，身捍豺虎，手披荆榛。七八年间，其勤至矣，再造王室，勋高一代。及国威复振，群小肆谗，位重恳辞，失宠无怨，不幸危而邀君父，不挟以报仇雠，晏然效忠，有死无二，诚大雅君子，社稷纯臣。自秦、汉已还，勋力之盛，无与伦比。而晞、暧于缧粗之中，拔身虎口，赴难奉天，可谓忠孝之门有嗣矣。

——后晋·刘昫等《后唐书》

李林甫

李林甫（？～752），小名哥奴，唐玄宗时著名奸相。出身皇族。其父李思海，曾任杨府参军。他初为千牛直长（宫廷侍卫）后迁太子中允，历官御史中丞，刑部、吏部侍郎。因谄附玄宗宠妃武惠妃，抉黄门侍郎。开元二十二年（734）拜礼部尚书、同中书门下三品。他收买嫔妃宦官，探得玄宗动静，迎合旨意，因而获得信任，执掌大权。他为人阴险刻忌，对于才名高和受玄宗重视的官员，必设法排斥，表面上甜言蜜语，背后却阴谋暗害，时人称他"口有蜜，腹有剑"。他在相位19年，以精明而阴险的行政手段和工于权术闻名，成为中国历史上有名的奸相。唐玄宗晚年政治腐败，他有着重要的责任。

一、巧于投机　刻意钻营

李林甫

李林甫是唐高祖李渊的堂弟、长平王李叔良的曾孙，父亲李思海曾任扬府参军，楚国公姜皎是其舅父。李林甫从小不学无术，不务正业，纯粹是个只知道斗鸡耍狗的浪荡公子，但其舅父对他非常宠爱，让他当了千牛直长的小官。开元初年，又升为太子中允的官职。[1]

当时，身为侍中的源乾曜是李林甫的亲戚。于是李林甫便要求他赐自己做司门郎中，原本就瞧不起他的源乾曜说："做郎官要有才能和名望，不是一般人能够胜任的，哥奴哪有做郎官的条件？"遂任他为谕德，继

---

[1] 事见《新唐书·奸臣上·李林甫列传》："李林甫，长平肃王叔良曾孙。初为千牛直长，舅姜皎爱之。开元初，迁太子中允。"

而又升为国子司业。开元十四年（726），李林甫又被迁为御史中丞，后来又当过刑部侍郎和吏部侍郎。[1] 这时，唐玄宗最宠爱的妃子是武惠妃，其儿子寿王李瑁和盛王李琦也特受唐玄宗宠信，而太子李瑛却被唐玄宗日渐疏远。李林甫发觉这些微妙之处后，觉得这是个有利可图的好时机，便开始献媚于武惠妃，并表示要拥立寿王李瑁为太子。武惠妃听了李林甫的甜言蜜语后，非常感激，处处暗中帮助李林甫。[2]

李林甫还巴结侍中裴光庭的夫人，与之私相往来，以至开元二十一年（733）裴光庭去世后，裴光庭的夫人——这位武三思的女儿，便请求宦官高力士举荐李林甫当侍中。这时，唐玄宗已决定用韩休，高力士就将这个消息泄露给了武氏，李林甫从武氏处得到韩休将被重用的消息后，立即向韩休献殷勤。韩休担任宰相后，在唐玄宗面前竭力推荐李林甫。没过多久，李林甫就被迁升为黄门侍郎。[3]

开元二十三年（735）五月，李林甫被提升为礼部尚书、同中书门下三品，并加赐银青光禄大夫，正式登上了相位。[4] 同时为相的是侍中裴耀卿和中书令张九龄。在唐玄宗欲任李林甫为相时，曾征求过张九龄的意见，张九龄对唐玄宗说："宰相的职位关系到社稷安危，陛下用他为相，将来恐怕会危及国家。"可是，唐玄宗没有听张九龄的话，依然拜李林甫为相。对于张九龄阻止自己为相一事，李林甫虽然怀恨在心，但因张九龄是很有名的诗人，唐玄宗很倚重他的文学才华，只好对张九龄屈尊奉迎，伺机报复。

李林甫是个非常具有政治野心的人，为了实现自己掌握大权的目的，他更

---

[1] 事及语见《新唐书·奸臣上·李林甫列传》："源乾曜执政，与皎为姻家，而乾曜子为林甫求司门郎中，乾曜素薄之，曰：'郎官应得才望，哥奴岂郎中材邪？'哥奴，林甫小字也。即授以谕德，累擢国子司业。宇文融为御史中丞，引与同列，稍历刑、吏部侍郎。"

[2] 事见《新唐书·奸臣上·李林甫列传》："时武惠妃宠倾后宫，子寿王、盛王尤爱。林甫因中人白妃，愿护寿王为万岁计，妃德之。"

[3] 事见《新唐书·奸臣上·李林甫列传》："侍中裴光庭夫人，武三思女，尝私林甫，而高力士本出三思家。及光廷卒，武请力士以林甫代为相。力士未敢发，而帝因萧嵩言，自用韩休。方具诏，武摘语林甫，使为休请。休既相，重德林甫，而与嵩有隙，乃荐林甫有宰相才，妃阴助之，即拜黄门侍郎。"

[4] 事见《旧唐书·李林甫列传》："二十三年，以黄门侍郎平章事张裴耀卿为侍中，中书侍郎平章事张九龄为中书令，林甫为礼部尚书、同中书门下三品，并加银青光禄大夫。"

张九龄
——从清道光十年（1830）刻本《古圣贤像传略》（顾沅辑）

加注重与宦官和妃嫔之间的往来。每次奏请唐玄宗前，他都要先通过妃嫔，摸清唐玄宗的旨意，以至于他每次上奏，都能合唐玄宗的意愿，两个人想的一个样。开元二十四年（736）十月，时在东都洛阳的唐玄宗忽然想提前返回长安，便征求宰相的意见。裴耀卿和张九龄都建议他说："农民秋收未完，望陛下以农事为重，等到隆冬再起驾西还。"待裴耀卿、张九龄两人离开后，早就摸清唐玄宗想法的李林甫对唐玄宗说："长安、洛阳是陛下的东西宫，往来行幸，应由陛下，何必要选择时间？就是妨碍农民的秋收，只要陛下减免路过地方的农民的税收就行了，有什么大不了的。"唐玄宗听了非常高兴，立即命令诏示百官，即日动身西行。[1]

张九龄为官清廉，为人正直，遇事不论巨细，均据理力争，渐渐让唐玄宗感到心烦。开元二十四年（736）十月，唐玄宗因朔方节度使牛仙客勤于工作，有所政绩，想任其为尚书，张九龄认为不可，他说："尚书一职，自唐朝建国以来，只有德高望重的人才能担任。牛仙客不过是个边境小吏，担当此任，恐怕使朝廷蒙羞啊。"李林甫为了迎合玄宗，趁机进谏说："牛仙客为官勤恳，是难得的相才，张九龄他不过是一介书生，却不识大体。陛下要任用臣相，正大光明，有何不可？"第二天，牛仙客便受爵陇西县公，食封三百户。但张九龄坚持己见，唐玄宗为此大怒道："难道什么事都要听你的吗？"此后，李林甫日夜在唐玄宗面前揭张九龄的短，使得唐玄宗渐渐疏离了张九龄。[2]十一月，武惠妃哭着对唐玄

---

[1] 事及语见《新唐书·奸臣上·李林甫列传》："二十四年，帝在东都，欲还长安。裴耀卿等建言：'农人场圃未毕，须冬可还。'林甫阳蹇，独在后。帝问故，对曰：'臣非疾也，愿奏事。二都本帝王东西宫，车驾往幸，何所待时？假令妨农，独赦所过租赋可也。'帝大悦，即驾而西。"

[2] 事见《新唐书·奸臣上·李林甫列传》："帝滋欲赏仙客，九龄持不可。林甫为人言：'天子用人，何不可者？'帝闻，善林甫不专也。由是益疏薄九龄。"

宗说："太子暗中联合党羽，将害臣妾母子。"唐玄宗听后大怒，要废太子。张九龄上谏说："陛下坚持废太子，臣不敢奉诏。"唐玄宗为此更加不满。开始时李林甫不说话，待退下来了才对唐玄宗说："这是皇上家事，全由陛下安排，何必问外人。"

没过多久，李林甫推荐萧灵为户部侍郎。此人平时并不好学，曾将"伏腊"读为"伏猎"。中书侍郎严挺之因此对张九龄说："省中岂容有伏猎侍郎！"于是，萧灵被调任岐州刺史。李林甫为这事大为不满，对张九龄和严挺之恨之入骨。巴不得马上就报上一箭之仇。

《众内侍图》

这一天终于到了。严挺之的前妻离婚后，改嫁给了蔚州刺史王元琰，刚好此时王元琰犯了贪污罪被打入大牢，严挺之看在前妻的情面上，为王元琰说情，因此，受到牵连。张九龄上奏唐玄宗，认为严挺之不该获罪，唐玄宗十分不满。李林甫趁机上疏唐玄宗，说裴耀卿、张九龄是同党，要求弹劾。唐玄宗遂免去了裴耀卿和张九龄的宰相职位。改授他们尚书左、右丞，李林甫则改任中书令，牛仙客为工部尚书，同中书门下三品。李林甫由此迈出了他独掌朝政大权的第一步。[1]

开元二十五年（737），监察御史周子谅上书弹劾牛仙客，认为此人是不学无

[1]事见《旧唐书·李林甫列传》："九龄与中书侍郎严挺之善。挺之初娶妻出之，妻乃嫁蔚州刺史王元琰。时元琰坐赃，诏三司使推之，挺之救免其罪。玄宗察之，谓九龄曰：'王元琰不无赃罪，严挺之嘱托所由辈有颜面。'九龄曰：'此挺之前妻，今已婚崔氏，不合有情。'玄宗曰：'卿不知，虽离之，亦却有私。'玄宗籍前事，以九龄有党，与裴耀卿俱罢知政事，拜左、右丞相，出挺之为洺州刺史，元琰流于岭外。即日林甫代九龄为中书、集贤殿太学士、修国史；拜牛仙客工部尚书、同中书门下平章事，知门下省事。"

《贵妃出浴图》

术之人，结果，牛仙客没被告倒，周子谅反倒被流放。李林甫落井下石，在唐玄宗面前诬告周子谅是张九龄的同党，并说张九龄当初推荐周子谅时就有所谋。昏庸的唐玄宗已分辨不清奸相的谗言，遂把张九龄贬为荆州刺史。唐玄宗还采纳了李林甫的意见，杀死了他的三个儿子。天下人为之不平，却没一人敢站出来声张。而大理少卿徐峤却在此时上奏唐玄宗："大理寺监狱过去杀气较盛，鸟雀都不敢来栖息。现在刑部处理死囚，每年只有58人，鸟雀也敢在狱中做窝了。"他的意思是，大理寺已无人犯法。群臣纷纷为此事上表祝贺。唐玄宗听了很高兴，将功绩归于宰相李林甫，立即下诏赐李林甫为晋国公，牛仙客则为豳国公。次年，李林甫又兼陇右节度使和河西节度使。从此，他独掌大权，涉足武备，总管朝廷文武选事，实现了他一人之上、万人之下的政治野心。[1]

二、嘴甜心毒　顺昌逆亡

　　李林甫独揽大权后，继续扮演他"口蜜腹剑"的嘴脸，对人笑脸相迎，心里却盘算他人，逆我者昌，顺我者亡。天宝元年（742）三月，兵部侍郎卢绚骑马从勤政殿下经过，唐玄宗见他雄姿英发，不由赞不绝口，流露出要委以重任的

---

[1] 事及语见《新唐书·奸臣上·李林甫列传》："大理卿徐峤妄言：'大理狱杀气盛，鸟雀不敢栖。今刑部断死，岁才五十八，而乌鹊巢狱户，几至刑措。'群臣贺帝，而帝推功大臣，封林甫晋国公，仙客豳国公。"

神情。李林甫看在眼里，心里马上就打起鼓来。他想，要是卢绚被委以重任，必将危及到自己的权势。于是，他立即把卢绚的儿子召来，说："尊府名望高，皇上想让你的父亲去广州任职。如不想去，就让你父亲说自己年老了。"[1]卢绚害怕被调任到偏远的广州，急忙上书唐玄宗，诉说自己已经年老，不堪重任。唐玄宗一看非常生气，随后就免去卢绚兵部侍郎之职，改任华州刺史。后又授太子员外詹事。因为李林甫的一手操纵，卢绚从此被排挤出权力中心。

严挺之曾为尚书左丞，善于知人善任，后因得罪李林甫被贬为绛州刺史。天宝元年（742），唐玄宗忽然问李林甫："严挺之在哪里？此人还可再用。"随后，李林甫召来严挺之的弟弟严损之，对他说："皇上要重用你哥哥，你赶快想办法让你哥哥进京面见皇上。"严损之非常激动，立即找来纸笔，写上请求进京就医的文字，然后递给李林甫。李林甫拿着

宝箧印塔（唐）

严损之写好的纸条去见唐玄宗，并说："挺之年高，有病在身，须任闲散的官职便于在京城就医。"唐玄宗听了，叹息不已，深感遗憾。天宝六年（748）四月，唐玄宗授严挺之太子詹事，好让他在东都洛阳养病。

宰相李适之与李林甫素来不知，李林甫一直在寻找机会陷害他。一天，李林甫对李适之说："华山有金矿，皇上还不知道。"几天后，李适之将此事上奏唐玄宗，唐玄宗征求李林甫的意见。李林甫说："臣很久就知道，但华山是陛下的根基所在，有王气，不宜开挖。所以一直不敢开口。"唐玄宗奉信道教，听了李林甫的话后非常生李适之的气，对李林甫则更加信任。李林甫趁机诬告李适之私结

---

[1]语见《新唐书·奸臣上·李林甫列传》："尊府素望，上欲任以交、广，若惮行，且当请老。"

开元通宝

朋党。李适之立即遭贬，受株连而被贬者达数十人。随后，李林甫又逼李适之自杀身亡。

由于李林甫善于拍马奉承，唐玄宗非常宠信他，凡是政事，无论大小，都要和他商量。天宝三年（744），唐玄宗对高力士说："现在天下太平，人民安居乐业，我想把政事全部托付给李林甫，你看怎么样？"高力士答道："天子大权岂能让他人代柄，李林甫权势已够重的，一旦他大权在握，谁还敢议论朝政！"唐玄宗听后不大高兴，高力士急忙叩头谢罪，说自己头脑发昏，口出胡言，罪该万死。高力士是唐玄宗非常宠信的宦官，他都这个样子，谁还敢说话？

为了堵塞言路，掩蔽唐玄宗耳目，李林甫便召集众谏官宣布说："当今皇上圣明，作为臣下应该顺从他的旨意，而不是老想着去挑三拣四。立在那里的仪仗用马，它的食料相当于三品官的俸禄，但它必须终日不叫，一旦嘶叫，就会被杀，那时后悔不及了。"[1] 从此，众谏官没一人再敢随便发话。

李林甫自己不学无术，却忌恨那些有才能的文人。天宝六年（747），唐玄宗下诏求贤，凡是有一技之长者都要到京城参加面试。李林甫担心这些人会在奏对中揭露不学无术者，便对唐玄宗说："这些草莽之人行为粗鲁，地位卑贱，说话没有礼貌，到时会辱没圣上。臣请皇上全部委托尚书省进行策问考试。"唐玄宗遂下令各郡县长官精心选拔，将有非凡才能者送到尚书省进行复试。结果，因为李林甫从中作梗，在复试时一个人也没有录用。李林甫还因此上奏唐玄宗，恬不知羞地说之所以没有选中一人，是因为天下有才之人已被朝廷所用，还要祝贺圣上。

李林甫也会尽力提拔人，但被他提拔的人都是那些讨好自己且又平庸无能之人。李林甫这把这类人培养成自己的爪牙、走狗。左相陈希烈，没有一点政绩，仅靠讲老庄玄学被重用。李林甫见唐玄宗喜欢这一套，加上陈希烈软弱，容易

---

[1] 语见《新唐书·奸臣上·李林甫列传》："明主在上，群臣将顺不暇，亦何所论？君等独不见立仗马乎，终日无声，而饫三品刍豆；一鸣，则黜之矣。后虽欲不鸣，得乎？"

控制，就上奏唐玄宗做了尚书左丞相。从此，陈希烈成了李林甫的心腹。按唐朝惯例，宰相每天午后六刻退朝回府，但李林甫奏请唐玄宗批准，每天提前退朝回家，这样，许多国家大事就在家里处理，再由陈希烈下达、部署。唐玄宗不理朝政时，李林甫就召集朝官们到自己家中听候指示。

李林甫就这样阴险奸诈，从不露声色，对人一味奉承，而在暗地里，只要是不合他意的人，他则想尽办法陷害，绝不心慈手软，所以，当时的人都称他："口有蜜，腹有剑。"后来的成语"口蜜腹剑"，就是因此得来的。

三、处心积虑　利己害人

李林甫为迫害异己，到了丧心病狂的地步。他家中专门设有一中间厅堂，称为"月堂"，一旦要排挤大臣了，他就住进去思谋计策。如果他出来时洋洋得意，就证明他已把一切谋划好了，至于哪一家又要遭殃，只有他自己知道。他还设立了推事院，专门治理狱事，并任用了萧灵、吉温、罗希奭等一批酷吏。当时的人称他们为"罗钳吉网"，是专门迫害异己的地方。

李林甫排除异己的方法之一是利用矛盾，拉一派打一派。户部尚书裴宽和刑部尚裴敦复矛盾很大，就在李林甫获知唐玄宗有提裴宽为相的想法后，李林甫便和裴敦复结为善交，然后让裴敦复揭发裴宽，裴宽遂被贬为睢阳太守。紧接着，李林甫又派人去杀裴宽。裴宽叩头祈求，才得免一死。不久，裴敦复因有战功受到唐玄宗嘉奖，李林甫马上因为忌妒而诬害他，将他贬为淄川太守。

刑部尚书韦坚的妻子是李林甫舅舅姜皎的女儿，妹妹是太子李玙的妃子，很早做官，深得唐玄宗赏识，后来被提拔为陕西太守、水陆转运使。就在韦坚有做宰相的迹象时，李林甫便开始算计他。天宝五年（746）春，河西节度使皇甫惟明因破吐蕃有功，进京报捷。他见李林甫一人掌权，就劝唐玄宗除掉李林甫。李林甫获知后，密派人监视其行动。这时正值元月十五日晚，太子出游和韦坚见面，韦坚又和皇甫惟明会见于景龙观。李林甫高兴至极，立即参奏韦坚与皇甫惟明勾结，欲阴谋拥立太子为帝，遂将韦坚和皇甫惟明逮捕入狱，随后分别贬为缙云太守和播州太守。韦贤的弟弟韦兰和韦芝上书为韦坚喊冤，并请求太子李玙为之说情，唐玄宗非常气愤。太子见事不妙，奏请与韦妃离婚，声称不想因为与韦氏有亲戚关系而徇私枉法。于是，唐玄宗又把韦坚贬为江夏别驾，韦兰和韦芝则被贬到岭南，数十人因此受到牵连而遭贬官、流放。

李林甫还一手制造了历史上著名的"杨慎矜案"。杨慎矜原来是李林甫的门下，后被唐玄宗重用，提升为户部侍郎。李林甫为此非常妒忌，便利用杨慎矜和王铁的矛盾，让王铁参奏杨慎矜，说杨慎矜是隋炀帝的玄孙，家中藏有谶书，阴谋复辟。唐玄宗听后大怒，下令逮捕杨慎矜。太府少卿张瑄因是杨慎矜所荐，也被逮捕。杨慎矜屈打成招，但始终搜查不出谶书来。李林甫心生一计，派卢铉再入杨家搜书，并在袖中藏入谶书，不一会儿，卢铉就拿着谶书走了出来。杨慎矜绝望地说："我根本就没藏此谶书，看来今天必死无疑了！"不久，杨慎矜被迫自尽，妻子儿女流放岭南，案件牵涉数十人。

历史上的安史之乱，李林甫也难逃其咎。唐玄宗前期，朝廷宰相有不少出自节度使。李林甫独掌大权后，建议唐玄宗任少数民族将军为节度使，他说："用文臣为将，会害怕打仗，不能身先士卒，不如用藩将。他们生性雄壮，习惯骑马打仗。若陛下能用他们，必以死效命，夷狄也就不可怕。"[1] 目的是使掌握军权之人不能入朝为相，这样就能长期保住自己的地位。他的建议被采纳，才使安禄山得到重用，羽翼日丰，为以后发动叛乱创造了条件。

李林甫在相位19年，阴险狡诈，善于拍马，丧心病狂，迫害异己。唐玄宗晚年之所以政治腐败，他有着很大的责任。他也因此成为中国历史上有名的奸相。他为相期间，还凭着手中的权势，极尽奢侈之风。他在京城的府第和楼台亭榭，十分豪华。到了晚年，更沉溺于声色，家中姬妾侍女无数。当然，他自己的内心也并不舒坦快活。他自知积怨太多，常常惧怕刺客，每次出门总要有百余步骑左右保护。住宅周围则岗哨林立，每天晚上要换几个地方睡觉，倍受折腾。[2]

天宝十一年（751），李林甫终于死了，无人不拍手称快。在他临死前，杨国忠、陈希烈等人就开始揭发他的罪行。就在他刚刚死去还没来得及下葬，杨国忠立即上奏唐玄宗，告他有预谋造反。结果，唐玄宗下令以庶人礼埋葬。李林甫的几个儿子，则被流放到岭南。

---

[1] 语见《新唐书·奸臣上·李林甫列传》："以陛下雄材，国家富强，而夷狄未灭者，繇文吏为将，惮矢石，不身先。不如用蕃将，彼生而雄，养马上，长行阵，天性然也。若陛下感而用之，使必死，夷狄不足图也。"

[2] 事见《旧唐书·李林甫列传》："林甫晚年溺于声妓，姬侍盈房。自以结怨于人，常忧刺客窃发，重局复壁，络板甃石，一夕屡徙，虽家人不之知。"

名家评说

　　木将坏，虫实生之；国将亡，妖实产之。故三宰啸凶牝夺辰，林甫将蕃黄屋奔，鬼质败谋兴元蹙，崔、柳倒持李宗覆。呜呼，有国家者，可不戒哉！

——宋·欧阳修、宋祁《新唐书》

　　李林甫以谄佞进身，位极台辅，不惧盈满，蔽主聪明，生既唯务陷人，死亦为人所陷，得非彼苍假手，以示祸淫者乎！

——后晋·刘昫等《旧唐书》

杨国忠

杨国忠（？～765），原名杨钊，唐玄宗时宰相，封卫国公。蒲州永乐（今山西永济）人。其堂妹杨玉环即杨贵妃。天宝十一年（752）奸相李林甫病死，杨国忠做了宰相。是唐代中叶"安史之乱"的直接引发者。他结党营私，把持朝政，引起朝野愤怒，天宝十四年（755），安禄山趁机以"讨国忠"为名，发动叛乱。杨国忠随玄宗西行，在马嵬驿为禁军所杀。如果说姚崇、宋璟是代表开元初年贤明政治的统治，那么李林甫、杨国忠是天宝年间黑暗政治的代表，是历史上的著名反面人物。

一、出身地痞　以妹发迹

杨国忠

杨国忠从小行为放荡不羁，喜欢喝酒赌博，因此穷困潦倒，经常向别人借钱，人们很瞧不起他。30岁时，他在四川从军，发愤努力，表现优异，但因节度使张宥看不上他，只任他为新都尉，任期满后，更为贫困，连回家的路费都没有，他经常接受新都富豪鲜于仲通的资助。[1]有了钱就重操旧业，参加赌博。过了一段时间，杨国忠被调任扶风县尉，仍不得志，又来到四川。

天宝四年（745）八月，杨玉环被唐玄宗册封为贵妃，当时玄宗61岁，杨贵妃20岁。贵妃得了宠，三个姊妹分封为韩国夫人、虢国夫

---

[1] 事见《新唐书·外戚·杨国忠列传》："（国忠）嗜饮博，数丐贷于人，无行检，不为姻族齿。年三十从蜀军，以屯优当迁，节度使张宥恶其人，笞屈之，然卒以优为新都尉。罢去，益困，蜀大豪鲜于仲通颇资给之。"

人、秦国夫人，并任命堂兄杨铦为殿中少监，杨绮为附马都尉。一时间杨氏兄妹恩宠富贵，炫赫无比。满朝上下争先恐后地对他们巴结、奉迎。

剑南节度使章仇兼琼与宰相李林甫一向不和，恐怕为李所害，便对鲜于仲通说，"我被皇上宠信，如果宫中无内援，一定会被李林甫陷害，近来杨贵妃受皇上宠信，你如果能替我和她家结交，我将没有后患了。"于是，杨国忠被介绍给了章仇兼琼。章仇兼琼一见杨国忠身材魁梧，仪表堂堂，又伶牙俐齿，非常满意，遂即任他为采访支使，两人关系密切，派

唐玄宗李隆基
——从明万历三十七年（1609）原刊本《三才图会》

杨国忠到京城向朝廷贡奉蜀锦。当杨国忠路过郫县时，兼琼的亲信奉命又给了他价值百万缗的四川名贵土特产。到长安后，杨国忠把土特产——分给杨氏诸姐妹并说这是章仇兼琼所赠，于是，杨氏姐妹就经常在玄宗面前替杨国忠和章仇兼琼美言，并将杨国忠引见给玄宗，还称杨国忠善长赌博。不久，唐玄宗下令任章仇兼琼为户部尚书兼御史大夫，杨国忠也被提升为金吾兵曹参军，闲厩判官。[1]

继而杨国忠入宫侍奉，在宫内，他经常接近贵妃，小心翼翼地侍奉玄宗，投其所好；在朝廷，则千方百计巴结权臣。每逢禁中传宴，杨国忠掌管樗蒲文簿（一种娱乐活动的记分簿），玄宗对他在运算方面的精明十分赏识，曾称赞他是个好度支郎。不久，杨国忠便担任了监察御史，[2]当时，玄宗以户部郎中王鉷为户口色役使，杨国忠与王鉷勾结，将各州多余的粮食粜出，换成钱币。将丁税、地租都征收布帛，全部运往京城。他们非法聚敛，每年收缴额外钱百亿万，全部藏于

[1]事见《新唐书·外戚·杨国忠列传》："剑南节度使章仇兼琼与宰相李林甫不平，闻杨氏新有宠，思有以结纳之为奥助，使仲通之长安，仲通辞，以国忠见，干貌颀峻，口辩给，兼琼喜，表为推官，使部春贡长安。……至京师，见群女弟，致赠遗。于时虢国新寡，国忠多分赂，宣淫不止。诸杨日为兼琼誉，而言国忠善摴蒲，玄宗引见，擢金吾兵曹参军、闲厩判官。兼琼入为户部尚书兼御史大夫，用其力也。"

[2]事见《新唐书·外戚·杨国忠列传》："国忠稍入供奉，常后出，专主蒲簿，计算钩画，分铢不误，帝悦曰：'度支郎才也。'累迁监察御史。"

内库，供宫中宴乐赏赐。他经常告诉玄宗，现在国库很充实，古今罕见。于是，玄宗在八载（749）二月率领百官去参观左藏，一看果然如此，很是高兴，便赐杨钊紫金鱼袋，兼太守卿，专门负责管理钱粮。从此，他越来越受到唐玄宗的宠幸。

二、铲除异己　大权独揽

杨国忠为玄宗赏识的时候，正是李林甫把持朝政的时候。起初，二人一唱一和，互相利用。杨国忠为了向上爬，竭力讨好李林甫，李林甫也因为杨国忠是皇亲国戚，尽力拉拢。在李林甫陷害太子李亨时，杨国忠等人充当打手，并积极参与其活动。他们在京师另设立推院，屡兴大狱，株连太子的党羽数百家。李林甫和户部侍郎杨慎矜不和，他们利用王鉷对他图谋陷害。杨国忠探知玄宗皇帝对杨慎矜在家设道场不满，杨国忠将此事告诉王鉷，李林甫与王鉷趁此大兴冤狱，使数十人受到连累。

看到杨国忠权势日渐显赫，李林甫对他逐渐产生嫉恨。吉温本是李林甫门下的一位酷吏，曾对李言听计从。他看到李林甫的权势日趋削弱，转而巴结杨国忠，为他出谋划策，以取代李林甫。不久，杨国忠升为兵部侍郎兼御史中丞。天宝八年（749）刑部尚书萧炅因贪污罪被贬为汝阴太守。接着，又发生了御史大夫宋浑的巨额受贿贪污案，被流放潮阳。萧炅、宋浑都是李林甫时的同党，杨国忠乘机上书玄宗皇帝，将他们赶出朝廷，从而剪除了李林甫的心腹，往替代李林甫执政的路上迈进了一步。

另外，户部侍郎、御史大夫王鉷，兼领 20 余职，日益受到玄宗宠信。杨国忠很嫉妒王鉷，便借机诬构王鉷，定成死罪。王鉷因宠遇太深，本是李林甫和杨国忠共同嫉妒的对象。但是为了牵制杨国忠，李林甫则极力提拔王鉷；当杨国忠陷害王鉷时，李林甫又竭力为其开脱罪责。由于杨国忠做了手脚。玄宗便开始疏远李林甫，王鉷也以莫须有的罪名被置于死地。王鉷所兼职务全部归杨国忠。这样，杨国忠又加领了京兆尹、御史大夫，京畿、关内采访使等职，贵震天下。杨、李两人遂为仇敌。[1]

[1] 事见《新唐书·外戚·杨国忠列传》："鉷宠方渥，位势在国忠右，国忠忌之，因邢縡事，构鉷诛死，已代为京兆尹，悉领其使。即穷劾支党，引林甫交私状，牵连左逮，数以闻，帝始厌林甫，疏薄之。"

杨玉环（选自《马骀画宝》）

天宝十一年（752）十月，南诏北犯，李林甫奏请玄宗派杨国忠去处理。临行前，杨国忠哭别玄宗，称自己此去必为李林甫所害，杨贵妃从旁说情，玄宗说："卿暂时去处理四川边务，回来后宰相还是你的。"杨国忠刚到四川，玄宗随即把他召回。这时，李林甫病危，不久即死亡，杨国忠继为右相，兼吏部尚书，总领40余职。[1]

杨国忠如愿以偿当了宰相，独断军政大事，颐指气使，盛气凌人，一手遮天，欺上瞒下。为了发展自己的势力，他以酷吏吉温为御史中丞，兼京畿、关内采访使。吉温是个两面三刀的人，早年为李林甫爪牙，见杨国忠势盛，即叛李林甫而附杨国忠。这时候他又看到安禄山有宠，就与之结为兄弟。吉温到了长安，将朝廷动静，报告安禄山，成了安禄山的暗探。他还乘此机会，彻底铲除李林甫集团，追究李林甫生前奸事、摧毁了他的家，他的近亲、党羽因此被贬者50余人。唐玄宗认为杨国忠立了功劳，册封他为魏国公，杨国忠坚辞不受，后改封卫国公。[2]

天宝十二年（753）始，关中地区连续三年发生水旱灾害，民不聊生，怨声载道。京兆尹李岘将灾情如实上奏。杨国忠对李岘不依附于他早已心怀不满，就把灾害的责任全部归咎于李岘，把他贬为长沙太守。扶风太守房琯上书向玄宗报告当地灾情，杨国忠认为有损盛世之治的美名，派监察御史前往核察，自此以后，各地再也不敢报告灾情了。后来，长时间连续阴雨，引起了久居深宫的玄宗的忧虑，害怕水灾影响庄稼。杨国忠就派人设法弄来几株长得好的庄稼进呈玄宗，以此欺骗玄宗说："最近虽然下雨过多，但并未伤害庄稼。"玄宗信以为真。

本来，宰相应由德高望重的人担任，他们出入礼仪从简。自从李林甫为相以后，出入前呼后拥，车骑满街。杨国忠任相，出入车骑仪仗浩浩荡荡，前后100步由骑兵开道，连公卿大臣也要纷纷退避。为了笼络人心，发展自己的势力，杨国忠让文部选官不论贤不贤，年头多的就留下来，按照资历有空位子就接官。按

---

[1] 事见《新唐书·外戚·杨国忠列传》："林甫病已困，入见床下，林甫曰：'死矣，公且入相，以后事累公！'国忠惧其诈，不敢当，流汗被颜。林甫果死，遂拜右相、兼文部尚书、集贤院大学士、监修国史、崇贤馆大学士、太清太微宫使，而节度、采访等使、判度支不解也。"

[2] 事见《新唐书·外戚·杨国忠列传》："国忠已得志，则穷擿林甫奸事，碎其家。帝以为功，封魏国公，固让魏，徙封卫。"

惯例，宰相兼兵部、吏部尚书，选官应交给侍郎以下的官员办理，规定的手续十分严格，须经三注三唱，反复进行，从春至夏才能完成。杨国忠却自示精敏，先叫胥吏到自己家里，预先定好名单，然后把左相陈希烈及给事中、诸司长官都叫到尚书都堂，读一名便定一名，一天就完了。当全部结束之后，杨国忠便当着大家的面说："左相和给事中都在座，就算经过门下省了。"于是，选官大权就这样由杨国忠一人垄断。从此门下省不再复查选官，侍郎仅仅负责试判，致使选官质量下降。然而另一方面，由于杨国忠迎合和满足了一些人的权欲，因而颇得众人好评。为此，杨国忠的亲信京兆尹鲜于仲通、中书舍人窦华，侍御史郑昂等授意选人，请求玄宗给杨国忠在省门立碑，歌颂其选官有"功"。受到蒙蔽的玄宗还让鲜于仲通起草碑文，并亲自修改了几个字。鲜于仲通为了向杨国忠献媚，便把这几个字用黄金填上。

三、安史叛乱　下场可耻

杨国忠与虢国夫人关系暧昧。每当杨国忠从宫廷回来，必到虢国夫人家中，郎官、御史有事也常到虢国夫人府第寻找杨国忠。两人自小私通，于今更烈。他们同住一起，外出双马并骑，相互调笑，不以为耻；行为往往不堪入目，连行人都常常感到羞耻。

玄宗常到华清寺游幸，从上年十一月开始到第二年春天才返回京城。杨氏诸人的汤沐馆建在华清宫的东垣，彼此相连。玄宗皇帝驾临时，必先走遍这五家，赏赐无数。杨国忠虽为当国，常领剑南召募使，负责征南事宜。天宝十年（751），杨国忠上任京兆尹不久，遂乘机推荐自己的老友和党羽鲜于仲通为剑南节度使，并命其率兵攻打南诏，结果大败，士卒阵亡六万人，南诏投附吐蕃。对此杨国忠不但没有处罚鲜于仲通，而且还为其大叙战功。接着，杨国忠又请求第二次发兵攻打南诏。玄宗便命令在长安、洛阳、河南、河北各地广泛招兵。杨国忠派御史到各地去抓人，把他们带上枷锁送到军营。父母、妻子哭声遍野。天宝十三年（754）六月，杨国忠又命令留后、侍御史李宓率兵，再次攻打南诏，结果又遭惨败。两次攻打南诏，先后死去20余万人。[1]但唐玄宗沉缅于荒淫酒色之

---

[1] 事见《新唐书·外戚·杨国忠列传》："寻遣剑南留后李宓率兵十余万击阁罗凤，败死西洱河，国忠矫为捷书上闻。自再兴师，倾中国骁卒二十万，踦履无遗，天下冤之。"

《虢国夫人游春图》

　　唐代张萱绘，原作已佚，现存为宋徽宗摹本，藏于辽宁省博物馆。此图描绘的是天宝十一年，再现唐玄宗的宠妃杨玉环三姊虢国夫人及其眷从盛装出游情景。

中，歌舞升平，高枕无忧，对外事不管不问。

　　正在这时，玄宗宠信的安禄山在范阳起兵反唐了。杨国忠与安禄山同样受着玄宗的宠信。但是，杨国忠的发迹要比安禄山晚得多。当杨国忠尚未担任高官要职时，安禄山早在天宝元年（742）正月就升任平卢节度使，以后又兼范阳节度使、河北采访使、御史大夫，稍后又兼河东节度使。天宝九载（750）又封为东平郡主。杨国忠虽有外戚关系，但迟至天宝七载（748）始迁给事中，兼御史中丞，专判度支事。安禄山在朝中对老谋深算的李林甫十分惧怕，而对杨国忠则根本瞧不起。杨国忠接替宰相后，看到不能制服安禄山，便经常向玄宗说安禄山有谋反的野心和迹象，想借玄宗之手除掉安禄山。可玄宗认为这是将相不和，不予理睬。杨国忠一计不成又生一计，奏请让陇右节度使哥舒翰兼河西节度使，以便排斥和牵制安禄山。天宝十三年（754）春，玄宗按照杨国忠的意见召安禄山入朝，试其有无谋反之心。安禄山将计就计，装模做样地向玄宗说自己的一片"赤心"，赢得玄宗更加信任，打算让安禄山当宰相（加同平章事），并令太常卿张士自草拟诏敕。杨国忠知此立即劝阻道："安禄山虽有军功，但他目不识丁，怎能当宰相。如果发下制书，恐怕四夷轻视朝廷。"玄宗只好作罢，任安禄山为左仆射。至此，安禄山与杨国忠以及唐王朝的矛盾更加尖锐激烈。

　　天宝十四年（755）二月，安禄山派副将何千年进京上奏，请求准许以蕃将32人代替汉将，玄宗马上批准。左相韦见素进谏玄宗，说安禄山谋反的迹象已十分明显。但玄宗不信。为此，杨国忠私下派何盈、塞昂，跟踪安禄山，窥察其谋反的情况。天宝十四年（755）四月，杨国忠指使京兆尹李岘派兵包围了安禄山在长安的府第，逮捕了安禄山的党徒李起、安岱、李方来、王岷诸人，并将他们处死，他的同伙吉温也流放到合浦。安禄山闻讯大惊，急忙上书玄宗，一面为自己辩解，一面陈述杨国忠的20条大罪。玄宗则把责任归罪于李岘，将他贬为零陵太守。[1]

天宝十四年（755）十一月，安禄山以讨杨国忠为名，正式起兵范阳（今北京大兴），举兵南下，势如破竹。十二月，大军攻陷东都洛阳。玄宗起用哥舒翰，领兵20万镇守潼关。杨国忠害怕哥舒翰重兵在握对自己不利。于是，上书玄宗，诬奏哥舒翰拥兵关内，拒不出战。哥舒翰在压力下引兵出战，结果被安禄山打得大败，自己也当了俘虏。20万官军，只存8000余人。京城震动，士民惊扰奔走，惊恐万状。杨国忠劝玄宗进四川。十三日黎明，玄宗以亲征为名率杨贵妃姐妹、杨国忠、韦见素等数百人西行，逃出了京城长安。

唐将军俑

第二天，车驾行至马嵬驿。将士们又累又饿，加之天气炎热，拒绝继续前进。此时，杨国忠的政敌太子李亨、宦官李辅国和陈玄礼一致认为，除去杨国忠的时机已成熟，并由陈玄礼出面对将士进行煽动，说这场叛乱全是由杨国忠引起的，杀了杨国忠就可平息叛乱。这时，有20多名吐蕃使者在驿站西门外堵住杨国忠的马头，向他要饭吃。激怒了的士兵们立即将他们包围上来，大喊："杨国忠与吐蕃谋反！"一箭射中了他的马鞍。杨国忠逃进西门内，军士们蜂拥而入，将其乱刀砍死。以枪挑其首，悬于驿门外面，[2] 其子

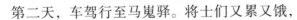

[1] 事见《新唐书·外戚·杨国忠列传》："禄山还幽州，觉国忠图己，反谋遂决。国忠令客何盈、蹇昂刺求反状，讽京兆尹李岘围其第，捕禄山所善李超、安岱、李方来、王岷杀之，贬其党吉温于合浦。禄山上书自陈，而条上国忠大罪二十，帝归过于岘，贬零陵太守，以尉禄山意。"

[2] 事见《新唐书·外戚·杨国忠列传》："进次马嵬，将士疲，乏食，玄礼惧乱，召诸将曰：'今天子震荡，社稷不守，使生人肝脑涂地，岂非国忠所致！欲诛之以谢（接下页）

杨暄及韩国夫人、秦国夫人、虢国夫人以及杨贵妃等统统被杀死。就这样，显赫一时的杨国忠及其家族落得可悲下场。

名 家 评 说

　　杨国忠禀性奸回，才薄行秽，领四十余使，瓷弄威权，天子莫见其非，群臣由之杜口，致禄山叛逆，銮辂播迁，枭首覆宗，莫救艰步。以玄宗之睿哲，而惑于二人者，盖巧言令色，先意承旨，财利诱之，迷而不悟也。开元任姚崇、宋璟而治，幸林甫、国忠而乱，与夫齐桓任管仲、隰朋，幸竖貂、易牙，亦何异哉！

——后晋·刘昫等《旧唐书》

　　马嵬兵变，实在是李亨（唐肃宗）所发动的。唐代皇位继承权，自来就不稳定，李亨虽为太子，但能继承与否，不到最后，实无由知。因此，李亨集团乘乱发动兵变，其真正目的，并不是杀杨贵妃，乃在于杨国忠，因为杨国忠是一个有权力的宰相，如果不能去国忠，即无法弑帝或迫帝李隆基（唐玄宗）逊位。是以马嵬兵变发生，杨氏兄妹俱死，李亨在后队得讯，即不再随驾赴蜀，而自帅所部趋渭滨，走奉天而赴朔方，至平凉，再转灵武，便自为皇帝。

——南宫博《杨贵妃》

（接上页）天下，云何？'众曰：'念之久矣，事行身死，固所愿。'会吐蕃使有请于国忠，众大呼曰：'国忠与吐蕃谋反！'卫骑合，国忠突出，或射中其頰，杀之，争啖其肉且尽，枭首以徇。"

李德裕

　　李德裕（787～850），字文饶，唐朝后期二度出任宰相，封卫国公。赵郡（今河北赵县）人。祖父李栖筠，做过御史大夫；父亲李吉甫，为宪宗元和初年居宰相。李德裕为相时经制四方，兴利除弊；反对藩镇割据，拥护中央集权；抑制宦官专权，打击佛教势力；主张整顿吏治，反对虚浮作风。正是这些措施的实行扭转了后唐王朝的颓势，一度出现了"会昌中兴"的局面。李德裕具有文才武略，在后唐各宰相中首屈一指。不过，在历史上的"牛李党争"中，李德裕作为李党的领袖，与牛僧孺等互相排挤，也一定程度上反映了他气度狭小的一面。

一、改革弊端　造福百姓

　　李德裕天资聪颖，少有壮志，刻苦好学，爱读史书，尤其对《汉书》和《左氏春秋》十分精通。他自恃出身名门望族，因而不愿与诸生一起参加科试，以门荫入仕，补校书郎之职。[1]

　　元和初年（805），李德裕的父亲李吉甫担任宰相，为避嫌，他没有在朝中做官。元和十一年（816），张弘靖罢相，改任河东节度使，聘其为掌书记。父亲去世后，他随张弘靖入朝，拜为监察御史。穆宗即位后，擢为翰林学士，不久转为考功郎中、知制诰。长庆二年（822）升为中书舍人、御史

李德裕

——从明万历三十七年（1609）原刊本《三才图会》

---

[1]事见《新唐书·李德裕列传》："（李德裕）少力于学，既冠，卓荦有大节。不喜与诸生试有司，以荫补校书郎。"

中丞。[1]

由于其父为相时，与牛僧儒、李宗闵、李逢吉，积怨甚深，所以等李吉甫去世后，李逢吉等三人转而排挤李德裕。及至长庆二年李逢吉升为门下侍郎、平章事（宰相），更针锋相对。当时李德裕与牛僧孺都有入相之望，李逢吉利用权位，调李德裕为浙西观察使，而引荐牛僧孺同平章事，使二人共居相位。从此，李德裕与李逢吉一伙人的积怨更加深了。[2]

李德裕到浙西到任后，锐意改革当时军政和民俗存在的弊端，李德裕一变前任为笼络将士不惜府库空虚也要赏赐将士的做法，节俭费用，加强练兵，虽施与不丰，但将卒均等，士兵无怨。经过两年的治理整顿，府库渐渐丰盈。与此同时他着手改革当地害民的旧俗。李德裕决心破除迷信，改变这种旧俗。他选择乡人中知书达理者进行说服教育，对愚昧不听劝阻的人，则绳之以法。仅用了短短几年时间，就彻底革除了这种弊风。接着，李德裕整顿郡内的祠庙，根据方志，只保留前代名臣贤后的祠庙，其余淫祠1010所都加以废除。另外，还打击流寇盗贼，使百姓安居乐业。李德裕的改革治理成效显著，得到了当地百姓的称颂和热烈拥护。[3]

穆宗驾崩后，敬宗登基做了皇帝。敬宗禀性骄奢，刚即位，就诏令浙西造银盝子妆具20件进奉。李德裕上疏列举了浙西地区连年旱灾，经济尚未完全恢复，每年支用，入不敷出，请求皇上免除进献，称这样既弘扬节俭的美德，又可安抚民心。然而这封奏折还未得到回复，敬宗又诏令浙西织造缭绫1000匹。李德裕再次奏请敬宗效法太宗、玄宗采纳免除进献的条陈，弘扬汉文帝、元帝节衣俭用之美德。敬宗纳其所陈，罢除进献缭绫，从而减轻了浙西百姓的沉重负担。

---

[1] 事见《新唐书·李德裕列传》："穆宗即位，擢翰林学士。……再进中书舍人。未几，授御史中丞。"

[2] 事见《新唐书·李德裕列传》："（李逢吉）欲引僧孺益树党，乃出德裕为浙西观察使。俄而僧孺入相，由是牛、李之憾结矣。"

[3] 事见《新唐书·李德裕列传》："初，润州承王国清乱，窦易直倾府库赉军，赀用空殚，而下益骄。德裕自检约，以留州财赡兵，虽俭而均，故士无怨，再期，则赋物储牣。南方信機巫，虽父母疠疾，子弃不敢养。德裕择长老可语者，谕以孝慈大伦，患难相收不可弃之义，使归相晓敕，违约者显置以法。数年，恶俗大变。又按属州非经祠者，毁千余所，撤私邑山房千四百舍，寇无所庾蔽。天子下诏褒扬。"

李德裕反对佛教，主张废佛。长庆四年（824），他得知徐州节度使王智兴借祝贺敬宗诞辰名义，在泗州设坛度僧，敛取钱财，即上奏弹劾王智兴，揭发他置坛度人，"以邀厚利"，每人只要交钱2000，即可落发为僧。江、淮以南一带地区，为逃避赋徭，一户有三丁必有一丁落发为僧，这不仅有损于朝廷法度，而且使国家失去大量壮劳力，认为这绝不是小事。敬宗也觉事关重大，乃诏令王智兴停止设坛度僧。

在限制度人为僧的同时，李德裕对僧人的不法行为也予以打击制止。某年，妖僧扬言亳州出圣水，饮之能治百病。受骗百姓，为取圣水，奔走塞路。妖僧竟以每斗水售价三贯，横敛暴财。病人喝下圣水，病情反而加重。李德裕上奏皇上，采取果断措施，填塞水源，惩办妖僧，制止了骗人妖术。从此僧人再也不敢为非作歹了。

李德裕在浙西任职期间，为老百姓做了不少好事，政绩斐然，得到了当地百姓的一致好评。

文宗即位后，李德裕因为政绩卓著而备受皇帝青睐，太和三年（829），召为兵部侍郎，裴度见他才能出众，推荐他做宰相。但当时任吏部侍郎的李宗闵因得宦官相助，先取宰相之位，由于惧怕李德裕得到重用，于同年九月，排挤李德裕出任郑滑节度使。太和四年（830）秋，又调任李德裕为剑南西川节度使。[1]

西川南临南诏（后称大礼、大理），西接吐蕃，为边陲重地，地理位置十分特殊，关系到国家的安危。李德裕入蜀之时，正面临南诏侵扰的严重局面。朝廷命以土石筑塞清溪关（在今四川汉源南）以断南诏入蜀之路。李德裕上奏文宗，认为南诏通蜀道窄路险，需重兵把守，方可确保无虞。朝廷采纳了他的意见。为熟悉地形，李德裕不顾地势的险要和自身的安危，遍访山川、城邑、道路，绘成地图；同时，他加紧训练士卒，增强其战斗力，并积极备粮修城，严防入侵。在他的努力下蜀地百姓生活得到初步的安定，一时间出现了安居乐业的大好局势。

太和五年（831）秋，吐蕃维州守将悉怛谋率部投降，李德裕派兵入据维州城。维州地势险要，是西川控制吐蕃的军事要地，获取该城，是李德裕巩固边防的一大胜利。但宰相牛僧孺出于党争，抹煞李德裕的功绩，借口新与吐蕃结盟，

---

[1] 事见《新唐书·李德裕列传》："太和三年，召拜兵部侍郎。裴度荐材堪宰相，而李宗闵以中人助，先秉政，且得君，出德裕为郑滑节度使，引僧孺协力，罢度政事。"

唐李德裕云人君之德莫大於至明明以照奸則百邪不能蔽漢昭帝是也周成王有漸德矣　通鑒刪要

——从明万历四十八年凤阳刊本《御世仁风》插图

不应毁约占城，鼓动文宗下诏，将维州归还吐蕃，并遣返降卒。致使所有将卒尽遭诛杀，维城得而复失。李德裕因此更加怨恨牛僧孺。文宗事后对此也很后悔，乃贬牛僧孺为淮南节度使，召李德裕为兵部尚书以弥补自己的过失。

李德裕治蜀尽管只有短短的 3 年光景，然而他治理有方政绩卓著；南阻南诏，西拒吐蕃，巩固了边防，人民安居乐业，生产也得到了发展，出现了一派从没有过的祥和局面。

二、消藩平乱　巩固集权

太和七年（833）春，李德裕做了宰相。夏，李宗闵被罢免相位，然而第二年八月又复原职，李德裕又被贬为镇海节度使。开成五年（840），文宗去世，武宗即位。武宗认为李德裕的才识过人，于同年九月召李德裕入朝，李德裕因此二度为宰相。[1]

藩镇割据在唐朝由来已久，"安史之乱"即由此酿成。到了唐后期，藩镇割据削弱中央集权，破坏国家统一，为害很大。李德裕执掌宰印，力主削藩，出兵进讨。会昌三年（843），回鹘乌介可汗出兵进犯北方云朔之地，大肆掠夺。李德裕命河东节度使刘沔与幽州节度使张仲武招抚。刘沔部将石雄出奇兵夜袭乌介可汗牙帐，乌介仓皇逃走，回鹘军溃败，唐军取得重大胜利。

不久，泽潞节度使刘从谏病死，其侄刘稹密不发丧，自称留后，企图割据一方。武帝与朝臣商议处置办法，大臣们以回鹘余患未尽，如再出兵讨泽潞，恐国力不支，多主张妥协。李德裕力排众议，他认为，刘稹所恃，不过河朔三镇的援助，只要使成德、魏博两镇不与他合作，刘稹就孤立了。若派重臣传达

唐武宗

——从明万历三十七年（1609）原刊本《三才图会》

[1]事见《新唐书·李德裕列传》："武宗立，召为门下侍郎、同中书门下平章事。"

章怀太子墓中壁画

圣旨给成德节度使王元逵、魏博节度使何弘敬，言明朝廷对河北的政策不变，允许子孙世袭，并令两镇出兵助讨刘稹，则刘稹必破。武宗采纳了李德裕的建议，下诏削夺刘从谏、刘稹官爵，并调集附近诸镇军队，合力攻讨刘稹。七月底，王元逵在尧山击败刘稹军，李德裕请授王元逵检校同平章事，以激励其他各镇，但何弘敬仍按兵未动。李德裕乃用攻心伐谋之术，令王宰率忠武军经魏博直取磁州。何弘敬听王宰将率忠武军入魏境，恐军中有变，于是急忙出兵，渡漳水，取磁州，杀伤刘稹军许多。朝廷加封何弘敬检校左仆射。

就在刘稹步步后退，李德裕节节胜利、步步进逼的时候，会昌三年（843）十二月，太原又发生杨弁叛乱，与刘稹互张声势，形势恶化。武宗以刘稹之叛未平，太原之乱又起，也很忧虑。所遣使者马元贯受杨弁贿赂，谎报军情，言杨弁兵强马壮，遭到李德裕严辞斥责。李德裕冷静分析形势，力排罢兵之议，他表示宁愿舍弃攻打刘稹，也必须主力对付杨弁。决定先平太原之乱，令王逢、王元逵所部进讨杨弁。戍守榆社的河东节度使军队得知朝廷将派外地军队进讨太原，怕自己在太原的家眷遭误杀，河东监军吕义忠急忙率兵攻取太原，诛杀杨弁。[1]太原之乱在很短的时间内就被平定了下来。

太原之乱平息后，李德裕转而加紧讨伐刘稹。刘稹既失河北三镇之倚，又遭成德、魏博两镇进攻，形势对他十分不利，他势孤力单，内部众叛亲离，部将高文端、裴向、崔嘏先后投降，邢州、洺州、磁州相继失守，刘稹终为部将郭谊、

---

[1]事见《新唐书·李德裕列传》："弁厚贿中人，帐饮三日。还，谬曰：'弁兵多，属明光甲者十五里。'德裕诘曰：'李石以太原无兵，故调横水卒千五百使戍榆社，弁因以乱，渠能列卒如此多邪？'则曰：'晋人勇，皆兵也，募而得之。'德裕曰：'募士当以财，李石以人欠一缣，故兵乱，石无以索之，弁何得邪？太原一铠一载，举送行营，（接下页）

王协所杀，朝廷收复昭义镇，平积之役在历时一年后以胜利而宣告终结。

李德裕因平叛立下了大功，官升为太尉、封卫国公。[1]

三、禁止佛教　整饬吏治

宦官专权，是唐朝长期以来的一大隐患，它像一个毒瘤一样侵蚀着大唐王朝。宦官们外结藩镇、内乱朝政、陷害忠良、贪污受贿，甚至操纵皇帝，无恶不作。李德裕对宦官的所作所为深恶痛绝，极力反对宦官专权，并决心铲除这一毒瘤。

当时正值武宗当政，李德裕对宦官的抑制，武宗表示大力支持。会昌二年（842），李德裕有意削弱宦官执掌的枢密使的权

会昌法难

唐武宗会昌年间，在道士赵归真的鼓动和李德裕的支持下，唐武宗发起的大规模拆毁佛寺和强迫僧尼还俗的毁佛运动。

力，没有通过枢密使便下达关于减少禁军粮饷的诏令，引起大宦官仇士良的愤恨，李德裕在武宗的支持下，迫使仇士良节节后退，会昌四年（844），武帝以仇士良作恶多端，诏令削去其官爵，籍没其家财，这给宦官集团无异于当头一棒。

李德裕认为宦官干预将帅指挥，其弊甚大，是造成作战失败的重要原因，所以在抵御回鹘入侵、讨伐刘稹叛乱的作战中，不许宦官干预军事，将帅得以施展谋略，累战有功，一改德宗以来宦官监军的定例。

（接上页）安致十五里明光乎？’使者语塞。德裕即奏：‘弃贼伍，不可赦。如力不足，请舍稹而诛弃。’遍趣王逢起榆社军，诏元逵趋土门，会太原。河东监军吕义忠闻，即日召榆社卒入斩弃，献首京师。”

[1] 事见《新唐书·李德裕列传》：“策功拜太尉，进封赵国公。德裕固让……遂改卫国公。”

早在浙西任内，李德裕即以反对佛教闻名，做宰相后，他以佛教损害封建伦理、国计民生，反佛更加激烈。会昌五年（845），武宗接受李德裕建议，决定禁佛。下令清查天下寺院及僧侣人数，除长安、洛阳左右街各留两寺，每寺僧各30人，天下诸郡各留1寺，寺分3等，上寺20人，中寺10人，下寺5人。拆毁寺院4600余所，兰若（私立的僧居）4万余所。迫令僧尼还俗者26万多人，解放奴婢15万人，释放供寺院役使的良人50万人以上，没收良田数千万顷。政府从会昌废佛运动中得到大量财物、土地和纳税户。

如果说李德裕对宦官势力的打击，加强了中央集权，那么他对佛教的禁止，起到了推动生产、经济发展的积极作用。

李德裕整顿吏治也大刀阔斧。会昌四年（844），他因州县官吏太多太滥，主张精兵简政，裁减冗员，罢吏2000余人，这在当时是个不小的数目。

四、牛李党争　胸小难容

历史上著名的"牛李党争"是唐后期朝臣之间的派系斗争。牛党的首领是牛僧孺，李党的首领是李德裕。牛李党争，从酝酿到结束，将近半个世纪，起于宪宗朝代。元和三年（808），朝廷选拔人才，举子牛僧孺、皇甫提、李宗闵3人在对策中痛斥政治腐败、贪官污吏的种种罪行，确实触及到当时的社会弊端。他们的策文被主考官杨於陵、韦贯之评为上等，要求朝廷优先录用。李德裕的父亲时任宰相，对此大为不满，认为3人策文是危言惑众，诋毁朝政，向宪宗皇帝弹劾主考杨於陵、韦贯之和复试官裴垍、王涯等4人评卷不公之罪。宪宗皇帝依宰相李吉甫之言，将杨、韦、裴、王4人贬出朝廷，举子牛僧孺等3人不予录用。朝野哗然，民情鼎沸，争为牛僧孺等鸣冤叫屈，谴责李吉甫妒贤忌能，对朝廷构成一股强大的政治压力。唐宪宗为了平息风波，于同年把李吉甫贬为淮南节度使，把先前贬出的翰林学士裴垍召回担任宰相职务。经过这番升降之后，朝臣之中自然形成了以"直言极谏"考试为起因的对立派别，在此后的一切政治活动中均染上了对立两派的政治色彩。两派的政治主张和政治活动，各有得失。元和年间，两派政治斗争的焦点是如何对待藩镇割据问题。李党主张平叛，牛党主张安抚。在这个问题上显然李派主张正确。由于宪宗和当权的宦官支持平叛，故此元和年间李党在朝得势。这一时期，李德裕、牛僧孺尚未进入朝廷供职，派系斗争色彩尚不浓厚，故元和年间还是牛李党争的初期阶段。

长庆元年（821）牛党人物礼部侍郎钱徽主持进士考试，另一牛党人物右补阙杨汝士为主考官，录取进士14人。其中有牛党李宗闵的女婿苏巢，主考官之弟杨殷士，牛党宰相裴度之子裴譔等"关系户"均登甲第。前任宰相段文昌向穆宗检举此次进士录取不公正，有舞弊行为。当时李德裕及元稹、李绅均在朝担任翰林学士之职，穆宗询问李德裕"舞弊"之说是否属实，李德裕表示肯定，元稹、李绅异口同声地责其不公。穆宗又另派官员复试，结果原榜录取14人之中，只有3人勉强合格。为此钱徽、李宗闵、杨汝士均遭贬逐。牛李党争之始由进士考试而起，牛李二党结怨之深亦因进士考试而成。从此牛僧孺对李德裕怀恨难解，牛李党争进入了白热化。

牛僧孺
——从明《博古叶子》（明陈洪绶绘）

开成五年（840），文宗驾崩。次年武宗继位。牛党失势，李德裕自淮南节度使入朝为相，开始了李党独掌朝政的时期。李德裕深得武宗信任，从政以来从未有过这种得意时刻。这时回鹘在北方受挫，整个部落向南迁徙，过着艰难的徙荡生活。武宗采纳李德裕对该部落的怀柔之策，一方面给他们发粮赈济，拯救艰危；另方面又明查暗察，防范有加。在处理唐朝与周边少数民族关系方面，这一决策当时受到好评。而对于那些寇边抢掠扰乱内地社会安定的部族，则采取极强硬的手段，予以坚决的回击。会昌三年（843），回鹘另一部族首领乌介克汗，率众大肆抢掠云边之北（今山西北部及内蒙古境内）地区，李德裕立即命河东（今山西太原西南）节度使刘沔与幽州（今北京）节度使张仲武联合讨伐。刘沔部将石雄夜袭乌介克汗大本营，重创敌军，乌介夜逃，唐军取得重大胜利。

李德裕这次入朝为相，虽然一派掌权，政由己出，毫无节制之虞，并且在平叛、破回鹘、废佛等方面做出巨大成绩，赞誉之声盛传朝野。但他在行使职权的时候，独断专行，排斥异己的作风，不仅为牛党所恨，也为宦官所不容。会昌六年（846）武宗死，宣宗即位，他的厄运立即降临。宣宗一向讨厌李德裕独断专行的作风，即位之后即贬他为东都（洛阳）留守，并将李党从朝廷各级岗位上纷纷逐出，又将牛党令狐绹、崔铉等人召入为相，牛党首领牛僧儒也返朝为官，真是所谓"一朝天子一朝臣"。不久，李德裕由东都留守，贬为潮州（今属广东）司马，再贬为崖州（今海南岛琼山东南）司户，大中三年（850）十二月十日病逝。长达40余年的牛李党争，至此才正式收尾。

名家评说

汉刘向论朋党，其言明切，可为流涕，而主不悟，卒陷亡辜。德裕复援向言，指质邪正，再被逐，终婴大祸。嗟乎！朋党之兴也，殆哉！根夫主威夺者下陵，听弗明者贤不肖两进，进必务胜，而后人人引所私，以所私乘狐疑不断之隙；是引桀、跖、孔、颜相哄于前，而以众寡为胜负矣。欲国不亡，得乎？身为名宰相，不能损所憎，显挤以仇，使比周势成，根株牵连，贤智播奔，而王室亦衰，宁明有未哲欤？不然，功烈光明，佐武中兴，与姚、宋等矣。

——宋·欧阳修、宋祁《新唐书》

公之智决，利若青萍。破虏诛叛，摧枯建瓴。功成北阙，骨葬南溟。呜呼烟阁，谁上丹青？

——后晋·刘昫等《旧唐书》

【五 代】

冯 道

冯道（生卒不详），字可道，后唐明宗时起任宰相，瀛州景城（今山西交河）人。历仕后唐、后晋、契丹、后汉、后周五朝，八姓十一帝。先后封晋国公、燕国公。达20余年。谥号"文懿"。尽管皇帝兴亡接踵，而冯道则富贵自如，以此自称"长乐老"，是五代官场上一个真正的不倒翁。

一、出身寒微　笃学为相

冯道祖先为农为儒。冯道小时候朴实纯厚，好学。善作文，不以贫穷为耻。[1]冯道生活在五代乱世之时，能在官场混迹50年，确实不易。一是他善于钻营，一是他能够吃苦。后唐庄宗李存勖未称帝前，割据晋阳，从父亲李克用那里袭爵晋王，冯道在晋王府中担任掌书记，当时庄宗书翰甚繁，全由冯道掌管。[2]后梁末帝年间，李存勖出兵梁，两军夹黄河对峙，史称"夹河之战"。这是五代史上的一场大战，打得十分激烈。晋与梁夹河对峙，冯道居军中，"住一茅庵，不设床席，卧一束草上"。冯道虽是李存勖的亲信，却能住草棚，睡干草，适应战争的艰苦环境。当时晋军粮饷匮乏，多几个将领陪李存勖吃饭，主管的人都

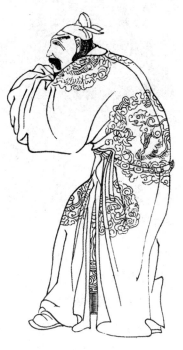

冯 道
——从清康熙三十三年（1694）刊本《无双谱》（金古良编绘，朱圭刻）

---

[1]事见《旧五代史·周书·冯道列传》："其先为农为儒，不恒其业。道少纯厚，好学善属文，不耻恶衣食，负米奉亲之外，惟以披诵吟讽为事，虽大雪拥户，凝尘满席，湛如也。"

[2]事见《旧五代史·周书·冯道列传》："承业寻荐为霸府从事，俄署太原掌书记，时庄宗并有河北，文翰甚繁，一以委之。"

后唐庄宗李存勖

办不了。大将郭崇韬向李存勖建议，减少陪食人员，为此，李存勖大为光火，说孤为效命者设食，都不自由，哪里还当得了主帅，闹着要回晋阳。[1]幸亏冯道出来打圆场，说："粮饷的确困难，郭崇韬的建议，完全出于对晋王你的一片忠心。"这场冲突因冯道调解而缓和下来。因为冯道吃苦耐劳，在晋军中是很有名的。他的排解，具有现身说法的性质。后唐庄宗同光年间，冯道因居父丧，步行回到景城，兵荒马乱，又遭灾年。冯道倾其所有以救乡里，他耕种田野，亲自上山砍柴，有荒其田而不耕者，以及力不能耕者，冯道往往夜间前往，偷偷地为人家代耕。人家后来感谢他，他却认为是应该的。[2]

冯道从政，是从在幽州军阀刘守光处当参军开始的。刘守光凶残狠毒，对下属十分凶残，一言不合，立即诛杀。有时杀了还叫人割其肉而生食。一次，刘守光要发兵攻打易、定二州。冯道劝他不要轻易攻打，刘守光大怒，把他投入狱中，过了不久，冯道逃离幽州，来到太原，投在晋大将张承业的门下。张承业是个宦官，就委派他担任太原监军使府巡官的职务。张承业是晋王的托孤之臣，在李存勖集团中权力很大，由张承业推荐，冯道才成为李存勖的亲信，跟随李存勖南征北战，为后唐灭梁立下了功劳。李存勖虽是员猛将，但却不是个治国之才。当了皇帝后，重用前朝士族，轻视出身寒微的人，大概因为这个原因，冯道在庄宗时代默默无闻。待到庄宗被杀，明宗李嗣源即位，冯道才崭露头角。

明宗李嗣源是个武夫，即位时年已60岁。但他从庄宗失败中吸取了教训，

[1] 语见《旧五代史·周书·冯道列传》："孤为效命者设食，都不自由，其河北三镇，令三军别择一人为帅，孤请归太原以避贤路。"

[2] 事见《旧五代史·周书·冯道列传》："丁父忧，持服于景城。遇岁俭，所得俸余，悉赈于乡里，道之所居，惟蓬茨而已，凡牧宰馈遗，斗粟匹帛，无所受焉。"

单靠武功，巩固不了统治。即位后，他比较重视文人。他夺取帝位后，封安重诲为侍中并中书令。安重诲是个粗通文字的人，而李嗣源是个武夫，不知书，四方奏章都由安重诲读给他听。李嗣源对安重诲要求选文学之士与他共事。他问安重诲："先帝时的冯道何在？"重诲回答说："在当学士。"明宗说："我知道，这是真正的宰相。"于是，拜冯道为端明殿学士，迁兵部侍郎。一年后，拜中书侍郎、同中书门下平章事，当了宰相。[1]

二、仕晋七载　好事三桩

明宗当了 8 年皇帝，冯道当了 7 年宰相。明宗当政期间，比较注意减轻人民的负担，使中原地区的生产有所恢复和发展，在五代乱世出现了一个短时期的小康局面。这个局面的出现，自然和冯道的辅佐分不开。

在这期间，冯道做了几件值得称道的好事。第一，重视选拔人才。冯道拜相后，凡孤寒之士，有知识与才能者，必引荐录用。而对出身衣冠门第而举止浮躁者，必限制他们。[2] 这比庄宗时代只看重衣冠门第，无疑是一个进步。第二，作为宰相，他经常向明宗进谏，要他居安思危，重视民间疾苦。明宗统治时期，连年丰收，对此明宗十分得意。一天，他问冯道年景如何，本来想听到一些阿谀之词，谁知冯道却给他讲了一个自己的故事：他当年在晋王府，奉命出使中山，中间要过井陉，井陉是天险，于是就格外留心。及至平地，不再小心留意，为马所颠扑，几乎送了命。冯道接着就向明宗进谏道："我说的虽是小事，可以喻大，陛下勿以清晏丰熟，便纵情享乐。兢兢业业，这是臣希望于陛下的。"[3] 又一次，明宗问冯道："天下丰收，百姓日子过得怎样？"冯道又乘机对明宗进谏说："谷贱伤农，谷贵饿农，这是常理。我记得聂夷中的《伤田诗》云：'二月卖新丝，

[1] 事及语见《旧五代史·周书·冯道列传》："明宗入洛，遽谓近臣安重诲曰：'先帝时冯道郎中何在？'重诲曰：'近除翰林学士。'明宗曰：'此人朕素谙悉，甚好宰相。'俄拜端明殿学士，端明之号，自道始也。未几，迁中书侍郎、刑部尚书平章事。"

[2] 事见《旧五代史·周书·冯道列传》："凡孤寒士子，抱才业、素知识者皆与引用；唐末衣冠，履行浮躁者，必抑而置之。"

[3] 语见《旧五代史·周书·冯道列传》："臣每记在先皇霸府日，曾奉使中山，径井陉之险，忧马有蹶失，不敢忽于衔辔。及至平地，则无复持控，果为马所颠仆，几至于损。臣所陈虽小，可以喻大。陛下勿以清晏丰熟，便纵逸乐，兢兢业业，臣之望也。"

石敬瑭
——从明万历三十七年（1609）原刊本
《三才图会》

五月粜秋谷，医得眼前疮，剜却心头肉。我愿帝王心，化作光明烛，不照绮罗筵，偏照逃亡屋。'"[1] 明宗听了，立即要侍臣抄录这首诗，常常诵读。第三，冯道和另一宰相李愚于长兴二年（931），奏请明宗同意，进行雕版刻印儒家经典《九经》，这次雕印是冯道主持，由国子监负责的。[2] 这套书从后唐开始，经过晋、辽、后汉、后周四个朝代，历时22年，到后周广顺三年（953）才完成。这是中国文化史上的一件大事，也是世界印刷史上的大事。

三、奴颜卑膝　长乐自安

后唐明宗在长兴四年（933）十一月去世，儿子李从厚即位，当了四个月皇帝，明宗的义子李从珂就兴兵夺取皇位。在这次五代史上屡见不鲜的政变中，作为宰相的冯道，先躲到明宗女婿石敬瑭的军中。早上上殿，不见皇帝，他知道李从珂兵变。他不打听皇帝的下落，而是召集百官，商议如何迎接李从珂当新皇帝。因为他知道李从珂是个拥有重兵的将领，而李从厚却是个"寡柔少断"的小孩子。冯道要人立即准备迎立李从珂当新皇帝的文书。中书舍人卢导说："哪有天子在外，大臣就劝别人当皇帝的道理。"另一宰相李愚也支持卢导说："舍人之言很对。"冯道却说："别管那一套了，还是面对现实吧！"当李从珂到了后唐京城洛阳附近的蒋桥时，冯道率百官列队欢迎，并上表劝进。但李从珂即位以后，对冯道并不信任，先是免去宰相，后外放到同州（今陕西大荔）当节度使。以后，又召回洛阳，封了他个有虚名而无实权的司空。

---

[1] 语见《旧五代史·周书·冯道列传》："谷贵饿农，谷贱伤农，此常理也。臣忆得近代有举子聂夷中《伤田家诗》云：'二月卖新丝，五月粜秋谷，医得眼下疮，剜却心头肉。我愿君王心，化作光明烛，不照绮罗筵，遍照逃亡屋。'"

[2] 事见《旧五代史·周书·冯道列传》："时以诸经舛缪，与同列李愚委学官田敏等，取西京郑覃所刊石经，雕为印版，流布天下，后进赖之。"

一年以后，李从珂又和石敬瑭闹翻。尽管石敬瑭向李从珂献出了李从厚，但仍然受到李从珂的猜忌，于是爆发了李从珂和石敬瑭之间的战争。

石敬瑭为了战胜后唐，派大臣桑维翰到契丹求兵，条件是称臣、称子、割地。这正中契丹主耶律德光的下怀，就回信同意中秋后倾国支援。

这样，石敬瑭借用了契丹的力量，打败了李从珂，灭后唐，建立后晋，并将都城从洛阳迁到了汴梁。石敬瑭夺取帝位时，打着明宗的旗号，指责李从珂

后汉高祖刘知远

当皇帝不合法，所以，即位以后，立即恢复了冯道的宰相职务，并委以重任，出使契丹。石敬瑭是"儿皇帝"，从"儿皇帝"到"父皇帝"那里去当使臣，可是个卑躬屈膝、挨骂受气的苦差使。石敬瑭怕冯道不愿此行，对冯道说："此行非卿不可。"谁知冯道一口答应，并说："陛下受北朝的恩，臣受陛下的恩，有什么不可以的。"欣然而往契丹。[1]

冯道出使契丹，忍气吞声，在契丹被扣留两个多月，直到契丹主耶律德光看清了他确对契丹忠诚，才放他回晋。冯道怕是试探他，又三次上表乞留，为了表示对契丹的留恋，他故意多住了一个多月。走在路上，又故意走走停停，两个月才出境。冯道一回后晋，石敬瑭即废枢密院，归并于中书省，枢密院由冯道掌管，事无巨细，皆由冯道作主。不久，又加官晋爵，封为晋国公。后晋政权对外屈膝投靠，对内又残暴无比，冯道是有责任的。

四、历任五朝 为相廿载

后晋开运三年（946），耶律德光率30万大军南下，占领汴梁，灭了后晋。

---

[1] 事及语见《旧五代史·周书·冯道列传》："及晋祖入洛，以道为首相。二年，契丹遣使加徽号于晋祖，晋祖亦献徽号于契丹，谓道曰：'此行非卿不可。'……道曰：'陛下受北朝恩，臣受陛下恩，何有不可！'"

周世宗（清人绘）

在这种情况下，冯道却主动朝见耶律德光。冯道满以为自己和耶律德光是老相识，一定会欢迎他的主动投靠。但耶律德光一见冯道，便责骂他事奉晋朝。又问："为什么要来这里？"冯道答道："无城无兵，怎敢不来？"耶律德光又问："你这个老头子是何等样人？"冯道答："是个无德无才又痴又傻的呆老头儿。"说得耶律德光哈哈大笑。耶律德光又问冯道："天下百姓这样苦，怎样救他呢？"冯道答道："此时此地，如来佛出世也救不得，只有你皇帝才能救得！"[1] 这种吹捧得到了耶律德光的欢心。后来，有人向耶律德光检举冯道，说他参与了反契丹的活动。但耶律德光对冯道是信任的。他斥训了检举者，说："这个老头我了解，不是爱多事的人。"于是，冯道拜为契丹所建立的辽王朝的太傅。

次年二月，后汉高祖刘知远即位，冯道自北来归，为太师奉朝请。后周灭汉，冯道又事周为太师，兼中书令。

后周显德元年（954）太祖死，世宗柴荣即位。柴荣武略出众，是个有作为的皇帝。当时，北汉主刘崇乘机大举入侵，世宗想出兵抗击，冯道以为不可。周世宗说："唐太宗定天下，未尝不亲自出马，我哪敢偷安？"冯道说："不知陛下能成为唐太宗否？"世宗道："以我兵力之强，破刘崇如山压卵罢了！"冯道说："不知陛下能为山否？"世宗不高兴，留下他奉太祖山陵。四月十七日，冯道死于家，时年 73 岁。[2]

冯道历任五朝，事九君、八姓，三入中书，为相达 20 余年，亡国丧君，毫

---

[1] 事及语见《旧五代史·周书·冯道列传》："契丹入汴，道自襄、邓召入，契丹主从容问曰：'天下百姓，如何可救？'道曰：'此时百姓，佛再出救不得，惟皇帝救得。'"

[2] 事见《旧五代史·周书·冯道列传》："会河东刘崇入寇，世宗召大臣议欲亲征，道谏止之，世宗因言：'唐初，天下草寇蜂起，并是太宗亲平之。'道奏曰：'陛下得如太宗否？'世宗怒曰：'冯道何相少也！'乃罢。及世宗亲征，不及扈从，留道奉太祖山陵。时道已抱疾。时显德元年四月十七日也，享年七十有三。"

不在意。被人称为"不倒翁"。

 名 家 评 说

　　道之履行，郁有古人之风；道之宇量，深得大臣之礼。然而事四朝，相六帝，可得为忠乎！夫一女二夫，人之不幸，况于再三者哉！所以饰终之典，不得谥为文贞、文忠者，盖谓此也。

——宋·薛居正《旧五代史》

　　（冯道）朝为仇敌，暮为君臣，易面变辞，曾无愧怍。

——宋·司马光《资治通鉴》

【宋】

赵 普

赵普（922～992），字则平，太祖时担任右谏议大夫、门下侍郎、平章事、宰相等职，并封为太师、魏国公等。谥号"忠献"。幽州蓟县（今北京西南）人，父名赵回。他是北宋功勋卓著的开国元勋。谋划了陈桥兵变，使赵匡胤黄袍加身，建立赵宋政权；他还参与制定"先南后北"战略，使北宋基本实现统一；他倡导强干弱枝政策，使专治主义的中央集权空前加强。

一、筹划兵变　开国元勋

赵普读书不多，自幼学习吏事。成年后，被聘为后周的永兴军节度使刘词的幕僚，受到刘词的赏识。

赵 普
——从原故宫南熏殿旧藏《历代先贤名人像》

后周显德三年（956），周世宗柴荣亲征淮南。滁州地势险要，历来是兵家必争之地。大军过淮水后，周世宗命令禁军统帅殿前都虞侯赵匡胤率部强攻，袭破清流关（今安徽滁县西北），占领滁州（今安徽滁州市）。宰相范质根据刘词的推荐，奏请任命赵普为滁州军事判官。赵普在滁州与赵匡胤相处了一段时间，他的才智给赵匡胤留下了很深的印象。在审理一起要杀百余人的盗案中，赵普怀疑其中有无辜者，就细心核察，又请赵匡胤亲自审讯，结果救活了很多无辜的人，赵匡胤因此更加器重赵普。有一次，赵匡胤的父亲赵弘殷在滁州患病，当时正值赵匡胤就要出征，赵普看到赵匡胤左右为难，就主动承担起侍奉赵弘殷的责任，他早晚奉侍、尽心照料，两人之间的关系由此而更加亲近。平淮南后，赵匡胤领同州节度使时召赵普为推官，赵匡胤移镇宋州时又任赵普为掌书记。这时，赵普已成为赵匡胤幕府中的核心人物。

赵匡胤在赵普等人的辅佐下屡立战功，更加得到周世宗的信任和器重。显德六年（959），赵匡胤被提升为殿前都点检。这个职务是总领禁军及统帅出征各军的最高指挥官，握有军队的最高权力。同年六月，周世宗柴荣去世，他的儿子、年仅7岁的柴宗训即位，也就是恭帝。虽然有顾命大臣的辅佐，但主少君轻之势已成现实。这就给握有禁军大权的赵匡胤造成了很好的机会，一个拥立赵匡胤做皇帝的预谋也就开始了。

显德七年（960）正月初一，朝廷得到契丹勾结北汉大举进犯中原的消息。当朝的宰相范质、王溥未察虚实，决定派赵匡胤率军出征。正月初三，赵匡胤整军出发，当晚宿营在开封东北的陈桥驿。安营之后，军中将士开始议论纷纷，军心思变。一些将士簇拥着赵匡胤弟弟赵匡义和赵普要求立赵匡胤为帝，赵匡义见已水到渠成，便对诸将说出了自己的真心话："君王兴起、改朝换代的事情，虽然说是上天的意旨，实际上却关系到人心的向背。"[1]于是赵普开始进行周密而紧张的布置：一方面提出要

陈桥驿兵变遗址

[1] 事及语见《续资治通鉴·宋记·太祖》："是夕，次陈桥驿……具以其事的匡胤弟内殿祗候供奉官都知匡义及归德节度掌书记蓟人赵普，语未竟，诸将露刃突入，大言曰：'军中定议，欲策太尉为天子。'匡义因晓之曰：'兴王异姓，虽云天命，实系人心。'"

求约束将士，不许剽掠，保证都城人心稳定，使四方不发生骚动；另一方面派遣军使飞驰入京，密告赵匡胤亲信殿前都指挥使石守信、殿前都虞侯王审琦准备内应；又命令陈桥夜宿的将士甲胄在身，持戈待旦。第二天黎明，拥立之声震荡原野，赵匡胤在酒醉酣睡中猛醒。赵普、赵光义（即赵匡义）已带领武装将领破门而入，对赵匡胤说："诸将无主，愿立殿前都点检为天子。"并不由分说便把象征皇位的黄袍加在赵匡胤身上，大家跪在地上叩拜，高呼万岁。这就是中国历史上著名的"陈桥兵变、黄袍加身"。[1] 早已心领神会的赵匡胤立即下令部队返回京城。后周在朝百官见大势已去，便承认了现实，以宰相王溥、范质为首的百官降阶跪拜降服。

就这样，赵匡胤成了宋朝的开国皇帝，而直接参与策划、指挥这一兵变的赵普也成了大宋朝的开国元勋。

二、审时度势　扫除割据

赵匡胤取代后周后，改国号为宋，即为宋太祖，建都汴梁（今河南开封），改元建隆。赵普因有拥立大功，迁升为右谏议大夫，枢密直学士。

宋朝取代后周，大体上是一种和平过渡的方式。为稳定政权，赵普积极支持宋太祖对后周旧臣采取诱之以官爵的办法，使之改奉宋朝，迅速安定了京城。但是，领兵在外的一些地方大员依仗手中重兵，据有数州权势，不甘心降宋，决心与宋对抗。

建隆元年（960）三月，盘踞在晋南的昭义节度使李筠，联合北汉，首先起兵反宋。宋太祖决定出征。赵普认为这次出征事关重大，对稳定局势、巩固宋朝初建政权具有重要政治意义，他对太祖说："陛下初登宝位，广耀神武，挫英雄之气，服天下之心，在此举矣！"并请求随太祖亲征。当大军到达荥阳时，赵普向太祖建议乘敌不备，速战速决。宋太祖采纳了赵普的意见，加快进军速度，一举攻克泽州城。李筠投火自焚而死，其子李守节投降宋朝。平定李筠后，赵普因功被任命为兵部侍郎、枢密副使。

这年八月，扬州的后周淮南节度使李重进又起兵反宋，宋太祖作了周密的

---

[1]事见《宋史·太祖本纪》："夜五鼓，军士集驿门，宣言策点检为天子。或止之，众不听。迟明，逼寝所，太宗入白，太祖起。诸校露刃列于庭，曰：'诸军无主，愿策太尉为天子。'未及时，有以黄衣加太祖身，众皆罗拜，呼万岁，即掖太祖乘马。"

军事部署，于十月亲率大军出征。出发前，宋太祖问赵普讨扬州之策。赵普认为，李重进虽然据有地形和防御工事方面的优势，但"士卒离心"、"外绝救援，内乏资粮，急攻亦取。兵法尚速，不如速取之"。宋太祖欣然采取赵普的意见，发兵东下，进军神速，很快包围了扬州，于十一月攻下扬州，李重进全家投火自焚而亡。

这两股后周反宋势力的反抗被很快镇压下去之后，在政治上为稳定国内局势奠定了基础，在军事上为进一步开展统一战争创造了有利条件。

宋朝初建时，所继承的后周疆域只有黄河中下游地区，在它周围还盘踞着许多大大小小的割据政权。宋太祖有统一天下的雄心大志，但究竟应当从何入手，他日夜思忖、殚精竭虑。

一个大雪纷飞的夜里，宋太祖带着胞弟赵光义微服出访赵普。赵普见太祖顶寒冒雪到自

宋太祖赵匡胤

己家来，急忙加炭、烧肉，置酒驱寒。赵普问："这么寒冷的深夜，陛下为什么出来？"宋太祖直言不讳："我睡不着，一榻之外，都是他人的地方，因此来见你。"赵普说："陛下认为天下小吧？南征北战，今天是时候了，愿意听您的计划。"宋太祖试探地说："我打算收太原。"太原是北汉都城，此话的意思是采取"先北后南"的策略，从北伐开始。赵普表示了相反的看法，他说："太原挡住西北二边，即使一举而下，以后的边患则要由我们独立承当，何不姑且留下，以待削平其他诸国以后再解决？这么一个弹丸之地，有什么地方可逃。"赵普提出的是"先南后北"的战略。赵普的这番话使宋太祖下定了决心，为统一天下日久难决的战略方针就这样定了下来。这件事便是"太祖雪夜访赵普"。[1]

---

[1] 事见《宋史·赵普列传》："一日，大雪向夜，普意帝不出。久之，闻叩门声，普亟出，帝立风雪中，普惶惧迎拜。帝曰：'已约晋王矣'已而太宗至，设重茵地坐堂中，炽炭烧肉。普妻行酒，帝以嫂呼之。因与普计下太原。普曰：'太原当西北二面，太原既下，则我独当之，不如姑俟削平诸国，则弹丸黑子之地，将安逃乎？'帝笑曰：'吾意正如此，特试卿尔。'"

经过一番军事上的周密准备，宋太祖于建隆三年（962）开始了"先南后北"的统一战争。在赵普的精心策划下，首先进攻南方中间地带中实力最弱的荆南和湖南，结果取得完全的胜利，灭平了这两个割据政权。继而又于乾德二年（964）向后蜀发起进攻，只用两个月时间就占领了成都，后蜀灭亡。以后，又于开宝三年（970），挥师征讨南汉。第二年正月，宋军逼进广州，南汉虽作困兽之斗，但在宋军强大攻势下死伤惨重，广州被占领。随后宋又平定了岭南，南汉灭亡。开宝七年（974），宋太祖派十万大军进攻南方最强大的割据势力南唐，南唐对宋军的进攻缺乏准备，因而宋军的推进比较顺利。过长江天险后迅速包围了南唐都城金陵（今南京），经一年左右，金陵被宋军所破，南唐也灭亡了。在宋军节节胜利的形势下，南方剩下的吴越、漳州割据势力，慑于宋军强大威力，也先后降宋。至此，宋朝已经完全统一了南方。

开宝九年（976）秋天，宋太祖下令征伐北汉。战争在开始进展很顺利，宋军很快就逼近太原城。但宋太祖于同年十月不幸猝然去世，使这一次征伐北汉的军事行动停止。宋太宗即位后，继续实行宋太祖的大政方针，决心完成统一北方的事业。太平兴国四年（979）春，宋军兵分四路，向北汉都城太原发起进攻，并成功地击败了契丹对北汉的援军。四月，宋太宗亲至太原督战，北汉苦战到五月，终于力竭城破而投降。攻取北汉的成功，再一次显示了赵普制定的"先南后北"战略方针的正确。

赵普并不是一味主张对外作战。宋太宗灭掉北汉后，决定乘胜收复后晋石敬瑭割让给辽国的燕云十六州。

《雪夜访普图》
明刘俊绘，现藏北京故宫博物院。

但先后两次出兵均以失败而告终，特别是第二次，宋军死伤惨重，全线崩溃，太宗本人也险些丧命。当时赵普对出兵燕云就持反对态度，在雍熙三年（986）上疏太宗时提出：第一，不能低估辽的实力。出兵燕云失败，就是明证。第二，宋太祖虽平息了割据势力并剥夺了最高将领的兵权，但自唐末五代以来，悍将强藩形成内患的情形应该借鉴，这是长期用兵不能不加考虑的问题。赵普认为，北征燕云是"兴不急之兵，颇涉无名之议"，是朝廷奸邪小人欺君的结果，要求追查兴兵主谋，对首恶者"早正刑章"。[1]

三、殚精竭虑　巩固皇权

陈桥兵变，黄袍加身，宋太祖深知自己的皇位是怎么来的，也深知唐王朝走向没落的根本原因在于藩镇割据。因此，在谋划统一战争的同时，宋太祖还在思考另一个重要问题，即怎样不让自己建立起来的宋王朝成为五代之后的又一个短命王朝。

建隆二年（961），宋太祖有一次召见赵普时，就此征求他的意见。赵普认为，想要巩固统治，就必须削弱拥有重权的"藩镇"。而对付藩镇没有别的好办法，只有剥夺他们的政权、财权和兵权，使他们丧失叛乱的条件，天下才能安定。兵权是藩镇赖以生存的支柱，因此"收其精兵"便成为宋太祖和赵普首先要解决的问题。

建隆二年闰三月，宋太祖和赵普乘殿前都检点慕容延钊和侍卫亲军都指挥使韩令坤由淮南回京之机，解除了二人所掌禁军的兵权，收归皇帝所有。改任慕容延钊为山南东道节度使，改任韩令坤为成德节度使。这是收兵权的第一次行动。

同年七月，赵普多次向太祖提出请求收回石守信、王审琦等人典领禁军的权力，安排其他职务。宋太祖开始不同意，认为他们都是旧日故人，素有深交，绝不会背叛。赵普提醒太

石守信

---

[1] 疏文见《宋史·赵普列传》。

祖说，我也不担心他们会背叛，不过据我观察，他们都没有统御部下的本领，恐怕不能制服部下，如果军中万一有人作孽，到那时他们也就可能不由自主、任人摆布了。赵普的话外音很明白，是担心这几员大将的部下也会重演"黄袍加身"的故技。宋太祖这才恍然大悟，下定了决心。

　　一天，宋太祖在宫中摆下丰盛的酒宴，请石守信等几员大将入席饮宴。喝到兴头上时，宋太祖屏退左右，对石守信等人说："我没有你们的鼎力协助，不会当上皇帝，你们的功德我是永生难忘的。可是当天子也有很大难处，还不如做节度使安乐自在，我没有一夜睡过安稳觉。"石守信等人听了以后迷惑不解，忙问是什么原因。太祖回答道："皇帝这个座位谁不想坐啊。"石守信等人急忙跪下，连连叩头说："陛下为什么说这样的话？现在天命已定，谁还敢有异心！"太祖说："你们虽然没有异心，可一旦你们的部下贪图富贵，把黄袍加在你们身上，就是你们不愿意，难道能摆脱得了吗？"石守信等人惊恐万状，连连叩头，请求指出一条生路。太祖说："人生在世有如白驹过隙，瞬息即逝。其实追求的也不过是富贵，多弄一些钱，尽情地享乐，使子孙永远不过穷日子。你们何不放下兵权，出守大藩，在那里广置良田美宅，为子孙建立永久性的不动家业。再多养一些歌儿舞女，每天畅饮作乐，欢度晚年。我再和你们联姻结亲，使君臣两无猜疑，上下相安，这不是很好吗？"石守信等将领心领神会，连连叩头拜谢感恩。第二天，他们便相继称病，请求解职。宋太祖派人对他们抚慰一番，又赏赐很多财物，安置他们到外地去做节度使。这就是赵普参与策划的中国历史上有名的"杯酒释兵权"。[1]

　　在此之后，收兵权的行动继续进行。乾德元年（963）春，首先对几十个异姓王以及带相印的节度使通过死亡、迁徙、告老、遥领他职等方式夺了他们的权，都以文官取代其职位。开宝二年（969）十月，乘凤翔节度使王颜超及诸藩

---

[1] 事及语见《宋史·石守信列传》："乾德初，帝因晚期与守信等饮酒，酒酣，帝曰：'我非尔曹不及此，然吾为天子，殊不若为节度使之乐，吾终夕未尝安枕而卧。'守信等顿首曰：'今天命已定，谁复敢有异心，陛下何为出此言耶？'帝曰：'人孰不欲富贵，一旦有以黄袍加汝身，虽欲不为，其可得乎。'守信等谢曰：'臣愚不及此，惟陛下哀矜之。'帝曰：'人生驹过隙尔，不如多积金、市田宅以遗子孙，歌儿舞女以终天年。君臣之间无所猜嫌，不亦善乎。'守信谢曰：'陛下念及此，所谓生死而肉骨也。'明日，皆称病，乞解兵权，帝从之，皆以散官就第，赏赉甚厚。"

镇入朝之机，宋太祖在皇家后苑摆下酒宴，又通过巧妙的暗示，迫使王颜超等人自动请求辞官归家养老，罢去了他们握有重兵的藩镇职务，夺了他们的兵权。

这一系列的夺兵权活动，对避免宿将、旧藩恃兵叛宋的确有重大作用，但仍然难以保证不再发生悍将强藩的威胁。为了消除隐患，宋太祖和赵普又在国家军事体制方面进行了调整。

禁军将领权任极重，容易威胁皇权。因此，朝廷在调整中取消了殿前都点检、殿前副点检等高级禁军将领的建制，改由职位较低的殿前都指挥使、侍卫马军都指挥使、侍卫步军指挥使统辖禁军，称为"三衙"或"三司"。"三衙"只负责军队的管理和训练，没有调兵权。调兵权属于枢密院，而枢密院又无指挥权，军队指挥必须完全听命于皇帝。征战之时由皇帝临时点将，将帅在战场上的军事活动完全听从皇帝的远地指挥，无权独立作战。征战结束之后，兵归宿卫，将还本职。这样，将帅不能专有其兵，兵也不能附属于将帅，兵将分离，武将也就难以有所作为了。

为提高禁军素质，在赵普的策划下，朝廷裁掉了禁军中的老弱病残者，选拔出精壮士兵加以补充。并由太祖诏命殿前侍卫二司，挑选所属士兵中的骁勇者升为上军；又命令各州选拔精壮的士兵送至京都，补充禁军。这样，不但提高了禁军的素质，而且也起到了削弱地方军队的作用。

总之，赵普对军制的精心调整，的确起到了强干弱枝、加强皇权的作用。禁军"皆以一当百"，诸镇也都自知手下的兵力决非京师的对手，不敢叛乱。不过，由于中央集中兵权，使将不知兵、兵不知将，皇帝在远地遥控指挥，大大削弱了将帅的主动作战能力，影响作战效果。而这种文强武弱的官僚体制，又影响了宋朝军队的实力，导致了军力不振、对敌乏将的弊端。

赵普十分清楚：只削夺藩镇的兵权，并不能彻底解决藩镇强霸一方的问题，他们往往兼管几个州，有经济基础，有财政来源，有司法大权，可以随时委派亲信为镇将，控制州县官吏，实际上成为地方的

宋元通宝

土皇帝。于是他奏请宋太祖革除这种弊病。

乾德二年（964），朝廷下令各州的财政收入除留下作本地领费支出以外，其余的全部上交京师，不许藩镇私自截留地方财政收入。乾德三年，朝廷在全国各路设置了转运使，掌管各路财赋，节度使所属的官吏不得参与。地方司法由提点刑狱官监临，节镇不得干预。五代以来，节度使常常委派亲信任为镇将与县令对抗，实际是取代县令而自成体系。赵普决定恢复县令的权力，地方一切事务都统一由县管理，这样一来"镇将所主，不及乡村，但廓内而已"。更为重要的是，中央收回了以前节度使统领几州的权力，使各州直属于京师，并由中央委派文官充任知州。同时又在各州加设了通判官，与知州共同处理政务，起到了互相监督和制约的作用，为避免知州久任一地形成割据势力，又规定了"三年一易"的轮换制度。这样，地方的封建割据就很难形成了。

赵普采取的这些果断措施，进一步从各个方面削弱了藩镇的权势，节度使几乎成了没有实权的虚衔。相反，中央的统治权力得到极大的加强，强干弱枝的形势已经形成。朝廷的一纸文书下到郡县，就好像身体调动臂膀，臂膀调动手指一样，不打一点儿折扣，上令下行，雷厉风行，天下一统。[1]中央和藩镇的关系出现了深刻的变化。

宋初的中央机构基本上还是沿袭后周的制度。为了加强皇权，在赵普的倡导下，对中央机构作了较大调整。在禁中设立中书，称为政事堂，由中书管政事；设立了枢密使，专掌军事；另设三司使（盐铁、度支、户部称三司），总管全国贡赋和财政。过去由宰相总揽的行政、军事、财政大权，现在一分为三，削弱了宰相权力。而皇帝除统领中书省外，还统领枢密院、三司等机构，皇权大为加强。为加强中央对司法权的控制，司法权也向上收束，凡是要处死刑的案件——大辟，必须录案上报刑部审核。

赵普主持进行一系列调整和改革，有效地解决了君弱臣强的内部机制，使专制主义中央集权得到空前加强。宋太祖视赵普为左右手，事情不论大小，全部与赵普商量后再做决定。[2]对赵普无不言听计从。乾德二年（964）四月，宋太祖为协助独居相位的赵普处理政务，特地设立了"参知政事"一职作为副相，并拜任

---

[1] 语见《宋史纪事本末》卷："朝廷以一纸下郡县，如身使臂，如臂使指，无有留难，而天下之势一矣。"

[2] 事见《宋史·赵普列传》："既拜相，上视如左右手，事无大小，悉咨决焉。"

薛居正、吕余庆为参知政事，但参知政事不押班、不知印、不升政事堂，权力是有限的。

四、三次拜相　白璧有瑕

在宋太祖时期，由于赵普的贡献极大，所以职务提升很快。建隆三年（962）出任枢密使；乾德二年（964）正月，拜为同中书门下平章事，也就是宰相。

赵普勤于相业，辅佐宋太祖以及以后的宋太宗，始终是忠贞不二。有一次，太宗问赵普，在治国之道方面还有什么办法。赵普回答说："陛下恤念生民，每闻利病，无不即日施行，古圣王爱民之心止于此矣。"赵普肯定了帝王应及时关切百姓的利弊疾苦，要想办法去解决。他还提醒宋太祖应时时刻刻把百姓放在心上。开宝六年（973）的一天，宋太祖在与群臣欢宴时，忽然天降大雨，开始太祖有些扫兴，后来雨越下越大，太祖已经怒形于色，左右群臣怕获罪，谁也不敢说话，只有赵普对太祖说，这场雨对宴会并无妨碍，可是对老百姓却很难得，他们都在盼雨，这场雨他们一定很高兴，实在值得庆贺，请求乐官为之奏乐。经赵普这么一说，太祖马上转怒为喜，命令乐官为喜雨而奏乐。

赵普辅佐太祖、太宗，对官吏严加选择和考绩。他认为："治国莫如用贤，用贤莫如历试，历试莫如责功，责功莫如较考。"他请求太祖对官员进行考绩，提出以后拜节度使及武官等职必须要求有战功，对宰相以及以下的百官应每年进行考绩，以此选拔任用贤才，摈弃庸懦之才，激励官吏奉公尽职，尽其所能。他还认为，遴选人才是一件很重要的事情，最关键的是用对地方、用其所长。

赵普选择官吏刚毅果断，有一种据理力争、不屈不挠、百折不回的可贵精神。赵普平生举荐过许多人，发掘过许多人才。他曾上疏太宗推荐张齐贤任宰相，他说："张齐贤素蕴机谋，兼全德义"，有"经国之才，堪副济时之用"。他希望太宗把张齐贤留在身边，多让他历练，使其成长，这样委以重任，一定能够做出突出贡献。以后张齐贤两次担任宰相，相当出色。

赵普曾发现一个人很有才华，上奏向宋太祖推荐这个人做官，太祖看了奏章后决定不用。但上朝时赵普又递上了同样内容的奏章，太祖大怒，把奏章撕碎抛在地上。满朝文武都大惊失色，赵普却面不改色，跪在地上不慌不忙地把撕碎的奏章一片片捡起，回家后把这些奏章的碎片对好粘住，第二天上朝又重新递给

《宋太祖蹴鞠图》原作者为北宋苏汉臣，后人所见为元代钱选临摹品，现藏北京故宫博物院。

太祖。太祖为赵普的忠诚所感动，终于批准了。[1] 此人以后果然业绩出色，太祖十分高兴。

又有一次，赵普奏请太祖为一名才能突出、政绩卓著的大臣晋级。太祖一向不喜欢这个人，表示拒绝。赵普再三劝说太祖批准，惹得太祖大怒，指着赵普说"我坚持不让此人升官，看你怎么办"。赵普回答道："刑法是惩治罪恶的，封赏是报答有功的，这已是古今普通的道理。再者，刑法是天下的刑法，不是陛下一个人的刑法，哪能以一个人的喜怒来专断。"太祖站起身，一甩袍袖，怒气冲冲就走了。赵普心平气和地跟随在太祖的身后，太祖进宫后赵普站在宫门外等候了很久，太祖得知后心中感到不安，批准了赵普的奏请。[2]

赵普对禁军将领的选择尤为精心谨慎。乾德元年（963），宋太祖要提升天雄节度使符彦卿管禁军。赵普知道符颜卿在节度使任上骄横放纵、恣意不法，认为符颜卿的名位已经很高了，不宜再授以兵权。但太祖不听，发出了委任诏令，不许再谏。赵普把诏令扣留在自己手里，第二天上朝还给了太祖，并劝太祖要深思

[1]事见《宋史·赵普列传》："尝奏荐某人为某官，太祖不用。普明日复奏其人，亦不用。明日，普又以其人奏，太祖怒，碎裂奏牍掷地，普颜色不变，跪而拾之以归。他日补缀旧纸，复奏如初。太祖乃悟，卒用其人。"

[2]事及语见《宋史·赵普列传》："又有群臣当迁官，太祖素恶其人，不与。普坚以为请，太祖怒曰：'朕固不为迁官，卿若之何？'普曰：'刑以惩恶，赏以酬功，古今通道也。且刑赏天下之刑赏，非陛下之刑赏，岂得以喜怒专之。'太祖怒甚，起，普亦随之。太祖入宫，普立于宫门，久之不去，竟得俞允。"

利害。太祖问赵普为什么对符颜卿这样多疑，认为自己对符彦卿很好，符彦卿不会有负于自己。赵普只好说了一句分量很重的话："陛下何以能负周世宗？"太祖听了以后沉默不语，中止了自己的做法。

赵普也很重视法制。宋初时的刑律基本上是沿用后周刑统，不适应中央集权的需要。建隆三年（962），朝廷决定更定刑统，命令兵部尚书窦仪主持这项工作，《宋刑统》于第二年终于完成。经赵普的斟酌修改，连目录31卷，计12篇、502条。这是专属刑事法规，凡与刑名无关的敕令，另编有《建隆编敕》4卷，与《宋刑统》一起颁布天下。

在封建专制社会里，皇权往往大于法，赵普努力影响和劝说太祖、太宗依法办事。太平兴国年间，有一个卖药的骗子陈利用得到了宋太宗的信任，官至郑州团练使。他骄横肆虐，目无国法，干了不少坏事，还拉拢一些爪牙为其张目，朝中许多大臣敢怒而不敢言。赵普派人查清了他的恶迹，审讯时陈利用也都服罪。赵普奏请将陈利用处斩，但太宗却下诏将其流放商州，随后又要让他回来。赵普说陈利用罪大恶极，处置如此之轻，天下何以能服，留这样的佞臣贼子有什么用！太宗反驳说，未必万乘之主就没有保护一个人的权力。赵普说，这个坏人犯了十几条死罪，陛下不杀他，必然要把天下的法搞乱。法应当爱惜，这小子有什么可爱惜的！太宗不得已命令陈利用在商州自裁，但随后又后悔了，急忙派使臣送去免死的命令，但赵普在使臣未到时就已经把这个恶棍杀了，大快人心。

由于赵普独居相位达9年之久，朝政独断，威权日重，骄横之气也日盛，出现了刚愎自负、专断独裁的现象。他常在衙署座位后边放置两口大瓮，凡是不合他意的内外表疏，就擅自丢在瓮内一烧了事，为

《宋刑统》（明刻本）书影

此他也得罪了不少人。赵普虽然善于举贤荐能，但也有嫉贤妒能的时候。宋太祖曾夸奖过枢密直学士右谏议大夫冯瓒是当世罕有的奇士，要重用他。赵普出于妒能之心，先是把冯瓒弄到梓州去做官，又想用不光彩的手段把冯瓒置于死地，幸好宋太祖出面进行了保护。

开宝六年（973），宋太祖有一天亲临赵普的府第，见廊下放置10个瓶子，太祖问是什么，赵普回答说是刚才钱王派人带来书信时送来的海物。太祖对海物很感兴趣，就命令打开看一看，结果里面全是瓜子金（黄金）。赵普慌忙顿首谢罪，说自己还没有打开书信，实在不知道是金子。太祖叹口气说，收下无妨，他还以为国家大事都是由你们书生做主呢。[1]此时，君臣显然已经出现矛盾了。在这以后，就有人告发赵普私购官禁的秦、陇大木，用来扩建府第；赵普的儿子娶了枢密使李崇矩的女儿为妻，违反了宰辅大臣子女不得通婚的禁令；赵普还包庇过受贿和拒不赴任的官吏等等。太祖大怒，决定借此机会分赵普的相权，诏令参知政事轮流与赵普知印、押班、奏事。开宝六年（973）八月，太祖干脆就罢了赵普的宰相，出任河阳三城节度使。

开宝九年（976），宋太祖去世后，他的弟弟赵光义继位，是为宋太宗，改元太平兴国。太平兴国二年（977），宋太宗诏令赵普入朝，任太子太保，留在京都供职。在留京师的开始几年，因为宰相卢多逊的诋毁，宋太宗对赵普怀有猜疑之心，赵普郁郁不得志，一直没能入相。后来赵普冲破卢多逊的障碍，积极支持宋太宗对秦王廷美（太宗弟）的斗争，才使宋太宗和赵普的关系有所改变。太平兴国六年（981）九月，赵普被任命为司徒、兼侍中，又出任宰相。太平兴国（983）八年十月，赵普又被免去宰相职务，出任武胜节度使。以后开封尹陈王元僖上疏太宗，推荐赵普再次入相。端拱元年（988）二月赵普再任兼侍中，淳化元年（990）正月自己主动要求免去宰相职务，以太保兼中书令充西京留守、河南尹。以后封为梁国公，又改为许国公。

淳化三年（992），赵普拜为太师，封魏国公，当年七月因病去世，享年71

---

[1] 事及语见《宋史·赵普列传》："六年，帝又幸其第。时钱王俶遣使致书于普，及海物十瓶，置于庑下。会车驾至，仓卒不及屏，帝顾问何物，普以实对。上曰：'海物必佳。'即命启之，皆瓜子金也。普惶恐顿首谢曰：'臣未发书，实不知。'帝叹曰：'受之无妨，彼谓国家事皆由汝书生尔！'"

岁。宋太宗闻此噩耗，"凄怆之怀，不能自已"，因此废朝五日。[1] 追赠赵普为尚书令，追封真定王，谥"忠献"。太宗并亲自撰写了神道碑以纪念他。

名 家 评 说

普为谋国无臣，乃能矜式往哲，著色圣模，宋之为治，气象醇正，兹岂无助手。

——元·脱脱《宋史》

普事先帝，与朕故旧，能断大事。向与朕尝有不足，众所知也。朕君临以来，每优礼之，普亦倾竭自效，尽忠国家，真社稷臣也，朕甚惜之。

——宋太宗赵光义语，载《宋史》

赵普惩前毖后，力劝宋祖裁抑武夫，百年积弊，一旦革除，读史者多艳称之。

——蔡东藩《宋史演义》

---

[1]事见《宋史·赵普列传》："上闻之震悼。……因出涕，左右感动。废朝五日，为出次发哀。"

寇 准

寇准（961～1023），字平仲，北宋政治家，太宗时任参知政事（副宰相），真宗时任宰相。谥号"忠愍"。华州下邦（今陕西渭南东北）人。其父寇相曾封三国公。寇准自幼丧父，家境贫寒，但他发奋读书，19岁登进士第。淳化五年（994）为参知政事，景德元年（1004）拜相。他一生胸怀大志，但却屡进屡退。辽兵进攻宋朝时，他力排众议，主张坚决抵抗。寇准为官清正廉明，政绩卓著，性情豪奢，喜爱歌舞，有"寇莱公，柘枝颠"之称。

一、挽衣留谏　襟怀坦荡

寇准出身于书香门第，其远祖苏忿生曾在西周武王时任司寇，功绩卓著，后即以官职为家族姓氏。其父寇相学问很高，应诏任魏王府记室参军，后因屡建功

寇 准
——从原故宫南熏殿旧藏《历代先贤名人像》

勋，被封三国公，追赠官职至太师尚书令。寇准出生不久，其父寇相就去世了，家境由此中落，但寇准并未荒废学业，凭借少年聪慧，勤攻苦读，从书本上学得广博的知识和道理，对《春秋》及其三传《左传》《公羊传》《榖梁传》等尤其烂熟于胸。这为他以后入仕从政奠定了扎实的基础。

宋太宗太平兴国五年（980），年仅19岁的寇准一试得中进士甲科，并取得参加宋太宗殿试的资格。当时有人劝他，宋太宗喜欢录用中年人，他可多报几岁年龄，寇准坚决如实申报，结果一试得中，受任为大理评事，次年又任归州巴东大名府成安县知县。寇准在任职期间，治理有方，政绩卓著，深受民众拥戴。同

时，由于寇准尽心竭力，终为宋太宗所重视，官职先后升至盐铁判官、尚书虞部郎中、枢密院直学士等。宋太宗每遇大事，也常常征询寇准的意见，寇准更是直言进谏，竭其所知。

端拱二年（889），寇准在金殿奏事，语言犀利，与宋太宗意见相左，惹得太宗龙颜大怒，起身拂袖欲退朝回宫。寇准急步上前，一把扯住太宗衣角，请皇帝重新落座后继续劝谏，直到自己把话说完，才让太宗下殿去。事后，宋太宗并未怪罪于寇准，反倒十分赞赏这种忠直言行，称赞他道："朕得到寇准，就像唐太宗得到魏徵。"[1]

宋太宗赵光义

淳化二年（991）春，一场大旱降临北宋，同时蝗灾肆虐。宋太宗召集群臣议论施政得失，许多大臣借"天数"搪塞，寇准则持不同意见，他借用"天人感应"说，指出："这一场大旱，似乎是上天在谴责我大宋朝廷刑罚不公。"宋太宗听后满面怒容，转身下朝；待稍作平息之后，太宗细细思量寇准之言，不得其解，便传令召寇准进见，询问刚才所言究竟有什么根据。寇准回答："请皇上将二府大臣都叫来，我当面解释。"宋太宗立即宣唤中书省、枢密院二府长官王沔等人前来。寇准当面义正辞严地说："前些时日，祖吉、王淮枉法受贿两桩贪案，侵吞千万财产，情节严重的王淮仅仅被判以杖刑，撤职后不久又恢复原职；而祖吉得赃不多，情节轻微，却判了死刑，这难道不是明显的执法不公么？"寇准深知这是王沔捣的鬼，便对王沔怒目相视。宋太宗心中已然明了，当即质问王沔是否确有此事，王沔眼见脱逃不过，就连忙下跪，叩首谢罪。在这件事上，宋太宗为寇准的明察秋毫所触动，觉得此人忠直坦荡，可委以重任，于是任命他为左谏

---

[1] 事及语见《宋史·吕端毕士安寇准列传》："尝奏事殿中，语不合，帝怒起，准辄引帝衣，令帝复坐，事决乃退。上由足嘉之，曰：'朕得寇准，犹文皇之得魏徵也。'"

议大夫、枢密副使，又为同知枢密院事。[1]不久，又赠予他一条珍贵的通天犀玉带。至此往后，寇准在宋太宗治国安天下的历史进程中都扮演了一个极为重要的角色。

二、性情忠直　善断大事

寇准任同知枢密院事期间，与知院张逊一直不和。张逊肚量狭小，他在寻觅一个整治寇准的好时机。淳化三年（992）夏末，寇准同一位大臣出行郊游，途中有一个疯疯癫癫的人突然拜倒在二人马前，冲他们高呼"万岁"。这本是无足轻重的小事，但张逊得知后却唆使心腹王宾向宋太宗告发，他们添油加醋，诬蔑寇准居心叵测，觊觎皇帝之位。宋太宗立即传讯寇准，寇准气愤当头，与张逊等人唇枪舌剑，辩于朝廷之上。宋太宗对此大怒，深觉有失君臣体面，下令把寇准贬为青州（今山东益州）知州，张逊也被降为右领军卫将军。

宋太宗是五代以来第一位非武人出身的皇帝，在位十几年来，他苦心经营，用很大的精力来巩固皇位，防范变乱。其中重点是防备武将专权，另一面则是防患自家血脉夺权。大将冯拯等曾上疏太宗皇帝，谏其尽早确立太子人选。没想到这却引得宋太宗大怒，把几个大臣贬官到了岭南，从此满朝文武再也不敢提及此事。所以宋太宗进入暮年时，皇位继承人还一直悬而未决。时至宋太宗患病，朝廷中开始了谋立新皇帝的明争暗斗。宋太宗深感忧虑，闷闷不乐，想到常在身边出谋献策的寇准，就询问寇准的近况，随即派人召寇准回师。寇准从青州入京还朝，得到宋太宗召见。等寇准行过参拜之礼后，宋太宗就何人可继承皇位之事征求寇准的意见。寇准对此早就了然于胸，可却不便直接回答太宗提出的问题，而是告诉太宗："立太子之事，不得与妇人、宦官商量，也不能与近臣们谋划，只要能选择一个符合天下百姓所期望的人就可以了。"宋太宗顿时明白寇准所言，他屏退左右，轻声对寇准提出襄王元侃这一人选，寇准心中暗喜，以"知子莫如

---

[1] 事及语见《宋史·吕端毕士安寇准列传》："淳化二年春，大旱，太宗延近臣问时政得失，众以天数对。准对曰：'《洪范》天人之际，应若影响；大旱之证，盖利有所不平也。'太宗怒，起入禁中。顷之，召准问所以不平状。准曰：'愿召二府至，臣即言之。'有诏召二府入，准乃言曰：'顷者祖吉、王淮皆侮法受赇，吉赃少乃伏诛；淮以参政沔之弟，盗主守财至千万，止杖，仍复其官，非不平而何？'太宗以问沔，沔顿首谢，于是切责沔，而知准为可用矣。即拜准左谏议大夫、枢密副使，改同知院事。"

父"的观点表达自己的意见，并建议太宗早下决心。第二天，太宗便宣布襄王元侃为开封尹，改封寿王，立为皇太子，[1]改名恒。立太子一事就是这样在君臣二人的商谈中决定的。

这次劝太宗立皇子，寇准与以往的敢言直谏不同。他吸取以前的经验教训，对立太子一事采取引而不发的策略，引导宋太宗立襄王元侃为太子，解决了自宋太宗继位以来的皇位继承难题，这足以体现他的足智多谋、善辩机警。寇准也因这一功劳，在淳化五年（994）九月拜为参知政事。至道元年（995），又加给事中。

寇准像

宋太宗晚年时，渭水南北一带番民骚乱。大臣温仲舒受命前往秦州平定"番民"，他采用"驱赶政策"，把渭南的番民一律迁至渭北，并修筑栅栏、堡垒，以隔绝番民往来。番民对此大为不满，酝酿寻衅滋事。温仲舒却以此为功，沾沾自喜。宋太宗得到报告后深感忧虑，担心边疆引发祸乱，于是召寇准询问。寇准对宋太宗提起唐朝帝王对汉、番各民族友好往来极为重视，并不主张犒赏边功，终于形成边疆安定局面；而今温仲舒却以此邀功，极易惹起边疆矛盾，怎能不招祸患。他同时提醒太宗要提高警惕。太宗即把寇准派往渭北安抚番民，把温仲舒改调凤翔府。寇准到了秦州，召集当地番民首领，经多次协商，决定拆除渭水南岸的栅栏、堡垒，恢复番民的帐篷、庐舍，有效地和解了当地各族人民的关系。从此，秦州境内安定、和平，各族人民友好相处。寇准又立一功。

不过寇准仕途颇不顺利，屡升屡降。至道二年（996），他被贬为邓州知州，次年又迁任工部侍郎，后又历任河阳、同州、凤翔、开封等知州、知府。虽说他

[1]事及语见《宋史·吕端毕士安寇准列传》："帝曰：'朕诸子孰可以付神器者？'准曰：'陛下为天下择君，谋及妇人、中官，不可也；谋及近臣，不可也；唯陛下择所以副天下望者。'帝俯首久之，屏左右曰：'襄王可乎？'准曰：'知子莫若父，圣虑既以为可，愿即决定。'帝遂以襄王为开封尹，改封寿王，于是立为皇太子。"

颇受宋太宗的重视，但似乎还没有进入权力的核心圈。

三、澶渊退敌　功冠朝臣

至道三年（997）三月，宋太宗病逝，太子赵恒即位，即宋真宗。

宋真宗即位后，寇准又入朝任工部侍郎。盛平六年（1003），迁兵部，为三司使。景得元年（1004）为知事参政。毕士安又以"忠诚可嘉、资历深厚、善断大事"举荐寇准为相，同年八月，二人同朝并为宰相。

寇准与毕士安同居相位，志同道合，互相弥补。寇准常因其刚正不阿、嫉恶如仇的性格遭奸佞小人的诬陷，毕士安便挺身而出，极力辩护，令他免受宋真宗怀疑。这二人携手忘身为国，打击奸邪，使朝政相安无事。

宋朝经宋太祖、宋太宗两朝，对内对外力量对比失调。为巩固统治，他们把绝大部分的精力都消耗在了对内控制上，而对外部的契丹强敌，却软弱无能。

契丹是10世纪初至12世纪初，由契丹耶律氏在我国北方建立的一个少数民族政权，即后来的辽。唐末五代开始，契丹势力迅速壮大，但宋辽两国一直平静无澜，并在开宝七年（974）至太平兴国四年（979）遣使通好达5年之久。然而，这一和平稳定的局面被宋太宗亲征北汉、辽兵援助北汉抵御打破了。后在与

契丹武士

辽军两次大战中，宋军均惨败而归，这导致宋朝对辽形成消极妥协的态度，并日渐增强。辽也乘机大肆侵扰边境宋民，造成严重破坏，百姓怨声四起，朝廷更大为头疼。

景德元年（1004）九月，辽兵入侵宋朝北部边境，放纵掠夺，宋真宗采纳寇准的建议，派出杨延昭、杨嗣等骁勇战将，钦点一批精锐部队把守关隘，严密监视敌人。辽军进攻受阻，便把兵锋转向东南。20万大军，由萧太后、辽圣宗亲自率领，浩浩荡荡向黄河的澶州（今河南濮阳）推进，直逼京城汴京。

此时，告急文书连连传到京城，有时一天多达5封，朝野上下惊惶恐惧；而寇准却十分镇定，他将文书搁在一边，照旧饮酒谈笑。宋真宗手拿告急文书，不知如何是好，便召集满朝文武商议对策。大臣们多数主张迁都避让，参知政事王钦若是江南人，主张皇帝南避金陵；枢密院事陈尧叟是四川人，请求宋真宗躲往成都。宋真宗本来就顾虑重重、无心抗敌，听了这两人的意见，不免产生动摇。刚刚回朝任职的寇准态度与王钦若、陈尧叟两人恰恰相反。他深知这两人意在扰乱皇帝视听，就厉声质问："谁为陛下提出南迁之策，就有杀头之罪。"宋真宗立即征求寇准的意见。寇准指出："皇帝只要亲自率兵出征澶州，就一定能打败辽兵。"宋真宗及大臣们不解，寇准接着说道："当今皇上神武非凡，武将与文臣又同心协力，如果大驾亲征，敌军就会逃走；即使不退，也可以出奇计挫败辽兵的阴谋。我们坚守城池，振奋军心，敌劳我逸，就稳操胜算；放弃城池，一逃了之，流亡到偏远的楚、蜀二地，会令人心涣散，让辽兵乘虚而入，天子性命还能保得住吗？大宋江山还能保得住吗？"[1] 同时，毕士安也从旁附议，力劝宋真宗身赴前敌。

宋真宗听两位宰相意见一致，胆子也壮了起来，立即决定率兵亲征，命寇准随同指挥。寇准为消除王钦若这个奸邪小人的影响，举荐他出镇河北大名，搬开了一块绊脚石。

景德元年十二月，宋真宗在寇准等大臣的陪同下，率大军出了汴京，北上伐辽。来到韦城（今河南滑县），将士们听说皇上亲征，无不精神大振，一鼓作气

[1] 语见《宋史·吕端毕士安寇准列传》："谁为陛下通此策者，罪可诛也。今陛下神武，将臣协和，若大驾亲征，贼自当遁去，不然，出奇以挠其谋，坚守以老其师，劳佚之势，我得胜算矣。奈何弃庙社欲幸楚、蜀远地，所在人心崩溃，贼乘势深入，天下可复保耶？"

击退辽军，杀死萧挞览。萧挞览是辽国的顺国王，这个重要人物一死，重重挫了辽军的锐气，宋军倍受鼓舞。

随着战事发展，一些大臣们心里害怕，于是有人旧话重提，议论起南迁金陵之事。宋真宗缺乏主见，经人一说，又动摇起来，召寇准商议。寇准知道又是那些小人搞鬼，就动员将领一起表态，并用"把握军心民心"和"取威决胜"的军事法则提醒宋真宗："大敌压境，四方危机，陛下只可进尺，不可退寸。"终于，宋真宗坚定了继续前进的决心。待兵至黄河南岸的澶州城，辽军近在眼前，声势浩大，有人又劝宋真宗驻足，先观察敌情，然后再前行。宋真宗又犹豫不决起来。寇准力排众议，劝宋真宗道："陛下不过河，则人心越发不安。若不前进威慑敌兵，我军绝难取胜。"他又果断下令，让殿前都指挥使高琼率御林军保卫龙辇圣驾前进。宋真宗到达澶州北城后，登城检阅河北军民，远近将士百姓望见龙辇御盖，欢声雷动，辽兵不明所以，乱成一团。局势开始向有利于宋军的方向转化，宋真宗也不再恐慌。

听说宋真宗率兵亲征，各地军民又英勇抗敌，辽国萧太后有些害怕了。辽军孤军深入，粮草供给不继，战场上节节失利；尤其是辽军先锋萧挞览又战死疆场，辽国军心动摇，所以萧太后不敢久陷中原战场。她与大丞相耶律隆运商议，决定向北宋统治者"议和"，企图从谈判桌上捞到好处。

宋真宗
——从明万历三十七年（1609）原刊本《三才图会》

景德元年十二月的一天，萧太后秘密派使臣来澶州议和。寇准不仅反对议和，而且还主张乘胜追击。但宋真宗临近战场寝食难安，巴不得战争草草结束了事，同意议和。寇准在众臣说他"利用军队，别有用心"的流言面前，只好忍痛放弃机会，同意议和。宋真宗派亲信曹利用出使辽营，并授意只要辽方退兵，每年可赠百万金银布帛。寇准又气又恨，他趁没人之时，将曹利用召至帐下，威严地叮嘱："虽然皇上说赠百万，但你去交涉，所谈银两不得超过30万；否则，回来后我砍你的头！"曹利用不敢违背，到辽营严辞力争，最后以每年交给辽国银 10 万两、绢 20 万匹的条件成约而还，双方约为兄弟盟国，辽国撤兵北归。这就是历史上著名的"澶渊之盟"。[1]

寇准在这次宋辽战争中敦促宋真宗亲赴澶州督战，并用智削减不平等条件，这成为他一生最突出的建树。宋真宗加奉寇准中书侍郎、兼工部尚书。

四、宦途坎坷　客死雷州

结盟之后，宋辽边境干戈宁息，贸易繁荣，生活安定。寇准功冠朝臣，宋真宗更加放手让其处理朝中大政。这引起了妥协派官僚的嫉恨，王钦若更是恨寇准入骨，密谋策划排挤寇准。

景德三年（1006）的一天，宋真宗会见文武百官。散朝之后，王钦若看宋真宗目送寇准下朝仰慕至极，他心生忌恨，乘机进谗道："陛下敬重寇准是因为他对国家有功吗？"宋真宗肯定地点点头，王钦若却摇摇头："我没想到陛下会如此认为。澶州一战，您不以为耻，反说寇准有功，是何道理？"宋真宗大惑不解。王钦若又道："《春秋》中以城下之盟为耻，澶渊之盟与此同理，是大敌逼至城下而签署的盟约，陛下不以为耻吗？陛下想必听过赌博之事。赌徒在钱快要输光时，就尽其所有'孤注一掷'。澶渊之战，正是寇准的'孤注一掷'，这真是危险啊！"[2]宋真宗心中不快，显出恼怒之色。一番挑拨，令宋真宗疏远了寇准。景德三年（1006）年二月，宋真宗罢免寇准宰相之职，贬为刑部尚书，出任陕州（今河南陕县）知州。

寇准一离开，朝中大权便落入了王钦若、陈尧叟一伙人手中。这些人治国无方，惑主有术，他们与一帮奸臣配合，营私舞弊，随心所欲，众大臣们都敢怒不敢言。万幸的是，大中符七年（1014），王钦若、陈尧叟因罪恶昭彰被免官，宰

[1] 事及语见《宋史·吕端毕士安寇准列传》："帝厌兵，欲羁縻不绝而已。有谮准幸兵以自取重者，准不得已许之。帝遣曹利用如军中议岁币，曰：'百万以下皆可许也。'准召利用至幄，语曰：'虽有敕，汝所许毋过三十万，过三十万，吾斩汝矣。'利用至军，果以三十万成约而还。"

[2] 事及语见《宋史·吕端毕士安寇准列传》："'城下之盟，《春秋》耻之，澶渊之举，是城下之盟也。以万乘之贵而为城下之盟，其何耻如之！'帝愀然为之不悦。钦若曰：'陛下闻博乎？博者输钱欲尽，乃罄所有出之，谓之孤注。陛下，寇准之孤注也，斯亦危矣。'"

宋真宗皇后刘氏

名刘娥（968~1033），献明肃皇后，宋真宗赵恒的皇后，亦是宋朝第一位摄政的太后。功绩赫赫，常与汉之吕后、唐之武后并称，史书称其"有吕武之才，无吕武之恶"。

相王旦乘机重荐寇准，真宗应允，调寇准回京，任枢密使。王旦死后，寇准又接任宰相，兼任吏部尚书。

不过，寇准荐人、用人也大有失误。重用丁谓可以说是他一生最大的失误。丁谓极赋才华，机敏过人，被寇准看中，并在任相期间举荐其为副相。但丁谓却像王钦若之流一样，是趋炎附势的无耻之徒。为博得宋真宗的欢心与信任，丁谓协同王钦若一干人伪造"天书"，封禅祀神，迷惑宋真宗，宋真宗则对他们言听计从。

初任副相间，丁谓不敢造事，对寇准还算毕恭毕敬。一次宴会上，寇准在豪饮之后，菜羹沾满胡须，丁谓见状，马上起身为寇准擦拭胡须。寇准顿时心生厌恶，轻蔑地讥讽道："你现为参政，堂堂重臣，怎能为长官拂拭胡须呢？实在有失大臣之体！"丁谓见寇准非但不领情，还尖刻地讥笑他，便心生怒气，发誓要报复寇准。[1]

天禧四年（1020），宋真宗得了疯瘫，刘皇后参与把持朝政。丁谓、曹利用一派趁机依附刘氏，并结纳翰林学士钱惟演为朋党，气焰嚣张；皇后遇事也同丁谓等人进行商议。寇准为此深感担忧，找准时机，向宋真宗奏道："太子为万民仰望，愿陛下念祖上之业、社稷之重，传位于太子。另外，选正直、干练的大臣辅佐。丁谓、钱惟演是奸佞小人，不能辅佐少主。"宋真宗也为刘后、丁谓专政的严重局面感到困惑，便点头应允了寇准的建议。寇准立即密传翰林学士杨亿起草诏书：

---

[1] 事及语见《宋史·吕端毕士安寇准列传》："初，丁谓出准门至参政，事准甚谨。尝会食中书，羹污准须，谓起，徐拂之。准笑曰：'参政国之大臣，乃为官长拂须邪？'谓甚愧之，由是倾构日深。"

由太子监理国事，自己和杨亿辅政，取代丁谓。岂料寇准与杨亿的密谋被杨亿的妻弟张演酒后泄露。刘皇后先行动手，在宋真宗面前诬告寇准要挟太子夺朝廷大权，宋真宗在病榻上竟昏庸地罢免寇准宰相职务，降为太子太傅，封莱国公。

此时，和丁谓有私怨的太监周怀政见寇准连连受挫，恐怕丁谓独揽大权，对己不利，铤而走险，策划了尊宋太宗为太上皇、立皇太子为帝，废皇后、杀丁谓、任寇准为相的方案。这件事又被客省使杨崇勋察觉，告知了丁谓。丁谓当下与曹利用密谋，上奏皇帝，宋真宗暴怒，诛灭周怀政，把寇准逐出京城，贬为相州知州。丁谓又擅自做主，将寇准迁为道州司马，后一贬再贬，于乾兴元年（1022）放逐到雷州任司户参军。

寇准被远放南国，人生地疏。可当地百姓敬他功高德厚，都以自己的房屋相让。可丁谓欲置寇准于死地而后快，指使当地鹰犬，严惩以房舍相让之人。从此寇准无房无舍，只好带家眷搬到荒郊野外的天宁寺，生活贫寒凄清。同年七月，丁谓因故被贬崖州，寇准才又迁回郡城桂花坊居住。由于身心受到极大摧残，寇

引衣容直
——从明万历元年（1573）纯忠堂刊本《帝鉴图说》

准病倒在寓所中。天圣元年（1023），63岁的寇准终于走完自己曲折的人生道路，在雷州与世长辞。

寇准的妻子宋氏请求将寇准归葬西京洛阳，得到宋仁宗批准。据传说，宋氏与雷州百姓护送寇准灵柩至雷州沈塘一个渡口时，骤然大雨滂沱，众人只好就地停棺，将哭丧用的竹杖插在地上。翌日，雨过天晴，护棺之竹竟生出嫩笋。人们传说这是寇准的高风亮节感化所至，这一渡口被命为"寇竹渡"，百姓又在竹林旁建了"寇公祠"，年年岁岁按时祭奠这位忠直、智慧的政治家。

明道二年（1033），宋仁宗恢复寇准"太子太傅"、"莱国公"的官爵，赠中书令，谥号"忠愍"。

寇准一生叱咤风云，曾率兵百万战于澶渊，数度为相，权重一时；同时刚直不阿，不畏权贵，关心民瘼，令人敬仰。但晚年贬官生涯，却饱经风霜，倍遭摧残，又哀婉凄绝。

名 家 评 说

寇公奇材，惜学术不足尔。

——宋·张咏，载《宋史》

准于太宗朝论建太子，谓神器不可谋及妇人、谋及中宫、谋及近臣，此三言者，可为万世龟鉴。澶渊之幸，力沮众议，竟成隽功，古所谓大臣者，于斯见之。

——元·脱脱《宋史》

万古忠魂依海角，当年枯竹到雷阳。

——明·戴嘉猷

微寇公，宋早成为小朝廷矣。

——蔡东藩《宋史演义》

包 拯

包拯（999～1062），字希仁，宋代清官，仁宗时任开封知府、龙图阁直学士等职。谥号"孝肃"。庐州合肥（今属安徽）人。天圣五年（1027）中进士，历知天长县、知端州，后升为监察御史。后曾出任东京转运使、河北都转运使，及知瀛、扬、庐等州和知江宁府等。至和三年（1056），升为龙图阁直学士、知开封府等，不久权御史中丞，又任三司使，迁枢密副使。包拯一生清正廉洁、刚正不阿、直言进谏、执法如山。有《包拯集》传世。包拯是带有传奇色彩、家喻户晓、为历代人民所歌颂的"清官"典型，是清正廉明的象征。

一、恪尽孝道　为政廉洁

包拯幼时并非天生聪慧，但做事极为认真，读书学习更是刻苦异常，再加上父母良好的教育，29岁时就考中了进士。此后不久，他被派往建昌县为官。此时父母已经年迈，很希望儿子能常伴左右，以享天伦之乐。包拯虽早有"辅佐君王，治国安民"的抱负，但他想到父母20多年的养育之恩，就请求回到家乡任职。但依宋制，当地人是不得在当地做官的。因此，朝延调包拯前往和州。父母仍是不舍，包拯毅然辞职。回家后，包拯侍奉父母，任劳任怨。双亲离世，他在墓地旁筑起草庐，为父母守孝。丧期届满，他仍不舍得离开。欧阳修曾称他"少有孝行，闻于乡里"，事实也正是如此。包拯这种至孝的美德为乡人所津津乐道，奉为榜样。

包　拯
——从明万历三十七年（1609）原刊本《三才图会》

宋仁宗

景祐四年（1017），在乡亲的劝说下，包拯才无比留恋地拜别亲朋，离开家乡，前往天长县担任知县。此时，他已年近不惑。初次为官，包拯就显示出断案如神的特点和刚正不阿的品质。

当地曾发生过这样一桩案件：一个农民发现自家的耕牛被人割去了舌头，他赶忙前往县衙报案，包拯让此人回家将牛杀掉。依宋朝法令，私宰耕牛是要受到处罚的，牛的主人听到这话虽满腹疑惑，但也无可奈何，就按包拯所说杀掉了牛。包拯此意在于引蛇出洞：割牛舌之人意欲陷害牛的主人，杀牛之举若被他看在眼里，他自然会前来告发。果然不出所料，不久就有一人前来告发。包拯大怒，立即对他严加审问。在罪证面前，这个人没法抵赖，招认了自己的罪行。[1]

包拯体恤百姓，关心民众疾苦。他看到当地人因经常饮用不洁的江水，以致疾病甚多，就让人凿水挖井，使民众用上了地下水。当地人感激他的恩德，刻石来纪念他。

三年后，包拯因政绩突出，升任端州知州。端州出产的砚台久负盛名，每年都要向朝廷进贡，有些官员就假借进贡的名义，任意多加征收，送给权贵，以求仕途发达。这就大大加重了百姓的负担，以致怨声载道。包拯上任后，力图改变这种现象。他要求工匠只造足上贡的数目即可，官吏不得任意克扣，而他自己虽近水楼台，仍两袖清风，直到任满，也未用过一方端砚。离任时百姓感恩，送他端砚，他却拒而不受，投之湖中。后来投砚处出现一片沙地，当地人叫做"黑砚砂"，以赞颂包拯廉洁奉公的高贵品质。

---

[1]事及语见《宋史·包拯吴奎赵抃唐介列传》："有盗割人牛舌者，主来诉。拯曰：'第归，杀而鬻之。'寻复有来告私杀牛者，拯曰：'何为割牛舌而又告之？'盗惊服。"

二、直言奉谏　忧国忧民

庆历三年（1043），包拯被调往京城，担任监察史。这一职位可以对各种朝廷事务加以监督，使包拯正直的性格很有用武之地。任职期间，包拯对北宋的方方面面，提出了诸多中肯的建议。

当时张妃受宠，其伯父张尧佐也连连高升，宋仁宗任之为三司使。包拯认为张尧佐只是个"凡庸之人"，应"授尧佐以他职，别求才高之士委而任之"。仁宗又改任张尧佐为节度兼宣徽两院使，包拯与众御史坚持认为张尧佐的才能不足以担当此任，并力谏仁宗。仁宗自知理亏，无可奈何，答应以后不再提拔张尧佐。包拯不仅直言不讳、不避权贵，而且嫉恶如仇。他曾7次弹劾"罪行昭著"的王逵。王逵在朝中有很大的势力，自以为没人动得了他，无恶不作。包拯不畏艰险，先后7次上书，指责他"累任皆惨虐不法"，道出百姓的心声，要求为民除害，宋仁宗最终罢免了王逵。

在对外政策上，包拯反对北宋向契丹交纳岁币来维持和平的做法，他认为应当"训练士卒、选拔将领"，增强北宋的军事力量，使契丹不敢藐视北宋。任职期间，他曾出使契丹，接待的人故意刁难说："雄州城新近开了一个便门，是不是想引诱我们的叛逃者，刺探边疆的事情呢？"针对对方的挑衅，包拯义正辞严，据理加以反驳，对方也无话可说。[1]包拯还主张官员年满70必须"致仕"（退休）；经由恩荫制度授予官职的人须经考试才能为官；改革各路转运使兼任按察使的制度，等等。

包公祠

---

[1] 事及语见《宋史·包拯吴奎赵抃唐介列传》："去使契丹，契丹令典客谓拯曰：'雄州新开便门，乃欲诱我叛人，以刺疆事耶？'拯曰：'涿州亦尝开门矣，刺疆事何必开便门哉？'其人遂无以对。"

后来，包拯历任三司户部判官，出为京东转运使，改尚书工部员外郎、直集贤院，移往陕西，又移往河北，入为三司户部副使。这个时期，包拯所任职务多为管理国家财政的官职，他注重减轻剥削、缓和矛盾，使百姓能够安居乐业。他体察民情，曾多次上书仁宗，要求减免赋税。在出使四川时，他做出种种努力，减少军费开支，以缓解国家财政困难。陈州地方官府在征收赋税时，要求以货币替代实物，使农民受到商人的盘剥，包拯立即制止了这种做法。北宋时，政府可以强行购买所需物资，官员办理此事时中饱私囊，价格极不合理，百姓深受其害。包拯建议国家应以合理的价格，在百姓自愿的基础上加以征收。秦陇斜谷为建造船只，任意摊派，造成民不聊生的局面：木材向百姓索要，就连造河桥所用的竹索，也得百姓提供，往往数目巨大，百姓被压榨得生活困苦、流离失所。包拯将情况奏明皇帝，加以禁止。他曾前往河南一带，重点解决军粮的筹集问题，发现很多耕地被侵占，他就上奏，请求将用来牧马的15000顷耕地全部由百姓耕种，满足了农民对土地的需要。北宋实行禁榷制度，带来种种不便，影响到了民众的日常生活。包拯要求废除官方对盐的垄断，允许商人自由买卖。沈括曾大加称赞这种做法，认为"行之几十年"，"至今以为利"。包拯还注意"冗官"问题，认为冗官太多，影响国计民力，应大加裁汰。

包拯采取的一系列措施颇具成效。景祐二年（1050），包拯升任天章阁待制，知谏院，"包待制"之称由此而来。身为谏官，包拯在任职期间，敢于触怒龙颜，当面指正皇帝的失误。刚正的秉性使他不会察颜观色、曲意逢迎、谄媚皇帝。他也深知自己的性格："披沥肝胆，冒犯威严，不知忌讳，不避冤仇。"他屡次上书反对宋仁宗任意授予官职，以示恩宠；反对宋仁宗任意赦免犯罪之人；弹劾权贵们的不法行为；建议宋仁宗以唐魏徵的三篇奏疏作为行为的准则；批评宋仁宗不重视百姓的信任，任意改变法令；要求宋仁宗积极纳谏……凡此种种，不一而足。

两年后，包拯改任龙图阁直学士，这只是个虚衔，没有实权。后来，他离开京城，到河北、庐州、池州（今安徽贵池）、江宁（今江苏江宁）出任地方官。包拯做事认真，为人踏实。他看到北宋"冗兵"所带来的种种弊端，力求经过整顿和改革，改变"老病冗弱"的状况。经过认真的考虑，他建议朝廷在边疆无战事时，解散河北的屯兵，将他们就近安置，发生战争时也可及时调遣；还建议朝廷发展义勇军。这样一来，每年的军费开支大为减少。他还建议为提高北宋军队战斗力、加强军事力量，改变宋兵不知将、将不知兵，以致临阵对敌号令不行的情形；丰收之年，多多储备军粮，既可减少开支，又可减轻运输困难等。然而，朝廷对他的主张不加重视。[1]

包拯担任瀛州知州时，很多地方官员都挪用公款进行贸易活动，往往赔多赚少，算下来每年亏空 10 多万，大大损害了国家的利益。包拯知道此事后，不仅以身作则，坚决不动用府库钱财一分一毫，还将此事上奏仁宗，并加以整顿，使局面大为改观。

三、铁面无私　足谋善断

嘉祐元年（1056），包拯任开封知府，升为右司郎中。虽然只在任一年多的时间，但在他治理下的北宋都城，一片清平盛世的景象。

包　拯
——从原故宫南熏殿旧藏《历代先贤名人像》

封建时代的官吏，判事断案是主要职责，而包拯在这方面的表现十分突出，人称"包青天"。关于他断案，有许多传说，比如"巧取赃物"。事情的经过是这样的：一人在酒馆里喝酒，为避免醉酒后人事不知丢失银子，就托酒保保管。次日，酒保却起了坏心思，否认有此事，企图昧了财物。两人各执一词，争论不休，来到公堂之上由包拯审理。包拯一方面稳住两人，不准离开公堂；另一方面派人去酒保家，称其已供认不讳，果不其然，酒保家人忙拿出银子。证据确凿，银子归还失主，酒保也无可辩驳。

包拯不仅在办案上力求廉正清明，明辨是非，还对告诉程序所存在的不合理之处进行了改革。以往的制度规定，告状人须将状纸交给"牌司"，由"牌司"交给知府。这样，"牌司"就成为告状伸冤的第一道关口，虽位卑职微，却常常以此要挟，以之为敛财的手段，致使民情不能上达，民冤不得申诉。包拯上任

---

[1] 事及语见《宋史·包拯吴奎赵抃唐介列传》："尝建议无事时徙兵内地，不报。至是，请：'罢河北屯兵，分之河南兖、郓、齐、濮、曹、济诸郡，设有警，无后期之忧。借曰戍兵不可遽减，请训练义勇，少给粮粮，每岁之费，不当屯兵一月之用，一州之赋，则所给者多矣。'不报。"

后，规定百姓可直接前往公堂陈述冤情，当面辨明是非曲直。这就增强了司法审判的"透明度"，十分有利于司法公正。

包拯执法甚严，不徇私情，不畏权势，不怕树敌。有位官员欠别人钱，依仗自己位高权重，赖账不还，甚是嚣张。债主告到公堂，包拯查证属实，即强令该官员还清欠款。有一段时期，北宋都城开封阴雨连绵、洪水泛滥，冲倒房屋无数，百姓无家可归。包拯查明原因，是河道狭窄、排水不畅所致。继续深究，原来是朝中很多显贵依仗势力，占据河道两岸的土地修筑园林。他们居往在花园别墅，享受亭台楼榭，尽赏秀丽风景，而平民百姓却遭受洪水之苦。包拯极为愤怒，一声令下，将这些楼台尽数毁掉。有人告到宋仁宗那里，包拯据理力争，仁宗也没话好说。曾经有个宦官仗着皇帝恩宠，为所欲为，他伪造地契，假冒土地的主人，以为即使被识破，别人也不敢拿他怎么样。包拯仔细审查，发现"墨浮朱上"，即哄骗田主先签字画押，然后在空白纸上写字，证实此契确系伪造，便重罚了此人。

包拯这种秉公执法、铁面无私的作风深得百姓称颂，开封盛传"关节不到，有阎罗老包"。"拯性峭直，立朝刚毅，人以其笑为黄河清。"人们把包拯笑比作黄河水清，可见对他称誉之高。妇孺老幼皆传颂他的名字，对他铁面无私审理案件的经过更是耳熟能详。[1] 按照当时惯例，官员离任时其名字和任职时间须刻在府衙门口的"题名牌"上。人们常常抚摸开封府题名牌上包拯的名字，深深怀念，经年累月，他的名字十分光亮，可见受人敬仰之殷。

四、克己奉公　万世流芳

后来，包拯升为枢密直学士、谏议大夫，权御史中丞，可谓位高权重。他说话不会拐弯抹角，委婉表达自己的想法，只是直来直去，不免会让人误解。宋仁宗即位后，太子之位长期空置，包拯基于国家前途着想，对此事甚是担忧，上奏仁宗请求策立太子。仁宗认为包拯意图干涉朝政，介入皇位之争，就反问他欲立何人为太子。包拯解释道，自己之所以过问此事，完全是从国家利益出发，没有

---

[1]事及语见《宋史·包拯吴奎赵抃唐介列传》："拯立朝刚毅，贵戚宦官为之敛手，闻者皆惮之。人以包拯笑比黄河清，童稚妇女，亦知其名，呼曰'包待制'。京师为之语曰：'关节不到，有阎罗包老。'"

别的意思；自己已是垂暮之人，行将就木，会从中获得什么好处呢？仁宗听到这里，怀疑顿消，明白包拯的一片苦心，表示会考虑此事。包拯一生光明磊落，不避嫌疑。哪里会私藏祸心？包拯还建议实行减少内廷侍臣的数目、节省政府开支等措施，也是不加修饰、心口如一。

包公墓

包拯无意于争权夺势，坚持实事求是。仁宗提拔张方平任三司使，这是关乎国家财政的重要职位，非廉洁之人不能胜任。包拯立即上书指责方平购买豪民财产，宋仁宗就罢免了他，另谋人选。宋祁被仁宗选中，包拯上书弹劾，此事便作罢了。后来，仁宗任命包拯兼任三司使一职。在不知内情的人看来，包拯贪婪权力、居心叵测。为此，欧阳修对包拯冷嘲热讽，说他因为贪权才对别人横加指责。包拯无意如此，只是机缘凑巧。他待在家里，自觉问心无愧，不管别人说三道四，仍前去赴任。担任三司使时，包拯也是兢兢业业，一心为民。之前，府库物品强令百姓购买，不合民意，包拯改为自愿购买，收到了很好的效果。

包拯一生极为朴素，自 41 岁任职到病死于任上，中间虽有起伏，但仕途还是比较顺利的。他的俸银能够维持较好的生活，但他却以普通百姓的生活标准来要求自己。家中壁上有他的家训："后世子孙做官的，如果谁贪赃枉法，就不让他再算本家人，死了以后也不能葬入祖坟。不遵从我的志向，就不再是我的子孙。"[1] 由此可以看出，包拯不仅严于律己，对子孙也管教甚严，要他们正直做人，廉洁为公，世代相传；若不遵守，就不再是包家子孙，这在封建社会是很重的惩罚。包拯不会和别人拉关系，朋友寥若晨星，亲戚也是少有往来；但他为人

---

[1] 语见《宋史·包拯吴奎赵抃唐介列传》："后世子孙仕宦，有犯赃者，不得放归本家，死不得葬大茔中。不从吾志，非吾子若孙也。"

厚道，很多官员十分敬重他的为人。

后来，包拯在处理政务时患了急病。嘉祐七年（1062）五月二十五日，他病情加重，溘然长逝，终年64岁。病危时，宋仁宗曾前往包家探视。谥号"孝肃"。

包拯是一个不朽的形象。欧阳修在评价他时，指出这种性格既"天姿峭直"，又"思虑不熟"，有利有弊。但百姓永远不会忘记这位正直的为民请命的忠臣。因为包拯任过开封知府，人们就在府衙旁建起包公祠来纪念他。人们更发挥想象，美化包拯，对他加以种种渲染，赋予他奇异的经历。他是戏剧中最常见的人物，世人传说他脸黑如墨，被父母遗弃，哥嫂抚养他长大，他视嫂如母；说他是天上文曲星下凡；他弹劾王逵之事被编为《陈州放粮》等剧。

名 家 评 说

理冤狱，关节不通，自是阎罗气象；赈灾黎，慈悲无量，依然菩萨心肠。

——合肥包公祠楹联

拯性峭直，恶吏苛刻、务敦原、虽甚嫉恶，而未尝不推以忠恕也。

——元·脱脱《宋史》

素性刚毅，不阿权贵，豪戚宦官，皆为敛手。既知开封府，大开正门，任人民诉冤，无论何种案件，概令两造上堂直陈，立剖曲直。遇有疑难讼狱，亦必多方调察，务得真情。锄豪强，罪奸枉，奖节义，伸冤屈，一介不取，铁面无私。

——蔡东藩《宋史演义》

狄 青

狄青（1008～1057），字汉臣，北宋著名将领，仁宗时任延州指使、彰化军节度使、枢密副使、枢密使等职。谥号"武襄"。汾州西河（今山西临汾）人。狄青投身行伍，起于兵卒，但勇猛善战，长于用兵，治军严整。在捍边御夏，特别是平定岭南蛮寇骚乱的战事中，功劳卓著，名震朝野。但终因出身卑微，受到朝臣的排挤，奸佞的诬陷，只好离京外任，不久便因郁愤成疾，疽发而死，终年50岁。

一、捍边御夏　习书研法

狄青出身寒微，但自幼喜爱习武，尤善骑射。成年后，便至当时的京城开封，应募入伍，做了一名守卫宫廷的卫兵。由于他武艺出众，勤于职守，不久便担任了卫兵中散值这样的小军职。

宋仁宗宝元二年（1039），党项族建立西夏政权，元昊公开称帝，不再接受宋朝的册封，并不断派夏兵侵掠宋朝的西北部边地。宋朝派军队前去迎战，以保边境安全，但都吃了败仗而归，因此不得不增兵西北边地，以抵御夏兵的攻势。为增强宋军的战斗力，宋仁宗下诏令从守卫宫廷的卫士中选择勇猛之士，赴边御敌。狄青被选中，并任三班差使、殿侍和延州（今陕西延安）指使之官职，随宋军入陕开赴延州。

当时，夏兵勇猛，军势正盛，宋军守

狄　青
——从原故宫南熏殿旧藏《历代先贤名人像》

范仲淹
——从原故宫南熏殿旧藏《历代先贤名人像》

　　范仲淹（989~1052），字希文，北宋杰出的思想家、政治家、文学家。大中祥符八年（1015），范仲淹苦读及第，授广德军司理参军，历任兴化县令、秘阁校理、陈州通判、苏州知州等职。庆历三年（1043），出任参知政事，后被贬出京，历知邠州、邓州、杭州、青州。卒后，谥号"文正"，世称范文正公。其倡导的"先天下之忧而忧，后天下之乐而乐"思想和仁人志士节操，对后世影响深远。有《范文正公文集》传世。

　　边的偏将屡为夏兵所败，所以宋军将士中颇有一种畏敌的避战情绪。但狄青到此后，却无丝毫畏敌心理，他认为这正是一个爱国将士杀敌卫国、一展身手的好机会。所以，每与夏兵交战，他总为先锋。每次临敌，他都披着头发，带铜面具，率先冲入敌阵，左冲右杀，所向披靡。夏兵对他十分畏惧，称之为"天使"。在延州捍边御敌四年，狄青共参加过大小25战，率宋兵破西夏的金汤城，攻掠过西夏的宥州地境，又率兵烧毁夏兵各种积聚之物有数万之多，收夺夏兵的兵帐2300余座，获西夏的马羊等牲口约5700余匹（只）。同时，为抵御夏兵的进犯，在边境要塞修筑了桥子谷城，还修筑了一些小城堡，如招安堡、丰林堡、新砦堡、大郎堡等。而他在这4年25战中，因冲锋陷阵在前，共中敌箭矢8次，可谓遍体鳞伤。有一次与夏兵激战于安远，在打败夏兵进攻后，他却身负重伤，被士兵们抬下战场。可不多时，听说夏兵又至，复又起身迎敌而战。众军士见主将如此，更是纷纷向前，拼死杀敌，终于将夏兵又一次打退。

　　当时，尹洙为陕西经略判官，狄青曾以指使官身份与他见面。尹洙与狄青谈论用兵之道，狄青侃侃而谈，言之有理。尹洙十分欣赏狄青的才干，于是把狄青推荐给当时的陕西经略使韩琦和范仲淹。通过与韩、范两位大将的交谈，范仲淹对韩琦夸奖狄青说："这是一个优秀的将帅之才啊。"于是待狄青特别好。狄青在兵闲之余，也常去两位将军那里学习、求教。一次他来到范仲淹帅府，谈古论今罢，范仲淹拿出一部《左氏春秋》，赠送给狄青，并对狄青说："这本史书对我们带兵打仗的人来说十分重要，你下去要好好读读，须知为将不知古今，只不过是匹夫之勇罢了！"

狄青出身行伍，少未学书，听了范仲淹的这番教诲，他深有感慨，把范仲淹的话牢牢记在心里。此后，凡有余暇时间，狄青决不随便浪费掉，专心致志，认真读书。《左氏春秋》又名《左传》，记载了我国春秋时期200多年的历史，其中包括春秋各国的政治、外交活动，更包含不少对当时著名战役及战略战术运用的描写。狄青在边陲10余年，发奋读书，坚持不懈，终于精通了秦、汉以来各代将帅的兵法，不仅使自己成为一位勇猛敢战的将领，而且成为精通兵法、善于带兵打仗的帅才。狄青虚心读书10余年，朝野皆知，于是其名愈为时人所闻。[1]

狄青守边御敌10余年，因军功数次升职，由泾原路副都总管、经略招讨副使，又加捧日天武四厢都指挥使。

黑水城西夏武士像

二、请缨南征　肃正军纪

宋仁宗皇祐四年（1052），广源州（今广西与越南交界处）蛮人侬智高因依附宋朝事未果，遂出兵大举进攻宋朝南方的两广地区。宋廷军队没有准备，在侬智高的进犯中，连连败退。侬智高军先攻下宋的邕州（今广西南宁），然后顺江而下，又连破宋9个州县，并包围了广州（今广东广州）。岭外骚动，朝野震惊。宋仁宗先诏命杨畋安抚经略蛮事，但出师很久，未见任何效果。仁宗遂又命孙沔、余靖为安抚使讨贼，也未获成功。此时侬智高因连败宋兵，气焰嚣张，要宋朝封他为邕桂节度使，承认他割据广南。宋仁宗一时手足无措，朝中大臣们也议

---

[1] 事及语见《宋史·狄青列传》："尹洙为经略判官，青以指使见，洙与谈兵，善之，荐于经略使韩琦、范仲淹曰：'此良将材也。'二人一见奇之，待遇甚厚。仲淹以《左氏春秋》授之曰：'将不知古今，匹夫勇尔。'青折节读书，悉通秦、汉以来将帅兵法，由是益知名。"

论纷纷，意见不一。

这时，狄青由于受到宋仁宗的欣赏，刚进京不久，任枢密副使之职。狄青得知岭南败事，敌势猖獗，国家有难，于是上表请缨南征。第二天，仁宗召见他，问他请缨南征之事。狄青说："臣起于行伍，本为军人。作为一个军人，不能保国御敌就无法报国。此次南征，愿带蕃邦（指少数民族地区）骑兵数百，再增派些禁军，一定擒拿敌首献于廷阙。"仁宗听罢狄青这番话，很为他气壮山河、忠心报国的豪气所感动，遂答应狄青的请求，调兵遣将，一任狄青安排，并封其官职为宣徽南院使，宣抚荆湖南北路。一切安排妥当，狄青临行，仁宗又在垂拱殿置酒为狄青送行，愿他早传捷音。狄青也请仁宗放心，此行决不辜负圣意。言毕，遂披挂上马，率领宋军而行。此次随军而行的诸将中，有杨业之孙、杨延昭之子杨文广。

由于敌寇势盛，宋军屡不能胜，所以此次狄青南征，仁宗诏命岭南各路军马均听从狄青统一调动指挥，违者以军法处置。意在加强宋军的团结，壮大宋军的力量，一鼓作气，消灭蛮寇。狄青率兵南征，不急于速至岭南。因为他知道，若宋军从开封到岭南长途跋涉后再与敌交战，多有不利，于是采取有驿必停、遇州便息的进军方法，使宋军始终保持充沛旺盛的精力。另外，狄青严明军纪，长途进军，不准军兵高声喧哗，骚扰百姓。所以万人的队伍，行军时几乎悄然无声。

狄青所率宋军未到岭南前，有军将蒋偕、张忠光与侬寇兵战，结果都因为轻敌，兵败身死。所以狄青下令诸军，必须听从统一指挥，不得私自出兵战敌。广西钤辖陈曙对此不以为然。他想乘朝廷兵将未到，先抢夺头功，于是带8000人马与侬寇兵战，结果大败而归，殿直官袁用等也因兵败逃遁。狄青知道此事后，非常气愤，说："军令不协调统一，所以导致了失败。"于是第二天清早召集诸将

狄　青
——从清乾隆时期刊本《晚笑堂竹庄画传》（作者上官周）

在帅堂议事。话未多说，狄青请陈曙离座，随后又把殿直官袁用等30几位将校一齐抓来，接着就在帅堂上高声宣布他们违令败亡之状，宣布完毕，命军士们将陈曙及30多人全部推出军门斩首。当时，孙沔、余靖都在场，见此均相顾失色、不敢作声，堂上诸将也都吓得双腿打颤。[1]

狄青以国事为重，决斩陈曙等人，严肃了军纪军法，使宋军各路人马无人敢掉以轻心、私自为战，保证了宋军内部的统一和战斗力，为战胜侬寇奠定了基础。

三、巧施妙计　夜袭昆仑

肃正军纪后，因侬寇据关凭险，军势方盛，一时难以破敌，所以狄青没有马上进军与敌交战。当时正值新春，狄青传令全军休息10日，并故意传出消息：所以不能进军，是因粮草有缺，故休息10日，以筹备军粮。此时侬智高早已派人来探听宋军动向。听说宋军因粮草未到，休息10日，便放松了戒备。

昆仑关位于邕州和宾州的交界之处，要攻打侬寇、进军邕州，昆仑关乃必经之地。但昆仑关有一夫当关、万夫莫开之势，若正面进攻，宋军很难取胜，弄不好会重蹈覆辙。狄青早把这一情况彻底弄清。他宣布休兵10日，假传军中乏粮，正是为了麻痹昆仑关的守敌而制造的假象。侬智高自作乱以来，连连战败宋军，对宋军早就不放在眼里。这次虽然听说是狄青带兵前来，虽心中惊诧，但听说宋兵到来后，休息10日，不敢来战，所以觉得这次打败宋军也不在话下。有人曾向他建议昆仑关应增派守兵，他也未予理睬。

又过数日，已是上元节日，狄青令宋军各营大张灯彩，宴饮尽欢。恰巧侬智高派人再探，知此消息，便安居邕州过节。第二天，狄青仍令官军各营张筵宴饮。到了二鼓时分，狄青离座入后帐，说是身体不适，并安顿诸将明日清晨进军。众军官又宴饮多时，方才散席。待至清晨，诸将皆至帅帐听令，却不见狄青出来。传令官告知诸将说："昨夜二鼓后，狄帅已引前锋军直袭昆仑关，请诸将即刻前往，不得有误！"众将方才明白昨晚狄青退席之事，急忙带兵前往。

---

[1]事及语见《宋史·狄青列传》："广西钤辖陈曙乘青未至，辄以步卒八千犯贼，溃于昆仑关，殿直袁用等皆遁。青曰：'令之不齐，兵所以败。'晨会诸将堂上，揖曙起，并召用等三十人，按以败亡状，驱出军门斩之。沔、靖相顾愕眙，诸将股栗。"

狄青二鼓离席后，早已等着他的先锋官孙节率先锋军在帐外听命。于是狄青换上戎装，率先锋军连夜疾行。天未明时，宋先锋军已夺下昆仑关，越过关险。黎明后，宋大军陆续赶来，全军越过昆仑关，直奔侬智高的巢穴邕州。

此时，侬智高还陶醉在节日的气氛中，忽听宋军已过昆仑关向邕州杀来，慌忙派兵迎战。双方在邕州附近的归仁铺相遇。狄青早已在此列好军阵。侬智高因失昆仑关，知道形势不妙，倾巢而出，以拒宋军。两军激战于归仁铺，宋先锋官孙节战死山下，贼气益盛。狄青先让步兵迎敌，不久，便挥动白旗，令伏藏于阵中的骑兵分两翼冲向敌人。侬寇军猝不及防，宋骑兵左右冲击敌阵，敌军大乱；宋步兵又奋勇向前，贼敌不能抵挡，遂大败而去。贼敌主要人物黄师宓、侬建中、侬智中及伪官死者57人，被宋军生擒者有500余人，侬智高放火烧城，趁乱逃走。后侬智高逃往大理（今云南地区），不久被当地人杀死。至此，岭南侬寇骚乱得以平息。

狄青夜夺昆仑关
——从1935年会文堂新记书局蔡东藩《宋史通俗演义》

狄青还军京师，宋仁宗嘉奖其功，拜枢密使，赐第宅于敦教坊。当仁宗听说狄青破贼，激动地对宰相说："赶快商讨奖赏，慢了就不足以激励人心了。"[1]

四、品德高洁　遭谤外任

狄青除冲锋陷阵、英勇杀敌，其为人正派、品德高洁也堪称一流。打败侬寇军之后，宋军进入邕州城，侬智高已经逃窜。但在打扫清理邕州城时，却发现一具穿着金龙衣的尸体。当时许多人都说这就是侬智高的尸体，主张呈报朝廷说贼首已死。狄青不同意，他说："这具尸体已经面目全非，怎么能知道不是敌寇的诈谋呢？我宁可丢掉杀死侬智高之功，也不能为贪功而欺骗朝廷呵！"[2]

狄青对下级军将或士兵，有功必赏，而且决不贪功为己有。每次战役，总让参战的诸军将有功可得。这次消灭侬智高贼寇，若非狄青御兵，后果难料。军中孙沔，本在狄青之前任安抚使，全权负责讨侬寇之事，但率兵出岭南，却师久无功。狄青师出岭南，谋划决断均为狄青一人，孙沔未予参与。但平贼后，邕州的清理及善后之事，狄青全都委派孙沔去做，自己却退至一边，好像一点也不关心这些事情一般。至报功时，狄青则将孙沔之功一一俱报，毫无漏者。孙沔起初只佩服他的英勇，后来又佩服他的为人。而且自认为不如狄青。[3]

尹洙原为陕西经略判官，当时是狄青的上级，也是第一个赏识狄青才干的人，同时又将狄青推荐于韩琦、范仲淹。狄青对此念念不忘。后尹洙被贬死，狄青知道后，尽自己的全力帮助其家。

狄青在宋朝的西北边陲战斗多年，因功而至显官，但其脸上尚有初次投戎时被刻刺的字样。这本是宋朝防止逃兵的一种做法。狄青官职很高，而脸上刺字犹存，宋仁宗曾下敕书让狄青敷药除去脸上的刺字，但狄青不肯。他说："陛下因功劳而提拔臣下，不问出身门第，因此才有了我的今天，也才有了脸上的刺字。

---

[1]事及语见《宋史·狄青列传》："还至京师，帝嘉其功，拜枢密使，赐第敦教坊……及闻青已破贼，顾宰相曰：'速护赏，缓则不足以功矣。'"

[2]事及语见《宋史·狄青列传》："时贼尸有衣金龙衣者，众谓智高已死，欲以上闻。青曰：'安知非诈邪？宁失智高，不敢诬朝廷以贪功也。'"

[3]事见《宋史·狄青列传》："始，与孙沔破贼，谋一出青，贼既平，经制余事，悉以诿沔，退若不用意者。沔始叹其勇，既而服其为人，自以为不如也。"

狄青招亲（木版画）

我愿意留着刺字，以此激励、鞭策将士，所以不敢奉诏除字。"[1]一般来讲，对一个已身居显位的将官来说，当年脸上的刺字是一种耻辱，它标志出身的低微，非将门后裔。但狄青却认为，没有当年的刺字，不会有今日的显职，而且有这刺字，一可说明朝廷用人唯才是举，二可劝励军士杀敌立功。不为自己考虑，却为国家、他人着想，狄青的品德，由此可见一斑。

但狄青生活的时代，毕竟是门第观念甚重、奸人邀宠的封建社会，所以他的一片爱国热忱，对宋室的耿耿忠心，都会由于其出身低微而被抹杀。另外，宋朝统治者一向奉行防范武将权力过重会导致尾大不掉的国策，也促成了狄青的悲剧。

嘉祐中，京师暴雨积成大水，狄青因避水迁家至相国寺中居住。于是有人诬告狄青行止可疑。又有奸人说，狄青家的狗长了角，乃不祥之兆，请朝廷让狄青去外任。这些莫须有的怪议终于使宋仁宗对狄青产生了怀疑，于是罢狄青枢密使职，出判陈州（今河南淮阳）。狄青至陈州后，宰相文彦博还派人每月"抚问"

---

[1] 事及语见《宋史·狄青列传》："青奋行伍，十余年而贵，是时面涅犹存。帝尝敕青傅药除字，青指其面曰：'陛下以功擢臣，不问门第，臣所以有今日，由此涅尔，臣愿留以劝军中，不敢奉诏。'"

狄青两次，名为抚问，实为监视。狄青就在这种被怀疑、被监视的状况下生活了半年，终因忧愤成疾，疽病突发而死。

宋神宗继位后，考察评价近世将帅，认为狄青以行伍出身名震夷夏，深沉而有智略，十分感慨，为了追念他的功绩，就下令将狄青的画像挂在禁中，并亲手御制祭文予以悼念，并派使臣带猪羊祭品至狄青家中祭祀。

名 家 评 说

青为人慎密寡言，其计事必审中机念而后发。行师先正部伍，明赏罚，与士同饥寒劳苦，虽敌猝犯之，无一士敢后先者，故其出常有功。

——元·脱脱《宋史》

青在边境凡二十五战，无大胜，亦无大败，最后昆仑一法，颇著奇隽。考其识量，亦过人远矣。

——元·脱脱《宋史》

狄青、包拯两人，垂誉至今，称颂不衰。……甚且谓狄之荣显，多由包拯之力，是则子虚乌有之谈，因难取信可。尝考狄之立功，莫大于夺昆仑关。

——蔡东藩《宋史演义》

司马光

司马光（1019～1086），字君实，号迂叟，世称涑水先生。北宋政治家、史学家，英宗时任龙图阁直学士，神宗时任翰林学士，哲宗时任宰相。陕州夏县（今属山西）涑水乡人，其父司马池，曾担任过天章阁待制。仁宗宝元元年（1038）进士及第，任天章阁待制兼侍讲、知谏院等。英宗治平二年（1065）升龙图阁直学士。神宗即位后，升他为翰林学士。熙宁三年（1070），任永兴军（今陕西西安）知府，次年，改任西京（今河南洛阳）御史台。宋哲宗即位，召司马光为门下侍郎，进尚书左仆射。司马光在担任西京御使台期间主持修撰《资治通鉴》，在文学和史学上都有极高价值。此外，他还坚决反对王安石变法。他在相位不到一年，尽废新法。司马光一生为官正直、诚实待人，为后人所尊崇。

司马光
——从原故宫南熏殿旧藏《历代先贤名人像》

一、家教严格　志向远大

司马光于北宋天禧三年（1019）十月生于光州（治今河南潢川）。其父司马池当时正在光州等地任职，因此为儿子取名为"光"。司马光的故乡位于山西省夏县西北，是一个风景秀丽、地杰人灵的地方。

司马光家境很好，虽不是世代官宦，但他的祖父、父亲都经由科举之路做过官。他的父亲官居四品，任兵部侍中、天章阁待制。司马光家风甚好，不像一般的纨绔子弟一样只知道纵情享乐。司马池清正廉洁，对司马光更是谆谆教导，要求极为严格。

在品德方面，司马池要求儿子诚实做人。

司马光五六岁的时候，有一次要吃核桃，核桃在没有熟透的时候，青皮是难以褪下来的。女仆用开水烫开青皮，而当姐姐问起时，司马光说是自己剥开的。父亲得知此事后，并没有因为司马光年纪甚小不明事理而放任纵容他，而是对他严加批评，使他认识到自己的错误。严格的家风加上司马光自身的秉性，使他终生保持着"诚实"的美德，直至成年之后为官，司马光有一次要卖掉马匹时，还要明明白白告诉买马之人马的缺陷，不肯有丝毫的隐瞒。因此，司马光称自己为"司马君实"，还喜欢叫自己"迂叟"，笑自己诚实得"不通情理"。

在学识方面，司马池对司马光要求甚严，期望很高。司马光并非如方仲永一样反应敏捷，一目十行，然而他勤学不辍。他睡觉时头枕圆木，圆木稍一滚动，他就爬起来继续读书。年年岁岁、日日夜夜都如此。司马光之所以博闻强识，皆源于他的刻苦。自6岁起开始识字到15岁时，司马光已经博览群书了。

就在15岁这年，司马光因"恩荫"制度被赐予官职，授予将作监主簿。入仕之后的司马光并没有放松自己、安享其乐，他想凭自己的实力入朝为官。20岁时司马光参加科举考试，考中进士甲科。这是一件很荣耀的事情，足以光耀门楣、告慰祖先了。

二、仕途坎坷　为官正直

进士及第后，司马光被任命为奉礼郎、华州判官等。次年，为侍奉双亲，司马光极力请求，得以调往苏州任判官。同年，其母病逝。庆历元年（1041），其父司马池也病逝。双亲相继离开人世，司马光痛心不已，一直守在夏县服丧。4年后，服丧期满，司马光又任职于河南。

27岁时，司马光被调往京师任职，先后担任评事、直讲、大理寺丞等。他的朋友庞籍出任宰相，在庞籍力荐下，司马光任馆阁校勘、同知太常礼院等。后庞籍被罢免，要到郓州（治今山东东平）任知府，庞籍想让司马光一同前往。两人相知多年，司马光得到友人的提携，此时友人失势，何去何从关系到以后仕途是否顺畅，但司马光毅然随庞籍前往郓州。次年，庞籍改任并州知府，司马光仍心甘情愿跟随他，这期间在麟州（治所在今陕西绥德西北）城下与西夏军一战，结果大败而归。庞籍为保护司马光，引咎自责而被贬，司马光连连上奏章述清事

欧阳修

欧阳修（1007～1072），字永叔，号醉翁、六一居士，吉州永丰（今江西省永丰县）人，北宋政治家、文学家。至翰林学士、枢密副使、参知政事，谥号"文忠"。欧阳修是在宋代文学史上最早开创一代文风的文坛领袖，领导了北宋诗文革新运动，是"唐宋散文八大家"之一。

情原委。庞籍去世后，司马光更是义无反顾地照顾他的亲人，无微不至。[1]

嘉祐二年（1057），司马光的政治生涯又有了起色，他被调往京城，任开封府推官；嘉祐六年（1061），改任起居舍人，同知谏院；英宗治平二年（1065），司马光任龙图阁直学士；治平四年（1067），宋神宗即位。在欧阳修的力荐下，神宗重用司马光，任命他为翰林学士，后又升任为御史中丞。

在任职的这些年当中，司马光历经无数坎坷，仍不改其正直的品格。皇祐四年（1052），太师中书令夏竦病死，他是宋仁宗的宠臣，然其卑劣的行径为众人所不齿。仁宗赐谥号"文正"，司马光坚决予以反对，他直言不讳，认为仁宗所赐的谥号与事实根本不符，并两次上书言此事。仁宗感于其正直，最终更改了谥号。[2]后来，司马光任谏官时，更是忠心耿耿、针砭时弊，知无不言、言无不尽，为维护国家的长治久安耗尽心血。他上呈的奏章无数，仅《传家集》中收集的就有178份。

司马光很重视民众的力量，同情百姓的疾苦。他主张以仁义来治民，认为"利百姓"才能"安国家"。他的"仁政"的含义主要是"养百姓"，反对朝廷过度剥削、压迫人民。这些思想在当时的北宋，对于缓和阶级矛盾、维护安定的统治秩序有进步意义。治平三年（1066），陕西、河东一带旱灾严重，民不聊生，朝廷却仍无动于衷，大肆搜刮百姓、挥霍无度。司马光对这些状况极为愤怒，要

---

[1] 事见《宋史·司马光吕公著列传》："麟将郭恩勇且狂，引兵夜渡河，不设备、没于敌，籍得罪去。光三上书自引咎，不报。籍没，光升堂拜其妻如母，抚其子如昆弟，时人贤之。"

[2] 事及语见《宋史·司马光吕公著列传》："夏竦赐谥文正，光言：'此谥之至美者，竦何人，可以当之？改文正。'"

求朝廷节省开支，而他自己则将各种恩赐用于公务的开支。

北宋时期，徭役繁重，据史料记载，"向东京民有父子二人将为衙前，父告其子云：'吾当求死，使汝曹免于冻馁。'遂自经而死"；更有"嫁其祖母及与母析居"来逃避徭役者。司马光对此种状况很是担忧。有一次，他居然拍案而起，要求皇帝自我检讨，并采取有效措施"养民"。英宗时期曾下诏陕西地区三丁抽一来组建义勇军，司马光认为此项措施没有什么用处，只能加重百姓的负担，劳民伤财。为此他敢于触怒皇帝，直言不讳，甚至与诸大臣展开辩论。他的忧民之心由此可见。

三、力斥变法　愤而退隐

司马光与王安石相识很早，且交情甚好。他们两人对于北宋的政治危机都有清醒的认识，都主张采取措施以改变现状；然而在具体方式上，两人发生了激烈的冲突，直至发展到对立、仇视对方，昔日的好友分道扬镳，终成陌路。

"王安石变法"是北宋历史上名噪一时的著名事件。北宋积贫积弱，政府财政入不敷出，刚刚即位的宋神宗试图致力于改变这种状况。他"问以治道"，王安石的回答深得他的赏识。熙宁二年（1096），宋神宗"以翰林学士王安石为参知政事"，开始变法。

王安石与司马光起初在"理财"方面意见不统一。王安石认为，国用之所以不足，是因为"未得善理财之人耳"，而司马光则认为，"善理财之人"只是聚敛民财，"民穷为盗，非国之福"；王安石认为，有了"善理财者"，不用增加赋税而"国用足"，司马光不同意这种观点，他认为"财物百货"总数是一定的，不是在人民手里就是在政府手里，要想"不加赋而国用足"，只会"阴夺民利"，"其害甚于加赋"。由此可看出，王安石变法的重点在于"开源"，努力从各个方面增加政府的财政收

宋神宗

司马光
——从清乾隆时期刊本《晚笑堂竹庄画传》（作者上官周）

入，而司马光则注意"节流"，即减少政府支出。

在宋神宗的支持下，王安石接连提出数项改革主张，并自上而下推行。熙宁二年（1069）七月，"行均输法"，"稍收轻重敛散之权"，以防止富商操纵市场。九月，"行青苗法"，"民愿预借者给之，令出息二分，随夏秋税输纳，愿输钱者以其便"。后又实行"保甲法"、"免役法"、"市易法"、"方田均税法"等。[1]这些改革措施的推行，给北宋带来了很大的变化。

综观"王安石变法"的社会作用，既有有利于生产发展的一方面，也有不利于生产发展的一面；既有有利于农民的一面，也有不利于农民的一面。如青苗法的实施，很大程度上打击了依靠高利贷剥削农民的豪强地主，但仍存在两个方面的问题。一是政府"给散青苗钱，本为惠恤贫乏，今虑官吏不体此意，均配摊派，反成骚扰"。[2]本来是减轻农民负担的措施，反而被官僚用于榨取农民的血汗。二是尽管青苗法所规定的利息同高利贷者相比大为减轻，但仍高达十之五六，有时

甚至翻倍，政府的财政收入是增加了，但农民的负担仍然很重。司马光看到这些弊端，主张采用常平仓的办法，以改变青苗法推行过程中存在的"抑配"、"摧勒"等现象。再者就是免役法的推行。免役法的内容是"使民出钱募人充役，计民之贫富，分五等输钱"。贫民为凑足免役钱而大费周章。司马光认为这一措施不体恤下层民众的疾苦，应改差役为雇役。对市易法与均输法，司马光认为这是争夺商人的利润来增加国家财政收入，不利于商品的流通。对于保甲法，司马光认为也存在很大的弊端，使农民不安心种地。两人的见解针锋相对，王安石更注

---

[1]事见《宋史·王安石列传》："而农田水利、青苗、均输、保甲、免役、市易、保马、方田诸役相继并兴，号为新法。"

[2]语见《续资治通鉴》卷六十七。

重增加财政收入，在方式上是大刀阔斧从制度上加以变革；而司马光注重"养民"，尤其是底层劳动人民，方式上主张采用缓进式的改革措施。

司马光极力反对变法的另一个原因是王安石用人不当。熙宁二年，王安石升任参知政事，宋神宗"设制置三司条例司"，并令"陈升之、王安石领其

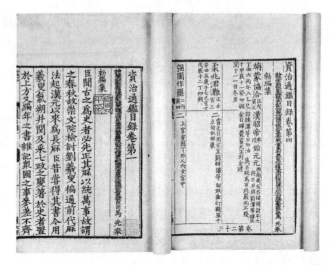

《资治通鉴》书影

事"，王安石即推荐吕惠卿，"言惠卿学先王之道而能用"，由此吕惠卿被任命为条例司检详文字。他一直很信任吕惠卿，在罢相后仍推荐他担任相职。但吕惠卿追逐权力，试图诬陷王安石，变法只是他夺权的手段，新法也成为掠夺民财的方法了。这种用人不当所招致的后果，使得司马光对王安石意见很大，他曾三次致信王安石，阐述自己的观点，但王安石不以为然。

随着新法的推行，保守势力逐渐瓦解，宋神宗罢免了一些保守派官员；司马光也在其中，被罢免了翰林学士等职。熙宁三年（1070），司马光再一次离开京城，出任水兴军（今陕西西安）的地方官。熙宁四年（1071）夏，司马光辞去职务，任西京（今河南洛阳）留司御史台，这是一个有职无权的闲职。从此司马光定居在洛阳，在"独乐园"里居住长达15年；而就在这期间，史学巨著《资治通鉴》修成了。

四、独居西京　修成巨著

自7岁识字时起，司马光就逐渐对《左氏春秋》等历史著作产生了兴趣，之后他更是博览群书，为他在学术、著作方面的巨大成就奠定了基础。司马光很早就在考虑编写一部中国通史，只是身为朝廷官员，无暇顾及此事。他曾利用空闲时间编写了《周纪》和《秦纪》，效果很好。现在正逢此闲居，他想安安心心伏案写作，完成自己多年的夙愿。

司马光编写《资治通鉴》得到了皇帝的大力支持。早在宋英宗年间，他已初步撰写《历年图》25卷和《通志》8卷，得到宋英宗的赞同，并允许他设书局、择官属。神宗时，司马光又得到宋神宗在资料、财力方面的支持，使其不为物力缺乏所限制，专心著书。

司马光著《资治通鉴》，"与刘攽、刘恕、范祖禹及其子康编集。光编阅旧史，旁采小说，考证异同，斟酌取舍"。正是这些当时一流史学家的笔耕不辍，《资治通鉴》才得以著成。《资治通鉴》的编写是一个巨大的工程，大致可分为三个阶段：排列丛目；长编的撰写；删改成稿。在长达十几年的编撰过程中，司马光等人忍受了常人所无法想象的寂寞与辛苦。他从不轻易见客，把所有的时间都花在了修书上。他自己曾说："研精极虑，穷竭所有，日力不足，继之以夜。"[1]在编写的过程中，他极为认真，事事考据、字字推敲，翻阅了无数的资料。而其残稿之多，竟堆满了两间房屋。巨著写成，司马光已"骸骨癯瘁，目视昏近，齿牙无几，神识衰耗，目前所为，旋踵遗忘"。

《资治通鉴》编写的目的是："鉴前世之兴衰，考当今之得失，足以懋稽古之盛德，跻无前之至治。"司马光希望皇帝以史为镜，考察社会现实的得失，使北宋维持长久的统治，"使观者自责善恶得失"。

《资治通鉴》采用编年体史书体例，上起周威烈王二十三年（前403），下至后周世宗显德六年（959），记述了1362年的历史。全书包括主要史实294卷，"又略举事目，以便寻检，为目录30卷，参攻群书，评其同异，为考异30卷"，前后经19年才得以修成。在叙述史实方面，文字不事雕琢，读后却余韵悠长；场面宏大气魄而又详略

《资治通鉴》手稿

《资治通鉴》为宋神宗取意"有鉴于往事，以资于治道"。

---

[1] 语见司马光《进书表》："研精极虑，穷竭所有，日力不足，继之以夜，遍阅旧史，旁采小说、简牍盈积，浩如烟海，抉撷幽隐，校计毫厘。"

得当；人物刻画寥寥几笔却栩栩如生，成为历史散文的典范。在评论上，该书也有独到之处，针砭时弊，用心可谓良苦。《资治通鉴》成书后，不仅为时人所重视，更受后人推崇，成为研究中国史的必读史书。

五、出任宰相　尽废新法

元丰七年（1084）十二月，《资治通鉴》书成，司马光历经十几年呕心沥血闭门著书的历程，已是年逾古稀、身体羸弱、两鬓斑白、牙齿几无的老人。他本可以安享晚年，直至老死于户牖之下。

高太后

然而元丰八年（1085），宋神宗病死，保守派势力占据了上风，高太后执意要司马光出任宰相一职。正是在这种情形下，司马光走马上任，开始了废除新法的改革。

司马光雷厉风行，立即着手全面废除王安石新法。元丰八年（1085）六月，"诏罢府界（开封府）三路保甲"，"罢义仓、方田"。当新法被革除殆尽，只剩下免役、青苗、将官之法时，司马光仍以之为患，认为此患不除，他"死不瞑目"。[1]司马光以差役法来代替免役法，又"诏复常平旧法，罢青苗钱"。在废除新法的过程中，司马光有两个方面做得不妥：一是对新法一概否定，如废除免役法。中书舍人范百禄认为，免役法实施之初，是很得民心的，"开封罢遣衙前数百人，民皆欣幸"，后来只是"有司求羡余，务刻剥"，才会显现很多弊端，最好是"减助免役钱"。但司马光对这些建议听不进去，仍一意孤行。二是急躁冒进，如在以差役法代替免役法时，司马光以五日为限。章惇以为熙宁年间变法"行之太速，故有今弊。今复以差代雇，而限以五日，其弊将更甚"。司马光一味求快，与王安石变法时如出一辙。这同时让那些刻意讨好司马光的人钻了空子，如蔡京

---

[1] 事及语见《宋史·司马光吕公著列传》："时青苗、免役，将官之法犹在，而西戎之议未决。光叹曰：'四患未除，吾死不瞑目矣。'"

"即用五日限，施行之，以媚司马光"。但司马光在此次出任宰相之时所表现出来的坚毅和不畏艰辛，也说明他对北宋王朝的无比忠诚，对于百姓的满怀热忱。

司马光一生生活节俭。在对独子司马康的训诫中说："食不敢常有肉，衣不敢纯衣帛。"严格要求儿子要俭朴，说"由俭入奢易，由奢入俭难"。[1]他一生不追求物质享受，而为国家任劳任怨，鞠躬尽瘁、死而后已，高风亮节为后人所景仰。

元祐元年（1086）秋，司马光病情加重，于九月一日与世长辞，享年67岁。消息传出，高太后和宋哲宗深表哀痛，赠他为太师温国公，谥"文正"。京城各界人士也哀痛异常，人们自发为他送葬。司马光之深得民心，由此可见。

名 家 评 说

意思时，光退居于洛，若将终身焉。而世之贤人君子，以及庸夫愚妇，日夕引领望其为相，至或号呼道路，愿其毋去朝廷，足岂以巴巴　材智所能得比于人人哉？德之盛而诚之著也。

——元·脱脱《宋史》

光生平孝友忠信，恭俭正直，居处有法，动作有礼。……誓死报国，无论大小政务，必亲自裁决，不舍昼夜。

——蔡东藩《宋史演义》

---

[1]语见司马光《训俭示康》文。

王安石

　　王安石（1021～1086）字介甫，号半山，世称临川先生。北宋政治家、改革家，宋神宗时任宰相。谥号"文"。江西临川（今江西抚州）人。其父王益，官至员外郎。庆历二年（1042）王安石进士及第，历任签书淮南（扬州）节度判官厅公事、知鄞县（今浙江宁波）事、舒州（今安徽潜山）通判，后调开封任群牧司判官，又外调知常州事、提点江南东路刑狱公事，继召为三司度支判官、知制诰。熙宁二年（1069），在宋神宗支持下，王安石开始变法运动，变法期间王安石二次任相，变法涉及北宋社会生活的方方面面，影响深远。熙宁九年，王安石第二次辞去相职，开始隐居生活。宋哲宗元祐元年（1086），保守势力上台，新法被废，四月，王安石去世。王安石不仅是一代政治家，也是唐宋八大家之一，文风清新。著作有《临川集拾遗》《三经新义》等。

一、志向高远　立志济国

　　王安石于宋真宗天禧五年（1021）十一月生于临江军（今江西清江），在这里一直长到9岁。家乡山清水秀，有青山碧水的滋养，他在这里博览群书，涉猎儒家、道家等各家各派的著作。尤其是儒家学说对他影响甚深，"入世"思想在他幼小的心灵里牢牢扎了根。后来，他便随父辗转各地、居无定所，走遍大江南北，这使他有机会接触各地风土人情、增长见识。王安石勤于读书，少小之时就胸怀鸿鹄之志。他曾有诗说明那时的心情："男儿力壮不树立，挟此穷老将安归"，年纪尚小的王安石就有了建功立业、扬名天下的远大志向。然而，15岁那

王安石
——从原故宫南熏殿旧藏《历代先贤名人像》

安徽天柱山王安石手迹石刻

年，父亲亡故，家庭支柱轰然倒塌，一家人陷入困境，家境急转直下，贫苦无依。但也正是困顿的生活磨炼了王安石的意志，使他励志苦读，力求能在科举考试中考取功名、名扬天下。

宋仁宗庆历二年（1042），王安石中进士，名列第四，时年22岁。本来就其文采而言，王安石会一举夺魁、独占鳌头，无奈考场仍离不开人情世故，所以他只好屈居人下。这件事对意气风发的王安石触动很大，愤懑过后，他隐忍了下来，也更加努力了。中进士后，王安石出任签书淮南节度判官厅公事，其实就是扬州知府韩琦官署的幕僚。做官后，王安石仍通宵达旦地读书。庆历四年（1044），王安石得子，取名雱。初为人父，王安石自是满心欢喜，对儿子寄予厚望。任期届满，王安石来到京城待命。庆历七年（1047），他出任鄞县知县。

王安石出任知县时，正值年富力强、豪气冲天的年纪，决心干一番事业。他深入实际、深入百姓，关心民众疾苦。看到百姓衣不蔽身、食不果腹的惨状，他于心不忍，力求改变这种状况。他认为，既为父母官，自己责无旁贷。在鄞县的第一年，他就利用冬闲时节，带领百姓修建水利工程，以期旱涝保收。农民在青黄不接时借高利贷深受盘剥，以致虽劳苦终生，却仍负债累累、妻离子散、饿死街头。看到这种状况，王安石决定将官粮以低息贷给农民，待收获时再让他们还给官府，这不仅大大改善了这种不公平的状况，还有利于增加政府收入。[1] 王安石还兴建学校等。这类兴利除弊的利民措施，在王安石任期不可尽数。三年任职期间，鄞县的社会秩序得到改善，王安石深得民心。当然，这些经历也成为王安石后来推行变法的直接经验。

皇祐元年（1049），王安石任满，离开鄞县，前往京城。皇祐三年（1051），

---

[1] 事见《宋史·王安石列传》："再调知鄞县，起堤堰，决陂塘，为水陆之利；贷谷与民，出息以偿，俾新陈相易，邑人便之。"

因为政绩斐然，王安石任舒州通判。刚过而立之年就有如此作为，可见王安石有着十分杰出的政治才能。至和三年（1056），二月，王安石任开封群牧司判官，正是在此任职期间，他的改革思想萌发了。如果说鄞县任职三年是为民兴利除弊，而此时，他更放眼于整个社会，力求针砭社会弊病。次年，他出任常州知州，大举兴修水利，因而得罪了当地富豪，被调往他处。嘉祐三年（1058）三月，王安石调任江南东路提典刑狱，他无意于本职工作，对经济却有着浓厚的兴趣。次年，他上书仁宗，叙说茶叶禁榷制度的种种弊端，尤其是官府借此搜括民财，茶叶价格甚高、质量又差、根本无法饮用等。他建议由商人运销、官府征税，宋仁宗采纳了此建议，效果非常好。

嘉祐四年（1059）十月，王安石应召进京，担任三司度支判官，时年39岁。自此，他身居皇城之中，一步步走上了变法之路。

二、忠臣明主　宝剑砺锋

自入京师做官，王安石的改革思想渐渐成形，只是苦于没有施展才能的机会。

三司度支判官掌管财政预算收支，对于王安石发挥"理财"才能是十分有利的，也使他有机会深入了解社会经济状况。嘉祐五年（1060）五月，王安石上《言事书》，洋洋洒洒，约有万言。他立足于全局，从宏观上分析了北宋的内外形势、出现的问题，提出了解决的方法。从北宋内忧外患的严峻形势出发，王安石说明了变法的必要性；接着论述了要解决危机，就需要有一批德才兼备的栋梁之才来辅佐皇帝，并说明培养人才的方法；还阐述了开支不足的原因所在；将之归结为不注重"理财"。然而，此次上书并未引起宋仁宗的重视，仁宗历经范仲淹时期的变法，此时已毫无斗志。但王安石的一片忠心得到了仁宗的肯定，仁宗任命他为知制诰，负责起草

宋英宗

诏书；同时，也起用一部分新人。这一年，王安石已 41 岁。

嘉祐八年（1063）三月，宋英宗即位。英宗在位仅 4 年时间，朝中又诸多变故，朝臣们意见不一，相互倾轧，王安石得不到重用。同年八月，母亲病逝，王安石辞官守孝。这期间，有些权臣已觉察到了王安石的变法意图，害怕这种意图一旦得到实施，自己的利益就会遭到损害，趁机将矛头指向王安石，对他恶言中伤，继而又捏造事实大肆诋毁。

治平四年（1067）正月，宋神宗即位。神宗在当太子时，就深为王安石的政治才能所折服；即位时，年方 20 岁，很想有一番大的作为，成为一代明君。正是在这种状况下，即位后不久，神宗就任命王安石知制诰知江宁府。熙宁元年（1068）四月，神宗又授予王安石翰林学士兼侍讲一职。神宗召王安石"越次入对"，问他治国之策，王安石对答如流，言论切中要害，深得神宗的赏识。

不久之后，神宗又问王安石："祖宗守天下，能百年无大变，粗致太平，以何道也？"王安石退朝后，上奏《本朝百年无事札子》，详述了这一问题。在这篇文章中，王安石陈述了自己的看法，他认为，北宋社会并不像皇帝所说的太平无事，而是在看似繁盛的表面下隐藏着很大的危机：在用人方面，"本朝累世因循末俗之弊，而无亲友群臣之义，人君朝夕与处，不过宦官、女子，出而视事，又不过有司之细故"，建议要效仿"古人有为之君"，与"学士大夫"来商讨国家大事；在治理方面，"农民坏于差役，而未尝特见救恤"，"兵士杂于疲劳，而未尝申敕训练"等；在理财方面，"虽俭约而民不富，虽勤忧而国不强"的原因正是"大抵无法"。同时，他还指出科举考试中存在的弊端，尖锐而恳切。[1]宋神宗看了王安石的奏折之后深受震动，震惊于社会现实的种种弊端，感动于王安石的拳拳之心。此时的神宗已下定决心支持王安石变法。一场轰轰烈烈、名垂千古的变法运动即将拉开帷幕。

三、熙宁变法　大展宏图

熙宁二年（1069）二月，宋神宗任命王安石为参知政事（即副宰相），此后又设置专门的议变旧法的机关——制置三司条例司，由陈升之、王安石主管。王安石推荐吕惠卿作为自己的助手，开始拟定变法的种种具体措施。

---

[1] 文见《王荆公文集》。

熙宁二年七月"行均输法";同年九月"行青苗法";熙宁三年（1070）十二月"立保甲法";同年"行免役法";熙宁四年（1071）十月"立太学生三舍法";熙宁五年（1072）三月"行布易法";同年五月"行保马法";同年八月"定方田均税法"。[1]由此可以看出，王安石变法的内容包括理财、整顿治安和军备、改革科举与学校制度三个方面，而理财是变法的核心内容。

北宋"交子"开中国货币史纸币之先河

（1）均输法。均输法实施的宗旨是"徙贵就贱"，也就是京城所需物资的采购要以价格低廉、路途较近为原则。具体方法是政府拨给发运司500万缗（一缗是一两银、一石米、一匹布、一贯钱的综合）作为其本钱。薛向担任发运使，负责淮、浙、江、湖六路上供物资的输送。均输法可有效调整物资的供求关系，增加政府财政收入，但同时也存在很多弊端。第一，由于"官员拘于弊法"，不知道京师的需要和六路上的供应情况，无法及时进行调整；第二，因为"各路上供，岁有定额"，丰年不多征收，歉年必须收足，"上供之地转输劳费，而京师则半价卖出"，这就使富商大贾得以操纵市场，从中渔利。第三，农产品、手工业产品和矿产品无法自由流通，对商品市场的发展也是一个极大的阻碍。

（2）青苗法。青苗法源于对既得经验的总结。"陕西转运使李参，以部内粮储不足，令民估计麦粟产量之赢余，失贷以钱，俟谷熟还官，号'青苗钱'"。条

[1] 事见《宋史·王安石列传》："于是设制置三司条例司，命与知枢密院事陈升之同领之。安石令其党吕惠卿任其事。而农田水利、青苗、均输、保甲、免役、市易、保马、方田诸役相继并兴，号为新法。"

例司要求诸路都依照陕西的做法，"民愿预借者给之，令出息二分，随夏秋税输纳，愿输钱者从其便"。青苗法的推行有利于抑制高利贷商人对农民的盘剥，受到了农民的欢迎，如南方之民认为"皆便之，无不善者"。然而，在实际推行过程中，青苗法也带来了损害，"官吏不体此意，均配摊派，反成骚扰"。青苗法虽名义上只收取10%利息，二次借贷收40%利息，但在实际运作过程中，官员与奸商相互勾结，用折计现钱、陈米借出、新麦偿还、控制谷物价格等手段，借贷的农户仍是受尽盘剥，陷入还债的深渊之中。

（3）农田水利法。其主要内容是发展农田水利，鼓励开荒，制定整治河道的规划，促进农业生产的发展。这项措施体现了王安石的"以天下之力生天下之财"的思想。农田水利法实施之后，取得了很大的成效：大量荒地得到开垦，黄河得到治理，兴修了很多水利工程等等。

（4）免役法。免役法代替了以往实行的差役法。它的主要内容是承担差役义务的人不再服徭役，而是出钱募役。实施此法的初衷是免除民间所承担的徭役，同时增加政府收入。实施的效果确实达到了目的，但它仍是一项弊端极大、争议最多的措施。原先差役法是由农村五等主户分别承担职役与力役，但很多主户逃避差役。免役法要求"计民之贫富，分五等输钱"，"官户、女户、寺观、单丁、未成丁者，亦等第输钱"，同时"又增取二分，以备水旱欠缺"。这样，官府收上钱来之后，再出钱募人充役。免役法虽明令"等均取雇值"，但实际上地方官员可以任意出入；免役法将无偿占有劳动者的劳动力转变为占有劳动者的货币，这就使得交纳免役钱的人必须将劳动成果换成货币，这又会遭受到商人的剥削；同时因为免役法每年都征收，而差役数年才轮流一次，这实际上加重了农民的负担。很多农户被逼得上无片瓦、下无寸土，妻离子散、家破人亡，以致于民怨沸腾。

宋彩绘砖雕推磨

（5）市易法。此法的实行，实质上是以国家所藏库帛"置市易务于京师"，不久就在各路推行。市易法的实行，有利于保护中小商贩和外来客商，但政府从事商业，从长远上讲不利于商业的发展，再加官员与豪商勾结起来，控制价格，反而坑害了平民百姓。

（6）方田均税法。该法包括方田法和均税法两个方面的内容。由于北宋并不反对土地兼并，因此富豪地主大量兼并、侵吞土地，并千方百计隐瞒土地的数量以逃避税收，这就大大损害了国家的税收政策。方田法就是要解决隐瞒土地问题的，但实际推行过程中，一整套既定措施根本得不到实行，成为一纸空文。推史料记载，实行 14 年之后，所丈量出的土地亩数还不及耕地总数的一半，反而扰民耗财。

（7）保甲法。王安石实行保甲法意

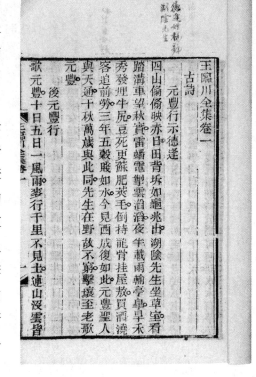

《王临安集》书影

在解决"寇道充斥、劫掠公行"的现象，控制人民，增强国家的军事力量。然而保甲法不利于农民安心生产，不利于人员的流动。

除上述各项措施之外，王安石也在科举制度和学校制度方面采取了不少改革措施。如他注重科举取才的实用性，废除明经科和科举诗赋，以《诗》《书》《易》《周礼》《礼记》为本经，《论语》《孟子》为兼经，要求考生联系实际回答问题，以求选拔经世治国之才。王安石还注重学校制度的改革，"立太学生三舍法"，分生员为三等，上舍生成绩优异的，可"免发解及礼部试，召试赐第"。

四、变法之争　虽败犹荣

变法之路，困难重重，来自各方面的阻力阻挡着变法的前进。随着新法的推行，改革派与保守势力之间的矛盾越来越尖锐化，改革派内部也是争权夺利、分崩离析。再加上王安石在推行新法的过程中急躁冒进、用人不当，本要利民、反而扰民，因此招致诸多反对，最终以失败告终。

王安石

——从清乾隆时期刊本《晚笑堂
竹庄画传》（作者上官周）

均输法刚刚出台，就招来一片反对，到颁布青苗法时，这种反对愈加强烈。韩琦身为元老重臣，极力反对青苗法；翰林学士司马光也上奏说青苗法使得"士夫沸腾，黎民骚动"；熙宁四年（1072），临察御史刘挚、御史中丞吕诲上书言免役法"有十害"。诸如此类，不一而足。反对声不绝于耳，改革的支持者宋神宗也不免疑虑重重，无从决断。熙宁六年至八年，旱灾频仍，灾民四处流亡，无以为生，保守势力趁机上"流民图"，并将之归结为变法带来的恶果。灾民无衣无食的惨状使宋神宗深受震动，竟夕不眠，示之后宫，后妃也落泪不止。这些情况，在很大程度上动摇了神宗变法的决心。[1]

熙宁七年（1074）四月，宋神宗下求言诏，司马光"上疏言青苗、免役、市易及四夷用兵不便"，"王安石罢相，知江宁府。以韩绛同平章事，吕惠卿参加政事"。吕惠卿在变法之初确实起到了重要的推动作用，但随着手中权力的扩大，他开始醉心于权力的争夺。为了独掌相权，他排挤韩绛，并千方百计阻挠王安石再次任相。韩绛不满他的做法，力劝宋神宗再次起用王安石。熙宁八年（1075），"观文殿大学士、吏部尚书、知江宁府王安石复相"。

王安石复相之后，变法的形势并未得到好转，改革派内部更是争权夺利、倾轧不已。吕惠卿处心积虑地想代替王安石，就在宋神宗那里恶意中伤他，用心险恶，以致神宗罢免吕惠卿参知政事一职。与此同时，神宗对王安石也不像以前那样言听计从、无比信任了。熙宁九年（1076），王安石之子王雱暗中唆使人诬告

---

[1] 事及语见《宋史·王安石列传》："监安上门郑侠上疏，绘所见流民扶老携幼困苦之状，为图以献，曰：'旱由安石所致，去安石，天必雨。'侠又坐窜岭南。慈圣、宣仁二太后流涕谓帝曰：'安石乱天下。'帝亦疑之。"

半山园

半山园原名"晋谢公墩"，为谢安故居。北宋时为王安石宅第，后为王安石捐给佛门建造寺宇，宋神宗赵顼赐名"报宁寺"；王安石因新法被废悲怆离世，葬于报宁寺（半山寺）后半山园。

吕惠卿向华亭县借款购田，事情败露，王雱抑郁成疾而死。王安石老年丧子，悲痛之极，看透世事，对政治上的是是非非已心灰意懒，遂向宋神宗上书辞职。同年十月，"王安石罢相，出判江宁府"。[1]次年，王安石又辞去江宁府职，只是保留着虚衔而已。

二次罢相时，王安石已 56 岁了。他退居江宁，在山半坡筑起一座简简单单的庭院，自号半山老人。暮年的王安石身心俱疲，遂皈依佛教，以求精神的慰藉。他过着闲散的隐居生活，谈诗论文，参禅味道，游山玩水，醉心田园。

可也凑巧，吕惠卿也恰在此时出任江宁知府。他前往拜见王安石，希求尽释前嫌，王安石欣然接受。后来，苏轼途经江宁，与王安石相见，曾经反对变法的两人捐弃前嫌，同游蒋山，把酒临风，畅意而归。此时的王安石已经不那么执着政见、凌厉逼人，变得平和、质朴了。

不过，宋神宗并未将在野的王安石忘于脑后，元丰三年（1080），加为"荆国公"；神宗病死之前，又加之为"司空"。

元丰八年（1085）三月，宋哲宗即位，太皇太后高氏听政，保守势力控制了政权。不久，司马光出任宰相，尽废新法。元祐元年（1086）三月，"罢免役

---

[1]事见《宋史·王安石列传》："安石之再相也，屡谢病求去，及子雱死，尤悲伤不堪，力请解几务。上益厌之，罢为镇南军节度使、同平章事、判江宁府。"

法"。此事对王安石打击很大，毕生心血转瞬被废除殆尽，他忧郁成疾。四月，王安石去世，时年67岁。

名 家 评 说

　　以文章节行高一世，而尤以道德经济为己任。被遇神宗，致位宰相，世方仰其有为，庶几复见二帝三王之盛。而安石乃汲汲以财利兵革为先务，引用凶邪，排摈忠直，躁迫强戾，使天下之人，嚣然丧其乐生之心。卒之群奸嗣虐，流毒四海，至于崇宁、宣和之际，而祸乱极矣。

——宋·朱熹语，载《宋史》

　　安石为翰林学士则有余，处辅弼之地则不可。

——宋·韩琦语，载《宋史》

　　安石性强忮，遇事无可否，自信所见，执意不回。……神宗相安石，此虽宋氏之不幸，亦安石之不幸也。

——元·脱脱《宋史》

　　上有急功近名之主，斯下有矫情立异之臣，如神宗之于王安石是已。神宗第欲为唐太宗，而安石进之以尧、舜；神宗目安石为诸葛、魏征，而安石竟以皋、夔、稷、契自况。试思急功近名之主，其有不为所惑乎？

——蔡东藩《宋史演义》

　　王安石是中国十一世纪的改革家。

——列宁《列宁全集》

蔡 京

蔡京（1047～1126），字元长，徽宗时任宰相。兴化军仙游（今属福建）人。宋神宗熙宁三年（1070）中进士。做过地方官，后调入京城，任中书舍人，改龙图阁待制，知开封府。绍圣元年（1094），蔡京任户部尚书。崇宁元年（1102），他任右仆射兼门下待郎，后官至太师。蔡京先后4次任相，是历史上最为奸诈昏庸的宰相之一。

一、处心积虑　投机钻营

宋神宗熙宁三年（1070），蔡京中进士，时年24岁。他做过钱塘尉以及舒州等地官员；后调入京城，任起居郎，曾奉命出使辽国；又被提升为中书舍人，还当过开封知府。

宋哲宗赵煦即位后，由神宗的母亲高太后辅助。高太后是反对变法的守旧派，她掌权后，立即重用司马光、吕公著等一批在王安石变法时失势的守旧派官僚。这么一来，王安石所推行的新法几乎被全部废除。司马光认为免役法、青苗法、将官之法与攻打西戎之议是"四患"，非得除之而后快。司马光下令恢复差役法，即依照变法前实行的按户等轮流充当县政府差役的办法，还规定要在5天内完成。很多官员认为，要在短短几天内完成简直是无稽之谈，苏轼也认为这样突兀的改革制度势必带来很多弊病。蔡京当时任开封知府，他感到这是获得司马光赏识的绝佳机会，就夜以继日地催赶，终于使管辖的各个

蔡 京
——从宋赵佶《听琴图》

宋哲宗

地区都按时完成。果不其然，司马光对他非常满意，很有提拔他的意思。[1]但这次邀功的事做得过于露骨，招致很多人的不满，有人以"挟邪坏法"为理由将他调离京城，出任地方官。

宋哲宗亲政后，希望有一番作为，他重用章惇等支持新法的大臣，恢复元祐年间被废除的新法。此时，改革派占了上风，蔡京立刻拨转马头，表现出支持新法的样子来。章惇要恢复免役法，但在具体操作上大臣们众说纷纭，莫衷一是。蔡京投其所好，建议直接照搬熙宁年间王安石变法的条文，章惇采纳了他的建议。蔡京处心积虑，投机钻营，终于得到当权者的重用，"惇为相，蔡卞、蔡京等人亦入朝任要职"。在章惇的推荐下，蔡京升为翰林学士，又修国史。蔡京在朝中的地位不断上升。

然而好景不长，蔡京曾借查"同文馆狱"之机，大肆杀戮政敌，制造冤案甚多，引起其他官员的愤慨，朝廷御史多次上书揭露其罪行。宋哲宗死后，他的弟弟赵佶即位，是为宋徽宗。宋徽宗拟将蔡京贬为太原知州，蔡京得知此消息心慌意乱，赶忙向太后哭诉，请求留下自己。然而众怒难平，太后也无可奈何。后来，蔡京改任江宁知府，但他怕一离开朝廷就可能再无出头之日，所以迟迟不去赴任，最终被免了职，闲居杭州。

蔡京深谙为官之道，他明白，即使才高八斗、学富五车，也比不上讨得皇帝的欢心；要想平步青云，必须得到皇帝的宠信。他很注意拉拢皇帝身边的红人。宦官童贯深得宋徽宗宠信，宋徽宗工于书画，童贯就以供奉官的身份前往杭州一带为皇帝收集"书画奇巧"之类。蔡京借此时机结识了童贯，对童贯异常热情，照顾得无微不至，满足其种种要求，两人结伴同行，俨然相交多年的挚友。"投

---

[1]事及语见《宋史·奸臣二·蔡京赵良嗣列传》："司马光秉政，复差役法，为期五日，同列病太迫，京独如约，悉改畿县雇役，无一违者。诣政事堂白光，光喜曰：'使人人奉法如君，何不可行之有！'"

之以桃，报之以李。"童贯带给宋徽宗由蔡京精心制作的屏幛、扇带画，并在宋徽宗面前对蔡京赞不绝口，"宋徽宗因此有意重用蔡京"。[1]

蔡京再次被起用后，更是使出浑身解数来讨好宋徽宗。宋徽宗打算继续推行先帝未完成的新政，蔡京立即信誓旦旦地表明自己的忠心，又派人在外面散播消息说，只有蔡京才能担此大任，才能辅佐皇帝。崇宁元年（1102）七月，蔡京被提升为右仆射，即宰相。此后，虽在仕途上时起时落，但蔡京极会讨好宋徽宗，每每得到庇护，这使他得以长期把握朝政，为所欲为。

二、结党营私　镇压异己

蔡京担任相职，大权在握，于是大肆玩弄权术，培植亲信，排除异己。

蔡京拉拢的首要对象是皇帝身边得宠的童贯、梁师成等宦官。结识童贯是蔡京仕途上一个大的转折，他得以接近宋徽宗，皆童贯之功。因此，他对童贯十分感激，利用手中的权力提拔童贯，使之位高权重，盛极一时，时人谓之"媪相"。[2]梁师成深得宠信，更是狂妄之极，他假传圣旨，无恶不作，时人谓之"隐相"。[3]蔡京极力与他交好，小心翼翼地侍奉，唯恐惹怒他一星半点。不仅如此，蔡京连宫廷的守卫都加以收买，使他能够在宫廷随意出入。

蔡京着意扩大自己的势力。朝野上下，大至手握重权的执政，小至朝外的帅臣、监司，其中很多或由蔡京一手提拔，或是蔡京的亲信，都对蔡京言听计从，服服帖帖。为了安插亲信，蔡京不得不扩大宋朝本已膨胀的官僚机构。政府财政困难，人民负担日重，他充耳不闻，熟视无睹。比如，为了将兵权控制到自己手里，他建立"四辅"作为京都的辅都，由亲信宋乔年、胡师文掌管。他这种做法完全是出于一己之私，毫不考虑实际情况，使得军粮、物资等运输极其困难。

为了直接控制皇帝，蔡京还将长子蔡攸安插在宋徽宗身边，以侍奉皇帝之名，行控制皇帝之实。蔡攸在宋徽宗身边，不是引导他行治国之道，而是遵照

[1] 事见《宋史·奸臣二·蔡京赵良嗣列传》："童贯以供奉官诣三吴访书画奇巧，留杭累月，京与游，不舍昼夜。凡所画屏幛、扇带之属，贯日以达禁中，且附语言论奏至帝所，由是帝属意京。"

[2] 事见《宋史·宦者三·童贯列传》："时人称蔡京为相公，因称贯为媪相。"

[3] 事见《宋史·宦者三·梁师成列传》："王黼父事之，虽蔡京父子亦谄附焉，都人目为'隐相'。"

宋徽宗

父亲的意思，以奇花异石、笼禽槛兽等玩乐的东西讨好皇帝，极尽巴结之能事。这么一来，宋徽宗纵情于玩乐，不问政事，蔡京一手遮天，恣意妄为。

蔡京对于权力贪得无厌。在担任相职的第七天，他就设置"讲议祠"，大政方针皆出于此。这一机构由蔡京的僚属控制，这样，蔡京就最大限度地控制了权力。为保住自己的地位，使下情无法上达，蔡京别有用心地采用"御笔密进"的方法，即蔡京草诏，宋徽宗照录，称为"御笔手诏"，且禁止百官对此事评议。事实上，"御笔手诏"真假难辨，诸大臣心知肚明，只是慑于蔡京之威，不敢明言而已。蔡京还心怀不轨，"善则称己，过则称君，必欲陛下使敛天下之怨而后已"，以此来提高自己的名声。

对于听命于自己的人，蔡京对之加官进爵；对于不满他专权的贤良，则大肆打击，手段残忍。蔡京曾着意向司马光邀功，但未受到重用，一直对此事耿耿于怀。站稳脚跟后，他就对司马光等一批元祐年间的旧臣动手了。他怂恿皇帝下诏，不让司马光、吕公著等后代门人在京师做官，后来还诬蔑他们是奸党，并刻石宣布。[1]元祐旧臣几乎都遭到不同程度的迫害，幸免者寥寥无几。蔡京对反对他的人更是施加种种打击。蔡京想拉拢方轸作为自己的亲信，但方轸不齿于蔡京的恶行，坚决不与之同流合污。他上书指责蔡京肆无忌惮、飞扬跋扈。蔡京大光其火，立即将方轸削籍流放到岭南，毫不心慈手软。蔡京因与刘逵结怨，就借苏州发生盗铸钱案的机会，陷害刘逵的亲戚，1000多人牵连其中，蔡京还不解恨，再派官员前去，有的官员因不忍让无辜的人身陷牢狱，触怒了蔡京，也被贬往其他地方。这起案件中制造的冤案更是不计其数。对于异己，蔡京绝不手下留情，

---

[1]事见《宋史·奸臣二·蔡京赵良嗣列传》："时元祐群臣贬窜死徙略尽，京犹未惬意，命等其罪状，首以司马光，目曰奸党，刻石文德殿门，又自书为大碑，遍班郡国。"

即使是自己的亲人也不例外。宋崇宁四年，蔡的弟弟蔡卞"与其兄京不协，蔡京于徽宗前诋卞，卞求去"。直至后来，蔡京与其长子蔡攸的权力之争中，父子之情更是丧失殆尽。

三、巧取豪夺　穷奢极侈

蔡京不仅对权力十分贪婪，对钱财也是竭尽全力大肆搜刮，以维持自己花天酒地的生活，满足宋徽宗大肆挥霍的需要。

蔡京先是借口恢复推行新政来盘剥百姓。崇宁四年（1105），"颁方田法"。"方田均税法"是王安石变法时用来减轻农民负担、增加国家财政收入的重要措施。蔡京假借恢复新政之名大肆敛财。重新丈量土地时，掌握大量土地的地主能得到很多好处，他们往往隐瞒田产，少报或不报土地的数目，200多亩的土地在丈量上报时变成了20多亩。与此同时，政府的税收有增无减，每亩土地平摊的赋税成倍增加，最终受苦的还是底层的劳动人民。恢复"免役法"，使许多权贵

任用六贼

——从明万历元年（1573）纯忠堂刊本《帝鉴图说》

应奉花石

——从明万历元年（1573）纯忠堂刊本《帝鉴图说》

地主不用服劳役、不用交纳免役钱，承担劳役的农民的负担则越来越重。

蔡京还通过"盐钞法"来压榨商人。盐商必须将钱交给政府换取"盐钞"，才能买官盐。盐由政府专营，这么一来，盐利归中央。盐钞更换频繁，更换时还得贴入一笔钱，来不及换的旧钞只能是一堆废纸。再加上盐价不断上涨，很多富极一时的富商巨贾只落个身无分文、自杀身亡的下场。

为搜刮民财，蔡京用尽了心机。他公开卖官，每个职位都有确定的价钱。"三千索直秘阁，五百贯擢通判"。北宋本来就面临着机构膨胀的危机，用这样的方法来增加收入无异于饮鸩止渴。据史料记载，在宋徽宗即位七八年之后，北宋官员的人数增至10倍。财政上入不敷出，蔡京又在铸币上打主意，宋徽宗时朝廷经常改革币制，新铸的不足量的货币造成了货币贬值，币制混乱不堪。蔡京还对茶征收重税，其理由是"水磨茶场系无丰旧法"，因此必须征收，并且"召磨户六十户，承认岁课三十万缗，每月均纳"，这在当时是相当重的。蔡京还设下名目繁多的税目，强取豪夺。

蔡京用尽手段榨取民脂民膏，使得官府的仓库里堆得满满的。他趁机提出
"丰亨豫大"来表明北宋国富民强，竭力营造一派歌舞升平的太平盛世景象，以
取悦于徽宗，捞得"贤相"的名声。这使得统治阶级更能为所欲为：既然国家这
么富，就应该尽情享受，就应该奢侈无度，就应该讲究排场。

　　在这种风气影响下，以宋徽宗、蔡京为代表的北宋统治阶级更是奢侈无度。
蔡京刚刚拜相，就费尽心机为宋徽宗建造无数游玩的宫殿。先后建造了景灵宫、
延福宫、九成宫、无符殿、保和殿、福宁殿、明堂、艮岳山、曲江池等。这些宫
殿风格迥异，美不胜收，极尽铺张之能事。尤其是艮岳山，建于深山之中，尽
得天然与人工之妙。后来，蔡京得到宋徽宗的同意，在苏杭两地设立"造作局"，
集中制造精美的工艺品。宋徽宗"垂意花石"，蔡京就命令亲信朱冲暗中将浙江
一带的奇花异石进献给宋徽宗，开始时只是"致黄杨三本"，得到了宋徽宗的赞
赏，后来每年数量都增加，直至"船船相衔于淮汴，号'花石纲'"。"应奉局"
是设置在苏州专门为宋徽宗搜罗花石的机构，由朱冲之子朱勔负责。朱勔父子
经常强令农民去深山江湖之中采集花石，并且举凡官民人家有一木一石有点特
色、值得把玩，就派人用黄帕盖上，作为御前之物的标记。有时，为把花石送出
来，还要将士庶之家的门墙拆毁。为运送这些花石，朝廷更是耗费了无数人力财
力。[1] 被役使的民户惨状至此，却只为满足宋徽宗一人的癖好。宋徽宗崇尚道教，
不仅大肆建造道观，还使多达两万的道士们能够领取俸禄，养尊处优。而蔡京更
是投其所好。蔡京在路过苏州的时候，打算建僧寺阁，费用巨万。僧人推荐朱冲
来担当此任。果不其然，过了几天"冲请京至寺度地"，蔡京到时，就有"大木
数千章积于庭下"，由此朱冲更为蔡京器重。

　　蔡京不仅为讨好宋徽宗而大肆挥霍，他自己也是妻妾成群、骄奢淫逸。他喜
欢吃鹌鹑，吃一次就要杀掉几百只。他宴请很多官员，让厨师做蟹黄馒头，一个
馒头就得花1300多缗。他还用别人进献的"齿瓷"宴请宾客。这种"齿瓷"是

---

[1] 事见《大宋宣和遗事》："先有朱勔者，因蔡京以进，上颇垂意花石、勔初才致黄杨
木三四本，已称圣意。后岁岁增加，遂至舟船相继，号作花石纲。专在平江置应奉局，
每一发辄数百万贯，搜岩剔薮，无所不到。虽江湖不测之澜，力不可致者，百计出之，
名做神运。凡士庶之家，有一花一木之妙的，悉以黄帕遮覆，指做御前之物。不问坟墓
之间，尽皆发掘。石巨者高广数丈，将巨舰装载，用千夫牵挽，凿河断桥，毁堰折闸，
数月方至京师。"

用黄雀的胃做成的，耗费极大。蔡京的仆人随从更是数不胜数，吃饭时还有专门报菜名的佣人，由此可见一斑。蔡京曾为扩建自己的府第而毁掉几百间民房，霸占方圆几十里的地方，修建"西园"。蔡京生日，天下各州府都要进献礼物，叫做"生辰纲"。蔡京的子孙生长在这样的环境中，养尊处优，不知"辛苦"二字为何物。

四、争权失势　遗臭万年

蔡京4次居相位，自崇宁元年（1102）任右仆射至宣和七年（1125）四月被贬，其间20多年，势力有增无减。这主要归因于他不仅朝中遍布亲信，还深得宋徽宗宠信。蔡京的长子是徽宗身边的红人，他的三子是徽宗的女婿，他自己又熟知徽宗的喜好，一味奉承谄媚。徽宗曾七次去蔡府，这在当时可是莫大的荣耀。即使被贬的时候，他仍有很大势力。史料记载，大观三年（1109），"蔡京虽罢尚书左仆射，致仕，犹在京师，余威震于群臣。京朋奸误国，公私困弊"，侍御史洪彦章、太学生陈朝老等上书陈述蔡京的种种恶行时，奏章根本到达不了宋徽宗那里。而且蔡京每次复职，权力并不是缩小，反倒是扩大了。

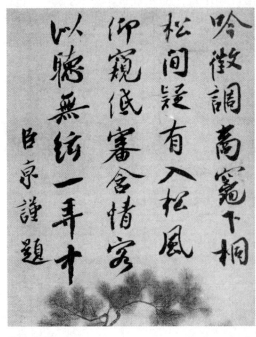

蔡京墨迹

蔡京第四次被贬是在与长子蔡攸争夺权力过程中失势所致。蔡京与蔡攸虽为父子，但两人关系是比较复杂的。蔡攸曾得到父亲的提拔，但他忌恨蔡京钟爱他的弟弟，加上两人争权夺利、相互倾轧，更使得骨肉至亲如同仇敌一般。蔡攸官职不断上升，他更视蔡京为眼中钉、肉中刺，非得除之而后快。一次，蔡攸去蔡京府邸，一进门就握住父亲的手，摆出一副诊脉的样子，说脉势舒缓，身体是不是不舒服，蔡京否认了。当时旁边有客人在座，感到不可思议，在蔡攸离开之后就问蔡京原因。蔡京回答说儿子是想以患病为由罢自己的官。[1]这件事发生后不久，蔡攸就极力奏请宋徽宗，要求罢免蔡京的相职。于是蔡京被罢免相职。

宋钦宗即位后，太学生陈东上书，请诛蔡京、王黼、童贯、梁师成、李彦、朱勔六贼，声势浩大。蔡京被宋钦宗贬往外地，最后被贬到儋州（今属海南省），途经潭州（今长沙）时患病死去，终年80岁。

名 家 评 说

　　京天资凶谲，舞智御人，在人主前，颛狙伺为固位计，始终一说，谓当越拘挛之俗，竭四海九州之力以自奉。帝亦知其奸，屡罢屡起，且择与京不合者执政以枳之。京每闻将退免，辄入见祈哀，蒲伏扣头，无复廉耻。

　　　　　　　　　　　　　　　　　　——元·脱脱《宋史》

　　然京之邪尤甚于赵（挺之）、刘（逵），倏伏倏起，一进一退，爵禄为若辈播弄之具，国事能不大坏耶？

　　　　　　　　　　　　　　　　　　——蔡东藩《宋史演义》

---

[1]事及语见《宋史·奸臣二·蔡京赵良嗣列传》："攸别居赐第，尝诣京，京正与客语，使避这，攸甫入，遽起握父手为胗视状，曰：'大人脉势舒缓，体中得无有不适乎？'京曰：'无之。'攸曰：'禁中方有公事。'即辞去。客窃窥见，以问京，京曰：'君固不解此，此从欲以为吾疾而罢我也。'"

宗　泽

宗泽（1059～1128），字汝霖，钦宗时任天下兵马副元帅，高宗时任开封府尹，谥号"忠简"。婺州义乌（今浙江义乌）人，父名不详，母亲刘氏。宗泽长期担任地方小官，靖康之际，他脱颖而出，后官至徽猷阁待制、开封府尹等职。宗泽是北宋末、南宋初著名的抗金英雄。他治军严明，备战有方，屡胜金兵，闻名天下。金人呼其为"宗爷爷"。

一、登进士第　做为民官

传说宗泽母刘氏，一夜梦大雨雷电，光烛其身，第二日便生宗泽。宗泽年少时即有大志，他性情豪爽，喜欢读书，经常出外访友求学，对历史掌故、忠臣烈士尤有了解。据说，他最喜欢读的两部书是《左传》和《三国志》。

宗　泽

宋哲宗元祐六年（1091），宗泽登进士第。进行廷试时，由于他直言不讳、极陈时弊，为考官所恶，只把他列入进士三甲中的"末甲"之中。这时，宗泽已33岁。而此前五六年间，即元祐初年，正是王安石变法派人物遭受严重打击的时期。因宋神宗去世，反对变法的旧党人物重新得势，卷土重来，于是新法尽废，党禁大开，政治黑暗。宗泽正是在那种险恶的政治环境中度过自己的年轻时代，所以他的晚登进士、不愿早入仕途，是有着深刻的社会政治背景的。

元祐八年（1093），宗泽任大名馆陶（今河北馆陶）县尉。著名的变法派人物吕惠卿正是其上司。冬季，吕惠卿传召宗泽与县令一起视察黄河治理一事。这时正赶上宗泽长子病丧，但他并未羁留于家，欣然赴事。吕惠卿闻知此事夸赞宗泽说："真是为国而忘家的人啊！"众人至河边，时值隆冬，民夫多有僵倒在地者，而朝中官吏却鞭督愈急。宗泽于是上书吕惠卿说："眼下严寒，在这时调民夫修河堤，除使民夫痛苦外，御河工程也不会收到好的效果。如果到次年初春再动工，可顺利完成此项工程。"吕惠卿将宗泽之言上报朝廷，朝廷同意了宗泽的建议。[1]吕惠卿想让宗泽做自己的幕僚，宗泽婉言推辞了。

宋徽宗赵佶《锦鸡图》

在馆陶做官几年后，朝廷调宗泽任衢州（今浙江衢县）龙游令。龙游地方略偏僻，民不知学，故宋朝开国以来尚未有登科中举的人。于是宗泽建立学校，设置儒师，讲论六经之书，使民知学。自此，游龙风俗为之一变，此后登科中举者不乏其人。

宋徽宗政和五年（1115），宗泽又通判登州（今山东蓬莱）。当登州境内有官田数百顷，都是荒芜不毛之地，但每年仍要向州官交纳钱币万余缗，届时恶吏便横来索取，登州百姓苦不堪言。宗泽到此即上疏朝廷，请免民缗。奏疏上后，虽然民缗未能全免，也适当减轻了人民的一些负担。

在做登州通判的前两年，宗泽还担任过莱州胶水县（今山东平度）县令。当

---

[1]事及语见《宋史·宗泽赵鼎列传》："吕惠卿帅鄜延，檄泽与邑令视河埽，檄至，泽适丧长子，奉檄遽行。惠卿闻之，曰：'可谓国尔忘家者。'适朝廷大开御河，时方隆冬，役夫僵仆于道，中使督之争。泽曰浚河细事，乃上书其帅曰：'时方凝寒，徒苦民而功未易集，少需之，至初春可不扰而办。'卒用其言上闻，从之。"

时，胶水县豪强势力很大，恶霸横行。有一名叫包温的恶霸，依仗官府中的亲戚，为非作歹，百姓人人痛恨。宗泽到任，查明情况要惩治他。但包温的姻亲却以上司的身份出来阻挡、包庇。宗泽义正词严地说："包温犯法，我以法治其罪，不知其他也！"包温的姻亲无计可施，包温受到了应有的惩治。

从馆陶县尉、胶水县令到登州通判，宗泽做了20多年的地方小官，虽政绩斐然、名播朝廷，但总是不被提拔重用。由此，他看清了宋末官场的腐败和黑暗，于是借事弃官归隐，退居东阳（今浙江义乌县东），结庐于山谷之间，过起陶渊明式的远离尘世的生活。

二、赴国难诏　率勤王师

宋徽宗宣和七年（1125）十二月，金兵分两路大军攻宋，西路军在太原受阻，东路军却长驱直入，直逼宋都开封。宋徽宗听到这一消息后，当时就吓得昏了过去。被群臣救醒后，他立即写了退位诏书，将帝位传给儿子赵桓，即宋钦宗，自己做了太上皇。宋钦宗登帝位，改年号为靖康。金军围攻开封整整三个月，未能攻克，在与宋朝签定了有苛刻要求的和约后，撤军北还。

这年八月，金军西路军攻克太原。于是东路军和西路军会合，再次大举攻宋，宋朝又面临灭顶之灾。

国难当头，宗泽再也无法闲居山谷。在宋御史中丞陈过庭等人的举荐下，宗泽以60多岁的高龄出山，准备为国效力，挽回残局。他一路风尘仆仆，赶到开封，谒见宋钦宗。钦宗下诏封他为假宗正少卿，充"和议使"，出使金国，向金人乞和。宗泽本想有所作为，不料却让他担任这样的差事，他心中十分难受，对臣僚说："派我向金乞和，我将不能活着回来了！"有人问其原因，宗泽回答说："此行若能说动金人悔过，自行退兵当然好，若不能，金人仍执意南侵，我能屈节于他们而有辱君命吗？"朝中议和派人物知道宗泽此行必然刚正不屈，那将有碍和议，遂将此况报知宋钦宗。钦宗于是收回原命，改命他人充和议使，出使金国，而令宗泽出知磁州（今河北磁县）。[1]

---

[1] 事及语见《宋史·宗泽赵鼎列传》："靖康元年，中丞陈过庭等列荐，假宗正少卿，充和议使。泽曰：'是行不生还矣。'或问之，泽曰：'敌能悔过退师固善，否则安能屈节北庭以辱君命乎。'议者谓泽刚方不屈，恐害和议，上不遣，命知磁州。"

磁州地处河北境内，是金军南下攻打开封的必经之地。当时，由于太原失守，金军又合兵南下，故凡授官在河北、山东、河南北面的宋朝官员，因惧怕金兵，皆不赴职，托故不行。这对宗泽无疑是个严峻的考验。宗泽说："吃国家俸禄而避难，不可也。"于是诏令一下，第二日便单骑上道，带着十几个老弱残兵，径赴磁州。此时的磁州已多遭金兵的蹂躏，仓库空虚，人民逃离。宗泽到任，马上发动兵民修缮城池，开浚城河，打造兵械，招募义勇之士，做固守之计。经过一番准备，宗泽上疏朝廷献谋说：

宋钦宗
——从原故宫南熏殿《历代帝王像》

"邢、洺、磁、赵、相五州相接未远，若每州各蓄精兵2万人，金兵攻一州，其他四州郡即出兵援应，这样，虽一州只2万兵，实则有10万兵。"宋钦宗览其疏后，很为赞赏，任命宗泽为河北义兵都总管。[1]

不久，金兵攻陷真定（今河北正定县），引兵南取庆源。金兵从李固渡渡河取庆源，害怕宗泽断其后路，于是分派数千金兵攻取磁州。宗泽身穿甲胄登城指挥退敌。他先令壮士用神臂弓射击金兵，待金兵退走时，又率军追击敌人，金兵败逃。宗泽把所获得的军马金帛全部犒赏了军士。

宋钦宗这时下诏命令其九弟康王赵构（即南宋高宗）再出使金国乞和。康王路经磁州，宗泽迎至城中治所，对他说："前次议和，肃王（即宋徽宗第五子）一去不返，今金人又诡称邀请大王您去，千万不要上当，请不要去。"康王本来是个胆小之人，又觉得宗泽所说有道理，于是未出使金国而返回相州（今属河南安阳）。金人本来不想议和，邀康王谈和议之事本属骗局。如果赵构此交成行，

[1] 事及语见《宋史·宗泽赵鼎列传》："时太原失守，官两河者率托故不行。泽曰：'食禄而避难，不可也。'即日单骑就道，从羸卒十余人。磁经敌骑蹂躏之余，人民逃徙，币廪楛然。泽至，缮城壁，浚隍池，治器械，募义勇，始为固守不移之计。上言：'邢、洺、磁、赵、相五州各蓄精兵二万人，敌攻一郡则四郡皆应，是一郡之兵常有十万人。'上嘉之，除河北义兵都总管。"

必被金人扣留无疑，所以赵构侥幸活命并在后来登位称帝，宗泽作用非浅，故赵构对宗泽也是颇为感激的。

此时，金人干脆撕去假谈和议的面具，挥兵南下，于十月再次包围了开封。宋钦宗急忙从开封城上悄悄缒人出城，让其揣带自己亲写的蜡书给赵构，命康王赵构为天下兵马大元帅，宗泽、汪伯彦为副元帅，调集各路军马，速往开封勤王退敌。

宗泽接诏，随康王起兵入援开封。宗泽提议先会宋兵于李固渡，断敌归路。众人不从。于是宗泽独自引兵趋渡。道中遇到金兵，宗泽派秦光弼、张德夹击敌军，金兵大败；又派壮士乘夜捣敌营寨，破敌寨30余处。

勤王师会集于大名府（今河北大名东北），召开高级将领会议，研究救援开封方案。当时正隆冬季节，飞雪漫天。宗泽履冰渡河而至。见到康王后，他说："现在京城受围日久，入援之事刻不容缓，必须马上出师发兵，直趋开封。"适逢签书枢密院事曹辅带着宋钦宗蜡书从开封来到大名之帅府中，说眼下和议可成。众将帅听说后皆长出一口气。宗泽说："金人历来狡诈不可信。这时候谈和议，是想延缓勤王师去开封的时间。

单骑赴州（选自《马骀画宝》）

现在君父盼望救援师至，何等急切。我们应马上出师直趋澶渊（今河南濮阳），次第进垒，以解京城之危。万一敌人有其他阴谋，而我兵则已在城下矣。"另一副帅汪伯彦不同意宗泽之议，他劝康王先派宗泽带一部分人马先南下趋开封，自己与康王带另一部分精兵向东去东平（今山东东平）。

金人骑兵及马具装

阴历正月，宗泽带兵至开德府（今河南濮阳）。遇到金兵阻遏，宗泽率将士与金兵先后13战，皆胜。当时，名将岳飞正在宗泽军中。宗泽去书信给康王，劝康王下令让诸路兵马会集于京城开封。又移书于北道总管赵野、河东北路宣抚使范讷、知兴江府曾楙，合兵入援。但这三人都认为宗泽狂妄不实，没有答应。于是，宗泽竟以孤军奋进。都统陈淬说金兵势众，孤军不应轻举妄动。宗泽听后十分气愤，要斩陈淬，众将士乞请勿斩，宗泽方免其死罪，命其戴罪立功。遂命陈淬带兵前进。遭遇金兵时，陈淬率宋兵奋勇出击，大败金兵。金兵攻开德，宗泽派孔彦威迎敌，又胜金军。金人再攻开德，权邦彦、孔彦威合兵出击，金兵又败。

宗泽率军至卫南（今河南汲县一带）时，将少兵寡，先锋军报告说前方有敌营。宗泽挥军向前与敌人交战，金兵大败。宗泽又引兵向东，金兵派兵来援，宋将王忠孝战死，前后都是敌军的营垒。宗泽下令说："今日进退皆死，不可不从死中求生！"宋军将士知道没有退路，无不以一当百，奋力拼杀，金兵难以抵挡，大败而去，退兵数十里。宗泽估计金兵10倍于宋军，一战而退，势必复来，夜袭宋军营寨，那时宋军就危险了。于是传令宋军，天黑后拔营而去。果然金兵乘夜来袭，但只得了一座空营。从此，金人颇惧宗泽，不敢轻易对阵。这时，宗泽又出其不意，带兵渡过黄河，袭击金军，金军又一次败退。由此康王赵构承制授宗泽为徽猷阁待制之职。

实际上，在宗泽率军南下屡战金兵之时，开封已经陷落，只是消息未到，众军不知而已。这时金人逼迫宋徽宗、钦宗父子北行，还有贵戚、嫔妃几百人一起北往。宗泽闻知此情后，遂提军经渭州，过黎阳，至大名府，欲渡黄河，在金人归路上击杀金军，夺还二帝，但未能实现。其时，其他勤王之师竟无一至者。[1]

三、备兵开封　保卫东京

金兵将开封掳掠一空而去，宋徽、钦二帝被俘北国。国不可一日无主，宗泽虽已年迈，但忧国忧民之情未减。他上书康王赵构，请他即帝位，以抚国事，以安民心，他说："今天下所属望者在于大王，大王行之得其道，则有以慰天下之心。所谓德者，近刚正而远柔邪，纳谏诤而拒谀佞，尚恭俭而抑骄侈，体忧勤而忘逸乐，进公实而退私伪。"宗泽多次进表劝康王即帝位，而他劝康王行德政的那番话，无疑是劝勉中含有批评。他已隐约感到这位新皇帝的问题症结，后来赵构的所作所为基本与宗泽所希望的相反，也证实了宗泽不仅有满腔爱国热情，看人看事还很有远见卓识。

靖康二年（1127）五月，赵构在南京（今河南商丘）即帝位，是为高宗，改年号为建炎。宗泽去南京谒见高宗赵构，感慨万千，涕泪交流，并陈述兴复大计。当时李纲颇受重用，任职宰相。他们共同入见赵构。于是二人相见，推心置腹，相论国事。老将宗泽的爱国之情、远见卓识给李纲留下深刻的印象。

李　纲（清人绘）

赵构欲留宗泽在身边任职，奸相黄潜善从中作梗，于是便任命宗泽为龙图阁学士，出知襄阳（今湖北襄樊），后又调往前线，改知青州（今山东益都）。时宗泽年 69 岁。

这时恰好开封府尹出缺，李纲说修治旧都，非宗泽不可。皇上同意李纲的意见，于是宗泽又被调至开封，治管旧都。这时，金人仍旧屯兵黄河一带，金鼓之声，日夕相闻。而旧都开封城楼尽废，兵民杂居，盗贼纵横，人心不安。通过勤王救汴一事，宗泽

---

[1] 事见《宋史·宗泽赵鼎列传》："时金人逼二帝北行，泽闻，即捴军趋滑，走黎阳，至大名，欲径渡河，据金人归路邀还二帝，而勤王之兵卒无一至者。"

威望渐高。他到开封后，首先捕诛危害百姓的盗贼数人。又下令云："凡为盗者，赃无轻重，并从军法。"于是贼盗平息，开封居民始安。

当时有个叫王善的人，是河东巨寇。他拥众70万人，车万辆，企图攻占开封，军民十分不安。宗泽独人单骑至其营，流着泪劝说王善："眼下是国难当头之时，假如有你这样的一二位人物，哪里还会有什么敌患呢？今天当是你为国立功的好时候，不要失掉这机会才对呵！"王善被老将宗泽的感情言语打动，也流着泪说："我岂敢不效力于朝廷。"于是解甲而降，甘愿率众归宗泽调遣。[1]

真定、怀州和卫州之间，金兵驻屯甚众，暗地里修治战具，打算进攻宋朝。然而，南宋朝廷却丝毫不作准备。宗泽忧虑于此，于是北渡黄河与诸将商议，做修治武备的准备。他还在开封城以西置四使以率领招集之兵，又依据地势在城外修立坚壁24处，沿黄河修筑连营寨，使其像鱼鳞一样紧密相连，并积极联络河东、河北各路忠义民兵，让他们尽听朝廷的节制。

金军撤离开封时，曾册立原北宋宰相张邦昌为楚帝，企图建立一个傀儡政权。这时金统治者派出使者，以出使伪楚政权为名，至开封。宗泽说："此名为使，而实窥我也。"于是拘执其使者，请求朝廷斩之。赵构下诏不许杀金使者，并命安排在馆所。宗泽气愤地再次上疏说："今金人假使伪楚政权，实来窥我虚实。臣本请朝廷斩之，以破其奸。而陛下却惑于小人之言，令迁别馆安排，优加待遇，臣愚不敢奉诏，以示我国软弱。"高宗看罢宗泽第二次呈上的疏奏，亲笔写御札给宗泽，劝他释放金使，宗泽无法，只得放还金使。

金将兀术率金兵渡河，谋攻汴京。宋诸将请求先断河梁（桥），然后严兵自固。宗泽哭着说："去年冬天，金军攻汴，正应断河梁，今我已有准备，不必如此。"于是命令部将刘衍带兵至滑州，刘达带兵至郑州，以分敌势。并告诫诸将必须力保河梁，以待大兵会集。金兵得知这一消息后，遂乘夜断河梁，退兵而去。

建炎二年（1128），金兵自郑州抵白沙，离汴京甚近。开封人民震恐。宗泽的僚属入府问计，宗泽正与客人对棋，听僚属报告后，笑着说："什么事这么慌

---

[1] 事及语见《宋史·宗泽赵鼎列传》："王善者，河东巨寇也。拥众七十万、车万乘，欲据京城。泽单骑驰至善营，泣谓之曰：'朝廷当危难之时，使有如公一二辈，岂复有敌患乎。今日乃汝立功之秋，不可失也。'善感泣曰：'敢不效力。'遂解甲降。"

宋代武士石刻

张？刘衍等在外，必能御敌。"言罢，又选精锐宋兵数千人，令绕至敌后，伺机袭敌。金兵与刘衍交战，过了一会儿，宋伏兵从背后杀来，宋兵前后夹击，金兵败退。[1]

此时，金大将粘罕西据洛阳，与宗泽相持。宗泽派部将李景良、闫中立和郭俊民，带兵至郑州御敌。中途遭遇金军，金兵甚众，闫中立战死，郭俊民降敌，李景良逃遁。宗泽派人捕得李景良，对他说："兵不胜，罪可恕；临阵私逃，军法不允。"下令斩首示众。郭俊民降金，受金将粘罕命，与一姓史的金将及燕人何仲祖至开封，劝说宗泽投降。宗泽先痛斥郭俊民说："你战败失利死，不失为忠义之鬼；而今却为金人持书诱我降，你何面目见我？！"遂令军士推出斩首。之后对姓史的金将说："我受此职，捍卫城池，最多不过是死而已。你身为金将，不能以死战来打败我，反欲用儿女之语来诱降我，不感到惭愧吗？"[2] 于是也命军士推出斩首。接着又对何仲祖说："你是胁从，暂且饶恕你。"粘罕想通过招降宗泽，以东进开封，未能得逞。

刘衍还兵后，粘罕见招降之法不灵，于是派数万金军围滑州，滑州告急。宗

---

[1] 事及语见《宋史·宗泽赵鼎列传》："二年，金人自郑抵白沙，去汴京密迩，都人震恐。僚属入问计，泽方对客围棋，笑曰：'何事张皇，刘衍等在外必能御敌。'用选精锐数千，使绕出敌后，伏其归路。金人方与衍战，伏兵起，前后夹击之，金人果败。"

[2] 事及语见《宋史·宗泽赵鼎列传》："金将黏罕据西京，与泽相持。泽遣部将李景良、阎中立、郭俊民领兵趋郑，遇敌大战，中立死之，俊民降，景良遁去。泽捕得景良，谓曰：'不胜，罪可恕；私自逃，是无主将也。'斩其首以徇。既而俊民与金将史姓者及燕人何仲祖等持书来招泽，泽数俊民曰：'汝失利死，尚为忠义鬼，今反为金人持书相诱，何面目见我乎。'斩之。谓史曰：'我受此土，有死而已。汝为人将，不能以死敌我，乃欲以儿女子语诱我乎。'"

泽部将张捴请求往援。宗泽选精兵 5000 交给他，并告诫他先勿轻战，待援兵俱至再战。张捴带兵至滑州，金军来攻，敌骑兵十倍于宋军。诸将请避其锋，张捴说："避而偷生，我何面目见宗公！"率兵力战，战死。起初宗泽听说张捴已与敌人开战，兵少势危，又急派王宣领 5000 骑兵援救。王宣到滑州时，张捴已死二日。王宣率骑兵与敌战，敌已疲惫，宋骑兵勇猛无比，金兵遂败逃而去。宗泽派王宣领兵镇守滑州，金人从此不敢轻犯东京。[1]

不久，宗泽迎张捴的尸枢归。为纪念张捴的为国尽忠捐躯，宗泽亲自为他办理丧事，并厚恤他的亲属，宋军将士为之感动。

四、招四方士　上还京疏

北宋二帝的被俘，充分表现出了宋军军力的孱弱。要想有效扼制金兵继续南侵、保卫开封的安全，进而收复全部中原故疆，除加强宋军的战斗力外，还必须广泛联络和依靠中原人民的支持。这一点，宗泽看得很清楚。所以，他自上任开封以来，便四处派人联络各地义军力量，广招四方忠义之士，不断发展和壮大自己的抗金力量。

王彦是一位很有志向和才干的将领，他原隶属张所部下，后张所被贬免官，王彦仍带张所旧部人马继续抗金。在与金人的卫州新乡之战中，王彦率岳飞等人，大破金军，名震河朔。之后，他带领的宋军遭到金大军的围攻，突围后，带所部人马退守卫州共城的西山，继续坚持抗金活动。后来，他所率领的军队又称"八字军"，屡败金敌，威震中原。宗泽对王彦十分欣赏，当王彦到开封与他商讨北伐计划时，他毫不犹豫地表示同意，并将王彦的八字军调至开封，作为保卫开封、抗御金兵的重要力量。后来，王彦成了抗金名将。

岳飞本是王彦的裨将，卫州新乡突围后，因与王彦意见不一致，带所部人马进太行山继续抗金。终因天寒地冻，士兵受饥挨冻，而军粮又无法解决，也来投奔宗泽。当时的岳飞不过是一名年轻的下级军官而已，他的杰出军事才能还远未表现出来。何况卫州新乡突围后，他不听从上级王彦的意见，擅自率所部离大

---

[1] 事及语见《宋史·宗泽赵鼎列传》："捴至滑迎战，敌骑十倍，诸将请少避其锋，捴曰：'避而偷生，何面目见宗公。'力战死之。泽闻捴急，遣王宣领骑五千救之。捴死二日，宣始至，与金人大战，破走之。泽迎捴丧归，恤其家，以宣权知滑州，金人自是不复犯东京。"

岳 飞

军而去，是严重的违反军纪行为。这时，恰好王彦又在宗泽麾下受重用，岳飞本应受到相应的军法处置，但宗泽一见奇之，说："此将才也！"认为前情可谅。于是留在帐前使用。适逢金人进犯汜水关（今属河南），宗泽命岳飞带500名骑兵迎敌。岳飞马到成功，大胜而归，证实了宗泽对岳飞的看法。而岳飞也由原来的秉义郎被提升为统领官，不久又被升为统制，从此知名。

南、北宋交替之际，是国内政治、社会形势最混乱的时期。金兵的掳掠破坏，北宋末年腐败的政治和繁重的赋税徭役，给中原及江南人民带来了巨大的灾难。所以这期间，不少人或揭竿而起，替天行道，为百姓伸张正义；或啸聚山林，打家劫舍，谋一己之私利。宗泽以其阔大的胸怀、战略家的眼光，"抚"字当先，联络了众多的人马军队，为收复中原作了很好的准备。但这些抵抗金兵、收复中原的准备工作却受到了奸相汪伯彦、黄潜善之流的恶意攻击。他们命令宗泽停止这类活动，并仍称其所招抚的各路民兵为盗贼、流寇，不过以"勤王"名义啸聚山林，故不能任用。宗泽十分气愤，上疏宋高宗，认为这些啸聚山林的人不过是迫不得已，如果他们勤王的义举得不到鼓励，反而要受迫害，后果不堪设想。[1]宗泽的这番话很有远见卓识，但可惜未能为宋朝统治者所采纳。宋朝诸多将帅、将领中，唯一能将宗泽的识见变为一定的实际行动的，便是岳飞了。岳飞后来在高宗绍兴十年前后所采取的战略举措大体同于宗泽，如没有中原各路民兵的支持配合、响应，岳家军也不会那样攻无不克，所向披靡。

---

[1] 文见《宋史·宗泽赵鼎列传》："自敌围京城，忠义之士愤懑争奋，广之东西、湖之南北、福建、江、淮，越数千里，争先勤王。当时大臣无远识大略，不能抚而用之，使之饥饿困穷，弱者填沟壑，强者为盗贼。此非勤王者之罪，乃一时措置乖谬所致耳。今河东、西不从敌国而保山寨者，不知其几；诸处节义之夫，自黥其面而争先救驾者，复不知其几。此诏一出，臣恐草泽之士一旦解体，仓卒有急，谁复有愿忠效义之心哉。"

宗留守力疾捐躯
——从1935年会文堂新记书局蔡东藩《宋史通俗演义》

　　宗泽任开封府尹留守东京时，宋高宗赵构虽已登位，但尚在江北的扬州，还未渡过长江，南迁至临安（浙江杭州）。广大将士急切盼望赵构能重返汴京，临视中原，收复旧疆。所以在当时，赵构能否回返汴京成为了举足轻重的大事。宗泽以满腔的忠君爱国抗敌之心，前后给赵构写了20余道奏疏，介绍汴京的防备情况，恳切请求赵构还驾开封。还在宗泽刚整顿了开封的有关事宜后，他就上疏赵构说：开封物价市肆渐同平时，将士、农民、商旅、士大夫之怀忠义者，莫不愿陛下亟归京师，以慰人心。而那些持相反意见的人，并不是忠心为陛下打算，不过如张邦昌辈，阴与金人为地尔。在宗泽屡次打败金军的进攻、胜利保卫了开封的安全后，他又上疏赵构言："丁进数十万众愿守护京城。李成愿扈从还驾，即渡河剿敌。杨进等兵百万，亦愿渡河，同致死力。臣闻'多助之至，天下顺之。'陛下及此时还京，则众心翕然，何敌国足忧乎？又奏言：'圣人爱其亲以及人之亲，所以教人孝；敬其兄以及人之兄，所以教人悌。陛下当与忠臣义士合谋

宗泽墓

肆讨，迎复二圣。今上皇（指宋徽宗）所御龙德宫俨然如旧，惟渊圣皇帝未有宫室，望改修宝禄宫以为迎奉之所，使天下知孝于父，悌于兄，是以身教也。"[1]宗泽的这封疏奏，爱国忠君之情蕴于其内，流于言表，读之令人如见其人。宋高宗看了以后，降诏"择日还京"。然而这不过是一纸空文而已，之后赵构不仅没有还京，反而更向南迁逃。

面对当时形势，宗泽因忧愤而疽生于背。诸将入而问疾，他丝毫不谈自己的病情，只是说："吾以二帝蒙尘，积愤至此。汝等能歼敌，则我死无恨！"诸将都流着泪说："敢不尽力！"等诸将出去以后，宗泽长叹一声，自语道："出师未捷身先死，长使英雄泪满襟！"第二天，风雨大作，白日昏暗，宗泽躺在床上，无一语言及家事，只是连呼三声"过河"，就去世了。[2]

名 家 评 说

夫谋国用兵之道，有及时乘锐而可以立功者，有养威持重而后能有为者，二者之设施不同，其为忠一而已。方金人逼二帝北行，宗社失主，宗泽一呼，而河北义旅数十万众若响之赴声，实由泽之忠忱义气有以风动之，抑斯民目睹君父之陷于涂掉，孰无愤激之心哉。使当其时，泽得勇往直前，

---

[1]语均见《宋史·宗泽赵鼎列传》。

[2]事及语见《宋史·宗泽赵鼎列传》："诸将入问疾，泽矍然曰：'吾以二帝蒙尘，积愤至此。汝等能歼敌，则我死无恨。'众皆流涕曰：'敢不尽力！'诸将出，泽叹曰：'出师未捷身先死，长使英雄泪满襟。'翌日，风雨昼晦。泽无一语及家事，但连呼'过河'者三而薨。"

无或龃龉牵制之，则反二帝，复旧都，特一指顾间耳。黄潜善、汪伯彦嫉
能而娼功，使泽不得信其志，发愤而薨，岂不悲哉！……泽之易箦也，犹
连呼"渡河"者三；臣之爱君忧国，虽处死生祸变之际，而犹不渝若是！而
高宗惑于恰邪之口，乍任乍黜，所谓"善善而不能用"，千载而下，忠臣义
士犹为之抚卷扼腕，国之不竞，有以哉！

——元·脱脱《宋史》

宗泽之忠勇，较师道尤过之，史称泽请高宗还汴，前后约二十余奏，
均为黄潜善、汪伯彦所阻抑，抱诸葛之忱，婴亚夫之疾，高宗之不明，殆
视蜀后主为更下乎？

——蔡东藩《宋史演义》

秦 桧

秦桧（1090～1155），字会之，宋代奸臣，高宗时任宰相，追赠申王，谥号"忠献"。后夺王爵，改谥"缪丑"。江宁（今江苏南京）人。其父秦敏学曾做过静江府古县（今广西永福县境）县令。秦桧于政和五年（1115）中进士，历任太学学正职方员外郎、御史中丞。前后两度出任宰相。在任相的 18 年内，他里通外国、控制朝政、排除异己、培植党羽、卖国求荣，成为臭名昭著的一代奸相、卖国贼，为后人所唾弃。

一、变节投敌　恩宠加身

秦桧幼时就拜到权臣汪伯彦门下。后来在太学读书时，他就显出善于拉拢别人的本领，事事都由他操办。政和五年（1115），秦桧进士及第，时年 25 岁。

秦桧取妻王氏，乃名臣王珪的孙女。王家是鼎盛之家，世代贵胄，亲戚大多身居要职，极其显赫。秦桧虽官卑职微，但所交往的人都是达官显贵，再加上他善于玩弄手段，因此有很大的政治势力。

秦 桧

靖康元年（1126），金兵南下，势如破竹，直指京都汴梁，提出要北宋割让中山、太原、河间三镇，才肯罢兵。朝廷纷争不已，一派主和，一派主战，莫衷一是。秦桧时任员外郎，他两面讨好，提出四条建议，既要割地求和，又要把损失降到最低限度。只割占燕山一路，金朝使者不得参议，且要严加防备。他当时的主张是倾向于主战的，没有对金死心塌地效忠。秦桧在国难当头之际的不俗表现，博得了当权者赏识，由员外郎、殿中侍御史升为左司谏，再升为御史中丞。

同年十一月，金兵再度南下，攻占京城，俘虏徽宗、钦宗，即"靖康之变"。金立张邦昌为帝，这一举动招致朝野上下的反对和攻击，秦桧也不赞同。他认为，大宋民众之所以国破家亡，张邦昌难辞其咎，若立他为帝，民怨沸腾，一人高呼，应者云集，必然会群起而攻之，"京师之民可服，天下之民不可服，京师之宗子可灭，天下之宗子不可灭"。就是对金朝统治来说，也未

靖康通宝

必是好事。秦桧将上面的意思书成状文，[1]递到金营内。金朝对这纸状文未加理睬，却很有除掉秦桧这个"忠臣"的打算了。

靖康二年（1127），金朝派人活捉了秦桧及其家人。这时，秦桧慌了神，害怕性命不保，把亡国之恨早就抛置脑后。他趁机贿赂金帅粘罕，为他在金太宗面前美言，才得以留在金太宗之弟挞懒身边。自此之后，秦桧极力讨好挞懒，卖力为金国效命。

建炎三年（1129）十月，金兵再次南侵，此时的秦桧已非昔日阶下囚，而是挞懒部军事参谋兼随军转运使了，深得挞懒宠信。挞懒打算利用秦桧，打入南宋内部，里应外合，谋取更多的利益。计议已定，只待时机成熟。

建炎四年（1130），挞懒趁带兵攻打山阳镇的时机，演出了一场预谋已久的丑剧。山阳城陷落，秦桧趁兵乱之机，带领王氏及随从登船南下。船行至涟水时，遇到南宋巡逻兵士，秦桧自称历尽艰辛，杀死金兵，夺得战船，才得以返回祖国。秦桧被送往临安（今浙江杭州）。此时，他的"忠义"之名只能为他遮蔽一时，破绽百出的谎言经不往细细考究，将士们疑窦顿生：为什么同时被俘的诸将只有秦桧一人回来？燕山府至楚州2800里，如此漫长的道路上，处处关卡，要历经无数次盘查讯问，秦桧一行人竟能遮人耳目、安全逃回，真是匪夷所思。秦桧对于这些疑问也只能张口结舌，无言以对。这时候，秦桧以前的朋友如宰相范宗尹、李回等，竭力平息众人，并在高宗面前称赞秦桧忠心耿耿，夸耀他

---

[1]文见《宋史·奸臣三·秦桧列传》。

才识过人。[1]宋高宗听信这些话，满心欢喜，迫不及待地想见识一下这位"栋梁之才"。

第二天，秦桧就去面见宋高宗。他揣摩透了高宗的心病：这几年，金兵屡屡南侵，宋朝溃不成军，无力抵抗，高宗更是胆小如鼠、心惊胆战，深怕"靖康之变"再度上演，只求保住皇位，安享其乐，哪里管将相兵士的亡国之痛，黎民百姓的流离之苦？高宗几次求和，正为此意。因此，秦桧成竹在胸、胜券在握。他见到高宗，立即提出了"南人归南，北人归北"的主张。要高宗安享南面半壁江山，将北方拱手让给金国，北方旧土的民众心甘情愿接受金国统治，不准妄想抵抗。见高宗动了心，他又不失时机地呈上谋划已久的"求和书"。高宗认为秦桧深知自己的心意，不禁大为高兴，兴奋不已。于是先是任命他为礼部尚书，之后就升他为参知政事。

二、两居相位　谋害忠良

秦桧得了恩宠，同时也让众人识破了他的奸诈。他这次由金国返回宋朝的目的，决不像自己所说的那样冠冕堂皇。他满口忠义，骨子里却投敌卖国。《金国南迁录》里记载称，金国重臣讨论放回宋臣为其所用的人选时，鲁王就选中了秦桧。

站稳脚跟之后，秦桧就着力于夺取相位的争斗。时任宰相范宗尹是个老眼昏花、辨不清是非的人。秦桧和范宗尹相交多年，他从金国返回时，范宗尹力排众议，并在宋高宗面前吹嘘一通，秦桧才得以站稳脚跟。然而，为占据相位，秦桧也顾不上知恩图报了，他表面上对范宗尹恭恭敬敬的，暗地里却在高宗面前诋毁他。结果，范宗尹被罢相。秦桧又大肆宣扬自己胸中有"二策"，足以定国安邦，轰动天下，并以此作为进阶的"筹码"。这两条"秘而不宣"的妙计就是将河北人归金国、中原人归刘豫管辖，并没有丝毫过人之处，就连高宗也觉得秦桧是故弄玄虚。但为达成和议，高宗还得依靠秦桧，于是在绍兴元年（1131）八月升任秦桧为右仆射同中书门下平章事，兼知枢密院事。秦桧终于集军政大权于一身。

秦桧自染指相位后，排挤左宰相，独揽大权；设置"修政局"，安排亲信，

---

[1]事见《宋史·奸臣三·秦桧列传》："桧之归也，自言杀金人监己者奔舟而来。朝士多谓桧与枢、傅、朴同拘，而桧独归；又自燕至楚二千八百里，逾河越海，（接下页）

为己所用。他嗜权专行，因此招来声讨不断，再加上宋高宗也因和议未能达成而深感失望，内外压力之下，绍兴二年（1132），秦桧被罢免宰相，贬为观文殿学士，提举江州太平观。

罢相之后的秦桧并不死心，他知道，只要宋高宗在位，宋金就会议和。于是他静观事变，等待时机，以图东山再起，重登相位。后来，宋金形势又有了新的发展：金军在战场上接连失利、节节败退，无可奈何之际，金朝提出议和，高宗自是毫不犹豫地接受。金朝挞懒得势，若要议和，秦桧自然是再合适不过的人选；南宋右相张浚力荐秦桧，正合高宋的心意。绍兴七年（1137）正月，秦桧升为枢密使，离宰相仅一步之遥。宋金要议和，秦桧要复相，而此时引荐过秦桧的张浚身居相位，又主张抗金，自然是秦桧最大的绊脚石。张浚以前受了蒙蔽，

宋高宗赵构
——从原故宫南熏殿《历代帝王像》

此时已发觉秦桧用心险恶，极力阻止高宗再次任他为相。不久，高宗任赵鼎为相，秦桧施展诣媚的手段讨好赵鼎，赢得了赵鼎的支持。绍兴八年（1138）三月，秦桧恢复相职。

二次任相后，秦桧加快了宋金议和的进程。秦桧以"议和"满足宋高宗"独乐"的心理，深得高宗信任；以"议和"为名割地赔款，被金朝统治者看重。如此两边讨好，损害的却是无数贤良和民众，牺牲的是宋朝的大好河山。

而此时宋高宗在议和问题上仍动摇不定：若一味求和，完全受金朝支配以求苟且偷安，又怕民怨沸腾；若不答应金朝的要求，采用强硬态度，又怕皇位不保。

（接上页）岂无讥诃之者，安得杀监而南？就令从军挞懒，金人纵之，必质妻属，安得与王氏偕？惟宰相范宗尹、同知枢密院李回与桧善，尽破群疑，力荐其忠。"

《中兴四将图》

《中兴四将图》卷，绘南宋四将刘光世、韩世忠、张俊、岳飞全身立像。绢本设色，纵26厘米，横90.6厘米。故宫博物院藏。

秦桧认为高宗的迟疑不决会影响两方的议和，就千方百计地让高宗完全信赖自己，言听计从，为此还进行了一系列活动。他先是在议和这件事上独掌大权，请求高宗不让其他大臣插手此事，由他一人操办；之后将议和之事一拖再拖，使高宗焦躁不安，心生烦闷，对议和之事坚定不移。他趁机拿出早已拟好的求和书，并禁止群臣干预此事。[1]

绍兴八年（1138）十月，金使携诏书前往南宋。金使趾高气扬，气焰嚣张，连宋高宗都要以臣子之礼接受诏书。消息传出，民情激愤，众怒难平。无奈，接诏书行跪拜之礼只能由秦桧代行。绍兴九年（1139），秦桧不顾诸大臣的反对，与金使签订宋金和约，割地称臣，宋朝受尽屈辱。

和约签订不满一年，南宋统治者还没尽享屈辱换来的和平，金国发生政变，完颜宗弼上台，他主张以铁骑踏平南宋。绍兴十年（1140），完颜宗弼率领大军，逼近河南、陕西。金军并非如宗弼所愿，能够长驱直入，兵临城下，捷报连连，而是遭遇了前所未有的抵抗，形势堪忧。正面战场上，南宋名将岳飞、刘琦、韩世忠率军抗敌，打得他们落花流水；被金军占领地方的民众也自发组织起来，给金军以沉重的打击。两相夹击，形势越来越有利于南宋。金军内部已矛盾重重，

[1] 事及语见《宋史·奸臣三·秦桧列传》："十月，宰执入见，桧独留身，言：'臣僚畏首尾，多持两端，此不足与断大事。若陛下决欲讲和，乞颛与臣议，勿许群臣预。'帝曰：'朕独委卿。'桧曰：'臣亦恐未便，望陛下更思三日，容臣别奏。'又三日，桧复留身奏事，帝意欲和甚坚，桧犹以为未也，曰：'臣恐别有未便，欲望陛下更思三日，容臣别奏。'帝曰：'然。'又三日，桧复留身奏事如初，知上意确不移，乃出文字乞决和议，勿许群臣预。"

面临着土崩瓦解的危机。爱国名将岳飞趁士气高涨之机，打算一鼓作气，渡过黄河，收复失地，要"直抵黄龙府（今吉林农安，女真族根据地）"，一片欢腾景象。正在这紧要关头，秦桧开始着手破坏，致使抗金斗争功亏一篑。

宋高宗从来没有想过打败金军，收复被强占的国土，只要能暂时偷安一隅就心满意足；他更为担忧的是抗金将领手握兵权，会不会威胁他的统治。秦桧早就和金人勾结，以求功名荣耀，此时更千方百计阻挠抗金形势的向前发展。秦桧怂恿高宗，命令岳飞撤军。"将在外，君命有所不受"，岳飞深谙此语，不甘心放弃收复大好河山的良机。秦桧一计不成又施一计：他命令另外两路军将领退兵，继而要求岳飞撤兵。岳家军孤军深入，境况十分危险，但仍取得很多胜利，大大鼓舞了士气。宋高宗在秦桧指使下，一天连下 12 道金牌，君王之命不可违。岳飞痛哭："十年之功，废于一旦！"退兵之时，人民拦住不让离开，将领、兵士莫不流泪。

岳家军刚刚撤回，秦桧就开始对这些抗金功臣下手了。绍兴十一年（1141）四月，秦桧以"论功行赏"为名，召韩世忠、张浚、岳飞入京城，并分别授予枢密使、副使等职，实际上解除了他们的兵权。南宋内部自相残杀，消息传到完颜宗弼那里，他趁机以军事入侵威胁南宋，迫使南宋割地求和，并以杀死岳飞作为议和的条件。在这种情况下，秦桧加紧步骤罗织罪名，陷害岳飞。同年九月，秦桧指使亲信捏造证据，又收买岳家军内部的叛徒，诬陷张宪企图使岳飞重掌兵权。张宪被捕，岳飞父子也受到牵连，身陷囹圄。

同年十一月，宋金二次议和，"划淮为界，岁币银绢各 25 万，割唐、邓二州"，再次割地赔款。秦桧对如何处置岳飞父子尚且犹豫，可他妻王氏更是毒辣胜夫一筹，催促他及早作出决断，并说："捉虎容易，放虎难啊！"这坚定了秦桧尽快杀害岳飞父子的决心。忠臣入狱，万民愤慨。韩世忠质问秦桧证据何在，秦桧无话可说，只好含糊答道："莫须有。"[1] 就在这"莫须有"的罪名下，一代忠臣受尽折磨，惨死狱中；儿子岳云和部将张宪被杀于市；家属或被流放，或被监押。

三、骄奢淫逸　遗臭万年

秦桧为了把大权牢牢控制在自己手里，想尽一切办法迫害其他重臣，拉拢、

[1] 事及语见《宋史·岳飞列传》："狱之将上也，韩世忠不平，诣桧诘其实，桧曰：'飞子云与张宪书虽不明，其事体莫须有。'世忠曰：'莫须有三字，何以服天下？'"

《深心帖》（秦桧书）

　　秦桧在中国历史上虽是佞臣，却诗文天下，颇擅笔翰，陶宗仪《书史会要》云："桧能篆，尝见金陵文庙中栏上刻其所书'玉兔泉'三字，亦颇有可观。"。因为秦桧是千古罪人，因此他本人书法上的成就就被黯淡下去了。

培植亲信。对不听命于自己的人，他用尽心机，必欲杀之而后快，一时间，人心惶惶。

　　秦桧极为狡诈，他被罢相后，为重登相位，先是刻意博得时任右相张浚的好感，被张浚识破真实面目后，便对此事耿耿于怀，伺机报复。赵鼎在张浚的推荐下身居要职，两人关系非同一般。后赵鼎任相，秦桧就讨好他，得到他的信任，在他面前说张浚的坏话，离间两人。接着就使用手段排挤赵鼎，终于夺取相位。

　　秦桧非常阴险。其他大臣无意间惹恼了他，他就会处心积虑实施报复，真可谓睚眦必报。李光曾与秦桧争论，可能言语冲撞了他，遭到了他的仇视。当时，秦桧不再言语，等到李光说完，他故意在皇帝面前称李光缺少礼法。高宗很信赖他对大臣们的评价，少有自己的见解，秦桧一句话就能把一个人否定了，甚至带来杀身之祸。

　　秦桧排除异己毫不留情，势必铲除之。胡铨为枢密院编修官，因看不惯秦桧的丑恶罪行，毅然上书要求杀掉秦桧，为民除害。秦桧恼羞成怒，自然不会善罢干休，立即将其贬往州郡，[1] 还要高宗下诏告诫朝野上下，不得效法胡铨。同朝为官的陈刚中因为支持胡铨，也被流放到安远县，最后死在了那里。有人在胡铨被流放时，以诗送别，也遭到编管。

　　秦桧还采用恐怖政策钳民之口。绍兴二十二年（1152），秦桧与赵鼎结下恩怨，就把怨气出在其子赵汾身上，还要赵汾陷害张浚、李光、胡寅等，有 53 位

----

[1] 事见《宋史·奸臣三·秦桧列传》："枢密院编修官胡铨上疏，愿斩桧与王伦以谢天下。于是上下汹汹。桧谬为解救，卒械送铨贬昭州。"

贤良志士受牵连。大学生张伯麟题墙头诗，有暗讽之意，秦桧得知，立即将其刺配吉阳军。就连戏子们演戏时偶然的戏谑逗笑之语，都会遭到秦桧的猜疑，被关进牢狱，有的还因此丧生。

秦桧在迫害异己的同时，大力培植亲党，使他们都居高位、握重权、享富贵。其子秦熺游手好闲、胸

杭州岳庙秦桧夫妇跪像

无点墨，为了让儿子在官场上平步青云，秦桧费尽了心机。他先是命令科举主考官点秦熺为状元，之后就凭借手中的权势，不避耳目，连连提拔秦熺，没过几年就升之为知枢密院事。秦桧的孙子、侄子、姻亲等都是运用作弊的手段取得了功名，[1] 众位士人纷纷议论，心下不平。甚至那些刚刚出生未知人事的婴儿，只因为是秦桧的子孙，也被赐予了官位。朝野内外，几乎成为秦桧的天下。

秦桧对待最宠信自己的宋高宗、对待为自己效力的亲信，也是毫无情意可言。高宗身边遍布秦桧的爪牙，高宗的一举一动秦桧知道得一清二楚；秦桧还控制了朝政，国家大事根本传不到高宗耳中。高宗甚至经常身藏匕首，防备秦桧，他自己都说："初奇桧、继恶桧，后爱桧，晚复畏桧。"这种又畏又恨又依赖的情感，正体现出秦桧的诡计多端。对待宋高宗如此，对待自己的亲信也不例外。曾为秦桧死命效力的郑刚中讨得秦桧的欢心，很快就升为监察御史，可谓官场得意。但好景不长，只因一件小事惹得秦桧不高兴，郑刚中就被抛弃，死前受尽了凌虐。

秦桧不仅对权力贪得无厌，对财物也是极尽聚敛之能事，将之据为己有。宋高宗因秦桧是宋金和议的功臣，对他大加封赏，珍宝珠玩不可胜数，还赐给他不

---

[1] 事见《宋史·奸臣三·秦桧列传》："十二年，子熺举进士，馆客何溥赴南省，皆为第一。……十五年，熺除翰林学士兼侍读。……十八年，熺除知枢密院事。……二十四年，桧孙敷文阁待制埙试进士举，省殿试皆为第一，桧从子炜埙、姻党周夤沈兴杰皆登上第，士论为之不平。"

少土地。秦桧还仿效蔡京，借生日之名，行敛财之实。此外，卖官、对百姓横征暴敛，都是再平常不过的手段。秦桧的家产已远远不是家财万贯、富甲一方所能形容的，甚至几倍于南宋的国库，令人咋舌。

秦桧在捞取权力、钱财的同时，自然不会忘了捞取美名。谁对他歌功颂德，谁就能得到提升。重赏之下，谄媚者蜂拥而至，称其"元圣"者有之，就连宋高宗的后妃都叫他"太平公公"。

然而，"美名"的背后是民众对他的讨伐声。贤良对他的厌恶、百姓对他的怨恨，是不可阻挡的洪流。绍兴二十年（1150）正月，秦桧上朝行至望仙桥时，在那里静候多时的施全举刀刺杀秦桧，可惜事败，只砍断桥柱，施全也被杀于市。此事虽未成功，但秦桧丧失民心的程度可见一斑。

绍兴二十五年（1155），秦桧病倒。高宗到秦桧府第探问其病，秦桧已不能说话，只是流了几点鼻涕眼泪。秦熺奏请以自己代居宰相之位，高宗说："这事不是卿所应当预闻。"高宗于是命直学士沈虚中草制，令秦桧父子致仕。表面上却加封秦桧为建康郡王，秦熺之子秦埙、秦堪并提举江州、太平兴国宫。当晚，秦桧病死，年66岁。后追赠申王，谥号"忠献"。[1] 秦桧是历代奸臣的代表。自南宋至今，历代民众都没有原谅秦桧，以形形色色的手段来表达对他的鄙夷。如今在杭州的岳庙里，香烟袅袅，游人不断。岳飞塑像铮铮铁骨，按剑而坐，受万人景仰；秦桧夫妇塑像，双手反剪，跪于岳飞墓前，被万人唾骂。

名家评说

桧两据相位，凡十九年，劫制君父，包藏祸心，倡和误国，忘仇敌伦。一时忠臣良将，斥锄略尽。其顽钝无耻者，率为桧用，争以诬陷善类为功。……桧阴险如崖阱，深阻竟叵测。……晚年残忍尤甚，数兴大狱，而

---

[1] 事及语见《宋史·奸臣三·秦桧列传》："帝幸桧第问疾，桧无一语，惟流涕而已。熺奏请代居相位者，帝曰：'此事卿不当与。'帝遂命直学士院沈虚中草桧父子致仕制。熺犹遣共子埙与林一飞、郑柟夜见台谏徐嘉、张扶谋奏请己为相。丙申，诏桧加封建康郡王，熺进少师，皆致仕，埙、堪并提举江州太平兴国宫。是夜，桧卒、年六十六。后赠申王，谥忠献。"

又喜谀佞，不避形迹。

——元·脱脱《宋史》

高宗顾乃听信贼桧，谗害忠良，向虏称臣，仅归一母，甚且今日封桧，明日赐桧，凡桧家妻妾子孙，无不累邀荣典，高宗犹有人心，应不至愚昧若此。其所以与桧相契者，贪位苟安，拒兄攘国，为贼桧逆揣而知，有以劫持于无形耳。

——蔡东藩《宋史演义》

蓬头垢面跪阶前，想想当年宰相；端冕垂旒临座上，看看今日将军。

——汤阴岳庙楹联

贾似道

贾似道（1213～1275），字师宪，南宋奸臣，理宗、度宗及恭帝时任宰相。台州（浙江临海）人。他的父亲叫贾涉，其母胡氏是贾涉花钱购买的小妾。贾涉官至制置使，"居方面，号有才"，是南宋中期以后较著名的抗金将领。贾似道先后担任过知澧州（今湖南澧县）、两淮别置大使（兼淮东安抚使知扬州）、参知政事，知枢密院事、两淮安抚大使。在爬上权力的顶峰以后，他对内铲除异己、祸国殃民，对外谎冒战功、奴颜婢膝，成为最终断送南宋江山的一代权臣。

一、弟因姐贵　一步升天

贾似道少年时，一度落魄，游荡放浪，饮酒赌博，不务正业。后以父荫补为嘉兴司仓，是一个管仓库的小官。后来，他的姐姐入选后宫，被理宗所宠爱，当上了贵妃，贾似道弟因姐贵，成了国舅爷。嘉熙二年（1238）贾似道应召赴临安廷对，这个不学无术的家伙居然一举中了进士，被提拔为太常丞、军器监。以后

贾似道

贾似道更加"恃宠不检"，举措行止无异于市井无赖。他白天浪迹于烟花妓院，晚上则燕游于西湖之上，常常通宵达旦，整夜不归。宋理宗有一天夜里登高远望时，见西湖中灯火通明，他告诉左右："这一定是贾似道。"第二天一打听，果如所料。于是宋理宗派京尹史岩之前去劝戒。史岩之岂能不知道贾似道的身份地位？不但不敢得罪，还得替他美言回护，归报宋理宗说："贾似道虽然有一些纨绔少年的习气，但其才能大

用处。"[1]

品行不端，淫邪放荡，丝毫没有影响贾似道的亨通官运。他被派到澧州（湖南澧县）担任知州后不久，淳祐元年（1241），便改为湖广总领。三年（1243），加户部侍郎。五年（1245），再迁京湖制置使兼知江陵府（湖北沙市），而且"调度赏罚，得以便宜施行"。九年（1249），加宝文阁学士，京湖安抚制置大使。十年（1250），又以端明殿学士移镇两淮，这时贾似道才刚满32岁。宝祐二年（1254），他被召回朝廷，加知同知枢密院事，临海郡开国公，威权日重。

有一件事足以证明贾似道当时的权势之大。有个名叫孙子秀的人，刚被朝廷任命为淮东总领，外面就盛传贾似道已密奏不可。丞相董槐听到风声，不知真假，十分害怕，连忙向宋理宗核实此事，宋理宗虽说没有，董槐却终究不敢派遣孙子秀，最后代之以与贾似道关系不错的陆垫，才算了结此事。堂堂一个当朝宰相，竟对自己的下属畏惧到这种地步。[2]宝祐四年（1256），贾似道当上了参知政事。五年（1257），又升为知枢密院事。六年（1258），改任两淮宣抚大使。几年间，出将入相，一改早先那个令人不齿的街痞无赖面目。

二、瞒天过海　欺世盗名

端平二年（1235），蒙古贵族灭亡金朝后，兵锋直指南宋。宝祐六年（1258）春，蒙哥汗亲镇四川，派其弟弟忽必烈进攻鄂州（今武汉附近），元帅兀良哈台由云南自交广北上，破湖南，准备与忽必烈会师鄂州，直奔杭州，消灭南宋。

宋理宗闻报大惊，命令赵葵驻扎在信州（江西上饶）抵御兀良哈台，命令贾似道驻扎在汉阳进援鄂州，并在军中拜贾似道为右丞相。鄂州的战斗十分激烈。开庆元年（1259）十月，城东南角被蒙军攻破，宋军赶筑的新城再被攻破，幸而宋将高达率部奋战，才免于陷没。到十一月，城中宋军伤亡已达13000人，形势十分危急。在守城将士英勇战斗的时候，身为统帅的贾似道却被蒙古骑兵的声势

---

[1] 事及语见《宋史·奸臣四·贾似道列传》："理宗尝夜凭高，望西湖中灯火异常时，语左右曰：'此必似道也。'明日询之果然，使京尹史岩之戒敕之。岩之曰：'似道虽有少年气习，然其材可大用也。'寻出知澧州。"

[2] 事见《宋史·奸臣四·贾似道列传》："孙子秀新除淮东总领，外人忽传似道已密奏不可矣，丞相董槐惧，留身请之，帝以为无有。槐终不敢遣子秀，以似道所善陆垫代之，其见惮已如此。"

宋理宗赵昀
——从明刻本《古先君臣图鉴》

吓破了胆，偷偷派宋京前往蒙营，以称臣、纳岁币为条件求和，遭到了忽必烈的拒绝。不久，蒙哥汗在合州（四川合川）城下被宋将王坚的炮石击中，重伤而死。王坚将这个好消息派人急流快船飞报鄂州，但畏敌如虎的贾似道不顾大好形势，再次遣使求和。此时忽必烈因急于北归争夺汗位，便接受了贾似道的乞求：南宋称臣，割江南为界，岁奉银、绢各20万两匹。这时兀良哈台也奉命北归，蒙将张杰在新生矶架起浮桥接应兀良哈台。第二年正月，蒙军主力安然北撤以后，贾似道才接受手下的计策，派兵截断浮桥，袭杀了170多个蒙古的殿后士兵。

鄂州解围之后，贾似道隐瞒了议和称臣纳币的经过，向朝廷献上几个俘虏，声称获得大捷。被蒙在鼓里的宋理宗还认为贾似道对宋朝社稷立下了天大的再造之功，景定元年（1260）三月，以少傅、右丞相衔召贾似道回朝廷，命百官郊迎犒劳；四月，又进封贾似道为少师、卫国公。贾似道还朝之后，一面授意亲信廖莹中等撰写《福华编》，大颂鄂州之功以标榜自己；一面又偷偷将元朝派来递交国书、索要岁币的使臣郝经拘留在真州（江苏仪征），进一步掩盖自己的乞和勾当。[1]

三、打击报复　搜刮民财

贾似道入相之后，大权在握，更加飞扬跋扈，不可一世。他滥施淫威，无情迫害打击那些曾与自己有矛盾的人。

当初贾似道在汉阳的时候，蒙古军队曾攻到潭州（长沙市），江西大震，丞相吴潜采用了监察御使饶应子的建议，将贾似道调往黄州（湖北黄冈）防守。黄

---

[1] 事见《宋史·奸臣四·贾似道列传》："似道方使廖莹中辈撰《福华编》称颂鄂功，通国皆不知所谓和也。似道乃密令淮东别置司拘经等于真州忠勇军营。"

州虽地处下流，却是要冲重镇，贾似道在途中遇上一股蒙古兵，大为恐惧，哀叹道："这一下要死了，可惜死得太不光明磊落了。"虽然这些蒙古兵都是些老弱病残，很快就被宋军歼灭，但贾似道却认为这是吴潜在害他，要将他置于死地，从此便对吴潜怀恨在心。还朝以后，贾似道听说吴潜在事情紧急时常先斩后奏，宋理宗打算立荣王之子赵孟启为太子，吴潜曾经反对过，宋理宗已经对吴潜相当不满。贾似道乘机一面公开赞成理宗建储的做法，一面指使爪牙沈炎弹劾吴潜措置无方，致使全、衡、永、桂四个地方全都被敌人攻破，将吴潜贬到循州（广东龙川），并将所有追随吴潜的大臣都扣上"党人"的帽子驱逐出朝。在鄂州时，将领曹世

吴 潜

雄、向士璧曾经对贾似道的行径表示过轻视，贾似道就给他们加上"盗取官钱"的罪名，贬谪到边远穷困的地方去，最后迫害致死。为了独揽朝政，贾似道还设法将宋理宗向来宠信的宦官内侍董宋臣、卢允升及其党羽贬黜出朝，禁止他们干预朝政。此外，贾似道还任意更改各种法律和规章制度，用以巩固自己的地位。

宋理宗时，国库空虚，各地州县也都十分困难，财政状况极度恶化。贾似道为了搜刮民财以供奢靡享乐，巧立名目，百般盘剥。他们首先推行"公田法"，名义上是规定每户的田地如超过一定数量，要将其中的1/3卖给官府作为公田，实际上是借收买之名强占民田。浙西一带价值千缗的土地只给40贯，而且其中还有一半是无用的官诰、度牒，另一半是日益贬值的纸币会子。他们甚至还把只有少量田地的人户合并起来达到收买公田的标准，强令出卖。地方官吏中有的实在无法执行这一套暴行，贾似道就叫令提领刘良贵弹劾，以致各地官吏都争相迎合，以多买"公田"为功；有的官吏为了强迫卖地甚至动用肉刑，逼得老百姓破家荡产，妻离子散。有人写诗讽刺道："三分天下二分亡，犹把山川寸寸量。纵使一丘添一亩，也应不似旧封疆。"[1]

---

[1]诗见《宋白真人玉蟾全集》。

贾似道还发行了新纸币金银会子，以一比三的兑换率取代不断贬值的会子，以聚敛民财，结果搞得物价飞涨、民不聊生。还有所谓的"推排法"，名为厘正赋税的隐漏，实则是增加各种苛捐杂税，使得江南地方处处是税，百姓日益贫困。后来贾似道甚至曾下令禁止京城妇女佩饰珠翠，都要以琉璃来代替，当时传出民谣说："满头都是假，无处不琉璃。"所谓"假"是暗指贾似道，"琉璃"是流离的意思。这首民谣充分反映了在贾似道的黑暗统治下南宋人民的悲惨遭遇。

四、权倾一时　胡作非为

景定五年（1264），宋理宗病死后，贾似道拥立宋度宗即位。度宗对他感恩戴德，两人之间不再有君臣之礼，每逢贾似道朝拜，度宗必定回拜，并且不呼其名而称之为"师臣"，满朝文武也跟着称贾似道为"周公"。贾似道从此更加无法无天，甚至将皇帝把玩于手掌之间，如同玩偶，恣意戏弄。他常常以辞职为名，要挟度宗。理宗刚被埋葬，贾似道就假意要辞职，同时又使吕文德谎报元军进攻的消息，朝中上下大惊失色，度宗与太后急忙亲手下诏请他复职。贾似道回来后，想以经筵拜太师提高自己的地位。按宋朝的惯例，受此职者必须先建节（即拜节度使）。度宗要任贾似道为镇东军节度使，贾似道十分不满，恨恨地说："节度使是最愚蠢的粗人！"度宗没办法，命令实施出节仪式，临安百姓都聚在街边观看。哪知贾似道又说时辰不好，下令返回。宋代制度是节出后宁可撤关坏屋、勇往直前，决没有倒节的道理。贾似道却傲然漠视，百般刁难，旁边的人无不惊叹。[1]

咸淳三年（1267），贾似道又提出要退休回家，宋度宗一天四五趟地派大臣、侍从传旨留他，又派中使给他一天送几十趟赐品，甚至到夜里还派人守在贾似道家门外，直到加拜太师、平章军国重事，一月三赴经筵，三日一朝，赴中书堂治事，贾似道才留了下来。

咸淳五年（1269），贾似道再次称病要求退休，宋度宗无计可施，竟然哭着

---

[1] 事及语见《宋史·奸臣四·贾似道列传》："理宗崩，度宗又其所立，每朝必答拜，称之曰'师臣'而不名，朝臣皆称为'周公'。甫葬理宗，即弃官去，使吕文德报北兵攻下沱急，朝中大骇，帝与太后手为诏起之。似道至，欲以经筵拜大师，以典故须建节，授镇东军节度使，似道怒曰：'节度使粗人之极致尔！'遂命出节，都人聚观。节已出，复曰：'时日不利。'亟命返之。宋制：节出，有撤关坏屋，无倒节理，以示不屈。至是，人皆骇叹。"

挽留，允许令他六日一朝，一月两赴经筵。第二年又给他入朝不拜的特权。此后即使贾似道偶尔入朝，退下时宋度宗也必定要起立避席，目送他踱出殿廷后才敢坐下。

咸淳八年（1272）九月，朝廷举行明堂大祭，由贾似道担任大礼使。祭祀典礼结束后不巧天降大雨，度宗胡贵妃的哥哥胡显祖当时担任带御器械官，请度宗换乘逍遥辇回宫，度宗问："不知道平章（即贾似道）认为行不行？"显祖哄他说贾似道已经同意了，度宗信以为真，这才放心回去。不料贾似道原以为度宗会等雨停之后乘辂舆回宫，听到皇帝已乘逍遥辇

宋度宗赵禥
——从明万历三十七年（1609）原刊本《三才图会》

起驾的消息后，勃然大怒，竟当面斥责度宗说："我是大礼使，陛下的举动我竟然不能预先知道，请免我的职！"说罢当天就出了景会门，度宗苦苦哀求都挽留不住。为了给贾似道出这口气，度宗无奈只好罢免胡显祖，并痛哭流涕地将胡贵妃赶出宫去当了尼姑，这样贾似道才又回到朝廷。[1]

咸淳十年（1274）正月，贾似道的母亲胡氏去世，度宗下诏命令以天子卤簿埋葬，坟墓也拟照皇陵的规模。贾似道回越州（浙江绍兴）治丧，朝官贵戚为讨好贾似道，竞相比赛祭品的高度，有的层叠竟高达几丈。送葬时正碰上天降大雨，文武百官立在大雨之中，水深没及腰膝，但整整一天没有一个敢擅自离去的。[2] 贾似道作威作福，竟到了这等无以复加的地步。

咸淳三年（1267），宋度宗在西湖的葛岭特赐贾似道一处宅第，贾似道从此五天一次乘湖船入朝，不再赴都堂办公。官员们抱着文书到葛岭请贾似道处理，他懒得动弹，大小朝政实际都取决于贾府管家廖莹中及堂弟翁应龙，其他的宰执

[1] 事及语见《宋史·奸臣四·贾似道列传》："八年，明堂礼成，祀景灵宫。天大雨，似道期帝雨止升辂。胡贵嫔之父显祖为带御器械，请如开禧故事，却辂，乘逍遥辇还宫，帝曰平章云云，显祖绐曰：'平章已允乘逍遥辇矣。'帝遂归。似道大怒曰：'臣为大礼使，陛下举动不得预闻，乞罢政。'即日出嘉会门，帝留之不得，乃罢显祖，涕泣出贵嫔为尼，始还。"

[2] 事见《宋史·奸臣四·贾似道列传》："十月，其母胡氏薨，诏以天子卤簿葬之，起坟拟山陵，百官奉襄事，主大两半，终日无敢易位。"

大臣都形同虚设，只是在文件后面署名而已。当时有人说："朝中无宰相，湖上有平章。"

贾似道深居简出，但朝中大小事宜不事先请示他就不敢实行，生杀予夺大权都掌握在贾似道的手中。一些官吏为求美差，竞相献媚进贡，所求官职如果稍高一些的，则贡献不可胜计。贾似道喜欢玉石，许多人争献美玉，陈奕甚至厚颜无耻地拜贾家玉工陈振民为兄以求进用。

贾似道胡作非为，也怕别人议论自己，便挖空心思地以权术驾驭上下。他一方面用官爵美差来笼络一些无耻士人，或者以增加太学生的生活费等小恩小惠收买人心；另一方面又对反对他专权的人打击迫害。如太府寺主簿陈蒙曾在面见度宗时揭露贾似道为相给国家造成很大的损失，贾似道知道后就捏造贪污的罪名将陈蒙安置到建昌军（江西南城），并查抄陈蒙的家。哪个官员稍稍得罪了他，轻则贬斥，重则终身不能做官，因此朝中正派的官员几乎被罢斥殆尽。

贾似道弄权居葛岭
——从1935年会文堂新记书局蔡东藩《宋史通俗演义》

当时宋元战争正如火如荼，在元军的强大攻势下，南宋局势日益危急。贾似道却隐瞒军情，对度宗严密封锁消息，对于说出真情的人加以严厉的处罚。有一天，度宗问他："听说襄阳被围已3年了，怎么办？"贾似道说："蒙古军队已经退走了，陛下从什么地方得到这个消息的？"度宗老实交待是一个妃子告诉他的，贾似道转眼间就找了个罪名，迫使度宗将这名妃子赐死。就这样，"兵丧于外，匿不以闻，民怨于下，诛则无艺，莫敢言者"。

贾似道依仗权势过着骄奢淫逸的生活。这个市井无赖只知道醉生梦死、及时行乐。据说有一年的寒食节，贾似道曾作过一首绝句，道是：

> 寒时家家插柳枝，留春春亦不多时。
> 人生有酒须当醉，青塚儿孙几个知。

他在葛岭依湖山之胜起造楼阁亭榭，起名为"半闲堂"，还将宋高宗遗留的集芳园据为己有，在里边营造了飞楼、层台、凉亭、燠馆，改名为"通乐园"。此外他还拥有养乐园、水竹院落等多处别墅园圃。他选了一大批年轻女子充实其中，只要有姿色，贾似道不论是娼妓、尼姑，也不管出价与否，一概强行要来，甚至强娶宫女为妾。他视军国大事如同儿戏，整日恣情淫乐。有人因此题诗道：

> 山上楼台湖上船，平章醉后懒朝天。
> 羽书莫报樊城急，新得娥眉正少年。

贾似道还常与旧日赌友赌博作乐，又常常和群妾趴在地上斗蟋蟀，以至于有人开玩笑说："难道这也是军国重事吗？"贾似道酷嗜宝玩，专门建了座"多宝阁"，收藏各地贡献的美玉、珍宝、书画，每天都登临玩赏。听说名将余玠死时有玉带随葬，他竟下令挖开他的坟墓取了出来。别人有什么东西被他看中，求取不到就治罪。[1]他还收罗了一伙善于溜须拍马的帮闲文士，谈天说地，粉饰太平。

---

[1]事及语见《宋史·奸臣四·贾似道列传》："尝与群妾踞地门蟋蟀，所狎客入，戏之曰：'此军国重事邪？'酷嗜宝玩，建多宝阁，日一登玩。闻余玠有玉带，求之，已殉葬矣，发其塚取之。人有物，求不予，辄得罪。"

五、真相毕露 下场可耻

咸淳九年（1273）初，被蒙元军队围攻达 5 年之久的南宋重镇襄樊终于失陷，南宋朝野大为震动。当初襄樊被围时，贾似道曾表面装模作样地要亲往救援，暗地又指使党羽上书阻留，说什么如果贾似道亲自出兵则不能几边兼顾，不如留在朝中指挥。等到襄樊在弹尽援绝之后失守，贾似道又说："我曾多次要求前去，先帝（指宋理宗）都不同意，假如早让我去，肯定不会这样。"竟把责任全盘推到早就死去的宋理宗头上，而把自己打扮成一个怀才不遇的受害者。襄樊失守后，国家存亡受到严重威胁，许多大臣纷纷献策，贾似道置南宋王朝存亡于不顾，不是不予理睬，就是把上书者罢免流放，继续文过饰非，歌舞升平，过着荒淫无耻的糜烂生活。

咸淳十年（1274）七月，宋度宗死去，贾似道立年仅 4 岁的赵㬎为帝。不久鄂州守将程鹏飞投降，元丞相伯颜率军东下，直取临安，沿江的宋将无力抵抗，或降或逃，局势危急。太学生纷纷上书要求贾似道亲出抗战。贾似道这一次躲不

捏捷报欺君罔上
——从1935年会文堂新记书局蔡东藩《宋史通俗演义》

过去了，只好在临安开都督府，抽调各地精兵出发，路上光是携带金帛、辎重的船只舳舻前后相接就达百余里。贾似道迤逦到了芜湖，又想故伎重演，先派人馈送荔枝、黄柑等水果美食给伯颜，又派宋京到元军中请求称臣纳币，但遭到伯颜的拒绝。贾似道不得已才开始准备作战，命孙虎臣率精锐步兵 7 万余人驻扎在池州（安徽贵池）下游的丁家洲，命夏贵率战舰 2500 艘布列在江中，自己率后军驻于鲁港。伯颜水陆合击孙虎臣部队，宋军前锋刚刚接战，孙虎臣就带着妻妾乘船舟逃走了，夏贵也不战而逃。贾似道闻报后惊慌失措，鸣金收兵，宋军被杀溺而死的不可胜数，把江水都染红了，军资器械全部被元军所缴获，宋军的精锐主力损失殆尽。贾似道乘一条船逃回了扬州，有人写诗讽刺说：

> 丁家洲上一声锣，惊走当荡贾八哥。
> 寄语满朝诔佞者，周公今变作周婆。

鲁港一败，敲响了南宋王朝的丧钟，也惊断了贾似道的春梦。不久，南宋政府迫于舆论，改任陈宜中为右丞相，罢了贾似道的官，杀了翁应龙，廖莹中等党羽也畏罪自杀。此时，朝野上下议论纷纷，要求严惩贾似道。王爚对谢太后（宋理宗皇后）说："本朝权臣所给国家造成的灾祸，没有超过贾似道的。朝野人士上疏的不知道有多少，陛下都压下来。不严惩贾似道，何以谢天下！"谢太后不得已才下令将贾似道安置到婺州（浙江金华）。婺州百姓听说后竟相张贴布告赶他走。[1] 又安置到建宁府（福建建瓯），有人说：建宁是名儒朱熹的故里，百姓听说贾似道要来就已经呕吐恶心，何况见到其人！在朝臣不断的口诛笔伐之下，南宋政府最后决定谪贾似道为高州团练使，贬往循州安置。福王赵与芮一直痛恨贾似道，他安排了与贾似道有仇的山阴（浙江绍兴）县尉郑虎臣负责押送。郑虎臣不负众望，上路后，先将贾似道所带的 10 个侍妾赶走，又把贾似道乘坐的轿子的轿顶撤去，让他暴晒在毒烈的秋阳之下，还让轿夫唱起杭州俚曲，指名道姓，百般奚落。途中在一所古寺中歇息时，墙壁上正好有被贾似道贬斥南行的吴潜的题字，郑虎臣将贾似道叫到面前，大声斥责道："贾团练，吴丞相为何到此？"

---

[1] 事及语见《宋史·奸臣四·贾似道列传》："王爚入见太后曰：'本朝权臣稔祸，未有如似道之烈者。缙绅草茅不知几疏，陛下皆抑而不行，非惟付人言于不恤，何以谢天下！'始徙似道婺州。婺人闻似道至，率众为露布逐之。"

贾似道羞愧难言。乘船行到南剑州黯淡滩（在今福建南平），郑虎臣说："水很清，你为什么不死在这里？"贾似道贪恋余生，说："太皇许我不死，一旦有诏，我就死。"德祐元年（1275）九月，走到漳州城南20里的木棉庵，郑虎臣再次劝他自杀，贾似道仍然不肯，郑虎臣愤然说："我为天下杀你，我就是获罪，死了也不遗憾！"就动手将贾似道杀死，[1]结束了这个一代权臣的狗命。贾似道死后不久，南宋都城临安被元军攻陷，四年后（1279）南宋灭亡。

贾似道凭借特殊的裙带关系，从一个市井无赖发迹升迁，以后专横恣肆，舞智弄权，鱼肉百姓，搜刮民财，搞得天怒人怨，自己终于可耻地死去，也招致了南宋的亡国。

名 家 评 说

似道权倾中外，进用群小。取先朝归法，率意纷更。似道既夺恣日甚，畏人方己，务以权术驾驭，不爱官爵，牢笼一时名士，又加太学养钱，宽科场恩例，以小利啗之。由是言路断绝，威福肆行。

——元·脱脱《宋史》

南宋之亡，事事蹈北宋覆辙，外有强元，犹女真也，内有贾似道，犹蔡京也。……贾似道为祸宋罪魁，一死诚不足蔽辜，但宋廷诸臣，不于事前发其覆，徒于事后摘其奸，国脉已伤，大奸虽去，亦何益乎？故蔡京死而北宋随亡，贾似道死而南宋亦继之，权奸之亡人家国，固如此其烈哉！宋君若臣方旰食之不遑，乃大丧忽兴，嗣君新立，国势益形岌岌，而犹用一欺君误国、纵欲败度之贾似道，宋其尚可为乎？古人谓小人之使为国家，菑害并至，虽有善者，亦无如保，观于贾似道而益信云。

——蔡东藩《宋史演义》

---

[1] 事及语见《宋史·奸臣四·贾似道列传》："福王与芮素恨似道，募有能杀似道使者送之贬所，有县尉郑虎臣欣然请行。似道行时，侍妾尚数十人，虎臣悉屏去，夺其宝玉，撤轿盖，暴行秋日中，令舁轿夫唱杭州歌谣之，每名斥似道，辱之备至。似道至古寺中，壁有吴潜南行所题字，虎臣呼似道曰：'贾团练，吴丞相何以至此？'似道惭不能对。嵘叟、应麟奏似道家畜乘舆服御物，有反状，乞斩之。诏遣鞫问，未至。八月，似道至漳州木绵庵，虎臣屡讽之自杀，不听，曰：'太皇许我不死，有诏即死。'虎臣曰：'吾为天下杀似道，虽死何憾？'拉杀之。"

文天祥

文天祥（1236～1283）字履善，又字宋瑞，号文山，南宋末年抗金民族英雄，爱国诗人。理宗时任右丞相，恭宗时任工部尚书。吉州庐陵（今江西吉安）人。其父文仪，母曾氏。宋理宗宝祐四年（1256）进士，官至右丞相兼枢密使。宋恭帝德祐元年（1275），元军南下。次年，元军逼近临安（今浙江杭州）时，出使元营议和，被扣留。后逃脱，组织义军抗元。祥兴元年（1278）兵败被俘，关押在大都（今北京）狱中三年。元朝屡次劝降，均被毅然回绝。元世祖二十年（1283）被杀害于大都柴市。

一、少年有志　魁于天下

吉州庐陵有个依山傍水的富川镇，镇上有一家富户，主人文仪是个书痴，读起书来常常废寝忘食，爱不释卷。为了不惊扰家人，文仪还在自家的竹丛旁建了间书斋，名曰"竹居"。文仪每天晚上挑灯夜读，熬到深夜，有时甚至通宵达旦。经史百家、天文地理、医药占卜，凡此种种，文仪都有所涉猎。

文仪22岁时，其妻曾氏喜生贵子，取名云孙。第二年，又得一子，取名文璧。随后，曾氏又生了一子四女。文仪对云孙要求严格，除了自己教他学习诗书经史，还请了当地的名师来教导。因此，云孙少年时就读了大量诗书，对经史的钻研用心更大。云孙长大后，朋友们帮他取了个名字：天祥。

文天祥
——从明万历三十七年（1609）原刊本
《三才图会》

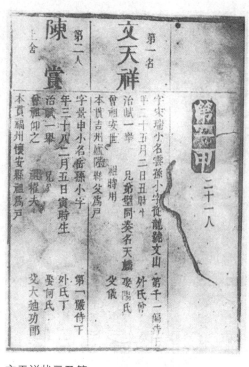

文天祥状元及第

18岁那年，文天祥参加了庐陵全县学子的考试，以卓异的文采独占鳌头。此时，蒙古军队正大举攻宋，南宋正面临着严重的威胁。一直为南宋严峻局面深感忧虑的文天祥，在去庐陵考试时怀着沉重的心情信步走进了吉州学宫。学宫中祭祀着乡贤遗像。少年文天祥看到欧阳修、杨邦义、胡铨等本朝名臣志士的遗像后，不禁暗下决心："我死后如果不和他们并列在一起，就不是男子汉。"[1]两年后，文天祥和弟弟文璧一起入吉州白鹭洲书院。几个月后，兄弟俩都考中吉州的贡士，取得了应考进士的资格。由于贡士的名册上写的是"天祥"，而不是"云孙"，要更改已经不可能。于是，后来就干脆以字为名，另外取字"履善"。至于"云孙"，则用做了小名。

在礼部的考试中，文天祥因其"忠君爱国之心坚如磐石"而备受主考官青睐。接下来由皇帝主持的殿试，皇帝提出了四个问题：为什么天灾人祸频繁？为什么人才匮乏、士习浮华？为什么国用殆尽、兵力薄弱？为什么边患危重、虏寇入侵？文天祥直言论证，针砭时弊，笔走龙蛇，洋洋洒洒近万字，一挥而就。他在文中一针见血地指出：天灾不断是因为民怨太多，从上到下，各级官吏贪得无厌，巧取豪夺，人民怎能不怨愤？人才匮乏、士习浮华是因为士风败坏，士人只追逐个人名利，对国家的荣辱和百姓的疾苦漠不关心，视而不见；国用殆尽、兵力薄弱，是因为国家缺乏好的财政政策及优秀的管理人才。国家财政都被皇室、大臣和寺观私自占有和挥霍浪费，如果把国家的全部财政收入都用在军需上，兵力就不会如此薄弱。考卷呈上后，姓名、籍贯都被密封了起来，答卷另有人誉抄

---

[1]事及语见《宋史·文天祥列传》："自为童子时，见学宫所祠乡先生欧阳修、杨邦义、胡铨像，皆谥'忠'，既欣然慕之。曰：'没不俎豆期间，非夫也。'"

一遍。理宗皇帝御览完考卷，最欣赏第七名考生的答卷，就擢为第一。主考官王应麟把答卷拿过去细读了一遍，高兴地对皇帝说："恭喜皇上，得了这么一位难得之才士！"[1]新科状元的桂冠落在了20岁的文天祥头上。但是，在这次殿试中，弟弟文璧却名落孙山。

在新科状元文天祥出宫回下榻住所的路上，前有四卫士呼喊清道，后有七卫士跟随，很是威风。道路两旁，挤满了前来观看的人。紧接着，及第的进士们参加了理宗皇帝亲临的"闻喜宴"。"闻喜宴"上，文天祥怀着激动的心情为宋理宗献上了一首诗：

> 于皇天子自成龙，三十三年此道中。
> 悠远直参天地化，升平奚羡帝王功？
> 但坚圣志持常久，须使生民见泰通。
> 第一胪传新渥重，报恩惟有历清忠。

按理，天文祥接下来还要参加一系列活动，直到皇帝最后册封官职。可是，就在文天祥中状元的第四天，才42岁的父亲不幸病逝，他不得不与弟弟一起回家奔丧。按封建礼教，文天祥要在家中为父亲守丧三年。就因为这样，天文祥虽然中了状元第一，却没有做上官。但他并不感到惋惜。宝祐六年（1258）八月，守孝期过去了，朋友们让文天祥给宰相丁大全写信，争取出去做官，他却说："何必把做官看得这么重呢？"一些地方官要代他申请，也被他婉言拒绝了。

开庆元年（1259），文天祥陪弟弟文璧进京应试。文璧中了这科的进士。文天祥也在到了临安后，被任命为承事郎，签书宁海军节度判官厅公事，从此开始了艰难的仕途生涯。

二、仕途坎坷　刚正不阿

文天祥刚刚就任官职，蒙古军队就已经开始了大规模进攻南宋的军事行动。开庆元年（1259）九月，由忽必烈率领的蒙古军队突破了长江天险，进而包围了

---

[1] 事及语见《宋史·奸臣四·贾似道列传》："年二十举进士，对策集英殿。时理宗在位久，政理浸怠，天祥以法天不息为对，其言万余，不为稿，一挥而成。帝亲拔为第一。考官王应麟奏曰：'是卷古谊若龟鉴，忠肝如铁石，臣敢为得人贺。'"

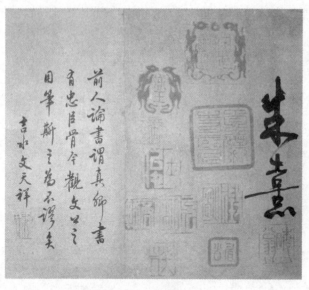

文天祥在朱熹《蓬户手卷》中的题记

鄂州。南宋朝廷上下震动，惶恐不安。宋理宗慌乱中罢免了奸相丁大全，起用贾贵妃之弟贾似道为相，督军迎战。但当时在朝中掌权的董宋臣等人主张以退为守，提出了逃跑主张，建议迁都四明（今浙江宁波）。许多官员都反对这一可耻的主张，但迫于权势不敢说出来。滞留京师的文天祥认为皇帝一逃，对江山社稷十分不利，人心会因此动摇，国都临安难以保全。于是，天文祥毅然上奏宋理宗，请求斩董宋臣以安民心。可惜他的奏疏呈上去后，却没一点回音。[1]十二月初，蒙古兵因内部出现权力之争突然北撤，临安城内一片欢呼，宋理宗下诏改元"景定"。王公贵族们重又过起了纸醉金迷的生活。

景定元年（1260）二月，朝廷又任命文天祥为签书镇南军（今江西南昌）节度判官厅公事。但文天祥坚决不接受任命，而是申请担任"祠禄"。"祠禄"是一种闲职，虽是主管某地某观（道教寺庙）的官，实际上却不管事，只拿俸禄而已，是优待那些退休、罢官的官员的职位。文天祥申请做这类官，分明是不想和那些贪官污吏同流合污。他的申请得到了批准，派他出任建昌军（今江西南城）的仙都观。第二年十月，朝廷又任命他为秘书省正字兼太子府教授。按惯例，这一职务应由前科状元担任，他再三推辞不下，于翌年就职。至此，文天祥才正式步入仕途。

景定四年（1263）十二月，做了一年京官的文天祥又出知瑞州（今江西瑞安）。文天祥出知瑞州之前，皇帝重新起用奸宦董宋臣，文天祥极力劝阻起用这

---

[1] 事见《宋史·文天祥列传》："开庆初，大元兵伐宋，宦官董宋臣说上迁都，人莫敢议其非者。天祥时入为宁海军节度判官，上书'乞斩宋臣，以一人心。'不报，即自免归。"

个奸佞之人，未果，就愤然辞职，因为朋友的劝慰，他才出知瑞州。三年前，瑞州曾遭一股蒙古兵的烧杀掠夺，此时依然城垣萧然，民不聊生。地方一些不法分子乘机敲诈勒索，残害百姓。郡兵也目无法纪，骄纵成性。文天祥到任后，抓住了一批罪大恶极者处以重刑，并公布了很多法令，秩序很快安定了下来。在一年的任期内，他为当地百姓做了很多实事，深受百姓爱戴。

次年，宋理宗驾崩，宋度宗即位，改元咸淳。文天祥被提升为江西提刑，主管司法、刑狱、监察，兼司农桑。但在任江西提刑时，他因仗义平反了一起冤案，遭人诬陷被奏劾罢官。文天祥一时心灰意冷，决意遁隐山林，居于文山，"文山"之号就是由此而来。两年后，即咸淳二年（1267）九月，朝廷又起用文天祥为吏部尚书左郎官，他几次推辞没有获准，于十二月就职。但文天祥仅上任一个多月，就遭嫉忌被参弹，罢职再回文山隐居。这年冬天，朝廷刚任命他为福建提刑，马上就有人站出来攻击，朝廷又收回了成命。

咸淳五年（1270）三月，著名诗人江万里出任左丞相，他一直很器重文天祥的才能，便于四月起用文天祥出知宁国府，一年后又调任军器监兼崇政殿说书、学士院权直、玉牒所检讨官。文天祥再次步入仕途，但等待他的仍是打击、诽谤。他每做一次官，都有人在想方设法找他的毛病。就在他被提任几个月后，因为在为皇帝起草诰词时不小心触犯了权奸"太师平章军国重事"贾似道，被亲贾的御史弹劾罢官。但是，咸淳九年（1273）正月，任命他为湖南提刑的诏令又下来了，他只得打点行装重新上路。这时，江万里任湖南安抚大使，知潭州（今湖南长沙）。天文祥去潭州拜见他，两人见面后非常高兴，但都深为国家忧虑。此时江万里已经76岁，他感叹道："我老了，观察天时人事，不久应当有变，我阅人众多，担起世道之责，是在你身上。"[1] 老成练达的江万里慧眼识人，看出只有文天祥这样的人能够担当起挽救国家的重任。这年冬天，文天祥申请调回江西本省，以便照顾祖母和母亲。获准令下来后，他便回到了江西，为赣州（今属江西）知州。

四次遭受诬陷、排挤、弹劾，三次布衣还乡，文天祥十多年的仕途之路一直坎坷不顺。在他回到江西不到一年，元军又大举进攻南宋，气势汹汹扑向东南，

[1] 事及语见《宋史·文天祥列传》："咸淳九年，起为湖南提刑，因见故相江万里。万里素奇天祥志节，语及国事，愀然曰：'吾老矣，观天时人事当有变，吾阅人多矣，世道之责，其在君乎？君其勉之。'"

严重威胁着后方的安宁。这也意味着天文祥将结束他 15 年沉浮不定、坎坷多灾的仕途之路，开始戎马生涯。

三、舍家为国　起兵勤王

文天祥到赣州任上没有多久，宋度宗驾崩，年仅四岁的赵㬎即位，是为恭帝。是年九月，忽必烈大汗命伯颜以丞相身份率 20 万大军从襄阳（今属湖北）兵分三路出发，势如破竹。到十二月，元军突破长江天险，攻占了鄂州。十二月二十日，太皇太后下了《哀痛诏》，号召各路军民起兵勤王，保卫京师临安。由于南宋政治的腐败，政权已经摇摇欲坠，各地文官武将惧怕元军的强大攻势，不敢前去抵抗，只有文天祥和张世杰两人响应号召。紧接着，文天祥又接到担任江西提刑的任命书，要他速率兵赴临安勤王。

文天祥是第二年（1275）正月十三日才接到这道《哀痛诏》的，捧着诏书，他泣不成声，决心应召誓死勤王，挽救南宋江山。南宋人民原本就饱受了元军的烧杀掠夺之苦，文天祥一号召，就有成千上万的人参加了勤王军。3 天时间，就募集了一万多人。[1] 他发布文告，在江西省征集义士粮饷，并率先将祖母和母亲送往惠州交弟弟奉养，把家中的全部财产充当义军费用。到了四月，义军已全部集中在吉安整装待发。丞相王爚知道后，非常高兴，立即建议召这支军队前往临安。可是，由于知枢密院兼参知政事陈宜中从中作梗，说文天祥这人太"猖狂"，做的是"儿戏"，要他继续留守隆兴府（今江西南昌），王爚一气之下，离职出京走了。七月，朝廷才因为临安空虚，催促文天祥率兵入京。八月中旬，任命文天祥为工部尚书，兼都督府参赞军事。八月下旬，勤王军抵达临安。但由于常州告急，平江（今江苏苏州）受到威胁，文天祥又赶紧率兵赴平江前线作战。赴平江之前，文天祥曾上书，请求斩首叛将吕文焕的哥哥文德及其侄儿吕师孟，以明抗元决心，鼓舞士气。但朝廷不仅没批准，反而追封这两人分别为义郡王和兵部尚书，以此讨好叛将。

文天祥到平江后，勤王军在初次作战中英勇奋战，除守卫平江外，文天祥还派出 3000 人赶去支援常州，由朱华和尹玉率领，结果在五木与元军遭遇。此时，

---

[1] 事见《宋史·文天祥列传》："天祥捧诏涕泣，使陈继周发郡中豪杰，并结溪峒蛮，使方兴召吉州兵，诸豪杰皆应，有众万人。"

江西兴国大乌山寺里由文天祥手书的"永镇江南"题额

南宋朝廷也派兵 2000 人增援常州，由张全率领，但此人无心抗战，没与勤王军好好配合，临阵逃脱。由朱华、尹玉率领的义军在杀敌无数后，终因寡不敌众，除了 4 人突围外，其余将士全部壮烈牺牲。尹玉身受多处重伤，仍浴血拼杀，最后，元军不敢和他靠近搏斗，就拿 4 根长枪架住他的脖颈，用棍击死。[1] 文天祥后来上书，请斩临阵逃脱的张全，但朝廷充耳不闻，姑息了事。五木一战，虽伤亡较重，却使江西义军威名大振。

就在这时，元军留下少数兵力看守江北扬州等地，其余主力兵分三路，直扑临安。临安防御空虚，元军三路攻来，使朝廷大为震惊，急令文天祥率兵赶赴独松关，把守元军通往临安的咽喉要道。谁料义军还没到，独松关就已经失陷。在伯颜攻下常州后，全城上万人被杀害，只有几个人藏于桥坎下才幸免于难。文天祥只好退兵到临安。

此时的临安城早已一片混乱，左丞相留梦炎已溜出城去，后来投降了元军。右丞相陈宜中与太皇太后想请降苟安，以求保存小朝廷。召集大臣议事，前来上朝的官员只有 6 人。到了这个时候，太皇太后才任命文天祥为右丞相兼枢密使，督促各路兵马，维持残局。已年老懦弱的吴坚则被任命为左丞相。文天祥发现，

---

[1] 事见《续资治通鉴·宋帝㬎德祐元年》："玉收残卒五百人，复鏖战，自夕达旦，杀元军人马，委积田间，玉复手杀数十人，力屈被执，元人恨之，横四枪于其项，以棍击杀之。"

要保住临安已经不可能，便建议南迁。因为三路元军已经开始包围临安。文天祥想，闽广两地平安无事，江西和湖南还有很多地方在宋朝手中，他率领的勤王军有三四万人，京师义民可组织20万，因此他和张世杰商议，可以背城一战，以战为守。如守不住，再退居到江西等地继续斗争。然而，即便文天祥再怎么努力，也无济于事。太皇太后和陈宜中已经加紧了议和行动，派人给伯颜送去了传国玺和降表。张世杰不愿投降，扬帆出海，向南而去。

四、再举义旗　誓死抗元

景炎元年（1276）正月十九日，丞相陈宜中害怕被扣留，不敢去与元军议降，加之元军一股兵力进驻到临安城外的教场，他仓皇逃到了占城（今越南境内）。但元军又坚持非丞相亲自来请降不可。最后，这场非同一般的谈判不得不落在了文天祥身上。二十日，太皇太后命他和吴坚、谢堂、贾余庆等人，前去伯颜营中议和。吴坚胆小怕事，一直不敢抗争；谢堂遇事一点主意都没有，只会低三下四、唯唯诺诺；贾余庆是一个迎合元军的下流小人，对新朝官位心怀幻想。文天祥意识到，只有自己想办法取得主动权了。

文天祥昂首阔步走入伯颜设在临安城外皋亭山明因寺的大营后，伯颜就自以为是地问道："丞相是来谈投降的事吗？"文天祥义正辞严地说："我不是来投降，我是来谈判。投降是前任丞相的事，我与这个没有任何关系。太皇太后命我任丞相，我今天就前来营中商量两国之事。"文天祥态度强硬，慷慨陈辞，伯颜等人都对面前这个刚强的人物钦佩不已。

二十一日，经过一夜密谋的伯颜等人扣留了文天祥，派降将程鹏飞同吴坚等人去临安劝太皇太后投降。就在文天祥被扣留之时，奸臣贾余庆代替文天祥做了右丞相，并和吴坚等人准备了降表送往伯颜营中。得了降表，伯颜立即请文天祥进帐并进行劝降，文天祥毅然回绝。有人建议把文天祥杀了，由于伯颜十分钦佩文天祥的威武不屈，便下定主意，把他扣押起来，找机会劝他投降，为元朝效力。

伯颜扣押文天祥，让其他人回去，是经过深思熟虑的。他对南宋大臣的情况非常了解，其他人都已老朽无能，没有什么号召力，而文天祥在民众中有着很高的声望，他振臂一呼，应者数万，这对元军攻击南宋是一块很大的拦路石，如果把他放回去，无异于放虎归山。

景炎元年（1276）二月初九，南宋君臣在临安举行降元和宣布退位仪式。即便如此，文天祥抗元的决心依然未改。在被元军用船从运河押送往元大都的路上，经过周密计划，加上当地百姓冒死帮助，文天祥终于从水路得以逃身，一路夜行前往真州。真州守将苗再成非常欢迎文天祥的到来，可扬州的李庭芝等人认为文天祥在戒备森严的元营中逃脱出是绝对不可能的，因而肯定是被放出来的奸细，并要苗再成把他杀了。苗再成对李庭芝等人的建议深表怀疑，生怕错杀忠良，就把文天祥一行 12 人带到城外，叫他们自寻生路。[1]文天祥准备去扬州和李庭芝讲清楚，其他人说那是自入虎口，方才决定弃扬州而奔通州（今江苏南通）。

通州守将杨师亮热情接待文天祥，他让文天祥在州衙好好休息，等待时机，东山再起。文天祥就在这段安定的日子里，把自从离开临安后两个多月来一路上写下的 100 多首诗，编成了集子，名叫《指南录》，表达了向往南方、立志为南宋献出一切的决心。

文天祥
——从清乾隆时期刊本《晚笑堂竹庄画传》（作者上官周）

在通州小憩之后，文天祥一行南下永嘉（今浙江温州），欲投奔益王赵昰、广王赵昺的元帅府。到达永嘉时，赵昰已到福安府（今福建福州），被拥立为帝（即端宗皇帝）。得知文天祥的消息后，他立即把文天祥召来，任命为同都督置府南剑州。文天祥便开始招兵买马，再举义旗。各地闻之，也纷纷响应。由于叛徒作祟，文天祥的督府军在闽赣出师不利，军心有些动摇。文天祥处决了叛徒，重整军纪，督府军的战斗力有了很大提高和加强，第二年便相继收复了梅州（今广东梅县）、赣南十县、吉州四县，史称赣南

---

[1] 事及语见《宋史·文天祥列传》："天祥未至时，扬有脱归兵言：'密遣一丞相入真州说降矣。'庭芝信之，以为天祥来说降也。使再成亟杀之。再成不忍，给天祥出相城垒，以制司文示之，闭之门外。"

大捷。景炎二年（1277）五月中旬，文天祥率军反攻江西。江西兵民立即奋起响应。文天祥的妹夫、吉州龙泉县令孙卓起兵收复了县城，另一妹夫彭震龙也起兵收复了永新县城。袁州萍乡县也被攸县人吴希奭起兵拿下。

文天祥率领抗元义军的连番大捷，使抗元声势越来越大，元军统率伯颜以及整个元军深为震惊。伯颜立即命李恒为元帅，率精兵赶赴江西增援。此时，湖南的抗元斗争也进入了白热化阶段。衡山、湘潭、安化、益阳、攸县、新化、宁乡等县城，已被当地义军收复。

但是，由于义军都是临时组织起来的，没有战斗经验，又都是步兵，无法阻挡元军铁骑的冲击。在李恒所率的精锐铁骑展开攻势后，几次作战后，义军数万军队就损失了大半。文天祥只好带着所剩不多的兵力边战边退。张汴、赵时赏、刘洙等将领都相继殉国。

与此同时，南宋流亡政府移到浅湾（今广东饶平南澳岛），后到碙洲（今广州湾口外海中）。端宗在碙洲病逝。此时仍对宋朝忠心耿耿的张世杰、陆秀夫，拥立8岁的卫王赵昺继位，号祥兴。由于两人感觉碙洲不安全，又转移到新会县往南80里的大海中的崖山，这是南宋朝廷的最后落脚地。

当文天祥率督府军余部在南岭过冬时，终于知道朝廷在崖山。景炎三年（1278），朝廷封文天祥为太保、信国公，以示嘉奖，但对文天祥的军事计划不怎么赞成。后来，文天祥率军到潮阳，准备以潮、惠为根据地，收复附近的失地。元军主帅张弘范得知他们的行踪后，立即分水、陆两路直奔潮州。文天祥从元军俘虏中得到这一消息后，奏告了崖山，并立即率兵撤出潮州，退居山中，以避其锋芒。

但是，由于叛徒引领，张弘范的弟弟张弘正率轻骑200名紧随而来。就在文天祥安营五坡岭做饭时，遭到了张弘范大军的突袭。文天祥仓皇而逃，千户王惟义前往捉拿。文天祥欲自杀，却没有成功。[1] 文天祥被俘，他率领的督府军自此瓦解。

五、浩然正气　日月丹心

文天祥被押送到张弘范的大营中后，元军将领要他向张弘范下跪。文天祥坚

---

[1] 事见《宋史·文天祥列传》："天祥方饭五坡岭，张弘范兵突至，众不及战，皆顿首伏草莽。天祥仓皇出走，千户王惟义前执之。天祥吞脑子，不死。"

定地说："我文天祥可死，但不能跪！"张弘范早在伯颜营中就领教过文天祥的刚正，知道要他下跪比登天还难；想杀他，自己又没有杀死这个宋朝丞相的权力，便装出宽宏大量的口气说："我不杀你，杀了你倒成全了你的忠义之名。我不是狭隘之人，我对你将以礼相待。"说罢，亲自为文天祥松绑，礼敬有加。文天祥说："既以礼待我，那就给我一把剑，我当自刎。"

　　张弘范为小心起见，要求属下对文天祥严加防范，以免他找机会寻死。

　　祥兴元年（1279）正月初六，张弘范兵分两路向崖山开进，文天祥也被押送随行。船过珠江口外的零丁洋时，有人告知，元军中有一姓韩的军官是张世杰的外甥，张弘范派此人前往崖山劝降，遭到张世杰的严厉拒绝。张弘范又拿出纸和笔，让文天祥写信劝张世杰投降。文天祥奋笔疾书，写下了著名的《过零丁洋》：

> 辛苦遭逢起一经，干戈寥落四周星。
> 山河破碎风飘絮，身世浮沉雨打萍。
> 惶恐滩头说惶恐，零丁洋里叹零丁。
> 人生自古谁无死，留取丹心照汗青。

　　张弘范看到这首诗，不禁感慨道："好人好诗！"他知道要让文天祥招降已不可能，便决定攻打崖山。

　　二月初六，两军对峙了20多天后，决战的时刻终于来临，元军向崖山发起了进攻。经过一天恶战，宋军大败。激战中，陆秀夫眼见突围出去已经很难，便让妻子儿女跳海自尽，随后背上9岁的小皇帝赵昺纵身跳入大海。张世杰率100

《千里江山图》宋王希孟

多艘船只护送太皇太后突围出去，余下的800多艘船只全被元军俘获。张世杰突围后，突遇飓风，船被风浪击破，突然又获悉皇帝已跳海而死，便跳海殉国。宋朝至此灭亡。

文天祥亲眼看到了宋朝的最终覆灭，痛心疾首，后在《集杜诗·南海》序言中写道："崖山之败，亲所目击，痛苦酷罚，无以胜堪。"他深感自己也无回天之力，便"坐北舟中，向南恸哭"。他认为宋朝的灭亡应归咎于那些奸臣。

元世祖至元十六年（1279）四月二十二日，因忽必烈命令，文天祥被押往大都。押送途中，文天祥两次自杀未成。被押行的还有宋朝官员邓光荐，他们虽为囚徒，但一路上谈诗论史，还计划着有朝一日再举义旗，驱逐元军。十月初一抵达大都，元朝政府把文天祥囚禁在会同馆。

在会同馆期间，文天祥被视为上宾，每天被美酒佳肴款待，但文天祥只吃友人送来的食物。接着，劝文天祥投降的人一个接着一个而来。开始时是南宋状元丞相留梦炎，但他才露面，就被文天祥一顿怒骂而狼狈退下。随后是恭帝、后来被元朝封为瀛国公的赵㬎。元朝统治者想利用君臣关系来强制文天祥投降，可是，年仅9岁的赵㬎根本就不知道怎么劝降。文天祥一见赵㬎，立即跪下，并痛苦流涕地不断说道："圣驾请回！圣驾请回！"再也没有多余的话说。赵㬎便匆匆退去。

陆秀夫负帝投海图

接着，元朝平章政事阿合马高踞堂上，命人带来文天祥，并要他下跪。文天祥说："南朝宰相见北朝宰相，怎能下跪？"阿合马一时羞愧，看看周围的人后说："这个人是生是死，全由我说了算。"文天祥立即接上他的话说："要杀就杀，不要说什么由不由你。"阿合马恼羞成怒，命人把文天祥关押到兵马司衙门。

元朝统治者见文天祥铁骨铮铮，难以移其心志，就把他押入污秽不堪的牢房。在这样的环境里，文天祥深有感触，"地狱何须问，人间见夜叉"，

北京文天祥祠

但他又觉"朝夕淡薄神还爽，夜睡崎岖梦自安"。

这期间，忽必烈曾在一次议事中问周围的大臣："南方、北方的宰相谁是最好？"大臣们回答："北为耶律楚材，南为文天祥。"忽必烈听罢立即下谕，将赏赐文天祥宰相之位。但文天祥拒绝了这些赏赐。其实，元朝统治者内部意见也不一致，一些人想用文天祥在人们心中的威望来稳固南方，于是提出劝降；另一些人则认为文天祥对南宋忠心不死，留着是个后患，主张斩首。

十二月初，忽必烈在经过一番深思后，决定当面和文天祥交谈。文天祥被押入皇宫后，忽必烈并没有要他下跪，但文天祥还是给忽必烈作了个揖。"你已经在这里很长时间了，如能做大元朝的忠臣，大元中书省有你一席。"忽必烈让人传话。"我文天祥乃大宋状元宰相，大宋已亡，我也当随之而亡。"文天祥说。"那么你想怎样呢？"忽必烈又让人问。"别无他求，只求一死。"文天祥高声说。[1]

忽必烈唯一的一线希望破灭了，想到要让文天祥屈服已经不可能。恰好近来四处正传说中山府（今河北保定）有人组织了数千人，准备进攻大都、劫救文天

---

[1] 事及语见《宋史·文天祥列传》："召入谕之曰：'汝何愿？'天祥对曰：'天祥受宋恩，为宰相，安事二姓？愿赐之一死足矣。'"

祥，便批准将文天祥斩首。

十二月初九这一天，文天祥被押到柴市。来到刑场，文天祥问清了南方在哪里，就面向南方拜了两拜，表示对南宋的忠心不改，遂从容就义，时年47岁。前来观看的百姓无不潸然泪下，直到文天祥就义后几天，元大都的街头巷尾都还经常传出哀哭声。元朝统治者也惶恐不安，接下来的很多天，城门紧闭，处处是巡逻的士兵。城中百姓也不准随便来往。

后来，文天祥的夫人欧阳氏在文天祥的衣带上发现一篇写有序言的绝笔赞：

> 吾位居将相，不能救社稷、正天下，军败国辱，为囚虏，其当死久矣！顷被执以来，欲引决而无间。今天与之机，谨向南百拜以死。其赞曰：孔曰成仁，孟曰取义，惟其义尽，所以仁至，读圣贤书，所学何事？而今而后，庶几无愧！宋丞相文天祥绝笔。[1]

文天祥死了，但其丹心正气永存，与日月同辉。

名家评说

> 宋三百余年，取士之科，莫盛于进士，进士莫盛于伦魁。自天祥死，世之好为高论者，谓科目不足以得伟人，岂其然乎！
>
> ——元·脱脱《宋史》
>
> 二王之殂逝，及文（天祥）、张（世杰）、陆（秀夫）三人之奔波海陆，百折不回，尤为可歌可泣、可悲可慕。六合全覆而争之一隅，城守不能而争之海岛，明知无益事，翻作有情痴，后人或笑其迂拙，不知时局至此，已乃无可存之理，文、张、陆三忠，亦不过吾尽吾心耳。读诸葛武侯《后出师表》，结末云：'鞠躬尽瘁，死而后已，成败利钝，非所逆睹。'千古忠臣义士，大都如此，于文、张、陆何尤乎？
>
> ——蔡东藩《宋史演义》

---

[1] 事及文见《宋史·文天祥传》："数日，其妻欧阳氏收其尸，面如生，年四十七。其衣带中有赞曰……'"

正说历朝八十臣

乔继堂 主编

下

中国书籍出版社
China Book Press

【元】

耶律楚材

耶律楚材（1190～1244），元代杰出政治家，太祖、睿宗、太宗三朝宰辅。字晋卿。其父耶律履，曾任金朝尚书右丞，母亲为杨氏。耶律楚材作为元朝的奠基者之一，其德其才可与许多中原名臣相提并论，更可使同时期的南宋权臣汗颜。他披肝沥胆地为蒙古用兵金、宋和远征西域运筹划策，为元王朝的创建立下了汗马功劳。他呕心沥血地为蒙古立国中原定制度、劝农桑、兴文教，加速了这一民族的封建化进程，使武功极盛的军事帝国又收文治之效。他的强诤巧谏更为后人提供了对国事尽忠尽智的楷模。

耶律楚材
——从明万历三十七年（1609）原刊本《三才图会》

一、出生乱世　西征建功

耶律楚材的父亲耶律履，是金代的著名学者，曾仕金世宗，官至尚书右丞。但耶律楚材3岁时，父亲不幸殒命，这对他的成长有很大影响。后幸得其母杨氏的良好书礼教育，加上他天资聪慧，自幼勤学苦读、博览群书，待至青年时期，不仅在天文、地理、律历、术数等方面颇有造诣，且深谙儒学，并精于佛道、医卜之说。他还多才多艺，善抚琴，好吟咏，更精通汉文，写作潇洒自如，而且文思敏捷，下笔成文，出口成章。

耶律楚材成长在一个动乱的时代。当时，整个中国正处在元朝大一统之前的列国纷争阶段。当时的中国北部大金国为最强，占据中原，统治着北中国。但它

1211 年蒙金战争，蒙古军于野狐岭战役消灭金军 40 万，金朝至此无力反击。

的全盛时期已过，国势一年不如一年了。南宋王朝虽是偏安于江左，但时刻也没有忘记北上收复失地，不时地向北方挑战。立国甘宁陕的西夏，也对称霸中原怀有野心，趁机与南宋结交，在西北方向侵扰。当时的中国真是诸强对峙，战事频生。此时，金国西北部的附庸部族蒙古族乘机崛起，铁木真自被本部族推举为首领后，经过连年的征战，此时已统一了蒙古各部，且在金章宗太和六年（1206）成为全蒙古的"汗"（皇帝），尊称成吉思汗，是为元太祖。这个新崛起的蒙古帝国，雄心勃勃，在北方不断地向金国发动进攻。

这一年，耶律楚材 17 岁，他可以出仕了。按照当时金国的规矩，他这个宰相之子享有赐补省掾官职的特权。可是他本人希望参加正规的进士科考试。金章宗本人认为旧的制度虽然不可更改，但是考试更可以发现人才，于是敕令他应期当面考试。应试中，耶律楚材独领风骚，掾吏之职自然成为他的囊中之物。从此他步入政界。以后，他还曾任职开州同知。[1]

---

[1] 事见《元史·耶律楚材粘合重山杨惟中列传》："金制，宰相子例试补省掾。楚材欲试进士科，章宗诏如旧制。问以疑狱数事，时同试者十七人，楚材所对独优，遂辟为掾。后仕为开州同知。"

成吉思汗的蒙古军事政权确立后，靠着他强大的军事实力，开始向四邻征战。为了免于受到西夏的牵制，成吉思汗决定在攻金之前，先用兵西夏。1205～1209年间，成吉思汗对西夏攻伐3次，大大地削弱了西夏的力量，使之丧失出外征战的能力。接着，经过周密部署后，从1211年起，成吉思汗便大举进兵金国。蒙军"所至都邑，皆一鼓而下"、"凡破九十余郡"，直到兵临金国中都燕京城下。

金宣宗贞祐二年（1214），金主完颜永济为了逃避蒙军南下的威胁，一面送女入蒙，以和亲争得喘息的时间；同时，决定把首都南迁至汴（今河南开封）。耶律楚材的全家也随之南下，而他本人则被任命为左右司马员外郎，协助金国右丞相完颜承晖留守在中都燕京，时年24岁。

成吉思汗十年（1215）五月，围攻燕京年余的蒙军，一举攻克燕京，右丞相完颜承晖自尽殉国，耶律楚材眼看金朝的大势已去，于是在城陷之后，便"将功名之心束之高阁"，空怀经天纬地的才智绝迹于世，弃俗投佛，在万松老人（行秀）门下钻研佛理，一去3年。艰难的世事磨练了耶律楚材，他等待着时局的发展，等待着实现壮志的机会。

成吉思汗十三年（1218），机会终于来了。成吉思汗既定燕地，逐渐感到人才的重要，这时他听说耶律楚材是位难得的人才，而且又是被金国所灭、与金国有仇的原辽国宗室后裔，便遣人求之，询问治国大计。耶律楚材虽然修身养性，过着隐居的生活，然而他时刻也没忘掉干戈扰攘、生灵涂炭的神州大地。当得知有雄才大略的成吉思汗要召见他，感到是一个图谋进取的好机会，即应召前往。

耶律楚材身材魁梧，回答成吉思汗的询问时，更是声音洪亮而流畅。成吉思汗说道："辽金世仇，我要为你洗雪国仇家恨。"耶律楚材的回答十分得体："感谢大汗的知遇，但那是以前的事了，我的祖父已经入侍金朝，既然做了臣下，怎敢还和君主为仇呢？"成吉思汗对他的回答十分满意，认为这个人重君臣之情，又恪守信义，是值得信任的，便把他留在身边，以备顾问。耶律楚材学识渊博，很快受到成吉思汗的宠信，并亲切地称他"长髯人"。[1]耶律楚材此时想的是历史上

---

[1] 事及语见《新元史·耶律楚材列传》："楚材身长八尺，美须髯，音如洪钟。帝伟之，谓曰：'辽金世仇，朕为汝雪之。'对曰：'臣祖父皆北面事金，既为臣子，敢仇君父耶！'帝重其言，处之左右，呼为吾图撒合里而不名，国语长髯人也。"

元太祖成吉思汗

董仲舒辅佐武帝以"文治"，使得汉家气象恢宏；如今，他也找到了这样的机会。

成吉思汗十四年，蒙古军队在对自己的宗主国金国实施了一连串痛击之后，在军事上完全取得了主动，于是，除了仅用小股兵勇继续对中原金地蚕食鲸吞外，集中精锐之师进行了著名的西征，攻打花剌子模国。

在西征开始的前一年春天，成吉思汗特地派人到燕京，召请耶律楚材随军西征。耶律楚材慨然上路。成吉思汗西征出师的那天，时值夏六月，却忽然狂风骤起，黑云密布，转瞬间大雪纷飞。成吉思汗有些疑虑，不知此为何兆，于是立即把耶律楚材召至帐前，卜问吉凶。耶律楚材巧妙地利用包括成吉思汗在内的蒙古将士对天文、星象知识了解甚少又非常迷信的心理，以及蒙古军人对花剌子模国的行为义愤填膺、誓死雪耻的军心，毅然断言："隆冬肃杀之气见于盛夏，这正是我主奉天申讨，克敌制胜的好兆头。"[1] 成吉思汗盼的就是这种吉相。于是发 10 万大军，离开也儿的失河（今额尔齐斯河），奔西南越过天山，向花剌子模国杀去。1222 年，蒙古军占领了整个花剌子模和中亚。

此次西征大胜，成吉思汗认为与耶律楚材的卜吉有关。从此，凡他出战，总是必须有耶律楚材随侍身旁，预测吉凶成败，参赞军政大事。耶律楚材也正是利用这种机会，运用自己的文韬武略，阐发自己的真知灼见。

成吉思汗以武力征服而立国称帝，自然是崇武轻文。耶律楚材也深知这一点，意欲以文治国，那就应该不失时机地利用每一个"舞文弄墨"的机会，向君主灌输创治天下绝不可藐视文士作用的道理。西夏人常八斤因善造弓弩而受成吉思汗的宠用，这更增添了这位武夫的自恃。他不把文臣放在眼里，常常当着耶律

---

[1] 事及语见《元史·耶律楚材粘合重山杨惟中列传》："己卯夏六月，帝西讨回回国。祃旗之日，雨雪三尺，帝疑之，楚材曰：'玄冥之气，见于盛夏，克敌之征也。'"

楚材的面讽刺说："国家正是用武之际，像你这样的儒者，究竟有何用处？"耶律楚材针锋相对地回敬他："制弓须用弓匠，制天下者岂不用制天下匠？"[1]这机智的词锋，巧妙的辩诘，引起了成吉思汗内心的深思和对耶律楚材的赞赏。此后，他便常对其子窝阔台说："这个人是老天赐给我家的，以后凡是军国大事、日常政事，都应当交给他来处置。"[2]

1223年夏，成吉思汗回师驻军铁门关。据传当地人送来一只怪兽。该兽独角，身形似鹿，尾巴同马，浑身绿色，嘶鸣声咿唔又似人言。成吉思汗感到奇怪，询问耶律楚材。耶律楚材便以此次西征军事、政治目的均已达到，应尽早结束战事的大前提出发，借题发挥说："这种兽名叫角端，它的出现表示吉祥。它能作人言，厌恶杀生害命。刚才的叫声意思是大汗你应该早点回国了。皇帝是上天的长子，天下的老百姓都是皇帝的儿子，愿大汗禀承上天的旨意，保全天下老百姓。"成吉思汗听罢，立即决定结束此次西征，班师回国。[3]

1224年，成吉思汗仍取道原来的路线回归。在成吉思汗西征之前，曾向西夏征发军队协助西征，西夏拒不出兵，成吉思汗当时无暇征讨西夏，发誓日后一定要给予惩罚。当西征归途中，又获悉西夏与金国缔结和约对抗蒙古，成吉思汗立即决定征讨西夏。1226年秋，成吉思汗开始了对西夏的征讨。蒙古军很快就攻下了甘州（张掖）、凉州（武威）、肃州（酒泉），当年冬天，攻克灵州（灵武）。灵州之战，西夏主力消耗殆尽。1227年六月，夏主请降，西夏至此覆灭。在攻打灵州这个西夏的军事重镇时，破城之后，蒙军众将士无不争掠女子、财物，独有耶律楚材却取书数部，大黄药材数担。同僚们对他的行为甚是费解。不久，兵士们因为长期风餐露宿多得疫病，幸得耶律楚材用大黄配制的药材救命，所活至万人。

---

[1]语见《元史·耶律楚材粘合重山杨惟中列传》："治弓尚须用弓匠，为天下者岂可不用治天下匠耶。"

[2]语见《元史·耶律楚材粘合重山杨惟中列传》："指楚材谓太宗（窝阔台）曰：'此人，天赐我家。尔后军国庶政，当悉委之。'

[3]事及语见《元史·耶律楚材列传》："甲申，帝至东印度，驻铁门关，有一角兽，形如鹿而马尾，其色绿，作人言，谓侍卫者曰：'汝主宜早还。'帝以问楚材，对曰，'此瑞兽也，其名角端，能言四方语，好生恶杀，此天降符以告陛下。陛下天之元子，天下之人，皆陛下之子，愿承天心，以全民命。'帝即日班师。"

二、整肃国政　安定国基

　　成吉思汗二十二年（1227）的冬天，耶律楚材终于回到了燕京。在此前，蒙古军事帝国忙于西征战事，对那些业已归顺蒙古的州郡缺乏完善的社会组织和法律制度，因此派往各州郡的长官常常是任意掠取兼并土地，有的竟随意杀人。其中，燕京留守石抹咸得卜尤为贪暴，所杀示众之人头挂满了市场。面对如此混乱的国情，耶律楚材十分焦急，他从巩固蒙古国长期统治的大计着眼，立即奏请成吉思汗下诏颁律，控制社会的混乱局面。陆续颁布的禁令有：各州郡如果没有奉到盖有皇帝玉玺的文书，不得随便向人民征收财物；死罪必须上呈朝廷批准，凡违命者，其罪当死。由于此法得体，且惩治条文分明，使贪婪暴虐之风有所收敛，社会秩序初步安定下来。

　　这一年，成吉思汗病逝。依照蒙古国的惯例，成吉思汗的四子拖雷获得其父的直接领地，即斡难河及客鲁连河流域一带蒙古本部地方，并且代理国政，是为元睿宗。

　　在睿宗监国期间，燕京城中社会秩序颇为动荡，有一大批杀人越货之徒。睿宗对此有所闻，认为只有耶律楚材可以处理好这件事。于是特遣耶律楚材和中使塔察儿前往究治。耶律楚材知道，这些人如此猖狂，必有来头。耶律楚材经过细心察询，很快便弄清了这些强徒都是燕京留守的亲属及一些豪强子弟。耶律楚材在掌握大量的证据基础上，毫不手软地将触禁者一一缉拿归案，将其中 16 个罪大恶极、民愤最大的首犯，绑赴刑场枭首于市。从此巨盗绝迹，燕京秩序得以控制。

　　这两件事在一定程度上表明了耶律楚材治国的才干，因而高层统治集团更增加了对他的信任。

　　1229 年，睿宗拖雷已监国两年，按照成吉思汗的遗命，帝位应传位太祖三子窝阔台，但此时没有任何迹象表明拖

使用蒙古弓作战的蒙古突骑

雷将移交权力。作为一个有智谋的良辅，耶律楚材清醒地意识到，汗位虚悬或错置，与国与民都不利。于是，耶律楚材与窝阔台面议，商量尽快召开"库里台大会"决议汗位。成吉思汗曾有一条特立的法制：凡蒙古大汗，如当新旧交续之时，必须经王族诸将及所属各部酋长，召开公会议定之后，方可继登汗位。

是年秋天，成吉思汗本支亲王、亲族齐集克鲁伦河畔议定汗位的承继人。会议开了40天，仍是议而未决。耶律楚材认为此事不可久拖了，便亲自力谏拖雷："推举大汗，这是宗庙社稷的大计，应该早日确定。"拖雷不好再敷衍下去，这样窝阔台就即了汗位。蒙古进入了太宗时代。

登基朝仪是耶律楚材精心拟制的。为了确保朝仪的顺利进行，耶律楚材事先选中了察合台亲王，作为带头执行者。楚材对他说："王虽是皇帝的哥哥，但也是个臣子，应该对皇帝以礼下拜。若你下拜，做了一个臣子应该做的事，那么就没有人会有异议了。"察合台认为此话有理，在正式的登基大典上，便率领众皇族和臣僚跪拜于庭下。这样，盛典进行得很顺利，耶律楚材一举除掉了蒙古国众首领不相统属的陋习，制定了尊卑礼节，严肃了皇帝的威仪。事后察合台深有感触，对耶律楚材赞道："你真是国家的贤臣啊！"[1]

对于粗犷成性、散漫惯了的蒙古君臣，在日常的执行过程中，有许多人仍难以适应。为此，窝阔台准备惩治那些违制的臣子。耶律楚材认为时机尚未成熟，宜暂示宽宥。窝阔台采纳了他的意见，果然效果很好。这样恩威并举，反复整顿，由此耶律楚材维护并逐渐健全了朝廷礼制。

三、谏止屠戮 倡兴文教

窝阔台三年（1231），蒙古国经过休养生息，国力日渐强盛，于是窝阔台又把南征灭金的行动提到了议事日程。其实南征这一思想，早在成吉思汗时就已确立。蒙古灭掉西夏，就是为了吞并金朝、扫清外围。西夏已亡，既解除了蒙古的西顾之忧，又使金朝失去了犄角之助。窝阔台认为时机业已成熟，当即遣大将速不台进围汴京。

次年正月，金国将领崔立发动汴京政变。汴京在蒙古军猛攻下城陷指日可

---

[1] 事及语见《元史·耶律楚材粘合重山杨惟中列传》："……乃告亲王察合台曰：'王虽兄，位则臣也，礼当拜。王拜，则莫敢不拜。'王深然之。及即位，王率皇族及臣僚拜帐下，既退，王抚楚材曰：'真社稷臣也。'国朝尊属有拜礼自此始。"

窝阔台

待。这时速不台奏请窝阔台："金人抗拒持久，我军将士多有伤亡，待城陷之日，宜尽屠戮。"窝阔台点头同意。耶律楚材听到屠城预谋，急忙驰骑赶来入奏说："将士们风餐露宿、野外征战数十年，无非是想得到土地、人民。得到了土地，却没有人民又有何用！"可窝阔台仍然犹豫不决。楚材见以公论尚不足使窝阔台速下决断，便施了个假私济公的伎俩，巧借私欲来打动大汗，又说道："奇工巧匠、大家富户都荟萃于此地。一旦斩尽杀绝，大汗将一无所获。"窝阔台这才动了心，立刻准其所请，下令只把金国皇族完颜氏杀掉，其余一律赦免。[1]自此以后援为定例，遂废屠城之法。四月，蒙军入汴京。当时为逃避战乱留居汴京者共147万人，都得以保全性命。

六月，蒙军攻取洛阳，金哀宗完颜守绪逃往蔡州（今河南省汝南）。窝阔台汗六年（1234）正月，蒙、宋合兵攻入蔡州，完颜守绪自尽，完颜承麟为乱兵所杀，金国遂告灭亡。

河南初平，蒙军俘获甚多。还师之日，逃亡之人十有七八。窝阔台汗下令：凡逃亡之民以及收留资助者，灭其全家，乡社连坐。由此逃者不敢求舍，沿途不敢留宿，以致饿殍遍野。耶律楚材念及民心向背，又从容进谏："河南既平，民皆大汗赤子，又能逃到何方？为何因一俘因，连坐而死数十百人？"窝阔台省悟，遂撤销了这一禁令。[2]

金亡之后，西部秦、巩等20余州久未能攻下。耶律楚材献计说："往年蒙军

---

[1] 事及语见《新元史·耶律楚材列传》："汴京垂拔，大将速不台奏言：'金人抗拒日久，多杀士卒，宜屠城。'楚材驰入奏曰：'将士暴露数十年，所欲者土地人民耳！得地无民，将安用之。'帝犹豫未决，楚材曰：'凡工匠及厚藏之家，皆聚于城内，杀之则一无所得矣。'帝始允之，诏除完颜氏一族外，余皆原免。"

[2] 事及语见《元史·耶律楚材粘合重山杨惟中列传》："时河南初破，俘获甚众，军还，逃者十七八。有旨：居停逃民及资给者，灭其家，乡社亦连坐。由是逃者莫敢舍，（接下页）

获罪，多有逃往此地者。因恐新旧二罪并罚，故以死拒战。倘若许以不杀，将会不攻而自克。"窝阔台下诏赦免逃亡旧罪，又宣布

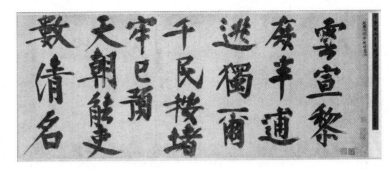

耶律楚材书法

废弃杀降之法，由此诸城接连请降。

文治与武治是打天下、治天下的相辅相成的两个方面，二者缺一不可。蒙古军武力之盛可谓无与伦比，疆域之大也是空前绝后的。但是要统治这么辽阔的国土，尤其是治理文明发达程度较高的中原和江淮地区，必须具备有效的思想工具。窝阔台即位后，耶律楚材参照中原礼教，确定了尊君抑臣的朝仪，还经常宣传"周孔之法"的妙用，并推荐了一批名儒到政府任职。

窝阔台汗五年四月，蒙军开进金都汴京，金亡在即，中原已在掌握之中，而偏安江南的南宋也在其预谋已久的铁蹄征掠之下。值此之时，力兴文教、崇奉儒术势在必行。耶律楚材将其作为当务之急，赶忙遣人入城搜求孔子后人，得其五十一世孙孔元措，奏请袭封为"衍圣公"。又给予林田庙地，为之修孔庙、建林苑。又下令招收礼乐人才，并设置太常吏员，召集名儒，在东宫讲释九经。还在燕京等地建立编修所、经籍所，从事文教活动，文教事业开始兴起。

窝阔台汗九年，耶律楚材启奏并具体制定了校试办法，分为经义、词赋、论三科，还规定：儒者被俘为奴者，亦皆释放就试；倘有家主隐匿不放，以死处罪。这年一举得士子4000余人，其中1/4是被赦免奴隶身份的儒者。

经过耶律楚材首创此义，并从正反两面反复规谏，儒学在蒙古上层政权中渐渐据有一席之地。后经学者杨惟中、姚枢等人悉心收集理学书籍，罗致儒、佛、道、医、卜等人才，终使"武功"极盛的蒙古统治者，又逐步收到"文治"之效。儒家学派为权势者规划了一整套统治术，儒学成为华夏地区各色王朝的国

（接上页）多殍死道路。楚材从容进曰：'河南既平，民皆陛下赤子，走复何之！奈何因一俘囚，连死数十百人乎？'帝悟，命除其禁。"

魂。这对于取得战争的胜利，完善统一后的元朝国家机器，尤其对于一向疏于文治的蒙古族历史的发展，均起到了不可低估的作用。

四、整理赋税　蒙军灭宋

蒙古贵族崇尚武功，根本没有税制观念。耶律楚材深知如今的蒙古国已是一个多民族的国家，长治久安之计是推行汉法，大力发展农业；保守地强调畜牧，是狭隘的、不合国情的落后政策。他直截了当地给太宗算了一笔账："假使发展燕赵的生产，以地税、商税，及盐、酒、冶铁税，外加山泽之利，可以获利50万两银，8万匹帛，40万石粮食，足以供给南征。这不远胜于变农为牧吗？"窝阔台经过认真考虑，认为颇有道理，便命耶律楚材全权筹划，实行征税制度。耶律楚材领旨后，即刻在河北一带建立十路征收税使，遴选汉或女真中有德才的士人充任。窝阔台三年（1231）秋天，窝阔台在行宫中，面对十路课税使陈列在朝廷之上的金、银、帛、粟等税物十分欣喜，这时他才真正懂得了耶律楚材力求行汉法的好处。窝阔台嘉其功劳，赐以美酒，当即下令任命他为中书令（宰相），把颁典、庶务的大权交给了耶律楚材；且吩咐朝臣，以后政事不分大小，都要禀报耶律楚材。他自己也是有事必与耶律楚材商酌，以进一步权衡得失。

正是耶律楚材精忠报国，处处从大局着眼，时时以社稷为重，殚思竭虑，而且长于韬略，才使得蒙古帝国迅速强大起来，政权也得以日益稳固。

窝阔台汗六年（1234）灭金之后，蒙古君臣计议编制中原民户，以便征收赋税。经过再三争议，终于按楚材的想法实行。这样，用老、幼牵制着青、壮，使初步编制的户口比较稳定地存在下来。

往年，蒙古将相大臣每俘获人户，往往留在自己所经营的州郡作为私产。耶

元代《朝元图》

律楚材奏请核全国户口，使之隶属郡县管理；停止以往实行的将土地、人民分给蒙古贵族之法，禁止贵族匿占民户，违令者杀。

窝阔台汗八年（1236）秋，忽都虎献上各地户籍。窝阔台一时忘乎所以，竟许诺把部分州县赐给各亲王和功臣。耶律楚材对此陈述了分封之害："裂土分民，易生嫌隙。不如多以金帛赠予亲王功

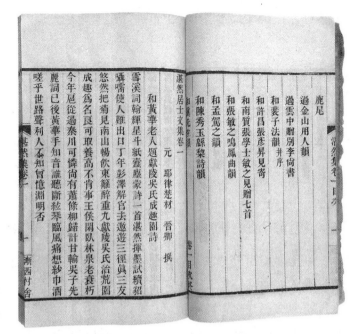

《湛然居士文集》书影

臣。"可是窝阔台既已许诺，苦于不便食言，耶律楚材便为之想了个变通办法："受封州县的亲王和功臣，可以像朝廷任命的州县官吏一样，照例征收贡赋，但由州县收入金帛谷物数量，使之不得擅自课征。"窝阔台依计而行，遂确定了财政税收办法及数额。[1] 这样，蒙古在以畜牧业为主转向农、牧各业并重的经济轨道时，使税制初步健全，形成了按户、地、丁三者并行课税的制度。

耶律楚材还着手制定了手工业、商业和借贷等项制度。划一度量衡，确立钱钞通行之法，定均输之制。窝阔台汗八年，有人奏请民间交易使用交钞（纸币）。耶律楚材鉴于宋、金两国的经验教训，提议现今印造交钞，应不过万锭。窝阔台依议，这一年，蒙古始行交钞。由于庶政粗备，人民得以休养生息，蒙古国经济随之复苏、发展。

窝阔台汗六年六月，宋将赵范、郑葵建议收复三京（东京汴京、西凉洛阳、南京商丘），倚黄河天险和各处关隘抗拒蒙军。因有右丞相郑清之附议，是月宋

---

[1]事见《新元史·耶律楚材列传》："帝欲裂州县赐新王、功臣。楚材曰：'裂土分民，异日有尾大不掉之患。不如多以金帛赐之。'帝曰：'朕已许之，奈何？'楚材曰：'请朝廷置吏收其赋税，与之，使毋擅科征可也。'帝然之。始定天下赋税。"

兵入汴京；次月，入洛阳。但范、郑诸人意在恢复国土，其志可嘉，可惜不得其时。一则蒙、宋军力、财力过于悬殊，二则南京君臣多无战心。蒙古获悉汴京、洛阳丧失军报，立即为其预谋已久的对宋战争找到了借口，旋命塔思率军南下。同年八月，宋军终因粮草未集兵溃，两京再次落入蒙军手中。

窝阔台汗七年，蒙古君臣朝议征服南宋之策，结果又采纳了耶律楚材之议，派遣阔端、曲出等攻南宋；命拔都、速不台、蒙哥等征西域；命唐古鲁火赤伐高丽。蒙古以其极盛的兵力和高昂的士气，征伐孱弱、松散的周边诸国，犹如虎趋羔羊。十几年间，南宋便覆亡于蒙军铁骑之下。

五、极诤巧谏　忧国而死

耶律楚材历仕成吉思汗、拖雷和窝阔台汗三朝，长达 30 余年。其间君臣相得，使他能够施展盖世才华、实现政治抱负。

在成吉思汗时，耶律楚材是形影相随的股肱大臣，曾被视为"天赐我家"之人，尊宠至极。窝阔台汗继位，耶律楚材有顾命之义、拥立之功，为其稳立于王庭奠定了根基。但更重要的是他呕心沥血地为蒙古帝国运筹策、定制度，使这个新生政权得以发展、巩固。他披肝沥胆的忠正气质，又不能不使蒙古君臣肃然起敬。窝阔台汗把耶律楚材当作自己的偏得、国家的骄傲。早在他即位的第三年，就当面盛赞耶律楚材说："南国之臣，复有如卿者乎？"窝阔台汗八年，即灭金后的第二年，蒙古诸亲王集会，窝阔台亲自给楚材奉觞赐酒，由衷地说："我之所以真诚任命卿，是因为有。如果没有卿，那么中原便没有今天。有先帝之命。非卿，则中原无今日。我所以能安枕无忧，实赖卿之力。"[1]

正由于这样的知遇之情，更由于耶律楚材的气质和胆略，使他能够在国家政治生活中发挥着极重要的作用。

窝阔台汗八年，侍臣脱欢奏请：简选官宦美女，充用后宫。窝阔台诏令依奏实行，耶律楚材却故意拖延不办。窝阔台十分生气，严辞斥责楚材。楚材却乘机进谏说："已选美女 28 人，足以备用，如再选美，臣恐扰民，正欲复奏。"窝阔台沉思许久，点头答道："此举可罢。"

---

[1]语见《元史·耶律楚材粘合重山杨惟中列传》："朕之所以推诚任卿者，先帝之命也。非卿，则中原无今日。朕所以得安枕者，卿之力也。"

不久，窝阔台又欲向全国征用母马。中原一带素事农桑，如此不得不弃农就牧，难免使农牧诸业失调。为此，耶律楚材谏阻说："田蚕之地，难以产马。如行此令，必然害民。"窝阔台又准其所奏。

当然，蒙古大汗对于耶律楚材的奏议，言听计从者不乏其例，而不听不从者也不胜枚举。遇到后者，他或者犯颜极诤，或者婉言巧谏，凡属国是，决不轻忽。耶律楚材经常重复的一句名言是"兴一利不如除一害，生一事不如省一事"；他也是按照这一原则从政的。

有一次，两个道士互争尊长，各立门户，私结党羽。其中一个门派勾结宫中

宦官和通事大臣杨惟中，捕捉并虐杀另一门派的道徒。耶律楚材执法严明、不避亲贵，竟把杨惟中也收捕讯问。宦官畏忌在心，反而向窝阔台控告楚材擅捕大臣，又扯出另外一些违制之罪。窝阔台大怒，竟把楚材囚系治罪。不久窝阔台自悔失策，下令释放楚材。耶律楚材拒绝松绑，并进言道："我是国家大臣，执掌国政，大汗命令囚系老臣，想来有可治之罪，应当明示百官，论述不赦之理。如今放我，是我无罪，也应明示无罪之由，岂能轻易反反复复，就如弄戏小儿。这样下去，国有大事，何以执行！"一番话使朝中众臣既相顾惊愕，又十分佩服。窝阔台竟也开明，当场认错说道："朕虽然是皇帝，难道

万松老人塔

位于今北京西城区西四南大街。此塔始建于元代，是金、元时期佛教曹洞宗高僧万松行秀的墓塔。耶律楚材曾向禅师参学三年，老人曾语其曰"以儒治国，以佛治心"，因而耶律楚材在元太宗任中书令（相当宰相）时，推行其主张。

耶律楚材

就无过失之举吗？"然后，再三用温言抚慰。楚材趁此机会陈奏时务十策："信赏罚；正名分；给俸禄；官（任用）功臣；考殿最（考查官吏优劣）；均科差（调整赋役）；选工匠；务农桑；定土贡；制漕（水）运。"这10件政事切合时务，窝阔台准令悉数施行。[1]

蒙古族饮酒之风甚盛，窝阔台更是嗜酒如命。登位之后竟然天天与大臣酣饮，不醉不休。耶律楚材屡谏窝阔台不听。后来楚材拿着被酒浸泡腐蚀的酒器，启奏说："酒能腐蚀铁器，何况五脏！"[2]这真是动之以情，使窝阔台幡然醒悟。他对着近臣夸赞说："你们爱君忧国之心，有像'长髯人'的吗？"于是一方面赏赐楚材金帛，一方面下令近臣，每日只能进酒三盅。

长此以往，耶律楚材与窝阔台结下了难解之缘、腹心之情。一次，楚材与诸亲王宴饮后醉卧车中。窝阔台看到后亲赴楚材营帐，登车摇撼呼唤。耶律楚材正沉沉熟睡，遇人打扰禁不住心中烦恼，口中竟吐不逊之辞，待他睁开惺忪醉眼，见是大汗到来，惊得酒醒七分，翻身而起，叩拜谢罪。窝阔台说："卿有酒独醉，竟不与我同乐啊！"说完长笑而去。楚材久历世事，洞晓古今，无疑想得极远极多。他来不及冠带齐整，便驰马赶赴行宫，再去陪伴虎虎生威的蒙古大汗，以图

---

[1] 事及语见《元史·耶律楚材粘合重山杨惟中列传》："有二道士争长，互立党与，其一诬其仇之党二人为逃军，结中贵及通事杨惟忠，执而虐杀之。楚材按收惟忠。中贵复诉楚材违制，帝怒，系楚材；既而自悔，命释之。楚材不肯解缚，进曰：'臣备位公辅，国政所属。陛下初令系臣，以有罪也，当明示百官，罪在不赦。今释臣，是无罪也，岂宜轻易反复，如戏小儿。国有大事，何以行焉！'众皆失色。帝曰：'朕虽为帝，宁无过举耶？'乃温言以慰之。楚材因陈时务十策，曰：'信赏罚，正名分，给俸禄，官功臣，考殿最，均科差，选工匠，务农桑，定土贡，制漕运。'皆切于时务，悉施行之。"

[2] 语见《元史·耶律楚材粘合重山杨惟中列传》："曲蘖能腐物，铁尚如此，况五脏乎！"

位于北京颐和园内的耶律楚材祠

释嫌去疑。窝阔台为他重新置酒，君臣尽欢始散。[1]

窝阔台汗十三年（1241），在蒙古军南进节节胜利的时刻，蒙古历史上的一代杰出帝王窝阔台突然染病不起。皇后六神无主，召问耶律楚材。楚材趁此机会，再次借天命以尽人事，抒发自己的政见，他敦促说："如今任使非人，卖官鬻狱，囚系无辜甚多。请赦天下囚徒。以为大汗祈福。"皇后一心要救活窝阔台，来不及再说什么。楚材却怕窝阔台日后反悔，又说："非君命不可。"一会儿窝阔台稍稍苏醒，楚材同皇后一起入奏，请求赦免无辜罪人。事关为己祈福，窝阔台当即允准。其时他已口不能言，只得连连点头，表示首肯。楚材毫不耽搁，连夜去宣读赦书。

不久，窝阔台渐渐痊愈。这年冬天十一月四日，性喜田猎的窝阔台又要骑马负弓，架鹰牵犬，出郊竞射。耶律楚材念及大汗年事渐高，身体尚未复元，更担心游猎无度会妨碍政事，便借演论术数，极言谏阻。左右侍臣却怂恿说："不骑

[1]事见《元史·耶律楚材粘合重山杨惟中列传》："楚材尝与诸王宴，醉卧车中，帝临平野见之，直幸其营，登车手撼之。楚材熟睡未醒，方怒其扰己，忽开目视，始知帝至，惊起谢，帝曰：'有酒独醉，不与朕同乐耶。'笑而去。楚材不及冠带，驰诣行宫，帝为置酒，极欢而罢。"

射无以为乐。"结果窝阔台连续疯狂驰骋 5 日，死于外地行宫。

当初窝阔台留有遗诏，待他过世之后，以其孙失烈门（养子曲出之子）为嗣。如今窝阔台一死，汗后乃马真氏立召耶律楚材，询问汗位承继之事。楚材知有先帝遗命，说道："此非外姓之臣所应过问，自有先帝遗诏，望能遵嘱而行。"乃马真氏不从，竟然自己临朝称制。耶律楚材一时难以阻挠，只得徐图良策。

乃马真后崇信奸邪，擅作威福。回鹘巨商奥都剌合蛮用重贿买通乃马真氏，得以专政用事，权倾内外。廷臣畏惮此人，或缄口不语，或附炎趋势。

耶律楚材早在奥都剌合蛮承包课税时，就已预见到奸商干政的祸害，并曾拼死谏阻。如今看到苦果酿成，五内俱焚，只好舍命面折庭争，言人所难言。善心的人目睹此状，均为他提心吊胆。可他只为国运着想，余皆置之度外。

之后，朝政紊乱，国事日非。乃马真后将国家御宝大印交予奥都剌合蛮，并给他朝廷空白信笺，使他任意填写，擅发政令。耶律楚材抗议说："天下本来是先帝的天下，朝廷自有宪章，现在要紊乱制度，臣不敢奉诏。"经他强争，此事才告中止。

不久，乃马真后降旨："凡奥都剌合蛮提出的建议等，令使如果不写，就斩断其手。"耶律楚材又挺身而出，凛然谏诤说："国家的事情，先帝都委托给了老臣，令使又怎能管得了这些。事情如果合理，自然就会奉行；如果不可行，死都不怕，还怕断手！"乃马真后不悦。楚材辩论不已，竟朗声陈辞："老臣事太祖（成吉思汗）、太宗（窝阔台）30 余年，没有什么对不起国家的，皇后岂能无罪杀臣。"乃马真后虽然饮恨在心，却因他是先朝勋旧，孚望朝野，不能不敬畏三分。[1]

作为一个忠正老臣，久见朝纲难伸，未免忧思伤神。天长日久，耶律楚材终于愤悒成疾，于乃马真后三年（1244）抱恨长逝，卒年 55 岁。

耶律楚材当政之年，一向廉洁奉公，所得俸禄时常分与亲族，以表资助，却

[1] 事及语见《元史·耶律楚材粘合重山杨惟中列传》："后以御宝空纸，付奥都剌合蛮，使自书填行之。楚材曰：'天下者，先帝之天下。朝廷自有宪章，今欲紊之，臣不敢奉诏。'事遂止，又有旨：'凡奥都剌合蛮所建白，令史不为书者，断其手。'楚材曰：'国之典故，先帝悉委老臣，今史何与焉。事若合理，自当奉行，如不可行，死且不避，况截手乎！'后不悦。楚材辩论不已，因大声曰：'老臣事太祖、太宗三十余年，无负于国，皇后亦岂能无罪杀臣也。'后虽憾之，亦以先朝旧勋，深敬惮焉。"

不肯私授亲旧官职。他说："睦亲之义，但当资以金帛。若使从政而违法，我不能徇私恩。"耶律楚材死后，有人诬告说："楚材在相位日久，天下贡赋，半入其家。"乃马真后命近臣检视其家，仅见十几把琴阮，另有古今书画、金石、遗文数千卷。至此，人们更叹服其廉。

由于耶律楚材死时遭到乃马真后和当政奸臣的忌恨，因此他死后没有得到应得的褒扬。一直到了元文宗至顺元年（1330），因耶律楚材有佐运经国立制之功，元代立国规模多由他奠定，追赠他为太师、上柱国，追封广宁王（一说懿宁王），谥号"文正"。

耶律楚材对蒙古立国中原有杰出贡献，因此他死时，蒙汉人民多有震动，哀恸不止。后人对他的评价也极高，甚至以周朝的周公、召公作喻。清乾隆年间为"褒贤劝忠"，在今北京颐和园为他建祠塑像以为纪念。

名 家 评 说

　　蒙古初入中原，政无纪纲，遗民慄慄不保旦夕。耶律楚材以仁民爱物之心，为直寻枉尺之计，委贽仇邦，行其所学，卒使中原百姓不至践刈于戎狄，皆夫人之力也。传所谓，自贬损以行权者，楚材其庶几欤。

——柯绍忞《新元史》

刘秉忠

刘秉忠（1216～1274），元世祖重臣。字仲晦，初名侃，因出家为僧，又名子聪。为官后更名为刘秉忠，自号"藏春散人"。元世祖时拜光禄大夫，位太保，参中书省事，谥号"文贞"。河北邢台（今属河北）人。父亲刘润，官至都统。刘秉忠自幼好学，至老不衰，虽位极人臣，却生活俭朴，终日澹然。他作为世祖重臣，参与帷幄之密谋，定社稷之大计，却忠实、诚恳，因此颇受世祖信任。刘秉忠喜好作诗吟诗，诗的风格萧散闲淡，尤如其人，生平有文集十卷。

一、贫而有志　郁闷出家

刘秉忠的先祖为瑞州（今属河北）人，曾祖父为辽的官族，后又仕金，为邢州节度副使。后来刘家因家境衰落，举家迁至邢台，故为邢台人。木华黎攻取邢州，立都元帅府，其父刘润为都统。

刘秉忠自幼天资聪慧，风骨秀异，志气英爽。他从8岁入学，每日即可背诵数百言。他13岁的时候由于家境衰落，被迫入帅府干些零活来养家糊口。帅府有许多书籍，他利用闲暇时间，大量翻阅各种书籍。在浏览天文地理的同时，对唐诗宋词尤为喜爱，常常自写自吟，从中获取乐趣。到17岁的时候，他便在邢台节度使当府令史。府令史其实就是刀笔小吏，终日抄抄写写，难有出头之日。这种生活对这位胸怀大志的年轻人自然是味同嚼蜡，刘秉忠常常郁郁不乐。有一天，在抄写一份枯燥无聊的文书后，他愤然掷笔，长叹一声，对自己说："我家世代为官，谁知今日我竟沦落为刀笔小吏，真是悲哀呀。想我空

刘秉忠
——从明万历三十七年（1609）原刊本《三才图会》

有满腹经文，却无人赏识，大丈夫生不逢时，我还不如隐居来表示我的志向。"[1]就这样，他弃职而去，直奔武安山，是年为公元 1233 年。

武安山山势峻拔，青松如盖，翠柏茂密，白云常常环绕山腰，泉水清澈甘甜，人烟稀少，实为隐居的好去处。刘秉忠来到此处，沐浴着清新的空气，俯视着翠绿的大地，顿感心胸开阔，文思顿开。从此读书吟诗，在清贫孤寂中自有一番乐趣。不久，附近天宁寺的虎照禅师知道了他的事情，遂遣徒弟将他请至寺中，见他天生傲骨，秀外惠中，便欲收他为徒，刘秉忠欣然允之，于是这个风华正茂的青年便削发为僧，出家当了和尚。虎照禅师见他能于文词，便让他学书记。刘秉忠在寺中又阅读了大量的经文，使他对人生、对社会、对历史有了更深的感悟。随后，刘秉忠四处云游。自此，他对山川地理、市井人情亦有了深刻的体会。后来至云中（今山西大同），刘秉忠便留居在南堂寺内。

二、幸遇英主　呈言深遂

此时，正逢忽必烈征服吐蕃，奉敕北归。当时忽必烈虽未称帝，但他心怀大志，对文武人才求贤若渴。他不断延请各地名士，求教治国之道，从而在他周围逐渐形成了一个汉儒幕僚集团，为日后采用汉法治理国家打下了基础。他路过云中，召见海云法师，海云举荐刘秉忠博学多才，忽必烈立即召见之。刘秉忠应对敏捷，多次接受忽必烈的请教。而刘秉忠自己则无书不读，特别是对《易》经、邵氏《经世书》颇有研究。至于天文、地理、律历、三式六壬遁甲之类，无不精通，对天下事也了如指掌。忽必烈得此人才，大喜过望，就把他留在王府当做幕僚。[2]

当时，忽必烈的哥哥蒙哥为汗，他随即将刘秉忠举荐给蒙哥。由于刘秉忠善看风水，便命他相度地宜，选定桓州东、滦水北的龙凤冈为吉地，督工经营，定名开平府。蒙哥汗移居于此，免不了采选嫔妃、增修朝市。没过几年，刘秉忠父

---

[1] 语见《元史·刘秉忠列传》："吾家累世衣冠，乃汩没为刀笔吏乎！丈夫不遇于世，当隐居以求志耳。"

[2] 事见《元史·刘秉忠列传》："世祖在藩邸，海云禅师被召，过云中，闻其博学多材艺，邀与俱行。既入见，应对称旨，屡承顾问。秉忠于书无所不读，尤邃于《易》及邵氏《经世书》，至于天文、地理、律历、三式六壬遁甲之属，无不精通。论天下事如指诸掌。世祖大爱之，海云南还，秉忠遂留藩邸。"

元世祖忽必烈

丧，忽必烈赐其金百两为葬具，并派遣使者同他一起返回邢台奔葬。服满后奉旨返和林。

公元1260年，忽必烈登基，为世祖。世祖即位之初，刘秉忠满怀着一腔热情，为世祖上书千言，论述了他对治理国家的一些精辟的观点。

关于如何治理国家，刘秉忠认为："从马上取得天下，不可以马上治理天下，必须要以典章法制来治国。"他写道："典章、理乐、法度、三纲五常之教，尧、舜时已经详备，三王沿袭，五霸时遭到了破坏，虽然治乱之道禀承天命，但也由人事决定。"[1]他认为："为君之道，任免将相尤为重要。君王的职任，在内莫大于任命宰相，宰相可以带领百官，教化百姓；在外莫大于任命将领，将领可以统率三军，安抚四处的疆域。内外相济，国家的急务，一定要先知道。"

在文中，刘秉忠对庶民百姓尤为关切。他写道："天子以天下为家、百姓为子，国用不足取于民；民不足用取于国，国与民应该如同鱼水。"他主张天下的老百姓如果没有受到教化，对于囚犯应该从轻赦免。明白施以教令，使百姓知道畏惧，那么，犯罪之人自然就减少了。他还主张减轻徭役，禁止横取，简明税法，以便利百姓。面对战乱后土地大量荒芜的情况，他提出："如今地广民少，赋敛繁重，民不聊生，有什么力量从事耕作以增加产业？应该差使农官一员，率领天下百姓务农植桑，经营产业，这对国家确实有很大益处。"他的这些观点，对于恢复和发展农业生产确有很大裨益。

在文中，刘秉忠对人才的培养、恢复科举制度及尊重天下名士，提出了颇有见地的看法。他指出："如今郡县虽有学堂，但并非官置，应该遵从旧制，修

---

[1]语见《元史·刘秉忠列传》："典章、礼乐、法度、三纲五常之教，备于尧、舜，三王因之，五霸败之。汉兴以来至于五代一千三百余年，由此道者，汉文、景、光武、唐太宗、玄宗五君，而玄宗不无疵也。然治乱之道，系乎天而由乎人。天生成吉思皇帝，起一旅降诸国，不数年而取天下。勤劳忧苦，遗大宝于子孙，庶传万祀，永保无疆之福。"

元大都平面图

至元三年（1266），刘秉忠受命在原燕京城东北主持设计建造一座新的都城——元大都。至元十一年新城建成。在负责规划、设计北京城的过程中，刘秉忠作为一位精通儒学和佛教的学者，在总体设计基本上遵循了《周礼·考工记》的规定和《周易》中阴阳八卦的原则，明清北京城则是在此基础上的进一步完善。

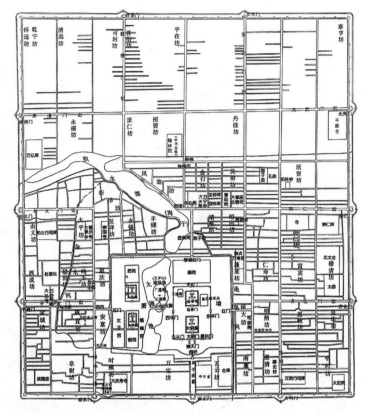

建三学，以教授学生。选取人才，应该以经义为上，词赋论策为次……开设学校，应该择开国功臣的子孙接受教育，从中选择一些贤俊加以任用。"从中可以看出他对开办学校的目的、设置的课程及老师、学生来源，都讲得非常清楚。他提出"国家广大如天，可从万中取一，用来养天下的名士宿儒中没有经营产业之人，使这些人不致困穷。对于那些经营了产业的人，除了种田养殖应该缴纳的赋税外，其余大小杂税应该全部免除，使他们能够养活自己，这确实是国家养才励人的大事"。"尽其材而用之，是治理国家的成功之道"。他非常明确地指出国家要爱惜人才，以达到人尽其才。关于命官和人才的使用，他特别重视基层的官吏。他还提出要广开言路，他写道："君子不以言废人，不以人废言，大开言路，是之所以能取得天下、安抚百姓的原因。"

元世祖对刘秉忠的上书大加赞赏，并亲自召见了他。刘秉忠又向世祖呈言，说："邢州过去人口有万余户，但经过不断的征战，现在只有几百户了，人烟稀少，城市破残，建议陛下要挑选贤德官吏，如真定的张耕、洛水的刘肃，让他们

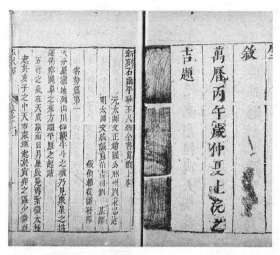

《平砂玉尺经》书影

刘秉忠著，在书中以微妙、精细、不可思议的赋文论述了风水原理和实践方法，后又有刘伯温对其进行论释。

来治理，肯定可以恢复到原来人丁兴旺、城市繁华的景象。"[1]世祖听从他的进言，遂派张耕为邢州安抚使，刘肃为副使。在他们的精心治理下，流民复业，生产发展，人口增多，不久就把邢州升为顺德府。

后来，刘秉忠又跟随世祖忽必烈征大理，平方南。他对世祖谏言："每赞以天地之好生，王者之神武不杀。"所以每破一城，不妄杀一人。

南宋景定元年（1260）三月，刘秉忠随忽必烈到达开平（今属河北）。忽必烈在诸王公大臣的支持下，废除了蒙古贵族选举大汗的旧制，宣布登皇帝位。在灭宋以后，元朝实现了中国历史上一次新的大一统，建立了疆域最大的元帝国。为使帝国长治久安，忽必烈采用汉法治理天下，为此，满腹经文、博学多才的刘秉忠自然派上了用场。

三、制定官制　一代成宪

忽必烈即位后就问刘秉忠治天下之大经、养民之良法，刘秉忠采用祖宗旧典，参照古制中有益于当世的，很有条理地禀报了世祖。由于成吉思汗起自朔方，设官甚简，最重要的叫做断事官，兼掌政刑；统兵官叫做万户，此外再无别称。后来仿金制置行省，及元帅、宣抚等官，还是不能满足应用。为此，世祖让刘秉忠和许衡酌定内外官制。他们参照历朝经验，并结合实际情况，逐渐确定了国家机构和职官制度。[2]在中央设立中书省，统领六部，即：吏、户、礼、兵、刑、

[1] 语见《元史·刘秉忠列传》："邢州旧万余户，兵兴以来，不满数百，凋坏日甚，得良牧守如真定张耕、洺水刘肃者治之，犹可完复。"

[2] 事见《元史·刘秉忠列传》："中统元年，世祖即位，问以治天下之大经、养民之良法，秉忠采祖宗旧典，参以古制之宜于今者，条列以闻。于是下诏建元纪岁，立中书省、宣抚司。"

工；设立枢密院，主管军务；设立御史台，执掌百官纠察；其次有寺、监、院、司、卫、府。在地方上，最高行政机构是行中枢省，简称行省，下有行台、宣抚、廉访、牧民长官，有路有府，有州有县；官有常植，食有常禄，大约以蒙古人为长，汉人、南人为副。一代规模，创始完备。

就在这个时候，突报忽必烈的小弟阿里不哥，居然也在和林称帝。得知这个消息，忽必烈统军攻打阿里不哥，双方急战于锡默图，阿里不哥败逃。此时，刘秉忠请世祖迁都燕京，世祖表示同意。忽必烈在位5年，复改中统为至元，后又改国号为元，这也是刘秉忠所拟定的。

察必皇后

刘秉忠虽为世祖重臣，常在世祖左右，但他穿着十分俭朴，仍穿旧服，当时大家都叫他为"聪书记"。至元元年（1264），翰林学士王鹗上朝奏曰："刘秉忠久侍藩邸已经多年，他参与了帷幄之密谋，定社稷之大计，他忠实、诚恳、勤劳、颇见成绩，理应嘉奖。而今圣上登基，万物为新，而刘秉忠仍然野服散号，臣深感不安，应该正其衣冠，并给予一定的爵位。"[1]世祖点头称善，当日即拜刘秉忠为光禄大夫，位太保，参中书省；同时下诏，把翰林侍读学士窦默的女儿嫁予刘秉忠为妻，并赐给他奉先坊。刘秉忠受命之后，以天下为己任，凡有关于国家大体者，知无不言，言无不尽，世祖愈为宠幸。

四、机智应变　一代名臣

元世祖忽必烈是位有雄才大略的帝王，他的皇后弘吉剌察必也是有名的贤后。有一次，四位怯薛官（宫廷近卫军长官）向忽必烈上奏，要求把京城外离城

[1]语见《元史·刘秉忠列传》："秉忠久侍藩邸，积有岁年，参帷幄之密谋，定社稷之大计，忠勤劳绩，宜被褒崇。圣明御极，万物惟新，而秉忠犹仍其野服散号，深所未安，宜正其衣冠，崇以显秩。"

较近的土地划为牧场。忽必烈认为，这样可以在京畿附近放牧战马，因此准奏，让他们拿出具体方案来。

几天以后，几位年轻气盛的怯薛官（宫廷近卫军长官）画了一张图，标明了牧场的方位、占地亩数等等。忽必烈饶有兴趣地和他们讨论方案，不时地指指点点。察必皇后在门外听得一清二楚，她认为这个方案占用耕地太多，势必影响臣民生活，是不应该实行的。她想进去劝阻忽必烈取消这个方案，但考虑到当着臣下进谏怕伤了皇帝的面子，使他下不了台。就在这个时候，刚好太子太保刘秉忠走了过来，她灵机一动，装着责怪刘秉忠，侧身对内大声地冲着刘秉忠说："你是汉人中最明达事理的，圣上把你当做朝中重臣，你说的话，圣上都很重视，这件事为什么不劝阻呢？如果迁都之初，在京城附近划出些牧场放马，未尝不可，可是现在土地都分完了，臣民们安居乐业，如果再从他们手里把土地夺回来，岂不造成混乱吗？你呀你，你这个重臣怎么当的？"

刘秉忠不知就里，弄得丈二和尚摸不着头脑，但他是个聪明绝顶的人，他看到皇后递过来的眼神，揣摩皇后的话，明着是责备他，暗着是给皇帝的谏言，于是他忙顺水推舟，也故意放大嗓门说："请皇后息怒！只怨为臣糊涂，未尽到自己的职责，妄称重臣，惭愧呀惭愧！"两个人的对话，忽必烈早已听见了，他也是个聪明的人，对他们一唱一和的良苦用心十分感动。他看着图纸，半天没有说话，最后对怯薛官说："此事待朕考虑，宜从长计议。"但此后，忽必烈再也没有提过划地的事。

元代开国之初，颁章服、举朝仪、给俸禄、定官制，都是刘秉忠发起主持的，成为一代成宪。公元1274年，刘秉忠去上都，当地有南屏山，风景怡人，景色秀丽。刘秉忠在此建了一座精致的小屋，并常

刘秉忠墓址

居于此。

这年八月，秋风过后，枫叶把半山染得血红，想不到此时刘秉忠竟无疾端坐而卒，享年 59 岁。世祖闻讯十分悲痛，并当着群臣的面，称赞刘秉忠的忠诚、坦直、明断以及精通阴阳之术等等。[1]

刘秉忠的丧事也是在世祖的过问下进行的。他让宫廷内府出银给刘秉忠官殓，派礼部侍郎赵秉温护其灵柩还葬大都。次年，赠太傅，封赵国公，谥"文贞"。元成宗时，又赠太师，谥"文正"。仁宗时又进封常山王。

名家评说

秉忠自幼好学，至老不衰，虽位极人臣，而斋居蔬食，终日澹然，不异平昔。自号藏春散人。每以吟咏自适，其诗萧散闲淡，类其为人。

——明·宋濂《元史》

---

[1] 语见《元史·刘秉忠列传》："秉忠事朕三十余年，小心慎密，不避艰险，言无隐情。其阴阳术数之精，占事知来，若合符契，惟朕知之，他人莫得闻也。"

伯　颜

伯颜（1236～1295），元世祖忽必烈时历任中书省和枢密院要职。蒙古八邻部人。出生官宦之家，曾祖曾事成吉思汗，祖父、父亲相继世袭为官。伯颜为官清正，才兼将相，忠心职守。深略善断，将臣皆服。官至中书左丞相，知枢密院事，开府仪同三司，太傅。谥号"忠武"。伯颜宏谋远识，运兵有方略，兵伐南宋，出奇制胜，措置得体，为元朝平复江南，统一全国，结束150余年来南北对峙、隔江而治的分裂局面，建立了不朽的业绩。其后平定西北诸王之乱，又为捍卫国家的统一、安定民生，作出了贡献。

一、入朝见信　受任征宋

伯颜的曾祖名叫述律哥图，曾在太祖成吉思汗时，任蒙古八邻部左千户之职。其祖阿剌，袭父职，兼断事官。因平定忽禅有功，成吉思汗就把八邻部这块土地赏赐给他，由他管理食用。伯颜父亲晓古台，也世袭父职，但随宗王旭烈兀（成吉思汗之孙、拖雷之子）开拓西域，于是伯颜随父亲在西域长大。

伯　颜

元世祖至元初年（1264），旭烈兀派伯颜进大都（今北京）入朝奏事。当时伯颜30岁左右，世祖忽必烈见其形貌丰伟，听其谈吐不凡，很为欣赏，于是说："伯颜非宗王之臣也，留京城让他随朕办事。"于是伯颜留在京师，供职于世祖忽必烈。忽必烈曾与伯颜论谈国事，伯颜的所谈所识总比当时的朝臣要高出一筹，这令世祖更加礼待于他。遂下敕书，让安童（中书右丞相）的妹妹嫁给伯颜，并说："做伯颜的妻子，不会有辱你们的家族。"[1]

至元二年（1265）七月，世祖任伯颜为光禄大夫、中书左丞相。当时朝内诸部司凡难以决断之事，告诉伯颜，伯颜总是从容地以一两句话了断。众人都很佩服他，称伯颜"真乃宰辅也"。至元四年（1267），伯颜改职为中书右丞。七年（1270），升为同知枢密院事。十年（1273）春，受世祖之托，持节奉玉册立燕王真金为皇太子。

至元十一年（1274），元朝大举伐宋，先是阿里海牙率军收克襄阳，上奏说：即克襄阳，乘胜顺流而下，长驱入兵，宋朝可平。世祖看到奏章后，遂令丞相史天泽议此事。史天泽说："朝廷若遣重臣，如丞相安童，知枢密院事伯颜，都督诸军，则四海混同，可立待也。"世祖于是说："伯颜可以。"自此便法定举兵伐宋，命伯颜与史天泽并拜中书左丞相，行省荆湖，

《元世祖出猎图》（局部）
刘贯道（元）绘，这幅画绘于至元十七年（1280）二月，图中骑着黑马、身穿白裘的男子是元世祖忽必烈。

带兵南下。当时史天泽有病，上表请专任伯颜。于是又以伯颜领河南等路行中书省，所属并听节制。秋七月，伯颜去宫中辞行，世祖诏谕他说："过去曹彬以不嗜杀而平定江南，你要体会我的用心，就做我的曹彬好了。"[2]

---

[1] 事及语见《元史·伯颜列传》："至元初，旭烈兀遣入奏事，世祖见其貌伟，听其言厉，曰：'非诸侯王臣也，其留事朕。'与谋国事，恒出廷臣右，世祖益贤之，敕以中书右丞相安童女弟妻之，若曰'为伯颜妇，不惭尔氏矣'。"

[2] 事及语见《元史·伯颜列传》："十一年，大举伐宋，与史天泽并拜中书左丞相，行省荆湖。时荆湖、淮西各建行省，天泽言，号令不一，或致败事。诏改淮西行省为行枢密院。天泽又以病，表请专任伯颜，乃以伯颜领河南等路行中书省，所属并听节制。秋七月，陛辞，世祖谕之曰：'昔曹彬以不嗜杀平江南，汝其体朕心，为吾曹彬可也。'"

元朝至元宝钞

同年，元朝以伯颜为统帅，发大军20万征讨南宋。九月，大军会师于襄阳，分军三路并进。当时，伯颜与平章阿术由中道循汉江趋郢州（今湖北钟祥），万户武秀为先锋，道遇湖泊，正赶上大雨水溢，无船不能前进。伯颜说："我还要飞渡长江，为什么要怕这种小泊潦呢！"乃召一壮士，令其仍身负甲仗，骑马过湖作前导，伯颜遂指挥全军依壮士行状过湖，于是全军将士虽无舟船，全部涉湖而过。几天后，元军兵至盐山，距郢州20里。郢州在汉水北面，以石为城。宋人又在汉水南岸修筑起一座新郢城，横铁绳、锁战船，又于汉水中密树桩木，以阻元军船只前行，防备甚严。汉水下游黄家湾堡，宋人也设守备工具。伯颜乃派总管李庭、刘国杰攻黄家湾堡，攻克之后，遂荡舟由黄家湾堡的藤湖入汉江。诸将都请示伯颜说："郢城于我，乃如喉襟之地。今绕而入江，不取其城，恐为后患。"伯颜说："用兵的缓急，我知道。攻打郢州，是下策。我大军征宋，怎么能单单为了这一座城呢！"于是元军遂舍郢不攻，从藤湖入汉江，顺流前进。[1]然后元军绕郢而过，伯颜、阿术带百余人殿后。十月的一天，行至大泽中，郢州守将赵文义、范兴率骑兵2000人来袭击。这时伯颜和阿术都未穿盔甲，但还是勇敢迎敌。伯颜亲手刺赵文义于马下，又擒范兴。其追袭的士卒有500多人被元军杀死，10余人被俘获。

元军兵至沙洋。沙洋是宋兵镇守的重镇。伯颜命断事官杨仁风招降他们，宋守将不答应。伯颜派遣一个宋朝的俘虏手持黄榜、檄文，传赵文义首级入城，以招其宋将王虎臣、王大用。王虎臣斩宋俘兵，焚烧黄榜。这时，裨将傅益以水

---

[1]事及语见《元史·伯颜列传》："诸将请曰：'郢城，我之喉襟，不取，恐为后患。'伯颜曰：'用兵缓急，我则知之。攻城，下策也，大军之出，岂为此一城哉！'遂舍郢，顺流下。"

军17人来降。王虎臣又斩其军中欲降者。伯颜又命前宋襄阳守将降臣吕文焕去招降，王虎臣还是不答应。当时天色已晚，大风刮起，伯颜遂命元军炮手顺风施放金汁炮。于是城内庐舍着火，烟焰涨天，沙洋遂被攻破。元万户忙古歹擒住王虎臣、王大用4人，其余皆被杀死。攻拔沙洋之后，元军又兵进新城。伯颜令万户帖木儿、史弼将沙洋被杀的宋兵首级列于城下，并箭射黄榜、檄文于城中，招宋将降。宋朝新城守将为边居谊。边居谊这时招吕文焕来城下对话。吕文焕来到后，城中突然箭矢如雨而下，吕文焕右臂中箭，急忙逃走。这时，新城统制黄顺翻越城墙出来投降元朝。伯颜马上授以招讨使之职，佩以金符，令其呼叫城上的部下都来降。于是，黄顺的部下聚集城下，边居谊假意邀他们入城，把他们全部斩杀。几天后，宋新城守将副都统制任宁也来投降，而边居谊始终不出城半步。伯颜令总管李庭先攻破其外堡，元军遂蚁附而登城，于是城破。宋军余众3000人，犹力战而死，边居谊举家自焚。伯颜遂并诛王虎臣、王大用等4人。

元军攻拔沙洋、新城后，威声远播，复州知州翟贵投降。诸将想清点仓库军籍，派官镇抚，伯颜不听，并告谕诸将不得入城，违者以军法论。[1]

二、声东击西　巧渡长江

元军攻下沙洋、新城、复州后，又到了蔡店。伯颜往观汉口形势，谋划元军过长江的事情。当时，宋军沿江设防严密。淮西制置使夏贵，率战舰万艘，分据江上各处要害；都统王达守阳罗堡；荆湖宣抚朱祀孙以游击军扼守中流。元兵无法过江。这时，千户马福建议，沦河口可通沙芜入长江。于是，伯颜派人观看沙芜口的情况，而夏贵也有精兵在此扼守。伯颜见此，遂谋渡江之计。不久，便派元军围攻宋汉阳（今武汉）军，声言元军将由汉口渡江。夏贵闻知，便移兵援助汉阳。

十二月，元军到了汉口。诸将自汉口开坝，引船进入沦河，先遣万户阿拉罕用兵拒沙芜口，逼近武矶，巡视阳罗城堡。然后，逼近沙芜，遂入大江。不久，伯颜率战舰万只，接踵而至。数千艘战舰泊于沦河湾口，屯布蒙古、汉军数十万兵骑在江北。诸将说："沙芜南岸，都是敌人的战船，可以攻取。"伯颜说："我也

[1] 事见《元史·伯颜列传》："十一月丙戌，次复州，知州翟贵以城降。诸将请点视其仓库军籍，遣官镇抚，伯颜不听，谕诸将不得入城，违者以军法论。"

元朝时期的火铳

知其一定能够攻取，但如果这样，则是贪小功而失大事。一举渡江，就可以收其全功。"遂令全军修治工具，进军阳罗堡。伯颜派人招降，守军不应。随后再派人招降，宋将士都说："我辈受宋厚恩，戮力死战，正在此时，怎能有叛逆归降之理？现在应该修整甲兵，准备决战，胜败在此一举！"[1]伯颜指挥诸将攻城，3天也没有攻下，于是同阿术密谋说："宋人以为我必须攻下此堡，方能渡江。但此堡甚为坚固，攻打也是徒劳。你今夜带铁骑3000人，坐船直趋上游，作为避实就虚之计，至天刚亮时袭击南岸。如果军队已经过江，就速派人报我。"随后，伯颜即命右丞阿里海牙督万户张弘范、忽失海牙、折的迷失，先以步兵攻阳罗堡。宋将夏贵于是又来援助。这时，伯颜遂命阿术出其不意，率万户晏彻八、忙古歹、史格、贾文备四翼军，逆流西上40里，面对青山矶而泊船。这天夜晚，大雪纷飞，遥见南岸多露沙洲，阿术登舟，招示诸将，命令直趋露沙洲，用船载马跟随在下。万户史格一军先渡，被宋都统程鹏飞阻回。阿术随后赶来，血战中流，擒其将高邦显等，宋军死伤者众多。程鹏飞身负七处伤，大败而走。阿术军得船千余艘，坐船渡江，遂得南岸。阿术又令架设浮桥，元军遂成队而过江。

这时，阿里海牙派张荣实率领四翼军，战船相接，直抵宋朝夏贵军部。夏贵引麾下军数千人，见元军势众，遂先逃遁。元军趁势击杀宋兵，斩首及溺死者不计其数。阿里海牙派兵追至鄂州东门而还。阿术所率四翼军过江，于是遣使来报伯颜。伯颜大喜，遂挥兵急攻破阳罗堡，斩宋将王达。于是宋军大溃，数十万众死伤殆尽，夏贵逃至白虎山。诸将都说夏贵是宋军大将，不可使逃去。伯颜说："阳罗堡大败宋军一事，我本来想派使者前往，告知宋人。现在夏贵逃走，就算

[1] 事及语见《元史·伯颜列传》："诸将言：'沙芜南岸，彼战船在焉，可攻而取。'伯颜曰：'吾亦知其可必取，虑汝辈贪小功，失大事；一举渡江，收其全功可也。'遂令修攻具，进军阳罗堡。癸丑，遣人招之，不应。甲寅，再遣人招之，其将士皆曰：'我辈受宋厚恩，戮力死战，此其时也，安有叛逆归降之理。备吾甲兵，决之今日，我宋天下，犹赌博孤注，输赢在此一掷尔。'"

是我的使者，不用追了。"[1]

三、再败宋兵　进军临安

元军巧渡长江后，伯颜与阿术密议出兵方向。阿术说："我军若径赴长江下游，则退无所据。不如先取鄂、汉，虽然要十来天，但却是万全之计。"伯颜也持相同意见。不久，元军至鄂州（今湖北武昌）。伯颜派吕文焕、杨仁风传伯颜的话招降，说："你们国家所依靠的，不过是长江、淮河而已。现在我们大兵飞渡长江，如履平地，你们何不速降？"鄂州依恃汉阳，将与元军战，元军遂焚烧宋战船3000艘，火照城中，城中百姓非常害怕。于是鄂州、汉阳、德安府三州守官都来投降。当时程鹏飞也率其部来降。至此，元军攻下了荆湖重镇鄂州。伯颜派遣万户也的哥、总管忽都歹，赴大都入奏过江之事。又命阿剌罕先锋黄头，取寿昌粮40万斛，以充军饷。留右丞阿里海牙，分兵4万，戍守鄂州，规取荆湖。而后，伯颜与阿术率大军分水陆两路人马，沿江东下。

元军飞渡长江，挥兵东向，宋朝各州郡大为震惊。元兵沿江东下，黄州、涟水、蕲州、江州、南康军、安庆、池州等州郡的宋朝知官、守将都纷纷献城而降。元军驻扎池州。这时，宋朝的宰臣贾似道派遣宋使宋京致书伯颜，请元军归还已经投降的宋朝各州郡，约定贡献岁币。伯颜派遣武略将军囊加歹同阮思聪报奏朝廷，留宋京在军中等待，并派人对贾似道说："未渡江之时，议和入贡则可，现在沿江诸郡都归附我朝，想求和，就应当来面议。"囊加歹回去后，就放了宋京。

伯颜拒绝贾似道请和后，率军从池州出发，兵至丁家洲。这时贾似道都督诸路军马13万，号称百万，以前军指挥使孙虎臣为先锋，淮西制置使夏贵率战船2500艘横亘江中。贾似道自己率后军。伯颜命左右翼万户率骑兵夹江而进，元军炮声震百里，宋军恐惧，夏贵坐小舟先逃。舟过贾似道船时，对贾似道说："彼众我寡，势不支矣！"贾似道闻之也仓皇失措，马上鸣金收军。宋军于是溃乱，众人大呼道："宋军败矣！"宋军溃败。当时战船在后者，被阿术骑兵赶上。阿术挺身登上元军舟船，以手栀冲击宋战船。双方舳舻相荡，乍分乍合。阿术手

---

[1]语见《元史·伯颜列传》："阳罗之捷，吾欲遣使前告宋人，而贵走代吾使，不必追也。"

持小旗指挥何玮、李庭并舟深入宋战船中，伯颜以步骑左右为倚，大败宋军，追杀150余里，宋兵溺死者无数。元军又得宋战船2000余艘，以及其军资器仗、图籍符印。宋统帅贾似道逃奔扬州，夏贵逃庐州，虎臣逃奔泰州。

元军二次败宋，宋太平州、无为军、镇巢军、和州等州守官先后献城投降，元军至建康（今南京）龙湾，伯颜大赏将士。

三月，元军继续东进，向临安（今杭州）进发，沿江诸郡和淮西诸郡相继而降。伯颜派左右司员外郎石天麟诣阙奏事，世祖大悦，悉允其奏。伯颜以行中书省驻建康，阿塔海、董文炳以行枢密院驻镇江，阿术奉诏去攻扬州。

四月，世祖下诏，因南方时暑方炽，不利行师，等到秋后再举兵。伯颜回奏说："宋人占据江海，就好比野兽进入山林获得安全。现在已经扼住了它的喉咙，稍微松懈就跑了。"世祖对使者说："将在军中，可以不听朝中的诏令，这是兵法的原则。应该听从丞相所言。"[1]

五月，世祖召伯颜赴阙。八月，受命还行省。十一月，伯颜分军为三路，进军临安。参政阿剌罕为右军，以步骑自建康出四安，趋独松岭；参政董文炳为左军，以舟师自江阴循海趋澉浦、华亭；伯颜及右丞阿塔海由中路，节制诸军，水陆并进。

元军中路军至常州。都统制刘师勇与张彦、王安节等人拒城共抗元军，并推姚訔为守，固守数月而未能攻下。伯颜遣人至城下，射书城中，劝其投降，宋将不应。于是伯颜亲督帐前军临南城，用火炮、弓弩昼夜攻之。当时文天祥派尹玉、麻士龙来援，皆战死。伯颜叱督帐前军率先登城，并竖赤旗于城上。诸军见到后大声呼喊："丞相登城了！"于是元兵蜂拥而上，宋军终不能抵挡。元军终于攻破常州城。城既下，伯颜怒其数月不降，元军耗费甚大，遂屠城。常州守臣姚訔战死，擒获王安节，斩杀。刘师勇换上士兵衣服，单骑逃奔平江。诸将请追捕，伯颜说："不用追。师勇如果有过错，那是守城者吓破了胆！"

伯颜派元军都元帅者里贴木儿、万户怀都先攻据无锡州（今江苏无锡），万户忙古歹、晏彻儿巡视太湖，监战亦乞里歹、招讨使唆都等人攻据平江（今江苏

---

[1]事及语见《元史·伯颜列传》："四月乙丑，有诏以时暑方炽，不利行师，俟秋再举。伯颜奏曰：'宋人之据江海，如兽保险，今已扼其吭，少纵之则逸而逝矣。'世祖语使者曰：'将在军，不从中制，兵法也。宜从丞相言。'"

苏州）。至此，南宋都城临安即在十几万元兵的脚下。

四、拒和议使　受宋主降

元世祖至元十二年（1275）十一月，伯颜派军在占据无锡州、太湖和平江后，派宋降臣游介实，奉世祖诏书的副本出使宋朝，以书谕宋诸大臣，促其投降。十二月，元大军驻无锡。宋朝柳岳等奉宋国主及太皇太后书及宋诸大臣给伯颜的书信来见伯颜，流着泪对伯颜说："太皇太后年高，嗣君尚年幼，且在丧事中，自古礼不伐丧，望哀怜体谅宋主的情况，能退兵班师。此后宋朝岂敢不每年进奉修好？今日事情所以到了这个地步，都是奸臣贾似道失信于贵国而误宋啊。"伯颜回答说："我主上即位之初，曾奉国节至宋，愿与宋修好，而汝国却执留我使者16年，因此今天才兴师问罪。去年，宋又无故杀害我廉奉使等，这是谁的过错？如要使我师不进，请效法当年钱王纳土与宋，李后主出降于宋。你们宋朝当日得天下于奸佞小人之手，今日失天下者，不也是失之于权奸小人之手吗？这是天道啊，不用多说了。"柳岳只有顿首哭泣不已。伯颜派招讨使抄儿赤，以柳岳所奏之事，及严奉使所带国书，一并入朝奏报世祖。[1] 不久，元军驻扎平江，派遣囊加歹同宋使柳岳到临安。以忙古歹、范文虎行两浙大都督事。派宁玉修吴江长桥，不到10天修成。随后，囊加歹同宋尚书夏士林、侍郎吕师孟、宗正少卿陆秀夫持书来，请求尊世祖忽必烈为伯父，而世修子侄之礼，且约定每年向元贡岁币25万两，帛25万匹。之后，遣囊加歹同吕师孟等还临安。

至元十三年（1276）正月，宋宰臣陈宜中派御史刘岊奉宋主称臣表文副本谒见伯颜，并致书约会于长安镇。其后，元军先至崇德，再至长安镇，宋陈宜中未到。随后，元军进军临平镇，军至皋亭山。宋主遣临安府守贾余庆同宗室尹甫、吉甫等人，奉传国玺及降表到军前，伯颜接纳。派遣囊加歹与贾余庆还临安，召宋宰臣来谈议降事。当时陈宜中也逃走了，遂以文天祥代丞相，文天祥不愿接受。元军进至临安北15里，分遣董文炳、吕文焕、范文虎巡视城堡，安抚告谕军民，严禁军士入临安城。派吕文焕持黄榜告谕临安中外军民，使居民安居

---

[1] 事及语见《元史·伯颜列传》："庚寅，遣降人游介实，奉诏书副本使于宋，仍以书谕宋大臣。十二月辛丑，次无锡，宋将作监柳岳等奉其国主及太皇太后书，并宋之大臣与伯颜书来见，垂泣而言曰：'太皇太后年高，嗣君幼冲，且在衰绖中。自古礼不伐丧，望哀恕班师，敢不每年进奉修好？今日事至此者，皆奸臣贾似道失信误国耳。'（接下页）

回军斩将（选自《马骀画宝》）

如故。

正月下旬，谢后遣丞相吴坚、文天祥，枢密谢堂等人来见伯颜。伯颜抚慰后，便让他们回返临安；但看到文天祥举动不同寻常之辈，怀疑其有异志，便扣留军中。文天祥数次请归，伯颜均笑而不答。文天祥责问伯颜说："我这次来是为两国大事，其他人均已遣回，何故独留我在此？"伯颜说："不要生气，你作为宋大臣，责任很重，今日之事正当与我共磋商。"遂令忙古歹、唆都将文天祥羁留。又令程鹏飞、洪双寿同宋臣贾余庆交换宋主削帝号降表。[1]

二月，伯颜命右丞张惠，参政阿刺罕、董文炳、吕文焕入见谢后，宣布元朝德意。宋主率文武百官，望阙拜，发降表。伯颜代表大元朝廷接受宋主降表，取消临安为宋朝都城之号，改为两浙大都督府。命忙古歹、范文虎入府治事。又命张惠等官入城，登记军民钱谷之数，核实仓库，收百官诰命、符印图籍，尽罢宋朝各官府。又让宋主另居别室。并禁人不得侵坏宋氏山陵。随后，谢后命吴坚、贾余庆等人和文天祥并为祈请使，杨应荃、赵若秀为奉表押玺官，并赴元大都请命。伯颜写拜表称贺："国家之业大一统，……区宇一清，普天均庆。"伯颜命囊加歹传旨，遂召伯颜偕宋君臣入朝。

三月，伯颜入临安。令唐兀歹、李庭护送宋君臣北上。伯颜兵发临安，宋主求见伯颜，伯颜说："未入朝，无相见之礼！"五月，伯颜与宋主到了上都，世祖忽必烈在大安阁接受朝拜，降授宋主为开府仪同三司，检校大司徒，封瀛国公。至此，宋朝被平定。

五、镇抚北边　平乱诸王

忽必烈1260年即位后，元朝西北边陲一直不得安宁。其主要原因，在于宗王海都的长期叛扰。海都为元太宗窝阔台之孙，合失台之子，为人聪明能干而

（接上页）伯颜曰：'主上即位之初，奉国书修好，汝国执我行人一十六年，所以兴师问罪。去岁，又无故杀害廉奉使等，谁之过欤？如欲我师不进，将效钱王纳土乎？李主出降乎？尔宋昔得天下于小儿之手，今亦失于小儿之手，盖天道也，不必多言。'岳顿首泣不已。遣招讨使抄儿赤，以柳岳来使事，及严奉使所赍国书入奏。"

[1] 事及语见《元史·伯颜列传》："戊子，谢后遣丞相吴坚、文天祥，枢密谢堂，安抚贾余庆，内官邓惟善来见，伯颜慰遣之，顾天祥举动不常，疑有异志，留之军中。天祥数请归，伯颜笑而不答。天祥怒曰：'我此来为两国大事，彼皆遣归，何故留我？'（接下页）

元朝军队

狡诈。窝阔台死后，这支宗王失势，皇权转由蒙哥、忽必烈掌握，海都被分迁于海押立（今哈萨克塔尔迪·库尔干尔）。海都不甘心，欲谋求自立为大汗。忽必烈即位后，他支持阿里不哥与忽必烈争夺帝位。阿里不哥失败后，他又拒不来朝。并结交术赤后王，纠集部众，扩展自己的领地，以海押立为基地，伺机东向，并成为窝阔台系诸王的首领。当时忽必烈因无力西顾，对海都基本采取优容政策。后来海都公开对抗，忽必烈便派右丞相安童辅佐皇子北平王那木罕，统帅诸军在阿里麻里备战海都。

至元十四年（1277），从征南宋的诸王昔里吉等发动叛乱，劫持北平王那木罕和安童，分送至术赤后王忙哥帖木儿和海都处，并回师攻掠和林（今内蒙古和林）。忽必烈命伯颜率师讨伐，与昔里吉等军遇于斡鲁欢河，夹水列阵。双方相持有一整天，傍晚时昔里吉军有些懈怠，伯颜分军为两队，趁其不备，掩杀过去，昔里吉军遂败，昔里吉急忙逃走，后死。之后，伯颜又率军击溃了当时响应昔里吉的各支叛军，稳定了大漠南北的局势。

至元二十四年（1287）春二月，海都串通东部斡赤斤后王乃颜叛元。有人密告于朝廷。忽必烈命伯颜先窥探一下乃颜的情况。伯颜受命，遂多载衣裘入其境，到了驿站，则赠衣与驿人。到了乃颜处，乃颜为伯颜设宴，欲趁机执缚伯颜。伯颜察觉乃颜的阴谋后，遂带其随从急出而奔，分三路而去。至驿站，驿人因多得伯颜衣裘，争献健马。伯颜骑健马逃走，遂免于难。驰还京都后，伯颜向

（接上页）伯颜曰：'勿怒。汝为宋大臣，责任非轻，今日之事，正当与我共之。'令忙古歹、唆都馆伴羁縻之。令程鹏飞、洪双寿同贾余庆易宋主削帝号降表。"

世祖一一禀报。

夏四月，乃颜反叛。世祖亲征，伯颜跟随。不久打败乃颜军，并擒拿乃颜。至元二十六年（1289），伯颜受命出知和林。在和林置知枢密院，以捍御北边。

至元二十九年（1292）秋，宗王明理铁木儿挟海都而叛，世祖下诏伯颜讨伐。元军与明理铁木儿等战于阿撒忽秃岭。当时叛军居岭上，箭如雨下，众军都不敢向前登山。伯颜命令说："你们身寒，皇帝给你们衣穿；你们饥饿，皇帝给你们饭吃。效忠皇帝就在此时，大家若不用力，用什么来报答皇上？"指挥诸军前进，后退者斩。伯颜身先士卒，在前冲锋，众军士见了，纷纷争相登岭。明理军不能抵挡，遂大败。[1]明理铁木儿带残兵逃遁，伯颜带轻骑追赶。到了别竭儿，与速哥军会合，夹击明理军，随后又大胜。这时军中有人捉获明理军的谍探，忻都想杀掉他们，伯颜不同意，并且厚给其赏赐，命他带书信返回明理军中，并将书信交于明理。书信大意是开导明理应以国家为念，并分析了利弊祸福。明理看后深受感动，便率众来归。明理铁木儿叛乱至此平定。

没多久，海都又犯边境，伯颜留边境拒敌。这时廷臣有人谗言伯颜，说他久居北边，与海都通好，故拥兵不前，未获尺寸之地。忽必烈遂以御史大夫玉昔帖木儿代替伯颜，而让伯颜居于大同，以等后命。玉昔帖木儿从京城出发，刚走三驿之地，海都兵已复至边庭。伯颜只好派人告诉玉昔帖木儿说："公暂且停下，待我剪除此寇后，你再来接任，未为晚也。"于是伯颜又带兵与海都交战，但且战且退，连续7天都如此。诸将认为伯颜怯敌怕战，都愤慨而言："你如果害怕与敌人决战，怎么不授军于大夫呢？"伯颜回答说："海都率军来犯吾地，我如果主动出战，他战败后必然逃走。如果诱敌深入，一战可擒之。现在诸将都欲与海都战，但若令海都逃跑，谁来负责？"诸将说："这个责任我们来负。"于是即还军进击海都，海都兵败后，果然逃遁。海都军败，伯颜召玉昔帖木儿至军中，交还印信而行。这时，元成宗尚以皇孙身份奉诏抚军北边，见伯颜要行，设酒宴为之饯行。成宗举起酒杯说："您走了，要留下什么话教导我呢？"伯颜也举起酒杯说："应该特别慎重者，只有这酒与女色罢了。宫中固然应该严明纪律，但不

---

[1]事及语见《元史·伯颜列传》："伯颜令之曰：'汝寒君衣之，汝饥君食之，正欲效力于此时尔。于此不勉，将何以报！'麾诸军进，后者斩，伯颜先登陷阵，诸军望风争奋，大破之。"

可偏废恩德。冬夏时扎营，按旧制为好。"后来，成宗俱照伯颜所说而行。[1]

六、一代将帅　百世英风

伯颜不愧是一代将帅，他率师飞渡长江，一举灭宋，元朝从此一统天下。但伯颜对自己却要求甚严，从发师过江入江南以来，财物分毫不取，女色所离甚远，于事则公而处之，于功即尽力让之。至元十二年（1275）春正月，当时元军正在渡河之际，伯颜至江州（今江西九江）。时在江州的宋兵部尚书吕师夔和江州守钱真孙刚献城降元，伯颜遂以吕师夔为江州守官。吕师夔于是设宴于庾公楼，并选了两名宋宗室的女子，盛装打扮，媚丽无比，欲献给伯颜。伯颜见此十分气愤，对吕师夔说："今天我奉大元天子之命，兴仁义之师，问罪讨伐于南宋，公今却欲以二女子给我，莫非是要借女色磨灭我的志向吗？"说罢，令吕师夔将二女子带走。吕师夔大为羞愧。

伯颜率军伐宋成功后，引师北还。世祖忽必烈诏令百官到京郊迎接。平章阿合马，在百官之前先于半舍之地迎谒伯颜。伯颜见其劳苦，便把身上所系带的玉钩解下来赠给阿合马，并说："宋宝玉固然很多，但我并无所取，仅此玉钩一件，望勿以礼薄，收下它。"阿合马收下了玉钩，却又觉得是伯颜瞧不起他，才故意给他这样微小的礼物，于是心中愤怒，暗思要中伤伯颜。于是阿合马诬告伯颜平宋时，曾收藏宋室宝物玉桃盏，世祖即命调查此事。但没有任何证据，于是便释放伯颜，令其复任旧职。后阿合马被义士所杀，有人来献玉桃盏，世祖愕然，说："几乎陷害忠良之臣！"

元成宗

---

[1] 事及语见《元史·伯颜列传》："伯颜与海都兵交，且战且却，凡七日，诸将以为怯，愤曰：'果惧战，何不授军于大夫！'伯颜曰：'海都悬军涉吾地，邀之则遁，诱其深入，一战可擒也。诸军必欲速战，若失海都，谁任其咎？'诸将曰：'请任之。'即还军击败之，海都果脱去。乃召玉昔帖木儿至军，授以印而行。时成宗以皇孙奉诏抚军（接下页）

当时有别吉里迷失者，曾诬告伯颜，并说当定死罪。不久，他却因其他事被判死罪。世祖为让伯颜出出气，便敕令伯颜观看别吉里迷失临刑之状。伯颜奉命而去，见别吉里迷失将临刑，于是递给别吉里迷失一碗酒，请其喝下。别吉里迷失喝完酒，伯颜怆然起身，头也不回地离去。后来世祖问其原因，伯颜回答说："他自己有罪，让臣临视，人们将不知此乃罪有应得，是上天给他的公平处罚。"

至元十八年（1281）二月，元世祖忽必烈命燕王抚军北边，令伯颜随行。燕王临行时，忽必烈对他说："伯颜才兼将相，忠于所事，故他从你而去，不可以常人看待他。"后燕王至北边，每与伯颜议事，都十分尊重。

至元三十年（1293）冬十二月，忽必烈从大同把伯颜召回。当时忽必烈已身患重病。第二年正月，忽必烈去世。伯颜以朝廷重臣、顾命大臣身份，总领百官。兵马司请在日出时鸣晨钟，日落时鸣昏钟，以防变故。伯颜呵责其说："你要做盗贼吗？一切像平常一样。"其临变不乱、治政简约，大抵如此。这时有人盗内府钱银，这人刚刚侥幸获赦却又偷盗，宰丞想处死他。伯颜说："何时没有盗贼？今天要处死他，是以谁的诏命而杀他呢？"众人都佩服他有远见卓识。[1]

公元 1295 年，元成宗铁穆耳即位于上都的大安阁。当时亲王中有反对者。伯颜提剑站立在大安阁殿的台阶上，陈述祖宗之训，宣布世祖顾命，陈述应该立成宗的原因，言辞慨切，脸色严肃，诸王双腿都在发抖，急忙在殿中下拜，再也没有敢说二话的。

五月，成宗诏拜伯颜为开府仪同三司、太傅、录军国重事，依前知枢密院事，并赐以金银。相臣中有忌妒伯颜的人，伯颜告诉他说："皇上送我两瓶美酒，已与诸王在宫前尽饮，剩下的我就不知道了。"这年十二月，伯颜去世，时年 59 岁。

（接上页）北边，举酒以饯曰：'公去，将何以教我？'伯颜举所酌酒曰：'可慎者，惟此与女色耳。军中固当严纪律，而恩德不可偏废。冬夏营驻，循旧为便。'成宗悉从之。"

[1] 事及语见《元史·伯颜列传》："三十年冬十二月，驿召至自大同，世祖不豫。明年正月，世祖崩，伯颜总百官以听。兵马司请日出鸣晨钟，日入鸣昏钟，以防变故，伯颜呵之曰：'汝将为贼邪！其一如平日。'适有盗内府银者，宰执以其幸赦而盗，欲诛之，伯颜曰：'何时无盗，今以谁命而诛之？'人皆服其有识。"

名家评说

伯颜深略善断，将二十万众伐宋，若将一人，诸帅仰之若神明。毕事还朝，归装惟衣被而已，未尝言功也。

——明·宋濂《元史》

故太子真金已死，世祖之意，将递授皇孙，不应出使镇边，致有绝续之虑；况世祖年已八十，宁能长生不死乎？宫车晏驾，方遣使告哀，直至三月无君，幸有伯颜总己以听，方得无事，否则殆矣！然犹须假玺愚民，带剑宣命，以定策之大政，凭诸神道武力，侥幸成功，是固不足为后世训，宜乎后嗣之奇变迭出也。

——蔡东藩《元史演义》

脱 脱

脱脱（1312～1355），字大用。元
文宗图帖睦尔时，官至侍卫亲军都指挥
使。顺帝妥欢帖睦尔元统二年（1334），
任同知枢密院事。后拜中书右丞相、录
军国重事。在脱脱的主持下，元王朝复
科举、开马禁、减盐额、选拔儒士以劝
讲，时称贤相。顺帝至正三年（1343），
主修辽、金、元三史。至正十年（1350）
变钞法，发行"至正通宝"和"至正交
钞"。后又起用贾鲁治理黄河。至正十四
年（1354）率军到高邮围攻张士诚。中
书左丞哈麻等乘机诬陷他劳师伤财，顺
帝下诏削夺官爵，发配大理。不久，被哈麻矫诏毒死。

脱 脱

一、屡居要职　大义灭亲

脱脱的父亲为马扎儿台，官至中书右丞相。脱脱生来聪明过人。就学后，他
曾向老师浦江硕儒吴直方请求说："如果让我整天正襟危坐而读书，不如让我每
天记古人的嘉言善行，可以终身受用。"[1] 年纪稍长，臂力过人，能挽弓一石。15
岁时，为皇太子怯薛官。天历元年（1328），脱脱袭授提举司达鲁花赤。天历二
年（1329）入觐，文宗很喜欢他，说："这孩子将来必可大用。"迁内宰司丞。五
月，命为府正司丞。文宗至顺二年（1331），授虎贲、忠翊等卫亲军都指挥使。

---

[1] 语见《元史·脱脱列传》："使脱脱终日危坐读书，不若日记古人嘉言善行服之终
身耳。"

顺帝元统二年（1334），又升同知宣政院事。五月，迁中政使。六月，迁同知枢密院事。

顺帝至元元年（1335），唐其势阴谋不轨，事发被杀，他的同党答里和刺刺等拥兵为外应。脱脱选精锐和其交战，将叛军击败，并将叛军首领全部擒获上献。脱脱功拜御史中丞、虎贲亲军都指挥使、提调左阿速卫。至元四年（1338），进御史大夫仍兼前职。他任职后，大振纲纪，内外肃然，以后随帝驾从上都回来，至鸡鸣山的浑河，顺帝将狩猎于保安州，马颠蹶。脱脱进谏说："古代帝王端居九重之上，每天和大臣、积学之士讲求为政之道，至于飞鹰走狗，不是帝王的事。"顺帝接受了他的意见，并授其金紫光禄大夫兼绍熙宣抚使。[1]

这时，脱脱的伯父伯颜为中书右丞相。因为诛杀了唐其势，更加无所忌惮，擅自授官封爵，赦免死罪，任用奸佞，滥杀无辜，把诸卫精兵收为己用，府库钱帛随便出纳。顺帝早有意见，忿激不平。脱脱从小就寄养在伯颜家，常担心他要失败，私下对父亲马札儿台说："伯父骄纵已极，万一天子震怒，我们就要族诛了。不如在他未败之时预先图谋。"他的父亲深以为然，但犹豫不决。脱脱向吴直方请教，吴直方说：《左传》上就有'大义灭亲'的例子。大臣只知忠于国家，还有什么可顾虑的呢？"当时，顺帝左右前后都是伯颜安插的亲信党羽，只有世杰班、阿鲁是顺帝的心腹，日常相处。脱脱就和这两人深交。[2]

至元五年（1339）秋，顺帝巡幸上都，伯颜这时外出应昌，脱脱和世杰班、阿鲁计划想拒伯颜于东门外，害怕不能必胜而终止。恰巧河南范孟矫诏斩杀省臣，事情牵连廉访使段辅，伯颜为此告诉三位大臣说，汉人不可为廉访使，并指使他们弹劾汉人官员。这时，别儿怯不花任御史大夫，害怕人们因此议论自己阿附伯颜，就辞疾不出，所以奏章被压了下来。伯颜催促很急，监察御史告诉脱脱。脱脱说："别儿怯不花职位在我之上，而且是掌印官，我怎么敢作主？"别

---

[1] 事及语见《元史·脱脱列传》："脱脱谏曰：'古者帝王端居九重之上，日与大臣宿儒讲求治道，至于飞鹰走狗，非其事也。'帝纳其言，授金紫光禄大夫，兼绍熙宣抚使。"

[2] 事及语见《元史·脱脱列传》："脱脱虽幼养于伯颜，常忧其败，私请于其父曰：'伯父骄纵已甚，万一天子震怒，则吾族赤矣。曷若于未败图之。'其父以为然，复怀疑久未决。质之直方，直方曰：《传》有之，"大义灭亲"。大夫但知忠于国家耳，余复何顾焉。'当是时，帝之左右前后皆伯颜所树亲党，独世杰班、阿鲁为帝腹心，日与之处。脱脱遂与二人深相结纳。"

儿怯不花听到后很害怕，就要出来办事。脱脱考虑到不能阻止他出来，就和吴直方商量对策。吴直方说："这是祖宗法度，绝不可废，何不先对皇上说清楚。"脱脱报告顺帝，待奏章上来，顺帝就依脱脱的意见，不同意伯颜的主张。伯颜知道此事出于脱脱的主意，大怒，对顺帝说："脱脱虽然是我的侄子，但他心里只祖护汉人，必须惩治。"顺帝说："这都是我的意见，没有脱脱的责任。"

此后，伯颜擅自贬斥宣让、威顺二王，顺帝极为忿恨，决意斥逐伯颜。一天，对脱脱垂泪诉说，脱脱也泣不成声。回来后和吴直方谋划，吴直方说："这是宗庙社稷安危所系，不可不保密。你和皇上议论之时，左右都有谁？"脱脱说："有阿鲁和脱脱木儿。"吴直方说："你的伯父有震主之威，此辈苟图利禄富贵，你们的话如被泄漏，那顺帝就有危险，你也难免杀身之祸了。"脱脱于是请二人到家，备酒奏乐，日夜不让他们出去。又和世杰班、阿鲁商议，计划等候伯颜入朝时擒住他。遂命令卫士严查出入宫门的人，隐蔽之处都安置了士兵。伯颜见了大惊，责备脱脱。脱脱回答说："天子所居，防御不得不如此。"伯颜因此怀疑脱脱，更加增兵自卫。

至元六年（1340）二月，伯颜请太子燕帖古思去柳林打猎。脱脱和世杰班、阿鲁合谋，计划以所掌握的兵力和宿卫皇宫的士兵抗拒伯颜。方法是扣留京师城门钥匙，命令亲信布列城门下，然后拒伯颜进城，宣布其罪。这天夜里，奉顺帝到玉德殿，召集近臣汪家奴、沙剌班及省院大臣先后入见，又召范汇入内草拟诏书，数列伯颜罪状。诏成已经半夜四更，命令中书平章政事只儿瓦歹贵送诏书到柳林。之后脱脱坐在城门上，而伯颜也遣骑士到城下问是什么原因。脱脱说："皇上有旨，只驱逐丞相一人。"伯颜所领卫兵听后都各自散走，伯颜被捕。伯颜事平定之后，顺帝下诏以马札儿台为中书右丞相，脱脱知枢密院事，虎符、忠翊卫亲军都指挥使，提调武备寺、阿速卫千户并兼军民宣抚都总使、护卫亲军都指挥使司达鲁花赤等。十

元顺帝孛儿只斤·妥懽帖睦尔

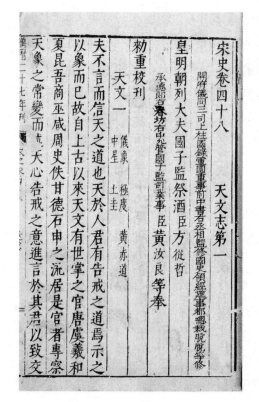

宋史

元初，元世祖忽必烈就曾诏修宋史，然因体例、年号不一而未成。元惠宗至正三年（1343），下令修辽、金、宋三史。由丞相脱脱和阿鲁图先后主持《宋史》与《辽史》《金史》同时修撰。

月，马札儿台因病辞去相位，脱脱被诏以太师衔就相国之位。

二、身任相国　整顿朝政

至正元年（1341），脱脱被任命为中书右丞相、录军国重事，诏告天下。脱脱更改伯颜全部旧政，复科举选士法，复行太庙的祭祀，昭雪以前的冤案，召还宣让、威顺二王，使他们位居旧藩，并复阿鲁图亲王之位。他还开马禁，减少盐额，蠲除拖欠的赋税；又开经筵，挑选儒臣为皇帝讲经。由此，脱脱被内外同声称为贤相。

至正二年（1342）五月，脱脱采纳参议勃罗帖木儿等的建议，于都城外开河安置闸门，放金口水，引通州船到丽正门，以济漕运。但可惜役使丁伕数万，结果没有成功。

至正三年（1343），下诏修辽、金、宋三史，命脱脱为都总裁官。又请修《至正条律》，颁布天下。顺帝曾到宣文阁，脱脱奏说："陛下临御以来，天下无事，应该留心圣贤之学。不能听到左右有些人加以阻挠，便以为经史不足观。"[1]他命人从秘书监取出裕宗真金所授书进呈，顺帝很高兴。

皇太子爱猷识理达腊曾经养育于脱脱家，每次有病服药，脱脱必定先尝而后进服。顺帝曾驻跸云州，遇到烈风暴雨，山洪暴发，车马人畜都漂溺，脱脱抱着皇太子单骑登山，得免于难。回到宫中，顺帝慰抚脱脱说："你的勤劳，我不会

---

[1] 语见《元史·脱脱列传》："陛下临御以来，天下无事，宜留心圣学。颇闻左右多沮挠者，设使经史不足观，世祖岂以是教裕皇哉？"

忘记的。"脱脱于是以私财造大寿元忠国寺于建德门外，为皇太子祈福，共费钞12.2万锭。

至正四年（1344），宣政院请恢复僧司，脱脱却说："僧寺为郡县所苦，如坐地狱。""若恢复僧司，何异地狱中复置地狱。"这时脱脱有病，日渐赢弱，占卜者也说年月不利，于是上表辞去相位，顺帝不许。上表17次才同意，有旨封郑王，食邑安丰，赏赐巨万，都拜辞不受。于是赐给松江田，并为其立稻田提领所加以管理。

至正七年（1347），别儿怯不花为右丞相，以旧怨中伤脱脱父亲马札儿台，下诏徙甘肃，脱脱力请同行。在路上则检查车马户帐，吃饭则看是精是粗，到了甘肃，马札儿台安定下来。又移西域撒思地方，到黄河边，召还甘州就养。十一月，马札儿台去世。顺帝念脱脱勋劳，召还京师。

至正八年（1348），命脱脱为太傅，综理东宫事务。至正九年（1349），朵儿只、太平都罢相，诏令脱脱再任中书右丞相，赐上等酒器、名马、外衣、玉带。脱脱既然重入中书，恩怨无所不报。这时开端本堂，皇太子学于其中，命脱脱领端本堂事。又提调阿速、钦察二卫、内史府，宣政院、太医院事。

至正十二年（1352）五月，母亲蓟国夫人去世，脱脱丁忧，顺帝派遣近臣劝喻，以便出理政务。此时脱脱将孙良桢、龚伯遂、汝中柏、伯帖木儿等僚属都委以心腹，大小事都与他们一起商议，有时事已施行而群臣尚不知道。吏部尚书哲笃建议重造至正交钞，脱脱信任他，召集枢密院、御史台、翰林集贤院诸臣议论，都唯唯听命而已，只有祭酒吕思诚说不可，脱脱不高兴。最终还是造了新钞，但新钞却不能流通。

三、镇压起义　受诬被害

黄河在白茅堤决口，又在金堤决口，方圆数千里，百姓受害，缺口5年都不能堵住。脱脱用贾鲁的计划，请施工堵塞。他亲自参与这件事的决策，告诉群臣说："皇帝正在忧虑百姓，做大臣的职责所在，应当为皇上分忧。然而事情有难办的，就像病有难治的一样，自古以来河患就是难治的疾病，现在我一定要除去这个疾病。"别人的议论脱脱都不听，于是奏以贾鲁为工部尚书总治河防，让他征发河南北兵民17万充当劳役，堵上决口，修复大堤，让河水重入故道。大概

至正通宝

用了八个月就告完工。[1] 于是顺帝嘉奖他的功劳，赐世袭答剌罕之号。又敕儒臣欧阳玄制《河平碑》，记载脱脱治河的功绩。仍赐淮安路为脱脱的食邑，郡邑长吏由脱脱自行任用。

不久汝、颍之间百姓聚众开始反元，以红巾为号，襄、樊、唐、邓都起而响应。至正十一年（1351），脱脱上奏以弟御史大夫也先帖木儿为知枢密院事，率诸卫兵 10 余万讨伐红巾。先收复了上蔡。接着驻兵沙河，军中忽然夜间受惊，也先帖木儿尽弃军资器械北奔汴梁（今河南开封），以后收集散卒屯驻朱仙镇，朝廷以也先帖木儿兵败，诏以别将代之。也先帖木儿回来，仍任御史大夫。陕西行台监察御史 12 人劾也先帖木儿丧师辱国之罪，脱脱非常愤怒，从此人们都不敢议论朝事。

至正十二年（1352），红巾军中的"芝麻李"占据徐州。脱脱请求由自己领兵前去征讨，以逮鲁曾为淮南宣慰使，招募盐丁及城中骄健善奔之徒，共两万人与所统兵丁一起出发。九月，军队到达徐州，攻西门，红巾军出战，用铁翎箭射马首。脱脱不为所动，挥军奋击败红巾军，攻入外城。第二天，官军大兵从四面八方到达，红巾军支持不住，城被攻破，芝麻李逃去。获得黄伞旗鼓，焚烧其所积聚的粮草，追擒红巾头目数千人，屠徐州城。顺帝遣平章政事普化等到军中命脱脱为太师，右丞相依旧，催促回朝，而以枢密院同知秃赤等进军平颍、亳。师还京城，顺帝赏赐上等酒器、珠衣、白金、马鞍。皇太子赐宴于私第。下诏改徐州为武安州，立碑表彰脱脱功绩。

至正十三年（1353）三月，脱脱采纳左丞孙良桢、右丞司良哈台建议，屯田京都附近，以此二人兼大司卿，而脱脱领大司农事。西至西山，东至迁安，南至

---

[1] 事见《元史·脱脱列传》："河决白茅堤，又决金堤，方数千里，民被其患，五年不能塞。脱脱用贾鲁计，请塞之，以身任其事。出告群臣曰：'皇帝方忧下民，为大臣者职当分忧。然事有难为，犹疾有难治，自古河患即难治之疾也，今我必欲去其疾。'而人人异论，皆不听。乃奏以贾鲁为工部尚书，总治河防，使发河南北兵民十七万役之，筑决堤成，使复故道。凡八月，功成。"

保定、河间，北至檀、顺二州，都引水灌溉，立法佃种。这年，获得了大丰收。[1]

至正十四年（1354），张士诚占据高邮，屡次招安都不投降。顺帝下诏脱脱节制诸王诸部军队，前往讨伐；

元代墓室壁画

罢免升赏官吏和一切民政，都由他便宜行事；省台院部各司听候选拔的官属都随军出发，统一受脱脱节制。西域、西番都发兵来相助，旌旗上千里，金鼓震野，声势空前。十一月到高邮，连战连捷，张士诚势力大挫。这时脱脱忽然接到诏书，指责他劳师费财，以河南行省左丞相太不花、中书平章政事月阔察儿、知枢密院事雪雪代为率脱脱之兵，削去脱脱官爵，把他安置在淮南。当初，脱脱西行，别儿怯不花欲诬陷他于死地。哈麻屡次向顺帝解说，脱脱被召还近地，引为中书右丞。而这时脱脱信用汝中柏，只有哈麻不为他慑服。汝中柏因此在脱脱面前中伤哈麻，哈麻怀恨于心。哈麻曾和脱脱商议授皇太子册宝礼，脱脱久而不行。脱脱将出师，以汝中柏为治书侍御史，使其辅佐也先帖木儿。监察御史袁赛因不花等受哈麻指使，上章弹劾脱脱，连着上了三道奏章才得以准许，夺也先帖木儿御史台印，令出都门外候旨。以汪家奴为御史大夫，而脱脱也就在此时得到了安置淮南的诏命。

十二月辛亥诏书到军中，参议龚伯遂说："将在外，君命有所不受。况且丞相出师时，曾受密旨，一心进讨就是了。诏书暂时不宣读，一宣读大事就完了。"

---

[1]事见《元史·脱脱列传》："十三年三月，脱脱用左丞乌古孙良桢、右丞悟良哈台议，屯田京畿，以二人兼大司农卿，而脱脱领大司农事。西至西山，东至迁民镇，南至保定、河间，北至檀、顺州，皆引水利，立法佃种，岁乃大稔。"

元代龙纹带扣

脱脱说:"天子有诏书给我而我不从,这是和天子对抗,君臣之义在哪里?"没有听从。奉诏后,脱脱叩头而谢,说:"臣最愚笨,蒙天子宠爱,委托军国重事,日夜战战兢兢,害怕不能胜任。现在能够放下此等重负,皇帝对我的恩德很深了。"立即交出兵权,名马3000匹分赐诸将,让各帅所属军队听从月阔察儿、雪雪节制。枢密副使哈剌答说:"丞相这次去淮南,我们也必死他人之手,今日宁可死在丞相面前。"拔刀刎颈而死。[1]

至正十五年(1355)三月,台臣还认为脱脱贬谪太轻,上奏列数脱脱、也先帖木儿的罪状,于是流放脱脱于云南大理宣慰司镇西路,流放也先帖木儿于四川碉门。脱脱长子哈剌章肃州安置,次子三宝奴兰州安置。家产查抄入官。十二月,哈麻矫诏派遣使者用鸩酒毒杀脱脱,死时年42岁。顺帝听到脱脱的死讯,遣人到脱脱死地,换棺木、衣服而殓。

至正二十二年(1362),监察御史张冲等上章为脱脱雪冤,于是顺帝下诏恢复脱脱的官爵,并发还他的家产,召他的儿子哈剌章和三宝奴还朝。而也先帖木儿已经去世,于是授哈剌章中书平章政事,封申国公,分省大同;三宝奴知枢密院事。至正二十六年(1366),监察御史圣奴、也无、撒都失里等又说:"奸邪诬陷大臣,以致临阵易将,国家军威不振、耗费钱粮,更造成盗贼横行和生灵涂炭,应该给功臣加谥加号。"朝廷认为他们的意见都是对的。但是国家多故,事情还未及办理,元朝已亡。

[1] 事及语见《元史·脱脱列传》:"十二月辛亥,诏至军中,参议龚伯遂曰:'将在军,君命有所不受。且丞相出师时,尝被密旨,今奉密旨一意进讨可也。诏书且勿开,开则大事去矣。'脱脱曰:'天子诏我而我不从,是与天子抗也,君臣之义何在?'弗从。既听诏,脱脱顿首谢曰:'臣至愚,荷天子宠灵,委以军国重事,蚤夜战兢,惧弗能胜。一旦释此重负,上恩所及者深矣。'即出兵甲及名马三千,分赐诸将,俾各帅所部以听月阔察儿、雪雪节制。客省副使哈剌答曰:'丞相此行,我辈必死他人之手,今日宁死丞相前。'拔刀刎颈而死。"

名 家 评 说

脱脱仪状雄伟，顾然出于千百人中，而器宏识远，莫测其蕴。功施社稷而不伐，位极人臣而不骄，轻货财，远声色，好贤礼士，皆出于天性。至于事君之际，始终不失臣节，虽古之有道大臣，何以过之。惟其惑于群小，急复私仇，君子讥焉。

——明·宋濂《元史》

元季贤相，莫若脱脱，著书人于脱脱多誉辞，非轻诋脱脱也。自古忠臣必出于孝子之门，脱脱随父出戍，尽心侍奉，其孝可知；厥后拟劾奏太平等人，卒以老母一言，撤消奏牍，非夙具孝思者其能若是乎？或谓哈麻为佞人之尤，而脱脱信之，汝中柏为谗夫之尤，而脱脱昵之，至若皇子爱猷识理达腊，为奇氏所出，脱脱乃竭力保护，取悦宠妃。是而谓贤，熟非贤臣？不知贤者未尝无过，观过益足以知仁。

——蔡东藩《元史演义》

【明】

刘 基

刘基（1311～1375），明代开国谋臣，曾任御史中丞等职。字伯温，浙江青田人。其父刘爚是当时的名儒。元至正二十年（1360）三月，接受朱元璋邀请，成为谋士，为明王朝的建立作出了卓越贡献。朱元璋尊其为"吾子房（张良）也"，并以"老先生"称，不呼其名。民间有"上有诸葛孔明，下有刘基伯温"之称。洪武三年（1370）封诚意伯。刘基为政清廉，有知人之明。其精通天文、兵法、数理等，尤以诗文见长，与宋濂、高启齐名。

一、出身望族　少有美名

刘　基
——从明万历三十七年（1609）原刊本
《三才图会》

刘基于元武宗至大四年（1311）生于浙江处州府青田县南田山武阳村一个书香地主家庭。其远祖为江苏丰沛人，据说是"青田刘氏汉诸孙"，与汉代开国皇帝刘邦有族系之源。刘基的七世祖刘延庆在宋钦宗靖康时为镇海军节度使，并于靖康二年（1127）守防于京城开封，后在抗金入侵时牺牲。刘延庆之子刘光世跟随宋高宗南渡，官至宣抚都统少保。刘家迁居青田，是从四世祖刘集开始的。刘基出生时，世居武阳已有五代，是当地很有声望的大族。刘基的父亲刘爚，才智出众，为人正直，当过遂昌县（今属浙江）教谕（县学校长），是当时的名儒。40岁时，刘爚喜得刘基，并视如掌上明珠，精心培养，使其从小就受到了良好的教育。

刘基从小好学机敏，聪慧过人。12岁考中秀才，成为乡里的"神童"。泰定元年（1324），14岁的刘基从师学习《春秋》经。《春秋》为儒家经典，隐晦奥涩，很难读懂，但刘基能过目而识其要。泰定四年（1327），17岁的刘基又师从处州名士郑复初，研学周（敦颐）、程（程颢、程颐）理学。郑复初曾对刘基的父亲说："您祖上积德深厚，您的儿子将来一定能光大您的门庭。"[1] 此外，刘基还博览群书，诸子百家均有涉猎。对天文地理、兵法数学尤其爱好，潜心钻研，非常精通。当时，西蜀名士赵天泽评价江南的人才时，最推崇的就是刘基，认为他是诸葛孔明一般的人物。元统元年（1333），23岁的刘基赴元大都（今北京）参加会试，一举考中进士，从此步入仕途。

二、仕途坎坷　退隐乡里

刘基中了进士后，并没有即时授官，而是在家闲居了3年，才于至元二年（1336）初授为江西高安县丞。这是一个辅佐县令的小官，但刘基并没有因为官小位卑而敷衍了事。他勤于职守，随时深入乡间，体察民情。这时的高安县，诸多地主豪绅相互勾结，与贪官污吏更是沆瀣一气，强取豪夺，杀人害命，无恶不作。刘基所到之处，听到的都是百姓的哭诉。早已义愤填膺的刘基决心为民除害。经过明察暗访，刘基对一些恶行昭著的豪强恶霸和贪官污吏给予了严惩和整治，从此，高安县的社会风气有了好转，百姓生活终于安定。刘基则因其刚正不阿的品行，赢得了百姓的爱戴和敬重。当时有名的大学问家揭傒

刘基《春兴诗八首》

[1] 语见《明史·刘基宋濂叶琛章溢列传》："君祖德厚，此子必大君之门矣。"

斯曾对人说:"刘基是魏徵一类之人物,但其豪迈之气远胜魏徵,将来必是安邦治国的大才!"

至元五年(1339),瑞州路新昌州(今江西宜丰)发生了一起命案。此案初审时定死者为自杀,死者家属不服,哭冤上诉。瑞州路总管因案情牵涉青田县的一家豪门大户,不敢受理此案,便想到了敢于为民请命的刘基,遂将此案交给刘基复审。刘基通过细心调查取证,判定这是一起预谋杀人案。这期间,这家豪绅多次托人行贿刘基,此路不通后便采取威胁手段。更棘手的是,初审此案的原判官员是元朝享有特权的蒙古贵族。但刘基还是秉公执法,处决了凶手,蒙古族大员也因渎职罪被罢免官职。刘基不畏强权、一心为民的美名,顿时传颂于遐迩。

时至元朝末年,官府衙门受贿成风,刘基的严明执法使他们惶惶不安,于是群起攻之,极尽诋毁之能事。刘基眼见自己在这种环境中很难作为,便毅然辞职,于至元六年(1340)隐退至青田老家,闭门读书。而此时,他已经声名在外,无人不知。

在家赋闲了两年多后,刘基又被江浙行省以儒学副提举再次起用,授行省考试官。与前次不同的是,这次到任不久,他就辞职而去。原因是他上书揭发监察御史失职,但上面斥责他多管闲事,所言不实。刘基自此心灰意冷,并移居杭州,饮酒赋诗,遣兴自娱。此时,天下大乱,烽烟四起,反元义军已呈燎原之势。让刘基痛心的是,自己的家乡也在战火中变成了一堆瓦砾。刘基站在地主阶级的立场上,对义军充满了仇恨。恰逢此时台州人方国珍在海上举兵,朝廷遂令浙江省着力防范,江浙行省又再一次起用熟谙兵略的刘基,并授浙东元帅府都事之职。至正十二年(1352),刘基再次复出,与官府一气,出计围剿、镇压方国珍。结果,朝廷不但招抚了方国珍,还斥责刘基主谋剿捕方国珍之计,遂令江浙行省将刘基拘管于绍兴。[1]这对刘基无疑是当头一击,对朝廷的忠心已渐渐化灭。

至正十六年(1356),浙江山民爆发起义,此时,以红巾军为主的农民起义也几乎遍布全国,处于水火之交的江浙行省遂又以都事之职起用刘基。此时的刘基已意识到朝廷的不可救药,以及自己的报国无门,因此在一首赋中写道:

　　上壅蔽而不昭兮,下贪婪而不贞;

---

[1]事见《明史·刘基宋濂叶琛章溢列传》:"……遂诏抚国珍,授以官,而责基擅威福,羁管绍兴……"

> 权不能以自制兮，谋不能以独成；
>
> 进欲陈而无阶兮，退欲往而无路；
>
> 忠沉沉而不白兮，心摇摇而不固。

流露出了其内心的愤懑和绝望之情。于是，已不再留恋官场的刘基，在敷衍一段时间后，于至正十八年（1358）第三次辞官回家，退隐于青田。

三、得遇明主　施展才干

正当刘基退隐青田专心著述之时，浙东局势突然发生了变化。淮西由朱元璋率领的红巾军趁领袖刘福通在北方抗击元军之机，挥兵向南，一路上取太平、占金陵，最后建立了自己的根据地。随后，朱元璋又进军安徽，连下婺州、衢州、处州等地，直逼浙江。朱元璋领导的红巾军于至正十二年（1352）在濠州起兵，不到6年，就攻占了很多地方。朱元璋也因此从一个小小的九夫长变成了一方之雄。他骁勇善战，擅长组织指挥，所到之处，就招纳有学识之士为自己服务。特别是在采纳了名儒贤士范常、陶安、朱升、唐仲实等人的建议后，他禁屠杀、安人心，占据金陵后筑高墙、广积粮、缓称王，使得他的势力和威望迅速提高。朱元璋也因此更注重有识之士，每到一处，他都要寻访当地名士，想尽办法请他们出来帮助自己。

就在朱元璋刚刚攻占了处州后，他听说刘基正隐居青田老家，便派人携重金前去聘请。作为元朝臣子，投奔义军是一种失节的背叛行为，作为名儒的刘基实在难下决心，便以身体有疾、老母需要孝养为由，婉言拒绝。于是，朱元璋又再次派江南名士、处州路总管孙炎前往聘请。刘基为朱元璋的诚意所感动，觉得群雄中只有他成得了大气候，

明太祖朱元璋

刘伯温定计破敌

——从1935年会文堂新记书局蔡东藩《后汉通俗演义》

　　加之对已不可救药的元王朝的绝望，终于决定应聘出山，辅佐朱元璋建立大业，以完成自己济世救国的愿望。至正二十年（1360）三月，刘基打点行装，毫不犹豫地离开了青田，抵达金陵。刘基一到金陵，朱元璋立即亲自召见，并对他说："我为天下召请先生出来，真委屈您啦。"

　　传说中的刘基，能呼风唤雨，料事如神，这当然是在神化他。但刘基除经史诗文外，确实对军略兵术、天文地理，乃至阴阳五行都十分精通，而且他为人机警，处事果断，以至于追随朱元璋后很快就成为其智囊核心。朱元璋才一见面，就以谦恭的态度向刘基求教灭元兴邦、统一全国的良策，刘基当即呈上早已思就拟成的"时务十八策"，朱元璋听了，直恨相见太晚，非常高兴，立即命令建造礼贤馆，以上宾之礼侍奉刘基，并将他安排在自己身边，参议机密要事。[1]刘基为此

---

[1] 事见《明史·刘基宋濂叶琛章溢列传》："既至，陈时务十八策。太祖大喜，筑礼贤馆以处基等，宠礼甚至。"

非常感动，庆幸自己终于遇到了明主，这极大地触发了他效力于国计民生的夙愿。

刘基初到金陵时，朱元璋无论是政治还是军事上，都正处于发展时期的关键时刻。这时，朱元璋已在金陵站稳了脚跟，并占据了浙江的大部分地区，力量有了很大的发展，但东面的张士诚和西面的陈友谅也都不弱，并有联合夹攻朱元璋的意图，对朱元璋威胁很大。其次，朱元璋一直未立自己的旗号，而一直追随刘福通控制的小明王韩林儿，尊奉韩林儿为主，并受他的封爵，用龙凤年号。所以，在军事上破除张士诚和陈友谅的威胁，政治上摆脱别人的控制，是朱元璋雄霸天下的关键所在。

对于朱元璋尊奉小明王的做法，刘基坚决反对。他认为，在群雄四起、纷争天下之际，要成就大业，必须摆脱别人的控制。至元十一年（1361）农历正月，朱元璋在金陵设御座，率文武僚属遥拜小明王、行庆贺礼时，所有的人都叩头跪拜，唯独刘基站在一边不拜。朱元璋问他为何不拜，他回答说："他不过是个牧童罢了，为什么要尊奉他？"[1]随后力劝朱元璋应该摆脱小明王，不要受小明王的牵制而拖垮了自己。朱元璋听了有所领悟，但仍没有完全听从刘基的劝诫。

至正二十三年（1363）。张士诚部将吕珍率兵攻打小明王所在的安庆（今安徽寿县），刘福通要朱元璋派兵救援。刘基劝朱元璋不要派兵，他说，陈友谅、张士诚二人此刻正伺机进攻我们，如果分散兵力，他们定会趁虚而入。朱元璋不听刘基的劝阻，亲自率军前往安庆救援。陈友谅果然率几十万大军袭击朱元璋所辖的江西重镇洪都（今江西南昌）。朱元璋闻知，立即星夜赶回解围。事后，朱元璋叹道："不听您老先生的话，差点误了大事。幸亏陈友谅攻的是洪都而不是金陵，否则后果不堪设想。"不久，朱元璋终于听取了刘基的意见，杀了小明王韩林儿，彻底摆脱了他的牵制。

四、神机妙算　屡建奇功

至正二十年（1360）五月，陈友谅攻下了南京外围重镇太平，并杀了朱元璋的养子朱文逊及守将花云。陈友谅调集大军直逼应天（今南京），并声称这一战有张士诚配合，攻下应天，乃指日之事。面对陈友谅的嚣张气焰，朱元璋的部将难免紧张，有的甚至主张杀出城去决一死战，有的主张舍城退移。朱元璋犹豫不

---

[1] 语见《明史·刘基宋濂叶琛章溢列传》："牧竖耳，奉之何为！"

张士诚

决，一时没了主意，便问站在一边默不作声的刘基。刘基果断地回答，先斩主降者和言逃者，才能破敌得胜。

刘基接着说："陈友谅急于称帝，其心无日不忘金陵。现在气势汹汹，乃逼我退让。我们只能坚决抵抗，不能让其贼心得逞。常言道，后举者胜。陈友谅虽兵骄将悍，但他们千里之外来犯我，既是疲军，又是不义，而我们后发制人，以逸待劳，可以诱敌深入后，再以伏兵击之，自当必胜。"朱元璋采纳了刘基的建议，大败陈友谅，使其退守到江西、湖北一带。这一战，不仅取得了保卫应天的胜利，还一鼓作气收复了太平，金陵最终得到巩固。

为了尽快扫平群雄，北定中原，最后推翻元朝统治，朱元璋军中对东边的张士诚和西边的陈友谅两个劲敌持有不同的战略看法，大多数将领都主张先易后难，先攻打张士诚。朱元璋似乎也对这一战略有所动心。但刘基的主张恰恰相反，他说："张士诚生性怯弱，只求自保，这种人不值得担忧。相反，陈友谅劫持主上，野心勃勃，力量强大，又据长江上游，对我威胁最大，所以应该首先攻打陈友谅。陈友谅一旦被消灭了，张士诚势孤，我们便可一举获胜。然后北向中原。便可成就大业。"[1]刘基缜密的分析，使朱元璋叹服，遂采纳其计。

至正二十一年（1361），朱元璋率三军西征陈友谅，但在攻打安庆时难以取胜。刘基见陈友谅重兵把守安庆，知其老巢江州（今江西九江）一定空虚，便建议转攻江州，果然一举而破，陈友谅弃城而逃，前往武昌。随后，陈友谅部臣、江西行省丞相胡廷瑞以保留部队为条件前来议降，朱元璋听从刘基的意见，接受

---

[1]语见《明史·刘基宋濂叶琛章溢列传》："士诚自守虏，不足虑。友谅劫主胁下，名号不正，地据上流，其心无日忘我，宜先图之。陈氏灭，张氏势孤，一举可定。然后北向中原，王业可成也。"

了胡廷瑞的条件。胡廷瑞一投降，其他守将也纷纷前来归降，整个江西很快就受控于朱元璋。

至正二十三年（1363）四月，陈友谅趁朱元璋北上解小明王韩林儿安丰被围之际，从武昌率军围攻洪都，想收回这一重镇。守将朱文正奋力抵抗，两军相持多日。七月，朱元璋率大军南下，与陈友谅决战于鄱阳湖上。数日激战，双方都伤亡惨重，在湖面上相持不下。这时，刘基献上一计，建议派重兵把守鄱阳湖四周出口，围困陈友谅。没过多久，陈友谅真的率残军突围，结果被朱元璋拦住。陈友谅战死，残军大溃，陈友谅势力自此灭亡。紧接着，朱元璋马不停蹄，挥戈直逼张士诚。至正二十七年（1367）九月，朱元璋攻下平江（今江苏苏州），张士诚走投无路，自缢而死。从此，长江中下游地区全被朱元璋掌控。

刘基对战略战术的运筹帷幄、神机妙算，不仅让僚属折服，也使朱元璋更加信任和尊敬于他，并把他比作汉代谋臣张良，尊称他为"老先生"而不呼其名，以至于有时遇到重大决策，只召他一人进密室商议，一谈就是半天。朱元璋曾说："先生数次以孔子之言开导我。"[1] 可以说，朱元璋对刘基几乎到了依赖的地步。刘基的母亲病故时，刘基想告假回乡奔丧，朱元璋执意让他留下不准假，最后准许了，还不时写信到青田询问军政大计。朱元璋以如此诚意待刘基，刘基也以朱元璋为不世之遇，悉心辅佐，知无不言。刘基也确实为大明王朝的创立做出了不可磨灭的贡献。

五、开国功臣　惨遭谗害

至正二十八年（1368），朱元璋率军攻下大都，最终推翻了元朝统治，登基称帝，是为太祖，建立明朝，并改元洪武，定都南京。刘基被拜为御史中丞兼太史令和太子赞善大夫。

元朝末年，纲纪混乱，上贪下暴，民不聊生。朱元璋称帝后，百废待兴。他吸取了元朝灭亡的教训，特拜刚正不阿、敢为民请命的刘基执行监察事务。而在投奔朱元璋之前，刘基就已整理出一套治理国家的理论和方法。他认为，一个国家的纲纪就是这个国家的脉象，社会的动荡就是症状，道德和刑法是药方，大小

---

[1]事及语见《明史·刘基宋濂叶琛章溢列传》："帝每恭己以听，常呼为老先生而不名，曰：'吾子房也。'又曰：'数以孔子之言导予。'顾帷幄语秘莫能详。"

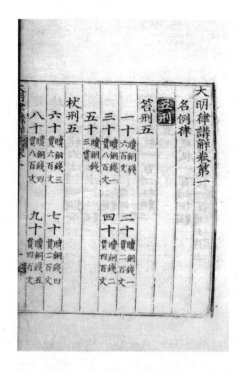

《大明律》书影

《大明律》是《大明律集解附例》的简称。朱元璋命左丞相李善长、御史中丞刘基总结历代法律施行的经验和教训而详细制定而成。是一部在中国法制史上具有划时代意义的法典。这部大法不仅继承了明代以前中国古代法律文献的历史优点，是中国古代法律编纂的历史总结，而且下启清代乃至近代中国立法活动的发展，为中国近现代的法制建设提供了一些宝贵的借鉴。最大的特点是第一次提出了"法律面前人人平等"的原则。

官吏是药材，只要把握好国家的纲纪、德刑、人才，就能治理好国家。

为了真正做到依法治国，刘基和丞相李善长在很短时间就制定出了《大明律》，并把严肃纲纪、建立法制当作首要任务来抓，以至从一开始就根除了建国初期军队乱杀无辜的混乱状态。刘基还鼓励各级下属大胆揭发各级官员违反纲纪、贪赃枉法的事件。中书省都事李彬因贪污罪被刘基查实，按律当斩。李彬是李善长的心腹之人，李善长因此几次向刘基求情，请免李彬死罪，刘基不听，依法将李彬处死。[1]

刘基认为，严肃纲纪是为了施行仁政，而长期的战乱，已使百姓遭受了无止境的流离和痛苦。于是，刘基便多次以天旱求雨为借口，建议明太祖朱元璋清理全国冤假错案，释放被冤屈关押的无辜者，并抚恤阵亡士卒的遗孤，宽赦归降的将卒等。他对朱元璋说："霜雪之后，必有阳春，现国威已立，当施仁政，以德治天下。"对刘基所提的建议，朱元璋均一一采纳。

在举贤荐能方面，刘基也表现出了其大公无私的宽大胸怀。他识高见著，一心辅佐朱元璋选用人材，深得朱元璋敬佩。朱元璋曾想免去李善长的丞相职务，遂征求刘基的意见。刘基说："国之大事，莫大乎置相。"认为实现吏治的关键就在于丞相，而李善长是朱元璋的勋臣，有很高的威望，他做丞相能调和诸将，是

---

[1]事见《明史·刘基宋濂叶琛章溢列传》："中书省都事李彬坐贪纵抵罪，善长素昵之，请缓其狱。基不听，驰奏。报可。方祈雨，即斩之。"

很合适的人选。朱元璋奇怪地说："我真不明白，李善长几次想害你，你居然还为他说话。"刘基答道："换相如换大厦的柱子，必须是栋梁之材才行。"没过多久，李善长辞去官职，朱元璋想让杨宪继任丞相之职。刘基虽然与杨宪私下很好，但还是不同意。他说："杨宪有为相之才，但无为相之度。"朱元璋又建议用汪广洋，刘基也不赞成。他认为汪广洋比杨宪更容易褊祖和小气。朱元璋又问胡惟庸如何，刘基认为此人更不行。他对朱元璋说："当相好比驾车，如让胡惟庸驾，非但驾不好，还会毁掉辕木。"朱元璋见自己提出的3个人都被否决了，便说："那只有你来担当此任了。"刘基赶紧说："不行，我这人疾恶太甚，又不能胜任繁重之事，这会辜负您的重托。只要您细心召求，天下会有贤才供您选用。"然而，朱元璋不仅没有用心向天下召纳贤才，还先后任用杨宪、汪广洋和胡惟庸为相，结果个个都如刘基所说，最终都出了问题。[1]

刘 基
——从清乾隆时期刊本《晚笑堂竹庄画传》（作者上官周）

　　洪武三年（1371），刘基虽然不受丞相之职，但朱元璋还是论功行赏，授予他弘文馆学士，封开国翊运、守正文臣、资善大夫、上护军、诚意伯等官衔。

　　后来，刘基深知自己直言上谏、严纲肃纪，得罪了不少人。为免遭官场不测之祸，他几次提出辞官，想回乡过一下安闲的生活，但均未获准。洪武四年（1371）

---

[1] 事及语见《明史·刘基宋濂叶琛章溢列传》："初，太祖以事责丞相李善长，基言：'善长勋旧，能调和诸将。'太祖曰：'是数欲害君，君乃为之地耶？吾行相君矣。'基顿首曰：'是如易柱，须得大木。若束小木为之，且立覆。'及善长罢，帝欲相杨宪。宪素善基，基力言不可，曰：'宪有相才无相器。夫宰相者，持心如水，以义理为权衡，而己无与者也，宪则不然。'帝问汪广洋，曰：'此褊浅殆甚于宪。'又问胡惟庸，曰：'譬之驾，惧其偾辕也。'帝曰：'吾之相，诚无逾先生。'基曰：'臣疾恶太甚，又不耐繁剧，为之且孤上恩。天下何患无才，惟明主悉心求之，目前诸人诚未见其可也。'后宪、广洋、惟庸皆败。"

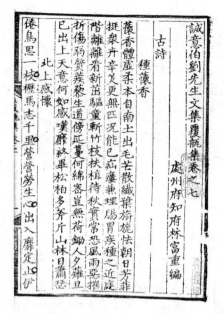

《诚意伯文集》书影

年，明太祖终于恩准刘基辞仕，刘基遂于二月回到故里青田。这期间，他谢绝与官方往来，每天只是饮酒赋诗，读书下棋，从不谈论过去，尤其是自己的功绩。

洪武六年（1373）年，胡惟庸出任宰相，因当初刘基没有举荐他做宰相，他一直怀恨在心，伺机报复。这下有了机会，他便在明太祖面前诬陷刘基，说刘基在老家占卜了一块有帝王之气的地基作为自己的基地，欲让自己的两个儿子今后有一人能成为帝王。明太祖最担心别人想着夺位，一听胡惟庸所言，立即下诏革除刘基的俸禄和爵位，并准备严办。刘基得知此事后，为免遭灭门之灾，马上领着儿子刘琏匆匆赶到京城谢罪。为了防止再受诬陷，刘基干脆留住南京，没再回青田老家。谁料，由于忧心之事过多，刘基于洪武八年（1375）三月卧病不起，随即被送回老家青田。一个月后，刘基病逝，时年65岁。有人说刘基是胡惟庸派人毒死的，但因无据可查，一直没有定论。

刘基刚刚病逝几个月，胡惟庸就出了问题，明太祖想起刘基当初对他说过的话，追悔万分，再想想他对自己一直忠心耿耿、刚正不阿，遂诏令其子孙后代世袭诚意伯爵位。

名 家 评 说

太祖既下集庆，所至收揽豪俊、征聘名贤，一时韬光韫德之士幡然就道。若四先生者，尤为杰出。基、濂学术醇深，文章古茂，同为一代宗工。而基则运筹帷幄，濂则从容辅道，于开国之初，敷陈王道，忠诚恪慎，卓哉佐命臣也。

——清·张廷玉《明史》

天生一朱元璋，复生一刘伯温，正所以成君臣相济之美。……惟近世小说家，有以神奇称基者，则未免附会。

——蔡东藩《明史演义》

刘基以辅佐朱元璋完成帝业，开创明朝而驰名天下。他足智多谋，有卓越的分析判断能力，被世人喻为魏徵、诸葛亮再世，是杰出的政治家、军事家和文学家。

——白寿彝《中国通史》

李善长

李善长（1314～1390），字百室，明代开国宰相，太祖时任左丞相，封韩国公。定远（今属安徽滁州）人。他在朱元璋立国前就参预机要，深获朱元璋的信任。曾向元璋建议"行仁义，禁杀掠，结民心"。在战时，李善长常留守后方，调度兵食，有萧何之功。朱元璋立国后，他主持制定了明初的主要制度。后因胡惟庸案牵连被杀。

李善长

一、投身太祖 出谋划策

李善长年少时读过一些书，很有智谋，熟习法家学说，预见事情发展多能应验。明太祖朱元璋攻占滁州一带时，李善长前去拜见。太祖知道他是当地知名人士，留下他担任幕府书记的职务。

一天，朱元璋向李善长请教道："四面八方都在打仗，天下什么时候才能平定呢？"李善长回答说："秦末大乱，汉高祖以一布衣平民起兵，心胸开阔，很有气度，善于发现人才，委任合适的职位，不喜欢乱杀人，因此五年成就了帝王的事业。如今元朝纲纪已经紊乱，天下土崩瓦解。你出生在濠州，那里距离汉高祖的家乡沛地不远，山山水水呈现出的帝王气象，你是当然秉受了的。只要你效法刘邦的所作所为，天下很快就会平定。"朱元璋听后深以为是，[1] 从此将其视为心腹，参预机密谋议。

---

[1] 事及语见《明史·李善长汪广洋列传》："尝从容问曰：'四方战斗，何时定乎？'对曰：'秦乱，汉高起布衣，豁达大度，知人善任，不嗜杀人，五载成帝业。今元纲既紊，天下土崩瓦解。公濠产，距沛不远。山川王气，公当受之。法其所为，天下不足定也。'太祖称善。"

李善长筹划粮饷、制定战略，非常能干，因此更得朱元璋的信任。随着朱元璋的威名越来越大，投靠的人也越来越多。对于来投靠的人，李善长考察他们的才干，荐举给朱元璋，又代朱元璋表达诚恳的心意，使众将都能安心。有因事互相闹意见发生不合的，他耐心地为他们调解。当时朱元璋还在郭子兴的麾下，郭子兴由于听信了流言蜚语，有一段时间对朱元璋起了疑心，夺去他的部分兵权，又想把李善长夺过去辅佐他。李善长坚决谢绝不去，因此朱元璋更是十分倚重他。朱元璋屯军和阳，亲自率领军队攻打鸡笼山寨，只留下少数兵士帮助李善长留守和阳。元朝大将探听到那里的情况前往袭击，李善长设下埋伏，击败了元军，朱元璋由此对他更是十分欣赏。

　　朱元璋收编了元朝巢湖水军以后，李善长极力劝说他渡江攻占集庆（南京），作为自己发展的根据地。朱元璋接受了建议，先率军攻下采石，大军直逼太平。李善长事先书写好禁止军队掳掠的告示，攻打下城池以后，马上张贴在大街小

四海归心诞登帝位

——从1935年会文堂新记书局蔡东藩《后汉通俗演义》

巷，因此朱元璋的军队纪律严明，没有人敢违反禁令。在要夺取镇江的时候，朱元璋担心众将不能约束部下，因此要重处以前有违反军纪的人，李善长出面极力营救，这些人才得以解脱，但都受到了一次深刻的教育。所以占领镇江以后，朱元璋的军队纪律严明，百姓甚至不知道有大军到来。

后来，朱元璋成为江南行中书省平章，任用李善长为参议。当时宋思颜、李梦庚、郭景祥等人都是中书省的属官，然而军机进退、赏惩章程，大都由李善长决定。枢密院改为大都府后，李善长兼任大都督府司马，后又被提升为行省参知政事。

二、开国宰相　深得宠信

朱元璋称了吴王后，授给李善长右相国的官职。李善长熟悉前朝的行政制度，处理政事很有效率，又善于言词、会撰写命令。朱元璋有要招纳收降的，就命令他撰写劝降的文书。凡朱元璋亲自率领军队征战的时候，都命李善长居守大本营，将领和官吏们都服服帖帖，百姓安居乐业；同时，李善长转运调配军队的粮饷，也从来没有缺乏。李善长曾经请求官卖两淮产盐，制定茶法，都是经反复衡量考虑元朝的制度，除去其中有害的法令之后而决定的。后来又制定钱法，开矿冶炼，铸造铜钱，规定鱼税，朱元璋政权的资财由此日益富足起来，而且百姓的日子也好过了。平定苏州张士诚之后，朱元璋论功封李善长为宣国公。职官制度改变以后，左官高于右官，又任命李善长做左相国。

朱元璋刚渡江时，由于天下大乱，军纪也很难维护，因此许多时候都用重法。有一天，他对李善长说："法律中有三条一人犯法、亲属等连带治罪的条文，是不是过于严重了？"李善长乘机请求除犯有叛逆大罪的人以外，都免除连坐，于是朱元璋命他和御史中丞刘基等人主持制定法律条令，颁布天下。[1]

朱元璋即位做了皇帝，追尊自己的祖父母和父母，册立皇后妃嫔、太子、各王，都是由李善长充当大礼使。设置东宫太子的官属时，朱元璋以李善长兼太子少师，授予银青荣禄大夫、上柱国、录军国重事，其他的职衔仍像原来的一样。

---

[1] 事及语见《明史·李善长汪广洋列传》："太祖初渡江，颇用重典，一日，谓善长：'法有连坐三条，不已甚乎？'善长因请自大逆而外皆除之，遂命与中丞刘基等裁定律令，颁示中外。"

李善长还奉命率领掌管礼仪的官员制定帝王祭祀天地和祖先的仪礼。皇帝巡幸汴梁的时候，李善长留守在南京，一切朝廷政事听凭他酌情处置。不久，李善长上奏制定了六部官制，提议规定官员和百姓服丧的装束，以及百官朝贺东宫太子的礼仪。他还奉命监修《元史》，编辑《祖训录》《大明集礼》等书。确定全国高山大川神祇的封号，分封亲王，功臣封爵行赏等，事无巨细，朱元璋全都委任李善长和各位文臣谋划进行。

洪武三年（1371）大封功臣。明太祖朱元璋说："李善长虽说没有战功，但是为我服务很长时间了，军队粮饷的供给方面，功劳很大，应当给他进封大国。"于是授他开国辅运诚守正文臣、特进光禄大夫、左柱国、太师、中书左丞相，封为韩国公，每年给俸禄4000石，子子孙孙世袭；赐给铁券，可免去他两次死罪，免去他的儿子一次死罪。当时封为公的人，有徐达、常遇春的儿子常茂以及李文忠、冯胜、邓愈和李善长6个人，李善长位居第一。朱元璋把李善长比做汉代名相萧何，赞扬称颂达到了极点。

三、功高而骄　受牵被杀

李善长由于长期位高权重，因此慢慢也有了骄纵之心，对不同意见官员多予排挤。如参议李饮冰、杨希圣稍有触犯李善长的权力，他立即考察他们的过失，上奏免去了他们的官职。后来连老臣刘基因某一案件与他发生争辩，由于压力太大自感不安，也请求致休回乡了。

李善长位居人臣之首，富贵至极，也逐渐骄奢起来，太祖朱元璋也开始暗暗讨厌他。洪武四年（1372），太祖赐给他临濠的田地若干顷，设置守坟户150家，又给佃户1500家，仪仗户20家；同时任命他主持修建临濠的宫殿，迁徙江南一带的富有百姓14万到濠州种田，让李善长经理这件事。为此，李善长留居在濠州几年。洪武七年，太祖朱元璋提升李善长的弟弟李存义做太仆寺丞，李存义的儿子李伸、李佑都做了朝廷重要的官员。由此可见，朱元璋虽然开始有些厌恶李善长，但对他还是优礼有加。

洪武九年，太祖把长女临安公主下嫁给李善长的次子李祺，封李祺做驸马都尉。起初确定婚姻仪礼，公主遵行儿媳的规矩很恭敬。李善长一家光彩荣耀显赫高贵，很使当时满朝文武羡慕。李祺娶公主以后一个月，御史大夫汪广洋上疏说："李善长轻慢皇上宠信，骄傲放纵，陛下生病不能上朝理事将近十几天，也

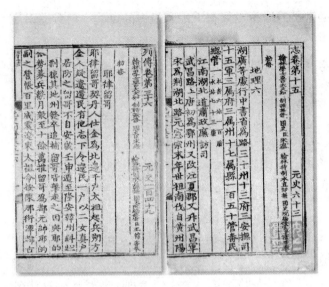

《元史》书影

明洪武二年（1369）二月丙寅（初一），朱元璋令左丞相李善长为监修，宋濂、王祎为总裁，《元史》在南京的天界寺正式开局编写。全书二百一十卷，包括本纪四十七卷、志五十八卷、表八卷、列传九十七卷，记述了从蒙古族兴起到元朝建立和灭亡的历史。

不问候；驸马李祺六天不朝见，把他叫到殿前，他又不知认罪自责，这是很大的罪过。"为此，朝廷定罪削去李善长每年的俸禄1800石。[1]不久任命他和曹国公李文忠掌管中书省、大都督府、御史台，共同议定军国大事，监督圜丘工程。

胡惟庸起初做宁国县知县，因为李善长的推荐，提升为太常寺少卿，后来又成为丞相，因此两人互相很有交往。而李善长弟弟李存义的儿子李佑，又是胡惟庸的侄女婿。洪武十三年，胡惟庸谋反被杀，牵连为胡党而判罪被杀的人非常多。在此事件中，李善长开始并未受到什么牵连，御史中丞出缺，太祖还让李善长充任。但到了洪武十八年，有人告发李存义父子勾结胡惟庸，太祖下诏书免去他们的死罪，安置到崇明。李善长没有为此感谢恩典，太祖对此心怀不满。

又过了五年，李善长已经77岁，因年老不能约束下面的人，想建自己的住宅，就向信国公汤和借300名侍卫兵士。汤和秘密报告了太祖。四月，京师有一批判罪应当迁徙到边地去的官员，李善长的亲信丁斌等人也在其内。李善长几次请求不要迁徙他们，太祖为此大为生气，审问丁斌。丁斌曾在胡惟庸家做事，因此供出了李存义等人以前与胡惟庸交结的情况。太祖命令逮捕李存义父子审讯，他们供出的案情牵连到李善长：胡惟庸准备谋反的时候，曾派李存义暗

---

[1]事及语见《明史·李善长汪广洋列传》："初定婚礼，公主修妇道甚肃。光宠赫奕，时人艳之。祺尚主后一月，御史大夫汪广洋、陈宁疏言：'善长狎宠自恣，陛下病不视朝几及旬，不问候。驸马都尉祺六日不朝，宣至殿前，又不引罪，大不敬。'坐削岁禄千八百石。"

汤　和
——从清乾隆时期刊本《晚笑堂竹庄画传》
（作者上官周）

　　汤和（1326~1395），字鼎臣，濠州钟离人（今安徽凤阳），明朝开国功臣。元至正十二年（1352），参加郭子兴起义军，后随朱元璋渡长江、占集庆（今南京）、取镇江诸战中，屡破元军，累功升统军元帅。明洪武十一年（1378）封信国公，后告老还乡。他是少数明初开国功臣能得以善终者。卒后追封东瓯王，谥"襄武"。

地去劝说李善长。当时李善长吃惊地大声呵斥说："你说什么胡话，要是让人知道你干的事，这是要灭九族的！"后来，胡惟庸又派李善长的老部下杨文裕去游说李善长，说："事情如果成功的话，当用淮西地方封他为王。"李善长没有答应，但是很有些动心。胡惟庸于是亲自前往游说李善长，他还是没有答应。过了很久，胡惟庸再次派李存义前去游说，李善长叹着气说："我年纪大了。等我死以后，你们自己去干吧。"有人又告发李善长说："大将军蓝玉领兵出塞外，到捕鱼儿海，逮住了胡惟庸结交蒙的使者，李善长隐瞒不予上报。"于是御史们一起上章弹劾李善长。而李善长的奴仆卢仲谦等人，也揭发李善长与胡惟庸互赠财物，私下密语。于是罪案成立，说李善长身为功臣元勋、皇亲国戚，知道谋反的阴谋而不告发，怀疑观望，心怀两端，真是大逆不道。正巧这时有人报告星象有异常变化，预示着应当改换重臣禳解天灾。于是李善长及其妻子、儿子、兄弟、子侄全家70多人都被诛杀。[1]而吉安侯陆仲亨、延安侯唐胜宗、平

---

[1] 事及语见《明史·李善长汪广洋列传》："命逮存义父子鞫之，词连善长，云：'惟庸有反谋，使存义阴说善长。善长惊叱曰："尔言何为者！审尔，九族皆灭！"已，又使善长故人杨文裕说之云："事成当以淮西地封为王。"善长惊不许，然颇心动。惟庸乃自往说善长，犹不许。居久之，惟庸复遣存义进说，善长叹曰："吾老矣。吾死，汝等自为之！"'或又告善长云：'将军蓝玉出塞，至捕鱼儿海，获惟庸通沙漠使者封绩，善长匿不以闻。'于是御史交章劾善长。而善长奴卢仲谦等，亦告善长与惟庸通赂遗，交私语。狱具，谓善长元勋国戚，知逆谋不发举，狐疑观望怀两端，大逆不道。会有言星变，其占当移大臣。遂并其妻女弟侄家口七十余人诛之。"

朱元璋真容（清人绘）

凉侯费聚、南雄侯赵庸、荥阳候郑遇春、宜春侯黄彬、定南侯陆聚等人，都同时作为胡惟庸同党被杀。而已经死去的追加定罪的人也有许多。皇帝亲手书写条列他们的罪状，附上狱中的供词，作为《昭示奸党三录》，布告天下。李善长的儿子李祺和公主被迁徙到江浦，过了很长时间死去，李祺的儿子李芳、李茂，因为公主的缘故得到恩惠没有定罪。李芳为留守中卫指挥，李茂为旗手卫镇抚，都免去了世袭。

李善长去世的第二年，工部郎中王国用上奏说："李善长和陛下同心，拼出万死而取得天下，是功臣第一人。生前封为公，儿子娶了公主，亲戚都被任命了官职，作为大臣的名位到了顶点。假如他自己想要图谋不轨，还有可说，可是如今说他打算辅佐胡惟庸，那就大错特错了。从人伦上说，爱自己的儿子必然超过兄弟的儿子，安定地享受着万金富贵的人，必定不会怀着侥幸心理去追求那可能性只有万分之一的富贵。李善长和胡惟庸是子侄辈的亲戚罢了，而他与皇上却是亲子女间的亲属。假使李善长辅佐胡惟庸谋反成功，他也不过是功臣第一人而已，太师国公封为王而已，儿子娶公主、女儿成为妃嫔而已，难道还会比今天更尊贵吗？况且李善长难道不知道天下不可以侥幸取得吗？元朝末年的时候，想要取得天下的人不知有多少，结果没有不粉身碎骨、灭绝宗祀的，能够保全脑袋的有几个人？李善长为什么亲眼见到这种情况，却又在衰老之时亲身去尝试呢？凡是干这种事的人，一定有深重仇恨，激起事变。在非常不得已的情况下，父子之间或许会互相挟制而希求逃脱灾祸。如今李善长的儿子李祺完全是陛下的骨肉至亲，没有一点儿仇怨，何苦做这种事呢？如果说天象告变、大臣当灾，杀了李善长以应上天的警戒，那就更不合适了。我担心天下人知道这件事后，会说功劳大得像李善长那样尚且有这样的下场，四方将会因此而瓦解。如今李善长已经死去，多说也没有益处，我只是希望陛下将来以此作为鉴戒罢了。"[1] 太祖得到这件奏疏,竟然没有怪罪王国用,但也没有给李善长平反。

名 家 评 说

　　独惜善长以布衣徒步,能择主于草昧之初,委身戮力,赞成鸿业,遂得剖符开国、列爵上公,乃至富极贵溢,于衰暮之年自取覆灭。

——清·张廷玉《明史》

　　太祖性本雄猜,赖有马后之贤,从容补救,故洪武十五年以前,虽有胡惟庸一狱,而李善长、宋濂、陆仲亨、费聚等,尚得保全,党祸固未剧也,至马后崩而杀机迫矣。父子尚怀猜忌,遑问功臣?善长赐死,株连多人,甚至秦、周诸王,亦拟加罪。

——蔡东藩《明史演义》

[1] 语见《明史·李善长汪广洋列传》:"善长与陛下同心,出万死以取天下,勋臣第一,生封公,死封王,男尚公主,亲戚拜官,人臣之分极矣。藉令欲自图不轨,尚未可知,而今谓其欲佐胡惟庸者,则大谬不然。人情爱其子,必甚于兄弟之子,安享万全之富贵者,必不侥幸万一之富贵。善长与惟庸,犹子之亲耳,于陛下则亲子女也。使善长佐惟庸成,不过勋臣第一而已矣,太师国公封王而已矣,尚主纳妃而已矣,宁复有加于今日?且善长岂不知天下之不可幸取。当元之季,欲为此者何限,莫不身为齑粉,覆宗绝祀,能保首领者几何人哉?善长胡乃身见之,而以衰倦之年身蹈之也。凡为此者,必有深仇激变,大不得已,父子之间或至相挟以求脱祸。今善长之子祺备陛下骨肉亲,无纤芥嫌,何苦而忽为此。若谓天象告变,大臣当灾,杀之以应天象,则尤不可。臣恐天下闻之,谓功如善长且如此,四方因之解体也。今善长已死,言之无益,所愿陛下作戒将来耳。"

胡惟庸

胡惟庸（？～1380），明代开国功臣，也是著名奸臣，太祖时任宰相。安徽定远（今属安徽滁州市下辖县）人，他历任主簿、知县、通判等官，又升至中书省参政知事，最高位至丞相。后因结党营私、通倭、通元而被诛杀，而共谋受牵连者达3万余人，史称"胡狱"。

一、亲信重臣　专权用事

元朝末年，胡惟庸在和州投奔了明太祖朱元璋，被授任元帅府奏差。不久转宣抚使，又转任宁国主簿，后进升为知县，再升吉安通判，不久擢拔为湖广金事。洪武元年（1368），胡惟庸被召任太常少卿，再进升为太常寺正卿。

洪武三年（1370），明太祖朱元璋任命胡惟庸为中书省参知政事。以后，他又代替汪广洋担任了左丞相一职。洪武六年正月，右丞相汪广洋被贬降为广东行省参政，明太祖以右丞相人选难择，很长时间没有设置右丞相，所以胡惟庸以左丞相的身份独专相府事务。同年七月，胡惟庸被提拔为右丞相。过了一段时间，明太祖朱元璋又改任胡惟庸为左丞相，而重新起用汪广洋为右丞相。

朱元璋认为胡惟庸有才能，对他恩宠任用。胡惟庸也自勉勤事，曾经以拘执小节迎合朱元璋的意图。朱元璋对他的恩宠日盛，使他好些年独自担任丞相。甚至胡惟庸处死和黜陟某些官员，都不用奏请太祖，自己就可以直接决定。内外诸司大臣上书向朱元璋奏事，都要经胡惟庸将疏奏取来查看，凡是对自己不

胡惟庸

利的疏奏，胡惟庸就把它们藏匿起来，不报告给太祖。四方急于进取功名的人和那些失职的功臣武夫，争相到胡惟庸家门，行贿馈赠大量的金帛、名马、玩好等物，数量多得无法计算。大将军徐达对胡惟庸的奸行深为痛恨，在太祖面前从容列数胡惟庸的罪行。于是胡惟庸诱使徐达的看门人福寿图谋徐达，结果被福寿予以告发。

御史中丞刘基也曾经说过胡惟庸的短处。以后刘基患病，明太祖派遣胡惟庸带领医生去看刘基，不久之后，刘基就去世了。刘基死后，胡惟庸做事更加无所顾忌。他和太师李善长相互勾结，把自己哥哥的女儿嫁给李善长的从子李佑为妻。学士吴伯宗对胡惟庸进行弹劾，几乎惹来灭顶之灾。从此，胡惟庸的势力更加炽张。他老家定远县的旧宅有一口井，井里忽然生出了石笋，高出水面好几尺，阿谀奉迎的人们纷纷争引符瑞，又说胡惟庸祖父三代的坟冢上夜里都有照亮夜空的火光。胡惟庸听了更加高兴，自以为是，遂有不轨的图谋。[1]

二、心中不满　暗中谋反

吉安侯陆仲亨从陕西回来，擅自乘坐用四匹马拉的车子。明太祖朱元璋对此很生气，斥责陆仲亨说：“现在中原地区战火焚烧不久，人民刚刚恢复劳动生产，登记户口，购买马匹，生活十分艰苦。假使朝廷的官吏们都效仿你的所作所为，老百姓即便是卖掉全部子女也不能满足你的奢求！”便罚他到代县捕捉盗贼。平凉侯费聚奉朱元璋之命安抚苏州的军民们，但他却整天沉湎于酒色之中。明太祖对费聚很恼怒，责令他前往西北地区去招降蒙古人。费聚到西北后又没取得什么进展，明太祖又对他加以申斥。陆仲亨、费聚二人十分恐慌害怕。胡惟庸暗地里用权力胁迫引诱这二个人，二人看到胡惟庸正在当权用事，便与胡惟庸密相往来。

---

[1]事见《明史·奸臣·胡惟庸列传》：“帝以惟庸为才，宠任之。惟庸亦自励，尝以曲谨当上意，宠遇日盛，独相数岁，生杀黜陟，或不奏径行。内外诸司上封事，必先取阅，害己者，辄匿不以闻。四方躁进之徒及功臣武夫失职者，争走其门，馈遗金帛、名马、玩好，不可胜数。大将军徐达深疾其奸，从容言于帝。惟庸遂诱达阍者福寿以图达，为福寿所发。御史中丞刘基亦尝言其短。久之基病，帝遣惟庸挟医视，遂以毒中之。基死，益无所忌。与太师李善长相结，以兄女妻其从子佑。学士吴伯宗劾惟庸，几得危祸。自是，势益炽。其定远旧宅井中，忽生石笋，出水数尺，谀者争引符瑞，又言其祖父三世冢上，皆夜有火光烛天。惟庸益喜自负，有异谋矣。”

有一次，陆仲亨、费聚路过胡惟庸家受邀宴饮。喝酒到了兴头上，胡惟庸把左右的人打发下去，对陆、费二人说："我们这些人所做都是不法之事，一旦被皇帝发觉，那会怎么办？"陆、费二人听了胡惟庸的话十分恐慌，于是，胡惟庸就把自己的想法告诉了陆仲亨、费聚，让他们二个人在外面招兵买马。

胡惟庸曾让心腹陈宁到兵部批阅全国各地的军马籍，命令都督毛骧把卫士刘遇贤以及亡命之徒魏文进等人作为心腹，并说："我以后在非常时期将对他们有所任用。"太仆寺丞李存义是李善长的弟弟，又是胡惟庸女婿李佑的父亲。胡惟庸便叫李存义暗中去动员李善长谋反。李善长年纪已经老了，无法坚决拒绝胡惟庸，开始时不同意和胡惟庸一起干，最后推托不掉，只好勉强同意。这样胡惟庸更加以为谋反可以取得成功，于是就派遣明州卫指挥使林贤渡海招诱倭寇，让倭寇按期响应他。另外，胡惟庸又派元朝的旧臣送信给元朝的继承者，表示向元朝的继承者俯首称臣，约请蒙古军队在外面响应他的叛乱。但造反的事都还没来得及实行，正赶上胡惟庸的儿子在街上骑马，摔死在车下。胡惟庸将驾驶车辆的人处死了。明太祖朱元璋知道后十分生气，命令胡惟庸给死者偿命。胡惟庸乞求给死者的家属一些金帛，朱元璋不准许。胡惟庸非常害怕，于是就和御史大夫陈宁、御史中丞涂节等人密谋起事造反，并暗中通知全国各地以及追随自己的武将，让他们予以响应。[1]

陆仲亨
——从清乾隆时期刊本《晚笑堂竹庄画传》（作者上官周）

三、事泄身死　诛连九族

洪武十二年（1379）九月，占城国来向明朝进贡，胡惟庸等人没有把这

[1] 事见《明史·奸臣·胡惟庸列传》："惟庸益以为事可就，乃遣明州卫指挥林贤下海招倭，与期会。又遣元故臣封绩致书称臣于元嗣君，请兵为外应。事皆未发。会惟庸子驰马于市，坠死车下，惟庸杀挽车者。帝怒，命偿其死。惟庸请以金帛给其家，不许。惟庸惧，乃与御史大夫陈宁、中丞涂节等谋起事，阴告四方及武臣从己者。"

件事告诉给明太祖朱元璋。宦官出来见到占城贡使，入宫向明太祖奏明情况。朱元璋知道后十分愤怒，下敕责怪有关机构的大臣。胡惟庸和汪广洋顿首向明太祖谢罪，并把责任归咎于礼部，礼部尚书等官吏又推委到中书省头上。朱元璋更加气愤，把诸位大臣都关起来，追问其主要责任。没有多久，明太祖就赐死汪广洋，汪广洋的妾陈氏也殉葬而死。经过询问陈氏有关情况，明太祖知汪广洋的妾陈氏就是没入官府的陈知县的女儿，勃然大怒，说道："没入官府的妇人女子，只配给武将功臣家，文臣怎么能得到呢？"于是命令司法机构进行调查。于是，胡惟庸及六部堂属官员们都受牵连，按律应当抵罪。

洪武十三年正月，御史中丞涂节上书朝廷，告发胡惟庸企图政变的罪行。另有一御史中丞，也把胡惟庸的秘密活动报告了朝廷。明太祖朱元璋知道后极为愤怒，下令把他和牵连官员交给廷臣严加审讯。供词中也涉及到了陈宁和涂节两

泄逆谋奸相伏诛
——从1935年会文堂新记书局蔡东藩《后汉通俗演义》

人。廷臣们说："涂节本来也参预了胡惟庸等人的谋反计划，只是发现事情不能成功，这才开始揭发胡惟庸的谋反举措，涂节本人不能不处死。"于是，明太祖下令诛杀胡惟庸、陈宁以及涂节等人。

胡惟庸虽已处死，但他谋反的行状还没有完全暴露出来。到洪武十八年，李存义被人首告，免于一死，被安置到崇明县。洪武十九年七月，林贤的案件审讯确定后，胡惟庸同倭寇勾结之事才败露。洪武二十一年，蓝玉进攻沙漠地区，获得了胡惟庸勾结蒙古的信件。他上报当时的宰相李善长，但被李扣压。到洪武二十三年，这件事被人告发，明太祖逮捕了李善长的管家卢仲谦，他证实了胡惟庸与李善长的勾结往来。不久又查明了陆仲亨、费聚、赵庸三侯与胡惟庸勾结图谋不轨的行为。得知这些宠信大臣的所作所为，明太祖朱元璋大怒，将所有参与阴谋的人及其家族全部斩除，前后人数达3万余人。[1]仅李善长一家就70余口被杀，胡惟庸家更是被诛灭九族。

名家评说

《宋史》论君子小人，取象于阴阳，其说当矣。然小人世所恒有，不容概被以奸名。必其窃弄威柄、构结祸乱、动摇宗祏、屠害忠良、心迹俱恶、终身阴贼者，始加以恶名而不敢辞。有明一代，巨奸大恶，多出于寺人内竖，求之外廷诸臣，盖亦鲜矣。当太祖开国之初，胡惟庸凶狡自肆，竟坐叛逆诛死。

——清·张廷玉《明史》

惟庸狡黠善谀。……太祖性忮刻。忮刻者必喜阿谀，故杨宪、汪广洋、胡惟庸诸人，陆续登庸，虽依次黜戮，而误国已不少矣。刘基有先见

---

[1]事见《明史·奸臣·胡惟庸列传》："惟庸既死，其反状犹未尽露。至十八年，李存义为人首告，免死，安置崇明。十九年十月，林贤狱成，惟庸通倭事始著。二十一年，蓝玉征沙漠，获封绩，善长不以奏。至二十三年五月，事发，捕绩下吏，讯得其状，逆谋益大著。会善长家奴卢仲谦首善长与惟庸往来状，而陆仲亨家奴封帖木亦首仲亨及唐胜宗、费聚、赵庸三侯与惟庸共谋不轨。帝发怒，肃清逆党，词所连及坐诛者三万余人。"

之明，犹遭毒毙，憸人之不可与共事，固如此哉！然亦未始非太祖好谀之过也。

——蔡东藩《明史演义》

胡惟庸本身的品格，据明人诸书所记是一个枭猾阴险专权树党的人。

——吴晗《胡惟庸党案考》

于　谦

于谦（1398～1457），字廷益，明代名将，英宗、景帝时任兵部侍郎。追赠光禄大夫、太傅，谥号"忠肃"。浙江钱塘人（今杭州），其父于仁，没有做过官。于谦于永乐年间中进士，历任监察御史、巡按御史、兵部右侍郎兼都御史、兵部左侍郎、兵部尚书等职。于谦一生清正廉洁、高风亮节，在国难当头之际，他整军备武，安邦定国，是明朝的一代名臣。

一、少年得志　清风亮节

明洪武三十一年（1398），于谦生于浙江省钱塘县的太平里。他家原籍河南考城（今河南兰考），曾祖时迁居于杭州。祖父在洪武初年做过明朝的兵部主事。传说于谦7岁的时候，有个和尚看了他的相貌，惊奇地说："这是将来救世的宰相呀！"[1]15岁那年，于谦考中了钱塘县的秀才。他不仅认真学习书本上的知识，而且十分敬仰古人坚贞的节操，非常敬慕民族英雄。他家中藏有文天祥的画像，并撰写赞词，悬置在自己的座位旁："呜呼文山！遭宋之季，殉国亡身，舍生取义，气吞寰宇，诚感天地。陵谷变迁，世殊事异，坐卧小阁，困于羁系，正色直辞，久而愈厉，难欺者心，可畏者天。宁正而死，弗苟而全，南向再拜，含笑九泉。孤忠大节，万古修传，我瞻遗像，清风凛然。"于谦的一生，正是以此座右铭为自己的立身之本的。

于　谦
——从清乾隆时期刊本《晚笑堂竹庄画传》（作者上官周）

---

[1] 事见《明史·于谦列传》："生七岁，有僧奇之曰：'他日救时宰相也。'"

17 岁那年，于谦写下了那首不朽的、脍炙人口的《石灰吟》诗：

> 千锤万击出深山，烈火焚烧若等闲；
> 粉身碎骨全不怕，要留清白在人间。

这首诗中，于谦以石灰自喻，决心在今后的官场中，以清白为立身之本，清风亮节，兴利除弊，宁为玉碎，不为瓦全。

永乐十九年（1421），于谦考中了进士。宣德初年，于谦被任命为御史。在奏对的时候，他声音洪亮，语言流畅，皇帝听得十分用心。当时顾佐任都御使，对下属都很严厉，只对于谦很客气，认为他的才能胜过自己。于谦扈从宣宗朱瞻基驻扎在乐安时，高煦出来投降，宣宗让于谦口头数说他的罪行。于谦义正词严，声色俱厉。高煦伏在地上战战兢兢，两脚发抖，口口自称罪该万死。宣宗很高兴，班师回朝，给于谦的赏赐和各大臣一样。

过了不久，于谦放了外任，以兵部右侍郎的职衔，巡抚江西、河南、山西等地。他外出巡按江西，昭雪了被冤枉的几百个囚犯。他每到一地，都十分注意了解人民的疾苦，听取人民的呼声。他简装轻骑遍历所部，亲自访问当地父老，或者把他们请到官署，听取他们的意见，对一些应该兴办或者需要改革的事情，他都及时具疏向皇帝上奏。说起于谦的兵部右侍郎之职，也颇具戏剧性：当时宣宗知道于谦可以承担重任，又正要增设兵部右侍郎为直接派驻省的巡抚，于是亲手

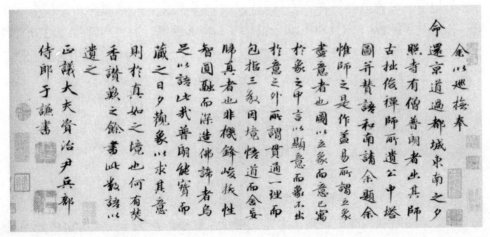

于谦《题公中塔图赞》

书写了于谦的名字交给吏部，把他越级提升为兵部右侍郎。而于谦果然不负所望，微服私访，平反冤案，被当地人民尊称为"于青天"。

于谦在河南、山西等地巡察时，发现两地积谷数百万石，而广大群众在每年三月后青黄不接的季节里，都要缺粮挨饿，严重影响农事生产。明英宗正统六年（1441），于谦向皇帝上书，大略说："现在河南、山西各自储存了数百万谷物。请在每年三月，各府、州、县具实上报缺粮农户，由国库借粮赈济。先给菽秫，再给黍麦，再次给稻。待秋后让他们再还给官府，对老弱病残和特别贫寒无力偿还的，应准予免还。各州县官吏每年都要储存足够的粮食，储粮不足的，即使任期已满应升迁调转的，也不准许他离任。并命令监察官员经常稽查视察，并按时上报。"英宗很欣赏他的建议和见解，立即诏令实行。河南靠近黄河的地方，常因水涨冲坏堤岸。于谦命令加厚防护堤，计里数设置亭，亭有亭长，负责督促修缮堤岸。又下令种树、打井，于是榆树夹道，路上没有干渴的行人。大同远在边塞之外，巡按山西的人难以前往，于谦奏请另设御史管理。他还把镇守将领私自开垦的田地全部收为官屯，用以资助边防经费。

当初，"三杨"（杨士奇、杨荣、杨溥）主持朝政，都很重视于谦。于谦所奏请的事，早上上奏章，晚上便得到批准。但是于谦每次进京商议国事时，都是空着口袋进去，那些有权势的人不能不感到失望。到了这时，"三杨"已经去世，太监王振掌权。王振自比周公辅成王，肆无忌惮，招权纳贿，作威作福。连明英宗都称他为"先生"，而不唤其名。百官大臣争相求媚，每逢朝会期间，进见时都献纳白银。于谦居官清廉，不收馈赠，不拉拢私交，每次进京奏事都不带礼品。有人对于谦说："你虽然不献金银珠宝、攀求权贵，但也应该带些地方著名土产如合芗（即线香）、干菌（即蘑菇）、裹头（即手帕）等物，便中送点人情。"于谦笑着举起两袖说："带有清风！"为此，他还作了一首绝句：

> 绢帕蘑菇及线香，本资民用反为殃。
> 清风两袖朝天去，免得闾阎话短长！

此后，这首诗远近传诵，成为古今佳话。

于谦清廉刚直，声望很高，太监王振很是嫉恨。正统十一年（1446），于谦进京奏事，荐举参政王来、孔原贞自代，王振就唆使他的走卒弹劾于谦，诬陷他

"因长期不升官而心怀不满，随意荐举私人自代，不合大臣的体统"。于是，王振把于谦投进了监狱，判了死刑。关押了三个月后，王振迫于舆论的压力放了于谦，但把他降职为大理寺少卿。[1]山西、河南的官吏和百姓俯伏在宫门前上书，请求于谦留任的人数以千计，周王、晋王等藩王也纷纷上书，请让于谦官复原职，于是于谦又被命为巡抚。当时山东、陕西逃荒的流民有20多万人到河南求食，于谦就请求发放河南、怀庆两府积储的粟米救济。又奏请令布政使年富安抚召集这些人，给他们田、牛和种子，由里老监督管理。

明英宗朱祁镇

于谦做兵部右侍郎兼都御史，巡抚山西、河南前后共19年，一直全心全意为百姓着想。他关心群众疾苦，对农民采取轻税养民政策，为老百姓办了许多好事，深受群众爱戴。他公而忘私，在父母去世时，都是皇帝下令让他回家办理丧事，办完后就赶紧回到了任上。

二、整军经武　御敌主战

正统十三年（1448），于谦被召回京，任兵部左侍郎。第二年七月，蒙古也先大举进犯。

元亡后，蒙古贵族退至蒙古草原及东北各地。经朱元璋征讨，其内部分裂为三，即兀良哈部、鞑靼部、瓦剌部。这时瓦剌部也先统一了蒙古三部，名为尊元皇室后裔脱脱不花可汗，实际是归也先统治，不时引兵南下掠夺，破坏正常贸易。这个时候，也先借口给的贡物少，发兵攻打明朝，脱脱不花也跟从他，率领着蒙古大军入犯辽东，阿剌入犯宣府（今河北宣化）、围赤城（今河北赤城），其

---

[1]事见《明史·于谦列传》："谦入朝，荐参政王来、孙原贞自代。通政使李锡阿振指，劾谦以久不迁怨望，擅举人自代。下法司论死，系狱三月。已而振知其误，得释，左迁大理寺少卿。"

土木堡城门

他将领入犯甘肃，也先率大军入犯大同。大同守军失利，塞外城堡大部分陷落，边境告急文书一天就有数十封发往京城，英宗和大臣们都十分惊慌。

这时，英宗问他最信任的王振怎么办？王振根本不懂军事，却对英宗说："我大明朝是在马上得到的天下，太祖太宗都是亲自带兵打仗，皇上也应效法祖宗，出师亲征。"明英宗是个太平皇帝，没有什么主见，根本不考虑客观条件是否具备，就轻率决定亲自带兵出征，而且命令群臣随行。当时于谦认为没有做好准备工作，大军远征，一旦失利，后果将不堪设想，遂再三谏阻。吏部尚书王直、兵部尚书邝野以及其他大臣，也都奏言"六师不宜轻出"。但英宗盲目相信王振，不纳忠言，下诏令郕王（朱祁钰）留守，太师英国公张辅、成国公朱勇等率师跟从，兵部尚书邝野也跟随皇帝管理军队，留于谦主持兵部的工作。[1]

英宗率50万大军出征，一路上王振跟随英宗左右，寸步不离，重大决策都是他一个人说了算。大军北行过居庸关后，连日风雨交加，人心浮动，诸大臣请求暂缓前进。王振根本不听，还说："朝廷养兵千日、用兵一时，难道未见敌人一兵一将，就想回去吗？有违抗者，以军法处治。"各部尚书大臣稍稍忤了王振的意见，就要被整天罚跪，不准起来，因此谁也不敢提不同意见。当大军前进到阳和时，由于粮运不济，供给不上，军内饥病交加，死的人很多，大家都很担心。而王振却一意孤行，一直行进到了大同。王振还想继续北行，镇守大同的宦官郭敬悄悄对王振说："目前的局势，绝不能再向前走了。"前方战败的消息又不断传来。王振见实在支持不下去了，这才决定还师。

王振是蔚州（今河北蔚县）人，他想从紫荆关绕道到蔚州，请英宗"临幸"他家。可走到半路又怕大军损伤了他家的庄稼，走了40里又折而向东。这时也先

---

[1] 事见《明史·于谦列传》："也先大入寇，王振挟帝亲征。谦与尚书邝野极谏，不听。野从治兵，留谦理部事。"

探知明军退还，就带领大队人马乘势追了上来。王振听到这个消息，只派朱勇带领3万骑兵前去拦截，结果，因寡不敌众，被敌军包围，死伤几尽。兵部尚书邝野急请皇帝速入紫荆关，并建议以重兵断谷，确保安全。王振却认为："腐儒不晓得军事，如此惊慌失措，再乱说就应处死。"他偕同英宗照常缓缓行进，到达离怀来城（今官厅水库）只有20里的土木堡时，群臣要求赶到怀来城再休驻。可是王振检点他个人的财产，还有千余车未到，就命令在土木堡驻兵等候。从晡时（下午六时）等到夜半，瓦剌军从后面追到，四面合围，把英宗他们包围了。英宗及明军所驻扎之地无泉无水，人马饥渴了两天，挖井二丈也不见水。在土木堡南15里处有一条河，但已经被瓦剌军占领了。到了第三天，也先派使者来谈和，英宗命曹鼐去和也先谈判。王振见敌兵压境，惊慌失措，不但不抵抗，反而下令退逃。大营一动，就乱了营，还没有走三四里，瓦剌军的骑兵从后面追杀上来，从四面向中间冲突，口里还大声喊着解甲投刃者不杀，明军仓促应战，死者过半。随军的大臣、宦官、虎贲卫士纷纷被乱箭射死，尸体上箭多得像刺猬。英宗十分慌张，问王振有什么办法？王振只是抖个不停。驾前护卫将军樊忠气愤地说："皇上遭此危难，都是王振的罪过，我今天为天下杀此贼子！"用铁锤当场打死了王振。樊忠请英宗上马，率一部分骑兵冒死突围。但由于敌军众多层层围困，樊忠力战身亡。英宗见突围不出，于是下马据地而坐，被瓦剌军掠去。这就是历史上有名的"土木之变"。这一仗，明军死伤了数十万人，从征大臣张辅、曹鼐以下死难者50多人。当时宦官和所从大臣都跑散了，宦官喜宁投降了也先，把中原的虚实都告诉了也先。只有锦衣校尉袁彬跟在英宗左右。英宗让袁彬写信给怀来的守臣，而且索

张　辅

——从明万历三十七年（1609）原刊本《三才图会》

张辅（1375~1449），字文弼。明成祖时大将张玉之子。早年随父参加靖难之役，宣德元年（1426）随从明宣宗平定朱高煦叛乱。正统十四年（1449），随明英宗北征，于土木之变中阵亡。景泰元年（1450），追封定兴郡王，谥号"忠烈"。

要大量金帛。怀来守臣连夜派人把信送到了京城，信使半夜从长安门入京。

亲征失败的消息传到北京，文武百官相聚号啕大哭。随后，群臣集会商议，讨论作战和防守的方略。侍讲徐珵说星象有变化，应当迁都南京。于谦听了，立即提出不同意见，指出："京师是天下的根本，放弃京师人心就会涣散了。北宋南渡的结局，就是前车之鉴。当前的上策，是速召勤王之师，打退敌人的进犯。"并大声喝问："哪个敢倡议迁都？谁提出迁都，就把他斩首示众！"其他一些大臣如吏部尚书王直、学士陈循也认为于谦的话有理，极力赞同，太监兴安、金英也斥责徐珵。太后听了这些意见后问太监李永昌，李永昌也表示赞同，于是防守的决策就这样定下来了。[1]议定之后，由太后命郕王朱祁钰代总国政，任于谦为兵部尚书，总督各营兵马，固守京城。当时京师疲马羸马不足十万，城内军士有盔甲者仅1/10，而最有战斗力的部队和精锐的骑兵都已在土木堡失陷。对于抗击敌人，朝廷上下都没有坚定的信心。于谦请郕王调南北两京、河南的备操军，山东和南京沿海的备倭军，江北和北京所属各府的运粮军，马上开赴京师，依次策划部署，人心稍为安定。

郕王暂代皇帝出朝，廷臣们请求将王振全族都杀掉。王振党羽马顺心有不甘，站出来斥责说话的人。给事中王竑冲上来抓住马顺的头发，用牙咬他的肉，大声骂他说："你这个走狗跟着王振作威作福，今天还敢这么大胆？"群臣都冲上来打马顺，顷刻之间马顺就被打死了。朝廷上秩序大乱，卫卒也气势汹汹地跑来。郕王害怕得要起来走开，于谦推开众人，走上前去扶住郕王，叫他不要起来，而且告诉郕王宣谕说："马顺等人有罪该死，不再追究其他人的责任。"大家这才安定下来。混乱之中，于谦的袍子袖都被人们撕裂了。退出左掖门时，吏部尚书王直握着于谦的手叹道："国家安危全靠你呢，今天之事即使有100个王直又有什么作用呢？"当时，上上下下的人都依赖重视于谦，于谦也毅然地把国家的安危视为自己的责任。[2]

---

[1] 事见《明史·于谦列传》："侍讲徐珵言星象有变，当南迁。谦厉声曰：'言南迁者，可斩也。京师天下根本，一动则大事去矣，独不见宋南渡事乎！'王是其言，守议乃定。"

[2] 事及语见《明史·于谦列传》："郕王方摄朝，廷臣请族诛王振。而振党马顺者，辄叱言官。于是给事中王竑廷击顺，众随之。朝班大乱，卫卒声汹汹。王惧欲起，谦排众直前掖王止，且启王宣谕曰：'顺等罪当死，勿论。'众乃定。谦袍袖为之尽裂。退出左掖门，吏部尚书王直执谦手叹曰：'国家正赖公耳。今日虽百王直何能为！'当是时，上下皆倚重谦，谦亦毅然以社稷安危为己任。"

三、辅助景帝　安危定国

此时，英宗被掳，大臣们都十分担忧国家没有君主，太子又年幼，大敌当前，所以请皇太后立郕王为皇帝。郕王害怕，一再推辞，于谦大声说："我们完全是为国家考虑，不是为个人打算。"郕王这才受命。这年（1450）九月，郕王即帝位，改号为景泰元年。郕王即为景帝。

一次景帝召于谦商讨国事，于谦进前答话，情绪激昂地哭着说道："敌寇得意，留住了皇上，必然轻视中国，长驱南下。请命令各边境的守臣，竭力防守遏制。京营士兵的器械快要用完了，需要马上分道招募民兵，令工部制造器械盔甲。派遣都督孙镗、卫颖、张轨、张仪、雷通分兵据守九门重要的地方，军队驻扎在外城的外面。都御史杨善、给事中王竑亦参与这些事，迁徙外城附近的居民进入城内。储存在通州的粮食，令官军自己去支领，用装足的米作为军资，不把粮食留给敌人。文臣像轩倪这样的人，应该用为巡抚。武臣像石亨、杨洪、柳溥这样的，应该用为将帅。至于军队里面的事情，我自己承担，没有成效就判我的罪。"对这些意见，景帝全都认真地接纳了，可见于谦深受倚重。

景泰元年十月，景帝下诏令于谦提督各营军马。也先挟持上皇（英宗）攻破紫荆关长驱直入，进窥京师。石亨建议收兵固守，使敌兵劳顿而归。于谦不同意，说："我们为什么向也先示弱，使敌人更加轻视我军？"马上分别调遣诸将带领了22万兵士，在九门外摆开阵势：都督陶瑾在安定门，广宁伯刘安在东直门，武进伯朱瑛在朝阳门，都督刘聚在西直门，镇远侯顾兴祖在阜成门，都指挥李端在正阳门，都

明代宗朱祁钰

德胜门，原城楼已拆除，目前只剩角楼。

督刘得新在崇文门，都指挥汤节在宣武门，而于谦自己和石亨率领副总兵范广、武兴在德胜门外列阵，抵挡也先。于谦把兵部的事交给了侍郎吴宁，全部关闭各城门，自己亲自督战。并下了命令：临阵将领不顾部队先行退却的，斩将领；军士不顾将领先退却的，后队斩前队。于是将士们知道只能死战，个个都磨拳擦掌、准备拼命。[1]副总兵高礼、毛福寿在彰义门北面抵抗敌人，俘虏了一个头目。景帝十分高兴，命令于谦挑选精兵聚集在教场，以便调动，再命太监兴安、李永昌同于谦一起管理军务。

起初，也先部队以为早晚就可以攻下京城，及至见到明朝官军严阵以待，有些丧气。叛变了的宦官喜宁教唆也先邀明朝大臣迎接上皇，索取黄金和丝织品以万万计；又邀于谦及王直、胡濙等出城谈判。景帝不准许，也先更加沮丧。不久，也先的部队窥伺德胜门。于谦令石亨在空屋里设下埋伏，派几个骑兵引诱敌人。敌人用1万骑兵逼近，副总兵范广发射火器，伏兵一齐起来迎击敌人，也先的弟弟孛罗、平章卯那孩被炮打死。也先的部队转移到了西直门，都督孙镗抵御他们，石亨也分了部分兵力来到，敌军撤退。副总兵武兴在彰义门攻打敌军，和都督王敬一起挫败了也先的前锋。敌军正要退却，不料几百个骑着马的明廷宦官想争功，打马争着向前。此时明军乱了阵脚，武兴被乱箭射死。敌兵赶到土城，明朝居民爬上屋顶，呼喊着用砖石投掷敌人，喧声震天。王竑和福寿的援兵赶到后，敌军取胜无望，就撤退了。就这样，两军相持了五天，也先见邀请没人理，

[1] 事见《明史·于谦列传》："以部事付侍郎吴宁，悉闭诸城门，身自督战。下令，'临阵将不顾军先退者，斩其将。军不顾将先退者，后队斩前队。'于是将士知必死，皆用命。"

作战又失利，知道不可能达到目的，又听说各地勤王的部队马上要开到，恐怕被截断了归路，于是拥着上皇由良乡向西退去。于谦调各将领追击，到居庸关才回来。

战后评功，景帝加于谦少保，总督军务。于谦说："四郊这么多敌人的堡垒，这是卿大夫的耻辱，怎么敢求取赏赐功劳呢？"坚决推辞。景帝不准。[1] 于是于谦命增兵守真定（今河北正定县南）、保定（今河北保定）、涿州（今河北涿州）、易州（今河北易县）等府州，并请景帝派大臣镇守山西，防止敌寇南侵。

景泰元年（1450）三月，瓦剌侵扰山西朔州、宁夏、庆阳（今甘肃庆阳），又分道扰阳和（今山西阳高）、大同、偏头关（今山西偏关）等地。总兵于谦奏称敌兵3万围攻万金（今河北宣化），景帝下诏令范广担任总兵官抵御敌人。

景泰蓝

景泰蓝又称"铜胎掐丝珐琅"，是中国的传统工艺品，春秋时已有此技术，到明代景泰年间这种工艺技术制作达到了巅峰，故后人称为"景泰蓝"。

不久，敌寇退，于谦请求立即驻兵居庸关，敌寇来则出关剿杀，敌寇退则由京师供饷。大同参将许贵奏称敌方有使者来，想让朝廷派使者讲和。于谦说："以前派指挥季锋、岳谦前往讲和，而也先却跟着入侵我们。接着派通政王复、少卿赵荣去和谈，结果没见到上皇就回来了。显然，我们不能依靠和谈。况且我们大明与也先的仇不共戴天，从道理上来说也绝不可以讲和。万一和了，就要满足他无穷无尽的要求。如果我们答应他，会给我们造成很大困难，不答应他又会发生变乱，这种形势也使得我们不能和他讲和。许贵是一名武臣，却这样恐惧畏缩，怎

[1]事及语见《明史·于谦列传》："论功，加谦少保，总督军务。谦曰：'四郊多垒，卿大夫之耻也，敢邀功赏哉！'固辞，不允。"

王 直
——从明万历三十七年（1609）原刊本《三才图会》

王直（1379~1462），字行俭，号抑庵。永乐二年（1404）进士，授修撰。历事明仁宗、宣宗二朝，累升至少詹事兼侍读学士；正统八年（1443）升任吏部尚书。"土木之变"时留守北京，后力主派使臣迎接英宗回归。英宗复位，王直因未居内阁而免于贬谪。卒后，赠太保，谥号"文端"。

么能同仇敌忾，共同御敌呢？按军法应处死他。"景帝虽然没有处死许贵，但听从于谦的建议，下诏予以严厉的谴责。从此以后，边境上的将领们个个都坚决主张坚守抗战，没有敢说讲和的。

其实也先的许多要挟的策略，都是叛阉喜宁一手策划的。于谦秘密下令给大同的镇守将领，把喜宁这个败类抓起来杀了。同时，于谦还设法联络蒙古贵族，让他们疏通也先，放回上皇。慢慢地也先开始有放回上皇的意思，派使者来联系，北京城的戒备才稍稍开始放松了一点。于谦给景帝上言："南京重地，需要有人加以安抚稳定。中原有很多流民，假如遇上荒年，啸聚成群，这是很值得担心的。请敕令内外守备和各处巡抚用心整顿，防患于未然，召回派往内地召募发兵的文武官员。"

到了景泰元年八月，上皇被留在北方已经一年。也先见明朝没有什么事端，更想讲和，使者接连前来，提出要把上皇送回。大臣王直等商议派使者前往迎接，景帝不高兴地说："朕本来不想登大位，当时是被你们推上来的；现在你们又主张迎归上皇，想把我置于何地？"于谦从容地说："皇帝的天位已定，不能再加改变。按照正常的道理，是应当迅速地迎回上皇，万一也先欺诈我们，皇帝就没有责任了。"景帝听于谦这么一说，就高兴地说："如果是这样，我听从大家的意见。"于是立即派遣李实、杨善为使者，终于把英宗迎奉归来。可以说，当时明王朝的统治得以保全，英宗能够平安归来，于谦起了重要的作用。[1]

英宗回归后，景帝口头推让，实际上继续占据皇帝的权位，不肯还位给英宗。如此一来，英宗只好以上皇的名义居于南宫。

上皇已经回来，瓦剌请求朝贡。先前蒙古贡使不过百人，正统十三年竟增加到 3000 余人。而且对给予的赏赐一不满意，他们便声言入侵。此次也先又派 3000 人来朝，于谦请求列兵居庸关以备不测，在京师隆重陈兵，设宴招待。由此，于谦认为和议很难依靠，便逐条进上安定边境的三个策略。

于谦懂得，没有巩固的国防，安定是不会持久的。他积极加强国防，整军经武；布置军卫，充实边防。在整肃军纪，惩办贪污怠职、"卖放民壮，盗关月粮"、违令冒功的军事将领的同时，大力改革京营的军制，创立了团营。

明朝京卫部队，原来分别隶属于五军、三千、神机三大营。五军营有步队、马队，专教阵法。三千营是骑兵，专管扈从皇帝出入。神机营主要是步兵，使用火器，附添马队。三大营各有总兵官，不相统属。虽同归五军都督府调动，但平时掌府官只管军政文书，不管操练。战时分别调遣，号令不能配合一致。将领和军士彼此也不熟悉。战斗时，京军士 40 余万，由于营政废弛，作战能力很低。"土木之变"，京军伤亡惨重，营制更是混乱。

景泰二年（1451），于谦开始改革京军营制，筹建团营。于三大营中挑选精勇军士 10 万人，分为 5 营操练，叫做"团营"。第二年，又将团营军士增加到 15 万人，分 10 营操练。没有编入团营的军士，仍归三大营，称做"老家"。15 万精锐军，分编 10 团营。每一团营有 15000 人，由都督、把总、领队、管队等，逐级统管。10 团营设一总兵官，朝廷命石亨充任，总领团营，受兵部尚书于谦节制。自从团营制度确立后，全体官兵都要在安定门外教场操练武器，演习阵法。把总、指挥、领队等主要军官都能熟悉每个军士的姓名、年龄、相貌以及部队番号。战时调遣，不再更调将领。经过于谦团营法的整顿，使得军将相悉，互相统属，"管军者知军士之强弱，为兵者知将帅之号令"，不但加强了战术技术训

---

[1] 事见《明史·于谦列传》："于时八月，上皇北狩且一年矣，也先见中国无衅，滋欲乞和，使者频至，请归上皇。大臣王直等议遣使奉迎，帝不悦曰：'朕本不欲登大位，当时见推，实出卿等。'谦从容曰：'天位已定，宁复有他，顾理当速奉迎耳。万一彼果怀诈，我有辞矣。'帝顾而改容曰：'从汝，从汝。'先后遣李实、杨善往，卒奉上皇以归，谦力也。"

明朝时的军队

练，提高了京军的战斗力，而且也节省了大量的军饷。《明史·兵志》有这样的记载："于谦创立团营，简精锐，一号令，兵将相习，其法颇善，京军之制一变。"

在团营以外，于谦对各地守军的操练和番休制度，马政、阵法、战车、军器、军功制度也作了一些改进。景泰元年，巡关侍郎江潮建议制造"火伞"，系用铁枪头上环系许多响铃，再装上3个火药筒，然后放出去，可以惊崩敌军马队。又有应州人师翱制造有机关的火铳，短时间内可以发3次，射程达300步以外。于谦都悉心采纳，试验应用。同时，于谦十分重视民壮的招募和选拔。景泰元年二月，已经招募民壮计有95200余名。除送到京营以外，仍留多处操练，随时调动策应。于谦精研战阵操法，编成《经武要略》四卷，书内绘列古代各类阵法图形，并有理论说明，还附有历代名将事迹。于谦在书的第一卷"辑阵图"的序言中，谆谆劝告将领们学习阵法，以提高指挥作战的能力。

四、内修勤政　两袖清风

于谦不仅精于武备战阵，对内政也很是熟稔。他主持兵部工作时，也先的势力正在扩张，而福建邓茂七、浙江叶宗留、广东黄萧养各自拥有部众和自封的封号，湖广、贵州、广西、瑶、僮、苗、僚到处蜂起作乱。前后的军队征集调遣，都是于谦独自安排。当战事匆忙急迫、瞬息万变的时候，于谦眼睛看着、手指数着，随口讲述奏章，能按照情况采取正确的方针方法。同事和下属接受命令，见了，无不惊服。于谦号令严明，虽然是勋臣老将稍有不守法度，立即请圣旨切实责备；一张小字条送到万里外，没有不谨慎小心执行的。于谦才思的畅通敏捷，考虑问题的仔细周到，一时没有人能比得上。他性情淳朴、忠厚过人，忘身忧国。上皇回来后，于谦一点也不说自己的功劳。东宫改易以后，朝廷下令兼职官支领两处官俸，其他大臣都未推辞，只有于谦一再推辞。自己的生活很简单俭朴，所居住的房子仅仅能够遮挡风雨。景帝赐给他西华门的府第，他推辞说："国家多难，臣子怎么敢自己安居。"坚决推辞。景帝不准。不得已，于谦把皇帝前后所赏赐的玺书、袍服、银锭之类，全部封好，写上说明，放在那里，每年去看一看罢了。[1]

景帝很了解于谦，于谦所议论奏请的事没有不听从的。景帝曾经派使者到真定、河间采办菜蔬，去直沽制造鱼干，于谦认为这样做不妥，就略加阻止。景帝一听于谦的意见，马上就停了下来。景帝打算任用大臣，事先都要征求于谦的意见。于谦实事求是地回答，没有隐瞒，也不躲避嫌疑怨恨。因此那些不称职的人都怨恨他，而不像他那样被皇帝任用的，亦往往嫉妒他。当敌寇刚刚撤退时，都御史罗通立刻上奏章弹劾于谦登记的功劳簿不实。御史说于谦太专权，干预六部的大事，好像他就是内阁一样。于谦根据祖制反驳他们，户部尚书金濂也上疏为他争辩。但指责他

于 谦

[1] 事见《明史·于谦列传》："上皇虽归，口不言功。东宫既易，命兼宫僚者支二棒。诸臣皆辞，谦独辞至再。自奉俭约，所居仅蔽风雨。帝赐第西华门，辞曰：'国家多难，臣子何敢自安。'固辞，不允。乃取前后所赐玺书、袍、锭之属，悉加封识，岁时一省视而已。"

的人还是不断收集他的材料，各御史多次用苛刻文词上奏弹劾他。全靠景帝力排众议，始终信用，于谦才得以尽可能去实行自己的计划。

于谦的性格很刚强，遇到有不痛快的事，总是拍着胸脯感叹说："这一腔热血，不知会洒在哪里！"他看不起那些懦怯无能的勋臣、国戚，因此憎恨他的人很多。他始终不赞成讲和，上皇虽然因此能够回来，但对他并不满意。无论是性格特点还是处事风格，于谦都与当时的人有些格格不入，就这样，一群宵小开始设法陷害于谦，其中要紧的三个人是徐有贞、石亨、曹吉祥。

徐有贞原名徐珵，他因为提出迁都南京，受到于谦斥责。对于谦恨得咬牙切齿。石亨因为违犯军法被削职，是于谦请求皇帝宽恕了他，让他总理十营兵。他因为害怕于谦，所以不敢放肆，但也不喜欢于谦。德胜门一仗的胜利，石亨的功劳并不比于谦大，却得到世袭侯爵，感到内心有愧，于是上疏推荐于谦的儿子于冕。景帝下诏让冕到京师，于谦推辞，景帝不准。于谦说："国家多事的时候，臣子在道义上不应该顾及个人的事情。而且石亨身为大将，没有听说他举荐一位有才干的人，提拔一个兵卒，以补益军队国家，而只是推荐了我的儿子，这能得到公众的认可吗？我对于军功，极力杜绝侥幸，绝对不敢用儿子来滥领功劳。"石亨得知此事，更是又愧又恨。都督张轨因为征苗时不守律令，被于谦弹劾，他们和内侍曹吉祥等，都一向嫌恨于谦，恨不得早些把他除去。

于谦之墓

景泰八年（1457）正月壬午，石亨和曹吉祥、徐有贞迎接上皇恢复了帝位，宣谕朝臣以后，立即把于谦和大学士王文逮捕入狱。他们诬陷于谦等和黄㹏制造不轨的言论，要另立太子，又和太监王诚、舒良、张永、王勤等策划迎接册立襄王的儿子。石亨等拿定这个说法，唆使科道官上奏。都御史萧维桢审判定罪，认定为谋反，判处死刑。王文忍受不了这种诬陷，急于争辩，于谦笑着说："这是石亨他们的意思，争辩有什么用处？"奏疏上呈后，英宗还有些犹豫，说："于谦实在是有功劳的。"徐有贞进言说："不杀于谦，复辟这件事就成了师出无名。"英宗本来还念着于谦的奉迎之功，但他实在不喜欢这个人，又有人撺掇，于是便拿定了主意。就这样，于谦被在闹市处死并弃尸街头，家人都被充军边疆。遂溪县主管教育的官员吾豫进言说于谦的罪应灭族，于谦所推荐的各文武大臣都应该处死。幸亏刑部坚持原判，这些人才幸免于难。不过，还是有许多趋炎附势的人出来落井下石。如千户白琦请求写上于谦罪行，刻板印刷，在全国公布。一时要讨好皇帝争取宠幸的人，全都以于谦作为话柄，恨不能踩着落难之人飞黄腾达。

　　于谦自从"土木之变"以后，发誓不和敌人共生存，经常住在值班的地方不回家。他一向有痰症病，病发时，景帝派太监兴安、舒良轮流前往探望。听说他的衣服、用具过于简单，便下诏令宫中造了赐给他，这些东西中甚至连醋菜都有。景帝又亲自到万岁山，砍竹取汁赐给他。有人说皇帝太过于宠爱于谦。太监兴安等人说："他日夜为国分忧，不问家产，如果他去了，朝廷到哪里还能找到这样的人？"到抄家的时候，于谦家里没有多余的钱财，只有正屋关锁得严严实实。打开来看，都是皇上赐给的蟒袍、剑器。[1]

　　于谦死的那天，阴云密布，全国的人都认为他是冤枉的。有个叫朵儿的指挥，本来出自曹吉祥的部下，他把酒泼在于谦死的地方，大声恸哭。曹吉祥发怒，用鞭打他。第二天，他还是照样泼酒在地表示祭奠。都督同知陈逵被于谦的忠义感动，收敛了他的尸体；过了一年，送回去葬在杭州。皇太后开始时不知道于谦的死，听说以后，叹息哀悼了几天。此时英宗也有些后悔了。

---

[1] 事及语见《明史·于谦列传》："谦自值也先之变，誓不与贼俱生。尝留宿直庐，不还私第。素病痰，疾作，景帝遣兴安、舒良更番往视。闻其服用过薄，诏令上方制赐，至醋菜毕备。又亲幸万岁山，伐竹取沥以赐。或言宠谦太过，兴安等曰：'彼日夜分国忧，不问家产，即彼去，令朝廷何处更得此人？'及籍没，家无余赀，独正室镝钥甚固。启视，则上赐蟒衣、剑器也。"

于谦死后，石亨的党羽陈汝言任兵部尚书。不到一年，陈汝言贪赃累计巨万的坏事败露，英宗召大臣进去看，变了脸色说道："于谦在景泰帝朝受重用，死时没有多余的钱财，陈汝言为什么会有这样多？"石亨低着头不能回答。不久边境有警，英宗满面愁容。恭顺侯吴瑾在旁边侍候，说："如果于谦在，一定不会让敌人这样。"英宗无言以对。[1] 这一年，徐有贞因石亨中伤，被判充军；又过了几年，石亨亦被捕入狱，死于狱中；之后，曹吉祥谋反，被灭族。徐、石、曹奸谋败露，于谦的事情得以真相大白。

成化初年，英宗将于冕赦免回来。于冕上疏申诉冤屈，于谦的官职这才得以恢复。英宗还专门祭奠了于谦。诰文里说："当国家多难的时候，他忠心保卫社稷，使国无危险，他因坚持公道，结果遭受权臣奸臣的共同嫉妒。先帝在世时已经知道了他的冤枉，而朕更怜惜他的忠诚不贰。"[2]弘治二年（1489），皇帝采纳了给事中孙需的意见，追赠于谦特进光禄大夫、柱国、太傅，谥号"肃愍"，并赐在墓地建祠堂，题为"旌功"，由地方有关部门在年节拜祭。万历年中，改谥号为"忠肃"。杭州、河南、山西等地历代都是对他奉拜祭祀不已。

名 家 评 说

于谦为巡抚时，声绩表著，卓然负经世之才。及时遭艰虞，缮兵固圉。景帝既推心置腹，谦亦忧国忘家，身系安危，志存宗社，厥功伟矣。变起夺门，祸机猝发，徐、石之徒出力而挤之死，当时莫不称冤。然有贞与亨、吉祥相继得祸，皆不旋踵，而谦忠心义烈，与日月争光，卒得复官赐恤。公论久而后定，信夫。

——清·张廷玉《明史》

---

[1]事及语见《明史·于谦列传》："谦既死，而亨党陈汝言代为兵部尚书。未一年败，赃累巨万。帝召大臣入视，愀然曰：'于谦被遇景泰朝，死无余赀，汝言抑何多也。'亨俯首不能对。俄有边警，帝忧形于色。恭顺侯吴瑾侍，进曰：'使于谦在，当不令寇至此。'帝为默然。"

[2]语见《明史·于谦列传》："当国家之多难，保社稷以无虞，惟公道之独特，为权奸所并嫉。在先帝已知其枉，而朕心实怜其忠。"

于少保忠诚报国，未闻于郕王即位，特别抗议，意者其亦因丧君有君，足以夺敌之所恃乎？昔太公置鼎，汉高尝有分我杯羹之语，而太公得以生还，道贵从权，不得以非孝目之。于公之意，毋乃类是。且诛阉党，拒南迁，身先士卒，力捍京师，卒之返危为安，转祸为福，明之不为南宋者，微于公力不及此。

——蔡东藩《明史演义》

严　嵩

严嵩（1480～1567），字惟中，嘉靖年间首辅。世宗时任内阁大学士。江西分宜（今属江西）人。弘治十八年（1505）进士，由庶吉士授编修，后任南京翰林院侍讲、国子监祭酒等职。嘉靖时期由礼部侍郎升至大学士，窃踞首辅20年之久。严嵩把持内阁期间，贪污纳贿，陷害忠良，培植私党，造成嘉靖时期政治异常黑暗的局面，经济、边防均遭极大的破坏。后罪行败露，严嵩倒台，其子严世蕃伏诛，朝野相庆，大快人心。

一、投机取巧　媚上窃权

明世宗有两个特点，一是特别迷信鬼神，幻想长生。他即位后不久，就在宦官崔文等人的引诱下，成天打醮设斋。尽管大臣一再劝谏，他都不听。世宗最初宠信的道士是龙虎山上清宫的邵元节。邵元节自称可"炼童男、童女溲为秋石，服之延年"。世宗信以为真，将他封为"真人"。兵科给事中高金上疏请削去邵元节"真人"号，世宗大怒，竟将高金下狱拷打。搞斋醮这类仪式需要"青词"。词是写给"天神"的奏章表文，要求写成骈文的形式，并用笔写在一种特制的青藤纸上，因此称为"青词"。由于世宗每天热心斋醮，所以许多大臣都因擅长撰写"青词"而得宠。世宗的另一个特点是刚愎自用，专横暴虐。他刚刚即位时还开点言路，但两三年后就听不进一点意见了。中年时期更加厌恶不同的意见，乃至朝廷内外，彼此忌讳，不敢说话。善于见风使舵的严嵩，摸准了世宗的嗜好与个性

严　嵩

特点，曲意逢迎大售其奸，步步取得了这位昏君的宠信。

嘉靖七年（1528）严嵩当时任礼部右侍郎。他奉世宗的命令去湖广安陆祭扫世宗生父的陵墓。事后严嵩煞有介事地向世宗献媚说："我献上宝册及奉安神床时，风雨马上就停止了，另外，只见该地群鹤集绕。当载着石碑的船只进入汉水时，河水骤然上涨。这些都是祥瑞之兆，请命辅臣撰文刻石以纪上天的眷爱。"这一番吹嘘博得了一向喜谈祥瑞的世宗的欢心，于是严嵩马上被升为吏部右侍郎。[1]两年后他又被任命为南京吏部尚书兼翰林院学士。

明世宗嘉庆皇帝朝服像

有一年，礼部考试诸生，严嵩主持这次考试，他向应试诸生索取很高的贿赂。御史桑乔了解到这一情况，上疏参劾，要求罢免严嵩。严嵩自知事泄，担心官职难保，他在上疏为自己曲为辩解的同时，请求朝廷免去自己的职务。给事中胡汝霖，也对他进行弹劾。但世宗对此事未予深究，严嵩为此十分得意，以后更加竭尽全力地媚上取宠。

嘉靖十七年（1538）世宗准备将生父兴献王神主入太庙，遭到群臣的反对。严嵩开始也追随众议。后来他看到世宗很不高兴，马上改变主张，并精心策划兴献王神主入太庙的仪礼。世宗对这件事感到很满意，后来特意赐以金币以作为给他的奖赏。第二年皇城上空出现祥云，严嵩借此大做文章，请世宗入朝，受群臣朝贺。严嵩特意作《祥云赋》及《大礼告成赋》，极尽谄媚之能事。不久，严嵩与大学士夏言随世宗去安陆谒兴献王陵墓。谒陵完毕，夏言就请求回京，世宗很

---

[1]事及语见《明史·奸臣·严嵩列传》："嘉靖七年历礼部右侍郎，奉世宗命祭告显陵，还言：'臣恭上宝册及奉安神床，皆应时雨霁。又石产枣阳，群鹤集绕，碑入汉江，河流骤涨。请命辅臣撰文刻石，以纪天眷。'帝大悦，从之。迁吏部左侍郎，进南京礼部尚书，改吏部。"

夏 言
——从清道光十年（1830）刻本《古圣
贤像传略》（顾沅辑）

不高兴。严嵩则请世宗接受群臣贺拜的表章。好大喜功的世宗欣然同意，说："礼乐自天子出，这样可以。"于是又行了一番群臣贺拜的仪礼。在这之后，世宗开始不满夏言，更宠严嵩。

嘉靖二十年（1541），有人以金3000两贿赂严嵩及有关官员，被东厂人员发现，其他受贿的官员都被充军边疆，唯独严嵩安然无恙。不久，永寿王庶子与嫡孙争位，该庶子以黄金3000两厚赠严嵩，严嵩受贿后表态支持他继位。永寿王妃知道这件事后，派人进京击鼓奏诉，御史叶经参劾严嵩有贪污罪。严嵩急忙进宫向世宗解释。世宗一心偏袒严嵩，说道："继位之事应如何办，交有关部门处理，严嵩仍然安心任职，勿以介意。"严嵩受宠若惊，

以后更是有恃无恐，一心想谋夏言的首辅位子。后来，叶经出监山东乡试，严嵩竟摘取试题中有所谓"讽刺皇上"的话，将叶经逮至京师，杖毙阙下。

严嵩与夏言是同乡，中进士早于夏言，但职位比他低。阻险狡诈的严嵩在夏言面前装得十分恭谨，为了讨好夏言。他一次特地备好丰盛的家宴，并亲自到夏府邀请。夏言厌恶严嵩为人，故意推辞不见。严嵩竟然恬不知耻地在夏府摊开席子，拿出请帖跪读，夏言见他这副诚恳的样子深受感动，从此对他深信不疑。严嵩表面上对夏言十分恭顺，但暗中却时刻在找机会算计他。

世宗崇信道教，喜戴香叶巾。并命宫人仿制5顶香叶巾赐给夏言、严嵩等大臣。夏言认为，根据朝廷礼制，香叶巾非大臣所用之物，他公开表示不戴。可严嵩为了讨好世宗，每次进宫都戴上香叶巾，上面再戴上官帽，并故意在帽外露出一截裹住香叶巾的轻纱。世宗见了，更加喜欢严嵩而疏远夏言。[1]严嵩这种行径

---

[1]事见《明史·奸臣·严嵩列传》："帝以奉道尝御香叶冠，因刻沉水香冠五，赐言等。言不奉诏，帝怒甚。嵩因召对冠之，笼以轻纱。帝见，益内亲嵩。"

使夏言十分厌恶，他于是指使人弹劾严嵩。以后严嵩每当受到世宗召见时，都要顿首哭诉夏言对自己的攻讦与欺凌，并诬告夏言有轻慢犯上之罪。心地褊狭、性情暴躁的世宗一怒之下，于嘉靖二十一年（1542）竟将夏言革职。八月，严嵩拜武英殿大学士，入直文渊阁。这时的严嵩已 60 多岁，但他装出精力过人、十分勤勉的样子，朝夕在西苑板房值班，连洗沐都不回去，以骗取世宗的好感。

严嵩入阁以后，地位仍在另一阁臣翟銮之下。因为在夏言去职之后，阁臣按资序以翟銮为首辅。严嵩又把翟銮视为他窃权的重要障碍，必欲去之。机会终于来了。嘉靖二十三年（1544），翟銮的两个儿子翟汝俭、翟汝孝同举进士。严嵩诬其有弊，唆使给事中王交、王尧连日上疏参劾翟銮。世宗听信谗言，将翟銮罢去首辅，削职为民，这样严嵩顺理成章地取代翟銮，坐上了首辅的交椅。

二、迫害忠良　贪污受贿

严嵩重掌内阁大权之后，为了巩固地位，对异己力量极力排斥，对敢于揭露自己罪行的大臣更是不择手段地予以打击，不少仗义执言参劾严嵩的官员纷纷遭到迫害。

嘉靖二十七年（1548）给事中厉汝进参劾严嵩父子恣行奸恶，被贬为典史，不久又削籍为民。嘉靖二十八年（1549）给事中沈束上疏请求朝廷为屡建兵功、积劳成疾而去世的大同总兵以恩恤，同时疏中指斥严嵩误国。严嵩大怒，将沈束廷杖后下狱。嘉靖三十年（1550）正月，锦衣卫经略沈练针对蒙古族俺答部的骚扰，上疏请以万骑护陵寝，万骑护通州军粮库，联合各路勤王的部队攻击俺答疲惫之师。该疏先至严嵩手中，他压着不报。沈练知道后，无比气愤，再次上疏，指斥严嵩父子奸行，揭露严嵩纳贿、擅权、陷害言官、嫉贤妒能等 10 大罪，要求世宗蚤除此害，一向拒谏护短的世宗接疏后大怒，下诏将沈练廷杖后贬谪保安。沈练至保安后，当地老百姓知道他是因参劾严嵩而获罪，对他十分敬重，很多人都派出自己的子弟向他问学。沈练向他们教以忠义大节，师生经常在一起咒骂严嵩父子，并扎了李林甫、秦桧、严嵩三个草人作为靶子练习射箭。[1] 严嵩听

---

[1] 事见《明史·沈练列传》："既至，未有馆舍。贾人某询知其得罪故，徙家舍之。里长老亦日致薪米，遣子弟就学。炼语以忠义大节，皆大喜。塞外人素慭直，又稔知嵩恶，争詈嵩以快炼。炼亦大喜，日相与詈嵩父子为常。且缚草为人，象李林甫、秦桧及嵩，醉则聚子弟攒射之。"

到后十分恼恨，不久指使党羽杨顺捏造罪名将沈练杀害。这一年三月，朝廷对京官进行考察，严嵩授意吏部将反对他的大批官员削职。世宗了解到这一情况后，认为严嵩处理过分，曾令吏部保留他们的原职。但他后来见到严嵩也未向他提起过这件事。

原兵部员外郎杨继盛对严嵩奸行早已痛恨，嘉靖三十二年（1553）他升任兵部武选司才一个月，出于为国除奸的一片忠心，愤然参劾严嵩。他一针见血地指出："如今，国家的外患是俺答，内贼就是严嵩，必须先除内贼然后才能消除外患。"他在上书中数列了严嵩的10大罪与5大奸。10大罪主要是：明朝自太祖起即废除了丞相制，而严嵩一直以宰相自居，坏祖宗成法；将皇上所行善政尽归于己，剥夺皇上的治功；纵子窃权；子孙未涉行伍，却冒领军功；纳贿营私，任用奸人；阻止抗击俺答，贻误国家军机；中伤、陷害言官；严嵩柄政以来，朝野上下贪污贿赂成风，以至失天下人心，坏天下风俗。5大奸主要是：厚赂皇帝身边的太监，使之成为严嵩本人的耳目；控制了负责向皇帝呈送奏章的通政司，使之成为严嵩玩弄阴谋的机构；勾结、拉拢厂卫官员，使之成为严嵩的心腹；笼络言官，使之成为严嵩的走狗；网罗官员，结成私党。这本奏章对严嵩罪行揭露得淋漓尽致，忠愤之情，溢于言表。世宗此时已一意宠信严嵩，接疏后大怒，加之疏中有

杨继盛
——从清道光十年（1830）刻本《古圣贤像传略》（顾沅辑）

劝世宗"或召问二王，或询问阁臣"等语，认为这是杨继盛有意挑拨自己与诸王的关系。于是令锦衣卫将杨继盛逮捕。廷杖100下狱。杨继盛因受廷杖重刑，入狱时伤势很重，经常夜半痛醒。疼痛难忍之时，他敲碎瓷碗，用瓷片割去腐肉。腐肉割尽之后，再割腐烂的筋膜。狱卒见到这个情景，拿灯的手都直打颤。杨继盛每次出庭受审，内臣、士民都夹道围观，异口同声称赞他为了不起的义士。有人指着他戴的枷具说："为什么不将它戴在严贼的头上？"杨继盛在狱中关了3年。世宗本来无意杀他，但严嵩认为如果让他活下来，无异养虎贻祸。后来在另一个重要案件中，无中生有地把杨继盛扯进去，

使他惨遭杀害。杨继盛的妻子张氏得知丈夫被判死刑的消息，曾上书世宗，涕泣陈辞，请以己命代死，但这封信被严嵩扣压了。

杨继盛壮烈死节的事迹使北京士民感叹不已。王世贞曾向杨继盛问学，对杨继盛的学问与品德均十分景仰。杨继盛被捕后，他曾多方设法营救；杨继盛遇难后，他参与料理了杨的后事，严嵩知道后，授意御史捏造罪名将王世贞逮捕，随即杀害。对嘉靖时代黑幕与严嵩奸行有着深深了解的王世贞的后人后来写出了《鸣凤记》这个剧本，以艺术的手法再现了这段血淋淋的历史。

在陷害忠良的同时，严嵩大树私党，在重要部门遍插亲信。其子严世蕃身任工部右侍郎，因严嵩年老，大事均委他办理。严嵩义子赵文华任工部尚书，并把持负责向皇帝呈送奏章的通政司。凡官员呈给世宗的奏章，必先由赵文华交副本给严嵩过目，经他批准的方能上奏。吏部文选郎与兵部职方郎也分别由严嵩的亲信担任。前者负责官吏的升迁，后者负责有关军制的具体事宜。他俩被人称为严嵩的文武管家。此外如尚书吴鹏、欧阳必进、高耀、许烁等都是严嵩的死党。由于有严嵩这个后台，这些人都一个个气焰冲天。司业赵贞吉在俺答入侵时，请兵抗敌，为赵文华所阻，赵贞吉气愤不过，骂了他一句"权门犬"。赵文华告到严嵩那里，结果赵贞吉遭廷杖后贬谪岭南。

严嵩还利用手中的权力贪污纳贿，卖官鬻爵，大肆谋取私利。每当吏、兵二部选拔官员，严嵩都要亲自安排20余个名额，每个名额索取贿赂数百两黄金。礼部员外郎项治元贿赂严嵩1万3千两白银升任吏部主事；举人潘鸿业贿赂严嵩2200两黄金被任命为山东临清知州；甘肃总兵仇鸾因罪下狱，后通过家人贿赂严世蕃三千两黄金即被释放并保荐为边将。据人们揭发，每日到严嵩府上行贿的人络绎不绝，有些人为了见到严嵩父子，先买通他的家人，家人严年倚仗主子的权势索贿受贿，积累家财达数10万金之多。至于

六必居酱园始于明朝嘉靖九年（1530），至今已有近五百年的历史，是京城历史上最负盛名的老字号之一。六必居悬挂的"六必居"金字大匾，相传出自明朝严嵩之手。

王世贞
——从清道光十年（1830）刻本《古圣贤像传略》（顾沅辑）

严嵩父子贪污受贿积累起来的家产更是不可数计。他们在北京附近就有庄田 150 余所，袁州一府四县的田竟有十之七八为严府私田。至于鲸吞的金银财宝更是十分惊人。严府的金银人物有的高达二三尺，甚至溺器都是以金银铸造。严嵩父子担心自己的罪行有朝一日败露，曾将大量金银珍宝偷偷运往江西老家藏起来。严嵩垮台后被抄家，共抄出黄金 3 万余两，白银 200 多万两，其他珍宝价值白银数百万两。

三、作恶多端　穷途末日

尽管严嵩老奸巨猾，手段高明，但因作恶多端，不断遭到正直敢言的大臣的参劾；加以年老，精力衰退，世宗开始疏远他，并对礼部尚书兼东阁大学士徐阶逐渐信任。嘉靖三十七年（1558）三月的一天，刑部给事中吴时来、刑部主事董传策同时上书参劾严嵩。他们分别揭露了严嵩柄政以来的种种罪行，请求世宗芟除严家父子以谢天下。吴时来等为徐阶学生，董传策为徐阶同乡。严嵩怀疑徐阶是幕后主使，他密奏世宗："三人同日诬陷于我，肯定有人指使。"世宗于是下诏将两人下狱拷问，谁知他们都不承认有幕后主使，只说："太祖神灵教臣等上书。"迷信神灵的世宗因而增加了对严嵩的反感。

根据明代制度，凡朝廷重要文书，由内阁首辅先拟好，写于票签之上，然后送呈皇帝批准，这称为"票拟"。严嵩因年老体衰，已不能胜任这一工作，往往要儿子严世蕃入内阁值房。严嵩有时候派人去找，他又同诸妾在一起淫乐。严嵩没有办法，只得硬起头皮自己来干这事。但因老眼昏花，反应迟钝，所拟之辞，往往词不达意。有时送上去了，他又派人追回修改。这样，世宗对严嵩的不满日趋加深。[1]

---

[1] 事见《明史·奸臣·严嵩列传》："及嵩妻欧阳氏死，世蕃当护丧归，嵩请留侍京邸。帝许之，然自是不得入直所代嵩票拟，而日纵淫乐于家。嵩受诏多不能答，遣（接下页）

嘉靖四十年（1516），世宗所居永寿宫发生火灾，于是移居玉熙殿。世宗对这个地方不满意，想新建一所宫殿，他为此曾征询严嵩的意见，严嵩要他住到南城离宫去，这是英宗当太上皇时幽禁的地方，世宗听了很不高兴。他转而问徐阶的看法，徐阶建议重修永寿宫，这正合世宗的心意。从此，世宗更加信任徐阶，凡军国大事都不让严嵩过问了。一次世宗问道士蓝道行："如今天下为何不太平？"蓝道行知道世宗这时已对严嵩不满，便假占卜之口列举严嵩父子的罪行。世宗说："如果这样，上仙为什么不除掉他们？"蓝道行又用扶乩之口说："上仙要留待皇帝自己去掉他们。"御史邹应龙从太监那里了解这一情况，认为除奸的机会已到。他于是上疏，数列严嵩父子及严氏家族的种种罪恶。疏送上之后，世宗令严嵩退休，严世蕃充军雷州。[1]

徐 阶

严嵩去后不久，世宗追念他赞助修炼的功绩，心中郁郁不乐，传谕徐阶要传位，退居西内，专祈长生，徐阶极力陈述不可。世宗说："卿等不要我传位，那就奉君命一同辅佐修炼才行。严嵩既退，他的儿子严世蕃已服刑，敢再劝说的和邹应龙一起斩杀。"严嵩知道世宗还相信自己，于是贿赂世宗左右，揭发蓝道行的隐私，押在刑部，以便他牵连徐阶。蓝道行不承认后得以释放。严嵩当初回到南昌正逢万寿节，他让道士蓝田玉建醮铁柱宫。蓝田玉善于招鹤，严嵩因而取了蓝田玉的符瑞和自己的祈鹤文进呈世宗，世宗优诏褒奖。严嵩因而又说："臣84

（接上页）使持问世蕃。直其方耽女乐，不以时答。中使相继促嵩，嵩不得已自为之，往往失旨。所进青词，又多假手他人不能工，以此积失帝欢。"

[1]事见《明史·奸臣·严嵩列传》："会万寿宫火，嵩请暂徙南城离宫南城，英宗为太上皇时所居也，帝不悦。而徐阶营万寿宫甚称旨，帝益亲阶，顾问多不及嵩，即及嵩，祠祀而已。……未几，帝入方士蓝道行言，有意去嵩。御史邹应龙避雨内侍家，知其事，抗疏极论嵩父子不法，帝降旨慰嵩，而以嵩溺爱世蕃，负眷倚，令致仁，驰驿归，有司岁给米百石，下世蕃于理。"

岁了，只有一子世蕃及孙鹄，都远戍边陲，乞陛下将他们转移到近地就养，终臣余年。"[1]但是世宗并没有答应严嵩的请求。

次年，南京御史林润奏说："严世蕃充军后，逃回家乡，与人天天诽谤时政。建造宅第役使4000人，还都传说他们通倭寇，恐发生不测之变。"[2]皇帝下诏将其门人逮捕，交法司论处，为此贬严嵩及诸孙为民。严嵩窃取政柄20年，人人指其为奸臣，其子严世蕃定为大逆不道之罪，被处死。

隆庆元年（1567），严嵩老死。这个恶贯满盈的奸臣结束了自己的一生。

名 家 评 说

嵩以青词得幸，骤跻显位、柄政至二十余年，无功于国，专事殃民。

——蔡东藩《明史演义》

别看严嵩在《明史》中列《奸臣传》，为不耻于人类的狗屎堆，但他的《铃山堂集》，能够存目于清代纪晓岚编的《四库全书》之中，也属殊荣。恐怕比当下那些得这个奖，得那个奖，要货真价实一些。

——李国文《从严嵩到海瑞》

---

[1]语见《明史·奸臣·严嵩列传》："臣年八十有四，惟一子世蕃及孙鹄皆远戍，乞移便地就养，终臣余年。"

[2]语见《明史·奸臣·严嵩列传》："世蕃得罪后，与龙文日诽谤时政。其治第役众四千，道路皆言两人通倭，变且不测。"

张居正

张居正（1525～1582），字叔大，号太岳，嘉靖年间首辅。谥号"文忠"。江陵（今湖北江陵）人，其父张文明，未入仕。张居正于嘉靖朝中进士，在主持朝政期间，大刀阔斧地改革，整吏治、强边备、改漕运、清土地、裁冗官、行一条鞭法，是中国历史上杰出的改革家。

一、少年得志　初涉政坛

张居正的祖先系安徽定远人，原是朱元璋部下的兵士。曾随大将军徐达平定江南，授归州长宁所世袭千户。其后，曾祖父张诚由归州迁往江陵，张居正的祖父张镇为江陵辽王府护卫。张居正的父亲张文明曾先后七次参加乡试，但均落第。

张居正出生时，其曾祖、祖父、父亲均健在。刚一出世的张居正，即被全家视为掌上明珠，爱护备至。无论是生活和启蒙学习方面，他都得到特殊的照顾。5岁时即被送到学校念书。由于张居正天资聪颖，学习用功，因此不到10岁时，就懂得经书大义，诗词歌赋更是出口成章，信手可成。

嘉靖十五年（1536），12岁的张居正以才华出众，童试考中头名秀才，成为名震荆州的小秀才。嘉靖十六年（1537）中秋八月，恰逢三年一度的举人考试。来自府县的学子云集一起，应试之人比历次都多。此次秋闱如此隆重，这与湖广巡抚顾

张居正

嶙的重视分不开。这位当朝著名才子，三年前赴任湖广，此次恰好是他在任的首次秋闱，心情自然格外激动。他真希望全省莘莘学子俱各怀绝学，奋力考出优秀成绩，给他脸上增光！

这天早上，考场考官们开始阅卷。顾嶙闭门谢客，独坐花厅，静候结果。忽然他脑子里猛然回忆起一件事来，那是一年前，本省学政曾告诉他说，荆州发现一少年才子名叫张居正，12岁应考便以头名得中秀才。顾嶙独自揣摩，不知这

《观榜图》（局部）

位少年张居正此次会不会来应试呢? 顾璘认为张居正年纪太小, 如果此次让他中举, 他会不会骄傲自大而误了前程呢? 倒不如先不录取他刺激一下, 使其能更加发奋读书, 如此才具老练, 今后才能前途无量。于是, 尽管张居正此次考试成绩名列前茅, 却在他13岁这年的科举考试中未能如愿以偿。

三年后, 16岁的张居正英姿勃发, 又参加了乡试, 欣然中举。16岁中举, 在当时也是少有的, 许多人都很羡慕他、夸奖他。张居正并没有自满, 他特地去晋见顾璘。顾璘非常高兴, 解下自己身上的犀带, 送给张居正, 感慨地说:"古人说, 大器晚成, 此为中才说法罢了。而你并非中才, 乃大才。是我耽误了你3年功名, 直到今天才能中举。你千万不能以此为满足, 再不求进取了。"张居正谦恭地一揖道:"感激您的教导。"

嘉靖二十六年 (1547), 张居正23岁时又考中二甲进士, 授庶吉士, 从此进入官场, 开始登上政治舞台。这时的朝廷内阁大学士是夏言、严嵩二人。严嵩并无特殊才干, 只会谄谀媚上, 以图高官厚禄。为了争夺首辅的职务, 严嵩和夏言发生了尖锐的斗争。严嵩表面上对夏言谦恭有礼, 暗中却伺机陷害报复他。

张居正作为一个刚刚登上政治舞台的新科进士, 根本无法左右当时的政局。不过, 通过朝廷内一次又一次争权夺利的斗争, 他认清了当时政治的腐败。于是在嘉靖二十八年 (1549) 张居正写了《论时政疏》,[1] 系统地阐述了他改革政治的主张, 这是他第一次疏奏, 首次展现了他企求改革的思想。然而遗憾的是这并未引起严嵩和世宗的重视, 这篇奏疏没有被采纳。

嘉靖二十九年 (1550) 六月, 鞑靼进犯大同。宣大总兵仇鸾是个草包, 他的总兵官职是用重金向严嵩买来的。因此, 面对敌人的进攻, 他胆战心惊无有良策, 只好向敌方送去重金, 乞求人家不要进攻自己的防区。鞑靼接受重礼后挥兵东进, 相继攻占古北口、蓟州, 直逼通州, 京师告急。明世宗吓得胆战心惊, 遂下诏勤王。仇鸾为了邀功, 博得世宗欢心, 主动增援。世宗命令其为平虏大将军, 节制各路兵马。由于各地军队日夜兼程, 直奔京师, 粮食无法自带, 负责粮饷的户部不能及时拿出钱粮, 因此明世宗异常恼怒, 一气之下罢免了户部尚书李士翱的官职。

敌人直逼城下, 明军被围在城中无计可施, 只能眼巴巴地看着敌人在城下烧

---

[1]文见《张文忠全集》(卷一九)。

杀抢掠为所欲为。兵部尚书丁汝夔迫于手下将士要出城杀敌的压力，连忙向严嵩请教。严嵩对他说："不能出城和敌人交战。我们在边塞上打了败仗还能掩饰，如果现在在京师城下打败了，皇上怪罪下来，你我如何交待呀！"于是，尽管有许多大将要求和敌人作战，都被一一驳回，丁汝夔哪敢违背严嵩的旨意！鞑靼兵在城郊抢掠了大批财物，又见京城久攻不下，遂回师西去。平虏大将军仇鸾这时又要起了他的小聪明，他命手下杀了几十个老百姓，把他们的头割下来向皇上邀功，被封为太保。

尽管敌人退去，但生性多虑、心胸狭窄的明世宗仍觉得很不是滋味。想自己堂堂大明皇上，竟被小小的鞑靼人囚困于京城，简直是奇耻大辱。由于这一年是庚戌年，所以历史上把这一事件定为"庚戌之变"。明世宗怒气难消，把这一切全怪罪于兵部尚书丁汝夔的身上，指责他治军无方，退敌无策，坐以待毙，贻误战机，并下令将他逮捕。丁汝夔预感事态严重，遂想起向严嵩求救，严嵩对他说："你不用担心，只要有我在，保证你不会死的。"谁知过了不长时间，丁汝夔即被杀害。丁汝夔临死才知被严嵩欺骗了。[1] 当面向丁汝夔许下了诺言的严嵩为了迎合皇上，保全自己的地位，哪里还顾得了去救别人呢？

庚戌之变时，张居正就在京城里。他目睹了所发生的这一切事件及其内幕。对严嵩的误国卖友行径深恶痛绝，对仇鸾之流弄虚作假、欺上瞒下的丑恶表现极为愤慨，深深地感受到权奸当国，政治黑暗，官吏腐败，自己的政治抱负和远大理想在如此环境下怎能得以实现？对此他已心灰意冷，无意再留在京师。嘉靖三十三年（1554），张居正借口请假养病，毅然离开北京回到故乡江陵。

在江陵一住就是3年。这期间张居正并没有停止实现自己的抱负的努力，他深入实际，调查研究，详细地分析和了解民间所存在的各种问题，从而他对时弊的认识更加深刻，改革的方向更加明确，改革的决心更加坚定。

嘉靖三十六年（1557）张居正怀着革新政治的抱负，由江陵回到北京，再次投入到激烈争斗的政治漩涡中，他决心为实现自己的改革目标，披荆斩棘地大干一番。

嘉靖三十八年（1559）五月，张居正所在的翰林院掌院学士徐阶晋升为吏

---

[1] 事见《明史·奸臣·严嵩列传》："寇退，帝欲杀汝夔。嵩惧其引己，谓汝夔曰：'我在，毋虑也。'汝夔临死始知为嵩绐。"

部尚书，次年又由少傅晋升为太子太师。张居正亦由翰林院编修（正七品）晋升为右春坊右中丞兼国子监司业，这时高拱为国子监祭酒。严嵩与徐阶的矛盾日益激化。由于严嵩年事已高，常常出现纰漏，世宗皇帝颇为不满，严嵩遂渐渐失宠。

明穆宗朱载垕

严嵩倒台后，徐阶继任为内阁首辅，张居正欣喜若狂，笑逐颜开，为一个新时代的到来而兴奋不已，因为徐阶是张居正任庶吉士时翰林院掌院学士，在名分上徐阶是张居正的老师。徐阶对张居正的为人处事和聪明才智也很赏识，他对张居正寄予很大的希望，将其视为国家的栋梁之才。张居正也竭尽全力协助徐阶工作，二人真是相得益彰。嘉靖四十五年（1556），明世宗逝世后，徐阶在张居正参与下即开始以世宗遗诏的名义革除弊政，平反冤狱，颇得人心。[1]

明世宗逝世后，隆庆帝即位。次年二月，张居正晋升为吏部左侍郎兼东阁大学士，入阁参与机要政务。这时另一大学士高拱因为与徐阶不和而离开内阁，所以朝廷大事基本上由徐阶和张居正管理。张居正如鱼得水，使自己的聪明才智得以尽情发挥，不久他就写了：省议论、核名实、振纪纲、重诏令、固国本、饬武备的《上陈六事疏》，更是令朝中官员刮目相看。

隆庆二年（1568）七月，徐阶在政争中失利被迫辞官，政敌高拱再次入阁兼掌吏部事，控制了内阁大权。高拱这个人是非参半，最大的优点是非常重视培养起用人才，尤其是善用有德有才的年轻官员。他考核官员唯以政绩为准，从不问出身和资历，而且在选派官员时特别注意年龄和健康。他规定凡50岁以上者，

---

[1]事见《明史·张居正列传》："阶代嵩首辅，倾心委居正。世宗崩，阶草遗诏，引与共谋。"

均不宜再任州县之长，不称职者立即去之。他当政时起用了一批优秀人才，张居正就是其中之一。尽管张居正和徐阶关系不错，而徐阶又是高拱的对头。

但是，高拱为人傲慢，刚愎自用，又很不善于听取下级的意见。因此，张居正虽然有幸在内阁任职，但有高拱在他之上，他想尽展才华，大干一场又是一件非常难的事情。

二、力挽狂澜　督导幼帝

张居正在高拱内阁中，小心谨慎，他在耐心地等待时机。日复一日的上朝，张居正总不免有些感慨。光阴荏苒，岁月催人。他回想自己20多岁入京为官，辗转43岁得以进入内阁，现在已50有余了，他已记不清究竟上了多少次朝。他只记得每次上朝都满怀一腔抱负进入皇极门，到散朝时却往往带回一肚子失望。他悲哀，他叹息：满朝之内忧国之士实在太少了！

这天张居正再次上朝，文武群臣等了足足半个时辰后，方听皇宫内高声传呼："皇上驾到！"只见隆庆帝头戴金丝皇冠，身穿绣龙黄罗袍，在一群太监的簇拥下无精打采地进入大殿。

谁知刚一入座，隆庆帝便觉一阵虚火攻上心来，顿时感到头要迸裂，五脏六腑仿佛被什么东西搅乱了。他霍地站起来，嘴角不停地抽搐。一旁的掌印太监孟冲、秉笔太监冯保一看大惊失色，忙上前将

《帝鉴图说》书影

他扶住搀入乾清宫。一会儿工夫，一太监气喘吁吁跑来口传圣旨："请文渊阁大学士高拱、张居正、高仪入宫受命，其余百官退朝！"三位大学士慌忙入宫，只见皇上面如土色，陈皇后与李贵妃愁容满面，悲哀难忍，年仅10岁的太子朱翊钧肃立在御榻旁边。秉笔太监冯保宣读诏书："朕即位才6年，却病魔缠身，有负先帝付托。太子尚年幼，一切托付各位爱卿，请按祖先规矩办理太子即位一事，不负国家。"三个大臣喉头哽咽，强忍悲痛，叩头谢恩，回文渊阁中等候消息。

不久隆庆帝逝世，10岁的太子朱翊钧继承帝位后改年号为万历，在冯保的左右下张居正不断得到重用，而高拱明显地感到内宫对他不信任，于是他决定和冯保决一死战。但这时的冯保已顺利地当上了掌印太监又兼提督东厂，可谓宫内宫外大权在握，因此他把高拱根本不放在眼里。这天一上朝，就见御前太监跨前一步急急宣布："两宫太后和皇上有特旨在此，文武群臣细听着！"接着，由冯保展旨，高声诵读：大学士高拱，揽权擅政，威福自专，我母子朝夕惊惧，即令其回籍闲住，不许停留……"高拱被罢了官，高仪不久也作古，剩下张居正一人独守文渊阁，一身挑起了首辅的重任。十年寒窗，坎坷升迁。一生功名所求，现已达到了顶峰，真可谓已达到一人之下，万人之上。张居正心中这时充满了实现夙愿的喜悦和整治朝政的壮志。

明神宗朱翊钧当皇帝时年仅10岁，因此皇帝的教育问题首先成为内阁首辅张居正的头等大事。张居正深感教育好一个皇帝是一件利国利民的事情，于是他自己毅然肩负起教育小皇帝的责任。他每日除安排好功课外，还专门为万历帝讲解经史；将每日早朝改为每月三、六、九日上朝，其余时间均安排给万历攻经读史；又请李太后移居乾清宫，让其与万历同住，以便朝夕照护调理管束。

万历读书的地方叫文华殿，坐落在紫禁城东部，为历代皇帝就读省事之处。10岁的万历帝，尽管身已为人主，心则终属童稚。他爱玩、爱闹，天性活泼，兴趣广泛。可当了皇帝一切就由不得他了。严厉而令人敬畏的张居正先生不仅亲自为他讲解经史，而且还为他任命了五个讲经说史的老师，两个教书法的老师，为他编订了厚达一尺多高的讲义。每日上午他要学经书、书法、历史。这其中还要在冯保和其他宦官的协助下，把当天臣僚们上奏的本章一一亲览，在张居正"票拟"旁边用御笔作出批示。他有时觉得很有趣，尽写些"如拟"、"知道了"一类的字，如同练习书法……吃过饭后的时间，本可以自由支配，却仍不敢懈怠半分，因为李太后和冯保还让他要温习功课，第二天必须把所学的内容背诵出来。如果准备充分，背书流利，张居正先生就会颂扬天子圣明；如果背得结结巴巴或读出别字错字，张居正便会以严师的身份加以训斥，使他感到诚惶诚恐。

在张居正的谆谆教导下，万历一天天长大，一天天成熟起来，他已明白了不少为人处事的道理和治理天下的策略。为了检验万历帝学习的成绩，张居正给他讲了一个宋仁宗不爱珠宝玉器的故事。故事讲完了，他说："自古以来，那些只看重珠宝的君主是不可能干出大事业的。"万历帝马上接着说："珠宝是没有用处的东西，贤臣良将才是真正的宝贝。"张居正一听，露出几分喜色，连忙夸奖说："陛下说得很对。凡是圣明的君主均重视五谷，而对珠玉看得很淡薄。因为五谷能养人，珠玉呢，饿了不能当饭吃，冷了不能当衣穿。""先生说得有理。"万历帝说。"陛下这样圣明，真是大明朝的福气，也是黎民百姓的福气。"张居正高兴地称赞着。他想皇上已经可以担当起治理国家的重任了，他总算没有辜负先帝的嘱托。

三、巩固边防　整饬吏治

耳闻目睹了"庚戌之变"的张居正，对国家的安全和军队的素质深为担心，他从那时起就在谋划着对边防的整顿，发誓一定要使边关安定，人民和睦，尤其是汉族和少数民族的关系，更是张居正所关心的问题。

李成梁

隆庆元年（1567），张居正入内阁参政后，鞑靼首领俺答率军直逼京师，北京危在旦夕，尽管后来敌兵在大肆掠夺之后引兵北退，但皇上和大臣均意识到非彻底整顿软弱无力的边防不可了。当时任内阁首辅的是徐阶，有个任工科给事中的吴时来上疏推荐谭纶、戚继光驻兵于蓟州，加强北部边防。这一建议马上得到首辅徐阶的支持，但由于新任兵部尚书霍冀对情况并不熟悉，而张居正与吴时来、谭纶、戚继光又都是徐阶所重用的人。这样在内阁中主持整顿蓟、辽，巩固边防的重任就落到了张居正身上。张居正从整顿边防入手正式开始了他酝酿已久的改革事业。

张居正大胆地任用了一批智勇双全的将领，对他们非常信任，因此他们非常乐意接受张居正的指挥。他所重用的谭纶、戚继光、李成梁、王崇右、方逢时等人都大显身手，充分发挥了他们的才华和智慧。

当时，北边战守的重心在蓟州。御倭名将谭纶、戚继光主持蓟州防务后，张居正给予大力支持。谭纶提议造筑敌台，张居正立即同意谭纶、戚继光防务战略。

当初，建立过赫赫战功的抗倭名将戚继光，奉调从浙江北上蓟州，总理蓟州、昌平和保定三地的防务，他上任后强烈要求改革蓟州军制的想法，得到了内阁大学士张居正的赏识和支持。短短的几年里，整编防区，训练新军，一切均按他的计划有条不紊地进行着，使他的军事才能再次得到充分的发挥。

戚继光常备不懈，励精图治，在他镇守蓟州16年间，这里一直相安无事，蒙古各部再也未敢侵犯边境。在整顿边防的过程中，张居正与戚继光私人之间也结下了深厚的友谊。[1]

戚继光

在辽东方面，张居正任用出身贫寒、但有大将之才的李成梁镇守。从隆庆元年起，李成梁在辽屡败蒙古土蛮郭入犯，其后被提为总兵镇守辽东。李成梁镇守辽东22年，先后10次连奏大捷，其武功之盛是数百年来未曾有过的。

在宣化、大同方面，张居正任用王崇古、方逢时镇守。他们修边墙，开屯田，加紧练兵，防御力量也大大加强。

在张居正的主持下，经过几年的努力，扭转了长期以来边防败坏的局面。战守力量日益增强，蒙古犯边逐年减少。在加强防御力量的

[1] 事见《明史·戚继光列传》："继光在镇十六年，边备修饬，蓟门晏然。继之者，踵其成法，数十年得无事。亦赖当国大臣徐阶、高拱、张居正先后倚任之。居正尤事与商确，欲为继光难者，辄徙之去。"

同时，张居正积极寻求改善蒙汉关系的门路，他命令沿边将帅，要抓住一切有利时机，积极发展同蒙古的友好往来，有一线的和平希望也不要轻易兵戈相见，一切为广大人民的生命财产及生活安宁着想。宣大总督王崇古屡次派遣同蒙古有关系的人深入蒙古内部，发表布告并宣布：番汉军民凡由蒙古投奔汉族地区者，一律以礼相待并接纳安置。这些在蒙古地区果然引起民众很大反响，投奔人口越来越多。

张居正通过重用英勇善战的将帅，整顿边防，加强战守，改变了英宗正统以来边防日益废弛的局面；通过重用足智多谋的边帅，改善蒙汉关系，改变了自明朝开国以来一直与蒙古所处的敌对关系和战争状态，发展了两族之间的友好往来，促进了我国多民族统一国家的形成和发展。

张居正出任内阁首辅后，对朝中空议盛行、不务实事、人浮于事、政令不通的现状很是担忧。他曾和内阁次辅、大学士吕调阳对此作过多次讨论，激奋之情溢于言表。他下决心要彻底改革吏治，为其他改革铺平道路。因为他现在纵有许多想法也都是无法施行的。因为他知道他的主张要靠这些部、科、院的大小官员去办，可如何才能把这群各自为政、散沙似的"散兵游勇"捏合成一支令行禁止、进退自如的精锐之师呢？他心里一直在默默地思考着。经过一番深思熟虑之后，万历元年（1573）十月，张居正上疏请行考成法，神宗批准了他的请求。

张居正考成法的具体内容，正如他给皇上的奏疏中所讲的，最主要的有以下两条：第一，六部和都察院把所属官员应办的事情规定完成期限，并分别登记在三个账簿上，一本由部院留作底册，一本送科道，一本呈内阁。第二，六部和都察院按照账簿登记，对所属官员承办的每件事情，逐月进行检查，完成一件，注销一件，如若没有按期完成，必须如实申报，否则以违罪论处；六科亦根据账簿登记，稽查六部的执行情况，每半年上报一次，并对违限事例进行议处；内阁同样亦根据账簿登记，对六科的稽查工作进行检查。这样，六部和都察院检查所属官员，六科稽查六部，内阁监督六科，层层检查，内阁总其成，内阁遂成为名副其实的政治中枢，[1]也是张居正对明代吏制的一大

<hr>

[1] 事见《张文忠文集》："若各该抚按官奏行事理有稽迟延搁者，该部举之；各部院注销文册有容隐欺蔽者，科臣举之；六科缴本具奏有容隐欺蔽者，臣等举之。如此，月有考，岁有稽，不惟使声必中实，事可责成，……即建言立法者亦将虑其终之罔效，而不敢慎其始矣。"

平番得胜图

　　画面反映了万历三年（1575）；甘肃西南部西番族攻打洮州（今甘肃临潭），明政府派固原（今宁夏回族自治区固原县）镇总兵官领河州（今甘肃临夏）平叛事件。

改革。

　　由于考成法赏罚分明，因而使官员们办事的效率大大提高了，整个明朝政府自上而下，如同一台流水线作业的机器，各项工作稳定而有序地进行着。

四、反腐倡廉　改革税制

　　随着考成法实施，使每个官员都有了明确的职守，这样管理起来自然方便多了。张居正以推行考成法为中心，决心使腐败到极点的吏治得以整顿，使腐败之风得以改变。

　　张居正依据立限考成的三本帐，严格控制着从中央到地方的各级官员。每逢考核地方官的"大计"之年，张居正便强调要把那些秉公办事、实心为民的官员列为上考，把那些专靠花言巧语骗取信任的官员列为下考，对于那些吃粮不管事的冗官，尽行裁革。万历八年（1580），张居正下令撤苏松地区擅自添加的管粮参政，并责成吏部检查各省添设官员人数，核实上报。万历九年（1581），一次就裁革冗员169名。在他当政期间，裁革的冗员约占官吏总数十分之三。与此同时，张居正又广泛搜罗人才，把那些拥护改革、政绩卓著的官员提拔上来，委以重任。万历四年（1576）十月，万历帝审阅了关于山东昌邑知县孙凤鸣贪赃枉法

明神宗朱翊钧朝服像

的报告后问张居正：孙凤鸣进士出身，为何这样放肆呢？张居正说："孙凤鸣正是凭借他进士出身的资历，才敢这样放肆。以后我们用人，应当视其才干，不必问其资历。"皇帝赞同了他的意见。这样，张居正以圣旨为依据，彻底打破了论资排辈的传统偏见，不拘出身和资历，大胆起用人才。他主张用人时要"论其才，考其素"，即对才能和品德进行全面考察，同时，他又注意到每个人的长处和短处，用其所长，避其所短，这些被破格选拔的文武官员都在改革中发挥了骨干作用。

　　对于因工作政绩好坏而被赏罚的官员，无论是升迁或是被革职，他们都是心服口服的，因为有考成法在一目了然。可是对于朝廷上下滥用职权、以权谋私、行贿受贿等问题却很难判断是非，尤其是难以公平处理。有些官员大量侵吞国家财产，欺压百姓，但因政绩突出，甚至还会被升迁。

　　面对此种现象，张居正觉得有必要针对具体问题，制订出行之有效的办法，彻底打击这股腐败风。正在张居正着手制订新法规的时候，忽然接到了吕调阳送来的奏本。张居正一看，原来山东布政司报告孔圣人后代"衍圣公"每借进京觐见之名，沿途骚扰各路驿站，苛派强索夹带走私，交通沿线深以为苦，提请朝廷务必出一万全之策予以制止。

　　张居正看后，经过深思熟虑颁布了新驿站规则。

　　驿递新规颁发后，混乱不堪的驿站得到大大改观，许多人立刻收敛了自己的行为，不敢再滥用职权，违法强索驿站财物了。但是有些官员却不以为然，依然我行我素，滥用驿站车马，万历五年（1577）正月，张居正开始对违制使用驿站的官员进行严惩，据《明实录》和《国榷》记载，万历八年（1580）五至十二月八个月中，违制使用驿站受处罚者达30人之多。这样，经过张居正整顿，改变

鸡鸣驿

　　鸡鸣驿城是一处建于明代的驿站遗存，位于今河北省怀来县北洋河北岸的鸡鸣山下。这里曾是明、清两代的大型驿站，对其军事、政治、经济、通信等方面都起过极其重要的作用。

了长期以来无法改变的、滥用驿站的混乱状态。既保证了军国要务的畅通，又节省了大量开支。

　　张居正的改革，是先由军事、政治着手，逐渐向经济方面推广。明朝中叶以来，随着土地兼并的发展和吏治的腐败，豪强地主与衙门吏胥相勾结，大量隐瞒土地，逃避税粮，无名征求，多如牛毛，致使民力殚竭，不得安生。私家日富，公室日贫，确实到了非革弊整治的时候了。

　　大学士张四维和吕调阳纷纷向张居正提出建议，要求立即改革赋役，兴利除弊，并推荐了"一条鞭法"。所谓一条鞭法，早在嘉靖年间就由部分有识之士在福建、江西等地开始实行了。这一方法最早由福建巡抚庞尚鹏提出，他主张把田赋、徭役及其他名目繁多的杂税、杂征、杂差统统合为一体，按照各家各户的具体境况重新核实编定，将有丁无粮的编为下户，有丁有粮的编为中户，粮多丁少和丁粮俱多的编为上户。在总数确定后，按照丁、粮比例，将所有赋役派到丁、粮里面，随同完纳。此即"一条鞭法"。[1]但是，自那时起到现在50年来，朝中对此争论不休，各陈利弊，以致政令屡行屡止，从来未成统一之策。

要推行一条鞭法，首先就得将天下田亩丈量清楚，这样才好合理分配。张居正责成户部尚书张学颜亲自主持清丈。凡庄田、民田、职田、牧地，通行丈量，限三年完成。所丈量土地，除皇上赐田外，一律按地办纳粮差，不准优免。

户部随后颁布了《清丈条例》，规定了各级官员的职责及其完成期限。嘉靖以来不断有人提出清丈天下田亩的倡议，在张居正的努力下终于付诸实施了，这是当时震撼朝野的一件大事。

由于清丈天下田亩触犯了官僚、贵族、豪强地主的利益，所以遭到了他们的拼命反对，有些地方官对清丈田亩很不认真、很不得力，有的甚至公开祖护豪强，迟迟打不开清丈局面。张居正知难而进，坚定不移，他表示"只要对国家有利，不怕个人安危"。他运用考成法，严厉督查各级官员认真清丈，对阻挠清丈的宗室、豪强，严加惩治。他下令："凡有阻挠执法的，不分宗室、宦官、军、民，均依法严罚。"他告诫百官，清丈田亩一事，实为百年少有的壮举，不应草草了事、必须严格核查。这样清丈田亩工作终于冲破重重阻力，在全国范围内推广开来。

这次清丈达到了预期的成功。仅据北京、山东、河南统计，清出隐占田亩就达50余万顷。至清丈完毕统计，全国田亩总数达到700余万顷。由于扩大了摊派税粮的负担面；初步做到"粮不增加，而轻重适均"。清丈田亩的告成，为全面改革赋役制度创造了条件，户部尚书张学颜亲自起草的一条鞭法终于到了可以全面推行的时候了。万历九年（1581），张居正下令在全国推行一条鞭法。

一条鞭法的推行是与张居正创考成法，整顿吏治、抑制豪强、清丈田亩密切配合的，没有这些条件，一条鞭法就难以推行。可以说一条鞭法的推行是张居正改革最主要的归宿。张居正推行一条鞭法的直接目的是为了整顿赋役、克服财政危机、稳定明朝的统治，但它所产生的积极作用和重大影响，却远远超越了张居正的主观愿望。

---

[1]事见《明史·食货志》："一条鞭法者，总插一州县之赋役，量地计丁，丁粮毕输于官。一岁之役，官为金募。力差，则计其工食之费，量为增减；银差，则计其交纳之费，加以增耗。凡额办、派办，京库岁需与存留，供亿诸费，以及土贡事物，悉并为一条，皆计亩征银，折办于官，故谓之一条鞭。"

五、门生发难　死后蒙冤

张居正从任内阁首辅后，一心为国家社稷着想，尽心尽力地辅佐教导幼主明神宗万历皇帝，力劝他亲贤臣，远小人，慎起居，戒游侠。他本人积极进行改革，殚精毕智，勤劳于国家，由于他的勤勉努力，使万历以来吏治廉勤，纪纲振肃，风俗淳朴，府库充实，漠北骄虏俯首称臣。

然而也正因为如此，张居正在改革整顿中难免得罪了不少人。他们对张居正的改革触及自己的利益十分仇恨，也有的人与张居正政见不和，甚至嫉妒其才能和权力。他们认为张居正以宰相自居，挟天子以令天下，事无巨细均须听命于他，也太专权霸道了。种种不满和矛盾不断地困扰着张居正，给他的改革带来不少的阻力。

万历初年，礼部尚书陆树声就因看不惯张居正的一系列做法而辞职。陆树声在朝中算是个清流首领，向来恃才傲物，把功名看得很淡。张居正对他很尊重，曾以后进之礼前往参谒。可他却不冷不热，弄得张居正十分难堪。他对张居正的所作所为因看不惯而不免时时耿耿于怀。他指责张居正不行王道，只顾富国强兵。在他看来，当首辅的应行大政，行大政即应倡王道，举孝贤，清世风，而张居正一会儿节省钱粮，一会儿派员巡边，一会儿要裁夺冗员，他认为这些全是些鸡毛蒜皮的事儿。他对张居正的考成尤为不满。有一次，一名给事中提醒他说有几件事他还未按规定时间办，督他抓紧，不然将据考成法如实报呈阁部。他听后不觉恼羞成怒，大发了一顿脾气后竟拂袖而去，一连几天也不进礼部办事。

不久，因张居正父亲的去世，又引起了一场门生发难的风波。按旧例，父母去世后要在家守孝三年。可是关于张居正的守孝问题，皇上和朝中大臣却意见不一。万历帝降旨："卿受先帝遗托，

明朝官方发行的唯一纸币——大明宝钞

张居正故居

辅助朕执政至今，以安定国家社稷，朕全依赖卿，哪能离开朕一日呢？"[1] 皇上命令张居正不必回家守制。正在张居正犹豫不决的时候，以吏部尚书张瀚为首的一批张居正的门生却对他刀剑相逼，逼他离阁回家守制。

一些后进的门生也不甘落后。翰林院编修吴中行乃隆庆五年进士。那年恰是张居正任主考，依例而言，张居正便是他的"座师"。这种"师谊"、"门谊"向来很为科甲出身的人所重视，可吴中行天生傲骨，又正是年少气盛。他趁张居正丧父之机，想轰轰烈烈地闹腾一番，给青史留下个不徇私情的光辉形象。他指责张居正平日里满嘴圣贤义理，却连父丧都不去守，说如此圣贤之训何在？并说张居正哪里是为了国事，无非簸弄名辞，怙权贪位而已。他还写了份奏疏递上去。时隔一天，张居正的又一门生，翰林院检讨赵用贤又上疏，诬称张居正不奔丧是不明法纪，背徇私情……紧跟着，刑部员外郎艾穆、主事沈思孝又联名上疏，指责张居正不修匹夫常节，不作纲常之表率，愧对天下后世……

天哪，怎么都是自己的门生？他想起当年大奸相严嵩满朝结怨，人人痛恨，却还没有一个他的门生或同乡去攻击他。如今他竟连严嵩都不如了吗？经受了几

---

[1] 语见《张文忠公文集》（奏疏六《乞恩守制疏》）："朕无辅受皇考付托，辅朕冲幼，安定社稷，朕深切依赖，岂可一日离朕？"

《出警入跸图》描绘明神宗谒陵路上的场景，分为《出警图》与《入跸图》二幅。现藏台北故宫博物院。

次门生发难的沉重打击和为父奔丧的长途跋涉，张居正终于身患重病，卧床不起，经过多方医治也不见好转。

张居正自知行将不起，遂连上两疏，恳求万历准允致仕归去，以求生还江陵故土，但万历始终不准。到了万历十年（1582）六月二十日，张居正终于抛开了他呕心沥血建树的改革业绩以及年近八旬老母，静静地离开了人间，终年58岁。

张居正病重期间，明神宗万历皇帝曾十分伤心，送给他许多珍贵药物和补品，并对他说："先生于国功劳不能再大了，朕无以报谢，只有日后多照顾你的子孙是了。"张居正病逝后，神宗下诏罢朝数日，并赠他为上柱国，赐谥"文忠"。[1]据谥法解，"文"是曾任翰林者常有的谥法，"忠"是"危身奉上曰忠"。显然在赐谥时，神宗对于张居正功勋业绩的评价还是相当高的。

然而，张居正尸骨未寒，时局却急骤逆转。没过几个月，明神宗就变了脸，加上那些在改革中被张居正得罪的人添盐加醋地告状，张居正立刻遭到自上而下

---

[1]事见《明史·张居正列传》："亡何，居正病。帝频颁敕谕问疾，大出金帛为医药资……及卒，帝为辍朝，谕祭九坛，视国公兼师傅者。……赠上柱国，谥文忠，命四品京卿、锦衣堂上官、司礼太监护丧归葬。"

的批判。

张居正过去的改革所以能得以顺利进行，在很大程度上取决于神宗与他保持了一致的态度。这种局面由两种因素决定，一是自嘉靖以来与日俱增的政治危机的猛烈袭击下，统治阶级再也不能按照原来的样子继续统治下去了，这使反对改革的势力未能占据上风；二是由于神宗即位后，年仅10岁，他对身兼严师和首辅的张居正又敬又畏，处处听从其指点，因此对进行的改革并无疑议。在这种形势下，张居正代表的是地主阶级的整体利益，行使的是至高无上的皇帝权力，所以才使其改革取得了迅速成功。后来情况却发生了很大变化，一方面改革已见成效，危机已经缓解，官僚和贵族们在贪婪的本性驱使下，强烈要求冲破改革时期所受的节制，并进而废弃改革；另一方面，神宗皇帝随着年龄的增长，对于"威柄震主"的张居正日益不满起来，嫌张居正把自己管得太严，使自己不能自由地行使权力。张居正活着的时候，他不敢怎么样，现在张居正死了，他就谁也不怕了，由此他感到从未有过的快活，不由对张居正的严厉大为不满。

张居正死后，司礼太监张诚等在神宗面前拼命攻击张居正的主要支持者大太监冯保，随即冯保被逮捕，家产被查抄，而张居正生前与冯保关系极好，于是在反冯同时也拉开了弹劾张居正的序幕。[1]

正如曾被张居正逐出朝门的原兵部侍郎汪道昆所总结的："张公之祸是在所难免的。这个中缘由，是因为张公想有所作为，必揽大权在手。而这大权非是别人，乃当今天子之权！张公当权便是天子的失位，功高震主，权重遭忌，此是张公无法逃脱的必由之路。"

明神宗态度的变化，在反对改革的官僚和贵族中引起强烈反响，那些受过张居正批评的人趁机告状，原来巴结张居正的人也都反过来说他的坏话了。明神宗听了这些人的话，也不明事理，就下令把被张居正改革过的旧东西都恢复起来。张居正创造的考成法也被取消，官员不得任意使用驿站的驿递新规也被废止，张居正重用的官员被罢黜，好多被裁处官员，一个个又官复原职，重新被起用。

万历十一年（1583）三月，明神宗诏夺张居正上柱国封号和文忠谥号，并撤

[1] 事见《明史·张居正列传》："初，帝所幸中官张诚见恶冯保斥于外，帝使密诇保及居正。至是，诚复入，悉以两人交结恣横状闻，且谓其宝藏逾天府。帝心动。左右亦浸言保过恶，而四维门人御史李植极论徐爵与保挟诈通奸诸罪。帝执保禁中，逮爵诏狱。谪保奉御居南京，尽籍其家金银珠宝巨万计。"

销其儿子张简修锦衣卫指挥的职务。不仅如此，当有人告发张居正专权要谋反，他家里一定藏着许多财宝时，神宗皇帝马上下令："张居正简直是作恶多端，快给我抄了他的家！"万历十一年五月，张宅被抄，全部家财也不过30万两左右，10余口人被活活饿死，长子敬修自杀，三子懋修投井未死。神宗听了还不满意，干脆又下令："张居正生前专权乱政，干了许多坏事，本当把他的尸首从棺材里拉出来斩首，念他在朝廷办事多年，就免了。不过，对他的亲属不能轻饶，都给我充军去！"在刑部尚书潘季驯的乞求下，神宗才勉强答应留空宅一所，田地10顷，以赡养张居正的8旬老母。[1]

《张太岳先生诗集》书影

明神宗曾对张居正说过，要照顾好他的子孙，可是在张居正死后不久，其家里人便死的死，判刑的判刑。一个为国家的富强建立了功绩的人，反倒成了罪人！这个结局是张居正生前万万没有料到的。就连张居正生前所重用之人，如张学颜、方逢时、梁梦龙等辈也均遭遣还籍。

张居正的改革是顺应历史潮流的，他所建树的业绩并没有因为改革的废止全部付诸东流。例如，封贡通市，改善蒙汉关系，又如赋役改革，推行一条鞭法，在张居正死后仍一直向前发展。这种情况表明，明神宗虽然可以凭借至高无上的皇权废止张居正改革，查抄其家产，但却改变不了"天下不得不一条鞭"的历史潮流。

---

[1] 事见《明史·张居正列传》："诏夺上柱国、太师，再夺谥。……庶人妃因上疏辩冤，且曰：'庶人金宝万计，悉入居正。'帝命司礼张诚及侍郎丘橓偕锦衣指挥、给事中籍居正家。诚等将至，荆州守令先期录人口，锢其门，子女多遁避空室中。比门启，饿死者十余辈。诚等尽发其诸子兄弟藏，得黄金万两，白金十余万两。其长子礼部主事敬修不胜刑，自诬服寄三十万金于省吾、篆及傅作舟等，寻自缢死。事闻，时行等与六卿大臣合疏，请少缓之；刑部尚书潘季驯疏尤激楚。诏留空宅一所、田十顷，赡其母。"

张居正死后，明神宗如小鸟出笼无拘无束，他嗜酒、贪色、恋财，为满足私欲，他横征暴敛，挥金如土。朝廷上下荒淫腐败，糜烂不堪，各种社会矛盾又急剧发展起来，最终一发而不可收拾，明王朝的丧钟敲响了。

面对日益衰败的朝廷和处于水深火热之中的人民，许多有识之士又想起了张居正及他的改革业绩。明熹宗天启二年（1622），熹宗帝下诏为张居正平反昭雪。崇祯三年（1630）礼部侍郎罗喻义挺身而出为张居正论冤。到崇祯十三年（1640），崇祯皇帝终于下诏恢复张居正长子张敬修官职，并授予张敬修的孙子张同敞为中书舍人。[1]尽管张居正的改革没能完全继续坚持下去，但张居正忠心耿耿辅佐小皇帝，革除积弊，创建新政，呕心沥血，鞠躬尽瘁，他的功绩是不可磨灭的。张居正不愧是明代最杰出的政治家、改革家。

名 家 评 说

张居正通识时变，勇于任事。神宗初政，起衰振隳，不可谓非干济才。而威柄之操，几于震主，卒致祸发身后。《书》曰"臣罔以宠利居成功"，可弗戒哉。

——清·张廷玉《明史》

在中国封建社会中并不乏有起自平民而荣登宝座的皇帝，刘邦、朱元璋都以开国的一代君主享名青史，但却少有出身寒微而力挽狂澜的宰相，张居正就是罕见的一位。他从秀才、举人、进士，官至内阁大学士，从平民中崛起，在明朝万历王朝初年当了十年首辅，协助十岁的小皇帝，推行改革，把衰败、混乱的明王朝，治理得国富民安。……历史就是这样令人悲欢啼笑，当年诽谤新政的又何尝料到日暮途穷时梦想追回改革的盛景而时不再来呢？唯有一代勇士燃起的点点星火，长留中华民族的星空。历史嘲讽的不是张居正改革，而是断送改革的封建专制主义体制，这是公正的。

——刘志琴《晚明文化与社会》

---

[1]事见《明史·张居正列传》："熹宗时，廷臣稍稍追述之。而邹元标为都御史，亦称居正。诏复故官，予葬祭。崇祯三年，礼部侍郎罗喻义等讼居正冤。帝令部议，复二荫及诰命。十三年，敬修孙同敞请复武荫，并复敬修官。帝授同敞中书舍人，而下部议敬修事。"

魏忠贤

魏忠贤（1568～1627），泰昌年间任司礼秉笔太监，后又兼掌东厂。河间肃宁（今属河北）人。他勾结熹宗的乳母客氏，专断国政，政治日益腐败。天启五年（1625）兴大狱，杀东林党人杨涟等。自称九千岁，下有五虎、五彪、十狗等名目，从内阁六部至四方督抚，都有私党。崇祯帝即位后，黜职，安置凤阳，旋命逮治，他在途中惧罪自缢。

魏忠贤

一、自残入宫　谋取权力

魏忠贤年轻时是一个市井无赖，有一次他与一群无赖恶棍赌博时输了钱，而且还受到那群人的殴打侮辱。那次受辱的经历严重地伤害了他的身体和自尊心。他发誓要报复，可是对方人多势众，自己根本不是对手；他出身于社会底层的一个贫寒门第，与官府没有任何联系，因此也不能指望依靠官府的势力来惩治他的仇人。他左思右想，最后决定进宫当太监，以改变他的地位和命运，梦想着有朝一日能获得令人羡慕的功名富贵，以及令人敬畏的皇室独有的权势。

魏忠贤的无赖品性使他具有一种为达到个人的目的而孤注一掷的勇气，这也是流氓与赌徒的心理素质。在没有任何麻醉措施的条件下，他给自己做了阉割手术。[1]他痛得死去活来，但却成功地保住了性命，并顺利地入宫，从而一步步地向帝国最高权力中心接近。

---

[1]事见《明史·宦官二·魏忠贤列传》："（魏忠贤）少无赖，与群恶少博，不胜，为所苦，恚而自宫。"

明光宗朱佑樘朝服像

当然，作出这一决定是需要极大的勇气，这不仅意味着他必须忍受巨大的身体上的痛苦，而且他还必须彻底抛弃传统的孝道和家庭伦理观念，自觉地将自己归入那个为一般中国人所不耻的特殊阶层——太监。那是一种变异的人类，可视为人性邪恶与残忍的证据。在中国数千年的封建历史中，这种不男不女的人类怪物一直存在于宫廷内，帝王企图以这种残酷的手段来保证皇族血统的绝对纯洁，然而却无法避免由此带来的负面后果。尤其是当太监们作为侍候皇室的奴仆而介入宫廷内部的政治生活时，这种后果往往是灾难性的。那些自愿或被迫阉割的太监，他们的心理已经严重地扭曲或变态了，一旦掌握了控制皇帝的权力，就会利用这一可怕的君权来疯狂地打击报复曾经伤害过他的世界。宦官专权给封建王朝带来的祸患可用洪水猛兽来比喻，尽管在中国历史上，真正能操纵君权的太监并不多，但只要出现一个，则这个王朝就会遭到灭顶之灾。

魏忠贤刚入宫时化名叫李进忠，后才恢复了原姓，并被赐名忠贤。[1]正如他的化名所显示的那样，他刚入宫时确实表现得忠诚、勤勉、任劳任怨，再加上他特有的机敏、狡猾、善解人意，因此不到几年，他就获得了宫中一个很有权势的太监魏朝的好感。魏朝是太子朱常洛的宠妃李选侍的侍卫太监。1620年，朱常洛登基后，他的权势也相应增长，成为宫中少数几个炙手可热的太监之一，魏忠贤认准了这个进身阶梯，千方百计地巴结、奉承魏朝，魏朝被他讨好得满心欢喜，就多次到秉笔司礼太监王安面前称赞魏忠贤。不久，魏忠贤谋求到了一个令其他太监艳羡的职位，即给太子朱由校的生母王才人典膳，也就是负责王才人母

---

[1] 事见《明史·宦官二·魏忠贤列传》："（魏忠贤）变姓名曰李进忠，其后乃复姓，赐名忠贤云。"

子俩的饮食起居。[1] 这一职位给魏忠贤带来了飞黄腾达的好运，使他逐渐登上个人权力的顶峰，但同时也使明帝国迅速跌入衰亡的深谷。

年幼的太子朱由校体弱多病，因此皇上专门派了一位乳母客氏给他喂奶，并与魏忠贤一起共同照料他们母子俩。客氏原先与太监魏朝有性爱关系，在皇宫里，太监与宫女之间的秘密性爱被含蓄地称为"对食"。这虽然是一种畸形的性爱，但在那个皇权独尊的非人道的环境里，这也是无可厚非的。太监宫女毕竟也是人，他们也具有人的自然欲望。无赖出身的魏忠贤很快便取代魏朝，成为客氏新的"对食"伙伴。两人的情意日益亲密，不仅成为一对情侣，而且也结成了牢固的权势同盟。[2] 这一权势结盟日益膨胀，最终左右了天启朝的政治。

1620年八月二十六日，刚即位一个多月的泰昌皇帝朱常洛在服用了一位官员进献的两颗红药丸之后神秘地死去。他的死是明末宫廷一连串疑案之一。此案的真情从未被揭开，但大臣们都怀疑是万历皇帝的郑贵妃指使人干的，因为郑贵妃一直想立她的儿子福王朱常洵为太子。不过她的阴谋并没有得逞。太子朱由校已经15岁，到了可以即位的年龄。1620年十月一日，朱由校登基，是为天启皇帝。

二、天启即位　魏氏专权

魏忠贤的命运随着朱由校的即位而发生了戏剧性的转折。在此之前，他的影响只限于宫廷太监内部，而且他远没有获得决定性地位。秉笔司礼太监王安才是能直接插手政治决策的权威人物。可是现在却不同了。魏忠贤以他高明的手腕博得了朱由校的喜爱和绝对信赖，再加上朱由校从孩童时起就对客氏产生慈母般的依恋感情，使魏忠贤在天启朝廷的地位直线上升。天启帝即位才一个多月，就封客氏为奉圣夫人，授予她的儿子侯国兴、弟弟客光先以及魏忠贤的哥哥魏钊以锦衣卫千户的官职。1621年五月，皇帝斥退了正直的王安，而改任魏忠贤为秉笔司礼太监。这是皇宫内最高的宦官职务，他经常帮助皇帝批阅大臣的奏疏并下达各种指令，相当于政府的最高秘书长一职。按理说，这种职务不应该由魏忠贤担

---

[1] 事见《明史·宦官二·魏忠贤列传》："忠贤自万历中选入宫，隶太监孙暹，夤缘入甲字库，又求为皇长孙母王才人典膳，谄事魏朝，朝数称忠贤于安，安亦善遇之。"

[2] 事见《明史·宦官二·魏忠贤列传》："长孙乳媪曰客氏，素私侍朝，所谓'对食'者也。及忠贤入，又通焉。客氏遂薄朝而爱忠贤，两人深相结。"

明熹宗朱由校朝服像

任，因为他是一个目不识丁的文盲，可是客氏对皇帝的影响这次又发挥了效力。[1]魏忠贤利用识字的太监王体乾、李永贞等人为心腹助手，慢慢地插手朝政事务。

不久，皇帝下诏赐给客氏香火田，并任命魏忠贤负责督建泰昌帝的陵墓。皇帝的这一决定遭到了御史王心一的反对，但天启帝坚持要这样做。这时，王心一和东林党的正直官员们预感到客氏与魏忠贤的勾结可能给朝廷带来灾难性的后果，于是他们联合起来上书皇帝，要求将客氏永远逐出宫门。可是，年幼无知的天启帝还对客氏恋恋不舍。他说："我幼年时全靠乳母的照料保护，才活了下来。这件事等父皇的葬礼过后再商议吧。"[2]

大臣们的联合进攻没有获胜，魏忠贤却开始了清除对手的斗争。他联合客氏，首先驱逐了自己的情敌魏朝，然后又把政敌王安流放到海南并置其于死地。支持王安的太监也遭到了清洗。[3]这样，在宦官集团内部，魏忠贤成为绝对的统治者，剩下的对手只是朝廷大臣了。

当时，天启帝是个十几岁的青年，不理朝政，却热衷于木匠。他能娴熟地运用斧头和锯子制作各种精巧绝伦的木器，却把批阅奏疏和处理文件看做是令他头

[1]事见《明史·宦官二·魏忠贤列传》："光宗崩，长孙嗣立，是为熹宗。忠贤、客氏并有宠。未逾月，封客氏奉圣夫人，荫其子侯国兴、弟客光先及忠贤兄钊俱锦衣千户。忠贤寻自惜薪司迁司礼秉笔太监兼提督宝和三店。忠贤不识字，例不当入司礼，以客氏故，得之。"

[2]语见《明史·宦官二·魏忠贤列传》："皇后幼，赖媪保护，俟皇祖大葬议之。"

[3]语见《明史·宦官二·魏忠贤列传》："忠贤专客氏，逐魏朝。又忌王安持正，谋杀之，尽斥安名下诸阉。"

高攀龙
——从清道光九年（1829）长洲顾氏刊本《吴郡名贤图传赞》（清顾沅撰，孔继尧绘）

　　高攀龙（1562~1626），字存之，江苏无锡人，东林党领袖。万历十七年（1589）进士，后获职遭贬，辞官归家，与顾宪成兄弟复建东林书院。天启元年（1621），东林党获重用，历任太常少卿、刑部右侍郎、都察院左都御史等职。后遭魏忠贤陷害，不堪屈辱，投水自尽，时年六十四岁。崇祯初年（1628）平反，赠太子太保、兵部尚书，谥"忠宪"。

疼的苦差事。他尽量逃避这些繁杂枯燥的政事，而兴趣盎然地致力于木工活。这就给魏忠贤的专权提供了极大的便利。每当皇帝干木工活兴趣正浓时，魏忠贤就会不失时机地跑去扫他的兴，向他报告一些他最讨厌的政事，如官员的任免、边境的战事、财政支出的困难等等，这时皇帝就会不耐烦地说："我知道了，你看着办好了。"久而久之，朝政大事的决定权就落在魏忠贤手里了，天启帝事实上成为一个傀儡。[1]不过他乐意于当傀儡，他可以腾出手来从事他最有兴趣的业余爱好。至于朝政大事，尽由魏忠贤去处理好了。

　　不过，魏忠贤没有忘记引导这位少年皇帝培养其他的兴趣爱好。比如声色犬马、射箭围猎等。魏忠贤还挑选一批年轻健壮的太监在宫中操练武术，进行模拟战斗演习，以供皇帝消遣取乐。但皇帝对这些游戏的兴趣并不浓厚，他最大的爱好仍是木工活。

　　大臣们对年轻皇帝被操纵深感忧虑。御史周宗建、马鸣起，给事中倪思辉、朱钦相、王心一以及刑部主事刘宗周等不顾个人的安危，多次向皇帝进谏，要他疏远魏忠贤，但他们无一例外遭到了皇帝的训斥。[2]皇帝不能容忍任何人对魏忠

---

[1] 事见《明史·宦官二·魏忠贤列传》："帝性机巧，好亲斧锯髹漆之事，积岁不倦，每引绳削墨时，忠贤辈辄奏事。帝厌之，谬曰：'朕已悉矣，汝辈好为之。'忠贤以是恣威福惟己意。"

[2] 事见《明史·宦官二·魏忠贤列传》："御史周宗建、侍郎陈邦瞻、御史马鸣起、给事中侯震旸先后力诤，俱被诘责。给事中倪思辉、朱钦相、王心一复言之，并谪外，尚未指及忠贤也。"

魏大中因上疏弹劾魏忠贤而被捕入狱，杖毙狱中。图为他在狱中写的绝命书

贤进行攻击，因此魏忠贤也就更加肆无忌惮，恣行妄为，气焰日益嚣张。

但朝廷里还存在一股使魏忠贤有所顾忌的力量，这就是东林党人。东林党出现于万历朝，它由那些注重道德气节的正直知识分子组成，它的势力在万历朝的党派斗争中几经消长，是明末主张维护儒家政治理想的中坚力量。在天启朝初期，它在朝廷中仍保持着相当大的影响。东林党的领袖人物邹元标、赵南星、王纪、高攀龙等都位居要职；左光斗、魏大中、黄尊素等都是朝廷中很有声望的人物；而内阁首辅叶向高、韩爌也是东林党的支持者。这些大臣组成了一股不可忽视的政治力量，顽强地抗衡着魏忠贤的阉党势力。[1] 很显然，这两股势力之间迟早会爆发一场冲突，而冲突的结果将直接关系到王朝的命运。但天启帝认识不到这一点。1622 年，泰昌皇帝的庆陵建成，朝廷大力表彰了魏忠贤的功劳，并推恩到魏的家族，连他的侄儿辈也都被授予锦衣卫都指挥的官职。朝廷的滥赏再次激怒了大臣们。尚书王纪、给事中惠世扬首先发难，揭露了魏忠贤与客氏的不法行径，结果两人立刻被罢免。夏初，北京下了一场罕见的冰雹，御史周宗建借题发挥，说这是魏忠贤扰乱朝纲、堵塞言路而导致的上天发怒。翰林院编修文震孟、太仆寺少卿满朝荐支持周宗建的说法，结果这几个人也都被罢免。[2]

接下来，魏忠贤向强有力的对手发起进攻。他于 1623 年初将自己的亲信党

---

[1] 事见《明史·宦官二·魏忠贤列传》："天启初，废斥殆尽，识者已忧其过激变生。及忠贤势成，其党果谋倚之以倾东林。而徐大化、霍维华、孙杰首附忠贤，刘一燝及尚书周嘉谟并为杰劾去。然是时叶向高、韩爌方辅政，邹元标、赵南星、王纪、高攀龙等皆居大僚，左光斗、魏大中、黄尊素等在言路，皆力持清议，忠贤未克逞。"
[2] 事见《明史·宦官二·魏忠贤列传》："会初夏雨雹，周宗建言雹不以时，忠贤谲愬所致。修撰文震孟、太仆少卿满朝荐相继言之，亦俱黜。"

徒魏广微安插进内阁，成为大学士，然后授意听命于他的御史郭巩弹劾周宗建、刘一燝、邹元标、杨涟、周朝瑞等东林党大臣，攻击他们保举了平庸无能的辽东经略熊廷弼，导致辽东战事失利，犯下了奸党误国的罪行。周宗建立即予以反击，他指责郭巩是受魏忠贤指使的爪牙，于是两派势力之间进行了激烈的交战。御史方大任等人站到了周宗建一边，但由于皇帝的偏袒，阉党势力又占了上风。[1] 这年秋天，皇帝下诏魏忠贤掌管锦衣卫，锦衣卫是负责镇压与迫害反对派的特务机关，拥有很大的权力。天启帝任命魏忠贤掌管锦衣卫，即是授权他可以对朝廷大臣实行公然的镇压，而无须获得皇帝的同意。从此以后，魏忠贤就更加肆无忌惮、为所欲为了。他将锦衣卫的武士扩充至万人，这些鹰犬爪牙们披甲带剑，成群结队地出入于皇宫内外，实行赤裸裸的恐怖统治。

三、清除异己　阉党横行

魏忠贤获得锦衣卫这把尚方宝剑后，伪造圣旨将泰昌皇帝的妃子赵选侍赐死，连有孕在身的张贵妃也不能幸免。然后他又革除了李成妃的封号，并将已经怀孕的天启帝的张皇后堕胎。其他被害的妃嫔还有多人。客氏直接参与了其中的大多数迫害。在紫禁城的深宫大院内，屈死在魏忠贤手下的冤魂不计其数。1623年冬天，魏忠贤获得兼掌另一个特务机关东厂的权力。

1624年，给事中傅櫆与魏忠贤的外甥傅应星结为兄弟，他诬告正直的大臣汪文言以及东林领袖左光斗、魏大中等。魏忠贤马上将汪文言投入镇抚司监狱，准备大规模地清洗反对派。大学士叶向高出来保护反对派，他要求掌管镇抚司的刘侨停止审讯汪文言。魏忠贤勃然大怒，他立即将刘侨罢免，而以自己的党羽许显纯代替。[2] 同时，那些曾上书弹劾过魏忠贤的大臣无一例外都受到了惩处，而且这些惩罚都是在圣旨的名义下执行的，皇帝已经被完全架空了。

面对魏忠贤的淫威，性格刚烈如火的都御史杨涟挺身而出，上疏皇帝，弹劾

---

[1] 事见《明史·宦官二·魏忠贤列传》："三年春，引其私人魏广微为大学士。令御史郭巩讦宗建、一燝、元标及杨涟、周朝瑞等保举熊廷弼，党邪误国。宗建驳巩受忠贤指挥，御史方大任助宗建攻巩及忠贤，皆不胜。"

[2] 事见《明史·宦官二·魏忠贤列传》："四年，给事中傅櫆结忠贤甥傅应星为兄弟，诬奏中书汪文言，并及左光斗、魏大中。下文言镇抚狱，将大行罗织。掌镇抚刘侨受叶向高教，止坐文言。忠贤大怒，削侨籍，而以私人许显纯代。"

锦衣卫牙牌

魏忠贤的 24 大罪，包括谋杀异己、强迫皇后堕胎、断绝皇帝子嗣等，罪证如山，奏疏一出，京师为之震动，魏忠贤也害怕了，就去找大学士韩爌说情。韩爌不愿为他求情，他自己就来到皇帝面前，痛哭流涕地为自己辩解，并要辞去东厂提督一职。客氏在一旁为他百般曲护，太监王体乾也跟着帮腔。这几人七嘴八舌地一说，这位糊涂的天启皇帝也就相信了魏忠贤是受了诬陷，他于是好言劝慰魏忠贤，不批准他辞职。第二天，皇帝驳回了杨涟的奏疏，并严词训斥了他。[1] 但是支持杨涟、谴责魏忠贤的奏疏仍源源不断地送进宫中。首辅叶向高为了避免与魏忠贤的正面冲突，建议皇帝将魏忠贤遣送回故里，但他的建议被置之不理。

魏忠贤对大臣的这次联合进攻恼羞成怒，他决心彻底清除朝中的反对力量，将他们赶尽杀绝。他的亲信顾秉谦充当了这次大清洗的幕后军师。顾秉谦暗地里将反对魏忠贤的大臣开列了一份黑名单，并主张逐个地清除这些人。不久，工部郎中万燝控告魏忠贤把建造皇陵的材料用来给自己营造坟墓。魏忠贤本来就对大臣的弹劾恨之入骨了，现在万燝又来火上浇油，于是他决定杀一儆百。他矫旨将万燝廷杖一百，万燝被打得皮开肉绽，4 天以后即死去。随即他又将一向同情、偏袒东林的首辅叶向高作为清除的目标。魏忠贤唆使其羽翼爪牙围攻叶向高的住宅，在外面百般辱骂。叶向高受不了这样的侮辱，就上书请求辞职，这正中魏忠贤的下怀。1624 年八月，皇上批准叶向高辞去首辅的职务。[2]

叶向高的离职，使阉党势力更加咄咄逼人，朝野上下，只知有魏忠贤，不知有皇帝。那些忧国忧民的正直大臣，对朝廷黑暗、国事日非感到绝望，他们纷

---

[1] 事见《明史·宦官二·魏忠贤列传》："于是副都御史杨涟愤甚，劾忠贤二十四大罪，疏上，忠贤惧，求解于韩爌。爌不应，遂趋帝前泣诉，且辞东厂，而客氏从旁为剖析，体乾等翼之。帝憒然不辨也。遂温谕留忠贤，而于次日下涟疏，严旨切责。"

[2] 事见《明史·宦官二·魏忠贤列传》："是时，忠贤愤甚，欲尽杀异己者。顾秉谦因阴籍其所忌姓名授忠贤，使以次斥逐。王体乾复昌言用廷杖，威胁廷臣。未几，工部郎中万燝上疏刺忠贤，立杖死。又以御史林汝翥事辱向高，向高遂致仕去，汝翥亦予杖。"

纷上交辞呈，以示抗议。到了1624年冬，先后去职的大臣有吏部尚书赵南星、左都御史高攀龙、吏部侍郎陈于廷、杨涟、御史左光斗、魏大中等几十人。魏忠贤又用同样的陷害手段，迫使内阁首辅韩爌和兵部侍郎李邦华辞职。

离职大臣所留下的空缺职务全被魏忠贤的党羽占据。朱童蒙、郭允厚为太仆寺少卿，吕鹏云、孙杰为大理丞，霍维华、郭兴治为给事中，徐景濂、贾继春、杨维垣为御史。而趋附魏忠贤的人，如徐兆魁、王绍徽、乔应甲、徐绍吉、阮大铖、陈尔翌、张养素、李应荐、李嵩、杨春懋等人，相继占居了高官要职，成为魏忠贤的心腹爪牙。不久，因贪污受贿而被东林领袖弹劾的御史崔呈秀，

杨　涟
——从清道光九年（1829）长洲顾氏刊本《吴郡名贤图传赞》（清顾沅撰，孔继尧绘）

也因为投靠阉党而被重新起用。崔呈秀对魏忠贤的庇护感激涕零，他造了两本花名册，一本名为《天鉴》，将那些同情或倾向于东林党的官员全部名列其中；另一本名为《同志》，收录的全是东林党成员的名单。王绍徽根据水浒梁山一百零八将的故事，也向魏忠贤进献了一本《点将录》，将不依附阉党的大臣，统称为东林党人，而以邹元标、顾宪成、叶向高、刘一燝等人为党魁。魏忠贤罢免官员，完全依据这几本花名册按图索骥就行了。于是，那些趋炎附势的无耻之徒，竞相奔走于魏忠贤的门下，狐假虎威，助纣为虐，党同伐异，将攻击的矛头一齐指向东林党。[1]

尽管在朝的东林党人几乎全部被罢免，阉党势力完全控制了朝政大权，但魏忠贤对他所取得的胜利仍不满足，因为那些在野的东林党人仍在抨击时政，辱骂魏忠贤。因此他决定要彻底铲除东林党人。现在要达到这个目的似乎并不费力，

---

[1]事见《明史·宦官二·魏忠贤列传》："未几，复用拟成崔呈秀为御史。呈秀乃造《天鉴》《同志》诸录，王绍徽亦造《点将录》，皆以邹元标，顾宪成、叶向高、刘一燝等为魁，尽罗入不附忠贤者，号曰东林党人，献于忠贤。忠贤喜，于是群小益求媚忠贤，攘臂攻东林矣。"

因为双方力量的对比绝对有利于他，只要他开口，手下的那些党羽爪牙们就会冲上去，为他效劳。他只是在等待时机。

当初，万历和泰昌朝宫廷内发生的三件大案：1615年的梃击案，一位男子闯入宫中棒击太子朱常洛；1620年的红丸案，即位一个多月的泰昌帝服用官员敬献的红药丸后可疑地死去；以及同一年的移宫案，大臣们要求泰昌帝的宠妃李选侍搬出乾清宫。这三大案在1623年完成的《泰昌实录》中已有定论，但这时，新得势的阉党官员又重提这三大案，企图洗刷自己在其中扮演的不光彩角色。他们求助于魏忠贤，要求魏忠贤帮助他们翻案，并且危言耸听地说：东林党人将要陷害您。魏忠贤于是授意首辅顾秉谦重新编写了《三朝要典》，不遗余力地攻击诋毁东林党人，替阉党成员泄了私愤。

1625年一月，魏忠贤指使他的党羽梁梦环逮捕了东林组织者汪文言，罪名是他长时期支持因作战不利而被关押的辽东经略熊廷弼。不屈不挠的汪文言在监狱中被拷打致死。魏忠贤的爪牙许显纯还炮制了一份状词，把已被革职的赵南

东林书院

星、杨涟等20余人牵连进此案。于是，杨涟、左光斗、魏大中、周朝瑞、袁化中、顾大章六人被逮捕入狱，受到酷刑折磨。十月中旬，这些被称为东林六君子的人，遭到杀害。李宗延、张问达等50多位不愿与魏忠贤合作的官员也统统被罢免。到了年底，一份包括涉嫌同情东林党的人员名单，被印发出来并榜示天下，凡名列当中的都被视为东林党人，可任意治罪。党锢之烈，无以复加。

"东林先生"顾宪成

——从清道光九年（1829）长洲顾氏刊本《吴郡名贤图传赞》（清顾沅撰，孔继尧绘）

这时，专门负责替魏忠贤镇压异己的暴力机构东厂显得格外忙。那些东厂走狗以清除东林党为名，到处穿街走巷，明察暗访，稍不合他们意的人就被带走，酷刑折磨致死，根本无需司法审讯。大臣李承恩是皇室勋戚，他的母亲是宁安公主，他家中藏有皇帝赏赐的器物。魏忠贤诬告他盗用御物，将他下狱处死。中书吴怀良读到杨涟揭发魏忠贤罪状的奏疏，禁不住拍案赞叹，被他的仆人告发，满门抄斩。武将蒋应阳为熊廷弼伸冤，立即被杀死。平民百姓谈话，只要稍稍触及魏忠贤，就会被杀，甚至用剥皮、割舌的酷刑处死。在残酷血腥的恐怖统治下，人民敢怒不敢言。[1]

1625年三月，为庆祝泰昌皇帝陵墓竣工，魏忠贤被朝廷赐予大都督府都督同知的世袭官职，他的族叔魏志德被授予都督佥事，他的外甥傅应星被提升为左都督，侄儿魏良卿被授予锦衣卫佥书，兼掌镇抚司。

1626年，魏忠贤下令逮捕辞官在家的东林领袖周起元、高攀龙、周宗建、

---

[1] 事见《明史·宦官二·魏忠贤列传》："当是时，东厂番役横行，所缉访无论虚实辄糜烂。戚臣李承恩者，宁安大长公主子也，家藏公主赐器。忠贤诬以盗乘舆服御物，论死。中书吴怀贤读杨涟疏，击节称叹。奴告之，毙怀贤，籍其家。武弁蒋应阳为廷弼讼冤，立诛死。民间偶语，或触忠贤，辄被擒戮甚至剥皮、割舌，所杀不可胜数，道路以目。"

被魏忠贤迫害致死的苏州五人墓碑

缪昌期、周顺昌、黄尊素、李应升7人。这些人退隐在江、浙一带聚徒讲学，抨击时政，由于他们崇高的威望和清廉的名声，他们在江南一带造成了很大的声势，形成了一股在野的政治反对力量。魏忠贤对这一派力量恨之入骨，必欲除之而后快。结果，高攀龙投水自杀，周顺昌等六人在狱中被许显纯用酷刑折磨死，时人称他们为东林后七君子。[1]

当东厂的爪牙到苏州去逮捕周顺昌时，激起了苏州市民的愤怒抗议，他们聚集起来打死了两名东厂校尉，并准备采取更激烈的行动来营救被捕的东林领袖。整个东南地区随时可能爆发一场武装起义。但魏忠贤设法控制了那里的局势，带头发起暴动的颜佩韦等五人被杀。[2] 随后阉党又捣毁了东林书院，并立了一块东林党碑。国内再也没有反对力量敢与魏忠贤抗衡。

四、巩固权势　位极人臣

魏忠贤清除了东林党人之后，身边暂无隐患，就开始把注意力投向边疆，他希望冒领边功来巩固他的地位。辽东的一名男子武长春在北京的一家妓院里寻欢作乐，他海阔天空地胡吹，并且还讲到了辽东边境明军与满洲军队作战的情况。结果他的话被东厂的密探偷听到了，就把他抓入东厂监狱，许显纯下令严刑逼供，要他承认是满洲人派来的间谍。恰好在这时，明军在辽东前线取得了一次小小的军事胜利，捷报传到北京，许显纯乘机为魏忠贤邀功。他上书朝廷，谎称：

[1] 事见《明史·宦官二·魏忠贤列传》："逮治前应天巡抚周起元及江、浙里居诸臣高攀龙、周宗建、缪昌期、周顺昌、黄尊素、李应升等。攀龙赴水死，顺昌等六人死狱中。"

[2] 事见《明史·宦官二·魏忠贤列传》："苏州民见顺昌逮，不平，殴杀二校尉，巡抚毛一鹭为捕颜佩韦等五人悉诛死。"

"武长春是满族人派来的间谍，潜伏到北京图谋作乱，幸赖东厂卫士的忠诚机智，将其捕获，使辽东前线的明军获得了胜利。"于是天启帝下诏晋封魏忠贤的侄子魏良卿为肃宁伯，并赐给他宅第和庄田。[1]吏部尚书王绍徽进一步献媚，请求追封魏忠贤的祖先，天启帝就追封魏忠贤的四世祖先为肃宁伯。魏忠贤还把心腹太监刘应坤、陶文、纪用派往山海关监军。这些对军事一窍不通的太监来到边境前线，严重影响了边防驻军的士气，恶化了军事形势。

明朝太监塑像

这时，那些寡廉鲜耻的官员对魏忠贤的谄媚到了无以复加的地步。浙江巡抚潘汝桢请求在西湖边为魏忠贤建一座生祠。天启帝批准了他的请求并亲书祠堂匾额"普德"二字。于是阿谀奉承的地方官员们纷纷撰写令人肉麻的吹捧文章，为魏忠贤歌功颂德，有"民心依归、天心向顺"的颂词，甚至称颂他为"尧天舜德、至圣至神"。生祠里还立了魏忠贤的塑像，官员进入祠堂，必须下跪叩拜，口称九千岁。因为不愿叩拜而被杀的人也不计其数。不久，这样的生祠就在全国各地纷纷建了起来。无数的民脂民膏，被用来祭祀这位还活着的无赖太监，实在是滑天下之大稽！

朝野上下对魏忠贤的美化与封赏还在继续升温，趋炎附势的奸佞们竭尽阿谀奉承之能事，以讨好取悦于魏忠贤为荣。1626年十一月，朝廷晋封魏忠贤为上公——一个特意为他创造的爵位。太监被封为公爵，这在明代历史上是绝无仅有的纪录。而他的侄儿魏良卿也由先前的侯爵晋封为宁国公，可谓平步青云。他家族的其他成员，无论老少，都得到了封官加爵的恩荣，可谓"一人得道，鸡犬升天"。各地官员进呈给皇帝的奏疏，也充满了对魏忠贤肉麻的吹捧。南京修复孝

[1] 事及语见《明史·宦官二·魏忠贤列传》："辽阳男子武长春游妓家，有妄言，东厂擒之。许显纯掠治，故张其辞云：'长春敌间，不获且为乱，赖厂臣忠智立奇勋。'诏封忠贤侄良卿为肃宁伯，赐宅第、庄田，颁铁券。"

陵工程竣工、西北边境作战胜利、官府捉拿了逃犯，都归功于魏忠贤圣人般的德行与超凡的天才。甚至连官府草料场的一场火灾被扑灭，也归功于魏忠贤的神圣功德。

翰林院编修吴孔嘉是徽州人，他与族人吴养春有仇，就诱使吴养春的仆人诬告吴养春霸占了黄山，结果，吴养春父子俩都惨死在狱中。魏忠贤还派爪牙吕下问、许志吉先后前往徽州，没收吴养春的家产。徽州在外经商的人很多，吴养春本人就是一个富有的徽商，魏的爪牙趁此机会大肆抢劫，将许多无辜的徽商牵连进此案，没收其家产，并把这些无辜的受害者抓进监狱，敲诈勒索赎金。搅得整个徽州鸡犬不宁，怨声载道。徽州知府石万程实在不忍心残害百姓，就削发为僧，辞官当了和尚。徽州差点发生暴动。另一名阉党成员张体乾诬告扬州知府刘铎暗地里结交道士方景阳，企图用巫术诅咒魏忠贤，于是刘铎被处死。[1] 凡是曾经得罪过魏忠贤的人，都会被魏的党羽爪牙告发并处死。

1627 年春，魏忠贤重新任命崔文升总督大运河的漕运，李明道总督河运，胡良辅镇守天津。崔文升就是当年向泰昌帝进献药丸导致皇帝死亡的人，他后来被东林党弹劾丢官，现在通过依附魏忠贤被再度起用。于是各地的官员从他身上看到了升官发财的捷径，都争先恐后地谄媚魏忠贤。就连各地的地痞无赖，也捐款出资给魏忠贤建生祠。他们拆毁民房，抢占民田，砍伐墓地上的古木，将生祠建得极其富丽工巧，雕梁画栋，如皇宫大内。国子监监生陆万龄请求将魏忠贤的塑像搬入国子监，与孔子一同被祭祀，他的建议居然被皇帝批准。[2]

内阁大学士黄立极、施凤来、张瑞图等全是魏忠贤的亲信，他们代替目不识丁的魏忠贤审阅大臣递交的奏疏，然后再由魏忠贤上奏给天启帝最后定夺。通常

---

[1] 事见《明史·宦官二·魏忠贤列传》："编修吴孔嘉与宗人吴养春有仇，诱养春仆告其主隐占黄山，养春父子瘐死。忠贤遣主事吕下问、评事许志吉先后往徽州籍其家，株蔓残酷。知府石万程不忍，削发去，徽州几乱。其党都督张体乾诬扬州知府刘铎代李承恩谋释狱，结道士方景阳诅忠贤，铎竟斩。"

[2] 事见《明史·宦官二·魏忠贤列传》："七年春，复以崔文升总漕运，李明道总河道，胡良辅镇天津。文升故侍光宗药，为东林所攻者也。海内争望风献谄，诸督抚大吏阎鸣泰、刘诏、李精白、姚宗文等，争颂德立祠，汹汹若不及。下及武夫、贾竖、诸无赖子亦各建祠。穷极工巧。攘夺民田庐，斩伐墓木，莫敢控诉。而监生陆万龄至请以忠贤配孔子，以忠贤父配启圣公。"

北京药王殿前殿（原魏忠贤生祠的一部分）

这最后一个程序是省略掉的，因为天启帝早已把对朝政大事的决定权托付给魏忠贤了。所以内阁大臣们就得在奏疏批复上签署两个名字，一个代表皇帝，用"朕"来称呼；另一个代表魏忠贤，但对这位太监的名字也得避讳，用"厂臣"来指代。因此落款就成了"朕与厂臣"。山东巡抚李精白上书报告说，山东出现了麒麟，并绘成图画呈上。这又是一个向魏忠贤献媚的好机会，于是黄立极等内阁大臣模拟皇帝的口气下诏："厂臣修德，故仁兽至。"可怜的天启帝，不但被魏忠贤玩弄于股掌之间，连魏忠贤的爪牙，也可以视他为掌中玩物了。[1] 当年明太祖曾定下遗训：太监干预朝政者死。这条遗训铸在铁榜上，并悬挂在皇宫大门之上，可他能想到他的子孙会窝囊到这个地步吗？

天启帝的张皇后性格端淑贤良。她见魏忠贤与客氏将朝政败坏到不堪收拾的

---

[1]事见《明史·宦官二·魏忠贤列传》："所有疏，咸称'厂臣'不名。大学士黄立极、施凤来、张瑞图票旨，亦必曰'朕与厂臣'，无敢名忠贤者。山东产麒麟，巡抚李精白图象以闻。立极等票旨云：'厂臣修德，故仁兽至。'其诬罔若此。前后赐奖敕无算，诰命皆拟九锡文。"

明熹宗皇后张嫣

地步，禁不住痛心疾首。她多次劝告天启帝，要亲贤臣，远小人，可是无知懦弱的天启帝，已经成了笼子里的金丝鸟了。他即使想疏远魏忠贤，可也无法摆脱魏忠贤的影响和控制，更不要说与之抗争了。两人之间名义上的君臣关系实际上已经颠倒，奴仆成了主人，而皇帝成为玩偶。

有一次，皇帝来到张皇后居住的后宫，见到皇后正在读一本书。他就问读的是什么书，皇后回答说是《赵高传》。皇帝听了默然无语，万分伤感。他就是再不聪明，也听出了皇后的话外之音了。果然如当年刘宗周所警告的那样，魏忠贤成了第二个赵高，那么自己就毫无疑问成了第二个秦二世了。由此类推，自己会遭到秦二世那样的下场吗？大明帝国会遭到秦王朝那样的命运吗？这是年轻的皇帝不得不考虑的问题。他毕竟已经20多岁了。

但皇帝与皇后的这次简短会见还是被魏忠贤侦知了，他恼羞成怒，对张皇后怀恨在心。1626年秋，他诬告张皇后的父亲张国纪纵容奴仆违法乱纪，企图给皇帝施加压力，要求废掉张皇后，而将魏良卿的女儿立为皇后。但天启帝在这件事上没有让步，他知道这又是魏忠贤打击异己的惯用伎俩，他只是稍稍地责备了自己的岳父张国纪。魏忠贤对皇帝的处理方式显然大为不满，他唆使顺天府丞刘志选、御史梁梦环上书弹劾张国纪，并诋毁张皇后，说她不是张国纪的女儿。由于太监王体乾的阻挡，魏忠贤的目的没有达到，但张国纪还是被罢了官。

在打击、排斥异己的同时，魏忠贤利用手中的无上权力，疯狂地给自己家族的成员封官进爵。到了天启朝末年，他那些还是幼童的族孙魏希孔、希孟、希尧、希舜和魏鹏程，以及姻亲董芳名、王选、杨六奇、杨祚昌，都被授予了左、右都督或都督同知、都督佥事的武将官职。客氏的弟弟客光先也当上了都督。1625年十一月，袁崇焕在辽东重镇宁远打败满洲军队，这一胜利本来与魏忠贤毫不相干，可魏忠贤竟借此机会封他的从孙魏鹏翼为安平伯，其侄儿魏良栋为东安侯，年长的侄儿魏良卿已被封公，所以就加封为太师，加封魏鹏翼为少师、魏良栋为太子太保。他手下的党羽爪牙也得到了相应的提升，崔呈秀为兵部尚书兼左都御史。唯独在前线浴血奋战的袁崇焕和部下将士们没有得到任何封赏。更滑稽的是，被封为都督、侯爵的魏鹏翼、魏良栋，竟还是在襁褓中的婴儿！在皇帝祭祀天地和太庙的仪式上，魏良卿竟代替了天子的角色，带领文武百官叩拜。魏忠贤篡位的野心，路人皆知。

魏忠贤每次外出，乘坐着装饰华丽的马车，四匹马拉着奔驰若飞，车驾上的铃铛和响箭的声音，很远就能听到。锦衣卫的武士握刀提剑，紧紧跟随在左右。其他的侍卫、随从、仪仗以及各种勤务人员，往往成千上万，一同随行。车驾所过之处，士大夫望尘拜伏，口中高喊九千岁，而魏忠贤坐在车内，对跪在道路两旁的大臣们甚至不屑一顾，扬长而过，其气焰之嚣张，由此可见一斑。[1]

魏忠贤的"对食"伴侣客氏，同样也在宫中作威作福。她胁持张皇后，迫害宫女，无恶不做。她偶而出皇宫一次，也是前呼后拥，气派非常。她与魏忠贤狼狈为奸，丧尽了天良，干绝了坏事，将威严富丽的皇宫，变成了一座藏污纳垢、罪孽深重的人间地狱。[2]

五、闹剧收场　大明气尽

1627年九月三十日，年仅21岁的天启皇帝驾崩了。由于他的5个孩子均在襁褓中，帝位就由他的弟弟朱由检继承，是为崇祯帝。

阉党成员们正惴惴不安地观察着新皇帝的举措，他们不知道新皇帝会如何处置自己，但魏忠贤已经预感到了末日的来临。崇祯帝即位后7天，魏忠贤就请求退休，没有得到允许。很快，对魏忠贤党徒的弹劾奏章就雪片一样地飞向皇

---

[1] 事见《明史·宦官二·魏忠贤列传》："岁数出，辄坐文轩，羽幢青盖，四马若飞，铙鼓鸣镝之声，轰隐黄埃中。锦衣玉带靴跨握刀者，夹左右驰，厨传、优伶、百戏、舆隶相随，属以万数。百司章奏，置急足驰白乃下。所过，士大夫遮道拜伏，至呼九千岁，忠贤顾盼未尝及也。"

[2] 事见《明史·宦官二·魏忠贤列传》："客氏居宫中，胁持皇后，残虐宫嫔。偶出归私第，驺从赫奕照衢路，望若卤簿。忠贤故骏无他长，其党日夜教之，客氏为内主，群凶煽虐，以是毒痛海内。"

明朝太监铜像

帝。号称"五虎"之首的崔呈秀首先受到攻击，崇祯帝撤去了他的兵部尚书职务。随即便有大臣开始揭发魏忠贤的罪行。浙江嘉兴的贡生钱嘉征上书弹劾了魏忠贤的10大罪，这其中的每一条罪名都足以使他灭门九族。于是魏忠贤害怕了，他立即用重金贿赂伺候崇祯帝的太监徐应元。徐应元是魏忠贤当无赖时的赌博朋友。但这无济于事。十二月，崇祯帝命令魏忠贤前往凤阳，并将他的罪行张榜公布于天下，不久又下令锦衣卫逮捕他。魏忠贤行走到河北南部的阜城得知这一消息，就和心腹太监李朝钦一起自缢身亡。不久，崔呈秀自杀。两个月后，他们的尸体被公开肢解，首级被悬挂在各自的家乡。[1] 客氏被杖杀。其家人魏良卿、侯国兴、客光先等20多人被处死。阉党党羽受到清洗同时，皇帝为被迫害的东林党人平反。[2]

1628年，被重新召回的大学士韩爌，联合其他新近任命的东林党官员，编写了一份阉党党羽的名单，刊布全国。东林党人重新被起用。但阉党的残余分子并

[1] 事见《明史·宦官二·魏忠贤列传》："王素稔忠贤恶，深自儆备，其党自危。杨所修、杨维垣先攻崔呈秀以尝帝，主事陆澄原、钱元悫，员外郎史躬盛遂交章论忠贤。帝犹未发。于是嘉兴贡生钱嘉征劾忠贤十大罪：一并帝，二蔑后，三弄兵，四无二祖列宗，五克削藩封，六无圣，七滥爵，八掩边功，九朘民，十通关节。疏上，帝召忠贤，使内侍读之。忠贤大惧，急以重宝啗信邸太监徐应元求解。应元，故忠贤博徒也。帝知之，斥应元。十一月，遂安置忠贤于凤阳，寻命逮治。忠贤行至阜城，闻之，与李朝钦偕缢死。诏磔其尸，悬首河间。"

[2] 事见《明史·宦官二·魏忠贤列传》："笞杀客氏于浣衣局。魏良卿、侯国兴、客光先等并弃市，籍其家。"

未被清洗干净，他们以仇恨的目光注视着新朝的政治举措，并企图东山再起。崇祯帝对阉党的打击也不是致命性的，他看多了从万历到天启朝的党争给朝政带来的种种危害，因此努力使他的政府不受党派斗争的困扰。然而，他并没有做到这一点。阉党成员阮大铖直到崇祯帝死后，还继续在南明的弘光政权败坏朝政，直接导致了弘光小朝廷覆灭。[1]

名 家 评 说

　　魏阉虽未篡国，实足亡国、百世而下，犹播腥闻，不特为有明罪人已也。

——蔡东藩《明史演义》

　　中国历史上宦官专政屡见不鲜，然而晚明史上的"阉党专政"有着十分独特的地方，那就是大大小小的官员们演出了一幕幕魏忠贤个人崇拜的丑剧。个人崇拜在那个时代并不奇怪，奇怪的是个人崇拜的对象并非皇帝，而是太监。这不能不说是畸形的政治现象，把那个时代那种制度的丑恶暴露无遗。……魏忠贤个人崇拜最为突出的标志是，朝廷内外众多的官僚掀起为魏忠贤建造生祠的运动。祠，即祠堂，原本是祭祀死去的祖先或先贤的宗庙。为活着的人建造的祠堂，称为"生祠"，是那个专制时代畸形心理的产物，以满足祭者和被祭者各自的政治功利目的。

——樊树志《读史明世》

---

[1] 事见《明史·宦官二·魏忠贤列传》："崇祯二年命大学士韩爌等定逆案，始尽逐忠贤党，东林诸人复进用。诸丽逆案者日夜图报复。其后温体仁、薛国观辈相继柄政，潜倾正人，为翻逆案地。帝亦厌廷臣党比，复委用中珰。而逆案中阮大铖等辛肆毒江左，至于灭亡。"

【清】

多尔衮

多尔衮（1612～1650），姓爱新觉罗。清太宗皇太极封多尔衮为和硕睿亲王。清朝顺治帝时封多尔衮为摄政王。多尔衮的父亲为清太祖努尔哈赤，母亲是清太祖大妃阿巴亥。多尔衮为清王朝的建立做出过突出的贡献，是清初声势显赫、举足轻重的人物。清太宗皇太极死后，他曾做过摄政王，实际主持朝政达六七年，直到他死去。

一、身历百战　屡建大功

多尔衮最初的封号是贝勒。清太宗天聪二年（1628）二月，多尔衮17岁，随从皇太极出征察哈尔多罗特部，俘获了1万多人，多尔衮因功被皇太极赐号"墨尔根代青"，[1]意思是"聪明王"。

多尔衮

天聪三年（1629）十月，多尔衮跟随皇太极从龙井关攻入明朝边境，他与三贝勒莽古尔泰南攻汉儿庄，汉儿庄明守军投降。十一月，多尔衮先驱到达通州，伺机渡河抓捕哨兵。随从皇太极攻打明北京城，在广渠门外，打败了明朝宁远巡抚袁崇焕、锦州总兵祖大寿的援兵。十二月，多尔衮的军队在蓟州与明朝山海关援兵相遇，歼灭了援军。

天聪四年（1630）二月，皇太极从湾河回宫，多尔衮与莽古尔泰先行。攻破明军大

---

[1] 事见《清史稿·太祖诸子·睿忠亲王多尔衮列传》："天聪二年，太宗伐察哈尔多罗特部，破敌于敖穆楞，多尔衮有功，赐号墨尔根代青。"

营，斩杀了 60 余人，俘获战马八匹。

天聪五年（1631）七月，清人始设六部，命多尔衮掌管吏部。八月，多尔衮随从皇太极围攻大凌河城，明军出城诱战，多尔衮偕同诸将冲入明阵，直抵城下，奋勇攻战，明兵来不及全部入城，掉进壕沟死去的有 100 多人。城上箭炮齐下，清军阵亡者也不少。皇太极切责诸将不加劝阻。十月，明朝将领祖大寿献锦州城投降，多尔衮与贝勒阿巴泰等领兵 4000 人，跟在祖大寿的后边，装作溃败的样子。城内明军因在夜里分不清真假，分路出来迎接，结果被清军打得大败。

天聪六年（1632）五月，多尔衮随从皇太极攻打察哈尔，他与贝勒济尔哈朗在归化城西南黄河岸俘获其部众 1000 多人。天聪八年（1634）五月，多尔衮又随从皇太极攻打明朝，从龙门口攻入，打败了明兵，攻克了保安州，直到五台山而后返回。

在这之前，清军攻打察哈尔，其林丹汗向西逃走，渡过黄河，想直奔唐古特，但走到大草滩，因病死去。林丹汗的儿子额哲率领 1000 多户留在托里图。天聪九年（1635）二月，皇太极命多尔衮同贝勒岳托等统兵 1 万多人招降。四月，清军来到锡喇珠尔格，招降了台吉索诺木及其所属的五百户，进兵逼近托里图，但害怕城中人惊慌溃散，就按兵不动。额哲的母亲叶赫，是贝勒锦台什的孙女，她的弟弟南楚和族叔祖父阿什达尔汗都已在清人那里做官，就派叶赫的弟弟南楚等前往劝降说，"奉皇上的命令，统大军来招降你们，秋毫不犯。"于是额哲和他母亲率领率宰桑台吉等众人出城投降。六月，清大军渡河班师。岳托率兵千余人驻扎归化城。多尔衮与两贝勒携带额哲及宰桑台吉等攻打明朝，从山西平鲁卫攻入，直至朔州，毁了宁武关，抢掠代州、忻州、崞县、黑风口和应州，斩杀了 6000 余人，俘获人畜 7 万多。然后仍由归化城，带领投降的人群返回察哈尔。八月，多尔衮等凯旋，向

清太宗皇太极

多铎

皇太极呈献所俘获的一切，其中有元代传国玉玺。这玉玺之纽为二龙相互交错，玉玺上面用汉人篆文刻着"制诰之宝"四个字，原来是元顺帝时在沙漠丢失，如今多尔衮让额哲献给皇太极。[1]诸贝勒大臣认为，蒙古已全部臣服大清，而且得到了前代的玉玺，于是上表请求皇太极加尊号。皇太极因此改元崇德，改国号为清。

崇德元年（1636）四月，多尔衮晋封为和硕睿亲王。八月，皇太极派武英郡王阿济格、饶馀贝勒阿巴泰统率大军攻打明朝，清军打过了北京。皇太极命多尔衮同豫亲王多铎等攻打山海关，以牵制明朝的兵力。多尔衮等率军来到锦州，收降了城中土著人氏胡有陞、张绍祯、门世文、门世科、秦永福等。多尔衮听说武英郡王阿济格等已经告捷，于是班师而回。

十二月，皇太极率兵攻打朝鲜，在南汉城包围了朝鲜国王李淏。为了迫其投降，第二年正月，皇太极命多尔衮同肃亲王豪格率领军队另从宽甸路攻入长山口，攻克了昌州，在宁边城下打败了昌州的军队。然后多尔衮又带兵五千人追赶击败黄州前来增援的一万五千兵马，直达江华岛。江华岛是朝鲜二王子、王妃，以及诸位大臣和其眷属住的地方。多尔衮用红衣大炮击溃了朝鲜的战船40艘，乘胜攻入岛内，杀死了伏兵1000多人，终于攻克了城池，俘获了朝鲜王妃及其两个儿子。[2]

多尔衮不仅作战勇猛无比，而且很有谋略，他不仅告诫手下的将士不得乱杀朝鲜投降的士兵，而且送还了所掳的士女，对朝鲜国王的宫妃待之以礼。这使朝

---

[1] 事见《清史稿·太祖诸子·睿忠亲王多尔衮列传》："林丹汗得元玉玺曰'制诰之宝'，多尔衮使额哲进上，群臣因表上尊号。"

[2] 事见《清史稿·太祖诸子·睿忠亲王多尔衮列传》："从伐朝鲜，偕豪格别从宽甸入长山口，克昌州。进攻江华岛，克之，获朝鲜王妃及其二子，国王李淏请降。"

鲜王很受感动，再加上群臣被俘，已处于窘迫无奈的地步，于是朝鲜王李淐放下兵器穿上朝服，率领文武大臣，献上明朝颁发的敕印，向清人投降称臣。

崇德三年（1638）二月，皇太极亲自率兵攻打喀尔喀，让多尔衮与礼亲王代善等留守，并监督建筑辽阳都城尔弼城，一个多月就竣工了，改名叫做屏城。多尔衮又同阿巴泰总领治理盛京，拓城达到辽河大路，城墙加宽 10 丈，增高 3 尺，中间夹着壕沟。八月，皇太极授多尔衮为奉命大将军，让他统率左翼兵攻打明朝。多尔衮从董家口东边登山，毁掉城墙攻入明朝边境，乘明军不备，攻取了青山营。又派人与右翼兵约会在通州会师，越过北京，直到涿州。然后分兵入道，右傍西山脚下，左沿运河，长驱直入。从北京以西千里以内，明朝将士全都溃散，清军掳掠至山西界而回。又东进临清，渡过运河，攻下济南，回略天津、迁安，由太平寨出青山关，大小共 20 余战，每战皆捷。攻克城 40 多座，献城投降的六座，俘获明民众 25 万多人。崇德四年（1639）四月，凯旋而归。皇太极赏赐多尔衮战马 5 匹，白银 2 万两。[1]

二、抓住机遇　确定策略

多尔衮不仅作战骁勇，叱咤战场，而且有深谋远略。早在天聪七年（1633），皇太极下诏征求诸贝勒及大臣的意见，攻打明朝、察哈尔、朝鲜，应先攻打哪个。多尔衮力主应以攻打明朝为先，置明于死地，然后夺取全国政权。为此，他向皇太极献良策说，"应该乘春天整练军队，等到我方耕割完毕、明朝谷物将熟的时候，攻入明朝边境，进逼燕京，断截其援兵，摧毁屯堡，借粮于敌，以便长久驻扎，可以坐待其弊。"[2]

在具体作战方针策略方面，多尔衮也很有见解，决不盲从。

崇德五年（1640）六月，多尔衮同肃亲王豪格等到明朝义州屯田。皇太极传谕多尔衮，让他驻扎军营接近锦州，断绝敌人往来的道路。多尔衮来到后，先攻克锦州城西九台，把庄稼全部割光，又攻克小凌河西二台。七月，明朝将士 500

[1] 事见《清史稿·太祖诸子·睿忠亲王多尔衮列传》："遂趋临清，渡运河，破济南。还略天津、迁安、出青山关。克四十余城，降六城，俘户口二十五尤有奇，赐马五、银二万。"

[2] 语见《清史稿·太祖诸子·睿忠亲王多尔衮列传》："宜整兵马，乘谷熟时，入边围燕京，截其援兵，毁其屯堡，为久驻计，可坐待其敝。"

人出锦州城，乘夜偷袭清人蓝旗营，被清兵发觉，很快击退，斩杀八人。

明朝总督洪承畴领兵来到宁远，分兵占据杏山营城下。多尔衮击败了洪承畴的骑兵，获战马 70 匹。

崇德六年（1641）二月，多尔衮领兵攻打明朝的广宁山城，击败了明朝松山的援兵，斩杀明兵 240 多人，以及锦州出猎小凌河的兵士 170 多人。这时，包围锦州的王和贝勒等，迁移军营离城 30 里扎寨，又让每旗一位将校，率每佐甲士 5 人先归。皇太极派郑亲王济尔哈朗传旨给多尔衮说："先前令你们包围锦州，由远渐近，以便困之。如今你们离城较远驻扎，致使敌人出城打猎、运输、自由往来。军法何在？如果长时间驻扎，兵马疲惫，应当遍察，以决定去留，要严惩不善于领导的人，却都派遣发回，尤属错误荒谬。这主张是由谁倡议的？把名字说出来，定罪惩罚。"

多尔衮因违背皇太极的旨意，降爵位为郡王，被罚银万两，削去两佐领户口。

六月，多尔衮同肃亲王豪格前往代替郑亲王济尔哈朗等围困锦州。明朝总督洪承畴率领王朴、李辅明、唐通、白广恩、曹变蛟、马科、王廷臣、吴三桂 8 位大将，合兵 13 万，驻扎在松山，多次出战，都被多尔衮击退了。因为明朝军队人数太多，多尔衮请求皇上增援。皇太极亲自统领大军，疾驰 6 天，来到戚家堡，派大学士刚林传口谕令多尔衮在高桥城扎营。多尔衮害怕明军暗中约会锦州、松山两处人马夹击，力主扎营在桐山和杏山之间。皇太极答应了多尔衮的请求。清军从乌欣河南山到海边，到处陈列兵营。明军多次攻打清人的镶蓝旗、镶红旗驻扎巡逻的地方，虽然都被清人打退，但等清人一收兵回营，明军就又出兵攻打。皇太极登高张设黄盖，指挥清人布阵。明朝将士望见后，都溃逃了。多尔衮同贝子洛托等直奔塔山大路，横击明军，明兵慌忙之间，乱了阵脚，死伤的人满山遍野。多尔衮又带领红衣炮兵猛攻明军塔山外边的四台，活抓

皇太极时调兵用的满文信牌

了明将王希贤等。三月，清军攻克了锦州，明将祖大寿献城投降。四月，多尔衮移兵攻克塔山城，歼灭官属及兵士7000多人。又用大炮攻打杏山城，明朝管粮官朱廷榭、副将吕品奇投降了清人。多尔衮堕毁了松山、塔山、杏山三城，这才班师回朝。七月，按功论赏，恢复了多尔衮和硕睿亲王的爵位。[1]

明崇祯十七年（1644），李自成的起义军攻入北京，崇祯皇帝在煤山自缢而死，清人

正黄旗铠甲　镶黄旗铠甲　正白旗铠甲　镶白旗铠甲

正蓝旗铠甲　镶蓝旗铠甲　正红旗铠甲　镶红旗铠甲

八旗铠甲

入关，进入了关键时刻。在这紧要关头，皇太极病死，而后他的儿子福临即位，就是顺治皇帝，此时顺治帝只有七岁。多尔衮为摄政王，一切国内外重大决策，都由多尔衮定夺。正是在这关键时刻，多尔衮实行了若干重大的正确决策，从而使当时整个中国的政治形势发生了重大变化。

一是招降吴三桂，并制定了一系列招降笼络明王朝各级将领官员的优惠政策。清军要想顺利入关，拥有重兵的吴三桂是最为关键的人物。当时李自成劝降不成，便领大军攻打吴三桂。吴三桂为了保存实力，将来拥兵自重，又加上多尔衮允诺给他种种好处，吴三桂权衡利弊，于是投降了清人。多尔衮在给吴三桂的劝降信中有这样一段话："不要因为你一向守卫辽东，与我为敌尚复怀疑。从前，

---

[1]事见《清史稿·太祖诸子·睿忠亲王多尔衮列传》："七年，下松山，获承畴，克锦州，大寿复降。进克塔山、杏山。乃堕三城师还。叙劳，复亲王。"

管仲射桓公钩，但桓公用之为仲父，最终成就了霸业。你若率众来归，必封以故土，晋为藩王。国仇可报，身家可保，世世子孙，长享富贵。"[1]

吴三桂降清后，多尔衮封他为平西王，为降清后的明朝将帅官吏树立了一个加官晋爵的样板，以广招徕，这实在是多尔衮的英明决策之一。

二是，拉大旗作虎皮，宣扬清兵入关是要扫荡李自成的义军，为明王朝报仇。这就使自己师出有名。这种方针大计，多尔衮在给吴三桂的信中是这样表述的："今闻流贼攻陷京都，崇祯帝惨亡，不胜发指。用率仁义之师，沈舟破釜，誓不返旌。必灭贼，出民水火。"

后来，多尔衮攻入北京后，又用帝礼厚葬崇祯皇帝，以收买人心。

三是，定都北京，统一全国。崇祯十七年（1644）四月，清兵入关，击溃了李自成的20多万大军。五月清兵进入北京，多尔衮宣布定都燕京，以便统一全国。但对此正确的重大决策，一些满洲贵族却并不理解，但多尔衮毫不动摇，显示了政治家的眼光。这些重大举措，显示了多尔衮不仅是一位能征善战的将军，而且是一位纵横捭阖的政治家。

三、拥立幼主　做摄政王

作为在政治大势剧烈动荡时期的政治家，多尔衮的政治才能也在其处理清人内部的矛盾斗争中，得到了充分的显示。

清人入关的前一年，即清崇德八年（1643）八月初九日，清太宗皇太极暴卒。围绕着皇位继承问题，清皇族统治集团内部发生了激烈的斗争。

当时可能接替皇太极做皇帝的首选人员有两个，一是多尔衮，一是豪格。

多尔衮是皇太极的弟弟，兄死弟继，自然合理合法。况且，当年皇太极即皇帝位时，清太祖努尔哈赤就曾有意传位给多尔衮，而不是传位给皇太极。多尔衮"聪慧多智，谋略过人"，努尔哈赤特别钟爱器重多尔衮。但当时，多尔衮只有15岁。现在多尔衮不仅战功赫赫，而且背后有相当的势力支持他做皇帝。两白旗坚决反对立豪格为帝，而拥戴多尔衮做皇帝。正红旗主旗贝勒代善虽然倾向

---

[1] 语见《清史稿·太祖诸子·睿忠亲王多尔衮列传》："勿因向守辽东与我为敌，尚复怀疑。昔管仲射桓公中钩，桓公用为仲父，以成霸业。伯若率众来归，必封以故土，晋为藩王。国仇可报，身家可保，世世子孙，长享富贵。"

于立豪格，但也不反对多尔衮立为帝，而代善的儿子硕托和孙子阿达礼是支持立多尔衮为帝的。

豪格比多尔衮更为合理合法，他是皇太极的长子。而且豪格背后支持他继位的势力也更雄厚。两黄旗坚决支持豪格，而豪格本人又是正蓝旗的主旗贝勒，这就有三个旗坚决支持立豪格为帝。

八月十四日，即皇太极死后的第5天，多尔衮召集诸王大臣议立嗣君之事。当天天刚亮两黄旗大臣在大清门会盟，令两旗精锐内兵（即护军）张弓矢，环立宫殿，准备以武力解决。集会之前，多尔衮曾征求过黄旗大臣索尼的意见，索尼回答说："先帝有皇子在，必立其一，他非所知也。"会议一开始，索尼等人首先发表意见，力主立皇子为帝，即立豪格为帝。礼亲王代善也说豪格应当"承大统"。但豪格表示辞让，多尔衮立即说道："诸位的说法是对的，但豪格既然无继统之意，那怎么办？"这时阿济格、多铎就劝多尔衮即帝位，代善也表示同意，不再坚持立豪格。对于代善来说，豪格是他侄儿，多尔衮是他弟弟，他以为立谁都可以。两方势力可谓不相上下。这时，多铎又提出立他自己或立代善。多铎是多尔衮的弟弟，代善是多尔衮的哥哥，都是努尔哈赤的儿子，自然也都可以立为帝。多尔衮不同意立多铎为帝，而代善因为自己年老坚决不干，并且退出了会议。这时，两黄旗的将领们，佩挂着宝剑走上前说道："我们食于帝，衣于帝，养育之恩与天同大，若不立帝子，则宁死从帝于地下。"

在这种情势之下，多尔衮明智地采取了折衷的办法，立皇太极6岁的儿子（即后来的顺治皇帝）福

和硕礼亲王代善

太和殿

临为帝，既立了皇子，使原本要立皇子的人无话可说，而又由他和济尔哈朗辅政，当福临年长之后，当即归政。[1]这一折衷方案终于为双方所接受，剑拔弩张的形势这才结束。而这种矛盾的顺利解决，对于即将入关的清人的重要意义，正是不言而喻的。而多尔衮的临大事而不乱的政治才能也同样是显而易见的。

两天以后，不识时务的代善之子硕托、孙子阿达礼，又图谋推翻成议，拥立多尔衮为帝。多尔衮非常果断地将硕托、阿达礼立刻处死，而且杀死了阿达礼的母亲和硕托的妻子。这一果断的措施，进一步确定了多尔衮的方案顺利施行，皇位问题就这样解决了。

辅政不久，多尔衮先是与济尔哈朗一同宣布罢诸王贝勒管理六部事务，把权力高度集中在自己手中，而凡重大政事，应先告知自己，这样，济尔哈朗实已退居多尔衮之下，多尔衮成了实际上享有皇帝一切权力的摄政王、太上皇。

第二年四月初一，原先支持豪格为帝的何洛会告发豪格图谋不轨，说豪格怨恨多尔衮不立自己为帝，且语出狂言："我岂不能手裂若辈之颈而杀之乎！"多尔衮坚决予以打击，不仅将豪格的心腹俄莫克图、杨善、伊成格、罗硕等处以死罪，而且差一点杀了豪格，只因顺治皇帝哭泣不食，才免了死罪，罚银5000两，削去爵位，废为庶人。这样，多尔衮又很快击败了自己的政敌。

在短短的几个月之内，多尔衮把大权牢牢地掌握在自己手中，为他以后做出

---

[1] 事见《清史稿·太祖诸子·睿忠亲王多尔衮列传》："俟上春秋鼎盛，将归政焉。"

重大决策铺平了路。

四、开拓新局　巩固新政

　　清人定都北京之后，它的政权跟过去在盛京时已大不相同，原先不过是满族人或东北一个区域内的政权，自从定都北京后，则成了全国性的政权，虽然当时它还没有统一全国。作为摄政王的多尔衮，在新的形势下，当务之急当然是要竭尽全力来巩固这新政权。为此，多尔衮一方面在政治上进行改革，一方面继续用武力统一全国，使这二者相辅相成。政治改革为军事行动提供了条件，军事上的节节胜利又为其政治改革奠定了基础，这两方面的胜利，使清朝的新政权日渐巩固。

　　多尔衮的政治改革主要表现在以下几个方面。第一，继续采取笼络明朝将士的政策，以吴三桂为榜样，对降将加官晋爵，对其以往的种种行为，不加苛求。第二，提倡尊孔读经，并以科举取士，这就吸引了大批北方官僚地主。第三是省刑法，虚税敛。多尔衮让畿辅诸城纳款，分派都统觉罗、巴哈纳、石廷柱、叶臣以及侍郎王鳌永等，招抚山东、山西、河南等地。对京城内外鳏寡孤独生活穷困、难以活下去的人，饬所司赡养。他告知各官吏军民说："养民之道，莫大于省刑罚，薄税敛。自从明末以来，祸乱不断，刁风日兢，以越诉诬告为常。设机构讼，败俗伤财，心窃痛之。自今嘉与维新，凡五月初二日昧爽以前，罪无大小，悉行宥免。违谕兴讼，即以所告罪罪之。斗殴、婚田细事，就有司告理。重大（案件）经抚按结案。非机密重情，毋得入京越诉。讼师诬陷良民，加等反坐。前朝弊政，莫如加派辽饷外，又有剿饷、练饷，数倍正供。远者20年，近者10馀载。天下嗷嗷，朝不及夕。更有召买粮科诸名目，巧取殃民。今与民约，

摄政王多尔衮敕谕

额赋外一切加派，尽予删除。如官吏仍混征暗派，察实治罪。"[1]

除上述重大政治改革举措外，还有其他若干具体的改革，诸如将帅大臣之"章疏都须捡择切要者以闻"，在文字上则要求简明扼要，不允许有"浮泛无据"之辞。凡此种种，都为巩固新政权，为军事上的胜利，准备了条件。

在军事上，清人虽然定都北京，但形势仍然相当严峻，西安有李自成的军队，虽然吃了败仗，但仍有几十万久经沙场、作战勇猛的将士。四川有张献忠的大军。在江淮以南，明朝的军事力量基本上未受损失，各镇总兵累计有几十万部众。以上还只是清人的最主要敌手，除此之外，各地反清义军、降而复叛者更是难以计数。在这种繁纷复杂的局面之下，作为摄政王的多尔衮在军事上必须作出正确决策，主要矛头对准哪里，先攻谁，后攻谁，至关重要。

在此关键时刻，多尔衮审时度势，终于根据柳寅东的建议，做出了正确的决策：先攻打李自成的军队。而为了攻打李自成，调蒙古兵入三边，举大兵攻晋豫，使李自成腹背受敌。为此又需先用计扼住蜀汉之路，以免张献忠与李自成联手。然后进攻江南，稳定江南局势。

多尔衮所以首先把矛头对准李自成，一是因江南尚无能力北进，只是固守江南。二是把矛头对准起义军，理由是清人得天下于"流贼"，而不是得自于明，攻打起义军是为明报仇，师出有名，既可稳住明代官吏与将士，以便集中兵力，各个击破，而又无后顾之忧。多尔衮的这种决策无疑对清人十分有利。

顺治元年（1644）十二月，多尔衮命多铎率军攻打李自成。多铎的军队在潼关与李自成的军队激战近一个月，终于重创李自成的军队。顺治二年（1645）正月十八日，清军攻占西安。此时李自成的军队已不是主要威胁，多尔衮马上果断地让多铎转往南京，而让阿济格率吴三桂等追击李自成。正月底，阿济格在湖北省通山县追击李自成军队，李自成在九宫山遇害。

---

[1] 语见《清史高·太祖诸子·睿忠亲王多尔衮列传》："养民之道，莫大于省刑罚，薄税敛。自明季祸乱，习风日竞，设机构讼，败俗伤财，心窃痛之！自令咸与维新，凡五月初二日昧爽以前，罪无大小，悉行宥免。违谕讦讼，以所告罪罪之。斗殴，田、婚细故，就有司告理。重大者经抚按结案，非机密要情，毋许入京越诉。讼师诬陷良民，加等反坐。前朝弊政，莫如加派，辽如加派，辽饷之外，复有剿饷、练饷、数倍正供，远者二十年，近者十余年，天下嗷嗷，朝不及夕。更有召买、粮料诸名目，巧取殃民。今与民约，额赋外，一切加派，尽予删除。官吏不从，察实治罪。"

同年多尔衮派豪格率领清军攻打四川的张献忠。四月，在四川凤凰山张献忠与豪格的清军相遇，不幸牺牲。这样，李自成、张献忠的义军遭到沉重打击，虽仍有余部继续抗清，已不能对清军构成重大威胁。

多尔衮已经有余力来集中兵力攻打江淮。多尔衮致书扬州守帅史可法，劝其降清，但史可法义正辞严，予以反驳，拒不投降。

顺治二年（1645）四月十五日，豫亲王多铎率大军抵达扬州。史可法死守扬州。二十五日，城被清军攻破，史可法死于难。清军大肆屠戮，史称"扬州十日"。

五月六日，清军渡江，南明王朝军队不战而溃。十四日，清军攻克南京，南明小皇帝福王出逃，不

清世祖福临

久被清军俘虏，南明王朝大批文武官员以及20余万军队投降。清军乘胜南进，攻打南方各省。

顺治五年（1648）十二月，大同总兵姜瓖反清，多尔衮亲自出征攻打。清军驻扎在固尔班口。此时硕雷汗手下7人来投顺，说硕雷汗的兵马距此只有十日的路程。于是清军出张家口，奔赴喀尔喀，因为马病且路上缺水乃罢，仍移军攻打姜瓖。二月，陈兵桑干河。先派遣官吏前往招降浑源州、应州。过了几天后，应州参将张祖寿、山阴知县颜永锡投降。清军迫近大同，先派人劝降姜瓖，姜瓖拒不投降。端重郡王博洛、承泽郡王硕塞攻克代州。敬谨郡王尼堪进军太原，率都统阿赖等同往，屡战皆捷，斩杀了伪巡抚姜辉。多尔衮在军中晋封博洛、硕塞、尼堪三郡王为亲王。七月，多尔衮又统率大军攻打大同，行军10余日，多尔衮派护军统领索浑、希尔根协助亲王满达海进攻宁武关，掳掠阿噜什巴尔台等地而

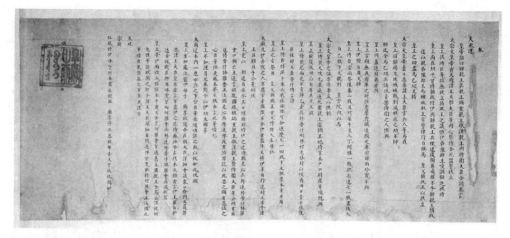

多尔衮撤出庙享诏书，今藏台北故宫博物院。

还。宁武关总兵刘伟、赵梦龙等投降。大同总兵杨振威等斩杀姜瓖及其兄弟首级献清军而降。大同终于被平定。

至此，清人在军事上又获得决定性的胜利，清政权逐渐巩固。

五、专权徇私　不乏罪过

顺治七年（1560）十二月初九日，多尔衮因出猎在北口外坠马受伤，死于喀喇城，终年 39 岁。[1]

顺治皇帝得知多尔衮的死讯后，十分哀悼，亲率王、贝勒、大臣身穿孝服，在东直门外迎奠，并让多尔衮的儿子多尔博袭封亲王之爵，俸禄是诸王的三倍，多尔衮得以厚葬。但不久，人们纷纷控告多尔衮专权时的罪行。控告者以郑亲王济尔哈朗为首，巽亲王满达海、端重亲王博洛、敬谨亲王尼堪以及内大臣等，一起追论多尔衮生前的罪过。

关于多尔衮的罪过，细细地考察起来，大概有以下几个方面。

一是专断弄权，连皇上也不放在眼里。所以顺治皇帝说："睿王摄政，朕唯拱手以承祭祀。凡天下国家之事，朕既不预，亦未有向朕详陈者。"

二是排斥异己，树立同党。多尔衮拥立年幼的福临时，原本是让他和郑亲王

----

[1] 事见《清史稿·太祖诸子·睿忠亲王多尔衮列传》："十一月，复猎之边外。十二月，薨于喀喇城，年三十九。"

睿亲王府

位于北京南池子大街。顺治初年，此地曾为摄政王多尔衮的"睿亲王府"。顺治七年（1650），多尔衮死在喀喇城。二月之后，多尔衮被追夺王爵，王府上缴。康熙三十三年（1694），缩小该府规模，将其南部改建成缎匹库，北部改建成玛哈噶喇庙。乾隆四十一年（1776），乾隆帝赐名"普度寺"。

济尔哈朗共同辅政的，但多尔衮却用各种罪名，罢掉了济尔哈朗的辅政之权。豪格虽有战功，也差点儿被多尔衮杀掉。但多尔衮的弟弟豫亲王多铎，因为曾经力主让多尔衮做皇帝，于是多尔衮便对他另眼相看，于顺治四年（1647）晋封多铎为"辅政叔德豫亲王"，取代了济尔哈朗，甚至想把辅政大权也全交给多铎。

三是化公为私。在海子内建避痘处所，私自动用内帑，擅自差派部员，苦累官工，皇上一切营建，止用内府工匠，而多尔衮竟然"私役官工"。"又滥费公帑，将织造江南、苏杭缎匹，私为己有，充赏比侔"。

四是在婚姻与男女情事上违犯法度。"多尔衮图肃亲王之妃，又以一妃与英亲王"；"又擅娶朝鲜国王族女，一女不足其愿，又娶一女，未至而身亡"；"又违例于八旗选美女，入伊府，并于新服喀尔喀部，索取有夫之妇"。

结果，其封爵被削，财产入官，墓葬被毁，有的记载甚至说，顺治皇帝下令毁掉了多尔衮的陵墓，有人把他的尸体挖出来，用棍子打，用鞭子抽，最后砍掉尸体的脑袋，暴尸示众。座落在明南宫的睿亲王府也被废，多尔衮的亲信不少也被先后处死或贬官革职。多尔衮死后的遭遇不可谓不惨。

细论起来，将多尔衮的功劳与罪过相比，应该说是功大于过，当然这是就其对清帝国的利益而言。所以，乾隆三十八年（1773），乾隆皇帝让内务府重新修缮多尔衮的墓地，在墓地种植松树、楸树，并准许其近支王公按时祭扫。[1] 乾隆四十三年（1778）正月，乾隆皇帝恢复了多尔衮睿亲王的封号，追谥曰"忠"，补入玉牒，配享太庙。其睿亲王爵位世袭不断。八月，多尔衮入祀盛京贤王祠。

名 家 评 说

　　朕每览《实录》至此，未尝不为之堕泪。则王之立心行事，实为笃忠荩，感厚恩，明君臣大义。乃由宵小奸谋，构成冤狱，岂可不为之昭雪？

——清·乾隆帝，引自赵尔巽《清史稿》

　　若清则国势方盛，太宗晏驾，以六龄之幼主，安然即位，多尔衮等忠心辅助，竟尔七岁无惊。至于明社已倾，又由多尔衮出师，唾手中原。

——蔡东藩《清史演义》

---

[1] 事见《清史稿·太祖诸子·睿忠亲王多尔衮列传》："高宗诏曰：'睿亲王多尔衮摄政有年，威福自专，殁后其属人首告，定罪除封。第念定鼎之初，王实统众入关，肃清京辇，檄定中原，前劳未可尽泯，今其后嗣废绝，茔域榛芜，殊堪悯恻。交内务府派员缮葺，并令近支王公以时祭扫。'"

洪承畴

洪承畴（1593～1665），字彦演，号亨九。明崇祯帝时曾任陕西总督，蓟辽总督。清顺治帝时曾任翰林弘文院大学士，兵部尚书兼都察院右副都御史。谥号"文襄"。福建南安（今属福建）人。父亲洪启熙，以孝名闻乡里，母亲傅氏。洪承畴曾为明朝重臣，清军入关后降清，为清朝夺取天下立下汗马功劳。

一、跻身仕途　明末重臣

洪承畴童年入溪益馆读书。因家境贫寒，11岁辍学，在家帮母亲做豆干，每日清晨还要到英圩埔走街串巷叫卖豆干。当时西轩长房的才子洪启胤在水沟馆办村学，洪承畴叫卖豆干之余，常在学馆外听课，偶尔也帮学生做对子。洪启胤发现洪承畴极有天分且抱负不凡，免费收洪承畴为徒，重返校门。

洪承畴学习用功，博览群书。启胤老师的《史记》《资治通鉴》《三国志》《孙子兵法》等书都被他借来认真研读，从小就表现了治国平天下的愿望，甚得洪启胤赏识。洪启胤曾在洪承畴的一篇文中批下"家驹千里，国石万钧"的评语。

洪承畴在水沟馆读了五年书后，又到泉州城北学馆读书。

明万历四十三年（1615），23岁的洪承畴赴省参加乡试，为乙卯科中式第十九名举人。次年，赴京会试，连捷登科，为丙辰科殿试二甲第十四名，赐进士出身。

洪承畴

洪承畴初授刑部江西清吏司主事、郎中等职，在刑部任事6年。明天启二年（1622）擢升浙江提学佥事，以才高识士，所选人才皆俊奇，为朝廷所器重，2年后升迁两浙承宣布政左参议。

明朝政治腐败，农民破产，压迫剥削日益加重，陕西又逢旱灾，人民无法生活。崇祯元年（1628）七月，王嘉胤、杨六、不沾泥等在陕西府谷等地首举义旗，全陕响应。从崇祯元年（1628）至崇祯三年（1630）间，高迎祥、张献忠、李自成等先后起义，陕境共有义军100余部。一部分官军边兵，因缺饷哗变，亦加入义军，并成为骨干。明廷令三边总督杨鹤"剿抚兼施、以抚为主"。

崇祯二年（1629），农民军王左挂、苗美率兵进攻韩城。陕西总督杨鹤手中无将，情急之下，令当时还是参政的洪承畴领兵出战。洪承畴斩杀敌兵三百人，解了韩城之围，顿时名声大噪。

崇祯三年（1630）六月，洪承畴被任为延绥巡抚。作为杨鹤手下干将，本该支持上司的"招抚政策"，可是洪承畴没有，他反而大力"剿匪"。而且不仅"剿匪"，且并"杀降"！当时被其杀掉的投降"贼军"多达数万，这也是洪承畴出现在每本历史书上都是"反动人物"的原因。其实如果读过明末"贼军"史就不难发现，李自成、张献忠曾多次诈降，养精蓄锐一段时间后再反。明朝多次对"贼军"剿而不死，就是因为这种诈降。由此可见，洪承畴在这方面是颇有先见之明的。

明廷无力养活大批饥民，已就抚者，纷纷再起。崇祯四年（1631），陕西总督杨鹤为此被罢官入狱，洪承畴继任陕西三边总督。洪承畴改杨鹤的"边剿边抚（诱降）"为"全力清剿"、"以剿坚抚，先剿后抚"方针，集中兵力进攻陕西农民军。崇祯五年（1632）春天，一股农民军由于顶不住官军的压力，向庆阳突围。洪承畴亲赴庆阳，

明思宗朱由检

指挥会战。双方在西澳激战数十次，农民军损失惨重，首领杜三、杨老柴被斩杀。此战一扫多年官军之颓气，被朝廷称为"西澳大捷"。

明崇祯七年（1634）十二月，明思宗朱由俭撤陈奇瑜，洪承畴仍任陕西三边总督，以功加太子太保、兵部尚书衔，总督河南、山西、陕西、湖广、四川五省军务，成为明廷镇压农民起义的主要军事统帅。[1]当其调动官军入陕，重新组织围攻时，当时农民军聚集在陕西的有20余万人，其中以闯王高迎祥，及其部属李自成的力量最为强大。洪承畴命总兵贺人龙、左光先出兵夹击，义军突围东走，转进灵宝，氾水（均在河南）。

明廷认识到在义军流动作战情况下，全面围剿，势难成功，又改用分区负责，重点进攻的方针。于崇祯八年（1635）八月，以卢象升为五省总督，专治中原；洪承畴专治西北，各自负责，相互协同。当年冬及次年春，高迎祥、张献忠在河南连续失败，兵力损失过半，残部再返陕西。此时，李自成在兴平等地亦多次失利。

明廷为加强陕西攻势，令孙传庭全力进攻汉中的高、张各部，令洪承畴专力进攻陕北的李自成等部。崇祯九年（1636）七月，洪承畴率军在临潼大败农民军，起义军被围困在丛山之中长达3个月。高迎祥率部从陕西汉中突围，遭陕西巡抚孙传庭埋伏，在整屋（今陕西周至）被洪承畴俘虏，并将其解京磔死。高迎祥余部走归李自成，起义军推戴李自成为闯王。[2]

此时，清军入边，破昌平等16城，朱由检急调卢象升率军驰援，中原压力减轻。张献忠乘机复起，联合罗汝才等部20余万人，沿江东进，分散活动于蕲州、霍山一带。

崇祯十年（1637），朱由检再命熊文灿为五省总理，增派禁军1200人，组织新的围剿。李自成进军四川，一度破城10余座，并攻克甘肃的宁州、羌州，入七盘关，但在崇祯十一年（1638）返陕时，在洮河一带遭洪承畴及孙传庭袭击，

---

[1] 事见《清史稿·洪承畴列传》："崇祯初，流贼大起，明庄烈帝以承畴能军。迁延绥巡抚、陕西三边总督，屡击斩贼渠，加太子太保，兵部尚书，兼督河南、山、陕、川、湖军务。"

[2] 事见《清史稿·洪承畴列传》："时诸贼渠高迎祥最强，号闯王，李自成属焉，承畴与战，败绩。庄烈帝擢卢象升总理河北、河南、山、陕、川、湖军务，令承畴专督关中，复与自成战临潼关，六破之，迎祥就俘。自成号闯王，分道入四川，承畴与屡战辄胜。"

败走岷州。与此，张献忠在南阳亦为左良玉军击败，负伤退谷城。熊文灿遂改围剿为招抚。刘国能、张天琳、张献忠、罗汝才先后降明或就抚。李自成率残部活动于川陕边境山区。

崇祯十二年（1639）十月，陕西最后一股"贼军"——李自成部在流窜途中，被洪承畴令总兵马科、左光先领后截击。李自成回师转东，洪承畴又令曹变蛟潼关设伏邀击，李自成大败，仅余18骑走入陕南商洛山中，农民起义陷入低潮。

洪承畴治军有方，镇压农民起义连连胜利，俘杀高迎祥，又多次打败李自成，统治阶级内部颂声大起，称洪承畴的军队为"洪军"。在取得一定战果之后，洪承畴向崇祯皇帝上书请求留饷银20万两，一部分做军费，一部分赈济贫民。

二、授锦抚清　松山被俘

明崇祯十一年（1638）九月，清军两路南下，陷真定、广平、顺德、大名（均在河北）等地，高阳失守，大学士孙承宗殉职，卢象升在巨鹿阵亡，京师戒严。两面受敌的明朝，不得不从西线把主帅洪承畴调来，与孙传庭率军入卫。

清太宗皇太极即位以后，清政权机构日臻完善，国力军力都有很大增长。但是它的地盘，仍限山海关以东。而且在这个有限的地盘中，还有几个明军困守的据点，比如锦州、宁远、松山、杏山、山海关等等，这些据点是清军进一步发展的障碍。为了统一东北并把势力扩展到内地，必须拔除这些据点。为此，皇太极下决心要攻克山海关和锦州，打通去往关内的交通要道，为灭亡明朝、夺取北京创造条件。明崇祯十一年（1638）年秋，皇太极领兵攻占义州，以此为基地，展开对锦州的围攻战。

崇祯十二年（1639）初，洪承畴调任蓟辽总督，领陕西兵东来，与山海关马科、宁远吴三桂两镇合兵。锦州有松山、杏山、塔山三城，相为犄角。

崇祯十四年（1641）春，为挽救辽东危局，明廷遣洪承畴率宣府总兵杨国柱、大同总兵王朴、密云总兵唐通、蓟州总兵白广恩、玉田总兵曹变蛟、山

孙承宗

孙传庭

孙传庭（1593～1643），字伯雅，代州镇武卫（今山西代县）人。万历四十七年（1619）进士；崇祯十五年（1642）任兵部侍郎，总督陕西，次年升为兵部尚书。带兵镇压李自成等民变。由于时疫流行，加之兵员弹药缺少，粮草不足，朝廷催战，无奈草率出战，后兵败，在陕西潼关战死，马革裹尸。《明史》称"传庭死，而明亡矣"。清乾隆四十一年（1776），清廷追谥"忠靖"。

海关总兵马科、前屯卫总兵王延臣、宁远总兵吴三桂等所谓八总兵兵马，领精锐十三万、马四万来援，集结宁远，与清兵会战。[1]

同年三月，皇太极发大兵围攻锦州，采取长期围困方针，势在必克。清兵逼城列营围困，明锦州守将祖大寿告急。对明朝来说，这些据点所形成的一条防线，是拱卫大门的生命线，要不惜一切代价守住。

洪承畴是一位富有实战经验的统帅，他所率领的明军，是分别由八个边镇临时调集起来的。兵虽是精兵，但明末的将帅是骄横出了名的，临阵能否服从洪承畴的统一号令，这是洪承畴难以充分发挥指挥才能的最大障碍。因此，洪承畴主张徐徐逼近锦州，步步立营，且战且守，勿轻浪战。洪承畴控制了松山至锦州的制高点，以凌厉攻势重挫清军，锦州局势开始好转。

但明廷政治极端腐败，崇祯皇帝又性多疑忌，用人不专，片面听信新任兵部尚书陈新甲的促战意见，同时又密敕刻期进兵。陈新甲还派兵部职方郎中张若骐做监军，到前线督促洪承畴速战速决。张若骐虽是五品小官，但职权很大，使洪承畴以守为战把清军拖疲拖垮的作战方略无法实施，迫不得已，即进师松山。这是洪承畴难以充分发挥指挥才能的又一障碍。

七月，洪承畴领兵援锦州，与辽东巡抚邱民仰驻军松山北。洪承畴将骑兵布

[1] 事见《清史稿·洪承畴列传》："太宗伐明，师薄明都，庄烈帝征承畴入卫。明年春，移承畴总督蓟、辽军务，帅秦兵以东，授变蛟东协总兵、王廷臣辽东总兵、白广恩援剿总兵，与山海马科、宁远吴三桂二镇合军。"

置在松山东、南、西三面驻扎，将步兵布置在离锦州只有六七里地的乳山岗，准备与清军决战。

八月，皇太极得知明援兵已到，便亲率大军从盛京赶来赴援，驻扎在松山、杏山之间，部署在明军的南面，济尔哈朗军攻锦州外城，截断松、杏间明军的联系，切断明军粮道，断绝洪承畴归路，在明军的背后形成一种大包围态势。明锦州守将祖大寿不敢出战。随后，皇太极又派兵夺了塔山之粮。明军的战略意图是在松锦之间与清军决战，现在却被清军切断后方粮道供应，存粮只剩三日，造成了心理上的恐慌，"欲战，则力不支；欲守，则粮已竭，遂合谋退遁。"洪承畴主张决一死战，而各部总兵官主张南撤，最后集议背山突围。

两军交战后，洪承畴背松山列阵，派兵冲击清营，一冲不破，便决定撤退。明军也争相率军逃奔杏山。清军趁势掩杀，前堵后追。当他们逃到杏山时，又决定撤奔宁远，结果再次遭到伏击，部卒伤亡惨重。洪承畴由于事先没有决战的决心，明兵两镇六总兵败溃，十数万人土崩瓦解，先后被斩杀者五万三千多人，自相践踏死者及赴海死者更是无计其数。剩下自己带领的残兵万余人，被清军团团围困在松山，饷援皆绝。

崇祯十五年（1642）一月，洪承畴听说朝廷援军赶到，又派6000人马出城夜袭，被清军战败。败兵欲退入城内，但洪承畴见后有追兵，竟下令关闭城门，因此败兵大部被歼，其余的逃往杏山，后遭伏击全被歼灭。洪承畴不敢再战，而朝廷援军也因害怕清军不敢前来。就这样，松山一直被围困了半年之久，城中粮食殆尽，松山副将夏承德叩请清军，愿拿儿子夏舒做人质约降。三月，清军应邀夜攻，松山城破，洪承畴被俘，总兵曹变蛟等被杀。[1]

三、审时度势　背明降清

洪承畴是大明崇祯皇帝的肱股之臣，文武兼备，谋略过人，是不可多得的良才。洪承畴被俘后，清太宗为今后逐鹿中原计，一心争取洪承畴归顺，以"满汉之人均属一体"的政策笼络他，下旨以礼护送洪承畴到盛京（今沈阳）；同时，

[1] 事见《清史稿·洪承畴列传》："明年二月，松山城守副将夏成德使其弟景海通款，以子舒为质。我师夜就所守堞树云梯阿山部卒班布里阿、何洛会部卒罗洛科先登，遂克其城，获承畴、民仰、变蛟、廷臣及诸将吏，降残卒三千里有奇。时为崇德七年二月壬戌。上命杀民仰、变蛟、廷臣，而送承畴盛京。"

皇太极命斩一同被俘的巡抚邱民仰等人，以威吓洪承畴。

到了盛京，太宗派满汉文武官员轮流劝降，均遭拒绝；清将发怒，举九刀威胁，他"延颈承刃"，始终不屈。洪承畴住大庙而科头跣足，肆意谩骂。

洪承畴绝食数日，拒不肯降。皇太极得知洪承畴好色，每日派10多个美女陪伴，也没效果。皇太极无计可施，特命最受宠信的大学士、吏部尚书范文程前去劝降，看他是否果有宁死不屈的决心。范文程至，洪承畴则大肆咆哮，而范文程百般忍耐，不提招降之事，与他谈古论今，同时悄悄地察言观色。谈话之间，梁上落下来一块燕泥，掉在洪承畴的衣服上。洪承畴一面说话，一面"屡拂拭之"。范文程不动声色，告辞出来，回奏太宗："承畴不死矣。承畴对敝袍犹爱惜若此，况其身耶？"皇太极接受范文程、张存仕意见，对洪承畴备加关照，恩遇礼厚。

庄妃博尔济吉特氏

当夜，一位仪态万方的丽人，密携人参汤款款地走到洪承畴的榻边。洪承畴闭目面壁，毫不理睬。丽人娇嗔地说道："洪将军，您对大明江山如此赤胆忠心，实在令人敬佩。将军即使绝食，难道就不喝口水而后就义吗？将军，您还是喝一口吧！"洪承畴望着这迷人秀色，听着温柔劝话，闻着这诱人香味，顿时心神激荡。丽人不断劝饮，同时以壶承其唇。洪承畴不知这"水"是人参汤，便出乎意料地喝了一口。丽人又如此再劝，洪承畴竟连饮了几口。

隔日，皇太极亲临太庙，洪承畴立而不跪。皇太极问寒问暖，见洪承畴衣服单薄，当即脱下自己身上貂裘，披在洪承畴的身上。据载："上自临视，解所御貂裘衣之曰：'先生得无寒乎？'承畴瞠视久，叹曰：'真命世之主也！'乃叩头请降。"[1]

随即剃发易服，归顺大清。皇太极大喜，说："我今获一导者（向导），安得不乐！"委以洪承畴重任。后来，当得知那天夜里把壶劝饮的丽人是当今皇上最宠爱的庄妃博尔济吉特氏时，洪承畴不胜惶恐。可是皇太极和庄妃待他态度如常，好像根本没有发生此事一般。洪承畴越发感激，死心踏地为满清效劳。

洪承畴本是明朝能臣，位高权重，口碑也不错，既为皇帝倚重，也受同僚和部下的推崇爱戴。松山兵败，举朝大震，都以为洪承畴必死无疑，崇祯皇帝极为痛悼，辍朝3日，以王侯规格"予祭十六坛"，七日一坛，于五月十日亲自致祭，还御制"悼洪经略文"明昭天下。祭到第九坛时，消息传来了：洪承畴降清了。循御祭始罢。[2]

洪承畴降清后，清太宗命隶镶黄旗汉军，表面上对他恩礼有加，实际上并未放松对他的防范，使其在家，不得任意出入。终皇太极一朝，除咨询外，也没有任以官职。

清顺治元年（1644）四月初九日，洪承畴从睿亲王多尔衮率军10万大举南下攻明，十一日至辽河，得知大顺军已攻占北京、明思宗自缢，遂用洪承畴之谋，"出其不意，从蓟州、密云近京处，疾处而进"，直趋北京。四月十三日，李自成亲自统领6万兵马，进攻吴三桂，企图夺占山海关。十五日，多尔衮率清军行至翁后所（今辽宁阜新境内），接吴三桂乞求合兵攻李自成书，立即改变进军路线，日夜兼程，急驰山海关。二十一日晨，李自成抵山海关，以6万对吴三桂8万兵力，在石河及东、北、西三面全线发起进攻，吴军濒临危殆。二十一日夜，多尔衮率清军抵达关外的威远城，击败大顺军唐通部。二十二日晨，吴三桂剃发称臣，开关迎清军。中午，蓄势伺机的清军骑兵在英王阿济格、豫王多铎率领下，突然从吴军阵右杀出，农民军猝不及防，最终失利，由永平（今河北卢龙）退回北京。二十九日，李自成率大顺军仓促西撤。多尔衮命吴三桂向西追

---

[1] 事及语见《清史稿·洪承畴列传》："上欲收承畴为用，命范文程谕降。承畴方科跣谩骂，文程徐与语，泛及今古事，梁间尘偶落，著承畴衣，承畴拂去之。文程遽归，告上曰：'承畴必不死，惜其衣，况其身乎？'上自临视，解所御貂裘衣之，曰：'先生得无寒乎？'承畴瞠视久，叹曰：'真命世之主也！'乃叩头请降。"

[2] 事见《清史稿·洪承畴列传》："庄烈帝初闻承畴死，予祭十六坛，建祠都城外，与邱民仰并列。庄烈帝将亲临奠，俄闻承畴降，乃止。"

黄道周

黄道周（1585～1646），字幼玄，福建漳浦（今福建东山县）人。明末学者、书画家、文学家、儒学大师。天启二年（1622）进士，历官翰林院修撰、詹事府少詹事。南明隆武时，任吏部尚书兼兵部尚书、武英殿大学士（首辅）。因抗清失败被俘。隆武二年（1646）壮烈殉国，隆武帝赐谥"忠烈"，追赠文明伯。清乾隆年改谥"忠端"。

击，自统清军直趋北京。

洪承畴建议："我兵之强，流寇可一战而除，今宜先遣官宣布王令，示以此行特期于灭贼，不屠人民，不焚庐舍，不掠财物之意。仍布告各府县，开门归降，官则加升，军民秋毫无犯。若抗拒不服，城下之日，官吏悉诛，百姓仍可安全。有首倡内应者，破格封赏。此要务也。"多尔衮采纳他的建议，于山海关击败李自成的农民军后，向明朝官民发布出师告示，结果大军所过州县沿边将吏皆开门款附，收到极大的政治效果。

清兵入京后，顺治帝对洪承畴十分器重，以洪承畴仕明时的原职衔任命他为太子太保、兵部尚书兼都察院右都御史，入内院佐理军务，授秘书院大学士。

五、文韬武略　开清功臣

洪承畴建议清廷采纳许多明朝的典章制度，完善清王朝的国家机器，献计甚多，大多被顺治采纳，加以推行。

如恢复明代的内阁票拟制度，以便大学士对用人行政等要务能有所指陈，六科可以据以摘参，从而达到杜渐防微的目的。他还建议九卿科道会推督抚提镇官员实行保举连坐法，慎重用人行政。

为了巩固清政府的统治，洪承畴建议统治集团也须"习汉文，晓汉语"，了解汉人礼俗，倡导儒家学说，逐渐淡化满汉之间的畛域。

清顺治二年（1645）五月，豫亲王多铎率师攻占南京，福王被擒，南明弘光政权覆灭；随即占领常州、苏州、太仓、嘉兴等地。多尔衮被胜利冲昏头脑，悍

《贰臣传》

　　乾隆四十一年（1776），为了进一步巩固统治，在大力表彰明末清初因抗清遇难的明朝官员的同时，乾隆帝诏令国史馆编纂《钦定国史贰臣表传》即《贰臣传》。将洪承畴、祖大寿、冯铨等对"我大清"有赫赫功勋，且"不能为其主临危受命"120余人收入其中。

　　然下"剃头令"："反对者，杀无赦"。这一带有强烈民族征服性质的命令，立即激起江南汉族人民的强烈反抗，抗清浪潮风起云涌。危难之中，多尔衮于闰六月忙派洪承畴取代多铎，授予"招抚江南各省总督军务大学士"，敕赐便宜行事。[1]

　　洪承畴采取以抚为主、以剿为辅的策略，及一系列减轻百姓负担、刺激经济发展的措施，尽量避免过多的武装冲突和流血，为促使国家迅速统一和安定社会秩序起了积极作用。

　　当然，洪承畴受命招抚江南，也镇压屠杀许多江南抗清义军，斩杀了明王室内的一些顽固势力，如左佥都御史金声、大学士黄道周、明宗室长乐王朱谊石、瑞安王朱谊防、金华王朱由产、高安王朱常淇、瑞昌王朱谊贵等人领导的抗清武装。洪承畴遭到抗清人士的一致唾骂和谴责，金声、黄道周被俘时都痛斥他无耻变节，连他的母亲和亲弟弟洪承畯也面责他的不忠，但从促进清王朝完成统一中国大业的角度来看，其功绩是主要的。史称"开清第一功"。

　　顺治四年（1647），洪承畴因父丧，回乡守制。顺治五年（1648）四月奉召返京，再次入内院佐理机务。摄政王多尔衮对其慰劳备至，宠信有加，一连数日召见垂询各省应兴应革之事，所有建议，无不采纳。

　　顺治十年（1653），孙可望、李定国所率领的几十万农民起义军在云、贵归附明宗室桂王朱由榔，抗清出现新高潮。五月，已任内翰林弘文院学士、兵部尚

---

[1]事见《清史稿·洪承畴列传》："二年，豫亲王多铎师下江南。闰六月，命承畴以原官总督军务，招抚江南各省，铸'招抚南方总督军务大学士'印，赐敕便宜行事。"

书兼都察院右副都御史、佐理机务、兼任《大清太宗实录》总裁官的洪承畴，又被任命为"太保兼太子太师，经略湖广、广东、广西、云南、贵州五省，总督军务兼理粮饷"，"吏、兵二部不得掣肘，户部不得稽迟"，事后报闻。此时洪承畴61岁，临行前，顺治帝设宴饯行，赐宝马、宝刀。[1]

洪承畴入湖之后，制定了严防重镇，互为犄角，先安湖广，后平云贵的方略，基本上停止了大规模的攻势作战。他以湖南为中心，实行屯田、备粮、修城防、设水师，作长期计划。面对西南一带多年战乱，民不聊生，人民需要安定，国家需要统一的时局，洪承畴坚决反对穷兵黩武。他审度时势，实行军事上"以守为战"、政治上"广示招徕"、经济上"开垦田亩"等一系列方针政策，为靖南疆促进国家统一立下了历史性功劳。

顺治十六年（1659）八月，洪承畴因年老体衰、目疾加剧，请求回京；翌年正月，奉旨解任回京调理。因洪承畴功大、位高、权重，遭满州贵族和一些汉族大臣的猜忌，并受到冷落。

顺治十八年（1661），顺治死，子玄烨（康熙）嗣位。这时洪承畴业已69岁，仍任大学士，却感孤独，于五月疏乞休致。朝廷几经争论，康熙才授以三等阿达哈哈番（轻车都尉）世袭。[2]

康熙四年（1665）年，洪承畴病逝，享年73岁。赠少师，谥文襄，赐葬京师立循御碑。

---

[1] 事见《清史稿·洪承畴列传》："明桂王由榔称号肇庆，频年转战，兵燔地震，至是居安隆所，云南、贵州二省尚为明守。诸将李定国、孙可望等四出侵略，南攻湖南南境诸州县，东陷桂林，西据成都，兵连不得息。五月，上授承畴太保兼太子太师、内翰林国史院大学士、兵部尚书兼都察院右副都御史，经略湖广、广东、广西、云南、贵州等处地方，总督军务兼理粮饷。敕谕抚镇以下咸听节制，攻守便宜行事。满兵当留当撤，即行具奏。命内院以特假便宜条款详列敕书，宣示中外，并允承畴疏荐，起原任大学士李率泰督两广。以江西寇未尽，命承畴奉领，铸'经略大学士'印授之。临发，赐蟒朝衣、冠带、鞋袜、松石嵌撒袋、弓矢。"

[2] 事见《清史稿·洪承畴列传》："圣祖即位，承畴乞致仕，予三等阿达哈哈番世职。康熙四年二月，卒，谥文襄。"

名家评说

　　国初诸王大政，皆定自太祖、太宗朝。世谓承畴实成之，诬矣。承畴再出经略，江南、湖广以逮滇、黔，皆所勘定。桂王既入缅甸，不欲穷追，以是罢兵柄。

——赵尔巽《清史稿》

　　洪承畴率十三万人赴援，兵不可谓不众，乃一遇清军，统遭败衄。清军虽强，岂真无敌？咎在将帅之非材。且镐止丧师，洪且降清，洪之罪益浮于镐矣，读《贰臣传》，可知洪承畴之事迹，读此书，更见洪承畴之心术。

——蔡东藩《清史演义》

鳌　拜

　　鳌拜（？～1669），姓瓜尔佳氏，清顺治帝时进一等昂拜章京，晋封鳌拜为二等公，加少傅太子太保衔。清康熙帝时为辅政大臣。满洲镶黄旗人。他出身将门，祖父索尔果为苏完部酋长，后率所部五百余户投归清太祖努尔哈赤。其父卫齐，清太宗皇太极时，任盛京八门提督。兄卓布泰，顺治帝时任镶黄旗固山额真，曾授征南将军。弟巴哈顺治帝时为领侍卫内大臣。鳌拜一门显赫。他自青年时即驰骋疆场，在清朝开国过程中屡立大功，成为一代骁将。顺治帝福临去世，遗命鳌拜与内大臣索尼、苏克萨哈、遏必隆辅佐年幼的康熙皇帝，为四辅政大臣之一。以后鳌拜擅权自专，康熙帝将其拘禁，死于幽所。

一、骁勇善战　战功显赫

　　满族人，入关前民皆上马为兵，下马为民，所有男子从12岁起，就正式成为战士，因此鳌拜从小就受到骑射训练。长大后，鳌拜技艺高强，弓马娴熟，为人孔武有力，初任护军校尉，因功授甲喇章京世职，参领等职。崇德元年（1636）十二月，太宗皇太极率军第二次侵掠朝鲜，鳌拜任职护卫，随侍皇太极左右。翌年正月，朝鲜投降，皇太极凯旋。临行皇太极命贝子硕托与孔有德、耿仲明、尚可喜攻取明军占有之皮岛。硕托军久攻不下。二月，皇太极命武英郡王阿济格

鳌　拜

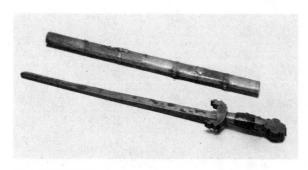
皇太极御用宝剑

率军往代硕托，鳌拜从征。

明军自天启元年（1621）占据皮岛，在此开镇，驻以大将重兵，从后背威胁后金，时时乘虚袭击，与宁锦前线互为犄角，辽东汉人逃往者甚众，成为后金的心腹之患。努尔哈赤在世时曾几次派军攻取，但均未成功。皇太极为此日夜筹思，必欲拔之。此时阿济格奉命指挥攻岛，与诸将集议，决定分两路进攻。四月初八夜，清军一路排列巨舰，实为佯攻，以吸引万余守岛明军；另一路乘船。轻舟疾进，攻皮岛北隅，实为主攻。此路肩负重任。阿济格集诸将询问谁人能率军先登？鳌拜请战，与准塔向阿济格立下军令状："我等若不得此岛，必不来见王。誓必克岛而回。"于是约定登陆后举火为号。鳌拜与准塔连舟渡海，但鳌拜等人的偷袭队伍还是被皮岛明军发现，明军立即炮矢齐发，清军冲了数次均未能靠岸，形势紧急。在这种情况下，鳌拜不顾生死亲操舟射箭，到岸边后，一跃而上，大呼陷阵，冒炮矢直前搏战，准塔继之，所部登上皮岛，然后举火引导后继清军。由于鳌拜率部队占据了滩头阵地，所以其余清军蜂拥而上，遂攻克皮岛，守军1万余人大部分被斩杀，守将总兵沈世奎被俘拒不投降后处死。皇太极闻报大喜，特撰文告祭努尔哈赤，以慰在天之灵，文曰："朝鲜既平，又率朝鲜水师，乘舟渡海，攻克明国毛文龙所居皮岛……数月之间两成功，此皆皇考在天之灵，默为保佑，故克臻此……谨告。"太宗以此岛可比大城，令从优议叙。鳌拜论首功，膺重赏，由牛录章京超擢为三等梅勒章京，赐予巴图鲁称号，旋擢镶黄旗护军统领，位列大臣。[1]

明清松锦之战，是关系到双方生死存亡的决战，崇德六年（1641）六月，鳌拜随郑亲王济尔哈朗围困锦州。明蓟辽总督洪承畴率13万大军来援，立营松山西北，攻击清营，明锦州守将祖大寿亦遣兵出，夹击清军。济尔哈朗指挥右翼失利，"两红旗，镶蓝旗驻营之地，为敌所夺"。武英郡王阿济格指挥左翼，遣精锐

---

[1] 事见《清史稿·鳌拜列传》："崇德二年，征明皮岛，与甲喇额真准塔为前锋，渡海博战，敌军披靡，遂克之。命优叙，进三等梅勒章京，赐号'巴图鲁'。"

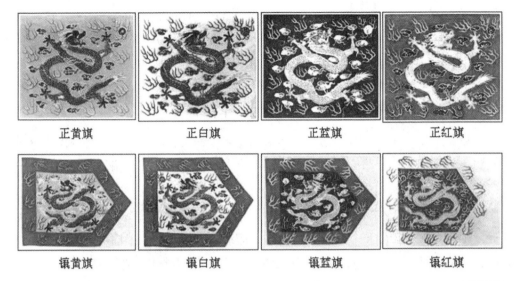

| 正黄旗 | 正白旗 | 正蓝旗 | 正红旗 |

| 镶黄旗 | 镶白旗 | 镶蓝旗 | 镶红旗 |

八旗旗帜

护军助战。鳌拜统领镶黄旗护军，见明骑兵自松山出，奋力搏杀，明军大败，于是鳌拜不待军令，乘胜追击，直抵明军兵列，令所部下马步战，冲入敌阵，再败明军，鳌拜往来接战，辄当先陷阵，五战皆捷，因功由三等梅勒章京擢为一等梅勒章京。[1] 八月，皇太极倾全国之师，亲率援锦，夺明军笔架山军粮，断其归路。二十一日晚，洪承畴指挥明军分路突围。鳌拜奉命率清军左翼，截击突围明军，明总兵吴三桂、王朴、唐通等率马步兵沿海边突围，鳌拜率军追击，明军溃败，弥山遍野，被驱入海。明军在这次战役中也表现了极顽强战斗精神，据记载，明军士兵在陷入绝境时仍视死如归，鲜有乞降者，拥荷其将，立于海中，伸臂翼蔽，俾不中箭，不失敬礼，死而后已。"清人对不降士兵三日搜杀，极其残酷"。经此一战，明军损失大半，败局已定。

崇德七年（1642）十一月，鳌拜又随饶馀贝勒阿巴泰，毁边墙入掠明境，他指挥本旗兵率先攻破明长城防线，然后，长驱直入，进逼燕京。旋随左翼攻掠至山东，攻陷兖州府及临清、汶山诸县，两路清军复会合于密云，再败吴三桂、范志完援军，崇德八年（1643）六月由墙子岭斩关而出。这一仗，清军共攻陷明内地城池 88 座，生擒明鲁王朱衣佩等共 6 王，明宗室死者千余人，掠掳人口 36 万

---

[1] 事见《清史稿·鳌拜列传》："鳌拜辄先陷阵，五战皆捷，明兵大溃，追击之，擒斩过半。功最，进一等，擢巴牙喇纛章京。"

余口，牲畜数 10 万头，金银财物不计其数。明人说："清军壬午年（1642）之入，直走青齐，及淮而止，所至屠掠一空，祸为至剧……国力耗竭，而事不可为矣。"十月，叙功，鳌拜由一等梅勒章京擢为三等昂邦章京。

二、权臣排挤　屡受摧抑

崇德八年（1643）八月初九，清太宗皇太极暴逝。满洲贵族内部因皇位继承问题，出现了尖锐矛盾。睿亲王多尔衮与皇太极长子肃亲王豪格是皇位的主要争夺者。诸王兄弟或支持多尔衮，或拥立豪格。皇太极自将的两黄旗大臣，坚决拥立豪格。镶黄旗护军统领鳌拜是主要的带兵将领，是参与这场斗争的核心人物之一。他与黄旗大臣索尼、图赖、图尔格、谭泰、塔瞻等 8 人，前往豪格家私相计议，欲立肃亲王为君；又与索尼等人"共立盟誓，愿死生一处"。白旗诸王则力主立多尔衮，双方僵持不下，鳌拜等严加戒备，密令"兵丁守门"。八月十四日，多尔衮在崇政殿召集议立嗣君会议，当天清晨，鳌拜与黄旗大臣盟于大清门，誓立皇子，下令精锐护军"张弓矢，环立宫殿，然后到崇政殿"，摆出兵戎相见的阵势。在会议过程中，当争论不决时，鳌拜与皇太极手下两黄旗将领之辈佩剑而

沈阳故宫崇政殿内景

前曰：吾辈食于帝，衣于帝，养育之恩与天同大，若不立帝之子，则宁死从帝于地下而已。实则胁逼多尔衮拥立皇子。在这种形势下，多尔衮提出拥立皇太极第九子 6 岁的福临继位，由他和郑亲王济尔哈朗共同辅政，这一折衷方案为双方所接受。福临即位，改明年为顺治元年（1644）。

多尔衮摄政后，数月之间集大权于一身，威权自专，打击政敌豪格及其支持者，分化黄旗大臣，附己者加官进爵，重赏重用，其不附己者则遭到冷遇或压制。鳌拜不附多尔衮，因而屡遭摧抑。

顺治元年（1644）三月，李自成攻占北京，崇祯帝自缢而死。四月，多尔衮率大军入关，吴三桂开关迎降，五月初二，清军入北京。鳌拜本是骁将，却未参与入关之役，奉命与济尔哈朗留守盛京，九月鳌拜随顺治帝福临由沈阳至北京。十月初一，福临定鼎燕京，以鳌拜夙荷太宗帝宠信，由三等昂邦章京擢为一等昂邦章京。同月，鳌拜随靖远大将军英王阿济格取道陕北，进攻退守西安的李自成大顺军；另一路清军，由豫亲王多铎率领由潼关攻西安，两路夹击。阿济格、鳌拜一路由内蒙古进入陕北，攻下四城，降者 38 城。翌年正月十二日，多铎攻破大顺军潼关防线，十八日进逼西安，此时，阿济格、鳌拜率领已南下。李自成遂弃西安，由商州经河南向湖广撤退。多尔衮命多铎“仍恪遵前旨，往定南京”；命阿济格“仍遵前旨，将流寇余孽，务期剿除”。阿济格奉命穷追大顺军。鳌拜等分翼出师，水陆并进，于河南邓州，湖北随州、德安、武昌、富池口、桑家口等地与农民军激战 13 次，重创大顺军。[1]六月，追及李自成于湖北通山县，杰出的农民军领袖李自成在九宫山遇害，大将刘宗敏被俘杀。明南宁侯左良玉子左梦庚率 12 总兵，马步兵 10 万及大小船只 4000 余在九江投降。清军攻下河南、湖北、江西、南京所属 63 城。然而，鳌拜却并未因大功受赏，反而获罪受罚。

同年八月，阿济格因未奉旨即行班师，且因奏报尽歼大顺军不实，命议处。阿济格是多尔衮之兄、顺治帝福临的叔父，为人粗暴鲁莽，蔑视年幼的福临，“称上为孺子”。谕令正黄旗固山额真谭泰会同护国统领鳌拜将英王“称上为孺子”之语集众传示。谭泰徇王情面，并不集众传示。鳌拜听信谭泰之言，“不行集众传示谕辞”。法司议罪：“罚银 100 两，此番大功不准议叙。”索尼恶谭泰背弃

---

[1] 事见《清史稿·鳌拜列传》：“二年，从英亲王阿济格征湖广，至安陆，破流贼李自成。”

当年盟誓，党附多尔衮，讦告其"违旨背君"。谭泰革固山额真任。谭泰亦讦告索尼。鳌拜因庇护索尼，又一次获罪，几乎被革职。黄旗大臣分化日甚，鳌拜、索尼、图赖等与谭泰的矛盾日深。

顺治三年（1646）正月，鳌拜、图赖讦告谭泰于分道攻取西安时，曾遣人谓图赖曰："我军以道路远险，是以后至，南京可让我军取之。"谭泰为邀军功不择手段。鳌拜、图赖等众议将谭泰论死，多尔衮下谭泰于狱，意在庇护，而对不附己之鳌拜等则更加摧抑。

同年，鳌拜又随靖远大将军肃亲王豪格往征四川张献忠大西军。三月，豪格抵西安；五月，向汉中进发。当时原李自成部将后降清复叛的贺珍，有众2万余人，围汉中府。鳌拜与多罗贝勒尼堪等大破贺珍，追至湖南。十一月，清军至四川南充县，正赶上张献忠弃成都，率全军北上抗清，列营凤凰山。鳌拜率精锐护军为先锋，由降清的张献忠部将刘进忠作为向导，清军侦骑直抵大西军营前。张献忠于仓促中"随即骑马出营，未穿盔甲，亦未携长枪，除短矛外，别无他物，同小卒七八名并太监一名奔出营外，探听满兵虚实"。恰与清军侦骑遭遇，叛徒刘进忠"认明果是献忠，满兵即发箭射之"，大西军大乱。豪格奏报说："鳌拜等奋击，大破之，斩献忠于阵。臣至，复分兵四出，破贼营130余处，斩首数万级，获战马12200余匹。"清军分路追击溃退的大西军。鳌拜与李国翰等追至遵义、夔州、茂州。四川荣昌、隆昌、富顺、内江、资阳……等州县均为清军攻占。大西军遗部在孙可望、李定国率领下退入云贵，继续抗清。

张献忠金印

击破大西军，鳌拜又居首功。然而非但未受赏，反而论死。有人说攻击张献忠大西军时有人冒功争赏，鳌拜坐军中详勘不实，"应革职，罚银100两"。三月，贝子托齐讦告郑亲王济尔哈朗当年拥立豪格，后又庇护豪格诸罪状。鳌拜等人在皇太极死时拥立豪格及皇子的种种活动同时被讦告。多尔衮欲兴大狱，将牵连诸人齐集质询，遂定鳌拜与济尔哈朗以及诸人同谋，"曲徇肃亲王豪格"，应论死，得旨免罪议功赎身。豪格亦论死，多尔衮将其幽系，寻死于幽所。四月，侍卫廓步梭又讦告鳌拜等在皇太极死时"擅发兵守门"，再一次论死，改革职为民，得旨免革职。鳌拜大功凯旋，但旬日之间却两次论死，摧抑接踵而至，不得不谨慎从事。[1]

三、权臣倒台　骤成重臣

顺治五年（1648）十一月，鳌拜随英亲王阿济格统兵戍大同。阿济格追逼粮草，任意杀戮。十二月初三，大同总兵姜瓖乘机举兵反清，山西各州县响应者甚众。其时，农民军联合南明永历政权抗清，在湖广、广西不断取得胜利，江西总兵金声桓、广东提督李成栋亦倒戈反清，全国再一次形成抗清高潮。大同反清威胁北京，多尔衮决定亲征。翌年三月，鳌拜与端重亲王博洛会攻大同，守军以锐卒直冲清阵，谋夺红衣大炮，鳌拜指挥所部击退敌兵。姜瓖部将杨震威率万余人猛攻镶蓝旗营地，鳌拜率蓝旗军兵迎击，展开激战，杨震威败北。又有援军5000由大同北山至，进逼清军，欲解大同之围。鳌拜率精兵破其一营，随后猛追，姜瓖闻援兵至，遂率千余骑兵出城接战，鳌拜复率军奋击姜瓖，溃逃者斩首示众，大同之围终莫能解。清军想办法挖长壕来围困大同，同时分兵征讨响应姜瓖的各城，鳌拜战于忻口，攻晋祠、汾州，克孝义县。九月，大同被围日久，城中"兵民饥饿，死亡殆尽，余兵无几"。姜瓖部将杨震威等合谋斩姜瓖，并其兄姜琳、弟姜有光，开城投降，以姜瓖首级献于阿济格军前，清军大胜。平定姜瓖对稳定当时的局势关系重大。

顺治七年（1650）七月，摄政王多尔衮有疾，暗示内大臣锡翰去顺治帝宅第探视，锡翰以多尔衮的意思，请顺治帝幸临。多尔衮又请顺治帝治罪鳌拜。鳌拜见此不敢有言，多尔衮又以其见非不举，并治罪，论死。后免死罚赎，由一等精奇尼哈番降为一等阿思尼哈番。顺治七年（1650）十一月，多尔衮暴死，顺治帝亲政。翌年正月，鳌拜与其弟巴哈并为议政大臣，复晋一等侯。鳌拜在多尔衮摄政期间，3次论死，有功不显。顺治八年（1651）二月，济尔哈朗等讦告多尔衮

---

[1]事见《清史稿·鳌拜列传》："五年，坐事，夺世职。又以贝子屯齐讦告谋立肃亲王，私结盟誓，论死。诏宥之，罚锾自赎。"

清代用以册封皇后、皇子等封号的黄绫褶子

生前谋逆诸款，顺治帝福临命"布告天下，咸使闻知"。多尔衮被削爵，党附诸人或处死，或革职。被多尔衮长期摧抑者如遏必隆等人上书申诉冤枉。顺治九年（1652）二月，鳌拜也向皇帝控诉，"自陈劳绩，因忤睿亲王意，屡抑战功"。顺治帝认为，鳌拜"军绩颇多，且为国效力多年，其功甚懋"，应从优叙议，由一等侯升二等公。[1] 在审讯党附多尔衮的巩阿岱、锡翰等人时，鳌拜、索尼等人曾经盟誓"一心为主，生死与共，"为福临所闻知，鳌拜忠于幼主深得福临欢心，视为心膂。四月，"以鳌拜总管侍卫"，授领侍卫内大臣，遏必隆管銮仪卫，与索尼并为内大臣，鳌拜成为福临所倚重的黄旗元老重臣。

鳌拜既是议政大臣，又是领侍卫大臣，于是参议大政，随侍帝侧，位列公爵，权势日增，处于清统治阶层的核心。顺治十三年（1656），鳌拜疏奏："大阅讲武，国之至重也。自太祖、太宗以来举行已久。今请酌古准今，3 年一次大阅。"顺治帝认为，"八旗乃国家根本"，以骑射得天下，不可懈怠。鳌拜意欲使八旗劲旅保持传统，常备不懈，以确保统治，故深得顺治赏识，"得旨允行，并著为令"。从此，"大阅"成为有清一代定制，以后各省督抚亦 3 年大阅营伍。同年十一月，鳌拜以前攻城时所受的战伤发作，卧床不起。顺治帝亲临探视慰问，十分关怀，当时被同僚认为是殊荣。顺治十四年（1657）冬，太后博尔济吉特氏染病，福临晨夕省问侍候，鳌拜也昼夜辛劳。博尔济吉特氏病愈之后，福临谕吏部："皇太后圣体违和，朕晨昏省侍，鳌拜等近侍护卫，昼夜勤劳，食息不暇，朕所亲见。今皇太后圣体康宁，中外欢庆，鳌拜等同朕省侍，勤劳罔懈，深可嘉悦，宜分别嘉奖，以示鼓动。"加鳌拜少傅太子太保衔，因其弓马娴熟，命教习武进士，技艺精进优异者，或留充侍卫，或由兵部选授副将、参将等官职。

---

[1]事见《清史稿·鳌拜列传》："世祖亲政，授议政大臣，累进二等公，予世袭。"

四、受命辅政 专擅朝政

顺治十八年（1661）正月初八，福临去世，遗诏以第三子8岁的玄烨嗣位，由大臣索尼、苏克萨哈、遏必隆、鳌拜为辅政大臣。居辅政大臣之首的索尼历事太祖、太宗、世祖三朝，多经历内外大事，本为智囊，但已年老多病。苏克萨哈与鳌拜本系姻亲，但二人谋事多不合；且因苏克萨哈隶属多尔衮所领正白旗，索尼与他也不合。遏必隆庸懦，遇事无主见。所以鳌拜虽居四辅政之末，却因以上种种原因得以擅权，当时鳌拜与内大臣费扬古有隙，其子侍卫倭赫故而不礼敬鳌拜，鳌拜想法治罪他们。康熙三年（1664）四月，倭赫在景山、瀛台擅骑御马，又用御弓射鹿，鳌拜论罪将倭赫斩首，并罪及其父费扬古，定费扬古"怨望"罪名，将其子尼侃、萨哈连处绞，籍没其家产给予鳌拜弟都统穆里玛。从此鳌拜专权妄为，网罗羽翼，朋比结党，忤己者辄置之死地。顺治定圈地时，八旗土地各按左右翼次序分给。多尔衮专权时欲移驻永平，故将原属镶黄旗地给予正白旗，而给镶黄旗地于右翼之末，即保定、河间、涿州等处，虽然因地有肥沃与贫瘠之分，但两旗之人20余年来，各安生业，并不计较。康熙五年（1666）正月，鳌

拜因与辅政大臣正白旗人苏克萨哈矛盾日深，以原镶黄旗地为正白旗所占，故立意更换。索尼因恶苏克萨哈而支持鳌拜；无主见的遏必隆随声附合。鳌拜遂命户部及直隶总督、巡抚主持其更换事宜。直隶、山东、河南总督朱昌祚会同直隶巡抚王登联，实地勘测，旗人与民人皆不愿换。王登联上疏云："臣同部

八旗士兵

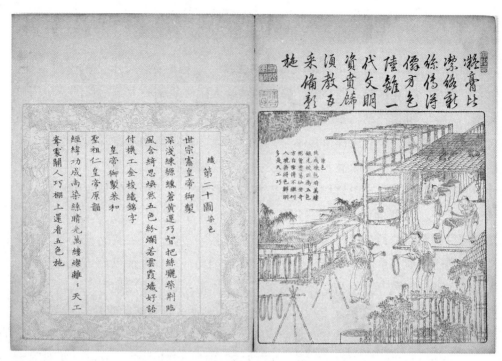

康熙耕织图

臣东往丰润、平滦等地，看到荒凉极目。民地之待圈者，寸壤未耕，旗地之待圈者，半犁未下，恐明岁青黄不接，无从得食，此旗人与百姓并困之情形也。""百姓情形更有难于见闻进。自圈地之令一传，知旧业难守，有米粮者已粜卖矣，土民千百上书呈请停止圈换，旗人也因计较肥瘠不愿圈换。总督朱昌祚也上疏说："京东各州县一闻圈丈，自本年秋收之后，周遭五百里，尽抛弃不耕……京东各州县合计旗民失业者不下数十万人，田荒粮竭，无以次生，岂无铤而走险者！？"二人交章请示圈换两旗土地一事应予停止。户部尚书苏纳海亦"候明旨进止"，对圈地事不行办理。鳌拜知此大怒，认为三人阻挠圈换，是有意违抗其命令。为此兴起大狱，杀大臣以立威。坐苏纳海拨地迟误，朱昌祚、王登联"纷更妄奏"俱论死。[1]康熙这时虽然尚幼，但很有主见，也明白这其中的许多事理，他知道鳌拜这样做是因为"苏纳海始终不阿其意"，朱昌祚、王登联疏奏旗民不

[1] 事见《清史稿·鳌拜列传》："鳌拜以地确，倡议八旗自有定序，镶黄旗不当处右翼之末，当与正白旗蓟、遵化、迁安诸州县分地相易。正白旗地不足，别圈民地补之。中外皆言不便。苏克萨哈为正白旗人，与相抗尤力。鳌拜怒，悉逮苏纳海等，弃市。"

愿圈换地亩，坚守不移，是阻挠其意，因此，必欲置之死地。康熙感到为这样一件事情杀三大臣太过分，因此就亲自召集四辅政大臣询问，但鳌拜在康熙帝面前，欺负他年少，大声咆哮，甚至攘臂挽袖地威吓，坚持将三人必置重典，索尼、遏必隆同意，独苏克萨哈不言。但康熙坚持原则，始终未允所奏。谁知鳌拜胆大包天，竟敢矫旨将三大臣处绞，又追论已死之苏克萨哈族人额附英武尔代罪，以泄其忿。而康熙知道后，因大权掌在鳌拜手中也无可奈何。

康熙六年（1667）正月，康熙帝玄烨14岁，索尼对鳌拜的专权看得一清二楚，但因他年老有病，更因鳌拜已将宫廷禁卫及京师卫戍掌在手中，因此对他也是没有办法，在万般无奈之中提出"世祖皇帝14岁应亲政"。六月，索尼病故。因14岁亲政是清祖制所定，因此鳌拜也没办法阻拦，再有他认为皇帝年纪尚小自己大权在握，不怕皇帝不听命于他，因此七月初七，康熙按祖制"躬亲大政"，辅政大臣"仍行佐理"。十三日，苏克萨哈上疏请解辅臣任，愿往守顺治陵寝，苏克萨哈的提议如被批准，鳌拜也要交出辅政之权，因此他怨怒苏克萨哈，指使党羽议决将苏克萨哈应凌迟处死，族诛。康熙"知鳌拜等怨苏克萨哈数与争是非，积以成仇，与其党羽班布尔善等构成其罪，必欲置之极刑，坚执不允所请"。鳌拜竟然气势汹汹，与康熙攘臂强争累日，最后竟强逼康熙同意，将苏克萨哈处绞，诛其族。

这时鳌拜权势炎赫，与其弟都统穆里玛，侄侍卫塞木特、纳莫、大学士、内大臣班布尔善，吏部尚书阿思哈，户部尚书马尔赛，兵部尚书噶褚哈，吏部侍即泰壁图，都统济世哈等结党营私，朝内外大事均在家定议后施行，朝中文武百官尽出其门下，根本不把已亲政的康

少年康熙

熙放在眼里。经常在康熙面前或高声质问，或呵斥部院大臣，施威震众；且将部院衙门各官于启奏之后，康熙已经同意的诸书再带往家另议另行。鳌拜恐有人弹劾，禁言官上书。当时有人偷窃他家的马，鳌拜捕杀盗者，竟然不分清红皂白将御马群牧长同时斩首。鳌拜欺凌年轻的皇帝，嚣张跋扈，康熙深感其"欺朕专权，恣意妄为"，决意清除鳌拜集团。然而鳌拜党羽遍布内外，若明降谕旨，外廷拿问，"恐不免激生事端"，不仅不能除掉他反有可能受其害，所以康熙不露声色，采用欲擒故纵，而在底下加紧谋划。康熙六年（1667），命鳌拜于二等公外加赐一等公，以其子那摩佛袭二等公爵。康熙七年（1668），加太师，其子那摩佛加太子少师。鳌拜对康熙也不放心，一日，他托病，要康熙亲往问候。康熙临其府第，至寝榻前，御前侍卫和公托见鳌拜脸色有变，乃急趋榻前，揭开卧席，见藏有利刃。康熙年少老成，怕激起鳌拜狗急跳墙，故神色不变地笑曰："刀不离身乃满洲故俗，不足异也。"但立即回宫。康熙决意早日擒拿鳌拜，可是鳌拜孔武有力，技艺精湛，久经战阵，捉拿亦非易事。于是选身强力壮的小内监和一批王公亲贵子弟，每日练习布库作为游戏娱乐。布库为满语，即相斗争力，徒手相搏，以脚力决胜败，也就是摔跤。鳌拜或入奏事，康熙与小内监相搏，并不回避，鳌拜以为少年皇帝贪玩成性，因此心益恬然，不以为意。同时康熙在底下与其舅舅索额图等一批近臣密谋善后等事宜，一切计议停当。一日，康熙请鳌拜入内后康熙一声令下，十数小童一拥而上，将鳌拜摔倒在地，遂下令逮捕鳌拜。

康熙八年（1669）五月十六日，命议政王大臣勘问鳌拜罪行，大臣会议审实鳌拜罪状30条，认为"逆恶种种，所犯重大，应将鳌拜革职，立斩。其亲子兄弟，亦应斩，妻并孙为奴，家产籍没，其族人有官职及护军者，均应革退，各鞭100，披甲当差。"康熙召鳌拜至，问其有何话说。鳌拜自知罪行深重，希冀不死，他恳请皇帝"看他为救他的祖父太宗留下的伤疤"。康熙看到鳌拜创伤，念其历事太宗、世祖，效力有年，战功颇著，不忍加诛，命革职，籍没拘禁，其子亦免死拘禁。同党内大臣班布尔善、尚书塞得本、阿思哈等多人处斩，鳌拜旋死于幽所。[1]到了康熙五十二年（1713），康熙帝复念鳌拜战功多，追赠一等男，以

---

[1] 事见《清史稿·鳌拜列传》："八年，以上鳌拜结党专擅，勿思悛改，下诏数其罪，命议政王等逮治。康亲王杰书等会谳，列上鳌拜大罪三十，论大辟，并籍其家，纳穆福亦论死。上亲鞠俱实，诏谓：'效力年久，不忍加诛，但褫职籍没。'纳穆福亦免死，俱予禁锢。鳌拜死禁所，乃释纳穆福。"

其弟巴哈孙苏赫袭爵，苏赫死，仍以鳌拜孙达福袭。雍正复赐鳌拜一等公，世袭罔替，加封曰："超武"。

名 家 评 说

　　四辅臣当国时，改世祖之政，必举太祖、太宗以为辞。然世祖罢明季三饷，四辅臣时复征练饷，并令并入地丁考成。此非太祖、太宗旧制然也，则又将何辞？索尼忠于事主，始终一节，锡以美谥，诚无愧焉。苏克萨哈见忌同列，遂致覆宗。遏必隆党比求全，几及于祸。鳌拜多戮无辜，功不掩罪。圣祖不加诛殛，亦云幸矣。

——赵尔巽《清史稿》

吴三桂

吴三桂（1612～1678），字月所，另字长白，明崇祯时提升他为总兵，封为平西伯。辽东中后所（今辽宁省绥中）人，先世本扬州府高邮州人。清顺治帝时授吴三桂为平西王，清康熙帝时又晋升他为平西亲王。吴三桂父亲为吴襄，在明朝官至辽东团练总兵。母亲为祖氏。在明末清初之际，吴三桂是明王朝、李自成、满清三方都极力争取的关键人物，他的去从，对当时的政治局势有着重大影响。不管人们如何来评价他，他无疑是这一时期的重要历史人物。

一、明末宠将　冲冠一怒

吴三桂的父亲名叫襄，字两环，在明朝官至辽东团练总兵，母舅祖大寿，在明朝早年就做过锦州总兵，功高位重，降清后仍为总兵，赏赐特厚。这种家庭环境，对吴三桂的一生都有着重大影响。

明崇祯初年，吴三桂的父亲吴襄官至锦州总兵，吴三桂从武宁随父征战，因战功而不断提升。来吴襄坐失军机，纵兵焚掠，被逮捕入狱，吴三桂被提升为总兵。因吴三桂守宁远有功，崇祯皇帝想倚重他来讨伐李自成农民军，封他为平西伯，并且将他的父亲也免罪出狱，起用提督京营。

崇祯十四年（1641），明清之间开始了著名的松山、杏山、锦州之战，明

吴三桂

军大败，洪承畴、祖大寿降清，吴三桂却退守宁远，保全了自己的实力。明崇祯皇帝虽知在松锦之战中，吴三桂有罪，却不敢追究，反以为其守宁远有功，召吴三桂进京，赐宴武英殿，以示抚慰，并起用其父。

崇祯十七年（1644）三月，李自成农民军进逼北京，崇祯皇帝命辽蓟总兵王永吉调宁远兵 50 万人火速入卫。吴三桂乘机把自己辖区内的几十万辽民迁入关内安插，自己带精锐部队殿后，这就耽误了进京的时间，直到三月十九日才到山海关，二十二日抵达玉田。

这时，李自成攻占北京和崇祯皇帝自杀的消息传来，入卫兵溃散，吴

陈圆圆像（选自《清史图典·顺治朝》）

三桂不敢前进。李自成派人传信给吴三桂，劝他投降。在这之前，当吴三桂被崇祯皇帝召进北京时，有一次吴三桂在嘉定的周奎家中饮酒，看上了歌女陈沅，不惜千金将陈沅买下（也有人说是勋戚田弘献给他的），留在北京。吴三桂这时见了李自成的招降信，考虑到他父亲和爱妾陈沅都在北京李自成的手中，也曾动过投降李自成的念头。但正在此时，却谣传陈沅被李自成的武将刘宗敏抢掠，也有人说陈沅被李自成收为妃子，于是吴三桂冲冠一怒，决心与李自成为敌。[1] 其实，吴三桂所以不降李自成，原因很复杂，决非仅是冲冠一怒为红颜。这里不去细说。

却说吴三桂带兵先驰回山海关，加紧备战，以便抵挡李自成的进攻。但吴三桂也很清楚，他的军力与李自成相比，是众寡不敌，单靠自己的力量，决不是李自成的对手，于是便想联合清兵，对付李自成。于是就派副将杨坤、游击郭云

[1] 事见《清史稿·吴三桂列传》："三桂引兵西，至滦州，闻其妾陈为自成将刘宗敏掠去。怒，还击破自成所遣守关将。"

龙，向满洲借兵。

二、清兵入关　授引有功

早在此之前，即在明清松锦之战时，清人就想招降吴三桂，但此时吴三桂有自己的打算和考虑。因为此时，满清不过只占据东北，虽然蒙古已被其招降，但明朝毕竟占据着中国之大部分领土，清人能否成气候，尚在不可知之数。另外他手下有兵，想拥兵自重，因此拒不降清。现在他有点儿走投无路，迫于李自成大军的攻讨，便不得不向清人借兵。这其实正中清人下怀。于是摄政王睿亲王多尔衮立即统率清兵来到宁远。这时，吴三桂上书给多尔衮，信中说："流贼逆天犯阙，僭称尊号，罪恶已极，天下共愤。三桂受国厚恩，欲兴师问罪，奈力弗敌。爰泣血求助，乞王速整旅入关与三桂合兵，直抵都城，扫除虐焰，昭示大义。此千载一时也。"多尔衮得到吴三桂的信，答应他即刻进兵，并且说："伯诚率众来归，当裂土封王。"多尔衮的条件很简要，但也很苛刻，要出兵，吴三桂必须先投降。

这时，时局发展十分迅速。李自成已经率领十万大兵向山海关开拔。四月十九日，李自成大军抵达关门，二十一日便对山海关发动猛攻。而在李自成到达山海关之前，即四月十六日，吴三桂已经答应投降了。

吴三桂率军死守，东西两罗城几乎被起义军攻破。但是，夜里清军就迅速抵达关外，并在一片石打败了李自成手下的唐通的部队。第二天，即四月二十二日，吴三桂率众赴清营投降，多尔衮就让吴三桂在阵前剃发投降，封吴三桂为平西王。多尔衮令吴三桂的兵士在肩膀上系白布作为标志。于是在吴三桂的带领下，多尔衮统率军队进入了山海关。

当时，李自成的军队在北山扎营，军营连绵，横亘到海。清兵分三路与李自成军相对布阵，吴三桂在右翼之末。[1] 双方都全部出动最精锐的部队进行决战。当时，大风飞扬，尘沙扑面，咫尺莫辩。吴三桂受命先与李自成军交战，很快就陷入农民军的重围。吴三桂与李自成的军队激战了很久，吴三桂眼见难以支持，而农民军也有些疲惫，这时，多尔衮就急令阿济格、多铎分路冲击农民军，农民

---

[1] 事见《清史稿·吴三桂列传》："三桂率部将谒王，王令其兵以白布系肩为识，前驱入关，自成兵横亘山海间，列阵以待。王令诸军向自成兵而陈，三桂兵列右翼之末。"

军受到重创，溃败而走，清军又追击了四十多里。

李自成带兵退到永平后，还曾试图与吴三桂议和，但未成功，于是回到北京就在范家店杀了吴三桂的父亲吴襄及其属眷，但吴三桂的爱妾陈沅却并未被杀。而是将她留在了北京。

李自成率领军队，运载辎重撤离了北京。吴三桂与英亲王阿济格等率兵追到望都，李自成军队无心恋战，且战且退，到了山西，清军暂且班师。清世祖顺治皇帝驾临皇极门，授吴三桂为平西王，赏赐白银万两，并设宴招待吴三桂。吴三桂献关投降，才使得清军轻而易举地占领了北京，建立了清朝，这算是吴三桂得到的报偿。

不久，顺治皇帝封英亲王为靖远大将军，攻打居于山西、陕西的李自成农民军，吴三桂也从征，由边外奔绥德。顺治二年（1645），清军攻克了延安、鹿州，李自成率军退到湖北襄阳、武昌，吴三桂也到湖北攻打李自成农民军，直攻到九江。献山海关之后，这是吴三桂为清人建立的又一大功劳。由于吴三桂的功劳最大，所以他的地位、声势远远超过了其他投降清人的明朝降官。

但是吴三桂只是表面受宠，实际上清人对他始终怀有戒心。在降清的明朝将领中，吴三桂最有实力，因此南明小朝廷弘光曾多次派人比如陈洪范等人来京与吴三桂接触，并持有弘光给吴三桂的书信，但这些信件都落在摄政王多尔衮手中。再加上当时在汉人中广泛流传着吴三桂想拥立明太子做皇帝，但被清人拒绝的种种传闻，这就更增加了清人对吴三桂的疑惧，便暗中对吴三桂加以防范。吴三桂从陕北镇压李自成农民军回京之后，就被调出关外驻防锦州。表面上是让吴三桂回到其故地，但实质上是将吴三桂放在盛京和北京之间，对其加以控制。吴三桂对清人所给田地都是些硗薄的土地，心中大为不满。为了缓和矛盾，当吴三桂提出他的父亲吴襄、母亲祖氏、弟三辅都被

明朝末年的大炮

李自成杀死，请求赠恤时，清廷答应了。顺治三年（1646），吴三桂进京朝见时，皇帝又赏赐给他白银2万两。[1]

顺治五年（1648），全国各地抗清运动风起云涌，姜瓖在大同起兵，声势浩大，秦晋轰动。清人因兵力不足，不得不起用明朝降将，于是便让吴三桂出征汉中，但却委任都统李国翰为"定西将军"，实则是对吴三桂暗中加以监督控制。吴三桂在出征汉中过程中，大肆屠杀抗清义军，企图以军功取得清人的信任。但尽管如此，清廷对他的防范始终比较严密，对此，吴三桂心中也十分清楚。

三、坐镇西南　威霸一方

顺治八年（1651）摄政王多尔衮病死，清廷内部的政治形势发生了很大变化。多尔衮与顺治皇帝原本有矛盾，而对吴三桂防犯最严厉的乃是多尔衮，此时多尔衮死去，吴三桂抓准时机，入京觐见皇帝，果然得到了顺治皇帝的优待。至此，吴三桂的命运开始出现了转机，一步步走起运来。

这年十月，清人开始对南方抗清力量大规模进行镇压，于是派吴三桂偕同李国翰出征四川。而此次出征，圣谕中明确规定"凡军机事务"让李国翰协助吴三桂，一切均由吴三桂调动，这就从根本上改变了吴三桂受制于人的局面。

顺治九年（1652），吴三桂分兵接连攻克成都、嘉定、叙州、重庆，驻军绵州。不久，孙可望率领猓猡兵5万余人围攻保宁，巡按御史郝浴告急，吴三桂派兵予以解围。顺治皇帝下诏颁奖。将士中有人私下里把冠服给郝浴，郝浴不要，并上疏弹劾吴三桂，说他拥兵观望，坐失良机。吴三桂根据郝浴疏文中有郝浴"亲冒

顺治帝亲政时向全国颁布的诏书

---

[1] 事见《清史稿·吴三桂列传》："三桂疏言丁给地五晌，各所房屋灰烬，地土硗薄，请增给。又以父襄、母祖氏、弟三辅并为自成所杀，疏乞赐恤：并如所请。三桂辞亲王，下部议，许之。三年，入觐，赐银二万。"

矢石"等话，告郝浴欺
罔冒功，结果清廷没有
治吴三桂的罪，反而将
郝浴论罪流徙，并使大
学士冯铨、成克巩、吕
宫等人也受到牵连，遭
到处罚。而吴三桂不仅
每年增俸银千两，他的
儿子吴应熊与公主结合，
被封为和硕额驸，授予
了三等子爵，不久又加
少保，兼太子太保。[1]

吴三桂的大刀

顺治十四年（1657），李定国跟随朱由榔进入云南。但李定国与孙可望之间
有矛盾，所以在战斗失败之后，孙可望奔长沙，且投降了清朝。为了拥兵自重，
扩大地盘，吴三桂曾多次请求进兵贵州，但清廷一直未答应，直到这时才授吴三
桂"平西大将军"，命他独当一路，从四川进攻贵州。

顺治十五年（1658），吴三桂率兵从汉中出发，经过保宁、顺庆，到达合州
（今四川合州），将沿江战船全部俘获。李定国等依靠石壶关等险要隘口，抵抗
清兵。吴三桂令骑兵从山麓步行登上山顶，用大炮轰击伏兵，明兵溃散，很快攻
下了遵义、开州（今贵州开阳）。随从吴三桂攻打贵州的"定西将军"李国翰死
去，吴三桂又驻守遵义。当时，经略大学士洪承畴、宁远大将军洛托由湖南进兵
贵阳，征南将军卓布泰从广西进军都匀。安远大将军信郡王多尼统率军队来到，
吴三桂赶到平越府的杨老堡与之会师，决定兵分三路出击。吴三桂从遵义赴天生
桥，听说白文选已经占据了七星关，于是吴三桂绕道从乌撒土司境内进逼益州。
信郡王进攻曲靖，打败了白文选。卓布泰进军罗平州，打败了李定国。

顺治十六年（1659）正月，清军各路兵马联合进攻云南，朱由榔退守永昌。

---

[1] 事见《清史稿·吴三桂列传》："三桂屡战不利。文秀、复臣围巡按御史郝浴于保宁。
浴趣三桂等赴援，击斩复臣，文秀引兵走。浴疏劾三桂拥兵观望状，三桂摘疏中'亲冒
矢石'语劾冒功，浴坐谪徙。三桂叙功，岁增俸千。子应熊尚主。为和硕额驸，授三等
精奇尼哈番，加少保兼太子太保。"

二月，吴三桂同贝勒尚书卓布泰进征南州，在玉龙关打败了白文选，渡过澜沧江，攻下了永昌，但朱由榔已提前逃走了。清兵渡过了潞江。李定国在磨盘山设下埋伏，被清兵侦知。清兵分八队迎击李定国，用大炮轰击伏兵。伏兵惊起，清兵趁机奔上山掩杀，李定国的军队损失过半，不得已拥朱由榔败走缅甸，朱由榔手下的部将马宝、李如碧、高起隆等几十人及各土司先后归顺了清廷，云南落入了清人之手。

顺治皇帝下诏书，命吴三桂镇守云南，命信郡王与卓布泰等班师，留下都统伊尔德、卓罗等分军驻守，并且晓喻吏、兵二部，凡云南省文武官员的任命与罢免之权，以及军队与民间的一切事务，均由吴三桂暂行总督，等几年后再补授，并仍照旧例执行。

当时朱由榔在缅甸，而白文选在木邦。李定国想要迎还朱由榔，但缅甸人不

《吴三桂斗鹌图》

同意，李定国进兵加以威胁，缅甸人固守抗拒。李定国于是驻扎孟良，想要攻回云南，并用朱由榔的印札诱骗元江土司那嵩做内应。那嵩于是与降将高应凤起兵反清。十月，吴三桂从石屏出发，围困了元江城。城中军民死守，吴三桂令士兵挖掘壕沟，进兵城下，经过一个多月的激战，高应凤被杀，那嵩自焚，城破，清人以元江城作元江府。

为了能在云南站稳脚根，拥兵自重，吴三桂曾向洪承畴请教策略，洪承畴回答说："不可使滇一日无事也。"吴三桂心领神会。

顺治十七年（1660）清廷部臣上奏，说累计云南省俸饷每年多达900多万两白银，议撤回满洲兵回京，将5万绿旗兵裁减为3万。吴三桂上疏说，边疆仍不安宁，兵力难减，应该保持原状。为了转移视线，巩固自己在云南的地位，吴三桂采纳了他手下的都统杨珅的建议，先除朱由榔。[1]因为朱由榔是明朝皇太子，当时称为永历皇帝，还有一定的号召力，而杀掉朱由榔则可以使人绝望，同时还可以讨好清廷。于是，吴三桂就上疏请求发兵攻打缅甸，消灭朱由榔。这一倡议得到了清廷的赞同。清廷派学士麻勒吉、侍郎石图奔赴云南，与吴三桂密叙策划机宜。策划结果上奏后，清廷命内大臣公爱星阿为定西将军，率领劲旅同吴三桂进征缅甸。吴三桂先请求颁发敕印给南甸、陇川、千崖盏、达车里各处投降清人的土司，以示鼓励；又传檄缅甸悬赏捕抓朱由榔。

顺治十八年（1661）正月，吴三桂派遣土司到缅甸告知清军进兵的日程，令他们在孟卯迎接清军。然后派副都统何进忠、总兵沈应时、马宁等率领军队由腾越出发，过陇川宣抚司。三月初一，清军到达孟卯。缅人与李定国交战，因道路阻隔，过了20多天，缅甸使者方到。因为缅人希望清兵攻打李定国，告诉清军当时这一带有瘴病发生，何进忠等就暂时撤兵回到云南境内。吴三桂奏请等到霜降后瘴病停息了再进军。四月，吴三桂派总兵马宝、高起隆、游击赵良栋等进攻马乃土司龙吉兆，攻打了70多天，才攻下来，斩杀了龙吉兆，并把其地作为普安县。九月，吴三桂同爱星阿及前锋统领白尔赫图、都统果尔钦、逊塔等督兵来到大理，秣马厉兵，一个月后从腾越出发，取道南甸、陇川、孟卯进攻缅甸。另

---

[1]事见《清史稿·吴三桂列传》："十七年，户部疏言云南俸饷岁九百余万，议撤满州兵还京，裁绿旗兵五之二。三桂谓边疆不宁，不宜减兵力。是时三桂已阴有异志，其藩下副都统杨珅说以先除由榔绝人望。"

清康熙元年（1662），永历帝朱由榔父子及眷属25人在昆明篦子坡遭弓弦勒死。其身亡处后改名为逼死坡，即今天的昆明市五华区的华山西路。1911年云南都督蔡锷以"三迤士民"名义在此地竖立"明永历帝殉国处"石碑。

派总兵马宁、王辅臣分兵二万，取道姚关、镇康、孟定。又恐怕蛮暮、猛密二土司被李定国煽动，挡住清军后路，就留下总兵张国柱率兵三千屯驻南甸。十一月，清军在木邦会师。白文选毁掉锡箔江上的桥梁逃到茶山。清军行军三百多里来到江边，用木伐渡河。吴三桂又派马宁等率领偏师追击白文选，而自己则与爱星阿领兵奔缅甸。十二月，清军来到奋挽坡，这里跟缅甸都城只有 60 里左右。缅甸派使者来到清军中，请清兵进兰鸠江滨捍卫，于是将朱由榔及其亲属献到军前。马宁等在孟养追上了白文选。白文选率领几千士兵投降。大战宣告结束，吴三桂整顿军队回到云南。

康熙元年（1662），捷报传到京城，康熙皇帝下旨嘉奖，晋升吴三桂为平西亲王，并命贵州也属吴三桂管辖，而令爱星阿班师。[1]

---

[1] 事见《清史稿·吴三桂列传》："康熙元年，捷闻，诏进三桂亲王，并命兼辖贵州。召爱星阿率师还。"

本来应该将朱由榔等人押解到京城，但吴三桂以道远押解不便为理由，上奏请求在云南处置。四月十五日，吴三桂奉密旨将朱由榔父子杀害。

因为李定国在景线，吴三桂怕他从车里攻打云南，就命提督张勇领兵1万多，分布在普洱元江一带布防。但不久，李定国病死，吴三桂派人招抚李定国手下的人，李定国的儿子李嗣兴带领1000多人投降了。

康熙二年（1663），吴三桂派总兵王会等进攻陇纳山土著居民反抗清廷的队伍，擒杀了首领。

康熙三年（1664），吴三桂又派遣总兵刘之复、李世辉从大方、乌蒙出发，分兵攻打水西土司、安坤乌撒土司安重圣，都把他们斩杀了，并把其地设府冶理，改比喇为平远，大方为大定，水西为黔西，乌撒为威宁。

康熙五年（1665），吴三桂出兵陇箐，攻打土司禄昌贤，平定了池东的抗清军民，设开化府永定州。这样，云南一带政局开始稳定。于是，吴三桂开始进一步扩充自己的实力。他规定当地五丁出一甲，200甲设一佐领，几十个佐领设左右都统管辖，并设前后左右援剿四镇总兵，副将都由他自己选择心腹担任。他把1万2千多降兵分为10营，让马宝等人做总兵。凡文武官职都擅自提拔和免除，到处安排自己的亲信，他让云南督抚受自己的节制，将提督府移驻大理，总督府移到贵阳。吴三桂住在从前朱由榔住过的五华山故宫，将其改为藩府，并大兴土木，使之更加华丽，把沐天波庄田改为藩庄，假借挖渠筑城等名目，增征关市、盐税，利用当地的金矿铜山，开矿鼓铸，增加自己的私产。他广泛招徕商旅，与西藏、蒙古互市茶叶、马匹。其亲信更是巧设名目，强占土地，杀人越货，无所不为。吴三桂俨然是西南地区的小朝廷。

四、出尔反尔　起兵反清

对于吴三桂势力的无限膨胀，清廷十分注意，开始想方设法削减他的权力。康熙二年（1663）就收缴了他的大将军印。康熙五年（1666）裁掉了他用人题补的权力，康熙六年（1667），吴三桂因患眼疾上疏辞总管任，清廷借机剥夺了他云贵总管的职务，事务由总督提督巡抚管理。[1]但清廷对吴三桂此时仍然加以笼

---

[1] 事见《清史稿·吴三桂列传》："六年，三桂疏言两目昏瞀，精力日减，辞总管云、贵两省事。下部议，如各省例，归督抚管理，文吏由吏部题授。"

络，所以，虽然免去了其云贵总管之职，但仍然有所保留，"如边疆遇有军机，王自应经理"，又晋升他的儿子吴应熊为少傅兼太子太傅，并让吴应熊到云南探望吴三桂的眼疾。康熙七年（1668），知府傅弘烈因上疏陈说吴三桂必反，坐诬论斩，因康熙皇帝公开加以保护，才免去了死罪。

但这一案无疑给吴三桂敲起了警钟，他不能不感到内心恐慌，于是一边到处攻打土司，借边事用兵不停来转移视线，一边向太后等进贡各种珍贵贡品，如茯苓、金碗、金壶、象牙器皿等等，并让他的儿子吴应熊在北京广施金钱，拉笼结交权贵。但这一切，并不能从根本上改变吴三桂的命运。

当时，吴三桂坐镇云南，耿精忠镇守福建，尚可喜占据广东，各自专擅兵权，独霸一方，时称三藩，天下赋税，有一半为他们所消耗，清廷也怕尾大不掉，于是开始认真着手加以解决。

对于康熙的"撤藩"之意，吴三桂最感惊恐，不知所措。正在这时，吴三桂的儿子吴应熊派人来到云南，告知他父亲，"朝廷已经早就怀疑你了，现在另外两位藩王都上疏辞职，而只有你没有上疏，这样朝廷对你会更加怀疑，应该赶快上疏，还来得及。"吴应熊并且还说，父亲上疏后，他可以在京城活动，请圣上下旨单独留下父亲不免职。对此，吴三桂深信不疑，想父子合演一场双簧，但他的幕客刘茂遐却认为，千万不能上疏辞职，皇上早就想调离你，只是没有合适的理由，难以启口。你早晨上疏，晚上就会调离你。然而吴三桂不听，就上了辞职疏。

对于吴三桂的上疏辞职，康熙皇帝实际上心里早就有了处理意见，但他不露声色，仍然按常规让廷臣加以讨论。廷臣中有些不识时务的人说，吴三桂镇守苗蛮，不可调动。但户部尚书米思翰、兵部尚书明珠等对康熙的心事最能心领神会，他们说，苗蛮已经平定，吴三桂不应仍然镇守云南，应该答应他的辞职请求，把他调回山海关。[1]康熙让议政王、贝勒、大臣加以审核，仍有些不识时务的人说，云南撤藩，必定要多拨派劲旅驻守，这样不仅纷扰民驿，而且减少了京城的兵力，因此不应将吴三桂撤回。但康熙认为藩镇久握重兵，恐怕滋蔓生变，不是长治久安之策，于是就下旨让吴三桂撤归锦州，并且派遣侍郎哲尔肯、学士

---

[1] 事见《清史稿·吴三桂列传》："独尚书米思翰、明珠谓苗、蛮既平，三桂不宜久镇，议移藩便。"

傅达礼等人到云南督促撤藩。康熙在圣旨中说得十分委婉："王镇守岩疆，厥功懋焉。但年齿高，久驻遐荒，朕眷怀良切，故允王所请。王其率属北来，永保无疆之休。已命所司庀周详，王至即有宁宇，无以为念。"

诏书一到云南，整个云南为之震动，吴三桂毫无心理准备，一时间十分沮丧，不知所措。这时吴三桂的亲信纷纷劝说吴三桂起兵反清，否则将丧失时机，失去兵权，受制于人，那时悔之晚矣。这时吴三桂的宠妾陈沅认为吴三桂的势力难以与清廷抗衡，极力劝说吴三桂不可轻举妄动，自蹈死路。这时吴三桂考虑到他儿子在京为人质，更加犹豫不决。但吴三桂的亲信极力怂恿他造反，吴三桂这才下了决心。

九月，哲尔肯、傅达礼来到云南，吴三桂伪称十一月二十四日离开云南，企图稳住他们，暗中却与左都统吴应麟、右都统吴国贵、副都统高得捷、女婿夏国相、胡国柱开始调兵遣将，安排亲信，控制关隘，部署军事。凡入关隘者请进，凡出关隘者一律禁止。吴三桂曾邀请巡抚朱国治赴宴，胁迫其一起反清，朱国治不从，吴三桂就把朱国治打死了。

吴三桂召集四镇十营总兵马宝、高起隆、刘之复、张足法、王会、王屏藩等听从调遣，自称"天下都招讨兵马大元帅周王"，分别封郭云龙以及自己的女婿侄儿等为云南总管、金吾左、右、前、后将军，让方光琛执掌吏曹，下令士民蓄发易服。扣留哲尔肯、傅达礼，凡不愿与吴三桂一起造反的，比如按察使李兴元、知府高兴辰、同知刘昆等，都加以杀害，提督张国柱、永北总兵杜辉鹤、总柯铎、布政使崔之瑛、提学道国昌等都与吴三桂一起反清。

耿精忠

昭武通宝

于是，吴三桂写信给平南、靖南二藩及黔、蜀、楚、秦官吏中的旧相识，约会他们一起反清。他们的旗帜用白色，步兵骑兵都戴白毡帽。

马宝为先驱，来到贵阳，提督李本深立刻响应。总督甘文焜得知吴三桂反清起兵的消息马上派快骑奔往荆州，告知川湖总督蔡毓荣，又通知经理撤藩事务的郎中党务礼、员外郎萨穆哈、主事辛珠、笔帖式萨尔图，让他们赴京告诉朝廷吴三桂起兵之事，而他自己则带领几个骑兵逃到镇远。辛珠、萨尔图被吴三桂派人追杀，而镇远副将江义得到甘文焜的信，则领兵包围了甘文焜的住处，甘文焜在甘祥寺自刎而死。贵州巡抚曹申吉、黔西总兵王永清、沅州总兵崔世禄等投降了吴三桂。于是吴三桂占领了沅州、辰州。

康熙十三年（1674）正月，吴三桂称为周王元年，派他的总兵杨宝荫攻克了常德，将军夏图相攻克了澧州，张国柱攻克了衡州，吴应麟攻克了岳州。[1]长沙副将陈武卫以城献三桂，襄阳总兵杨来嘉、副将洪福占据谷城郧阳山寨，依附了吴三桂，都成了吴三桂的将军。吴三桂从云南来到常德，他见康熙这样年轻却指挥若定，就有点后悔自己的举动未免莽撞，于是上疏哲尔肯、傅达礼带到京城，希望索回子孙，与清朝划地讲和。康熙晓谕部臣说，吴三桂的奏章言词乖戾，行动狂妄，决不能与之讲和。当时诸王大臣都认为吴三桂怙恶不悛，其子孙应该立即凌迟处死，义难宽容。但康熙说，乱臣贼子，孽由自作，刑章俱在，众论佥同，朕亦不得曲贷之也，但以吴应熊久在近侍，朕心不忍，着将吴应熊及其子吴世霖处绞，其余幼子俱免死入官。

吴三桂见清廷绞杀了自己的儿孙，这才打消了议和念头，决心血战到底了。

六月，康熙命贝勒尚善为安远靖寇大将军，与顺承郡王分兵进讨吴三桂。尚善写信给吴三桂，吴三桂得到尚善的信，不予答复。这时，云南、贵州、湖南已

---

[1] 事见《清史稿·吴三桂列传》："十三年正月，三桂僭称周王元年，部署诸将：杨宝应陷常德，夏国相陷沣州，张国柱陷衡州，吴应麒陷岳州。"

为吴三桂占领，他又与猓猡互市，以茶易马，因此猓猡也帮助吴三桂与清人作战。他又利用多年的积蓄，广树党羽，势力很大，而此时，福建的耿精忠，广西将军孙延龄、提督马雄，四川则提督郑蛟麟、总兵吴之茂、谭洪，陕西则提督王辅臣，都响应吴三桂，各自据所占地区反抗清廷。这形势对吴三桂非常有利。但是吴三桂并没有抓住这有利机会，联合各路兵马，北渡疾进，因为此时清人虽然作了周详之部署，但同样准备不足。另外吴三桂的战线拉得太长，分散了兵力，不能集中兵力与清人决战，结果使清人得以各个击破。

陕西提督王辅臣以吴三桂的信给甘肃提督张勇，劝其联手反清，但张勇斩杀了使者。吴三桂派人与达赖喇嘛通好。达赖喇嘛曾上疏清廷，为吴三桂请求赦免罪行。但清廷不答应，而分别派遣康亲王杰书等率师攻打，并传谕贝勒尚善进攻岳州。吴三桂派吴应麟、廖进忠、马定、张国柱、柯铎、高起隆等率兵与清兵对抗。又分兵攻打江西，一路从大江直达南康境地，攻克了都昌，一路从长沙进入袁州境，攻克了萍乡、安福、上高、新昌。

这时，安亲王派兵攻克了都昌、上高、新昌、安福。吴三桂军坚守萍乡，并在醴陵筑木城以捍卫长沙，在岳州城外掘壕三重，四周用竹木作陷井，在洞庭峡口攒立柟桩阻挡舟舰，而凡列营陆地，全部设置鹿砦以阻挡骑兵。吴三桂又从常德来到松滋，布置大船于虎渡上游，

《玄烨戎装图》

截击荆、吴清兵，使之不能互相呼应。吴三桂又扬言将用炮攻打荆州决堤灌城；暗中却分岳州之兵踞宜昌东北之镇荆山，又集合王会、杨来嘉、洪福等攻掠谷城、郧阳、均州、南漳。由此，我们也不难看出吴三桂防守之严密，诡计之多端。但清兵处于攻势，而吴三桂处于守势。

康熙十五年（1676），吴三桂命其将军七人率兵攻打广东，令投降自己的原大理府知府冯苏任广东巡抚，授尚之信为招讨大将军，当时尚之信的父亲病重，尚之信于是投降了吴三桂。

简亲王奉诏移师南昌，安亲王进攻萍乡，夏国相败走，继而又攻下醴陵、浏阳，进攻长沙。吴三桂派胡国柱增兵坚守长沙，马宝、高起隆从岳州加以增援，又另派将军韩大任、高得捷等攻克了吉安，将清军阻隔在螺子山。然后分兵攻打新淦屯、泰和，又攻克了醴陵，窥视萍乡，断绝了安亲王军队的后路。吴三桂也从松滋移驻岳麓山。

当吴三桂与清兵在湘、赣战场相持之时，他在陕西却连获大捷。吴三桂初起兵时，曾传书给握有兵权的王辅臣，辅臣原为吴三桂旧部，吴三桂以为他会立即响应，但王辅臣却斩使拒绝。但后来见吴三桂势力大增，于是举兵降附吴三桂，并与吴三桂的将军王屏藩联手，接连攻下陕西秦州、兰州、巩昌、定边、靖边、庆阳、绥德、延安、花马池等城，这就占领了陕、甘、宁一带，清廷十分震惊，马上部署反击。

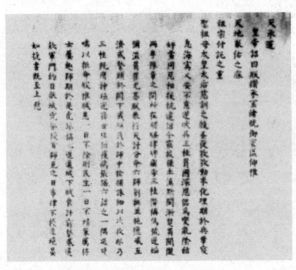

清廷平定吴三桂后颁布的善后诏书

康熙十五年（1676），抚远大将军图海进击陕西，招降了王辅臣，而吴三桂的将军吴之茂又多次被靖逆将军张勇所败，逃回四川。

与此同时，康熙命康亲王进攻福建，并招降了耿精忠、尚之信、冯苏。而孙延龄的妻子孔四贞是孔有德的女儿，正与孙延龄策划迎降清人，吴三桂诱杀孙延龄，但广西已非吴三桂所能控制。

康熙十六年（1677），贝勒尚善分营马3000协助安亲王军，吴三桂在七里台遥夺。当时简亲王攻打吉安，两军相持不下，吴三桂多次派人增援，康熙命征南将军穆占从岳州进兵，与安亲王一起夹攻长沙，吴三桂顾不上吉安，吉安困窘，韩大任等不得不弃城夜遁。江西又非吴三桂所有。

吴三桂从岳麓山迁到衡州，并派军队进攻江西南安、广东韶州，并协助吴世琮攻掠广西，企图分散清兵的力量。

康熙十七年（1678），安亲王攻克平江、湘阴，守将林兴珠降清。穆占攻占了永兴。不久，茶陵、攸县、安仁、兴宁、郴州、宜章、临武、蓝山、嘉禾、桂阳、桂东都被清军攻占。简亲王与江西总督董卫国联合进攻宁都的韩大任。韩大任从万安逃到福建，终于投降了清人。简亲王移军驻扎茶陵，吴三桂攻打永兴，又攻打郴州，只不过是最后的挣扎。

吴三桂最后曾想求助于蒙古，许以割地纳款，请蒙古兵入秦蜀援助，但蒙古留使不理，吴三桂大失所望。

吴三桂此时深知大势已去，在走投无路的时候，玩起了称帝的把戏，借以自娱。康熙十七年（1678）三月初一日，在衡州称帝，过了一回皇帝瘾，三月十八日就死去了，时年66岁。

吴三桂死后，尸体不知去向，有人说沉入大海，有人说早已筑在称帝时的金殿下，有人说被清军破城后焚尸扬灰。

后来，清兵向云南全境进兵，攻入昆明，杀了吴三桂家中的三十多人。吴三桂的爱妾陈沅，因为出家为尼，得以全命。大约在康熙二十八年（1689），陈沅老病而死，死后埋葬在商山侧，其墓联横匾为"圆光寂照"。

名 家 评 说

圣祖初亲政，举大事书殿柱，即首"三藩"。可喜乞归老，曷尝言撤藩？撤藩自延议，实上指也。三桂反，精忠等响应，东南六七行省皆陷寇。上先发兵守荆州，阻寇毋使逾北。分遣禁旅屯太原、兖州、江宁、南昌，首尾相顾，次第渐进，千里赴斗而师不劳。三桂白首举事，意上方少，诸王诸将帅佐开国者皆物故，变起且恇扰。及闻上从容指挥，军报迅速，闻外用命，始叹非所料。制胜于庙堂，岂不然钦？上不欲归咎建议撤藩诸臣，三桂等奉诏罢镇，亦必曲意保全之。惜乎三桂等未能喻也！

——赵尔巽《清史稿》

"恸哭三军皆缟素，冲冠一怒为红颜。"此系后人咏吴三桂诗。缟素句是宾，红颜句是主。不有红颜，何有缟素？是三桂之心，本不可问。且清师入关，不与定酬劳之约，竟尔臣事满清，甘心剃发，且愿为先导，拼命穷追，激成李闯之怒，戮其父母妻孥。不忠不孝，三桂一人实兼之。

——蔡东藩《清史演义》

张廷玉

张廷玉（1672～1755），字衡臣，号砚斋，清康熙帝时任刑部左侍郎，雍正帝时曾任礼部尚书、户部尚书等职。谥号"文和"。安徽桐城人。张廷玉的父亲张英曾任翰林院编修。张廷玉历经清康熙、雍正、乾隆三代，受命参与各项国家大事，颇得皇帝的宠信，他死后配享太庙，成为获此殊荣独一无二的汉族官员。

张廷玉出生于京城时，任大学士的其父张英正任翰林院编修。张廷玉康熙三十九年（1700）中进士，选翰林院庶吉士，习读满文，康熙四十二年（1703）授检讨。一年后入值南书房，几度升迁后擢刑部左侍郎，一年后以原官调吏部。[1]世宗皇帝即位后，对张廷玉格外赏识，雍正元年（1723）初命为皇子师傅，擢礼部尚书。同年晚些时候授翰林院掌院学士、户部尚书。他还被命为纂修《明史》总裁官之一，修撰明史自顺治二年（1645）以来已在着手，时有中断。张廷玉雍正三年（1725）署理大学士，次年实授，他任此职直至致仕。与此同时他还身兼数项要职，多次出典会试及其他考试。雍正朝的多数诏谕可能都拟自他手。乾隆四年（1739）拟对厄鲁特部用兵，

张廷玉

---

[1]事见《清史稿·张廷玉列传》："康熙三十九年进士，改庶吉士。散馆授检讨，直南书房，以忧归。服除，迁洗马，历庶子、侍讲学士，内阁学士。"

清军机处

也称"军机房""总理处"，是清朝中后期的中枢权力机关。雍正七年（1729），时西北用兵，世宗胤禛于隆宗门内设置军机房，选内阁中谨密者入值缮写，以为处理紧急军务之用。雍正十年（1732），改称"办理军机处"并设军机大臣、军机章京等职。

为有效而不失机密地指挥战争，特设了一个机构，后来被称为"军机处"，这一机构一直延续到清末。它逐渐成为清朝权柄最重要的政务机构，分走了内阁在拟旨颁诏及向各省当局发送指令等方面的许多事权，第一批派充此职的大臣有张廷玉、胤祥和蒋廷锡，[1] 张廷玉任此职直到乾隆十四年（1749）致仕。

张廷玉深受世宗皇帝恩宠，赏赐极多。雍正元年恩赐府邸一所——此前张廷玉住在康熙十六年（1677）赐给其父的宅邸——而雍正七年（1729）又另赐较大府第一所。雍正三年（1725）以圆明园南面一座旧园赐之居住，以便皇帝移居夏宫小住时就近奉召。该园曾为索额图所有，张廷玉据有之后以"澄怀园"知名。张廷玉致仕后，入值南书房的官员入居其中。这座为众多文人赋诗赞誉的园林毁于1860年的英法联军。此外，皇帝还不时赏给银两，有一次赏他一所值3万5千两银的典铺。张廷玉还得到少保头衔及一等轻车都尉的较低级的世职，此世职由其子张若霭承袭。[2]

---

[1] 事见《清史稿·张廷玉列传》："上以西北用兵，命设军机房隆宗门内，以怡亲王允祥、廷玉及大学士蒋廷锡领其事。嗣改称办理军机处。廷玉定规制，诸臣陈奏、常事用疏，自通政司上，下内阁拟旨。要事用折，自奏事处上，下军机处拟旨，亲御朱笔批发。自是内阁权移于军机处，大学士必充军机大臣，始得预政事，日必召入对，承旨，平章政事，参与机密。"

[2] 事见《清史稿·张廷玉列传》："十三年，世宗疾大渐，与大学士鄂尔泰等同被顾命。遗诏以廷玉器量纯全，抒诚供职，命他日配享太庙。高宗即位，命总理事务，予世职一等阿达哈哈番，合为三等子，仍以若霭袭。"

《明史》书影

　　张廷玉受命参与各项重大国事。当时对厄鲁特用兵失利致使平定西北之役受挫之际，皇帝向大臣商议对策，张廷玉率先主张停止用兵，遂有雍正十二年（1734）的议和。世宗皇帝去世时，遗命张廷玉及鄂尔泰配享太庙，这是人臣所能享受的最高荣典。

　　张廷玉有几年也颇得高宗皇帝的宠信。乾隆元年（1736）高宗继位不久张廷玉即晋升为三等子爵。张廷玉作为顾命四大臣之一在几年中协助处理国家政务，于乾隆三年（1738）初封世袭三等伯，第二年加太保。尽管如此，他却从此日渐失宠。乾隆六年（1741）刘统勋疏称张廷玉桐城亲朋登仕者过众，他曾几次受告诫应谨饬此事。乾隆八年（1743）免其伯爵世袭。由于年事渐高，张廷玉一再乞休，皇上以其既奉遗命配享太庙，当于任上鞠躬尽瘁，死而后已，故未恩准。[1]

---

[1] 事见《清史稿·张廷玉列传》："十三年，以老病乞休。上谕曰：'卿受两朝厚恩，且奉皇考遗命配享太庙岂有从祀元臣归田终老？'廷玉言：'宋明配享诸臣亦有乞休得请者。且七十悬车，古今通义。'上曰：'不然《易》称见几而作，非所论于国家关休戚、视君臣为一体者。使七十必令悬车，何以尚有八十杖朝之典？武侯鞠躬尽瘁，又何为耶？'廷玉又言：'亮受任军旅，臣幸得优游太平，未可同日而语。'上曰：'是又不然。皋、夔、龙比易地皆然。既以身任天下之重，则不可艰钜自诿、亦岂得以承平自逸？朕为卿思之，不独受皇祖、皇考优渥之恩，不可言去。即以朕十余年眷待，亦不当言去，朕且不忍令卿去，卿顾能辞朕去耶？朕谓致仕之义，必古人遭逢不偶，不得已之若衷。为人臣者，设预存此心，必将漠视一切，泛泛如秦、越，年至则奉身以退，谁复出力为国家治事？是不可以不辨。'因命举所谕宣告明列，并允廷玉解兼管吏部，廷玉自是不敢言去。"

乾隆十五年（1750）一月一日，皇帝终于准其致仕之请，命待来春离京。一月十六日，张廷玉奏请陛下应对时，他对身后是否能配享一事颇有疑虑，乞皇上一言为券。皇帝为释其疑虑，特颁手诏并制诗示意。一月十九日，张廷玉本应入宫谢恩，因风雪严劲遣子代往。皇帝原已对张廷玉的公然不信任感到不快，此时乃发怒气，且在几位大学士面前形之于色。次日张廷玉诣阙为前日的失礼举动谢罪，皇帝责怪大学士泄漏消息，并责张廷玉虚假。几天后皇帝削去张廷玉四个月前晋封的勤宣伯爵位，同时宣谕：张廷玉虽实不当配享，仍准其所请。乾隆十五年（1750）张廷玉请离京，适值几天前有皇长子之丧，皇帝因而诏责其不合礼仪并收回配享成命。张廷玉仅以原任大学士头衔返回故里，推迟已久的致仕才得以实现。

太　庙

　　建于明成祖永乐十八年（1420），根据中国古代"敬天法祖"的传统礼制建造，是明清两代皇帝祭祖的家庙。大殿两侧各有配殿十五间，东配殿供奉着历代的有功皇族神位，西配殿供奉异姓功臣神位。太保、保和殿大学士、三等勤宣伯张廷玉配享西殿，是清代享此殊荣唯一汉人。（乾隆十五年被罢配享，乾隆二十年张廷玉死后，乾隆遵雍正遗诏，恢复其配享太庙资格。）

对张廷玉的惩罚并未随其离京而告终结。张廷玉有一婿系吕留良案内之人，而且在四川学政任上有枉法行为。乾隆十五年（1750）几乎籍没张廷玉的全部财产，后从轻改为罚金，并责令尽缴任官50年来所得各项御赐物件。尽管如此，当他5年之后去世时，仍得以享受追求多年的配享太庙荣典，成为独一无二获此殊荣的汉族官员，谥"文和"。[1]

名 家 评 说

　　世宗初即位，擢鄂尔泰于郎署，不数年至总督。廷玉已贰礼部，内直称旨，不数年遂大拜。军机处初设，职制皆廷玉所定。鄂尔泰稍后，委寄与相埒。庶政修举，宇内又安，遂乃受遗命，侑大烝，可谓极心膂股肱之重矣。顾以在政地久，两家子弟宾客，渐且竞权势、角门户，高宗烛几摧萌，不使成朋党之祸，非二臣之幸欤？

——赵尔巽《清史稿》

---

[1] 事见《清史稿·张廷玉列传》："十五年二月，皇长子定安亲王薨，方初祭，廷玉即请南还，上愈怒，命以太庙配享诸臣名示廷玉，命自审应否配享。廷玉惶惧，疏请罢配享治罪。上用大学士九卿议，罢廷玉配享，仍免治罪。又以四川学政编修朱荃坐罪，荃为廷玉姻家，尝荐举，上以责廷玉，命尽缴历年颁赐诸物。二十年三月，卒，命仍遵世宗遗诏，配享太庙，赐祭葬，谥文和。"

年羹尧

年羹尧（1679～1726），字亮工，清雍正帝时曾任定西将军，晋封为一等公爵。清汉军镶黄旗人。父亲年遐龄，曾任湖广巡抚。年羹尧是清前期著名的军事将领。先后任四川巡抚、四川总督，兼理陕西总督。被封一等阿思哈尼哈番，世袭。雍正三年下狱，迫令自杀。

一、平叛西藏　抚定边疆

年羹尧的父亲叫年遐龄，曾任湖广巡抚。年羹尧在考中进士后，初选为庶吉

年羹尧

士，授检讨职务。随即充当四川、广东的乡试考官，经过多次调迁后升为内阁学士。康熙四十八（1709）年，被提为四川巡抚。第二年，斡伟生番罗都等人聚众劫掠宁番卫，杀死了游击将军周玉麟。皇帝命令年羹尧和提督岳升龙前往征剿安抚。岳升龙率兵前去，擒获了罗都，年羹尧带军行至平番卫时，听到罗都已被活捉，就引兵退回。川陕总督音泰为此上章弹劾年羹尧，府部大臣讨论认为当撤职罢官，但康熙帝下令留任。康熙五十六年（1717），越巂（今四川西昌）卫属下的土著和普雄的土千户那交等聚众作乱，年羹尧派遣游击将军张玉前去将他们剿平。[1]

---

[1] 事见《清史稿·年羹尧列传》："四十九年，斡伟生番罗都等掠宁番卫，戕游击周玉麟。上命羹尧与提督岳升龙剿抚。升龙率兵讨之，擒罗都，羹尧至平番卫，（接下页）

这一年，策妄阿喇布坦派遣他的部将策凌敦多卜侵袭西藏，杀死了拉藏汗。四川提督康泰前去征剿，刚出黄胜关，部队发生哗变，康泰只得引军退回。年羹尧一面派参将杨尽信前往安抚慰恤，一面又向上密奏称康泰已失军心，不能再予以任用，并请求由他亲自到松藩协理军务。康熙帝对他办事的忠实尽心很赞赏，于是派遣都统法喇率兵前往四川协助征剿。康熙五十七年（1718），年羹尧命令护军统领温普进驻里塘，增设打箭炉到里塘的驿站，不久又请求在四川增设驻守的边防军，康熙帝都同意准办。康熙帝很赞许他处治事情的明智迅速，因为巡抚没有督统指挥军队的权力，就特地任命他为四川总督，兼管巡抚的事情。康熙五十八年（1719），年羹尧因敌情叵测，请求带兵进藏作防备。朝廷大臣讨论后认为松潘各路军队都负有重要的军事任务，于是下令年羹尧不要亲自率军出边，命法喇率部队前往。法喇带领副将岳钟琪安抚平定了里塘、巴塘。年羹尧也派遣知府迟维德招降了乍丫、察木多、察哇等地的土番首领，于此，年羹尧奏请召法喇率军班师还朝，康熙帝同意了。

康熙五十九年（1720），康熙帝玄烨命令平逆将军延信率领军队从青海进入西藏，授予年羹尧定西将军的官印，从拉里出发去和延信会师，并询问年羹尧谁可以代理总督的职务。年羹尧说一时没有合适的人选，他请将军印信授给护军统领噶尔弼，同时将法喇的军队移驻打箭炉，康熙帝采纳了他的建议。巴塘和里塘本来是云南丽江土司府的属地，平定之后，云贵总督蒋陈锡请求仍然将二地归属丽江土司府木兴管辖，年羹尧说这二地是入藏运粮的要道，应该归属四川，康熙帝同意了这么办。木兴率兵前去巴塘、里塘想收归这两地方，行军至喇皮，击杀了土番首领巴桑，年羹尧上疏参劾木兴。皇帝下令逮捕木兴，囚禁云南省城。八月，噶尔弼、延信两支军队先后进入西藏，策凌敦多卜溃败逃走，西藏平定。皇帝诏令年羹尧护卫作战凯旋的各路军队回师，同时召法喇返回京师。

不久年羹尧又派兵安抚平定了里塘所属的上、下牙色，上、下雅尼；巴塘所属的阿坝、林卡石等地。康熙六十年（1721），年羹尧到京城朝见皇帝，康熙帝命他兼任四川、陕西总督的职务。康熙帝命令噶尔弼率兵驻守西藏，行军停驻在泸定桥时，噶尔弼病倒不能走了。年羹尧将此事报告了朝廷。康熙帝命公策旺诺

（接上页）闻罗都已擒，引还。川陕总督音泰疏劾，部议当夺官，上命留任。五十六年，越隽卫属番与普雄土千户那交等为乱，羹尧遣游击张玉剿平之。"

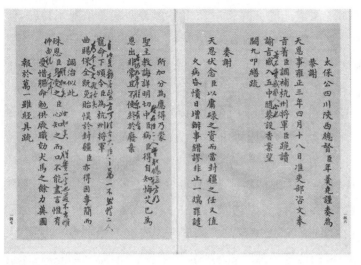

年羹尧奏折

布代理噶尔弼为将军，额附（附马）阿宝都统武格为参赞军务，驻守西藏。青海索罗木之西有郭罗克上、中、下三个部族，是唐古特种人，多次出来肆意劫掠。阿宝将此事报告给朝廷，康熙帝命令年羹尧和岳钟琪估测形势，作出征讨计划。年羹尧上疏说："郭罗克有三个隘口，都十分险峻，只适宜用步兵而不适宜用骑兵。如果我们多调动部队进去，则隘口上的敌人就会知道，从而使得他们早作防备，因此不如采用以土番攻土番的策略。我早就知道瓦斯、杂谷等地的很多土司都痛恨郭罗克部的肆意恶行，都愿意出兵帮助我征剿。我已移文岳钟琪，命令他从速赶赴松潘，出塞监督指挥士兵进剿郭罗克。"[1] 不久，岳钟琪督兵打败了郭罗克，攻下了郭罗克的寨子40多座，抓获了他们的首领，其余的兵士也全部投降了。

自从西藏兵事起来之后，陕西地方州县无偿承担了军队全部供给的运输，使各地的国库所藏都出现了亏缺。年羹尧多次上疏弹劾陕西各州县的大小官员，严厉督责他们追缴偿还。陕西巡抚噶什图向皇帝密奏说，所亏缺的欠项已不能在短期追缴完纳，他又和年羹尧联名上疏请求向百姓加征火耗费作为垫补。康熙帝下诏谕说："各省钱粮都有短缺亏空，而陕西更为严重。这是因为自从对西藏用兵以来，凡部队所经之地，都要资助马匹、盘费、衣服、食物等，时间紧迫，一时来不及向地方措办，就势必要挪用国库所藏，等到撤兵时也这样。就譬如自西藏

---

[1]语见《清史稿·年羹尧列传》："羹尧疏言：'郭罗克有隘口三，悉险峻，宜步不宜骑。若多调兵，塞上传闻使贼得为备，不如番攻番。臣素知瓦斯、杂谷诸土司亦憾郭罗克肆恶，愿出兵助剿。臣已移钟琪令速赴松潘，出塞督土兵进剿。'"

班师回京，从将军一直到士兵，在途中所得到的各项补给供养，倒反比部队正规的给养粮饷要多。各位将军官员的费用开支，一动就要上万两，都知伸手取用而从不询问这款项是出自何处。年羹尧等人想追得州县亏欠的款项用来充作军饷，追索不得，又出点子要加征火耗。火耗之征只可以商量怎样减少、免除它，怎么可以再增加？我在位 61 年，从来没有向百姓加征过火耗。如今若听凭你们向百姓任意加派，就一定会导致与国家正项

康熙通宝

赋税一样的催索征缴，真是肆无忌惮。著令传旨告诫！"同时他又下令发国库银50 万两送至陕西资助部队作粮饷之用。

雍正皇帝即位后，将抚远大将军允禵召回京师，命令年羹尧接管抚远大将军印和所职事务。[1]雍正元年（1723），授予年羹尧二等阿达哈哈番世代相袭的职务，并加赐其父年遐龄尚书衔。不久又加封年羹尧为太保。下诏撤回在西藏的驻防官兵。年羹尧上疏陈述有关边防的事情，请求在打箭炉边境之外的中渡河口岸上修筑土城，调岚州守备在那里驻守；大扩河南的保县防务，请调移威茂营千总驻守；越嶲卫地方荒芜辽阔，土著番人和拉祜族人出没其间，建议改设游击职守，增兵驻守；松潘边境外的众多番族中，以阿树最为重要，宜给予他长官司的职衔；大金川土著头目莎罗奔曾跟从官军征讨羊峒，建有功劳，宜给予安抚司的职衔；乌蒙蛮族头目达木等人凶残暴戾，土著贵族子弟禄鼎坤等曾请求我们同意他们将达木等人擒获献给我大清，等他们如约来到后，可赐给禄鼎坤等人土职，并让他们分辖达木的领地。雍正帝将此事下交有关部府讨论议决，同意照办。论平定西藏的功劳，以年羹尧运输军粮、守卫关隘有功，封三等公，并准予世袭。

二、进剿叛军　抚定青海

青海台吉罗卜藏丹津是蒙古顾实汗的孙子。雍正元年（1723），他纠集了另

---

[1]事见《清史稿·年羹尧列传》："世宗即位，召抚运大将军允禵远京师，命羹尧管理大将军印务。"

康熙帝戎装像

外一些台吉吹拉克诺木齐、阿尔布坦温布、藏巴扎布等，劫持亲王察罕丹津背叛作乱，并劫掠青海的各部落。皇帝命令年羹尧率大军进讨，诏谕抚远大将军延信和主管边防、管理粮饷的所有大臣，以及四川、陕西、云南三省的总督、巡抚、提督、镇守，凡有关军事的事宜，都向年羹尧报告。[1] 十月，年羹尧率师从甘州到达西宁。雍正帝诏令改任延信为平逆将军，解除他抚远大将军的印信，改授给年羹尧，所有军队全部由年羹尧统领。年羹尧奏请任命前锋统领素丹、提督岳钟琪为参赞大臣，皇帝同意。论平定郭罗克的功劳，年羹尧又进封二等公爵。

年羹尧刚到西宁时，部队还没有大规模集结，罗卜藏丹津探知这一情况后率军来进袭西宁，攻破了所有傍临西宁城的城堡，然后率军向西宁城进逼。年羹尧只带了几十名侍从端坐在城楼，仪态自若，毫不动容，罗卜藏丹津见后不知虚实，使引军稍稍后退，包围了南堡。年羹尧命令士兵去捣毁敌人的营垒，敌人知道官兵人数不多，也不多作防备，只是驱逼桌子山的土番当前队；清军发炮，土番被炸死者不计其数，这时岳钟琪的部队赶到，直接攻打敌人大本营，罗卜藏丹津大败而逃，官兵在后紧追不舍，敌军全面崩溃，罗卜藏丹津只带了几百人逃脱。

年羹尧于是向各部队部署任务：命令总兵官周瑛率兵截断敌人向西藏方向逃窜的道路；都统穆森带兵驻守吐鲁蕃；副将军阿喇纳率军队出噶斯边境，暂时驻

---

[1] 事见《清史稿·年羹尧列传》："上命羹尧进讨，谕抚远大将军延信及防卫理饷诸大臣，四川、陕西、云南督、抚、提、镇，军事皆告羹尧。"

扎布隆吉尔，另派参将孙继宗带领2000人马与阿喇纳会师。敌人侵袭镇海堡，都统武格率兵去支援，敌人包围了城堡，双方激战了6天6夜，这时参将宋可进又率军来援，敌人被击败逃跑，官兵杀敌600多人，抓获了多巴囊素阿旺丹津。罗卜藏丹津又攻打西宁南川口，官兵坚守申中堡。敌人包围了申中堡，城堡内的多巴囊素和敌人勾结，想凿穿城墙让敌人进来。守备马有仁等人极力抵抗，这时宋可进率军来援，于是城堡内外夹击，敌人大败逃走。所有暗中通敌、助敌的多巴囊素全部被处死。年羹尧将战况依次奏报雍正帝，并请让副都统花色等人统率鄂尔多斯兵士，副都统查克丹等人统率归化土默特兵士，总兵马觌伯统率大同镇的部队，会师甘州协助作战，雍正帝同意照办。

西宁北川、上下北塔的蒙、回土著群众准备起而响应罗卜藏丹津。年羹尧派千总马忠孝慰抚平定了下北塔的30多个庄寨，上北塔没有顺服，马忠孝便率兵前往征剿，擒获并处死了他们的首领，其余的全部投降。察罕丹津逃至河州，罗卜藏丹津想劫持察罕丹津而去。年羹尧上章奏报，皇帝诏令封索诺木达什为贝子，并命年羹尧前去安抚慰问。敌人劫掠新城堡，年羹尧命令西宁总兵黄喜林等前往征剿，杀死1500多人，抓获敌人首领七名，缴获的兵械器具和获得的骆驼、马匹、牛羊等多得不可胜数。因天气寒冷，年羹尧命令黄喜林引军返回西宁。

不久，年羹尧又着手制定第二年的征剿进讨计划，他向皇帝上疏说："请挑选陕西督标即西安、固原、宁夏、四川、大同、榆林等地的绿旗及蒙古兵共1.9万人，让岳钟琪等将领分而带领，分别从西宁、松潘、甘州、布隆吉尔四地出发进讨，同时分出部分兵力留守西宁、甘州、布隆吉尔，并在永昌、巴塘、里塘、黄胜关、察木多等处的所有关隘处驻兵

雍正帝

岳钟琪

防守。部队现有马匹数目不够，请求调发太仆寺所属上都打布孙脑儿繁殖的马3000匹，巴尔库尔骆驼1000头，并再在甘州、凉州增加购买1500头。所需粮食，我已经在西安预购了6万石。部队的重火器，请调发景山所制的火药一百驼，每驼以180斤计算。"[1]雍正帝交朝廷大臣讨论，大家对年羹尧所请全部同意，并且增加调给马匹1000，火药在要求的基础上增加一倍。

察罕丹津下属的部落杀了罗卜藏丹津派去看守他们的将士前来归附，年羹尧向他们宣示了皇帝的旨意，并将他们安置在四川定居。墨尔根戴青的拉查卜和罗卜藏丹津一起劫持了察罕丹津，拉查卜的儿子察罕喇卜坦等人前来归附，年羹尧命他去招降拉查卜。还有一个叫诺门汗的堪布，是察罕丹津的侄子，在塔儿寺当喇嘛，他背叛朝廷跟从罗卜藏丹津，纠集了不少喇嘛与官兵对抗，这时他也来投诚归顺。年羹尧历数了他的罪行，下令将他处死。罗卜藏丹津进攻布隆吉尔，孙继宗和副将潘之善将其打败。西宁南川边的一些部落，年羹尧收伐并用，招安了两个，扫平了几个，其余的也就都纷纷乞求投降。

雍正二年（1724），皇帝以罗卜藏丹津背叛国家，叛逆之罪不容恕为由，特授岳钟琪为奋威将军，催促年羹尧进兵征讨。西宁东北的郭隆寺喇嘛跟随响应罗卜藏丹津反叛作乱，年羹尧命令岳钟琪和素丹等将领统兵前往征剿，敌人屯集

---

[1] 语见《清史稿·年羹尧列传》："请选陕西督标西安、固原、宁夏、四川、大同、榆林绿旗兵及蒙古兵万九千人，令钟琪等分将，出西宁、松潘、甘州、布隆吉尔四道进讨，分兵留守西宁、甘州、布隆吉尔，并驻防永昌、巴塘、里塘、黄胜关、察木多诸隘。军中马不足，请发太仆寺上都打布孙脑儿孳生马三千，巴尔库尔驼一千，仍于甘、凉增买千五百。粮米，臣已在西安豫买六万石。军中重火器，请发景山所制火药一百驼，驼以一百八十斤计。"

在哈拉直沟一带抗拒。官兵奋勇进攻，越过三座高岭，捣毁 10 个村寨。宋可进、黄喜林和总兵武正安等都小有战绩。接着又继续捣毁敌人 7 个村寨。来到寺外，见敌人均埋伏于山谷之中，清兵于是利用火攻，歼灭了敌人 6000 多人，摧毁了郭隆寺，杀死了他们的首领。青海的几个贝勒将他们的母亲、妻子送到了年羹尧处，请求归附。年羹尧命岳钟琪等率军 6000 进一步深入敌后，留下素丹在西宁协助自己处理事务。

是年二月，年羹尧与岳钟琪屡败叛军。三月，擒获了罗卜藏丹津的母亲和许多亲戚，罗卜藏丹津只带了 200 多人逃走。至此，青海部落全部平定。论功行赏，年羹尧被进封为一等公爵，另外授予精奇尼哈番的称号，并准许让其儿子年斌承袭，赐封年羹尧的父亲和他一样的爵位，并加太傅称号。[1] 同时授予素丹、宋可进三等阿达哈哈番称号，黄喜林二等阿达哈哈番称号。其他人也各有分赐。

紧接着，年羹尧又率大军平定了河州（今甘肃临夏）边外的一些地方，并向皇帝建议解散北征的大部队，而分兵驻守，在所守之地设同知管理民事，设卫守管理屯粮等等，雍正帝同意。不久，桌子、棋子二山的少数民族叛乱，年羹尧派岳钟琪率军征剿，转战近 2 个月，把叛军全部歼灭。

之后，年羹尧列条上陈妥善处理青海遗留问题的意见，对抚定青海大有好处。因此，这年十月，年羹尧进京朝见雍正帝，雍正帝赐给他双眼花翎、四团龙补服、黄带、紫辔、金币等。论功

《雍正帝读书图》

---

[1] 事见《清史稿·年羹尧列传》："论功，进羹尧爵一等，别授精奇尼哈番，令其予斌承袭，封遐龄如羹尧爵，加太傅。"

行赏，进加一等阿思哈尼哈番世职，准许他的儿子年富承袭。

三、骄横放纵　敕令自尽

　　年羹尧才气旺盛昂扬，仗恃了雍正帝对他的器重和恩遇，以及多次出师屡建战功的资本，又加之曾参与帮助雍正谋取帝位，骄横放纵，不可一世。他给各地总督、巡抚直接下达公文，给官员的信函都直呼其姓名。他向雍正帝要求调配给他侍卫、随从军士，让他们在前面开导引路，在后面护卫押阵，为他驾双马车，挽扶下马。他进京觐见雍正帝，总要叫总督李维钧、巡抚范时捷跪在道旁送往、迎接。到了京城，他经过的地方都要为他清道，禁止百姓和普通官员行走通过。亲王大臣到郊外去迎接他，他从不礼谢。在边境时，蒙古族的所有亲王、公爵见

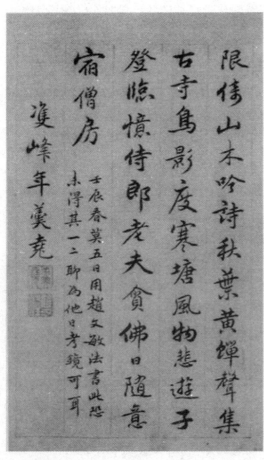

年羹尧书法

他都必须下跪，连额驸（驸马）阿宝请见他也如此。年羹尧曾经荐举陕西布政使吴期恒及景灏，说他们可委以重用，随即弹劾揭发四川巡抚蔡珽，并将他们逮捕判罪，雍正帝立即将四川巡抚一职授予景灏，又提拔吴期恒为甘肃巡抚。年羹尧的仆从桑成鼎、魏之耀都是跟随年羹尧从军而多次得到提拔，桑成鼎当上布政使，魏之耀成了副将。年羹尧奏请皇帝调拨几十名将领官吏来他处从军，雍正帝同意给他。年羹尧朝觐回去后，马上题奏要求劾罢驿道金南瑛等人，同时奏请任命跟他从军的主事丁松代理掌管粮道事务。皇帝指责年羹尧上章题奏中有错误，命令吴期恒率领所有被年羹尧奏劾的官员前来京城。雍正三年（1725）正月，蔡珽被押送到北京，皇帝召他进宫晋见，蔡珽详细

诉说了年羹尧暴戾贪婪、诬陷忠良的种种罪状，皇帝特地下令赦免蔡珽的罪行。

雍正三年（1725）二月庚午日，太阳和月亮同时升起，水星、金星、火星、木星、土星五星联珠。年羹尧为此进疏庆贺，但他在奏章用了"夕惕朝乾"一语，雍正大怒，斥责年羹尧故意将词用颠倒，下谕旨说："年羹尧不用朝乾夕惕这样的话来期望赞许朕，那么年羹尧的青海之功，我也在同意不同意的考虑之中而未有定论。"[1] 这时正逢吴期恒来到京师，进谒皇帝，雍正帝因为吴期恒在当面回答他的提问时谬误百出、不合事理，便当即罢免了他的官职。雍正帝诏命改变原来在打箭炉外各处或增加或减少官兵等诸项计划，不用年羹尧的决策。四月，皇帝下谕旨说："年羹尧举荐用人、弹劾官员处理不得当。"又指出他许多欺瞒之事，而将其改授为杭州将军。皇帝让岳钟琪代理年羹尧的总督职务，并令年羹尧交回抚远大将军的官印。年羹尧被替代之后又上疏说："我不敢长期住在陕西，也不敢马上就前往杭州，现在我在水陆交通交汇之处的仪征等您的圣旨。"雍正帝见疏后更加生气，下令他立即赴任。这时许多巡抚、总督、都统等官吏纷纷上章揭发年羹尧的种种罪状，并有滥杀无辜的事实。皇帝下旨分案定罪，罢免年羹尧将军的职务，任他为没有实职的闲散章京，将他的二等公的爵位递降拜他喇布勒哈番，这样就削除了年羹尧全部职务。

雍正三年（1725）十二月，年羹尧被逮捕押送到京师。雍正帝将此案下交给议政大臣、三同法、九卿会审。这月的甲戌日，会审者向皇帝具报了审理这案狱的结果：年羹尧犯有大逆之罪五，欺罔之罪九，僭越之罪16，狂悖之罪13，专擅之罪六，忌刻之罪六，残忍之罪四，贪黩之罪18，侵蚀之罪15，总共92条，其罪按律应当处以大辟，亲属应当连坐。皇帝下谕说："年羹尧试图逆叛虽是事实，但是实际行动还不明显，我顾念他平定青海有功，不忍心给他处以极刑。"[2] 于是派遣领侍卫内大臣马尔赛、步军统领阿齐图抱着皇帝诏谕到关押年羹尧的狱中，命他自杀。年羹尧的父亲年遐龄和哥哥年希尧被削除官职，免除对他们的处罚；处斩了年羹尧的儿子年富；其余的儿子凡年在15岁以上的都发配到最远的

---

[1] 事及语见《清史稿·年羹尧列传》："二月庚午，日月合璧，五星联珠，羹尧疏贺，用'夕惕朝乾'语，上怒，责羹尧有意倒置，谕曰：'羹尧不以朝乾夕惕许朕，则羹尧青海之功，亦在朕许不许之间而未定也。'"

[2] 事及语见《清史稿·年羹尧列传》："十二月，逮至京师，下议政大臣、三法司、九卿会鞫。是月甲戌，具狱辞，羹尧大逆之罪五，欺罔之罪九，僭越之罪十六，（接下页）

地方去戍守边境。年羹尧的门客有的被斩，其亲属充奴。雍正五年，皇帝下诏特赦了年羹尧的儿子们，将他们交给年遐龄管束。年遐龄不久死去，皇帝下诏还他原来职务，并专门派官员前往致祭。

名 家 评 说

　　雍正初，隆科多以贵戚，年羹尧以战多，内外夹辅为重臣。乃不旋踵，幽囚诛夷，亡也忽诸。当其贵盛侈汰，隆科多恃元舅之亲，受顾命之重。羹尧自代允禵为大将军，师所向有功。方且凭藉权势，无复顾忌，即于覆灭而不自怵。臣罔作威福，古圣所诫，可不谨欤！

——赵尔巽《清史稿》

　　荡平青海，功由岳钟琪，年羹尧第拱手受成而已，封为一等公，酬庸何厚？且闻其父年遐龄，亦晋公爵，其长子斌列子爵，次子富列男爵，赏浮于功，宁非别有深意耶？后人谓世宗之立，内恃隆科多，外恃年羹尧，不为无因。

——蔡东藩《清史演义》

（接上页）狂悖之罪十三，专擅之罪六，忌刻之罪六，残忍之罪四，贪黩之罪十八，侵蚀之罪十五，凡九十二款，当大辟，亲属缘坐。上谕曰：'羹尧谋逆虽实，而事迹未著，朕念青海之功不忍加极刑。'"

刘　墉

刘墉（1720～1805），字崇如，号静庵、石庵，清乾隆帝时曾任吏部尚书，内阁大学士。嘉庆帝时封太子太保。谥号"文清"。山东诸城人。父亲刘统勋，是乾隆帝所倚重的股肱大臣。刘墉为官清廉，为人正直，生活节俭，遵守礼法，可谓一代名臣。

一、名门望族　翰林出身

刘墉出身于山东诸城刘氏家族，这个家族是当时的名门望族，通过科举走上仕途的人很多。刘墉的曾祖父刘必显为顺治年间进士，祖父刘棨（qǐ）是康熙朝有名的清官，父亲刘统勋更是一代名臣，官至东阁大学士兼军机大臣，为官清廉果敢，乾隆帝说他"遇事既神敏，秉性复刚劲，得古大臣风，终身不失正"。

刘墉生长在这样世代书香、以科举仕进为荣的家庭，从小受到良好的教育自不必言，后来他成为四库全书馆副总裁也证明了其学识的渊深。但不知什么原因，满腹经纶的刘墉却迟迟没有参加科举考试，至少目前尚未发现他在 30 岁之前参加科举考试的记录。直到乾隆十六年（1751），33 岁的刘墉才因为父亲的关系，以恩荫举人身份参加了当年的会试和殿试，并获进士出身，旋改翰林院庶吉士。翰林院庶吉士是翰林的预备资

刘　墉

格，一般从科考成绩优异的进士中选拔，然后在庶常馆学习深造，期满考试合格者，授翰林院编修。清代翰林虽然薪俸较薄，但作为皇帝身边的文学侍从近臣，号称"清贵"，"有清一代宰辅，多由此选"。而且，大臣死后如果想得到皇帝赐谥的"文"字，则必须是翰林出身。所以清代以科举仕进者尤重翰林出身。应当说，刘墉在仕途上开局良好。

乾隆二十年（1755）其父刘统勋因事获罪，刘墉遭株连被革职，与诸兄弟一起下狱；后外放做官。刘墉做过安徽和江苏学政，因表现卓异得到乾隆皇帝的赏识，擢山西太原知府。[1]刘墉不负重托，到任后不几天便将前任遗留下的疑难案件审理一清，受到官民的一致称赞。正当刘墉以政绩迁冀宁道时，前任山西阳曲县知县段成功亏空案发，刘墉以失察罪差一点丢了性命。

刘墉书法

二、砥砺风节　任职四方

从乾隆二十一年（1756）开始，刘墉被任职地方官，此后20余年的绝大部分时间里，他主要做地方官，由学政、知府，直至督抚大员。在做地方官期间，他基本上沿袭了其父刘统勋的正直干练、雷厉风行的行事风格。对科场积弊、官场恶习进行了力所能及的整顿，为百姓做了不少实事。

刘墉做过提督安徽学政和提督江苏学政。刘墉在前往安徽赴任前，乾隆特意召

[1] 事见《清史稿·刘统勋列传》："二十年，统勋得罪，并夺墉官下狱。事解，赏编修，督安徽学政。疏请州县约束贡监，责令察优劣。督江苏学政，疏言府县吏自赡顾，畏习民，畏生监，兼畏吏胥，阘冗怠玩。上嘉其知政体，饬两江总督尹继善等浡厉除旧习。授山西太原知府，擢冀宁道。"

见并赐诗，其中有"海岱高门第，瀛洲新翰林"之句，意思是希望刘墉能够不辱门楣、有所建树。在出任江苏学政前，乾隆皇帝仍有诗相赠，可见对刘墉抱有厚望。刘墉也不辱使命，很是严肃认真。据清人笔记记载："昔日刘石庵相国视学江苏，严肃峻厉，人多畏惮。"刘墉曾先后两次提督江苏学政，相隔近20年，为官处事风格也由峻厉刚急转为平和舒缓，但严肃认真则是一贯的。以刘墉第二次出任江苏学政时按试扬州为例，因为把关严格，使得许多想以作弊蒙混过关者最后不敢入场。

乾隆三十四年（1769），51岁的刘墉获授江宁知府。此时刘统勋圣眷正隆，先后以大学士之职兼管兵部和刑部，被乾隆帝倚为股肱之臣。刘墉也十分珍视这次机会，"颇以清介持躬，名播海内，妇人女子无不服其品谊，至以包孝肃比之"。刘墉在短短一年的江宁知府任上确实有政绩、有政声，是难得的贤能官吏。[1] 著名诗人袁枚在一首诗中称赞刘墉说："初闻领丹阳，官吏齐短脰（dòu）。光风吹一年，欢风极老幼。先声将人夺，苦志将人救。抗上耸强肩，覆下纤缓袖。"意思是说，刘墉到江宁后，对下属要求严格使其不敢耀武扬威，对百姓关爱拯其脱离水火，不怕得罪上司而怕百姓受苦。

此后，刘墉历迁江西、陕西、江苏，至乾隆四十年（1780），刘墉被授湖南巡抚，节制各镇，兼理粮饷，驻长沙，兼理军民事务，成为名副其实的封疆大吏。

乾隆四十七年（1782），刘墉奉调入京出任左都御史，命在南书房行走。刘墉入京以后，正好碰上和珅专宠于乾隆，擅弄威权，排斥异己。

三、静默自守　滑稽模棱

刘墉刚入京的几年做到协办大学士、吏部尚书、上书房总师傅，其间还处理了一件棘手的案子。这个案子的当事人国泰是山东巡抚，其父四川总督文绶是刘墉的老上级，更关键的是，国泰的后台就是乾隆皇帝身边的红人和珅。

乾隆四十七年（1782）四月，御史钱沣参劾山东巡抚国泰专横，以向皇上纳贡的名义大肆搜刮钱财，下属历城、益都等几十个州县仓库亏空严重。乾隆皇帝

---

[1] 事见《清史稿·刘统勋列传》："旋推统勋恩，命仍以知府用，授江苏江宁知府，有清名。"

国子监

　　北京国子监是元明清三代国家设立的最高学府和教育行政管理机构，又称"太学""国学"。始建于元代至元二十四年（1287），后经明清两代修葺和扩建，形成现在的规制。是唯一保存完整的古代最高学府校址。

对此事十分重视，责成和珅、刘墉等同钱沣一起前往核查。[1]

　　刘墉深知和珅与国泰的关系，因此常与钱沣密商对策。到山东历城县后，和珅说不用彻底核对，只要抽查几十个库就可以了，并且先起身回到住所。钱沣要求先封库，第二天彻底拆封。结果发现库里的银两"多系圆丝杂色银"，通过盘诘库吏得知，这些银两是从各商铺借来充数的。于是，出告示叫各商铺前来认领，"大呼曰：迟来即封贮入官矣"。于是商贾纷纷前来认领，库藏为之一空，刘墉自始至终支持钱沣，使钱粮亏空案最终水落石出，当然刘墉也就得罪了和珅。

　　后来，受和珅的挑拨，乾隆对刘墉心生芥蒂。乾隆五十二年（1787）初，刘墉因为漏泄他和乾隆帝关于嵇璜、曹文埴的谈话内容，不仅受到申饬，而且失去

---

[1] 事见《清史稿·刘统勋列传》："迁户部、吏部侍郎。授湖南巡抚，迁左都御史，仍直南书房。命偕尚书和珅如山东按巡抚国泰贪纵状，得实，授工部尚书，充上书房总师傅。署直隶总督，授协办大学士。"

了本应获授的大学士一职。

乾隆五十三年（1788）夏天，刘墉兼理国子监，发生乡试预选考试中诸生馈送堂官的事，被御史祝德麟弹劾，结果刘墉受到处分。乾隆五十四（1789）年二月底至三月初，负责皇子教育的上房诸师傅因为连天阴雨没有入值，乾隆皇帝得知这个情况十分恼怒，时任协办大学士、吏部尚书、上书房总师傅的刘墉被责处得尤其严厉，降为侍郎衔，不再兼职南书房。乾隆皇帝为此还专门下了一道上谕，说刘墉是大学士刘统勋之子，念及统勋为朝廷效力多年，才对刘墉加恩擢用。而刘墉在府道任上还算勤勉，及至出任学政就不再认真办事，在湖南巡抚任上官声也平常。入京为尚书，办事情更是一味模棱两可。我曲意优容，未加谴责，原以为他会感激圣恩，勤勉办事，不想竟然发生上书房诸师傅旷工七日之久而刘墉置若罔闻之事。并说刘墉这样事事不能尽职，于国则为不忠，于父则为不孝，其过失甚大，实在不能宽恕。应当说，措辞相当严厉。

乾隆五十八年（1793），刘墉为当年会试主考官。因为安排失当，阅卷草率，违制和不合格的卷子很多。按规定，刘墉等至少要罚俸10余年。乾隆皇帝虽然作了宽大处理，但对刘墉严厉饬责。

嘉庆元年（1796），因为大学士一职空缺多时，破格增补户部尚书董诰为大学士，而资历更深的刘墉被排斥在外。而且在上谕中又一次批评刘墉"向来不肯实心任事"，只是以模棱两可之词敷衍塞责。要他"扪心内省，益加愧励"。

嘉庆二年（1797），授刘墉体仁阁大学士，但仍旧指责他"向来不肯实心任事，行走颇懒"，并说"兹以无人，擢升此任"，可见其评价。当然，以上两条嘉庆初年的上谕，代表的仍然是乾隆帝的意见。

嘉庆九年（1804），刘墉病死，享年85岁，赠太子太保，配享贤良祠，谥文清。刘墉尤善书，海内闻名。大量墨迹，至今犹存。其中部分曾由仁宗皇帝赏予侄刘猿之收藏，并以《爱清堂石刻》题名刻印刊行。

名家评说

砥砺风节，正身率属，自为学政知府时，即谢绝馈贿，一文不取，遇事敢为，无所顾忌，所到官吏望风畏之。

——《诸城县志》

纪晓岚

　　纪昀（1724～1805），字晓岚，一字春帆，晚号石云，乾隆年间进士，官至礼部尚书，协办大学士。谥号"文达"。直隶献县（今属河北）人。父亲纪容舒曾任户部、刑部属官。纪晓岚作为清代学者、文学家，历经雍正、乾隆、嘉庆三朝，82岁卒，观其一生，聪颖、多才、豁达是显著的性格特征。他曾任《四库全书》总纂官；两次作为乡试考官，6次作为文武会试考官，可谓门生遍及全国；还与权奸和珅斗智，不畏强暴，他的故事多被后人称道。

一、神童奇才　鱼跃龙门

纪晓岚

　　纪晓岚出身于书香门第，自纪晓岚上推七世，都是读书人。高祖纪坤，庠生，著有诗集《花王阁剩稿》。曾祖父纪钰，17岁补博士弟子员，后入太学，才学曾受皇帝褒奖。祖父纪天申，监生，做过县丞。父亲纪容舒，历任户部、刑部属官为政有贤声，其道德文章，都名噪一时，尤其善长考据学，著有《唐韵考》《杜律疏》《玉台新咏考异》等书。到了纪容舒一代，纪氏家道衰而复兴，更加重视读书，遗训尚有"贫莫断书香"一语。纪晓岚为纪容舒次子。

　　关于纪晓岚的出生还有一个有趣的传说：在他出生的前后，"水中夜夜有光怪"，并有一道火光闪入他出生的对云楼。人们都认为他是"灵物化身"。于是父母为他取名"昀"。昀是日光的意思。

　　纪晓岚四岁开始启蒙读书，11岁随父入京，读书于生云精舍。他自幼就非常聪明，在乡里有"神童之誉"。

纪晓岚除了认真学习外，其他兴趣也非常广泛。他的私塾老师施先生是个非常古板的老学究，纪晓岚对他很反感。纪晓岚曾经捉到一只麻雀，将它放在学堂喂养起来。纪晓岚将砖墙挖一深洞，喂饱麻雀后便将它送回洞内，堵上砖头，以防飞走。后来，施先生发现，怕纪晓岚玩物丧志、耽误学业，便把麻雀摔死，仍旧送回洞内堵好，并在墙上戏书一联：

细羽家禽砖后死；

当纪晓岚再去喂麻雀时，发现它已经死了。心里正在疑惑，忽见墙上有一联，断定这是施先生所为，于是续写了下联：

粗毛野兽石（施）先生。

清代贡院

施先生见了大为恼火，觉得纪晓岚不该辱骂老师，于是手执教鞭责问纪晓岚。只见纪晓岚从容不迫地解释说："我是按着先生的上联套写的。有'细'必有'粗'，有'羽'必有'毛'，有'家'必有'野'，有'禽'必有'兽'，有'砖'必有'石'，有'后'必有'先'，有'死'必有'生'。所以，我便写了粗毛野兽石先生，如不应这样写，请先生改写一下吧。"

施先生捻着胡子想了半天，也没有想出满意的下联，最后无可奈何地叹了口气，扔下教鞭，拂袖而去。

在北京时，纪晓岚结识了一些品学兼优的官宦子弟，组成"文社"。纪晓岚与东阁大学士刘统勋的儿子刘墉是当之无愧的领衔人物。这期间，他们谈诗论道，研讨经史，褒贬时事，达到了增长学识、扩大见闻、交流心得的目的。

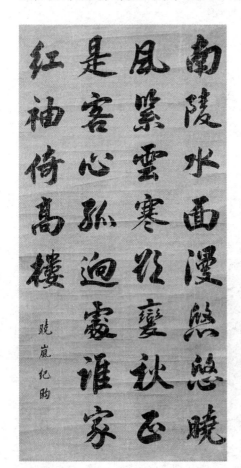

纪昀墨迹

乾隆九年（1744），朝廷准备开科考试。纪晓岚返回家乡，参加科试。清代的科举制度规定，每届乡试之前，一省的提督学政要巡回本省所属州府，举行科试，俗称科考。科考合格的生员，才有参加本省乡试的资格。

纪晓岚在河间府学寄宿，要在这里复习两个月，然后参加考试。考试时，纪晓岚以优异的学识得到督学的赞赏，顺利通过科试。临别时，督学大人送给纪晓岚一副对联的上联："县考难，府考难，院考更难，当秀才不易。"而且语重心长地教诲他道："为学之道：谦虚严谨，切不可恃才傲物。"当时，真是有些恃才傲物的纪晓岚并未将这番话语的内涵吃透，只是随口应诺。

然而，这年乡试却使纪晓岚尝到了苦头。因为主考官不欣赏他所做的文章，被判为劣等，于是纪晓岚名落孙山。

痛定思痛，联想到督学大人的赠言，纪晓岚对自己的恃才傲物悔恨不已。于是闭门谢客，发奋读阅经义，夜以继日地发奋学习。

功夫不负有心人，乾隆十二年（1747），纪晓岚再应顺天府乡试，终于以解元夺魁，一吐心中块垒。而点中他的主考官正是好友刘墉的父亲刘统勋。

春节过后，正准备参加会试的纪晓岚生母忽然病逝，因此错过了会试的机会。紧接着他又在家为母亲守孝三年。

在这几年里，纪晓岚深居简出，除了教辅子侄外，还完成了一部考证学著作《史通削繁》。这是他在批判继承唐代刘知己所著《史通》等史学理论的基础上，对《史通》一书提出的史学批评等理论，进行归纳总结、取其精华的结果。书成刊印，于是纪晓岚的名声便传扬开来。

守孝期满后，纪晓岚回到北京，经过几年的努力，于乾隆十九年（1754），参加殿试，考中二甲第四名进士，选入翰林院，开始了他一生的仕宦生涯。时年31岁。[1]

二、江南督考 桃李丰硕

进入翰林院后，纪晓岚的机敏和才学很快被乾隆发现并赏识，先后任命他为山西乡试正考官、会试同考官和顺天府乡试同考官等。纪晓岚也确实不负皇帝重望，为大清帝国选拔了大批优秀人才，为巩固大清封建统治出了力。皇帝愈发重视他，于是在乾隆二十八年（1763），任命进入不惑之年的纪晓岚为福建省提督学政，主持江南考务。

江南地区历来是人杰地灵、文化发达的地方。因此，纪晓岚刚刚到福州上任时，各地学子并不把他这个北方人放在眼里。认为他只懂《百家姓》《三字经》等，并无真才实学。纪晓岚便有意教训他们一下。于是在出考题时故意将《三字经》《百家姓》中的句子当作题目来出。第一题是《三字经》中的第一句："人之初"；第二题目是《三字经》中的第十一句："子不孝"；第三题是《百家姓》中的第一句："赵钱孙李"。考生们接到选题后便面面相觑，无法落笔。于是举子们便找纪晓岚理论说，我们学的都是《四书》《五经》，而你所出的题目却只是《三字经》《百家姓》等蒙学之流，让我们如何作答？纪晓岚微微一笑，说:《三字经》《百家姓》都是启蒙的文学，你们难道没有学过？是不是需要我来为你们开

---

[1]事见《清史稿·纪昀列传》："乾隆十九年进士，改庶吉士，散馆授编修。"

纪晓岚故居

蒙啊？大家议论纷纷，感到很委屈，于是有人提出，既然你出的题目我们回答不了，那么，你能够回答吗？纪晓岚听罢道："这有何难？"于是将举子们召集起来，滔滔不绝地朗诵起来，如行云流水，一气呵成，而且行文跌宕起伏，气势不凡。众举子莫不目瞪口呆。

这时纪晓岚话题一转，说道：你们都自认为自己才高八斗，那么，我就出一个《四书》上的题目，由你们来答。待举子们拿到考题时，只见上面要求以"今也有蛮"为题，作文章一篇。这句话本是《孟子·滕文公上》中的一句话，原文是"今也南蛮舌之人……"是孟子嘲笑、讥讽楚人许行时说的话，意思是说许行所说的话拗口难懂。如今，纪晓岚将这句话当作考试题目出给江南学子们，又怎么不令他们难堪呢？

就这样，几场考试下来，众多举子不但了解到这位督考满腹经纶，而且还领教了他嬉笑怒骂皆成文章的本事，清息传开后，各地官员人等，无不敬佩纪昀。

在江南任督考的三年里，虽然纪晓岚孤身在外，但也确实又为朝廷推荐选拔了许多饱学之士。因此，更加得到了皇帝的恩宠。

三、嫉恶如仇　忤怒权奸

　　纪晓岚得宠于乾隆皇帝的时候，刘统勋、刘墉父子等一辈忠臣也深深得宠。然而还有一位得宠的但却是有清以来最大的贪官——和珅。和珅身兼军机大臣、户部尚书、兵部尚书、崇文门税务监督、户部三库执掌（银库、缎匹库、颜料库）等职，权倾朝野。乾隆皇帝甚至把和珅称为"我的人"。四方进贡，皇帝让和珅自己挑选，把其中的百分之三四十都给了他，再加上暗中截留的，算起来，给皇帝的贡品，他倒拿了百分之五六十。更有甚者，皇帝收的贡品都没有他的好。和珅广收贿赂，卖官鬻爵，皇帝也只当没看见；百官弹劾和珅，皇帝也只当作耳旁风。于是和珅骄气日盛，目空一切。纪晓岚虽然看不惯，但也尽量不去招惹他。

　　这一年，皇帝又赐给和珅地皮，准许他在德胜门内另盖新宅。于是和珅大兴土木，兴师动众，修建起了宏伟庞大的和府。

　　一天，和珅邀请纪晓岚参观新宅，并请为其题字。纪晓岚虽然对和珅非常反感，但又不好推辞。于是在参观了和府的亭台楼阁、假山水榭后，就在翁郁的南竹与花草树木间，写下"竹苞"二字。这二字本出于《诗经·小雅·斯干》中"如竹苞矣，如松茂矣"之句。人们常以"竹苞松茂"来颂扬华屋落成、人丁兴旺。因此，和珅十分得意，常常向人炫耀。有一天，乾隆也来到和府游览。在一座亭阁前，乾隆指着那块"竹苞"匾额问道："这是谁为你题的字啊？"和珅回答说是纪晓岚所题。皇帝哈哈大笑道："竹字拆开，为个个；苞，是上草下包。这不是在说你的和家个个都是草包吗？"和珅听了无地自容，遂记恨在心。

　　乾隆三十一年（1766），天下大旱，各省都不同程度地受灾。尤以直隶（今河北）、山东最为严重。沿途饿殍遍野，人们易子而食。两省官员纷纷设立粥厂，赈济灾民。两省在京官员纷纷解囊捐赠，由祖籍直隶的纪晓岚和祖籍山东的刘墉代为运到家乡。而由于受灾省份几乎遍及全国，加上西北地区人民起义纷起，造成国库空虚，朝廷也无力救助。而此时巨贪和珅依然狂捞不止。因此刘墉与好友纪晓岚便设计想让和珅拿出钱来。

　　一天，和珅家人密报，刘墉欲将20万两白银于后半夜运出崇文门，送到山东老家赈济灾民。和珅暗想，如果没有问题，为什么要半夜三更运送银两？再说，刘统勋父子一直与我作对，何不趁此机会报复一下？一则可以将银子归为己有，二者可以报告皇上治他们父子之罪。于是暗中设下伏兵，将驮队押入和府。然而待打开驮箱一看，里面却全是鹅卵石！

第二天清早，刘统勋父子已经状告到皇帝面前。经过当堂对质，刘统勋父子一口咬定里边装的是白银20万两，且有捐助的百官为证。而和珅却咬定里面全是石头。乾隆暗中埋怨和珅没有将驮队押入官府，而是拉到自己私宅，即使里边真是石头，也无人做证。于是只好顺水做人情，判和珅拿出40万两白银作充值及罚金。

往外拿银子，比割和珅的肉还难受。和珅恨死了刘统勋父子，当他知道这里面还有纪晓岚时，当然也就更恨了。他在瞄准复仇的机会。

机会终于来了。乾隆三十三年（1768）六月，两淮盐运使卢见曾由于理财不善，又好排场应酬，以致亏空官银，朝廷要抄没卢见曾的家财充公。因为纪晓岚与侧室郭氏之女嫁给了卢见曾的孙子卢荫文，所以郭氏苦求纪晓岚帮忙。

纪晓岚并非不想通知卢家，但只怕行事不慎，惹祸上身。他终于想出一个办法，便传来仆人张凯，将一个用布包好的木匣交他，吩咐说："这是件罕见古器，你送到卢府，快去快回！"张凯奇怪道："书信呢？""书信不用写了，你亲手交与卢老爷就行了。"张凯刚走出屋去，夫人马氏便走出内室，埋怨说："附上一信，又费你什么功夫呀？"纪晓岚申斥道："夫人如何又糊涂起来！若附上一信，一旦事败，岂不等于我自投罗网？"

卢见曾收到木匣，他很小心地打开，却不由得诧异了：匣子里并没有什么宝物。搜索一会儿，才在木匣的绸子里层，翻出一个信封，捏了捏，往手心里一倒，是一撮茶叶和几颗盐粒。

卢见曾嘴里叨念着："盐茶，盐茶，莫非是'严查'？莫非是我的案犯啦？……"突然，他心里顿时明白："八成是有人告我盐政亏空，朝廷要派人严查，这是通知我事先做个准备啊！……"

几天后，在紫禁城的养心殿里，和珅在乾隆身边附耳低言："两淮盐运使卢见曾已将财产转移一空，家无长物，尽是些破破烂烂的东西了。"

乾隆听后知道有人走漏了风声，和珅极说是纪晓岚所为，纪晓岚起初说未透露一字，后来说出了实情。由此他被"从轻谪戍乌鲁木齐"。[1]

---

[1] 事见《清史稿·纪昀列传》："前两淮盐运使卢见曾得罪，昀为姻家，漏言夺职，戍乌鲁木齐。"

四、峰回路转　总纂《四库》

乾隆三十五年（1770），已戴罪戍边三年的纪晓岚获得了重生。

这一年的春天，好大喜功的乾隆突发奇想，他认为现在疆土一统，百姓安居乐业，应该在教化上做点业绩出来。他想搜辑文萃，编一部旷世巨著，以供学子进仕之用。

然而，想要编辑这样一套浩瀚的图书，非博览饱学的通儒是无法担此大任的。于是刘统勋首任为编纂此书的总裁。经他力荐，乾隆又任命纪晓岚为《四库全书》的总纂官，[1]并责令其即刻还京。因为这一良机，纪昀终于官复原职了。此时，纪晓岚已48岁。

纪晓岚自从受命编纂《四库全书》以来，殚精竭虑，赤诚忠心，惟恐有负乾隆之命。他每天坐镇书城，手不停披，有时竟整日不归。200卷提要，整整写了八年，前后总共费时13年。

表面上看，纪晓岚豁达、乐观，应付周围能够左右逢源。但实际上他的处境仍然是非常艰难的。在四库全书馆编纂处，纪晓岚虽然名誉上是第一位的总纂官，但是在他之上还有20多名正副总裁官，乾隆还亲自干预，不断地谕示，要"朕亲批阅匡正"。一部书辑录完稿，待逐层交皇帝御览时，编纂人等便是提心吊胆，以待御批示下。据云，一部书写好进呈时，往往还要在开卷首页故意留下一两处比较明显的错误，以便御览时易于发现改正。这样做是为了满足皇上比人高一等的心理，这就是所谓的"钦定"。然而皇帝又哪里有那么多功夫用在书本上，于是来不及一一御览的错误之处，就在"钦定"的招牌下，"合法"地留下来了。乾隆对《四库全书》的评论也有该书"草率讹谬，比比皆是"的话。

《四库全书》共收书3503种，79337卷，35304册，计7.7亿多字。全书按照西汉以来历代沿用的经史子集四部分类法编纂，每大部分又分若干类，类下细别为属。四部分类：经部有易、书、诗、礼、春秋、孝经、五经总义、四书、乐、小学十类；史部有正史、编年、纪事本末、别史、杂史、诏令奏议、传记、史钞、载记、时令、地理、职官、政书、目录、史评十五类；子部有儒家、兵家、法家、农家、医家、天文算法、术数、艺术、谱录、杂家、类书、小说家、释家、道家

---

[1]事见《清史稿·纪昀列传》："三十八年，开四库全书馆，大学士刘统勋举昀及郎中陆锡熊为总纂。"

《四库全书》书影

十四类；集部有楚辞、别集、总集、诗文评、辞典五类。全书除收录中国历代各种典籍外，还有朝鲜、越南、日本，以及印度和明清之际来华的欧洲传教士的一些著述。全书共抄录七部，分别贮于北京内廷文渊阁、京郊圆明园文源阁、奉天故宫文溯阁、承德避暑山庄文津阁，合称北四阁。又在镇江金山寺建文宗阁，扬州大观堂建文汇阁，杭州西湖行宫建文澜阁，即江浙三阁，各藏抄本一部。副本存于京师翰林院。

《四库全书》的编纂成功，不但是乾隆朝对中华民族文化事业的一大贡献，也是纪晓岚等文人学者功德无量的一件大事。

五、阅微草堂　安度晚年

嘉庆元年（1796），乾隆皇帝逝世。这时的纪晓岚已经是72岁的高龄了，但依然是嘉庆皇帝所倚重的文臣之一。

纪晓岚受命担任高宗实录馆的副总裁，负责编修《高宗实录》一书。纪晓岚查阅乾隆帝一生的全部历史记录，以他高超的学识、独到的目光，对乾隆皇帝进行了全面、客观的描写和评价。一年后书成。全书共1500卷，记载了乾隆皇帝的日常生活、诏谕和臣工奏议等重大活动。嘉庆皇帝阅后十分高兴，予以褒奖。

后来，纪晓岚一边在朝廷小心地侍候皇帝，一边撰写自己的小说。嘉庆五年

（1800），笔记体小说《阅微草堂笔记》编定刊行。

《阅微草堂笔记》是继《聊斋志异》之后出现的又一部有重要影响的文言小说集，由于纪昀当时特殊的身份，加之为人通达、学识渊博而诙谐，另外在叙述故事时采用了"追录见闻、忆及即书"（《滦阳消夏录序》）的写实手法，所以艺术风格独特。

《阅微草堂笔记》共24卷，约40万字。包括《滦阳消夏录》六卷、《如是我闻》四卷、《槐西杂志》四卷、《姑妄听之》四卷、《滦阳续录》六卷。该书写于乾隆五十四年（1789）至嘉庆三年（1798）之间。该书是纪晓岚十年心血的结晶，又是纪晓岚晚年心灵世界的反映，也从某一个侧面显现了清代中期纷繁复杂的时代文化风貌。该书的取材，一是来自于纪晓岚本人的亲身经历和耳闻目睹，二是来自于他人提供或转述的材料。小说涉及的社会生活领域，从文人学士、妓女乞丐，到三教九流、花妖狐魅，几乎无所不包。丰富的生活素材，为作家提供了广阔的思维空间。书中有些怪异奇谲的故事，虽然充满了因果报应、祸福天定的迷信思想和忠孝节义的封建伦理道德观念，但也客观而真实地反映了清中叶的某些人生实相，并触及当时某些社会弊端，不仅具有重要的认识价值，而且表现了一定的进步思想倾向。

《阅微草堂笔记》有不少故事章节揭露了封建社会官场的腐朽和黑暗，道学家的虚伪和卑鄙。如官吏的营私舞弊、草菅人命，有的貌似正人君子，道貌岸然，其实一肚子男盗女娼，卑鄙下流。诸如此类，都直接或间接地反映了那个光怪陆离的时代。

另外，《阅微草堂笔记》中还有不少篇章揭示了处于社会下层普通百姓的生活状况及悲惨境遇。作为乾隆皇帝

《阅微草堂笔记》书影

的一个文学侍臣，纪晓岚虽缺乏直面惨淡人生的勇气，但他忠实记录传闻的写作精神及其正义感，在某种程度上也透露了他的是非观念和善恶标准。嘉庆十年（1805）二月十四日，82岁高龄的纪晓岚在京中溘然长逝。

嘉庆帝闻知噩耗，特派散秩大臣德通，带领侍卫十员，前往祭奠，赏赐陀罗经被一条，白银五百两治丧，赐谥"文达"。[1]

名 家 评 说

乾隆中年后，多以武功致台鼎。……新、元瑞、昀起侍从，文学负时望。新谨厚承世远之教。昀校定《四库书》，成一代文治，允哉，称其位矣！

——赵尔巽《清史稿》

---

[1] 事见《清史稿·纪昀列传》："十年，协办大学士，加太子少保。卒，赐白钱五百治丧，谥文达。"

和　珅

　　和珅（1750～1799），原名善保，字致斋，姓钮钴禄氏，清乾隆帝时官至文华殿大学士，封一等公爵，满洲正红旗人。他的高祖尼雅哈纳曾以军功被赐"巴图鲁"称号，并赐封轻车都尉世职。他的父亲常保曾任福建副都统，封一等云骑尉。和珅早年在宫廷担任侍卫，因善于逢迎献媚，深得乾隆帝的赏识并长期担任内务府大臣与吏部尚书，是乾隆帝手下红得发紫的权臣。在20余年的政治生涯中，和珅利用把持的大权与乾隆帝的高度宠信，打击异己，网罗亲信，贪赃枉法，蠹国病民，聚敛起数额惊人的财富，他的罪恶活动不仅给清廷财政造成巨大的损失，也加深了广大劳动人民的困苦，而且是乾隆后期政治混乱、吏治败坏的重要原因。

一、得宠乾隆　青云直上

　　和珅出身于一个颇有地位的八旗官僚家庭，这使得他从小能够受到良好的教育。在童年时代，他就和弟弟和琳在家中接受私塾先生的启蒙教育，打下一定基础之后，兄弟二人一同选入北京咸安宫官学学习。这所学校最早是雍正帝提议创办的，原来主要是培养内务府的优秀子弟。到乾隆年间，除继续招收内务府子弟外，更多的是招收八旗官员俊秀子弟入学。到这里来学习的学生都是

和　珅

经过严格选拔，不但个个品学兼优，而且长相俊秀。和珅生性机敏，记忆力特别好，在咸安宫官学学习期间，他不仅背熟了《四书》《五经》，而且满、汉文字水平也提高得很快。此外，还掌握了蒙文与藏文。当时的著名学者袁枚曾称赞和珅兄弟二人知书达礼，聪明机智。和珅虽然为中等官僚家庭子弟，但由于他父亲长年在外做官，开销较大，加之他们兄弟俩与继母关系不很融洽，因此手头并不宽裕。为此在学习期间，兄弟二人曾与家人刘全四处借钱，以补充他们在咸安官学数额不小的花费。

乾隆三十四年（1769），和珅年方20，完成了咸安宫学业，这时的和珅风度翩翩，一表人才，上学时就被身居高位的英廉看中了，遂将其娇爱的孙女嫁给了他。英廉是内务府镶黄旗人，雍正十年（1732）中举，当时已是刑部尚书兼户部侍郎和正黄旗都统的高官。有了这样的靠山，和珅自然是春风得意，就在这一年，他承袭了父亲的爵位。

不久在英廉的帮助下，和珅被挑选去给乾隆皇帝当銮仪卫听差。这差事虽然地位不高，但能接近皇帝，一旦得到垂青，便可以飞黄腾达。于是，和珅便处处留神，伺机博得皇帝的青睐。

乾隆帝

机会终于来了，乾隆四十年（1775）的一天，乾隆帝要外出，侍卫人员一时找不到"黄盖"。乾隆帝很不高兴，借用《论语》中的一句话问道："是谁之过？"其他侍卫瞠目结舌，不知如何回答。只有和珅明白皇上的意思，他引用古书上的一句话回答道："典守者不得辞其责。"乾隆帝见这个青年侍卫声音清亮，仪度俊雅，一时怒气顿然消失。于是问他说："你读过《论语》吧？"和珅恭敬地回答说："读过。"乾隆帝又问了他的家世、年龄等情况，和珅一一作了回答。乾隆帝见他口齿伶俐，十分满意，于是马上将和珅提升为侍卫。

和珅升为侍卫以后，得以常常随侍乾隆帝身边，他凭着自己的机灵，留神观察，对乾隆帝的脾气、心理、好恶等等，了解得十分清楚。他费尽心机，想法儿使乾隆帝满意，对乾隆帝的心思真是看得准，摸得透。据说有一次顺天府乡试，题目照例由皇帝"钦命"。和珅通过宫内太监，打听到乾隆帝在命题时，信手翻《论语》，当第一本快翻完时，忽然似有所悟，立即提笔命题。根据这个情况，和珅揣摩一番，说："这次肯定要考《乞醯》这一章。"后来考题发下时，果然不出所料，原来这一年是乙酉年，"乞醯"两字中正好分别包含着"乙酉"两字。由于他生性

清官帽顶戴花翎

乖巧，办事能干，深得乾隆帝的喜欢。和珅的职务从此也就以惊人的速度不断升迁。第二年正月升为户部侍郎；三月，升为军机大臣；四月，兼任总管内务府大臣。[1]

乾隆四十年（1775），和珅受命赴云南处理李侍尧贪污案，进一步显示了他精明干练的才能，更加得到了乾隆帝的倚重。李侍尧是清初勋臣李永芳的后裔，他的父亲曾任户部尚书，他自己曾任户部侍郎、广州将军、两广总督，案发时担任云贵总督、武英殿大学士。由于位高权重，他把很多大臣都不放在眼里，对和珅自然也不在话下。这一年，云南粮道、曾任贵州按察使的海宁，被解职务，调任沈阳奉天府尹。海宁趁入京谢恩的机会向和珅揭发了李侍尧贪污的问题。和珅因平日对李侍尧不满，于是向乾隆帝加油添醋地把情况渲染了一番。乾隆帝便委派他到云南查办此案。和珅一到云南，首先将李的管家拘捕，严刑拷问，获得了李侍尧贪污营私的重要材料，从而迫使李侍尧俯首认罪。在处理此案的过程中，和珅并了解到云贵两省吏治败坏，各府州县财政亏空的重大问题。在云南当即写

---

[1]事见《清史稿·和珅列传》："次年，遂授户部侍郎，命为军机大臣，兼内各府大臣，骎骎向用。"

李侍尧

了一份详细的奏折派人送呈乾隆帝。乾隆帝阅后，十分满意，在和珅回京的路上即任命他为户部尚书兼议政大臣。[1] 回京后，和珅又向乾隆面陈了云南盐务、钱法、边防等方面的问题，并提出了解决这些问题的想法，深得乾隆赞赏，于是又授他御前大臣兼都统。

乾隆四十二年（1777），和珅兼步兵统领。次年兼任崇文门税务总督，总管行营事务，补镶蓝旗满洲都统；不久又授正白旗都统，领侍卫内大臣。四十四年（1779）乾隆帝亲赐和珅长子名丰绅殷德，并把心爱的小女儿和孝固伦公主许配给他。固伦公主当时仅六岁，喜欢作男孩子打扮，每次见到和珅，就称他为丈人，和珅听了心里乐滋滋的。在这以后，乾隆帝对和珅更是宠信无比，各种殊荣纷纷落到他的头上。同年，授户部尚书、《四库全书》馆正总裁。四十七年（1782）封太子太保；后任国史馆正总裁，授一等男；五十一年（1786）授文华殿大学士并授三等忠襄伯；乾隆晚年、嘉庆初年任首席军机大臣兼管吏、户、刑三部，后晋封为一等公爵，成为集军政财大权于一身，总揽一切的权臣。

和珅"为人狡黠，善于逢迎"，作为皇帝的近臣与姻亲，他极力投乾隆之所好，想乾隆之所想。乾隆喜欢做赋吟诗，和珅在闲暇时就经常做诗习字，对乾隆的诗作经常奉和。他现存的集子《嘉乐堂诗集》中就有不少应制奉和之作。清代诗歌评论家钱咏评论他的诗格律妥切，颇有佳句。和珅不仅精通满、汉文，而且通晓蒙、藏文，并能用蒙、藏文为皇帝拟诏书，当时的满汉大臣中，像他这样通晓四种文字的极少。乾隆好巡游，多次巡幸江南，东巡祭祖，朝拜孔庙，和珅形

---

[1] 事见《清史稿·和珅列传》："侍尧号才臣，帝所倚任。和珅至，鞫其仆，得侍尧婪索状，论重辟，奏云南吏治废驰，府州县多亏帑，亟宜清厘。上欲用和珅为总督，嫌于事出所按劾，乃以福康安代之。命回京，未至，擢户部尚书、议政大臣。"

影不离，随侍左右，借这些机会，百般讨好乾隆。他还利用长期主管户部和内务府掌管钱财的大权，扩建圆明园和避暑山庄供乾隆享乐。扩建后的圆明园方圆30里，拥有150多所精美的楼殿，40个风景区，是乾隆十分满意的游乐与休憩之所。至于平日对乾隆生活上的服侍更是体贴入微，乾隆年岁较高，偶感风寒便咳嗽。每当上朝遇到乾隆咳嗽，身任宰臣的和珅便当着文武大臣，为这位老迈的皇帝手捧唾盂。由于这样，乾隆对和珅的信任与喜爱，甚至超过了自己的四位皇子。乃至后来乾隆退位当太上皇，嘉庆这位新登基的皇帝对和珅也得退让几分。"平居与临朝，沉默持重"，不喜不怒，谨小慎微。"凡于政令，唯是听，以示亲信之意"，使他不产生疑心。

二、树立私党　打击异己

和珅得势之后，大肆培植亲信，树立私党。他的弟弟和琳是生员出身，只是因为和珅当朝，前后任过杭州织造、湖广道御史、吏科给事中、内阁学士、工部左侍郎、工部尚书等职。乾隆六十年（1795）贵州、湖南两省爆发苗民起义，和

文华殿

文华殿始建于明永乐十八年（1420），与武英殿东西遥对。明时为太子东宫，清代改为经筵之所。殿后文渊阁是藏书楼，《四库全书》49000余卷曾收藏于此。

明代设有"文华殿大学士"一职，以辅导太子读书。清代逐渐演化形成"三殿三阁"的内阁制度，文华殿大学士的职掌变为辅助皇帝管理政务，统辖百官。

积学明理既久而气质

变焉则暗者必明弱者

必立矣

录二程集句 和珅书

和珅书法

琳任云贵总督前往镇压，于嘉庆初年病死于军中。死时任光禄大夫、兵部尚书兼都察院都御史、四川总督数职。

　　和琳的亲家苏陵阿，举人出身，为人贪鄙庸碌，因为他是和琳的姻亲，和珅对他特别提拔，曾任兵部、工部、户部侍郎，后又升为户部尚书、两江总督。在两江总督任上，他公开贪污受贿，声名狼藉。接见属员时他厚颜无耻地说："蒙皇上圣恩，命我这老头来捞点棺材钱。"嘉庆帝即位后，和珅公然将他推举为东阁大学士。这时的苏陵阿已年逾80，两耳不聪，老眼昏花，连一举一动都需人扶持，被人称为"活傀儡"。和珅的老师吴省兰、舅父明保都安排担任要职。吴省兰曾为和珅塾师，因依附和珅，后被任命为学政，并担任乡试的考官，嘉庆初年被和珅安排到皇帝身边记录诗稿，充当和珅的密探。和珅的舅父明保既无资历又无学识，和珅竟然将他安排当汉阳知府。明保凭借和珅这个外甥做靠山，气焰薰天；当地

《乾隆南巡图》（清徐扬绘）

官员对他十分畏惧。乾隆曾接见过他，对他的庸碌无能十分不满。一次他向和珅问起明保的出身、仕履等情况，和珅胡乱编造了一通，居然蒙混过去。

此外，也有一些人见和珅深得乾隆宠信，便主动投靠，与他狼狈为奸。如福长安是乾隆孝圣皇后的侄子，他的父亲曾任户部尚书、军机大臣、大学士，封为太子太保，死后赠郡王，是乾隆朝代的一位名臣，福长安本人也娶了皇族女为妻，由于他年轻俊秀，深得乾隆喜欢，由侍卫逐渐升为军机处行走。他见和珅得势，便依附于他，甘心听从他的摆布，和珅曾荐他代理自己的户部尚书职务，两人合伙干了不少坏事。和珅贪赃枉法的罪行他知道得最多。和珅事发之后，嘉庆帝多次启发他揭发和珅的罪行，他假作不知，充当和珅的死党。福长安的小舅子湛露，是个连满语都说不好的浅薄之徒，因为福长安与和珅的特殊关系，湛露被和珅安排为广信知府，在一次考核政绩的"京察"中，和珅特意将他列为"保送一等"。

和珅独揽大权，胡作非为，一些正直大臣无比气愤，有的甘冒风险对他进行弹劾。但和珅凭仗乾隆做后台，对谏臣进行打击、陷害。如乾隆五十年（1785）监察御史曹锡宝弹劾和珅管家刘全仗势营私，衣服车马超过朝廷礼制规定，当时和珅正在承德避暑山庄陪侍乾隆，他先看到了奏疏，马上将刘全召来，安排他迅速将逾制的房屋车马拆散，把有关衣物隐匿转移。然后由和珅向乾隆呈上一份奏疏，说他对刘全已进行审讯，曹锡宝所告之事均不实，请朝廷派人查处。乾隆阅疏后，便下了一道谕告，说和珅家人刘全长期在崇文门为主人代办税务，他也有应得的收入，即令有些积蓄也属常理，至于盖造几十间房屋住，车马服用稍有润饰，也属人之常情。谕旨并指责"曹锡宝弹劾刘全是隐约其辞，对和珅旁敲侧击"，并命有关官员与曹锡宝本人一道到刘全家查验证实，不能徒作"无根之谈"。因为刘全住宅衣物早经处理，曹锡宝等人前往查验一无所获。在这种情况下，曹本人感到十分尴尬，面对乾隆的压力与和珅的淫威只得承认自己是道听途说，言语失当，请求治罪。[1]乾隆令其革职留用，曹锡宝受此打击，精神上从此一蹶不振，后郁郁而卒。

监察御史谢振定对和珅也早就不满，对他的爪牙依仗和珅横行霸道，更是深恶痛绝。一次他带着士兵巡视京城，见一辆高大华丽的马车在市面上横冲直闯，谢振定令车停下，一问，知乘车的人原来是和珅的妾弟。谢振定怒不可遏，命士兵将他从车中拖出，用皮鞭痛加抽打，并当场将马车烧毁。围观的士民个个拍手称快，和珅闻讯后，对谢振定恼恨不已。几天后，便指使亲信捏造罪名对他参劾，并罢免了他的职务。

乾隆帝晚期，对和珅更是深信不疑。凡收到揭发和珅的材料往往都交给和珅自己处理。结果使上书人遭殃。如陕西一个读书人冒死给乾隆上书，揭发和珅贪赃枉法的罪行，乾隆将此信转给和珅，结果此人全家遭和珅党羽残杀。

正如史书所说，和珅"用事将 20 年，威福由己，贪墨日甚。内而公卿，外而藩府，皆出其门"。纳贿谄附者，多得重要之职；中立不倚者，难免潦倒；敢于揭露、指陈其罪行的人都被他陷于死地。

三、巧取豪夺 中饱私囊

和珅除总揽军政大权外，并先后任户部侍郎、户部尚书、内务大臣等职长期管理户部三库，和珅任崇文门税务总监督，利用把持的大权，他肆无忌惮地聚敛

---

[1] 事见《清史稿·和珅列传》："五十一年，御史曹锡宝劾和珅家奴刘全奢僭，造屋逾制，帝察其欲劾和珅，不敢明言，故以家人为由。命王大臣会同都察院传问锡宝，使直陈和珅私弊，卒不能指实。和亦预使刘全毁屋更造，察勘不得直，锡宝因获谴。"

财富，中饱私囊。

和珅管辖的内务府负责宫廷服用、食物、武装守备等方面的事务，内廷和皇帝的一切开销都由它包下来。乾隆一生好大喜功，特别好游玩。和珅作为内务府的负责官员，为了满足宫廷奢靡的开支，他借各种机会对各级官吏和富商大肆搜刮，和珅本人则借机掠取。各地进贡的礼品或外国使臣朝贡的珍宝，首先都得经过和珅这一关。乾隆每次从中不过收取一小部分，大部分都被和珅吞占。时间久了和珅家中的奇异珍宝比皇宫的还要多，如大宝石、珍珠串的数量，就是内宫的很多倍。他家所藏的一颗大珠比乾隆御用的皇冠顶珠还大。至于户部、内务府的大宗钱财更是由和珅任意支用，几乎无账可查，乾隆对此从不过问，有一次，两广总督孙士毅出使安南回来，在宫门外等候乾隆帝接见，被和珅撞见了。和珅问："你手中拿的是什么东西？"孙士毅回答："是一个鼻烟壶。"和珅要过去看了看，是用一个大如雀卵的明珠雕琢而成的。和珅爱不释手，便说："你能否割爱……"孙士毅明白他想索要，急忙为难地说道："可惜昨天已奏知皇上了，待会就要敬呈，怎么办呢？"和珅脸色微微一沉，说："和你开个玩笑罢了，何必当真！"过了几天，和珅又碰见孙士毅，洋洋得意地说："昨天我也得到了一珠壶，你看看怎样？"说着就递将过去。孙士毅一看，正是他进献的那一个，就说："这是陛下将我进献的那个珠壶赏给大人了。"和珅报之以一笑。事后，孙士毅经多方打听，才知道根本不是皇上赏给和珅的，而是和珅通过同党从宫内盗出来的。

和孝公主的异母兄弟七阿哥，有次不慎打碎了一个碧玉盘，这是乾隆帝喜爱的一件珍宝，直径有一尺多。七阿哥怕父皇怪罪，吓得惊慌失措，没了主意。七阿哥的弟弟成亲王让他快去找和珅商讨对策。于是哥俩同去和珅家。和珅听完了哥俩的诉说，故意装出为难的样子，说："此物人间稀有，我又有什么办法？"七阿哥更加害怕，竟失声哭了起来。后来和珅答应想法试试。过了

乾隆时期《金瓯永固杯》

一天，和珅一见面就拿出一个盘子，不但比打碎的那一个大，而且色泽更为精美。七阿哥和成亲王感激不尽。这时，他们才知道，四方所进珍品，上等的先入和珅手中，次等的才送进宫去。据野史中的有关记载。乾隆末年，各省进贡献礼的东西，和珅私自侵吞了十之八九，只有十之一二进宫。所以后来嘉庆皇帝在宣布和珅罪状的上谕里愤愤不平地说，和珅家中的珍珠有 200 多串，比宫中的多好几倍；罕见宝石有几十个，整块大宝石不计其数，都比宫里的好。并下旨将此列入和珅大罪之中。

和珅是乾隆皇帝的红人，位极人臣，与阿桂同掌军机处大权十几年，但阿桂经常奉命到各省赈灾治河，巡察办案，或率军征战，这就给和珅独揽军机处大权造成机会。他行文各省，要各省凡给皇帝的奏折都要先向军机处提交副本，这样，各地大员向皇帝直接奏事的权利无形中被剥夺，全国都被掌握在和珅的手心里，不得不对他俯首帖耳，惟命是听。两江总督书麟、闽浙总督觉罗长麟都因违忤和珅，先后被遣戍新疆效力。这样一来，从朝廷到地方的官吏，内而公卿大臣，外而各省督抚，为了保住自己的地位，纷纷投入和珅门下，争相进贡。而和珅是典型的见钱眼开的人，例行公事时，他也要捞一把，他在兵部核算报销时，如不给贿赂，就找岔子不给报销。至于官员若想晋升，更需要以钱铺路。在和珅那里，大小官皆有定价，出什么价钱做什么官，比如盐政、河道总督，当时是两个最大的肥缺，标价也最高，官员们必须先以"巨万纳其府库"，然后才能上任。

和珅曾长期负责议罪银事务。所谓议罪银，实际是为皇帝聚财的措施，又称罚银或自行议罪银，其对象主要是各省督抚、盐政、织造、税关监督等大员。他们一旦犯了罪，就必须交出罚银，从而免于或减轻查处。罚银的数额按罪状的轻重不等，但大都是数万或数十万。议罪银的绝大部分都缴入内务府银库，成为皇帝的私人财产。和珅作为议罪银的主要负责人，不仅可以很容易地使一部分议罪银落入己手，而且可以借此索贿受贿。因为相当一批官员都担心自己随时被议罪，与其被罚巨款，倒不如趁早铺垫，向和珅行贿，一旦获罪时，有和珅从中周旋，就可以大事化小，小事化了。对于这些，和珅从来是来者不拒，多多益善的。乾隆四十七（1786）年，山东巡抚国泰、布政使于易简贪污案被揭发，和珅负责查处。国泰、于易简都是和珅的党羽，而且在事发前已用大批银两说了情，所以和珅在查处时，处处敷衍其事，企图使他们蒙混过关。在检查该省库银时，预先通知国泰，叫国泰挪移别银充数。只是因为参加办案的另两位大臣坚持追查，和珅才没能如愿。[1]

和珅勒索百官，不仅明目张胆，而且价码越抬越高，单是两淮盐政征瑞一人，先后就贿赂和珅40万银子。有的则不惜代价购买奇珍异宝，投其所好。江苏吴县有个珍珠商，在每个珠子外面用赤金包裹成丸状，增加了珠子的价值，大粒值二万金，次者万金，最便宜的也有8000金。尽管如此昂贵，官员们仍争相购买，唯恐买不到，因为他们知道，和珅每天早晨都服用一粒珍珠，以延年益寿，增强记忆。

其实，向和珅行贿也并非那么容易。有一个山西巡抚巴结和珅，派他的部下带20万两银子专程到京城上门献礼，然而进献无门，和府无人接待。这人一打听个中原委，便用了5000两银子做"小费"求见，结果出来了一个衣冠楚楚的年轻奴仆，张口便问

嘉量是中国古代对体积的标准量器，全器分斛、斗、升、合、龠五个容量单位。紫禁城太和殿和乾清宫前有清朝乾隆年间所铸的嘉量，太和殿前为方形，乾清宫前为圆形。表示量度标准的嘉量与时间标准的日晷并陈于左右两侧，以表示帝王的公正和国家的统一。

"黄的还是白的？"口气傲慢得很。一听说是白的，年轻奴仆就告诉手下人收入外库，然后给了一纸便条，说："拿这个回去为证吧。"说完扬长而去。这人一打听，原来那个年轻奴仆只是一个门子，便连声感叹：20万两银子竟连和珅的面也见不上，见一个门子倒要花5000两，真是"侯门深似海，和府财如山"啊！

---

[1] 事见《清史稿·和珅列传》："四十七年，御史钱沣劾山东巡抚国泰、布政使于易简贪纵营私，命和珅偕都御史刘墉按鞫，沣从往。和珅阴袒国泰，既至，盘库，令抽视银数十封无缺，即起还行馆。沣请封库，明日尽发现库银，得借市银充抵状，国泰等罪皆鞫实。"

和珅补服

和珅贪财纳贿的一个突出伎俩，是经常打着皇帝和朝廷的招牌，假公济私，中饱私囊。乾隆帝是一个好大喜功的风流皇帝，到处游山玩水，寻欢作乐，晚年尤甚。他曾数次南巡，登五台山，告祭曲阜，东谒三陵，浏览天津、嵩山等地，至于避暑山庄，更是往来不绝，每次出巡，都穷奢极欲，尽情挥霍。再加之连年用兵，大兴土木，使得每年费用超过正常经费亿万之巨。这些事，他很多都交给和珅安排办理，没有钱支出，他也要和珅想点子筹措。于是便给和珅的贪污受贿带来了机会，也带来了方便。

乾隆五十五年（1790），皇帝80大寿，照例由和珅筹办庆典，讨好和发财的机会又到了。他把皇宫内外和大小宫殿，均装饰一新。从京城至圆明园，楼台歌榭全部用金银珠翡装点，假山上还设有木偶，开动机关，就自己活动，演出舞蹈。和珅还行文各省，让他们进献各种宝物贺寿。这时内阁学士尹壮图上疏反对，说各省的库藏皆已空虚，不能浪费资财。乾隆帝既不高兴，也感到焦急，和珅却说："不会这样吧，何不派尹学士去各地察看一下呢？"乾隆帝当即准奏，派尹壮图前往各地勘察，和珅又奏请派他的爪牙庆成跟着去监视。在和珅的授意下，庆成每至一省都想方设法干扰和掣肘尹壮图，不是先派人送信，便是借故拖延时日，等地方官把府库挪移充足，再去开库检查。这样一来，所查之处皆无亏空。于是，反映真实情况的尹壮图反而"以妄言坐黜"，而和珅与庆成却暗中捞足了外块。[1]仅仅是乾隆帝的这一次庆典，就牵动了多少人力，花费了多少资财，主持庆典的和珅又不知在暗中摄取了多少！

[1] 事见《清史稿·和珅列传》："上八旬万寿，命和珅偕尚书金简专司庆典事。内阁学士尹壮图疏论各省库藏空虚，上为动色，上为动色，和珅请即命壮图往勘各省库，以侍郎庆成监之。庆成每至一省辄掣肘，待挪移既足，然后启榷，迄无亏绌，壮图以妄言坐黜。"

和珅的贪婪无厌以及乾隆帝对他的放任，使乾隆后期的吏治日趋腐败。统治阶层的各级官员，一方面畏惧和珅的生杀予夺大权，另一方面也可借机大捞一把，

乾隆八十大寿时定制的碗

就各自向下级敲诈勒索。俗话说，上梁不正下梁歪。有这样的一个贪贿无边的大官高高在上，下面的贪官污吏怎能不上行下效，更加放肆横行。他们层层索贿受贿，贪污腐化，贿赂公行，结成了互相包庇纵容的关系网，有的总督，不仅收受提升官员银两，而且向属员变卖珠子，然后又将珠子收回。山东巡抚国泰，勒索属员 8 万两。浙江巡抚福崧贪污盐商税银 11.5 万两。

有时，朝廷也抓几个案件查处，但对于根除贪官，根本无济于事。结果，贪污事件越来越多，贪污方法越来越巧，不仅个人贪污，而且上下勾结，串通一气，集体分赃。甘肃被查出的全省官员合伙贪污案中，贪赃 1000 两以上的就有 66 人之多，布政使王亶望家，就抄出金银 100 多万两。陕甘总督勒尔谨有个家人叫曹禄，从曹禄家抄出的银子也有 2 万余两。甚至奉命查抄王亶望资财的查抄者们也从中抽梁换柱，以银换金，以贱抵贵。如查抄底册中列有金条、金锭 4748 两，而交到内务府的册子中只列金 9 两 3 钱，解到内务府时竟连一钱也没有了。

官吏贪污的资财，除直接向百姓搜括外，还大量动用国库，使全国各省亏空日益严重，有的前任离职，后任不肯接收亏缺，上司出面说合；有的虽然接收了前任亏空，到自己离任时，照旧亏欠，称作"原装原卸"；有的本来没有亏空，到离任时将库中银钱拿走，名曰"做亏空"。这样一来，不仅处处亏空，而且数字大得惊人。最后，这些负担都转嫁到人民头上，使国计民生受到严重影响。例如清代的盐政、河工历来是比较富足的，但在和珅及众多贪官的榨取下，也财政拮据，以致河道年久失修，常有洪涝灾害；川楚等地曾因食盐等问题激起民变。与各地财政告急，仓库亏空情况相反的是，和珅家的仓库却越来越紧张，盖了一个又一个，仍然不够用，甚至于"夹墙藏金""地窖藏银"。

四、生活豪华　穷奢极欲

　　和珅用贪污受贿得来的大量钱财，大肆进行挥霍，过着极其腐化糜烂的生活。从后来清查他的家产的帐单上看，单就衣服一项，就有貂皮 1500 多张，狐皮 1000 多张，其他各种上等皮毛不计其数，另有绸缎库二间，各种衣服 5300 多件……真可谓"男人俱是轻裘，女人俱是锦绣"。

　　和珅有三处花园供其玩乐，其中淑春园最豪华，装饰一如皇宫。淑春园大约是在乾隆初年开始修建的，遗址位于今北京西北郊海淀一带。乾隆帝晚年，和珅势倾朝野，原来位于城内的宅第尽管一再扩建，但毕竟不太符合和珅的身份和要求了，因此，乾隆帝就把淑春园赐给了和珅。和珅成为淑春园的主人之后，将淑春园改名为"十笏园"，大概有怀揣十笏、手掌大权的寓意。接着和珅又不惜重金，对全园进行了一次大改造，掘地为湖，叠石为山，修建成了一座山水相间、风景秀美的园林。内部的建筑仿照圆明园的布局，据说和圆明园中的蓬岛、瑶台一模一样。园内遍种名花异草，房屋式样均依照大内宁寿宫的建筑，富丽堂皇，雍容华贵。为了修建淑春园，花费的人力物力真是难以计算，只是园内的一座太湖石，就花费了数千金才运来，以至后人发出"曾移奇石等黄金"的感慨。

　　和珅的妻子是英廉的孙女冯氏，死于嘉庆三年（1798）春，葬礼十分隆重，当时的王公大臣无不前往吊唁。除了正妻之外，和珅还拥有许多姬妾，姬妾到底有多少，当时人也说不清。据说有一次庆典，和珅单为姬妾们买花就用了数万两。在他众多的姬妾中，和珅最宠爱的有两个，一个叫长二姑，府中人称二夫人；另一个叫吴卿怜，苏州女子，查办贪官浙江巡抚王亶望的部分家人财产里，就有这位吴卿怜。和珅大约十分迷恋这位吴小姐的绰约风姿，为了讨她欢心，专门给她建了一座小楼，起名迷楼。当和珅被抄家时，这位吴卿怜也投湖自尽。

　　乾隆五十四年（1789），和珅的儿子丰绅殷德结了婚，新娘是早在十年前就已定婚的皇帝的十公主。婚礼的排场非常人所能想象。乾隆帝对这个最小的女儿很宠爱，陪送的嫁妆比以前的几个女儿都要多。和珅将丰绅殷德夫妇安排住在淑春园的西半部分，和珅自己和他的妻妾们则住在东半部分，好不荣耀。

　　为服侍这一家老小，和珅使用了大量的家奴和婢女，并且利用职权，大量使用公役人员，步军统领巡捕营在和珅私宅供役的就有 1000 余人。这些奴才们也和主子一样挥霍无度，平时也狗仗人势，欺压良民，交结权贵，敛财纳贿。和

和珅府

恭王府曾是和珅的府邸，和珅逮捕下狱后，曾作为庆僖亲王永璘的王府。咸丰元年（1851），恭亲王奕訢成为宅子的主人。恭王府历经了清王朝由鼎盛而至衰亡的历史进程，承载了极其丰富的历史文化信息，故有了"一座恭王府，半部清代史"的说法。

府管家呼什图，时称内刘，在和珅垮台后，内刘家也被抄没，家资也有10余万，而且替他的3个弟弟分别捐纳了知州、守备、州同等官衔。和府大总管刘全，造的房子有100多间，竟和王公大臣的府邸相似，很多士大夫都争着把女儿嫁给他，家产也有20余万。

和珅对他的这种纸醉金迷、酒池肉林的生活并不感到十分满足，他虽然享尽了人间的荣华富贵，但他毕竟是臣属，与皇宫内廷的生活相比，还嫌不够气派，还有很多皇帝能享用的东西他不能享用，如用，就是违制，罪名就是图谋不轨。对这一点和珅也是不甘心的。为了满足自己的私欲，每至夜深，在灯下和珅就穿戴皇帝的衣服，把窃取来的朝珠悬挂在脖子上，对着一面大镜子，往来迈步，边走边对着镜子说话、微笑，但声音很低，生怕被人听见。过足了皇帝瘾，他才把衣服、朝珠卸下来。

乾隆皇帝在平定"回部"后，曾命人用和阗玉凿了一匹高2尺、长3尺的玉马，存放在宫中。和珅对此御用宝物也是垂涎欲滴，设法将玉马偷了出来专供其与爱妾在洗澡时乘坐享用。

和珅给自己安排后事也跟皇帝相比。他在冀州城外选了一大块土地，为自己建造坟墓。在墓前立一石门楼，石门前一地下隧道，盖正房五间称为享殿，东西厢房各五间，称配殿，大门称宫门。墓外有围墙长 200 丈。人们都把和珅的墓称为"和陵"。在围墙的西侧还建有房屋 219 间。这套陈设和建筑，完全超越了规定，就连亲王墓地的周长也不过百丈，和珅比亲王的还长了一倍多，简直与皇帝不相上下了。遗憾的是，他死后没能享受到这份"殊荣"，白费了这一番苦心。

五、乾隆死亡　和珅自裁

乾隆皇帝在即位之初，曾焚香祷告上天，立下心愿说："如果上天保佑，我能做 60 年皇帝，一定传位皇子，归政退闲。"因此，当乾隆帝坐满 60 年皇帝宝座时，决定让位给他的十四儿子，即后来的嘉庆皇帝。但是他一直保守这个心里秘密，直到宣布的前夕，乾隆帝才把他的决定告诉了和珅一个人。和珅眼珠一转，喜上眉梢，心想，这下投机的机会又到了，事实很明显，老皇帝退位，他感到无所依恃，必须投向新皇帝的怀抱，才能保住自己的地位和权力。他利用这个绝好的机会，带了一柄表示吉祥、喜庆的如意，跑到嘉庆府上，向他进献，暗示天大的喜事就要降临，他提前表示祝贺。和珅想通过泄露机密这一招，来取悦于未来的皇帝，博得个拥戴新皇帝登位的功劳，作为日后站稳脚跟的政治资本。果然，和珅刚传过消息，乾隆帝就向内外宣布 36 岁的十四子为他的继承人，并于第二年正式即帝位。和珅暗暗得意，并盘算着怎样进一步讨得新皇帝的欢心。

其实，嘉庆早把和珅看透了，他了解到上下内外对和珅是多么愤恨，满朝文武"竟无一人奏及者"，表面上看朝臣均担心乾隆帝"圣寿日高，不敢烦劳圣心"，"实则畏惧和，钳口结舌"。如果自己继续重用此人，就会不得人心。和珅在朝廷大权在握，一呼百应，一手遮天，说不定还会出现逼他让位的事，他充分意识到了这种危险的存在。还有，和珅的巨大财富也使他眼红，使他嫉妒，他怎能允许一个做臣子的富有超过皇室呢？因此，嘉庆下决心迟早要除掉和珅。但是，他的老父皇还活着，名为退位，可仍在掌权，并且仍然宠信和珅，太上皇的旨意，仍然经和珅向外传达。因此，嘉庆只好以隐忍的态度对待和珅，是为投鼠忌器，恐引起种种变故，反而不妙。[1]

而和珅却摸不透新皇帝的心思。从表面上看，新皇帝对他既客气又尊重，有要奏请太上皇的事，他自己不去，还让和珅转奏。对和珅的献媚讨好，新皇帝则不作任何表示。这使得和珅一直心神不安。于是，和珅就派自己的老师吴省兰去给新皇帝抄录诗草，其实是想摸新皇帝的心思。嘉庆十分谨慎，吟咏之中不露任何痕迹。左右的近臣有人批评和珅，他却说："我正在依靠和相公处理国家大事，你怎么可以非议他呢？"这些话，当然很快就能传到和珅耳中。和珅用尽了办法，观察一段时间后，见新皇帝没有对自己不满的意思，才稍稍定下心来，放松了对新皇帝的防备。

清乾隆年瓷器

嘉庆四年（1799）正月初三，乾隆帝寿终正寝，嘉庆帝开始亲政。和珅的靠山倒了，他的官运和命运终于走到尽头。初五，身着孝服的嘉庆帝首先向全国发布一道谕旨，对将帅懈怠、军事连连失利及官场中种种恶习，深为不满，要求从上到下重新振作精神，整顿纲纪，革除弊政，并下令内外大臣特别是负责监察的台监官员，指责朝政弊端，检举大臣不法行为。

嘉庆帝的态度得到不少朝廷大臣的响应，吏部给事中王念孙首先站出来检举和珅。接着，御史胡季堂列举和珅的罪状，把嘉庆帝御旨中提出的问题统统归罪于和珅，主张给予严厉制裁。[2] 嘉庆帝看到时机已到，几天以后，就下令将和珅

[1] 事见《清史稿·和珅列传》："仁宗自在潜邸知其奸，及即位，以高宗春秋高，不欲遽发，仍优容之。"

[2] 事见《清史稿·和珅列传》："四年正月，高宗崩，给事中王念孙首劾其不法日，仁宗即以宣遗诏日传旨逮治，命王大臣会鞫，俱得实。"

乾隆八旬诏书

以及与和珅关系密切的户部尚书福长安革职拿问，接着就委派大员，调查和珅的种种罪状。同时，凡属和珅的庄园财产，全部贴上封条，进行查抄。这时，和珅的同伙及党羽们也惊慌失措，为避免自己受到牵连，纷纷反戈一击，揭发和珅的罪行。

嘉庆帝指令王公大臣联合审讯和珅，促其交代罪恶。他还亲自审讯和珅，责问道："你家中盖楠木房屋，木材是否自宫中窃出？""房屋均照宁寿宫的式样，是何居心？"

和珅不得不据实回答："楠木是奴才自己买的，曾派遣胡太监往宁寿宫画下图样仿造，所以与宫中一样，其中水晶柱系由宫中窃出。"

嘉庆帝又问："你家所藏珍珠手串比皇宫的还多几倍，你的大珠比朕的帽顶上的还大，你拥有的宝石比内务府的多，这些岂不是你贪盗不洁的证据吗？"

嘉庆帝还问到和珅将出宫妇女选入家中、擅坐椅轿出入皇宫等罪恶，和珅皆一一招认。

在搞清了和珅的犯罪事实后，嘉庆帝在正月十一日下诏宣布了和珅的20大罪状。这些罪状的内容综合起来有这样一些问题：泄露机密，拉拢皇太子，抢拥戴之功；对乾隆皇帝大不敬；欺隐军机要事，隐匿边报；专断军机处，把持户部；任人唯亲，所举非人；称和珅墓为和陵，园林房屋逾制，有不臣之心；大珠、宝石、珍珠物串都超过御用，衣货千万，金银财产不计其数；开当铺、钱店，与民争利；纵容家奴到处勒索，广置财产；步军统领巡捕营1000余兵丁供和珅私宅役使等等。

嘉庆帝在宣谕和珅罪状的诏书中，同时公布了和珅家产的查抄清单，所见者无不瞠目结舌。查抄结果是：

田土8000余顷，房屋2000余间。银号10处，本银60万两。当铺10处，本银 80 万两。金库内赤金 5.8 万两。银库内银元宝 895.5 万多个。珠宝库、绸缎库、人参库都装得满满的。

然而，公布的这些数字，并不是和珅的全部财产，因为这些只是短短几天内查抄记录下来的，和珅转移、隐藏的财产并未包括在内。据《清朝野史大观》记载，有个叫萨彬图的副都统，当时就对此提出过疑问，建议嘉庆帝应继续清查，嘉庆帝知道他的话有道理，但却对此讳莫如深，不表态度，反怪他多言。因此，世间对和珅到底有多少家产一直众说纷纭，便留下了许多和珅家产的清单，其中薛福成《庸庵笔记》所载"查抄和珅住宅花园清单"流传最广。

嘉庆皇帝

据薛福成的记载，和珅的家产，除房屋住宅花园之外，有田地 8000 顷，生沙金 200 余万两，赤金 580 万两，元宝银 940 万两，金银元宝各 1000 个，当铺 75 座，银号 42 座，其他如珍珠、白玉、绸缎、珊瑚、玛瑙、宝石、瓷器、古鼎、人参、貂皮等不计其数。当时查抄和珅家产共有 109 号，其中已估价的 26 号，估价部分值银 2.2 亿多万两。若按近人梁启超的估计，和珅的全部家产，则有 8 亿两之巨，比清廷 10 年收入的总和还多。这些财产抄没后，嘉庆帝命出一部分赏赐给他的亲信和大臣，其余的都为嘉庆帝所占有，所以民间广泛流传着"和珅跌倒，嘉庆吃饱"的谚语。

给和珅定罪后，接着给其同党福长安定罪。经大臣会同各有关衙门，一致奏请皇上将和珅凌迟处死，福长安处以斩首。

嘉庆帝的想法是，如果把他父皇最亲信的和珅拉到大庭广众之中，一刀一刀凌迟处死，这对于已故的老皇帝毕竟不是件光彩的事，便决定赐令和珅自尽，判

和　珅

福长安死刑。

正月十八日黄昏，在乾隆皇帝去世的半个月后，执法官员捧着嘉庆帝的圣旨，到监狱宣读，和珅跪在地上，听完后叩头谢恩。然后对他的儿子和福长安说："我和你等服事先帝甚久，本来应当一道同归。今皇上已有钟爱之臣，不再需要我们了，我就先走了！"说完，悬梁自尽。福长安等跪在一边眼看着和珅气绝身亡。

和珅，这个主宰朝政大权20余年的显赫人物，就这样结束了他贪婪弄权的生涯，他用那无尽的贪欲，为后世留下了一个大贪污犯的标本。

名家评说

和珅继用事，值高宗倦勤，怙宠贪恣，卒以是败。仁宗尝论唐代宗李辅国，谓："代宗为太子，不为辅国所谮者几希。及即帝位，正其罪而诛之。一狱吏已办。"盖即为和珅发也。

——赵尔巽《清史稿》

林则徐

林则徐（1785～1850），字元抚，又字少穆，晚号竢村老人。清道光帝时曾任江苏巡抚、湖广总督、钦差大臣兼两广总督等要职，谥号"文忠"。福建侯官（今福州市）人。林则徐是清末杰出的政治家、民族英雄，是鸦片战争时期的禁烟运动和抗英斗争的领导人。

一、恪尽职守　力主禁烟

林则徐出身于下层知识分子家庭。年纪很小时就十分聪明。嘉庆十六年（1811），林则徐考中了进士，授翰林院庶吉士。嘉庆十九年（1814），授编修。[1]后任江西乡试副考官。嘉庆二十四年（1819）三月，任会试同考官，是年闰四月，任云南乡试正考官。嘉庆二十五年（1820）二月，转任江南道监察御史。当时正赶上河南修河工程未竣，林则徐见一些不法商贩借机囤积居奇，就奏请朝廷命地方大吏严密查封，打击不法商贩，平价收购修河物资，保证了修河所需。

林则徐

道光元年（1821），林则徐因父病称病告假归家。第二年被授为江苏淮海道。

---

[1]事见《清史稿·林则徐列传》："少警敏，有异才。年二十，举乡试。巡抚张师诚辟佐幕，嘉庆十六年进士，选庶吉士，授编修。"

还没有去赴任，就迁任浙江盐运使。以后，林则徐历任江苏按察使、布政使，两淮盐政，陕西按察使、布政使，江宁布政使。道光十一年（1831），因功升任河东河道总督。道光十五年（1835）十一月，因治河有功，升两江总督，第二年任江苏巡抚。道光十七年，升任湖广总督。正赶上荆襄水患，林则徐到任即修筑河堤，亲自督视，治理水患。

林则徐书法

在这些年中，林则徐在官场可以说是一帆风顺的，由一名小京官逐步升为总督。在京时，他参加了宣南诗社，结识了龚自珍、魏源等人。他常与好友诗酒唱和，切磋学问，尤其留意经世致用之学，关心社会现实。在江苏，他忠实执行禁烟法令，认真访查，力拿严惩，江苏禁烟取得初步成效。在任中，他廉洁奉公，不避权贵，平反冤狱，特别是关心民间疾苦，注重兴修水利，疏浚河道，为人民做了一些好事。但由于性情过于急躁，往往疾恶如仇而不能忍耐，故而得罪了一些达官贵人，所以他写了"制怒"两个大字悬挂于中堂自警。他升任湖广总督后，开始了大的禁烟运动。

19世纪上半叶开始，英国资产阶级使用了殖民武库中最阴辣的手段，以鸦片毒品作为侵略中国的工具。英印殖民政府在印度生产鸦片烟土，卖给英国鸦片贩子走私运入中国牟取暴利。鸦片像一股黑色的毒流源源不断涌入中国，每年平均走私进口量，从19世纪初的三四千箱，激增到30年代的二三万箱，给中华民族带来了严重的灾难。它使清朝统治阶级更加腐化，愈加残酷地剥削压榨劳动人民。同时又使中国白银大量外流，造成银贵钱贱，加重了劳动人民的实际负担，也加深了清政府的财政危机，打击了中国的民族工商业。鸦片不仅吮吸着中国人民的血汗，而且还直接毒害中国人的身体和精神，摧残中国的社会生产力。

面对着西方殖民者猖狂的鸦片侵略，深受毒害的人民强烈要求禁烟。虽然道光帝从登基不久就厉申禁烟，但由于许多官僚的贪赃枉法，禁烟令实际是一纸空文。由于道光帝在严禁与弛禁间动摇不定，而首席军机大臣穆彰阿又是鸦片受贿集团的实际领袖，所以鸦片输入有增无减。道光十八年（1838），鸿胪寺卿黄爵滋向道光帝上疏，历数鸦片给中国带来的祸害。这时远在武昌的林则徐也立即上奏，遥相呼应，恳请禁烟。未等皇上批示，他就在两湖地区开始禁烟销烟。事实证明，只要有决心，禁烟是完全办得到的。但是，深得道光帝宠信的协办大学士兼直隶总督琦善，却与穆彰阿一起反对禁烟。在严禁派与弛禁派的激烈斗争中，

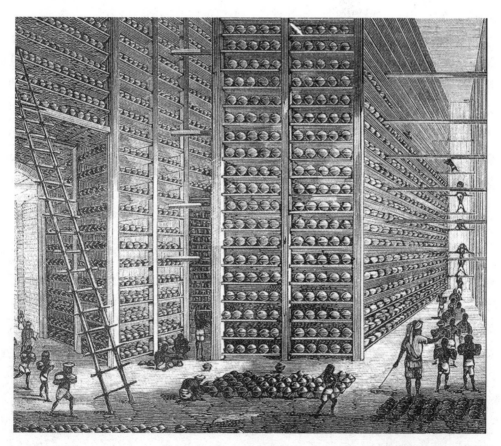

英国在印度鸦片仓库

道光帝仍依违两可，犹疑不定。林则徐见状深为忧虑，便不避风险，于九月又上一折，尖锐指出鸦片的危害，无情揭露了鸦片受贿集团和吸食者的关系，使道光帝顿时猛醒，倾向于严禁派，下令宣召林则徐进京商议禁烟办法。[1] 林则徐接令后从武昌火速起程，星夜赶路，于十一月风尘仆仆地到达北京。从第二天起，道光帝便连续召见他八次，并恩准他在紫禁城内骑马，礼遇可谓隆重。林则徐的到来使弛禁派慌作一团，他们对道光帝的指示阳奉阴违。林则徐的一些好友，朝野一些有识之士都认为他被任命为钦差大臣赴广东查禁鸦片是凶多吉少，为他担忧。林则徐自己也明白此行是"身蹈危机""乃蹈汤火"，但对民族的热爱，对民间疾苦的关心，以及忠君爱国的传统思想，都使他置个人安危于度外，决心严厉禁烟，为国为民除一大害。

道光十九年（1839）初，林则徐在北京接连几天向师友故旧拜别，他表示决心说："死生命也，成败天也，苟利社稷，不敢竭股肱以为门墙辱。"

一月八日，肩负重任的林则徐离开南下。他仅带几名随行人员，并发出传牌："不许在各驿站索取丝毫，该州县亦不必另雇轿迎接。""所有尖宿公馆，只用家常便饭，不必备办整桌酒席。"沿途他做了大量的调查研究。三月十日，林则徐到达广州。钦差大臣到达的消息在广州不胫而走，各种人都拭目以待，静观着这位风度庄严，表情严肃，黔面长髯的大臣的所为。根据以往的经验，一些鸦片贩子认为，用不了几天风头就能过去，只要有大量的钱财行贿，就能蒙混过关。

二、虎门销烟　大扬国威

林则徐到广州的第二天，在行辕门口贴出查禁鸦片，不准随行办事人员受贿，不准说情的告示。紧接着，开始了紧张的明查暗访。为了详细了解外国烟贩子的行踪，他特意雇佣了两个长期在商馆为外商做饭的厨子到行辕备办伙食。三月十八日，林则徐突然传见十三行洋商。十三行洋商，是清政府指定垄断对外贸易的行商。其中，怡和行行首伍绍荣是总商。这些行商一贯帮助外商贩卖鸦片，

---

[1] 事见《清史稿·林则徐列传》："十八年，鸿胪寺卿黄爵滋请禁鸦片烟，下中外大臣议。则徐请用重典，言：'此祸不除，十年之后，不惟无可筹之饷，且无可用之兵。'宣宗深韪之，命入觐，召对十九次。授钦差大臣，赴广东查办。"

走私白银，探听消息，进行贿赂，从中牟取暴利。林则徐愤怒地斥责他们的种种罪行，要他们"立即逐一据实供明，以凭按律核办"。伍绍荣仍企图行巨贿过关，提出愿以家资报效。林则徐大怒道："本大臣不要钱，要你脑袋尔！"要他们回去通知外商将鸦

清人吸食鸦片时候的情景

片全部缴出，限三天内答复。林则徐斩钉截铁地宣布："若鸦片一日未绝，本大臣一日不回，誓与此事相始终，断无中止之理。"三天期限已到，但目中无人的外国烟贩却拒绝交出。林则徐下令传讯英国大烟贩颠地，开始和外国侵略者进行直接斗争。这时，英国驻华商务监督义律气极败坏地从澳门赶到广州，把颠地藏到商馆保护起来。林则徐闻讯后立即命令中国军队包围商馆，经过坚决斗争，义律终于屈服，被迫同意交出全部鸦片2万余箱，共237万多斤。

道光十九年（1839）六月三日，广州附近的虎门海口人山人海，把两个长宽各15丈的水池围个水泄不通。池旁堆着石灰、盐包和集中起来的2万多箱鸦片。林则徐兴奋地来到现场，在隆隆的礼炮声中，具有历史意义的虎门销烟开始了。兵勇把盐巴撒入水中，又把鸦片抛入池内，浸泡一段时间后，再投入石灰。盐水沸腾起来，毒害人的鸦片终于化为一池池渣沫，随着退潮的海水流入海洋。人们欢声雷动，这激昂的场面显示了中国人民坚决反帝的英勇气概。销烟工作一直进行到二十五日。[1] 连前来参观的外国人也十分佩服，他们原来"断言中国人不会禁毁一两鸦片"，都会贪污进自己的腰包。但亲眼看到后，他们不得不承认这一事实，惊叹"不能想象再有任何事情会比执行这一工作更忠实的了"。

正当林则徐在广东全力以赴销烟禁烟的时候，弛禁派却在京城向道光帝大进谗言。道光帝竟偏听偏信，下旨"不准以呈缴烟膏烟具入奏"。这对正在高潮的

---

[1] 事见《清史稿·林则徐列传》："檄谕英国领事义律查缴烟土，驱逐夷船，呈出烟土二万余箱，亲莅虎门验收，焚于海滨，四十余日始尽。"

禁烟运动不啻是当头一棒。除广东以外，各省收缴烟土烟枪几乎停顿。广州城顿时谣言蜂起，鸦片贩子和吸食者的活动更加肆无忌惮。林则徐明知事出有因，但仍激流勇进，严正宣告："彼造谣言惑众者，名为误会，实则矫诬，一经访获讯明，定当立行正法。"

三、抗击侵略　不屈不挠

英国殖民者不但不肯放弃罪恶的鸦片贸易，而且蓄谋要用武力侵略中国，通过战争获取特权，掠夺中国财富。林则徐也估计到英国侵略者不会甘心失败，可能发动武装侵略。因此他在虎门销烟池旁，向前来参观的外国人庄严宣告："我们不怕战争！"林则徐在广东一边禁烟，一边积极进行各种反侵略的准备，他新建了靖远炮台，并添购了200门大炮装备虎门各炮台，还在武山与横档山之间拉了两道拦江木排铁链。林则徐还十分重视水师的建设和训练，亲自与水师提督关天培一起到狮子洋"校阅水师"。为了适应同侵略者海战的需要，还特地买了一只旧洋船供水师士兵演习"攻首尾跃中舱之法"。

林则徐还根据敌我双方的力量对比，提出了"以守为战，以逸待劳"的作战原则。尤其可贵的是他认识到民心可用，能够在一定程度上相信和依靠人民群众

1840 年描绘虎门销烟的中国画

林则徐虎门销烟池遗址

来抵抗外敌。他认为"非但水陆官兵，军威壮盛，即号召民间丁壮，已足制其命而有余"。因此林则徐到广东后，就招募了5000多渔民、船夫，组成水勇，成为抗英战争中一支重要力量。

由于林则徐积极备战和发动群众，屡次挫败英国侵略者的武装挑衅，取得了鸦片战争中前哨战的胜利。

九月四日，义律率英舰三只到九龙山炮台挑衅，遭到广东水师的勇敢还击，英舰中弹，死伤多人，只得狼狈逃窜。十一月三日，义律又派军舰阻挠商船进口，林则徐派水师前往护航，双方在穿鼻洋面展开激战，打得英舰"窝拉疑"号帆斜旗落，仓皇遁去。接着义律又六次指挥英军进攻官涌山，都被守军击退。林则徐还命令沿海兵勇对英舰进行夜袭火攻。道光二十年（1840）二月二十九日，水师兵勇在长沙湾焚烧英舰数艘。六月八日，又在磨刀洋夜袭英军，焚毁英船二艘。在林则徐指挥广东军民的沉重打击下，英船"每日东飘西泊"，不敢靠岸，得不到淡水供应，陷入"以布帆兜接雨水，几乎不能救渴"的狼狈境地。

道光二十年（1840）六月，英国侵华舰队宣布封锁珠江，鸦片战争正式开始。林则徐命令沿海官兵，森严壁垒，严阵以待；并发表告示，宣布"如英夷兵船一进内河，许以人人持刀痛杀"；还派出水师兵勇乘夜黑潮涨时，出动火船，顺风焚烧英舰。英军见广东沿海防守严密，无隙可乘，只得暂时放弃一举侵占广州的计划，以主力北上，留下一部分军舰继续封锁珠江。八月十九日，英舰数艘攻打关闸炮台，悍然登岸骚扰。林则徐闻讯，立即派兵从关闸和青州洋两面夹攻，打伤英舰"路易莎"号的前后桅舱，并击沉舢板数只。为了粉碎英军封锁，林则徐坐镇虎门，并与关天培亲往沙角海口督战，鼓励水师兵勇出洋迎击敌人。八月三十一日，广东水师两次从沙角出击英军，在矾石洋击伤英舰一艘，一直战斗到天黑，英舰才乘机随潮南窜。

在林则徐任钦差大臣兼两广总督期间，英国对广东沿海的侵略始终未能得逞。林则徐指挥的初期广东抗英战争的胜利，有力地打击了英国殖民者的嚣张气焰，保卫了祖国的神圣海疆。它还说明只要能像林则徐那样认真备战，发动群众，实行正确的战略战术，即使是号称"海上霸王"的英国舰队，也不是不可战胜的。

林则徐为保卫祖国建立了功勋，可是却遭到清政府内投降派的百般打击迫害。早在他被任命为钦差大臣出发赴广东禁烟前，投降派头子穆彰阿、琦善就威胁他"毋启边衅"。因此，很多人已为他担忧，但林则徐坚定表示，为了维护民族利益，早已"置祸福荣辱于度外"。

英军在广东遭到林则徐领导的广东军民迎头痛击，便转而北上，占领浙江定海，然后直驱渤海湾大沽口。道光皇帝惊慌失措，急忙派直隶总督琦善到大沽口与英方谈判。卖国贼琦善对侵略者奴颜卑膝，竟向义律表示清政府一定对林则徐"重治其罪"，

义　律

查理·义律(1801~1875)，1836年至1841年担任英国驻华商务总监，后因鸦片贸易问题，使得英国对清廷宣战，引发第一次鸦片战争外，并率先在1841年1月26日派兵占领香港。

并乞求英军退到广州谈判，保证一切问题都可以得到满意解决。在道光皇帝面前，琦善一方面以英国"船坚炮利"来吓唬，另一方面则千方百计诬陷林则徐"措置不当"，使英国蒙受冤抑，以致惹祸；并污蔑广东军民击毁的敌舰"本非兵船"。本来禁烟与抗战都不坚决的道光皇帝在英国军舰大炮威胁和投降派的谗言影响下，转而指责林则徐"办理不善"、"误国病民"，竟下令将他革职，"交部严加议处"，改派民族败类琦善为钦差大臣署理两广总督。[1]林则徐不计个人安危，仍旧毅然上了一份《密陈夷务不能歇手片》，驳斥了投降派所谓禁烟引起战祸的谰言，"天下万世之人亦断无以鸦片为不必禁之理"。他还向道光建议"以通夷之银量为防夷之用"，即从粤海关收入税银中抽出一部分来造船制炮，加强国防，最后还要求到浙江抗英前线"随营效力"。这样一份充满爱国激情奏折，却被道光斥为"一片胡言""无理可恶"。

琦善到广东后，一切与林则徐反其道而行之。他下令拆除拦江木排铁链，裁减水师，遣散水勇，惩办抗英将领，包庇重用汉奸。他在英国侵略者的威胁利诱下，竟擅自与义律议定割让香港、赔偿烟价600万元的《穿鼻草约》。林则徐闻讯极为愤慨，发动爱国士绅联名请愿，集会声讨，并动员广东巡抚怡良向皇帝揭发琦善的卖国罪行。道光二十一年（1841）二月，英舰进攻虎门，由于琦善不发援兵，关天培血战捐躯。林则徐义愤填膺，准备出资自雇壮勇去应敌，并痛斥琦善"倒行逆施，懈军心，颓士气，壮贼胆，蔑国威"。道光接到怡良揭发琦善出卖香港的密奏，决定将琦善革职，锁拿来京，改派皇族奕山为钦差大臣来广东指挥抗战。林则徐又向奕山提出了一份长达2000余字、包括六条战守措施的广东防御计划。但是奕山根本不予采纳，却轻举妄动，冒险袭击，结果大败而归。在广州危急之时，道光却命令林则徐速往浙江听候

关天培

[1] 事见《清史稿·林则徐列传》："下则徐等严议，饬即来京，以琦善代之。"

道光帝朝服像

谕旨。林则徐只得怀着悲愤心情离开广州。广东士绅、百姓依依不舍，送了他很多颂牌，其中一面写道："民沾其惠，夷畏其威"，表达了人民对林则徐的拥护和感激。

林则徐到浙江前线后，积极协助两江总督裕谦筹划镇海防务，并参加研制新式大炮、战船。可是不久，道光又下旨将他流放新疆伊犁。他八月从杭州出发，途中因黄河决口又命他去开封治河。林则徐竭尽全力，亲临堤坝工地督工，终于使大坝在六个月内合拢。正在举行庆功宴会之时，圣旨又到，不仅不予嘉奖，反而命其继续流放伊犁。林则徐在流放途中时刻关心抗英前线战况，写了很多充满爱国激情的诗歌和书信。"关山万里残宵梦，犹听江东战鼓声。"甚至在梦中，他也听到了抗英前线的战鼓声。到新疆后，林则徐仍念念不忘"亡羊牢必补"，并写信揭发投降派的罪行。

从新疆回来，林则徐一度担任陕甘总督和云贵总督。道光二十九年（1849），他因病回到原籍福州，又积极支持福州人民反对英国侵略者入城斗争。他曾带病乘小船亲赴闽江海口巡视，并联合爱国士绅联名上疏，还鼓励林昌彝编撰《射鹰楼诗话》等爱国著作。

值得注意的是林则徐在大力主张加强东南海防，抵抗英国侵略的同时，还建议要加强西北边防，提防沙皇俄国从北方的袭击。他曾大声疾呼："终为中国患者，其俄罗斯乎！"[1] 他在新疆屯田勘垦，为开发新疆，巩固西北边防，做出了贡献。

---

[1] 事及语见《清史稿·林则徐列传》："海疆事起，时以英吉利最强为忧，则徐独曰：'为中国患者，其俄罗斯乎！'后其言果验。"

侵入珠江口的英国军舰

　　林则徐这种不怕打击迫害，百折不挠，反侵略反投降的坚定立场，表现了一个伟大爱国者的本色。

四、面向世界　维新先驱

　　林则徐的进步性还表现在他能顺应历史潮流的发展，睁眼看世界，提出向西方学习和保护发展民间工商业的主张，成为中国近代维新思想的先驱。

　　清朝封建统治者闭目塞听，妄自尊大，对世界形势、外国情况茫然无知，甚至把西方资本主义国家视为"蛮邦岛夷"，把外国先进科学技术说成"奇技淫巧"。而林则徐敢于正视现实，注意调查研究世界大势。他一到广州，便派人探听西事，以便知己知彼，战胜敌人。他在自己的衙门里组织翻译外国人的报纸和书籍，这是中国近代史上大规模翻译外国书报的创举。他让人把英国人所办《广州周报》翻译过来，称为"澳门新闻纸"，"借以采访夷情"。并将其中有关论述中国、禁烟、茶叶等方面文章的译文编辑成《澳门月报》，还选了四条，附在奏折里呈给道光皇帝阅读。为了了解西方的地理、历史、政治，他又组织人翻译了英国人慕瑞的《世界地理大全》，编为《四洲志》一书，这是中国第一部比较详

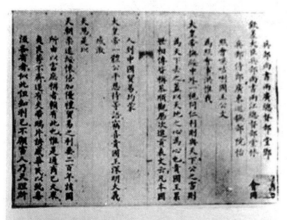

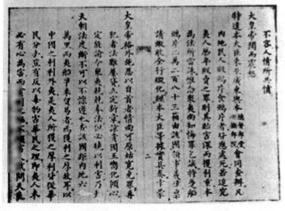

林则徐致英国维多利亚女王的信

细介绍西方地理的书。为了对外斗争的需要，又选译了瑞士人滑达尔写的《各国律例》，以了解各国的法律制度。另外，还摘译了英国人德庇时著《中国人》一书，辑成《华事夷言》，以了解外国人对中国事情的看法。为了学习外国军事技术，他又搜集并组织翻译了大炮瞄准法、战船图式等资料。林则徐还能放下"天朝大吏"的架子，利用一切机会，亲自向外国人了解情况。如他在发出致英国女王的照会前，先将照会底稿给英国医生喜尔看，征求意见。他在浙江"听候谕旨"时，留心钻研各种火炮制造知识，改进武器装备。当他听说嘉兴县丞龚振麟精通泰西算法，巧于设计后，立即将他调到宁波军营，让他潜心研制新炮。不久，龚振麟就研制成"磨盘架四轮车"炮。这种炮比西方的四轮炮车更为灵便。

由于林则徐能够睁眼认识世界，了解敌情，所以能在对外斗争中保持清醒的头脑和正确的策略。他注意对外国人加以区别对待，提出"奉法者来之，违法者去之"，"苟知悔改，尚许回头"。一方面严禁鸦片，同时又保护正当对外贸易，并利用西方各国之间的矛盾。林则徐还进一步提出了变敌人的长处为自己的长处，即学习西方先进的科学技术用来抵制西方的侵略。这个思想由他的好友魏源阐述为"师夷长技以制夷"。尽管林则徐当时对西方的认识还是比较表面、肤浅的，接触西学的目的主要还是出于外交、军事斗争的需要，但他毕竟开创了中国近代学习和研究西方的风气，不愧是近代"睁眼看世界的第一人"。

林则徐不但积极建议仿制外国新式船炮，兴办近代国防工业，而且一贯主张保护和发展民间工商业。他在任两广总督时，反对"封关禁海"，主张保护中国商民出洋贸易。他认为"内地民人，格于定例，不准赴各国贸易，以致利薮转归外夷"。他在道光二十八年（1848），任云贵总督时，曾建议皇帝准许民间自由开发矿藏，"招集商民，听其朋资伙办，成则加奖，歇亦不追"。他还请求开发"铅禁"，允许民间自由开采贩卖。这些都反映了萌芽中的中国民族资本主义的利益与要求，对以后的资产阶级改良主义维新思想，起了一定的催化作用。

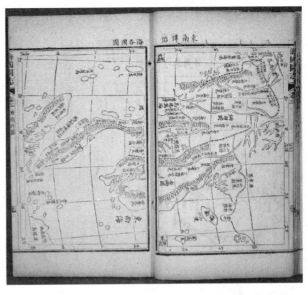

《海国图志》书影

林则徐在广州时，命人编译英人慕瑞所著《世界地理大全》，集成《四洲志》，但未及出版。后林则徐被遣戍伊犁，将书稿全部交给魏源。魏源以这些书稿为基础，搜集更多世界地理资料，编成《海国图志》。此书在中国未受到广泛关注，"书成魏子殁，廿余载，事局如故"，流传至日本后启发明治维新并成为日本天皇和大臣必读书籍之一。

林则徐到新疆后，伊犁将军布彦泰奏请让林则徐在新疆兴办屯田垦荒事宜，林则徐指挥军民开沟凿渠引水灌溉，得良田 37000 余顷，让许多维吾尔族百姓耕种土地。[1] 道光二十五年（1845），清廷以林则徐在新疆查勘开垦，著有劳绩，命回京以四五品京堂候补。第二年，林则徐被任命为陕西巡抚。道光二十七年（1847），授云贵总督，镇压了当地的汉族和少数民族起义。因此，被道光皇帝加太子太保，赐花翎。道光二十九年（1849），他因病请归。第二年，广西太平天国起义，他被授以钦差大臣，去广西镇压起义，他见诏后星驰就道，走到半路，病死在潮州。

林则徐死后，道光皇帝十分痛惜，追赠太子太傅，谥号"文忠"。在云南、

---

[1]事见《清史稿·林则徐列传》："二十四年，新疆兴治屯田，将军布彦泰请以则徐综其事。周历南八城，浚水源，辟沟渠，垦候补。"

江苏、陕西都为他建了祠堂。林则徐才识过人，而对待下属十分和蔼，因此手下人都乐为其所用。

在外国资本主义开始向中国发动大规模侵略，中华民族面临沦入半殖民地深渊的严重关头，林则徐能挺身而出，坚决实行禁烟，并发动人民群众，抵抗外国武装侵略，维护了民族尊严和主权，捍卫了祖国的领土。他还主张学习西方先进科学技术，发展民族工商业。这些都符合历史发展的要求和民族的利益，是他一生活动与思想的主流。可以说，林则徐是中国近代史上第一位民族英雄。他的名字，昭垂史册。

名 家 评 说

林则徐才略冠时，禁烟一役，承宣宗严切之旨，操之过急。及敌氛蹈瑕他犯，遂遭谗屏斥。论者谓粤事始终倚之，加之操纵，溃裂当不致此。则徐濒谪，疏陈："自道光元年以来，粤关征银三千余万两，收其利必防其害。使以关税十分之一制炮造船，制夷已可裕如。"诚为谠论。惟当时内治废驰，外情隔膜，言和言战，皆昧机宜，其祸岂能幸免哉？

——赵尔巽《清史稿》

焚烟之举，虽未免过激，然使省省有林、邓，则善战善守，英何能为？且但患畏葸，不患孟浪，本出自宣宗之口，林、邓两公，不过奉上而为之耳。何物穆彰阿，敢行炀蔽，妒贤病国，纵敌殃民，弛一日之大防，酿百年之遗毒。不知者谓鸦片之祸，起自林文忠，其知者则固谓在彼不在此也。

——蔡东藩《清史演义》

僧格林沁

僧格林沁（？～1865），姓博尔济吉特氏。清道光帝时，承袭了科尔沁扎萨克多罗郡王爵，命在御前行走。清咸丰帝时曾任参赞大臣，同治帝恩封他为亲王。蒙古科尔沁旗人。他的父亲是毕启，四等台吉，因为僧格林沁的功劳，追封为贝勒。

僧格林沁作战骁勇，深得咸丰帝信赖，但他以镇压人民起义发家，后被义军击毙，也算是罪有应得。

一、镇压太平　不遗余力

咸丰三年（1853）五月，洪秀全领导的太平天国起义军分头攻打河南，咸丰皇帝认为京城是根本重地，防范稽察，均关重要，因此命僧格林沁同左都御史花沙纳等，专门办理京城各旗营防事务。僧格林沁制定了稽察章程12条。八月，太平军从直隶永年县的临洺关攻入正定府。咸丰皇帝授惠亲王绵愉为奉命大将军，僧格林沁为参赞大臣，并设宴于乾清宫，亲自颁发关防给他们，还赐给他们讷库尼素光刀。九月，僧格林沁奔赴紫荆关防守。十月，太平军从沧州攻入静海等地，打算攻打天津。僧格林沁向永清县的王庆坨进军，防止太平军北上。咸丰皇帝称赞僧格林沁筹备防范，一切布置都很合机宜。

咸丰四年（1854）正月，僧格林沁移兵王家口，正逢上太平军从静海赶来，见到这

僧格林沁

咸丰帝朝服像

里有防备，于是转向西南。清兵跟随追击了几十里，直追到子牙镇南，杀死和俘虏了若干太平军，咸丰皇帝赏赐给僧格林沁"湍多巴图鲁"的名号。[1]不久，太平军占领了河间县的束城村，僧格林沁派兵分五路进攻，太平军失败后向南转移，清兵追赶到献县的单家桥、交河、富庆驿等地。太平军攻入阜城县城，城周围的各个村庄都驻有太平军，以便互相接应。僧格林沁分兵驻扎在城东北，而自己亲率马队绕到阜城以南，攻下了高家庄、宋家庄，又根据地势，定期轮番攻城。他派副都统达洪阿从堆村一带攻城西南，侍郎瑞麟等从连村一带攻城东北，将军善禄等进军杜家场以南。他自己亲率中军往来策应。于是，平堆村、连村、杜家场的太平军败走，清兵大炮把太平军的丞相吉汶沅击中，丞相阵亡，余下的太平军坚守不出。僧格林沁将太平军诱出城，在塔头、红叶屯把他们打败，转向东南进攻，占领了连镇。

连镇是河间府东光县的大镇，河水从中间穿过，河水东西两岸村庄错落，太平军都占领了。清兵连攻累月，太平军坚守，攻不进去。当时正值阴雨连绵，河水猛涨，清军无能为力，形势紧张。僧格林沁上奏说：自从六月以来，阴雨浃旬，河水日涨。敌兵聚住在高阜，我军地处低洼。敌兵坚守不出，欲趁水势，另生诡谋，极力筹渡。拟挖壕筑堤，以水为兵，设法浸灌。

不久，清兵堤坝筑好，太平军便多次冲击清兵，但都被清兵拦回。九月，东

---

[1]事见《清史稿·僧格林沁列传》："四年正月，僧格林沁会钦差大臣胜保军乘夜越壕燔其垒，贼西南逸，追击之子牙镇南，擒斩甚众，赐号'湍多巴图鲁'。"

西连镇的太平军各有几千人向南转移，清兵早有准备，加以扼制，太平军大败。到十一月，太平军形势困窘。清兵攻下了附近的各个村庄，终于攻下西连镇。但东连镇的太平军仍坚守。十二月，僧格林沁派投降清军的乡勇分别驻扎西连镇以及附近的陈庄，然后合力攻打东连镇。当时，太平军的首领林凤祥准备化装突围，清兵得知后就大举进攻。僧格林沁派都统西凌阿、瑞麟等督带马步兵队攻其北边，侍郎宗室庆祺等攻其南边，杭州将军瑞昌等在河西拦截，将村周围的木栅烧毁。于是东连镇也被清军攻下。太平军首领林凤祥及检点将军等被擒，士兵多被杀害。捷报上奏，僧格林沁加恩封为博多勒噶台亲王，其子乾清门三等侍卫伯彦讷谟祜著在御前大臣上行走。此时，京畿附近的太平军全被肃清了。命得胜之师由僧格林沁带往高唐州督办军务。

在这之前，连镇的太平军分出一部向南进攻，占领了山东高唐州城。钦差大臣胜保督军多次攻城，都攻不下来。这时咸丰帝下令逮捕胜保进京受审，并下令军营领兵大员都归僧格林沁节制。

咸丰五年（1855）正月，僧格林沁率清兵抵达高唐，高唐州守卫坚固，难以硬攻，僧格林沁便想出奇兵制胜。于是，僧格林沁让城南防军故意装出疏漏的状态，引诱太平军。太平军果然怀疑这里防卫疏漏，于是乘夜间偷偷出城，全部向南转移，清兵遂占领了高唐。太平军转移到茌平，占领了茌平县的冯官屯，清兵立即追来，先夺取了冯官屯西面的两个村庄。太平军集聚在东南隅，依靠粮食充足，坚守阵地，同时暗中挖掘地道，想夺取清兵的炮台，但因清兵守备森严，没有能够成功。双方相持了很久。僧格林沁就偷偷地挖开运河大堤，用运河水倒灌太平军的大营。土墟之中，泥水没过髁骨，行动十分困难，清兵趁机逼近土埝，抓住了太平军首领李开芳，其余太平军也被清兵全部残杀或抓获，冯官屯失守。捷报上奏，咸丰皇帝下旨称赞僧格林沁："督师剿贼，均合机宜。忠勇之成，深堪嘉尚。前赏给亲王，著加恩世袭罔替。"[1] 并加赏僧格林沁坐肩舆，其兄台吉郎布林沁三品顶戴封为辅国公，其弟台吉崇格林沁赏给二品顶戴，并赏戴花翎。

僧格林沁随即挑选精锐官兵，分起南下，自己则驰驿进京陛见。僧格林沁五月抵达京城举行凯旋礼，缴回参赞大臣关防与讷库尼素光刀。八月，僧格林沁

---

[1] 事见《清史稿·僧格林沁列传》："擒李开芳及其死党黄懿端等八名，械送京师诛之。北路荡平，文宗大悦，加恩世袭亲王罔替。"

任崇文门监督。九月，他上奏请求酌添外满州火器营官兵操演阵势，被批准了。十二月，僧格林沁调任镶蓝旗满洲都统。

二、英战失利　罪不容辞

咸丰六年（1856）十二月，咸丰皇帝命僧格林沁担任管理沟渠河道之职，并八旗值年大臣。不久，又调补正黄旗领侍卫内大臣。咸丰七年（1857），任镶红旗汉军都统。

咸丰八年（1858）四月，英国兵船驶进天津海口，僧格林沁被授为钦差大臣，督办军务。六月，直隶总督谭廷襄在海口防守中疏于防守，炮台失陷，英国兵船驶入内河。七月，僧格林沁前往办理大沽双港炮台，并不断增加炮位，严行设防。几个月后，工程结束。

咸丰十年（1860），从二月到五月，两江总督何桂清等上奏说：英国兵船据传要北驶。咸丰皇帝下令预先作好布置，严密设防。六月，100多艘英国兵船驶到天津海口，突然在北塘登岸，占领了当地的村庄。当时恒福专办抚局，而英国

1860 年 8 月 21 日，大沽口炮台被联军攻陷后的战场景象。

八里桥战役

　　八里桥之战发生在第二次鸦片战争期间的1860年9月21日。最终英法联军胜利，为西方军队打开了通往北京的道路。

　　人反复要挟，并派遣一万多名马、步兵，分头扑向新河粮城。清兵退守塘沽、大沽两岸，形势十分危急。僧格林沁先后上奏，咸丰降旨，要求僧格林沁稳定军心，妥为调度，并仍让恒福办理抚局。不久，咸丰皇帝又下旨说：天下根本，不在海口而在京师。若稍有挫失，必当退守津郡，设法迎头截剿，万不可寄身命于炮台。若执意不念大局，只为一身之计，殊属有负朕心。[1]

　　当时，塘沽又被英人攻占，大沽炮台更加危急。这时，咸丰皇帝又降旨退守天津。不久，僧格林沁又上奏说：回守津郡，必至兵心动摇。现在情形，唯有严守大沽，设法布置，竭力固守。

　　咸丰皇帝接到疏言，下旨说：所奏情形，甚有见地。仍当仰体朕心，勿以大沽为重。

---

[1] 语见《清史稿·僧格林沁列传》："天下根本在京师，当迅守津郡，尤不可寄身命于炮台。若不念大局，只了一身之计，有负朕心。"

七月，英国人又占领了大小梁子，不久，清兵与英军在右岸石缝地方交战，清兵大败，炮台被英军占领。僧格林沁打算退守通州，在州城以南选择要地驻扎，上奏请示，咸丰皇帝下旨说：迅速来京，面授机宜。又下旨说：僧格林沁办理海防，未能周妥，拔去三眼花翎，革去正黄旗领侍卫内大臣镶蓝旗满洲都统。

八月，僧格林沁带兵留在通州防守，先派人带着奏折入京上奏。咸丰皇帝又下旨说：该大臣威望素著，能得兵心，著仍领钦差大臣关防，会同瑞麟办理防剿，并赏戴三眼花翎。不久，因为英国侵略军逐日前进，僧格林沁督兵严阵以待，抓到英国巴夏里等人，送到北京。英国侵略军又整顿队伍反扑。清兵退守八里桥，与英军交战，又大败。咸丰皇帝下旨，革去僧格林沁的爵职，仅留钦差大臣之职。九月，清廷又与英国人签订了屈辱的和约。

三、一生功绩　全在镇捻

这时，直隶东部与河间一带，反清起义军汹涌澎湃，咸丰皇帝下旨让僧格林沁偕同侍郎瑞麟前往镇压。十月，山东团练大臣杜翻上奏，捻军活动猖獗，济宁、兖州、泗水都被捻军包围。咸丰皇帝下旨让僧格林沁等把京城周围的起义军

《天津条约》签定

山东济宁铁塔寺

济宁铁塔寺是清军镇压鲁西南捻军的大本营。僧格林沁在山东曹州菏泽县高楼寨附近的吴家店陷入捻军包围，其所部骑兵全军覆没，死后曾停尸于铁塔寺内。

肃清之后，立即奔赴山东节制剿办。不久，僧格林沁取道东昌，逐渐南下。咸丰皇帝又降旨，让僧格林沁抵达东昌后，必须会合兵勇，进捣捻军老巢，以期一鼓荡平。接着又下旨让僧格林沁在济宁、兖州一带，选择险要地方驻扎，先将北路布置妥当，然后与捻军交战。清兵在钜野的羊山与捻军交战，清兵大败。僧格林沁因为瑞麟节节退守，怯懦无能，所以上奏弹劾瑞麟，瑞麟被革去职务。[1]

十二月，邹县捻军宋继朋反清，僧格林沁督率军队前往镇压，首战告捷。两天后，在河滩及后峪再次打败了起义军。

咸丰十一年（1861）正月，捻军从东平等地渡过黄河，副都统伊兴额带兵追赶捻军，在杨柳集遇到了捻军的埋伏，被击毙。四月，僧格林沁带兵解了滕县之

---

[1]事见《清史稿·僧格林沁列传》："寻捻匪由徐州北窜，迎击于钜野羊山，亲率西凌阿、国瑞当其东，瑞麟及副都统格绷额当其西，杀贼甚众，而格绷阵亡。瑞麟伤退，劾罢之，荐西凌阿、国瑞帮办军务。"

清代官员

围，攻占了沙沟营和临城驿，先后杀死捻军6000多人。当时，捻军转移到郓城，联合长枪会，想攻占济宁府所属的金乡县。邹县的起义军也依靠险要地势坚守，清兵屡攻不下。僧格林沁次第进攻，不断取胜。六月，曹州起义军分兵占据各个险要的隘口，阻拦清兵。

僧格林沁派翼长舒通额等分兵攻打，在曹县的安陵集、濮州的田潭打败了起义军，并抓住了起义军的首领。

八月，捻军渡过运河，从泰安转移到济南。僧格林沁亲自统领大队人马追击。捻军又向东转移，占领孙家镇。清兵攻打孙家镇，捻军由靳家桥转移到青州。

九月，僧格林沁率清兵在临朐县南偷袭捻军，又沿诸城到临沂追赶捻军，正逢上黑旗捻军首领带兵跨河抗击清兵。清兵分队进攻，捻军则联合几股加以抗击，并且战且退。清兵追到兰陵镇，把捻军打败。十月，授僧格林沁为正红旗汉军都统，管理奉宸苑事务。

同治皇帝上台之后，赏还给僧格林沁博多勒噶台亲王的封爵。[1]不久，又让他掌管火器营事务。当时，一大股捻军从山东高密、寿光、章邱进入滕县，僧格林沁调遣马、步兵驰扎兰陵驿。捻军向西转移到济宁。营总富和等曾带兵在杨庄冈山打败过捻军。而在这之前，捻军驻扎在寿张以西，僧格林沁派侍郎宗室、国瑞等跟踪追击，先攻占了簸箕营，后又夺取了竹口围。而曹州的捻军依仗濮州红川口土围坚固，打算固守。僧格林沁率领各路清兵联合攻打，越过壕沟攻进土围，捻军不少士兵被杀被抓。清兵又陆续攻下了刘家桥及荷泽郭家、唐房的根据地。清兵正要迁移军营，定陶县佃户屯营地的捻军趁机偷袭清兵大营。清兵都统

---

[1] 事见《清史稿·僧格林沁列传》："穆宗即位，特诏嘉其勤劳，复博多勒噶台亲王爵。"

同治三年（1863）由上海英美租界合并成的"公共租界"

西凌阿带兵迎战，捻军向南转移。清兵来到大张寺，捻军又向清兵扑来，但又被打退了，捻军死伤1000多人。不久，清兵攻克了范县。

十二月，捻军占领钜野县境地，西凌阿前往攻击，捻军失利。定陶马家集的捻军于是转移。这时捻军另一部郭秉钧等从河西回击东岸，接近了曹县。僧格林沁从荷泽陈家集督军跟在捻军的后边，在崔家坝到黄河南岸一带，接连几次打败过捻军。曹县一带的捻军被镇压下去。

同治元年（1862）正月，江苏丰县的捻军2万多人，从金乡出发攻打鱼台，声势颇为浩大。僧格林沁派翼长劳克金等前往攻打，打死了几千捻军士兵，余下的捻军转移到丰县、沛县之间活动。二月，亳东捻军集合各部捻军的精悍士兵，联合长枪会，努力向西攻打。僧格林沁带领马队，追到河南杞县。捻军分兵向清兵挑战，僧格林沁设下埋伏，引诱捻军，而清兵乘捻军转移时，马步兵一齐窜出，毁掉了捻军的7座兵营，又攻下了赵寨等营寨。捻军乘夜转移。这一仗，清兵三路人马联合攻打捻军，捻军伤亡很重，有1万人被清兵斩杀。捷报上奏，同治皇帝予以嘉奖。

余下的捻军向西南转移，僧格林沁督率各路清兵从陈留直追到尉氏。捻军在县东扎营，清兵前来进攻，又有部分捻军兵士被杀。捻军退入民寨，清兵分队进攻，捻军开始列阵数里，不久假装败退，打算从旁路包抄清兵。清兵营总卓明阿等整顿兵马等待，当捻军靠近时，拚命冲入捻军队伍中，捻军措手不及，立刻撤兵，关闭寨门坚守。清兵屡攻不下，就设计撤去东西的重围，捻军突围，刚到樊家楼地界，清兵回头反攻，枪炮齐发，亳东余下的捻军就这样被清兵镇压下去。

五月，僧格林沁补正黄旗领侍卫内大臣。当时，山东长枪会在董智信率领下进入直隶东明县境，在沙果寺民寨扎营。清廷派苏克金等前去攻打。后来，董智信请求投降，并缴出了若干军器。占领坦头集等地的捻军，经过清将领富和的反复攻打，也失败了。

六月，清兵攻打金楼的起义军。而在这之前，捻军首领郜姚氏曾占领了金楼，并且其首领金鸣亭足智多谋，清兵屡攻不下。这时，僧格林沁督率各军，一边攻打，一边招抚，不少捻军已投降，但余下的捻军坚守金楼。[1] 僧格林沁又激励清兵将士，尽力攻打。投降的捻军熟悉情况，首先攻进圩中，清兵紧接着攻进。但捻军至死不投降，与清兵展开了巷战，终因寡不敌众，郜姚氏和他的两个儿子以及首领常立身等阵亡，余下的捻军士兵也被清兵全部杀死。金楼失陷之后，清兵又乘胜攻下了邢家圩、吴家庙、营廓集等处。这一带的捻军又被镇压下去。

这个月里，长枪会的首领焦桂昌等又回到曹县，打算集合各路人马攻击清兵。僧格林沁传檄恒龄攻打，终于杀死了焦桂昌，又先后攻下了兰山的卓山寨、洪山寨以及太邱、双桥集各圩。[2] 不久，僧格林沁上疏说：各路统兵大臣及督抚大吏奏报含混，一味搪塞。为将帅者恩于麾下，为督抚者见好于属员。每以将佐一战之功，遂行优保。请皇上密派贤员数人，自臣军营及各路军营，认真密查。又，军务莫急于饷缺，而饷缺盖由于各省征收之不足。其中有水旱偏灾，贼窜边境者。不肖州县，藉此措词。其实灾轻之区，良善之民，谁未纳赋？不过州县意图肥己，私征匿报。道府职司监察，耳目切近，岂无所闻？其中或有喜其逢迎，遂代为缄默。地方大吏，偶有风闻，又念道府情面，姑且容之。直待断难姑息，始行参革撤任。岂知事已不可收拾，又岂知被劾之官，私囊已饱，似此吏治，若各省督抚司道再不设法挽回，严守章程，实行惩劝，军饷何由得充？官方何时

---

[1] 事见《清史稿·僧格林沁列传》："教匪郝姚氏及金鸣亭久踞金楼，其党尤本立、常立身尤凶悍，官军屡攻不克。僧格林沁先遣谍用间，谕令投诚，金鸣亭潜允隆不出，其子线驹居郭家老寨，密捕之。会有贼党通教匪，以鸣亭禀词示常立身，立身遂杀鸣亭，贼中自相疑忌。至是合兵进攻，游击许得等率降人为导，先收入，大军继之，巷战，斩郝姚氏及其两子，常立身、尤本立，杨玉聪同授首，余贼尽歼，夷其寨。"

[2] 事见《清史稿·僧格林沁列传》："营总富和破坦头集捻巢，招抚被胁数十圩寨。恒龄破焦桂昌于曹州，乞降，诛之。"

能肃？

七月，同治命僧格林沁统辖山东河南全省军务，并调度直隶、山西省防兵，直隶、山东、河南、山西各省督抚提镇以下各官，以及正白旗汉军副都统遮克敦布、右侍郎毛昶熙、署漕运总督吴棠都归其节制，而蒙、亳、徐、宿等处防兵也由其一并调遣。僧格林沁的权力达于顶点。

八月，一大股捻军进入山东鱼台县的罗家屯。僧格林沁亲自督率各军从河南夏邑飞驰而至，从金山以东分别驻扎，并大举进攻。国瑞从中路直冲捻军阵营，捻军腹背受敌，难以遮挡，千余士兵被杀死，不得不转移。清兵又追过山梁，杀死了4000多人。九月，清兵攻下了张大庄、卢庙、孙老庄、邢大庄各圩，捻军首领李廷彦、孙彩兰等被杀。新庄等各庄都投降。亳东捻军首领宋喜元等也归顺了清廷。这样，亳州以北的捻军全部被肃清。

同治二年（1863）正月，捻军首领孙丑等率兵攻打河南鹿邑。僧格林沁派副都统舒通额等前往攻打。捻军损失了1万多名士兵。二月，清兵接连攻下安徽颍州的雉河集、尹家沟捻军大营，捻军首领韩四万等被擒。不久，清兵又侦知捻军重要首领藏在李庄，于是派舒通额等会集乡团加以包围。捻军中的叛徒将捻军首领献出。而另外几位捻军重要首领杨瑞瑛、王怀义等先后投降。狡猾的僧格林沁派翼长全顺偷偷地驻扎在王怀义原来的营寨，借此侦探军情。正巧捻军首领苏添才等不知内情，误投入寨，被全顺按名抓获。而捻军首领李勤邦等则诱骗捻军重要领袖张洛行及其儿子张僖，抓住后献给了清人。这一带的捻军也被镇压下去了。

战报上奏，同治皇帝因为僧格林沁除掉了捻军的重要首领，加恩赐封其仍为亲王，世袭罔替。[1]

这时，山东不少地方经过战乱，已经荒废，僧格林沁上奏移民，同治皇帝同意了。

十月，另一股捻军几万人，在首领苗沛霖的率领下攻打安徽蒙城。僧格林沁亲自督率骑兵、步兵奔赴亳州。清兵首先攻克了蒋集，擒杀了捻军的重要首领陈

---

[1] 事见《清史稿·僧格林沁列传》："西洋寨捻首李勤邦投诚，诱擒张洛行及其子张熹以献，磔之。捻匪自蒙、亳创乱，已历十年，至是扫除。诏嘉僧格林沁谋勇兼备，加恩仍以亲王世袭罔替，并准服用上赐章服，以示优异。"

北京城角楼

万福，不久又攻下了杨家寨，并与陈国瑞的军队会合在一起，联合攻打捻军驻地的南面，断绝了捻军的运粮道路。之后，清兵又攻破了蔡家圩等24座营寨。然后，僧格林沁又亲自督率清兵分路前进，攻下了河南捻军的三座营寨、河北捻军的五座营寨。苗沛霖乘夜带兵越过战壕转移，但被清军总兵王万清的军队截击，苗沛霖战死。苗景开及余下的捻军也被杀。蒙城解围。

当时，西洋集的捻军仍然坚守阵地。僧格林沁调军队联合攻打，从西、南两面攻进捻军阵地，捻军首领葛春元等被杀害，3000多名捻军士兵被杀。葛家圩魏群儿等营寨被迫投降。淮甸一带的捻军被肃清。于是，僧格林沁派总兵恒龄等分兵前往颖州、亳州和寿州一带，清查圩寨，捕抓余下的捻军，收复城关，捻军凡至死不降者尽被清兵杀害。战报上奏，同治皇帝降旨嘉奖。[1]

同治三年（1864）四月，僧格林沁上奏说：用兵之道，首贵严明侦探，知彼知已，调度战守，方能合宜。近见各路军营奏章，每以贼众兵单为词，获捷之报，络绎不绝，而贼势愈众，蔓延愈广。总由领队之员，不能确探贼情，贼至不肯迎头痛击，贼去又不肯跟踪追剿，但敷衍出境，即报胜仗。以少报多，讳败为胜，豫为冒功邀赏地步。握兵符者，既不能身临前敌，复不详加查考，率行据禀入告。相沿成习，急须认真整顿。

---

[1] 事见《清史稿·僧格林沁列传》："诏嘉僧格林沁转战勋勤，加一贝勒，命其子伯彦讷谟祜受封。"

同治皇帝见了奏言，命僧格林沁督师皖、豫、楚三省之交，如发现上述情形，一经见闻，即指名参奏。

六月，清兵攻占了江宁。这时捻军转移到湖北麻城，在县城南的闵家集筑建了20多座营垒。僧格林沁派成保带兵攻打，捻军营垒最终全被清兵攻下。郭宝昌一路清兵攻下了蔡家畈等处的捻军大本营，捻军转移到河南罗山以南的杨家店。僧格林沁亲自督率骑兵，乘胜追击，直抵萧家河，斩杀了很多捻军士兵。

余下的捻军转移到上巴河，蕲州的捻军又联合向东转移的捻军，驻扎在风火山，营寨互相连接呼应，不下几十里，捻军与清兵经过激战，翻过山奔往蕲水，越过了芭茅街。捻军士兵被清兵杀死很多，尸体遍布道路。清兵来到土漠河，发现沿河丛林中，捻军壁垒森立。僧格林沁分军驻扎在要害之地。捻军首领陈大喜等，各自率领伏兵直扑清兵。另有一部捻军抄在清兵之前，陈国瑞率兵直攻捻军中坚，捻军这才退走。

两天后，清兵抵达黑石渡。僧格林沁传檄投降了清人的捻军首领黄中庸乘夜偷袭捻军兵营，并且亲自督率骑兵冲击捻军阵地。捻军重要首领温其玉、黄文浩等率众放下武器请求投降，并且献出了捻军主要领袖端王蓝成青。僧格林沁招降了几十万捻军，杀害了蓝成青。

四、民军击毙　罪有应得

同治四年（1865）正月，河南宝丰县的捻军占领了甘露台、张八桥等地，僧格林沁驻军宝丰，分兵四路围攻捻军，并派郭宝昌等逼近捻军营寨安扎营寨。捻军奋勇出击，但都被清兵打退。僧格林沁又派成保督率骑兵横截捻军，使捻军首尾不能呼应，捻军正在混乱时，正巧另一股捻军奋勇杀来，打算进攻清军总兵何建鳌，扼制驻扎在塔尔湾的清兵。清兵假装后退，捻军不知是计，猛追，两旁清军伏兵突出接迎。捻军的步兵全部被清兵斩杀。捻军骑兵奔向梁洼，放弃了营垒，清骑兵追到清凉寺，杀死了捻军1000多人，另一起由首领赖文光等率领的捻军因为清兵各路军马堵截，便向南转移，打算攻占鲁山。僧格林沁督率恒龄等各军，越过山岭追赶，来到鲁山城下，捻军突然派骑兵攻城，然后又拼死回头冲杀。其余捻军暗中袭击清兵后路。清兵合围，捻军冲出重围奔向叶县。僧格林沁派遣兵勇从山道前往设下埋伏，并接连攻下捻军的两座营垒。

二月，捻军从临颍又回到河南信阳。清兵郭宝昌等军，拼命拦截，捻军转移

僧格林沁祠

　　僧格林沁祠堂在东城宽街附近。又称显忠祠。原为二进四合院式建筑，周围绕以砖墙，上涂红垩。现原祠大门、二门及碑亭、燎炉均已拆除，仅存享殿及东西配殿。

　　到确山，僧格林沁又亲自督率各军，星夜疾驰，并派了接应的军队，防备捻军从后路出击。捻军果然来攻，陈国瑞督率士兵奋力交战，捻军步兵先败散，而清军骑兵又从山口突然冲出，捻军的骑兵也被冲散。

　　四月，太平军联合捻军进入山东，从汶上县的袁家口攻打到郓城西北的水套一带，又联合当地的起义军约马步兵几万人。僧格林沁督率军队猛进，每天达一二百里。农民军与清兵交战，清兵连胜了两仗。农民军转移，清兵追击，直到曹州府西北高庄集地面。当时，清兵经过长途跋涉，已经非常疲惫饥饿，又与农民军鏖战了一整天，已经力不能支，于是在农民军的猛烈攻击下溃不成军。僧格林沁带领残兵败将落荒而逃，后来来到荒庄。夜里，农民军挖掘长壕，把清兵包围了起来。全顺等请求冲出包围，僧格林沁答应了。但清兵虽越过了战壕，却被农民军层层围住。陈国瑞的4000骑兵全军覆没，余下的清兵与农民军混杂在一起，在黑夜里互相奔走，难以辨识。清兵败退到吴家店，随从僧格林沁逃跑的骑兵多数被歼。僧格林沁亲自与追来的农民军士兵交战，虽然杀死了个别士兵，但力不能支，战马跌倒，把僧格林沁掀于马下。不可一世的僧格林沁，终于被农民军击毙。内阁学士全顺、总兵何建鳌也被农民军击毙。[1]

同治皇帝在圣旨中列举了僧格林沁一生的战功，并加恩予以抚恤。

僧格林沁被农民起义军击毙，从此结束了满洲、蒙古将领逞凶一世的时代，此后清军将领中湘籍者代替了满洲、蒙古将领的地位。而僧格林沁外战外行，内战内行，与外国侵略军交战，以失败告终，这自然与咸丰皇帝之掣肘不无关系，但也咎不容辞。其一生所谓功绩，全在镇压农民起义，杀害的农民军难以计数，最终被农民军击毙，也是罪有应得。

名 家 评 说

僧格林沁忠勇朴诚，出于天性，名震寰宇，朝廷倚为长城。治军公廉无私，部曲诚服，劳而不怨。其殄寇也，惟以杀敌致果，无畏难趋避之心。剿捻凡五年，扫穴擒渠，余孽遂为流寇，困兽之斗，势更棘焉。继事者变通战略，以持重蒇功，则僧格林沁所未暇计及者也。然燕、齐、皖、豫之间，讴思久而不沫，于以见功德入人之深。有清藩部建大勋者，惟僧格林沁及策凌二人，同膺侑庙旷典，后先辉映，旗常增色矣。

——赵尔巽《清史稿》

捻众四出滋扰，纯系盗贼性质，无争城夺地之思想，其知识更出洪、杨下。然其东西驰突，来去飘忽，比洪、杨尤为难平。以此伏迹者一二百年，构乱者十三四年。僧亲王锐意平捻，所向无前，戮张洛行，诛苗沛霖，铁骑所经，风云变色，乃其后卒为张总愚等所困，战殁曹州。盖有勇无谋，以致于此。

——蔡东藩《清史演义》

---

[1]事见《清史稿·僧格林沁列传》："僧格林沁督师猛进，再战再捷。至曹州北高庄，贼拒战。军分三路合击，皆挫败，退扎荒庄，遂被围，兵不得食，夜半突围乱战，昏黑不辨行，至吴家店，从骑半没。僧格林沁抽佩刀当贼，马蹶遇害。时四月二十四日也。内阁学士全顺、总兵何建鳌同殉于阵。"

曾国藩

曾国藩（1811～1872），字伯涵，号涤生。清道光帝时曾授礼部侍郎，清同治帝时，曾国藩拜大学士，出任直隶总督，谥号"文正"。湖南湘乡人。父亲曾麟书，为县学生，以孝闻名。曾国藩出生于一农民家庭，年轻时，在为人处世以及思想信仰等方面，深受其祖父曾玉屏之影响。他后来入翰林院，在京师刻苦治学坚持不懈，并结交当代著名学者，以从中获益，循例升迁。他历署各部侍郎，因得熟习政务。这段经历使他后来上奏时，能提出符合实际的建议，内容精确明晰。曾国藩为官清正并颇有建树。

一、训练湘军 剿灭太平

曾国藩，道光十八年（1838）中进士。道光二十三年（1842），曾国藩主持四川乡试，因公正廉明受到道光帝嘉奖，而升迁内阁学士、礼部侍郎等职，咸丰初年（1851），太平军从广西起事并迅速发展到湖南、湖北，沿江而下，直取南京。清军自广西追击太平军，一直追到南京郊外，前后达三年之久，丝毫无损于太平军。咸丰帝下诏让群臣各抒己见，争言得失。曾国藩奏除事务，犹得咸丰帝看重。咸丰二年（1852），他前往江西，主持该省乡试。但当他南下时，其母去世，遂获准还乡，丁忧守制。当时，太平军声势浩大，清军追击太平军不力，而由江忠源和罗泽南所组织之乡勇，却胜过正规军——在咸丰（1852）二年防守长沙的战役中表现得尤为突出。太平军自解长沙之围后，曾国藩奉谕组建湖南乡勇。经过多

曾国藩

方劝导，曾国藩于咸丰三年（1853）一月决定承担这一使命，并以"一不贪财，二不怕死"自勉。

曾国藩首先要做的事是组建湘南军，即"湘军"，也称"湘勇"。它由罗泽南之"湘勇"，江忠源之"楚勇"以及其他各部组成。由于曾国藩预见到这场战争的性质及其长期性遂订出训练士卒的严密计划，并着手整顿纪律完备组织。这些措施对他最终取得胜利，关系至

《曾文正公全集》书影

大。他设置集中训练营，将那些有过临战经验的乡勇在此接受进一步的训练；又在湖南各地广设招兵站，并对新兵进行初步训练。在出省与太平军作战之前，他决定先派这支军队在省内剿灭土匪，以期取得作战经验。然而，他为此却受到那些与太平军作战徒劳无功者的非难；甚至当上疏详陈作战计划时，亦受到皇帝的训斥。但他坚持初衷，毫不动摇，不顾各方嘲讽，也不管外地如何催促求援，继续组织训练那些纪律散漫、缺乏作战经验的乡勇。湘军编练的计划能否实现取决于湖南官绅所提供之军费。初期，地方颇为吝啬，直到江忠源和罗泽南在衡山县打了胜仗，朝野震动，地方当局才认识到应该给曾国藩必要的军费。

曾国藩在初期的历次战斗中，均因缺乏地方官的支持而深感处境困难；这种情况直到后来他本人身兼交战各省督抚之职有权掌管财政时期，情况才好转。不数月，曾国藩即接受江忠源和郭嵩焘的紧急建议，建造炮舰，训练水军，由杨岳斌及其他将领统辖，以便把太平军赶出长江。[1]

---

[1]事见《清史稿·曾国藩列传》："尝与嵩焘、忠源论东南形势多阻水，欲剿贼非治水师不可，乃奏请造战舰于衡州。匠卒无晓船制者，短桡长桨，出自精思，以人力胜风水，遂成大小二百四十舰。"

曾国藩故居

咸丰三年（1853）太平军攻占南京后，开始向两个主要战场进军：一向华北进军；另外西进安徽、江西及湖北。当时，虽然各方一再向曾国藩求援告急，但他确实无力派兵往救湖北。当时大部湘军已驰援江西，其余部分留在湖南平剿地方起义，而"水军"尚在筹建之中。几月后，太平军自湖北向湖南的湘军压来，曾国藩于咸丰四年（1854）二月二十五日动用新建水师240艘船只及5000水军，然而由于暴风雨的袭击，船舰无法行动，加之军队缺乏水战的经验，致使曾国藩在湖南两次败北——一在岳州，一在靖港。曾国藩羞愤已极，竟欲自尽。[1] 幸而这年五月一日，塔齐布和彭玉麟在湘潭战胜，迫使太平军退向岳州，清军于该年七月二十五日攻克岳州这一胜利鼓舞了曾国藩。十月十四日，曾国藩部湘军在罗泽南及江忠源率领下，再次收复武昌。清军攻克武昌是对太平军征战计划的一次沉重打击。这年十二月二日，曾国藩又在田家镇战胜太平军的顽强抵抗而获得大

---

[1] 事见《清史稿·曾国藩列传》："国藩锐欲讨贼，率水陆军东下，舟师初出湖，大风，损数十艘。陆师至岳州，前队溃退，引还长沙。贼陷湘潭，邀击靖港，又败，国藩愤投水，幕下士章寿麟掖起之，得不死。"

捷。与此同时，上海城亦于咸丰五年（1855）二月从起义的小刀会手中收复，到咸丰五年（1855）五月底，北伐的太平军也已基本失败。

然而，正当曾国藩部顺江而下进至九江时，却遭到太平军将领林启容部的顽强阻击，林启容于太平军初建时即参加起义。曾国藩的一部分水军被困于鄱阳湖；在长江另一部湘军水军也被击败，甚至曾国藩的座舰亦为太平军俘获；余下的舰只又大多毁于一场风暴之中。由于连遭失利，曾国藩部士气低落。曾国藩为此心灰意冷，曾经再次投水自杀但被人救起。经过一番整顿，咸丰五年（1855）四月三日，太平军为削弱清军对九江之攻击，第三次攻占武昌。但曾国藩不顾武昌失守，命塔齐布继续攻打九江，另派罗泽南及胡林翼前往攻取武昌，而自己则坐镇南昌，吸引太平军主力。但不久，塔齐布及罗泽南双双

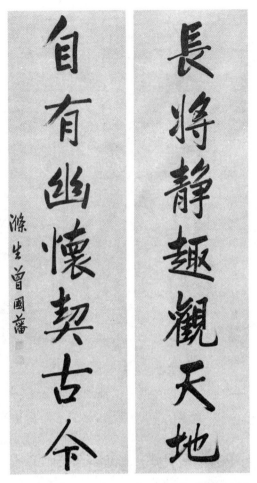

曾国藩书法

战死，曾国藩自己也遭到太平军无敌将领石达开的侵扰。曾国藩此时几乎面临绝境。幸亏曾国藩早有预见，遇事沉着，善于应付意外，加之知人善用，胡林翼与李续宾终于在咸丰六年（1856）十二月十九日最后一次收复武昌。由于彭玉麟之协同作战，曾国藩之弟曾国荃又率军自湖南来援。曾国藩在南昌之困境，得以缓和。

太平军虽然在湖北、江西失利，但在南京这时却击溃向荣所部大军。然而不久，太平军内部发生了惨烈的内讧，削弱了自己的力量，终于失去所取得的大部分地区。此时曾国藩的父亲于咸丰七年（1857）二月二十七日逝世，曾暂

克复金陵图

时离职奔丧。[1] 但是，他那些才干出众的将领们，按照他的计划，于咸丰八年（1858）五月十九日收复九江。然后进攻安庆，以便最后收复南京。为收复安庆，虽然有许多在太平军包围下的城池乞求他前去支援，但他一概拒绝。为便于攻取安庆，曾部进驻皖南祁门。咸丰十年（1860），曾国藩被授任两江总督，加授钦差大臣统领江南军事。至此，他已拥有处理军务的全权，其中包括筹集军饷。

咸丰十年（1860）间，曾国藩处境艰难。因为太平军在南京附近击溃重整后的清军，在李秀成指挥之下，太平军又强大起来，主动进攻清军。江苏及浙江大部地区，都落入太平军手中，仅上海一地未被太平军完全占领。他们对上海的多次进攻，均被李鸿章等击退。就在这年，英法联军打到北京城，清帝及大臣们逃往热河避难。各地纷纷呈请曾国藩派兵支援，但自咸丰十年（1860）九月，曾国藩也在祁门受困于太平军，对驰援它处，他心有余而力不足。咸丰十一

---

[1] 事见《清史稿·曾国藩列传》："七年二月，国藩闻父忧，径归。给三月假治丧，坚请终制，允开侍郎缺。"

年（1861）四月，曾国藩所处困境达于极点，但他下定决心誓死不退。直到左宗棠及其他部队增援祁门，形势才开始好转，曾国藩的弟弟曾国荃终于在咸丰十一年（1861）九月五日攻占安庆，此后，曾国藩即以安庆为基地，准备收复南京。为避免在南京一线集结过多的军队，以防止太平军趁机夺取清军后方地盘，曾国藩建立起三个战区：一在江苏，由李鸿章统辖；另一在浙江，由左宗棠统辖；第三为安徽由他自己统辖。清军在上述地区不断攻打太平军，各地的太平军逐渐被围困，曾国藩自请攻取南京。自咸丰三年（1853）三月十九日南京成为太平天国的京城以来，大量清军多次被击溃，尤其是在咸丰六年（1856）八月、咸丰九年（1859）十一月及咸丰十年（1860）八月围攻南京的清军伤亡尤为惨重。虽然外国军队有意前来援助，但曾国荃却拒绝接受。

经过长期围困及殊死战斗，曾国荃于同治三年（1864）七月十六日攻克南京。但太平军余部，直到两年后才彻底失败。清廷对于最终剿灭太平军论功首推曾国藩，赐他一等"毅勇"侯封号，他是文官中获此封爵的第一人。[1]

二、为官清正　颇有建树

平定太平军之后，曾国藩继续任两江总督，驻留南京数月。此期间他致力于安定城乡，在饱受15年战乱之苦的江南地区恢复学术活动。同治三年（1864）初，曾国藩就在安庆大营建立起官办学局，重印经史典籍。战乱平定以后，他延聘著名学者主持书局，事后他遣返大部分湘军回乡归农，军中某些官员则受雇担任书局校对。这年，他颁布条例，在南京、苏州、扬州、杭州及武汉各建书局。此即"官办五局"。同时，他于该年十二月二十日恢

曾国荃

---

[1] 事见《清史稿·曾国藩列传》："江宁平，天子褒功，加太子太傅，封一等毅勇侯，赏双眼翎。开国以来，文臣封侯自是始。"

1870 年时的江南制造总局生产的大炮

复南京乡试。在太平军占领期间，该地乡试已中断多年。

同治四年（1865）六月，朝廷急令曾国藩前往山东征剿捻军。曾国藩受命统领山东、直隶及河南军事。曾国藩北方剿捻一年有余，非但没有取得令人满意的战果，捻军却壮大了。李鸿章于同治四年（1865）十二月十二日继任其职，命曾国藩返回南京原任。

早在同治二年（1863），容闳曾向曾国藩建议，在上海筹建铁工厂，此即后来的江南造船厂。容宏经曾国藩同意后从国外购进机器。同治五年（1866）江南制造局成立，同治七年（1868），该局建成中国第一艘轮船，并驶至南京请曾国藩验看。办江南制造局乃是曾国藩对中国未来发展做出的最重要的贡献之一。

同治六年（1867），曾国藩拜大学士。同治七年（1868）九月，出任直隶总督。任内，曾国藩清理出一大批长期未决的案件，改进了办事效率，并制订出一项建立常备军的方案，同治九年（1870），他奉令调查并处理"天津教案"。由于他在处理此案中，对有关的西方列强采取谋求和解的策略，遭到北京朝廷中强硬

位于岳麓山的曾国藩墓

派的非议。在此案接近解决之际，曾国藩因年老多病，于同治十年（1871）调回南京原任，不久直隶总督由李鸿章继任。[1] 八月十八日，曾与李联名上疏，建议派遣青年学生赴海外留学。此项建议同治十一年（1872）实施。但是，就在学生启程出洋之前数日，曾国藩病逝。身后追赠太傅，谥"文正"。

名 家 评 说

国藩事功本于学问，善以礼运。公诚之习，尤足格众。其治军行政，务求蹈实。凡规画天下事，久无不验，世皆称之，至谓汉之诸葛亮、唐之裴度、明之王守仁，殆无以过，何其盛欤！国藩又尝取古今圣哲三十三人，画像选记，以为师资，其平志学大端，具见于此。至功成名立，汲汲以荐

---

[1] 事见《清史稿·曾国藩列传》："平生故旧持高论者，日移书谯让，省馆至毁所署楹帖，而国藩深维中外兵势强弱，和战利害，惟自引咎，不一辨也。丁日昌因上奏（接下页）

举人才为己任，疆臣阃帅，几遍海内。以人事君，皆能不负所知。呜呼！中兴以来，一人而已。

——赵尔巽《清史稿》

（接上页）曰：'自古局外议论，不应该局中艰苦，一唱百和，亦足以荧上听，挠大计。卒之事势决裂，国家受无穷之累，而局外不与其祸，反得力持清议之名，臣实痛之！'国藩既负重谤，疾益剧，乃召鸿章治其狱，逾月事定，如初议。"

左宗棠

左宗棠（1812～1885），字季高。左宗棠
历经清咸丰、同治、光绪三朝，曾任闽浙总
督、陕甘总督，两江总督、军机大臣等职。谥
号"文襄"。湖南湘阴人。他的父亲左观澜，为
禀生，有很高的学问与修养。左宗棠是清末湘
军首领之一，洋务派中坚人物。初由曾国藩推
荐，率湘军赴江西、安徽与太平军作战。因战
功显赫后升为闽浙总督。光绪帝时督办新疆军
务，率兵讨伐阿古柏，收复乌鲁木齐、和阗等
地，阻遏了俄、英对新疆的侵略，尤其是收复
了被沙俄侵占的新疆伊犁的绝大部分地区，为
维护我国领土主权做出了贡献。

左宗棠

一、少有壮志　统军建功

左宗棠出生于书香之家，他父亲名观澜，是个禀生，有很好的学问及修养。
左宗棠是道光帝时的举人，以后三次参加礼部的考试都没有考取，于是他断绝了
仕途上发展的打算，而专心致志地研究地理与兵法。他平时喜欢故作豪言壮语惊
人，在公卿士大夫中间颇有名声。曾经自比为诸葛亮，大家都觉得他非常狂妄。
胡林翼却非常欣赏他，认为看遍全国，没有一个人才能超过左宗棠的。左宗棠快
四十岁时，对身边的亲友说："除非帝王一心想求得贤相，否则，我这辈子大概
是没什么指望了。"[1]

---

[1]事见《清史稿·左宗棠列传》："左宗棠，字季高，湖南湘阴人。父观澜，廪生，有
学行。宗棠，道光十二年举人，三试礼部不第，遂绝意仕进，究心舆地、兵法。（接下页）

左宗棠手迹

咸丰初年，广西太平天国起义爆发，此时张亮基巡抚湖南，以礼聘左宗棠为僚幕，但左宗棠不应召。胡林翼诚恳相劝后，左宗棠才出来，做了长沙县知县，以后因守卫长沙有功，从知县提拔为直隶州同知。以后张亮基转任山东巡抚，左宗棠回到家乡隐居。骆秉章任湖南巡抚后，再次用计谋硬拉左宗棠出来辅助军务，依赖左宗棠如同自己的左右手。下属幕僚向骆秉章禀报军务，骆总是问："季高先生的意见怎么样啊？"由于这样，忌恨左宗棠的人越来越多，诽谤他的议论四起，但他的名声却越来越响亮。左宗棠的同乡郭嵩焘在朝廷中任编修，一天，文宗召见他，问道："你认识有个举人左宗棠吗？他为什么这么久还没有正式出外任职呢？年纪有多大了？再拖下去精力就会衰退，你可以写信告诉他我的意思，应当及时出来为我惩办贼寇。"胡林翼听到这一消息后，非常高兴地说："帝王得贤相的日子到了！"[1]

咸丰六年（1856），曾国藩攻克武昌，上奏陈述左宗棠训练部队、筹集军饷的功劳，朝廷诏谕授予左宗棠兵部郎中听候调用，不久又加四品卿衔。但不久因有人在湖广总督官文面前构陷左宗棠有罪，编造的一些流言蜚语也被皇上听到了，于是命左宗棠到武昌对簿公堂。由于官文是满人，对曾国藩、胡林翼等汉人，尤其是其统帅的湘军很看不起，而自己属下的八旗兵又总打败仗，因此气愤无处发泄，想重处左宗棠以让湘军将领丢丑。湖南巡抚骆秉章上

（接上页）喜为壮语惊众，名在公卿间。尝以诸葛亮自比，人目其狂也。胡林翼亟称之，谓横览九州，更无才出其右者。年且四十，顾谓所亲曰：'非梦卜夐求，殆无幸矣！'"

[1] 事及语见《清史稿·左宗棠列传》："一日，文宗召问：'若识举人左宗棠乎？何久不出也？年几何矣？过此精力已衰，汝可书谕吾意，当及时出为吾办贼。'林翼闻而喜曰：'梦人夐求时至矣！'"

金阙奏凯（从《马骀画宝》）

天平天国时期的印鉴

疏为左宗棠极力辩护。胡林翼、曾国藩也都说左宗棠无罪，极力称赞推荐左宗棠才能出众可以重用。后来京官潘祖荫也公开说总督是被别人的表面言辞所迷惑，所以最后左宗棠才得以免遭逮问。不久朝廷下旨，命令左宗棠以四品京堂身份跟从曾国藩治理军务。曾国藩命他自己招募一支军队，由此左宗棠的才华终于得到了施展的机会。左宗棠招募了5000人马，经过训练号称"楚军"。

咸丰十年（1860）八月，左宗棠的楚军建成后挥师向东。太平军翼王石达开向四川挺进。朝廷命左部移师征讨四川。曾国藩、胡林翼因为江西、安徽战事危急，联名上疏请求留下左宗棠。当时曾国藩进兵皖南，驻在祁门，太平军侍王李世贤、忠王李秀成正集数十万人猛攻祁门，当时左宗棠正率领楚军取道江西，转战前进，一路攻克德兴、婺源。左宗棠得到曾国藩命令后马上返师回击，在江西乐平、鄱阳一带与太平军展开激战，太平军将士有10多万被左宗棠部所灭，李世贤也不得不化装才逃走。自此以后，江西、安徽左宗棠所率楚军声势开始大振。

咸丰十一年（1861），朝廷因功授予左宗棠太常寺卿，并提升他帮助曾国藩协办江南军务，不久左宗棠在曾国藩的命令下，率领楚军8000人向东援助浙江。这时曾国藩认为左宗棠军足以胜任节制浙江的事务。左宗棠部将中有名的战将有刘典、刘松山、王文瑞、王沐等，但当时他们所率的几支部队都很单薄，还不能满足浙江全省的作战防守。左宗棠奏请从广西调蒋益澧，从湖南调刘培元、魏喻义增援，但因各处都在太平军等起义军攻击下吃紧，都没有调到。在这种情况下左宗棠以几千人马应付700余里防地，指挥若定。曾国藩非常佩服左宗棠的有疏有密的军事才能。曾国藩再次上疏举荐左宗棠，朝廷于是任命左宗棠为浙江巡抚。

当时太平军在努力攻击浙江，当时全省地域只剩下湖州、衢州没有陷落到太平军手里，曾国藩与左宗棠商议，为确保浙江，左宗棠亲自指挥部队拼命抵抗终于击败了进攻的太平军。

同治元年（1862）正月，朝廷下诏催促左宗棠从衢州开始谋划整个浙江的收复。左宗棠有一套自己的战略，他回奏说："作战的法则，一定要避开对敌人的长期包围，防守好自己的后路。"[1]

莎车的回军

在左宗棠的凌厉进攻下，太平军在浙江的势力迅速瓦解。当时各支部队争相建议要乘胜收取太平军所占据的杭州，左宗棠不喜欢打攻坚战，认为皖南太平军的气势还很旺盛，消灭太平军要稳扎稳打，先去其枝叶，再折其主干，而不要贪图近功。[2]于是左宗棠率部从金华向严州进军。左宗棠命令刘典带领8000人会同王文瑞部防守徽州，命刘培元、王德榜部队驻守淳安、开化，而让蒋益澧率部攻打富阳。弹劾罢免了道府以及失守的将吏17人，荐举浙江名士吴观礼等人赈济灾荒，招募老百姓垦田，保证军粮丰足供给。四月，朝廷任命左宗棠为浙闽总督兼巡抚事宜，不久左宗棠的部队遭到了军粮供应困难。刘典的部队到达皖南之后，便留在那里屯守。蒋益澧打入富阳，由于富阳太平军的顽强抵抗，部队损失很大。不久，左宗棠患了疟疾，困乏疲惫，富阳很长时间了都未能攻下。左宗棠在这种情况下，集中兵力，从水陆两路大举进攻，终于将富阳攻克。蒋益澧等长驱直入包围杭州，魏喻义、康国器进攻余杭。

左宗棠认为杭州的太平军依恃余杭以为犄角，不先攻下余杭，收复海宁，就不能切断嘉兴、湖州对杭州的后援接应，于是左宗棠亲自到余杭督战。这时，太平军都城受到曾国荃湘军越来越紧的围攻，洪秀全多次命令李秀成率江浙的太平军解围。同治三年（1864）二月，杭州太平军守将陈炳文见形势紧迫，约定献城投降。左宗棠担心中间会起变化，便乘大雨发起紧急进攻，陈炳文深夜开城门逃

---

[1]语见《清史稿·左宗棠列传》："行军之法，必避长围，防后路。"

[2]事见《清史稿·左宗棠列传》："时诸军争议乘胜取杭城，宗棠不喜攻坚，谓皖南贼势犹盛，治寇以殄灭为朝，勿贪近功。"

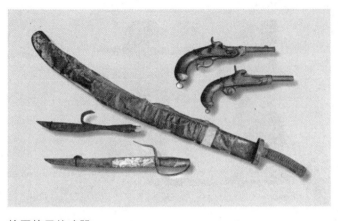

捻军使用的武器

跑了。杭州收复后，余杭的太平军将领汪海洋也往东逃跑了。皇帝得到捷报，下诏给左宗棠加授太子少保衔，赏赐黄马褂。

左宗棠军进入省城杭州后，申明军纪，招集商贾开门营业，停止征收杭州货物的关税，减征杭州、嘉兴、湖州三分之一的赋税，还大力招揽贤士，一时声誉鹊起，受到广泛称赞。不久大部太平军聚结湖州，左宗棠立即调遣部队包围他们，使浙江太平军余部又受到沉重损失。三月，江苏太平军攻克常州。在江苏的太平军余部开向安徽的徽州、婺源，然后又向江西靠拢。左宗棠把太平军进入江西看作是心腹之患，奏请清廷请曾国藩部杨岳斌督率江西、皖南部队，让刘典当副将加紧围剿。六月，曾国荃攻克太平军都城天京，洪秀全服毒自杀，他的儿子在太平军将士的护卫下冲击出去，左宗棠立即率部围击，洪秀全的儿子不久也被俘，在南昌被处以裂体之刑。七月，左宗棠攻克湖州，浙江各地得以全部平定。评论军功，封左宗棠为一等恪靖伯。[1]

以后残余的太平军流散到徽州、宁国、江西、广东等地，还打入了福建的汀州，福建大为震惊。于是左宗棠奏请蒋益澧护卫巡抚，自己移镇福建并增调王德榜部到福建。同治四年（1865）三月，江苏淮军郭松林前来福建会师，不久太平军不得不放弃漳州，离开大埔。五月，太平军余部李世贤、汪海洋屡次战败后，精锐部队伤亡过半，投降的有3万人。左宗棠部队进驻漳州、武平，这样太平军只好撤到广东的镇平。自此福建也平定下来。

接着左宗棠又下令调康国器、关镇平两支部队进入广东，王开琳的部队进入赣州防守江西，刘典的部队赴湘南防守湖南，留下高连升、黄少春的部队驻军武平，侦候太平军的进退情况。六月，太平军大举进攻武平，左宗棠指挥所部力战

---

[1] 事见《清史稿·左宗棠列传》："七月，克湖州，尽定浙地。论功，封一等恪靖伯。"

打退了太平军余部。以后，太平军余部内部又发生了内讧，李世贤投靠汪海洋被汪所杀，这样太平军内部更加互相猜疑怀有二心。朝廷下诏让左宗棠统率三省各路部队，趁机迅速进剿。十月，左宗棠移师屯驻绩溪。王德榜担心主帅屯兵之处成孤悬之势，主动请命作为中路策应，刘典听说王德榜的部队开赴前线，也带领部队疾速前进。路上突然遇上太平军伏击刘典部，措手不及，打了个败仗。太平军乘胜追击刘典，但又为王德榜军伏击包围损失惨重，太平军死伤超过 4 万，传言说太平军主要首领汪海洋也中炮死了，官军士气更为高昂。这时鲍超的部队也赶到了，太平军出战抗拒，又被打得大败。左宗棠汇合闽、浙、粤各路人马合围，太平军余部的最后据点丧失，太平军许多首领也牺牲了，太平军将士战死达16000 多人。因这一战功，朝廷下诏赐予左宗棠双眼花翎。[1]

二、总督陕甘　剿杀捻回

同治五年（1867）正月部队凯旋。左宗棠因为广东太平军已经平息，首先建议裁兵减饷，减少团练的费用。又认为海关开禁，不制造装备船舰器械就不能图谋自强，于是左宗棠在马尾山下创建船厂，举荐起用沈葆桢主持船厂事务。但不久因为朝廷军队征讨西部边陲回族叛乱久未奏效，朝廷便诏令左宗棠转赴陕西、甘肃督军。十月，左宗棠挑选了自己部下的 3000 名精兵，向西进发，令刘典另外再招募 3000 人，相约如期在汉口会合，但行至中途，因为西捻军张宗禹挺进到陕西，又命令刘典先入陕西剿"贼"。

陕西、甘肃起义的回族民众多达上百万，与西捻军相合。左宗棠行军到达武昌时，针对这种情况上奏章说："我认为在东南作战用舟船方便，在西北作战则应用战马为宜。捻军、回族的马队在平原驰骋，官兵用步军来抵挡他们，一定没有取胜的指望。以马力而言，西域产的马不如北域产的马强健。捻军的战马多是北方产的，所以捻军的作战能力比回民更强悍。我的部队只有 6000 人，现打算购买口北的良马演习操练马队，兼造双轮炮车。从襄樊、邓县出紫荆关，直穿商州就可以到陕西。在陕西经营屯田，作长远的打算。因此要进兵陕西，一定先要清除紫荆关外的捻军，然后进兵甘肃，而要进兵甘肃，又一定先要清除陕西的捻

[1]事见《清史稿·左宗棠列传》："十二月，贼开城遁，扼诸屯不得走，跪乞免者六万余，俘斩贼将七百三十四，首级可计数者万六千，诏赐双眼花翎。"

福州船政局制造的"扬武号"兵船（模型）

军，然后驻兵兰州，这样稳扎、稳打，步步为营。粮饷运输的道路就会畅通无阻，部队行进就会没有障碍。至于部队前进的快慢，则随机应势，我请求给我机动的权力，宽限一些时日，使得我能从容地谋划，以求得成功。"[1] 左宗棠的这一战略计划获得了朝廷的允准。

同治六年（1867）春，左宗棠带领12000士兵向西进军。计划用炮车去制服捻军的马队，而以马队去对付捻军的步兵。捻军猛然见到炮车，仗还没有打就狂奔而逃。当时陕西巡抚刘蓉已解任，而总督杨岳斌请求还乡的愿望也更加急切。朝廷下诏让宁夏将军穆图善代理总督，左宗棠以钦差大臣的身份督办军务。兵分三路入关，这时左宗棠又奏请皖南镇总兵刘松山率老湘军9000人援助陕西，并将这些部队都隶属左宗棠指挥。刘松山屡次打败捻军之后，又会合蜀军将领黄鼎、皖军将领郭宝昌，大败捻军于富平。这时捻军进攻三原，然后沿渭水北岸向东进军，回族义军则分出一部分人马向西进攻，左宗棠认为捻军比回军强大，应当先制服捻军。于是下令各路人马沿河安营扎寨，希望短时间内在泾水、洛水之间歼灭捻军。捻军乘官军尚未集结完毕，又折向西渡过泾水和渭水，窥视河南、湖南。过了不久，清军大举向前进逼。捻军不能再向南前进，便奔赴西北。左宗棠为防止捻军和回军会合的势头，而且又因为西北荒凉贫瘠，部队行军粮草接济不上，因此紧急扼守耀州。十月，捻军战败撤到宜川，不久会合回军攻打铜川。

---

[1] 语见《清史稿·左宗棠列传》："臣维东南战事利在舟，西北战事利在马。捻、回马队驰骋平原，官军以步队当之，必无幸矣。以马力言，西产不若北产之健。捻马多北产，故捻之战捍于回。臣军止六千，今拟购口北良马习练马队，兼制双轮炮车。由襄、邓出紫荆关，径商州以赴陕西。经营屯田，为久远之规。是故进兵陕西，必先清关外之贼，进兵甘肃，必先清陕西之贼。驻兵兰州，必先清各路之贼，然后馈运常通，师行无阻。至于进止久速，随机赴势，伏乞假臣便宜，宽其岁月，俾得从容规画，以要其成。"

留守耀州的官兵不能抵御，刘典、高连升急驰援助，大破围城捻军，左宗棠率各路清军拼命围剿捻军，各支部队将领虽然屡次打败捻军，但始终被回军牵扰，部队前进缓慢；而在宜川的捻军大部队更是扰乱延长，抢掠绥德，直趋葭州，回军也从延安发兵攻陷绥德。左宗棠自己因为延长、绥德相继失陷，主动上书请罪。部阁商议给予左宗棠革职处分。当时扶风、岐山、凤翔等地回民都纷纷响应。捻军从南向北，分散 1000 多里，回军从西向东，也有 1000 多里。陕西地方官军有作战能力的不到 5 万，然而回民义军与官军一旦交战总是败北。刘松山等攻克绥德，回军败走米脂，左宗棠一面派刘厚基出兵陕西东北追逐回军，同时令刘松山等沿黄河西岸挟制捻军，阻击西捻军支援东捻军。但是谁知西捻军取小道翻山到壶口，乘河面结冰偷渡过黄河，威胁了京师，为此左宗棠奉接朝廷旨令，亲率5000 人马赶赴支援，让刘典代替自己统督陕甘官军。

这年十二月，西捻军从垣曲进入河南，进一步前进到定州，用游散的骑兵进犯保定，京师因此戒严。皇帝下诏严厉斥责督兵大臣，从左宗棠、李鸿章到河南巡抚李鹤年、直隶总督官文，都被革除职务。刘松山等接连攻破捻军所占据的深县、祁州、饶阳、晋县等地。在这个时候，捻军在方圆数百里间奔走趋赴，先在

福州船政局
1866年(清同治五年)8月19日由左宗棠在福州马尾设立。

1875年身着便装头戴顶戴花翎的陕甘总督左宗棠

直隶后又转战河南、山东，不久又渡运河，越吴桥，进犯天津。李鸿章提议四面包围以抵挡敌人；左宗棠则认为应当一边防守一边主动出击，运河西岸重点固守，东部就一定要有追击剿杀捻军的部队，这样才可以扼制捻军长驱直入的气势。皇上两次首肯左宗棠的建议。于是各地来护防京师的部队大规模集结，左宗棠率军驻扎吴桥，居中调度。捻军由于左宗棠、李鸿章的围剿计划，不得流动征战，只能在陵邑、济阳一带徘徊，左宗棠趁此机会，立即汇合淮军、豫军接连打败捻军。张宗禹最后跳河自杀，于是西捻平息。由于左宗棠打败捻军的功劳，清廷特命他入朝拜见皇上，并对左宗棠大加褒赞，并且询问西部边陲部队还有多久能取胜班师，左宗棠回答要5年，后来果然如左宗棠所预言的那样。[1]

同治七年（1868）十月，左宗棠率领部队回陕西，抵达西安。当时陕西东北的盗寇董福祥聚众多达十余万人，骚扰延安、绥德，而陕西西南的回军首领白彦虎等号称有20万人马，盘踞在甘肃一带。刘松山率部赶到，击溃地方盗寇，董福祥投降。但回军却更加四处掠劫，和在西南一带活动的白彦虎等合力骚扰秦川，黄鼎率部击败了他们。左宗棠进军乾州，暗探报告回军将把总部迁到金积堡，左宗棠便遣兵攻击他们，终于接连克复镇原、庆阳，回军死亡达3万人。收复后，督促回民中的壮丁耕作，教会他们区田、代田等法；给险峻荒凉之地的流民发放巨额钱币，让官军收留的饥民及投降的17万兵士全部居住在那里。左宗棠于同治八年（1869）五月，率军进军甘肃。

---

[1] 事见《清史稿·左宗棠列传》："入觐，天语褒嘉，且询西陲师期。宗棠对以五年，后卒如其言焉。"

同治十年（1871）七月，左宗棠亲自率领大军从平凉移到静宁驻防。八月，到安定。这时另一支回民义军聚集在河州，再往西都是险要之地。左宗棠命诸将分头出击，攻破平定了这些地方。当时回民首领马朵三已死，马占鳌看到官军步步深入，西宁的回军又已归顺朝廷，去路已断，于是也投降了。河州也平定下来。

同治十一年（1872）七月，左宗棠率部移驻兰州。徐占彪在此之前因为伊犁之变率兵向西，但这时因肃州发生骚乱而使行军受阻。原来回族另一首领马文禄先已投降，听说新疆战事紧急，左宗棠率部要进军西去感到有机可寻，便又占据城池发起反叛。徐占彪的部队在肃州以西被围困，只得据城死守，并且向西宁乞求援助。这时原左宗棠平定的西宁回民白彦虎、禹得彦也暗中响应马文禄。等到刘锦棠率军向西增援时，西宁地方的回民及陕西回民又纷纷叛变，推举马本源为元帅。

西宁东北有湟水为阻，两山对峙，这就是古时称之为湟中的地方。回军占险要之地屯兵，但左宗棠不容回军立稳脚根，立即派他所率的湘军精锐，携大炮进攻，很快就将阻挡的回民打得大败，遗弃的大批马骡辎重堆满了山谷。这时大通都司马寿又唆使向阳堡回民残杀汉民，背叛朝廷。同治十二年（1873）正月，刘锦棠进攻向阳堡，夺取城门而入，杀死马寿，接着攻破大通，又杀死马本源。于是黄河东、西众回军都向官军投降。

马文禄盘踞肃州，看左宗棠大军压境之形势不利，假装请求招抚，暗中却进一步招募城外回民入城协助防守，官军接连进攻都未能攻下。八月，左宗棠到前线视察部队，马文禄登上城头看见左字帅旗，锐气顿减。左宗棠命金顺、刘锦棠的部队大规模集结，并用大炮轰击。马文禄走投无路，出城投降，被裂肢处死。白彦虎逃跑到关外，肃州得以平定。朝廷嘉奖左宗棠，任其为陕甘总督协办大学士，加封一等轻车都尉。左宗棠上章奏请在甘肃开科举考场，设立学政。同治十三年（1874），晋升左宗棠为东阁大学士，留在陕西总督的治所。[1]

从咸丰初年开始，天下大乱，先是广西而起的太平军最为严重，其次是捻

---

[1] 语见《清史稿·左宗棠列传》："金顺、锦棠军大集，文禄，穷蹙出降，磔之。自彦虎窜循关外，肃怗。以陕甘总督协办大学士，加一等轻车都尉，奏请甘肃分闱乡试，设学政。十三年，晋东阁大学士，留治所。"

军，再次是回军。左宗棠先后平定了他们，到这时陕西、甘肃全部安定。清廷感到左宗棠鞍马劳顿，风餐露宿几十年，劳苦功高，因此对他特别恩宠。

三、进军新疆　收复伊犁

19世纪70年代，浩罕国被沙俄灭掉，浩罕国流亡军官阿古柏，纠集一些亡命之徒窜入我国新疆，占据新疆喀什噶尔，后来慢慢占了南部的八个城池，又攻败盘踞在乌鲁木齐的回族人妥明。妥明本是西宁的回人，当初以传播新教而游说关外。同治初年，乘陕西、甘肃汉人、回民间有矛盾之机举兵发难，占据了乌鲁木齐，并兼并了北边的伊犁等城，收取那里的赋税收入。妥明不久被驱逐，在路上死了，而白彦虎逃到乌鲁木齐，他派使者同英、俄勾结，购买军械器具装备自己，英国人暗中帮助他，想让他另立一个国家，以挟制俄国。正在这时，俄国以回民多次扰乱其边境为由，突然发兵驱逐回民，占领了伊犁，并扬言要攻取乌鲁木齐。

光绪元年（1875），左宗棠平定陕甘回民之乱后，按照清廷的命令，正准备率军出关，平定阿古柏的侵略，这时清廷起了海疆防守的争议。议论的人大多认为自清高宗平定新疆以来，每年要花费银两数百万，就像是一个无底的漏斗。现在竭尽天下的财力赡养西北官军，没有剩余财力来预防东部海疆的不测之需，尤为失策。应该遵照英国人的建议，准许阿古柏自立为国，作为大清藩国，停止西征，专力于海防。李鸿章持这种观点尤为竭力。但左宗棠说："关、陇刚刚平定，不及时规划这些回归国家的旧有之地，而割弃使他们自立国，这是给自己留下后患。不是从西面被英国人所合并，即是向北归入俄罗斯的版图。我们的版图无缘无故缩小，边防险要尽皆散失，到那时，防守边疆的士兵不会比现在减少，粮饷费用也一如现在。这不仅无海防之益，挫伤国威，而且助长叛乱。这是万万不可以的。"[1]这时在朝中只有军机大臣文祥非常赞赏左宗棠的建议，最后清廷通过决策让左宗棠继续出塞，不罢兵，并授左宗棠为钦差大臣，统督军事。

光绪二年（1876）三月，部队驻扎肃州，五月，刘锦棠向北翻过天山，会合

---

[1]语见《清史稿·左宗棠列传》："宗棠曰：'关陇新平，不及时规还国家旧所没地，而割弃使别为国，此坐自遗患。万一帕夏不能有，不西为英并，即北斩而入俄耳。吾地坐缩，边要尽失，防边兵不可减，糜饷自若。无益海防而挫国威，且长乱。此必不可。'"

西征运粮

金顺部队先攻打乌鲁木齐，攻克了乌城，白彦虎逃走到托克逊。九月，清军攻克玛纳斯南城，北路平息，于是谋划南路。左宗棠发布命令说："回族各部被回首驱迫，厌烦战乱已经很久了。大军所到的地方，不要奸淫掠夺，不要残杀无辜，朝廷的仁义之师如及时之雨，现在正应是这么做的时候。"光绪三年（1877）三月，刘锦棠攻克达坂城，把所擒获的回民全部释放，让他们回家。南路叛兵很恐惧，第二天，清军即收复托克逊城。徐占彪和孙金彪两支部队也接连攻破各个城隘，会合罗长祜等部队收复了吐鲁番，收降回民达 1 万余人，最后阿古柏走投无路服毒自杀，他的儿子伯克胡里杀害了自己的弟弟，逃往喀什噶尔。

白彦虎逃到开都河，左宗棠想趁势擒获他，奏章还没上，恰遇库伦大臣上书声言本部边境现在正议定疆界，而朝中大臣也认为西域征战费用巨大，现在乌鲁木齐、吐鲁番既然已经收复，可以休兵罢战了。左宗棠感叹道："现在正是有利之时，怎么能作出划边界退缩防守的计策呢？"便上疏据理力争，皇上觉得左宗棠的意见很对。[1]鉴于当时俄国正与土耳其作战，金顺请求乘虚袭击伊犁。左宗棠说："不行，出师没有名正言顺的理由，他们就会抓住口实了。"八月，与刘锦棠在曲会会师，就由大道向开都河进发，作为正面部队余虎恩等从库尔勒出奇兵

---

[1] 语见《清史稿·左宗棠列传》："'今时有可乘，仍为画地缩守之策乎？'抗疏争之，上以为然。"

以助。白彦虎逃到库车，又到阿克苏，刘锦棠拦住攻击，白彦虎只好转而窜逃喀什噶尔。左宗棠大军不久收复了南疆东部四座城池。以后何步云献喀什汉城向清军投降。伯克胡里接纳白彦虎后，就合力攻打汉城。官军大部队人马赶到，他们又逃往俄国。南疆西部四城相继攻下，左宗棠向朝廷报捷，皇上下诏晋升左宗棠为二等侯。这时在新疆的布鲁特蒙古 14 部争相归附清朝。

光绪四年（1878）正月，左宗棠陈述有关在新疆建行省的事宜，同时请与俄国谈判有关归还伊犁和交换战俘这两件事。朝廷派遣全权大臣崇厚出使俄国。俄国用通商、划分国界和索要赔款三件事相要挟。崇厚轻率地鉴订了条约，但朝廷有识之士纷纷反对，议论好久都没有决定下来。左宗棠上书说："从俄国占据伊犁以来，蚕食侵占没有止日，新疆已有每日缩地百里的势头。俄国把伊犁看成自己的外府，等到我们要讨回土地，他们就索要赔款卢布 500 万元。这样俄国归还伊犁，对俄国而言没有丝毫的损伤，而我们得回伊犁，只不过是一片荒野郊原。现在崇厚又提出给俄国霍尔果斯河和帖克斯河，这就是把伊犁西南的土地划给俄国。在军事上打不过人家的时候，才有割地求和这样的事。现在一箭未发，就马上送献战略要地，这条约是万万不可以答应的。俄国的商人目的想要进行贸易，他们的政府便在各地广设领事馆，想借通商之由深入腹地，这是切不可准许的。我认为俄国人包藏祸心，猜测我国可能已厌倦兵事，用全权大臣谈判的办法来牵制边疆大臣。当今之计，应当先和俄国人谈判，委婉而运用计谋，另一方面，要准备在战场上决一高低，坚忍而务求胜利。我虽然衰老平庸不成样子了，但哪里敢不勉力效忠啊！"皇帝觉得左宗棠的话很有志气，命令将崇厚逮捕治罪，朝廷命曾纪泽出使俄国，更改前面的和约。[1] 这时左宗棠请求亲自出兵驻防哈密，策应收复伊犁。命金顺立即率军出发，作为东路，张曜率部沿特克斯河进兵作为中路，刘锦棠经布鲁特游牧地区作为西路；又分别派遣谭上连等各带兵屯守喀什噶尔、阿克苏、哈密等地作为后路声援。这几路部队总共有马兵、步兵 4 万多人。声势浩大，做出一副与俄军不惜决一死战，务期收复伊犁的姿态。

光绪六年（1880）四月，左宗棠为表示自己收复伊犁的决心，命人抬着棺材从肃州出发，五月，抵达哈密。俄国人听说清军大兵出动，就增兵守卫伊犁、纳

---

[1] 事见《清史稿·左宗棠列传》："上壮其言，嘉许之。崇厚得罪去，命曾纪泽使俄更前约。"

林河，另外派兵舰在海上巡戈，以震撼京师，天津、奉天、山东等地也同时告警。七月，朝廷下诏让左宗棠回京城任顾问，让刘锦棠代替他。俄国人也害怕中国官军的威武，担心事态发展后会引起决裂而挑起战端，因此第二年正

左宗棠西征中使用过的大清银币和饷银

月，在中国在赔款上又做出让步后，清与沙俄终于达成了《中俄归还伊犁条约》，中国收复了伊犁的大部分地区。[1]

四、入京为相 效死疆场

左宗棠用兵善于审时度势，把握时机，筹措战事，尤其注重节制兵丁人数，保证粮饷充足为根本。刚开始西征，左宗棠担心各行省协助军饷不能按时到达，请求向外国作些借贷。沈葆桢反对他的建议，皇帝下诏说："左宗棠以西线战事为己任，国家又何惜千万金。给拨款银500万两，再准允他向外国借贷500万。"左宗棠部队出塞共20个月，新疆南北各城能全部收复，实在是军饷及时供给充足的功劳。当初议论西部边防事务时，左宗棠主张发展屯田，听到的人都认为左宗棠迂腐。等看到左宗棠上奏论述关内外过去屯兵的弊病，以及说应该将兵农划开为二，挑选精壮的人为兵丁，让老弱的人去屯田垦地，大家这才佩服左宗棠老谋深算。新疆平定后，朝廷升调左宗棠为军机大臣。入朝觐见后，皇上赏赐左宗棠可以在紫禁城内骑马，可由内侍二人挽扶着上金銮殿。左宗棠任职京师，带来了不小的震动。许多士人纷纷兴奋地议论说，中国相当长时间落后，非常脆弱。这次左宗棠打败了沙俄，中国有希望了。外国人也渐渐传说他的战功。他刚入京师时，内城有教堂高楼，在楼上可以俯瞰宫殿，民间老百姓喧哗，都说左侯到

[1] 事见《清史稿·左宗棠列传》："六年四月，宗棠舆榇发肃州，五月，抵哈密。俄闻王师大出，增兵守伊犁、纳林河，别以兵船翔海上，用震撼京师，同时天津、奉天、山东皆警。七月，诏宗棠入都备顾问。以锦棠代之。而俄亦惮我兵威，恐事遂决裂。明年正月，和议成，交还伊犁事，防海军皆罢。"

了，教堂高楼就要被捣毁。外国人为此也人心惶惶。为此左宗棠不得不公开贴出告示让大家放心，于是喧哗停止了，这可见左宗棠在老百姓中的威望已达到如此地步。但左宗棠在军机处当值，因他长年在外并不熟悉朝中的礼节、掌故，故屡受窘，他人又耿直，因此就有许多同僚多厌烦埋怨他。左宗棠自己也不乐意居住在京城之地，因此进京不久，便称病乞求引退。九月清廷命他出任两江总督、南洋通商大臣。左宗棠上任后出巡吴淞，路过上海时，洋人为左宗棠树龙旗，鸣礼炮，迎迓他非常恭敬。[1]

光绪九年（1883），法国人攻打越南，左宗棠这时已七十有余，且身体多病，已致仕在家，这时他马上请求到云南指挥军队，并下令让旧部王德榜在永州招募军队，号称"恪靖定边军"。到光绪十年（1884），中法战争终于爆发，云南、越南官军溃败，左宗棠被召入京，再次任职军机处。不久法军大举向我内地进犯，皇帝诏令左宗棠到福建视察部队，左宗棠命王鑫之子王诗正暗中率军渡海到台湾，号称"恪靖援台军"。王诗正到台南，受到法兵阻击，他与台湾军民一道最终击败法军。而王德榜会合其他部队在谅山取得大捷。中法和议达成，左宗棠再次称疾请求告退，但尚未获准，七月在福州病逝，时年73岁，赠太傅，谥"文襄"。将其灵位入祀于京师昭忠祠、贤良祠，并在湖南以及立有战功的各省建立专祠祭祀。

名 家 评 说

宗棠事功著矣，其志行忠介，亦有过人。廉不言贫，勤不言劳。待将士以诚信相感。善于治民，每克一地，招徕抚绥，众至如归。论者谓宗棠有霸才，而治民则以王道行之，信哉。宗棠初出治军，胡林翼为告湖南曰："左公不顾家，请岁筹三百六十金以赡其私。"曾国藩见其所居幕狭小，为别制二幕贻之，其廉俭若此。初与国藩论事不洽，及闻其薨，乃曰："谋国之忠，知人之明，自愧不如。"志益远矣。

——赵尔巽《清史稿》

---

[1] 事见《清史稿·左宗棠列传》："尝出巡吴淞，过上海，西人为建龙旗，声炮，迎导之维谨。"

肃　顺

肃顺（1815～1861），字裕亭、豫庭。第一代郑亲王济尔哈朗的后裔。肃顺在文宗时任赞襄政务大臣兼协办大学士。满洲镶蓝旗人，其父乌尔恭阿是济尔哈朗的第十二代王爵继承人。肃顺严刑峻法，他整顿户部卓有成效。在用人方面，肃顺的眼光也不拘一格，他赏识曾国藩，暗助左宗棠，是他生平最著名的事迹。肃顺虽为顾命大臣，却不得行其志，最后惨遭杀害。

肃　顺

一、严刑峻法　遭人惧恨

肃顺为乌尔恭阿第六子。道光十六年（1836），经例试授辅国将军，委散佚大臣。道光二十九年（1849），任奉宸苑卿。一年后，任内阁学士累擢工部、礼部、户部左侍郎，同时兼副都统，咸丰七年（1857）初，擢左都御史，十月，迁理藩院尚书，次年十月，擢礼部尚书。咸丰九年（1859）起直至死前数日，任户部尚书、御前大臣、内务府大臣、协办大学士等职。

文宗执政的最后三四年间，为混乱的国内外局势所困，因而逃避于声色。许多以前由皇帝和军机大臣共同处理的军国大事此时均由几位御前大臣，主要是载垣和端华来处理。但由于此二人生性优柔寡断，因此遇事常常向肃顺请教。如此一来，肃顺逐渐握有重权。他刚愎自用，常常用严厉的手段处置昏庸无能、贪污

咸丰重宝

腐化的官吏。咸丰八年（1858），他在耆英一案中初试锋芒。耆英与英法联军在天津谈判时陷入困境，他未得旨即返京。九卿奉旨议罪，由于肃顺的力主，耆英论死。[1] 在处理另一案时，肃顺也同样严峻。这年十一月，有人弹劾顺天府乡试主考官受贿舞弊。据查，主考官大学士柏俊应仆人之请掉换试卷，致使优者落榜。那个可能因受贿而求情的仆人在结案之前已死于狱中。虽然没有足够的证据表明柏俊本人得知受贿一事，但由于肃顺、载垣及其同党陈孚恩的力争，终于为柏俊论死找出罪名。另外三位卷入此案的官员亦被处死，其中一位是同考官浦安。姑且不论这种严刑峻法对于防止贪污和无能是否必要，其结果却使肃顺等权臣遭人惧恨。

由于道光帝后期的国内动乱，政府财政状况很不稳定。肃顺任户部尚书后不久，即试图进行改革以增加国家收入。咸丰三年（1853）初，即已发行纸币，同年，政府开始将旧铜币熔化重铸高面值新币。未几，伪币大量出现，京城之外，人们拒用新币。由于货币贬值，物价上涨，人民生活日益困苦。

咸丰九年（1859）末，肃顺逮捕了偷工减料、有贪污行为的铸币局的主管人员和户部官员。一个月后，由于端华的检举，奕訢的一名奴仆因与某铸币局有关被拘捕。这年底，户部衙门失火，几乎焚毁殆尽，据肃顺推测，此事是几个铤而走险的户部官员所为，以便销毁罪证。此事发生后，又有许多人被捕被杀，但严厉的办法并未能缓解局势，反而更加得罪了从中获利的王公朝臣。由于货币贬值，北京的生活日艰，据说许多持有贬值的大钱的人在街上遇到肃顺时，即将钱迎面掷向肃顺。

肃顺也参与过对外交涉。咸丰九年（1860）七月至咸丰十年（1859）五月间，他和瑞常在京与俄国使节伊格那提耶夫将军曾多次会谈。咸丰八年（1858）

---

[1] 事见《清史稿·宗室肃顺列传》："耆英不候旨回京，下狱议罪，拟绞监候，肃顺独具疏请立予正法，上虽斥其言过当，即赐耆英自尽。"

签定了《中俄条约》，沙俄从中获取许多权益。为巩固条约所获得的权益，俄国使节又来华商谈签订补充条约。谈判恰在大沽口击退英法舰队之后，谈判历时十个月没有结果，最后，俄国使节离京回国，但肃顺与俄使的私交很好。

咸丰十年（1860）九月，桂良在天津与英、法公使谈判失败以后，载垣和军机大臣穆荫奉旨赴通州议和，以阻止英法联军向前推进。但九月十八日，载垣奉文宗之命逮捕了英国翻译巴夏礼及其随员，解送北京关押。联军随即在通州附近击败清军。九月二十一日，奕訢取代载垣和穆荫与英法议和，但英法联军继续进逼北京，次日，肃顺护驾从圆明园出逃，九月三十日抵热河行宫。

二、辅政大臣　死于人手

北京条约缔结之后，英法联军即行撤离，但朝廷仍滞留在热河。文宗将朝政委之载垣、端华、肃顺和景寿四位御前大臣。咸丰十一年（1861）二月初，肃顺兼协办大学士。此时，掌权的军机处完全在四位御前大臣的控制之下，军机大臣穆荫、匡源、杜翰和焦佑瀛又成为四位御前大臣发布圣旨的工具。咸丰十一年（1861）八月二十二日文宗垂危之时命其子载淳继承大统，但他已无力亲笔写诏，乃命四位御前大臣及四位军机大臣起草诏书。[1] 此八人被封为赞襄政务大臣，在载淳未成年前共同辅政。然而，他们发布的一切政令，都必须征得慈安、慈禧两宫太后的同意，据当时在热河的一位

恭亲王奕訢

[1] 事见《清史稿·宗室肃顺列传》："十一年七月，上疾大渐，召肃顺及御前大臣载垣、端华、景寿，军机大臣穆荫、匡源、杜翰、焦家祐瀛入见，受顾命，上已不能御朱笔，诸臣承写焉。"

慈 安

官员的一组书信称，八大臣意欲不理会此限制，故而与两宫太后发生矛盾。一位御史建议应由皇太后摄政，辅之以皇帝嫡亲时，肃顺和众辅政当即起草一道谕旨斥责该御史。皇太后起初拒绝签发这道谕旨，但在八大臣的胁迫下不得不最终发出。另外，肃顺身为总管内务府大臣，主管皇太后的用度和供给，当时京城谣传他有意使皇太后挨饿。

最后，皇太后与奕訢密谋推翻八大臣。咸丰十一年（1861）十月底，朝廷返京时，肃顺受命护送大行皇帝梓宫，皇太后携幼帝比肃顺早一日抵京，表面上是为了迎接大行皇帝的梓宫进城，但皇太后一到北京即传旨逮捕肃顺及其他辅政大臣。是夜，奕訢及一队骑兵迅速抵达肃顺的驻地，肃顺从床上惊起，未经反抗即被逮走。[1] 在北京其他几位辅政大臣也被突然拘捕，次日，当下令逮捕他们的谕旨公之于众时，他们的命运已定。十一月八日，肃顺在刑场斩首示众，载垣、端华赐自尽以维持体面。据当时的记载：肃顺在临刑前大骂太后和奕訢，并埋怨其余几位辅政大臣没有听他的话牢牢地掌握住大权。

肃顺集团的其他成员惩处轻微，其中驸马景寿得免，可能因为他是奕訢的姻亲。其余辅政大臣退出军机处，有的流放，有的革职。陈孚恩被视为肃顺的心腹，发往伊犁，同治五年（1866）为土匪所杀。耆英之子奏请昭雪父亲的冤情，被拒绝了，因其父罪有应得。耆英之死显然量刑过重，又由于肃顺插手其间，他的后代竟不能入仕为官。

---

[1] 事见《清史稿·宗室肃顺列传》："肃顺方护文宗梓宫在途，命睿亲王仁寿、醇郡王奕譞往逮，遇诸密云，夜就行馆捕之，咆哮不服，械系。"

烟波致爽殿

　　烟波致爽殿是"避暑山庄三十六景"的第一景，也是清朝皇帝在承德避暑山庄的寝宫。殿正中设宝座，西次间设小佛堂，东间为皇帝起坐间。嘉庆、咸丰都死于此殿。

名 家 评 说

　　文宗厌廷臣习于因循，乏匡济之略，而肃顺以宗潢疏属，特见倚用，治事严刻。其尤负谤者，杀耆英、柏葰及户部诸狱，以执法论，诸人罪固应得，第持之者不免有私嫌于其间耳。

——赵尔巽《清史稿》

　　以国士待我，当以国士报之，曾公之意，殆亦犹是。若载垣、端华、肃顺辈，以宗室懿亲，不务安邦，但思擅政，何其跋扈不臣若此？无莽操才，而有莽操之志，卒之弄巧成绌，反受制于妇人之手，宁非可愧？

——蔡东藩《清史演义》

李鸿章

李鸿章（1823～1901）字子黻，号少荃，晚年自号仪叟，清同治帝时李鸿章任两江总督，后又继曾国藩任直隶总督兼北洋大臣。父亲李文安，曾任刑部郎中。谥号"文忠"。安徽合肥人。李鸿章为清末淮家军阀，洋务派首领，掌握外交、军事、经济大权。从19世纪60年代起李鸿章开始开办近代军事工业，逐步扩大其所谓"自强求富"的洋务事业，利用海关税收购买军火和军舰，扩充淮军势力，建立北洋海军。李鸿章对外一贯妥协投降。1900年八国联军侵占北京后，被任命全权大臣，代表清政府签订了《辛丑条约》。临死前推荐袁世凯继承他的职务。李鸿章是中国近代史上众说纷纭的典型人物。

李鸿章（摄于 1894 年）

一、镇压起义　扶摇直上

李鸿章于道光三年（1823），生于安徽庐州府合肥县（今安徽合肥）一个书香门第的官僚地主家庭，成名后时人称之为"李合肥"即源于此。

李鸿章排行第二，本名章铜，字渐甫。他从小聪明好学，受家庭、社会环境的影响薰陶，期望有朝一日通过科举的门径登上仕途，跻身统治阶级的行列。他先后受业于他的父亲李文安、堂伯父李仿仙、徐明经和曾国藩四位理学大师，在义理、经济之学和治世技巧方面深得要领，终于在道光二十七年（1847）考中进士，进入朝廷人才汇聚的翰林院，达到"少年科第"的顶峰，开始了仕途上的第一步。

咸丰元年（1851），轰轰烈烈的太平天国运动爆发。受请廷谕示，李鸿章随工部侍郎吕贤基回到原籍办团练。[1]

太平天国定都南京之后，旋即西征和北伐，并夹击安徽，李鸿章以一介儒生回安徽，协助吕贤基、李嘉端等人办团练，开始并不那么顺利，多次险遭灭顶之灾。但李鸿章凭着人地熟悉和对农民运动的阶级仇恨，拼命阻止和打击太平军在安徽的进攻，在咸丰六年（1856）以前立有三次大功，被赏加至按察使衔。此后两年左右的时间，太平军在陈玉成的指挥下，连战连胜，还是基本控制了安徽的重要城镇，而李鸿章在太平军和捻军的作战中连吃败仗，如此，与同事的关系也搞得相当紧张，似已没有出头之日。

咸丰九年（1859）一月，太平军攻入了李鸿章的家乡，李鸿章父死家破。潦倒失意的李鸿章在走投无路的情况下只好投奔正在江西南昌"围剿"太平军的恩师曾国藩，成为了曾国藩的亲信幕宾。到同年十一月，得曾国藩推荐被授以福建延津道道员，但无缺可补；咸丰十年（1860）八月又被曾国藩荐为两淮盐运使也未成，不得不继续留在曾国藩幕中。在与太平军的作战中曾国藩曾多次遭遇困境，很多回都是靠李鸿章出谋划策，化险为夷。因此越来越受曾国藩的倚重，由于曾国藩有了节制四省军务与人事的权力，因此曾国藩命李鸿章四处招募人马，去上海作战，从此李鸿章终于可以独挡一面，有了出头之日。

受命之后，李鸿章并没有返回故里，而是坐镇安庆通过派人或通信等办法，召集原来在安徽的一些旧部下，如刘铭传、周盛波、潘鼎新、张树声、吴长庆等部将。曾国藩又把太平天国安徽籍降将程学启等部拨给李鸿章。李鸿章共募得7500人，按湘军制度制订了营制。中国近代继湘军之后，又一支地主反动武装——淮军组成了。[2]

同治元年（1862）三月底，上海士绅雇了七艘英轮溯江到安庆迎接李鸿章。四月上旬至六月上旬，13营淮军全部抵沪。到上海不久根据两江总督曾国藩的

[1] 事见《清史稿·李鸿章列传》："洪秀全据金陵，侍郎吕贤基为安徽团练大臣，奏鸿章自助。"

[2] 事见《清史稿·李鸿章列传》："同治元年，遂命鸿章召募淮勇七千人，率旧部将刘铭传、周盛波、张树声、吴长庆，曾军将程学启，湘军将郭松林，霆军将杨鼎勋，以行。"

提议，李鸿章由一个候补道员，被破格授予署理江苏巡抚的职务，从此进入统治阶级上层，终于成为了清王朝的封疆大吏。

李鸿章带着仅为 7500 人的淮军到达上海后，地方上面临着吏治败坏、时局动荡的现实；在军事上太平军大兵压境，而淮军武器由于新组成十分破败。从重视经世致用的科举进士，到经过十年军旅生涯磨炼的李鸿章，逐渐形成自己的风格，面对这一切困难他没有退缩，而是大胆务实地采取了一系列措施，来巩固和扩大自己的势力。他以曾国藩为外援，首先撤换了江苏省一批庸碌无能、贪污腐败的官吏，整顿了吏治；同时结好外国势力和新兴买办阶层，广筹财源，迅速扩编了淮军并更新其装备，很快就全部用洋枪洋炮武装了起来，并请洋人进行训练，这样淮军得到了根本的改观，不仅没有在两年多与太平军的拉锯战中被消灭，反而在不长时间内发展成为牵制太平军东线战场不可忽视的一支劲旅。

同治二年（1863），太平军的形势渐趋危急，天京已处在湘军的三面包围之中，江浙根据地仅剩杭州、苏州以西据点。李鸿章的淮军不仅解了上海的包围，而且一直攻到苏州城下。李鸿章靠高官厚禄诱降太平军将领的策略频频得手，使太平军损失惨重。太平军后期的支柱忠王李秀成穷于东西应付，忙于救援。为了巩固江浙根据地。同治二年（1863）九月，太平军与淮军在苏州附近展开了一场殊死决战。几经反复，太平军渐渐不支。淮军依仗武器的优良，把包围圈逐渐缩小，最后兵临城下。苏州是太平天国在天京之外的又一政治、军事中心，忠王府就设在城内。李鸿章孤注一掷，调来 20 余门巨大的洋炮，轰毁了苏州数段城墙。但李秀成、慕王谭绍光等指挥太平军打退淮军多次进攻，把李鸿章牢牢地堵在城外。李鸿章在久攻不下时，又故伎重演，派人诱降城内纳王郜永宽以下八王。这时天京危急，李秀成奉命回援天京。十二月四日，叛徒郜永宽等人合谋刺杀了谭绍光，无耻地投降了李

1860 年的李鸿章

淮军占领苏州

鸿章。而次日李鸿章把乞降的八王全部杀掉。同时还有2000余名太平军将士死于李鸿章的屠刀之下。李鸿章克苏州有"功"，被赏加太子少保，赏穿黄马褂。从此受到清廷的直接赏识。[1]

同治二年（1863）底至同治三年（1864）初，李鸿章继克苏州之后，连陷无锡、嘉善、嘉兴、宜光、溧阳、金坛、常州，进至天京外围。考虑到与曾国藩恩师的关系，李鸿章没有直接参与同治三年（1864）七月湘军攻陷天京的战役，而是把这一"光荣"留给了恩师的湘军，在中外反动势力的联合围剿下，轰轰烈烈的太平天国运动在经历了14年之后最终失败了。

太平天国运动失败后，遵王赖文光联合捻军在北方继续战斗。山东曹州一战，他们以机智灵活的战术，杀死了前来镇压的钦差大臣、蒙古科尔沁亲王、咸丰帝表兄僧格林沁，顿时声名大振。清政府在震惊之余，急调曾国藩为钦差大臣，率湘淮军主力北上，督办直、鲁、豫三省军务，负责镇压捻军。同时，命令李鸿章署理两江总督，负责后援军饷。捻军没有固定的根据地，以运动战为主，大队骑兵忽东忽西，往来不定，经统帅赖文光的整顿，更加提高了战斗力。曾国

[1] 事见《清史稿·李鸿章列传》："十月，鸿章亲视师，以炮毁之，城贼争权相猜，谋反正，刺杀谭绍洸，开门纳军。时降首八人皆拥重兵，号十万，歃血誓共生死，要显秩。学启言不杀八人，后必为患。鸿章意难之，学启拂衣出，鸿章笑语为解。明日，八人出城受赏，留饮，即坐上数其罪，斩之。学启入城谕定其众，搜杀悍党二千余人。捷闻，赏太子太保衔、黄马褂。"

藩围剿捻军一年多成果不大，清廷对近在肘腋的威胁不能很快解除十分不满，故在同治五年（1866）十一月，改派李鸿章为钦差大臣，率淮军镇压捻军，而命曾国藩仍回两江总督原任。

这时的捻军为了战略上相互策应，已分为东西两支，其中西捻军由张宗禹率领，挺进西北；东捻军则由赖文光率领在中原活动。两支捻军成犄角之势，旨在开辟新战场，互相扯动、分散清军兵力。李鸿章针对捻军的战略战术，有针对性地制定了"划河圈地、""以静制动"的战略以限制捻军的流动，同时采用各个击破的方针，先集中兵力向东捻军进攻。同治六年（1867）底，东捻军被追至山东运河以东狭窄地区，后虽突破了淮军包围，但不久又被困于黄河以南、运河以东、六塘河以北与大海之间，陷入李鸿章的四面包围，使"以走制敌"的特长无法施展而屡屡受挫。同治七年（1868）一月，赖文光被俘，不久在扬州被害，东捻军彻底失败。东捻军在遭到李鸿章包围的时候，西捻军为解东捻之围，转战东来救援，在东捻军失败前夕，已到达直隶，谁知这却正中了李鸿章的下怀，不久西捻军又被李鸿章包围在黄河以南、运河以东、徒骇河以北之间的狭长地带，不

李鸿章（右）与醇亲王奕譞（中）

久在重重的围困之中，张宗禹走投无路，跳了徒骇河自杀，下落不明，西捻军也告最终失败。

李鸿章在不到两年的时间之内，残酷剿杀了东西捻军，因"功"被清政府赏加太子太保衔，并实授湖广总督、协办大学士。同年秋，李鸿章奉召进京觐见皇帝和太后，被赐予紫禁城内骑马的荣誉。[1]

李鸿章由一介书生，靠镇压农民运动得到步步高升。同治九年（1870）曾国藩从直隶总督调任两江总督，李鸿章接任直隶总督，十一月又兼任北洋大臣。这时，李鸿章的淮军已发展到十来万人，驻防在京畿、辽东、山东、两江等地，几至半个中国，支撑着腐败不堪的清王朝。李鸿章在这个高位上，一坐就是25年，几乎在清王朝的历史上没有任何一个先例，这使他成为清末最有影响力的封疆大吏、中堂（宰相）大人。

二、筹办洋务 图谋自强

同治元年（1862），李鸿章率淮军到上海，署理江苏巡抚兼通商大臣后，与在上海的外国势力展开了频繁的接触与联合。

同治二年（1863），他在松江设立弹药厂，攻陷苏州后，把弹药厂迁到苏州，改为洋炮局。同治四年（1865），署理两江总督时又搬到南京，成立金陵制造局，生产枪、炮、子弹、火药，供应淮军及本省各防营。李鸿章以此为起点，搞了30多年洋务。在当时的地主阶级统治成员中，以李鸿章为代表的洋务派是比较开明的。在洋务派中，李鸿章办的军工企业最多，规模也最大，除金陵制造局外，还有江南制造总局、天津机器局。

同治四年（1865），李鸿章购买了上海虹口的美商铁厂，很快又并入原属清政府的两个小炮厂，设立了江南制造总局。以后经过发展成为洋务派最大的军工企业。该厂主要生产枪、炮、弹药、水雷等武器，设备从美国进口，并雇请英、美、德等国技师，同治五年（1866），因厂址狭小，由虹口迁到高昌庙。此后不断扩充，先后建了汽炉、轮船；枪炮、弹药、水雷、炼钢等14个分厂和一个译书局。人员最多时达几万人，在几十年中，江南制造局生产了不少武器，译书局

---

[1] 事见《清史稿·李鸿章列传》："贼无一生者，张宗禹投水死。西捻平，诏复原官，加太子太保衔，以湖广总督协办大学士。八月入观，赐紫禁城内骑马。"

也翻译了一批国外科技图书。在总局工作的中国工程技术人员徐寿、华衡芳等人，在数学、化学、机械等方面都卓有成绩。

李鸿章调直隶总督兼北洋大臣时，接管了天津机器局。他对该厂做了扩充和整顿，换上了不少自己的亲信，又从香港请来很多工匠。该厂主要生产枪、炮、水雷、子弹、开花弹等，设备购自英国。这个厂的规模仅次于江南制造局。

由于军事工业经费筹措困难，洋务派以广开财源"求富"为目的，办起了许多民用工业。在民用企业中，又以李鸿章经手兴办的为多，有许多企业是他利用自己的地位在没有得到清廷允准的条件下，先斩后奏办起来的。

同治十一年（1872），李鸿章在上海设轮船招商局，先后任用买办出身、熟悉业务、懂得竞争的唐廷枢、徐润、郑观应等人主持局务。以后他还在天津、汉口、广州、香港等地设立分局。招商局的开办，目的在于扩大财源，但却突破了外国势力对中国航运业的垄断。开业的头三年，招商局从外国轮船公司手中夺得

金陵机器制造局自制大炮

李鸿章在唐山火车站

1300 万两白银的利润，迫使美国旗昌洋行在竞争中失利。

同治十三年（1874），洋务派与顽固派继同治六年（1867）有关同文馆招生问题辩论后，又一次展开大辩论，争论的中心是制造洋船洋器和筹备海防问题。总理衙门先提出"练兵、简器、造船、筹饷、用人、持久"六条措施，李鸿章是"六条"最有力的支持者，主张建立新式海军，各省配备近代武器，用西法采煤、建铁路，培养和选拔具有近代科学知识的人才。[1] 在两派经过一场激烈斗争后，以李鸿章为代表的洋务派驳倒了顽固派，这一年李鸿章被授文华殿大学士。

光绪三年（1877），李鸿章设开平矿务局，开采直隶唐山地区的煤炭。光绪七年（1881）正式出煤，年产量 3 万多吨。同年，在奕訢的暗中支持下，他先斩

---

[1] 事及语见《清名稿·李鸿章列传》："尝议制造轮船，疏言：西人专恃其炮轮之精利，横行中土。于此而曰攘夷，固虚妄之论。即欲保和局，守疆土，亦非具而能可守之也。士大夫囿于章句之学，苟安目前，遂有停止轮船之议。臣愚以为国家诸费皆可省，惟养兵设防、练习枪炮、制造兵轮之费万不可省。求省费则必屏除一切，国无与立，终无自强之一日矣。"

后奏修建唐山至胥各庄的铁路，光绪十二年（1886）又向西延长到芦台，长85公里。光绪十三年（1887），李鸿章在天津设铁路公司进行经营。第二年，李鸿章主持将铁路由芦台又向西延长至天津。光绪二十年（1894），开滦煤矿年产量已发展到70万吨。这是洋务派所办煤矿中最大和最有成效的一个。该矿用机器采煤，逐渐配备了铁路、运河、专用码头及堆栈，在中国近代影响较大。

此外，在工业、交通等方面：光绪五年（1879）李鸿章设天津电报局，在国内设7个分局，经过几年的努力，初步形成了能通达半个中国的电报网；光绪七年（1881），在上海建立机器织布局，由郑观应负责，聘请美国人任教习，开中国人机器织布先河，而且卓有成效；光绪十四年（1888），又在黑龙江设漠河矿务局，在当地采金，年产量近两万两，挤掉了沙俄抢掠我国黄金的"采矿事务所"。

基于"自强""求富"的需要，李鸿章在引进"制器之器"创办军工企业、民用工业企业的同时，试图推进科举改革，培养"制器之人"，造就一大批掌握科学技术知识的新式人才。在同治六年（1867）的辩论中，他主张科举专设一

1872年，清政府首次选派30名学童赴美留学。

科，传授和学习各种制造技术，单独取士，但未获准实行。但他在自己所设的上海广方言馆中，不仅让学生学习外语，还开设了自然科学课程，这对中国传统的教育是一个突破。由此李鸿章大兴新式学校，先后创办了外国语学校、江南制造局附设机械学校、天津水师学堂、天津武备学堂、天津军医学堂、天津电报学校。还由他主持向欧美的几个国家派遣了少量留学生，开鼓励留学的先河。通过这些新式学校和留学，培养了一大批中国近代知识分子和专业技术人才。

在军事上，李鸿章除用最先进的近代武器装备自己的淮军以外，最重要的是创办了北洋海军。这是李鸿章兴办洋务的主要目的。同治十年（1871），李鸿章在天津大沽口添置新式炮台，同年又调江南和福州船厂的两艘船到天津巡海。同治十三年（1874）丁日昌建议设北洋、东洋、南洋三支海军，李鸿章坚决支持。光绪四年（1878）清政府决定先设北洋水师，以后再建东洋、南洋水师。年底，李鸿章向英国购买四艘炮舰，报请将记名提督丁汝昌留北洋差遣，在天津设水师营务处，以道员马建忠负责海军日常事务。第二年，命人设计出黄地蓝龙红珠的长方形海军旗。光绪十一年（1885），清政府正式设海军衙门，由奕訢任总理大臣，李鸿章任会办大臣，实权由李鸿章操纵。凭借手中的权力，李鸿章几年中添置了十余艘新船。光绪十四年（1888），北洋北师正式成立。舰队中有排水量达7000多吨的主力铁甲舰定远号、镇远号，还有各种巡洋舰、炮舰、练习舰、鱼雷艇及各种杂差船只近50艘，实力在当时超过了日本。但是由于北洋水师建军

清朝战舰镇远号

《马关条约》签订地——日本下关春帆楼

以后，为筹备甲午年慈禧太后 60 大寿庆典，海军经费大部分被挪用修葺颐和园，舰队再没扩充和更换旧舰。[1] 而日本则针对中国的海军水平，组建了新舰队，以后在火力和速度等方面，都超过了北洋舰队。

光绪二十年（1894）中日甲午战争爆发，李鸿章苦心经营的淮军一败涂地，北洋舰队也全军覆没，宣告李鸿章洋务运动的军事目的破产。从此也结束了李鸿章权倾朝野的日子。但是李鸿章在创办军用、民用工业企业，发展教育、交通、通讯等领域开中国近代化先河之功，是不可磨灭的。

三、避战求和　屈辱外交

当历史跨进 19 世纪七八十年代以后，国际国内形势发生了巨变。中国国内刚刚历经大规模农民起义和英法等联军的打击之后，国力虚弱，而外国资本主义

---

[1] 事见《清史稿·李鸿章列传》："初，鸿章办海防，政府岁给四百万。其后不能照拨，而户部又奏立限制，不令购船械。鸿章虽屡言，而事权不属，盖终不能竟厥功焉。"

这时已开始向帝国主义阶段过渡，它们更加加紧对中国的侵略，中国的边疆危机纷至沓来，60年代清与外国所谓"中外和好"的局面已经一去不复返了。李鸿章等人，针对这种变化审时度势提出"外须和戎，内须变法"的洋务总纲。

1885年6月9日，李鸿章和法国驻华公使巴德诺签订《中法会订越南条约》后留影。

在浑浑噩噩的清朝统治者中，能有这种认识的人可谓凤毛麟角，屈指可数。李鸿章大声疾呼中国绝不应昏睡于"天朝上国"的迷梦而抱残守缺，强调"我朝处数千年未有之奇局，自应建数千年未有之奇功"。在他看来举办洋务就是"处奇局建奇业"的必经之路。

同治九年（1870），发生了天津教案，直隶总督曾国藩先受命处理，后由于受到非议罢去，清廷不得不又命李鸿章继续处理。在李鸿章主持下天津教案最后以清政府杀人偿命、赔款道歉等结案，从此开始了李鸿章办屈辱外交的生涯。他在任期间，《天津会议专条》《中英烟台条约》《中法新约》《马关条约》《中俄密约》等许多丧权辱国的条约都和他有关。

李鸿章秉承清政府中主要决策人慈禧等人的卖国保位意旨，在几十年的外交活动中，始终坚持一条镇压人民、对外妥协投降、保大清江山和自己荣华富贵的外交路线。在他签定的各个条约中，大部分是卖国的条约。在签约的谈判中，他大量出卖了国家和民族利益，使外国侵略者的特权越来越多，使国家的半殖民地性质步步加深。

四、再签辛丑　抑郁而终

李鸿章曾说他自己"少年科第，壮年戎马，中年封疆，晚年洋务，一路扶

康有为

摇"。但是甲午战争却使他从权力顶峰上滚落下来，仅留文华殿大学士头衔，奉旨入阁办事。李鸿章在北京没有房产，只得借住在贤良寺，既不能预闻朝政，又时受政敌攻击。为此他很少外出访亲拜友，也不喜欢接待来访客人，"因而门户亦甚冷落"。但他并不甘心，时刻企图东山再起。

光绪二十二年（1896），机会终于来了，他被慈禧任命全权特使，参加俄皇加冕庆典，游历欧美，一路光耀。李鸿章出访欧美，除了外交方面签中俄条约的失计外，在思想方面颇有收获，从过去的"耳闻"，经过亲自考察而有了实感，对欧美"立国政教"有了深刻认识，并进而与中国国情进行比较研究，得出欧美"上下一心"，中国"政杂言塞"的结论。因此李鸿章在觐见光绪和慈禧时，就"历陈各国强盛，中国贫弱，须亟设法"。李鸿章本想借助出访欧美之机"再握大权"，还督直隶，重温"坐镇北洋，遥执朝政"的旧梦。欧美列强也热切希望清廷对李鸿章能够"优加信任，重畀大权"，使之东山再起。然而事与愿违，李鸿章归国之后，于光绪二十二年（1896）奉命只在总理衙门大臣上行走。

光绪二十一年（1895），康有为等人在京组织"公车上书"，掀起维新运动。同年八月，由翰林院侍讲学士文廷式等组织了"强学会"。一时一批清廷官僚纷纷捐资加入，一些外国在华教士也参加了。李鸿章也想参加，并愿捐款2000两。但因其在马关刚刚签完条约，人皆指为卖国贼，名声太臭，因而被拒绝入会。同年十月，康有为在上海办强学会时，李鸿章捐款1000两。对维新运动的兴起、发展、变法和失败，李鸿章一直给予暗中支持和同情，并还尽力保护维新派大臣、人士，这是与他的自强变法思想分不开的。但由于其更看重功名利禄，他的变法思想与维新派有极大不同。

光绪二十四年（1898），李鸿章不顾76岁高龄，奉命到山东勘查山东黄河工

八国联军入侵北京

1901年9月7日，联军统帅瓦德西与大沽国签约代表：由德、奥、比、西、法、英、意、美、日、荷、俄10国公使组成的外交团。在图片右侧手上持下，于口时在北京西班牙使馆与中国全权大臣和李鸿章举行会谈，签署和谈最后议定书，仪式于口时30分结束。

《辛丑条约》签订现场

程，尽力查访，陈述了不少有效的主张，但终因清廷无法实施而告终。[1]同年底，李鸿章得任两广总督之职再次出山，在两广总督任上，他接到慈禧"剿杀康党"的旨令。他奉旨而行，逮捕了一些保皇会成员，也对孙中山的革命党人起义进行过镇压，但他力保康有为祖坟，常与康有为、梁启超等人书信联系，并与孙中山的革命党也频繁接触。表明他既不愿割掉赖以荣升的清王朝的脐带，又对变革自强存有希望。

光绪二十六年（1900），声势浩大的义和团运动爆发。英、法、俄、日、美、德、意、奥八个帝国主义国家拼凑起数万人的八国联军，挑起了侵华战争，在清政府内部，展开了对义和团"剿"与"抚"、对八国联军"和"与"战"的争论。最后慈禧一派占据上风，主张利用义和团去打洋人，以求其两败俱伤。六月二十一日，清政府向联军宣战。正当朝廷"和"与"战"、"剿"与"抚"两派激烈争论的时候，两江总督刘坤一、湖广总督张之洞，与各国驻上海领事会商，炮制了一个《东南互保章程》，李鸿章虽未直接参加"东南互保"，但他的态度举足

[1]事见《清史稿·李鸿章列传》："二十四年，命往山东查勘黄河工程。疏迁民筑堤，成工匪易，惟择要加修两岸堤埝，疏通海口尾闾，为救急治标之策。"

轻重。李鸿章一贯主张镇压人民革命，并靠镇压人民起家，这次也不例外。在洋务和外交活动中他从崇洋发展到惧洋，因此十分害怕八国的联合进攻，所以积极支持"东南互保"。

同年七月，慈禧太后见形势急转直下，急调李鸿章回任直隶总督兼北洋大臣，为向外国妥协做准备。这时李鸿章不听香港总督卜力、革命党人要他两广独立的主张，离开两广北上。八月十四日，八国联军攻破北京，慈禧偕光绪和部分大臣仓皇出逃西安，途中下罪已诏，并严令剿杀义和团，并授权李鸿章"便宜行事"，让他与帝国主义商谈投降议和。庆亲王奕劻和李鸿章被任为议和全权大臣，收拾残局，实际上由李鸿章一手操纵。[1]

慈禧太后在获知外国列强可

1901年9月7日，李鸿章代表大清国与11国签订了中国近代史上著名的不平等条约《辛丑条约》。在这份文件上，李鸿章将"李鸿章"三个字挤成一起签成了"肃"字的模样，很明显在此时他是想以自己受封的身份"肃毅伯"来落下这个耻辱的款。李鸿章在签字回来后，再一次大口吐血……二个月后，李鸿章在北京贤良寺去世。

以保证她最高权力、不把她作为战争祸首的前提下，旨令李鸿章"量中华之物力，结与国之欢心"，全部答应《议和大纲》十条要求。光绪二十七年（1901），各国强迫清政府签订了丧权屈国的《辛丑条约》。李鸿章代表清政府在条约上签了字。条约的主要内容是：惩办战犯；中国赔款45000万两白银，39年付清，年息四厘，本息总计98000万两；在北京东交民巷设使馆区，外国驻兵把守，中国

[1] 事及语见《清史稿·李鸿章列传》："拳匪肇乱，八国联军入京，两宫西狩。诏鸿章入朝，充议和全权大臣，兼督直隶，有'此行为安危存亡所系，勉为其难'之语。鸿章闻警兼程进，先以兵剿畿甸匪，子身入京，左右前后皆敌军，日与其使臣将帅争盟约，卒定和约十二款。二十七年七月，讲成，相率退军。"

人不得入内；拆毁大沽至北京所有防御设施，并允许外国军队在 13 处驻军；取缔一切反帝活动。这一条约使全中国和清王朝直接处于了列强的刺刀之下，堕入半殖民地的深渊。

条约签订之后，李鸿章奉命总理新成立的外务部。由于战乱的惊吓和忙于议和活动，以及卖国条约受到舆论的强烈指责，李鸿章终于一病不起，在《辛丑条约》签定不久后的光绪二十七年（1901）十一月七日死去，终年 78 岁。正在从西安返京途中的慈禧得知这一消息后，立即派恭亲王溥伟前去祭奠，并下诏对李鸿章追谥"文忠"，晋封一等侯爵，赐太子太师，入贤良祠祭祀。

名 家 评 说

中兴名臣，与兵事相终始，其勋业往往为武功所掩。鸿章既平大难，独主国事数十年，内政外交，常以一身当其冲，国家倚为重轻，名满全球，中外震仰，近世所未有也。生平以天下为己任，忍辱负重，庶不愧社稷大臣。惟才气自喜，好以利禄驱众，志节之士多不乐为用，缓急莫恃，卒致败误。疑谤之起，抑岂无因哉？

——赵尔巽《清史稿》

肃毅伯李鸿章，非真秦桧、贾似道之流亚也，误在暮气之日深，与外交之寡识，越南一役，中国先败后胜，法政府又竞争党见，和战莫决，彼心未固，我志从同，乘此规复全越，料非难事。乃天津订约，将与法使议和，但求省事，不顾损失，暮气之深可知矣。朝鲜再乱，维新党召日本兵入宫，日本未尝知照中国，遽尔称兵助乱，其曲在彼，不辨自明。

——蔡东藩《清史演义》

翁同龢

翁同龢（1830～1904），字笙阶，号叔平，江苏常熟人。清光绪帝时曾任户部尚书协办大学士之职。父亲为大学士翁心存。翁同龢为官廉正，提携后进，在对内对外一些重大问题上的主张充分体现了爱国主义思想，与李鸿藻、潘祖荫等大臣同属清廷中的清流派。

翁同龢于咸丰六年（1856）得一甲一名进士，授翰林院编修，两年后典试陕西为副主考。同治五年（1865）被命在弘德殿行走，当穆宗皇帝的老师，其职责是给两宫皇太后进讲历史课《治平宝鉴》。在此期间他被擢升国子监祭酒、内阁学士。[1]光绪元年（1875）初，穆宗皇帝驾崩。同年底，翁同龢被任命为年幼的新皇帝德宗的老师，头衔是毓庆宫行走。他和孙家鼐教皇帝读经以及一些其他科目，而另外一个老师夏同善教授皇帝书法。翁同龢于光绪二年（1876）开始教这位年幼的皇帝，以后长达22年之久，直至其被逐退为止。由此翁同龢和光绪皇帝建立了亲密无间的关系，对这位年轻的皇帝来说，翁同龢不但是老师，也是顾问、保护人，几乎成了他的父亲。翁同龢不仅教授皇帝读书，还向他力陈政府改革的必要性。

从光绪二年（1876）到光绪十二年（1886）

翁同龢

---

[1] 事见《清史稿·翁同龢列传》："命在弘德殿行走，五日一进讲，于帘前说治平宝鉴，两宫皇太后嘉之。累迁内阁学士。"

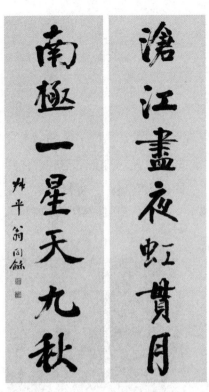

翁同龢书法

这十年间，翁同龢担任过户部侍郎、都察院左都御史、刑部尚书和工部尚书。在同俄国争伊犁期间，翁同龢、潘祖荫以及亲王奕訢、奕譞组成了一个核心内阁来处理这场危机。翁同龢还担任了两年的军机大臣，后虽被免职，但仍然保留包括皇帝老师在内的其他所有职务。

光绪十二年（1886）初，翁同龢任户部尚书，他担任此职长达 12 年之久，直至其被逐为止。在此期间，他同时兼任过军机大臣、总理衙门大臣和协办大学士。这个时期他的主要职责是筹划国家财政。他不同意张之洞随意开支进行改革的政策，如果不是亲王奕訢支持张之洞，他就要停止张之洞对新式工业的引进。作为一个保守派的理财官员，翁同龢极力保持政府开支同数量很少的农业税收之间的平衡，他反对那些从外国银行贷款进行商业和工业资本主义试验的地方官员。太平天国起义之后，封疆大吏几乎成了独立的势力，翁同龢与张之洞之间的争讼象征着中央与地方政府的冲突。翁同龢与李鸿章之间同样有隔阂，在 1894～1895 年中日战争的问题上他们更是分成主战和主和两派。当时，李鸿章集团谋求避免战争，而翁同龢派则要求一战。[1] 但是，后来李鸿章因为中国方面战败而受指责时，据说翁同龢则说服皇上宽恕他。似乎是中日之间的冲突使翁同龢觉悟到中国进行改革的必要，此后他便开始向皇帝推荐有关世界历史和其他方面的书籍，敦促皇帝推行改革政策。翁同龢的权势日重，逐渐引起那些以孝钦皇太后为靠山的保守党的不满。

光绪二十二年（1896），根据皇太后的命令，免除了翁同龢为皇帝授读的职务，然而，他作为一个官员仍然可以同皇帝接近。翁同龢于光绪二十四年

---

[1] 事见《清史稿·翁同龢列传》："时日韩起衅，同龢与李鸿藻主战，孙毓汶、徐用仪主和。会海陆军皆败，懿旨命赴天津传谕李鸿章诘责之，同龢并言太后意决不即和。"

（1898）帮助皇帝决定变法。同年六月十一日，皇帝命令地方官员向朝廷推荐贤能，同日向全国颁布准许变法的诏书。十四日，光绪皇帝召见康有为等维新派领袖，其他维新派像黄遵宪、谭嗣同和梁启超亦要求予以召见。这些举动吓坏了保守党，以致他们开始调动部队占据战略要地，并导致了翁同龢被革职。十五日诏下，斥责翁同龢贻误大政、冒犯天颜。正是这些含糊不明的罪状把翁同龢解职并逐回原籍。[1]这个诏书无疑是皇太后草拟的，而皇帝无力驳回，于是，德宗皇帝在刚刚开始获得成功时最重要的朋友和谋士便被逐退了。在翁同龢离去后，皇帝仍满怀希望地进行其改革。但三个月之后，保守派发动突然袭击，终使这次改革运动破产了。皇太后和保守党重新执政，一些维新派被处决或流放。一月四日，翁同龢因曾向皇帝推荐康有为而受谴责，并被褫去一切官衔，交由地方官看管。翁同龢于光绪三十年（1904）去世，宣统元年（1909）即孝钦死后第二年江苏士绅上书朝廷，恢复了翁同龢的生前全部官衔并谥"文恭"。

名 家 评 说

　　光绪初元，复逢训政，励精图治，宰辅多贤，颇有振光之象。同龢以专断致嫌。毓汶奔走其间，勤劳亦著，大体弥缝，赖以无事。然以政见异同，门户之争，牵及朝局，至数十年而未已。贤者之责，亦不能免焉。

——赵尔巽《清史稿》

---

[1] 事见《清史稿·翁同龢列传》："二十四年，上初召用主事康有为，议行新政。四月，朱谕：'协办大学士翁同龢近来办事多不允协，以致众论不服，屡经有人参奏。且每于召对时谘询事件，任意可否，喜怒见于词色，渐露揽权狂悖情状，断难胜枢机之任。本应查明究办，予以重惩。姑念其在毓庆宫行走有年，不忍遽加严谴。翁同龢著即开缺回籍，以示保全。'"

荣 禄

荣禄（1836～1903），字仲华，姓瓜尔佳氏，清光绪帝时荣禄曾被授内务府大臣兼管军统领，晋工部尚书。后任直隶总督兼北洋大臣，旋充军机大臣。他是满族正白旗人，与慈禧太后有姻亲关系。父亲为总兵长寿。荣禄与慈禧太后狼狈为奸，在"戊戌变法"中使用两面派手段，将变法扼杀。他的手上沾满了维新派志士的鲜血。

一、护卫西宫　智擒肃顺

咸丰二年（1852），16岁的荣禄由荫生补兵部主事，但此后仕途并不怎么得意。咸丰十年（1860），英法联军攻入北京，咸丰皇帝仓皇出逃热河，荣禄作为侍从跟随护驾，得以接近慈禧。在热河，他充任神机营翼长，受到慈禧的信任。第二年七月，咸丰帝病死在热河，唯一的儿子，五岁的载淳继位，是为同治皇帝。咸丰临终前，曾召户部尚书肃顺、郑亲王端华、怡亲王载垣等八人接受顾命，嘱他们尽心竭力，辅佐幼君。肃顺是几人中最有权谋的，他素来对慈禧干预朝政，居心叵测不满，自受顾命以来，越发不把慈禧放在眼中，往往独断专行。当御史董元醇上奏请两宫垂帘训政时，肃顺大加斥责，并追查系何人指使。这些顾命大臣们的言行计议，使荣禄深为慈禧的地位忧虑，他不时向慈禧打小报告，要她先下手为强。慈禧听了荣禄的话，更加惊恐不安。荣禄因素与咸丰帝的胞弟恭亲王奕訢有交情，便建议慈禧召奕訢自京来热河商议对策，慈禧采纳了荣禄的计

荣　禄

议，不料，奕訢来热河后，以叔嫂避嫌为理由，受到肃顺、端华等人的阻挡，被拒之于宫外，无法与慈禧见面。后经荣禄策划，男扮女装混入宫中，遂得以与两宫太后密议，决定早日奉咸丰梓宫回京，由奕訢在京城准备兵力，发动政变，拿下肃顺等人。

由于两宫太后一再催促回京，加上关外已经天凉，肃顺等人最后无法阻止，便打算派亲信兵丁于奉送梓宫回京途中，刺杀慈禧。荣禄对此早已有所警惕，一路上，精心保护，竟使肃顺、端华无从下手。等到走到古北口，风沙骤起，大雨滂沱，正是极好时机，偏偏荣禄机警非常，他不仅指挥军队更加悉心照料两宫太后，自己也跑前跑后，自晨至夕，片刻不敢离开两位皇太后的左右，而且凡从外面送来的一切食物用具等供奉，都必须一一经过他亲自检视才能送达太后手中。由于荣禄的精明、老练和忠诚，两宫皇太后得以安全回到京城。

养心殿

同治年间，两宫皇太后在养心殿前殿东暖阁垂帘听政，其间慈安太后、慈禧太后也分别居住在养心殿的体顺堂、燕禧堂。图为养心殿东暖阁。

荣禄奉两宫太后及同治帝銮驾先行抵达北京后，便立即行使权力，在京城要道布下军队，只等随后护送咸丰帝梓宫的肃顺等人到来。当时，端华、载垣先行入城，二人见城内无异常迹象，遂放心入自己官府安歇。其实恭亲王奕訢自到热河与慈禧密谋回京后，早做好了布置，第二天一早，怡亲王载垣刚刚起床，正准备入朝办事，忽见恭亲王奕訢带领侍卫数十名大步趋入府中，载垣惊讶不已，忙问何事，奕訢正色道："圣旨下，请怡王立即解任！"载垣心知大事不好，仍然壮起胆子反问道："我奉大行皇帝遗命，襄赞皇上，哪个能令我解任？"奕訢道："此乃皇太后及皇上圣谕！"正在此时，端华也来府中约载垣一同上朝，奕訢道："郑王来得正好，省得我去你家一趟，现奉皇上谕旨，着怡、郑二王立即解任！"端华仗着皇帝的顾命，根本不把奕訢放在眼里，冷笑道："你这是什么上谕？须知上谕需我们拟定的才算数。我等尚未上朝，你这谕旨，从何而来，系何人拟定？"奕訢便取出谕旨，二人一看，那上面果真盖着皇帝的御印，不禁大惊失色，忙问此印从何处来？奕訢道："这是大行皇帝弥留之际，亲手交给两宫皇

慈禧与太监李莲英（右）和崔玉贵（左）

太后的。"二人犹自不服，奕䜣即命随从卫士将他们拿下，交宗人府看管。慈禧得知端华、载垣已束手就擒，即命将他二人及肃顺革去官职、爵位，一面又下令逮捕肃顺。此时肃顺正护送咸丰梓宫回京，尚在途中，奉命逮捕的仁寿、荣禄等人出城后，在离京百余里的密云与肃顺相遇，此时的肃顺正高枕无忧地与两个爱妾睡觉，荣禄等人冲入其寝室后，便喝道有圣旨着令将其逮捕。肃顺猝不及防，匆忙奋起挣扎，说："我乃先帝顾命大臣，你们这些那拉氏的走狗，有什么资格捉我！"荣禄不顾

光绪帝生父——醇亲王

他的反抗，喝令卫士一拥而上，将其捆绑严实，迅速解押送京，投入刑部大牢。数日后，圣谕下达，着肃顺立即斩首，端华、载垣二人赐死，其余五位顾命大臣，一律革去职务，或流放或充军。至此，咸丰心腹老臣被一网打尽。慈禧在奕䜣、荣禄的帮助下，不但保住了自己的名位、性命，而且为掌握清廷实权扫清了障碍。

慈禧虽已掌握实际权力，但仍考虑到名分不合，由于6岁的幼主不能临朝独立处事，按祖宗制度，摄政王是不可少的。当时，只有恭亲王奕䜣是最合适的人选，他系咸丰之弟，是同治帝的亲叔叔，由他来担任摄政王本是理所当然的，过去慈禧的一切主张、命令，都是由荣禄从中传达给恭亲王，再由恭亲王出面去办的，这不仅有诸多不便，而且久而久之，也极容易造成大权旁落，使慈禧多年的苦心经营化为竹篮打水一场空。于是，慈禧便与荣禄商议由荣禄在京四处活动，给那些京官们吹风，示意他们奏请两宫太后垂帘听政。一时间，那些不顾礼义廉耻的大小官吏们都认为是升官发财的极好机会，纷纷上书请求两宫太后垂帘听

政。慈禧得了这些奏折，征得慈安太后的同意，遂批道：该大臣等体国公忠，见识超卓，所有一切政务，当由皇上奉两宫裁决。同治元年（1862）十一月朔日，两宫太后正式于养心殿垂帘听政，就这样，大清政权名正言顺地归入慈禧掌握了。在这场生死搏斗之中，慈禧确实得荣禄之力不少，她听取了荣禄的计谋，并由荣禄出面活动，荣禄也不遗余力尽忠报效于她。可以说，慈禧能取得这场斗争的胜利，坐稳清廷江山，荣禄是立下了汗马功劳的。

二、能屈能伸　机关算尽

同治七年（1868），32 岁的荣禄擢升为左翼总兵，授内务府大臣，赏赐头品顶戴，他更加尽心竭力地报效慈禧。后来，恭亲王奕訢因杀了慈禧最宠信的太监安得海等事得罪了慈禧，与慈禧渐生嫌隙，再加上奕訢本来与慈安太后关系甚好，这对慈禧的统治无疑是个威胁，而荣禄这时也正受到奕訢的重用，因此他对

慈禧六十大寿在颐和园排云门前合影

此很忧虑，于是便施展手段，一方面拉拢奕訢，另一方面又在慈禧面前替奕訢说好话。由于荣禄从中斡旋，恭亲王与慈禧的矛盾逐渐缓和下来，但奕訢看到宦海波涛，变幻莫测，不免灰心丧气，常思急流勇退。

同治十三年（1874），同治帝载淳病死，他虽然没有子嗣，却留下了身怀有孕的孝哲皇后，慈禧看见儿子死了，并不十分伤心，倒是非常担心自己的地位会不会因此而动摇起来，因为只要孝哲皇后生下一个男孩，那自己的太后地位就保不住了，得让孝哲皇后来做太后，一切权力都得转让给她。于是慈禧便决定迅速立一个与同治辈份相同的载字辈子侄来继承帝位，这样，她就可以依旧做自己的皇太后，继续垂帘听政。主意拿定，便马上宣召恭亲王、醇亲王以及荣禄、魁龄、崇纶等人入见，慈禧宣布皇帝晏驾的消息以后，立即命令诸王公大臣议定立嗣之事。奕訢道："今皇后有孕，不如等到她分了娩以后。"慈禧道："国不可一日无君，岂能等到皇子诞生？"恭亲王又道："按承袭次序，可立溥儁为嗣。"慈禧最忌的就是立溥字辈的人，便说："溥儁族系太远，不应嗣立。"她怕诸大臣另议别人，再生枝节，不等他们再开口便说："据我的意思，醇王之子载湉最为合适，此事就这样决定了，不必再议。"这位载湉，就是后来的光绪皇帝，他不仅是同治的兄弟辈，而且是慈禧的姨侄，其母便是慈禧的亲妹妹。再加上他年仅4岁，不能亲政，于是慈禧又可以重演垂帘听政的把戏，再度掌握朝政。为了保证这场慈禧一手导演的"立嗣戏"顺利演下去，荣禄率领禁兵，层层布防，严加守卫，以防变生不测。众亲王大臣见宫廷内外侍卫森严，兵戈耀眼，哪个还敢仗义直言？只得依了慈禧之命。孝哲皇后听到了消息，又受到慈禧的羞辱，又气又急，便含恨自杀了。在慈禧确立光绪帝、再次垂帘听政、重掌大权的阴谋中，荣禄无疑又立下了汗马功劳，从而更为慈禧所信任，荣升步军统领，并代表太后亲到醇王府迎

慈禧六十大寿时制作的牌匾

出 4 岁的载湉，入继大统。

步军统领，又称九门提督，负责统管京城军队，城内一切军民人等，都得归其指挥辖制，权力极大，向来由朝廷最亲信的人物担任。荣禄担任此职，在感恩戴德的同时，也更加洋洋得意，趾高气扬。[1]

光绪四年（1879），荣禄由步军统领又升工部尚书。可就在这时，荣禄因事触怒慈禧，被着令革职降级，调出京城。关于革职原因，公开的说法是因为贪污受贿被人告发；但据野史记载，则是与宫闱丑闻有关。荣禄因慈禧每有要事，便召他入宫商议，久之得以自由出入宫禁，接触宫中人物。同治帝遗下的慧妃娘娘生得妩媚多情，荣禄见后尽力逢迎。他常常从宫外带些精巧玩物奉送给她，以讨得她的欢心。久之二人眉来眼去，目逗心挑，渐渐勾搭上了。被人发觉后，传到光绪帝的老师翁同龢那里，翁同龢便密告太后，弹劾荣禄有秽乱宫闱之罪。慈禧开初是不相信，后来派人在暗中侦查，果然有此胆大妄为之事，不禁大怒，立即将荣禄革去官职，逐出京城。而慧妃看到丑事败露，也觉无脸见人，便自刭而死。此事是否确实，虽未可知，但荣禄为人一贯奸劣狡猾，偷鸡摸狗的勾当想必也是干得出来的。再则荣禄历来是慈禧最亲信的得力助手，又为她多次立下大功，不是使慈禧极为恼怒的事情，决不会作出如此处理的。荣禄出京后，又通过几年运动打点，至光绪十七年（1891），又做到西安将军。

光绪二十年（1894），慈禧太后适逢 60 大寿，当时内务府因库款不够，便授意朝廷内外大员，各捐俸银，作为祝寿的礼仪。荣禄得知消息后，想这是个能使自己时来运转的好机会，切不能随便放过。他便火速来京，除奉上银两之外，又送上许多金银珍宝。贪图财货的慈禧一见，大为欢喜，再加上恭亲王为其说情，便又起用了他，仍为步军统领。[2] 荣禄好不容易回到慈禧身边，自然格外殷勤谨慎，更加老谋深算。他自己不便深入宫闱运动、打点，遂让其妻子经常入宫陪伴慈禧聊天取乐，又竭力巴结慈禧最亲信的总管太监李莲英，送了不少金银财货。由于这两个人的作用，慈禧对荣禄的印象又渐渐好起来了。第二年，便交给他一件复查慈禧陵寝雨损情况的差使。这个工程先前已经由一个大臣检查过，报称修缮费需银 30 万两。据说这位大臣因考虑此工程由醇亲王监工督办，不便低估

---

[1] 事见《清史稿·荣禄列传》："光绪元年，兼步军统领。迁左都御史，擢工部尚书。"

[2] 事见《清史稿·荣禄列传》："二十年，祝嘏留京，再授步军统领。"

原工程质量，所以对损毁程度报得并不严重。但荣禄摸透太后对别人督办陵寝工程并不放心的心理，他把毁损程度大大夸张了一番，报修缮费为银150万两。结果太后奖赏荣禄办事认真细致，而把那位大臣骂了一通。这件事，不仅使慈禧对已经去世的醇亲王的忠心发生怀疑，也对荣禄更加信任了。

光绪帝

三、充当走狗　镇压维新

荣禄复出后，为了建功固宠，更加费尽心机揣摩慈禧心理。他的妻子和他一样，为人也很机警乖巧。她因经常出入宫中，不仅摸透了慈禧的脾气，而且对慈禧与光绪帝母子不和的事情渐有觉察。老谋深算的荣禄了解到这些情况后，出于个人利益的考虑，当然更倾向于慈禧这一方。他意识到这又是一次为慈禧立功的好机会，他更愿意在这场内讧中给慈禧出主意，定计谋，取得慈禧的更大信任。这时，光绪帝已经开始亲政，他见中日甲午战争后，国家越来越积贫积弱，就决定听取维新派的意见，实行维新变法。面对光绪帝所发布的各种改革祖制的变法维新上谕，大部分顽固坚持封建统治的王公大臣都只知伤心哭泣和向慈禧告状诉苦，而头脑清醒的荣禄却遇事不惊，他早已给慈禧安排好了计策。他先是打算联合六部九卿大臣上表，请慈禧太后废掉光绪帝，再度出来垂帘听政。但由于当时正是甲午战争败后，故附议者不多，荣禄只好作罢。

光绪二十一年（1895），荣禄升任兵部尚书。二十四年（1898）六月十一日，光绪帝正式颁布"明定国是"的诏书，下令全国开始正式实行"维新变法"，这引起了荣禄等人的极大惊恐与忌恨。当时人们把朝中跟随慈禧和光绪的两派人物分别称为"后党"和"帝党"。荣禄是为"后党"出谋划策的首脑人物，而光绪的老师、户部尚书翁同龢则是"帝党"的首脑人物。维新派之所以能够和光绪帝接触联系，完全是由于翁同龢的推荐介绍。因此，荣禄反对维新一则可以排除异

直隶总督府

己，二则可以报复翁同龢曾弹劾过自己的旧仇，遂向慈禧建议，迅速赶走翁同龢，以剪除光绪帝"变法维新"的羽翼。在慈禧的一再逼迫之下，光绪不得不下旨将翁同龢免官回籍，同时按慈禧旨意，授予荣禄文渊阁大学士，令其署理直隶总督兼北洋大臣。[1] 这样，京城附近兵权就全部落入荣禄手中。就在这时，口蜜腹剑、城府深沉的荣禄，按捺下满心的喜悦，又煞有介事地演出了一场悲悲切切的离别戏。他送给削职回乡的翁同龢许多银两，并拉着翁同龢的手失声痛哭，假惺惺地问他究竟是什么原因得罪了皇上，以致落到这步田地。其悲伤同情溢于言表，连翁同龢本人也受到感动，更不用说那些不明真相的人们了。他们看了这些表演，都以为荣禄是"变法维新"人物的同情者。其实，荣禄这场离别戏只不过是猫哭耗子式的假慈悲，洒下的也是几滴麻痹维新派、遮掩世人耳目的鳄鱼眼泪

[1] 事见《清史稿·荣禄列传》："二十四年，晋大学士，命为直隶总督。是时上擢用主事康有为及知府谭嗣同等参预新政，议变法，斥旧臣。"

而已。

荣禄上任后，即抓紧操练新兵，培养爪牙党羽，建立自己的军事武装力量。他邀请当时顽固派大臣怀塔布、杨崇伊等来天津，密谋策划，对付势力已越来越大的维新派。这时，有人曾问荣禄："皇上听信新党之言，尽变祖宗法制，如何是好？"荣禄阴险地说："大家不必担心，暂时让这帮新党猖狂几个月，等到恶贯满盈、罪状成立了，那时再下手不迟。"他又亲往颐和园谒见慈禧，试探慈禧对光绪帝的态度。荣禄说："康有为尽变祖宗的制度，皇上又一味偏信他们，国家越搞越乱，这样闹下去，必生大事，眼睁睁看着祖宗的江山保不住了，怎么办？"慈禧心中已经十分恼恨光绪，但毕竟碍着母子情面，听荣禄一说，也乐得趁机行借刀杀人之事，就长叹数声说："皇上虽是我一手抚养大的，但如今儿子大了，羽翼丰满，哪里还认得做娘的？似这般偏信他人之言，一意孤行，我也无法管。再说，我还是不管的好，你荣禄为人素来忠心耿耿，我很信得过，你又身为总督，有职有权，诸事你自己相机看着办吧。"

荣禄得了慈禧旨意，心中有数，更加抓紧部署镇压维新党人的步骤。他一边磨刀霍霍，一边窥测时机，为了向光绪帝和维新派下毒手，他终于想出了一引蛇出洞的阴谋。他先调聂士成5000兵驻扎天津，又调董福祥部队驻扎在距北京彰德门外40里处的长辛店，一切准备就绪后，就呈上奏折，请光绪帝和慈禧来天津检阅新军。他企图等慈禧进入军营后，立即宣布废黜光绪帝，另立新君，然后下令捕杀维新派，将他们一网打尽。慈禧看到奏折，心领神会，非常高兴，就准备去天津。光绪深知荣禄系慈禧忠实走狗，此番上奏请自己离开京城，其用意实难以预料。便赶紧来到勤政殿与维新派诸谋士商量，大家都说其中必有阴谋，极力阻止光绪帝去天津。但由于慈禧一再催促，光绪帝也不好公开表示不去。

袁世凯（中）

光绪二十一年（1985），袁世凯在天津小站以德国军制为蓝本，制订了一套近代陆军的组织编制、军官任用和培养制度、训练和教育制度、招募制度、粮饷制度等为内容的建军方案，摒弃了八旗、绿营和湘淮军的旧制，并注重武器装备的近代化和标准化，强调实施新法训练的严格性，成为中国近代陆军的草创先河。

　　此时形势岌岌可危，顽固派势力掌握了军权，反扑迫在眉睫，光绪心急如焚，他连下两次密诏，命康有为等人为其设法救驾。当时维新派考虑到正在天津小站操练新兵的直隶按察使袁世凯曾经参加过维新人士组成的团体"强学会"，翁同龢革职还乡路过天津时，袁世凯不仅向他表示同情，而且还申述了自己对光绪皇帝的无限忠诚。袁世凯手中又掌握了军队，如若他肯起兵反对荣禄，助行新政，那事情就可转危为安。于是决定由光绪帝亲自召见袁世凯，奖掖他的忠心，破格提升他为兵部侍郎。然后由谭嗣同连夜走访他的寓所，说出维新派的计划：命袁世凯速回天津，杀掉荣禄，然后带兵入京，包围颐和园，软禁慈禧，拥戴光绪，事成之后，由袁世凯接任荣禄一切职务。袁世凯听了，慷慨激昂，当即一口承担，说"请转告皇上尽可放心，我杀掉荣禄就像杀一条狗似的那么容易！"谭嗣同怕他不可靠，就故意试探说："你要不想干也可以，如果向西太后那边告发了，照样有你的荣华富贵。"袁世凯听了，气愤地瞪大眼睛说："难道你们还不相信我袁世凯吗？瞧你把我看成了什么人！"谭嗣同见他态度这样坚决，便放心地走了。[1]等谭嗣同一走，袁世凯心中便踌躇起来，心想此事非同小可，万一事机不密，不仅自己生命难保，而且还有灭族的危险。他思前想后，盘算再三，觉得"帝党"的势力，到底还是斗不过"后党"。如果投靠"帝党"肯定会要吃亏的。何况自己系荣禄一手栽培，此人足智多谋，跟着他走是会有出人头地之日的。看来今日之事，倒是自己立功取信的极好机会，想到这他决定火速去天津向荣禄告密，这是九月二十日的事情。

荣禄接到袁世凯的密报后，大吃一惊，连声喊道"冤枉！冤枉！我荣禄若有半点侵犯皇上之心，天必诛我！"他命令袁世凯为其暂守天津，然后，马上乘火车赶往北京来见慈禧。此时天色已晚，太监通报进去，回说慈禧已经休息，有旨明日见驾。荣禄急得叫了起来，说："这样紧急的事，还能等到明天吗？"执意

总理各国事务衙门

[1]事见《清史稿·谭嗣同列传》："时荣禄督畿辅，袁世凯以监司练兵天津。诏擢世凯侍郎，召入观。嗣同尝夜诣世凯有所议。明日，世凯返天津。"

硬要进去，正在争吵不休时，恰好有个慈禧面前的亲信太监出宫办事，一见是荣禄，就让他进去了。荣禄的脚本来有点跛，此时性急，一路上跌跌撞撞，摔了好几跤，才来到后宫。一到后宫，他就捶门打户喊起太监，太监们睡得正香，听见这样急切的呼喊，猛然坐起，大家都以为是宫中起了火。等到出来，只见荣禄没穿官服，一身普通百姓打扮，深更半夜地站在门外，更加惊诧莫名，忙问何事，荣禄答道："我欲速见太后，有急事相告，刻不容缓。"当时太后也已经睡下，听见事情紧迫，也着了急，就宣布即时传见，荣禄踉踉跄跄跑了进去，一见慈禧，便伏地放声痛哭。慈禧见状大惊，忙说："到底发生了什么事？这般紧急呢？"荣禄一面哭，一面将袁世凯告密的内容一一讲来。慈禧气得浑身发抖，脸上一阵红一阵白，咬牙切齿地说："这小家伙竟做得出这样忘恩负义的事来，看来我们不得不提前下手。"即命荣禄赶紧召集自己亲信的大臣们速来颐和园商议。

荣禄进宫时，行动虽然鬼鬼祟祟，但神态实在慌张，这时光绪帝的一位贴身心腹太监也正好在慈禧这边，他瞧见这一切，心想：这荣禄乃是直隶总督，责任极为重大。为何轻易离开职守，深夜进宫呢？神态又这样慌张着急，想必一定有

义和团

什么重大变故。就悄悄跟在荣禄后面，只见荣禄见了太后，放声大哭，心里便明白了几分，这事很可能与皇上有关。于是便躲在窗外窃听，此时荣禄与太后的谈话内容，他虽听不十分明白，但太后大怒不已的情形，却是看得清清楚楚的。等荣禄一出来，这太监就连忙跑到光绪那里报告。光绪帝一听，心知大事不好，一定是袁世凯告密，事情被发觉了。他想，自己的性命问题倒还不大，只是那些维新党人物恐怕是难以保全了。当下便派人火速通知康有为，叫他赶快逃走。康有为得知消息后，连行李也来不及收拾，只身逃出京城，乘轮船到天津，然

后转往上海，亡命海外去了。

这里荣禄奉了慈禧之命，召集了刚毅、塔怀布、许应骙等一批顽固派大臣来到慈禧殿前。这些大臣们听到消息，无不大惊失色，面面相觑。大家痛骂维新党人之后，便请速诛康有为、梁启超等人，并请慈禧再度出来训政，以挽求颓局。慈禧准议后，即命荣禄带兵保卫宫廷，荣禄答道："奴才恐事生不测，此次来京前已命数千亲兵随后，想必此时已经到达京城。"慈禧连忙称赞荣禄做事老练，想得周到。随即命令将宫中原有侍卫调出，一律换上荣禄的亲兵。第二天，慈禧就将光绪帝囚禁于中南海瀛台，命荣禄派兵把守，自己则宣布再度训政。同时，在全国范围内捕杀维新党人。四天之后，就将谭嗣同、杨深秀、康广仁等六君子斩于菜市口，将一大群与"变法维新"有关的大臣们充军的充军，革职的革职，降级的降级，一场轰轰烈烈的"百日维新"运动就在慈禧与荣禄的阴谋策划下被残酷地镇压下去了。[1]

在这场摧败"戊戌变法"的阴谋活动中，荣禄再次为慈禧立下了特大功劳，得到慈禧更大的宠幸。她将荣禄升任为军机大臣，同时执掌兵部大权，节制北洋海、陆各军。这时的荣禄，正如梁启超所说的："是身兼将相，权倾朝野"，以致"得太后信仗眷顾之隆，一时无比，事无细巨，常待一言决焉"。可以说，荣禄的发迹再起，升迁直至爬上高位，无不是靠他的权谋狡诈、心狠手辣的一系列勾当取得的。

四、死前卖国　历史罪人

光绪二十六年（1900），义和团运动兴起，慈禧先是利用义和团杀洋人，后又利用洋人杀义和团。在这场斗争中，荣禄又再一次地表现出他超乎常人的老谋深算。本来，慈禧在"戊戌变法"失败后就着手确立皇储，以便伺机取代光绪皇帝。她选中了端王的儿子。但荣禄告诉她，此事不能太急，首先要取得洋人的同意才可以。[2] 于是，根据荣禄的主意，慈禧在元旦那天，邀请各国公使前来道贺，以求得对立储这件事的支持。可是，公使们纷纷拒绝参加宴会，原因很清楚，他们反对废掉光绪皇帝。正当慈禧不能忍受外国人对她政治进行干预的时候，荣

[1] 事见《清史稿·荣禄列传》："命查拿康有为，斩谭嗣同等六人于市。以上有疾，诏征医。复命荣禄管兵部，仍节制北洋海陆各军。"

[2] 事见《清史稿·荣禄列传》："时太后议废帝，立端王载漪子溥儁为穆宗嗣，患外人为梗，用荣禄言，改称'大阿哥'。"

禄又再三劝告她，这事万万不可惹怒洋人，只能慢慢商量，小心谨慎，见机行事。关于皇储溥儁的名分，不要弄得太明显。慈禧听从了荣禄的意见，便改称溥儁为大阿哥。这样一来，溥儁的父亲可不满意了，他把根源归结到洋人身上，认为是洋人作梗，才使得他的儿子当不上皇帝。他联合刚毅、徐桐等一批大臣，奏请慈禧利用"法力无比"的义和团反对洋人，以收两败俱伤之效。在此同时，以兵部尚书徐用仪、户部尚书立山为代表的大臣则坚决反对这种做法，认为惹怒了洋人必将大祸临门，不可收拾。慈禧为出心中的恶气同意了端王、刚毅等人的主张，下诏"宣抚"义和团，命其进攻东交民巷各国使馆。并将一再进谏劝阻的徐用仪、立山等三大臣杀了头。结果导致八国联军入侵，北京很快就失陷了，慈禧只得仓皇逃往西安。在逃跑的路上，慈禧为了表示和洋人作对的是别人不是她本人，又下令将刚毅、徐桐等人杀头。在这一场翻云覆雨的矛盾斗争中，老奸巨滑的荣禄尽量不使自己卷入漩涡。但他心里是始终明白这些利害关系的。但在不忤逆慈禧意思的情况下，他也给慈禧准备了后路，他奉旨意调遣董福祥的部队进攻东交民巷外国兵营，却又不给他们发炮弹，而且暗地里还派人给洋人送去水果、食物，以示友好和慰问。当八国联军进入北京后，慈禧急得呜呜直哭，荣禄道："事已至此，太后不必悲伤，速图善后事宜为要。"慈禧狼狈出走陕西，荣禄先留京，后又赶赴西安，临走时，他授计负责议和的李鸿章和奕劻，在与洋人谈判过程中必须掌握一条原则，即只要不追究慈禧的责任，不让慈禧归政于光绪，无论什么苛刻条件都可答应，就这样，李鸿章、奕劻和八国联军签订了赔款连本带利息近10亿两银子、允许外国军队在京城驻兵的《辛丑条约》。可见荣禄的阴谋只是要保全慈禧一个人，从而也保全自己的荣华富贵，对于国家的利益，他是全然不顾的。

对于荣禄不惜出卖国家利益保全自己的做法，慈禧当然非常感激，对他也格外"宠礼有加"，不但赏赐他黄马褂，而且以"保护使馆，力主剿匪"有功，赏戴双眼花翎及紫貂皮袍。而且还加封荣禄太子太保转文华殿大学士头衔。[1] 除了这些以外，为了奖赏奴才的一片忠诚，慈禧还将荣禄的女儿指婚给醇亲王奕譞的儿子载沣。载沣是光绪帝的弟弟，慈禧这样做，一方面是为了表示对荣禄的特殊

[1]事见《清史稿·荣禄列传》："已而诏诣西安，既至，宠礼有加，赏黄马褂，赐双眼花翎、紫缰。随扈还京，加太子太保，转文华殿大学士。"

恩典，同时也是稳定光绪家人的心，使他们不致对自己心怀不满。荣禄的女儿与载沣结婚后，即生下儿子溥仪，后来溥仪继承光绪帝做了清朝最后一个皇帝，这就是宣统。他所获得的这种殊遇恐怕也与他是荣禄这个慈禧最宠幸的有功之臣的嫡亲外孙有关。

光绪二十九年（1903），荣禄病死家中，终年67岁。慈禧听到消息，禁不住老泪纵横，悲叹不已，说："荣禄死了，今后还有谁能像他那样忠心耿耿、足智多变呢？"旁人见慈禧过于伤感连忙劝她。慈禧说："你们哪里知道，荣禄是我一生中最可靠的大臣，数十年来一直同我患难与共，好几次难关都全赖他的胆识谋略渡过的，如今他这一死，令我想起无限往事，历历如在目前，怎不叫我格外伤心呢？"

为了褒奖荣禄的忠诚，也为了鼓励别的奴才也效法荣禄忠于自己，慈禧诏谕对已死的荣禄格外优恤。除晋封一等男爵，赐予陀罗经被外，还特赏3000两银子治丧。又旌表其功绩，入贤良祠，还将其平生功绩，付与国史馆立传。复赐祭席一桌，派恭亲王溥伟前往祭奠，以示恩宠殊荣。

名 家 评 说

　　德宗亲政，愤于外侮，思变法自强。乃以铺导无人，戊戌党祸，庚子匪乱，遂相继而作。太后再出垂帘，初坚复旧，继勉图新。宣统改元，议行宪政。政体既变，国本遂摇，而大势不可问矣。荣禄屡参大变，文韶久达世务。

——赵尔巽《清史稿》

张之洞

张之洞（1837～1909），字孝达，号香涛。清光绪帝时，曾任两广总督，加封太子太保。谥号"文襄"。直隶南皮（今河北南皮县）人。祖父张廷琛，曾为福建知县；父亲曾为贵州道员。张之洞受过很好的经书教育，他的文章侧重时政，且论述方式不落俗套，曾授翰林院编修。光绪帝时张之洞办洋务，倡导实业救国，可谓是衰落的满清王朝仅存的著名人物。

一、科举登仕 宦途坦荡

同治六年（1967）至光绪三年（1877），张之洞在浙江、湖北、四川等地历掌文职。他任职期间热心奖掖人才，他在四川任学政时的作为就充分显示了这一点。他匡正考试弊端；在成都创办"酉经书院"，并设一书局刊行古代经典和各朝史籍。他为学生们撰有一部有关提高学习和写作的读本，名为《轩语》二卷，于光绪四年（1878）刊行。同时刊行的还有一部中国要籍提要，名《书目答问》四卷。张之洞为《书目答问》作序言。这部书可能是张之洞与其学生缪荃孙合编的，很有用，销路极广，并多次增补、修订再版。张之洞后来又主编京畿地方志——《顺天府志》修撰，该书凡131卷。

光绪五年（1879），张之洞升任国子监司业。他在这一职位上严课学业，指斥流弊，因此使张之洞获得太后之赏

张之洞

任湖北总督时的张之洞

识，并因此而声名鹊起。同年，中俄伊犁之争进入高潮，这更有助于张之洞的仕途。第二年，清廷令廷臣会议使俄大臣崇厚与俄签订伊犁条约。崇厚在此约中允诺付给俄国一大笔赔款，出让了所争议地区的大约三分之二领土。张之洞呈上一份措辞强烈的奏折，力主废除中俄伊犁条约并处死崇厚。在这份奏折中，他对中国实力持乐观态度，极力主张与俄国在遥远的中国边疆交战。光绪六年（1880）二月经左宗棠率军西征，清与沙俄又重新签订了于中国较为有利的条约，张之洞因伊犁事件而大露头角，声望与日俱增，累累升迁，至光绪八年（1882），擢山西巡抚。[1]

张之洞发现，由于饥荒和普遍存在的官吏贪污腐化，山西的情况很糟糕。他惩办了祸首，并支持许多振兴措施，诸如免除拖欠捐税，鼓励发展地方冶铁业，

[1] 事见《清史稿·张之洞列传》："光绪初，擢司业，再迁洗马。之洞以文儒致清要，遇事敢为大言。俄人议归伊犁，与使俄大臣崇厚订新约十八条。之洞论奏其失，请斩崇厚，毁俄约。疏上，乃褫崇厚职治罪，以侍郎曾纪泽为使俄大臣，议改约。"

扶助书院和学者等等。他制定了一个开拓内蒙古的方案，他也曾试图禁种罂粟，并令学者和官员戒掉吸食鸦片之恶习。然而，他精心制定的很多改革计划，实际上却因他升任两广总督而付诸东流。张之洞对法国在越南的影响不断扩大早已忧虑重重。他曾以其强硬态度奏请要采取军事行动维护中国在越南的宗主权。光绪十年（1884）他到广东就任时，面临的主要问题即是当时越南危急的形势。他的策略是利用刘永福和他的"黑旗军"攻击在越南的法军，以期牵制法军对台湾的进攻。他尽心竭力地为这次战事筹饷，因筹饷有功，当他的某些部下后来被劾渎职时，他并未受严罚。[1]光绪十一年（1885）初，中法开始议和，但三月二十九日冯子材率中国军队出其不意获谅山大捷，但谅山之战并未对议和条款产生影响。条款仍以《李福协定》为蓝本，据此，中国放弃对越南的宗主权。张之洞屡次上疏反对议和条款，他强调指出中国在最后时刻之军事胜利，但最终遭到皇帝的斥责。

二、重视教育　经办洋务

在任两广总督的 6 年中，张之洞头脑中装满了计划和方案，他试图在他管辖的省份内改革税收制度。他把增收的款项用在多项事业上。光绪十三年（1887），他建立一座兵工厂，该厂最初造炮弹，后又制造小武器。他为在广东沿海巡逻的舰队增添多艘舰只，并设立了一所水陆师学堂，他还招请几位年轻的留学生做幕宾。光绪十五年（1889），张之洞在广东开设中国第一家近代钱庄。同年他创办"广雅书院"，其学术成就可与著名的其他学堂匹敌。同年他本人及几位官员和商人出资，设立"广雅书局"。许多学者受聘担任书局的编辑或校对。[2]该书局在20 年左右的时间内出版了约 176 种书。其中大部分为清代学者所撰述。除七种之外，这些著作于 1920 年均被收入《广雅书局丛书》再版。其中的史学著作于1920 年在上海以《史学丛书》之名石印再版。广雅书院和书局的成就引入注目，

---

[1] 事见《清史稿·张之洞列传》："朝议和战久不决，之洞至，言战事气自倍，以玉麟凤著威望，虚己听从之。奏请主事唐景崧募健卒出关，与永福相犄角。朝旨因就加永福提督，景崧五品卿衔，炯、延旭亦皆已至巡抚，当前敌，被劾得罪去，并坐举者。之洞独以和筹饷，械劳，免议。"

[2] 事见《清史稿·张之洞列传》："之洞耻言和，则阴自图强，设广东水陆师学堂，创枪炮厂，开矿务局。疏请大治水师，岁提专款购兵舰。复立广雅书院，武备文事并举。"

而张之洞则因创办之功经常被称为张广雅。两省人民对张之洞的旺盛精力和为官清正有深刻印象，但人们通常认为省库匮乏显然是他耗费过度的结果，结果当他的继者李瀚章入广州总督府时，却惊异地发现此时的财政状况比张之洞刚上任时要好得多。在此期间，京师政坛上南北之争日趋激烈。当时掌管户部的南党首领翁同龢极力反对属于北党的张之洞，事实上，如果不是醇亲王的干预，张之洞的很多得意的方案是会被翁同龢否决的。由于在广东留下一笔充实的库银和一些重大的改革成果，张之洞为他的北方同僚多少挽回一些因张佩纶在马尾战败而失掉的声誉。

　　光绪十五年（1889），张之洞从广东调往武昌任湖广总督，这是他提议修建京汉铁路的结果。铁路建设始于李鸿章管辖下的直隶省。计划把现有铁路从天津

广雅书院藏书楼——冠冕楼

　　张之洞是晚清时期颇具影响的封疆大吏，不仅成为近代洋务派的代表人物，也是一位勇于改革中国传统教育的著名学者。1887年，在广东担任两广总督期间，为培养精于洋务的学子，自筹经费，亲自选定书院院址，正式创办广雅书院。图为广雅书院藏书楼——冠冕楼。

延至通州。许多御史和官员以这样会有利于入侵者和引起村民骚乱并使驿夫失业为理由，坚决反对延伸这条铁路。当征求督抚们的意见时，张之洞上书支持修筑内地铁路干线。在奏折中，张巧妙地利用了那些反对修建天津至通州铁路的御史们的论点。他向他们的异议让步，但却建议在内地修一条大铁路从北京西南的卢沟桥至汉口，而且他列举了保守的御史们无法驳倒的这条铁路在战略上和经济上的好处。他的建议被批准。同年八月，他被任命为湖广总督以实现他的计划。据估计，这条铁路将耗资 3000 万元。国库为此储备了 200 万元。但次年，中日两国因朝鲜问题关系紧张，这笔资金就被用来延长天津至唐山铁路东段的修建。这样，修筑卢汉铁路的计划被搁置了。

张之洞对发展中国工业一如对修筑铁路那样有兴趣。他任湖广总督几乎长达 18 年之久，他在任期间以雄心勃勃的计划和令人注目的成就而著称。与他的名字联系在一起的主要事业之一是汉冶萍钢铁厂。离开广东之前，他订购了一套铸铁工厂的机器，他到武昌后不久，铸铁厂即在汉阳开工。光绪二十年（1894），与汉阳铁厂配套的大冶铁矿开工。两年后，因资金不足，铁厂卖给私人股东，转由大实业家盛宣怀经营。后来，江西萍乡煤矿将上述两厂合并为汉冶萍公司。这

汉阳铁厂

样，由于缺乏资金，张之洞不得不放弃了他亲手经营创办这座工厂的念头。他兴办的另一些企业有棉纺厂、丝厂、制革厂。他还主持了一项精心设计的筑坝工程，为大批人提供就业机会。他还组建一支新式的由德国教官训练的小型模范军队。他创办多所各种类型的学校，并送学生出国留学，主要前往二三十年前才开始西化的日本。像在广东一样，由于在新式企业上的大量花费常常招致指责他挥霍浪费，但他的财政改革使湖北的岁入由初任时的大约700万两银增加到他离开武昌时的1500万两。

中日甲午战争期间，原两江总督刘坤一在北方指挥军队，张之洞调往南京署理两江总督。他努力向北方发送给养和新兵。他力主抗战，反对李鸿章的议和。和约缔结之后，他又极力敦促修筑京汉铁路。计划获准后，他奉命回到武昌去监督计划的实施，但他向中国投资者发行股票的努力却未获成效。

三、反对维新　制定学制

甲午战争中国败于日本后，引起年轻的士大夫们对改革的强烈关注。从某种意义上说，张之洞开始是赞助这种活动的老一代官员之一。当时，外国列强对中国势力范围的争夺使许多学者猛醒。光绪帝最终听从康有为的主张，开始"百日维新"。最初张之洞的态度是同情维新，他向皇帝推荐一批思想开明的青年，其中就包括梁启超。在维新运动中期，他写下著名的《劝学篇》二卷，于光绪二十四年

张之洞在卢汉铁路

张之洞

（1898）刊行。[1]皇帝下令将它分发给所有官员和学者，其实这篇著作的真正目的是鼓吹一个先从教育着手、逐渐改良的方案，而不是皇帝和康有为正在尝试的激变。它的大意是：中国的出路在于复兴儒家学说，并采用西方的科学技术，但不采用它的哲学。这部著作中充满了对朝廷的忠诚和对中国的祸根——腐败官场的谴责。光绪二十四年（1898）九月二十一日戊戌政变使慈禧太后重掌大权，张之洞致电慈禧太后，竭力主张惩办维新党人，尽管他与维新党中多人颇有来往。此外，他拒绝同刘坤一一同上书反对废黜皇帝。戊戌变法之后，张之洞受到朝廷的怀疑，同时又为维新党人所

憎恨，他们认为他胆小怕事而且背信弃义。他与维新派最后也决裂了。当时一些维新党人聚集在汉口，准备在义和团起事的掩护下，秘密举行武装起义以推翻太后，使皇帝重新掌权，但张之洞侦知彼等的密谋，逮捕并处死其领导人唐才常及他的19名同谋。

光绪二十六年（1900）义和团起义对张之洞的忠诚和政治才智是一次决定性的考验，他忠于皇太后，他身为总督的职责要求他服从朝廷的命令，但他也充分意识到一场排外运动的危险性。他和刘坤一幸而找到一项办法，使他们在义和团起义中得以同时受到太后和外国人的信任。他奉北京朝廷之命向北方调拨军队，为保全自己只能奉命行事，但这些调出的军队是强征来而未经训练的，最精锐的军队他却留在身边。他行事所依据的信念是：义和团起事乃是对太后合法权力的"反叛"。来自北京的任何支持义和团和消灭外国人的法令都是端王和那些实

[1] 事见《清史稿·张之洞列传》："二十四年，政变作，之洞先著《劝学篇》以见意，得免议。"

刘坤一

刘坤一（1830~1902），晚清军事家、政治家。字岘庄，湖南新宁人。早年参加湘军与太平军作战。1874年，调署两江总督。1875年，授两广总督，次年兼南洋通商大臣。1891年受命"帮办海军事务"，并任两江总督。甲午战争时，支持对日作战。维新变法时，他攻击康、梁变法，但又反对废黜光绪帝。1901年与张之洞连上三疏，请求变法，提出兴学育才、整顿朝政、兼采西法等主张，称"江楚三折"，多为清廷采纳。

际上篡夺了朝廷权力的同伙所为。六月二十七日，上海外国领事团被告知，只要列强不派军队侵入长江流域，张之洞和刘坤一将保证长江流域外国人生命和财产的安全。这项建议被列强基本上接受了，并且为其他督抚所采纳；它使中南地区外国人的安全得到保障。[1]

义和团起义之后，张之洞在朝中颇受宠信，加封太子太保。下谕召询有关最需改革之事项，他和刘坤一合递了两份奏折。第一、建议设立现代学校，改革科举制度并鼓励学生去国外留学。第二、提倡依照西方国家行政和军事改革。因刘坤一去世后，张之洞再次在南京署理两江总督。他任职五个月，大部分时间致力于教育事业。在北京举行的有关教育问题的朝议之后，他受命参与制订全国学制。有关学校体制的建议书送呈御览。尽管随同附上的奏折宣称，各种类型的学校体制均经考察，但上奏中的学校体制显然以日本模式为基础。为了推行新学制，张之洞支持废除由来已久的科举考试，科举考试于光绪三十一年（1905）终于被明令废除。张自北京返回武昌之后，光绪三十年（1904）他抵制住赫德爵士的土地税方案和金本位币制改革方案。光绪三十二年（1906）他积极参预一场运动，即用祭祀天地之礼祭祀孔子。次年，他建立一所专授中国经籍、历史和文学的学校，以扭转现代学校中这些学科被削弱的倾向。其实，这些宏愿与他毕生致

[1] 事见《清史稿·张之洞列传》："二十六年，京师拳乱，时坤一督两江，鸿章督两广，袁世凯抚山东，要请之洞，同与外国领事定保护东南之约。及联军内犯，两宫西幸，而东南幸无事。"

1903年5月14日，两江总督张之洞与兵部侍郎铁良、直隶总督袁世凯等人在保定府。

力于把孔子学说作为中国文明的核心是完全一致的。

光绪三十二年（1906），张之洞作为督抚的漫长生涯结束了，他奉召进京授大学士、军机大臣。他受命专管学部。他最后的一项重要职务是京汉铁路的督办大臣。[1]张之洞与英、法、德三国资本家就铁路资金问题所进行的复杂的谈判于光绪三十二年（1906）八月达成一项协议。但美国坚持它的银行家应参与这次贷款计划，所以重新开始谈判。光绪三十四年（1908）十一月，皇帝和太后辞世。漫长而紧张的官僚生涯也使张之洞精疲力尽，他于宣统元年（1909）十月四日去世，谥"文襄"。

名 家 评 说

　　德宗亲政，愤于外侮，思变法自强。……唯之洞一时称贤，而监国摄政，亲贵用事，欲挽救而未能，遂以忧死。人之云亡，邦国殄瘁，尚何言哉。

——赵尔巽《清史稿》

[1] 事见《清史稿·张之洞列传》："三十二年，晋协办大学士。未几，内召，擢体仁阁大学士，授军机大臣，兼管学部。三十四年，督办粤汉铁路。"